Herdter

D&O-Versicherung/AVB D&O

De Gruyter Kommentar

Herdter

D&O-Versicherung/ AVB D&O

Kommentar

herausgegeben von
Fabian Herdter

bearbeitet von
Sven Förster, Michael Fortmann †, Jens Gal, Ann-Kathrin Graewer, Friedrich Isenbart, Magdalena Möhlenkamp, Daniel Peppersack, David Ulrich, Johan van der Veer, Alicia Verdugo Morales, Lars Winkler, Hendrik Witsch

DE GRUYTER

Zitiervorschlag: Herdter/*Gal*, B1-1

ISBN 978-3-11-067547-4
e-ISBN (PDF) 978-3-11-067551-1
e-ISBN (E-PUB) 978-3-11-067557-3

Library of Congress Control Number: 2024937672

Bibliografische Information der Deutschen Nationalbibliothek
Die Deutsche Nationalbibliothek verzeichnet diese Publikation in der Deutschen Nationalbibliografie; detaillierte bibliografische Daten sind im Internet über http://dnb.dnb.de abrufbar.

Satz: Meta Systems Publishing & Printservices GmbH, Wustermark

www.degruyter.com
Fragen zur allgemeinen Produktsicherheit:
productsafety@degruyterbrill.com

Vorwort

Die Directors' and Officers'-Versicherung, kurz D&O, hat sich in den vergangenen 30 Jahren zu einem der bedeutendsten Zweige der Industrieversicherung entwickelt. Die rechtliche Fortbildung ihres Bezugsrahmens, die Allgemeinen Versicherungsbedingungen, konnte mit diesem Tempo kaum Schritt halten. Noch immer sind viele Rechtsfragen der Managerhaftpflicht nicht abschließend geklärt und daher Gegenstand vielfacher, auch gerichtlicher Diskussion. Die Auslegung der Bedingungen ist dabei der maßgebliche Schlüssel zur Erzielung eines interessengerechten Gleichgewichts zwischen den beteiligten Akteuren.

Das vorliegende Buch möchte Unterstützung bei dieser Auslegung bieten und so zur Rechtsfortbildung beitragen. Um allen Perspektiven gleichwertiges Gehör zu verschaffen, haben wir in diesem Werk Stimmen aus unterschiedlichen Bereichen versammelt: Anwältinnen und Anwälte, die regelmäßig für Versicherungsnehmer und versicherte Personen in Fragen der Organhaftung und D&O-Versicherung tätig sind, ebenso wie jene, die vornehmlich die Versicherungswirtschaft vertreten; namhafte Repräsentanten der Rechtswissenschaft und eines Versicherungsmaklerhauses ebenso wie drei Richter/-innen.

Allen Autorinnen und Autoren möchte ich an dieser Stelle meinen Dank aussprechen. Ohne ihre Expertise und ihren großen Einsatz wäre dieses Projekt nicht möglich gewesen. Ihre Beiträge haben dieses Buch zu dem angestrebten fundierten Nachschlagewerk gemacht, das nicht nur den juristischen Fachkreisen, sondern auch dem breiteren interessierten Publikum Orientierung im Umgang mit der D&O-Versicherung bieten soll.

Unser aller Dank gilt auch jenen Kolleginnen und Kollegen sowie wissenschaftlichen Mitarbeiterinnen und Mitarbeitern, die uns mit Rat und Tat unterstützt haben, sowie allen, die an diesem Projekt auf die eine oder andere Weise beteiligt waren. Nicht unerwähnt lassen möchten wir auch die hervorragende Begleitung des Projekts durch den Verlag De Gruyter, namentlich Frau Spendler und Frau Prüfer. Wir danken für die erfolgreiche Zusammenarbeit.

Mit Bestürzung und Trauer mussten wir noch während der Finalisierung dieses Buchs vom Tod unseres Mitautors und Freundes Prof. Dr. Michael Fortmann erfahren. Seine fachliche Expertise, sein großes Engagement für die Fakultät der Wirtschafts- und Rechtswissenschaften der TH Köln und sein gewinnendes, verbindendes Wesen verschafften ihm weit über den Kreis seines Kollegiums und der Studierendenschaft hinaus hohes Ansehen in Wissenschaft und Praxis. Sein viel zu früher Tod macht uns traurig. Unsere Gedanken und unser Mitgefühl gelten seiner Familie.

Dr. Fabian Herdter
Düsseldorf, im April 2024

https://doi.org/10.1515/9783110675511-202

Inhaltsverzeichnis

Vorwort —— V
Herausgeber —— XI
Abkürzungsverzeichnis —— XV
Verzeichnis der abgekürzt zitierten Literatur —— XXI
Einführung —— 1

Bedingungstext GDV-Musterbedingungen D&O (Stand: Mai 2020)

Teil A
D&O-Versicherung
A-1 Versicherungsschutz, versicherte Personen, Vermögensschäden —— 73
A-2 Versicherungsfall (Claims-made-Prinzip) —— 81
A-3 Company Reimbursement —— 91
A-4 Tochtergesellschaften —— 97
A-5 Zeitlicher Umfang des Versicherungsschutzes —— 103
A-5.1 Pflichtverletzung und Anspruchserhebung während der Vertragsdauer —— 103
A-5.2 Rückwärtsdeckung für vorvertragliche Pflichtverletzungen —— 103
A-5.3 Anspruchserhebungen nach Vertragsende (Nachmeldefrist) —— 103
A-5.4 Meldung von Umständen (Notice of Circumstance) —— 104
A-5.5 Insolvenz —— 104
A-5.6 Liquidation und Neubeherrschung —— 104
A-6 Sachlicher Umfang des Versicherungsschutzes —— 152
A-6.1 Leistungen der Versicherung —— 152
A-6.2 Vollmacht des Versicherers —— 152
A-6.3 Kapitalbeteiligung der versicherten Personen bzw. deren Angehöriger —— 152
A-6.4 Versicherungssumme, Höchstersatzleistung —— 153
A-6.5 Selbstbehalt —— 153
A-6.6 Serienschaden —— 153
A-6.7 Anerkenntnis, Befriedigung, Vergleich —— 154
A-7 Ausschlüsse —— 253
A-8 Versicherung für fremde Rechnung —— 290
A-9 Abtretung des Versicherungsanspruches —— 302

Teil B
Allgemeiner Teil

Abschnitt B1
Beginn des Versicherungsschutzes, Beitragszahlung
B1-1 Beginn des Versicherungsschutzes —— 315
B1-2 Beitragszahlung, Versicherungsperiode —— 322
B1-2.1 Beitragszahlung —— 322
B1-2.2 Versicherungsperiode —— 322
B1-2.3 Versicherungsjahr —— 322
B1-3 Fälligkeit des Erst- oder Einmalbeitrags, Folgen verspäteter Zahlung oder Nichtzahlung —— 333
B1-3.1 Fälligkeit der Erst- oder Einmalprämie —— 333
B1-3.2 Rücktrittsrecht des Versicherers bei Zahlungsverzug —— 333
B1-3.3 Leistungsfreiheit des Versicherers —— 333
B1-4 Folgebeitrag —— 356
B1-4.1 Fälligkeit —— 356

B1-4.2 Verzug und Schadensersatz —— 356
B1-4.3 Mahnung —— 356
B1-4.4 Leistungsfreiheit nach Mahnung —— 356
B1-4.5 Kündigung nach Mahnung —— 356
B1-4.6 Zahlung des Beitrags nach Kündigung —— 357
B1-5 Lastschriftverfahren —— 366
B1-5.1 Pflichten des Versicherungsnehmers —— 366
B1-5.2 Fehlgeschlagener Lastschrifteinzug —— 366
B1-6 Beitrag bei vorzeitiger Vertragsbeendigung —— 374
B1-6.1 Allgemeiner Grundsatz —— 374
B1-6.2 Beitrag oder Geschäftsgebühr bei Widerruf, Rücktritt, Anfechtung und fehlendem versicherten Interesse —— 374

Abschnitt B2
Dauer und Ende des Vertrages, Kündigung
B2-1 Dauer und Ende des Vertrags —— 381
B2-1.1 Vertragsdauer —— 381
B2-1.2 Stillschweigende Verlängerung —— 381
B2-1.3 Vertragsdauer von weniger als einem Jahr —— 381
B2-1.4 Kündigung bei mehrjährigen Verträgen —— 381
B2-2 Kündigung nach Versicherungsfall —— 388
B2-2.1 Kündigungsrecht —— 388
B2-2.2 Kündigung durch Versicherungsnehmer —— 388
B2-2.3 Kündigung durch Versicherer —— 388

Abschnitt B3
Anzeigepflicht, Gefahrerhöhung, andere Obliegenheiten
B3-1 Anzeigepflichten des Versicherungsnehmers oder seines Vertreters bis zum Vertragsschluss —— 393
B3-1.1 Vollständigkeit und Richtigkeit von Angaben über gefahrerhebliche Umstände —— 393
B3-1.2 Rechtsfolgen der Verletzung der Anzeigepflicht —— 393
B3-1.3 Frist und Form für die Ausübung der Rechte des Versicherers —— 394
B3-1.4 Hinweispflicht des Versicherers —— 394
B3-1.5 Ausschluss von Rechten des Versicherers —— 394
B3-1.6 Anfechtung —— 394
B3-1.7 Erlöschen der Rechte des Versicherers —— 394
B3-2 Gefahrerhöhung —— 418
B3-2.1 Begriff der Gefahrerhöhung —— 418
B3-2.2 Pflichten des Versicherungsnehmers —— 418
B3-2.3 Kündigung oder Vertragsänderung durch den Versicherer —— 418
B3-2.4 Erlöschen der Rechte des Versicherers —— 419
B3-2.5 Leistungsfreiheit wegen Gefahrerhöhung —— 419
B3-3 Obliegenheiten des Versicherungsnehmers —— 436
B3-3.1 Obliegenheiten vor Eintritt des Versicherungsfalls —— 436
B3-3.2 Obliegenheiten bei und nach Eintritt des Versicherungsfalls —— 436
B3-3.3 Leistungsfreiheit bei Obliegenheitsverletzung —— 437

Abschnitt B4
Weitere Regelungen
B4-1 Mehrere Versicherer, Mehrfachversicherung — 455
B4-2 Erklärungen und Anzeigen, Anschriftenänderung — 476
B4-2.1 Form, zuständige Stelle — 476
B4-2.2 Nichtanzeige einer Anschriften- oder Namensänderung — 476
B4-2.3 Nichtanzeige der Verlegung der gewerblichen Niederlassung — 476
B4-3 Vollmacht des Versicherungsvertreters — 481
B4-3.1 Erklärungen des Versicherungsnehmers — 481
B4-3.2 Erklärungen des Versicherers — 481
B4-3.3 Zahlungen an den Versicherungsvertreter — 481
B4-4 Verjährung — 487
B4-5 Örtlich zuständiges Gericht — 492
B4-5.1 Klagen gegen den Versicherer — 492
B4-5.2 Klagen gegen Versicherungsnehmer — 492
B4-6 Anwendbares Recht — 495
B4-7 Embargobestimmung — 501

Sachregister — 511

Herausgeber

Dr. Fabian Herdter, LL.M. Eur.
Dr. Fabian Herdter ist Rechtsanwalt und Partner der Sozietät Wilhelm in Düsseldorf. Er berät Unternehmen und Entscheidungsträger in Fragen der Organhaftung und D&O-Versicherung. Weitere Schwerpunkte seiner Beratung legt er auf die Vertrauensschadenversicherung und die Produkthaftpflichtversicherung. Vor seiner Tätigkeit für Wilhelm Rechtsanwälte war er mehrere Jahre als Anwalt in der Praxisgruppe Versicherungs-/Rückversicherungsrecht einer deutschen Großkanzlei tätig.

Dr. Fabian Herdter ist Autor verschiedener rechtswissenschaftlicher Fachbeiträge, u.a. im Münchener Kommentar zum VVG (3. Auflage, zur Gruppenversicherung), im Handbuch Versicherungsrecht (Beckmann/Matusche-Beckmann; 4. Auflage, zur Kredit-, Kautions- und Vertrauensschadenversicherung) sowie im ARB-Kommentar (Looschelders/Paffenholz). Als wissenschaftlicher Mitarbeiter am Institut für Versicherungsrecht/House of Finance der Goethe-Universität Frankfurt a.M. promovierte er zur Gestaltung von Gruppenversicherungsverträgen. An der Université Lumière Lyon sowie der Fernuniversität Hagen war Dr. Fabian Herdter als Dozent tätig. Er hält zudem einen Master im Europäischen und Internationalen Wirtschaftsrecht (LL.M. Eur.).

Mitwirkende Autorinnen und Autoren

Dr. Sven Förster
Dr. Sven Förster ist Rechtsanwalt und Fachanwalt für Versicherungsrecht in München. Er hat in Bonn Rechtswissenschaften studiert und wurde in Köln zum Dr. iur. promoviert. Nach dem Referendariat mit Stationen in München, Kempten und Sydney erfolgte die Zulassung zum Rechtsanwalt in München. Dr. Förster ist zudem Fachanwalt für Versicherungsrecht und Fachanwalt für Bank- und Kapitalmarktrecht. Knapp 15 Jahre war Dr. Förster als Rechtsanwalt bei der internationalen Wirtschaftskanzlei Norton Rose Fulbright im Bereich Dispute Resolution tätig, davon fünf Jahre als Partner spezialisiert auf Versicherungsrecht, bevor er Anfang 2021 als Partner zur internationalen Wirtschaftskanzlei Clyde & Co wechselte. Dort ist er einer der Gründungspartner sowie Managing Partner des Münchener Standorts von Clyde & Co und spezialisiert auf Versicherungsschäden und streitiges Versicherungsrecht. Dabei ist Dr. Förster regelmäßig als Coverage-, Monitoring und Defence-Counsel mit der Bearbeitung nationaler und internationaler D&O Schäden betraut.

Prof. Dr. Michael Fortmann
Prof. Dr. Michael Fortmann war Professor für Versicherungsrecht an der Technischen Hochschule Köln. Er leitete den Masterstudiengang Versicherungsrecht sowie zwei Zertifikatslehrgänge. Daneben war er Autor zahlreicher versicherungsrechtlicher Fachbeiträge und zweier Fachbücher (Wilke/Fortmann Handbuch zur privaten Haftpflichtversicherung, Fortmann Verbraucher-Cyberversicherung). Seit 2023 gehörte er der Schriftleitung der versicherungs- und haftungsrechtlichen Zeitschrift recht und schaden an.

Neben der Haftpflicht- und D&O-Versicherung beschäftigte sich Prof. Dr. Michael Fortmann am Institut für Versicherungswesen insbesondere mit Fragen der Cyberversicherung und galt in diesem Bereich als einer der profiliertesten Juristen Deutschlands. An der TH Köln konzipierte und organisierte er eine eigene Veranstaltungsreihe zur Cyberversicherung, das Kölner Cyber Insurance Forum.

In seiner akademischen Laufbahn konnte er auf umfangreiche praktische Erfahrung zurückgreifen: Vor Antritt der Professur in Köln 2019 war er als Syndikusanwalt eines Versicherungsmaklers und als Rechtsanwalt in zwei versicherungsrechtlich beratenden Kanzleien tätig. Prof. Dr. Michael Fortmann starb am 6. Dezember 2023 nach schwerer Krankheit.

https://doi.org/10.1515/9783110675511-204

Dr. Jens Gal
Priv.-Doz. Dr. Jens Gal, Maître en droit (Lyon 2) ist seit 2022 Richter am Landgericht Frankfurt am Main. Vorher war er seit 2012 Inhaber einer Juniorprofessur (W1) für Europäisches Versicherungsrecht (mit einem Schwerpunkt im Versicherungsaufsichtsrecht) an der Goethe-Universität in Frankfurt am Main, wo er weiterhin als Dozent wirkt, und er hat mehrfach Lehrstühle vertreten. Er ist Sekretär der Geschäftsstelle der deutschen Sektion (sog. „Chapter") der International Association of Insurance Law (AIDA), und war bis 2022 Co-Vorsitzender der AIDA Europe, und ist Generalsekretär der länderübergreifenden Forschungsgemeinschaft „Prinzipien des Rückversicherungsvertragsrechts/Principles of Reinsurance Contract Law (PRICL)".

Dr. Ann-Kathrin Graewer
Dr. Ann-Kathrin Graewer hat das Studium der Rechtswissenschaften in Düsseldorf absolviert. Begleitend zu ihrer Tätigkeit als wissenschaftliche Mitarbeiterin und Geschäftsführerin am Institut für Versicherungsrecht in Düsseldorf wurde sie zur Dr. iur. promoviert.

Nach dem Rechtsreferendariat war Dr. Ann-Kathrin Graewer zunächst als Rechtsanwältin bei der Kanzlei Wilhelm Rechtsanwälte tätig. Seit dem Jahr 2022 ist sie bei der Justiz in Bayern beschäftigt, wo sie die Richterlaufbahn eingeschlagen hat. Nach erster Station als Richterin im Bezirk des Landgerichts München II ist Dr. Ann-Kathrin Graewer derzeit turnusmäßig als Staatsanwältin in München tätig.

Dr. Friedrich Isenbart
Dr. Friedrich Isenbart studierte Rechtswissenschaften in Osnabrück und Paris mit Stationen an der Universität Lausanne und der AHK Kanada in Toronto. Anschließend promovierte er zu einem rechtsvergleichenden Thema. Nach längerer Tätigkeit als Rechtsanwalt in einer bankrechtlich spezialisierten Kanzlei sowie im Frankfurter Büro einer US-amerikanischen Großkanzlei (Gesellschaftsrecht, Private Equity und Restructuring) ist Dr. Friedrich Isenbart seit 2010 Rechtsanwalt bei Wilhelm Rechtsanwälte in Düsseldorf in den Bereichen Gesellschaftsrecht/Compliance sowie Versicherung (einschließlich Aufsichtsrecht) und Rückversicherung tätig. Ein Schwerpunkt liegt auf der Beratung Vertretung von Organmitgliedern in Fragen der Geschäftsführer- und Vorstandshaftung.

Magdalena Möhlenkamp
Magdalena Möhlenkamp leitet die Abteilung Beteiligungsmanagement der Stadt Duisburg. Sie verantwortet die Steuerung der Unternehmensbeteiligungen einschließlich Änderungen in der Beteiligungsstruktur, koordiniert und begleitet konzernrelevante Entscheidungsprozesse und vertritt die Interessen der Stadt als Gesellschafterin. Von 2017 bis 2024 war Magdalena Möhlenkamp als Rechtsanwältin bei Wilhelm Rechtsanwälte in Düsseldorf tätig und beriet Unternehmen und Entscheidungsträger zu Fragen des Gesellschafts- und Haftungsrechts.

Magdalena Möhlenkamp studierte Rechtswissenschaften an der Universität Passau sowie der Rheinischen Friedrich-Wilhelms-Universität Bonn mit Station an einer führenden US-amerikanischen Wirtschaftskanzlei zum Schaden- und Haftungsrecht. Sie ist zertifizierter Compliance-Officer (Universität Münster) und stellvertretende Aufsichtsratsvorsitzende der Bonn Conference Center Management GmbH (BonnCC).

Dr. Daniel Peppersack, LL.M.
Dr. Daniel Peppersack ist Syndikusrechtsanwalt und Rechtsanwalt in Düsseldorf/ Hamm. Nach seinem Studium und Referendariat in Münster wurde er berufsbegleitend in Bielefeld zum Dr. iur. zur Thematik der D&O-Versicherung und Verteilung unzureichender Versicherungssumme promoviert. Außerdem hat Dr. Peppersack einen LL.M. im Versicherungsrecht während des Referendariats absolviert. Vor seinem jüngsten Eintritt beim Broker Marsh als Head of Claims Financial and Professional Lines (FINPRO) war er als Senior Manager bei der HDI Global Specialty SE am Standort Hannover beschäftigt. Zuvor war Dr. Peppersack mehrere Jahre als Rechtsanwalt bei der internationalen Wirtschaftskanzlei Norton Rose Fulbright LLP im Corporate Insurance Team am Stand-

ort München tätig. Aufgrund seiner bisherigen Spezialisierung übt Dr. Peppersack auch aktuell seine Tätigkeit im Bereich Financial Lines/ W&I mit internationalen Schadenfällen aus. Vor seiner Münchener Anwaltstätigkeit arbeitete Dr. Peppersack mehrere Jahre in Düsseldorf bei dem Makler Howden/hendricks in der Großschadenabteilung, spezifisch im Bereich Financial Lines.

Dr. David Ulrich, LL.M. (Kent)
Dr. David Ulrich ist Rechtsanwalt am Berliner Standort der Kanzlei Wilhelm Rechtsanwälte, wo er Unternehmen und Führungskräfte zum Haftungs- und Versicherungsrecht berät, insbesondere in Fragen der Organhaftung, D&O-Versicherung und Cyberversicherung. Ein Fokus seiner Tätigkeit liegt auf der Unterstützung von Versicherungsnehmern und versicherten Personen bei der Durchsetzung von Versicherungsansprüchen.

Dr. David Ulrich promovierte an der Europa-Universität Viadrina Frankfurt (Oder) zum Thema „Die direkte Inanspruchnahme des D&O-Versicherers". Er hält einen Master in European and International Commercial Law der University of Kent. Zudem publiziert er regelmäßig zu Fragen der D&O-Versicherung sowie der Cyberversicherung.

Johan van der Veer, LLM.
Johan van der Veer ist seit 2011 Rechtsanwalt und seit 2016 Fachanwalt für Versicherungsrecht. Vor dem Referendariat in Berlin war er Mitarbeiter am Lehrstuhl von Prof. Robert Koch in Hamburg. Er ist Co-Leiters des Fokusbereichs Versicherungswirtschaft bei der Sozietät GvW Graf von Westphalen. Hier berät und vertritt er Unternehmen und Versicherer bei der außergerichtlichen und gerichtlichen Regulierung von Schadenfällen in allen Versicherungssparten. Hierzu gehören Deckungsstreitigkeiten in allen Haftpflichtsparten (D&O-, Produkt- und Berufshaftpflichtversicherungen sowie Projektversicherungen im Baubereich) ebenso wie die Regulierung von Sach- und Betriebsunterbrechungsschäden. Er hält einen Master of Insurance Law.

Alicia Verdugo Morales
Alicia Verdugo Morales ist Fachanwältin für Versicherungsrecht und Rechtsanwältin bei Wilhelm Rechtsanwälte in Düsseldorf. Sie studierte Rechtswissenschaften in Tübingen. Vor ihrer Vereidigung als Rechtsanwältin 2021 war sie zwei Jahre als wissenschaftliche Mitarbeiterin und Referendarin in die Bearbeitung von Großschadenfällen bei Wilhelm eingebunden. Schwerpunkte ihrer Arbeit liegen auf den Themen Organhaftung und D&O-Versicherung sowie Vertrauensschadenversicherung und Strafrechtsschutzversicherung.

Lars Winkler
Lars Winkler ist Rechtsanwalt und Gründungspartner der Sozietät Wilhelm in Düsseldorf. Er berät Unternehmen, öffentlich-rechtliche Körperschaften und Entscheidungsträger zur Streitbeilegung und Prozessführung im Bereich Haftung und Versicherung. Regelmäßig vertritt er die versicherungsnehmende Industrie in gerichtlichen Deckungsklagen zur Durchsetzung von Ansprüchen aus Haftpflicht-, D&O- und Sachversicherungsverträgen. Lars Winkler war vor der Gründung der Sozietät Wilhelm langjährig als Repetitor tätig.

Hendrik Witsch
Hendrik Witsch ist Richter im Land Baden-Württemberg, derzeit Strafrichter am Amtsgericht Lahr/ Schwarzwald. Nach dem Studium der Rechtswissenschaft in Berlin war er mehrere Jahre Wissenschaftlicher Mitarbeiter am Lehrstuhl von Univ.-Prof. Dr. Christian Armbrüster (Freie Universität Berlin), dort mit Forschungsschwerpunkten im Privatversicherungs- und Gesellschaftsrecht. Nach dem Referendariat am Kammergericht, u.a. mit Station im Bundesministerium der Justiz (Referat für Kapitalgesellschaftsrecht und Corporate Governance), war er mehrere Jahre als Rechtsanwalt bei der Berliner Sozietät RAUE in der Praxisgruppe Corporate tätig. Dort beriet er überwiegend zu Fragen der Organhaftung und im Bereich D&O-Versicherung, insbesondere zur Anspruchsabwehr versicherter Personen sowie zu Deckungsstreitigkeiten mit D&O-Versicherern. Auch die Beratung von Versi-

cherungsnehmern etwa bei der Inanspruchnahme versicherter Personen, bei Renewals von (internationalen) Versicherungsprogrammen oder allgemein zur Corporate Governance zählten zu seinen Beratungsschwerpunkten. Hendrik Witsch ist Co-Autor des Praxis-Handbuchs Mitterlechner/Wax/Witsch, D&O-Versicherung mit internationalen Bezügen (2. Auflage, 2019), und publiziert regelmäßig zu gesellschafts-, privatversicherungs- und insolvenzrechtlichen Themen.

Abkürzungsverzeichnis

a.A.	anderer Ansicht
a.a.O.	am angegebenen Ort
ABGB	Allgemeines Bürgerliches Gesetzbuch (Österreich)
abgedr.	abgedruckt
Abk.	Abkommen
abl.	ablehnend
ABl.	Amtsblatt
Abs.	Absatz
ABVerm	Allgemeine Bedingungen für die Vermögenshaftpflichtversicherung
a.E.	am Ende
AEUV	Vertrag über die Arbeitsweise der Europäischen Union
AG	Amtsgericht; Aktiengesellschaft
AGG	Allgemeines Gleichbehandlungsgesetz
AGBG	Gesetz zur Regelung des Rechts der Allgemeinen Geschäftsbedingungen (AGB Gesetz)
AHB	Allgemeine Versicherungsbedingungen für die Haftpflichtversicherung
AktG	Gesetz über Aktiengesellschaften und Kommanditgesellschaften auf Aktien
Alt.	Alternative
a.M.	anderer Meinung
amtl. Begr.	amtliche Begründung
Anh.	Anhang
Anl.	Anlage
Anm.	Anmerkung
AnwBl.	Anwaltsblatt
AO	Abgabenordnung
ARB	Allgemeine Bedingungen für die Rechtsschutz-Versicherung
Art.	Artikel
AT	Allgemeiner Teil
Aufl.	Auflage
AVB	Allgemeine Versicherungsbedingungen
AVB-AVG	Allgemeine Versicherungsbedingungen für die Vermögensschaden Haftpflichtversicherung von Aufsichtsräten, Vorständen und Geschäftsführern
AVB Vermögen	Allgemeine Versicherungsbedingungen zur Haftpflichtversicherung für Vermögensschäden
Az.	Aktenzeichen
BaFin	Bundesanstalt für Finanzdienstleistungsaufsicht
BAG	Bundesarbeitsgericht
BayObLG	Bayerisches Oberstes Landesgericht
BBR	Besondere Bedingungen und Risikobeschreibungen
Bd.	Band
BeckRS	Elektronische Entscheidungsdatenbank in beck-online (zitiert mit Jahrgang und lfd. Nummer)
begl.	beglaubigt
Begr.	Begründung
Bek.	Bekanntmachung
Bekl.	Beklagter
Bem.	Bemerkung
Beschl.	Beschluss
Beschw.	Beschwerde
Bespr.	Besprechung
bestr.	bestritten
betr.	betreffend
BFH	Bundesfinanzhof
BGB	Bürgerliches Gesetzbuch
BGBl.	Bundesgesetzblatt
BGH	Bundesgerichtshof

https://doi.org/10.1515/9783110675511-205

BGHGrS	Bundesgerichtshof, Großer Senat
BGHR	BGH-Rechtsprechung Zivilsachen
BGHSt	Entscheidungen des Bundesgerichtshofes in Strafsachen (zit. nach Band u. Seite)
BGHZ	Entscheidungen des Bundesgerichtshofes in Zivilsachen (zit. nach Band u. Seite)
BMI	Bundesminister(ium) des Innern
BMJ	Bundesminister(ium) der Justiz
BR	Bundesrat
BRAK	Bundesrechtsanwaltskammer
BRAO	Bundesrechtsanwaltsordnung
BRDrucks.	Bundesrats-Drucksache
BSG	Bundessozialgericht
Bsp.	Beispiel
BT	Besonderer Teil; Bundestag
BTDrucks.	Bundestagsdrucksache
Buchst.	Buchstabe
BVerfG	Bundesverfassungsgericht
BVerfGE	Entscheidungen des Bundesverfassungsgerichts (zit. nach Band u. Seite)
BVerwG	Bundesverwaltungsgericht
BVerwGE	Entscheidungen des Bundesverwaltungsgerichts (zit. nach Band u. Seite)
bzgl.	bezüglich
bzw.	beziehungsweise
ca.	zirka
dagg.	dagegen
DAV	Deutscher Anwaltsverein; Deutsche Aktuarvereinigung
DB	Der Betrieb
ders.	derselbe
dgl.	dergleichen
d.h.	das heißt
dies.	dieselbe(n)
Diff., diff.	Differenzierung, differenzierend
DIN	Deutsche Industrie Norm
Diss.	Dissertation
D&O	Directors and Officers (Liability Insurance)
DRiB	Deutscher Richterbund
Drucks.	Drucksache
dt.	deutsch
E	Entwurf bzw. Entscheidung
ebd.	ebenda
ebso.	ebenso
EGVVG	Einführungsgesetz zum VVG
ehem.	ehemalig
Einf.	Einführung
eingeh.	eingehend
einschl.	einschließlich
einschr.	einschränkend
Einl.	Einleitung
entgg.	entgegen
Entsch.	Entscheidung
entspr.	entsprechend
Entw.	Entwurf
ErgBd.	Ergänzungsband
Erl.	Erläuterung
etc.	et cetera

EU	Europäische Union
EuGH	Gerichtshof der Europäischen Gemeinschaft
EuGHE	Entscheidungen des Gerichtshofs der Europäischen Gemeinschaften – Amtliche Sammlung
EuGVVO	Verordnung des Rates über die gerichtliche Zuständigkeit und die Anerkennung und Vollstreckung von Entscheidungen in Zivil- und Handelssachen (EG-Verordnung Nr. 44/2001)
EuR	Europarecht
europ.	europäisch
EUV	Vertrag über die Europäische Union (Lissabon-Vertrag)
evtl.	eventuell
EWG	Europäische Wirtschaftsgemeinschaft
EWGV	Vertrag zur Gründung der Europäischen Wirtschaftsgemeinschaft
EWiR	Entscheidungen zum Wirtschaftsrecht
EWR	Europäischer Wirtschaftsraum
f., ff.	folgende
FG	Finanzgericht
Fn.	Fußnote
fragl.	fraglich
FS	Festschrift
GBl.	Gesetzblatt
GbR	Gesellschaft bürgerlichen Rechts
GDV	Gesamtverband der Deutschen Versicherungswirtschaft e.V.
gem.	gemäß
GeschO	Geschäftsordnung
GewO	Gewerbeordnung
gg.	gegen
GG	Grundgesetz für die Bundesrepublik Deutschland
ggf.	gegebenenfalls
GKG	Gerichtskostengesetz
GmbHG	Gesetz betr. die Gesellschaften mit beschränkter Haftung
GmbHR	GmbH-Rundschau (vorher: Rundschau für GmbH)
grdl.	grundlegend
grds.	grundsätzlich
GrS	Großer Senat
GrSZ	Großer Senat in Zivilsachen
Halbs.	Halbsatz
Hdb.	Handbuch
HGB	Handelsgesetzbuch
hins.	hinsichtlich
h.A.	herrschende Ansicht; herrschende Auffassung
h.L.	herrschende Lehre
h.M.	herrschende Meinung
Hrsg./hrsg.	Herausgeber/herausgegeben
h.Rspr.	herrschende Rechtsprechung
i.Allg.	im Allgemeinen
i.d.F.	in der Fassung
i.d.R.	in der Regel
i.d.S.	in diesem Sinne
i.E.	im Ergebnis
i.e.S.	im engeren Sinne
i.gl.S.	im gleichen Sinne
i.Grds.	im Grundsatz
IHK	Industrie- und Handelskammer

i.H.v.	in Höhe von
inl.	inländisch
insbes.	insbesondere
insges.	insgesamt
InsO	Insolvenzordnung
inzw.	inzwischen
i.R.d.	im Rahmen der/des
i.R.v.	im Rahmen von
i.S.	im Sinne
i.S.d.	im Sinne der/des
i.S.e.	im Sinne einer(s)
i.S.v.	im Sinne von
i.U.	im Unterschied
i.V.m.	in Verbindung mit
i.w.S.	im weiteren Sinne
jew.	jeweils
KG	Kammergericht; Kommanditgesellschaft
Kl.	Kläger/in
krit.	kritisch
KStG	Körperschaftsteuergesetz
LG	Landgericht
lit.	littera (Buchstabe)
Lit.	Literatur
LS	Leitsatz
lt.	laut
m.a.W.	mit anderen Worten
m.Bespr.	mit Besprechung
m.krit.Anm.	mit kritischer Anmerkung (von)
m.w.N.	mit weiteren Nachweisen
m.W.v.	mit Wirkung vom
m.zust.Anm.	mit zustimmender Anmerkung
Nachtr.	Nachtrag
n.F.	neue Fassung
NJOZ	Neue Juristische Online Zeitung
NJW	Neue Juristische Wochenschrift
NJWE-VHR	NJW-Entscheidungsdienst Versicherungs-/Haftungsrecht
Nr.	Nummer
NStZ	Neue Zeitschrift für Strafrecht
NVersZ	Neue Zeitschrift für Versicherung und Recht
NZG	Neue Zeitschrift für Gesellschaftsrecht
NZI	Neue Zeitschrift für Insolvenzrecht
o.	oben
o.ä.	oder ähnlich
ob.dict.	obiter dictum
öffentl.	öffentlich
o.g.	oben genannt
OHG	Offene Handelsgesellschaft
OLG	Oberlandesgericht
OLGZ	Entscheidungen der Oberlandesgerichte in Zivilsachen, einschließlich der freiwilligen Gerichtsbarkeit

OVG	Oberverwaltungsgericht
OWiG	Gesetz über Ordnungswidrigkeiten
PartGG	Partnerschaftsgesellschaftsgesetz
PflVG	Pflichtversicherungsgesetz
RefE	Referentenentwurf
Reg.	Regierung
RegE	Regierungsentwurf
RegBl.	Regierungsblatt
RG	Reichsgericht
RGBl.	Reichsgesetzblatt
RL	Richtlinie
Rn.	Randnummer(n)
Rom II-Verordnung	Rom II-Verordnung (Verordnung (EG) Nr. 864/2007 des Europäischen Parlaments und des Rates über das auf außervertragliche Schuldverhältnisse anzuwendende Recht)
Rspr.	Rechtsprechung
RuS	Recht und Schaden
RVG	Rechtsanwaltsvergütungsgesetz
Rz.	Randziffer
s.	siehe
S.	Satz; Seite
s.a.	siehe auch
SB	Selbstbeteiligung
SchiedsVZ	Zeitschrift für Schiedsverfahren
SGB	Sozialgesetzbuch
s.o.	siehe oben
sog.	sogenannt(e)
spez.	speziell
StGB	Strafgesetzbuch
StPO	Strafprozessordnung
str.	strittig; streitig
st.Rspr.	ständige Rechtsprechung
StVG	Straßenverkehrsgesetz
StVO	Straßenverkehrsordnung
s.u.	siehe unten
Tz.	Textzahl
u.	unten
u.a.	unter anderem
u.ä.	und ähnlich
Übk.	Übereinkommen
ü.M.	überwiegende Meinung
umstr.	umstritten
UN/UNO	United Nations Organization (Vereinte Nationen)
unv.	unveröffentlicht
UStG	Umsatzsteuergesetz
u.U.	unter Umständen
UWG	Gesetz gegen den unlauteren Wettbewerb
VAG	Versicherungsaufsichtsgesetz
vermitt.	vermittelnd
VersAG	Versicherungsaktiengesellschaft
VersArch	Versicherungsarchiv

VersPrax, VP	Die Versicherungspraxis
VersR	Versicherungsrecht, Zeitschrift für Versicherungsrecht, Haftungs- und Schadensrecht
VersRAI	Versicherungsrecht, Beilage Ausland
VersRdsch	Versicherungsrundschau (Österreich)
VersVermV	Verordnung über die Versicherungsvermittlung und -beratung
VersVG	österreichisches Versicherungsvertragsgesetz
VersWissArch	Versicherungswissenschaftliches Archiv
VersWiss.Stud.	Versicherungswissenschaftliche Studien, hrsg. von Brömmelmeyer et. al.
VerwArch	Verwaltungsarchiv
VG	Verwaltungsgericht
vgl.	vergleiche
VGH	Verwaltungsgerichtshof
VHB	Allgemeine Hausratversicherungsbedingungen
VN	Versicherungsnehmer/in
VO	Verordnung
VOBl.	Verordnungsblatt
Voraufl.	Vorauflage
Vorbem.	Vorbemerkung
vP	Versicherte Person
VR	Versicherer
VU	Versicherungsunternehmen
VVaG	Versicherungsverein auf Gegenseitigkeit
VVG	Gesetz über den Versicherungsvertrag (Versicherungsvertragsgesetz)
VVG-InfoV	Verordnung über Informationspflichten bei Versicherungsverträgen
VVGRefG bzw.	Gesetz zur Reform des Versicherungsvertragsrechts vom 23.11.2007 (BGBl. I S. 2631)
VW	Versicherungswirtschaft
weitergeh.	weitergehend
(Z)	Entscheidung in Zivilsachen
z.B.	zum Beispiel
ZEuP	Zeitschrift für Europäisches Privatrecht
ZfRV	Zeitschrift für Rechtsvergleichung, Internationales Privatrecht u. Europarecht
ZfS/zfs	Zeitschrift für Schadensrecht
ZfV	Zeitschrift für Versicherungswesen
ZGR	Zeitschrift für Unternehmens- und Gesellschaftsrecht
Ziff.	Ziffer
ZIP	Zeitschrift für Wirtschaftsrecht
zit.	zitiert
ZPO	Zivilprozessordnung
z.T.	zum Teil
zusf.	zusammenfassend
zust.	zustimmend
zutr.	zutreffend
ZVersWiss	Zeitschrift für die gesamte Versicherungswissenschaft (zitiert nach Jahr und Seite)
zw.	zweifelhaft

Verzeichnis der abgekürzt zitierten Literatur

Armbrüster	Privatversicherungsrecht, 2. Aufl. (2019)
Bamberger/Roth/Hau	Kommentar zum Bürgerlichen Gesetzbuch in fünf Bänden, 5. Aufl. (2023); zitiert: BRHP/*Bearbeiter*
Beckmann/Matusche-Beckmann	Versicherungsrechts-Handbuch, 3. Aufl. (2015)
BeckOGK	beck-online.GROSSKOMMENTAR für das Handels- und Gesellschaftsrecht, hrsg. von Martin Henssler (Stand: 1.2.2024)
BeckOK GmbHG	Beck'scher Online-Kommentar GmbHG, hrsg. von Hildegard Ziemans/Carsten Jaeger/Moritz Pöschke, 60. Edition (Stand: 1.5.2024)
BeckOK-VVG	Beck'scher Online-Kommentar VVG, hrsg. von Marlow/Spuhl (Stand: 1.2.2024)
Berliner Kommentar	Berliner Kommentar zum Versicherungsvertragsgesetz: Kommentar zum deutschen und österreichischen VVG, hrsg. von H. Honsell (2012)
Brand/Baroch Castellvi	Versicherungsaufsichtsgesetz, 2. Aufl. (2024)
Bruck/Möller	Großkommentar zum Versicherungsvertragsgesetz und zu den Allgemeinen Versicherungsbedingungen, geschäftsführend herausgegeben von Roland Michael Beckmann und Robert Koch, weitere Herausgeber Horst Baumann und Katharina Johannsen, 10. Aufl. (2021 ff.)
van Bühren	Hdb Handbuch Versicherungsrecht, 7. Aufl. (2017)
van Bühren/Plote	Allg. Bedingungen für die Rechtsschutzversicherung: ARB, 3. Aufl. (2013)
Geigel	Haftpflichtprozess, 29. Aufl. (2024)
Grimm	Unfallversicherung: AUB, 6. Aufl. (2021)
Grüneberg	Bürgerliches Gesetzbuch, 83. Aufl. (2024)
Halm/Engelbrecht/Krahe	Handbuch des Fachanwalts Versicherungsrecht, 6. Aufl. (2018)
Harbauer	Rechtsschutzversicherung. Kommentar zu den Allgemeinen Bedingungen für die Rechtsschutzversicherung (ARB), 9. Aufl. (2018)
HdV	Handwörterbuch der Versicherung, hrsg. von Farny/Helten/Koch/Schmidt (1988)
HK-VVG	Versicherungsvertragsgesetz Handkommentar, hrsg. von Rüffer/Halbach/Schimikowski, 4. Aufl. (2019)
Hopt	Handelsgesetzbuch: HGB, 43. Aufl. (2024)
Ihlas	D&O – Directors and Officers Liability, 2. Aufl. (2009)
Jauernig	Bürgerliches Gesetzbuch: BGB, 19. Aufl. (2023)
Kaulbach/Bähr/Pohlmann	Versicherungsaufsichtsgesetz, 6. Aufl. (2019)
Lange	D&O-Versicherung und Managerhaftung, 2. Aufl. (2022)
Langheid/Rixecker	Versicherungsvertragsgesetz, 7. Aufl. (2022)
Looschelders/Pohlmann	VVG Versicherungsvertragsgesetz, Kommentar, 4. Aufl. (2023)
Littbarski	AHB Allgemeine Versicherungsbedingungen für die Haftpflichtversicherung (AHB) (2001)
Littbarski/Tenschert/Klein	Betriebs- und Berufshaftpflichtversicherung, Allgemeine Versicherungsbedingungen für die Betriebs- und Berufshaftpflichtversicherung (AVB BHV) (2023)
MAH	Versicherungsrecht/Münchener Anwaltshandbuch Versicherungsrecht, hrsg. von Höra, 5. Auflage (2022)
Meixner/Steinbeck	Allgemeines Versicherungsvertragsrecht, 2. Aufl. (2011)
Mitterlechner/Wax/Witsch	D&O-Versicherung mit internationalen Bezügen, 2. Aufl. (2019)
MüKoAktG	Münchener Kommentar zum Aktiengesetz, hrsg. von Goette/Habersack/Kalss, 6. Aufl. (2023 ff.)
MüKoBGB	Münchener Kommentar zum Bürgerlichen Gesetzbuch, hrsg. von Rebmann/Säcker/Rixecker, 8. Aufl. (2018 ff.)
MüKoGmbHG	Münchener Kommentar zum GmbHG, hrsg. von Fleischer/Goette, 4. Aufl. (2023)
MüKoVVG	Münchener Kommentar Versicherungsvertragsgesetz, hrsg. von Langheid/Wandt, 3. Aufl. (2022 ff.)
MüKoZPO	Münchener Kommentar zur Zivilprozessordnung mit Gerichtsverfassungsgesetz und Nebengesetzen, hrsg. von Rauscher/Wax/Wenzel, 5. Aufl. (2016 ff.), 6. Aufl. (2020 ff.)

https://doi.org/10.1515/9783110675511-206

MüKoStGB	Münchener Kommentar zum Strafgesetzbuch, hrsg. von Joecks/Miebach, 4. Aufl. (2020 ff.), 4. Aufl. (2020 ff.)
Prölss/Martin	Versicherungsvertragsgesetz, 32. Aufl. (2024)
Prölss/Dreher	Versicherungsaufsichtsgesetz, hrsg. von Dreher, 13. Aufl. (2018)
Schwintowski/Brömmelmeyer	Praxiskommentar zum Versicherungsvertragsrecht, 4. Aufl. (2021)
Seitz/Finkel/Klimke	D&O-Versicherung, Kommentar zu den AVB-AVG (2016)
Späte/Schimikowski	Haftpflichtversicherung, 2. Aufl. (2015)
Staudinger	Kommentar zum Bürgerlichen Gesetzbuch mit Einführungsgesetz und Nebengesetzen, 13. Bearbeitung (1993 ff.)
Staudinger/Halm/Wendt	Versicherungsrechtskommentar, 3. Aufl. (2023)
Ulmer/Brandner/Hense	AGB-Recht, 13. Aufl. (2022)
Veith/Gräfe/Lange/Rogler	Der Versicherungsprozess, 5. Aufl. (2023)
Wandt	Versicherungsrecht, 6. Aufl. (2016)
Wieczorek/Schütze	Zivilprozessordnung und Nebengesetze, 4. Band, 5. Aufl. (2022)
Wolf/Lindacher/Pfeiffer	AGB-Recht, Kommentar, 7. Aufl. (2020)
Zöller	Zivilprozessordnung mit Gerichtsverfassungsgesetz und Nebengesetzen, 35. Aufl. (2024)

Einführung

Schrifttum

Altmeppen GmbHG Kommentar, 11. Auflage 2023; *Armbrüster/Schilbach* D&O-Versicherungsschutz für Ansprüche nach § 64 Satz 1 GmbHG, ZIP 2018, 1853, 1858 f.; *Armbrüster* Neues vom BGH zur D&O-Versicherung, NJW 2016, 2155; *Bauer/Malitz* Ansprüche wegen verbotener Zahlung und D&O Versicherung, ZIP 2018, 2149, 2152, 2154; *Bork/Schäfer* GmbHG, 5. Auflage 2022; *Böttcher* Verpflichtung des Vorstands einer AG zur Durchführung einer Due Diligence, NZG 2005 49; *Böttcher* Compliance: Der IDW PS 980 – Keine Lösung für alle (Haftungs-)Fälle!, NZG 2011 1054; *Bunz* Die Business Judgment Rule bei Interessenkonflikten im Kollegialorgan, NZG 2011 1294; *Commandeur/Brocker* Aktuelle Entwicklungen im Insolvenzrecht, NZG 2018, 1295, 1297 f.; *Cyrus* Neue Entwicklungen in der D&O-Versicherung, NZG 2018, 7; *Dietz-Vellmer* Organhaftungsansprüche in der Aktiengesellschaft: Anforderungen an Verzicht oder Vergleich durch die Gesellschaft, NZG 2011 248; *Drygala/Staake/Szalai* Kapitalgesellschaftsrecht, 2012; *Fleischer* Handbuch des Vorstandsrechts, 2006; *Fleischer* Zum Grundsatz der Gesamtverantwortung im Aktienrecht, NGZ 2003 449; *Fleischer* Die „Business Judgment Rule": Vom Richterrecht zur Kodifizierung, ZIP 2004 685; *Fleischer* Aktienrechtliche Compliance-Pflichten im Praxistest: Das Siemens/Neubürger-Urteil des LG München I, NGZ 2014 321; *Fleischer* Aktuelle Entwicklungen der Managerhaftung, NJW 2009 2337; *Fleischer/Goette* Münchener Kommentar zum GmbHG, Band 2, 4. Auflage 2023; *Fortmann* Kein D&O-Versicherungsschutz für Inanspruchnahmen nach § 64 GmbHG, Anmerkung zu: OLG Düsseldorf 4. Zivilsenat, Urteil vom 20.7.2018 – I-4 U 93/16, jurisPR-VersR 9/2018 Anm. 1; *Fortmann* Strafverteidigungskosten in der D&O-Versicherung – Anmerkung zu LG Köln, Urt. v. 10.4.2014 – 24 O 373/13, r+s 2023, 248; *Grigoleit* Aktiengesetz, 2. Auflage 2020; *Grunewald* Interne Aufklärungspflichten von Vorstand und Aufsichtsrat, NZG 2013 841; *Guntermann* Strafrechtsschutz in der D&O-Versicherung – Anmerkungen zu OLG Hamm, Beschl. v. 13.7.2023 – 20 U 64/22, RuS 2023, 1045; *Guntermann* Der nemo-tenetur-Grundsatz und versicherungsrechtliche Anzeige- und Informationspflichten – Konflikte und Lösungsansätze im Strafrechtsschutz, r+s 2022, 442; *Habersack/Casper/Löbbe* GmbHG Großkommentar, Band 2, 3. Auflage 2020; *Harbarth/Jaspers* Verlängerung der Verjährung von Organhaftungsansprüchen durch das Restrukturierungsgesetz, NZG 2011 368; *Harzenetter* Abtretung des Freistellungsanspruchs aus einer D&O-Versicherung nach den BGH-Urteilen vom 13.4.2016, NZG 2016, 728; *Held* Compliance und D&O-Versicherung – Widerspruch oder Anspruch?, CB 2016, 393, 395; *Hendricks* Aktuelles aus der D&O-Schadendatenbank, Vortrag auf dem Webinar „D&O-Update" am 28. September 2023; *Hennrichs* Gesellschafterbeschlüsse über Geschäftsführungsmaßnahmen und Treupflicht, NZG 2015 41; *Henssler/Strohn* Gesellschaftsrecht, Aktiengesetz, 5. Auflage 2021; *Herdter* D&O-Eigenschadenversicherung: Innovation zu Lasten der Versicherten?, VersicherungsPraxis 07/2018, S. 28; *Herdter* Führungsklausel bei Mitversicherung und Layer-Deckungen, VersicherungsPraxis 10/2012, S. 201; *Herdter* Wegfall der Arbeitnehmerprivilegierung für Prokuristen und leitende Angestellte durch D&O Versicherung, VersicherungsPraxis 08/2014, 145; *Herdter* Haftungsrisiken von Managern mithilfe von Verschaffungsklauseln begrenzen, VersicherungsPraxis, 09/2015, S. 36; *Hirte/Mülbert/Roth* Großkommentar AktG, Band 4/2, 5. Auflage 2015; *Hoffmann-Becking* Münchener Handbuch des Gesellschaftsrechts, Band 4, 4. Auflage 2015; *Hölters/Weber* Aktiengesetz: AktG, 4. Auflage 2022; *Hüffer/Koch* Aktiengesetz, 15. Auflage 2021; *Ihlas* D&O Directors & Officers Liability, 2. Aufl. 2009; *Koch* Aktiengesetz, 17. Auflage 2023; *Koch* Abtretung des Freistellungsanspruchs in D&O-Innenhaftungsfällen, VersR 2016, 765-768; *Krieger/Schneider* Handbuch Managerhaftung, 4. Auflage 2023; *Lutter/Krieger/Verse* Rechte und Pflichten des Aufsichtsrats, 7. Auflage 2020; *Lutter* Haftung und Haftungsfreiräume des GmbH-Geschäftsführers – 10 Gebote an den Geschäftsführer, GmbHR 2000 301; *Lutter* Interessenkonflikte und Business Judgment Rule, Festschrift für Claus-Wilhelm Canaris, Band II 2007 S. 245; *Markgraf/Henrich* Die D&O-Versicherung und § 64 S. 1 GmbHG – Schein-Assekuranz oder Risikoübernahme?, NZG 2018, 1290, 1294; *Melot de Beauregard/Gleich* Aktuelle Problemfelder bei der D&O-Versicherung, NJW 2013, 824; *Primozic/Nöller* Zum Deckungsumfang der Directors-and-Officers-Versicherung (D&O-Versicherung), ZInsO 2018, 2509, 2511; *Michalski/Heidinger/Leible/J. Schmidt* GmbH-Gesetz, 4. Auflage 2023; *Noack/Servatius/Haas* GmbH-Gesetz, 23. Auflage 2022; *Prinz/Winkeljohann* Beck'sches Handbuch der GmbH, 6. Auflage 2021; *Prühs* D&O-Versicherungen – Ein Marktüberblick, GmbH-Stpr 2021, 204; *v. Schenk* Handlungsbedarf bei der D&O-Versicherung, NZG 2015, 494.; *Römermann* Münchener Anwaltshandbuch GmbHG, 5. Auflage 2023; *Segger/Neveling* Abstimmungs- und Rücksichtnahmepflichten der D&O-VR bei der Schadenregulierung, r+s 2023, 693; *Seibt/Scholz* Rechtsstellung designierter Vorstandsmitglieder, AG 2016 557; *Spindler* Compliance in der multinationalen Bankengruppe, WM 2008 905; *Spindler/Stilz* Aktienrecht, Band 1, 5. Auflage 2022; *Steffek* Die Innenhaftung von Vorständen und Geschäftsführern – Ökonomische Zusammenhänge und rechtliche Grundlagen, JuS 2010 295; *Towers Perrin/Ihlas & Köberich* Directors and Officers Liability – Erste D&O-Versicherungsstudie Deutschland 2007; *Ulrich* Die direkte Inanspruchnahme des D&O-Versicherers, 1. Aufl. 2021; *Ulrich* Die direkte Inanspruchnahme des D&O-Versicherers – eine interessengerechte Alternative?, r+s 2022, 608; *Wicke* Gesetz betreffend die Gesellschaften mit beschränkter Haftung (GmbHG) Kommentar, 4. Auflage 2020; *Ziemons/Jäger/Pöschke* Beck'scher Online Kommentar GmbHG, 58. Edition, Stand: 1.11.2023.

https://doi.org/10.1515/9783110675511-001

Übersicht

A. Einführung — 1

B. Wesen und Zweck der D&O-Versicherung — 13

I. Schutz vor Haftungs- und Kostenrisiken — 14

II. Bilanzschutzfunktion — 18

III. D&O als Standard und vertragliche Pflicht — 21

C. Funktionsweise der D&O-Versicherung

I. Die Beteiligten: Das Mehrparteienverhältnis der D&O-Versicherung — 25
1. Versicherungsnehmer — 26
2. Versicherte Personen — 29
3. Versicherer — 36

II. Umfang und Grenzen des Versicherungsschutzes — 39
1. Ausschlüsse — 41
2. Selbstbehalt — 48
3. Deckungssumme — 51
4. Zeitliche Begrenzung — 55
5. Ergänzende Deckungsbausteine — 59
   a) Strafrechtsschutzausschnittsdeckung — 60
   b) Eigenschadendeckung — 65
   c) PR-Kosten — 71
   d) Anwaltliche Beratung — 72
   e) Weitere Bausteine — 73

III. Eintritt und Ablauf eines Versicherungsfalls — 74
1. Innenregress: Der Regelfall — 75
2. Versicherungsfall Inanspruchnahme — 76
3. Haftungsrechtliche Auseinandersetzung — 82
4. Abschluss der Schadenregulierung — 85

D. Der D&O-Markt in Deutschland

I. Geschichtliche Entwicklung der D&O-Versicherung in Deutschland — 90

II. Besonderheiten im internationalen Vergleich — 93

III. Bedingungsentwicklung — 99

IV. Marktakteure — 102

V. Prämien und Schäden: Die D&O in Zahlen — 105

E. Die D&O-Versicherung in der Rechtsprechung und juristischen Diskussion — 108

I. Ausgewählte gerichtliche Entscheidungen — 109
1. OLG Düsseldorf zur Anfechtung des D&O-Versicherungsvertrags (2005) — 112
2. BGH zur Abtretung des Freistellungsanspruchs und Ernstlichkeit der Inanspruchnahme (2016) — 118
3. BGH zum Direktanspruch des Versicherungsnehmers nach Untätigkeit der versicherten Personen (2017) — 129
4. BGH zur Deckung für Zahlungen nach Insolvenzreife (2020) — 133

II. Offene Streitfragen der D&O-Versicherung — 138

F. Organhaftung — 141

I. Entwicklung der Tatbestände — 144

II. Innenhaftung als Regelfall — 154

III. Pflichten der Organmitglieder — 156

IV. Haftung für unternehmerische Entscheidungen: Business Judgment Rule — 164

V. Geltendmachung und Ausschluss — 168

G. Aktiengesellschaft — 173

I. Anspruchsgrundlagen — 174

II. Innenhaftung — 179
1. Sorgfaltspflichten — 180
   a) Vorstand — 182
      aa) Pflicht zur ordnungsgemäßen Geschäftsführung — 185
         (1) Rechtmäßigkeit — 186
         (2) Ordnungsmäßigkeit — 198
         (3) Wirtschaftlichkeit und Zweckmäßigkeit — 206
      bb) Treue- und Verschwiegenheitspflicht — 228
      cc) Business Judgement Rule — 235
      dd) Ressorts, Delegation, Aufteilung — 252
      ee) Konzern — 263

b) Aufsichtsrat — 280
aa) Pflicht zur ordnungsgemäßen Überwachung — 284
(1) Rechtmäßigkeit — 286
(2) Ordnungsmäßigkeit — 288
(3) Zweckmäßigkeit — 289
bb) Mitwirkung (Vorbereitung, Anwesenheit etc.) — 291
cc) Ausschüsse, Delegation — 292
dd) Geltendmachung von Haftungsansprüchen — 296
2. Verschulden — 297
3. Schaden und Kausalität — 300
4. Darlegungs- und Beweislast — 303
5. Haftungsausschlüsse und -einschränkungen — 306
6. Verjährung — 307
7. Geltendmachung und Vertretung — 311

III. Außenhaftung — 312
1. Geltendmachung durch Aktionärinnen und Aktionäre — 313
2. Außenhaftung nach anderen Normen — 315

H. Gesellschaft mit beschränkter Haftung

I. Anspruchsgrundlagen — 318

II. Innenhaftung
1. Sorgfaltspflichten — 321
a) Sorgfaltsmaßstab — 322
b) Verhaltenspflichten — 325
aa) Pflicht zur ordnungsgemäßen Unternehmensleitung — 326
bb) Organisationspflicht — 327
cc) Legalitätspflicht — 329
dd) Treuepflicht — 331
c) Pflichtverletzung — 332
2. Verschulden — 334
3. Schaden und Kausalität — 335
4. Darlegungs- und Beweislast — 337
5. Haftungsausschlüsse und -einschränkungen, Verjährung — 339
6. Voraussetzungen der Geltendmachung — 343
7. Haftung des Geschäftsführers nach § 43 Abs. 3 GmbHG
a) Tatbestand — 346
aa) Verstoß gegen §§ 30, 33 GmbHG — 347
bb) Verschulden — 350
b) Rechtsfolge: Schadensersatz — 351
c) Eingeschränkte Verzichts- und Vergleichsmöglichkeiten im Vergleich zu § 43 Abs. 2 GmbHG — 352
d) Darlegungs- und Beweislast — 353

III. Außenhaftung — 354

I. Kommanditgesellschaft — 356

I. Innenhaftung des Geschäftsführers gegenüber der Komplementär-GmbH — 357

II. Haftung des Geschäftsführers gegenüber der KG — 359

A. Einführung

Die D&O-Versicherung hat es nicht leicht. Wohl keine andere Versicherungssparte muss sich mit derart schlechter Presse abfinden, wie die kurz als „D&O“ bekannte Vermögensschaden-Haftpflichtversicherung für Vorstände, Aufsichtsräte und Geschäftsführer. Sind die Beweggründe doch unterschiedlich, so kommen Tages-, Wirtschafts- und Fachpresse sowie die sich darin zu Wort meldenden Akteure aller Seiten dennoch unisono zu dem Schluss, dass die D&O-Versicherung kein Lob verdient habe. Die Vorwürfe könnten dabei unterschiedlicher kaum sein: Mal wird ihr vorgeworfen, keinen (belastbaren) Schutz zu bieten – mal wird ihr vorgeworfen, *dass* sie Versicherungsschutz bietet. 1

In der breiten Öffentlichkeit ist die D&O als „Versicherung der Manager“ bekannt. Als solche erregt sie regelmäßig im Zusammenhang mit Wirtschaftsskandalen wie dem „Dieselgate“ oder dem „Wirecard-Skandal“ die Gemüter der Leserinnen und Leser von Nachrichtenportalen, Zeitungen und Social Media Posts. Im Tenor sind sich die Veröffentlichungen meist einig: Die für den Skandal verantwortlichen Manager sollen für ihre Verfehlungen büßen – sprich: zahlen. 2

Zwischen dem Skandal und dieser als gerecht empfundenen Katharsis steht dann jedoch verhindernd die D&O-Versicherung, die – so lautet eine gängige journalistische Formulierung – „einen großen Teil des Schadensersatzes übernehmen“ werde. Meldungen wie „Unternehmen XY 3 einigt sich mit Vorständen und D&O-Versicherern auf einen Vergleich“ dürften für mehr als 99 Prozent der deutschen Bevölkerung zu den einzigen Berührungspunkten mit der D&O-Versicherung zählen. Sie verfestigen den Ruf der D&O als Sicherheitsnetz vermeintlich gieriger oder mindestens unfähiger Manager, die deshalb nie so tief fallen können, wie sie es der öffentlichen Meinung zufolge eigentlich verdient hätten.

4 Dieses Zerrbild wird der D&O-Versicherung natürlich nicht gerecht. Es verkennt, dass das Gros der gegen Entscheidungsträger gerichteten Schadensersatzforderungen nicht im Rahmen öffentlichkeitswirksamer Wirtschaftsskandale erhoben wird. In den wenigsten Fällen sind Gier oder betrügerische Absichten Ursache der von der D&O-Versicherung ausgeglichenen Vermögensschäden. Dem gebietet bereits der Vorsatzausschluss der D&O ausreichend (und vielfach über das Ziel hinausschießend) Einhalt.

5 Geschäftsführer und Vorstandsmitglieder haften hierzulande bereits für einfache Fahrlässigkeit persönlich – also für menschliche Fehlbarkeit, vor der Unternehmenslenker genauso wenig gefeit sind wie der Rest der Bevölkerung. Wer aus Gerechtigkeitsempfinden das Produkt D&O-Versicherung grundsätzlich in Frage stellt, müsste sich mit den Folgen auseinandersetzen: Viele Führungspositionen in der deutschen Wirtschaft blieben unbesetzt, weil auch hohe Gehälter die Millionenrisiken nicht ausgleichen können. Entscheidungsträger, die Fehler begehen, wären in der Regel persönlich finanziell ruiniert. Eine Kultur der maximalen Risikovermeidung, Verantwortungsverschiebung und Innovationsaversion würde Raum greifen.

6 Doch auch unter den Anbietern und Kunden hat die D&O keinen guten Ruf: Es gehört zum guten Ton der Diskussionen auf Konferenzen und Fachtagungen, dass Versicherer hohe Schadenquoten und eine ausufernde „Anspruchsmentalität“ der Kunden, also der Unternehmen, beklagen, während ebenjene den Versicherern stetig steigende Prämien, fehlende Deckungskapazitäten, sich verschlechternde Versicherungsbedingungen und eine schleppende Schadenregulierung vorhalten. Wer hat Recht? Beide Seiten, denn der D&O-Markt ist Schwankungen unterworfen. Für die am D&O-Markt tätigen Versicherer ist in vielen Geschäftsjahren die Sparte Managerhaftpflicht nicht auskömmlich, d.h. Schadenzahlungen und Kosten übersteigen die Prämieneinnahmen. Die Gründe hierfür sind vielfältig, aber eine diffuse „Anspruchsmentalität“ der versicherungsnehmenden Unternehmen gehört wohl kaum dazu. Vielmehr verzerren zum einen einzelne Großschäden – etwa der bereits erwähnte Dieselskandal oder der Schadensersatzprozess gegen den ehemaligen Deutsche Bank-Chef Rolf Breuer – die Statistik und schlagen dann bei einer großen Zahl involvierter Versicherer ins Kontor.

7 Zum anderen dürften die Prämien lange Zeit zu niedrig kalkuliert worden sein. Zum Teil unabsichtlich, weil Haftungsdynamiken nicht rechtzeitig erkannt und eingepreist wurden. Hier schlägt insbesondere zu Buche, dass Insolvenzen heute regelmäßig mit einer Inanspruchnahme der ehemaligen Entscheidungsträger einhergehen, weil Insolvenzverwalter andernfalls Gefahr laufen, selbst von der Gläubigerversammlung in Anspruch genommen zu werden. Besonders in konjunkturell schwierigen Zeiten mit hohen Insolvenzzahlen steigen somit die Organhaftungsfälle und somit auch die potenziellen D&O-Schäden mitunter sprunghaft an – und lassen die Sparte in die roten Zahlen rutschen.

8 Zum Teil setz(t)en Anbieter aber auch bewusst niedrige Prämien an, um bei Unternehmen „einen Fuß in die Tür“ zu bekommen. Hierfür eignet sich die D&O-Versicherung wie keine zweite Sparte, denn sie hat die Aufmerksamkeit des Vorstands oder der Geschäftsführung. Während der Einkauf und die Verwaltung der betrieblichen Versicherungen in der Regel der zweiten oder dritten Managementebene anvertraut wird und meist erst nach Schadenfällen wie Großbränden oder Cyberangriffen in den Fokus der Unternehmensleitung rückt, steht die D&O-Versicherung im Top-Management regelmäßig auf der Tagesordnung. Die organschaftlichen Haftungsrisiken sind in der Unternehmensführung meist mindestens abstrakt geläufig und das Produkt D&O hat auch in den Führungsetagen des Mittelstands mittlerweile einen hohen Bekanntheitsgrad. Wer sich als Versicherer beim Thema D&O auf der Entscheider-Ebene kompetent und vertrauenswürdig positioniert, gewinnt oftmals auch den Zuschlag für weitere Bestandteile des unternehmenseigenen Versicherungsportfolios. Marktbeobachter sprechen hier mitunter trotz Spartentrennung von

einer de facto hausinternen Quersubventionierung der D&O-Versicherung durch klassische Industrieversicherungen jedenfalls bei jenen Anbietern, die das gesamte Spektrum der betrieblichen Versicherungen im Programm haben. Die Managerhaftpflicht ist oftmals also gleichermaßen Sorgenkind wie auch Aushängeschild der Versicherer.

Ebenso vielschichtig wie die Gründe für die ambivalente Haltung der Versicherer zu ihrem eigenen Produkt sind die Gründe des häufigen Unmuts auf Kundenseite. Die Kunden der D&O-Versicherung – so will es die Gestaltung als Versicherung für fremde Rechnung – sind die in Deutschland tätigen Unternehmen vom kleinen Mittelstand bis zum DAX-Konzern. Sie kaufen bei den Anbietern Deckung für ihr Management ein und verknüpfen damit eine gewisse Erwartungshaltung. Hier ist zum einen das Prämienniveau zu nennen. Mit strukturell und vor allem in den langen Phasen des weichen Markts niedrig kalkulierten D&O-Prämien haben sich die Versicherer eine schwierige Ausgangsposition geschaffen, von der aus jede Prämienerhöhung gut begründet werden muss und – nachvollziehbarerweise – zunächst auf kundenseitigen Unmut stößt. Die versicherten Manager beschäftigen sich in der Regel nur anlässlich des erstmaligen Eindeckens oder des Versichererwechsels mit der firmeneigenen D&O und legen hier auch im eigenen Interesse das Hauptaugenmerk auf den Leistungsumfang der Police. Die mit den Renewals der Verträge einhergehenden Prämienerhöhungen hat dann der Versicherungsmakler, der firmenverbundene Vermittler, die Einkaufsabteilung oder ein anderer mit der Verwaltung der Policen betrauter Mitarbeiter der Unternehmensführung mitzuteilen. Prämienerhöhungen ohne Verbesserungen des Versicherungsschutzes bringen damit jene in eine unangenehme Situation, die dieses intern rechtfertigen müssen. Besonders heikel wird es, wenn sich der Versicherungsschutz gar noch verschlechtert, etwa weil eine geringere Versicherungssumme von den Versicherern angeboten wird als bisher oder der bestehende Vertrag neue Ausschlüsse erhält. Auch aus diesem unternehmensinternen Kommunikationsdilemma erklärt sich der auf Konferenzen von Risikomanagern oftmals deutlich geäußerte Unmut der Versicherungsnehmer. 9

Doch nicht nur aus dem Markt und der breiten Öffentlichkeit schlägt der D&O-Versicherung beständig Kritik entgegen. Auch Juristen lassen in der Vielzahl der Veröffentlichungen zur Managerhaftpflichtversicherung regelmäßig kein gutes Haar am rechtlichen Konzept der D&O. Die Übertragung der Sparte aus dem US-amerikanischen Organhaftungsregime und den dort etablierten Versicherungskonzepten auf den deutschen Markt hat seit ihrer Einführung für vielfältige Diskussionen gesorgt und zahlreiche Rechtsfragen aufgeworfen, die oftmals erst in der Schadenregulierung zu Tage treten und zu Hürden für eine schnelle Klärung der Eintrittspflicht des Versicherers werden. Die aufgrund der meist komplexen Sachverhalte und der oft über mehrere Instanzen umkämpften haftungsrechtlichen Auseinandersetzung ohnehin schon langwierige Schadenregulierung zieht sich noch weiter in die Länge. 10

Die Klärung dieser Rechtsfragen durch die Gerichte kam indessen in der Vergangenheit nur zögerlich voran. Die Versicherer sind darauf bedacht, kritische Fälle vor einer Entscheidung außergerichtlich zu vergleichen, während die anspruchsberechtigten versicherten Manager öffentlichkeitswirksame Prozesse nach Möglichkeit vermeiden möchten. Die Zahl der richtungweisenden BGH-Entscheidungen zur D&O-Versicherung lässt sich daher auch rund 30 Jahre nach Markteinführung noch an einer Hand abzählen. Für lebhafte juristische Debatten lässt der Mangel an Rechtsprechung umso größeren Raum – zumal die wenigen Entscheidungen selbst oft ebenfalls neue Rechtsfragen nach sich ziehen, wie etwa die höchstrichterliche Bestätigung der Zulässigkeit einer direkten Inanspruchnahme des D&O-Versicherers durch den Versicherungsnehmer nach Anspruchsabtretung.[1] 11

Die Unzulänglichkeiten der rechtlichen Ausgestaltung der D&O-Versicherung in ihrer heutigen Form möchte auch das vorliegende Werk nicht verschweigen und im Gegenteil die praxisrelevanten offenen Rechtsfragen mit besonderem Augenmerk adressieren. Die kritische Auseinandersetzung mit der Managerhaftpflichtversicherung soll dabei kein Selbstzweck sein, sondern helfen, das Produkt D&O langfristig für alle Beteiligten zu verbessern. Neben der weiterhin notwendigen 12

1 BGH NJW **2016** 2184; BeckRS **2016** 7881.

höchstrichterlichen Klärung strittiger Aspekte bedarf es auch einer interessengerechten Weiterentwicklung der Versicherungsbedingungen, damit die D&O-Versicherung den Nimbus des Produkts der allseits enttäuschten Erwartungen eines Tages wird ablegen können. Zu einer solchen konstruktiven Fortentwicklung des Rechts der D&O-Versicherung möchten die folgenden Ausführungen einen Beitrag leisten.

B. Wesen und Zweck der D&O-Versicherung

13 Die D&O-Versicherung ist die **Vermögensschaden-Haftpflichtversicherung** für das Management. Ihrem amerikanischen Ursprung nach schützt sie *Directors & Officers*, in Deutschland entsprechend Mitglieder von Vorstand und Aufsichtsrat sowie Geschäftsführer vor den finanziellen Folgen von Pflichtverletzungen im Rahmen ihrer organschaftlichen Tätigkeit. Seit ihren Anfängen in Deutschland in den 1980er Jahren hat sie sich zu einem zentralen Element des Risikomanagements in der deutschen Wirtschaft entwickelt.

I. Schutz vor Haftungs- und Kostenrisiken

14 Die Folgen von Pflichtverletzungen sind in Deutschland schwerwiegend: Den Manager trifft im Grundsatz eine strenge und unbegrenzte Haftung. Das heißt zum einen, bereits **einfache Fahrlässigkeit** des Managers kann eine Schadensersatzpflicht zur Folge haben. Zum anderen bedeutet dies, dass diese Schadensersatzpflicht nicht summenmäßig gedeckelt oder an das Einkommen gekoppelt ist, wie die arbeitsgerichtliche Rechtsprechung dies im Rahmen der Arbeitnehmerprivilegierung für Arbeitnehmer entwickelte.[2]

15 Die Haftungsrisiken, denen sich Führungskräfte hierzulande ausgesetzt sehen, übersteigen selbst bei den Topverdienern der deutschen Wirtschaft das vorhandene Privatvermögen regelmäßig um ein Vielfaches. Eine erfolgreiche Inanspruchnahme auf Schadensersatz bedeutet für unversicherte Entscheidungsträger deshalb mitunter den persönlichen finanziellen Ruin. Die D&O-Versicherung schützt somit das **Privatvermögen** der versicherten Personen in ganz erheblichem Umfang und ermöglicht so erst die in der Unternehmensführung notwendige maßvolle Risikobereitschaft und Handlungsfreiheit der Entscheidungsträger.

16 Die dem Versicherten zustehenden **Hauptleistungen** der D&O-Versicherung sind – wie in der Haftpflichtversicherung allgemein üblich – die Abwehr unberechtigter Schadensersatzforderungen sowie die Freistellung von berechtigten Schadensersatzansprüchen bis zur maximal vereinbarten (und dann noch verfügbaren) Versicherungssumme. Neben der **Freistellungsfunktion** steht also gleichrangig die **Rechtschutzfunktion** der D&O-Versicherung.

17 Durch die Übernahme der **Rechtsanwaltshonorare** sichert der D&O-Versicherer den Manager gegen das Kostenrisiko eines langwierigen und komplexen Haftungsprozesses ab. Regelmäßig entstehen in derartigen Fällen, die oft über mehrere Instanzen geführt werden, Verteidigungskosten in sechsstelliger Höhe oder noch darüber hinaus.

II. Bilanzschutzfunktion

18 Die D&O-Versicherung erfüllt zugleich auch eine **Bilanzschutzfunktion**.[3] Der rechtliche Rahmen der Organhaftung in Deutschland – mit umfangreichen Pflichten der Organe gegenüber ihren Gesellschaften bei zugleich höheren Hürden einer Außenhaftung der Organe gegenüber Dritten – bedingt, dass in mehr als 90 Prozent der D&O-Fälle die Gesellschaft selbst der geschädigte An-

2 Vgl. BAG Beschluss vom 27.9.1994 (GS 1/89) m.w.N.
3 *Held* CB **2016** 393, 395.

spruchsteller ist.[4] Aufgrund der häufig großen Diskrepanz zwischen den Vermögensschäden und dem verfügbarem Privatvermögen der Manager, tritt regelmäßig erst mit dem D&O-Versicherer ein solventer Schuldner in die Haftungskonstellation ein und verleiht damit Schadensersatzansprüchen aus Sicht des geschädigten Unternehmens überhaupt einen substantiellen Wert.

Dass allerdings gerade dieser solvente Schuldner erst das Unternehmen zu einer Inanspruch- 19
nahme des versicherten Organmitglieds motiviere, ist in der Vergangenheit vielfach kolportiert, aber empirisch nie gestützt worden.[5] Ein solcher Vorwurf insinuiert obendrein, dass die Bilanzschutzfunktion lediglich einen unbeabsichtigten oder gar verwerflichen Nebeneffekt der D&O-Versicherung darstelle. Tatsächlich ist sie aber Kern des Schutzversprechens der D&O-Versicherung und wird versichererseits entsprechend beworben.[6]

Die Rechtsprechung bestätigt die Bilanzschutzfunktion vor dem Hintergrund des **Gläubiger-** 20
schutzes der Haftpflichtversicherung: *„Die Sozialbindung der Haftpflichtversicherung, die – unter anderem in Fällen nicht ausreichender privater Mittel des Schädigers – Geschädigte schützen und deren Schadensersatz sichern soll, gilt auch in Innenhaftungsfällen bei der D&O-Versicherung.“*[7] Dass der BGH in einer anderen Entscheidung den Schutz der Vermögensinteressen der Gesellschaft als bloße *„Reflexwirkung des versicherten Haftpflichtinteresses der versicherten Person“*[8] bezeichnet, ändert nichts an der faktischen Bedeutung der D&O-Versicherung als Bilanzschutz-Instrument der Unternehmen.

III. D&O als Standard und vertragliche Pflicht

Der **Abschluss** einer D&O-Versicherung liegt damit in beidseitigem Interesse sowohl der versicher- 21
ten Personen als auch der Unternehmen. Im Interesse der Unternehmen ist das Produkt D&O dabei gleich im doppelten Sinne: Neben der erwähnten Bilanzschutzfunktion dient sie auch dazu, fähige Führungskräfte zu gewinnen und zu halten. Denn die D&O-Versicherung ist als **Versicherung für fremde Rechnung** gem. §§ 43 ff. VVG gestaltet: Die Gesellschaft ist Versicherungsnehmerin, schließt die Versicherung für die Organmitglieder ab und trägt auch die vollständige Prämienlast.

---

4 Finlex D&O & Cyber Market Report **2023**, 12 (Statistik diesseits bereinigt um Fälle, die ausschließlich die Strafrechtsschutzausschnittsdeckung betreffen).

5 Eine bloße Gegenüberstellung der Anzahl heutzutage durchschnittlich pro Jahr geltend gemachten Schadensersatzansprüche gegenüber der entsprechenden Zahl *vor* Einführung der D&O-Versicherung in Deutschland dürfte kaum als ein solcher Nachweis eines kausalen Zusammenhangs überzeugen, da hier eine Vielzahl zusätzlicher Faktoren wie haftungsverschärfende Gesetzgebung der letzten Jahrzehnte, seitdem ergangene Rechtsprechung (etwa ARAG/Garmenbeck, BGH Urt. v. 21.4.1997, Az.: II ZR 175/95 – BGHZ 135, 244), veränderte Erwartungen von Interessengruppen usw. mit zu berücksichtigen wären. Vielmehr dürfte also heute etwa das Risiko von Aufsichtsratsmitgliedern sowie auch von Insolvenzverwaltern, sich selbst für eine unterlassene Inanspruchnahme haftbar zu machen, Treiber vieler D&O-Fälle sein.

6 So wirbt etwa die Allianz-Versicherung in einem Produktblatt mit dem Versprechen: „Von der Aktiengesellschaft bis zum Verein – die Allianz D&O-Versicherung bietet Firmen unterschiedlichster Unternehmensformen und deren Entscheidern umfassenden Schutz“ (abrufbar unter https://www.allianz.de/content/dam/onemarketing/azde/azd/pdfs/business/Steckbrief_D.O_Versicherung.pdf, zuletzt abgerufen am 19. Dezember 2023). Die VOV GmbH versucht Unternehmen mit folgender Argumentation zu überzeugen: „Und was nützt der beste Richterspruch, wenn das betroffene Organmitglied gar nicht zahlen kann? Dann droht Privatinsolvenz und das Unternehmen bleibt trotzdem auf dem Schaden sitzen. Eine D&O-Versicherung bietet für solche Situationen das nötige Sicherheitsnetz. Einerseits schützt die D&O-Police Entscheider im Ernstfall vor dem finanziellen Ruin. Andererseits leistet die ‚Managerhaftpflicht‘ einen wichtigen Beitrag zum Schutz der Unternehmensbilanz.“ (abrufbar unter https://vov.eu/d-o-unternehmen, zuletzt abgerufen am 19. Dezember 2023).

7 BGH r+s **2017** 301 Rn. 26.

8 BGH 18.11.2020 – IV ZR 217/19, VersR **2021** 113 Rn. 27, vgl. dazu auch Bruck/Möller/*Armbrüster* Allg. Einf. AVB D&O Rn. 86 ff.

22 Das Vorhalten einer Managerhaftpflichtversicherung gilt – wenngleich die D&O-Versicherung keine gesetzliche Pflichtversicherung ist – heutzutage als Standard sowohl aus Perspektive des unternehmenseigenen Risikomanagements als auch unter dem Gesichtspunkt der Gewinnung und Bindung von Führungskräften. Entsprechend wird das Vorhalten von Versicherungsschutz für die Aufnahme der Tätigkeit vorausgesetzt.[9] Davon zeugt auch die zunehmende Verbreitung sogenannter **Verschaffungsklauseln**, die die Gesellschaft vertraglich zum Abschluss einer D&O-Deckung für den Manager verpflichtet.[10] Gängige Klauseln lauten für Geschäftsführer einer GmbH bspw. wie folgt:

> *„Die Gesellschaft schließt zugunsten des Organmitglieds eine Vermögensschaden-Haftpflichtversicherung für Directors and Officers (D&O-Versicherung) mit einer Deckungssumme von EUR xy ab"*

23 In **Vorstandsdienstverträgen** finden sich unter Berücksichtigung der gesetzlich zwingenden Selbstbehaltsregelung gemäß § 93 Abs. 2 Satz 2 AktG häufig folgende (oder inhaltlich ähnliche) Klausel:

> *„Die Gesellschaft schließt den Vorstand in ihre Vermögensschaden-Haftpflichtversicherung (D&O-Versicherung) mit ein, so dass der Vorstand für den Fall der Inanspruchnahme von Dritten oder von der Gesellschaft wegen bei der Ausübung seiner Tätigkeit begangener Pflichtverletzungen im Rahmen dieser Versicherung gedeckt wird. [...] Dabei wird vereinbart, dass die Deckungssumme je nach den Versicherungsbedingungen pro zu deckenden Schadensfall mindestens EUR xy zu betragen hat. Weiter wird vereinbart, dass in der D&O-Versicherung ein Selbstbehalt des Vorstands in Höhe von 10 % des Schadens je Schadensfall bestehen wird, wobei der Selbstbehalt innerhalb eines Kalenderjahres das Eineinhalbfache der festen jährlichen Vergütung des Vorstands nicht übersteigt."*

24 Die Verschaffungsklausel gibt dem Organmitglied somit einen potenziellen Schadensersatzanspruch gegen die Gesellschaft an die Hand, falls diese es vertragswidrig unterlässt, für ausreichenden D&O-Versicherungsschutz zu sorgen. Letztlich können sich so im Streitfall die gegenseitigen Schadensersatzansprüche der Gesellschaft gegen den Manager und der des Managers gegen die Gesellschaft (teilweise) aufwiegen – wodurch sich das Haftungsrisiko des Managers selbst bei unterlassenem Abschluss einer D&O-Versicherung durch die Gesellschaft mithilfe einer umsichtig gestalteten Verschaffungsklausel reduzieren lässt.

C. Funktionsweise der D&O-Versicherung

I. Die Beteiligten: Das Mehrparteienverhältnis der D&O-Versicherung

25 Die D&O-Versicherung ist durch ihr **Dreiecksverhältnis** von Versicherer, Versicherungsnehmer und versichertem Personenkreis geprägt.

1. Versicherungsnehmer

26 Die Dreieckskonstruktion ist Folge der Gestaltung der D&O als Versicherung für fremde Rechnung im Sinne der §§ 43 ff. VVG:[11] Die Gesellschaft – etwa eine GmbH oder eine Aktiengesellschaft – schließt als Versicherungsnehmerin einen Versicherungsvertrag mit dem D&O-Versicherer zugunsten ihrer Führungskräfte. Vertragspartnerin des Versicherers ist somit die Gesellschaft; Begünstigte sind die versicherten Personen. Der Gesellschaft als Versicherungsnehmerin steht kein eigener

9 Bruck/Möller/*Armbrüster* Allg. Einf. AVB D&O Rn. 97.
10 *Herdter* VersicherungsPraxis 09/**2015** 36.
11 BGH r+s **2017** 301, Rn. 17.

Anspruch gegen den Versicherer aus der Police zu, sie zahlt aber die **Versicherungsprämien** und entscheidet über **Abschluss, Kündigung** oder **Erneuerung des Versicherungsvertrags**.

27 Ansprüche gegen den Versicherer können (gemäß den vertraglichen Regelungen über die formelle Verfügungsbefugnis) grundsätzlich nur die versicherten Personen geltend machen, nicht die Versicherungsnehmerin. Nur, wenn diese untätig bleiben oder ihren **Freistellungsanspruch** an die Gesellschaft abtreten, kann die Versicherungsnehmerin eigenständig Ansprüche gegen den Versicherer geltend machen. Grundlage der direkten Inanspruchnahme durch den Versicherungsnehmer ist die Doppelrolle, die die Gesellschaft im Dreiecksverhältnis einnehmen kann: Sie ist zwar einerseits Versicherungsnehmerin, kann aber zugleich auch **geschädigte Dritte** i.S. der §§ 108 ff. VVG sein.[12]

28 Einen Sonderfall stellt das sogenannte „**Company Reimbursement**" dar: Die Versicherungsansprüche einer versicherten Person gehen auf die Versicherungsnehmerin oder eine ihrer Tochterunternehmen über, wenn diese die versicherte Person aufgrund einer entsprechenden Verpflichtung von geltend gemachten Haftungsansprüchen Dritter[13] freistellt. Marktteilnehmer sprechen hier unter Rückgriff auf die US-amerikanische Terminologie auch von der sogenannten **Side B-Deckung**.[14]

2. Versicherte Personen

29 Beim versicherten Personenkreis handelt es sich um die in der Regel nicht namentlich im Versicherungsvertrag benannten aktuellen, ehemaligen und künftigen Geschäftsführer bzw. Vorstands- und Aufsichtsratsmitglieder der Versicherungsnehmerin sowie ihrer **Tochtergesellschaften**.

30 Ehemalige Entscheidungsträger müssen für einen vollständigen Versicherungsschutz zwingend mitversichert sein, da der Versicherungsfall nicht mit dem Eintritt des Schadens oder seiner Entdeckung eintritt, sondern erst mit der ersten **schriftlichen Inanspruchnahme** einer versicherten Person auf Schadensersatz (sogenanntes „Claims-Made-Prinzip").

31 Regelmäßig werden Vermögensschäden erst Monate oder Jahre nach der ursächlichen Pflichtverletzung entdeckt oder realisieren sich erst zu diesem späten Zeitpunkt. Der mutmaßlich verantwortliche Entscheidungsträger ist dann in vielen Fällen bereits nicht mehr für das Unternehmen tätig, haftet aber noch für die zurückliegende Entscheidung. Im Gegensatz zur Regelverjährung des BGB (3 Jahre) sehen § 43 Abs. 4 GmbHG und § 93 Abs. 6 AktG eine **Verjährungsfrist** für Schadensersatzansprüche gegen Geschäftsführer und Vorstandsmitglieder von fünf Jahren vor, bei börsennotierten Aktiengesellschaften sind es gar zehn Jahre.

32 Auch zukünftige Mitglieder der Unternehmensführung genießen ab Eintritt in das Unternehmen Versicherungsschutz unter der bestehenden Police, ohne dass ein solcher Einschluss künftig hinzutretender versicherter Personen ausdrücklich vereinbart ist.[15]

33 **Prokuristen** und **Leitende Angestellte** sind in vielen der am Markt angebotenen D&O-Policen ebenfalls versicherte Personen.[16] Manche Policen ergänzen, dass Prokuristen und Leitende Angestellte nur in dem Umfang, *„der sie persönlich treffenden Haftung gemäß der arbeitsgerichtlichen Rechtsprechung"* versichert sind. Grundsätzlich profitieren Prokuristen und leitende Angestellte zwar von der Arbeitnehmerprivilegierung der arbeitsgerichtlichen Rechtsprechung. Die D&O-Versicherung soll aber möglicherweise entstehende Haftungsrisiken in Situationen abdecken, in denen die **Arbeitnehmerprivilegierung** für den leitenden Angestellten nicht greift, etwa wenn

12 BGH NJW **2016** 2184 = BeckRS **2016** 7881.

13 „Dritte" kann – im Gegensatz zur allgemeinen Definition – im Fall des Company Reimbursements gemäß den üblichen Versicherungsbedingungen nicht die Versicherungsnehmerin oder eine ihrer Tochtergesellschaften sein.

14 MüKoVVG/*Ihlas* 2. Teil. Systematische Darstellungen, 3. Kapitel, Versicherungssparten 320, Directors & Officers-Versicherung Rn. 63 ff.

15 Bruck/Möller/*Armbrüster* A-1 AVB D&O Rn. 36 f.

16 *Cyrus* NZG **2018** 7, 9.

sie zeitweise eine faktische Geschäftsführer-Rolle innehaben. Problematisch ist, dass gerade das Bestehen einer D&O-Versicherung zu einer Diskussion über den Wegfall der Arbeitnehmerprivilegierung führen kann.[17]

34 Der versicherte Personenkreis kann in der jeweiligen Police individuell erweitert werden (etwa um Mitglieder des Betriebsrats sowie weitere Funktionsträger innerhalb des Unternehmens). Maßgeblich sollte hier das mit der Tätigkeit verbundene Risiko für das Unternehmen sein.

35 In der Praxis handelt es sich bei den in Anspruch genommenen versicherten Personen in rund 80 Prozent aller Fälle um Vorstandsmitglieder oder Geschäftsführer, während das tatsächliche Risiko etwa von Aufsichtsratsmitgliedern mit weniger als 5 Prozent aller Versicherungsfälle vergleichsweise gering ist.[18]

3. Versicherer

36 Dritter im Bunde des Mehrpersonenverhältnisses der D&O-Versicherung ist der Versicherer.[19] Ihn trifft die **Leistungspflicht** gegenüber den versicherten Personen als den Begünstigten im Versicherungsfall. Für die Risikoübernahme erhält der Versicherer die Versicherungsprämie sowie weitreichende Rechte im Rahmen der Schadenregulierung und **Sachverhaltsermittlung**, insbesondere Auskunftsrechte gegenüber dem Versicherungsnehmer und den versicherten Personen, sowie die **Prozessführungsbefugnis** im vertraglich definierten Rahmen.

37 Auch der Versicherer nimmt in der D&O-Versicherung regelmäßig eine Doppelrolle ein, die Interessenkonflikte befördert: Er hat als Haftpflichtversicherer dem versicherten Manager beizustehen und ihn gegen **unberechtigte Forderungen** zu verteidigen. Seine eigenen Interessen muss der Versicherer den **Interessen des Versicherten,** sofern erforderlich, unterordnen.[20] Gleichzeitig hat der Versicherer ein Interesse an einer Sachverhaltsaufklärung, die ihm Hinweise auf eine mögliche **Obliegenheitsverletzung** oder auf die Verwirklichung eines Ausschlusstatbestands liefert – etwa darauf, dass der versicherte Manager wissentlich oder vorsätzlich seine Pflicht verletzte. Daneben ist er Vertragspartner der Gesellschaft als Versicherungsnehmerin und somit in Fällen des Innenregresses mit der Geschädigten durch wechselseitige vertragliche Pflichten und Obliegenheiten verbunden sowie vielfach an einer Fortführung der Geschäftsbeziehung interessiert.

38 In der Schadenregulierung kann die beschriebene Dreieckskonstellation mit mehreren Doppelrollen aller Beteiligten eine interessengerechte Abwicklung erschweren. Zusätzlich ist die Auflösung des Konflikts erschwert, wenn mehrere versicherte Vorstands- und/oder Aufsichtsratsmitglieder involviert sind, die sich gegenseitig den Streit verkünden.[21] Die Verstrickung des Versicherers in dieser Interessen-Gemengelage macht ihn jedenfalls für eine Rolle als neutralen „Mediator“[22] zwischen Unternehmen und Manager(n) ungeeignet.

II. Umfang und Grenzen des Versicherungsschutzes

39 Die D&O-Versicherung ist eine **Haftpflichtversicherung** und unterliegt damit den Grundsätzen der §§ 100 ff. VVG. Die Hauptleistungspflicht des Versicherers ist die **Abwehr unbegründeter Schadensersatzforderungen** gegen die versicherten Personen (Rechtsschutzgewährung) bzw. **Freistellung** der versicherten Personen von begründeten Haftungsansprüchen. Mit dieser Defini-

---

17 *Herdter* VersicherungsPraxis 08/**2014** 145.

18 *Hendricks* Folie 10; die übrigen Fälle verteilen sich vornehmlich auf leitende Angestellte, Prokuristen und anderweitig mitversicherte Angestellte.

19 In der Praxis regelmäßig auch eine Gruppe bzw. ein Konsortium mehrerer Versicherer.

20 BGH NJW **1993** 68; OLG Karlsruhe NJW-RR **2017** 91, Rn. 5; *Armbrüster* Privatversicherungsrecht Rz. 292 ff., 520.

21 Bruck/Möller/*Armbrüster* Allg. Einf. AVB D&O Rn. 156 ff.

22 So hingegen *Lange* § 3 Rn. 54 ff.

tion ist aber zunächst nur der maximale Umfang im Grundsatz abgesteckt. Beim genaueren Blick auf die vertraglich üblichen Vereinbarungen zum Umfang des Versicherungsschutzes werden die Grenzen schnell deutlich.

In der D&O-Versicherung sind ausschließlich reine **Vermögensschäden** versichert.[23] Haftungsansprüche aufgrund von Personen- und Sachschäden umfasst die D&O-Versicherung nicht. Ebenfalls nicht gedeckt sind Vermögensschäden, die aus einem Personen- oder Sachschaden resultieren.[24] 40

1. Ausschlüsse

Der Versicherungsschutz wird durch **Ausschlüsse** begrenzt, so genannte sekundäre Risikobegrenzung. Die konkreten Ausschlüsse können variieren, allerdings ist der **Vorsatzausschluss** in nahezu jeder D&O-Police zu finden und der Ausschluss mit der größten praktischen Bedeutung: 41

Grundsätzlich wird Versicherungsschutz nicht gewährt, wenn die versicherte Person den Schaden vorsätzlich herbeiführt, § 103 VVG. Zudem schließen Versicherer üblicherweise vertraglich die **wissentliche Pflichtverletzung** der versicherten Person vom Versicherungsschutz aus. Eine wissentliche Pflichtverletzung liegt vor, wenn der Manager eine bestimmte Pflicht (positiv) kannte und wusste, dass er gegen die Pflicht verstieß.[25] Der Ausschluss setzt also sowohl ein Bewusstsein der Pflicht wie auch ein Bewusstsein der Verletzung dieser Pflicht voraus (Pflichtbewusstsein und Pflichtverletzungsbewusstsein). Dabei ist unerheblich, ob der Manager glaubte, zum Wohle des Unternehmens zu handeln. 42

Wie bei allen Ausschlüssen ist der Versicherer für das Vorliegen der Ausschlusstatbestände beweisbelastet, d.h. er kann nur dann die Deckung verweigern, wenn er Tatbestandsmerkmale bzw. Anknüpfungstatsachen darlegen und beweisen kann, die eine wissentliche Pflichtverletzung nahelegen.[26] Der Einwand der wissentlichen Pflichtverletzung hat eine hohe praktische Relevanz und gilt als Standardeinwand der Versicherer in der Schadenregulierung.[27] 43

Neben dem Ausschluss der wissentlichen Pflichtverletzung finden sich in den hier kommentierten AVB D&O eine Vielzahl von weiteren Ausschlüssen, die sich in diesem Umfang in praktisch keinem der marktgängigen Makler-Wordings zur D&O-Versicherung finden. Im Marktumfeld der D&O-Versicherung ließ sich in der Vergangenheit ein derart weitgefächerter Ausschlusskanon nicht durchsetzen und wäre wohl auch praktisch nur schwer dem VN zu vermitteln. 44

Neben dem Ausschluss der wissentlichen Pflichtverletzung sind in der Praxis vor allem 45
- der Ausschuss von Vertragsstrafen und Geldbußen (Bußgeldzahlungen) und
- der Ausschluss von Ansprüchen, die in den USA oder auf Basis des US-Rechts geltend gemacht werden

relevant.[28]

Besonderheiten sind beim Aus- bzw. Einschluss von **Bußgeldzahlungen** in den Versicherungsschutz zu berücksichtigen.[29] Bußgeld ist nur in bestimmten Konstellationen versicherbar. Zu unterscheiden ist hier zunächst, ob dem Unternehmen oder dem Entscheidungsträger selbst ein Buß- 46

23 MüKoVVG/*Ihlas* 2. Teil. Systematische Darstellungen, 3. Kapitel, Versicherungssparten 320, Directors & Officers-Versicherung Rn. 202.

24 MüKoVVG/*Ihlas* 2. Teil. Systematische Darstellungen, 3. Kapitel, Versicherungssparten 320, Directors & Officers-Versicherung Rn. 210 f.

25 BGH VersR **2006** 106.

26 BGH VersR **2001** 1103; VersR **1986** 64.

27 *Hendricks* Folie 6; die Statistik des Spezialmaklers zufolge, in die mehrere hundert D&O-Fälle der Jahre bis 2023 einflossen, wendeten Versicherer in 87 Prozent der Fälle im Laufe der Schadenregulierung ein, der versicherte Manager habe wissentlich seine Pflichten verletzt.

28 Bruck/Möller/*Gädtke* AVB D&O A-7 Rn. 3; *Koch* WM **2007** 2173, 2178; *Mitterlechner/Wax/Witsch* § 7 Rn. 1.

29 Vgl. im Einzelnen unter A-7.10.

geld (etwa kartellrechtlicher Art) auferlegt wurde. Wird ein Bußgeld direkt gegen das Unternehmen ausgesprochen, können Schadensersatzansprüche im Innenverhältnis gegebenenfalls auf dieser Grundlage gegen die Verantwortlichen geltend gemacht werden.[30] Solche Ansprüche können vom Versicherungsschutz umfasst sein, sofern – wie in Bußgeldverfahren häufig naheliegend – kein Vorsatz oder eine wissentliche Pflichtverletzung vorliegt und auch kein ausdrücklicher Ausschluss von Vermögensschäden infolge von Bußgeldern vereinbart ist.

47 Ein Bußgeld, dass direkt gegen ein Vorstands- oder Aufsichtsratsmitglied verhängt wird, ist regelmäßig nicht versichert bzw. sofern vertraglich doch eingeschlossen nur unter dem Vorbehalt der rechtlichen Zulässigkeit einer solchen Versicherung in der jeweiligen Jurisdiktion.

2. Selbstbehalt

48 Unterhält die Aktiengesellschaft eine Managerhaftpflicht für ihre Vorstandsmitglieder so ist gem. § 93 Abs. 2 S. 3 AktG im Schadenfall ein obligatorischer **Selbstbehalt** für die versicherten Vorstandsmitglieder gesetzlich vorgeschrieben (nicht jedoch für Aufsichtsratsmitglieder).[31] Der Mindestumfang der Selbstbeteiligung beträgt zehn Prozent des Schadens, kann aber auf das mindestens Eineinhalbfache der festen jährlichen Vergütung des Vorstandsmitglieds begrenzt werden. Es gilt zu beachten, dass sich der Mindestumfang von zehn Prozent auf einzelne Schadensfälle bezieht, während sich die Obergrenze auf die gesamten Schadenfälle in einem Jahr bezieht.

49 Vorstandsmitglieder können den von ihnen im Haftungsfall persönlich zu tragenden Selbstbehalt wiederum durch eine zusätzliche **Selbstbehaltsversicherung** („Persönliche D&O") versichern. Eine derartige Absicherung des Selbstbehalts stellt keine Umgehung des gesetzlich vorgeschriebenen Selbstbehalts dar, solange die versicherte Person selbst für die Prämienzahlungen aufkommt.[32]

50 Die Vereinbarung eines Selbstbehalts ist für Aufsichtsratsmitglieder nicht verpflichtend. Aus dem **Deutschen Corporate Governance Kodex**, der einen Selbstbehalt für Aufsichtsratsmitglieder entsprechend dem gesetzlich vorgeschriebenen Selbstbehalt für Vorstände vorsieht, ergibt sich für Unternehmen keine Pflicht.

3. Deckungssumme

51 Ganz wesentlich begrenzt wird der Umfang des Versicherungsschutzes in der D&O-Versicherung durch die verfügbare **Deckungssumme**, die im Rahmen des Vertragsabschlusses zwischen den Parteien vereinbart wird. Die Versicherungssumme sollte dem Umsatz und der Risikolage der Gesellschaft entsprechen. Regelmäßig wird seitens der Maklerschaft eine Orientierung an der Bilanzsumme des Unternehmens empfohlen, hier schwanken die Deckungs-Empfehlungen zwischen 10 und 50 Prozent der Bilanzsumme. Marktüblich im Mittelstand sind Deckungssummen zwischen EUR 1 und 10 Mio., in internationalen Konzernen können die vereinbarten Maximalentschädigungen aber auch deutlich über EUR 100 Mio. liegen.

52 Der unternehmerisch wünschenswerten Versicherungssumme sind in der Praxis Grenzen gesetzt – zum einen aufgrund der damit verbundenen Kosten, zum anderen hinsichtlich der am Markt verfügbaren Kapazitäten. Je nach Deckungssumme, Konzernstruktur und Risikolage haben Unternehmen für die von ihnen eingekaufte Managerhaftpflichtversicherung zwischen wenigen tausend und mehreren hunderttausend Euro **Prämien** pro Jahr zu zahlen. Nicht immer ist die

30 In Literatur und Rechtsprechung ist strittig, ob es sich bei Bußgeldzahlungen überhaupt um einen regressierbaren Vermögensschaden handelt, vgl. hierzu LG Dortmund r+s **2023**, 681; OLG Düsseldorf NZG **2023**, 1279.

31 Der Gesetzgeber führte den gesetzlichen Selbstbehalt in Reaktion auf die Finanzkrise durch das „Gesetz zur Angemessenheit der Vorstandsvergütung" (VorstAG) vom 5. August 2009 ein, vgl. BTDrucks. 16/13 433, 11.

32 *Lange* § 17 Rn. 4 ff.

gewünschte Deckung aber überhaupt erhältlich. Besonders in Branchen mit hohen Schadenzahlen und großen Risiken – etwa in der Finanzindustrie – scheuen viele Versicherer das Risiko gänzlich oder sind maximal zur Übernahme eines Teils der gewünschten Versicherungssumme bereit.

Es ist daher die Regel, dass einem Versicherungsnehmer in der Praxis nicht lediglich *ein* D&O-Versicherer, sondern eine ganze Gruppe von Versicherern gegenübersteht, von denen jeder einen definierten und damit individuell begrenzten Teil des Risikos trägt. Der Versicherungsschutz ist in D&O-Konzernpolicen meist in „übereinander gestapelte Deckungsschichten",[33] sogenannte ***Layer***, unterteilt, die nacheinander greifen. In einem marktüblichen Szenario trägt Versicherer A den Schaden vorrangig und bis zu einer Schadensumme von X, Versicherer B trägt dann alle Kosten, die über X hinausgehen bis zu einer maximalen Summe von Y und so fort.[34] Auf diesem Wege sind mitunter nahezu alle großen Anbieter gemeinsam an einem Konzernrisiko beteiligt. In der Regel erfolgt die Gestaltung des Versicherungsschutzes als **Exzedentenversicherung** mit einem Versicherer, der die **Grunddeckung** (***Primary***) stellt und mehreren Versicherern (oder Versichererkonsortien), die einzelne Layer (bzw. Exzedenten) decken. Für jedes Layer besteht dann ein eigenständiger Versicherungsvertrag. 53

Aus Perspektive der Versicherungsnehmer ist hier zu beachten, dass die Eindeckung bei mehreren Versicherern zwar regelmäßig alternativlos ist, um eine adäquate Gesamtkapazität zu erhalten, aber im Gegenzug auch Risiken birgt. Insbesondere die Schadenregulierung kann sich durch die Abstimmung zwischen einer Vielzahl beteiligter Versicherer verzögern (hinter der dann wiederum eine oftmals ebenso große oder noch größere Zahl Rückversicherer und Retrozessionäre steht), selbst wenn für einen inhaltlichen und zeitlichen Gleichlauf aller Verträge Sorge getragen ist. Einwendungen, die der Grundversicherer noch nicht erhob, kann ein nachgelagerter Versicherer erheben.[35] Auch das Ausscheiden einzelner Versicherer aus nachgelagerten Layern oder der Wechsel von Versicherern kann zu Deckungslücken oder Streit darüber führen, welcher Versicherer eintrittspflichtig ist. Für versicherte Personen und Versicherungsnehmer kann dies zur Folge haben, dass sie Deckungsprozesse gegen mehrere Versicherer gleichzeitig führen müssen. **Führungsklauseln**, die festlegen, welcher Versicherer für alle anderen Versicherer bindende Regulierungsentscheidungen treffen kann und entsprechend passivlegitimiert ist, sind layerübergreifend (also auf vertikaler Ebene) selten anzutreffen. Sie können das Risiko von Deckungslücken bzw. -streitigkeiten daher nur auf Ebene des einzelnen, als offene Mitversicherung gestalteten Layers minimieren (auf horizontaler Ebene), aber bei übereinander gelagerten Deckungen nie im Ganzen eliminieren.[36] 54

4. Zeitliche Begrenzung

Der Versicherungsschutz wird in zeitlicher Hinsicht maßgeblich von der **Versicherungsperiode** bestimmt. In der D&O-Versicherung gibt es jedoch Besonderheiten zu berücksichtigen: die **Rückwärtsversicherung** sowie die **Nachhaftung**, die jeweils den zeitlichen Rahmen erweitern. 55

Rückwärtsversicherung ist hier aufgrund des Auseinanderfallens von Pflichtverletzung und Versicherungsfall (die Inanspruchnahme) nicht im Sinne des gesetzlichen Begriffs der Rückwärtsversicherung nach § 2 VVG zu verstehen, sondern bedeutet, dass die versicherten Personen auch für *nach* Versicherungsbeginn eingetretene Versicherungsfälle, die auf Pflichtverletzungen *vor* Versicherungsbeginn beruhen, einen Anspruch auf Leistung durch den Versicherer haben kön- 56

33 *Herdter* VersicherungsPraxis 10/**2012** 201.

34 Auch innerhalb der Layer kann es wiederum über die sog. offene Mitversicherung zu einer Risikoverteilung zwischen mehreren Versicherern kommen, die jeweils prozentuale Anteile am Layer tragen.

35 Zur Problematik der Abstimmungs- und Rücksichtnahmepflichten unter den Versicherern vgl. *Segger/Neveling* r+s **2023** 693.

36 Vgl. Prölss/Martin/*Armbrüster* Vorbemerkung zu § 77 Rn. 16 ff.

nen.[37] Voraussetzung ist, dass die Pflichtverletzung weder dem Versicherungsnehmer noch den versicherten Personen bei Abschluss des D&O Versicherungsvertrages bekannt war.[38]

57 Nach Ende des Versicherungszeitraums kann für den Versicherer ebenfalls eine Leistungspflicht bestehen, solange eine Nachhaftung des Versicherers – sofern vereinbart – andauert. Das Prinzip der Nachhaftung stellt – im Gegensatz zur in der Regel unbefristet zurückreichenden Rückwärtsversicherung – eine zeitlich begrenzte Verpflichtung des Versicherers dar, Versicherungsschutz in Fällen zu gewähren, in denen gegen die versicherten Personen Ansprüche erhoben werden aufgrund von Pflichtverletzungen, die *in* der Versicherungsperiode begangen wurden.[39] Die Dauer der Nachmeldefrist, auch ***extended reporting period*** (ERP) genannt, ist im Versicherungsvertag zu bestimmen und sollte sich für einen umfassenden Versicherungsschutz an den gesetzlichen Verjährungsfristen der Organhaftung orientieren. Ohne vereinbarte Nachhaftung endet die Leistungspflicht des Versicherers mit Beendigung der Vertragslaufzeit bzw. Kündigung.

58 Zusätzlich besteht während des Versicherungszeitraums die Möglichkeit für **Umstandsmeldungen**: Versicherungsnehmer können während der Versicherungsperiode konkrete Umstände schriftlich dem Versicherer melden, die eine spätere Inanspruchnahme einer versicherten Person hinreichen wahrscheinlich erscheinen lassen. Im Falle einer späteren Inanspruchnahme wird der Eintritt des Versicherungsfalls (Inanspruchnahme) zeitlich zurück auf den Zeitpunkt der Umstandsmeldung fingiert und befindet sich dadurch letztlich innerhalb der Versicherungsperiode.[40]

5. Ergänzende Deckungsbausteine

59 Versicherungsnehmer und Versicherer können gegen Aufpreis verschiedene, die Hauptleistungen ergänzende **Deckungsbausteine** vereinbaren und in den D&O-Versicherungsvertrag integrieren. Insbesondere in Phasen des weichen Markts (Preisdruck und Bedingungswettbewerb unter den Versicherern) sind von Versicherern verschiedene zusätzliche Leistungen regelmäßig in die Policen aufgenommen worden. Die Vielzahl unterschiedlicher Zusatzleistungen geht dabei mit fast ebenso vielen Wordings einher.

60 **a) Strafrechtsschutzausschnittsdeckung.** Vielfach sehen D&O-Policen ergänzend eine Deckung der Verteidigungskosten in strafrechtlichen Ermittlungsverfahren vor, sofern die Ermittlungen wegen einer Pflichtverletzung erfolgen, die einen unter den Versicherungsschutz fallenden Haftpflichtanspruch zur Folge haben kann. Der an § 101 Abs. 1 Satz 2 VVG angelehnte Deckungsbaustein der sogenannten **Strafrechtsschutzausschnittsdeckung** gilt in neuen Verträgen mittlerweile als Standard.

61 Die Zusatzdeckung trägt dem Umstand Rechnung, dass Pflichtverletzungen des Managements in vielen Fällen zu strafrechtlichen Ermittlungen und mitunter auch Anklagen gegen die versicherten Personen führen. Angaben aus Maklerkreisen zufolge standen 2022 rund 30 Prozent aller gemeldeten D&O-Versicherungsfälle im Zusammenhang mit strafrechtlichen Ermittlungen.[41]

62 Durch die Integration des Strafrechtsschutzes versprechen die D&O-Versicherer einen umfassenderen Rechtsschutz, der nicht nur die Kosten der zivilrechtlichen Anspruchsabwehr durch spezialisierte Rechtsanwälte, sondern auch die oftmals hohen Honorare der Strafverteidiger übernimmt.[42] Nachteil dieser Zusammenführung ist, dass die Abwehrkosten der **strafrechtlichen Ver-**

37 *Lange* § 10 Rn. 28.
38 *Lange* § 10 Rn. 20, entsprechend sind auch die bereits in einem anderen Versicherungsvertrag angezeigten Umstände sowie bei Abschluss bereits anhängigen Verfahren von der Rückwärtsversicherung ausgeschlossen.
39 *Lange* § 10 Rn. 59.
40 Vgl. auch Staudinger/Halm/Wendt/*Friesen*/*Staudinger* Rn. 117 ff.
41 Finlex D&O & Cyber Market Report **2023** 10.
42 OLG Hamm Beschl. v. 13.7.2023 – 20 U 64/22, r+s **2023** 1045 ff.

teidigung die auch für die zivilrechtliche Freistellung insgesamt zur Verfügung stehende Versicherungssumme zusätzlich schmälern. Dem geschädigten Unternehmen ist an einem Erhalt der Versicherungssumme gelegen, es kann aber gegen die **Aufzehrung der Versicherungssumme** durch Strafverteidigungskosten der mutmaßlich schädigenden versicherten Manager kein Veto einlegen – anders als bei der separaten Spezial- oder **Industrie-Strafrechtsschutzversicherung**, die meist ein Recht des Unternehmens als Versicherungsnehmer vorsieht, einzelnen Mitarbeitern des Unternehmens den Versicherungsschutz zu versagen, wenn diese zum Nachteil des Unternehmens gehandelt haben.

Ebenfalls im Gegensatz zu separaten Industrie-Strafrechtsschutzversicherungen sind Strafrechtsschutz-Deckungsbausteine in D&O-Policen oftmals sublimitiert. Außerdem setzen sie in manchen Bedingungen einen Versicherungsfall unter dem übergeordneten D&O-Versicherungsvertrag voraus. Es muss dann parallel zu den strafrechtlichen Ermittlungen eine zivilrechtliche Inanspruchnahme gegen die versicherte Person vorliegen oder mindestens überwiegend wahrscheinlich sein, damit dem Versicherten Deckung unter dem Baustein zusteht. „Reine" Strafrechtsschutzfälle ohne begleitende, mit der gleichen Pflichtverletzung in Zusammenhang stehende Schadensersatzforderungen sind regelmäßig nicht gedeckt. Hintergrund dieser Einschränkung ist, dass der Strafrechtsschutz innerhalb der D&O-Versicherung kein Selbstzweck sein soll, sondern letztlich insbesondere negative Folgen eines Strafverfahrens auf die zivilrechtliche Haftung des versicherten Managers vermeiden soll.[43] Der Deckungsbaustein Strafrechtsschutz stellt somit keinen vollwertigen Ersatz für eine Industrie-Strafrechtsschutzversicherung oder vom Manager privat abgeschlossene „Manager-Rechtsschutzversicherung" dar.[44] 63

Überdies sind negative Auswirkungen der Vermischung von Strafrechtsschutz und Haftpflicht auch für die versicherten Entscheidungsträger nicht auszuschließen. So wird etwa diskutiert, inwieweit den versicherten Personen **Auskunftsobliegenheiten** gegenüber dem Versicherer im Rahmen des Strafverfahrens auferlegt sind. Für den Fall einer reinen Geltendmachung von Strafrechtsschutzabwehrkosten nimmt die Rechtsprechung gegenwärtig eine Begrenzung des Auskunftsrechts des Versicherers an, der zufolge der versicherte Manager dem Versicherer keinen Einblick in die Akten der Strafverteidigung oder die Ermittlungsakte gewähren oder er sich vom Versicherer vernehmen lassen müsse.[45] Ob diese Begrenzung der Auskunftspflicht jedoch auch in Fällen aufrecht erhalten werden kann, in denen die versicherte Person zeitgleich Deckungsansprüche aus der Strafrechtsschutzausschnittsdeckung und der zivilrechtlichen Haftpflichtabwehr geltend macht, ist offen. Während der Manager gegenüber Strafverfolgungsbehörden das Recht hat, eine Aussage zu verweigern, könnte er gegenüber dem D&O-Versicherer versicherungsrechtlich zur Auskunft (und möglichen Selbstbelastung) verpflichtet sein – ohne dass die Vernehmungsprotokolle des Versicherers vom Zugriff durch die Behörden geschützt wären.[46] 64

b) Eigenschadendeckung. Einen eigenen, direkten Anspruch des Unternehmens als Versicherungsnehmer gegen den D&O-Versicherer sehen die üblichen Versicherungsbedingungen nicht vor. In neueren D&O-Wordings versuchen Versicherer jedoch teilweise, den Eigenschaden des Unternehmens vertraglich in die Deckung aufzunehmen, so dass eine vorherige Inanspruchnahme der versicherten Personen in Ausnahmefällen entfallen kann. 65

Die **Eigenschadendeckung** ist insbesondere für Konstellationen vorgesehen, in denen der Versicherungsnehmer den Entscheidungsträger nicht haftpflichtig machen kann. Beispielsweise ist hier der einfach fahrlässig handelnde Vorstand eines Vereins zu nennen, der aufgrund der 66

43 *Fortmann*, r+s **2023** 250.

44 Zu erwähnen ist hier außerdem, dass vom Deckungsbaustein Strafrechtsschutz in der D&O nur die unter der Police versicherten Entscheidungsträger profitieren, während die Industrie-Strafrechtsschutzversicherung (ISRS) sämtliche für das Unternehmen als Versicherungsnehmer handelnden Personen deckt.

45 OLG Hamm Beschl. v. 13.7.2023 – 20 U 64/22, r+s **2023** 1045; *Guntermann* r+s **2022** 442.

46 *Guntermann* r+s **2022** 442.

gesetzlichen Haftungsfreistellung des § 31a BGB nicht auf Schadensersatz in Anspruch genommen werden kann. Regelmäßig ist die Eigenschadendeckung mit einem Sublimit versehen, d.h. es steht nicht die vollständige Versicherungssumme, sondern nur ein festgelegter Teil davon zur Verfügung.

67 Die Eigenschaden-Klausel lautet wie folgt oder ähnlich:[47]

> *„Der Versicherer bietet der Versicherungsnehmerin und Tochtergesellschaften Versicherungsschutz für Schäden aufgrund von Pflichtverletzungen, die begangen wurden durch*
> *versicherte Personen (...),*
> - *soweit deren Haftung allein deswegen ausgeschlossen ist, weil die Versicherungsnehmerin oder Tochtergesellschaften sie vor Begehung der Pflichtverletzung von einer Haftung rechtswirksam freigestellt haben oder auf die Geltendmachung und/oder Durchsetzung von Ansprüchen rechtswirksam verzichtet wurde oder*
> - *soweit deren Haftung aufgrund einer Entlastung nicht mehr besteht bzw. die Geltendmachung und/oder Durchsetzung von Ansprüchen gegen sie deshalb nicht mehr möglich ist oder*
> - *falls sie zugleich über einen Arbeitsvertrag bei einem anderen versicherten Unternehmen (Versicherungsnehmerin oder Tochtergesellschaft) verfügen und insoweit von diesem eine Haftungsfreistellung verlangen können oder*
> - *sofern für sie eine Haftungsfreistellung – z.B. die des § 31a Absatz 1 BGB sowie entsprechender ausländischer Rechtsvorschriften – gilt.*
>
> *versicherte Personen, soweit sie aufgrund der Grundsätze über den innerbetrieblichen Schadenausgleich sowie entsprechender ausländischer Rechtsvorschriften von einer Haftung gegenüber der Versicherungsnehmerin oder Tochtergesellschaften freigestellt sind; hierbei gelten ein Selbstbehalt von (...) sowie ein Sublimit von [...] der Deckungssumme.“*

68 Eigenschadendeckungsklauseln führen ein neues, wesensfremdes Element in die D&O-Versicherung ein. Bei der Deckung des Eigenschadens handelt es sich nicht mehr um eine Haftpflichtversicherung zu Gunsten des Managers, sondern um eine Vermögensschadenversicherung zu Gunsten des Unternehmens. Der Eintritt des Versicherungsfalls kann dementsprechend nicht mehr an die Anspruchserhebung geknüpft, sondern muss davon abweichend definiert werden. Hier schließen sich Folgefragen an, die es im Versicherungsvertrag zu regeln gilt.

69 Aus Sicht des versicherten Managers können Eigenschadendeckungsklauseln problematisch sein. Denn der Teil der Deckung, der für den Eigenschaden des Unternehmens verbraucht wird, steht nicht mehr als Deckungssumme für die versicherten Entscheidungsträger in dieser Versicherungsperiode zur Verfügung. Sie haben zudem kein Mitspracherecht in der Schadenregulierung, obwohl eine mögliche Pflichtverletzung durch sie im Raum steht.[48]

70 Als junges Konstrukt, das vor allem im öffentlich-rechtlichen Sektor (z.B. Körperschaften des öffentlichen Rechts) Verbreitung gefunden hat, sind mit der Eigenschadendeckung vielfach noch rechtliche Fragestellungen verbunden.[49]

71 **c) PR-Kosten.** Wird eine Schadenersatzklage öffentlich bekannt, so rückt die beschuldigte Person häufig in den Fokus der Medien, was der persönlichen Reputation einen langfristigen Schaden zufügen kann. Manche D&O-Policen sehen deshalb auch eine Kostenübernahme für reputationswahrende Maßnahmen der **Medien- und Öffentlichkeitsarbeit** vor. So übernimmt der D&O-Versicherer bei Einschluss dieses Deckungsbausteins beispielsweise die Kosten für einen PR-Berater, mit dessen Hilfe der Manager rufschädigender Berichterstattung entgegenwirken kann.

47 Beispiel nach Maßgabe von Ziffer 1.1.2 HPDO 2016.
48 *Herdter* VersicherungsPraxis 7/**2018** 28.
49 Bruck/Möller/*Armbrüster* Allg. Einf. AVB D&O Rn. 125.

d) Anwaltliche Beratung. In vielen D&O-Policen gibt es darüber hinaus ergänzende Deckungsbausteine, die auch vor Erhebung des Anspruches gegen den Manager (sublimitierten) Deckungsschutz zur Verfügung stellen, z.B. für eine **anwaltliche Beratung** im Rahmen der Verteidigung gegen Abmahnung, Abberufung oder Kündigung oder für die anwaltliche Beratung vor Einleitung eines Straf-, Ordnungswidrigkeiten- oder sonstigen behördlichen Verfahrens. 72

e) Weitere Bausteine. Individuell lassen sich vertraglich diverse weitere Leistungen ergänzend vereinbaren, etwa eine **Kidnap & Ransom-Ausschnittsdeckung**, die die mit einer Entführung der versicherten Person im Zusammenhang stehenden Kosten abdeckt, **Karriereberatung** oder **psychologische Betreuung**. Der Möglichkeiten, Services für den versicherten Manager hinzuzudecken, sind hierbei kaum Grenzen gesetzt. 73

III. Eintritt und Ablauf eines Versicherungsfalls

Der Versicherungsfall in der D&O-Versicherung ist die Inanspruchnahme des versicherten Entscheidungsträgers auf Schadensersatz, das sogenannte „Claims-Made"-Prinzip. Die Besonderheiten dieses „**Anspruchserhebungsprinzips**", das Mehrpersonenverhältnis sowie die Wechselwirkungen von Haftungs- und Deckungsfrage machen die Schadenregulierung komplex und langwierig. 74

1. Innenregress: Der Regelfall

Der **Innenregress** stellt in Deutschland den Regelfall der D&O-Versicherung dar[50]: Die versicherungsnehmende Gesellschaft erleidet einen Vermögensschaden, der – nach eingehender, oft mehrmonatiger interner und externer Begutachtung des Sachverhalts – mutmaßlich kausal auf eine Pflichtverletzung eines Entscheidungsträgers zurückzuführen ist. Die Gesellschaft nimmt den verantwortlichen Entscheidungsträger auf Ersatz des Schadens in Anspruch. 75

2. Versicherungsfall Inanspruchnahme

In der D&O Versicherung gilt das Anspruchserhebungs- bzw. ***Claims-made*-Prinzip**: Erst mit der (erstmaligen) schriftlichen Inanspruchnahme tritt der Versicherungsfall ein, nicht jedoch bereits mit der Pflichtverletzung der versicherten Person.[51] 76

Anders als beispielsweise in der Berufshaftpflichtversicherung, in der das **Verstoßprinzip** gilt (der Versicherungsfall tritt mit der Pflichtverletzung ein[52]), ist der versicherte Manager damit abhängig vom Anspruchsteller und dem von diesem gewählten Zeitpunkt, in dem der Anspruch (*claim*) geltend gemacht wird (*is made*). 77

Das Auseinanderfallen der Pflichtverletzung und des Versicherungsfalls kann für den Manager nachteilig sein. Wenn ein Unternehmen eine neue D&O-Police abschließt, sind zwar grundsätzlich Anspruchserhebungen während der (neuen) Versicherungsperiode gedeckt – auch solche aufgrund von Pflichtverletzungen vor Versicherungsbeginn. Für den Eintritt des Versicherungsfalls kommt es nicht darauf an, wann die versicherte Person die Pflichtverletzung beging und ob die Pflichtverletzung vor dem Versicherungsbeginn lag. Entscheidend ist nur, wann es zur Anspruchserhebung kommt. 78

---

50 Bruck/Möller/*Armbrüster* Allg. Einf. AVB D&O Rn. 7 ff.

51 *Lange* § 9 Rn. 14 ff.

52 Vgl. BGH NJW **1981** 870.

79 Der nachfolgende D&O-Versicherer möchte aber bei seinem neuen Versicherungsnehmer kein „brennendes Haus“ versichern, also für Schäden aus Pflichtverletzungen haften, die bereits bei Vertragsschluss bekannt sind und bei denen bislang nur noch keine schriftliche Inanspruchnahme des Versicherten erfolgte. Daher ist der Versicherungsschutz für bereits **bekannte Pflichtverletzungen** regelmäßig ausgeschlossen.

80 Die **Nachmeldefrist** sowie die Möglichkeit für Umstandsmeldungen während des Versicherungszeitraums sind als ein Versuch der Kompensation für den dargestellten Nachteil des Anspruchserhebungsprinzips anzusehen, da insbesondere die Folgen von Pflichtverletzungen durch Manager erst lang im Nachhinein ersichtlich werden können und lange Verjährungsfristen gelten.[53] Nicht selten erfolgt eine Inanspruchnahme auf Schadensersatz erst Jahre nach dem Ausscheiden der versicherten Person aus dem Unternehmen, also zu einem Zeitpunkt, in dem der Manager keinen Einfluss mehr darauf hat, ob und welcher D&O-Versicherungsschutz für ihn seitens des Unternehmens aktuell bereitgestellt wird.

81 Allerdings können weder Nachmeldefristen noch die Möglichkeit von Umstandsmeldungen die Nachteile des Anspruchserhebungsprinzips vollends kompensieren. Der Versicherungsschutz des Managers bleibt von der Anspruchserhebung durch das Unternehmen abhängig. Werden mehrere Organmitglieder nacheinander für Pflichtverletzungen im gleichen Zusammenhang in Anspruch genommen, so kann die Versicherungssumme bereits durch die Verteidigung der ersten Organmitglieder teilweise aufgebraucht sein, bevor ein später in Anspruch genommenes Organmitglied überhaupt einen Anspruch gegenüber dem D&O-Versicherer auf Übernahme eigener **Abwehrkosten** geltend machen kann. Da die Versicherungssumme nicht jeder versicherten Person separat, sondern grundsätzlich allen versicherten Personen zusammen nur einmalig in einer Versicherungsperiode zusteht,[54] kann der Zeitpunkt der Inanspruchnahme letztlich darüber entscheiden, ob der in Anspruch genommene Manager noch Versicherungsschutz hat: Der Manager, der vom Unternehmen zuerst in Anspruch genommen wird und seinen Anspruch aus der D&O-Versicherung zuerst geltend macht, erhält die Versicherungsleistung (falls notwendig bis zur maximalen Höhe der vereinbarten Deckungssumme). Ist diese ausgeschöpft, erhält ein weiteres in Anspruch genommenes Organmitglied keine Versicherungsleistung mehr. Dies kann zu einem paradoxen Wettlauf um eine möglichst frühe Inanspruchnahme im Vorstand (und Aufsichtsrat) führen.

3. Haftungsrechtliche Auseinandersetzung

82 Mit der schriftlichen Inanspruchnahme des Organmitglieds beginnt die **haftungsrechtliche Auseinandersetzung** zwischen Geschädigtem (i.d.R. das Unternehmen) und Schädiger (versicherter Manager). Der Manager wird in aller Regel, vertreten durch eigene Rechtsanwälte, die Schadensersatzforderungen zurückweisen. Die **Auswahl der Rechtsanwälte** hat nach einigen Bedingungswerken „in Abstimmung“ mit dem D&O-Versicherer zu erfolgen. Inwieweit der Versicherer aus diesem Mitsprachrecht ein Veto-Recht ableiten kann, ist, sofern kein ausdrückliches Widerspruchsrecht vereinbart ist, nicht eindeutig.[55] Viele moderne D&O-Bedingungswerke sehen deshalb eine freie Anwaltswahl vor.[56]

53 OLG München r+s **2009** 327.

54 Versicherungsfälle, die mit dem gleichen Schaden bzw. gleichen Pflichtverletzung in Zusammenhang stehen, werden gemäß der üblicherweise vereinbarten Serienschadenklausel regelmäßig als ein Versicherungsfall gewertet, der nur der Versicherungsperiode der ersten mit dem Schaden zusammenhängenden Inanspruchnahme eines Organmitglieds zuzuordnen ist.

55 Für den Letztentscheid des Versicherers (der lediglich Rücksicht auf die versicherte Person nehmen müsse) argumentieren wohl überwiegende Teile der Literatur, vgl. Bruck/Möller/*Armbrüster* A-6 AVB D&O Rn. 71 ff.; Seitz/Finkel/Klimke/*Finkel/Seitz* Ziff. 4 Rn. 154; Prölss/Martin/*Voit* Ziff. A-6.2 Rn. 1.

56 Vgl. z.B. AVB-VOV 5.0, § 2 1.10.

Die Kosten für die rechtliche Vertretung hat (spätestens) ab Eintritt des Versicherungsfalls der D&O-Versicherer zu tragen, soweit diese eine **„angemessene" Höhe** nicht übersteigen. Die Pflicht zur Übernahme der Abwehrkosten entfällt, sofern der Versicherer sich zur unmittelbaren Freistellung der versicherten Person von den erhobenen Forderungen entschließt; ein allerdings praxisfernes Szenario. Der D&O-Versicherer kann sich – wie in den meisten D&O-Policen vertraglich geregelt – seiner Pflicht, Rechtsschutz zu gewähren, nicht mit der Einwendung entziehen, der versicherte Manager habe vorsätzlich oder wissentlich eine Pflicht verletzt oder arglistig getäuscht, solange eine solche Wissentlichkeit oder **Arglist** nicht rechtskräftig gerichtlich festgestellt ist.[57] Der Versicherer muss also auch dem Manager Rechtsschutz gewähren, an dessen Redlichkeit er Zweifel hat. 83

Die haftungsrechtliche Auseinandersetzung zwischen anspruchsstellendem Unternehmen und dem Entscheidungsträger wird von beiden Parteien regelmäßig gerichtlich über mehrere Instanzen geführt. Aufgrund der meist komplexen Sachverhalte, deren Aufbereitung durch die Parteivertreter sowie Prüfung und Bewertung durch die Gerichte Zeit in Anspruch nimmt, sind mehrjährige Prozesse die Regel. Lediglich 30 Prozent der D&O-Fälle werden innerhalb der ersten zwei Jahre nach Eintritt des Versicherungsfalls abschließend reguliert bzw. geschlossen.[58] Die durchschnittliche Dauer eines D&O-Versicherungsfalls dürfte deutlich über dieser Marke liegen. In Extremfällen ist die Haftungsfrage auch mehr als zehn Jahre nach Schadeneintritt noch nicht abschließend geklärt. So war beispielsweise im Jahr 2023 aus eigener Kenntnis des Verfassers noch mindestens ein **Organhaftungsprozess** im Zusammenhang mit der Finanzkrise 2007/08 an deutschen Gerichten anhängig. 84

4. Abschluss der Schadenregulierung

Ist die Frage der Haftung gerichtlich geklärt, so stehen in vielen Fällen einer abschließenden Schadenregulierung noch deckungsrechtliche **Einwände des Versicherers** im Weg. Der D&O-Versicherer befindet sich während der haftungsrechtlichen Auseinandersetzung in der komfortablen Situation, sowohl gegenüber dem klagenden Versicherungsnehmer wie auch gegenüber dem versicherten Organmitglied Auskunftsansprüche geltend zu machen, sofern noch keine endgültige **Deckungsablehnung** erfolgt ist. Auch kann er die Argumentation der Klägerin im Haftungsprozess zur Kenntnis nehmen und daraus eigene Schlussfolgerungen ableiten. Häufig schießen klagende Unternehmen zur gerichtlichen Durchsetzung von Schadensersatzansprüchen „über das Ziel hinaus": In der Absicht, dem Gericht eine haftungsauslösende Pflichtverletzung des Managers möglichst eindringlich nachzuweisen, argumentieren die gesellschaftsrechtlich fokussierten Vertreter der Klägerin dann mit an Vorsatz grenzender **grober Fahrlässigkeit** des Managers. 85

Mag diese Argumentation aus haftungsrechtlicher Sicht erfolgversprechend sein, so berücksichtigt sie jedoch nicht die versicherungsrechtlichen Konsequenzen: Der D&O-Versicherer wird die klägerseitig vorgebrachten Argumente nutzen, um im Anschluss den Versicherungsschutz an den Haftpflichtprozess aufgrund einer vermeintlich **wissentlichen Pflichtverletzung** des versicherten Entscheidungsträgers zu verweigern. Die Folgen sind schwerwiegend: Der Manager hat eine rechtskräftig gerichtlich bestätigte Schadensersatzforderung gegen sich, die er aus dem Privatvermögen begleichen muss. Das klagende Unternehmen hat einen – je nach Vermögenslage des Managers – weitgehend wertlosen Titel, aber in der Regel keine volle Schadenkompensation. 86

57 OLG Frankfurt a.M. BeckRS **2021** 17531 Rn. 56: *„Die sogenannte Rechtsschutzverpflichtung zur Abwehr unberechtigter Ansprüche – hier in der Form der Übernahme der Verteidigungskosten eines vom Versicherten selbst ausgewählten Anwalts zugesagt – ist Hauptleistungspflicht des D&O-Versicherers. Für den Versicherten ist sie von existentieller Bedeutung. Er muss sich auf die Rechtsschutzfunktion seiner D&O-Versicherung verlassen können. [...] Dies kommt auch dem Verfügungskläger zugute, solange nicht Umstände in einer rechtskräftigen gerichtlichen Entscheidung festgestellt werden, welche seine Unredlichkeit im Sinne einer vorsätzlichen oder wissentlichen Pflichtverletzung belegen."*.

58 Finlex D&O & Cyber Market Report **2023** 11.

87 Die Wechselwirkungen zwischen der rechtlichen Argumentation im Organhaftungsprozess und den versicherungsrechtlichen Konsequenzen stellen eine besondere Herausforderung für alle Beteiligten in der D&O-Schadenregulierung dar. Die konfligierenden Interessen im Dreiecksverhältnis kommen in dieser Situation zum Tragen. Für die klagende Gesellschaft bedeutet dies eine Gratwanderung: Die Haftung des Entscheidungsträgers soll durchgesetzt werden, ohne dabei den Versicherungsschutz des Managers zu gefährden. Diese Zielsetzung wird zusätzlich erschwert, wenn der Haftungsstreit emotional aufgeladen ist. Die beteiligten Entscheidungsträger auf Kläger- und Beklagtenseite kennen sich in der Regel persönlich. Mitunter führt die Inanspruchnahme zu einem Zerwürfnis. Oder ein persönlicher Streit und gegenseitig enttäuschte Erwartungen gehen dem rechtlichen Konflikt bereits voraus. Insbesondere, wenn Entscheidungsträger des klagenden Unternehmens vom Gefühl gelenkt werden, „offene Rechnungen" gegenüber ehemaligen Kollegen begleichen zu müssen, können die rechtlichen Folgen für den Versicherungsschutz schwerwiegend sein.

88 Der Entscheidungsträger wiederum sieht den D&O-Versicherer zunächst als seinen Verbündeten an, muss häufig aber an einem Wendepunkt im Verlauf der Schadenregulierung feststellen, dass er im Versicherer einen weiteren Gegner hat. In Extremfällen haben sich Entscheidungsträger zugleich im Haftungsprozess gegen die Forderungen des Unternehmens zu verteidigen und parallel einen Deckungsprozess gegen den Versicherer auf Erstattung der Abwehrkosten zu führen.

89 Eine endgültige, d.h. rechtskräftige Klärung der haftungs- sowie versicherungsrechtlichen Fragen des Rechtsstreits findet in der überwiegenden Zahl der D&O-Fälle nicht statt. Daten aus Maklerkreisen legen eine Vergleichsquote von bis zu 90 Prozent nahe.[59] Häufig wird bereits im Laufe des Haftpflichtprozesses (bzw. parallel dazu) eine **einvernehmliche Vergleichslösung** zwischen allen Beteiligten, d.h. dem geschädigten Unternehmen, den in Anspruch genommenen versicherten Managern und dem Versicherer bzw. den Versicherern erzielt.

D. Der D&O-Markt in Deutschland

I. Geschichtliche Entwicklung der D&O-Versicherung in Deutschland

90 Die D&O-Versicherung stammt aus den Vereinigten Staaten und ist in der deutschen Versicherungslandschaft ein relativ junges Produkt. Erst seit der Jahrtausendwende ist die D&O-Versicherung in Deutschland verbreitet.

91 Erste Versuche, die D&O-Versicherung auch auf dem deutschen Markt zu etablieren, unternahmen **US-amerikanische Versicherer** (insbesondere AIG und Chubb) bereits in den späten 1980er und frühen 1990er Jahren.[60] Dem Geschäftserfolg stand jedoch wesentlich die damalige Ausgestaltung der D&O-Versicherung im Weg: Entsprechend seiner Herkunft aus dem amerikanischen Rechtssystem war das Produkt nicht auf die Innenhaftung des Vorstands innerhalb eines Zweigremiensystems (Aufsichtsrat und Vorstand) ausgelegt, sondern auf die Abwehr von Haftungsansprüchen Dritter und die Kompensation für den solche Ansprüche befriedigenden Arbeitgeber, was im deutschen System der Organhaftung einen Ausnahmefall darstellt. Das wesentliche Risiko der Manager hierzulande, die Inanspruchnahme auf Schadensersatz durch die Gesellschaft selbst, deckten die **Frühformen der D&O-Versicherung** hingegen nicht ab. Zudem bestand das Bundesamt für Versicherungswesen (BAV) auf einen Ausschluss von Ansprüchen wegen „unternehmerischer Fehlentscheidungen",[61] was die Nachfrage deutlich dämpfte.

59 *Hendricks* Folie 6; der Statistik des Spezialmaklers zufolge, in die mehrere hundert dort betreute D&O-Fälle der Jahre bis 2023 einflossen, endeten 87 Prozent der Fälle mit einem Vergleich.
60 *Ihlas* S. 108; Höra/Schubach/*Sieg* MAH VersR § 17 D&O-Versicherung Rn. 14.
61 *Lange* § 1 Rn. 70; *Ihlas* S. 107.

Erst mit der Konzeption einer an das deutsche Haftungsregime angepassten Deckung auf Initiative der Maklerschaft Mitte der 1990er Jahre[62] war die Grundlage für eine echte Nachfrage nach D&O-Versicherungsschutz am deutschen **Versicherungsmarkt** geschaffen.[63] Dass eine solche Nachfrage in den folgenden Jahren auch tatsächlich entstand, war das Ergebnis einer Reihe von Faktoren, darunter unter anderem das ARAG/Garmenbeck-Urteil,[64] die zunehmende Auflösung der Kapital- und Personalverflechtungen der deutschen Wirtschaft in den 1990er Jahren (Ende der sogenannten „Deutschland AG“[65]) sowie öffentlichkeitswirksame Unternehmensinsolvenzen (einschließlich des Zusammenbruchs des Neuen Markts im Jahr 2000) und Wirtschaftsskandale rund um die Jahrtausendwende, etwa die Prozesse um den Deutsche Bank-Chef Rolf Breuer im Streit mit dem Medienunternehmer Kirch, die die Verantwortung und Haftbarkeit der Vorstandsebene in das öffentliche Bewusstsein rückten.[66] Spätestens seit den 2010er Jahren gilt die D&O-Versicherung auch im Mittelstand als Standardbestandteil des unternehmenseigenen Risikomanagements.[67] 92

II. Besonderheiten im internationalen Vergleich

Die Evolution der D&O-Versicherung im Rahmen der Anpassung an den deutschen Markt und das hiesige Haftungsregime hat dazu geführt, dass die „deutsche“ D&O und die „US-amerikanische“ D&O sich heute in vielfacher Hinsicht unterscheiden – auch wenn eine aus dem amerikanischen Raum übernommene Eigenschaft, das *Claims-made*-Prinzip, noch immer wesensprägend ist.[68] 93

Die US-amerikanische, d.h. ursprüngliche Version der D&O-Versicherung ist an das dortige Rechtssystem und die üblichen Verfahren in der Organhaftung angepasst. *Directors* und *Officers* sehen sich im **US-Rechtssystem** bzw. den Rechtssystemen der US-Bundesstaaten vielfältigen Haftungsrisiken ausgesetzt, die nur entfernt mit den deutschen Haftungsrisiken vergleichbar sind. Anders als im deutschen System des Kapitalgesellschaftsrechts tritt das Unternehmen als juristische Person üblicherweise nicht als Anspruchssteller gegenüber dem Organmitglied in Erscheinung, sondern stellt diesen in der Regel von Ansprüchen außenstehender Dritter frei (ergänzend zur Übernahme der Verteidigungskosten). Solche Ansprüche Dritter sind beispielsweise Ansprüche von Aktionären oder Anlegern, die auf dem Wege von **Sammelklagen** (*securities class actions*) direkt gegen vermeintlich pflichtwidrig handelnde Manager erhoben werden. 94

Die US-amerikanische D&O-Versicherung hält verschiedene Deckungsbestandteile bereit, die unter den Begriffen *Side A*, *Side B* und *Side C Cover* bekannt sind. Im klassischen Szenario der Anspruchserhebung durch Dritte gegen den Manager und einer daraufhin folgenden Freistellung des Managers durch das Unternehmen kommt die ***Side B* Deckung** zum Tragen. Sie ersetzt dem Unternehmen die entstehenden Kosten der Freistellung des Managers sowie seiner Verteidigung. Im deutschen System gibt es solche „Company Reimbursement“-Klauseln für den Fall, dass ein Unternehmen den versicherten Manager aufgrund einer vor der Pflichtverletzung vereinbarten vertraglichen oder aufgrund einer gesetzlichen Freistellungsverpflichtung von einem durch einen Dritten erhobenen Anspruch freistellt. Hinzu kommt der ebenfalls dem Unternehmen zustehende 95

62 Insbesondere vorangetrieben durch den Rechtsanwalt und Versicherungsmakler Michael Hendricks.

63 Voraussetzung dieser veränderten Konzeption war, dass Versicherungsbedingungen im Zuge der Dienstleistungsfreiheit ab Juli 1990 (Großrisiken) bzw. Juli 1994 (Normalrisiken) nicht mehr vom BAV genehmigt werden mussten.

64 BGHZ 135, 244.

65 *Ihlas* S. 122 ff.

66 *Lange* § 1 Rn. 73 ff.

67 Laut einer Erhebung der Wirtschaftsprüfungsgesellschaft PwC und der Universität Halle-Wittenberg unterhielten bereits 2009 rund 94 Prozent der befragten Unternehmen eine D&O-Versicherung für ihre Organmitglieder. Die Ergebnisse sind abrufbar unter: https://de.statista.com/statistik/daten/studie/70443/umfrage/anzahl-der-unternehmen-mit-d-o-versicherung-2009/ (zuletzt abgerufen am 19. Dezember 2023).

68 Bruck/Möller/*Armbrüster* Allg. Einf. AVB D&O Rn. 1.

Anspruch aus der ***Side C Deckung***, die – sofern vereinbart – Ansprüche Dritter deckt, die direkt gegen das Unternehmen geltend gemacht werden und meist im Zusammenhang mit einer Pflichtverletzung eines Organmitglieds stehen.

96 Dem deutschen Produkt am nächsten kommt die ***Side A* Deckung**, die jene Ansprüche gegen den versicherten Manager (und die Verteidigungskosten) deckt, für die das Unternehmen nicht aufkommt. Darunter sind insbesondere Ansprüche aus sogenannten ***shareholder derivative suits***, also im Namen des Unternehmens erhobene Klagen von einzelnen Aktionären gegen Manager, wenn das Unternehmen selbst durch das vermeintlich pflichtwidrige Handeln des Management Boards geschädigt wurde, sich das Management aber nicht selbst verklagen möchte. Begünstigter der erfolgreichen **Aktionärsklage** im *derivative suit* ist das Unternehmen, nicht der klagende Aktionär. *Derivative suits* sind in den vergangenen Jahren immer zahlreicher geworden[69] und haben zum Teil zu aufsehenerregend hohen Vergleichsabschlüssen geführt.[70]

97 Als US-amerikanisches Pendant zur Innenhaftung nach deutschem Recht (wenn auch völlig anderen Verfahrensabläufen folgend) gewinnt der *derivative suit* somit zunehmend an Bedeutung – und mit ihr die *Side A* Deckung in US-Versicherungsprogrammen. Es zeigt aber auch die Schwierigkeiten der Ausgestaltung adäquaten D&O-Versicherungsschutzes in **internationalen Versicherungsprogrammen**: Denn das den *derivative suits* zugrundeliegende Gesellschaftsrecht ist bundesstaatlich geregelt, so dass die Haftungsregime bereits innerhalb der USA je nach Sitz des Unternehmens variieren und jeweils Anpassungen der D&O-Bedingungen erforderlich machen können.

98 Kommen innerhalb eines konzernweiten D&O-Programms weitere fremde Jurisdiktionen hinzu, etwa durch Tochtergesellschaften in EU- und Nicht-EU-Ländern, erfordern auch diese eine maßgeschneiderte Anpassung der Deckung an das jeweilige tatsächliche Haftungsrisiko des vor Ort tätigen Managements.

III. Bedingungsentwicklung

99 *Die* D&O-**Versicherungsbedingungen** gibt es nicht und hat es nie gegeben. Vielmehr ist der deutsche D&O-Markt seit jeher von Bedingungsvielfalt gekennzeichnet. So sollen bereits 1996 – d.h. in den Anfängen der Marktdurchdringung der D&O-Versicherung in Deutschland – rund zehn verschiedene **Wordings** miteinander konkurriert haben.[71] In der Folge haben sich viele verschiedene Bedingungswerke entwickelt, so dass von einem einzelnen AVB-Standard heute keine Rede sein kann, auch wenn der GDV seit 1997 mit der Einführung und regelmäßigen Aktualisierung von **Musterbedingungen für die „Vermögensschaden-Haftpflichtversicherung von Aufsichtsräten, Vorständen und Geschäftsführern“** (damals: „AVB-AVG“, heute „AVB D&O“) eine Orientierungshilfe vorgibt. Die Bedingungswerke variieren heute nicht nur von Versicherer zu Versicherer, sondern sind auch abhängig vom versicherten Risiko – insbesondere vom Risikoprofil der Branche des Versicherungsnehmers.[72]

100 Maßgeblich durch spezialisierte **Versicherungsmakler** mit sogenannten ***Maklerwordings*** vorangetriebene Bedingungsverbesserungen (aus Versicherten- bzw. Versicherungsnehmersicht) und **Deckungserweiterungen** prägen die Entwicklungsgeschichte der D&O-Versicherung. Insbesondere in Phasen des **„weichen Markts“** (hoher Konkurrenzdruck zwischen den Anbietern), etwa zuletzt durchgängig in den 2010er Jahren, nutzten Versicherer neben niedrigen Prämien auch attraktive AVB, um sich im Wettbewerb durchzusetzen. Zu den Mitteln der Wahl zählten die

---

69 Vgl. https://www.dandodiary.com/2023/08/articles/shareholders-derivative-litigation/guest-post-as-derivative-settlements-trend-higher-side-a-coverage-becomes-crucial/ (Abruf 13.12.2023).

70 Beispielhaft zu nennen sind hier etwa die Vergleichsschlüsse in den Verfahren gegen das Tesla Board 2023 über USD 735 Mio. sowie gegen das Management der Bank Wells Fargo i.H.v. USD 320 Mio. im Jahr 2019.

71 *Ihlas* S. 109.

72 Vgl. *Prühs* GmbH-Stpr **2021** 204.

Einführung neuer Deckungsbestandteile (etwa PR-Kosten, Strafrechtsschutz) ebenso wie Verzichte auf vertragliche Rechte des Versicherers (bspw. Wegfall des Ausschlusses von Pflichtverletzungen im Zusammenhang mit der Insolvenz des Versicherungsnehmers, Verzicht auf Rückforderung von Verteidigungskosten gegenüber der versicherten Person selbst bei Feststellung einer wissentlichen oder vorsätzlichen Pflichtverletzung).

Mit Eintritt in eine **„harte“ Marktphase** mit steigenden Prämien ab der Corona-Pandemie 2020 ist diese Entwicklung mindestens verlangsamt worden, mitunter begleitet von Forderungen einzelner Marktteilnehmer, die D&O-Versicherung wieder auf ihre Kernfunktionen zu reduzieren. 101

IV. Marktakteure

Der D&O-Markt in Deutschland wird maßgeblich durch einige wenige Akteure bestimmt, insbesondere **Versicherungsgesellschaften**, **Assekuradeure** und **spezialisierte Versicherungsmakler**. Nahezu alle großen **Industrieversicherer** bieten das Produkt D&O-Versicherung innerhalb ihres Vermögensschadenhaftpflicht-Portfolios (***Financial Lines***) an. Die Gesamtzahl der am deutschen Markt aktiven D&O-Versicherer ist nicht bekannt, bewegt sich aber zwischen 35 und 50 Gesellschaften.[73] 102

Informationen zu **Marktanteilen** sind ebenfalls nicht öffentlich bekannt. Einer Erhebung aus dem Jahr 2007 zufolge dominierten damals der US-amerikanische Versicherer AIG und die Allianz Versicherung den Markt mit zusammen mehr als 40 Prozent des Gesamt-Prämienvolumens.[74] Beide Anbieter sind auch heute noch am deutschen D&O-Markt tätig. Eine Sonderstellung im Wettbewerb um Marktanteile nimmt die Versicherergemeinschaft VOV ein: In ihr haben sich bereits in der Frühphase der D&O-Versicherung in Deutschland in den 1990er Jahren mehrere Versicherer[75] zu einem **Konsortium** zusammengeschlossen, das auf Grundlage von Mitversicherungsmodellen (ausschließlich) D&O-Risiken zeichnet. Ausführende Gesellschaft, die für die Versicherergemeinschaft das Underwriting und die Schadenabwicklung übernimmt, ist die VOV GmbH. 103

Spezialmakler sind neben Assekuradeuren Treiber des D&O-Marktes: Bedingungsentwicklungen treiben beide Gruppen maßgeblich voran. Auf Seiten der Maklerschaft sind hier etwa die heute zur Howden Group gehörende Hendricks GmbH und die Finlex GmbH zu nennen, die jeweils eigene Maklerwordings veröffentlichen und für Innovationen sorgen. Auf Managerhaftpflicht spezialisierte Versicherungsmakler wie diese setzen nicht nur auf Direktgeschäft. Sie stellen als Vermittler für Industrie- und Gewerbeversicherungsmakler und Expertiseträger das Bindeglied zwischen der breiten Maklerschaft und deren meist mittelständischen Unternehmenskunden auf der einen und den Versicherern auf der anderen Seite dar. 104

---

73 Hintergrund dieser Schätzung sind Hochrechnungen: So gab der Gesamtverband der Deutschen Versicherungswirtschaft (GDV) 2023 in einer eigenen Berechnung an, dass die 29 Versicherer und Verbandsmitglieder, die dem GDV Daten zu ihrem D&O-Portfolio für das Beitragsjahr 2022 bereitstellten, rund 82 Prozent des im GDV organisierten Marktes darstellten. Zu den im GDV organisierten Versicherern kommt noch eine nicht näher bekannte Zahl ausländischer Versicherer; vgl. Pressemitteilung des GDV v. 20. Oktober 2023: Managerhaftpflicht: D&O-Versicherer rechnen mit steigenden Schäden.

74 *Towers Perrin/Ihlas & Köberich* S. 17 Grafik 22; die Methodik und Aussagekraft der Studie kritisiert allerdings *Lange* § 1 Rn. 89.

75 Nach dem Ausscheiden der Continentale Versicherung 2023 sind derzeit vier Versicherer mit unterschiedlichen Anteilen (Eigentümerschaft an der VOV GmbH) in der VOV zusammengeschlossen: Generali Deutschland (46,36 Prozent), HDI Global (38 Prozent), die Inter (7,82 Prozent) und die Nürnberger (7,82 Prozent), vgl.: Herbert Frommes Versicherungsmonitor v. 11. Juli 2023: Conti verlässt D&O-Spezialisten VOV; https://versicherungsmonitor.de/2023/07/11/conti-verlaesst-do-spezialisten-vov/ (abgerufen am 24. Oktober 2023).

V. Prämien und Schäden: Die D&O in Zahlen

105 Nach Schätzungen des Gesamtverbands der Deutschen Versicherungswirtschaft umfasste der D&O-Markt in Deutschland 2022 ein **Gesamtprämienvolumen** von rund EUR 900 Mio.[76] Damit konnten die D&O-Versicherer nach einer Phase der Stagnation in den 2010er Jahren seit 2018 ihre Prämieneinnahmen mehr als verdoppeln.[77]

106 Das dem GDV gemeldete **Gesamtschadenvolumen** betrug rund EUR 213 Mio., dürfte entsprechend der vom GDV hinsichtlich der Beitragseinnahmen vorgenommenen Hochrechnungen für den deutschen Gesamtmarkt allerdings insgesamt bei rund EUR 350 bis 400 Mio. liegen.[78] Das entspräche 2022 einer **Schadenquote** von 40 bis 45 Prozent (die freiwillig meldenden Versicherer wiesen 2022 eine Schadenquote von 42,4 Prozent aus). Insgesamt zeigt sich der Markt volatil mit stark schwankenden Schadenquoten zwischen 40 und 99 Prozent zwischen 2016 und 2022. Als profitabel gelten dem GDV zufolge in der D&O-Versicherung Schadenquoten von bis zu 70 Prozent im langjährigen Mittel.

107 Die Zahl der dem GDV **gemeldeten D&O-Versicherungsfälle** lag im Jahr 2022 bei rund 2.000, d.h. hochgerechnet auf den gesamten Markt bei rund 3.500 bis 4.000 Fällen. Hinsichtlich der Fallzahlen verzeichneten die Versicherer zuletzt nur moderate Steigerungsraten im niedrigen einstelligen Bereich. Die durchschnittliche Schadenhöhe stieg jedoch von EUR 81.000 im Jahr 2021 auf EUR 107.000 im Folgejahr an. Diese Zahlen verdeutlichen, dass die meisten D&O-Fälle keine öffentlichkeitswirksamen Millionenschäden sind, sondern sich im lediglich fünfstelligen Euro-Bereich bewegen dürften.

E. Die D&O-Versicherung in der Rechtsprechung und juristischen Diskussion

108 Die D&O-Versicherung ist seit jeher ein juristisch intensiv diskutiertes Feld des Versicherungsrechts. Raum für Diskussionen lässt dabei vor allem der Mangel an **obergerichtlicher Rechtsprechung**, der vor dem Hintergrund der dynamischen Bedingungsevolution innerhalb eines im rechtswissenschaftlichen Maßstab kurzen Zeitraums umso schwerer wiegt: Es stehen in der Managerhaftpflichtversicherung zahlreiche offene Fragen im Raum, zu denen sich bislang kein Gericht hat äußern können, die jedoch in der Praxis der Schadenregulierung für die Beteiligten hohes Gewicht haben – und deshalb in der Literatur umstritten diskutiert werden.

I. Ausgewählte gerichtliche Entscheidungen

109 Für viele die D&O-Versicherung betreffende Rechtsfragen finden sich keine Antworten in deutschen Gesetzestexten. Die Beantwortung dieser Fragen muss durch die Rechtsprechung erfolgen. Allerdings erhält sie dazu in der D&O-Versicherung kaum Gelegenheit. Insbesondere im Vergleich mit anderen Sparten etwa aus der Personenversicherung oder der Sachversicherung, ist augenfällig, dass die Lösungsfindung in der D&O-Versicherung offenbar weitgehend abseits der Gerichte stattfindet. Den laut GDV rund 2.000 gemeldeten D&O-Versicherungsfällen pro Jahr (plus Dunkel-

---

76 Pressemitteilung des GDV v. 20. Oktober 2023: Managerhaftpflicht: D&O-Versicherer rechnen mit steigenden Schäden; in der D&O-Versicherung stellt sich die Problematik nur unzureichender Markttransparenz, da die Daten der Sparte nicht von der Bundesanstalt für Finanzdienstleistungsaufsicht (BaFin) erhoben werden, sondern es sich bei den vom GDV veröffentlichten Zahlen um freiwillige Meldungen von (lediglich) 29 im GDV organisierten Versicherern handelt, die zudem mitunter nachträglichen Korrekturen unterworfen sind.

77 2018 wiesen die 29 freiwillig meldenden GDV-Versicherer Bruttobeitragseinnahmen von EUR 247 Mio. aus, 2022 lag dieser Wert bereits bei EUR 498 Mio.

78 Eigene Hochrechnung für den Gesamtmarkt auf Basis der gemeldeten Schadenquote von 42,4 Prozent für den Teilausschnitt des Markts der 29 GDV-Versicherer.

ziffer) stehen nur eine Handvoll **höchstrichterlicher Entscheidungen** seit Begründung der Sparte Mitte der 1990er Jahre gegenüber. Über die Gründe ist vielfach diskutiert worden.[79]

Wesentlich verantwortlich dürfte die meist hohe Vergleichsbereitschaft der beteiligten Parteien sein.[80] D&O-Versicherer haben vielfach ein Interesse daran, möglicherweise für sie negative rechtskräftige Urteile zu vermeiden. Versicherten Personen und Versicherungsnehmern wiederum ist nachvollziehbarerweise selten viel an der **Rechtsfortbildung** gelegen. Sie streben im Deckungsstreit mit dem Versicherer meist einen raschen Abschluss der Schadenregulierung an, da der versicherungsrechtlichen Auseinandersetzung in der Regel schon ein mitunter mehrjähriger Haftungsprozess vorausging. Oft verhandeln die Beteiligten des D&O-Dreiecksverhältnisses haftungsrechtliche Fragen und deckungsrechtliche Einwände im Rahmen eines **Gesamtvergleichs**, bevor überhaupt ein Urteil im Organhaftungsprozess gesprochen ist, so dass es zu einer Klageerhebung im Deckungsstreit gar nicht mehr kommt. 110

Im Folgenden werden einige ausgewählte OLG- und BGH-Entscheidungen vorgestellt, die zur D&O-Versicherung ergingen und u.a. richtungweisend für die Weiterentwicklung der Versicherungsbedingungen oder Schadenregulierungspraxis waren. Auf die Darstellung von Entscheidungen zur Organhaftung (etwa ARAG/Garmenbeck[81]) sowie von Entscheidungen, die zwar zur D&O-Versicherung ergingen, aber keine spartenspezifische Fragestellung zum Gegenstand hatten,[82] soll an dieser Stelle verzichtet werden. Soweit Rechtsprechung aus anderen Rechtsgebieten oder Versicherungssparten Einfluss auf Fragen der D&O-Versicherung hat, soll auf diese in den betroffenen einzelnen Kommentierungen gesondert eingegangen werden. 111

1. OLG Düsseldorf zur Anfechtung des D&O-Versicherungsvertrags (2005)

Im Rahmen des Skandals um die massive Überbewertung der Comroad AG aufgrund von Scheingeschäften gab es Anfang der 2000er mehrere straf- und zivilrechtliche Prozesse, unter anderem vor dem BGH.[83] Mit Blick auf die D&O-Versicherung erlangte das Urteil des OLG Düsseldorf vom 23. August 2005[84] Relevanz. 112

Im zunächst vor dem Landgericht Düsseldorf[85] geführten Verfahren begehrte der ehemalige Aufsichtsratsvorsitzende der Comroad AG Versicherungsschutz aus der vom Vorstandsvorsitzenden zugunsten der Organmitglieder der AG im Jahr 2000 abgeschlossenen D&O-Versicherung der Comroad AG. Der zwischenzeitlich zu einer mehrjährigen Haftstrafe wegen Betrugs verurteilte[86] Vorstandsvorsitzende hatte nach Ansicht des Versicherers zum Zeitpunkt des Vertragsschlusses Kenntnis der Pflichtwidrigkeit der von ihm von 1998 bis 2000 vorgenommenen **Bilanzfälschungen**. Auch legte er dem Versicherer vor Vertragsschluss falsche Unterlagen vor. Auf die vorvertragliche schriftliche Frage des Versicherers nach einer Kenntnis von Umständen, die zu einem Anspruch unter dem D&O-Vertrag führen können, antwortete der Vorstandsvorsitzende wahrheitswidrig mit „Nein“. Nach Aufdeckung des Bilanzskandals erklärte der Versicherer seinen **Rücktritt vom Vertrag** gemäß §§ 16, 17 VVG sowie **Anfechtung des Vertrags** aufgrund **arglistiger Täuschung** (§ 22 VVG, § 123 BGB). 113

Der klagende Aufsichtsratsvorsitzende berief sich (vor allem) darauf, dass die Anfechtung bzw. der Rücktritt gegenüber ihm keine Wirksamkeit entfalten könne, sondern der Versicherungsvertrag zu seinen Gunsten weiter fortbestehe. Da er keine **Kenntnis von den pflichtwidrigen** 114

79 *Lange* § 1 Rn. 121.
80 Dies spiegelt sich auch in der eigenen jahrelangen praktischen Erfahrung des Autors wider.
81 BGH VersR **1997** 886.
82 Etwa: BGH VersR **2009** 1477.
83 BGH VersR **2008** 1366; VersR **2008** 1694.
84 OLG Düsseldorf NJW-RR **2006** 1260.
85 LG Düsseldorf Urteil vom 23.3.2004 – 11 O 344/02.
86 LG München I NStZ **2004** 291.

Handlungen gehabt habe, sei die (etwaige) arglistige Täuschung durch den Vorstandsvorsitzenden nicht ihm anzulasten, was sich unter anderem aus den zugrundeliegenden AVB ergebe, wonach *„bei der Prüfung, ob Versicherungsschutz besteht,* [...] *einer versicherten Person keine bei anderen versicherten Personen gegebenen Tatsachen zugeschrieben oder vorhandene Kenntnisse zugerechnet"*[87] werden. Das LG Düsseldorf folgte der Argumentation des Klägers zunächst, woraufhin der Versicherer in Berufung ging.

115 Das OLG Düsseldorf stellte fest, dass sich der Versicherer auch gegenüber einem redlichen versicherten Organmitglied auf die **Nichtigkeit des Vertrags**[88] berufen darf, wenn er aufgrund einer arglistigen Täuschung des Versicherungsnehmers (bzw. eines seiner Repräsentanten) das Versicherungsvertragsverhältnis einging. Die arglistige Täuschung durch den Vorstandsvorsitzenden war der Comroad AG als Versicherungsnehmerin zuzurechnen. Die Klausel, die eine **Zurechnung von Kenntnissen** *unter den versicherten Personen* ausschloss, betraf nicht Fälle arglistiger Täuschung durch die Versicherungsnehmerin selbst – unabhängig davon, ob diese gegenüber dem Versicherer bei Vertragsschluss von einer versicherten Person oder einer nicht-versicherten Person vertreten werde.[89] Aufgrund der wirksamen Anfechtung des Vertrages in Gänze stand dem Kläger kein Versicherungsschutz zu. Auch könne sich die versicherte Person nicht auf **Vertrauensschutz** gegenüber dem Versicherer berufen, da ein Vertrauen gegenüber dem Versicherer auf Versicherungsdeckung allenfalls die Versicherungsnehmerin in Anspruch nehmen könne, während die versicherte Person in der D&O-Versicherung als Versicherung für fremde Rechnung nicht gegenüber dem Versicherer, sondern höchstens gegenüber der Versicherungsnehmerin auf Bestehen von Versicherungsschutz vertrauen könne.[90]

116 Durch die Entscheidung des OLG Düsseldorf, dass auch eine redlich handelnde versicherte Person die Nichtigkeit eines D&O-Versicherungsvertrags gegen sich gelten lassen muss, wenn ein **Repräsentant des Versicherungsnehmers** zuvor den Versicherer arglistig täuschte, ergeben sich in der Praxis schwerwiegende Folgen für den versicherten Personenkreis in der D&O-Versicherung: Verschweigt nur *ein* versicherter Manager, der im Rahmen des Vertragsschlusses in die Beantwortung eines vorvertraglichen Fragebogens eingebunden ist, ihm bekannte, möglicherweise (!) haftungsrelevante Umstände, so kann der Versicherungsschutz für *sämtliche* unter dem Vertrag versicherte Personen (d.h. etwa auch für die Geschäftsführer aller Tochterunternehmen eines Konzerns) rückwirkend entfallen.[91]

117 In der Folge versuchten D&O-Versicherer diesem Risiko entgegenzutreten und ergänzten die Bedingungswerke um **Anfechtungsverzichte**.[92] In zwei Entscheidungen stellte der BGH zu einer anderen Versicherung für fremde Rechnung[93] im Jahr 2011 jedoch fest, dass der Versicherer nicht im Voraus auf sein Recht auf Anfechtung wegen arglistiger Täuschung verzichten kann.[94] Mit vertraglicher Regelung kann der D&O-Versicherer dem Problem der Anfechtung und Nichtigkeit des gesamten Vertrags seither nicht mehr entgegenwirken. Auch nebenvertragliche Zusicherungen, von der Anfechtung keinen Gebrauch zu machen, sind nicht belastbar.[95] Somit besteht das

---

87 Die Regelung fand sich in den dem Versicherungsverhältnis zugrundeliegenden Versicherungsbedingungen in § 6 AVB OLA 98.

88 Nichtigkeit des gesamten Versicherungsvertrages von Anfang an gem. § 142 BGB.

89 OLG Düsseldorf VersR **2006** 785, Rn. 87.

90 OLG Düsseldorf VersR **2006** 785, Rn. 89 ff.

91 Vgl. etwa *v. Schenk*, NZG **2015** 494.

92 Eine der vielen unterschiedlichen Varianten am Markt lautete bspw.: *„[...] Versicherten Personen wird das Verhalten, das Verschulden, das Bewusstsein oder die Kenntnis anderer versicherter Personen nicht zugerechnet. Der Versicherer verzichtet auf die ihm aufgrund einer vorvertraglichen Anzeigepflichtverletzung gem. § 19 VVG zustehenden Rechte. Der Versicherungsschutz beschränkt sich in den Fällen, die den Versicherer zur Ausübung der Rechte gem. § 19 VVG berechtigen würden, ausschließlich auf diejenigen versicherten Personen, die die vorvertragliche Anzeigepflichtverletzung nicht kannten, nicht begangen haben und nicht daran mitgewirkt haben. [...]"* (Zurich Corporate D&O 2010 Ziffer VII).

93 Es handelte sich um eine Valorenversicherung.

94 BGH VersR **2011** 1563; VersR **2012** 615.

95 *Melot de Beauregard/Gleich* NJW **2013** 828.

Risiko der unverschuldeten Anfechtung für redliche versicherte Manager bis heute fort – und kommt einem Damoklesschwert der D&O-Versicherung gleich.[96]

2. BGH zur Abtretung des Freistellungsanspruchs und Ernstlichkeit der Inanspruchnahme (2016)

Mit zwei nahezu gleichlautenden Entscheidungen[97] nahm der Bundesgerichtshof zur Frage der **Abtretbarkeit eines D&O-Freistellungsanspruchs** an den Versicherungsnehmer sowie zur **Ernstlichkeit der Inanspruchnahme** Stellung. 118

Den beiden BGH-Entscheidungen lag im Wesentlichen der gleiche Sachverhalt zugrunde: Der Geschäftsführer einer GmbH verletzte eine Pflicht und schädigte damit die Gesellschaft. Das Unternehmen machte daraufhin schriftlich einen Schadenersatzanspruch aus § 43 Abs. 2 GmbHG gegen den Geschäftsführer geltend. Kurze Zeit nach dieser schriftlichen Geltendmachung trat der Geschäftsführer seinen Freistellungsanspruch gegenüber dem D&O-Versicherer an die GmbH ab. Das Unternehmen klagte daraufhin direkt gegen den D&O-Versicherer auf Zahlung. 119

Im Zentrum des folgenden Rechtsstreits stand nun zunächst die Frage, ob die Abtretung des Freistellungsanspruchs von der versicherten Person an die Versicherungsnehmerin (geschädigte Gesellschaft) zulässig ist. Der D&O-Versicherer verneinte dies unter anderem mit Verweis auf ein in den Besonderen Versicherungsbedingungen vereinbartes **Verbot**[98] **einer Abtretung** an andere Parteien als den geschädigten Dritten. Der Versicherungsnehmer sei kein geschädigter Dritter. Das LG Düsseldorf folgte dieser Auffassung und wies die Klage ab.[99] Das in den Besonderen Versicherungsbedingungen vereinbarte Abtretungsverbot verstoße nicht gegen § 108 Abs. 2 VVG und sei daher wirksam. Das geschädigte Unternehmen sei nicht „Dritter“ i.S. des § 108 Abs. 2 VVG. 120

Auch die Berufung der Gesellschaft hatte keinen Erfolg. Das OLG Düsseldorf[100] ließ dahinstehen, ob der Versicherungsnehmer in der D&O-Versicherung zugleich geschädigter Dritter sein kann. Es läge bereits kein Versicherungsfall vor, da die Inanspruchnahme des Geschäftsführers nicht „ernstlich“ erfolgt sei. Zwar liege mit einem anwaltlichen Schreiben in *formaler* Hinsicht eine bedingungsgemäße Inanspruchnahme auf Schadensersatz vor. Für den Eintritt des Versicherungsfalles reiche dies aber nicht aus, weil die Klägerin Ansprüche gegen den versicherten Geschäftsführer nicht „ernstlich“ erhoben habe, also gar nicht wirklich beabsichtige, den Manager persönlich auf Schadensersatz in Anspruch zu nehmen. Vielmehr beabsichtige das Unternehmen mit der Inanspruchnahme nur, den Versicherungsfall auszulösen. Es habe niemals die Absicht bestanden, den Haftungsanspruch gegen den eigenen Geschäftsführer gerichtlich und ggf. auch im Wege der **Zwangsvollstreckung** in das private Vermögen des Geschäftsführers zu realisieren. Mangels „ernstlicher“ Inanspruchnahme bestehe daher schon kein Haftungsanspruch des geschädigten Unternehmens gegen den Geschäftsführer. In der Konsequenz bestehe auch kein abtretbarer Versicherungsanspruch gegen den D&O-Versicherer. Die Beurteilung, ob tatsächlich eine ernstliche Inanspruchnahme vorliege, sei stets im Einzelfall vorzunehmen. Die **Darlegungs- und Beweislast** für die Ernstlichkeit läge nach allgemeinen Grundsätzen bei der versicherten Person und im Falle der Abtretung des Deckungsanspruchs beim neuen Anspruchsberechtigten.[101] 121

---

96 Zur Möglichkeit einer separaten individuellen Versicherung gegen das Anfechtungsrisiko vgl. Bruck/Möller/*Armbrüster* Allg. Einf. AVB D&O Rn. 134.

97 BGH NJW **2016** 2184 und BeckRS **2016** 7881.

98 Die entsprechende Klausel (Nr. 12.4 OLA) lautete: *„Eine Abtretung des Freistellungsanspruches an den geschädigten Dritten durch die versicherte Person ist zulässig. Eine anderweitige Abtretung oder Verpfändung von Ansprüchen aus diesem Versicherungsvertrag ist vor ihrer endgültigen Feststellung unzulässig.“*.

99 LG Düsseldorf BeckRS **2016** 8208.

100 OLG Düsseldorf VersR **2013** 1522.

101 OLG Düsseldorf VersR **2013** 522, Rn. 68 ff.

122 Der BGH hatte sich in der Revision daher mit gleich zwei höchst praxisrelevanten Fragen zu befassen:

1) Darf die versicherte Person den Freistellungsanspruch an das geschädigte Unternehmen als Versicherungsnehmer abtreten, damit dieses direkt gegen den Versicherer klagen kann?
2) Bedarf es neben der *formalen* Erfüllung der Voraussetzungen für den **Eintritt des Versicherungsfalls** (der schriftlichen Inanspruchnahme der versicherten Person) eines – wie auch immer gearteten – weiteren Nachweises, dass die versicherte Person „ernstlich" vom Unternehmen in Anspruch genommen wird, d.h. auch bei Versagen einer D&O-Deckung eine Vollstreckung in das Privatvermögen des Versicherten beabsichtigt ist?

123 Insbesondere die zweite Frage war von großer Tragweite für die D&O-Versicherung. Wenn es zusätzlich zu den bedingungsgemäßen Anforderungen für den Eintritt des Versicherungsfalls einer einzelfallabhängigen, vom Geschädigten nachzuweisenden tatsächlichen „Ernstlichkeit" der Inanspruchnahme bedurft hätte, hätte dies eine Zäsur für die Organhaftung und D&O-Versicherung in Deutschland bedeutet. Der BGH hob die Urteile der Vorinstanzen jedoch in einem richtungweisenden Urteil auf und stellte klar:

1) Die versicherte Person, die aufgrund einer Pflichtverletzung vom eigenen Unternehmen auf Schadenersatz in Anspruch genommen wird, darf den Freistellungsanspruch gegen den D&O-Versicherer an das Unternehmen gemäß § 108 Abs. 2 VVG abtreten.[102] Die geschädigte Gesellschaft ist – trotz ihrer gleichzeitigen Position als Versicherungsnehmerin – „Dritte" im Sinne von § 108 Abs. 2 VVG. Dies gelte auch für Tochterunternehmen der Versicherungsnehmerin. Die Versicherungsnehmerin (bzw. deren Tochter) kann nach Abtretung einen **Direktanspruch** auf Versicherungsleistungen (Zahlungsanspruch) gegen den D&O-Versicherer geltend machen. Die Frage, ob gegen die versicherte Person überhaupt ein Schadensersatzanspruch besteht, ist im Direktprozess inzident zu prüfen.
2) Eine „Ernstlichkeit" der Inanspruchnahme der versicherten Person durch das Unternehmen ist keine **Voraussetzung für den Versicherungsfall** unter der D&O-Versicherung. Der D&O-Versicherer kann also nicht mit Erfolg einwenden, das geschädigte Unternehmen habe niemals vorgehabt, den Haftungsanspruch gegen die versicherte Person gerichtlich und ggf. im Wege der Zwangsvollstreckung durchzusetzen. Das gelte selbst dann, wenn die Inanspruchnahme der versicherten Person nur deshalb erfolgt, um letztlich den D&O-Versicherer in Anspruch zu nehmen: Dem **Gläubiger eines Haftpflichtanspruchs** stehe es frei, ob und inwieweit er den Schädiger für einen eingetretenen Schaden in Anspruch nimmt und auf welche der **Vermögenswerte des Schädigers** er Zugriff nimmt. Eine interessengerechte Auslegung sowohl des § 108 Abs. 2 VVG als auch der Vertragsbedingungen verbiete, *„es dem Geschädigten zum Nachteil gereichen zu lassen, wenn er mit der Erhebung eines Schadenersatzanspruchs gerade – oder sogar ausschließlich – diesen vom Gesetz eröffneten Zugriff auf die Leistung des Haftpflichtversicherers bezweckt."*[103]

124 Die Klarstellungen aus Karlsruhe nahmen Teile der Literatur und der Versicherungswirtschaft nicht ohne Kritik hin.[104] An den Konsequenzen änderte dies jedoch nichts: Die **Abtretung des Freistellungsanspruchs** ist heute ein legitimes, zulässiges und immer häufiger zu beobachtendes Mittel in der Durchsetzung von D&O-Versicherungsansprüchen. Sie kann durch die Gerichte nicht mit dem Argument versagt werden, es gehe dem geschädigten Unternehmen offenbar nur um den Zugriff auf die Versicherungsleistung.

---

102 BGH VersR **2016** 786, Rn. 21 ff.

103 BGH VersR **2016** 786, Rn. 31.

104 Etwa weist *Armbrüster* (NJW **2016**, 2155) auf eine vermeintlich durch die Abtretung steigende Manipulationsgefahr (des kollusiven Zusammenwirkens von Versicherungsnehmer und versicherter Person) hin.

Gleichwohl stellen sich prozessuale Anschlussfragen in der direkten Inanspruchnahme des D&O-Versicherers durch den Versicherungsnehmer,[105] etwa zur Verteilung der Darlegungs- und Beweislast in der im **Direktprozess** zu prüfenden Frage der Schadensersatzpflicht des Managers.[106] 125

Das OLG Köln stellte jüngst klar, dass die Beweislastumkehr gem. § 93 Abs. 2 S. 2 AktG analog auch nach Abtretung des Freistellungsanspruchs im Direktprozess der geschädigten Gesellschaft gegen die D&O-Versicherung Anwendung findet und es nicht darauf ankommt, ob die Abtretung des Freistellungsanspruchs eine Leistung erfüllungshalber oder an Erfüllung statt darstellt.[107] Das dürfte für die GmbH entsprechend gelten. Zudem urteilte das Schleswig-Holsteinische Oberlandesgericht,[108] dass mit der Abtretung des Freistellungsanspruchs erfüllungshalber auch ein sog. pactum de non petendo geschlossen worden sei, das die Gesellschaft verpflichtet, solange nicht gegen den Geschäftsführer vorzugehen, wie die Möglichkeit besteht, von dem Versicherer im direkten Rechtsstreit Ersatz des Schadens zu erhalten. Die Verjährung des Haftungsanspruchs der Gesellschaft gegen den Geschäftsführer sei für die Dauer der Anspruchsverfolgung gegenüber dem Versicherer gehemmt.[109] 126

Mit den weiteren Klarstellungen durch die obergerichtliche Rechtsprechung fällt ein wesentliches Prozessrisiko in der Direktklage gegen den D&O-Versicherer weg. Für geschädigte Unternehmen und ihre Manager gewinnt die „Abkürzung durch Abtretung" damit an Attraktivität. Das aktuelle Management und die ehemaligen Entscheidungsträger können im Guten auseinandergehen. Auch eine Weiterbeschäftigung eines fähigen Geschäftsführers ist möglich, weil der belastende Schadensersatzprozess Unternehmen gegen Manager vermieden wird. 127

Aus Sicht der Versicherungsbranche könnte es sich anbieten, die Abtretungslösung in künftigen AVB zu adressieren.[110] 128

3. BGH zum Direktanspruch des Versicherungsnehmers nach Untätigkeit der versicherten Personen (2017)

Bereits ein Jahr nach den richtungweisenden Entscheidungen des BGH zur Anspruchsabtretung hatte sich Karlsruhe erneut mit dem Direktanspruch des versicherungsnehmenden Unternehmens zu befassen. In dem Rechtsstreit ging es um die Frage, ob der Versicherer sich auf eine Klausel[111] berufen kann, nach der nur die versicherten Personen den Versicherungsschutz geltend machen könne, wenn der Versicherer einen Deckungsanspruch abgelehnt hat und die versicherten Personen selbst **untätig** blieben – also keine Schritte zur (erforderlichenfalls gerichtlichen) Durchsetzung des Versicherungsanspruchs unternahmen. 129

Klägerin war zunächst das geschädigte Unternehmen als Versicherungsnehmerin, im weiteren Verfahrensverlauf der Insolvenzverwalter der Versicherungsnehmerin. Die mittlerweile insolvente Gesellschaft hatte Schadensersatzansprüche gegen ehemalige Vorstandsmitglieder und Pro- 130

105 Eine umfassende Darstellung und Erörterung der mit der direkten Inanspruchnahme einhergehenden Rechtsfragen findet sich bei *Ulrich* **2021** S. 173 ff.; vgl. u.a. auch *Staudinger*/Halm/Wendt/*Friesen*/*Staudinger* Rn. 200 ff. sowie *Harzenetter* NZG **2016** 728.

106 Überzeugend gehen u.a. *Koch* (*Koch* VersR **2016** 765, 767 f.) sowie *Ulrich* (*Ulrich* r+s **2022** 608, 610) von einer analogen Anwendung des § 93 Abs. 2 S. 2 AktG auch im Direktprozess gegen den D&O-Versicherer aus, nach der die Verteilung der Darlegungs- und Beweislast derjenigen im klassischen Haftpflichtprozess in der Organhaftung folgt; dies bestätigt auch das OLG Köln, Urteil vom 21. November 2023 – BeckRS **2023** 33886; **a.A.** u.a. *Armbrüster* (Bruck/Möller/*Armbrüster* A-9 AVB D&O Rn. 32 ff.).

107 OLG Köln VersR **2024** 100 mit Anm. Koch.

108 Schleswig-Holsteinisches Oberlandesgericht, Urteil vom 26. Februar 2024 – 16 U 93/23.

109 Ebenda.

110 Vorschläge für interessengerechte Anpassungen der Wordings finden sich bei *Ulrich*, r+s **2022** 608.

111 Es handelte sich im konkreten Fall um die dem Versicherungsverhältnis zugrundeliegenden Versicherungsbedingung § 8.1. AVB-O.

kuristen erhoben, da diese ein Konkurrenzunternehmen gegründet und zu diesem Zweck Geschäftsgeheimnisse entwendet hatten. Nachdem der Versicherer die Deckung abgelehnt hatte, klagte die Versicherungsnehmerin auf **Feststellung**, dass der Versicherer den in Anspruch genommenen Personen Versicherungsschutz zu gewähren habe. Der Versicherer behauptete, die Versicherungsnehmerin sei bedingungsgemäß selbst nicht **prozessführungsbefugt**, da sie nicht **Inhaberin des Versicherungsanspruchs** sei. Die gegen eine Klageabweisung eingelegte Berufung blieb zunächst erfolglos.[112]

131 Der BGH entschied,[113] dass die Versicherungsnehmerin prozessführungsbefugt ist. Eine Regelung in den Allgemeinen Versicherungsbedingungen, nach der nur die versicherten Personen den Anspruch auf Versicherungsschutz geltend machen können, verlöre dann ihren Sinn, wenn *„der Versicherer einen Deckungsanspruch abgelehnt hat, die versicherten Personen keinen Versicherungsschutz geltend machen und schützenswerte Interessen des Versicherers einer Geltendmachung des Anspruchs durch den Versicherungsnehmer nicht entgegenstehen.“*[114] Eine solche Regelung würde bedeuten, dass ein Versicherungsnehmer gezwungen wäre, gegen die versicherten Personen vorzugehen, um sie zur Erhebung von Deckungsklagen gegen den Versicherer zu zwingen. Dies würde einen unangemessenen Nachteil und **Rechtsmissbrauch** darstellen.

132 Ferner erkannte der BGH an, dass das wirtschaftliche Interesse der Schuldnerin an der **Feststellung des Deckungsanspruchs** schützenswert ist – eine klare Stärkung der Position des Versicherungsnehmers. Dies begründe sich aus der Sozialbindung der Haftpflichtversicherung, die auch in Innenhaftungsfällen bei der D&O-Versicherung gelte.[115]

4. BGH zur Deckung für Zahlungen nach Insolvenzreife (2020)

133 Mit Urteil vom 18. November 2020[116] stellte der BGH klar, dass auch **Ersatzansprüche der Gesellschaft** gegen den Geschäftsführer aufgrund von **Zahlungen nach Eintritt der Insolvenzreife** (§ 64 Abs. 1 GmbHG a.F., nun geregelt in § 15b Abs. 4 S. 1 InsO n.F.) vom Versicherungsschutz der D&O-Versicherung umfasst sind.

134 In Literatur und Rechtsprechung war bis dato umstritten, ob ein derartiger Anspruch (auf Erstattung einer rechtswidrig geleisteten Zahlung) unter den für den Eintritt des Versicherungsfalls bedingungsgemäß geforderten gesetzlichen Haftpflichtanspruch aufgrund eines Vermögensschadens[117] falle[118] oder ob er als **„Ersatzanspruch eigener Art“**,[119] der nicht der Gesellschaft, sondern letztlich der **Gläubigergemeinschaft** zustehe, nicht vom Umfang der marktüblichen Definition umfasst sei.[120] Noch die Vorinstanz hatte die Berufung gegen das erstinstanzliche Urteil mit

112 OLG München BeckRS **2015** 119010.

113 BGH VersR **2017** 683.

114 BGH VersR **2017** 683, Rn. 23.

115 BGH VersR **2017** 683, Rn. 27 ff.

116 BGH NJW **2021** 231.

117 In den streitgegenständlichen Allgemeinen Versicherungsbedingungen des beklagten Versicherers (ULLA) etwa hieß es: *„Der Versicherer gewährt Versicherungsschutz für den Fall, dass eine versicherte Person wegen einer bei Ausübung der organschaftlichen Tätigkeit bei der Versicherungsnehmerin, einem Tochterunternehmen oder einem auf Antrag mitversicherten Unternehmen begangenen Pflichtverletzung* ***aufgrund gesetzlicher Haftpflichtbestimmungen für einen Vermögensschaden*** *von der Versicherungsnehmerin oder einem Dritten (hierzu zählt auch der Insolvenzverwalter)* ***auf Schadensersatz in Anspruch*** *[Hervorhebung diesseits] genommen wird.“* (Ziffer 1.1 ULLA).

118 Zustimmend u.a. *Armbrüster/Schilbach* ZIP **2018** 1853, 1858 f.; *Fortmann* jurisPR-VersR 9/**2018** Anm. 1; *Markgraf/Henrich* NZG **2018** 1290, 1294; in diese Richtung auch *Bauer/Malitz* ZIP **2018** 2149, 2152, 2154; *Commandeur/Brocker* NZG **2018** 1295, 1297 f.; *Primozic/Nöller* ZInsO **2018** 2509, 2511.

119 Vgl. BGH NZG **2011** 624, dort Rz. 20 m.w.N.

120 So etwa gegen die Auslegung des § 64 GmbHG als versicherten Anspruch u.a. *Cyrus* NZG **2018** 7, 8 f.

der Argumentation zurückgewiesen, ein Geschäftsführer würde schließlich erkennen, dass es sich bei § 64 GmbHG (a.F.) um keinen Schadensersatzanspruch handele.[121]

Für Geschäftsführer ergab sich dadurch eine gefährliche Deckungslücke: Gerade in der besonders haftungsträchtigen und fehleranfälligen Situation der **Liquiditätskrise** drohte damit eine unversicherte persönliche Haftung für jede gegenüber Dritten geleisteten Zahlung – sofern die Ansprüche nicht ausdrücklich mitversichert waren, was regelmäßig insbesondere in älteren Bedingungswerken nicht der Fall war. 135

Karlsruhe kippte die bis Ende 2020 einhellige obergerichtliche Rechtsprechung jedoch vollumfänglich. Maßgeblich sei der **Verständnishorizont des versicherten Geschäftsführers** und der für ihn erkennbare Zweck der D&O-Versicherung.[122] Ob es sich bei Ansprüchen gegen den Geschäftsführer um versicherte Schadensersatzansprüche im Sinne der Bedingungen handele, sei allein aus Sicht der **durchschnittlichen versicherten Person** zu beurteilen. Von einer zwar geschäftserfahrenen, aber juristisch oder versicherungsrechtlich nicht vorgebildeten Person könne eine komplexe rechtsdogmatische Einordnung der haftungsrechtlichen Natur des § 64 GmbHG (a.F.) nicht verlangt werden. 136

Das Urteil stärkte die Interessen der versicherten Personen in der D&O-Versicherung. Ihr Verständnishorizont ist Maßstab für die **Auslegung von D&O-Versicherungsbedingungen**.[123] Hinsichtlich des konkreten Risikos einer Zahlung nach Insolvenzreife bot allerdings auch das Karlsruher Urteil nur teilweise Entlastung: Zwar sind derartige Ansprüche heute grundsätzlich vom D&O-Versicherungsschutz umfasst. Allerdings birgt gerade die Situation der Liquiditätskrise das erhöhte Risiko einer wissentlichen Pflichtverletzung, und somit einer Verwirklichung eines Ausschlusstatbestands. 137

II. Offene Streitfragen der D&O-Versicherung

Viele Rechtsfragen und Probleme der D&O-Versicherung sind weiterhin ungeklärt und bieten reichlich Stoff zur Diskussion, wie die dreistellige Zahl an Fachveröffentlichungen zur D&O-Versicherung allein seit 2010 zeigt. Eine abschließende Aufzählung der noch zu klärenden Fragen kann angesichts einer solchen Fülle naturgemäß an dieser Stelle nicht erfolgen. Von besonderer Praxisrelevanz haben sich jedoch in den vergangenen Jahren einige Aspekte der D&O-Versicherung erwiesen, deren Beantwortung dringlich erscheint, um Rechtssicherheit für Anbieter wie auch Abnehmer und Begünstigte der D&O-Versicherung zu schaffen. Es gilt demnach unter anderem Antworten auf die folgenden Fragen zu finden: 138

- Wissentliche Pflichtverletzung: Gibt es **elementare berufsspezifische Pflichten** des Vorstands bzw. Geschäftsführers (sogenannte „**Kardinalpflichten**"), bei deren Verletzung ein **subjektives Pflichtverletzungsbewusstsein** angenommen werden kann?[124]
- Welchen Regeln folgt der **Direktprozess** zwischen Versicherungsnehmer und D&O-Versicherer? Unter anderem die Darlegungs- und Beweislast, aber etwa auch die **Anrechenbarkeit** von beim Versicherer anfallenden **Abwehrkosten** sind höchstrichterlich zu klären.
- Sind gegen das Unternehmen gerichtete **Bußgelder** (etwa Kartellbußen) gegen Organmitglieder **regressierbar** – und falls ja, in welchem Umfang sind Regresse solcher Bußgelder sowie begleitender Schäden und Zahlungen (z.B. **Kartellschadensersatz**, Anwaltshonorare, **Gewinnabschöpfungen** etc.) versicherbar bzw. unter marktüblichen Bedingungen gedeckt?

121 OLG Frankfurt a.M. Beschl. v. 7.8.2019 – 3 U 6/19, BeckRS **2019** 51227, Rn. 13; zuvor ausführlicher – sowie ebenfalls die grundsätzliche Bedeutung der Rechtsfrage verkennend und die Revision nicht zulassend – bereits OLG Düsseldorf VersR **2018** 1314.

122 BGH VersR **2021** 113, Rn. 19 ff.

123 Vgl. auch Staudinger/Halm/Wendt/*Friesen/Staudinger* Versicherungsrecht, III. 5. e) Directors and officers-Versicherung (AVB-D&O) Rn. 1.

124 Vgl. unter A.7, Rn. 42 ff.

- Lässt sich das Risiko der redlichen versicherten Personen, im Fall einer arglistigen Täuschung durch eine andere versicherte Person den Versicherungsschutz zu verlieren, rechtlich und praktisch auflösen?

139 Die zahlreichen Schnittstellen der D&O-Versicherung zu anderen Rechtsgebieten, etwa zum **Gesellschaftsrecht** und zum **Insolvenzrecht**, sorgen dafür, dass in Zukunft immer wieder neue Fragen zu klären sein werden. Ergänzend werden auch versicherungsaufsichtsrechtliche Aspekte bei Fortentwicklungen des Produkts D&O stets mitzubeachten sein.

140 Nicht zuletzt werden auch neue Gesetzesvorhaben, die für Organmitglieder haftungsverschärfend sind, die Diskussionen um die D&O-Versicherung weiter anheizen – beispielsweise im Zusammenhang mit **Greenwashing**, **Whistleblowing** oder neuen Anforderungen in Bereichen wie **Produkt- und Cybersicherheit** sowie **Datenschutz**. Das gilt insbesondere vor dem Hintergrund der Erfahrung, dass neue Haftungsrisiken meist auch neue versicherungsrechtliche Ausschlüsse nach sich ziehen.

F. Organhaftung

141 Organmitgliedern in Aktiengesellschaften und Gesellschaften mit beschränkter Haftung stehen nicht nur vielfältige Kompetenzen zu, sie tragen auch entsprechende Verantwortung. Schließlich ist es ihre Aufgabe, das Vermögen der juristischen Person zu schützen und zu mehren. Die Organmitglieder sind daher Treuhänder fremden Vermögens. Als solche treffen sie besondere **Sorgfaltspflichten** im Umgang mit dem ihnen anvertrauten Vermögen. Damit einher geht das Risiko einer Haftung bei Verletzung der Sorgfaltspflichten.

142 Der nachfolgende Überblick stellt zunächst das Haftungsregime der Aktiengesellschaft (siehe Rn. 173 ff.) und der GmbH (siehe Rn. 318 ff.) in separaten Abschnitten dar. Diese Gesellschaftsformen sind als relevanteste **Kapitalgesellschaften** und im Wirtschaftsleben verbreitetste Körperschaften von überragender praktischer Bedeutung.

143 Mit Ausnahme der GmbH & Co. KG (siehe Rn. 356 ff.), für die unter bestimmten Voraussetzungen das Haftungsregime der GmbH gilt, geht der nachfolgende Überblick nicht auf **Personengesellschaften** ein, da diese regelmäßig nicht in den Versicherungsschutz einer D&O-Police einbezogen sind.[125] Zunächst sollen jedoch die verbindenden Grundlagen und Prinzipien der Organhaftung für Körperschaften näher dargestellt werden.

I. Entwicklung der Tatbestände

144 Gesetzliche Organhaftungstatbestände für Aktiengesellschaften gab es bereits im Allgemeinen Deutschen Handelsgesetzbuch (ADHGB) im 19. Jahrhundert. Für die Aktiengesellschaft – die Rechtsform der GmbH bestand in Deutschland zu dieser Zeit noch nicht – waren die einschlägigen Normen die Artikel 226 und 241 AktG 1884, eingeführt durch die Aktienrechtsreform von 1884.

145 Art. 226 Abs. 1 AktG 1884 lautete:

> „Die Mitglieder des Aufsichtsrats haben bei Erfüllung der ihnen nach Art. 225 zugewiesenen Obliegenheiten die Sorgfalt eines ordentlichen Geschäftsmanns anzuwenden."

146 Art. 241 Abs. 2 und 3 AktG 1884 lauteten:

> „(2) Die Mitglieder des Vorstandes haben bei ihrer Geschäftsführung die Sorgfalt eines ordentlichen Geschäftsmanns anzuwenden.

125 Beckmann/Matusche-Beckmann/*Beckmann* § 28 Rn. 50; BeckOGK HGB/*Scholl* § 116 Rn. 173.

(3) Mitglieder, welche ihre Obliegenheiten verletzen, haften der Gesellschaft solidarisch für den dadurch entstandenen Schaden (...)".

Der Kern der zitierten Regelung wurde über mehrere Gesetze (zunächst das Handelsgesetzbuch von 1897, dann das Aktiengesetz von 1937 und schließlich das Aktiengesetz von 1965) beibehalten. 147

Die Organhaftungstatbestände sind heute geregelt in § 93 AktG (für den Vorstand) und in § 116 AktG (für den Aufsichtsrat), der allerdings auf die Regelung in § 93 AktG verweist. Eine wesentliche **Verschärfung** der Haftung gegenüber der ursprünglichen Fassung im AktG 1884 erfolgte mit dem Aktiengesetz von 1937, das in § 84 Abs. 2 eine Umkehr der Beweislast für die Sorgfaltspflichtverletzung des Vorstandsmitglieds enthielt. 148

§ 84 Abs. 2 AktG 1937 lautete: 149

„Vorstandsmitglieder, die ihre Obliegenheiten verletzten, sind der Gesellschaft zum Ersatz des daraus entstehenden Schadens als Gesamtschuldner verpflichtet. Sie haben nachzuweisen, dass sie die Sorgfalt eines ordentlichen und gewissenhaften Geschäftsleiters angewandt haben."

Die entsprechende Regelung findet sich nach wie vor in § 93 Abs. 2 S. 2 AktG: 150

„Ist streitig, ob sie [die Vorstandsmitglieder] die Sorgfalt eines ordentlichen und gewissenhaften Geschäftsleiters angewandt haben, so trifft sie die Beweislast."

Das Haftungsregime der Gesellschaft mit beschränkter Haftung wurde zeitlich nach demjenigen der Aktiengesellschaft eingeführt und war diesem nachgebildet. Die Rechtsform der GmbH besteht im deutschen Recht schließlich erst seit dem Gesetz betreffend die Gesellschaft mit beschränkter Haftung (GmbHG) von 1892. Bei der Organhaftung konnte der Gesetzgeber also auf die bestehenden Regelungen zur Aktiengesellschaft zurückgreifen. 151

Entsprechend vertraut lautete die Haftungsnorm in § 44 GmbHG 1892, die seitdem (nunmehr in § 43 GmbHG) inhaltlich unverändert ist: 152

„(1) Die Geschäftsführer haben in den Angelegenheiten der Gesellschaft die Sorgfalt eines ordentlichen Geschäftsmannes anzuwenden.

(2) Geschäftsführer, welche ihre Obliegenheiten verletzen, haften der Gesellschaft solidarisch für den entstandenen Schaden."

Anders als im AktG ist die Umkehr der Darlegungs- und Beweislast des Geschäftsführers nicht im Gesetzestext enthalten. Die Rechtsprechung wendet die **Beweislastumkehr** des § 93 Abs. 2 S. 2 AktG jedoch entsprechend auf die GmbH an.[126] 153

II. Innenhaftung als Regelfall

Bereits aus dem Wortlaut der gesetzlichen Normen wird deutlich, dass im deutschen Recht die Organmitglieder primär gegenüber der Gesellschaft haften (sog. **Innenhaftung**). So sind gemäß § 93 Abs. 2 S. 1 AktG die Vorstandsmitglieder „der Gesellschaft zum Ersatz des daraus entstehenden Schadens als Gesamtschuldner verpflichtet". Gemäß § 43 haften Geschäftsführer, die ihre Obliegenheiten verletzen, „der Gesellschaft solidarisch für den entstandenen Schaden". 154

Entsprechend besteht die Pflicht der Organmitglieder zur ordnungsgemäßen Unternehmensleitung auch nur gegenüber der Gesellschaft, nicht gegenüber Dritten.[127] Die Pflicht zur sorgfältigen und ordnungsgemäßen Geschäftsleitung gemäß § 93 Abs. 1 S. 1 AktG und § 43 Abs. 1 GmbHG 155

126 BGH 4.11.2002 NJW **2003** 358.
127 BGH 10.7.2012 NJW **2012** 3439.

stellt auch kein Schutzgesetz im Sinne des § 823 Abs. 2 BGB dar.[128] Eine Haftung der Organmitglieder gegenüber Dritten, sog. **Außenhaftung**, kommt jedoch aus separaten Anspruchsgründen, insbesondere aus Verschulden bei Vertragsschluss und aus unerlaubter Handlung, in Betracht.

III. Pflichten der Organmitglieder

156 Die Haftungsnormen in § 93 AktG und § 43 GmbHG statuieren zwar, dass die Organmitglieder „bei ihrer Geschäftsführung die Sorgfalt eines ordentlichen und gewissenhaften Geschäftsleiters anzuwenden" haben (§ 93 Abs. 1 S. 1 AktG für den Vorstand) bzw. „in den Angelegenheiten der Gesellschaft die Sorgfalt eines ordentlichen Geschäftsmannes anzuwenden" haben (§ 43 Abs. 1 GmbHG für den Geschäftsführer). Worin genau das geschuldete sorgfältige Verhalten zu bestehen hat, geht aber weder aus den genannten Haftungsnormen noch abschließend aus den restlichen Regelungen im AktG und GmbHG hervor.

157 Die Verhaltenspflichten der Geschäftsleiter sind daher durch **Rechtsprechung** und Lehre konkretisiert worden, wobei die Ordnung der jeweiligen Pflichten in den einzelnen Darstellungen erheblich divergiert. Hauptsächlich bestehen die nachfolgenden Pflichten.

158 **Pflicht zur ordnungsgemäßen Unternehmensleitung**: Die Geschäftsleiter müssen den Gesellschaftszweck wahren und verfolgen. Sie haben Vorteile für die Gesellschaft wahrzunehmen und Schaden von ihr abzuwenden.

159 **Organisationspflicht**: Die Geschäftsleiter sind verpflichtet, das Unternehmen betrieblich und personell so zu organisieren, dass der Gesellschaftszweck am besten realisiert werden kann. Sie müssen jederzeit eine Übersicht über die wirtschaftliche und finanzielle Lage der Gesellschaft haben. Abhängig vom Risikopotential müssen die Geschäftsleiter ein Kontrollsystem einrichten.

160 **Legalitätspflicht**: Die Geschäftsleiter müssen sich an Gesetz, Satzung und Beschlüsse anderer Gesellschaftsorgane halten. Es reicht aber nicht aus, dass sie selbst rechtmäßig handeln. Vielmehr müssen sie Sorge dafür tragen, dass auch Unternehmensangehörige keine Pflichtverletzungen begehen. Angesichts der stetigen Zunahme der zu beachtenden Normen auf allen Gebieten besteht hier erhebliches Pflichtverletzungs- und Haftungspotential. Darüber hinaus müssen die Geschäftsleiter das gesetzeskonforme Verhalten der Gesellschaft durch organisatorische Maßnahmen sicherstellen (sog. **Compliance**).

161 **Treuepflicht**: Die Geschäftsleiter sind zu loyalem Verhalten gegenüber der Gesellschaft verpflichtet und dürfen nicht eigenen Vorteil oder den eines Dritten verfolgen. Ebenfalls dürfen sie nicht Betriebs- und Geschäftsgeheimnisse der Gesellschaft oder sonstige vertrauliche Angaben gegenüber Dritten offenbaren.

162 Für Sorgfaltspflichten der Mitglieder des Aufsichtsrats gilt zwar gemäß § 116 Abs. 1 S. 1 AktG die Regelung des § 93 AktG „sinngemäß". Angesichts der unterschiedlichen Aufgaben von Aufsichtsrat und Vorstand bedeutet dies jedoch nicht, dass die Pflichten der Aufsichtsratsmitglieder mit denen der Vorstandsmitglieder identisch sind.[129] Dem **Aufsichtsrat** kommt insbesondere eine Kontroll- und Überwachungsfunktion der Leitungstätigkeiten des Vorstands zu.

163 Darüber hinaus hat der Aufsichtsrat die **Personalkompetenz** hinsichtlich des Vorstands (also die Pflicht, den Vorstand zu besetzen), § 84 Abs. 1 S. 1 AktG. Für die Aufsichtsratsmitglieder besteht ebenfalls eine **Treuepflicht**, gerichtet auf loyales Verhalten gegenüber der Gesellschaft. Hieraus resultiert auch die Pflicht der Aufsichtsratsmitglieder zur **Verschwiegenheit**.[130]

---

128 BGH 9.7.1979 NJW **1979** 1829; OLG Rostock 16.2.2007 BeckRS **2007** 4321; vgl. FD-HGR 2007 225411 m. Anm. *Schäfer.*
129 *Koch* AktG § 116 Rn. 1; MüKoAktG/*Habersack* § 116 Rn. 2.
130 *Koch* AktG § 116 Rn. 9 ff; MüKoAktG/*Habersack* § 116 Rn. 52.

IV. Haftung für unternehmerische Entscheidungen: Business Judgment Rule

Als Organmitglieder von Kapitalgesellschaften sind Geschäftsführer, Vorstandsmitglieder und Aufsichtsratsmitglieder unternehmerisch tätig. Jede unternehmerische Tätigkeit ist aber notwendigerweise mit Risiken behaftet. Um zu verhindern, dass die Organe aus Angst vor einer persönlichen Haftung gar keine Entscheidungen treffen, beschränkte die Rechtsprechung die Haftung von Organmitgliedern für unternehmerische Entscheidungen, die sich im Nachhinein als fehlerhaft herausstellten (sog. **Business Judgment Rule**).[131] 164

Voraussetzung ist jedoch, dass die Organmitglieder vernünftigerweise davon ausgehen durften, auf Grundlage angemessener Informationen zum Wohle der Gesellschaft zu handeln, und sich nicht in einem Interessenkonflikt befanden. Ferner müssen die Organmitglieder eine bewusste Entscheidung getroffen haben und hierzu auch einen **Entscheidungsspielraum** gehabt haben. Letzteres entfällt bei einer Handlungspflicht, weswegen die Verletzung von Gesetz oder Satzung keinen Anwendungsfall der Business Judgment Rule darstellt. 165

Die Business Judgment Rule wurde mit dem Gesetz zur Unternehmensintegrität und Modernisierung des Anfechtungsrechts (UMAG) als Satz 2 in § 93 Abs. 1 AktG einfügt: 166

> „Eine Pflichtverletzung liegt nicht vor, wenn das Vorstandsmitglied bei einer unternehmerischen Entscheidung vernünftigerweise annehmen durfte, auf der Grundlage angemessener Information zum Wohle der Gesellschaft zu handeln."

Über § 116 AktG gilt diese Regelung auch für Aufsichtsratsmitglieder. Ebenfalls wendet die Rechtsprechung die Business Judgment Rule auf Geschäftsführer einer GmbH an.[132] 167

V. Geltendmachung und Ausschluss

Wenn die Pflichten der Organmitglieder sich in den beiden Gesellschaftsformen der Aktiengesellschaft und der GmbH weitgehend ähneln, so gilt dies nicht für die Geltendmachung und für einen Verzicht auf Haftungsansprüche der Gesellschaften gegen ihre Organmitglieder. Diese Unterschiede sind durch die unterschiedlichen Strukturen der Gesellschaften bedingt. 168

Geltendmachung: Bei der Geltendmachung von Schadensersatzansprüchen gegen Vorstandsmitglieder wird die Aktiengesellschaft von dem Aufsichtsrat gerichtlich und außergerichtlich vertreten, § 112 S. 1 AktG. Bei der GmbH ist hingegen für die Geltendmachung der Ersatzansprüche gegen Geschäftsführer gemäß § 46 Nr. 8 GmbHG ein Beschluss der Gesellschafter erforderlich, der ebenfalls bestimmt, wer die Gesellschaft bei der Geltendmachung des Schadensersatzanspruches vertritt. 169

Verzicht: Hier sind die Vorgaben bei der Aktiengesellschaft sehr restriktiv. Die Gesellschaft kann gemäß § 93 Abs. 4 S. 3 AktG erst drei Jahre nach der Entstehung des Anspruchs auf Ersatzansprüche verzichten oder sich über sie vergleichen. Selbst nach drei Jahren kann die Aktiengesellschaft ferner nur dann auf Ersatzansprüche verzichten oder sich über sie vergleichen, wenn die Hauptversammlung zustimmt und nicht eine Minderheit von wenigstens zehn Prozent des vorhandenen Grundkapitals Widerspruch zur Niederschrift erhebt. Für die GmbH gelten ähnliche Beschränkungen nicht. 170

Entlastung: Entsprechend den restriktiven Vorgaben von § 93 Abs. 4 S. 3 AktG verwundert es nicht, dass ein Beschluss über die Entlastung der Organmitglieder in der Aktiengesellschaft keinen Verzicht auf Ersatzansprüche enthält, § 120 Abs. 2 S. 2 AktG. Für die GmbH ist dies jedoch anders, da die Gesellschafter wesentlich freier über Ersatzansprüche verfügen können. Eine Entlastung 171

131 BGH 21.4.1997 NJW **1997** 1926 (ARAG/Garmenbeck).

132 BGH 4.11.2002 NJW **2003** 358; MüKoGmbHG/*Fleischer* § 43 Rn. 84; Habersack/Casper/Löbbe/*Paefgen* § 43 Rn. 111; Dietz-Vellmer NZG **2011** 248, 251.

der Geschäftsführer gemäß § 46 Nr. 5 GmbHG ist daher für die Gesellschaft viel gefährlicher als bei einer Aktiengesellschaft, da die Entlastung zum Verlust der Ansprüche der Gesellschaft gegen den entlasteten Geschäftsführer führen kann. Voraussetzung ist allerdings, dass die entsprechenden Ansprüche bei sorgfältiger Prüfung erkennbar waren, oder dass alle Gesellschafter von den Ansprüchen privat Kenntnis hatten.[133]

172 **Weisungen**: Auch der Frage, ob (und inwieweit) Weisungen an das Organmitglied eine Haftung ausschließen können, kommt in den Gesellschaftsformen der Aktiengesellschaft und der GmbH unterschiedliche Relevanz zu. Gemäß § 93 Abs. 4 S. 1 AktG besteht ein Ersatzanspruch der Aktiengesellschaft zwar nicht, wenn die Handlung des Organmitglieds „auf einem gesetzmäßigen Beschluss der Hauptverhandlung beruht". Angesichts der Weisungsfreiheit des Vorstands, der gemäß § 76 Abs. 1 AktG die Gesellschaft „unter eigener Verantwortung" leitet, werden entsprechende Hauptversammlungsbeschlüsse aber selten sein, zumal sie gem. § 119 Abs. 2 AktG ein Verlangen des Vorstands voraussetzen. Anders ist dies beim Geschäftsführer der GmbH, der Weisungen des zuständigen Organs (Gesellschafterversammlung, nach der Satzung aber möglicherweise auch ein Aufsichtsrat, Beirat oder Gesellschafterausschuss) zu befolgen hat. Im Falle einer entsprechenden Weisung handelt der Geschäftsführer grundsätzlich nicht pflichtwidrig.[134]

G. Aktiengesellschaft

173 Nach der Organisationsstruktur des Aktiengesetzes hat die Aktiengesellschaft drei Organe: Den **Vorstand** (§§ 76 ff. AktG), den **Aufsichtsrat** (§§ 95 ff. AktG) und die **Hauptversammlung** (§§ 118 ff. AktG). Innerhalb der Organisationsstruktur kommt dem Vorstand die Pflicht zur ordnungsgemäßen Geschäftsführung und dem Aufsichtsrat eine Überwachungspflicht zu. Die Hauptversammlung steht, anders als die GmbH-Gesellschafterversammlung, nicht über der Unternehmensleitung.[135]

I. Anspruchsgrundlagen

174 Zentrale Anspruchsgrundlage für die Haftung von Vorstandsmitgliedern ist **§ 93 Abs. 2 AktG**, die über § 116 Satz 1 AktG auch auf Aufsichtsratsmitglieder Anwendung findet. Danach müssen die Organmitglieder den Schaden ersetzen, der durch ihre schuldhafte Verletzung der Pflichten gegenüber der Gesellschaft, mit der Sorgfalt eines ordentlichen und gewissenhaften Geschäftsleiters zu handeln, entstanden ist. Die Haftung bezieht sich jedenfalls auf die gesetzlichen, mit der Organstellung einhergehenden Pflichten. Da es sich um eine gesetzliche Haftung handelt, ist ein wirksamer Anstellungsvertrag nicht erforderlich.[136]

175 Wenn über die gesetzlichen Organpflichten hinausgehende Pflichten aus dem **Anstellungsvertrag** verletzt werden, ist die Anwendung von § 93 Abs. 2 AktG zwar im Einzelnen umstritten. Dass im Ergebnis eine Haftung besteht, ist jedoch allgemeine Meinung. Nach überwiegender Ansicht wird die Haftung der Organmitglieder auch in Fällen der Verletzung von Pflichten aus dem Anstellungsvertrag aus § 93 Abs. 2 AktG abgeleitet.[137] Andere nehmen eine Haftung unmittelbar aus dem zugrundeliegenden Anstellungsvertrag an, konkretisieren diese jedoch wiederum über § 93 Abs. 2 AktG.[138]

---

133 Altmeppen GmbHG § 43 Rn. 123.

134 BGH 14.12.1959 NJW **1960** 285; BGH 28.9.1992 NJW **1993** 193; BGH 10.5.1993 NJW **1993** 1922; BGH 31.1.2000 NJW **2000** 1571.

135 *Drygala/Staake/Szalai* Kapitalgesellschaftsrecht § 21 Rn. 1.

136 MüKoAktG/*Spindler* § 93 Rn. 11; Seitz/Finkel/Klimke/*Klimke* Einf. D&O Versicherung Rn. 137.

137 Seitz/Finkel/Klimke/*Klimke* Einf. D&O Versicherung Rn. 138.

138 MüKoAktG/*Spindler* § 93 Rn. 11.

Für die Haftung der Organmitglieder gegenüber der Gesellschaft normiert das Aktiengesetz neben § 93 Abs. 2 AktG **spezielle Anspruchsgrundlagen**, die jedoch in der Praxis wenig Anwendung finden.[139] Hierzu gehören etwa die §§ 117 Abs. 1, Abs. 2 Satz 1, 309 Abs. 2, 310 Abs. 1, 317 Abs. 3, 318 Abs. 1, 2 AktG oder die mit Straf- oder Bußgeldandrohungen versehenen Pflichtverletzungen nach den §§ 399, 400, 404, 405 AktG, §§ 331, 334 HGB. 176

Außerdem ist eine **deliktische Haftung** nach § 826 BGB oder § 823 Abs. 2 BGB möglich.[140] Zu tragen kommt als Schutzgesetz im Sinne von § 823 Abs. 2 BGB insbesondere § 266 StGB. Kein Schutzgesetz ist § 93 Abs. 2 AktG selbst.[141] 177

Sofern die Verletzung von anstellungsvertraglichen Pflichten mit der h.M. aus § 93 Abs. 2 AktG erfasst wird, verdrängt dies auch die subsidiäre Haftung nach § 280 Abs. 1 BGB.[142] 178

II. Innenhaftung

Innenhaftung ist die Haftung der Organmitglieder einer Gesellschaft gegenüber ihrer Gesellschaft. Bei der Aktiengesellschaft ergibt sich diese primär aus § 93 Abs. 2 Satz 1 AktG (für den Vorstand) bzw. § 116 i.V.m. § 93 Abs. 2 Satz 1 AktG (für den Aufsichtsrat). § 93 Abs. 2 Satz 1 AktG normiert eine Haftung für die Verletzung von Sorgfaltspflichten, die dem Organ bei der Ausübung der Unternehmensleitung unterlaufen. 179

1. Sorgfaltspflichten

Gemäß § 93 Abs. 1 AktG ist bei der Geschäftsführung die **Sorgfalt eines ordentlichen und gewissenhaften Geschäftsleiters** zu beachten. Maßgebend ist, wie ein pflichtbewusster, selbstständig tätiger Leiter eines Unternehmens der konkreten Art, der nicht mit eigenen Mitteln wirtschaftet, sondern fremden Vermögensinteressen verpflichtet ist, zu handeln hat.[143] 180

Nach herrschender Meinung definiert § 93 Abs. 1 AktG nicht nur einen Sorgfaltsmaßstab, sondern erfüllt als Pflichtenquelle, die in Form einer Generalklausel objektive Verhaltenspflichten vorschreibt, eine sog. **Doppelfunktion**.[144] Über die weit gefasste Umschreibung der Verhaltenspflichten der Organmitglieder lassen sich einzelne situationsbezogene Pflichten herleiten.[145] Dabei treffen den Vorstand und den Aufsichtsrat bei der Ausübung der Unternehmensleitung jeweils verschiedene Sorgfaltspflichten. 181

a) Vorstand. Die Haftung der Vorstandsmitglieder für eine Verletzung ihrer organschaftlichen Pflichten besteht als eigenständige Anspruchsgrundlage nach § 93 Abs. 2 AktG und damit kraft Gesetzes. Vorstandsmitglied kann gemäß § 76 Abs. 3 AktG nur eine natürliche, unbeschränkt geschäftsfähige Person sein. Sie wird durch den Aufsichtsrat für fünf Jahre bestellt, §§ 30 Abs. 4, 84 Abs. 1 Satz 1 AktG. Grundlage für die Haftung ist die **organschaftliche Stellung** der Vorstandsmitglieder und nicht der Anstellungsvertrag.[146] 182

---

139 Krieger/Schneider/*Krieger* Handbuch Managerhaftung § 3 Rn. 3.
140 Seitz/Finkel/Klimke/*Klimke* Einf. D&O Versicherung Rn. 146.
141 Seitz/Finkel/Klimke/*Klimke* Einf. D&O Versicherung Rn. 146.
142 Seitz/Finkel/Klimke/*Klimke* Einf. D&O Versicherung Rn. 146; Hirte/Mülbert/Roth/*Hopt* GroßKommAktG § 93 AktG Rn. 618.
143 *Koch* § 93 AktG Rn. 4; Krieger/Schneider/*Krieger* Handbuch Managerhaftung § 3 Rz. 4; BGH Urt. v. 20.2.1995 – II ZR 143/93, BGHZ 129 30, 34 = GmbHR **1995** 451.
144 *Koch* § 93 AktG Rn. 5; Spindler/Stilz/*Fleischer* AktG § 93 Rn. 10.
145 Seitz/Finkel/Klimke/*Klimke* Einf. D&O Versicherung Rn. 147; Spindler/Stilz/*Fleischer* AktG § 93 Rn. 10.
146 MüKoAktG/*Spindler* § 93 Rn. 11; *Koch* § 93 AktG Rn. 36.

183 Mit Begründung der Organstellung beginnt die Haftung.[147] Dies ist in der Regel der Fall, wenn das Vorstandsmitglied bestellt wurde und die Bestellung angenommen hat.[148] Eines wirksamen Bestellungsakts oder gar einer Eintragung in das Handelsregister bedarf es für die Haftung nach § 93 Abs. 2 AktG jedoch nicht.[149] Sie beginnt vielmehr auch ohne wirksamen Bestellungsakt bereits in dem Zeitpunkt, in dem unter Billigung des Aufsichtsrats das Amt des Vorstandsmitglieds ausgeübt wird (sog. **faktisches Organmitglied**).[150]

184 Beendet ist die Haftung mit der **Beendigung des Amtes**. Dies setzt voraus, dass das Vorstandsmitglied tatsächlich keinerlei organschaftliche oder organähnliche Tätigkeiten mehr ausübt.[151] Nachwirkende Pflichten wie die Treue- oder Verschwiegenheitspflicht bleiben auch nach Beendigung der Tätigkeiten bestehen.[152] Für nicht nachwirkende Pflichten kann sich das Vorstandsmitglied durch Amtsniederlegung von seiner Haftung für Maßnahmen nach Beendigung der Tätigkeit befreien.[153] Eine solche Amtsniederlegung setzt eine einseitige, bedingungsfeindliche Erklärung gegenüber dem Aufsichtsrat voraus.[154] Allein durch bloße Untätigkeit ist das Vorstandsmitglied nicht von der Haftung befreit, sondern verhält sich vielmehr pflichtwidrig.[155]

185 **aa) Pflicht zur ordnungsgemäßen Geschäftsführung.** Gemäß § 76 Abs. 1 AktG leitet der Vorstand die Aktiengesellschaft unter eigener Verantwortung (Weisungsfreiheit). Er hat die Geschäfte so zu leiten, wie es die **Sorgfalt eines ordentlichen und gewissenhaften Geschäftsleiters** erfordert, § 93 Abs. 1 Satz 1 AktG.

186 **(1) Rechtmäßigkeit.** Die so geschuldete Sorgfalt erfordert zunächst die **Rechtmäßigkeit** der Geschäftsleitung, mithin die Verpflichtung zur Einhaltung der einschlägigen Rechtsvorschriften. Das Vorstandsmitglied hat folglich dafür Sorge zu tragen, dass die im Aktiengesetz, der Satzung und der Geschäftsordnung niedergelegten Organpflichten eingehalten werden und die Konzernunternehmen die sie betreffenden Vorschriften des allgemeinen Zivilrechts, Straf- und Ordnungswidrigkeitenrechts und öffentlichen Rechts berücksichtigen (**Legalitätspflicht**).[156]

187 Spezielle **gesetzliche Organpflichten** sind etwa das Verbot der verdeckten Gewinnausschüttung in § 57 AktG, Einschränkungen für den Erwerb eigener Aktien nach den § 71 ff. AktG, die Pflicht zur formgerechten Ausweisung von Angaben im Geschäftsbrief gemäß § 80 AktG sowie zur Eintragung von Änderungen im Handelsregister gemäß § 81 AktG, die Vorbereitung und Ausführung von Hauptversammlungsbeschlüssen nach § 83 AktG, die Berichterstattung gegenüber dem Aufsichtsrat nach § 90 AktG, die Buchungsführungs- und Bilanzierungspflichten nach den §§ 91 Abs. 1 AktG, 238 ff. AktG, sowie die Beschränkung der Geschäftsführungsbefugnis aufgrund von Zustimmungsvorbehalten des Aufsichtsrats gemäß § 111 Abs. 4 Satz 2 AktG. Weitere allgemein zu beachtende Regelungen finden sich in zahlreichen weiteren Rechtsgebieten wie etwa dem Wettbewerbsrecht, dem Kapitalmarktrecht, dem Kartellrecht, dem Steuerrecht, dem Sozialversicherungsrecht und dem Umweltrecht.[157]

---

147 MüKoAktG/*Spindler* § 93 Rn. 12.
148 *Koch* § 93 AktG Rn. 37; MüKoAktG/*Spindler* § 93 Rn. 12.
149 Hölters/Weber/*Hölters/Hölters* AktG § 93 Rn. 232; MüKoAktG/*Spindler* § 93 Rn. 13; BGH Urt. v. 20.3.1986 – II ZR 114/85, NJW-RR **1986** 1293.
150 Hölters/Weber/*Hölters/Hölters* AktG § 93 Rn. 232; MüKoAktG/*Spindler* § 93 Rn. 13; Spindler/Stilz/*Fleischer* AktG § 93 Rn. 178; *Seibt/Scholz* AG **2016** 557.
151 MüKoAktG/*Spindler* § 93 Rn. 14.
152 Hölters/Weber/*Hölters/Hölters* AktG § 93 Rn. 233; MüKoAktG/*Spindler* § 93 Rn. 14.
153 MüKoAktG/*Spindler* § 93 Rn. 14.
154 MüKoAktG/*Spindler* § 93 Rn. 14.
155 BGH, Urt. v. 13.6.1983 – II ZR 67/82, WM **1983** 835 (836); MüKoAktG/*Spindler* § 93 Rn. 14.
156 Krieger/Schneider/*Krieger* Handbuch Managerhaftung § 3 Rz. 5; Spindler/Stilz/*Fleischer* AktG § 93 Rn. 12.
157 Krieger/Schneider/*Krieger* Handbuch Managerhaftung § 3 Rz. 5.

Überdies sind die Vorstandsmitglieder verpflichtet, die durch die einschlägigen Rechtsvorschriften normierte **aktienrechtliche Zuständigkeitsordnung** zu befolgen, beispielsweise indem sie satzungsmäßige Zustimmungsvorbehalte einhalten.[158] Jede Kompetenzüber- oder Kompetenzunterschreitung stellt einen Verstoß gegen § 93 Abs. 1 AktG dar. 188

Zum kompetenzgemäßen Verhalten gehört, dass sich die Vorstandsmitglieder im Innenverhältnis an die Satzungsbestimmung über den Unternehmensgegenstand nach § 23 Abs. 3 Nr. 2 AktG halten.[159] Folglich ist es dem Vorstand untersagt, Geschäfte vorzunehmen, die außerhalb des **satzungsgemäßen Unternehmensgegenstands** liegen, selbst wenn diese gewinnversprechend sein sollten.[160] Ausnahmsweise zulässig sind aber sogenannte branchenfremde **Hilfsgeschäfte**, welche nicht unmittelbar vom Unternehmensgegenstand umfasst sind, diesem jedoch dienen können.[161] Dies ist beispielsweise der Erwerb von Lizenzen eines Sportvereins zum Zwecke des Sponsorings.[162] Außerdem soll es zulässig sein, vorübergehende Erwerbschancen auch außerhalb des Unternehmensgegenstandes zu nutzen, wenn ansonsten bestehende Gesellschaftsressourcen ungenutzt blieben.[163] 189

Die nach h.M. bestehende Verpflichtung des Vorstands zur **Ausfüllung** des durch die Satzung bestimmten Unternehmensgegenstands darf nicht mit einer dauerhaften Einschränkung oder Aufgabe desselben einhergehen.[164] Es ist daher durch Auslegung der jeweiligen Tätigkeitsfelder zu ermitteln, ob mit Benennung eines Tätigkeitsfeldes auch gleichzeitig eine Tätigkeitspflicht des Vorstands einhergehen soll.[165] Wird beispielsweise ein Unternehmensteil ausgegliedert, soll es genügen, wenn eine unternehmerisch geführte Tochtergesellschaft diejenige Tätigkeit ausführt, die für die Ausfüllung des Unternehmensgegenstandes erforderlich ist.[166] 190

Ferner sind die Vorstandsmitglieder zur Einhaltung der Kompetenzen des Gesamtvorstands verpflichtet. Einzelne Vorstandsmitglieder können also solche Maßnahmen oder Entscheidungen nicht anweisen, die nur dem Gesamtvorstand als Kollegialorgan zustehen.[167] Das **Prinzip der Gesamtverantwortung** findet sich weder in § 77 Abs. 1 S. 1 AktG, der die Gesamtverantwortung regelt, noch in § 78 Abs. 2 AktG, der die Gesamtvertretung regelt, sondern ergibt sich nach h.M. aus **§ 76 Abs. 1 AktG**, wonach der (Gesamt-)Vorstand die Gesellschaft in eigener Verantwortung leitet.[168] Es wird verstanden als Pflicht jedes Vorstandsmitglieds in einem mehrköpfigen Vorstand, die Geschäftsleitung im Ganzen zu tragen, wobei dieser Allzuständigkeit eine umfassende Verantwortung für die Gesellschaft gegenüber steht.[169] 191

Hieraus ergeben sich zwei voneinander zu unterscheidende Ausprägungen: 192

(1) Das **Prinzip der Gesamtleitung**, also die Pflicht, die Kompetenzen des Gesamtvorstandes zu wahren und keine Kompetenzen an sich zu ziehen, die eigentlich dem Gesamtvorstand obliegen; sowie

158 BGH Urt. v. 28.4.2015 – II ZR 63/14, NZG **2015** 792 Rn. 24 ff.; Seitz/Finkel/Klimke/*Klimke* Einf. D&O Versicherung Rn. 151; BeckOGK/*Fleischer* AktG § 93 AktG Rn. 25.

159 Seitz/Finkel/Klimke/*Klimke* Einf. D&O Versicherung, Rn. 152; BGH Urt. v. 5.10.1992 – II ZR 172/91, NJW **1993** 57; BGH Urt. v. 15.1.2013 – II ZR 90/11, NJW **2013** 1958; BeckOGK/*Fleischer* AktG § 93 AktG Rn. 26.

160 Seitz/Finkel/Klimke/*Klimke* Einf. D&O Versicherung Rn. 152.

161 Spindler/Stilz/*Fleischer* § 93 AktG Rn. 21; MüKoAktG/*Spindler* § 82 Rn. 35.

162 Seitz/Finkel/Klimke/*Klimke* Einf. D&O Versicherung Rn. 152; BGH Urt. v. 15.5.2000 – II ZR 359/98, NJW **2000** 2356 (2357).

163 Spindler/Stilz/*Fleischer* § 93 AktG Rn. 21; Seitz/Finkel/Klimke/*Klimke* Einf. D&O Versicherung Rn. 152.

164 Seitz/Finkel/Klimke/*Klimke* Einf. D&O Versicherung Rn. 152; OLG Köln Urt. v. 15.1.2009 – 18 U 205/07, CCZ **2009** 72 (74); MüKoAktG/*Spindler* § 82 Rn. 34.

165 Seitz/Finkel/Klimke/*Klimke* Einf. D&O Versicherung Rn. 152.

166 OLG Köln Urt. v. 15.1.2009 – 18 U 205/07, CCZ **2009** 72 ff.; Seitz/Finkel/Klimke/*Klimke* Einf. D&O Versicherung Rn. 152.

167 Seitz/Finkel/Klimke/*Klimke* Einf. D&O Versicherung Rn. 153.

168 Seitz/Finkel/Klimke/*Klimke* Einf. D&O Versicherung Rn. 154.

169 *Fleischer* NZG **2003** 449.

(2) das **Prinzip der gegenseitigen Überwachung**, nach dem jedes Vorstandsmitglied über seinen Aufgabenkreis hinaus die Gesamtgeschäftsleitung zumindest grundsätzlich zu überblicken hat.[170]

193 Zu den gesetzlichen **Gesamtleitungspflichten** zählen etwa die Berichterstattung an den Aufsichtsrat gemäß § 90 AktG, die Buchführung gemäß § 91 Abs. 1 AktG, die Einrichtung eines Früherkennungssystems nach § 91 Abs. 2 AktG, die Vorbereitung und Ausführung von Hauptversammlungsbeschlüssen nach § 83 AktG, die Einberufung der Hauptversammlung gemäß § 121 Abs. 2 AktG sowie die Vorbereitung etwaiger Beschlussvorlagen gemäß § 119 Abs. 2 AktG, die Aufstellung von Jahresabschluss und Lagebericht sowie ihre Vorlage an den Aufsichtsrat nach § 170 AktG, ferner die Verlustanzeige und der Insolvenzantrag nach § 92 AktG.[171] Nach der Rechtsprechung zählt ebenfalls die Pflicht zur Unterbreitung von Beschlussvorschlägen zu jedem Beschlusspunkt gemäß § 124 Abs. 3 S. 1 AktG zu den Gesamtleitungspflichten des Vorstands.[172]

194 Die Gesamtleistungspflichten des Vorstands sind nicht delegierbar. Ohne eigene gesetzliche Zuweisung zählt zu den nicht delegierbaren Pflichten darüber hinaus auch der Kernbestand der in der Gesellschaft wahrzunehmenden **Leitungsaufgaben**, die aufgrund ihrer grundsätzlichen und übergreifenden Bedeutung nur vom Gesamtvorstand wahrgenommen werden können.[173] Erfasst sind beispielsweise die Besetzung von Führungspositionen, finanz-, investitions- und personalpolitische Entscheidungen zur Erreichung von grundsätzlichen Unternehmenszielen, die zentralen Entscheidungen zur Kontrolle von nachgeordneten Unternehmensbereichen sowie die Strukturierung und Selbstkontrolle im Vorstand.[174] Ferner sind vom Gesamtvorstand vorzunehmende Entscheidungen diejenigen, die von der Berichtspflicht gemäß § 90 AktG umfasst sind.[175]

195 Selbstverständlich umfasst die Pflicht zum kompetenzgemäßen Verhalten auch die Pflicht, die **Kompetenzen** anderer Vorstandsmitglieder und Gesellschaftsorgane zu wahren. So liegt ein Kompetenzverstoß vor, wenn ein Vorstandsmitglied die Ressortverteilung missachtet und andauernd in ein fremdes Ressort hineinregiert.[176] Gegenüber dem Aufsichtsrat hat der Vorstand etwa dessen Zustimmungsvorbehalte (§ 111 Abs. 4 Satz 2 AktG) und Vertretungsbefugnisse (§ 112 AktG) zu beachten. Auch darf sich der Vorstand nicht über ungeschriebene Mitwirkungsbefugnisse der Hauptversammlung bei Strukturentscheidungen hinwegsetzen.[177]

196 Das Legalitätsprinzip kann auch eine Pflicht zur **Anfechtung von Hauptversammlungsbeschlüssen** begründen. Zu Anfechtungsklagen nach § 245 Nr. 2, 5 AktG ist der Vorstand nach h.M. zwar nicht generell verpflichtet.[178] Anderes soll aber gelten, wenn der Gesellschaft durch die Ausführung eines Beschlusses erkennbar ein Schaden droht, ein Beschluss das Gesellschaftsinteresse verletzt, oder dem Vorstand bei der Befolgung des Beschlusses ein rechtswidriges Verhalten abverlangt würde.[179] Gleichermaßen kann eine Verpflichtung des Vorstandes bestehen, durch Erhebung einer Nichtigkeitsfeststellungsklage die Heilung eines nichtigen Beschlusses zu verhindern.[180]

197 Dem Legalitätsprinzip ist natürlich nicht damit Genüge getan, dass nur die Vorstandsmitglieder persönlich die einschlägigen – internen wie externen – Rechtsvorschriften einhalten müssen. Der Vorstand hat vielmehr sicherzustellen, dass auch andere Unternehmensangehörige keine

170 *Fleischer* NZG **2003** 449 (450).
171 *Fleischer* NZG **2003** 449; Spindler/Stilz/*Fleischer* § 93 AktG Rn. 16; Seitz/Finkel/Klimke/*Klimke* Einf. D&O Versicherung Rn. 154.
172 LG Berlin Urt. v. 3.7.2002 – 2 O 358/01, BKR **2002** 969.
173 Seitz/Finkel/Klimke/*Klimke* Einf. D&O Versicherung Rn. 155.
174 Seitz/Finkel/Klimke/*Klimke* Einf. D&O Versicherung Rn. 155.
175 Seitz/Finkel/Klimke/*Klimke* Einf. D&O Versicherung Rn. 155.
176 BeckOGK/*Fleischer* AktG § 93 Rn. 25; Seitz/Finkel/Klimke/*Klimke* Einf. D&O Versicherung Rn. 156 f.
177 BeckOGK/*Fleischer* AktG § 93 Rn. 25; BGHZ 159, 30, NJW **2004** 1860.
178 Seitz/Finkel/Klimke/*Klimke* Einf. D&O Versicherung Rn. 158; Spindler/Stilz/*Fleischer* § 93 Rn. 274.
179 Seitz/Finkel/Klimke/*Klimke* Einf. D&O Versicherung Rn. 158; Spindler/Stilz/*Fleischer* § 93 Rn. 274.
180 Seitz/Finkel/Klimke/*Klimke* Einf. D&O Versicherung Rn. 158.

Rechtsverstöße begehen. Hierfür sind geeignete organisatorische Maßnahmen erforderlich, die ebenfalls der Verantwortung des Vorstands unterliegen (siehe Rn. 200 ff.).

(2) Ordnungsmäßigkeit. Die Sorgfalt des Vorstandsmitglieds bezieht sich ferner auf die **Ordnungsmäßigkeit der Geschäftsführung**. Im weiteren Sinne meint dies eine sachgerechte Unternehmensleitung und Überwachung des Geschehens sowie die Schaffung der dafür notwendigen Instrumentarien.[181] Für eine tatsächliche Wahrnehmung der Leitungsaufgaben müssen die Vorstandsmitglieder alle wesentlichen Entscheidungen ihrer Unternehmenspolitik von Strategieentscheidungen bis hin zu Personal- und Investmentpolitik auf der Grundlage ausreichender Informationen selbst treffen.[182] 198

Eine Delegation dieser Entscheidungen ist nicht möglich. Die **Einholung von Informationen** stellt deshalb ebenfalls eine Leitungsaufgabe des Vorstandes dar.[183] Maßstab ist die Beachtung erkannter betriebswirtschaftlicher Regeln für eine effektive und zweckmäßige Organisation des Unternehmens.[184] 199

Zu einer ordnungsgemäßen Geschäftsführung gehört es auch, durch geeignete **organisatorische Maßnahmen** sicherzustellen, dass sich die Gesellschaft rechtmäßig verhält, und die ihr zukommenden gesetzlichen Verpflichtungen einhält.[185] Dabei ist eine der zentralen Pflichten für eine ordnungsgemäße Unternehmensleitung die Pflicht zur Sicherstellung geeigneter Corporate Compliance-Systeme.[186] 200

Unter dem Begriff **Corporate Compliance** werden organisatorische Maßnahmen und unternehmerische Strategien zur Verhinderung von Verstößen gegen Gesetz, Satzung und unternehmensinterne Geschäftsführungsregelungen verstanden.[187] Als Leitungsaufgabe wird sie aus der allgemeinen Leitungsverantwortung im Sinne von § 76 Abs. 1 AktG hergeleitet,[188] abweichend aus § 91 Abs. 2 AktG oder aus einer Analogie zu verschiedenen Vorschriften des Aktien-, Straf- und Ordnungswidrigkeitenrechts.[189] 201

Eine vollständige **Delegation** auf einzelne Vorstandsmitglieder ist wegen des Prinzips der Gesamtleitung zwar unzulässig. Die konkrete Umsetzung von einzelnen Compliance-Maßnahmen oder deren Überwachung kann jedoch bei einer klaren organisatorischen Zuordnung nach den Grundsätzen des Ressortprinzips auf einzelne Vorstandsmitglieder übertragen werden.[190] 202

Das Bestehen einer **Verpflichtung zur Einrichtung eines formalisierten Compliance-Systems** ist strittig.[191] Der Vorstand hat jedoch unstreitig ein rechtmäßiges Verhalten der Gesellschaft sicherzustellen – bei Bedarf auch durch entsprechende Organisationspflichten.[192] Auch diejenigen Stimmen, die eine Verpflichtung zur formalisierten Compliance-Organisation fordern, setzen eine entsprechende Risikolage voraus.[193] Kriterien für die Pflicht zur Einrichtung einer solchen Compliance-Organisation sind etwa die Art und Größe des Unternehmens, die einzuhaltenden Vorschriften, die Lage des Unternehmens sowie das Bestehen von Verdachtsmomenten aus der Vergangen- 203

181 Krieger/Schneider/*Krieger* Handbuch Managerhaftung, § 3 Rz. 5; Spindler/Stilz/*Fleischer* § 93 Rn. 12.
182 Seitz/Finkel/Klimke/*Klimke* Einf. D&O Versicherung Rn. 166.
183 Seitz/Finkel/Klimke/*Klimke* Einf. D&O Versicherung Rn. 166.
184 Seitz/Finkel/Klimke/*Klimke* Einf. D&O Versicherung Rn. 166.
185 Hölters/Weber/*Hölters/Hölters* AktG § 76 Rn. 28.
186 Krieger/Schneider/*Krieger* Handbuch Managerhaftung § 3 Rz. 5.
187 Hölters/Weber/*Hölters/Hölters* AktG § 93 Rn. 91; Seitz/Finkel/Klimke/*Klimke* Einf. D&O Versicherung Rn. 215.
188 Hölters/Weber/*Hölters/Hölters* AktG § 76 Rn. 28; *Fleischer* NZG **2014** 321 (322); Seitz/Finkel/Klimke/*Klimke* Einf. D&O Versicherung Rn. 215.
189 *Spindler* WM **2008** 905.
190 Seitz/Finkel/Klimke/*Klimke* Einf. D&O Versicherung Rn. 222; *Fleischer* NZG **2014** 321 (324).
191 Für eine Verpflichtung die wohl h.L., etwa Spindler/Stilz/*Fleischer* § 91 Rn. 47; LG München I Urt. v. 10.12.2013 – 5 HK O 1387/10, NZG **2014** 345 (347); kritisch: MüKoAktG/*Spindler* § 91 Rn. 66, 67.
192 Seitz/Finkel/Klimke/*Klimke* Einf. D&O Versicherung Rn. 216.
193 Seitz/Finkel/Klimke/*Klimke* Einf. D&O Versicherung Rn. 216.

heit.[194] So ist die Einrichtung eines Compliance-Systems in Großunternehmen stets erforderlich, während bei kleineren Unternehmen mit übersichtlichen Strukturen möglicherweise auf sie verzichtet werden kann.[195]

204 Dem Vorstand wird bei der Auswahl der geeigneten Maßnahmen ein breiter **Gestaltungsspielraum** eingeräumt.[196] Der Inhalt der Compliance-Pflicht steht dabei im unternehmerischen Ermessen des Vorstands gemäß § 93 Abs. 2 Satz 2 AktG.[197] Welche Anforderungen an die Maßnahmen gestellt werden, hängt erneut maßgeblich von der Risikostruktur des jeweiligen Unternehmens ab.[198] Zum Beispiel sind strenge Anforderungen an solche Unternehmen zu stellen, die in Ländern mit einer besonders hohen Korruptionsrate tätig sind, oder solche Unternehmen, welche aufgrund ihres Sitzes oder ihrer Tätigkeit besonders komplexe ausländische Rechtsvorschriften zu beachten haben.[199] Die gesteigerten Anforderungen gelten nicht nur im Hinblick auf bestimmte Regionen, sondern auch für Branchen oder Rechtsgebiete, die typischerweise anfällig für Verstöße sind.[200] Hierzu zählen etwa das Kapitalmarkt- und Kartellrecht, das Umwelt- und Produkthaftungsrecht sowie Vorschriften gegen Diskriminierung und sexuelle Belästigung am Arbeitsplatz.[201]

205 Der Vorstand genügt seiner Compliance-Pflicht nicht allein dadurch, dass er den vom Institut der Wirtschaftsprüfer entwickelten **Prüfungsstandard** für Compliance-Management-Systeme IDW PS 980 befolgt.[202] Hierbei handelt es sich nämlich nicht um einen rechtlich verbindlichen Prüfungsstandard, der zudem nicht berücksichtigt, ob der Vorstand seiner Überwachungspflicht entsprochen hat.[203]

206 **(3) Wirtschaftlichkeit und Zweckmäßigkeit.** Eine ordnungsgemäße Geschäftsführung erfordert auch, die Geschäfte nach den Maßstäben der **Wirtschaftlichkeit** und der **Zweckmäßigkeit** zu führen.

207 Im Rahmen der Wirtschaftlichkeit kommt dem Vorstand als Verwalter fremden Vermögens die Pflicht zu, die Vermögenswerte und das Gesellschaftsvermögen nicht leichtfertig zu riskieren oder zu verschwenden.[204] Eine **Verschwendung** kommt dann in Betracht, wenn ein Geschäft zum Nachteil der Gesellschaft erheblich von den marktüblichen Bedingungen abweicht, etwa weil der Leistung keine marktübliche Gegenleistung gegenübersteht.[205] Beispiele sind der Abschluss nutzloser oder überteuerter Beraterverträge, die Bezahlung nicht erbrachter Leistungen oder der Erwerb wertloser Patente.[206]

---

194 Seitz/Finkel/Klimke/*Klimke* Einf. D&O Versicherung Rn. 218; LG München I Urt. v. 10.12.2013 – 5 HK O 1387/10, NZG **2014** 345 (347).
195 Seitz/Finkel/Klimke/*Klimke* Einf. D&O Versicherung Rn. 218; Spindler/Stilz/*Fleischer* AktG § 91 Rn. 48.
196 Seitz/Finkel/Klimke/*Klimke* Einf. D&O Versicherung Rn. 216.
197 Seitz/Finkel/Klimke/*Klimke* Einf. D&O Versicherung Rn. 216; MüKOAktG/*Spindler* § 91 Rn. 67; Spindler/Stilz/*Fleischer* AktG § 91 Rn. 56; Hölters/Weber/*Hölters/Hölters* AktG § 93 Rn. 92.
198 Seitz/Finkel/Klimke/*Klimke* Einf. D&O Versicherung Rn. 219.
199 Seitz/Finkel/Klimke/*Klimke* Einf. D&O Versicherung Rn. 219.
200 Seitz/Finkel/Klimke/*Klimke* Einf. D&O Versicherung Rn. 219; Spindler/Stilz/*Fleischer* AktG § 91 Rn. 54.
201 Seitz/Finkel/Klimke/*Klimke* Einf. D&O Versicherung Rn. 219; Spindler/Stilz/*Fleischer* AktG § 91 Rn. 54.
202 Seitz/Finkel/Klimke/*Klimke* Einf. D&O Versicherung Rn. 221; vgl. MüKOAktG/*Spindler* § 91 Rn. 61f.
203 *Böttcher* NZG **2011** 1054 (1055 ff.); Seitz/Finkel/Klimke/*Klimke* Einf. D&O Versicherung Rn. 221.
204 Krieger/Schneider/*Krieger* Handbuch Managerhaftung § 3 Rz. 6; BGH Urteil vom 21.12.2005 – 3 StR 470/04, NJW **2006** 522 (523).
205 Seitz/Finkel/Klimke/*Klimke* Einf. D&O Versicherung Rn. 181; *Fleischer* Handbuch des Vorstandsrechts § 7 Sorgfaltspflicht der Vorstandsmitglieder Rn. 71.
206 Seitz/Finkel/Klimke/*Klimke* Einf. D&O Versicherung Rn. 180; Spindler/Stilz/*Fleischer* AktG § 93 Rn. 90; Krieger/Schneider/*Krieger*, Handbuch Managerhaftung § 3 Rz. 6; OLG Köln Urt. v. 28.2.2013 – 18 U 298/11, NZI **2013** 506; BGH Urteil vom 9.12.1996 – II ZR 240/95, NJW **1997** 741.

Reine **Spekulationsgeschäfte** sind nicht generell unzulässig. Abzugrenzen ist vielmehr zwischen erlaubten und unerlaubten Risiken anhand einer Gesamtwürdigung aller Umstände.[207] Die Grenze zum pflichtwidrigen Handeln eines Vorstandsmitglieds ist erst dann überschritten, wenn es in unverantwortlicher Weise wirtschaftliche Risiken eingeht.[208] Dies ist etwa der Fall, wenn die Wahrscheinlichkeit eines Fehlschlags offen überwiegt, oder wenn das Geschäftsrisiko im Missverhältnis zu den Gewinnaussichten steht.[209] 208

Strittig ist, ob die Eingehung **existenzgefährdender Risiken** grundsätzlich oder in der Regel ein sorgfaltswidriges Verhalten darstellt.[210] Ein grundsätzliches Verbot ist jedoch abzulehnen, da hierdurch eine Pflicht zur Risikominimierung begründet würde.[211] Die Regelung in § 93 Abs. 1 Satz 2 AktG soll aber gerade einem übertrieben risikoscheuen Verhalten entgegenwirken. 209

Umstritten ist auch die Frage der Zulässigkeit sogenannter **Klumpenrisiken**, also der Häufung ähnlicher Ausfallrisiken bei Vermögensanlagen.[212] Bejaht wird die Zulässigkeit jedenfalls unter erhöhten Anforderungen an die laufende Kontrolle der Entwicklung des Risikos und im Verbund mit einem besonderen Rechtfertigungsbedarf.[213] Eine allgemeine Pflicht, sich im Interesse einer Risikodiversifizierung nicht nur auf eine Geschäftssparte zu fokussieren, besteht jedoch nicht.[214] 210

Haben die Vorstandsmitglieder Entscheidungen zu Investitionen zu treffen, genügen Bewertungen von **Ratingagenturen** als Entscheidungsgrundlage alleine nicht.[215] Dies gilt insbesondere dann, wenn die Finanzprodukte so neuartig oder komplex sind, dass die Agenturen selbst noch nicht genügend Erfahrungen mit diesen sammeln konnten.[216] 211

Dem Vorstand kommt auch die Pflicht zu, **Ansprüche der Gesellschaft gegen Dritte** durchzusetzen. Dafür muss der Vorstand die Ansprüche der Gesellschaft rechtzeitig und anhand geeigneter Maßnahmen gegen Dritte geltend machen und eine Verjährung verhindern.[217] Darüber hinaus hat der Vorstand auf eine Vermögensverschlechterung des Schuldners zu reagieren, darf aber nicht grundlos auf Ansprüche der Gesellschaft verzichten.[218] Voraussetzung ist dabei stets, dass der Vorstand vernünftigerweise davon ausgehen durfte, im Interesse der Gesellschaft gehandelt zu haben. 212

Gründe für einen **Verzicht** der Geltendmachung oder Verfolgung von Ansprüchen der Gesellschaft gegen Dritte sind etwa das Vorliegen von erheblichen Zweifeln an dem Bestehen oder der Beweisbarkeit des Anspruchs, eine fragwürdige Zahlungsfähigkeit des Schuldners, oder sofern dies aufgrund einer drohenden Belastung der Geschäftsbeziehung aus Kulanz sowie aus geschäftlichem Kalkül erforderlich erscheint.[219] Insofern kommt dem Vorstand im Einzelfall ein unternehmerisches pflichtgemäßes Ermessen gemäß § 93 Abs. 1 Satz 1 AktG zu.[220] 213

---

207 Spindler/Stilz/*Fleischer* AktG § 93 Rn. 80.

208 Seitz/Finkel/Klimke/*Klimke* Einf. D&O Versicherung Rn. 169.

209 Seitz/Finkel/Klimke/*Klimke* Einf. D&O Versicherung Rn. 169.

210 Seitz/Finkel/Klimke/*Klimke* Einf. D&O Versicherung Rn. 169; OLG Düsseldorf Beschluss v. 9.12.2009 – I 6 W 45/09, CCZ **2010** 117 (118); Hölters/Weber/*Hölters/Hölters* AktG § 93 Rn. 154, der aber eine Ausnahme macht, sofern der Eintritt des Risikos völlig unwahrscheinlich ist.

211 Seitz/Finkel/Klimke/*Klimke* Einf. D&O Versicherung Rn. 169.

212 Seitz/Finkel/Klimke/*Klimke* Einf. D&O Versicherung Rn. 170.

213 OLG Düsseldorf Beschluss v. 9.12.2009 – I 6 W 45/09, CCZ **2010** 117 (118), ZIP **2010** 28; Spindler/Stilz/*Fleischer* AktG § 93 Rn. 83.

214 Seitz/Finkel/Klimke/*Klimke* Einf. D&O Versicherung Rn. 170.

215 Seitz/Finkel/Klimke/*Klimke* Einf. D&O Versicherung Rn. 171.

216 Seitz/Finkel/Klimke/*Klimke* Einf. D&O Versicherung Rn. 171; OLG Düsseldorf Beschl. v. 9.12.2009 – I-6 W 45/09, CCZ **2010** 117, ZIP **2010** 28.

217 *Fleischer* Handbuch des Vorstandsrechts § 7 Rn. 69.

218 *Fleischer* Handbuch des Vorstandsrechts § 7 Rn. 69.

219 Spindler/Stilz/*Fleischer* AktG § 93 Rn. 88; Seitz/Finkel/Klimke/*Klimke* Einf. D&O Versicherung Rn. 173.

220 Seitz/Finkel/Klimke/*Klimke* Einf. D&O Versicherung Rn. 173.

214 Soweit sich aus einer Prozessrisikoanalyse ergibt, dass **Ansprüche der Gesellschaft gegen Aufsichtsratsmitglieder** bestehen und durchsetzbar sind, hat der Vorstand grundsätzlich auch die Pflicht, diese geltend zu machen.[221] Von einer Anspruchsverfolgung darf der Vorstand bei Vorliegen von überwiegenden, zumindest jedoch bei gleichwertigen Belangen der Gesellschaft absehen.[222] Auch dafür steht dem Vorstand ein Beurteilungs- und Ermessensspielraum zu.[223]

215 Vielfacher Diskussion unterliegt die Zulässigkeit von **Aufwendungen mit ideellem oder ethischem Zweck**, die jedenfalls keinen unmittelbaren Gewinn verfolgen. Hierunter fallen etwa Zuwendungen im Wege der Förderung von Kunst, Wissenschaft, Politik, Sozialwesen und Sport etwa durch Spenden oder Sponsoring, aber auch die Übererfüllung von Umweltstandards.[224] Ob und inwieweit diese Aufwendungen mangels unmittelbarer Gewinnorientierung zulässig sind, legt der Vorstand auf Grundlage seines unternehmerischen Ermessensspielraums fest.[225]

216 Der BGH hält bei der Beurteilung der gesellschaftsrechtlich zulässigen Förderaktivitäten nicht die Bezeichnung der Maßnahmen für maßgeblich, sondern wie sich die entsprechende Maßnahme auf Grund der gesamten Umstände, unter denen sie vorgenommen wurde, darstellt.[226] Kriterien können dabei insbesondere die Motive der betroffenen Personen oder Organisationen, der Umfang der Leistungen und der Gegenleistungen sowie die Bedingungen, unter denen sie erbracht wurden, sein.[227]

217 Der BGH nimmt eine Unterteilung der in Betracht kommenden Zuwendungen in drei **Fallgruppen** vor. Diese Unterteilung richtet sich generell danach, ob die Gesellschaft primär einen eigennützigen, steuerlichen oder altruistischen Zweck verfolgt.[228] Die erste Fallgruppe stellt das **klassische Sponsoring** dar. Hierbei werden Geld oder geldwerte Vorteile durch Unternehmen zur Förderung von Personen, Gruppen und/oder Organisationen in sportlichen, kulturellen, kirchlichen oder ähnlichen Bereichen vergeben, wobei die Gesellschaft zugleich eigene unternehmensbezogene Ziele wie Werbung oder Öffentlichkeitsarbeit verfolgt.[229] Demgegenüber erfolgen **Spendenvergaben** an gemeinnützige Organisationen regelmäßig ohne Erwartung einer unmittelbaren Gegenleistung, verbunden aber mit einer steuerlichen Absetzung.[230] Dritte Fallgruppe ist das sog. **„Mäzenatentum“**, bei der der Mäzen in der Regel keine Gegenleistung für seine Unterstützung erwartet; häufig verzichtet er sogar darauf, die Förderungen publik zu machen.[231]

218 Der **Ermessenspielraum** des Vorstands gilt nicht uneingeschränkt. So hat der Vorstand nach Ansicht des BGH auch Entscheidungen über Zuwendungen mit ideeller Zielsetzung samt der Sorgfalt eines pflichtbewussten Unternehmers zu treffen und Vermögensopfer mit der Sorgfalt eines Treuhänders zu erbringen.[232] Er darf sich insbesondere nicht von sachfremden Erwägungen leiten lassen.[233] Nicht generell unzulässig ist es, wenn der Vorstand bei seinen Entscheidungen von eigenen Überzeugungen und Begeisterungen politischer, künstlerischer oder sportlicher Natur motiviert ist.[234] Persönliche Beweggründe dürfen jedoch keinen unangemessenen Raum einneh-

---

221 *Fleischer* Handbuch des Vorstandsrechts § 7 Rn. 70; *Wiesner* in Münchener Handbuch des Gesellschaftsrechts Bd. 4 4. Aufl. **2015** § 25 Rn. 7.

222 Spindler/Stilz/*Fleischer* AktG § 93 Rn. 89.

223 *Wiesner* Münchener Handbuch des Gesellschaftsrechts Bd. 4 4. Aufl. **2015** § 25 Rn. 7.

224 Seitz/Finkel/Klimke/*Klimke* Einf. D&O Versicherung Rn. 175.

225 Seitz/Finkel/Klimke/*Klimke* Einf. D&O Versicherung Rn. 176.

226 BGH, Urteil v. 6.12.2001 – 1 StR 215/01 NJW **2002** 1585.

227 BGH, Urteil v. 6.12.2001 – 1 StR 215/01 NJW **2002** 1585.

228 BGH, Urteil v. 6.12.2001 – 1 StR 215/01 NJW **2002** 1585 (1586).

229 BGH, Urteil v. 6.12.2001 – 1 StR 215/01 NJW **2002** 1585 (1586).

230 BGH, Urteil v. 6.12.2001 – 1 StR 215/01 NJW **2002** 1585 (1586).

231 BGH, Urteil v. 6.12.2001 – 1 StR 215/01 NJW **2002** 1585 (1586).

232 Seitz/Finkel/Klimke/*Klimke* Einf. D&O Versicherung Rn. 177; BGH Urteil v. 6.12.2001 – 1 StR 215/01, NJW **2002** 1585 (1587).

233 Seitz/Finkel/Klimke/*Klimke* Einf. D&O Versicherung Rn. 177.

234 Seitz/Finkel/Klimke/*Klimke* Einf. D&O Versicherung Rn. 177; BGH Urteil v. 6.12.2001 – 1 StR 215/01, NJW **2002** 1585 (1587).

men.[235] Dies ist im Einzelfall zu entscheiden, wobei für den BGH unter anderem die Nähe von Zuwendungen und dem Unternehmensgegenstand von Bedeutung ist.[236]

Der BGH schränkt das Ermessen des Vorstands ferner ein, wenn Zweifel daran besteht, ob die Zuwendung im **Interesse der Gesellschaft** liegt. Soweit die Entscheidung über die Zuwendung einem Vorstandsmitglied übertragen wurde, das hiermit persönliche Vorstellungen verfolgt (nicht zuletzt persönliches Prestige), kann dieses Vorstandsmitglied die Entscheidung nicht mehr alleine treffen, auch wenn die interne Geschäftsverteilung dies zunächst vorsah.[237] 219

Spiegelbildlich zum Ermessensspielraum ist der Vorstand zur **Transparenz** gegenüber den anderen Gesellschaftsorganen verpflichtet, um ihnen Kontroll- und Rügemöglichkeiten für den Fall, dass ihrer Meinung nach Mittel der Gesellschaft ausschließlich für andere als durch den Gesellschaftsgegenstand vorgegebene Zwecke verwendet werden, zu eröffnen.[238] Diese Pflicht zur Transparenz folgt aus dem sich aus § 77 AktG ergebenden Prinzip der Gesamtverantwortung des Vorstands für die Geschäftsleitung und der nicht delegierbaren Pflicht des Gesamtorgans zur Selbstkontrolle.[239] 220

Bezüglich der **Höhe der Aufwendungen** gilt, dass sich der zulässige Rahmen danach bestimmt, was nach der jeweiligen Größenordnung und der finanziellen Situation des Unternehmens als angemessen bewertet werden kann.[240] 221

Die oben dargestellten Grundsätze gelten auch für **Spenden an politische Parteien**.[241] 222

Die Grundsätze der Wirtschaftlichkeit und Zweckmäßigkeit erfordern es auch, vor einem **Anteils- oder Unternehmenskauf** sowohl finanzielle als auch wirtschaftliche Verhältnisse der Zielgesellschaft zu prüfen.[242] Streitig ist, ob der Vorstand sogar eine umfassende, formalisierte Durchleuchtung des zu erwerbenden Unternehmens (sog. Due Diligence-Prüfung) durchführen muss. Eine vor allem im Schrifttum verbreitete Auffassung hält dies in der Regel für eine sorgfältige Entscheidungsvorbereitung und Risikominderung für erforderlich.[243] Andere nehmen eine Abgrenzung dahingehend vor, dass im Einzelfall auf den Zuschnitt des Unternehmens und das Verhältnis der Kosten der Due Diligence zum Kaufpreis abzustellen ist.[244] Sinnvoll erscheint eine Verpflichtung zur Due Diligence-Prüfung dann, wenn gesicherte Erkenntnisse über das zu erwerbende Unternehmen fehlen, oder vorhandene Informationen Unklarheiten aufweisen.[245] Verweigert die Veräußererseite die Durchführung einer solchen Prüfung, so ist dies regelmäßig ein Hinweis auf ein bestehendes Risiko, in dessen Folge gegebenenfalls von dem geplanten Kauf Abstand zu nehmen ist.[246] 223

Hinter dem Stichwort **nützliche Rechtsverletzungen** versteckt sich die Frage, ob ein klarer Rechtsverstoß eines Organmitglieds im (Innen-)Verhältnis zur Gesellschaft sanktionsfähig ist, wenn die Gesellschaft davon im Ergebnis subjektiv oder gar objektiv profitiert.[247] Diese Frage ist ausdrücklich nur für das Innenverhältnis relevant, da im Außenverhältnis ein Rechtsverstoß zu einer Haftung (zumindest des Unternehmens) führt.[248] Rechtsverstöße, die im vermeintlichen Interesse des Unternehmens liegen, kommen in (häufig defizitären) Rechtsbereichen in Betracht, in 224

235 Spindler/Stilz/*Fleischer* AktG § 76 Rn. 48; BGH Urteil v. 6.12.2001 – 1 StR 215/01, NJW **2002** 1585 (1587).

236 BGH, Urteil v. 6.12.2001 – 1 StR 215/01, NJW **2002** 1585 (1587).

237 Spindler/Stilz/*Fleischer* AktG § 76 Rn. 48; BGH Urteil v. 6.12.2001 – 1 StR 215/01, NJW **2002** 1585 (1587).

238 BGH Urteil v. 6.12.2001 – 1 StR 215/01, NJW **2002** 1585 (1587).

239 BGH Urteil v. 6.12.2001 – 1 StR 215/01, NJW **2002** 1585 (1587).

240 Seitz/Finkel/Klimke/*Klimke* Einf. D&O Versicherung Rn. 178.

241 Seitz/Finkel/Klimke/*Klimke* Einf. D&O Versicherung Rn. 178.

242 Spindler/Stilz/*Fleischer* AktG § 93 Rn. 87.

243 Spindler/Stilz/*Fleischer* AktG § 93 Rn. 87; *Böttcher* NZG **2005** 49, 52.

244 MüKoAktG/*Spindler* § 93 Rn. 69; Seitz/Finkel/Klimke/*Klimke* Einf. D&O Versicherung Rn. 183.

245 Spindler/Stilz/*Fleischer* AktG § 93 Rn. 87; OLG Oldenburg Urteil v. 22.6.2006 – 1 U 34/03 NZG **2007** 434; Seitz/Finkel/Klimke/*Klimke* Einf. D&O Versicherung Rn. 183.

246 Seitz/Finkel/Klimke/*Klimke* Einf. D&O Versicherung Rn. 183; Spindler/Stilz/*Fleischer* AktG § 93 Rn. 87.

247 Spindler/Stilz/*Fleischer* AktG § 93 Rn. 36 ff.; MüKoAktG/*Spindler* § 93 Rn. 106.

248 MüKoAktG/*Spindler* § 93 Rn. 106.

denen etwa die Verfolgungswahrscheinlichkeit zu gering ist oder die Sanktionen nicht adäquat sind, weil Gewinnabschöpfungen, Schadensersatzberechnungen oder sonstige Sanktionen fehlen.[249] Beispiele sind Steuerhinterziehungen, Schmiergeldzahlungen im Geschäftsverkehr, die Missachtung kostenträchtiger Umweltschutzstandards oder kartellrechtswidrige Absprachen über Gebiete oder Preise.[250] Rechtsökonomisch betrachtet kann eine Verletzung von rechtlichen Pflichten durch die Organe eines Unternehmens also grundsätzlich nützlich für das Unternehmen sein (sogenannte These des effizienten Gesetzesbruchs – „efficient breach").[251]

225 Die h.M. sieht jedoch auch den „effizienten Gesetzesbruch" – zu Recht – als **Pflichtverletzung** an.[252] Dogmatisch begründet wird dies insbesondere mit dem Gedanken der **Vorteilsausgleichung**, nach dem ein Schädiger Vorteile aus seinem pflichtwidrigen Verhalten nicht behalten oder Schadensersatzansprüchen der Gesellschaft entgegenhalten darf.[253] Der in § 93 AktG verankerte Gläubigerschutz würde nämlich unterlaufen, wenn die Gesellschaft sich sämtliche derartige Vorteile anrechnen lassen müsste.[254] Auch der für Gesellschaften geltende Rechtssatz, dass die Einhaltung von Gesetzesbestimmungen vorrangig gegenüber dem Gesellschaftsinteresse ist, kann zur Begründung herangezogen werden. Schließlich ist eine Gesellschaft sogar nach § 396 Abs. 1 AktG aufzulösen, wenn sie wegen des gesetzwidrigen Verhaltens ihrer Verwaltungsträger das Gemeinwohl gefährdet. Der Vorrang der Legalitätspflicht gegenüber nützlichen Rechtsverletzungen findet so normativ seinen Grund in dem Allgemeininteresse an Regelbefolgung und effektiver Normdurchsetzung.[255]

226 Aus dem **Deutschen Corporate Governance Kodex (DCGK)** ergibt sich mangels Rechtsnormqualität kein für die Leitungsorgane der Aktiengesellschaft verbindliches Regelwerk, jedoch „unverbindliche Verhaltensempfehlungen".[256] Eine Verbindlichkeit erschiene insofern verfassungsrechtlich bedenklich, da die Regelungen von einem privaten Gremium erstellt werden und es folglich an der hinreichenden gesetzlichen Legitimation fehlt.[257] Somit wirkt der DCGK auch nicht mittelbar auf die Sorgfaltspflichten des Vorstandes.[258] Weder stellt das Abweichen von diesen Grundsätzen eine Pflichtverletzung dar, noch ist die Beachtung dieser ein Indiz für sorgfaltsgerechtes Verhalten.[259] Auch sind die Verhaltensempfehlungen des DCGK nicht als Handelsbrauch einzuordnen, da es (zumindest noch) an der hierfür erforderlichen längeren Übung der betroffenen Kreise mangelt.[260]

227 Nur wenn Empfehlungen des DCGK von der Gesellschaft ausdrücklich Teil der Satzung, der Geschäftsordnung oder des Dienstvertrages des Geschäftsleiters sind, haben diese **rechtlich bindenden Charakter**.[261]

---

249 MüKoAktG/*Spindler* § 93 Rn. 111.
250 Spindler/Stilz/*Fleischer* AktG § 93 Rn. 36.
251 MüKoAktG/*Spindler* § 93 Rn. 106; Spindler/Stilz/*Fleischer* AktG § 93 Rn. 36.
252 *Hölters*/Hölters AktG § 93 Rn. 75; Spindler/Stilz/*Fleischer* AktG § 93 Rn. 36: MüKoAktG/*Spindler* § 93 Rn. 107.
253 MüKoAktG/*Spindler* § 93 Rn. 112; BGHZ 136 52, 54.
254 MüKoAktG/*Spindler* § 93 Rn. 112.
255 Spindler/Stilz/*Fleischer* AktG § 93 Rn. 36.
256 BegrRegE BTDrucks. 14/8769, 21; OLG München Urt. v. 6.8.2008 – 7 U 5628/07, NZG **2009** 508, 509; Seitz/Finkel/Klimke/*Klimke* Einf. D&O Versicherung Rn. 167.
257 MüKoAktG/*Spindler* § 93 Rn. 42; Seitz/Finkel/Klimke/*Klimke* Einf. D&O Versicherung Rn. 167; Spindler/Stilz/*Fleischer* AktG § 93 Rn. 46.
258 Seitz/Finkel/Klimke/*Klimke* Einf. D&O Versicherung Rn. 167.
259 MüKoAktG/*Spindler* § 93 Rn. 42; Seitz/Finkel/Klimke/*Klimke* Einf. D&O Versicherung Rn. 167; BGH Urt. v. 21.12.2005 – 3 StR 470/04, NJW **2006** 522, 523.
260 OLG Zweibrücken Urt. v. 3.2.2011 – 4 U 76/10, NZG **2011** 433, 435; Seitz/Finkel/Klimke/*Klimke* Einf. D&O Versicherung Rn. 167.
261 MüKoAktG/*Spindler* § 93 Rn. 39; Seitz/Finkel/Klimke/*Klimke* Einf. D&O Versicherung Rn. 167; OLG München Urt. v. 6.8.2008 – 7 U 5628/07, NZG **2009** 508, 510.

bb) Treue- und Verschwiegenheitspflicht. Aufgrund ihrer organschaftlichen Stellung unterliegen Vorstands- und Aufsichtsratsmitglieder einer über das Gebot von Treu und Glauben gemäß § 242 BGB hinausragenden **Treuepflicht** gegenüber der Gesellschaft.[262] Zwar ist die Treuepflicht in § 93 AktG nicht ausdrücklich geregelt, sie ist aber unzweifelhaft anerkannt.[263] Gesetzlich hat die Treuepflicht etwa im Wettbewerbsverbot gemäß § 88 Abs. 1 AktG Niederschlag gefunden. Inhalt der Treuepflicht ist die Wahrung des Interesses des Unternehmens und das Verbot, eigene Interessen oder Interessen anderer Unternehmen unter Ausnutzung der organschaftlichen Stellung voranzutreiben, die sich nachteilig auf die Gesellschaft auswirken.[264] Dies gilt auch im Falle von Interessenkollisionen, bei denen sich das Organmitglied aber enthalten oder von einer Einbindung in wesentliche Entscheidungen absehen kann.[265] Ein unternehmerisches Ermessen besteht hier nicht.[266] 228

Als Ausprägung der Treuepflicht gilt auch die **Loyalitätspflicht** des Vorstandsmitglieds gegenüber der Gesellschaft, also die Pflicht, sich loyal für das Unternehmen einzusetzen, die allerdings durch das Recht zur angemessenen Entfaltung der Persönlichkeit beschränkt wird. So besteht etwa keine Pflicht des Vorstandsmitglieds zu einer besonders gesunden Lebensführung.[267] 229

Gemäß § 93 Abs. 1 Satz 3 AktG (§ 116 Satz 1 AktG) obliegen die Vorstands- und Aufsichtsratsmitglieder ferner einer **Verschwiegenheitspflicht** über Geschäftsgeheimnisse und vertrauliche Angaben, die ihnen durch ihre Tätigkeit bekanntgeworden sind. 230

Geheimnis im Sinne der Norm sind Tatsachen, die nicht offenkundig sind, und nach geäußertem oder mutmaßlichem Willen der Gesellschaft auch nicht offenkundig werden sollen.[268] Gegenstand kann neben Betriebs- und Geschäftsgeheimnissen jeder Umstand sein, der einen Bezug zu der Gesellschaft hat wie der Betriebsablauf, Geschäftspartner, der Kundenstamm, Absatzzahlen oder etwa Personalentscheidungen.[269] 231

Vertrauliche Angaben sind nach h.M. solche, die keine Geheimnisse (mehr) sind, deren weitere Verbreitung trotz Offenlegung jedoch noch dem Gesellschaftsinteresse zuwiderlaufen könnte und deren Bekanntwerden der Gesellschaft materielle oder immaterielle Nachteile zufügen kann.[270] 232

Bei der Pflicht zur Verschwiegenheit handelt es sich um eine zwingende gesetzliche Regelung, die nicht durch Satzung oder Geschäftsordnung eingeschränkt oder ausgeschlossen werden kann.[271] Die Verschwiegenheitspflicht besteht daher auch über das Beschäftigungsverhältnis hinaus fort.[272] Vertrauliche Angaben oder Geschäftsgeheimnisse unterliegen solange der Verschwiegenheitspflicht, bis sie allgemein bekannt geworden oder durch den Vorstand freiwillig oder aufgrund gesetzlicher Pflicht mitgeteilt worden sind.[273] Denn „Herr der Geschäftsgeheimnisse" ist allein der Vorstand.[274] 233

---

262 Hölters/Weber/*Weber* AktG § 76 Rn. 7; Krieger/Schneider/*Krieger* Handbuch Managerhaftung § 3 Rz. 22; Seitz/Finkel/Klimke/*Klimke* Einf. D&O Versicherung Rn. 237.

263 *Fleischer* Handbuch des Vorstandsrechts § 9 Rn. 1; BGHZ 13 188, 192.

264 MüKoAktG/*Spindler* § 93 Rn. 125; Krieger/Schneider/*Krieger* Handbuch Managerhaftung § 3 Rz. 23.

265 Krieger/Schneider/*Krieger* Handbuch Managerhaftung § 3 Rz. 24.

266 Seitz/Finkel/Klimke/*Klimke* Einf. D&O Versicherung Rn. 237.

267 Seitz/Finkel/Klimke/*Klimke* Einf. D&O Versicherung Rn. 239.

268 Spindler/Stilz/*Fleischer* AktG § 93 Rn. 164; Seitz/Finkel/Klimke/*Klimke* Einf. D&O Versicherung Rn. 259.

269 Spindler/Stilz/*Fleischer* AktG § 93 Rn. 164; *Fleischer* Handbuch des Vorstandsrechts § 10 Rn. 5; Seitz/Finkel/Klimke/*Klimke* Einf. D&O Versicherung Rn. 260.

270 *Fleischer* Handbuch des Vorstandsrechts § 10 Rn. 8; Seitz/Finkel/Klimke/*Klimke* Einf. D&O Versicherung Rn. 261.

271 BGHZ 64 325, 325 f.; MüKoAktG/*Spindler* § 93 Rn. 131; Krieger/Schneider/*Krieger* Handbuch Managerhaftung § 3 Rz. 25; BeckOGK/*Fleischer* AktG § 93 Rn. 202.

272 Krieger/Schneider/*Krieger* Handbuch Managerhaftung § 3 Rz. 25.

273 BGH Urt. v. 26.4.2016 – XI ZR 108/15, NJW **2016** 2569.

274 BGHZ 64 325, 325 f.; BGH Urt. v. 26.4.2016 – XI ZR 108/15, NJW **2016** 2569.

234 Die Pflicht zur Verschwiegenheit besteht **gegenüber jedermann**, nicht jedoch zwischen Vorstands- und Aufsichtsratsmitgliedern untereinander.[275] Im Interesse der Funktionsfähigkeit des Vorstandes besteht sogar eine Verpflichtung zur Offenlegung von Informationen gegenüber anderen Organmitgliedern.[276] Für die Vorlage an den Aufsichtsrat ergibt sich dies aus § 90 AktG. Gleiches gilt gemäß § 320 Abs. 2 HGB gegenüber den Abschlussprüfern.[277] Etwas anderes gilt nur dann, wenn ein Missbrauch der Information konkret befürchtet werden muss.[278]

235 **cc) Business Judgement Rule.** Wenn das Vorstandsmitglied bei einer unternehmerischen Entscheidung vernünftigerweise annehmen durfte, auf der Grundlage angemessener Informationen zum Wohle der Gesellschaft zu handeln, liegt nach § 93 Abs. 1 Satz 2 AktG keine Pflichtverletzung vor.[279] Diese Regelung, die auf die Rechtsprechung des BGH im ARAG/Garmenbeck-Urteil aus dem Jahr 1997 zurückgeht, wurde durch das Gesetz zur Unternehmensintegrität und Modernisierung des Anfechtungsrechts (UMAG) 2005 in das Aktiengesetz eingefügt.[280] In Anlehnung an das angloamerikanische Recht wird sie als **„Business Judgement Rule“** bezeichnet.[281]

236 Sinn und Zweck der Business Judgement Rule ist es, das **unternehmerische Ermessen** der Vorstandsmitglieder zu schützen. Die Regelung soll verhindern, dass sich Geschäftsleiter aus Sorge vor einer Haftung gegenüber der Gesellschaft vor der Eingehung wirtschaftlicher oder unternehmerischer Risiken scheuen.[282] Jede sinnvolle unternehmerische Tätigkeit setzt schließlich die Eingehung vernünftiger wirtschaftlicher Risiken voraus und bedarf daher eines gewissen Handlungsspielraums der Leitungsorgane.[283] Typischerweise handelt es sich bei unternehmerischen Entscheidungen um unter Unsicherheiten getroffene Entscheidungen auf der Grundlage von Prognosen, die daher die Gefahr erst nachträglich erkennbarer Fehlbeurteilungen enthalten.[284]

237 Umstritten ist die **dogmatische Einordnung** des § 93 Abs. 1 Satz 2 AktG. Teils wird § 93 Abs. 1 Satz 2 AktG als „Tatbestandsausschlussgrund“[285] im Verhältnis zu § 93 Abs. 1 Satz 1 AktG gesehen, teils als „unwiderlegbare Rechtsvermutung“[286] oder als eine Konkretisierung der vom Vorstand geschuldeten Verhaltensstandards bzw. der Sorgfaltspflicht[287] qualifiziert. In der Praxis ist diese Differenzierung allerdings ohne Bedeutung.[288] Aus dem Wortlaut von § 93 Abs. 1 Satz 2 AktG folgt, dass keine Pflichtverletzung vorliegt – und der Tatbestand des § 93 Abs. 1 Satz 1 AktG folglich keine Anwendung findet –, wenn die Voraussetzungen von Satz 2 gegeben sind. Umgekehrt ist man sich darüber einig, dass nicht ohne Weiteres auf ein sorgfaltswidriges Verhalten geschlossen werden kann, wenn die Business Judgement Rule nicht greift.[289]

---

275 Seitz/Finkel/Klimke/*Klimke* Einf. D&O Versicherung Rn. 263; Krieger/Schneider/*Krieger* Handbuch Managerhaftung § 3 Rz. 28.

276 Seitz/Finkel/Klimke/*Klimke* Einf. D&O Versicherung Rn. 263; Spindler/Stilz/*Fleischer* AktG § 93 Rn. 167; BGH Urt. v. 26.3.1956 – II ZR 57/55, NJW **1956** 906.

277 Spindler/Stilz/*Fleischer* AktG § 93 Rn. 167.

278 Seitz/Finkel/Klimke/*Klimke* Einf. D&O Versicherung Rn. 263.

279 Krieger/Schneider/*Krieger* Handbuch Managerhaftung § 3 Rz. 7.

280 BGBl. I Nr. 60 S. 2802; Krieger/Schneider/*Krieger* Handbuch Managerhaftung § 3 Rz. 7; BGH Urt. v. 21.4.1997 – II ZR 175/95, NJW **1997** 1926 (ARAG/Garmenbeck).

281 Seitz/Finkel/Klimke/*Klimke* Einf. D&O Versicherung Rn. 223.

282 Seitz/Finkel/Klimke/*Klimke* Einf. D&O Versicherung Rn. 224.

283 Seitz/Finkel/Klimke/*Klimke* Einf. D&O Versicherung Rn. 224; BGH Urt. v. 21.4.1997 – II ZR 175/95, NJW **1997** 1926.

284 MüKoAktG/*Spindler* § 93 Rn. 43.

285 *Fleischer* ZIP **2004** 685 (689).

286 *Koch* § 93 AktG Rn. 14; MüKoAktG/*Spindler* § 93 Rn. 39.

287 MüKoAktG/*Spindler* § 93 Rn. 38f.

288 Seitz/Finkel/Klimke/*Klimke* Einf. D&O Versicherung Rn. 225.

289 Spindler/Stilz/*Fleischer* § 93 AktG Rn. 65; Seitz/Finkel/Klimke/*Klimke* Einf. D&O Versicherung Rn. 225; *Fleischer* ZIP **2004** 685 (689).

Die **Voraussetzungen** der Business Judgement Rule sind, wie dem Gesetzeswortlaut jedenfalls teilweise zu entnehmen ist, dass der Vorstand bzw. das zuständige Vorstandsmitglied 238
(1) aufgrund einer unternehmerischen Entscheidung und
(2) auf der Grundlage angemessener Informationen handelte sowie
(3) vernünftigerweise davon ausgehen durfte, zum Wohle der Gesellschaft zu handeln,
(4) und kein Interessenkonflikt bestand.

(1) **Handeln aufgrund einer unternehmerischen Entscheidung**: Der Vorstand oder das zuständige Vorstandsmitglied muss gemäß § 93 Abs. 1 Satz 2 AktG aufgrund einer unternehmerischen Entscheidung gehandelt haben.[290] Das Erfordernis einer Entscheidung setzt voraus, dass der Vorstand sich bewusst zu einem bestimmten Verhalten entschloss.[291] Nach der Regierungsbegründung ist der Begriff Handlung weit auszulegen und umfasst sowohl die Entscheidung als auch die Umsetzung derselben; unabhängig davon, ob dies durch Rechtsgeschäft oder tatsächliche Handlung geschieht.[292] Dies gilt nicht nur für positives Tun, sondern auch für ein Unterlassen, wenn damit eine bewusste (Negativ-)Auswahl unter mehreren Handlungsmöglichkeiten getroffen wird.[293] Hingegen stellt das unbewusste fahrlässige Verstreichenlassen einer Geschäftschance oder einer Verjährungsfrist keine unternehmerische Entscheidung dar.[294] 239

Eine **unternehmerische Entscheidung** liegt vor, wenn die Entscheidung unter unternehmerischen Zweckmäßigkeitsgesichtspunkten getroffen werden muss.[295] Sie ist durch Zukunftsbezogenheit, prognoseabhängige Entscheidungselemente und nicht justiziable Einschätzungen geprägt.[296] Beispiele dafür sind etwa Investitionsentscheidungen in neue Technologien, Neuprodukteinführungen oder M&A-Transaktionen aller Art.[297] Erforderlich ist überdies, dass sich die unternehmerische Maßnahme im Rahmen der durch Gesetz, Satzung und der Geschäftsordnung festgelegten Grenzen bewegt.[298] Hierzu gehört auch der durch die Satzung bestimmte Unternehmensgegenstand.[299] 240

Im Gegensatz zu unternehmerischen Entscheidungen – und somit nicht von der Business Judgement Rule erfasst – stehen rechtlich gebundene Entscheidungen.[300] Gebundene Entscheidungen sind solche, bei denen dem jeweiligen Organ ein bestimmtes Tun oder Unterlassen durch Gesetz, Satzung oder organschaftliche Treuepflicht vorgeschrieben ist.[301] Solche Pflichtaufgaben des Vorstandes finden sich z.B. in §§ 83, 90, 91, 92 Abs. 1 und 2, 124 Abs. 3, 131, 161, 170 Abs. 1 AktG, § 34 Abs. 1 AO.[302] 241

(2) **Angemessene Informationen**: Ferner ist erforderlich, dass das Vorstandsmitglied auf der Grundlage angemessener Informationen handelte, oder zumindest aufgrund sorgfältiger Ermittlung vernünftigerweise vom Vorliegen einer solchen Entscheidungsgrundlage ausgehen durfte.[303] 242

Eine **sorgfältige Ermittlung** setzt voraus, dass alle für die konkrete Entscheidung dienlichen verfügbaren Informationsquellen tatsächlicher und rechtlicher Art genutzt wurden.[304] Dafür sind nicht sämtliche denkbare Erkenntnisquellen auszuschöpfen, sondern es ist eine angemessene Tat- 243

---

290 MüKoAktG/*Spindler* § 93 Rn. 48.
291 Seitz/Finkel/Klimke/*Klimke* Einf. D&O Versicherung Rn. 226.
292 BegrRegE BTDrucks. 15/5092 S. 11; Spindler/Stilz/*Fleischer* AktG § 93 Rn. 73.
293 Spindler/Stilz/*Fleischer* AktG § 93 Rn. 73; MüKoAktG/*Spindler* § 93 Rn. 50.
294 Spindler/Stilz/*Fleischer* AktG § 93 Rn. 73; MüKoAktG/*Spindler* § 93 Rn. 51.
295 Krieger/Schneider/*Krieger* Handbuch Managerhaftung § 3 Rz. 9.
296 Spindler/Stilz/*Fleischer* AktG § 93 Rn. 68; Seitz/Finkel/Klimke/*Klimke* Einf. D&O Versicherung Rn. 228.
297 Spindler/Stilz/*Fleischer* AktG § 93 Rn. 68.
298 Krieger/Schneider/*Krieger* Handbuch Managerhaftung § 3 Rz. 9; *Fleischer* ZIP **2004** 685 (690).
299 Krieger/Schneider/*Krieger* Handbuch Managerhaftung § 3 Rz. 9.
300 Spindler/Stilz/*Fleischer* AktG § 93 Rn. 67.
301 Seitz/Finkel/Klimke/*Klimke* Einf. D&O Versicherung Rn. 227.
302 Krieger/Schneider/*Krieger* Handbuch Managerhaftung § 3 Rz. 9.
303 Seitz/Finkel/Klimke/*Klimke* Einf. D&O Versicherung Rn. 229.
304 Seitz/Finkel/Klimke/*Klimke* Einf. D&O Versicherung Rn. 230; Hölters/Weber/*Hölters/Hölters* AktG § 93 Rn. 34; OLG Düsseldorf Beschluss v. 9.12.2009 – I 6 W 45/09, ZIP **2010** 28 (31).

sachengrundlage anhand solcher Informationen, die ein sorgfältiger Geschäftsleiter in der Situation des Vorstands im Zeitpunkt der Entscheidung herangezogen hätte, zu bilden.[305] Je wichtiger eine Entscheidung für das Unternehmen ist, desto umfassender und gefestigter muss die Informationsgrundlage sein.[306] Neben Art und Bedeutung der Entscheidung sind zudem maßgeblich der zur Verfügung stehende Zeitumfang zur Informationsgewinnung sowie anerkannte betriebswirtschaftliche Verhaltensmaßstäbe.[307] Auch ist zwischen den Informationsbeschaffungskosten und dem Informationsnutzen einer ausgiebigen Tatsachenermittlung abzuwägen.[308] Ob die Einholung von Sachverständigengutachten oder Beratervorschlägen notwendig ist, hat der Vorstand im konkreten Einzelfall zu entscheiden.[309] Jedoch befreit allein die Einholung von Sachverständigen- und Beratungsleistungen den Vorstand nicht von einer Haftung, wenn keine ausreichende Informationsgrundlage geschaffen wurde.[310] Der Vorstand kann auch gefordert sein, neue Informationsquellen zu ermitteln.[311]

244 Ferner muss das Vorstandsmitglied im Zeitpunkt der Entscheidungsfindung vernünftigerweise annehmen dürfen, dass die Informationsgrundlage angemessen ist. Diese Komponente objektiviert den Einschätzungsspielraum des Vorstandsmitglieds und stellt auf die Sichtweise eines ordentlichen Geschäftsleiters **ex ante** ab.[312] Die Einschätzung der Angemessenheit der Information ist eine unternehmerische Entscheidung des Vorstandsmitglieds.[313] Sollte die Angemessenheit der Informationsgrundlage gerichtlich im Rahmen eines Schadensersatzprozesses gegen ein Vorstandsmitglied überprüft werden, kann es erforderlich sein, einen Sachverständigen hinzuzuziehen.[314]

245 (3) **Zum Wohle der Gesellschaft**: Das Vorstandsmitglied muss auch annehmen dürfen, zum Wohle der Gesellschaft – also im Unternehmensinteresse – zu handeln. Maßstäbe für ein Handeln zum Wohle der Gesellschaft sind der Erhalt des Bestandes sowie die langfristige Ertragsstärkung und Wettbewerbsfähigkeit des Unternehmens, seiner Produkte und Dienstleistungen sowie des Unternehmenswertes selbst.[315] Dabei kommt es nicht auf ein ex post erkanntes, sondern auf das ex ante angestrebte Gesellschaftswohl an.[316] Im Sinne einer nachhaltigen Perspektive kann es im Einzelfall sogar sachgerecht sein, vorübergehend Kosten und Aufwendungen zu übernehmen und auf die Erzielung von Gewinn zu verzichten.[317]

246 Bei der Beurteilung, ob ein Vorstandsmitglied zum Wohle der Gesellschaft handelte, ist im Rahmen von § 93 Abs. 1 S. 2 AktG ein gemischt objektiv-subjektiver Prüfungsmaßstab anzulegen.[318] Im Hinblick auf die unternehmerische Tätigkeit besteht für den Vorstand damit ein weiter **Ermessensspielraum**.[319] So tritt nach der BGH-Entscheidung ARAG/Garmenbeck eine Schadensersatzpflicht des Vorstands erst bei „deutlichem Überschreiten“ der Grenzen der unternehmerischen Leitungssorgfalt ein bzw. bei Überspannen der Bereitschaft, „in unverantwortlicher Weise“ unter-

---

305 Krieger/Schneider/*Krieger* Handbuch Managerhaftung § 3 Rz. 10; MüKoAktG/*Spindler* § 93 Rn. 55.
306 Spindler/Stilz/*Fleischer* AktG § 93 Rn. 70.
307 Spindler/Stilz/*Fleischer* AktG § 93 Rn. 70; Hölters/Weber/*Hölters/Hölters* AktG § 93 Rn. 34.
308 Spindler/Stilz/*Fleischer* AktG § 93 Rn. 70; Hölters/Weber/*Hölters/Hölters* AktG § 93 Rn. 34; OLG Celle Urt. v. 28.5.2008 – 9 U 184/07, CCZ **2009** 159.
309 Hölters/Weber/*Hölters/Hölters* AktG § 93 Rn. 34; Spindler/Stilz/*Fleischer* AktG § 93 Rn. 70.
310 Hölters/Weber/*Hölters/Hölters* AktG § 93 Rn. 34; OLG Düsseldorf Beschl. v. 9.12.2009 – 6 W 45/09, BeckRS **2010** 532.
311 Hölters/Weber/*Hölters/Hölters* AktG § 93 Rn. 34.
312 Seitz/Finkel/Klimke/*Klimke* Einf. D&O Versicherung Rn. 231; Hölters/Weber/*Hölters/Hölters* AktG § 93 Rn. 35.
313 Hölters/Weber/*Hölters/Hölters* AktG § 93 Rn. 35.
314 Hölters/Weber/*Hölters/Hölters* AktG § 93 Rn. 35.
315 Spindler/Stilz/*Fleischer* AktG § 93 Rn. 74; Krieger/Schneider/*Krieger* Handbuch Managerhaftung § 3 Rz. 10.
316 Spindler/Stilz/*Fleischer* AktG § 93 Rn. 74.
317 Spindler/Stilz/*Fleischer* AktG § 93 Rn. 74.
318 Spindler/Stilz/*Fleischer* AktG § 93 Rn. 88a.
319 BGH Urt. v. 21.4.1997 – II ZR 175/95, NJW **1997** 1926 (ARAG/Garmenbeck); BegrRegE BTDrucks. 15/5092, 11; Spindler/Stilz/*Fleischer* AktG § 93 Rn. 75.

nehmerische Risiken einzugehen.[320] Die herrschende Literaturmeinung leitet daraus ab, dass die unternehmerische Entscheidung selbst nur einer Evidenzkontrolle unterzogen werden kann.[321] So müsse auch die Eingehung existenzgefährdender Risiken nicht per se dem Gesellschaftswohl widersprechen, da insbesondere in schwierigen wirtschaftlichen Lagen oft nur eine Wahl zwischen mehreren riskanten Maßnahmen bestehe.[322] Jedenfalls bei ganz und gar unvernünftigem und unvertretbarem Vorstandshandeln ist aber von einem Überschreiten des Ermessensspielraums auszugehen.[323]

(4) **Kein Interessenkonflikt**: Ungeschriebene Voraussetzung ist außerdem, dass das Vorstandsmitglied bei seiner Entscheidungsfindung ohne Fremdeinflüsse und Interessenkonflikte sowie ohne unmittelbaren Eigennutz handelt.[324] Nach der Gesetzesbegründung soll dieses Tatbestandsmerkmal mittelbar aus dem Merkmal des Handelns zum Wohle der Gesellschaft abzuleiten sein. Nur der Vorstand dürfe annehmen, zum Wohle der Gesellschaft zu handeln, der sich in seiner Entscheidung frei von Fremdeinflüssen oder eigennützen Interessen wisse.[325] 247

Wann ein Interessenkonflikt vorliegt, kann nur im **Einzelfall** beurteilt werden. Auch die Rechtsprechung bietet hierfür nur Anhaltspunkte. Ein Interessenkonflikt, der zu einem Ausschluss der Business Judgement Rule führt, kann sich etwa daraus ergeben, dass das Vorstandsmitglied selbst oder eine ihm nahestehende Person oder Gruppe aus der Entscheidung einen Vorteil zieht.[326] Ein Interessenwiderstreit besteht auch, wenn das Vorstandsmitglied gleichzeitig in mehreren (Konzern-)Gesellschaften als Organ tätig ist und zwischen diesen Unternehmen wiederum ein Interessenkonflikt besteht.[327] Unschädlich ist hingegen ein Gleichlauf zwischen den Interessen des Vorstandsmitglieds und dem Unternehmensinteresse, etwa bei der Gewährung von Gewinntantiemen.[328] 248

Befindet sich ein Vorstandsmitglied in einem Interessenkonflikt, ist das Vorstandsmitglied aufgrund der organschaftlichen Treuepflicht dazu verpflichtet, den Interessenkonflikt **offenzulegen** sowie den Vorgang dem übrigen Gesamtvorstand zur Entscheidung zu überlassen.[329] 249

Ungeklärt ist die Anwendbarkeit des § 93 Abs. 1 Satz 2 AktG bei objektivem Vorliegen eines Interessenkonflikts, wenn dem Vorstandsmitglied dieser jedoch **unbewusst** war.[330] Jedenfalls die den Konflikt begründenden Umstände müssen dem Vorstandsmitglied bekannt gewesen sein, sonst liegt bereits kein sachfremder Einfluss auf die Entscheidung vor.[331] Das handelnde Vorstandsmitglied trägt dann die Beweislast für seine Unkenntnis.[332] 250

Streitig ist, ob sich die Befangenheit aufgrund des Interessenkonflikts eines Vorstandsmitglieds auf andere Vorstandsmitglieder auswirkt mit der Konsequenz, dass sich auch diese nicht mehr auf die Business Judgement Rule berufen können. Eine Ansicht bejahrt eine solche **Fernwirkung**, wenn das befangene Vorstandsmitglied an den Entscheidungen des Vorstands teilgenommen hat, ohne seine Befangenheit zuvor offenzulegen.[333] Die Gegenansicht lässt den gutgläubigen Vorstandskollegen die Wirkung des § 93 Abs. 1 S. 2 AktG zugutekommen, wenn sie 251

---

320 BGH Urt. v. 21.4.1997 – II ZR 175/95, NJW **1997** 1926 (ARAG/Garmenbeck); Spindler/Stilz/*Fleischer* AktG § 93 Rn. 75.
321 Spindler/Stilz/*Fleischer* AktG § 93 Rn. 88 a.; Brömmelmeyer WM **2005** 2065 (2068).
322 Seitz/Finkel/Klimke/*Klimke* Einf. D&O Versicherung Rn. 232.
323 Spindler/Stilz/*Fleischer* AktG § 93 Rn. 75.
324 BGH Urt. v. 21.4.1997 – II ZR 175/95, NJW **1997** 1926; BegrRegE BTDrucks. 15/5092, 11; *Fleischer* Handbuch des Vorstandsrechts § 7 Rn. 57.
325 BegrRegE BTDrucks. 15/5092, 11; *Fleischer* Handbuch des Vorstandsrechts § 7 Rn. 57; Seitz/Finkel/Klimke/*Klimke* Einf. D&O Versicherung Rn. 233.
326 Seitz/Finkel/Klimke/*Klimke* Einf. D&O Versicherung Rn. 233.
327 Seitz/Finkel/Klimke/*Klimke* Einf. D&O Versicherung Rn. 233.
328 Seitz/Finkel/Klimke/*Klimke* Einf. D&O Versicherung Rn. 233; *Fleischer* Handbuch des Vorstandsrechts § 7 Rn. 57.
329 MüKo AktG/*Spindler* § 93 Rn. 71.
330 Seitz/Finkel/Klimke/*Klimke* Einf. D&O Versicherung Rn. 234.
331 Seitz/Finkel/Klimke/*Klimke* Einf. D&O Versicherung Rn. 234.
332 Seitz/Finkel/Klimke/*Klimke* Einf. D&O Versicherung Rn. 234.
333 Lutter FS Canaris **2007** 245, 248 ff.; Habersack in Karlsruher Forum **2009** 5, 22 f.; Blasche AG **2010** 692, 695.

vernünftigerweise annehmen durften, ohne Sonderinteressen und sachfremde Einflüsse zu handeln.[334] Dogmatisch entscheidend ist, ob ein fehlender Interessenkonflikt objektiv oder anhand eines gemischt objektiv-subjektiven Prüfungsmaßstabs zu werten ist.[335] Richtigerweise muss letztendlich an die Schutzfunktion des § 93 Abs. 1 S. 2 AktG angeknüpft werden.[336] Denn hiernach sind Verantwortung und Haftungsprivilegierung nach dem ausdrücklichen Gesetzeswortlaut an das einzelne Vorstandsmitglied gebunden („das Vorstandsmitglied") und folgen somit einer gemischt objektiv-subjektiven Grundkonzeption, die auch den Schutz des gutgläubigen Vorstandsmitglieds berücksichtigt.[337] Folglich kann die Business Judgement Rule auf die übrigen Vorstandsmitglieder Anwendung finden.

252 **dd) Ressorts, Delegation, Aufteilung.** § 77 Abs. 1 S. 1 AktG sieht bei einem mehrgliedrigen Vorstand einer AG vor, dass alle Vorstandsmitglieder gemeinschaftlich zur Geschäftsführung befugt sind.[338] Dementsprechend sind auch die Pflichten für alle Vorstandsmitglieder gleichlaufend, was grundsätzlich zu einer Haftung der Vorstandsmitglieder in gleichem Umfang führt.[339] Etwas anderes kann aber aufgrund unterschiedlicher Informationsstände nach der Business Judgment Rule gelten (siehe Rn. 235 ff.).

253 Da Unternehmensstrukturen – insbesondere bei größeren Gesellschaften – sehr komplex sein können, bedarf es für eine effiziente und zweckdienliche Organisation einer Modifikation des gesetzlichen Leitbilds der Gesamtgeschäftsführung und Gesamtvertretung durch eine Arbeitsteilung und Aufspaltung der Verantwortung auf einzelne Organmitglieder.[340] Dies ist aufgrund der Satzungs- und Geschäftsordnungsautonomie nach § 77 Abs. 1 Satz 2 AktG zur Regelung der internen Geschäftsführung möglich. Der Grundsatz der Gesamtverantwortung aus § 76 Abs. 1 AktG steht einer solchen **vorstandsinternen Geschäftsverteilung** grundsätzlich nicht entgegen, bildet jedoch eine immanente Schranke für jede Geschäftsverteilung.[341] Die vorstandsinterne Geschäftsverteilung wiederum wirkt sich auf die Pflichtenstellung der einzelnen Vorstandsmitglieder aus.

254 Die **Geschäftsführung** kann unterteilt werden in (1) eine unmittelbar verwaltende Ressortverantwortung und (2) eine beaufsichtigende Tätigkeit.[342] Letztere beinhaltet sowohl Kontroll- und Überwachungspflichten über Vorgänge im Vorstand als auch über Handlungen auf nachgelagerten Unternehmensebenen.[343]

255 (1) **Ressortverantwortung**: Diese beinhaltet die Handlungsverantwortung für sämtliche dem Vorstandsmitglied zugewiesenen Aufgaben.[344] Abweichend von § 77 Abs. 1 Satz 1 AktG steht dem Ressortleiter Einzelgeschäftsführungsbefugnis zu, wodurch das verantwortliche Vorstandsmitglied sein Ressort „wie ein eigenes Unternehmen im Gesamtunternehmen" führen kann.[345]

256 Der Ressortleiter trägt die Verantwortung für das laufende Geschäft sowie für die Leistungsfähigkeit der Organisation und die Entwicklung und Kontrolle des Bereichs einschließlich der Auswahl, Führung und Überwachung ihm unterstellter Mitarbeiter. Dabei stehen dem Ressortleiter kraft seiner Zuständigkeit auch Gestaltungsspielräume zu und er kann ohne Abstimmung mit den übrigen Vorstandsmitgliedern Entscheidungen treffen. Entsprechend treffen **Haftungsrisiken**

334 MüKo AktG/*Spindler* § 93 Rn. 71; Bunz NZG **2011** 1294 (1295); *Koch* AktG § 93 Rn. 26.
335 Spindler/Stilz/*Fleischer* AktG § 93 Rn. 72b; MüKoAktG/*Spindler* § 93 Rn. 68.
336 Spindler/Stilz/*Fleischer* AktG § 93 Rn. 72b.
337 MüKo AktG/*Spindler* § 93 Rn. 71.
338 Krieger/Schneider/*E. Vetter* Handbuch Managerhaftung § 22 Rn. 7.
339 Krieger/Schneider/*Krieger* Handbuch Managerhaftung § 3 Rn. 17.
340 Krieger/Schneider/*E. Vetter* Handbuch Managerhaftung § 22 Rn. 15; *Fleischer* Handbuch des Vorstandsrechts § 8 Rn. 7.
341 *Fleischer* Handbuch des Vorstandsrechts § 8 Rn. 7.
342 *Fleischer* Handbuch des Vorstandsrechts § 8 Rn. 8.
343 Hölters/Weber/*Hölters/Hölters* AktG § 93 Rn. 80.
344 *Fleischer* Handbuch des Vorstandsrechts § 8 Rn. 9.
345 Krieger/Schneider/*E. Vetter* Handbuch Managerhaftung § 22 Rn. 19.

auch primär das für das entsprechende Ressort verantwortliche Vorstandsmitglied.[346] Die Einzelgeschäftsführungsbefugnis entfällt, sofern die Entscheidung oder Maßnahme ein anderes Ressort tangiert.

(2) **Überwachungspflicht**: Diese hat zwei Kontrollrichtungen, die horizontale und die vertikale Überwachungspflicht. 257

Die sog. **horizontale Überwachungspflicht** legt den übrigen Vorstandsmitgliedern die Pflicht auf, den Gang der Geschäfte über ihre jeweiligen Ressorts hinaus zu beobachten (sog. Restverantwortung).[347] Sie ist als organinterne Selbstkontrolle zu werten, mit der die Vorstandsmitglieder Informationsansprüche bezüglich Angelegenheiten aus anderen Ressorts gegenüber den jeweiligen Ressortleitern geltend machen können.[348] Gleichermaßen besteht die Verpflichtung für Vorstandsmitglieder, von sich aus Bericht über die wesentlichen Geschäfte des eigenen Ressorts zu erstatten.[349] Die daraus erlangten Informationen sind sorgfältig auszuwerten sowie inhaltlich auf Plausibilität und Vollständigkeit hin zu kontrollieren.[350] 258

Eingriffe in das Ressort anderer Vorstandsmitglieder sind grundsätzlich unzulässig.[351] Insofern ist die ressortübergreifende Überwachungspflicht – oder zumindest auf ihr basierendes ständiges Eingreifen von fremden Vorstandsmitgliedern – durch die Ressortverantwortung des zuständigen Ressortleiters begrenzt.[352] Sollten jedoch Anhaltspunkte für die ordnungswidrige Ausführung von Aufgaben von einem Vorstandsmitglied vorliegen, besteht für jedes Vorstandsmitglied die Pflicht, einzugreifen.[353] Der Aufsichtsrat ist von einem Vorstandsmitglied nur dann zu benachrichtigen, wenn nach Entscheidung des Gesamtvorstands das widrige Verhalten des einzelnen Vorstandsmitglieds fortläuft.[354] 259

Die **vertikale Überwachungspflicht** eines Ressortleiters bezieht sich zum einen auf die Kontrolle des Erreichens von Vorgaben in nachgeordneten Unternehmensebenen; zum anderen hat er für ein gesetzestreues Verhalten der ihm nachstehenden Mitarbeiter zu sorgen.[355] Sofern der Ressortleiter Kenntnis von Missständen hat, hat er einzugreifen.[356] Der Grad der Kontrolle ist einzelfallabhängig und kann etwa bei besonders erfahrenen Mitarbeitern geringer ausfallen, bei schwierigen Rechtslagen hingegen höher sein.[357] Die Kontrollmaßnahmen dürfen nicht unverhältnismäßig sein oder das allgemeine Persönlichkeitsrecht der Mitarbeiter verletzen. Darunter fallen beispielsweise regelmäßig die heimliche Videoüberwachung durch den Arbeitgeber, die nur unter strengen Voraussetzungen zulässig ist, oder Kontrollen des Telefon- und E-Mail-Verkehrs.[358] Für den Inhalt der Pflicht kann auch § 130 OWiG herangezogen werden, nach dem eine Aufsichtspflichtverletzung in Betrieben oder Unternehmen als Ordnungswidrigkeit einzustufen ist, und der nach der Regelung des § 9 Abs. 1 OWiG auch auf Organmitglieder anwendbar ist.[359] 260

Die **Organisationsstruktur** des Unternehmens legt der Vorstand im Rahmen seines unternehmerischen Ermessens unter Berücksichtigung der individuellen Art des Unternehmens fest.[360] Möglich ist etwa eine funktionale Aufteilung, bei der sich die Geschäftsverteilung an den wesentli- 261

346 Krieger/Schneider/*Krieger* Handbuch Managerhaftung § 3 Rn. 13.

347 Krieger/Schneider/*E. Vetter* Handbuch Managerhaftung § 22 Rn. 22 f.; *Fleischer* Handbuch des Vorstandsrechts § 8 Rn. 10; Spindler/Stilz/*Fleischer* AktG § 93 Rn. 95.

348 *Fleischer* Handbuch des Vorstandsrechts § 8 Rn. 10; Hölters/Weber/Hölters/Hölters AktG § 93 Rn. 84.

349 *Fleischer* Handbuch des Vorstandsrechts § 8 Rn. 10.

350 Hölters/Weber/Hölters/Hölters AktG § 93 Rn. 84.

351 Hölters/Weber/Hölters/Hölters AktG § 93 Rn. 85.

352 Spindler/Stilz/*Fleischer* AktG § 93 Rn. 95.

353 Hölters/Weber/Hölters/Hölters AktG § 93 Rn. 85.

354 Hölters/Weber/*Hölters/Hölters* AktG § 93 Rn. 85.

355 Hölters/Weber/*Hölters/Hölters* AktG § 93 Rn. 87; Spindler/Stilz/*Fleischer* AktG § 93 Rn. 96.

356 Hölters/Weber/*Hölters/Hölters* AktG § 93 Rn. 87.

357 Hölters/Weber/*Hölters/Hölters* AktG § 93 Rn. 87.

358 Hölters/Weber/*Hölters/Hölters* AktG § 93 Rn. 88f.

359 Spindler/Stilz/*Fleischer* AktG § 93 Rn. 96; Hölters/Weber/Hölters/Hölters AktG § 93 Rn. 82.

360 Krieger/Schneider/*E. Vetter* Handbuch Managerhaftung § 22 Rn. 15.

chen unternehmerischen Funktionen der Wertschöpfungskette und internen Abläufen orientiert.[361] Bei einer divisionalen Organisation, einem verstärkt marktorientierten Ansatz, wird die Geschäftsverteilung dagegen nach Sparten vorgenommen.[362] Solche Sparten können etwa nach Produkten, Kundengruppen oder Regionen aufgegliedert sein. Wenn bestimmte zentrale Tätigkeiten von übergeordneten Sparten übernommen werden, kann es auch zu Matrixorganisationen kommen, die als Mischformen übergreifende Zuständigkeiten wahrnehmen.[363]

262 Dieselben dargestellten Grundsätze der Geschäftsführung gelten auch bei anderen Formen der Aufteilung der Geschäftsführungsaufgaben im Vorstand, wie etwa bei der Errichtung von Ausschüssen innerhalb des Vorstands.[364]

263 **ee) Konzern.** Gem. § 18 Abs. 1 AktG ist ein **Konzern** die Zusammenfassung eines oder mehrerer abhängiger Unternehmen unter einheitlicher Leitung eines herrschenden Unternehmens. Die abhängigen Unternehmen sind dabei rechtlich selbständig, § 17 Abs. 1 AktG. Das Aktiengesetz unterscheidet zwischen (1) dem Unterordnungskonzern, § 18 Abs. 1 AktG, und (2) dem Gleichordnungskonzern, § 18 Abs. 2 AktG, der die Definition des § 18 Abs. 1 AktG erweitert.

264 (1) **Unterordnungskonzern**: Dieser ist in der Praxis weit verbreitet und gekennzeichnet durch die Zusammenfassung abhängiger Unternehmen unter einheitlicher Leitung eines herrschenden Unternehmens gemäß § 17 AktG. Der Unterordnungskonzern kann (in abnehmender Reihenfolge des Integrationsgrads) Eingliederungskonzern, Vertragskonzern oder sogenannter faktischer Konzern sein.[365]

265 Der **Eingliederungskonzern** setzt neben einem entsprechenden Beschluss voraus, dass sich alle Aktien in der Hand der Hauptgesellschaft befinden oder auf diese übergehen (§§ 319 ff. AktG). Beim Vertragskonzern besteht Leitungsmacht des herrschenden Unternehmens aufgrund eines Beherrschungsvertrages, § 308 AktG. Der faktische Konzern fasst Unternehmen unter einheitlicher Leitung zusammen, ohne dass diese eingegliedert oder beherrscht sind.[366]

266 (2) Den **Gleichordnungskonzern** kennzeichnet dementgegen die Zusammenfassung von Unternehmen unter einheitlicher Leitung, ohne dass jedoch eine Abhängigkeit der Unternehmen besteht.[367]

267 Mangels eigener Organe und eigener Organmitglieder ist der Konzern selbst **nicht rechtsfähig**, lässt sich rechtlich jedoch selbstständigen Rechtssubjekten zuordnen.[368]

268 Folgende **haftungsrechtliche Konstellationen** kommen in einem Konzern in Betracht: (1) Die Haftung eines Organmitglieds gegenüber der eigenen Gesellschaft, (2) gegenüber anderen Konzernunternehmen sowie (3) gegenüber Dritten im Zusammenhang mit Vorgängen im eigenen Unternehmen und in Konzernunternehmen.[369]

269 (1) Für eine **Haftung eines Organmitglieds gegenüber der eigenen herrschenden Gesellschaft** gelten die allgemeinen organisationsrechtlichen Haftungstatbestände und Pflichten des Anstellungsverhältnisses.[370] Während das Bestehen von Pflichten und Haftungsansprüchen gegenüber der einzelnen (nicht konzernierten) Gesellschaft gleichbleibt, ändert die Konzernierung den Inhalt der Pflichten.

---

361 Krieger/Schneider/*E. Vetter* Handbuch Managerhaftung § 22 Rn. 16.
362 Krieger/Schneider/*E. Vetter* Handbuch Managerhaftung § 22 Rn. 17.
363 Krieger/Schneider/*E. Vetter* Handbuch Managerhaftung § 22 Rn. 17.
364 Krieger/Schneider/*Krieger* Handbuch Managerhaftung § 3 Rn. 17.
365 *Hüffer/Koch* AktG § 18 Rn. 3.
366 *Hüffer/Koch* AktG § 18 Rn. 3.
367 *Hüffer/Koch* AktG § 18 Rn. 2.
368 Krieger/Schneider/*S. H. Schneider* Handbuch Managerhaftung § 8 Rn. 4.
369 Krieger/Schneider/*S. H. Schneider* Handbuch Managerhaftung § 8 Rn. 4f.
370 Krieger/Schneider/*S. H. Schneider* Handbuch Managerhaftung § 8 Rn. 12.

Auch das Vorstandsmitglied einer Konzernobergesellschaft ist verpflichtet, diejenige **Sorgfalt** aufzuwenden, die gemäß §§ 76, 93 AktG erforderlich ist, um den Vorteil der Gesellschaft zu wahren und Schaden abzuwenden.[371] Dazu gehört bei einer Konzernobergesellschaft auch die **Konzernleitung**.[372] Ein schuldhafter Verstoß kann einen Anspruch auf Schadensersatz gemäß § 93 Abs. 2, 3 AktG begründen. 270

Die Mitglieder des Vorstands sind ferner gegenüber der eigenen Gesellschaft zu **Loyalität und Treue** verpflichtet. Innerhalb des Geschäftsbereichs der Obergesellschaft ist ihnen dieser gegenüber die Wettbewerbstätigkeit untersagt, § 88 AktG.[373] Darüber hinaus ist streitig, ob die Loyalitätspflicht Vorstandsmitgliedern der herrschenden Gesellschaft verbietet, in Geschäftszweigen abhängiger Gesellschaften tätig zu werden. Zwar spricht der Wortlaut des § 88 AktG gegen eine solche Auslegung, der Zweck der Norm spricht jedoch für eine Ausweitung des Wettbewerbsverbots auf Geschäftszweige, die vom Tochterunternehmen besetzt sind.[374] 271

Für Vorstandsmitglieder gelten auch **konzernweite Verschwiegenheitspflichten** im Sinne des § 93 Abs. 1 S. 3 AktG. Bei Fällen des sogenannten doppelten Geheimnisschutzes besteht für eine vertrauliche Information sowohl auf der Ebene der abhängigen als auch auf der Ebene der herrschenden Gesellschaft die Notwendigkeit der Verschwiegenheit.[375] Eine Pflicht zur Verschwiegenheit des Vorstandsmitglieds einer Holding gilt darüber hinaus aber auch für Informationen, die kein Geheimnis der Muttergesellschaft, wohl aber des abhängigen Unternehmens darstellen.[376] 272

Für die **Durchsetzung von Schadensersatzansprüchen** gegen Vorstandsmitglieder der herrschenden Gesellschaft bei schuldhafter Organpflichtverletzung ist grundsätzlich der Aufsichtsrat der herrschenden Gesellschaft verantwortlich.[377] Nach § 148 AktG sind auch Aktionäre der herrschenden Gesellschaft unter engen Voraussetzungen befugt, im eigenen Namen auf Leistung die in § 147 Abs. 1 Satz 1 AktG bezeichneten Ersatzansprüche an die Gesellschaft zu klagen (siehe Rn. 313). Die Gesellschafter oder Organe des abhängigen Unternehmens sind hingegen nicht zur Durchsetzung von Ansprüchen wegen gegenüber dem herrschenden Unternehmen bestehenden Verletzungen befugt.[378] 273

Das Vorstandsmitglied der **abhängigen Gesellschaft** ist gegenüber der abhängigen Gesellschaft nicht verpflichtet, die Belange der herrschenden Gesellschaft zu wahren. Führt der Vorstand der abhängigen Gesellschaft Weisungen der herrschenden Gesellschaft aus, aufgrund derer der abhängigen Gesellschaft ein Schaden entsteht, ist er neben den Organmitgliedern der herrschenden Gesellschaft (siehe Rn. 269 ff.) als Gesamtschuldner der abhängigen Gesellschaft zum Ersatz des entstandenen Schadens verpflichtet.[379] 274

(2) Eine **Haftung gegenüber anderen Konzernunternehmen** kommt in Betracht bei einer Verletzung von Pflichten der Organmitglieder des herrschenden Unternehmens gegenüber einer beherrschten AG. Wenn solche Pflichten bestehen, können Tochtergesellschaften unmittelbar gegen Organmitglieder des herrschenden Unternehmens vorgehen. 275

Ausdrücklich geregelt sind die **Sorgfaltspflichten** des gesetzlichen Vertreters einer Holding gegenüber einer Tochter-AG für Vertragskonzerne in § 309 AktG. Demnach hat im Falle eines Beherrschungsvertrages der gesetzliche Vertreter des herrschenden Unternehmens gegenüber der abhängigen AG bei Weisungserteilungen die Sorgfalt eines ordentlichen und gewissenhaften Geschäftsleiters zu wahren. Eine Weisung ist jede Maßnahme des herrschenden Unternehmens, mit- 276

---

371 Krieger/Schneider/*S. H. Schneider* Handbuch Managerhaftung § 8 Rn. 15.
372 Krieger/Schneider/*S. H. Schneider* Handbuch Managerhaftung § 8 Rn. 16.
373 Krieger/Schneider/*S. H. Schneider* Handbuch Managerhaftung § 8 Rn. 23.
374 Krieger/Schneider/*S. H. Schneider* Handbuch Managerhaftung § 8 Rn. 26.
375 Krieger/Schneider/*S. H. Schneider* Handbuch Managerhaftung § 8 Rn. 28.
376 Krieger/Schneider/*S. H. Schneider* Handbuch Managerhaftung § 8 Rn. 30.
377 Krieger/Schneider/*S. H. Schneider* Handbuch Managerhaftung § 8 Rn. 32.
378 Krieger/Schneider/*S. H. Schneider* Handbuch Managerhaftung § 8 Rn. 35.
379 Hölters/Weber/*Leuering*/*Goertz* AktG § 311 Rn. 11; OLG Hamm AG **1995** 512, 515.

tels derer es Einfluss auf die Leitung des Vorstands der abhängigen AG nehmen will.[380] Gemäß § 323 Abs. 1 AktG gilt § 309 AktG bei eingegliederten Gesellschaften entsprechend. Bei Pflichtverletzung hat die geschädigte Gesellschaft einen Schadensersatzanspruch unmittelbar gegen den weisungserteilenden gesetzlichen Vertreter der Muttergesellschaft.[381]

277 Den Organmitgliedern der **abhängigen Gesellschaft** kommen hingegen keine Pflichten direkt gegenüber dem herrschenden Unternehmen zu. Pflichten gegenüber dem herrschenden Unternehmen bestehen zwar seitens der abhängigen Gesellschaft selbst. Diese (zahlreichen) Pflichten der abhängigen Gesellschaft als solcher gegenüber dem herrschenden Unternehmen bedingen aber keine entsprechenden Pflichten von Organen der abhängigen Gesellschaft gegenüber dem herrschenden Unternehmen.[382]

278 (3) Die **Haftung gegenüber Dritten** im Zusammenhang mit Vorgängen im eigenen Unternehmen und in Konzernunternehmen umfasst diejenigen Fälle, in denen ein Organmitglied des herrschenden Unternehmens gegenüber Dritten für Sachverhalte haftet, die (zumindest auch) auf Vorgängen bei Tochtergesellschaften beruhen. Voraussetzung hierfür ist die Verletzung von gegenüber Dritten bestehenden – öffentlich-rechtlichen oder privatrechtlichen – Pflichten. Davon erfasst sind beispielsweise steuerliche Verpflichtungen, Pflichten aus dem Kartell- sowie Umweltrecht, sowie die Pflicht zur Veröffentlichung von Kapitalmarktinformationen, die auch Sachverhalte in Tochterunternehmen betreffen können.[383]

279 Einen ausdrücklichen Haftungsanspruch Dritter (nämlich der Minderheitsaktionäre einer abhängigen Gesellschaft, mit der kein Beherrschungsvertrag besteht) statuiert § 317 Abs. 1 Satz 2, Abs. 3 AktG für, aus Sicht der beherrschten Gesellschaft, nachteilige Weisungen. Voraussetzung ist allerdings ein eigener Schaden der Minderheitsaktionäre, der sich nicht in einer Wertminderung ihrer Aktien ausdrückt (und insofern nicht durch den Schadensersatzanspruch der Gesellschaft gem. § 317 Abs. 1 Satz 1 AktG ausgeglichen werden kann), weshalb die praktische Relevanz des Anspruchs aus § 317 Abs. 1 Satz 2, Abs. 3 AktG gering ist.[384]

280 **b) Aufsichtsrat.** Gemäß § 116 Satz 1 AktG gilt § 93 AktG für die Sorgfaltspflicht und die Verantwortlichkeit der Aufsichtsratsmitglieder (mit der Ausnahme dessen Absatzes 2 Satz 3) sinngemäß. Somit steht auch für eine **Haftung der Aufsichtsratsmitglieder** die Frage einer ordnungsgemäßen Erfüllung der Pflichten eines Aufsichtsratsmitglieds im Zentrum.

281 Aufgabe des Aufsichtsrates ist vor allem die Besetzung und die Überwachung des Vorstandes, § 111 Abs. 1 AktG. Dem Aufsichtsrat kommt insbesondere eine **Kontroll- und Überwachungsfunktion** zu. Die Überwachungsaufgabe erfasst (unterstützt durch Berichtspflichten des Vorstands nach § 90 Abs. 1 S. 1 Nr. 1, 4 AktG und etwaige Zustimmungsvorbehalte nach § 111 Abs. 4 S. 2 AktG) auch die Beratung des Vorstands zu künftiger Unternehmenspolitik.[385]

282 Dem Aufsichtsrat kommt ferner die sog. **Personalkompetenz** hinsichtlich des Vorstands zu, also die Pflicht, den Vorstand zu besetzen, § 84 Abs. 1 S. 1 AktG.[386] Der Aufsichtsrat handelt dabei pflichtwidrig, wenn er völlig ungeeignete Personen bestellt. Bei der Besetzung des Vorstands kommt dem Aufsichtsrat jedoch ein eigener breiter Beurteilungsspielraum zu.[387]

283 Der Aufsichtsrat hat die Pflicht der **Selbstorganisation**, also die Pflicht, sich selbst ordnungsgemäß zu organisieren und zu strukturieren. Dabei hat der Aufsichtsrat auf eine gesetzeskonforme Zusammensetzung des Organs hinzuwirken, auf die Wahl eines Vorsitzenden sowie zumindest

---

380 Krieger/Schneider/*S. H. Schneider* Handbuch Managerhaftung § 8 Rn. 45.
381 Krieger/Schneider/*S. H. Schneider* Handbuch Managerhaftung § 8 Rn. 45.
382 *Nazari-Khanachayi* Die Haftung im Kapitalgesellschafts- und Konzernrecht § 5 Rn. 420.
383 *Nazari-Khanachayi* Die Haftung im Kapitalgesellschafts- und Konzernrecht § 5 Rn. 426 f.
384 Emmerich/Habersack/*Habersack* AktG § 317 Rn. 2.
385 MüKoAktG/*Habersack* § 116 Rn. 20.
386 MüKoAktG/*Habersack* § 116 Rn. 18.
387 Spindler/Stilz/*Fleischer* § 84 Rn. 9.

eines Stellvertreters, und über die Errichtung von Ausschüssen und den Erlass einer Geschäftsordnung zu entscheiden.[388] Zur Pflicht der Selbstorganisation gehören ferner das Abhalten der notwendigen Anzahl von Sitzungen, die Weitergabe von Berichten durch den Aufsichtsratsvorsitzenden an die übrigen Aufsichtsratsmitglieder[389] und die Hinzuziehung von Beratern.[390] Nach § 116 S. 2 AktG sind die Aufsichtsratsmitglieder zur Verschwiegenheit über die erhaltenen vertraulichen Berichte und Beratungen verpflichtet.

aa) Pflicht zur ordnungsgemäßen Überwachung. Gegenstand der **Überwachungspflicht** ist die Leitungstätigkeit des Vorstands.[391] Der Aufsichtsrat haftet hingegen weder für Fehler des Vorstands im einfachen Tagesgeschäft noch für Fehlverhalten nachgeordneter Führungsebenen oder Konzerngesellschaften, da diese nicht vom Aufsichtsrat, sondern vom Vorstand zu überwachen sind.[392] Jedoch ist es Aufgabe des Aufsichtsrates zu überwachen, ob der Vorstand seine Geschäftsführungs- und Überwachungsaufgaben im Hinblick auf diese untergeordneten Führungsebenen ordnungsgemäß ausführt.[393] Auch hat der Aufsichtsrat zu prüfen, ob der Vorstand ausreichende Kontrollsysteme im Sinne von § 107 Abs. 3 S. 2 AktG etabliert hat.[394] 284

Der **Maßstab** der Überwachungspflicht richtet sich nach Rechtmäßigkeit, Ordnungsgemäßheit und Zweckmäßigkeit der Geschäftsführung des Vorstands. 285

(1) Rechtmäßigkeit. Die Pflicht des Aufsichtsrats zur Überwachung der **Rechtmäßigkeit** der Geschäftsführung des Vorstands betrifft sowohl das Innen- und das Außenverhältnis der Gesellschaft.[395] Im Innenverhältnis hat der Aufsichtsrat zu überwachen, ob der Vorstand die insoweit geltenden gesetzlichen und statutarischen Regelungen eingehalten und die innergesellschaftlichen Kompetenzzuweisungen beachtet hat.[396] Strittig ist, ob sich die Überwachung auch auf Tätigkeiten nachgeordneter Ebenen erstreckt, soweit dort Führungsentscheidungen getroffen oder wesentliche Einzelmaßnahmen ergriffen werden.[397] Der weit gefasste Wortlaut des § 111 Abs. 1 AktG spricht eher für eine extensive Auslegung.[398] Die praktische Bedeutung dieses Streits dürfte jedoch gering sein, da zumindest die Compliance-Organisation und das Überwachungssystem nach § 91 Abs. 2 AktG Leitungsmaßnahmen darstellen, die unzweifelhaft Gegenstand der Überwachung des Aufsichtsrats sind.[399] 286

Soweit es um das **Außenverhältnis** der Gesellschaft geht, bezieht sich die Überwachungspflicht des Aufsichtsrats darauf, ob vom Vorstand die für die Gesellschaft geltenden Rechtsnormen beachtet werden.[400] Zu prüfen ist vom Aufsichtsrat daher, ob der Vorstand seine Legalitätspflicht erfüllt und beispielsweise die Bestimmungen des Kartellrechts, des Wettbewerbsrechts, des Steuerrechts, des Umweltrechts, des Arbeits- und Sozialrechts usw. einhält.[401] 287

---

388 MüKoAktG/*Habersack* § 116 Rn. 17.
389 MüKoAktG/*Spindler* AktG § 90 Rn. 46.
390 Krieger/Schneider/*Krieger* Handbuch Managerhaftung § 3 Rn. 26.
391 Krieger/Schneider/*Krieger* Handbuch Managerhaftung § 3 Rn. 21.
392 Krieger/Schneider/*Krieger* Handbuch Managerhaftung § 3 Rn. 21.
393 Krieger/Schneider/*Krieger* Handbuch Managerhaftung § 3 Rz. 21.
394 MüKoAktG/*Habersack* § 116 Rn. 20.
395 *Fleischer* Handbuch des Vorstandsrechts § 16 Rn. 33.
396 *Fleischer* Handbuch des Vorstandsrechts § 16 Rn. 33.
397 *Koch* AktG § 111 Rn. 4; MüKoAktG/*Habersack* § 111 Rn. 21; einschränkend Lutter/Krieger/Verse Rechte und Pflichten des Aufsichtsrats Rn. 70 f.
398 *Koch* AktG § 111 Rn. 4.
399 *Koch* AktG § 111 Rn. 4; Spindler/Stilz/*Spindler* AktG § 111 Rn. 8.
400 *Fleischer* Handbuch des Vorstandsrechts § 16 Rn. 33.
401 *Koch* AktG § 111 Rn. 29; OLG Karlsruhe AG **2008** 900, 902.

288 **(2) Ordnungsmäßigkeit.** Hinsichtlich der **Ordnungsmäßigkeit** der Leitung der Gesellschaft hat der Aufsichtsrat zu prüfen, ob das Unternehmen der Gesellschaft seiner Größe, Struktur und Eigenart nach angemessen organisiert ist und der Vorstand auch tatsächlich in der Lage ist, das Unternehmen zu leiten.[402] Dafür bedarf es sachgerechter kaufmännischer Instrumente für eine funktionierende Planung und ein funktionierendes Berichtswesen.[403]

289 **(3) Zweckmäßigkeit.** Bei **Zweckmäßigkeitsentscheidungen** ist das weite unternehmerische Ermessen des Vorstandes nach § 93 Abs. 1 S. 2 AktG zu beachten. Sofern der Aufsichtsrat selbst mit Zweckmäßigkeitsentscheidungen befasst ist, kommt auch ihm ein solcher weiter Ermessenspielraum zu, §§ 116 S. 1, 93 Abs. 1 S. 2 AktG. Zu prüfen hat der Aufsichtsrat in diesen Fällen vor allem die Sorgfalt der Entscheidungsfindung des Vorstandes.[404] Der Aufsichtsrat kann grundsätzlich den Vorstand gewähren lassen (und muss nicht etwa das Ermessen des Vorstands durch sein eigenes Ermessen ersetzen), solange das Handeln des Vorstands kaufmännisch vertretbar ist.[405] Liegen Hinweise für eine Verletzung der Geschäftsführungspflicht durch den Vorstand vor, ist der Aufsichtsrat einzuberufen, sodass dieser eingreifen und den Vorstand zu ordnungsgemäßem Verhalten veranlassen kann.[406] Geboten ist ein Einschreiten insbesondere bei existenzgefährdendem oder unvertretbarem Verhalten der Geschäftsführung, dem der Aufsichtsrat mit einem ad-hoc-Vorbehalt gemäß § 111 Abs. 4 S. 2 AktG oder mit der Abberufung des jeweiligen Vorstandsmitglieds entgegentreten kann.[407]

290 Bezüglich des **Umfangs der Überwachung** genügt grundsätzlich die sorgfältige Prüfung der vom Vorstand vorgelegten Berichte, da der Aufsichtsrat auf deren Richtigkeit und Vollständigkeit vertrauen darf.[408] Zur Überwachungspflicht des Aufsichtsrates gehört es auch, die vom Vorstand zu erstellenden Berichte zeit- und zweckgerecht einzufordern.[409]

291 **bb) Mitwirkung (Vorbereitung, Anwesenheit etc.).** Für die Haftung der Mitglieder des Aufsichtsrates genügt das Vorliegen einer Pflichtverletzung des Aufsichtsrates als Ganzes alleine nicht, es bedarf vielmehr einer **individuellen Pflichtverletzung** des einzelnen Mitglieds.[410] Die Mitglieder des Aufsichtsrates haben aktiv an den Tätigkeiten des Aufsichtsrats mitzuwirken.[411] Dazu gehört, an Sitzungen teilzunehmen, sich sorgfältig auf diese vorzubereiten, zur Urteils- und Entscheidungsfindung beizutragen sowie die ihnen übertragenen Aufgaben zu erledigen.[412] Zur aktiven Teilnahme und Vorbereitung gehört es daher auch, relevante Informationen an den Aufsichtsrat als Gesamtgremium weiterzuleiten.[413] Soweit ein Aufsichtsratsmitglied der Meinung ist, die Beschlussfassung sei rechtswidrig, genügt die Stimmenthaltung alleine nicht, sondern es muss mit Nein stimmen.[414] Sollte eine Interessenkollision vorliegen, ist das entsprechende Aufsichtsratsmitglied weder von der Verpflichtung, aktiv an der Tätigkeit des Aufsichtsrates mitzuwirken, noch davon, sich entsprechend im Interesse des Unternehmens zu verhalten, befreit.[415]

---

402 *Fleischer* Handbuch des Vorstandsrechts § 16 Rn. 34.
403 Krieger/Schneider/*Krieger* Handbuch Managerhaftung § 3 Rn. 22.
404 Krieger/Schneider/*Krieger* Handbuch Managerhaftung § 3 Rn. 22.
405 Krieger/Schneider/*Krieger* Handbuch Managerhaftung § 3 Rn. 22.
406 MüKoAktG/*Habersack* § 116 Rn. 33.
407 MüKoAktG/*Habersack* § 116 Rn. 33; Krieger/Schneider/*Krieger* Handbuch Managerhaftung § 3 Rn. 22.
408 Krieger/Schneider/*Krieger* Handbuch Managerhaftung § 3 Rn. 24.
409 Krieger/Schneider/*Krieger* Handbuch Managerhaftung § 3 Rn. 24.
410 Krieger/Schneider/*Krieger* Handbuch Managerhaftung § 3 Rn. 26.
411 MüKoAktG/*Habersack* § 116 Rn. 31.
412 MüKoAktG/*Habersack* § 116 Rn. 31.
413 Krieger/Schneider/*Krieger* Handbuch Managerhaftung § 3 Rn. 26.
414 Krieger/Schneider/*Krieger* Handbuch Managerhaftung § 3 Rn. 26.
415 MüKoAktG/*Habersack* § 116 Rn. 31.

cc) Ausschüsse, Delegation. Im Rahmen der Selbstorganisation der Tätigkeiten ist der Aufsichtsrat verpflichtet, über die **Einrichtung und die Zusammensetzung von Ausschüssen** zu entscheiden.[416] Gemäß § 107 Abs. 3 S. 1 AktG steht es dem Aufsichtsrat zu, Ausschüsse zu bestellen. Eine gesetzliche Verpflichtung zur Bildung von Ausschüssen besteht – abgesehen von § 27 Abs. 3 MitbestG und § 25d Abs. 8–12 KWG – nicht; die Bildung von Ausschüssen wird jedoch nach Ziffer 5.3.1–3 DCGK empfohlen.[417] 292

Ausschüsse tragen insbesondere bei Gesellschaften mit großen Aufsichtsräten zu einer zweckmäßigeren und effizienteren Arbeitsweise bei und können den Umgang mit komplexen Themen oder mit solchen, für die eine besondere Vertraulichkeit gilt, erleichtern.[418] Entsprechend kann sich die Pflicht des Aufsichtsrats zu einer sachgerechten und effizienten Organisation unter bestimmten Voraussetzungen zu einer **Verpflichtung zur Ausschussbildung** verdichten.[419] 293

Die Vorschrift des § 107 Abs. 3 S. 1 AktG erfasst neben vorbereitenden und die Ausführung von Aufsichtsratsbeschlüssen überwachenden Ausschüssen auch erledigende, das heißt über eine eigene Beschlusskompetenz verfügende, Ausschüsse.[420] **Mitglieder** des Ausschusses können nur Mitglieder des Aufsichtsrates sein. Demzufolge ist der Ausschuss kein besonderes Organ der Gesellschaft, sondern stellt eine Untergliederung des Aufsichtsrats dar, dessen Handeln auch Handeln des Aufsichtsrates ist.[421] 294

Der Aufsichtsrat kann Ausschüsse dauerhaft oder für einen bestimmten Zeitraum, etwa zur Erledigung einer bestimmten Aufgabe, bestellen. Die Entscheidung über die Bildung, Größe, Zusammensetzung sowie Auflösung obliegt als Ausprägung der **Organisationsautonomie** allein dem Aufsichtsrat.[422] 295

dd) Geltendmachung von Haftungsansprüchen. Der Aufsichtsrat hat nach dem ARAG/Garmenbeck-Urteil des BGH ebenfalls die Pflicht, das **Bestehen von Schadensersatzansprüchen** der Aktiengesellschaft gegenüber Vorstandsmitgliedern eigenverantwortlich zu prüfen. Kommt der Aufsichtsrat zu dem Ergebnis, dass sich der Vorstand schadensersatzpflichtig gemacht hat, muss der Aufsichtsrat aufgrund einer Risikoanalyse abschätzen, ob und in welchem Umfang die gerichtliche Geltendmachung zu einem Ausgleich des entstandenen Schadens führt. Eine Erfolgsgewissheit ist dafür aber nicht zu verlangen. Stehen der Aktiengesellschaft nach der Prüfung des Aufsichtsrats durchsetzbare Schadensersatzansprüche zu, hat der Aufsichtsrat diese Ansprüche grundsätzlich zu verfolgen.[423] 296

2. Verschulden

Die Haftung der Vorstände und der Aufsichtsräte ist eine **Verschuldenshaftung**. Das Organmitglied muss also eine Pflicht schuldhaft, mithin vorsätzlich oder fahrlässig, verletzt haben. Verschuldensmaßstab ist die Sorgfalt eines ordentlichen und gewissenhaften Geschäftsleiters. Derjenige, der entgegen diesem objektivierten Maßstab handelt, tut dies nicht nur pflichtwidrig, sondern auch schuldhaft.[424] 297

416 MüKoAktG/*Habersack* § 116 Rn. 17.
417 MüKoAktG/*Habersack* § 107 Rn. 93.
418 MüKoAktG/*Habersack* § 107 Rn. 93.
419 MüKoAktG/*Habersack* § 107 Rn. 94.
420 MüKoAktG/*Habersack* § 107 Rn. 93.
421 MüKoAktG/*Habersack* § 107 Rn. 94.
422 MüKoAktG/*Habersack* § 107 Rn. 93f.
423 BGH Urt. v. 21.4.1997, Az. II ZR 175/95 – BGHZ 135, 244 (ARAG/Garmenbeck).
424 Krieger/Schneider/*Krieger* Handbuch Managerhaftung § 3 Rn. 35.

298 Dabei hat das Organmitglied für die normalerweise zu verlangenden Fähigkeiten eines Geschäftsleiters einzustehen.[425] Unterschiedliche persönliche Kenntnisse und Fähigkeiten können durch eine entsprechende **Arbeitsteilung** berücksichtigt werden. Die entsprechenden Organmitglieder übernehmen damit zum einen die primäre Verantwortung für die konkrete Aufgabe, unterliegen zum anderen aufgrund bestehender Sonderkenntnisse aber auch einem erhöhten Verschuldensmaßstab.[426]

299 § 93 AktG gilt nur für Pflichtverletzungen in eigener Person des Organmitglieds und erstreckt sich nicht etwa über §§ 278, 831 BGB auf Angestellte.[427] Diese arbeiten als Erfüllungs- bzw. Verrichtungsgehilfen nicht des Vorstandsmitglieds, sondern der Gesellschaft. Selbiges gilt bezüglich des Verschuldens anderer Vorstandsmitglieder. Auch handelt das Organmitglied nicht für die Gesellschaft als Geschäftsherrin im Sinne des § 831 Abs. 2 BGB.[428]

3. Schaden und Kausalität

300 Voraussetzung für eine Ersatzpflicht ist, dass die Pflichtverletzung eines Vorstands- oder Aufsichtsratsmitglieds zu einem **Schaden der Gesellschaft** geführt hat. Nach §§ 249 ff. BGB ist der Zustand herzustellen, der bestehen würde, wenn der zum Ersatz verpflichtende Umstand nicht eingetreten wäre.[429] Der **Schaden** liegt in der Minderung des Wertes des Gesellschaftsvermögens gegenüber der Vermögenslage, die ohne ein pflichtwidriges Verhalten bestehen würde. Auch kann ein Schaden – etwa bei Erwerb von Vermögensgegenständen ohne erforderliche Zustimmung des Aufsichtsrates – ohne Eintritt einer Minderung des Gesellschaftsvermögens vorliegen; in diesem Fall ist die Gesellschaft so zu stellen, wie sie ohne die pflichtwidrige Maßnahme stehen würde.[430]

301 Zwischen der Pflichtwidrigkeit und dem Schaden muss entsprechend den allgemeinen schadensrechtlichen Grundsätzen ein **adäquat kausaler Zusammenhang** bestehen.[431] Dafür ist zu ermitteln, ob der Schaden außerhalb der allgemeinen Wahrscheinlichkeit liegt. Dem Organmitglied ist es möglich, ein rechtmäßiges Alternativverhalten einzuwenden, sofern ihm der Nachweis gelingt darzulegen, dass der Schaden auch bei rechtmäßigem Verhalten eingetreten wäre; die bloße Möglichkeit des Schadenseintritts reicht nicht aus.

302 Der Einwand des rechtmäßigen Alternativverhaltens soll nach verbreiteter Ansicht bei der Verletzung von Organisations-, Kompetenz- oder Verfahrensregeln unzulässig sein, da Zweck dieser Regelungen, nämlich die ordnungsgemäße Herbeiführung von Organbeschlüssen, mangels der Rechtsfolge eines drohenden Schadensersatzes ausgehebelt werden könne.[432] Im Zusammenhang mit **Kollegialentscheidungen** ist das Vorliegen einer Kausalität besonders problematisch, da sich jedes Vorstandsmitglied darauf berufen könnte, dass es auch ohne seine Stimme zu der gleichen Entscheidung gekommen wäre – somit also die Kausalität entfiele.[433] Darüber, dass dieses Ergebnis nicht zufriedenstellend ist, herrscht weitgehend Einigkeit.[434] Die dogmatischen Begründungen für eine bestehende Kausalität divergieren jedoch im Einzelnen.[435] Eine mögliche Lösung ist die über

---

425 MüKoAktG/*Spindler* § 93 Rn. 199.

426 Krieger/Schneider/*Krieger* Handbuch Managerhaftung § 3 Rn. 36.

427 MüKoAktG/*Spindler* § 93 Rn. 202.

428 MüKo/AktG/*Spindler* § 93 Rn. 224; *Koch* AktG § 93 Rn. 85.

429 Einschließlich des entgangenen Gewinns; vgl. MüKoAktG/*Spindler* § 93 Rn. 192.

430 Krieger/Schneider/*Krieger* Handbuch Managerhaftung § 3 Rn. 37.

431 Henssler/Strohn/*Dauner-Lieb* Gesellschaftsrecht AktG § 93 Rn. 35.

432 *Nazari-Khanachayi* Haftung im Kapitalgesellschafts- und Konzernrecht § 4 Rn. 214; Grigoleit/Tomasic/*Grigoleit* AktG § 93 Rn. 94; MüKoAktG/*Spindler* § 93 Rn. 214.

433 MüKoAktG/*Spindler* AktG § 93 Rn. 197.

434 *Koch* AktG § 93 Rn. 94; Nazari-*Khanachayi* Haftung im Kapitalgesellschafts- und Konzernrecht § 4 Rn. 215.

435 MüKoAktG/*Spindler* § 93 Rn. 219.

§ 830 Abs. 1 S. 2 BGB, der die Folgen nicht ermittelbarer Kausalitätsbeiträge bei mehreren Beteiligten regelt.[436]

4. Darlegungs- und Beweislast

Das in Anspruch genommene Vorstands- oder Aufsichtsratsmitglied muss gemäß der **Beweislastumkehr** des § 93 Abs. 2 S. 2 AktG seinerseits dartun und beweisen, dass es die Sorgfalt eines ordentlichen und gewissenhaften Geschäftsleiters angewandt hat. Das pflichtwidrige Verhalten des Organmitglieds wird also vom Gesetz vermutet. Die Beweislast erfasst sowohl die Frage des Verschuldens (subjektive Pflichtwidrigkeit) als auch die objektive Pflichtwidrigkeit (Rechtswidrigkeit) des Handelns.[437] 303

Die Gesellschaft trifft hingegen die **Darlegungs- und Beweislast** dafür, dass, in welcher Höhe und durch wessen Verhalten ihr ein Schaden entstanden ist; auch muss sie zumindest grundsätzlich darlegen, dass das schadensursächliche Verhalten jedenfalls möglicherweise pflichtwidrig sein kann.[438] In bestimmten Fällen – etwa wenn ein Schaden typischerweise auf eine Pflichtverletzung schließen lässt – ist letzteres jedoch nicht erforderlich.[439] So lässt etwa ein Kassenfehlbestand zunächst auf pflichtwidrig unzureichende Überwachung schließen;[440] das Vorstandsmitglied muss hier sein pflichtgemäßes Verhalten beweisen. Gleiches gilt auch im Fall von Fehlkalkulationen. 304

Als **Entlastung** kann das verklagte Organmitglied sämtliche Tatsachen vortragen, die für den Nachweis, dass es seine Sorgfaltspflichten nicht verletzt hat, geeignet sind. Zur Wahrung eigener Interessen steht es ihm somit auch frei, entgegen § 93 Abs. 1 S. 3 AktG Geheimnisse und vertrauliche Angaben der Gesellschaft zu offenbaren.[441] Als nachwirkende Treuepflicht i.V.m. § 242 BGB hat die Gesellschaft dem bereits ausgeschiedenen Organmitglied das in ihrem Besitz befindliche Beweismaterial zugänglich zu machen und diesem Einsicht zu gewähren.[442] 305

5. Haftungsausschlüsse und -einschränkungen

Die Gesellschaft kann auf **Ersatzansprüche** gegen Vorstands- und Aufsichtsratsmitglieder nicht vor Ablauf von drei Jahren verzichten und sich über diese vergleichen, § 93 Abs. 4 S. 3 AktG (der zudem bestimmte Mehrheitserfordernisse aufstellt). Haftungsbeschränkungen zugunsten von Vorstands- oder Aufsichtsratsmitgliedern sind daher nicht durch Satzungsregelung oder individuelle (Vorab-)Vereinbarung möglich.[443] 306

6. Verjährung

Gemäß § 93 Abs. VI AktG ist die **Dauer der Verjährung** von Ersatzansprüchen der Gesellschaft gegen Vorstandsmitglieder aus § 93 AktG davon abhängig, ob die Aktiengesellschaft zum Zeitpunkt der Pflichtverletzung börsennotiert war oder nicht. War die Aktiengesellschaft zum Zeitpunkt der Pflichtverletzung börsennotiert, verjähren Ansprüche gegen Vorstandsmitglieder in zehn Jahren. 307

---

436 BeckOGK/*Fleischer* § 93 AktG Rn. 271 f.; Grigoleit/*Grigoleit*/*Tomasic* AktG § 93 Rn. 95.
437 Krieger/Schneider/*Krieger* Handbuch Managerhaftung § 3 Rn. 39; MüKoAktG/*Spindler* § 93 Rn. 226.
438 Krieger/Schneider/*Krieger* Handbuch Managerhaftung § 3 Rn. 39; Grigoleit/*Grigoleit*/*Tomasic* AktG § 93 Rn. 113.
439 MüKoAktG/*Spindler* AktG § 93 Rn. 232.
440 Für die GmbH: BGH BB **1974** 994; BGH Urt. v. 9.6.1980 – II ZR 187/79; Hüffer/Koch/*Koch* AktG, § 93 Rn. 107.
441 MüKoAktG/*Spindler* AktG § 93 Rn. 206.
442 MüKoAktG/*Spindler* AktG § 93 Rn. 235; Grigoleit/*Grigoleit*/*Tomasic* AktG § 93 Rn. 112.
443 Krieger/Schneider/*Krieger* Handbuch Managerhaftung § 3 Rn. 42.

Für alle anderen, nicht zum Zeitpunkt der Pflichtverletzung börsennotierten Aktiengesellschaften verjähren Ersatzansprüche gegen Vorstandsmitglieder in fünf Jahren.

308 Eine Ausnahme von der fünfjährigen Verjährungsfrist für nicht börsennotierte Aktiengesellschaften gilt gemäß § 52a KWG für Ansprüche von **Kreditinstituten** (gleich welcher Rechtsform) gegen deren Geschäftsleiter, die in zehn Jahren verjähren.[444]

309 Da die Ansprüche aus § 93 AktG nicht der regelmäßigen Verjährung nach § 195 BGB unterliegen, richtet sich der **Verjährungsbeginn** nach § 200 BGB.[445] Auf eine Kenntnis der Gesellschaft oder der Gesellschafter von den anspruchsbegründenden Tatsachen kommt es für den Verjährungsbeginn somit nicht an.[446]

310 Die Verjährungsfrist nach § 93 Abs. 6 AktG kann **nicht** durch Satzung oder Vertrag **verkürzt** werden; die Möglichkeit einer Verlängerung ist umstritten.[447]

7. Geltendmachung und Vertretung

311 Nach § 112 AktG hat der Aufsichtsrat die Gesellschaft gegenüber Vorstandsmitgliedern **gerichtlich sowie außergerichtlich zu vertreten**. Auch die Geltendmachung von Schadensersatzansprüchen gegen Vorstandsmitglieder ist davon erfasst, solange nicht die Hauptversammlung oder das Gericht besondere Vertreter dazu bestellt haben, § 147 Abs. 2 AktG. Der Aufsichtsrat ist grundsätzlich zur Geltendmachung verpflichtet (siehe Rn. 296). Gleichfalls hat der Vorstand grundsätzlich die Pflicht, Ansprüche der Gesellschaft gegen Aufsichtsratsmitglieder geltend zu machen.

III. Außenhaftung

312 § 93 AktG regelt die Innenhaftung aus dem Organverhältnis (also die Haftung gegenüber der Gesellschaft). Eine Haftung der Organmitglieder gegenüber Dritten, sog. **Außenhaftung**, kommt daneben aus separaten Anspruchsgründen, insbesondere aus Verschulden bei Vertragsschluss und aus unerlaubter Handlung, in Betracht.

1. Geltendmachung durch Aktionärinnen und Aktionäre

313 Durch die Innenhaftung werden mittelbar auch **Aktionäre und Gläubiger der AG geschützt**, eigene Ansprüche gegen die Vorstandsmitglieder haben sie dagegen nur in Ausnahmefällen.[448] So ermöglichen insbesondere §§ 148 und 93 Abs. 5 AktG ein eigenes Vorgehen der Aktionäre und Gläubiger gegen den Vorstand. Deren praktische Bedeutung ist jedoch gering. Die Klage einer Aktionärsminderheit gemäß § 148 AktG ist an das Vorliegen strenger Voraussetzungen geknüpft und ist gegenüber der Geltendmachung durch das jeweils zuständige Organ subsidiär.[449] Zu klagen ist auf Leistung an die Gesellschaft, § 148 Abs. 4 S. 2 AktG. Nach § 93 Abs. 5 AktG haben die Gläubiger ein eigenes Verfolgungsrecht, wenn sie für ihre Forderungen keine Befriedigung erhalten. Auch diese Norm hat allerdings nur geringe praktische Bedeutung, einerseits weil die Vorstandsmitglieder trotz erfolgreicher Klage befreiend an die AG leisten können und andererseits, weil in

---

444 MüKo AktG/*Spindler* § 93 Rn. 350; *Isenbart/Hofmann* VersicherungsPraxis **2011** 26.

445 Henssler/Strohn/*Dauner-Lieb* § 93 AktG Rn. 54; Spindler/Stilz/*Fleischer* § 93 AktG Rn. 303; Hüffer/Koch/*Koch* § 93 AktG Rn. 177.

446 Henssler/Strohn/*Dauner-Lieb* § 93 AktG Rn. 54; Spindler/Stilz/*Fleischer* § 93 AktG Rn. 303.

447 Henssler/Strohn/*Dauner-Lieb* § 93 AktG Rn. 54; Hüffer/Koch/*Koch* § 93 AktG Rn. 182; MüKo AktG/*Spindler* § 93 Rn. 354.

448 Grigoleit/*Grigoleit/Tomasic* AktG § 93 Rn. 159.

449 Grigoleit/*Grigoleit/Rachlitz* AktG § 148 Rn. 2.

derartigen Fällen oftmals eine Insolvenzsituation vorliegt, während der das Verfolgungsrecht nach § 93 Abs. 5 S. 4 AktG ausgeschlossen ist.[450]

Die Einschränkung der Möglichkeit von Aktionären und Gläubigern, gegen die AG vorzugehen, steht im Einklang mit dem Prinzip, dass der Schutz der Aktionäre und Gläubiger am besten mittelbar durch den Schutz des Gesellschaftsvermögens erreicht wird, sofern die Gesellschaft primär geschädigt wurde.[451] 314

2. Außenhaftung nach anderen Normen

Über § 93 Abs. 5 AktG hinaus können Gläubiger oder Aktionäre **keine Schadensersatzansprüche** aus § 93 AktG geltend machen. Es kommen aber andere Anspruchsgrundlagen in Betracht, insbesondere wegen Verletzungen von Schutzgesetzen gemäß § 823 Abs. 2 BGB, die dem Schutz von Gläubigern oder Aktionären dienen.[452] 315

Derartige **Schutzgesetze** sind unter anderem: § 399 AktG,[453] § 15a InsO,[454] § 266 StGB,[455] § 266a StGB.[456] Eine Außenhaftung ist demnach zwar möglich; es bleibt jedoch bei dem Grundsatz, dass Organpflichten keine Außenwirkung entfalten.[457] Eine deliktische Haftung des Vorstands nach § 826 BGB wegen vorsätzlicher sittenwidriger Schädigung kommt in Betracht bei fehlerhaften Kapitalmarktinformationen.[458] 316

Ferner kann sich eine Außenhaftung des Vorstands aus **eigenständigen, vertraglichen Versprechen** ergeben.[459] Auch kommt eine Schutzpflichthaftung aus §§ 280 Abs. 1, 241 Abs. 2, 311 Abs. 3 BGB (culpa in contrahendo) in Betracht, wenn ein Vorstandsmitglied gegenüber einem Gläubiger persönliches Vertrauen für sich selbst in Anspruch nimmt.[460] Dies kann beispielsweise der Fall sein, wenn ein Vorstandsmitglied unter Angabe unrichtiger wesentlicher Umstände für Investitionen in die AG wirbt.[461] 317

H. Gesellschaft mit beschränkter Haftung

I. Anspruchsgrundlagen

§ 43 GmbHG ist die zentrale Pflichtennorm für den Geschäftsführer[462] und zugleich **Haftungsgrundlage** bei der Verletzung von Pflichten aus dem Organverhältnis.[463] Die Norm schützt das Gesellschaftsvermögen und dadurch mittelbar das Vermögen der Gesellschafter und der Gläubiger.[464] 318

---

450 Grigoleit/*Grigoleit*/*Tomasic* AktG § 93 Rn. 152.

451 Grigoleit/*Grigoleit*/*Tomasic* AktG § 93 Rn. 159 f.

452 MüKoAktG/*Spindler* § 93 Rn. 363, 365.

453 BGH NJW **1988** 2794 (2795); BeckOK-BGB/*Förster* § 823 Rn. 291.

454 BGH NJW **1959** 623; BGH NJW **1979** 1823 (1825 ff.); Beck'scher Online-Kommentar BGB/*Förster* § 823 Rn. 291; MüKo BGB/*Wagner* § 823 Rn. 655.

455 OLG Celle GmbHR **2006** 377 (387); OLG Frankfurt a.M. NJW-RR **2003** 1532 (1537); MüKo BGB/*Wagner* § 823 Rn. 690.

456 BGH NJW **1997** 130 (131); BGH NJW **2005** 2546.

457 Grigoleit/*Grigoleit*/*Tomasic* AktG § 93 Rn. 165.

458 BGH NJW **2004** 2664.

459 Grigoleit/*Grigoleit*/*Tomasic* AktG § 93 Rn. 162.

460 Grigoleit/*Grigoleit*/*Tomasic* AktG § 93 Rn. 162.

461 BGHZ 177 25.

462 BeckOK GmbHG/*Pöschke* § 43 GmbHG Rn. 1; MüKo/*Fleischer* § 43 GmbHG Rn. 1.

463 Noack/Servatius/Haas/*Beurskens* § 43 GmbHG Rn. 1; Henssler/Strohn/*Oetker* § 43 GmbHG Rn. 1; MüKoGmbHG/*Fleischer* § 43 Rn. 1.

464 Henssler/Strohn/*Oetker* § 43 GmbHG Rn. 5; *Steffek* JuS **2010** 295 (298); vgl. auch MüKoGmbHG/*Fleischer* § 43 Rn. 2.

319 § 43 Abs. 1 GmbHG enthält einen Sorgfaltsmaßstab für Geschäftsführer. Darüber hinaus regelt § 43 Abs. 1 GmbHG auch – als Generalklausel – die **allgemeinen Verhaltenspflichten** des Geschäftsführers.[465]

320 § 43 Abs. 2 und Abs. 3 GmbHG enthalten **Anspruchsgrundlagen** für eine Haftung des Geschäftsführers gegenüber der Gesellschaft (sog. Innenhaftung[466]). § 43 Abs. 2 GmbHG ist ein allgemeiner Auffangtatbestand, der nur zur Anwendung kommt, wenn keine spezielleren GmbH-rechtlichen Haftungsnormen greifen.[467] § 43 Abs. 3 GmbHG enthält eine besondere Haftungsregel für Verstöße gegen §§ 30, 33 GmbHG.

II. Innenhaftung

1. Sorgfaltspflichten

321 § 43 Abs. 1 GmbHG enthält einen **allgemeinen Sorgfaltsmaßstab**. Darüber hinaus regelt § 43 Abs. 1 GmbHG – als Generalklausel – die allgemeinen Verhaltenspflichten des Geschäftsführers.[468]

322 **a) Sorgfaltsmaßstab.** § 43 Abs. 1 GmbHG präzisiert die allgemeine Regel des § 276 Abs. 2 BGB.[469] Ein Geschäftsführer handelt demnach fahrlässig, wenn er die Sorgfalt eines **ordentlichen Geschäftsmannes**[470] außer Acht lässt. Der Geschäftsführer hat die Sorgfalt zu wahren, die eine Person in verantwortlich leitender Position bei selbstständiger Wahrnehmung fremder Vermögensinteressen zu beachten hat.[471] Entscheidend für die im Einzelfall zu wahrende Sorgfalt sind die Größe, die Art und der Geschäftszweig des Unternehmens und die Bedeutung der jeweiligen Geschäftsführungsmaßnahme.[472]

323 § 43 Abs. 1 GmbHG ist **nicht zwingend**.[473] Eine Anpassung des Sorgfaltsmaßstabs (beispielsweise durch eine entsprechende Klausel im Gesellschaftsvertrag) ist aber auch nicht beliebig möglich.[474] Die Haftung für Vorsatz kann wegen § 276 Abs. 3 BGB nicht ausgeschlossen werden. Darüber hinaus unterliegen Ansprüche aus § 43 Abs. 3 GmbHG bezüglich der in dessen Satz 2 und 3 genannten Fälle sowie explizit gläubigerschützender Organpflichten[475] und des existenzvernichtenden Eingriffs[476] nicht der Disposition der Gesellschaft.[477]

---

465 KG Berlin NZG **1999** 400; MüKoGmbHG/*Fleischer* § 43 Rn. 10; Bork/Schäfer/*Klöhn* § 43 GmbHG Rn. 1; anders Noack/Servatius/Haas/*Beurskens* § 43 GmbHG Rn. 8 m.w.N.

466 Noack/Servatius/Haas/*Beurskens* § 43 GmbHG Rn. 1; Prinz/Winkeljohann/*Hoffmann* Beck'sches Handbuch der GmbH § 5 Rn. 164; *Steffek* JuS **2010** 295 (296).

467 Zu diesen Bork/Schäfer/*Klöhn* § 43 GmbHG Rn. 5; MüKoGmbHG/*Fleischer* § 43 Rn. 9.

468 KG Berlin NZG **1999** 400; MüKoGmbHG/*Fleischer* § 43 Rn. 10; Bork/Schäfer/*Klöhn* § 43 GmbHG Rn. 1; anders Noack/Servatius/Haas/*Beurskens* § 43 GmbHG Rn. 8 m.w.N.

469 OLG Koblenz NJW-RR **2000** 483 (484); vgl. auch BeckOK GmbHG/*Pöschke* § 43 GmbHG Rn. 40; MüKoGmbHG/*Fleischer* § 43 Rn. 245 ff.

470 LG München I NZG **2014** 345 (346); OLG Brandenburg Urteil vom 17.7.2013 – 7 U 58/11, BeckRS **2013** 14631; dazu näher Wicke/*Wicke* § 43 GmbHG Rn. 4 ff. m.w.N.; MüKoGmbHG/*Fleischer* § 43 Rn. 10.

471 Altmeppen/*Altmeppen* § 43 GmbHG Rn. 3; Noack/Servatius/Haas/*Beurskens* § 43 GmbHG Rn. 9.

472 Noack/Servatius/Haas/*Beurskens* § 43 GmbHG Rn. 9.

473 Römermann/*Terlau* Münchener Anwaltshandbuch GmbH-Recht § 10 Rn. 80; Noack/Servatius/Haas/*Beurskens* § 43 GmbHG Rn. 39.

474 Noack/Servatius/Haas/*Beurskens* § 43 GmbHG Rn. 39 f.; MüKoGmbHG/*Fleischer* § 43 Rn. 302 ff.

475 Noack/Servatius/Haas/*Beurskens* § 43 GmbHG Rn. 40; Michalski/Heidinger/Leible/J. Schmidt/*Ziemons*, GmbHG § 43 Rn. 428.

476 Noack/Servatius/Haas/*Beurskens* § 43 GmbHG Rn. 40.

477 Noack/Servatius/Haas/*Beurskens* § 43 GmbHG Rn. 41; MüKoGmbHG/*Fleischer* § 43 Rn. 308.

Ob für **grobe Fahrlässigkeit** ein Haftungsausschluss möglich ist,[478] oder aufgrund der umfassenden Verantwortung des Geschäftsführers[479] sowie aufgrund der besonderen Gefährlichkeit eines vorherigen Haftungsausschlusses[480] ausgeschlossen,[481] ist streitig. Die für Arbeitnehmer geltende Haftungsmilderung (Ausschluss der Haftung für leichteste Fahrlässigkeit und nur teilweise Haftung für normale Fahrlässigkeit) ist auf Geschäftsführer nicht übertragbar.[482] 324

b) Verhaltenspflichten. Neben der Statuierung eines Sorgfaltsmaßstabs regelt § 43 Abs. 1 325
GmbHG ebenfalls – als Generalklausel – die **allgemeinen Verhaltenspflichten** des Geschäftsführers. Präzisiert werden diese Verhaltenspflichten durch Rechtsprechung und Lehre. Die Ordnung der Pflichten divergiert erheblich in den einzelnen Darstellungen.[483]

aa) Pflicht zur ordnungsgemäßen Unternehmensleitung. Geschäftsführer sind im Rahmen 326
ihrer Pflicht zur ordnungsgemäßen Unternehmensleitung verpflichtet, den **Gesellschaftszweck zu wahren und zu verfolgen**. Dabei haben sie Vorteile für die Gesellschaft wahrzunehmen und Schaden von ihr abzuwenden.[484] Da die Auswirkungen von unternehmerischen Entscheidungen mitunter schwierig zu prognostizieren sind, ein Risiko bergen und es in vielen Fällen nicht „die" einzige richtige Entscheidung gibt, wird dem Geschäftsführer ein Ermessensspielraum zugebilligt.[485] Dieser gerichtlich nicht überprüfbare Ermessensspielraum wird üblicherweise nach dem US-amerikanischen Begriff „Business Judgment Rule" bezeichnet. Er geht zurück auf das (für das Recht der Aktiengesellschaft ergangene) ARAG/Garmenbeck-Urteil aus dem Jahr 1997, aufgrund dessen die Regelung in § 93 Abs. 1 Satz 2 in das Aktiengesetz eingefügt wurde (siehe Rn. 235 ff.). Die Grundsätze dieser aktienrechtlichen Regelung sind auch auf den GmbH-Geschäftsführer übertragbar.[486]

bb) Organisationspflicht. Die Geschäftsführer sind verpflichtet, das Unternehmen sowohl be- 327
trieblich als auch personell so zu organisieren, dass der **Gesellschaftszweck** am besten realisiert werden kann. Sie müssen jederzeit eine Übersicht über die wirtschaftliche und finanzielle Lage der Gesellschaft haben.[487] Sofern nach Größe der Gesellschaft und Risikopotential[488] erforderlich,

478 Wohl h.M. Habersack/Casper/Löbbe/*Paefgen* GmbHG § 43 Rn. 12; m.w.N Michalski/Heidinger/Leible/J. Schmidt/*Ziemons* GmbHG § 43; **a.A.** Gehrlein/Born/Simon/*Buck-Heeb* GmbHG § 43 Rn. 70; Ensthaler/Füller/*Matussek* GmbHG § 43 Rn. 45.

479 *Lohr* NZG **2000** 1204 (1209); anders MüKoGmbHG/*Fleischer* § 43 Rn. 312.

480 Hierzu MüKo/*Fleischer* § 43 GmbHG Rn. 312, der allerdings einen Haftungsausschluss auch für grobe Fahrlässigkeit für möglich hält.

481 Noack/Servatius/Haas/*Beurskens* § 43 GmbHG Rn. 41 m.w.N.; der Frage der Ausschlussmöglichkeit ist höchst umstritten, s. MüKoGmbHG/*Fleischer* § 43 Rn. 299 ff.; Römermann/*Terlau* Münchener Anwaltshandbuch GmbH-Recht § 10 Rn. 81.

482 Noack/Servatius/Haas/*Beurskens* § 43 GmbHG Rn. 43.

483 S. etwa *Lutter* GmbHR **2000** 301; Noack/Servatius/Haas/*Beurskens* § 43 GmbHG Rn. 7; Bork/Schäfer/*Klöhn* § 43 GmbHG Rn. 14 ff.; BeckOK GmbHG/*Pöschke* § 43 GmbHG Rn. 44 ff.; MüKoGmbHG/*Fleischer* § 43 Rn. 11 ff.

484 OLG Zweibrücken NZG **1999** 506; OLG Düsseldorf GmbHR **1994** 317; BeckOK GmbHG/*Pöschke* § 43 Rn. 44; MüKoGmbHG/*Fleischer* § 43 Rn. 11 f.

485 OLG Koblenz Urteil vom 23.12.2014 – 3 U 1544/13 LSK **2015** 040734; Noack/Servatius/Haas/*Beurskens* § 43 GmbHG Rn. 33; BeckOK GmbHG/*Pöschke* § 43 Rn. 101; Henssler/Strohn/*Oetker* § 43 GmbHG Rn. 30 m.w.N.

486 *Altmeppen* GmbHG § 43 Rn. 14; BeckOK GmbHG/*Pöschke* § 43 Rn. 105 ff.; Noack/Servatius/Haas-*Beurskens* GmbHG § 43 Rn. 34.

487 ThürOLG Jena NZG **2001** 86 (87); BeckOK GmbHG/*Pöschke* § 43 GmbHG Rn. 98 ff.; Michalski/Heidinger/Leible/J. Schmidt/*Ziemons* § 43 GmbHG Rn. 93; MüKoGmbHG/*Fleischer* § 43 Rn. 62.

488 S. dazu u. II. 1. b) cc) (Legalitätspflicht).

müssen die Geschäftsführer ein Überwachungssystem einrichten, wodurch etwaige, den Fortbestand des Unternehmens betreffende Risiken erkannt und kontrolliert werden können.[489]

328 In der GmbH gilt der Grundsatz der **Gesamtverantwortung der Geschäftsführer**. Jeder einzelne Geschäftsführer ist für die Geschäftsleitung im Ganzen und für die Belange der Gesellschaft verantwortlich.[490] Auch wenn die Geschäftsführer bestimmte Aufgaben einzelnen Ressorts zuweisen, bleibt die Gesamtverantwortung nach außen hin bestehen. Im Innenverhältnis ändern sich durch eine Ressortzuweisung aber die Pflichten. Die jeweils nicht zuständigen Geschäftsführer sind statt für die Geschäftsführung (nur) für die Überwachung der Aufgabenerfüllung verantwortlich.[491] Die Ausgestaltung der Überwachungspflicht im Einzelfall ist abhängig von der Art, Größe und Organisation des Unternehmens, aber auch von der Bedeutung der übertragenden Aufgabe sowie von in der Person liegenden Umständen.[492]

329 **cc) Legalitätspflicht.** Die Geschäftsführungstätigkeit muss im **Einklang mit der Rechtsordnung** ausgeübt werden.[493] Die Geschäftsführer müssen sich an Gesetz, Satzung und Beschlüsse anderer Gesellschaftsorgane halten.[494] Hierfür genügt es nicht, dass die Geschäftsführer selbst rechtmäßig handeln. Sie müssen vielmehr Sorge dafür tragen, dass auch Unternehmensangehörige keine Pflichtverletzungen begehen.[495] Auch die Einhaltung ausländischer Gesetze ist erforderlich, soweit die Gesellschaft mit ausländischem Recht in Berührung gelangt und dieses gegenüber der Gesellschaft Geltung erlangt.[496]

330 Die Geschäftsführer müssen das gesetzeskonforme Verhalten der Gesellschaft durch **organisatorische Maßnahmen** sicherstellen. Eine Pflicht zur Einrichtung eines Compliance-Systems kann[497] bei Erreichen eines gewissen Risikopotentials bestehen.[498] Dieses Risikopotential ist jeweils anhand der Umstände des Einzelfalls (beispielsweise Art, Größe, Branche und geographische Präsenz des Unternehmens sowie Vorkommnisse aus der Vergangenheit[499]) zu ermitteln. Die konkrete Ausgestaltung des Compliance-Systems liegt im Ermessen der Geschäftsführer,[500] das System muss jedoch geeignet sein, Pflichtverstöße aufzudecken.[501] Bestehen Verdachtsmomente für rechtswidriges Handeln, ist diesen nachzugehen und der Sachverhalt möglichst umfassend aufzuklären.[502] Im Falle von Gesetzes- oder Pflichtverstößen haben die Geschäftsführer eine Sanktionierung der Verstöße sicherzustellen und müssen Folgeverstöße verhindern.[503]

---

489 Noack/Servatius/Haas/*Beurskens* § 43 GmbHG Rn. 29, § 37 GmbHG Rn. 11; vgl. auch *Steffek* JuS **2010**, 295 (298).

490 LG München I NZG **2014**, 345 (346); MüKoGmbHG/*Fleischer* § 43 Rn. 112.

491 BeckOK GmbHG/*Pöschke* § 43 GmbHG Rn. 210; *Steffek* JuS **2010**, 295 (298).

492 Michalski/Heidinger/Leible/J. Schmidt/*Ziemons* § 43 GmbHG Rn. 172; MüKoGmbHG/*Fleischer* § 43 Rn. 121.

493 BGH NJW **2011** 88 (92); Henssler/Strohn/*Oetker* § 43 GmbHG Rn. 25; *Fleischer* NJW **2009** 2337.

494 LAG Düsseldorf Beschluss vom 20.1.2015 – 16 Sa 458/14, BeckRS **2015** 65416.; BeckOK GmbHG/*Pöschke* § 43 GmbHG Rn. 48; *Steffek* JuS **2010** 295 (298).

495 BeckOK GmbHG/*Pöschke* § 43 Rn. 229 ff.; *Grunewald* NZG **2013** 841 (841); *Fleischer* NZG **2014** 321 (322).

496 LAG Düsseldorf Beschluss vom 20.1.2015 – 16 Sa 458/14, BeckRS 2015 65416.; BeckOK GmbHG/*Pöschke* § 43 Rn. 53 f.

497 S. zu Compliance-Pflichten (des Vorstands einer AG) das weitreichende Urteil des LG München I vom 10.12.2013 – 5HK O 1387/10 NZG 2014 (345 ff.); vgl. auch BeckOK GmbHG/*Pöschke* § 43 Rn. 124.

498 Baumbach/Hueck/*Beurskens* § 43 GmbHG Rn. 11; Henssler/Strohn/*Oetker* § 43 GmbHG Rn. 27 m.w.N.

499 LG München I NZG **2014** 345 (346); *Grunewald* NZG **2013** 841 (842); MüKoGmbHG/*Fleischer* § 43 Rn. 146.

500 Noack/Servatius/Haas/*Beurskens* § 43 GmbHG Rn. 11; BeckOK GmbHG/*Pöschke* § 43 Rn. 123; MüKoGmbHG/*Fleischer* § 43 Rn. 147.

501 LG München I NZG **2014** 345 (346).

502 *Grunewald* NZG **2013** 841 (841 f.).; MüKoGmbHG/*Fleischer* § 43 Rn. 149.

503 *Grunewald* NZG **2013** 841 (842); BeckOK GmbHG/*Pöschke* § 43 Rn. 240 ff; MüKoGmbHG/*Fleischer* § 43 Rn. 150.

dd) Treuepflicht. Der Geschäftsführer ist zu einem loyalen Verhalten gegenüber der Gesellschaft verpflichtet.[504] Er hat seine Handlungen am Wohl der Gesellschaft auszurichten und darf nicht seinen eigenen Vorteil oder den eines Dritten verfolgen.[505] Der Geschäftsführer darf **Betriebs- und Geschäftsgeheimnisse** der Gesellschaft sowie sonstige vertrauliche Angaben nicht gegenüber Dritten offenbaren.[506] Diese Pflicht trifft den Geschäftsführer auch nach Beendigung seiner Organstellung.[507] 331

c) Pflichtverletzung. Geschäftsführer haften nur für die **eigene Verletzung** einer ihnen gegenüber der Gesellschaft obliegenden Pflicht.[508] Der Pflichtverstoß eines Dritten begründet ohne eigene Pflichtverletzung des Geschäftsführers keine Haftung nach § 43 Abs. 2 GmbHG. Verletzt der Geschäftsführer aber seine **Auswahl-, Anleitungs- oder Überwachungspflicht**, kann auch der Pflichtverstoß eines Dritten für eine Haftung des Geschäftsführers ursächlich sein.[509] 332

Keine Pflichtverletzung liegt grundsätzlich vor, wenn der Geschäftsführer auf Grundlage einer entsprechenden **Weisung** des zuständigen Organs (Gesellschafterversammlung, nach der Satzung aber möglicherweise auch ein Aufsichts- oder Beirat oder ein Gesellschafterausschuss) handelt.[510] Dies gilt allerdings nicht, wenn die Weisung – ohne förmlichen Gesellschafterbeschluss – lediglich von einer Mehrheit der Gesellschafter erteilt wurde.[511] Nichtige Weisungsbeschlüsse entlasten den Geschäftsführer nicht.[512] Anfechtbare Weisungsbeschlüsse entlasten den Geschäftsführer nach Eintritt der Unanfechtbarkeit.[513] Eine die Haftung des Geschäftsführers ausschließende Weisung ist jedoch ausgeschlossen, wenn die entsprechende Pflicht des Geschäftsführers nicht zur Disposition des Gesellschafters steht, so z.B. bei Pflichten zur Sicherung des Stammkapitals, bei der Pflicht zur Stellung des Insolvenzantrags, zur Abführung von Sozialversicherungsabgaben[514] und generell bei gesetzlichen Vorgaben, die der Disposition der Gesellschafter entzogen sind. 333

2. Verschulden

Es gilt der oben (siehe Rn. 322) dargestellt Sorgfaltsmaßstab des § 43 Abs. 1 GmbHG. Das Verschulden des Geschäftsführers wird **vermutet**.[515] 334

504 BeckOK GmbHG/*Pöschke* § 43 Rn. 138; MüKoGmbHG/*Fleischer* § 43 Rn. 153 f.; *Steffek* JuS **2010** 295 (298).

505 OLG Naumburg Urteil vom 23.1.2014 – 2 U 57/13, BeckRS **2014** 15053; OLG Koblenz Urteil vom 11.7.2013 – 6 U 1359/12, BeckRS **2013** 12224.; BeckOK GmbHG/*Pöschke* § 43 Rn. 139; MüKoGmbHG/*Fleischer* § 43 Rn. 161; *Hennrichs* NZG **2015** 41 (43).

506 OLG Hamm GmbHR **1985** 157; OLG Koblenz NJW-RR **1987** 809; BeckOK GmbHG/*Pöschke* § 43 Rn. 187.

507 BeckOK GmbHG/*Pöschke* § 43 Rn. 208; MüKoGmbHG/*Fleischer* § 43 Rn. 200.

508 Noack/Servatius/Haas/*Beurskens* § 43 GmbHG Rn. 48; BeckOK GmbHG/*Pöschke* § 43 Rn. 248 f.

509 Noack/Servatius/Haas/*Beurskens* § 43 GmbHG Rn. 48.

510 Noack/Servatius/Haas/*Beurskens* § 43 GmbHG Rn. 16; MüKoGmbHG/*Fleischer* § 43 Rn. 275 ff; Bork/Schäfer/*Klöhn* § 43 GmbHG Rn. 52 ff.

511 Noack/Servatius/Haas/*Beurskens* § 43 GmbHG Rn. 17; MüKoGmbHG/*Fleischer* § 43 Rn. 276.

512 MüKoGmbHG/*Fleischer* § 43 Rn. 278; Noack/Servatius/Haas/*Beurskens* § 43 GmbHG Rn. 18; BeckOK GmbHG/*Pöschke* § 43 Rn. 84.

513 BGH NJW **1974** 1088 (1089); MüKoGmbHG/*Fleischer* § 43 Rn. 278; Noack/Servatius/Haas/*Beurskens* § 43 GmbHG Rn. 19; Bork/Schäfer/*Klöhn* § 43 GmbHG Rn. 53.

514 BeckOK GmbHG/*Pöschke* § 43 Rn. 80.

515 BGH Urteil vom 4.11.2002 – II ZR 224/00, BGHZ 152 280 (284); MüKoGmbHG/*Fleischer* § 43 Rn. 272; Noack/Servatius/Haas/*Beurskens* § 43 GmbHG Rn. 81; BeckOK GmbHG/*Pöschke* § 43 Rn. 319.

3. Schaden und Kausalität

335 Ein Schaden liegt bei jeder **Minderung des geldwerten Gesellschaftsvermögens** vor.[516] Hierfür ist gemäß §§ 249 ff. BGB die tatsächliche Vermögenslage der Gesellschaft mit derjenigen zu vergleichen, die ohne das haftungsbegründende Ereignis bestehen würde.[517]

336 Die Pflichtverletzung muss **adäquat kausal** für den Schaden sein.[518] Dementsprechend kann der Geschäftsführer die Haftung abwenden, wenn er nachweisen kann, dass der Schaden auch bei pflichtgemäßem Alternativverhalten eingetreten wäre.[519] Dies gilt jedoch nicht bei Kollegialentscheidungen der Geschäftsführer.[520] Den einzelnen Geschäftsführer entlastet somit nicht, dass der schädigende Beschluss auch ohne seine Stimme zustande gekommen wäre.

4. Darlegungs- und Beweislast

337 Die Gesellschaft hat lediglich die Organstellung, das Verhalten des Geschäftsführers, das möglicherweise pflichtwidrig war, den Schaden und die Kausalität zwischen Pflichtwidrigkeit und Schaden darzulegen und zu beweisen.[521] Möchte der Geschäftsführer seiner Haftung durch den Einwand sorgfaltsgemäßen Verhaltens oder fehlenden Verschuldens abwenden, trifft ihn hierfür analog § 93 Abs. 2 S. 2 AktG die **Beweislast**.[522]

338 Wenn ein Schaden typischerweise auf ein Pflichtverhalten schließen lässt (etwa ein Kassenfehlbestand, der auf pflichtwidrig unzureichende Überwachung schließen lässt[523]) oder wenn Umstände sowohl den Schaden als auch die Pflichtverletzung betreffen (sog. doppelrelevante Umstände, beispielsweise die Leistung an einen Dritten bei unklarer Verpflichtung der Gesellschaft[524]), braucht die Gesellschaft nicht die Pflichtverletzung, sondern **nur den Schaden** darzulegen und zu beweisen.[525] Dies gilt auch im Fall von Fehlkalkulationen.[526]

5. Haftungsausschlüsse und -einschränkungen, Verjährung

339 Die hohen Haftungsrisiken der Geschäftsführer lassen sich durch eine **D&O-Versicherung** sowie durch eine **Haftungsfreistellung**[527] durch Gesellschafter oder Dritte einschränken. Abgeschlossen wird eine D&O-Versicherung üblicherweise von der Gesellschaft (die dann Versicherungsnehmer ist) und nicht von dem Geschäftsführer selbst (dieser ist versicherte Person). Es handelt sich dann um eine Haftpflichtversicherung für fremde Rechnung nach §§ 100, 43 ff. VVG. Neben einer Freistellung oder D&O-Versicherung kann auch der Haftungsmaßstab des § 43 Abs. 1 GmbHG (in den oben unter Rn. 323 f. dargestellten Grenzen) herabgesetzt werden.

---

516 OLG Frankfurt a.M. Urteil vom 16.4.2008 – 1 U 136/05; BeckRS **2008** 12856; Noack/Servatius/Haas/*Beurskens* § 43 GmbHG Rn. 49; BeckOK GmbHG/*Pöschke* § 43 Rn. 307.

517 OLG Frankfurt a. M. NZG **2012** 145; MüKoGmbHG/*Fleischer* § 43 Rn. 263; Noack/Servatius/Haas/*Beurskens* § 43 GmbHG Rn. 49 f.; BeckOK GmbHG/*Pöschke* § 43 Rn. 308.

518 Noack/Servatius/Haas/*Beurskens* § 43 GmbHG Rn. 55; BeckOK GmbHG/*Pöschke* § 43 Rn. 301.

519 BGH Urteil vom 18.6.2013 – II ZR 86/11 BGH ZIP **2013** 1712; Henssler/Strohn/*Oetker* § 43 GmbHG Rn. 44 m.w.N.

520 Noack/Servatius/Haas/*Beurskens* § 43 GmbHG Rn. 55; MüKoGmbHG/*Fleischer* § 43 Rn. 249 ff.

521 BeckOK GmbHG/*Pöschke* § 43 Rn. 316 ff.; MüKoGmbHG/*Fleischer* § 43 Rn. 271.

522 BGH NJW **2003** 358; BGH DStR **2008** 2026 (2027); BeckOK GmbHG/*Pöschke* § 43 Rn. 319; Henssler/Strohn/*Oetker* § 43 GmbHG Rn. 62; MüKoGmbHG/*Fleischer* § 43 Rn. 272; Wicke/*Wicke* § 43 GmbHG Rn. 9.

523 BeckOK GmbHG/*Pöschke* § 43 Rn. 318.3; Noack/Servatius/Haas/*Beurskens* § 43 GmbHG Rn. 77.

524 BeckOK GmbHG/*Pöschke* § 43 Rn. 318.4; Noack/Servatius/Haas/*Zöllner/Noack* § 43 GmbHG Rn. 77.

525 BeckOK GmbHG/*Pöschke* § 43 Rn. 318.3 ff.; Noack/Servatius/Haas/*Zöllner/Noack* § 43 GmbHG Rn. 77.

526 BGH DStR **2008** 2026; BeckOK GmbHG/*Pöschke* § 43 Rn. 318.5; Noack/Servatius/Haas/*Beurskens* § 43 GmbHG Rn. 77.

527 MüKoGmbHG/*Fleischer* § 43 Rn. 387; zur Enthaftung und Versicherung vgl. BeckOK GmbHG/*Pöschke* § 43 Rn. 375a ff.

Gem. § 43 Abs. 4 GmbHG verjähren die Ersatzansprüche der Gesellschaft aus § 43 Abs. 2, Abs. 3 GmbHG **fünf Jahre nach Entstehung des Anspruchs**. Da die Ansprüche aus § 43 Abs. 2, Abs. 3 GmbHG nicht der regelmäßigen Verjährung nach § 195 BGB unterliegen, richtet sich der Verjährungsbeginn nach § 200 BGB.[528] Danach ist die Entstehung des Anspruchs für den Verjährungsbeginn maßgeblich. Auf eine Kenntnis der Gesellschaft oder der Gesellschafter von den anspruchsbegründenden Tatsachen kommt es für den Verjährungsbeginn nicht an.[529] Die Frist kann durch Anstellungsvertrag oder Satzung auf bis zu 30 Jahre verlängert werden.[530] Bestehen daneben Ansprüche der Gesellschaft wegen Verletzung einer Pflicht aus dem Anstellungsverhältnis, verjähren auch diese Ansprüche analog § 43 Abs. 4 GmbHG nach fünf Jahren.[531] 340

Eine **Unterbrechung der Verjährung** (Hemmung und Neubeginn) richtet sich nach §§ 203 ff. BGB. Demnach ist allein ein Anspruchsschreiben an den Geschäftsführer zur Unterbrechung der Verjährung nicht ausreichend. Vielmehr muss eine Maßnahme aus dem Katalog des § 204 Abs. 1 BGB ergriffen werden (insbesondere kann dies der Erlass eines Mahnbescheids oder die Klageerhebung sein). Die Wirkungen des § 204 BGB treten auch dann ein, wenn der gemäß § 46 Nr. 8 GmbHG erforderliche Gesellschafterbeschluss noch nicht vorliegt.[532] 341

Gemäß § 52a KWG verjähren Ansprüche von **Kreditinstituten** (auch in der Rechtsform der GmbH) gegen deren Geschäftsleiter in 10 Jahren.[533] 342

6. Voraussetzungen der Geltendmachung

Zur Geltendmachung der Ansprüche aus § 43 Abs. 2 und Abs. 3 GmbHG bedarf es gem. § 46 Nr. 8 GmbHG eines **Gesellschafterbeschlusses**. Dies gilt auch für Ersatzansprüche gegen ehemalige Geschäftsführer.[534] Eine Klage der Gesellschaft gegen den Geschäftsführer ist nur begründet, wenn der Gesellschafterbeschluss vorliegt. Dieser kann bis zum Ende der mündlichen Verhandlung nachgeholt werden.[535] 343

Entlasten die Gesellschafter den Geschäftsführer gemäß § 46 Nr. 5 GmbHG, so führt dies zum Verlust der Ansprüche der Gesellschaft gegen den entlasteten Geschäftsführer (sog. **Präklusion**).[536] Voraussetzung hierfür ist, dass die entsprechenden Ansprüche für die Gesellschafterversammlung bei sorgfältiger Prüfung aller Vorlagen und Berichte erkennbar waren, oder dass alle Gesellschafter von den Ansprüchen privat Kenntnis hatten.[537] 344

Die Geltendmachung eines Anspruchs gegen einen Geschäftsführer obliegt der **Entscheidung der Gesellschafter**.[538] Aus dem Umkehrschluss aus § 43 Abs. 3 S. 2 GmbHG in Verbindung mit § 9b Abs. 1 GmbHG (nach dem ein Verzicht auf oder Vergleich über Ansprüche der Gesellschaft aus § 43 Abs. 3 S. 1 GmbHG unwirksam sind[539]) ergibt sich, dass die Gesellschaft grundsätzlich auf einen Anspruch gegen den Geschäftsführer aus § 43 Abs. 2 GmbHG verzichten kann.[540] 345

---

528 Noack/Servatius/Haas/*Beurskens* § 43 GmbHG Rn. 101 ff.; MüKoGmbHG/*Fleischer* § 43 Rn. 330.

529 BGH NZG **2008** 908 (910); BGH DStR **2005** 659; BeckOK GmbHG/*Pöschke* § 43 Rn. 364.

530 MüKoGmbHG/*Fleischer* § 43 Rn. 332; BeckOK GmbHG/*Pöschke* § 43 Rn. 357.

531 BGH NJW-RR **1989** 1255 f.; Henssler/Strohn/*Oetker* § 43 GmbHG Rn. 76.

532 MüKoGmbHG/*Fleischer* § 43 Rn. 333; Noack/Servatius/Haas/*Beurskens* § 43 GmbHG Rn. 108; s. auch u. H. II. 6 zum Erfordernis eines Gesellschafterbeschlusses.

533 *Isenbart/Hofmann* Versicherungspraxis **2011** 26; *Harbarth/Jaspers* NZG **2011** 368 (371, 374); MüKoGmbHG/*Fleischer* § 43 Rn. 330a.

534 BeckOK GmbHG/*Schindler* § 46 Rn. 95.

535 BGH NZG **1999** 722 (722).

536 BGH NJW **1986** 129 (130); OLG München Urteil vom 18.7.1991 – 24 U 880/90, NJW-RR **1993** 1507 (1508).

537 BGH NJW **1986** 129 (130); OLG München Urteil vom 18.7.1991 – 24 U 880/90, NJW-RR **1993** 1507 (1508).

538 Zum Erfordernis eines Gesellschafterbeschlusses s.o. Rn. 343.

539 S. hierzu u. H. II. 7 c.

540 Noack/Servatius/Haas/*Beurskens* § 43 GmbHG Rn. 66 ff.; BeckOK GmbHG/*Pöschke* § 43 Rn. 351; MüKoGmbHG/*Fleischer* § 43 Rn. 281.

7. Haftung des Geschäftsführers nach § 43 Abs. 3 GmbHG

346 **a) Tatbestand.** § 43 Abs. 3 S. 1 GmbHG stellt einen **speziellen Schadensersatzanspruch** dar,[541] der gegenüber § 43 Abs. 2 GmbHG einen erleichterten Schadensnachweis sowie eingeschränkte Verzichts- und Vergleichsbefugnisse der Gesellschaft enthält.

347 **aa) Verstoß gegen §§ 30, 33 GmbHG.** Der Tatbestand des § 43 Abs. 3 S. 1 GmbHG ist einschlägig, wenn die Gesellschaft entgegen § 30 GmbHG Zahlungen aus dem zur Erhaltung des Stammkapitals erforderlichen Vermögen erbringt oder wenn die Gesellschaft entgegen § 33 GmbHG eigene Geschäftsanteile erwirbt.

348 Ein Verstoß gegen das Zahlungsverbot des § 30 Abs. 1 GmbHG liegt **nicht nur bei einem eigenhändigen Verstoß** des Geschäftsführers vor, sondern auch bei einer unzureichenden Überwachung von Mitgeschäftsführern oder anderen Vertretern wie vor allem Prokuristen.[542] Über den Wortlaut des § 30 GmbHG hinaus liegt ein Verstoß auch dann vor, wenn eine Zahlung aus der gesetzlichen Rücklage im Sinne des § 5a Abs. 3 GmbHG erfolgt.[543] Eine Zahlung aus dem Stammkapital kann gemäß § 30 Abs. 1 S. 2 GmbHG möglich sein, wenn eine entsprechende Ausnahme einschlägig ist. Bei der Beurteilung, ob eine solche Ausnahme vorliegt, hat der Geschäftsführer einen Spielraum, er muss die Voraussetzungen aber sorgfältig prüfen.[544]

349 Ein Verstoß gegen § 33 GmbHG kann sich aus **dreierlei Verboten** ergeben: der Erwerb nicht voll eingezahlter Geschäftsanteile, der Erwerb von Geschäftsanteilen zulasten des Stammkapitals und der Erwerb von Geschäftsanteilen, wenn die erforderliche Bildung von Rücklagen nach § 272 Abs. 4 HGB aus freien Mitteln nicht möglich ist.[545] Der Schaden besteht dann grundsätzlich in dem unzulässig gezahlten Erwerbspreis.[546]

350 **bb) Verschulden.** Der Verschuldensmaßstab ergibt sich aus § 43 Abs. 1 GmbHG.[547] Das Verschulden wird wie im Rahmen von § 43 Abs. 3 GmbHG **vermutet**.[548]

351 **b) Rechtsfolge: Schadensersatz.** Die Haftung nach § 43 Abs. 3 GmbHG setzt keine gesonderte Schadensfeststellung bei der Gesellschaft nach der **Differenzhypothese** gemäß §§ 249 ff. BGB voraus.[549] Der Umfang der Ersatzpflicht erstreckt sich auf die nach §§ 30, 33 GmbHG unzulässig gezahlten Beträge.[550]

352 **c) Eingeschränkte Verzichts- und Vergleichsmöglichkeiten im Vergleich zu § 43 Abs. 2 GmbHG.** Für die Gesellschaft gilt ein **Verzichts- und Vergleichsverbot** bezüglich der Ansprüche aus § 43 Abs. 3 GmbHG, soweit die Geltendmachung der Ansprüche notwendig ist, um die Gesell-

---

541 BGH NJW **2009** 68 (70); BeckOK GmbHG/*Pöschke* § 43 Rn. 327 f; MüKoGmbHG/*Fleischer* § 43 Rn. 285.
542 BGHZ 148 167 (170 f.); BGH NJW **2004** 1111 (1112).
543 Noack/Servatius/Haas/*Beurskens* § 43 Rn. 86.
544 Noack/Servatius/Haas/*Beurskens* § 43 Rn. 87.
545 Noack/Servatius/Haas/*Beurskens* § 43 Rn. 94.
546 Henssler/Strohn/*Oetker* GesR § 43 GmbHG Rn. 71.
547 BGH NJW **2003** 3629 (3632); Henssler/Strohn/*Oetker* § 43 GmbHG Rn. 65.
548 BGH NJW **2009** 68 (70); MüKoGmbHG/*Fleischer* § 43 Rn. 292; BeckOK GmbHG/*Pöschke* § 43 Rn. 339.
549 BGH NJW **2009** 68 (70); Henssler/Strohn/*Oetker* § 43 GmbHG Rn. 65; MüKoGmbHG/*Fleischer* § 43 Rn. 293.
550 BGH NJW **2009** 68 (68); Henssler/Strohn/*Oetker* § 43 GmbHG Rn. 71; MüKoGmbHG/*Fleischer* § 43 Rn. 293 f.; Wicke/*Wicke* § 43 GmbHG Rn. 13.

schaftsgläubiger zu befriedigen.[551] Der Geschäftsführer haftet gem. § 43 Abs. 3 S. 3 GmbHG selbst dann, wenn er den Verstoß gegen §§ 30, 33 GmbHG aufgrund einer entsprechenden Gesellschafterweisung begangen hat.

d) Darlegungs- und Beweislast. Die Gesellschaft hat die Organstellung des Geschäftsführers sowie dessen Verhalten (d.h. die Zahlungen entgegen § 30 GmbHG und der Erwerb eigener Anteile entgegen § 33 GmbHG) darzulegen und zu beweisen.[552] Da bereits die Darlegung des Verhaltens des Geschäftsführers jedoch mit Schwierigkeiten verbunden sein kann (beispielsweise, wenn keine geordneten Geschäftsaufzeichnungen vorhanden sind[553]), trifft den Geschäftsführer diesbezüglich eine **sekundäre Darlegungs- und Beweislast**.[554] Der Gesellschaft wird die Geltendmachung des Anspruchs aus § 43 Abs. 3 S. 1 GmbHG weiterhin dadurch erleichtert, dass eine Entstehung des Schadens in Höhe der abgeflossenen Mittel[555] sowie das Verschulden[556] vermutet werden. Der Geschäftsführer ist darlegungs- und beweisbelastet für das Nichtbestehen der Pflichtverletzung, für ein fehlendes Verschulden und einen fehlenden Pflichtwidrigkeitszusammenhang.[557] 353

III. Außenhaftung

§ 43 GmbHG gilt allein im Verhältnis zwischen der Gesellschaft und den Geschäftsführern. Die Gesellschafter können keine Ansprüche aus § 43 Abs. 2, Abs. 3 GmbHG gegen die Geschäftsführer herleiten.[558] Eine **Haftung des Geschäftsführers gegenüber Gesellschaftern** kann sich jedoch aus anderen Normen (beispielsweise § 31 Abs. 6 GmbHG in Verbindung mit § 31 Abs. 3 GmbHG) ergeben. Ebenso wenig können Dritte Ansprüche gegen die Geschäftsführer direkt aus § 43 Abs. 2, Abs. 3 GmbHG oder in Verbindung mit § 823 Abs. 2 BGB herleiten.[559] Verletzt der Geschäftsführer eine Organpflicht, haben Dritte nur gegen die Gesellschaft einen Anspruch (die sich das Verhalten des Geschäftsführers gemäß § 31 BGB zurechnen lassen muss). 354

Ansprüche Dritter gegen den Geschäftsführer selbst können sich aus Vertrag ergeben, beispielsweise aus einem Garantieversprechen, aus Vertragsverhandlungen (§ 311 Abs. 3 BGB i.V.m. § 280 Abs. 1 BGB), aus den Grundsätzen der Rechtsscheinhaftung[560] sowie aus Delikt (§ 823 Abs. 1 BGB, § 823 Abs. 2 BGB i.V.m. einem Schutzgesetz und § 826 BGB).[561] 355

I. Kommanditgesellschaft

Die **GmbH & Co. KG** ist eine Kommanditgesellschaft (§§ 161 ff. HGB), deren persönlich haftender Gesellschafter eine GmbH ist (sog. **Komplementär-GmbH**). Innerhalb der Komplementär-GmbH erfolgt die Organhaftung wie in jeder anderen GmbH. Da die Komplementär-GmbH die Geschäfte 356

---

551 MüKoGmbHG/*Fleischer* § 43 Rn. 295 auch zu den engen Ausnahmen etwa bei Zahlungsunfähigkeit des Geschäftsführers; Wicke/*Wicke* § 43 GmbHG Rn. 16.

552 OLG Koblenz Urteil vom 23.12.2014 – 3 U 1544/13 LSK 2015, 040734; Noack/Servatius/Haas/*Beurskens* § 43 GmbHG Rn. 89.

553 BGH NZG **2003** 393 (394).

554 BGH NZG **2006** 429 (430); Wicke/*Wicke* § 43 GmbHG Rn. 12; MüKoGmbHG/*Fleischer* § 43 Rn. 288.

555 BGH NZG **2008** 908 (910); MüKoGmbHG/*Fleischer* § 43 Rn. 293.

556 BGH NZG **2008** 908 (910); MüKoGmbHG/*Fleischer* § 43 Rn. 292; BeckOK GmbHG/*Pöschke* § 43 Rn. 339.

557 OLG Brandenburg Urteil vom 17.7.2013 – 7 U 58/11 BeckRS **2013** 14631; LG Wiesbaden, Urteil vom 3.5.2013 – 1 O 229/12 BeckRS **2013** 09090; OLG Koblenz NJW-RR **2000** 483 (483); *Steffek* JuS **2010** 295 (299).

558 Henssler/Strohn/*Oetker* § 43 GmbHG Rn. 81; MüKoGmbHG/*Fleischer* § 43 Rn. 339.

559 Henssler/Strohn/*Oetker* § 43 GmbHG Rn. 1 m.w.N.; MüKoGmbHG/*Fleischer* § 43 Rn. 339 f.

560 BGH NJW **2007** 1529 (1530).

561 MüKoGmbHG/*Fleischer* § 43 Rn. 341 ff.; BeckOK GmbHG/*Pöschke* § 43 Rn. 412 ff.

der Kommanditgesellschaft führt (§ 164 HGB), kann der Geschäftsführer jedoch nicht nur gegenüber der eigenen GmbH, sondern auch gegenüber der Kommanditgesellschaft haften.

I. Innenhaftung des Geschäftsführers gegenüber der Komplementär-GmbH

357 Die Haftung des Geschäftsführers gegenüber der Komplementär-GmbH erfolgt wie in jeder anderen GmbH auch. Insofern kann auf die obigen Ausführungen verwiesen werden (siehe Rn. 318 ff.).

358 Gemäß § 164 HGB führt die Komplementär-GmbH aber nicht nur ihre eigenen Geschäfte, sondern auch diejenigen der Kommanditgesellschaft. Insofern ist der Geschäftsführer der Komplementär-GmbH gegenüber dieser auch zur ordnungsgemäßen Leitung der Kommanditgesellschaft verpflichtet.[562] Verletzt der Geschäftsführer die Pflicht zur ordnungsgemäßen Leitung der Kommanditgesellschaft, haftet er daher der Komplementär-GmbH für den hierdurch entstandenen Schaden.[563]

II. Haftung des Geschäftsführers gegenüber der KG

359 Da der Geschäftsführer der Komplementär-GmbH (auch) zur ordnungsgemäßen Leitung der Kommanditgesellschaft verpflichtet ist, liegt es nahe, den Pflichten des Geschäftsführers gegenüber der Komplementär-GmbH ebenfalls Wirkung für die Kommanditgesellschaft beizumessen und dieser so zu einem **eigenen Schadensersatzanspruch** gegen den Geschäftsführer ihrer Komplementär-GmbH zu verhelfen.[564]

360 Eine entsprechende Erweiterung der Pflichten des Geschäftsführers gegenüber der Kommanditgesellschaft wird größtenteils auf die drittschützende Wirkung der **Organstellung** gestützt.[565] Auf das Bestehen eines wirksamen **Anstellungsvertrages** des GmbH-Geschäftsführers mit der Komplementär-GmbH kommt es entgegen der früheren BGH-Rechtsprechung nicht mehr an.[566] Dies hat den Vorteil, dass die Haftung des Geschäftsführers für seine organschaftliche Tätigkeit gegenüber der KG nicht von dem Bestehen eines wirksamen Anstellungsvertrags abhängt.

361 Nach h.M. ist Voraussetzung für die Haftung des Geschäftsführers gegenüber der KG, dass die alleinige (oder zumindest wesentliche) Aufgabe der Komplementär-GmbH darin besteht, die Geschäfte der Kommanditgesellschaft zu führen.[567] Aus der Verletzung der Leitungspflichten durch den Geschäftsführer der Komplementär-GmbH folgt dann ein eigener Anspruch der Kommanditgesellschaft aus § 43 Abs. 2 GmbHG.

---

562 MüKoGmbHG/*Fleischer* § 43 Rn. 422.

563 Altmeppen GmbHG § 43 Rn. 97.

564 Altmeppen GmbHG § 43 Rn. 97; BGHZ 75, 321 (322 ff.), NJW **1980** 589; BGHZ 76, 326 (327 f.), NJW **1980** 1524; BGH ZIP **2002** 984 (985); BGHZ 197, 304, NJW **2013** 3636.

565 MüKoGmbHG/*Fleischer* § 43 Rn. 422; Habersack/Casper/Löbbe/*Paefgen* GmbHG § 43 Rn. 304; BGH Urt. v. 18.6.2013 – II ZR 86/11, NZG **2013** 1021; BGH Urt. v. 22.9.2020 – II ZR 141/19, NZG **2020** 1346 Rn. 19.

566 MüKoGmbHG/*Fleischer* § 43 Rn. 422; BGH Urt. v. 12.11.1979, BGHZ 75, 321 (322 ff.), NJW **1980,** 589.

567 MüKoGmbHG/*Fleischer* § 43 Rn. 423; Altmeppen GmbHG § 43 Rn. 97; Habersack/Casper/Löbbe/*Paefgen* GmbHG § 43 Rn. 304.

Bedingungstext GDV-Musterbedingungen D&O (Stand: Mai 2020)

Teil A **D&O-Versicherung**

A-1 Versicherungsschutz, versicherte Personen, Vermögensschäden

[1]Der Versicherer gewährt Versicherungsschutz für den Fall, dass ein gegenwärtiges oder ehemaliges Mitglied des Aufsichtsrates, des Vorstandes oder der Geschäftsführung des Versicherungsnehmers oder einer Tochtergesellschaft (versicherte Personen) wegen einer bei Ausübung dieser Tätigkeit begangenen Pflichtverletzung aufgrund gesetzlicher Haftpflichtbestimmungen für einen Vermögensschaden auf Schadenersatz in Anspruch genommen wird.
[2]Vermögensschäden sind solche Schäden, die weder Personenschäden (Tötung, Verletzung des Körpers oder Schädigung der Gesundheit von Menschen) noch Sachschäden (Beschädigung, Verderben, Vernichtung oder Abhandenkommen von Sachen) sind noch sich aus solchen Schäden herleiten. Als Sachen gelten auch Geld und geldwerte Zeichen.

Schrifttum

Koch Auslegung des Tatbestandsmerkmals „Pflichtverletzung bei Ausübung der versicherten Tätigkeit" im Rahmen der D&O-Versicherung, ZIP 2018 301; *Mayer/Isenbart* D&O Versicherung bei Unternehmensverträgen – wer hat den Schaden? VersPrax 2013, 12.

Übersicht

A. **Allgemeines** — 1

B. **Inhalt der Klausel** — 2

I. Vertragsparteien — 3
1. Versicherungsnehmer — 4
2. Versicherer — 6

II. Versicherungsschutz — 8
1. Geschützter Personenkreis — 9
2. Sachlicher Umfang des Versicherungsschutzes — 14
a) In Ausübung der Tätigkeit begangene Pflichtverletzung — 15
b) Inanspruchnahme — 18
c) Gesetzliche Haftpflichtbestimmungen — 19
d) Vermögensschaden — 27

C. **Abweichende Marktbedingungen** — 29

I. Versicherter Personenkreis — 30
1. Beschränkte Arbeitnehmerhaftung — 31
2. Outside Directorship — 33

A. Allgemeines

Die D&O-Versicherung ist eine Haftpflichtversicherung im Sinne des § 100 VVG. Die Leistungspflicht des Versicherers besteht grundsätzlich nicht in einer Zahlung auf den Schaden, sondern in der Abwehr und Freistellung von Haftpflichtansprüchen[1] für die versicherten Personen oder in bestimmten Fällen für die VN. 1

1 Bruck/Möller/*Armbrüster* VVG A-1 Rn. 1.

https://doi.org/10.1515/9783110675511-002

B. Inhalt der Klausel

2 Ziffer A-1 bestimmt den Versicherungsschutz der D&O-Versicherung. Aufgeführt sind z.B. die Vertragsparteien sowie der Kreis der versicherten Personen.

I. Vertragsparteien

3 Vertragsparteien des D&O-Versicherungsvertrages sind der VN und der VR.

1. Versicherungsnehmer

4 Versicherungsnehmer in der D&O-Versicherung sind überwiegend **Kapitalgesellschaften**. Diese können nach deutschem oder dem Recht eines anderen Staates gegründet worden sein.[2] Auch eine UG als Sonderform der GmbH kann Versicherungsnehmerin einer D&O-Versicherung sein.[3] Ebenso sind Vorgesellschaften umfasst. Daneben kommen alle weiteren juristischen Personen des Privatrechts in Betracht.[4]

5 Problematisch ist die Versicherbarkeit von **Personengesellschaften**. Dies liegt darin begründet, dass die Gesellschafter aufgrund der Selbstorganschaft von Personengesellschaften einen erheblichen Einfluss in den Vertretungsorganen haben und somit eine Eigenversicherung der Gesellschaft vorliegen würde, was zu Interessenkonflikten führen könnte.[5] Eine Ausnahme bildet die GmbH & Co. KG. Hier kommt die KG als Versicherungsnehmerin in Betracht, während der Versicherungsschutz sich in diesem Fall auf den Geschäftsführer der geschäftsführenden GmbH bezieht.[6]

2. Versicherer

6 Grundsätzlich ergeben sich hinsichtlich des Versicherers keine Besonderheiten in der D&O-Versicherung. In der Praxis werden Großrisiken oftmals durch ein Konsortium aus mehreren Versicherern gedeckt.[7] Hier kann zwischen **offener Mitversicherung** und **Exzedentenversicherung** (sog. Layer-Deckung) unterschieden werden. Bei der offenen Mitversicherung wird das zu versichernde Risiko horizontal auf mehrere Versicherer verteilt, sodass jeder Mitversicherer einen Teil des versicherten Risikos übernimmt.[8] Obwohl der Versicherungsnehmer im Rahmen dieses Deckungsmodells mit jedem Mitversicherer einen eigenen Vertrag über den jeweils versicherten Teil abschließt, existiert in der Praxis meist ein gebündelter Mitversicherungsvertrag, der die einzelnen Vereinbarungen einheitlich meist durch eine Führungsklausel zusammenfasst.[9]

7 Die Layer-Deckung ist so konzipiert, dass mehrere Versicherungsverträge vorliegen, die so gestaltet sind, dass die einzelnen Mitversicherer nacheinander und nicht nebeneinander haften.[10]

---

2 Z.B. auch Europäische Aktiengesellschaften (SE), Bruck/Möller/*Armbrüster* VVG A-1 Rn. 6; Seitz/Finkel/Klimke/*Finkel/Seitz* Ziff. 1 Rn. 16: „ausländische Pendants" zur deutschen AG und GmbH wie die Ltd. nach englischem Recht.

3 GDV-Erl. zu Ziff. A-1.

4 Bruck/Möller/*Armbrüster* VVG A-1 Rn. 6; Seitz/Finkel/Klimke/*Finkel/Seitz* Ziff. 1 Rn. 13.

5 Beckmann/Matusche-Beckmann/*Beckmann* § 28 Rn. 50; Bruck/Möller/*Armbrüster* VVG A-1 Rn. 10; Prölss/Martin/*Voit* AVB D&O Abs. A-1 Rn. 8.

6 Beckmann/Matusche-Beckmann/*Beckmann* § 28 Rn. 58; Bruck/Möller/*Armbrüster* VVG A-1 Rn. 11.

7 Prölss/Martin/*Voit* AVB D&O Abs. A_1 A-1 Rn. 9; Beckmann/Matusche-Beckmann/*Beckmann* § 28 Rn. 143b; Bruck/Möller/*Armbrüster* VVG A-1 Rn. 3; Bruck/Möller/*Schnepp* Anh. § 216 Rn. 6.

8 *Herdter* VersicherungsPraxis 10/**2012** 201.

9 Ebenda.

10 Ebenda.

Ist die Deckungssumme des Grundversicherungsvertrags erschöpft, tritt die Haftung des nachfolgenden Exzedentenversicherers ein. Ist dessen Deckungssumme erschöpft, greift die Haftung des zweiten Exzedentenversicherers und so weiter.[11] Innerhalb der einzelnen Layer können wiederum mehrere Mitversicherer horizontal nebeneinander stehen, dann liegt ein Fall der offenen Mitversicherung vor.[12] In der Regel wird bei der offenen Mitversicherung eine Führungsklausel vereinbart, was unter anderem dazu führen kann, dass der Versicherungsnehmer alle Willenserklärungen gegenüber dem führenden Versicherer abgeben muss und (gerichtlich) nur gegen den führenden Versicherer in Höhe von dessen Risikoanteils vorgehen kann.[13]

II. Versicherungsschutz

Die D&O-Versicherung dient zum einen der Absicherung des Haftungsrisikos der versicherten Personen gegenüber Dritten (Außenhaftung) und zum anderen der Absicherung der Haftung gegenüber dem Unternehmen selbst (Innenhaftung).[14] Sie ist als Haftpflichtversicherung für fremde Rechnung ausgestaltet.[15] 8

1. Geschützter Personenkreis

Versicherte Personen sind die **Organmitglieder** der Gesellschaft. In Ziffer A-1 AVB D&O sind als versicherte Personen abschließend alle gegenwärtigen oder ehemaligen Mitglieder des Aufsichtsrates, des Vorstandes oder der Geschäftsführung des Versicherungsnehmers oder einer Tochtergesellschaft aufgezählt. Versichert sind üblicherweise sämtliche Organmitglieder, was die D&O-Versicherung zu einer Gruppenversicherung macht.[16] 9

Alternativ besteht die Möglichkeit, für einzelne Gruppen von Organmitgliedern, wie den Vorstand und den Aufsichtsrat, separate Gruppenpolicen mit ggf. anderen Risikoträgern abzuschließen (sog. Twin Tower-Modell).[17] Einzelne Organmitglieder können für sich zusätzlich eigene, private D&O-Versicherungen abschließen (private D&O-Versicherung, Individual-D&O-Versicherung, d.h. separate Deckungskonzepte für einzelne Organmitglieder).[18] 10

Nicht nur die Organmitglieder des Versicherungsnehmers sondern auch die Organmitglieder seiner Tochtergesellschaften sind vom Versicherungsschutz umfasst, soweit diese nach Ziffer A-4 AVB D&O miteinbezogen sind. Hierfür ist entscheidend, dass die Tochtergesellschaften ihren Sitz in einem Mitgliedstaat der EU haben.[19] 11

Leitende Angestellte, die zwar Leitungsaufgaben wahrnehmen, aber nicht Mitglied eines Leitungsorgans sind (wie etwa Prokuristen und Generalbevollmächtigte), sind nach den Musterbedingungen nicht vom Versicherungsschutz umfasst.[20] Eine Einbeziehung kann allerdings abweichend von den AVB vereinbart werden.[21] In der Praxis ist die Einbeziehung leitender Angestellter generell Bestandteil der AVB.[22] 12

---

11 Ebenda.
12 Ebenda.
13 Bruck/Möller/*Armbrüster* VVG A-1 Rn. 3; *Herdter* VersicherungsPraxis 10/**2012** 201; Prölss/Martin/*Voit* AVB D&O Abs. A-1 Rn. 9.
14 Prölss/Martin/*Voit* AVB D&O Abs. A-1 Rn. 1.
15 Beckmann/Matusche-Beckmann/*Beckmann* § 28 Rn. 48; Bruck/Möller/*Armbrüster* VVG Einf. AVB Rn. 86.
16 Bruck/Möller/*Armbrüster* VVG A-1 Rn. 15.
17 *Armbrüster* NJW **2016** 897, 899.
18 *Armbrüster* NJW **2016** 897, 898f Prölss/Martin/*Voit* AVB D&O Abs. A-1 Rn. 9.
19 Vgl. unter A-4.
20 Beckmann/Matusche-Beckmann/*Beckmann* § 28 Rn. 59; Prölss/Martin/*Voit* AVB D&O Abs. A-1 Rn. 12.
21 Bruck/Möller/*Armbrüster* VVG A-1 Rn. 32; Prölss/Martin/*Voit* AVB D&O Abs. A-1 Rn. 12.
22 Beckmann/Matusche-Beckmann/*Beckmann* § 28 Rn. 59.

13 Der Wortlaut von Ziffer A-1 Abs. 1 AVB D&O benennt ausdrücklich auch ehemalige Mitglieder der Organe. Hierfür genügt es, dass die versicherte Person *im Zeitpunkt der Pflichtverletzung Organmitglied* war.[23] Da der Kreis der versicherten Personen abstrakt umschrieben ist und nicht etwa jede versicherte Person einzeln namentlich genannt ist, sind auch Organmitglieder versichert, die nach Abschluss des Versicherungsvertrages erst zum Organmitglied werden.[24]

2. Sachlicher Umfang des Versicherungsschutzes

14 Der Versicherungsschutz der D&O-Versicherung erstreckt sich auf die Inanspruchnahme für Vermögensschäden aufgrund gesetzlicher Haftpflichtbestimmungen, soweit die versicherte Person bei der Ausübung ihrer Tätigkeit als Organmitglied eine Pflichtverletzung begangen hat.

15 **a) In Ausübung der Tätigkeit begangene Pflichtverletzung.** Versicherungsschutz im Rahmen der D&O-Versicherung besteht nur, soweit die versicherte Person die Pflichtverletzung *bei Ausübung der organschaftlichen Tätigkeit* begangen hat.[25] Hierfür muss ein innerer Zusammenhang mit der Tätigkeit als Organmitglied bestehen.[26] Ein solcher fehlt, wenn die Handlung ganz oder überwiegend im eigenen Interesse des Organmitglieds und nicht im Interesse der Gesellschaft vorgenommen wird.[27]

16 Für die Einordnung, ob das Organmitglied in Ausübung seiner Tätigkeit als solches gehandelt hat, ist der ihm zugewiesene Aufgabenbereich (Ressort) von Bedeutung.[28] Diese Aufgaben werden dem Mitglied beispielsweise durch Gesetz, Satzung, Geschäftsordnung oder Gesellschaftervertrag zugewiesen.[29]

17 Ist ein versichertes Organmitglied gleichzeitig Gesellschafter (z.B. Alleingesellschafter-Geschäftsführer einer GmbH), erfolgt seine Tätigkeit als Gesellschafter nicht in Ausübung der Organtätigkeit, weshalb für Ansprüche, welche aus einer Gesellschaftertätigkeit hergeleitet werden, keine Deckung besteht.[30] Für Gesellschafter einer führungslosen GmbH, gegen die ein Schadenersatzanspruch wegen Verletzung ihrer Pflicht gemäß § 15a InsO geltend gemacht wird, wird teilweise in Maklerwordings Deckung gewährt.[31]

18 **b) Inanspruchnahme.** Der Versicherungsfall in der D&O-Versicherung tritt nicht durch die Pflichtverletzung, den Verstoß oder den Eintritt eines Schadenereignisses ein, sondern durch die Inanspruchnahme, was durch den Wortlaut der Ziffer A-1 Abs. 1 AVB D&O deutlich wird.[32]

19 **c) Gesetzliche Haftpflichtbestimmungen.** Gedeckt wird die Inanspruchnahme aufgrund **gesetzlicher Haftpflichtbestimmungen**. Diese Formulierung knüpft an Ziffer 1.1 AHB AVB D&O an, weshalb die zu den AHB AVB D&O entwickelten Regeln bei der Auslegung grundsätzlich herange-

---

23 Bruck/Möller/*Armbrüster* VVG A-1 Rn. 35.
24 Bruck/Möller/*Armbrüster* VVG A-1 Rn. 37.
25 Bruck/Möller/*Armbrüster* VVG A-1 Rn. 39; Prölss/Martin/*Voit* AVB D&O Abs. A-1 Rn. 18 f.
26 Bruck/Möller/*Armbrüster* VVG A-1 Rn. 39; Prölss/Martin/*Voit* AVB D&O Abs. A-1 Rn. 18a.
27 Prölss/Martin/*Voit* AVB D&O Abs. A-1 Rn. 18a.
28 Bruck/Möller/*Armbrüster* VVG A-1 Rn. 41.
29 Beckmann/Matusche-Beckmann/*Beckmann* § 28 Rn. 76; Bruck/Möller/*Armbrüster* VVG A-1 Rn. 41.
30 Beckmann/Matusche-Beckmann/*Beckmann* § 28 Rn. 77; Bruck/Möller/*Armbrüster* VVG A-1 Rn. 47; MAH/*Sieg* § 17 Rn. 80.
31 Vgl. bspw. D&O-Spezialkonzept FINLEX 2020 unter Ziff. 2.2 Nr. 10.
32 MAH-VersR/*Sieg* § 17 Rn. 57.

zogen werden können.[33] Der BGH hat im Rahmen der allgemeinen Haftpflicht gesetzliche Haftpflichtbestimmungen als Rechtsnormen, die an die Verwirklichung des Tatbestands eines unter Ziffer 1.1 AHB fallenden Schadenereignisses unabhängig von dem Willen der beteiligten Parteien Rechtsfolgen knüpfen, definiert.[34] Vertragliche Ansprüche sind demnach nicht Teil der Deckung, da diese weitestgehend vom Willen der Vertragsparteien abhängen.[35]

Vom Deckungsschutz umfasst sind mithin alle deliktischen, quasideliktischen und sonstigen 20
Ansprüche, die den Ausgleich eines Schadens gewähren.[36] Erfasst werden auch Schadenersatzansprüche wegen Verletzung vertraglicher Pflichten durch die versicherte Person.[37]

Anders als noch mit der vorherigen Formulierung der Klausel sind öffentlich-rechtliche Scha- 21
densersatzansprüche auch von der Deckung umfasst.[38]

Erfüllungsansprüche sind nicht vom Versicherungsschutz umfasst, da es sich hierbei nicht 22
um gesetzliche Haftpflichtbestimmungen handelt.[39] Schwieriger ist die Frage zu beantworten, ob Erfüllungssurrogate von der Deckung umfasst sind. Im Gegensatz zur allgemeinen Haftpflichtversicherung sind diese in der D&O-Versicherung nicht ausdrücklich vom Versicherungsschutz ausgeschlossen.[40] Gemeint sind hiermit diejenigen Ansprüche, die an die Stelle des Erfüllungsanspruchs selbst getreten sind.[41] Darunter fallen jedoch nicht die Tatbestände der Leistung an Erfüllungs statt (§ 364 Abs. 1 BGB), der Hinterlegung (§§ 372 ff. BGB), der Aufrechnung (§§ 387 ff. BGB) und des Erlasses (§ 397 Abs. 1 BGB).[42] Nach h.M. wäre der ausdrückliche Ausschluss in den AHB jedoch rein deklaratorisch.[43] Gegen eine Einbeziehung von Ansprüchen, die auf Erfüllungssurrogate gerichtet sind, spricht außerdem die Tatsache, dass das Bewirken einer vertraglich versprochenen Leistung keinen Schadenersatzanspruch darstellt.[44]

Da die Musterbedingungen keine Einschränkung bezüglich des Kreises derjenigen Personen 23
beinhalten, durch welche die versicherte Person in Anspruch genommen wird, sind sowohl die **Außenhaftung** gegenüber Dritten als auch die **Innenhaftung** gegenüber der Gesellschaft von der Deckung umfasst.[45] Die Innenhaftung umfasst insbesondere die gesellschaftsrechtliche Organhaftung.[46] Für den Geschäftsführer einer GmbH folgt dies aus § 43 Abs. 2 GmbHG, für den Vorstand einer AG aus § 93 Abs. 2 AktG, für den Vorstand einer Genossenschaft aus § 34 Abs. 2 GenG.[47] Für die Innenhaftung von Mitgliedern des Aufsichtsrates gelten als Rechtsgrundlage § 116 AktG, § 52 GmbHG und § 41 GenG.[48] Eine Innenhaftung kommt auch bei der Verletzung von Pflichten aus dem Anstellungsvertrag der versicherten Person in Betracht, soweit sie diese in Ausübung ihrer Tätigkeit als Organmitglied verletzt.[49] In diesem Zusammenhang kann der Tatbestand des

33 Bruck/Möller/*Armbrüster* VVG A-1 Rn. 50.

34 BGH 20.11.1970 NJW **1971** 429, 430; 8.12.1999 NJW **2000** 1194; 11.12.2002 NJW **2003** 826; Seitz/Finkel/Klimke/*Finkel/Seitz* Ziff. 1 Rn. 172.

35 Seitz/Finkel/Klimke/*Finkel/Seitz* Ziff. 1 Rn. 173.

36 Beckmann/Matusche-Beckmann/*Beckmann* § 28 Rn. 74; Bruck/Möller/*Armbrüster* VVG A-1 Rn. 55; Seitz/Finkel/Klimke/*Finkel/Seitz* Ziff. 1 Rn. 172.

37 Beckmann/Matusche-Beckmann/*Beckmann* § 28 Rn. 74.

38 Bruck/Möller/*Armbrüster* VVG A-1 Rn. 51; Prölss/Martin/*Voit* AVB D&O Abs. A-1 Rn. 17.

39 Beckmann/Matusche-Beckmann/*Beckmann* § 28 Rn. 75; Bruck/Möller/*Armbrüster* VVG A-1 Rn. 56; Seitz/Finkel/Klimke/*Finkel/Seitz* Ziff. 1 Rn. 174.

40 Beckmann/Matusche-Beckmann/*Beckmann* § 28 Rn. 75; Seitz/Finkel/Klimke/*Finkel/Seitz* Ziff. 1 Rn. 174.

41 Bruck/Möller/*Armbrüster* VVG A-1 Rn. 56.

42 Bruck/Möller/*Armbrüster* VVG A-1 Rn. 56.

43 Beckmann/Matusche-Beckmann/*Beckmann* § 28 Rn. 75; Seitz/Finkel/Klimke/*Finkel/Seitz* Ziff. 1 Rn. 174; Berliner Kommentar/*Baumann* § 149 VVG Rn. 57.

44 Beckmann/Matusche-Beckmann/*Beckmann* § 28 Rn. 75; Seitz/Finkel/Klimke/*Finkel/Seitz* Ziff. 1 Rn. 174.

45 Bruck/Möller/*Armbrüster* VVG A-1 Rn. 58.

46 Bruck/Möller/*Armbrüster* VVG A-1 Rn. 60; MAH/*Sieg* § 17 Rn. 9.

47 MAH/*Sieg* § 17 Rn. 9.

48 MAH/*Sieg* § 17 Rn. 9.

49 Bruck/Möller/*Armbrüster* VVG A-1 Rn. 61.

§ 280 Abs. 1 BGB als Haftungsgrundlage allerdings nur insoweit eine eigenständige Bedeutung erlangen, als die Pflichten aus dem Anstellungsvertrag weiter reichen als die nach der gesetzlichen Organhaftung.[50]

24 Grundlage für die Außenhaftung kann eine deliktische Haftung nach den §§ 823 ff. BGB sein.[51] Hier sind Schutzgesetze im Sinne des § 823 Abs. 2 BGB von Bedeutung, wobei vor allem § 15a InsO, §§ 34, 69 ff. AO und §§ 266, 266a StGB zu nennen sind.[52] Für die Haftung nach § 823 Abs. 2 BGB i.V.m. § 266a StGB besteht allerdings grundsätzlich nur Abwehrdeckung, da der Tatbestand des § 266a StGB Vorsatz voraussetzt und Ziffer A-7.1 AVB D&O einen Vorsatzausschluss normiert.[53] Auch ein Verschulden der versicherten Person bei Vertragsverhandlungen kann zur Außenhaftung führen, insbesondere nach den Regeln der culpa in contrahendo, §§ 280 Abs. 1, 311 Abs. 2, 241 Abs. 2 BGB.[54] Zudem kann sich eine Außenhaftung aus einer Pflichtverletzung aus § 311 Abs. 3 BGB ergeben, wenn die versicherte Person gegenüber einem Dritten ein besonderes Vertrauen für sich in Anspruch genommen hat.[55]

25 Organmitglieder einer AG können auch durch deren Aktionäre auf Schadensersatz in Anspruch genommen werden. Die Rechtsgrundlage für solche sog. Aktionärsklagen findet sich in § 823 Abs. 2 BGB, § 400 AktG und § 826 BGB, welche sehr strenge Voraussetzungen für eine solche Haftung festlegen.[56] Zudem dürfte hier wiederum nur von einer Abwehrdeckung auszugehen sein, da diese Tatbestände Vorsatz der versicherten Person voraussetzen.[57]

26 Nach der neueren Fassung der Musterbedingungen umfasst die Außenhaftung eines Organmitglieds auch Ansprüche Dritter nach ausländischem Recht vor ausländischen Gerichten, soweit diese Ansprüche innerhalb der EU nach dem innerhalb der EU geltenden Recht geltend gemacht werden (wegen Ziffer A-7.5 AVB D&O).[58]

27 **d) Vermögensschaden.** Der Versicherungsschutz erstreckt sich ausschließlich auf **Vermögensschäden**. Personen- und Sachschäden sind vom Versicherungsschutz ausgenommen. Auch Schäden, die sich aus Personen- oder Sachschäden herleiten (mittelbare Vermögensschäden) sind gemäß Ziffer A-1 Abs. 2 AVB D&O von der Deckung ausgeschlossen. Die Abgrenzung von reinen Vermögensschäden zu sog. mittelbaren Vermögensschäden kann im Einzelfall schwierig sein.[59] Als Abgrenzungskriterium dient die Frage, ob ein Personen- oder Sachschaden für den Eintritt des Vermögensschadens adäquat kausal war.[60]

28 Die Beschränkung des Versicherungsschutzes auf reine Vermögensschäden kann zu Deckungslücken führen.[61] Dieser Umstand führt allerdings nicht zur Unwirksamkeit der Klausel.[62]

C. Abweichende Marktbedingungen

29 Der Wortlaut der Ziffer A-1 findet sich in den meisten marktgängigen Maklerwordings nur mit erheblichen Änderungen/Weiterungen wieder.

---

50 Bruck/Möller/*Armbrüster* VVG A-1 Rn. 61.
51 MAH/*Sieg* § 17 Rn. 10.
52 Bruck/Möller/*Armbrüster* VVG A-1 Rn. 65, Rn. 72 f.; MAH/*Sieg* § 17 Rn. 10.
53 Bruck/Möller/*Armbrüster* VVG A-1 Rn. 72; nach unten auf Ziff. A 7 verweisen.
54 Bruck/Möller/*Armbrüster* VVG A-1 Rn. 63; Langheid/Wandt/*Ihlas* MüKo VVG Band 3, 320 D&O Rn. 199.
55 Bruck/Möller/*Armbrüster* VVG A-1 Rn. 64.
56 MAH/*Sieg* § 17 Rn. 11 m.w.N.
57 Bruck/Möller/*Armbrüster* VVG Anh. zu A-1 Rn. 77.
58 Bruck/Möller/*Armbrüster* VVG A-1 Rn. 74; MAH/*Sieg* § 17 Rn. 12.
59 Beckmann/Matusche-Beckmann/*Beckmann* § 28 Rn. 69; MAH/*Sieg* § 17 Rn. 90.
60 Beckmann/Matusche-Beckmann/*Beckmann* § 28 Rn. 67.
61 Bruck/Möller/*Armbrüster* VVG A-1 Rn. 77; Prölss/Martin/*Voit* AVB D&O Abs. A-1 Rn. 20.
62 Bruck/Möller/*Armbrüster* VVG A-1 Rn. 77; Prölss/Martin/*Voit* AVB D&O Abs. A-1 Rn. 20.

I. Versicherter Personenkreis

Die Einschränkung des Personenkreises nach Ziffer A-1 wird in den meisten Maklerbedingungen nicht verwendet. Sie zählen dagegen eine ganze Reihe von Personen auf, die unter der Police versichert sind. Erfasst werden bspw. Generalbevollmächtigte, Interimsmanager (Shadow Directors), Mitglieder von Beratungsorganen (z.B. Aufsichtsrat, Verwaltungsrat, Beirat, Gesellschafterausschuss oder Kuratorium), Stellvertreter der versicherten Personen, Prokuristen, leitende Angestellte und ständige Vertreter gemäß § 13e HGB, Leiter der Rechtsabteilung/General Counsel, mitbeklagte Arbeitnehmer, Compliance-Beauftragte, Mitglieder des Betriebsrats, Leiter von Haupt-, Gesellschafter- oder Mitgliederversammlung, Liquidatoren im Fall der freiwilligen Liquidation, Eigenverwalter in Organstellung im Rahmen der Eigenverwaltung nach der InsO und Familienmitglieder im Falle der Inanspruchnahme nach dem Tod der versicherten Person.[63] 30

1. Beschränkte Arbeitnehmerhaftung

Bei der Erweiterung des Kreises der versicherten Personen unter der D&O-Versicherung ist zu berücksichtigen, dass in Deutschland Leitende Angestellte als Arbeitnehmer gegenüber ihrem Arbeitgeber privilegiert haften. Die Haftung von Prokuristen und Leitenden Angestellten gegenüber dem Unternehmen bestimmt sich vertraglich u.a. nach §§ 280 ff. BGB in Verbindung mit dem Arbeitsvertrag sowie deliktisch nach §§ 823 ff. BGB. Verschuldensmaßstab für beide Anspruchsgrundlagen ist § 276 Abs. 1 BGB, wonach bereits einfache Fahrlässigkeit für das Verschulden ausreicht. Ein einfach fahrlässiges Handeln eines Prokuristen oder leitenden Angestellten könnte also zu einer hohen (ggf. existenzvernichtenden) Haftung des Prokuristen/leitenden Angestellten gegenüber dem Unternehmen führen. Um diese Konsequenz zu vermeiden, entwickelte das Bundesarbeitsgericht (BAG) für Arbeitnehmer in ständiger Rechtsprechung ein abgestuftes Haftungsregime nach unterschiedlichem Verschuldensgrad (sog. Arbeitnehmerprivilegierung bzw. innerbetrieblicher Schadensausgleich). 31

Im Wesentlichen unterscheidet das BAG[64] vier Verschuldensstufen, wobei sich das Verschulden stets auf die Pflichtverletzung und den Schadenseintritt bzw. die Rechtsgutverletzung – nicht aber auf den Schadenumfang – beziehen muss: 32

- Keine Haftung des Arbeitnehmers besteht, wenn der Arbeitnehmer mit leichter Fahrlässigkeit handelte.
- Eine Quotelung der Haftung nimmt das BAG an, wenn Arbeitnehmer mit mittlerer Fahrlässigkeit handeln. Bei höheren Schäden beschränken sich die Gerichte in der Regel der Höhe nach auf wenige Monatsgehälter des haftpflichtigen Arbeitnehmers.
- Eine Haftung in vollem Umfang nimmt das BAG grundsätzlich bei Handeln mit grober Fahrlässigkeit an. Teilweise tendieren die Gerichte bei hohen Schäden dazu, die Haftung der Höhe nach zu begrenzen (zum Beispiel auf zwölf Monatsgehälter).
- Eine Haftung ohne Einschränkung besteht bei vorsätzlichem Handeln des Arbeitnehmers.

2. Outside Directorship

In vielen Maklerwordings werden im Gegensatz zu Ziffer A-7.7 AVB D&O auch sog. Fremdmandate in den Deckungsschutz miteingeschlossen.[65] Hierunter versteht man Tätigkeiten in einem anderen 33

63 Vgl. D&O-Spezialkonzept FINLEX 2020 unter Ziff. 2.2.

64 S. nur BAG NJW **1959**, 1796; DB **88**, 1603.

65 Bruck/Möller/*Armbrüster* VVG A-1 Rn. 97; Seitz/Finkel/Klimke/*Finkel/Seitz* Ziff. 1 Rn. 196 f.; Mitterlechner/Wax/Witsch § 3 Rn. 24.

Unternehmen als dem VN oder einer seiner Tochtergesellschaften.[66] Wird die Tätigkeit in Leitungs- oder Aufsichtsorganen einer gemeinnützigen Organisation (Non Profit Outside Directorship Liability) eingeschlossen, fällt meistens keine höhere Prämie an.[67]

34 Für die Mitversicherung von Fremdmandaten in gewinnorientieren Gesellschaften (For Profit Outside Directorship Liability) bestehen dagegen in der Regel gewisse Einschränkungen.[68] Hier wird im Underwriting oft vorausgesetzt, dass eines der versicherten Unternehmen als Gesellschafter an dem Fremdunternehmen beteiligt ist.[69] Darüber hinaus sind die entsandten Personen und die von ihnen im Fremdunternehmen ausgeübten Funktionen im Versicherungsschein benannt und es werden Prämienzuschläge und besondere Risikohinweise verlangt.[70]

35 In den Maklerwordings werden die Fremdmandate teilweise danach differenziert, in welchem Staat das Fremdunternehmen seinen Sitz hat.[71] Beispielsweise können nur Tätigkeiten in Unternehmen mit Sitz in der Bundesrepublik Deutschland oder in der EU einbezogen sein.[72]

36 Ebenso kann es auch branchenbezogene Einschränkungen geben, dahingehend, dass Fremdmandate grundsätzlich miteingeschlossen sind, solange es keine Tätigkeit in einem Unternehmen umfasst, das eine bestimmten Branche angehört.[73] Nicht selten werden auch summenmäßige Entschädigungsgrenzen für Fremdmandate vereinbart.[74]

37 Teilweise wird nicht nur die Tätigkeit des bereits versicherten Personenkreises erweitert, sondern auch der versicherte Personenkreis selbst, indem die Klausel nicht voraussetzt, dass der Inhaber des Fremdmandats zum Kreis der bereits versicherten Personen gehört.[75]

38 Durch die Mitversicherung von Fremdmandaten erhält die versicherte Person hinsichtlich der Tätigkeit im Fremdunternehmen Deckungsschutz, auch wenn dieses nicht selbst zum Kreis der versicherten Gesellschaften gehört.[76] Zu betonen ist jedoch, dass lediglich die entsandte Person und nicht alle übrigen Organe des Fremdunternehmens Deckungsschutz genießen.[77]

---

66 Bruck/Möller/*Armbrüster* VVG A-1 Rn. 97.
67 Bruck/Möller/*Armbrüster* VVG A-1 Rn. 97.
68 *Lange* § 7 Rn. 48.
69 *Lange* § 7 Rn. 48; Seitz/Finkel/Klimke/*Finkel/Seitz* Ziff. 1 Rn. 197.
70 *Lange* § 7 Rn. 48; Seitz/Finkel/Klimke/*Finkel/Seitz* Ziff. 1 Rn. 197; Bruck/Möller/*Armbrüster* VVG A-1 Rn. 97.
71 *Lange* § 7 Rn. 46.
72 *Lange* § 7 Rn. 46.
73 *Lange* § 7 Rn. 49; Mitterlechner/Wax/Witsch § 3 Rn. 24.
74 *Lange* § 7 Rn. 50.
75 *Lange* § 7 Rn. 51.
76 Seitz/Finkel/Klimke/*Finkel/Seitz* Ziff. 1 Rn. 197.
77 Seitz/Finkel/Klimke/*Finkel/Seitz* Ziff. 1 Rn. 197; *Lange* § 5 Rn. 68.

A-2 Versicherungsfall (Claims-made-Prinzip)

[1]Versicherungsfall ist die erstmalige Geltendmachung eines Haftpflichtanspruchs gegen eine versicherte Person während der Dauer des Versicherungsvertrages oder einer sich ggf. hieran anschließenden Nachmeldefrist. [2]Im Sinne dieses Vertrages ist ein Haftpflichtanspruch geltend gemacht, wenn gegen eine versicherte Person ein Anspruch schriftlich erhoben wird oder ein Dritter dem Versicherungsnehmer, einer Tochtergesellschaft oder der versicherten Person schriftlich mitteilt, einen Anspruch gegen eine versicherte Person zu haben.

Schrifttum

Armbrüster Neues vom BGH zur D&O- Versicherung, NJW 2016, 2155; *Beckmann* Innenhaftungsfragen der „D&O- Versicherung" auf dem Prüfstand, jM 2016, 403; *Dilling* Zur Unwirksamkeit des Risikoausschlusses für wissentliche Pflichtverletzungen in der D&O-Versicherung, VersR 2018, 332; *Gruber/Mitterlechner/Wax* D&O- Versicherung mit internationalen Bezügen, 1. Auflage, 2012; *Harzenetter* Abtretung des Freistellungsanspruchs aus einer D&O- Versicherung nach den BGH- Urteilen vom 13.4.2016, NZG 2016, 728; *Heße* Das Anspruchserhebungsprinzip in den Allgemeinen Versicherungsbedingungen von D&O- Versicherungsverträgen und das Recht der Allgemeinen Geschäftsbedingungen, NZI 2009, 790; *Knöfel* D&O- Exzedentendeckungen, VersR 2018, 513; *Koch, R.* Anmerkungen zu OLG Düsseldorf v. 12.7.2013 (VersR 2013, 1522), VersR 2013, 1525; *Koch, R.* Abtretung des Freistellungsanspruchs in D&O- Innenhaftungsfällen – Zugleich Anmerkung zu den Urteilen des BGH vom 13.4.2016 (IV ZR 304/ 13) VersR 2016, 786 und vom 13.4.2016 (IV ZR 51/ 14) –, VersR 2016, 765; *Lenz/Weitzel* Anmerkungen zu OLG Düsseldorf v. 12.7.2013 (PHi 2013, 170) PHi 2013, 171; *Pammler* Die gesellschaftsfinanzierte D&O-Versicherung im Spannungsfeld des Aktienrechts ZHR 171 (2007), 119; *Piontek* Haftpflichtversicherung – Grundlagen und Praxis, 2016; *Ramharter* D&O- Versicherung – Dogmatische Grundlagen und ausgewählte Praxisfragen, 2018; *Sieg* Anmerkungen zu OLG Düsseldorf v. 12.7.2013 (ZWH 2014, 123), ZWH 2014, 124; *Schimikowski* Anmerkung zu OLG Düsseldorf v. 31.1.2014 (r+s 2014, 122), r+s 2014, 125; *Schmitt* Organhaftung und D&O-Versicherung – Zu haftungs- und deckungsrechtlichen Problemen der Managerhaftung, 2007; *Staudinger/ Richter* D&O-Versicherung: Anforderungen an den Eintritt des Versicherungsfalls nach Abtretung des Freistellungsanspruchs, DB 2013, 2725; *Graf von Westphalen* VersR 2006, 17; *Winkelbauer* Die freundliche Inanspruchnahme in der D&O- Versicherung – zugleich Besprechung von BGH, Urt. v. 13.4.2016 – IV ZR 304/ 13, ZWH 2017, 73.

Übersicht

A. Allgemeines —— 1

I. Entstehungsgeschichte —— 3

II. Regelungsgegenstand —— 9

B. Inhalt der Klausel —— 12

I. Claims-made Prinzip —— 13
1. Schriftliche Inanspruchnahme —— 14
   a) Allgemeines —— 15
   b) Ernstliche Inanspruchnahme kein ungeschriebenes Tatbestandsmerkmal —— 17
2. Mitteilung eines Anspruchs —— 25

II. Maßgeblicher Zeitraum —— 29

III. Keine weiteren Einschränkungen —— 30
1. Trennungsklausel —— 31
2. Gerichtsklausel —— 35

C. Abweichende Marktbedingungen —— 39

I. Abweichender Wortlaut —— 40
1. Aufzählung weiterer versicherter Ansprüche —— 41
2. Weitere den Versicherungsfall auslösende Ereignisse —— 44
3. Inanspruchnahmen im Ausland oder nach ausländischem Recht —— 47

II. Unterschiede zur Musterbedingung —— 50
1. Versicherte Ansprüche —— 51
2. Weitere den Versicherungsfall auslösende Ereignisse —— 57
3. Inanspruchnahmen im Ausland oder nach ausländischem Recht —— 61

https://doi.org/10.1515/9783110675511-003

A. Allgemeines

1 Der Eintritt des Versicherungsfalls ist das zentrale Ereignis einer jeden Versicherung. Tritt die vereinbarte Tatsache ein, entsteht grundsätzlich die Deckungspflicht des Versicherers und neue Obliegenheiten sind von Versicherungsnehmerin und versicherter Person zu beachten.[1]

2 Ziffer A-2 folgt dem Claims-made-Prinzip.

I. Entstehungsgeschichte

3 Den Vertragsparteien steht es grundsätzlich frei, zu vereinbaren, an welche Tatsache die Deckungspflicht des Versicherers anknüpft.[2]

4 In der Haftpflichtversicherung sind vier unterschiedliche Anknüpfungspunkte üblich, die den Versicherungsfall auslösen.[3] Zum frühesten Zeitpunkt ist dies der Pflichtverstoß der versicherten Person, zeitlich darauf folgend das Schadensereignis, dann die Schadensmanifestation und letztendlich die Anspruchserhebung durch den Geschädigten.[4]

5 Wegen der Vielzahl an bestehenden Anknüpfungspunkten verzichtete der Gesetzesentwurf der Bundesregierung bewusst darauf, die den Versicherungsfall auslösende Tatsache in § 100 VVG zu definieren.[5]

6 Ziff. A-2 setzt für den Eintritt des Versicherungsfalls *„die erstmalige Geltendmachung eines Haftpflichtanspruchs gegen eine versicherte Person“* voraus. Damit folgt die D&O-Versicherung dem sogenannten Claims-made- Prinzip.[6]

7 Das Claims-made-Prinzip entspringt dem angloamerikanischen Rechtskreis.[7] Die anderen Vermögensschaden-Haftpflichtversicherungen beruhen in Deutschland typischerweise auf dem Verstoßprinzip.[8] Anderen Haftpflichtversicherungen, die nicht Vermögensschäden decken, liegen in der Regel das Schadensereignisprinzip zugrunde.[9] Somit stellt das Claims-made-Prinzip eine Besonderheit im deutschen Haftpflichtversicherungsrecht dar.

8 Aufgrund dieser Sonderstellung standen dem Claims-made-Prinzip zunächst AGB-rechtliche Wirksamkeitsbedenken entgegen.[10] Die Regierungsbegründung zu § 100 VVG stellte jedoch klar, dass das Claims-made-Prinzip im Bereich der Haftpflichtversicherungen zulässig ist.[11]

1 *Lange* § 9 Rn. 2.

2 BTDrucks. 16/3945 S. 85.

3 Rüffer/Halbach/Schimikowski/*Schimikowski* § 100 VVG Rn. 10; Staudinger/Halm/Wendt/*Heinrichs* § 100 VVG Rn. 3; Looschelders/Pohlmann/*Schulze Schwienhorst* § 100 VVG Rn. 2.

4 Rüffer/Halbach/Schimikowski/*Schimikowski* § 100 VVG Rn. 1 ff.; Staudinger/Halm/Wendt/*Heinrichs* § 100 VVG Rn. 3; Looschelders/Pohlmann/*Schulze Schwienhorst* § 100 VVG, Rn. 2 ff.

5 Begr. RegE, BTDrucks. 16/3945 S. 85.

6 Bruck/Möller/*Armbrüster* A-2 AVB D&O, Rn. 1; Prölss/Martin/*Voit* AVB D&O, A- 2, Rn. 1; MüKoVVG/*Ihlas* 320 – D&O Rn. 14.

7 Staudinger/Halm/Wendt/*Staudinger/Friesen* AVB- D&O Rn. 55; Veith/Gräfe//Lange/Rogler § 21 Rn. 75.

8 *Ihlas*[2] S. 366; Looschelders/Pohlmann/*Schulze Schwienhorst* § 100 VVG Rn. 5; allgemein zum Verstoßprinzip: Rüffer/Halbach/Schimikowski § 100 VVG Rn. 11.

9 Looschelders/Pohlmann/*Schulze Schwienhorst* § 100 VVG Rn. 6; grundsätzlich zum Schadensereignisprinzip: Rüffer/Halbach/Schimikowski § 100 VVG Rn. 12.

10 Staudinger/Halm/Wendt/*Heinrichs* § 100 VVG Rn. 11; Langheid/Rixecker/*Langheid* § 100 VVG Rn. 65.

11 BTDrucks. 16/ 3945 S. 85, federführend war das Bundesministerium der Justiz; Looschelders/Pohlmann/*Haehling von Lanzenauer/Kreienkamp* Anhang G Rn. 66.

II. Regelungsgegenstand

Die erstmalige Geltendmachung eines Haftungsanspruchs löst den Versicherungsfall aus. Eine solche Geltendmachung liegt nach Ziffer A-1 vor, wenn entweder *„gegen eine versicherte Person ein Anspruch schriftlich erhoben wird“* oder ein *„Dritter dem Versicherungsnehmer, einer Tochtergesellschaft oder der versicherten Person schriftlich mitteilt, einen Anspruch gegen eine versicherte Person zu haben“*. 9

Die Anknüpfung des Versicherungsfalls an die erstmalige Geltendmachung eines Haftungsanspruchs ermöglicht eine einfachere Bestimmung des Zeitpunkts, in dem der Versicherungsfall eingetreten ist. Der D&O-Versicherer begrenzt damit auch sein Nachhaftungsrisiko, also das Risiko nach formeller Vertragsbeendigung wegen Schäden während der Versicherungszeit Versicherungsleistungen erbringen zu müssen.[12] 10

Demgegenüber kann der Geschädigte bei mehreren voneinander unabhängigen Pflichtverletzungen innerhalb einer Versicherungsperiode die Haftungsansprüche in verschiedenen Versicherungsperioden geltend machen und so eine insgesamt höhere Versicherungsleistung erreichen.[13] 11

B. Inhalt der Klausel

Die Klausel knüpft die Deckungspflicht des D&O-Versicherers an die Geltendmachung eines Haftungsanspruchs innerhalb der Versicherungszeit oder einer etwaigen Nachmeldefrist. 12

I. Claims-made Prinzip

Nach Ziffer A-1 stellt nicht nur die Inanspruchnahme der versicherten Person eine Geltendmachung dar, sondern auch schon die schriftliche Anzeige eines Anspruchs durch einen potentiell Geschädigten. In beiden Fällen ist somit für die Deckungspflicht grundsätzlich unbeachtlich, wann die den Anspruch begründende Pflichtverletzung begangen wurde.[14] 13

1. Schriftliche Inanspruchnahme

Die Inanspruchnahme der versicherten Person stellt den Grundfall des Claims-made Prinzips dar, das zuteilen als *„Anspruchserhebungsprinzip“*[15] oder als *„Inanspruchnahmeprinzip“*[16] bezeichnet wird. 14

a) Allgemeines. Voraussetzung ist eine gegenüber der versicherten Person schriftlich geäußerte und bei dieser zugegangene ernsthafte Zahlungsaufforderung.[17] 15

---

12 Prölss/Martin/*Voit* Ziffer A-2 Rn. 1.; OLG Frankfurt r+s **2013** 329, 332.

13 Späte/Schimikowski/*v. Rintelen* AHB Rn. 104, nennt dies als Nachteil für den VR; *Lange* § 9, Rn. 50.

14 Zum zeitlichen Umfang siehe die Kommentierungen zu A-5 AVB D&O (insbes. Rückwärtsdeckung und Nachmeldefrist).

15 MüKoVVG/*Ihlas* 320 – D&O Rn. 244; Bruck/Möller/*Armbrüster* A-2 AVB D&O Rn. 1; *Lange* § 9 Rn. 9; *Heße* NZI **2009** 790, 790.

16 Looschelders/Pohlmann/*Haehling von Lanzenauer*/*Kreienkamp* Anhang G Rn. 64.

17 Bruck/Möller/*Armbrüster* Ziffer A-2 Rn. 28; Prölss/Martin/*Voit*[31] Ziffer A-2 Rn. 10.

16 Das Erfordernis der schriftlichen Inanspruchnahme bezweckt, den Eintritt des Versicherungsfalls klar zu bestimmen.[18] Dementsprechend lösen auch Inanspruchnahmen per Email den Versicherungsfall aus.[19]

17 **b) Ernstliche Inanspruchnahme kein ungeschriebenes Tatbestandsmerkmal.** Obwohl das Claims-made Prinzip den Versicherungsfall präzise zu definieren scheint, war umstritten, ob der D&O-Versicherungsfall nur bei einer sogenannten *ernstlichen Inanspruchnahme* eintritt. Hintergrund war das Bemühen der D&O-Versicherer, die durch eine Abtretung des Freistellungsanspruchs an die geschädigte Versicherungsnehmerin ermöglichte direkte Inanspruchnahme des D&O-Versicherers zu verhindern. Der Einwand kam auf, nachdem der Reformgesetzgeber des VVG mit § 108 Abs. 2 VVG Beschränkungen der Abtretbarkeit des Freistellungsanspruchs in AVB grundsätzlich untersagte.

18 2013 und 2014 entschied das OLG Düsseldorf in zwei Deckungsprozessen, dass eine bedingungsgemäße Inanspruchnahme nur vorliege, wenn die geschädigte Versicherungsnehmerin die versicherte Person ernstlich in Anspruch nehme.[20] Eine solche ernstliche Inanspruchnahme liege demnach nur vor, sofern die geschädigte Versicherungsnehmerin zumindest auch in das private Vermögen der versicherten Person vollstrecken möchte.[21] Als Begründung führte das OLG Düsseldorf an, dass die D&O-Versicherung primär dazu diene, das private Vermögen der versicherten Person zu schützen.[22] Sofern nun aber die Inanspruchnahme der versicherten Person allein dazu diene, den Versicherungsfall auszulösen, um so auf die D&O-Versicherungssumme zugreifen zu können, sei das versicherte Interesse nicht gefährdet.[23] Vielmehr gehe es in einem solchen Fall primär darum, über die D&O-Versicherung einen Schadensausgleich zu erlangen. Die D&O-Versicherung könnte also entgegen ihrer eigentlichen Ausrichtung als Haftpflichtversicherung als Bilanzschutz missbraucht werden.[24] Um diese vermeintliche Missbrauchsgefahr hinreichend zu beschränken, trage die geschädigte Versicherungsnehmerin in einem Direktprozess die Darlegungs- und Beweislast für eine ernstliche Inanspruchnahme.[25]

19 Das vom OLG Düsseldorf aufgestellte Erfordernis einer ernstlichen Inanspruchnahme würde bedeuten, dass für eine sog. freundliche Inanspruchnahme der versicherten Person, die nicht kollusiv wäre, kein Versicherungsschutz bestünde.[26] Eine durch Abtretung an die geschädigte Versicherungsnehmerin ermöglichte direkte Inanspruchnahme des D&O-Versicherers wäre damit faktisch ausgeschlossen.[27]

20 Dieser einschränkenden Auslegung des Versicherungsfalls hat der BGH zu Recht eine Absage erteilt.[28] Die Auslegung der Versicherungsfallklausel ergibt keine derart einschränkende ungeschriebene Voraussetzung an die Inanspruchnahme der versicherten Person.[29] Dem Haftpflichtgläubiger steht es offen, *„ob und inwieweit er den Schädiger für einen eingetretenen Schaden in Anspruch und auf welche seiner Vermögenswerte er im Rahmen einer möglichen Zwangsvollstre-*

---

18 Prölss/Martin/*Voit* Ziffer A-2 Rn. 11.
19 Prölss/*Martin*/*Voit* Ziffer A-2 Rn. 11.
20 OLG Düsseldorf r+s **2014** 122; v. 12.7.2013, VersR **2013** 1522.
21 OLG Düsseldorf VersR **2013** 1522, 1523; r+s **2014** 122, 124. Ebenso: *Sieg* ZWH **2014** 124, 125; *Lenz*/*Weitzel* PHi **2013** 171, 172.
22 OLG Düsseldorf VersR **2013** 1522, 1523; r+s **2014** 122, 124.
23 OLG Düsseldorf VersR **2013** 1522, 1523; r+s **2014** 122, 124.
24 *Sieg* ZWH **2014** 124, 125; *Beckmann*, jM **2016** 403, 405; *Schimikowski*, r+s **2014** 125, 126.
25 OLG Düsseldorf v. 12.7.2013, VersR 2013, 1522, 1523; v. 31.1.2014, r+s 2014, 122, 123; *Sieg*, ZWH 2014, 124, 125.
26 *Lenz*/*Weitzel*, PHi **2013** 171, 173.
27 *Ulrich* S. 92.
28 BGH v. 13.4.2016, BGHZ 209, 373 und AG **2016** 395. Dem BGH zustimmend: Prölss/ Martin/*Voit* AVB D&O, A- 2 Rn. 10; *Harzenetter* NZG **2016** 728, 729; *Beckmann*, jM **2016** 403, 406; *Winkelbauer*, ZWH **2017** 73, 74 f.; Staudinger/Halm/Wendt/*Staudinger*/*Friesen* AVB- AVG Rn. 60; *Piontek* § 2 Rn. 11 m.w.N. Kritisch: *Armbrüster*, NJW **2016** 2155, 2156 f.
29 BGH v. 13.4.2016, BGHZ 209, 373, Rn. 31; *Schimikowski*, r+s **2014** 125, 126.

ckung Zugriff nimmt".[30] Das Vermögen der versicherten Person ist somit solange gefährdet, wie der geltend gemachte Haftpflichtanspruch gegen sie existiert.[31] Folglich ist die versicherte Person *„tatsächlich einem Haftungsrisiko ausgesetzt"*.[32] Subjektive Erwägungen der Versicherungsnehmerin lassen dieses Haftungsrisiko unberührt.[33]

Des Weiteren ist nicht ersichtlich, warum das Claims-made Prinzip die geschädigte Versiche- 21
rungsnehmerin in den Fällen der Innenhaftung (versicherte Person verursacht einen Schaden der Versicherungsnehmerin) schlechterstellen sollte. In bewusster Abkehr von dem in der Haftpflichtversicherung üblicherweise vereinbarten Verstoßprinzip kann die geschädigte Versicherungsnehmerin beim Claims-made Prinzip über den Eintritt des Versicherungsfalls disponieren.[34] Sie bestimmt mit ihrer Inanspruchnahme, wann der Versicherungsfall eintritt und die damit einhergehenden Rechtsfolgen eintreten. Würde man nun beim Claims-made Prinzip den Eintritt des Versicherungsfalls an – etwa beim Verstoßprinzip unbedeutende – innere Beweggründe anknüpfen, wäre die Versichersicherungsnehmerin schlechter gestellt.

Darüber hinaus kennt der D&O-Versicherer das Bilanzschutzinteresse der Versicherungsneh- 22
merin schon bei Vertragsschluss.[35] Sollte der D&O-Versicherer die ernsthafte Durchsetzung des Haftpflichtanspruchs wünschen, kann er eine gerichtliche Inanspruchnahme vertraglich vereinbaren.[36]

Ob die Inanspruchnahme der versicherten Person hinreichend ernst ist, bestimmt sich nur 23
anhand den §§ 116 bis 118 BGB und § 134 BGB.[37] Deren Vorliegen muss der D&O-Versicherer darlegen und beweisen.[38] Eine darüberhinausgehende besondere Ernsthaftigkeit der Inanspruchnahme ist dagegen nicht notwendig.

Will der D&O-Versicherer den Eintritt des Versicherungsfalls an weitere Voraussetzungen 24
knüpfen, muss er dies durch entsprechende Klauseln (wie etwa Trennungs- oder Gerichtsklauseln) tun.[39]

2. Mitteilung eines Anspruchs

Neben der schriftlichen Anspruchserhebung kann ein potentiell geschädigter Dritter auch durch 25
die schriftliche Mitteilung, dass gegen eine versicherte Person ein Haftungsanspruch besteht, den Versicherungsfall auslösen.

Wann eine solche schriftliche Mitteilung vorliegt, definieren die AVB nicht. Dies kann immer 26
dann zu Abgrenzungsschwierigkeiten führen, wenn der potentiell Geschädigte in einer Versicherungsperiode zu einem möglichen Haftungsanspruch vorträgt und erst in der nächsten Versicherungsperiode die versicherte Person in Anspruch nimmt. Je nach individueller Günstigkeit wird entweder der Versicherer oder der Geschädigte den ersten Vortrag zu einer möglichen Haftung schon als das den Versicherungsfall auslösende Ereignis geltend machen.

Weiteres Konfliktpotential besteht dadurch, dass nicht definiert ist, welche Person „Dritter" 27
im Sinne der Klausel ist. Daher entsteht bei den praxisrelevanten Innenhaftungsfällen Rechtsunsi-

30 BGH v. 13.4.2016, BGHZ 209, 373, Rn. 25.

31 *Staudinger/Richter*, DB **2013** 2725, 2728.

32 Anders: OLG Düsseldorf VersR **2013** 1522, 1523, und r+s **2014** 122, 124, das bei einer Inanspruchnahme, die allein den Versicherungsfall auslösen soll, das tatsächliche Haftungsrisiko verneint.

33 *R. Koch* VersR **2016** 765, 768.

34 Veith/Gräfe/Lange/Rogler § 21 Rn. 86.

35 In diese Richtung auch BGH v. 13.4.2016, BGHZ 209, 373, Rn. 32, der die Missbrauchsgefahr *„der Risikosphäre des Versicherers"* zuordnet.

36 *Ulrich* S. 94.

37 BGH, VersR **2016** 786 Rn. 31.

38 *R. Koch*, VersR **2013** 1525, 1526.

39 *Ulrich* S. 94.

cherheit bezüglich der Frage, ob Ziffer A-1 Satz 2 Alt. 2 nur für die Außenhaftung gilt oder auch Fälle der Innenhaftung umfasst.

28 Legt man die Rechtsprechung des BGH zu § 108 Abs. 2 VVG[40] zugrunde, kann Dritter grundsätzlich auch die geschädigte Versicherungsnehmerin oder ein geschädigtes mitversichertes Unternehmen sein.

II. Maßgeblicher Zeitraum

29 Die Geltendmachung eines Haftungsanspruchs löst nur dann die Deckungspflicht aus, wenn sie im maßgeblichen Zeitraum vorgenommen wird. Nur die Geltendmachung innerhalb einer Versicherungsperiode oder – falls vereinbart – innerhalb der Nachmeldefrist bedingt eine Deckungspflicht des D&O-Versicherers.

III. Keine weiteren Einschränkungen

30 Die AVB D&O enthalten keine weiteren Einschränkungen des Versicherungsfalls. Die früher teilweise verwendeten Trennungs- und Gerichtsklauseln,[41] die beide einer vermeintlichen Missbrauchsgefahr in Innenhaftungsfällen entgegenwirken sollen, stellen keine sinnvolle Einschränkung des Versicherungsfalls dar.

1. Trennungsklausel

31 Eine Trennungsklausel (teilweise auch bezeichnet als Kündigungsklausel) setzt für den Eintritt des Versicherungsfalls voraus, dass die geschädigte Versicherungsnehmerin die in Anspruch genommene versicherte Person von ihrer Stellung enthebt und den Dienstvertrag beendet.[42]

32 Die Wirksamkeit einer Trennungsklausel ist begrenzt. Mit einer anderweitigen Beschäftigung im Unternehmen oder im Konzern können geschädigte Versicherungsnehmerin und versicherte Person die Trennungsklausel einfach umgehen.[43]

33 Des Weiteren ist die Trennungsklausel auch nicht sinnvoll. Sie verkompliziert die Abwicklung des Versicherungsfalls dadurch, dass sie auch bei einem geringen Schaden die Gewährung von Versicherungsschutz erschwert.[44] Selbst bei einfacher Fahrlässigkeit und einem geringen Schaden würde die Trennungsklausel eine Abberufung erzwingen. Bei einer leicht fahrlässigen Pflichtverletzung wird die Versicherungsnehmerin meist eine Weiterbeschäftigung wünschen.[45] Außerdem stellt eine fahrlässige Pflichtverletzung in aller Regel keinen Kündigungsgrund dar, sodass nur dann ein Aufhebungsvertrag zustande kommen dürfte, wenn die geschädigte Versicherungsnehmerin eine Abfindung zahlt.[46]

34 Zusätzlich bestehen AGB-rechtliche Wirksamkeitsbedenken gegen eine den Versicherungsfall einschränkende Trennungsklausel. Eine Trennungsklausel könnte zum einen überraschend und

40 Etwa BGH, VersR **2016** 786, Rn. 19.

41 Veith/Gräfe/Gebert/*Lange* (4. Auflage) § 21 Rn. 82, ordnet die Klauseln als Risikoausschlüsse ein. Dies hätte zur Folge, dass der D&O-Versicherer die Voraussetzungen der Klauseln nachweisen müsste.

42 *Schmitt* S. 172; *Pammler* S. 200; *Harzenetter* NZG **2016** 728, 730.

43 *Lange* § 9 Rn. 134; auch hinsichtlich weiterer Umgehungsmöglichkeiten: MüKoVVG/*Ihlas* 320 – D&O Rn. 673 und Gruber/Mitterlechner/Wax § 7 Rn. 175.

44 MüKoVVG/*Ihlas* 320 – D&O Rn. 675.

45 MüKoVVG/*Ihlas* 320 – D&O Rn. 675; *Pammler* S. 201; *Lange* § 9 Rn. 134.

46 *Schmitt* S. 172.

damit nach § 305c Abs. 1 BGB unwirksam sein.[47] Darüber hinaus könnte sich eine Unwirksamkeit nach § 307 Abs. 1 BGB ergeben, weil eine Trennungsklausel die versicherte Person treuwidrig benachteiligt.[48]

2. Gerichtsklausel

Eine Gerichtsklausel bedingt den Versicherungsfall daran, dass die geschädigte Versicherungsnehmerin die versicherte Person gerichtlich in Anspruch nimmt.[49] 35

Eine solche Gerichtsklausel erschwert die außergerichtliche Einigung.[50] Die außergerichtliche Einigung stellt aber den Regelfall in der D&O-Versicherungspraxis dar.[51] 36

Des Weiteren wäre eine direkte Inanspruchnahme des D&O-Versicherers nach einer gerichtlichen Geltendmachung des Haftpflichtanspruchs obsolet. Damit würde eine Gerichtsklausel die von § 108 Abs. 2 VVG bewusst geschaffene Möglichkeit der direkten Inanspruchnahme faktisch ausschließen. Eine Gerichtsklausel dürfte deshalb ein unzulässiges Umgehungsgeschäft sein. 37

Ebenso würde eine zwingende Haftungsklage das Verhältnis zur versicherten Person unnötigerweise belasten. 38

C. Abweichende Marktbedingungen

Die Maklerbedingungen weichen besonders in ihrer Ausführlichkeit von Ziffer A-1 ab. Wir stellen daher im Folgenden überblicksartig einzelne praxisrelevante Abweichungen dar. 39

I. Abweichender Wortlaut

Die Maklerbedingungen erstrecken den Versicherungsschutz teilweise deklaratorisch auf (1) weitere Ansprüche, (2) weitere den Versicherungsfall auslösende Ereignisse und (3) Inanspruchnahmen im Ausland oder nach ausländischem Recht. 40

1. Aufzählung weiterer versicherter Ansprüche

TMHCC/FINLEX 2020 41

> Ziffer: „*1.1.1 […]*
> - *§§ 34, 69 Abgabenordnung (AO),*
> - *Rechtsnormen, die auf den Ersatz von Zahlungen nach Zahlungsunfähigkeit oder Überschuldung eines Unternehmens gerichtet sind (z.B. § 64 GmbHG, § 93 Abs. 2 und 3 Nr. 6 i.V.m. § 92 Abs. 2 AktG, §§ 99, 34 GenG, § 188 Absatz 2 Nr. 3 VAG).*
>
> *[…]*
> *1.1.4 Bereicherungs/Aufwendungsersatzansprüche*
> *Soweit ein Versicherungsfall im Sinne von 1.1.1 in Anspruchskonkurrenz sowohl auf einen wettbewerbsrechtlichen Schadenersatzanspruch als auch auf einen Bereicherungs- oder Aufwendungsersatzanspruch gestützt werden kann, besteht Versicherungsschutz auch für letztere Ansprüche.*“

47 *Graf von Westphalen* VersR **2006** 17, 20.
48 *Graf von Westphalen* VersR **2006** 17, 20.
49 Seitz/Finkel/Klimke/*Finkel/Seitz* Ziff. 1 Rn. 201; *von Westphalen* VersR **2006** 17, 18.
50 *Schmitt* S. 170; *Lange* § 9 Rn. 130.
51 *Ramharter* Rn. 6/ 28; *Dilling* VersR **2018** 332, 335, m.w.N.; *Lange* § 19 Rn. 1; *Knöfel* VersR **2018** 513, 521.

42 TMHCC DE DO 2019

„Der Versicherer gewährt den versicherten Personen und gegebenenfalls den versicherten Gesellschaften Versicherungsschutz für die folgenden Versicherungsfälle:
1.1.1 […]
(b) Besondere versicherte Ansprüche
Unter denselben Voraussetzungen gelten als versicherte Ansprüche auch:
(i) vertragliche Ansprüche auf Schadensersatz für einen Vermögensschaden, soweit der Anspruch ebenfalls aufgrund gesetzlicher Haftpflichtbestimmungen in gleichem Umfang einredefrei besteht;
(ii) Ansprüche wegen ungerechtfertigter Bereicherung. Der Betrag der Rückforderung ist jedoch vom Versicherungsschutz ausgeschlossen;
(iii) Ansprüche wegen Zahlungen nach Zahlungsunfähigkeit der Gesellschaft aus § 64 GmbHG oder § 93 Abs. 3 Nr. 6 i.V.m. § 92 Abs. 2 AktG sowie entsprechender ausländischer Rechtsvorschriften;
(iv) Ansprüche aus dem Anstellungsverhältnis“

43 Auch die HPDO 2020 Version Newline (Ziffer 1.1.2) und die AVB-VOV 5.0 stellen klar, dass ebenso Inanspruchnahmen nach §§ 34, 69 AO, nach § 64 GmbHG oder § 93 Abs. 3 Nr. 6 AktG vom Versicherungsschutz umfasst sind.

2. Weitere den Versicherungsfall auslösende Ereignisse

44 TMHCC DE DO 2019

Ziffer 1.1.1 *„(c) Anspruchserhebung*
Als schriftliche Erhebung eines Anspruchs gelten auch:
- *Streitverkündung,*
- *Aufrechnung mit einem Schadensersatzanspruch,*
- *Veranlassung der Bekanntgabe eines Güteantrags gemäß § 204 Abs. 1 Nr. 4 BGB“*

45 AVB-VOV 5.0

§ 1 Ziffer 1
„Der erstmaligen Inanspruchnahme stehen, soweit sie erstmalig und in Textform erfolgen, gleich:
- *eine Streitverkündung gegenüber einer versicherten Person,*
- *die Aufrechnung mit einem nach diesem Vertrag versicherten Haftpflichtanspruch gegen eine von einer versicherten Person erhobenen Forderung,*
- *die mit einem nach diesem Vertrag versicherten Haftpflichtanspruch begründete Geltendmachung eines Zurückbehaltungsrechts gegen eine von einer versicherten Person erhobenen Forderung,*
- *ein Beschluss, in dem ein hierfür zuständiges Organ der Versicherungsnehmerin oder eines Tochterunternehmens eine für einen Vermögensschaden ursächliche Pflichtverletzung einer versicherten Person feststellt“*

46 HPDO 2020 Version AXAXL-Mid-Market-Cover

„Ziffer 1.1: Als Inanspruchnahmen im Sinne dieser Bedingungen gelten auch
- *die Einreichung eines gerichtlichen Antrags von Aktionären auf Klagezulassung*
- *die Streitverkündung*
- *die Veranlassung der Bekanntgabe eines Güteantrags gemäß § 204 Absatz 1 Nr. 4 BGB*
- *die Klage auf Feststellung einer Haftung (Klarstellung)*
- *ein Beschluss des zuständigen Organs über die Inanspruchnahme*
- *eine Aufrechnung mit einem behaupten Schadenersatzanspruch“*

3. Inanspruchnahmen im Ausland oder nach ausländischem Recht

HPDO 2020 Version Newline Ziffer 1.1 47

> „*[...] weltweiter Versicherungsschutz [...]*
> *Als Inanspruchnahmen im Sinne dieser Bedingungen gelten auch [...] entsprechende Verfahren nach ausländischen Rechtsvorschriften*
> *[...]*
> *Als Schadenersatzansprüche gelten ebenfalls*
> – *Ansprüche aus §§ 69, 34 AO sowie entsprechende ausländische Rechtsvorschriften*“

TMHCC DE DO 2019 48

> Ziffer 1.1.1 „*(c) Anspruchserhebung*
> *Als schriftliche Erhebung eines Anspruchs gelten auch:*
> *[...] entsprechende Verfahren nach ausländischem Recht.*“

AVB-VOV 5.0 49

> § 1 Ziffer 1 „*Der Versicherungsschutz umfasst auch Inanspruchnahmen gemäß §§ 34, 69 Abgabenordnung (AO) oder vergleichbaren ausländischen Vorschriften*“

II. Unterschiede zur Musterbedingung

Die Maklerbedingungen enthalten gegenüber der Musterbedingung Erweiterungen und Klarstellungen. 50

1. Versicherte Ansprüche

Die überwiegende Anzahl der Maklerbedingungen stellen klar, dass auch Inanspruchnahmen auf Grundlage der §§ 34, 69 AO, nach § 64 GmbHG oder § 93 Abs. 3 Nr. 6 AktG den Versicherungsfall auslösen. 51

Lange Zeit war umstritten, ob die oben genannten Ansprüche auch ohne explizite Nennung den Versicherungsfall in einer D&O-Versicherung auslösen können. Am 18. November 2020 entschied der BGH, dass der in § 64 Satz 1 GmbHG geregelter Anspruch ein Haftungsanspruch im Sinne der D&O-Versicherung ist.[52] 52

In der zitierten Entscheidung stellt der BGH zu Beginn klar: 53

> „*Allgemeine Versicherungsbedingungen sind so auszulegen, wie ein durchschnittlicher, um Verständnis bemühter VN sie bei verständiger Würdigung, aufmerksamer Durchsicht und unter Berücksichtigung des erkennbaren Sinnzusammenhangs versteht.*“[53]

Ausgehend von diesem Auslegungsgrundsatz stellt der BGH fest, dass Haftungsansprüche solche Ansprüche sind, „*die unabhängig vom Willen der beteiligten Parteien an die Verwirklichung eines unter die Klausel fallenden Ereignisses Rechtsfolgen knüpfen*“.[54] 54

Sofern die AVB außerdem voraussetzen, dass die versicherte Person auf Schadensersatz in Anspruch genommen wird, besteht Versicherungsschutz jedenfalls dann, „*wenn der gegen den* 55

52 BGH r+s **2021** 27.
53 BGH r+s **2021** 27 Rn. 11.
54 BGH r+s **2021** 27 Rn. 13.

Versicherten erhobene Anspruch wie [bei § 64 GmbHG] auf Ausgleich des eingetretenen Schadens im Wege der Wiederherstellung des Zustands vor dem Schadenereignis gerichtet ist“.[55] Für die Einordnung als versicherter Anspruch ist unbedeutend, wie der Anspruch rechtsdogmatisch einzuordnen ist.[56]

56 Die Maklerpolicen sorgten somit schon vor der Rechtsprechung zugunsten ihrer versicherten Personen für Rechtssicherheit.

2. Weitere den Versicherungsfall auslösende Ereignisse

57 Die dargestellten Maklerbedingungen stellen zugunsten der versicherten Person fest, dass u.a. auch eine Streitverkündung, eine Aufrechnung, die Veranlassung der Bekanntgabe eines Güteantrags gemäß § 204 Abs. 1 Nr. 4 BGB, die Geltendmachung eines Zurückbehaltungsrechts oder der Beschluss eines Organs zur Anspruchsverfolgung jeweils ausreicht, um den Versicherungsfall und damit den Versicherungsschutz auszulösen.

58 Damit gehen die Maklerbedingungen weit über die Klausel des GDV hinaus und erweitern den Versicherungsschutz der versicherten Person. Insbesondere die Streitverkündung im Direktprozess stellt eine Gefahr für die versicherte Personen dar.

59 Außerdem lösen die Maklerbedingungen schon bei weniger intensiven Maßnahmen oder bloßen Vorbereitungsmaßnahmen einer Anspruchserhebung den Versicherungsfall aus. Dies ermöglicht eine frühe, konstruktive und weniger öffentliche Schadenabwicklung.

60 Rein deklaratorische Aufzählungen, wie in Ziffer 1.1 HPDO 2020 Version AXAXL-Mid-Market-Cover (Feststellungsklage gegen die versicherte Person) erweitern den Versicherungsschutz faktisch. Den D&O-Versicherern nimmt eine solche deklaratorische Regelung die Möglichkeit, Einwendungen zu erheben und damit faktisch (wenn auch rechtlich unbegründet) den Versicherungsschutz zu erschweren.

3. Inanspruchnahmen im Ausland oder nach ausländischem Recht

61 Der Verweis auf *„entsprechende Verfahren nach ausländischem Recht“* und *„entsprechende ausländische Rechtsvorschriften“* erhöht die Rechtssicherheit für die versicherte Person. Dem D&O-Versicherer ist damit bei einem Auslandsbezug der Einwand genommen, dass nur Inanspruchnahmen nach deutschem Recht oder auf Grundlage deutscher Haftungsansprüche den Versicherungsfall auslösen. Weiterhin muss die versicherte Person im Falle eines Bestreitens des D&O-Versicherers aber darlegen, dass es sich um ein *entsprechendes Verfahren* oder um eine *entsprechende ausländische Rechtsvorschrift* handelt.

55 BGH r+s **2021** 27 Rn. 18.
56 BGH r+s **2021** 27 Rn. 22.

A-3 Company Reimbursement

[1]Besteht eine Verpflichtung des Versicherungsnehmers oder einer Tochtergesellschaft, versicherte Personen für den Fall, dass diese von Dritten, also nicht von dem Versicherungsnehmer oder einer Tochtergesellschaft oder einer anderen versicherten Person in dem in A-1 beschriebenen Umfang haftpflichtig gemacht werden, freizustellen (company reimbursement), so geht der Anspruch auf Versicherungsschutz aus diesem Vertrag in dem Umfang von den versicherten Personen auf den Versicherungsnehmer oder seine Tochtergesellschaft über, in welchem dieser seine Freistellungsverpflichtung erfüllt. [2]Voraussetzung für den Übergang des Versicherungsschutzes ist, dass die Freistellungsverpflichtung nach Art und Umfang rechtlich zulässig ist.

Schrifttum

Dreher Die Rechtsnatur der D&O-Versicherung, DB 2005, 1669; *Hasselbach/Seibel* Die Freistellung von Vorstandsmitgliedern und leitenden Angestellten von der Haftung für Kartellrechtsverstöße, AG 2008, 770; *Koch* Die Rechtsstellung der Gesellschaft und des Organmitglieds in der D&O-Versicherung (I), GmbHR 2004, 18; *Lange* Die Company-Reimbursement-Klausel in der D&O-Versicherung, VersR 2011, 429.

Übersicht

A. **Allgemeines** — 1

B. **Inhalt der Klausel**

I. Überblick — 8

II. Zweck — 11

III. Voraussetzungen — 19

1. Freistellung — 20
2. Außenhaftungsanspruch — 22
3. Zulässigkeit der Freistellung — 24
4. Verpflichtung zur Freistellung — 30

IV. Rechtsfolgen — 35

V. Einwendungen des Versicherers — 38

VI. Selbstbehalt — 41

A. Allgemeines

Die sogenannte **Company Reimbursement-Klausel** ist eine in D&O-Versicherungsverträgen üblicherweise aufzufindende Vereinbarung. Sie wird seit dem AVB-Bedingungswerk 2013 ohne besondere Vereinbarung Vertragsbestandteil. Bis dahin musste eine entsprechende Regelung besonders vereinbart werden. Diese Praxis setzte sich aber nicht durch.[1] 1

Die Company Reimbursement-Klausel führt zu einer Abweichung von dem Grundsatz, dass die Versicherungsnehmer einer D&O-Police keinen eigenen Leistungsanspruch haben. Dieser Grundsatz beruht darauf, dass die D&O-Versicherung eine **Versicherung für fremde Rechnung** ist und somit die versicherten Personen schützt.[2] 2

Ein Fall von Company Reimbursement – auch unter dem Begriff *Side-B-Cover* bekannt – kann nur bei **Außenhaftungsansprüchen** auftreten. Es geht also um Sachverhalte, bei denen – anders als im Regelfall der sog. Innenhaftung – nicht das versicherungsnehmende Unternehmen selbst, sondern ein Dritter Ansprüche gegen die versicherte Person (den Manager) geltend macht (sog. Außenhaftung). 3

1 Prölss/Martin/*Voit* A-3 AVB D&O Rn. 1; Seitz/Finkel/Klimke/*Finkel/Seitz* Ziff. 1 Rn. 203.
2 Seitz/Finkel/Klimke/*Finkel/Seitz* Ziff. 1 Rn. 202.

https://doi.org/10.1515/9783110675511-004

4 Wenn in einem derartigen Fall der Außenhaftung das versicherungsnehmende Unternehmen den in Anspruch genommenen Manager von dem Ersatzanspruch durch Zahlung an den Gläubiger freigestellt, soll das versicherungsnehmende Unternehmen den entsprechenden Betrag von dem D&O-Versicherer ersetzt bekommen. Hierdurch wird das versicherungsnehmende Unternehmen zum **Begünstigten**.

5 In der Situation des Company Reimbursements ist das Unternehmen gleichzeitig in der Rolle des Versicherungsnehmers sowie des Versicherten.[3] Neben den Organmitgliedern schützt sich das Unternehmen auch selbst. Der Versicherer trägt in diesen Fällen kein (zusätzliches) Haftungsrisiko – denn das Unternehmen selbst haftet nicht, es wird lediglich das **Freistellungsrisiko** gegenüber den versicherten Personen, die ihrerseits in die Haftung geraten, versichert.

6 Angesichts dessen ist bezweifelt worden, ob die D&O-Versicherung mit Company Reimbursement-Klauseln nicht ihren Charakter als Fremdversicherung verliert.[4] Dem ist jedoch zu entgegnen, dass lediglich ein Anspruch aus übergegangenem Recht, nämlich die Haftung der versicherten Person, gedeckt wird.

7 Es kann also keine *Side-B*-Deckung ohne vorangegangene **Haftung des Managers** erfolgen. Der Charakter einer Versicherung für fremde Rechnung bleibt somit bestehen.[5]

B. Inhalt der Klausel

I. Überblick

8 Die Company-Reimbursement-Klausel soll den Interessen des versicherungsnehmenden Unternehmens und dessen Tochterunternehmen auf zweierlei Weise dienen. Zum einen ermöglicht es den Regress des versicherungsnehmenden Unternehmens gegen den Versicherer nach **Freistellung** des versicherten Managers.

9 Zum anderen schützt es das versicherungsnehmende Unternehmen vor einem **Regress des Versicherers** in dem Fall, dass der versicherte Manager den Außenhaftungsanspruch selbst erfüllt und hierfür von der D&O-Versicherung Deckung verlangt. Leistet die D&O-Versicherung in diesem Fall, kann der Versicherer die Deckung nicht seinerseits von dem versicherungsnehmenden Unternehmen ersetzt verlangen (auch wenn letzteres eine Pflicht zur Freistellung des Managers hatte).

10 Oftmals, aber nicht zwingend, werden **Tochterunternehmen** von der Company-Reimbursement-Klausel berücksichtigt.[6] Dies muss gesondert vereinbart werden.

II. Zweck

11 Der Zweck der Company-Reimbursement-Klausel ergibt sich vor dem Hintergrund, dass die D&O-Versicherung eine **Fremdversicherung** ist.[7] Nach § 44 Abs. 1 S. 1 VVG steht der Versicherungsanspruch bei einer Fremdversicherung dem Versicherten, hier also dem Manager, zu.

12 Stellt das versicherungsnehmende Unternehmen nun einen Manager frei, der gegenüber einem Dritten haftungspflichtig wurde, so hat das versicherungsnehmende Unternehmen keinen eigenen Anspruch gegen den D&O-Versicherer. Das lässt sich üblicherweise auch nicht durch eine Abtretung des Deckungsanspruchs vom Versicherten an das freistellende Unternehmen ändern, denn üblicherweise beinhalten die D&O-Verträge ein **Abtretungsverbot**.[8]

---

3 Dieselben Ziff. 1 Rn. 205.
4 *Dreher* DB **2005** 1669, 1672.
5 Seitz/Finkel/Klimke/*Finkel/Seitz* Ziff. 1 Rn. 205.
6 *Lange* VersR **2011** 429, 430.
7 Lange § 20 Rn. 6, § 3 Rn. 42 m.w.N.
8 *Lange* VersR **2011** 429, 430.

Um dem freistellenden Unternehmen trotz § 44 Abs. 1 S. 1 VVG und einem bestehenden Abtretungsverbot einen **Regress gegen den Versicherer** zu ermöglichen, wird die Company-Reimbursement-Klausel vereinbart. 13

Diese führt im Falle der **Freistellung** zu einem eigenen Anspruch des Versicherungsnehmers. 14
Die Company-Reimbursement-Klausel stellt also nicht lediglich eine Ausnahme vom Abtretungsverbot[9] oder die Vorwegnahme einer denkbaren Abtretung der Ansprüche des Versicherten an den Versicherungsnehmer[10] dar. Wegen der regelmäßig vereinbarten Abtretungsverbote erscheint es vielmehr vorzugswürdig, von einem durch die Company-Reimbursement-Klausel begründeten eigenen Anspruch des Versicherungsnehmers auszugehen.

In der Praxis wird der Regress im Rahmen der Company-Reimbursement-Klausel oftmals mit 15
einem **Selbstbehalt** versehen. Dann kommt es erst dann zu einem Regressanspruch des freistellenden Unternehmens gegen den Versicherer, wenn die Regressforderung den Selbstbehalt übersteigt.[11]

Neben der Eröffnung der Regressmöglichkeit des freistellenden Unternehmens gegen den 16
Versicherer verfolgt die Company-Reimbursement-Klausel noch einen zweiten, ebenfalls versicherungsnehmerschützenden Zweck.

Wenn nämlich der versicherte Manager sich nicht von „seinem" Unternehmen freistellen 17
lässt, sondern dem Dritten den Schaden selbst ersetzt und dann Deckung vom D&O-Versicherer verlangt, könnte der Versicherer eigentlich gegen das versicherungsnehmende Unternehmen regressieren. Ein solcher Regress scheitert jedoch an der Company-Reimbursement-Klausel, die der Versicherungsnehmer (das Unternehmen) einer Regressforderung des Versicherers entgegenhalten kann.[12] Insofern bietet die Company-Reimbursement-Klausel dem versicherungsnehmenden Unternehmen auch Schutz vor einem **Regress des Versicherers.**

Eine Freistellungsverpflichtung des Unternehmens folgt üblicherweise aus einer Vereinba- 18
rung mit dem Manager. Bei derartigen **Freistellungsvereinbarungen** ist zu beachten, dass diese nicht unwirksam sein dürfen. Eine Unwirksamkeit kann sich insbesondere wegen Verstoßes gegen ein gesetzliches Verbot gemäß § 134 BGB oder wegen Sittenwidrigkeit der Vereinbarung gemäß § 138 Abs. 1 BGB ergeben.[13] Unwirksam ist beispielsweise eine vereinbarte Freistellung für Kartellverstöße.[14]

III. Voraussetzungen

Die Voraussetzungen der Company-Reimbursement-Klausel sind im Einzelnen 19
- die **Freistellung** eines Versicherten
- von einem **Außenhaftungsanspruch,**
- die **Zulässigkeit der Freistellung**
- und mitunter die **Verpflichtung des freistellenden Unternehmens zur Freistellung.**

1. Freistellung

Gemäß A-3 der AVB D&O ist Voraussetzung von Company Reimbursement, dass das versicherungs- 20
nehmende Unternehmen einen Versicherten von seiner Außenhaftung freistellt. Das bedeutet, dass eine Zahlung an den außenstehenden Gläubiger zumindest zum Teil erfolgen muss, und

9 *Lange* VersR **2011** 429, 431.
10 Beckmann/Matusche-Beckmann/*Beckmann* § 28 D&O-Versicherung Rn. 62.
11 *Lange* VersR **2011** 429, 431.
12 *Lange* VersR **2011** 429, 431.
13 *Koch* GmbhR **2004** 18, 26.
14 *Hasselbach/Seibel* AG **2008** 770, 775.

entsprechend zu einem (zumindest teilweisen) **Erlöschen des Haftpflichtanspruchs** führen muss.[15]

21 Eine **Freistellung** liegt nicht vor, wenn das versicherungsnehmende Unternehmen und der versicherte Manager von einem außenstehenden Dritten als Gesamtschuldner in Anspruch genommen werden.[16] Denn wenn das Unternehmen in dieser Konstellation an den Dritten zahlt, erhält es nach § 426 Abs. 1 S. 1 BGB einen Anspruch gegen den Manager auf Gesamtschuldnerausgleich. Der versicherte Manager kann daher Leistung vom Versicherer verlangen, das versicherungsnehmende Unternehmen ist hingegen nicht berechtigt, Leistung vom Versicherer zu verlangen (wohl aber vom Manager).

2. Außenhaftungsanspruch

22 Ferner erfordert A-3 der AVB D&O, dass eine versicherte Person (ein Manager) von Dritten haftpflichtig gemacht wird. Es handelt sich also nicht um den Regelfall der sog. Innenhaftung, bei der das Unternehmen „seinen" Manager in Anspruch nimmt. Vielmehr stellt die Inanspruchnahme des Managers durch einen Dritten einen Fall der sog. **Außenhaftung** dar.

23 Entsprechend erfüllt auch die Befreiung einer versicherten Person von einer Innenhaftung – etwa durch Verzicht, Entlastung oder Generalbereinigung – den Tatbestand der Company Reimbursement-Klausel nicht.[17]

3. Zulässigkeit der Freistellung

24 Aus einer zwar im Außenverhältnis erfolgreichen, im Innenverhältnis aber rechtlich unzulässigen Freistellung folgt nach der Company-Reimbursement-Klausel kein Zahlungsanspruch gegen den Versicherer.[18]

25 Es ist also zu unterscheiden zwischen einer erfolgreichen und einer rechtlich zulässigen Freistellung. Beide sind nicht notwendigerweise identisch. Sobald der versicherte Manager von seiner Haftpflichtschuld gegenüber dem Geschädigten befreit wird, ist die Freistellung erfolgreich.

26 Im Innenverhältnis zwischen dem freistellenden Unternehmen und dem versicherten Manager kann die Freistellung dagegen rechtlich unzulässig sein. Eine unzulässige Freistellung in diesem Innenverhältnis berührt allerdings nicht den Erfolg der Freistellung im Außenverhältnis.[19]

27 Eine Freistellung des versicherungsnehmenden Unternehmens gegenüber dem Manager ist dann rechtlich unzulässig, wenn das die Außenhaftung verursachende Verhalten auch eine **Pflichtverletzung** im Innenverhältnis darstellt.[20] Dies gilt zumindest dann, wenn das versicherungsnehmende Unternehmen auf einen entsprechenden Innenhaftungsanspruch nicht verzichten kann (wie beispielsweise nach dem Recht der Aktiengesellschaft, das einen Verzicht auf Ersatzansprüche gegen Vorstandsmitglieder in § 93 Abs. 4 S. 3 AktG in mehrfacher Hinsicht einschränkt).[21]

28 Stellt ein Unternehmen einen Versicherten unzulässig frei, ist kein Regress des versicherungsnehmenden Unternehmens gegen den Versicherer möglich. Wenn der Versicherte seinerseits zur Rückerstattung nicht in der Lage ist, verbleibt der **Schaden** bei dem freistellenden Unternehmen. Unternehmen sind daher gut beraten, nicht vorschnell eine Freistellung durchzuführen, ohne

15 *Lange* VersR **2011** 429, 433.
16 *Lange* VersR **2011** 429, 433.
17 *Lange* § 20 Rn. 27.
18 *Lange* § 20 Rn. 34.
19 *Lange* D&O-Versicherung § 20 Rn. 33.
20 Prölss/Martin/*Voit* AVB-D&O A-3 Rn. 4; Lange/*Lange* D&O-Versicherung § 20 Rn. 37.
21 Bruck/Möller/*Armbrüster* VVG A-5 Rn. 117.

vorab zu klären, ob der von Dritten geltend gemachte Haftpflichtanspruch gegen den Manager im Rahmen der *Company-Reimbursement*-Klausel durch den Versicherer gedeckt ist.

Teilweise geäußerte AGB-rechtliche Zweifel an der **Wirksamkeit** einer Beschränkung des Versicherungsschutzes auf Fälle der zulässigen Freistellung überzeugen nicht.[22] Denn zum einen dürfte es keine unzumutbare Benachteiligung des versicherungsnehmenden Unternehmens darstellen, wenn es bei rechtlich unzulässiger Freistellung des Managers keinen Versicherungsschutz genießt. Zum anderen hat der Versicherer ein berechtigtes Interesse, die Regulierung selbst zu steuern, ohne dass das Unternehmen unzulässige Freistellungen vornimmt. 29

4. Verpflichtung zur Freistellung

In der Praxis sind sowohl Company-Reimbursement-Klauseln anzutreffen, die auf weitere Voraus- 30 setzungen verzichten, als auch Klauseln, die neben der Zulässigkeit der Freistellung im Außenverhältnis zusätzlich eine wirksame **Verpflichtung** des Unternehmens über die Freistellung des Managers voraussetzen.

Bei Vereinbarung einer derartigen Klausel reicht eine bloße (auch zulässige) Freistellung so- 31 mit nicht für einen Versicherungsanspruch aus. Erforderlich ist vielmehr, dass das versicherungsnehmende Unternehmen zur Freistellung des Managers gerade verpflichtet ist.

Auch Klauseln, die eine wirksame Verpflichtung des Unternehmens über die Freistellung des 32 Managers voraussetzen, sind AGB-rechtlich wirksam. Die **Wirksamkeit** dieser Klauseln lässt sich ebenfalls mit der Regulierungshoheit durch den Versicherer begründen. Zudem wird das versicherungsnehmende Unternehmen durch die Freistellung ein Geschäft (auch) des Versicherers betreiben, so dass die Regelungen über eine Geschäftsführung ohne Auftrag (§§ 677 ff. BGB) anwendbar sind.

Mit der Anwendbarkeit der Regeln über die **Geschäftsführung ohne Auftrag (§§ 677 ff. BGB)** 33 wird den Interessen des Unternehmens hinreichend Rechnung getragen.[23] Denn selbst bei (nicht geschuldeter) Freistellung des Managers müsste das versicherungsnehmende Unternehmen nicht zwangsläufig auf einen Regressanspruch gegen den Versicherer verzichten, sondern könnte diesen nach § 683 BGB (sofern dessen Voraussetzungen im Einzelfall vorliegen) geltend machen.[24]

Für den Fall, dass dem versicherungsnehmenden Unternehmen die Regelungen der Geschäfts- 34 führung ohne Auftrag nicht ausreichend erscheinen, ist es ihm unbenommen, eine D&O-Versicherungsklausel ohne Erfordernis einer Verpflichtung zu vereinbaren, oder alternativ vor der Freistellung eine Bestätigung des Versicherers einzuholen, dass die Freistellung im konkreten Fall den Reimbursement-Anspruch nicht gefährdet.

IV. Rechtsfolgen

Sind alle Voraussetzung der vereinbarten Company-Reimbursement-Klausel erfüllt, steht dem frei- 35 stellenden Unternehmen ein **Zahlungsanspruch** gegen den Versicherer zu. Der Umfang des Zahlungsanspruchs gegen den Versicherer entspricht dem Umfang der erfolgreichen Freistellung des Versicherten durch das Unternehmen.[25]

Sollte das versicherungsnehmende Unternehmen den Manager nur teilweise freigestellt ha- 36 ben, bestehen insgesamt zwei Ansprüche gegen den Versicherer. Zum einen der Anspruch des versicherten Managers auf bedingungsgemäßen Rechtsschutz und Freistellung in Höhe des nicht von der Freistellung des Unternehmens umfassten Teils des geltend gemachten Haftpflichtan-

22 Siehe dazu *Lange* § 20 Rn. 36.
23 *Lange* § 20 Rn. 40.
24 *Lange* § 20 Rn. 40.
25 *Koch* GmbhR **2004** 18, 26.

spruchs. Zum anderen besteht ein Regressanspruch des Unternehmens gegen den Versicherer in Höhe der erfolgreichen Freistellung des Managers.

37 Infolge dieser zwei möglichen Deckungsansprüche sind auch zwei **Deckungsklagen** gegen den Versicherer denkbar.[26]

V. Einwendungen des Versicherers

38 In Fällen des Company-Reimbursement laufen versicherungsnehmende Unternehmen Gefahr, vom Versicherer den Einwand entgegengesetzt zu bekommen, das **Wahlrecht** des Versicherers zwischen Abwehr des gegen den Manager geltend gemachten Außenhaftungsanspruch und Erfüllung des Haftungsanspruchs zu vereiteln. Denn bei erfolgreicher Freistellung des Versicherten durch das Unternehmen ist der Versicherer nicht mehr in der Lage, den Außenhaftungsanspruch abzuwehren.

39 Denkbar ist dieser Einwand insbesondere, wenn die Company-Reimbursement-Klausel keine Verpflichtung des versicherungsnehmenden Unternehmens zur Freistellung des Managers vorsieht, das versicherungsnehmende Unternehmen den Manager also ohne eine entsprechende Verpflichtung von Außenhaftungsansprüchen freistellen *darf*. In solchen Fällen muss sich der Versicherer, der eine entsprechende Klausel vereinbart, daran festhalten lassen, seine Regulierungskompetenz zu einem gewissen Grad gelockert zu haben.[27]

40 Solange der Versicherungsnehmer im Rahmen der vereinbarten Company-Reimbursement-Klausel freistellt, kann ihm der Versicherer daher keine Missachtung der Regulierungshoheit vorwerfen.

VI. Selbstbehalt

41 Vom Anspruch gegen den Versicherer ist oftmals ein vereinbarter Selbstbehalt abzuziehen. Ein solcher Selbstbehalt kann sowohl gesellschaftsrechtlicher als auch deckungsrechtlicher Natur sein.

42 Zum einen kann in der Freistellungsverpflichtung des versicherungsnehmenden Unternehmens ein Selbstbehalt des versicherten Managers vereinbart sein. In Höhe dieses Selbstbehalts **gesellschaftsrechtlicher Natur** besteht keine Freistellungsverpflichtung des Unternehmens, sodass die versicherte Person in Höhe des entsprechenden Selbstbehalts Versicherungsschutz erhält.[28]

43 Zum anderen ist auch die Vereinbarung eines Selbstbehalts in der D&O-Versicherung möglich. Dabei kann der Versicherer sowohl einen Individual-Selbstbehalt des versicherten Managers als auch einen Unternehmens-Selbstbehalt vorsehen.[29] In Höhe dieser Selbstbehalte **deckungsrechtlicher Natur** besteht kein Freistellungsanspruch des versicherungsnehmenden Unternehmens gegenüber dem D&O-Versicherer.

44 Das versicherungsnehmende Unternehmen kann also im Fall eines in der D&O-Versicherung vereinbarten **Individual-Selbstbehalts** des Managers keinen Regress in Höhe des Selbstbehalts beim Versicherer nehmen.

45 Ebenso kann das versicherungsnehmende Unternehmen im Fall eines in der D&O-Versicherung vereinbarten **Unternehmens-Selbstbehalts** keinen Regress beim Versicherer in Höhe des Selbstbehalts nehmen. Etwaig vereinbarte deckungsrechtliche Selbstbehalte muss das versicherungsnehmende Unternehmen jeweils von dem Zahlungsanspruch gegenüber dem Versicherer in Abzug bringen.[30]

---

26 *Lange* D&O-Versicherung § 20 Rn. 46.
27 *Lange* D&O-Versicherung § 20 Rn. 47.
28 Prölss/Martin/*Voit* AVB D&O A-3 Rn. 5.
29 *Lange* § 20 Rn. 50 f.
30 *Lange* § 20 Rn. 52.

A-4 Tochtergesellschaften

[1]Tochtergesellschaften im Sinne dieser Bedingungen sind Unternehmen im Sinne von §§ 290 Abs. 1, Abs. 2 Ziff. 1 bis 3, 271 Abs. 1 HGB, bei denen der Versicherungsnehmer unmittel- oder mittelbar einen beherrschenden Einfluss ausüben kann, entweder durch

- **die Mehrheit der Stimmrechte der Gesellschafter,**
- **das Recht, die Mehrheit der Mitglieder des Aufsichts-, des Verwaltungsrats oder eines sonstigen Leitungsorgans zu bestellen oder abzuberufen und er gleichzeitig Gesellschafter ist oder**
- **das Recht, die Finanz- und Geschäftspolitik auf Grund eines mit diesem Unternehmen geschlossenen Beherrschungsvertrages oder auf Grund einer Bestimmung in der Satzung dieses Unternehmens zu bestimmen**

und die ihren Sitz in einem Mitgliedstaat der EU haben.
[2]Dies gilt nicht für Personengesellschaften im Sinne des deutschen Rechts und vergleichbare Gesellschaftsformen nach ausländischem Recht.
[3]Neu erworbene und neu gegründete Tochtergesellschaften sind ab dem Zeitpunkt, zu dem der Erwerb oder die Gründung dem Versicherer in Textform angezeigt wird, vom Versicherungsschutz erfasst, soweit der Versicherer der Mitversicherung in Textform zugestimmt hat. [4]Maßgeblicher Zeitpunkt der Anzeige ist der Zugang beim Versicherer.

Schrifttum

Bastuck/Stelmasczcyk Gestaltung des D&O-Versicherungsschutzes in M&A-Transaktionen, NZG 2011, 241; *Lange* Auswirkungen eines Kontrollwechsels (change of control) auf die D&O-Versicherung, AG 2005, 459.

Übersicht

A. **Allgemeines — 1**

B. **Inhalt der Klausel**

I. Überblick — 3

II. Beherrschender Einfluss — 9

III. Sitz in EU — 21

IV. Ausschluss von Personengesellschaften — 25

V. Neue Gesellschaften — 30

A. Allgemeines

Gemäß Ziff. A-4 sind – unter bestimmten Voraussetzungen – auch Organmitglieder von **Tochtergesellschaften** des versicherungsnehmenden Unternehmens vom Schutz der D&O Police umfasst. 1

Ziff. A-4 greift hierbei nicht auf das Konzept einer konkreten Auflistung der vom Schutz der D&O Police umfassten Tochtergesellschaften zurück, sondern stellt auf abstrakte Kriterien ab. Die Regelung in Ziff. A4 erlaubt damit einen flexiblen Schutz, der sich auch auf die Organmitglieder neu hinzukommender Tochtergesellschaften erstrecken kann. 2

https://doi.org/10.1515/9783110675511-005

B. Inhalt der Klausel

I. Überblick

3 Für einen Einbezug der Organmitglieder von Tochtergesellschaften in den D&O-Schutz muss das versicherungsnehmende Unternehmen unmittelbar oder mittelbar einen **beherrschenden Einfluss** auf die neue Tochtergesellschaft ausüben können.[1] Diesbezüglich entwickelt Ziff. A4 keine eigenen Kriterien, sondern stellt auf die Regelung in § 290 Abs. 1, Abs. 2 Ziff. 1 bis 3 HGB zum beherrschenden Einfluss ab (die im Wortlaut von Ziff. A-4 Abs. 1 nochmals wiedergegeben wird).

4 Wie sich aus dem Verweis auf § 271 Abs. 1 HGB ergibt, muss der beherrschende Einfluss gemäß Ziff. A-4 ferner durch eine **Beteiligung** vermittelt sein. Eine lediglich wirtschaftliche Beherrschung reicht also nicht aus.[2]

5 Voraussetzung für einen Einbezug des Organmitglieds in den Schutzbereich der D&O Police ist weiterhin, dass die jeweilige Tochtergesellschaft ihren Sitz in einem **Mitgliedsstaat der EU** hat. Das Kriterium ist formell zu verstehen. Tochtergesellschaften, die ihren Sitz in Ländern haben, die nicht mehr Mitgliedsstaat der EU sind (wie Großbritannien nach dem Brexit), oder die nur dem Europäischen Wirtschaftsraum (EWR) oder der Europäischen Freihandelsassoziation (EFTA) angehören, sind nicht vom D&O-Schutz umfasst.[3]

6 Ebenfalls ausgeschlossen sind Tochtergesellschaften in der Rechtsform von **Personengesellschaften**, und zwar sowohl nach deutschem als auch nach ausländischem Recht. Eine (wenn auch nicht im Text der Ziff. A4 genannte) Ausnahme gilt für die GmbH & Co. KG.[4] Bei dieser handelt es sich zwar um einen Personengesellschaft. Da die versicherte Person jedoch letztlich Geschäftsführer der Komplementär GmbH ist, wird sie ebenfalls in den Schutzbereich des D&O-Vertrages einbezogen.[5]

7 Indem der Schutz gem. Ziff. A4 nach abstrakten Kriterien bestimmt wird, können auch neue Tochtergesellschaften (und zwar sowohl neu gegründeter als auch neu erworbene) in den Schutzbereich der D&O Police aufgenommen werden.[6]

8 Voraussetzung hierfür ist zum einen eine Anzeige des Erwerbs oder der Neugründung der entsprechenden Tochtergesellschaft gegenüber dem Versicherer. Zum anderen ist eine Zustimmung des Versicherers (ggf. nach eingehender Risikoprüfung) erforderlich.[7] Stimmt der Versicherer zu, ist die neue Tochtergesellschaft bereits rückwirkend ab dem Zeitpunkt der Anzeige gegenüber dem Versicherer vom Versicherungsschutz umfasst.[8]

II. Beherrschender Einfluss

9 Hauptvoraussetzung für das Vorliegen einer Tochtergesellschaft ist, dass das versicherungsnehmende Unternehmen einen beherrschenden Einfluss ausüben kann.[9] Dabei muss der Einfluss durch eine Beteiligung vermittelt sein, wie sich aus dem Verweis auf § 271 Abs. 1 HGB ergibt.

---

1 Bruck/Möller/*Armbrüster* VVG A-4 Rn. 4 ff.

2 Prölss/Martin/*Voit* AVB D&O Abs. A_4 Rn. 1; Bruck/Möller/*Armbrüster* VVG A-4 Rn. 11.

3 Prölss/Martin/*Voit* AVB D&O Abs. A_4 Rn. 1; Bruck/Möller/*Armbrüster* VVG A-4 Rn. 12 f.

4 Bruck/Möller/*Armbrüster* VVG A-4 Rn. 15.

5 Einf 356 ff.; Bruck/Möller/*Armbrüster* VVG A-1 Rn. 11.

6 Bruck/Möller/*Armbrüster* VVG A-4 Rn. 16.

7 Bruck/Möller/*Armbrüster* VVG A-4 Rn. 16; Prölss/Martin/*Voit* AVB D&O Abs. A_4 Rn. 2; Seitz/Finkel/Klimke/*Finkel/Seitz* Ziff. 1 Rn. 24, 35.

8 Bruck/Möller/*Armbrüster* VVG A-4 Rn. 16; Prölss/Martin/*Voit* AVB D&O Abs. A_4 Rn. 2; Seitz/Finkel/Klimke/*Finkel/Seitz* Ziff. 1 Rn. 36.

9 Bruck/Möller/*Armbrüster* VVG A-4 Rn. 4 ff; Seitz/Finkel/Klimke/*Finkel/Seitz* Ziff. 1 Rn. 28; *Bastuck/Stelmaszczyk* NZG **2011** 241, 241 f.

Die Arten, in denen die versicherungsnehmende Gesellschaft auf das Tochterunternehmen einen beherrschenden Einfluss ausüben kann, sind in Ziff. A-4 Abs. 1 aufgeführt. Die Regelung in Ziff. A-4 Abs. 1 entwickelt diese Kriterien dabei nicht selbst, sondern greift auf die Regelung in § 290 Abs. 2 Ziff. 1 bis 3 HGB zurück, die auch namentlich in Ziff. A-4 genannt ist. 10

Ein beherrschender Einfluss kann sich demnach ergeben aus 11

- einer Mehrheit der Stimmrechte (Ziff. A-4 Abs. 1, Spiegelstrich 1);
- dem Recht, die Mehrheit der Mitglieder eines Aufsichts-, Verwaltungs- oder Leitungsorgans des Tochterunternehmens zu bestellen oder abzuberufen (Ziff. A-4 Abs. 1, Spiegelstrich 2); oder
- dem Recht, die Finanz- und Geschäftspolitik des Tochterunternehmens aufgrund eines Beherrschungsvertrages oder einer Satzungsregelung zu bestimmen (Ziff. A-4 Abs. 1, Spiegelstrich 3).

Das Kriterium der **Mehrheit der Stimmrechte** bei der Tochtergesellschaft (Ziff. A-4 Abs. 1, Spiegelstrich 1) geht zurück auf die Regelung in § 290 Abs. 2 Nr. 1 HGB. Wie dort ist die Mehrheit der Stimmrechte erforderlich. Nicht ausreichend ist eine bloße Mehrheit der Anteile, sofern sich diese nicht in einer Mehrheit der Stimmrechte äußert (beispielsweise bei stimmrechtslosen Anteilen).[10] Das Erfordernis der Mehrheit der Stimmrechte ist formell zu verstehen. Selbst eine regelmäßig geringe Präsenzmehrheit in Gesellschafts- oder Hauptversammlung führt also nicht etwa dazu, dass aus einem geringeren Anteil als der Hälfte der Stimmrechte qua faktischer Dominanz in der Versammlung eine Mehrheit der Stimmrechte im Sinne von Ziff. A-4 Abs. 1, Spiegelstrich 1 wird. 12

Das **Recht, die Mehrheit der Mitglieder eines Aufsichts-, Verwaltungs- oder Leitungsorgans zu bestellen oder abzuberufen** (Ziff. A-4 Abs. 1, Spiegelstrich 2) geht zurück auf die Regelung in § 290 Abs. 2 Nr. 2 HGB. Die Vorschriften sind in ähnlichem Sinne zu verstehen, auch wenn die Regelung in Ziff. A-4 Abs. 1, Spiegelstrich 2, anders als die Regelung in § 290 Abs. 2 Nr. 2 HGB, nicht ausdrücklich verlangt, dass das Organ die Finanz- und Geschäftspolitik bestimmt.[11] Ausdrücklich erforderlich ist gem. Ziff. A-4 Abs. 1, Spiegelstrich 2, dass das versicherungsnehmende Unternehmen „gleichzeitig Gesellschafter" des Tochterunternehmens ist. 13

Als drittes Kriterium geht das **Recht, die Finanz- und Geschäftspolitik der Tochtergesellschaft zu bestimmen** (Ziff. A-4 Abs. 1, Spiegelstrich 3), zurück auf die Regelung in § 290 Abs. 2 Nr. 3 HGB. Wie dort verlangt auch die Regelung in Ziff. A-4 ausdrücklich, dass das Recht, die Finanz- und Geschäftspolitik des Tochterunternehmens zu bestimmen, auf einem mit dem Tochterunternehmen geschlossenen Beherrschungsvertrag oder auf einer Bestimmung in der Satzung des Tochterunternehmens basiert.[12] 14

Das versicherungsnehmende Unternehmen kann den beherrschenden Einfluss auf die Tochtergesellschaft entweder unmittelbar oder mittelbar ausüben.[13] Auch dies stimmt überein mit der Regelung in § 290 Abs. 1 HGB, auf die Ziff. A-4 Abs. 1 ebenfalls ausdrücklich verweist. 15

Nicht enthalten in der Regelung in Ziff. A-4 Abs. 1 ist eine der Vorschrift des § 290 Abs. 2 Nr. 4 HGB entsprechende Regelung. Entsprechend ist die Regelung in § 290 Abs. 2 Nr. 4 HGB auch von dem Verweis in Ziff. A-4 Abs. 1 ausdrücklich ausgenommen. Dies liegt daran, dass die Regelung in § 290 Abs. 2 Nr. 4 HGB, die Zweckgesellschaften betrifft, eine (allein) wirtschaftliche Beherrschung ausreichen lässt. Dies soll jedoch im Rahmen der Vorschrift in Ziff. A-4 nicht ausreichen.[14] Für die Regelung in Ziff. A-4 ist vielmehr eine rechtlich vermittelte Beherrschung erforderlich. 16

Aus demselben Grund erklärt sich auch der Verweis in Ziff. A-4 Abs. 1 auf die Regelung in § 271 Abs. 1 HGB. Anders als noch in der bis zum 28. Mai 2019 geltenden Fassung verlangt § 290 Abs. 1 HGB nämlich nicht (mehr), dass das Verhältnis von Mutter- und Tochterunternehmen über eine Beteiligung nach § 271 Abs. 1 HGB vermittelt wird. Im Kontext des § 270 HGB ist dies konse- 17

10 Bruck/Möller/*Armbrüster* VVG A-4 Rn. 6; Seitz/Finkel/Klimke/*Finkel/Seitz* Ziff. 1 Rn. 32.
11 Bruck/Möller/*Armbrüster* VVG A-4 Rn. 7.
12 Bruck/Möller/*Armbrüster* VVG A-4 Rn. 8; Seitz/Finkel/Klimke/*Finkel/Seitz* Ziff. 1 Rn. 34.
13 Bruck/Möller/*Armbrüster* VVG A-4 Rn. 4 f.
14 Bruck/Möller/*Armbrüster* VVG A-4 Rn. 9; Prölss/Martin/*Voit* AVB D&O Abs. A_4 Rn. 1.

quent. Das Erfordernis einer zwingenden Beteiligung würde schließlich nicht zu der seit dem 29. Mai 2009 in § 290 Abs. 2 Nr. 4 HGB aufgenommenen Zweckgesellschaft (für die eine bloß wirtschaftliche Beherrschung reicht) passen.

18 Aus Sicht von Ziff. A-4 Abs. 1 ist jedoch nach wie vor an dem Erfordernis einer Vermittlung des beherrschenden Einflusses über eine Beteiligung festzuhalten. Dies ist der Hintergrund und die Bedeutung des Verweises in Ziff. A-4 Abs. 1 auf die Regelung in § 271 Abs. 1 HGB.

19 Nach der Regelung in § 271 Abs. 1 S. 1 HGB sind **Beteiligungen** Anteile an anderen Unternehmen, die einer dauernden Verbindung zwischen den Unternehmen dienen sollen. Nicht erforderlich ist, dass die Anteile in Wertpapieren verbrieft sind (§ 271 Abs. 1 S. 2 HGB).

20 Eine Beteiligung wird gemäß § 271 Abs. 1 S. 3 HGB vermutet, wenn die Anteile an dem anderen Unternehmen insgesamt **20 Prozent** von dessen Nennkapital bzw. der Summe aller Kapitalanteile überschreiten.[15] Eine Überschreitung dieser Schwelle wird in der Regel (allerdings keineswegs notwendigerweise in jedem Fall) vorliegen, wenn eines der drei in Ziff. A-4 Abs. 1 genannten Kriterien zum Vorliegen eines beherrschenden Einflusses erfüllt ist.

III. Sitz in EU

21 Die Tochtergesellschaft muss ihren Sitz in einem **Mitgliedsstaat der Europäischen Union** (EU) haben.

22 Hierbei kommt es allein auf den **Sitz** der Tochtergesellschaft an.[16] Wo das versicherte Organmitglied seinen Wohnsitz hat, und ob sich dieser ggf. außerhalb der EU befindet, ist für die Vorschrift irrelevant.[17]

23 Ziff. A-4 Abs. 1 verlangt ausdrücklich, dass die Tochtergesellschaft ihren Sitz in einem Mitgliedsstaat der EU haben muss. Dieses Kriterium ist formell zu verstehen. Tochtergesellschaften mit einem Sitz lediglich in anderen europäischen Zusammenschlüssen, wie beispielsweise dem Europäischen Wirtschaftsraum (EWR), dem zusätzlich Island, Liechtenstein und Norwegen angehören, oder der Europäischen Freihandelsassoziation (EFTA) mit den Ländern Island, Liechtenstein, Norwegen und der Schweiz, sind von der Regelung in Ziff. A-4 Abs. 1 ausdrücklich nicht umfasst.[18]

24 Mit dem Brexit, der am 1. Februar 2020 in Kraft trat, ist das Vereinigte Königreich kein Mitgliedsstaat der EU mehr. Gesellschaften mit Sitz im Vereinigten Königreich sind entsprechend ebenfalls keine Tochtergesellschaften im Sinne der Ziff. A-4 (mehr).[19]

IV. Ausschluss von Personengesellschaften

25 Als versicherte Tochtergesellschaften ausdrücklich ausgeschlossen sind nach Ziff. A-4 Abs. 2 jegliche **Personengesellschaften**. Diese können entweder nach deutschem Recht oder auch nach ausländischem Recht verfasst sein.

26 Anders als Ziff. A-1 (Versicherungsschutz, versicherte Personen, Vermögensschäden) schließt die Regelung in Ziff. A-4 Personengesellschaften somit ausdrücklich vom Schutzbereich aus. Mitglieder von Geschäftsführungs- oder Aufsichtsgremien von als Personengesellschaft verfassten Tochtergesellschaften (gleich nach welcher Rechtsordnung) sind damit nicht versicherte Personen.

27 Zu den Personengesellschaften nach deutschem Recht zählen neben der BGB-Gesellschaft und der Offenen Handelsgesellschaft (OHG) auch die Kommanditgesellschaft (KG).

15 Bruck/Möller/*Armbrüster* VVG A-4 Rn. 10; Seitz/Finkel/Klimke/*Finkel/Seitz* Ziff. 1 Rn. 30.
16 Bruck/Möller/*Armbrüster* VVG A-4 Rn. 12; Prölss/Martin/*Voit* AVB D&O Abs. A_4 Rn. 1.
17 Bruck/Möller/*Armbrüster* VVG A-4 Rn. 12.
18 Bruck/Möller/*Armbrüster* VVG A-4 Rn. 12.
19 Bruck/Möller/*Armbrüster* VVG A-4 Rn. 12.

Die **GmbH & Co. KG** nimmt damit eine Zwischenstellung ein. Lediglich die persönlich haftende Gesellschafterin (Komplementär), also die GmbH, ist juristische Person. Dies ändert allerdings nichts daran, dass es sich auch bei einer GmbH & Co. KG um eine Kommanditgesellschaft (KG) handelt, mithin um eine Personengesellschaft, die eigentlich nach dem Wortlaut von Ziff. A-4 Abs. 2 vom Schutzbereich ausgenommen wäre. 28

Trotzdem besteht Übereinstimmung, dass der **Geschäftsführer der Komplementär-GmbH** einer GmbH & Co. KG versicherte Person ist.[20] Begründet wird dies teilweise damit, dass immerhin die Komplementär-GmbH als juristische Person vom Versicherungsschutz umfasste Tochtergesellschaft sei. Angesichts der Tatsache, dass sich die Haftung des Geschäftsführers der Komplementär-GmbH nicht nur gegenüber der Komplementär-GmbH, sondern auch gegenüber der KG nach den Vorschriften des GmbH-Rechts (§ 43 GmbHG) richtet, wird aber auch eine Einbeziehung der gesamten GmbH & Co. KG befürwortet.[21] Im Ergebnis besteht somit Einigkeit, dass auch der Geschäftsführer einer Tochtergesellschaft in der Form der GmbH & Co. KG als versicherte Person in den Schutzbereich des Versicherungsvertrages einbezogen ist.[22] 29

V. Neue Gesellschaften

Der Schutz durch die D&O-Police ist nicht statisch.[23] Stattdessen können **neue Tochtergesellschaften** (entweder neu gegründete oder neu erworbene) in den Schutzbereich der Police aufgenommen werden.[24] Die neuen Tochtergesellschaften können ihrerseits einen Sitz in jedem Mitgliedsstaat der EU haben. 30

Voraussetzung hierfür ist gemäß Ziff. A-4 Abs. 3 zweierlei: Zum einen muss der Erwerb oder die Neugründung der entsprechenden Tochtergesellschaft dem Versicherer angezeigt werden. Zum anderen ist eine **Zustimmung** des Versicherers erforderlich.[25] 31

Es besteht somit kein Automatismus dahingehend, dass neu erworbene oder gegründete Tochtergesellschaften ohne weiteres in den Schutzbereich der D&O-Police aufgenommen werden.[26] Eine Zustimmung des Versicherers ist vielmehr ausdrücklich erforderlich.[27] 32

Das Erfordernis einer Zustimmung gewährt dem Versicherer die Möglichkeit einer **Risikoprüfung** in Bezug auf die neue Gesellschaft. Insbesondere (aber nicht nur) bei neuen Tochtergesellschaften mit Sitz in anderen EU-Mitgliedsstaaten (die ja bei erfolgter Zustimmung des Versicherers ebenfalls vom Schutzbereich der D&O-Police umfasst sind), ist dies bedeutsam.[28] 33

Zum Umfang der Zeit, die sich der Versicherer für die Risikoprüfung der neuen Tochtergesellschaft nehmen darf, äußerst sich die Regelung in Ziff. A-4 nicht. Eine allgemeine Regelung dürfte auch nicht möglich sein. Der erforderliche Zeitraum richtet sich vielmehr nach den relevanten Umständen des Einzelfalls (beispielsweise Sitz und Größe der Tochtergesellschaft, Bereich und Umfang der Geschäftstätigkeit sowie Anzahl und etwaige Besonderheiten der Organmitglieder).[29] Bei einer neu gegründeten Tochtergesellschaft wird der erforderliche Prüfungsumfang zumeist geringer ausfallen als bei einer (insbesondere größeren) erworbenen Tochtergesellschaft. Auf je- 34

20 Bruck/Möller/*Armbrüster* VVG A-1 Rn. 11; Beckmann/Matusche-Beckmann/*Beckmann* § 28 Rn. 58.

21 Bruck/Möller/*Armbrüster* VVG A-1 Rn. 15.

22 Bruck/Möller/*Armbrüster* VVG A-1 Rn. 11.

23 Seitz/Finkel/Klimke/*Finkel/Seitz* Ziff. 1 Rn. 37; Beckmann/Matusche-Beckmann/*Beckmann* § 28 Rn. 56.

24 Bruck/Möller/*Armbrüster* VVG A-4 Rn. 16; Prölss/Martin/*Voit* AVB D&O Abs. A_4 Rn. 2; *Lange* D&O Versicherung § 5 Rn. 31; *Bastuck/Stelmaszczyk* NZG **2011** 241, 244.

25 Bruck/Möller/*Armbrüster* VVG A-4 Rn. 16; Prölss/Martin/*Voit* AVB D&O Abs. A_4 Rn. 2; Seitz/Finkel/Klimke/*Finkel/Seitz* Ziff. 1 Rn. 24, 35; *Lange* AG **2005** 459, 461.

26 Seitz/Finkel/Klimke/*Finkel/Seitz* Ziff. 1 Rn. 36.

27 Bruck/Möller/*Armbrüster* VVG A-4 Rn. 16; Prölss/Martin/*Voit* AVB D&O Abs. A_4 Rn. 2.

28 Bruck/Möller/*Armbrüster* VVG A-4 Rn. 20.

29 Bruck/Möller/*Armbrüster* VVG A-4 Rn. 21.

den Fall ist der Versicherer angesichts des schutzwürdigen Interesses des Versicherungsnehmers zu einer unverzüglichen Entscheidung verpflichtet.[30]

35 Die Entscheidung des Versicherers ergeht (wie auch die vorherige Anzeige des Versicherungsnehmers) in **Textform** (§ 126 b BGB).[31]

36 Stimmt der Versicherer einer Mitversicherung der neuen Tochtergesellschaft zu, ist diese bereits rückwirkend ab dem Zeitpunkt, zu dem der Versicherungsnehmer den Erwerb oder die Gründung der neuen Tochtergesellschaft angezeigt hat, versichert.[32] Maßgeblich ist hierfür nach Ziff. A-4 Abs. 3, S. 2 der Zeitpunkt des Zugangs der **Anzeige** beim Versicherer.[33]

---

30 Bruck/Möller/*Armbrüster* VVG A-4 Rn. 21.

31 Bruck/Möller/*Armbrüster* VVG A-4 Rn. 16.

32 Bruck/Möller/*Armbrüster* VVG A-4 Rn. 16; Prölss/Martin/*Voit* AVB D&O Abs. A_4 Rn. 2; Seitz/Finkel/Klimke/*Finkel/Seitz* Ziff. 1 Rn. 35.

33 Bruck/Möller/*Armbrüster* VVG A-4 Rn. 21.

A-5 Zeitlicher Umfang des Versicherungsschutzes

A-5.1 Pflichtverletzung und Anspruchserhebung während der Vertragsdauer

Versicherungsschutz besteht für alle während der Vertragsdauer eintretenden Versicherungsfälle wegen Pflichtverletzungen, die während der Dauer des Versicherungsvertrages begangen wurden.

A-5.2 Rückwärtsdeckung für vorvertragliche Pflichtverletzungen

[1]Der Versicherungsschutz erstreckt sich auch auf Versicherungsfälle aufgrund von vor Vertragsbeginn begangenen Pflichtverletzungen. [2]Dies gilt jedoch nicht für solche Pflichtverletzungen, die die in Anspruch genommene(n) versicherte(n) Person(en) oder der Versicherungsnehmer bei Abschluss dieses Versicherungsvertrages kannte(n). [3]Als bekannt gilt eine Pflichtverletzung, wenn sie von dem Versicherungsnehmer oder der (den) versicherten Person(en) als – wenn auch nur möglicherweise – objektiv fehlsam erkannt oder ihnen gegenüber, wenn auch nur bedingt, als fehlsam bezeichnet worden ist, auch wenn Schadenersatzansprüche weder erhoben noch angedroht noch befürchtet worden sind.

A-5.3 Anspruchserhebungen nach Vertragsende (Nachmeldefrist)

[1]Der Versicherungsschutz umfasst auch solche Ansprüche, die auf Pflichtverletzungen beruhen, die bis zum Ende des Versicherungsvertrages begangen und innerhalb eines Zeitraums von ... Jahren nach Ende des Versicherungsvertrages erhoben und dem Versicherer gemeldet worden sind.

[2]Darüber hinaus hat der Versicherungsnehmer das Recht, gegen Zahlung eines zusätzlichen Beitrages in Höhe von ... % des letzten Jahresbeitrages die Vereinbarung einer weiteren Nachmeldefrist von ... Jahr(en) zu verlangen. [3]Das Recht des Versicherungsnehmers, die Vereinbarung dieser weiteren Nachmeldefrist zu verlangen, erlischt, wenn die Nachmeldefrist nicht innerhalb eines Monats nach Ende des Versicherungsvertrages in Textform beim Versicherer beantragt wird oder wenn die Zahlung des zusätzlichen Beitrages für die Nachmeldefrist nicht unverzüglich geleistet wird. [4]Maßgeblicher Zeitpunkt der Beantragung ist der Zugang beim Versicherer.

[5]Das Recht zum Erwerb einer weiteren Nachmeldefrist gilt nicht im Falle der Vertragsbeendigung nach einem Antrag auf Eröffnung des Insolvenzverfahrens über das Vermögen des Versicherungsnehmers sowie im Falle der Vertragsbeendigung wegen einer durch Neubeherrschung eingetretenen Gefahrerhöhung gem. B-3.2.

[6]In den Fällen, in denen der Versicherungsvertrag wegen Zahlungsverzug beendet worden ist, gilt weder die automatische Nachmeldefrist noch das Recht zum Erwerb einer weiteren Nachmeldefrist.

[7]Versicherungsschutz besteht für die gesamte Nachmeldefrist im Rahmen und nach Maßgabe der bei Ablauf der letzten Versicherungsperiode geltenden Vertragsbestimmungen, und zwar in Höhe des unverbrauchten Teils der Versicherungssumme der letzten Versicherungsperiode.

https://doi.org/10.1515/9783110675511-006

A-5.4 Meldung von Umständen (Notice of Circumstance)

[1]Der Versicherungsnehmer und die versicherten Personen haben die Möglichkeit, dem Versicherer während der Laufzeit des Vertrages konkrete Umstände in Textform zu melden, die eine Inanspruchnahme der versicherten Personen hinreichend wahrscheinlich erscheinen lassen.
[2]Kündigt der Versicherer das Versicherungsverhältnis, kann zudem eine Meldung solcher Umstände innerhalb einer Frist von ... Tagen nach Ende des Vertrages erfolgen. [3]Die Meldung von Umständen innerhalb dieser Frist von ... Tagen nach Ende des Vertrages ist jedoch nicht möglich, wenn der Versicherungsvertrag aufgrund Zahlungsverzugs beendet worden ist.
[4]Im Fall einer tatsächlichen späteren Inanspruchnahme, die aufgrund eines gemeldeten Umstandes spätestens innerhalb einer Frist von ... Jahren erfolgen muss, gilt die Inanspruchnahme als zu dem Zeitpunkt der Meldung der Umstände erfolgt.
[5]Maßgeblicher Zeitpunkt für die Meldung ist der Zugang beim Versicherer.

A-5.5 Insolvenz

Im Fall der Stellung eines Insolvenzantrags über das Vermögen des Versicherungsnehmers oder einer Tochtergesellschaft erstreckt sich der Versicherungsschutz für die versicherten Personen des betroffenen Unternehmens nur auf Haftpflichtansprüche infolge von Pflichtverletzungen, die bis zum Zeitpunkt der Insolvenzantragstellung begangen worden sind.

A-5.6 Liquidation und Neubeherrschung

[1]Wird der Versicherungsnehmer selbst freiwillig liquidiert, endet der Versicherungsvertrag mit Abschluss der Liquidation automatisch.
[2]Wird der Versicherungsnehmer in entsprechender Anwendung von A-4 neu beherrscht, endet der Versicherungsvertrag nicht automatisch mit Ablauf der Versicherungsperiode. [3]B3-2 bleibt unberührt.

Schrifttum

Armbrüster/Schreier Abgrenzung von Änderung und Neuabschluss (Novation) eines Versicherungsvertrags, VersR 2015, 1053; *Baumann* Versicherungsfall und zeitliche Abgrenzung des Versicherungsschutzes in der D&O-Versicherung, NZG 2010, 1366; *Buntenbroich/Schneider* D&O-Versicherung: Verfügungsbefugnis des Versicherten bei Insolvenz des VN, RuS 2020, 270; *Cyrus* Neue Entwicklungen in der D&O-Versicherung, NZG 2018, 7; *Fortmann* Unwirksamkeit eines vollständigen Ausschlusses einer Nachmeldefrist im Rahmen eines D&O-Versicherungsvertrages, JurisPR-HaGesR 2016, Anm. 3; *ders.* Anmerkung zu LG Wiesbaden, Urt. v. 6.3.2019 – 5 0 234/17, RuS 2019, 458; *ders.* D&O-Versicherung: Verfügungsbefugnis über den Anspruch auf Versicherungsschutz in der Insolvenz des Versicherungsnehmers, jurisPR-VersR 2020, Anm. 3; *Jaschinski/Wentz* Deckung von Ansprüchen aus § 64 GmbHG durch eine D&O-Versicherung, NZG 2021, 288; *Klimke* Anzeigepflichten des VN bei Abschluss einer Rückwärtsversicherung, VersR 2004, 287; *Koch* Die Rechtsstellung der Gesellschaft und des Organmitglieds in der D&O-Versicherung (III), Teil 3: Rechtsstellung des Organmitglieds gegenüber dem D&O-Versicherer, GmbHR 2004, 288; *ders.* Das Dreiecksverhältnis zwischen Versicherer, Versicherungsnehmer und versicherten Personen in Innenhaftungsfällen der D&O-Versicherung, ZVersWiss 2012, 151; *Lange* Auswirkungen eines Kontrollwechsels (change of control) auf die D&O-Versicherung, AG 2005, 459; *ders.* Der Versicherungsfall der D&O-Versicherung, RuS 2006, 177; *ders.* Die D&O-Versicherung in der Insolvenz der Versicherungsnehmerin (Zweiter Teil), r+s 2014, 261; Melot de Beauregard/Gleich Aktuelle Problemfelder bei der D&O-Versicherung, NJW 2013 824; *Nerlich/Kreplin/Rhode* Münchener Anwaltshandbuch Insolvenz und Sanierung, 4. Auflage 2023; *Schimikowski* Nachmeldefrist in der Berufshaftpflichtversicherung, jurisPR-VersR 2009, Anm. 5; *Staudinger* Claims-made-Prinzip, Rückwärtsversicherung und Grenzen der Klauselgestaltung bei der D&O-Versicherung, VP 2009, 138.

Übersicht

A. **Allgemeines** — 1

I. Entstehungsgeschichte — 2

II. Regelungsgegenstand — 5

B. **Inhalt der Klausel**

I. A-5.1 Pflichtverletzung und Anspruchserhebung während der Vertragsdauer
1. Allgemeines — 11
2. Voraussetzungen — 14
   a) Pflichtverletzungen — 15
   b) Während der Vertragslaufzeit — 16
3. Einfluss bei Vertragsänderungen — 20
4. Besitzstandsklauseln — 26
5. Beweislast — 27
6. Abweichende Marktbedingungen — 28

II. A-5.2 Rückwärtsdeckung für vorvertragliche Pflichtverletzungen
1. Allgemeines — 34
2. Voraussetzungen — 36
   a) Unbekannte Pflichtverletzungen — 37
   b) Zeitpunkt der Kenntnis — 44
   c) Kenntnis des Versicherers — 46
3. Rechtsfolgen — 48
   a) Länge der Rückwärtsdeckung, Rückwirkungsdatum („retroactive date") — 49
   b) Vorläufige Versicherungsleistung — 50
4. Ausschluss bereits anhängiger Verfahren — 51
5. Tochterunternehmen — 52
6. Verhältnis zur vorvertraglichen Anzeigepflicht — 54
7. Beweislast — 55
8. Abweichende Marktbedingungen
   a) Alternative Rückwärtsdeckungsklauseln — 56
      aa) Verengung Personenkreis — 58
      bb) Kontinuität — 59
      cc) Vorläufiger Deckungsschutz — 62
   b) Kenntnis bis Versicherungsbeginn — 64
   c) Neu hinzukommende Tochtergesellschaften — 66

III. A-5.3 Anspruchserhebungen nach Vertragsende (Nachmeldefrist)
1. Allgemeines — 72
2. Voraussetzungen — 76
   a) Ende des Versicherungsschutzes — 77
   b) Vereinbarung einer Nachmeldefrist — 81
   c) Pflichtverletzung bis Vertragsende — 93
   d) Inanspruchnahme während Nachmeldefrist — 95
   e) Meldung während Nachmeldefrist — 98
   f) Verfallbarkeit der Nachmeldefrist — 102
3. Deckungsumfang — 108
   a) Geltende Versicherungsbedingungen — 109
   b) Höhe der Versicherungssumme — 110
   c) Abweichender Fristbeginn — 111
   d) Umfang bei Zusatzleistungen — 112
4. Anfechtung/Rücktritt/Kündigung/Vertragsanpassung während der Nachmeldefrist — 115
5. Nachmeldefristen bei Insolvenz des Versicherungsnehmers — 119
6. Abweichende Marktbedingungen
   a) Persönliche Nachmeldefrist — 122
   b) Erwerb weitere Nachmeldefrist — 132
   c) Unverfallbarkeit Nachmeldefrist — 136
   d) Nachmeldefrist für Zusatzleistungen — 140

IV. A-5.4 Meldung von Umständen (Notice of Circumstance) — 142
1. Voraussetzungen — 144
   a) Meldung konkreter Umstände — 145
   b) Hinreichende Wahrscheinlichkeit einer Inanspruchnahme — 148
   c) Form — 152
   d) Frist zur Meldung — 154
   e) Meldende — 158
   f) Frist für Eintritt des Versicherungsfalls — 161
   g) Eingrenzungen — 165
   h) Pflichten bei Nichteinhaltung der Voraussetzungen — 167
2. Rechtsfolgen
   a) Allgemeines — 172
   b) Möglichkeit eines Verzichts — 174
   c) Verhältnis zwischen Meldenden und versicherten Personen — 175
   d) Mehrere Umstandsmeldungen — 178
   e) Auswirkung auf Zusatzleistungen — 180
   f) Auswirkung auf die Versicherungssumme — 182
   g) Zurechnung der Umstandsmeldung — 183
3. Verlust der Wirkung einer Umstandsmeldung — 185
4. Verhältnis zu anderen Vorschriften — 187
5. Abweichende Marktbedingungen
   a) Konkretisierung der Angaben — 189
   b) Frist bei Meldung innerhalb Nachmeldefrist — 199
   c) Unbegrenzte Wirkung der Umstandsmeldung — 202
   d) Regelbeispiele — 204

e) Übernahme von Anwaltskosten — 206

V. A-5.5 Insolvenz
1. Allgemeines — 208
2. Inhalt der Klausel
a) Funktionsweise — 211
b) Relevanter Zeitpunkt, Rücknahme des Insolvenzantrags — 215
c) Besonderheiten der Neuregelung — 217
d) Wirksamkeit der Klausel — 219
e) Pflichtverletzungen zwischen Insolvenzreife und Antragstellung — 223
f) Beweislast, Verstoß durch Unterlassen — 228

VI. A-5.6 Liquidation und Neubeherrschung
1. Allgemeines — 230
2. Inhalt der Klausel
a) Liquidation der Versicherungsnehmerin — 233
b) Neubeherrschung — 236
c) Auswirkungen auf die Nachmeldefrist — 244
3. Abweichende Marktbedingungen — 245
a) Liquidation — 246
b) Neubeherrschung — 250

A. Allgemeines

1 Ziffer A-5 regelt den zeitlichen Umfang des Versicherungsschutzes. Es handelt sich damit um eine der zentralen Normen, um zu beurteilen, ob ein Versicherungsanspruch aus der D&O-Versicherung besteht. Sie ist im Zusammenhang mit dem in Ziffer A-2 geregelten Claims-made-Prinzip zu sehen und ergänzt dieses. Die Vorschrift enthält dabei sowohl Erweiterungen als auch Eingrenzungen zum Versicherungsschutz.[1]

I. Entstehungsgeschichte

2 Im Jahre 2019 erfolgte eine Umstellung der Bedingungsstruktur der Musterbedingungen im D&O-Bereich. Hierdurch wurde die frühere Regelung in Ziffer 3 AVB-AVG in die heutige Ziffer A-5 übernommen und angepasst.

3 Die Klausel war in der Vergangenheit mehrfachen Änderungen unterworfen. So war die heutige Regelung in Ziffer A-5.1 bereits schon früher in den Musterbedingungen des GDV enthalten. Allerdings wurde sie in den AVB-AVB 2013 komplett gestrichen und erst durch die Umstellung auf die AVB D&O im Jahre 2019 wieder in die Musterbedingungen aufgenommen.

4 Schon seit den AVB-AVG 2011 waren Regelungen zur Nachmeldefrist, Umstandsmeldung und zum Insolvenzfall in den Musterbedingungen enthalten, auch wenn sie über die Zeit teilweise inhaltlich angepasst worden sind. Die Regelung zur Neubeherrschung und Liquidation (Ziff. A-5.6 AVB D&O) wurde hingegen erst im Jahre 2019 in die D&O-Musterbedingungen aufgenommen.

II. Regelungsgegenstand

5 Ziffer A-5.1 modifiziert das in Ziffer A-2 geregelte Claims made-Prinzip. Ohne diese Vorschrift würde allein die Inanspruchnahme einer versicherten Person während der Vertragslaufzeit ausreichend sein, damit in zeitlicher Hinsicht Versicherungsschutz besteht. Ziffer A-5.1 stellt die zusätzliche Voraussetzung auf, dass auch die der Inanspruchnahme zugrunde liegende Pflichtverletzung **innerhalb der Vertragslaufzeit** begangen sein muss, damit ein Deckungsanspruch zugunsten der versicherten Personen besteht.

6 Ziffer A-5.2 erweitert den Versicherungsschutz für solche Pflichtverletzungen, die vor Vertragsbeginn begangen wurden (sog. **Rückwärtsdeckung**). Insoweit ist sie als Ergänzung zu Ziffer A-5.1 zu sehen. Allerdings gilt die Rückwärtsdeckung nicht unbeschränkt. Vielmehr werden solche

1 Seitz/Finkel/Klimke/*Finkel/Seitz* Ziff. 3 Rn. 1.

Pflichtverletzungen vom Versicherungsschutz ausgenommen, die bereits bei Vertragsabschluss bekannt waren.

Ziffer A-5.3 regelt die Erweiterung des Versicherungsschutzes in zeitlicher Hinsicht nach Vertragsende. Auch diese Vorschrift ist somit als Ergänzung zu Ziffer A-5.1 zu sehen. Die Vorschrift gewährt eine **Nachmeldefrist** nach Ende des Versicherungsvertrages. Sollte innerhalb dieser Frist eine Inanspruchnahme für eine Pflichtverletzung, die vor Vertragsende begangen wurde, erfolgen, besteht hierfür unter den in der Klausel genannten Voraussetzungen noch Versicherungsschutz. 7

Ziffer A-5.4 gibt dem Versicherungsnehmer und den versicherten Personen die Möglichkeit, eine sog. **Umstandsmeldung** abzugeben. Hierdurch können diese in bestimmten Fällen selbst bestimmen, welche Versicherungskonditionen im Falle des späteren Eintritts des Versicherungsfalls gelten. 8

Die Regelung in Ziffer A-5.5 schränkt den zeitlichen Umfang des Versicherungsschutzes für den Fall ein, dass von dem Versicherungsnehmer oder einem Tochterunternehmen ein **Insolvenzantrag** gestellt wird. In diesem Fall erstreckt sich der Versicherungsschutz für die versicherten Personen des betroffenen Unternehmens nur bis zum Zeitpunkt der Insolvenzantragsstellung. Dies bedeutet somit, dass sämtliche Pflichtverletzung, die danach begangen wurden, nicht vom Versicherungsschutz erfasst sind. 9

In Ziffer A-5.6 sind die Situationen geregelt, wenn der Versicherungsnehmer **liquidiert** oder **neu beherrscht** wird. Im ersten Fall endet der Versicherungsvertrag automatisch. Im zweiten Fall tritt keine automatische Beendigung des Versicherungsvertrages ein. Allerdings bleiben die Regelungen zur Gefahrerhöhung nach Ziffer B3-2 auch in dieser Situation weiterhin anwendbar (siehe Ziffer B3-2 Rn. 5 ff.). 10

B. Inhalt der Klausel

I. A-5.1 Pflichtverletzung und Anspruchserhebung während der Vertragsdauer

1. Allgemeines

Ziffer A-5.1 ist ein Teil der Bestimmungen zum zeitlichen Umfang des Versicherungsschutzes (zusammen mit Ziffern A-5.2 und A-5.3). Sie wird als **„Vorwärtsdeckung“** bezeichnet.[2] Soweit geregelt wird, dass der Versicherungsfall während der Vertragslaufzeit eingetreten sein muss, ist diese Regelung rein deklaratorisch. Dies wird bereits in Ziffer A-2 Satz 1 klargestellt. Allerdings modifiziert die Klausel auch das reine Claims Made-Prinzip (vgl. Ziff. A-2 Rn. 12 ff.). Sie regelt, dass nur für Versicherungsfälle, bei denen die Pflichtverletzungen während der Vertragslaufzeit begangen worden sind, versichert sind (zur Deckung von Pflichtverletzungen vor Vertragsbeginn siehe Rn. 34 ff.). Die Vorschrift kombiniert somit das Claims made- mit dem Verstoß-Prinzip. Für die Gewährung des Versicherungsschutzes ist es nach dieser Vorschrift daher grundsätzlich nicht ausreichend, dass nur die Anspruchserhebung während der Vertragslaufzeit erfolgt. 11

Hintergrund dieser Regelung ist, dass nicht das „brennende“ Hause versichert werden soll. Ohne die Regelung in Ziffer A-5.1 könnte nämlich noch ein D&O-Versicherungsvertrag abgeschlossen werden, wenn bereits Pflichtverletzungen bekannt sind. Das Unternehmen könnte dann bei Geltung des reinen Claims Made-Prinzips mit der Inanspruchnahme warten und erst den D&O-Versicherungsvertrag abschließen, um anschließend einen Deckungsanspruch auszulösen. Vor diesem Hintergrund – insbesondere in Kombination mit einer Rückwärtsdeckung und der Vereinbarung einer Nachmeldefrist – ist die Klausel nicht zu beanstanden und hält in dieser Form einer AGB-Prüfung stand.[3] 12

2 *Lange* § 10 Rn. 23.
3 So auch OLG München 8.5.2009 NZG **2009** 714 (715 ff.).

13 Häufig wird in D&O-Versicherungsbedingungen auf dem deutschen Markt – wie beispielsweise auch in den vorherigen GDV-Musterbedingungen – auf eine Ziffer A-5.1 vergleichbare Regelung verzichtet. Allerdings gilt dann im Ergebnis nichts anderes, da auch in diesen Fällen aufgrund der Regelung zur Rückwärtsdeckung lediglich Versicherungsschutz für unbekannte vorvertragliche Pflichtverletzungen besteht.

2. Voraussetzungen

14 Folgende Voraussetzungen müssen erfüllt sein, damit in zeitlicher Hinsicht nach Ziffer A-5.1 Versicherungsschutz besteht:

15 **a) Pflichtverletzungen.** Zunächst muss eine Pflichtverletzung vorliegen. Eine Pflichtverletzung ist der Vorwurf, gegen Handlungsgebote oder -verbote verstoßen zu haben.[4] Diese können sich sowohl aus Vertrag (z.B. dem Anstellungsvertrag), internen Regelungen (wie beispielsweise der Satzung) und/oder Gesetzen ergeben. Der Begriff Pflichtverletzungen umfasst sowohl positives Tun als auch Unterlassungen der versicherten Personen.

16 **b) Während der Vertragslaufzeit.** Nach Ziffer A-5.1 ist des Weiteren erforderlich, dass die Pflichtverletzung während der Vertragslaufzeit erfolgt ist. Wird einer versicherten Person vorgeworfen, durch eine **positive Handlung** eine Pflichtverletzung begangen zu haben, bereitet die Bestimmung, wann diese eingetreten ist, in der Regel keine besonderen Probleme. Es wird auf den Zeitpunkt abgestellt, wann die versicherte Person die entsprechende Handlung vorgenommen hat bzw. haben soll.

17 Anders sieht es hingegen bei **Unterlassungen** aus. Da sich diese häufig über einen längeren Zeitraum erstrecken, ist fraglich, auf welchen Zeitpunkt abzustellen ist. In den aktuellen GDV-Musterbedingungen – im Gegensatz zu früheren Bedingungen und teilweise zu D&O-Versicherungsbedingungen am Markt – ist hierzu keine explizite Regelung vorhanden. Eine mögliche Pflichtverletzung durch Unterlassen könnte beispielsweise sein, dass eine versicherte Person Ansprüche der Gesellschaft verjähren lässt. Denkbar ist hier, dass für den Eintritt der Pflichtverletzung verschiedene Zeitpunkte relevant sein können: Zum einen kann auf den Zeitpunkt abgestellt werden, in dem erstmalig die unterlassene Handlung hätte vorgenommen werden können. Zum anderen könnte der Zeitpunkt relevant sein, in dem letztmalig eine Handlung hätte vorgenommen werden können, um den Eintritt der Pflichtverletzung zu verhindern. Des Weiteren könnte auch jeder andere Zeitpunkt, der zwischen diesen beiden Ereignissen liegt, genommen werden.

18 Soweit keine ausdrückliche Regelung zur Thematik vorhanden ist, wann eine Pflichtverletzung bei einem Unterlassen eintritt, ist dies durch Auslegung der maßgeblichen Vertragsbestimmung aus Sicht des durchschnittlichen Versicherungsnehmers bzw. der durchschnittlichen versicherte Peron zu bestimmen. Aus dem Wortlaut von Ziffer A-5.1 werden die vorgenannten Personen schließen, dass die Pflichtverletzungen nach Vertragsbeginn verursacht worden sein müssen. Er wird sich daher fragen, wann bei einem Unterlassen eine solche eingetreten ist. Bei dieser Bewertung wird er berücksichtigen, dass bei einer Unterlassung der Schaden erst dann verursacht wird, wenn die letzte Chance zur Abwendung des Schadens verstrichen ist. Insoweit wird er diesen Zeitpunkt als Eintritt der Pflichtverletzung ansehen. Daher ist es für den Versicherungsschutz nach dieser Vorschrift ausreichend, wenn während der Vertragslaufzeit die letzte Möglichkeit nicht genutzt wird, einen Schadeneintritt durch ein Handeln zu verhindern. Hätten hingegen selbst nach dem Vorwurf der Anspruchssteller die versicherten Personen den Schaden durch Vornahme einer Handlung während der Vertragslaufzeit nicht mehr abwenden können, wurde

4 Siehe zu diesem Begriff ausführlich Michalski/Heidinger/u.a./*Ziemons* GmbHG § 43 Rn. 389 ff. m.w.N.

die Unterlassung im vorvertraglichen Bereich begangen. Hierfür gilt dann die Regelung aus Ziffer A-5.2 (siehe Rn. 34 ff.).

In manchen Bedingungen und in älteren GDV-Musterbedingungen ist eine ausdrückliche Regelung zum Zeitpunkt, wann bei Unterlassungen eine Pflichtverletzung eintritt, enthalten. Nach dieser gilt bei Unterlassungen der Verstoß als an dem Tag begangen, an dem die versäumte Handlung spätestens hätte vorgenommen werden müssen, um den Schadenseintritt abzuwenden. Auch ohne diese Regelung gilt somit aufgrund der Auslegung des maßgeblichen Wortlauts derselbe Zeitpunkt, in dem bei Unterlassungen die Pflichtverletzung als begangen gilt. 19

3. Einfluss bei Vertragsänderungen

Fraglich ist, ob die Regelung in Ziffer A-5.1 auch auf Änderungen der Versicherungsbedingungen während der Vertragslaufzeit Einfluss nimmt. Zum Beispiel könnte während der Vertragslaufzeit die Versicherungssumme erhöht oder verringert werden. Welche Auswirkung hat diese Änderung, wenn die Inanspruchnahme und damit der Versicherungsfall nach der Änderung erfolgt, aber sich diese auf eine Pflichtverletzung vor der Änderung bezieht? Soweit lediglich ein reines Claims made-Prinzip gelten würde, wäre auf den Zeitpunkt abzustellen, in dem der Versicherungsfall eintritt. Insoweit würden die Vertragsbedingungen des D&O-Versicherungsvertrages gelten, die im Zeitpunkt der Inanspruchnahme der versicherten Person aktuell sind, also die geänderten. Ob die zugrunde liegende Pflichtverletzung vor oder nach der Änderung erfolgt ist, wäre für die Beurteilung des Deckungsumfangs irrelevant. Diese Auswirkung kann sowohl positiv (z.B. bei einer Erhöhung der Versicherungssumme) als auch negativ (z.B. durch die Aufnahme von zusätzlichen Ausschlüssen oder der Verringerung der Versicherungssumme) sein. 20

Gegebenenfalls könnte aber die Kombination aus Claims made-[5] und Verstoß-Prinzip[6] einen Einfluss auf das vorgenannte Ergebnis haben. Hier könnte überlegt werden, ob die Vorschrift im Ergebnis dazu führt, dass nur für solche Pflichtverletzungen die neuen Konditionen gelten, die nach der Vertragsanpassung vorgenommen worden sind. Um den Inhalt der Klausel zu bestimmen, ist der Wortlaut dieser bekanntlich aus Sicht des durchschnittlichen Versicherungsnehmers bzw. einer versicherten Person ohne versicherungsrechtliche Spezialkenntnisse vorzunehmen.[7] Soweit diese die Ziffer A-5.1 lesen, werden sie aus dem Wortlaut zunächst nur entnehmen können, dass keine Pflichtverletzungen mitversichert sind, die vor Vertragsbeginn begangen worden sind. Des Weiteren werden sie davon ausgehen, dass hierin keine Regelung für die Situation enthalten ist, dass eine Vertragsänderung während der Laufzeit erfolgt. Insoweit wird der durchschnittliche Versicherungsnehmer bzw. die durchschnittliche versicherte Person davon ausgehen, dass eine Vertragsänderung keinen Einfluss auf die Regelung in Ziffer A-5.1 hat. Daher wird er annehmen, dass sich der Umfang des Versicherungsschutzes alleine nach dem Zeitpunkt bestimmt, in dem die Inanspruchnahme erfolgt ist. Ziffer A-5.1 modifiziert somit nicht den Deckungsumfang bei Vertragsänderung während der Laufzeit des D&O-Vertrages. 21

Hierbei ist allerdings Folgendes zu beachten: Nach dem vorgenannten Ergebnis ist zunächst einmal irrelevant, ob der Versicherungsnehmer oder die versicherte Person bereits vor der Vertragsänderung Kenntnis von eigenen Pflichtverletzungen bzw. von Verfehlungen von anderen versicherten Personen hatten. Auch die Regelungen zur Rückwärtsdeckung greifen bei Änderungen während der Vertragslaufzeit nicht ein (vgl. Rn. 48). Insoweit könnte ein Versicherungsnehmer geneigt sein, mit der Inanspruchnahme und damit mit der Auslösung des Versicherungsfalls zunächst abzuwarten, bis zuvor die Versicherungssumme erhöht wurde bzw. die Vertragskonditionen zu Gunsten der versicherten Personen angepasst wurden. Hiermit hätte es der Versicherungs- 22

5 Zur Diskussion der Wirksamkeit des Claims made-Prinzips siehe Ziff. A-2 Rn. 8.
6 Siehe hierzu beispielhaft Späte/Schimikowski/*Rintelen* AHB Ziff. 1 Rn. 75 ff.
7 St.Rspr. BGH 18.11.2020 RuS **2021** 27 (28). m. Anm. Armbrüster m.w.N.

nehmer in der Hand, die Vertragskonditionen zum Nachteil des Versicherers durch Verschweigen der geplanten Inanspruchnahme zu verändern.

23 Allerdings ist dieses Ergebnis nicht unbillig, da es der Versicherer verhindern kann. Zum einen hat der Versicherer die Möglichkeit, in den Bedingungen ausdrücklich zu regeln, dass die Konditionen nach einer Vertragsänderung nur für solche Pflichtverletzungen gelten, die im Zeitpunkt der Vereinbarung der Vertragsänderung dem Versicherungsnehmer bzw. der betroffenen versicherten Person nicht bekannt waren. Für bekannte Pflichtverletzungen würden dann die Konditionen vor Vertragsänderung gelten. Zum anderen hat der Versicherer bei einer Vertragsänderung die Möglichkeit, Fragen im Sinne von § 19 VVG zu stellen. Insoweit kann er auch danach fragen, ob Pflichtverletzungen bekannt sind, die zu einer Inanspruchnahme führen können. Sollte der Versicherungsnehmer diese Frage bei der Vertragsänderung unzutreffend beantworten, stehen dem Versicherer die gesetzlichen Rechte gem. §§ 19 ff. VVG und ggf. ein Anfechtungsrecht in Bezug auf die Willenserklärung zur Vertragsänderung zu.

24 Fraglich ist, ob sich der Versicherer auf eine Verletzung der Regelung zu Gefahrerhöhungen (Ziffer B3-2 der Musterbedingungen) berufen kann. Dies ist aber zu verneinen. Allein der Umstand, dass eine Inanspruchnahme geplant ist, führt nicht zu einer Gefahrerhöhung (siehe Ziffer B3-2 Rn. 9 ff.).

25 Ein anderes Ergebnis zur Anwendbarkeit der Ziffer A-5.1 im Zusammenhang mit Vertragsanpassungen könnte dann gelten, wenn diese nicht lediglich zu einer Vertragsänderung führen, sondern sie als (Neu-) Abschluss zu bewerten wären.[8] Indizien für den Abschluss eines neuen Versicherungsvertrages könnten beispielsweise eine neue Versicherungsscheinnummer und weitreichende Vertragsanpassungen sein. Soweit ein Vertragsneuabschluss vorliegt, sind grundsätzlich daher nur solche Pflichtverletzung nach Ziffer A 5.1 in den Vertrag mit einbezogen, die nach Abschluss des Vertrages begangen wurden. Für vorvertragliche Pflichtverletzungen besteht dann nur Deckung im Rahmen der Rückwärtsdeckung nach Ziff. A 5-2 und der diese ergänzenden Regelungen.

4. Besitzstandsklauseln[9]

26 Aufgrund der Anwendung des Claims made-Prinzips können Änderungen des Versicherungsvertrages den zukünftigen Versicherungsschutz für die versicherten Personen nachteilig beeinflussen. In den GDV-Musterbedingungen sind keine Klauseln enthalten, die dies verhindern, sog. Besitzstandsklauseln. In einigen Marktbedingungen werden hingegen Vorschriften aufgenommen, die im Ergebnis dazu führen, dass für Pflichtverletzungen, die vor der Vertragsänderung und teilweise im begrenzten Umfang auch danach begangen wurden, noch die Versicherungskonditionen vor der Anpassung weitergelten.

5. Beweislast

27 Da es sich bei Ziffer A-5.1 um eine anspruchsbegründende Voraussetzung handelt, ist hierfür die betroffene versicherte Person darlegungs- und beweisbelastet. Insoweit muss sie nachweisen, dass die Pflichtverletzung während der Vertragslaufzeit begangen wurde. Zudem muss die versicherte Person nachweisen, dass die Voraussetzungen einer Besitzstandsklausel erfüllt sind, wenn sie sich darauf berufen möchte, dass nicht die Versicherungskonditionen im Zeitpunkt der Inanspruchnahme, sondern zu einem anderen Zeitpunkt gelten.

8 Siehe zu dieser Thematik *Armbrüster/Schreier* VersR **2015** 1053.

9 Auch als Kontinuitätsgarantie oder Änderungsschutz bezeichnet.

6. Abweichende Marktbedingungen

„Wird der Versicherungsvertrag mit Bedingungseinschränkungen oder reduzierter Deckungssumme fortgesetzt, gilt für Pflichtverletzungen vor Änderungsbeginn sowie für Pflichtverletzungen innerhalb von 12 Monaten nach Änderungsbeginn der Deckungsumfang, welcher unmittelbar vor der Wirksamkeit der Bedingungseinschränkung bzw. Deckungssummenreduzierung vereinbart war. Diese Kontinuitätsgarantie wirkt auch für den Zeitraum der Nachmeldefrist. 28

Von dieser Regelung kann in folgenden Versicherungsperioden nicht zulasten der Versicherten abgewichen werden."

Diese und ähnliche Klauseln führen zu einer Modifikation des Claims made-Prinzips. Soweit die 29
Voraussetzungen der entsprechenden Klauseln vorliegen, gelten nicht mehr die Bedingungen zum Zeitpunkt des Eintritts des Versicherungsfalls, sondern diejenigen zu einem Zeitpunkt vor der entsprechenden Vertragsänderung.[10] Allerdings ist fraglich, welcher konkrete Vertragsstand dann gilt. Denkbar ist, dass derjenige zugrunde zu legen ist, der im Zeitpunkt der Pflichtverletzung aktuell war. Es könnten aber auch die Vertragsbedingungen gelten, die vor der maßgeblichen Vertragsänderung zur Anwendung kamen. In der vorgenannten Beispielklausel wird auf den zweiten Zeitpunkt abgestellt.

Hier besteht aber nur eine scheinbare Klarheit. Was gilt, wenn mehrere nachteilige Änderun- 30
gen während der Vertragslaufzeit vorgenommen werden, beispielsweise die Deckungssumme zu einem Zeitpunkt beschränkt wird und dann zu einem nachfolgenden Zeitpunkt ein Ausschluss eingeführt wird, der in einem Versicherungsfall anwendbar ist? Soweit die Versicherungssumme in diesem Schadenfall nicht überschritten wird, hat diese Frage keine Relevanz für die versicherten Personen, wohl aber für den Versicherer. Dieser muss nämlich bestimmen, aus welcher Versicherungsperiode eine eventuelle Versicherungsleistung erbracht wird. Was gilt zudem, wenn beide Einschränkungen in einem Schadenfall relevant werden? Wird auf die Vereinbarung des Ausschlusses abgestellt, gelten die Bedingungen der Versicherungsperiode vor Einführung des Ausschlusses. Dies würde dann dazu führen, dass der Schadenfall nicht vollständig gedeckt wäre. Wird hingegen auf die Verringerung der Versicherungssumme abgestellt, werden die Ansprüche vollständig erfüllt. Aus dem erkennbaren Sinn und Zweck der Regelung soll den versicherten Personen der für sie bestmögliche Versicherungsstand bei Eintritt des Versicherungsfalls erhalten werden. Insoweit sind – soweit es mehrere nachteilige Veränderungen während der Vertragslaufzeit gibt – die verschiedenen Vertragsstände, die nach der Besitzstandsklausel relevant sind, zu vergleichen. Es gilt dann diejenige nach der Klausel relevante Versicherungsperiode, die für die versicherte Person den umfassendsten Versicherungsschutz gewährt. Diese Beurteilung kann in der Praxis nicht immer einfach sein, insbesondere wenn Verbesserungen und Verschlechterung des Versicherungsschutzes aufeinandertreffen.

Häufig gelten die Besitzstandsklauseln lediglich für Pflichtverletzungen, die bis zum Zeitpunkt 31
der Vertragsänderung begangen wurden. Allerdings gehen einige Regelungen auch hierüber hinaus. Die Beispielklausel gewährt den versicherten Personen die besseren Vertragskonditionen auch noch für Inanspruchnahmen im Zusammenhang mit solchen Pflichtverletzungen, die bis zu 12 Monate nach der jeweiligen Verschlechterung begangen wurden.

Besitzstandsklauseln geben den versicherten Personen allerdings auch keine 100 %ige Si- 32
cherheit darüber, dass der Versicherungsschutz in Zukunft nicht eingeschränkt wird. Die Klauseln führen nämlich nicht dazu, dass weitere Versicherungssummen zur Verfügung stehen. Sollte somit in der Versicherungsperiode, die nach der Besitzstandsklausel gilt, die Versicherungssumme erschöpft sein, erhält die versicherte Person keine Leistung, obwohl in anderen Versicherungsperioden ggf. noch genügend Deckungskapazitäten zur Verfügung stehen. Zudem können die Besitzstandsklauseln zu Konzentrationen von Versicherungsfällen in einem bestimmten Versicherungsjahr führen. Dies würde dann die Erschöpfung der Versicherungssumme noch beschleunigen. Es wäre daher aus Sicht der versicherten Personen sinnvoll, zu regeln, dass Besitz-

10 *Lange* § 10 Rn. 16.

standsklauseln nur dann anwendbar sind, wenn nach den im Versicherungsfall geltenden Versicherungsbedingungen kein oder ein geringerer Deckungsanspruch als nach den Bedingungen, die aufgrund der Klauseln gelten, zu gewähren wäre.

33 Des Weiteren können auch Besitzstandsklauseln durch Vereinbarungen zwischen Versicherer und Versicherungsnehmer ohne Einwirkungsmöglichkeit der versicherten Personen aufgehoben werden. In diesem Fall würde die Schutzfunktion für zukünftig eintretende Versicherungsfälle entfallen.[11] Die Beispielklausel verhindert dies dadurch, indem von ihr zum Nachteil der versicherten Personen auch in zukünftigen Versicherungsperioden nicht abgewichen werden kann. Allerdings gilt dies nur, soweit der Versicherungsvertrag noch bei demselben Versicherer besteht. Wird der D&O-Versicherungsvertrag hingegen zu einem anderen Versicherer umgedeckt, können in dem neuen Vertrag durchaus Verschlechterungen enthalten sein, für die die Besitzstandsklausel des alten Vertrages dann nicht mehr gilt. Zudem ist zu beachten, dass insbesondere auch für zukünftige Pflichtverletzungen der neue Vertragsstand anwendbar ist, gleichgültig, ob eine Besitzstandsklausel vereinbart wurde oder nicht.

II. A-5.2 Rückwärtsdeckung für vorvertragliche Pflichtverletzungen

1. Allgemeines

34 Ziffer A-5.2 ergänzt die Regelung in Ziffer A-5.1 und erweitert damit gleichzeitig den Versicherungsschutz der D&O-Versicherung in zeitlicher Hinsicht. Im Vergleich zum reinen Claims made-Prinzip stellt die Klausel allerdings eine Einschränkung dar. Nach dieser Vorschrift besteht auch für solche Pflichtverletzungen, die bereits vor Vertragsbeginn begangen wurden, Versicherungsschutz. Allerdings gilt dies lediglich für unbekannte Pflichtverletzungen.

35 Dieser Versicherungsschutz wird in der Klausel als **Rückwärtsdeckung** bezeichnet. Dies Bezeichnung ist nicht exakt, soweit man sich am Sprachgebrauch des VVG orientiert. Auch wenn die Klausel § 2 VVG nachgebildet ist,[12] handelt es sich nicht um eine Rückwärtsdeckung im klassischen Sinne, da der Versicherungsfall in der D&O-Versicherung die Inanspruchnahme ist und damit der Versicherungsfall – anders als in der Situation von § 2 VVG – bei der in Ziffer A-5.2 genannten Situation nicht vor, sondern während der Vertragslaufzeit eintritt.[13] Da sich dieser Sprachgebrauch bei D&O-Versicherungen allerdings durchgesetzt hat, wird auch im Folgenden im Zusammenhang mit Ziffer A-5.2 von Rückwärtsdeckung gesprochen.

2. Voraussetzungen

36 Damit eine Rückwärtsdeckung besteht, müssen die folgenden Voraussetzungen gegeben sein.

37 **a) Unbekannte Pflichtverletzungen.** Voraussetzung für das Bestehen einer Rückwärtsdeckung unter einem D&O-Versicherungsvertrag ist, insoweit angelehnt an die gesetzliche Regelung zur Rückwärtsversicherung in § 2 VVG, dass weder der Versicherungsnehmer noch die in Anspruch genommene versicherte Person die anspruchsauslösende Pflichtverletzung bei Vertragsabschluss kannten. Hat hingegen eine andere versicherte Person, die vom Versicherungsfall nicht betroffen ist, Kenntnis von der Pflichtverletzung und wird diese dem Versicherungsnehmer nicht zugerechnet, ist dies für den Deckungsschutz unschädlich. Eine Zurechnung dieser Kenntnis könnte insbesondere nach § 47 VVG, aufgrund deren Organstellung und durch die Rechtsfigur des Repräsentanten oder Wissensver-

11 *Lange* § 10 Rn. 18.
12 Vgl. Prölss/Martin/*Voit* AVB-D&O Ziff. A-5.3 Rn. 1.
13 Bruck/Möller/*Baumann* AVB-AVG 2011/2013 Ziff. 3 Rn. 22; *Schramm* S. 130 ff.

treters erfolgen.[14] Gerade dadurch, dass auch ein Wissen des Versicherungsnehmers ausreichend ist, damit die Rückwärtsdeckung ausscheidet, kann der Versicherungsschutz im Einzelfall erheblich eingeschränkt werden. In einigen Marktbedingungen wird auch aus diesem Grund teilweise der Personenkreis, der von der Pflichtverletzung Kenntnis gehabt haben muss, modifiziert (siehe Rn. 58).

In der Praxis stellt sich aber häufig die Frage, wann eine Kenntnis im Sinne von Ziffer A-5.2 38
vorliegt. Aufgrund des Wortlauts der Vorschrift ist zunächst klargestellt, dass nur die **positive Kenntnis** von Pflichtverletzungen den Versicherungsschutz ausschließt. Nicht ausreichend ist, wenn eine grob fahrlässige Unkenntnis der maßgeblichen Personen besteht.[15] Die Kenntnis muss sich nicht nur auf das Verhalten, sondern auch auf dessen Pflichtwidrigkeit beziehen.[16] Hingegen ist nicht erforderlich, dass die maßgeblichen Personen erkannt haben, dass durch die Pflichtverletzung ein Schaden eingetreten ist oder eintreten wird.[17]

Welche Voraussetzungen für eine solche Kenntnis vorliegen müssen, hat der BGH im Rah- 39
men seiner Rechtsprechung zu § 2 Abs. 2 S. 2 VVG konkretisiert. Diese ist auch auf das Vorliegen der Kenntnis nach Ziffer A-5.2 S. 2 übertragbar, da diese Vorschrift – wie bereits ausgeführt – § 2 VVG nachgebildet ist. Nach dem BGH ist es nicht ausreichend, *„wenn dem Versicherungsnehmer lediglich Tatsachen bekannt sind, die zwar den möglichen Schluss zulassen oder sogar nahe legen, ein Versicherungsfall könne bereits eingetreten sein. Solange der Versicherungsnehmer selbst einen solchen Schluss nicht zieht, etwa weil er andere Ursachen für ein ihm bekanntes Schadensbild vermutet oder er keine ausreichenden Überlegungen über die Schadensursache anstellt, hat er noch keine positive Kenntnis vom Versicherungsfall. Ein gegen ihn gerichteter Vorwurf erschöpft sich dann allenfalls darin, den sich aufdrängenden Schluss auf die Ursache fahrlässig – oder sogar grob fahrlässig – nicht gezogen und deshalb das Vorliegen eines Versicherungsfalls nicht erkannt zu haben.*

Anders liegt es nur dann, wenn der Tatrichter aufgrund der Umstände des Einzelfalles anhand 40
des Beispiels eines durchschnittlichen Versicherungsnehmers – beweiswürdigend – die Überzeugung gewinnt und darlegt, der Versicherungsnehmer habe den sich aufdrängenden Schluss auf die nahe liegende Schadensursache tatsächlich gezogen und deshalb erkannt, dass dem Schaden Tatsachen zugrunde liegen, die ein versichertes Ereignis beschreiben.“[18] Übertragen auf die Situation in Ziffer A-5.2 bedeutet dies somit, dass der Versicherungsnehmer bzw. die in Anspruch genommenen versicherten Personen nicht lediglich das Vorliegen einer Pflichtverletzung vermuten müssen. Sie müssen vielmehr bereits den Schluss gezogen haben, dass sie bzw. die in Anspruch genommenen versicherten Personen eine Pflichtverletzung begangen haben.[19] Da es sich hierbei um eine innere Tatsache handelt, ist die Bewertung, ob eine solche Feststellung von den maßgeblichen Personen getroffen wurde, aufgrund der Würdigung aller Indizien und äußeren Umstände des Einzelfalls zu treffen.[20]

Nach Ziffer A-5.2 S. 3 AVB D&O ist eine Pflichtverletzung bekannt, wenn die maßgeblichen 41
Personen sie als nur möglicherweise objektiv fehlsam erkannt haben oder sie ihnen gegenüber als fehlsam bezeichnet wurde. Schadenersatzansprüche müssen (noch) nicht erhoben worden sein. Das Nichtvorliegen einer Inanspruchnahme ist bei der D&O-Versicherung lediglich klarstellend, da ansonsten bereits der Eintritt des Versicherungsfalls vorvertraglich wäre. Ziffer A-5.2 S. 3 AVB D&O entspricht inhaltlich § 2 Nr. 2.2 der Allgemeinen Versicherungsbedingungen zur Haft-

---

14 Siehe zu dieser komplexen Thematik beispielhaft *Mitterlechner/Wax/Witsch* § 9 Rn. 116 ff.

15 BGH 5.11.2014 RuS **2015** 445 (446) zu § 2 Abs. 2 S. 2 1. Halbs. VVG; OLG Koblenz 18.6.2010 RuS **2011** 512 (513 f.); *Mitterlechner/Wax/Witsch* § 6 Rn. 149.

16 OGH 25.11.2020 BeckRS **2020** 37870 Rn. 47; OLG Koblenz 18.6.2010 RuS **2011** 512 (514); Bruck/Möller/*Baumann* AVB-AVG 2011/2013 Ziff. 3 Rn. 27; Beckmann/Matusche-Beckmann/*Beckmann* § 28 Rn. 108.

17 Späte/Schimikowski/*Diller* AVB-V Rn. 35 zu § 2 Nr. 2.2 AVB-V.

18 BGH 5.11.2014 RuS **2015** 445 446 zu § 2 Abs. 2 S. 2 VVG.

19 OLG Koblenz 18.6.2010 RuS **2011** 512 (514); *Lange* § 10 Rn. 34; Beckmann/Matusche-Beckmann/*Beckmann* § 28 Rn. 108; *Schramm* S. 183.

20 OLG Koblenz 18.6.2010 RuS **2011** 512 (513 f.).

pflichtversicherung für Vermögensschäden (AVB-V). Die Vorschrift senkt die Schwelle der Kenntnis zum Nachteil der versicherten Personen ab und weist auch eine mangelnde Transparenz auf.[21] Nach der dargestellten Rechtsprechung des BGH zu § 2 Abs. 2 S. 2 VVG, die auf die Situation von Ziffer A-5.2 S. 3 AVB D&O übertragbar ist, reicht es nicht aus, wenn ein Versicherungsnehmer bzw. die betroffene versicherte Person ihr Verhalten nur möglicherweise als pflichtwidrig ansieht. Hier wird man noch nicht davon ausgehen können, dass er den Schluss auf ein pflichtwidriges Verhalten bereits gezogen hat. Dies gilt umso mehr bei der Variante, dass ein Verhalten von einem Dritten lediglich als fehlsam bezeichnet wurde. Trotz dieser Verschärfung des Ausschlusses für bekannte Pflichtverletzung dürfte die Regelung noch einer AGB-Prüfung standhalten.[22]

42 In den überwiegenden Marktbedingungen fehlt eine Ziffer A-5.2 S. 3 AVB D&O vergleichbare Vorschrift. In diesen Bedingungen kommt es somit nur auf die positive Kenntnis der maßgeblichen Personen an (vgl. Rn. 38 ff.).

43 In einigen wenigen Marktbedingungen zur D&O-Versicherung wird zudem noch zusätzlich geregelt, dass die Rückwärtsdeckung auch dann nicht anwendbar ist, wenn die Unkenntnis auf **Fahrlässigkeit** beruht. Hiergegen werden allerdings – zu Recht – AGB-rechtliche Bedenken geäußert, da eine solche Regelung den Versicherungsschutz im Rahmen der Rückwärtsdeckung erheblich entwerten würde.[23]

44 **b) Zeitpunkt der Kenntnis.** Weitere Voraussetzung ist, dass die Kenntnis der in Ziffer A-5.2 S. 1 AVB D&O genannten Personen zum Zeitpunkt des Abschlusses des Versicherungsvertrages vorlag. Diese Formulierung weicht vom Wortlaut des § 2 VVG ab, der die Kenntnis bei Abgabe der Vertragserklärung des Versicherungsnehmers voraussetzt. Fraglich ist, ob die abweichende Formulierung zu einem unterschiedlichen Ergebnis führt. Dies ist zu verneinen. Mit dem Abschluss des Versicherungsvertrages ist nicht dessen formelles Zustandekommen gemeint, sondern – wie in § 2 Abs. 2 S. 2 VVG – der Zeitpunkt, in dem der Versicherungsnehmer seine Vertragserklärung gegenüber dem Versicherer abgibt.[24] Sollte erst nach diesem Zeitpunkt eine positive Kenntnis eintreten, besteht weiterhin eine Rückwärtsdeckung nach Ziffer A-5.2. Teilweise wird der maßgebliche Zeitpunkt, zu dem eine Kenntnis vorgelegen haben muss, in den D&O-Marktbedingungen modifiziert (siehe Rn. 64 f.).

45 Bei einem Wechsel des D&O-Versicherers führt der Ausschluss von bekannten Pflichtverletzungen dazu, dass unter Umständen für einige Verfehlungen unter dem alten Vertrag Versicherungsschutz besteht, allerdings nicht mehr unter dem Neuen, da bei dessen Abschluss diese bereits bekannt sind. In der Praxis wird dieses Ergebnis dadurch zugunsten der versicherten Personen verhindert, dass mit dem Versicherer ein sog. **Kontinuitätsdatum** vereinbart wird. Hierdurch wird der Zeitpunkt, zu dem die Kenntnis der Pflichtverletzung vorgelegen haben muss, nach vorne verlegt und nicht mehr auf den Zeitpunkt der Abgabe der Vertragserklärung zum neuen Versicherungsvertrag, sondern auf einen früheren Zeitpunkt abgestellt (siehe hierzu die Ausführungen unter Rn. 59 ff.).

46 **c) Kenntnis des Versicherers.** Hat nur der Versicherer Kenntnis von der Pflichtverletzung, aber die in Ziffer A-5.2 genannten Personen nicht, liegen die Voraussetzungen der Vorschrift nicht

---

21 Bruck/Möller/*Baumann* AVB-AVG 2011/2013 Ziff. 3 Rn. 27.

22 Späte/Schimikowski/*Diller* AVB-V Rn. 37 zu § 2 Nr. 2.2 AVB-V; zweifelnd *Mitterlechner/Wax/Witsch* § 6 Rn. 158; Bruck/Möller/*Baumann* AVB-AVG 2011/2013 Ziff. 3 Rn. 31.

23 Vgl. hierzu Seitz/Finkel/Klimke/*Finkel/Seitz* Ziff. 3 Rn. 14; *Staudinger* VP **2009** 138 (139); in diese Richtung auch wohl *Mitterlechner/Wax/Witsch* § 6 Rn. 158; **a.A.** *Lange* § 10 Rn. 38.

24 *Lange* § 10 Rn. 40.

vor. Insoweit bleibt die Rückwärtsdeckung in Bezug auf diese Pflichtverletzung uneingeschränkt bestehen.[25]

Liegt sowohl eine Kenntnis des Versicherers als auch der in Ziffer A-5.2 genannten Personen im maßgeblichen Zeitpunkt vor, stellt sich die Frage, ob die Rückwärtsdeckung trotzdem ausgeschlossen ist. Nach dem Wortlaut spielt nämlich die Kenntnis des Versicherers keine Rolle für das Eingreifen der Rückwärtsdeckung. Es wird aber auch zu § 2 VVG vertreten, dass in dem Fall, in dem der Versicherer bei Kenntnis vom Eintritt des Versicherungsfalls eine Rückwärtsversicherung gewährt, er § 2 VVG konkludent abbedungen habe.[26] Diese Argumentation wird auch im Rahmen von Ziffer A-5.2 zu führen sein.[27] Soweit der Versicherer keinen Versicherungsschutz für ihm bei Vertragsabschluss bekannte Pflichtverletzungen übernehmen möchte, muss er diese ausdrücklich vom Versicherungsschutz ausschließen. Des Weiteren werden auch Bedenken gegen die Transparenz der Vorschrift geäußert, weil sie die Kenntnis des Versicherers nicht berücksichtigt.[28] 47

3. Rechtsfolgen

Soweit die Voraussetzungen der Rückwärtsdeckung vorliegen, besteht auch Versicherungsschutz für vorvertragliche Pflichtverletzungen. Insoweit wird der Versicherungsschutz in zeitlicher Hinsicht – in Abänderung von Ziffer A-5.1 – erweitert. Fehlt allerdings eine Ziffer A-5.1 vergleichbare Bedingung und wird eine solche auch nicht im Rahmen des Versicherungsfalls aufgenommen, könnte hingegen argumentiert werden, dass die Rückwärtsdeckung eine Einschränkung darstellt. Dies könnte Auswirkung auf die Beweislast haben (siehe Rn. 55). 48

a) Länge der Rückwärtsdeckung, Rückwirkungsdatum („retroactive date"). Nach Ziffer A-5.2 besteht eine unbegrenzte Rückwärtsdeckung für unbekannte Pflichtverletzungen vor Vertragsbeginn. Teilweise wird allerdings ein sog. Rückwirkungsdatum („retroactive date") vereinbart. Dies bedeutet, dass nur Pflichtverletzungen zwischen diesem Datum und dem Versicherungsbeginn abgesichert sind. Für Pflichtverletzungen vor diesem Datum besteht somit kein Versicherungsschutz. In einigen Verträgen wird die Rückwärtsdeckung vollständig gestrichen. Bei diesen besteht somit aufgrund von Ziffer A-5.1 oder vergleichbaren Vorschriften nur für Inanspruchnahmen, die ab Versicherungsbeginn begangene Pflichtverletzungen betreffen, Deckungsschutz. 49

b) Vorläufige Versicherungsleistung. Nach den AVB D&O kann der Versicherer bereits dann die Versicherungsleistung verweigern, wenn er behauptet, dass eine Kenntnis nach Ziffer A-5.2 S. 2 oder S. 3 AVB D&O vorliegen würde. Es ist dann im Deckungsprozess zu klären, ob diese Behauptung zutreffend ist. Bis dahin müssen die versicherten Personen in „Vorleistung" gehen. Teilweise wird daher in D&O-Marktbedingungen vereinbart, dass eine Rückwärtsdeckung nur dann vom Versicherer verweigert werden kann, wenn die Kenntnis der Pflichtverletzung im maßgeblichen Zeitpunkt rechtskräftig festgestellt worden ist (siehe Rn. 62 f.). 50

25 HK-VVG/*Brömmelmeyer* VVG § 2 Rn. 46.

26 BGH 16.6.1982 NJW **1982** 2776 (2778 f.); OLG Düsseldorf 23.3.1999 RuS **2000** 185 (186); HK-VVG/*Brömmelmeyer* VVG § 2 Rn. 47.

27 So auch Prölss/Martin/*Voit* AVB-D&O Rn. 3.

28 Prölss/Martin/*Voit* AVB-D&O Rn. 3.

4. Ausschluss bereits anhängiger Verfahren

51 In bestimmten Situationen wird im Versicherungsschein ein Ausschluss für bereits anhängige Verfahren aufgenommen. Hierdurch soll erreicht werden, dass sämtliche Pflichtverletzungen im Zusammenhang mit einem bestimmten Sachverhaltskomplex nicht unter den Versicherungsschutz fallen. Die Formulierung dieser Ausschlüsse ist recht unterschiedlich. Deren Reichweite kann daher nicht pauschal, sondern nur durch eine Auslegung des maßgeblichen Wortlauts aus Sicht des durchschnittlichen Versicherungsnehmers bzw. der durchschnittlichen versicherten Person ermittelt werden.

5. Tochterunternehmen

52 In den AVB D&O ist nicht geregelt, ob eine Rückwärtsdeckung auch dann gilt, wenn ein Tochterunternehmen erst während der Vertragslaufzeit unter den Versicherungsschutz des D&O-Versicherungsvertrages fällt. Dies ist beispielsweise der Fall, wenn die Mehrheit der Stimmrechte i.S.v. Ziffer A-4 erst erworben wird, wenn der Vertrag bereits läuft. Entgegen der üblichen Bestimmung in D&O-Marktbedingungen ist in Ziffer A-4 Abs. 3 keine Einschränkung des Versicherungsschutzes bei neu hinzukommenden Tochtergesellschaften vorgesehen. Auch diese Problematik ist somit aus Sicht des durchschnittlichen Versicherungsnehmers bzw. der durchschnittlichen versicherten Person zu beurteilen. Diese werden bei Durchsicht in Ziffern A-5.1 und A-5.2 erkennen, dass dort nicht zwischen Tochterunternehmen, die bereits bei Vertragsbeginn mitversichert waren, und solchen, die erst während der Vertragslaufzeit dazukommen, unterschieden wird. Insoweit wird er davon ausgehen, dass es für den Versicherungsschutz nur darauf ankommt, dass auch bei neu hinzugekommenen Tochterunternehmen die Pflichtverletzung während der Vertragslaufzeit begangen wurde oder vor dem Vertragsbeginn, soweit diese nicht der in Anspruch genommenen versicherten Person bei Abschluss des Versicherungsvertrages bekannt war. Insoweit besteht auch für neu hinzukommende Tochterunternehmen unter den AVB D&O eine Rückwärtsdeckung in dem Umfang, als wenn diese bereits bei Vertragsabschluss des D&O-Vertrages Tochtergesellschaften gewesen wären.

53 Häufig wird die Rückwärtsdeckung bei neu hinzukommenden Tochtergesellschaften in Marktbedingungen eingeschränkt. In den überwiegenden Fällen fallen dann nur solche Pflichtverletzungen unter Versicherungsschutz, die nach dem Beteiligungserwerb begangen wurden. In einigen Bedingungen wird auch eine (beschränkte) Rückwärtsdeckung für diese neu hinzukommenden Unternehmen gewährt (siehe zu den Regelungen in den abweichenden Marktbedingungen: Rn. 66 ff.).[29]

6. Verhältnis zur vorvertraglichen Anzeigepflicht

54 Fraglich ist, welches Verhältnis die Regelung in Ziffer A-5.2 zu den vorvertraglichen Anzeigepflichten in Ziffer B-3.1 AVB D&O hat.[30] Es könnte argumentiert werden, dass bekannte vorvertragliche Pflichtverletzungen nicht angezeigt werden müssen, da hierfür sowieso kein Versicherungsschutz besteht. Im Endeffekt besteht aber ein Nebeneinander dieser beiden Vorschriften. Sollte der Versicherer somit in Textform nach bekannten Pflichtverletzungen fragen, sind diese dem Versicherer anzuzeigen und diese Anzeige kann nicht unter Hinweis auf Ziffer A-5.2 unterlassen oder sogar verweigert werden. Die vorvertragliche Anzeigepflicht nach Ziffer A-3.1 AVB D&O dient nämlich nicht alleine dazu, dass bekannte Pflichtverletzungen vom Versicherungsschutz ausgeschlossen werden, sondern auch dazu, das Gesamtrisiko des D&O-Versicherungsvertrages einzuschätzen. Daher führt eine Nichtan-

29 Siehe hierzu auch *Lange* AG **2005** 459 (471).
30 Siehe hierzu insbesondere *Klimke* VersR **2004** 287.

zeige von bekannten Pflichtverletzungen trotz entsprechender Frage des Versicherers zu den in Ziffer B-3.1 AVB D&O genannten Rechtsfolgen.[31] Teilweise wird aber in diesem Zusammenhang auch problematisiert, ob der Ausschluss für bekannte Pflichtverletzungen im Hinblick auf die vorvertragliche Anzeigeobliegenheit zu einer Unwirksamkeit der Regelung führt, was im Ergebnis aber zu verneinen sein dürfte.[32]

7. Beweislast

Aufgrund der Formulierung von Ziffern A-5.1 und A-5.2 liegt die Darlegungs- und Beweislast, dass eine Rückwärtsdeckung vereinbart wurde und dessen Voraussetzung (also das Vorliegen einer vorvertraglichen Pflichtverletzung) gegeben ist, beim Versicherungsnehmer.[33] Der Versicherer hat hingegen darzulegen und zu beweisen, dass der Versicherungsnehmer bzw. die in Anspruch genommenen versicherten Personen bei Vertragsabschluss Kenntnis von der Pflichtverletzung hatten.[34] Da es sich hier um eine innere Tatsache handelt, ist der Nachweis in der Praxis nicht immer einfach. Er wird in erster Linie durch Indizien geführt werden.[35] Soweit der Versicherer sich auf die Wirkung von Ziffer A-5.2 S. 3 AVB D&O berufen möchte, ist er auch für dessen Voraussetzungen vollständig darlegungs- und beweisbelastet. Soweit aufgrund einer abweichenden Formulierung der maßgeblichen Bedingungen – insbesondere bei Fehlen einer Ziffer A-5.1 entsprechenden Vorschrift – die Rückwärtsdeckung als Einschränkungen des Claims made-Prinzips verstanden wird, dürfte die Beweislast für alle Voraussetzungen beim Versicherer liegen. 55

8. Abweichende Marktbedingungen

a) Alternative Rückwärtsdeckungsklauseln

„Der Versicherer gewährt eine unbegrenzte Rückwärtsversicherung. Bezüglich vor Vertragsbeginn begangener Pflichtverletzungen besteht jedoch kein Versicherungsschutz, sofern die jeweils in Anspruch genommene versicherte Person von der Pflichtverletzung bis zu 56

- *der verbindlichen Annahme des Angebots des Versicherers oder*
- *dem in der Police oder gemäß Ziffer ... genannten Kontinuitätsdatum Kenntnis hatte.*

Es besteht Versicherungsschutz, bis diese Kenntnis in einem Verfahren nach Buch 1 bis 4 der ZPO bzw. entsprechenden ausländischen Rechtsvorschriften oder in einem Schiedsgerichtsverfahren rechtskräftig festgestellt wird, wobei der Versicherer bis zur rechtskräftigen Entscheidung über die Haftungsfrage keine diesbezügliche Feststellungsklage erheben wird.

Im Fall der rechtskräftigen Feststellung der Kenntnis ist die versicherte Person verpflichtet, dem Versicherer die erbrachten Leistungen zurückzuerstatten. Im Fall der Rückerstattung sind die erstatteten Leistungen der Deckungssumme gutzuschreiben."

Diese Klausel weist einige Besonderheiten im Vergleich zu den AVB D&O auf. Es fehlt an einer Ziffer A-5.2 S. 3 vergleichbaren Klausel. Insoweit kommt es nur auf die positive Kenntnis an, wie sie nach der Rechtsprechung des BGH bestimmt wird (siehe Rn. 38 ff.). Folgende weitere Besonderheiten sind zu beachten: 57

---

31 So auch Seitz/Finkel/Klimke/*Finkel/Seitz* Ziff. 3 Rn. 12.

32 Siehe hierzu ausführlich Bruck/Möller/*Baumann* AVB-AVG 2011/2013 Ziff. 3 Rn. 35.

33 *Lange* § 10 Rn. 27.

34 Beckmann/Matusche-Beckmann/*Beckmann* § 28 Rn. 110; *Ihlas* S. 381; *Lange* § 10 Rn. 34.

35 OLG Koblenz 18.6.2010 RuS **2011** 512 (513 f.).

58 **aa) Verengung Personenkreis.** Nach der Beispielklausel wird der Personenkreis eingegrenzt, auf dessen Kenntnis es beim Entfallen der Rückwärtsdeckung ankommt. Im Gegensatz zu Ziffer A-5.2 kommt es nur auf die Kenntnis der in Anspruch genommenen versicherten Person an. Die Kenntnis des Versicherungsnehmers oder von mitversicherten Tochterunternehmen hat nach der Regelung hingegen keine Relevanz für das Bestehen der Rückwärtsdeckung. Auch wird den versicherten Personen – ohne dass es insoweit einer ausdrücklichen Regelung in den Versicherungsbedingungen bedarf – keine Kenntnis der anderen versicherten Personen zugerechnet. Dies ist allerdings umstritten.[36]

59 **bb) Kontinuität.** Des Weiteren wird der Zeitpunkt modifiziert, zu dem die versicherten Personen von begangenen Pflichtverletzungen Kenntnis haben müssen, damit eine Rückwärtsdeckung ausscheidet. In der Beispielklausel wird darauf abgestellt, ob die versicherten Personen Kenntnis von der entsprechenden Pflichtverletzung entweder im Zeitpunkt der Annahmeerklärung durch den Versicherer oder im Zeitpunkt des Kontinuitätsdatums haben. Durch eine solche Vereinbarung soll bei einem Versichererwechsel zugunsten des Versicherungsnehmers, der Tochtergesellschaften und der versicherten Personen erreicht werden, dass der Wechsel ihre Rechtsstellung nicht negativ beeinflusst.[37]

60 Nach dem Wortlaut würde die Rückwärtsdeckung ausscheiden, wenn alternativ in einem der genannten Zeitpunkte eine Kenntnis vorliegt. Dies entspricht aber nicht dem erkennbaren Sinn und Zweck des Kontinuitätsdatums. Dieses soll sicherstellen, dass eine Kenntnis nach Eintritt dieses Datums für die Rückwärtsdeckung unschädlich ist. Soweit somit ein Kontinuitätsdatum besteht, ist für das Bestehen der Rückwärtsdeckung ausschließlich relevant, ob keine Kenntnis zu diesem Datum gegeben ist. Eine nach dem Kontinuitätsdatum erfolgt Kenntnis ist somit unschädlich.[38]

61 Das Kontinuitätsdatum ist teilweise ausdrücklich im Versicherungsschein geregelt. Teilweise wird eine entsprechende Regelung alternativ in den Versicherungsbedingungen aufgenommen. Hiernach gilt als Kontinuitätsdatum das Datum des Abschlusses des Vorvertrages oder das dortige Kontinuitätsdatum. Dies gilt in der Regel aber nur dann, wenn der Vertrag ohne zeitliche Unterbrechung an den Vorvertrag anschließt. In anderen Bedingungen wird auf die letzte Erklärung zur Rückwärtsversicherung („Warranty Statement") als maßgeblicher Zeitpunkt der Kontinuität abgestellt. Insoweit ist in dem jeweiligen Vertrag zu prüfen, welches konkrete Datum als Kontinuitätsdatum gilt.

62 **cc) Vorläufiger Deckungsschutz.** In der Beispielklausel ist des Weiteren auch ein vorläufiger Deckungsschutz geregelt. Dies bedeutet, dass der Versicherer die Deckung nicht mit der Argumentation verweigern kann, dass keine Rückwärtsdeckung bestehe, weil die betroffene versicherte Person (in anderen Bedingungen zusätzlich: oder der Versicherungsnehmer) Kenntnis von der der Inanspruchnahme zugrunde liegenden Pflichtverletzung hatte. Der Deckungsschutz im Rahmen der Rückwärtsdeckung ist erst dann ausgeschlossen, wenn die Kenntnis rechtskräftig in einem gerichtlichen oder schiedsgerichtlichen Verfahren festgestellt wurde. Der Versicherer verpflichtet sich, eine entsprechende Feststellungsklage nicht vor Abschluss des Haftungsverfahrens zu erheben. In einigen Bedingungen fehlt diese Einschränkung. Konsequenz ist, dass der Versicherer theoretisch sofort ein entsprechendes (Feststellungs-) Verfahren anstreben könnte. Allerdings reicht es auch aus, wenn der Versicherer im Deckungsprozess eine entsprechende Kenntnis einwendet. Insoweit muss die rechtskräftige Kenntnisfeststellung nicht vor diesem Prozess erfolgen, sondern kann im Deckungsprozess festgestellt werden.

---

36 Siehe zur Übersicht über den Streitstand Prölss/Martin/*Klimke* VVG § 47 Rn. 15 ff.

37 *Lange* § 10 Rn. 45.

38 Siehe hierzu MüKoVVG/*Ihlas* 320. D&O Rn. 741.

Soweit der Versicherer bereits Leistungen an die versicherten Personen erbracht hat, haben sie diese **zurückzuerstatten**, wenn die Kenntnis rechtskräftig festgestellt wurde. Sie wird somit so behandelt, als wenn von Anfang an kein Versicherungsschutz bestanden hätte. Es wird hier ein vertraglicher Rückforderungsanspruch in der Beispielklausel normiert. Ohne eine entsprechende vertragliche Regelung würde sich der Anspruch des Versicherers aus den bereicherungsrechtlichen Vorschriften nach §§ 812 ff. BGB ergeben. 63

b) Kenntnis bis Versicherungsbeginn

„Versicherungsschutz besteht darüber hinaus für Versicherungsfälle, die in dem vorgenannten Zeitraum eintreten und auf einer vor Versicherungsbeginn begangenen Pflichtverletzung beruhen, sofern diese bis zum Versicherungsbeginn der jeweils in Anspruch genommenen versicherten Person nicht bekannt geworden ist." 64

Diese Beispielklausel weicht von der Ziffer A-5.2 dahingehend ab, dass der Zeitpunkt, in dem die Kenntnis vorliegen muss, abgeändert wird. Nach dieser Klausel kommt es hierfür nicht auf den Vertragsschluss, sondern auf den Versicherungsbeginn an. Insoweit besteht – in Abweichung zu Ziffer A-5.2 – zusätzlich kein Versicherungsschutz für Inanspruchnahmen in Bezug auf Pflichtverletzungen, bei denen die in Anspruch genommene versicherte Person zwischen Abgabe der Vertragserklärung durch den Versicherungsnehmer und dem Beginn des D&O-Versicherungsvertrages erkannt hat, dass sie eine solche begangen hat. Insoweit ist diese Klausel – in Vergleich zu Ziffer A-5.2 S. 2 AVB D&O – nachteilig für die versicherten Personen. Allerdings ist hierbei lediglich die Kenntnis der in Anspruch genommenen versicherten Person und nicht – wie bei Ziffer A-5.2 – auch des Versicherungsnehmers relevant. 65

c) Neu hinzukommende Tochtergesellschaften

„Werden während der Vertragslaufzeit Unternehmen zu Tochtergesellschaften gemäß Ziffer ..., besteht für sie und die dortigen versicherten Personen Versicherungsschutz für nach Beteiligungserwerb begangene Pflichtverletzungen. Bezüglich vor Beteiligungserwerb begangener Pflichtverletzungen besteht Versicherungsschutz, sofern dies gesondert vereinbart wird." 66

Die vorgenannte Beispielklausel regelt die Situation, wenn Tochtergesellschaften während der Laufzeit des D&O-Versicherungsvertrages neu unter den Versicherungsschutz fallen. Im Gegensatz zu den AVB D&O wird in der Praxis in diesen Situationen häufig die Rückwärtsdeckung für diese Unternehmen bzw. deren versicherte Personen eingeschränkt. Die Klausel ist hingegen nicht auf Tochtergesellschaften anwendbar, die bereits bei Vertragsbeginn vorhanden waren. 67

Die Regelung in der Beispielklausel **begrenzt** den Versicherungsschutz für die neu hinzukommenden Gesellschaften auf eine **Vorwärtsdeckung**. Dies bedeutet, dass Versicherungsschutz nur für solche Pflichtverletzungen besteht, die nach Erwerb der Beteiligung an der Gesellschaft von den versicherten Personen begangen wurden. Eine mit Ziffer A-5.2 vergleichbare Rückwärtsdeckung besteht standardmäßig nicht. Vielmehr kann eine Rückwärtsdeckung bezüglich der neu hinzukommenden Unternehmen durch eine separate Einigung zwischen Versicherer und Versicherungsnehmer vereinbart werden. Diese kann entweder zeitlich beschränkt oder unbeschränkt sein. Da allerdings keine standardmäßige Rückwärtsdeckung für die neu hinzukommenden Tochterunternehmen besteht, wird für diese der diesbezügliche Versicherungsschutz durch die Beispielklausel stark eingeschränkt. 68

„Der Versicherungsschutz umfasst außerdem Versicherungsfälle wegen Pflichtverletzungen, die innerhalb von 12 Monaten vor dem Hinzukommen begangen wurden, sofern die jeweilige Pflichtverletzung bis zu diesem Zeitpunkt weder der Versicherungsnehmerin, noch dem Tochterunternehmen, noch der jeweils in Anspruch genommenen 69

versicherten Person bekannt geworden ist. Kommt ein Tochterunternehmen hinzu, dessen Bilanzsumme höher als die letzte (Konzern-) Bilanzsumme der Versicherungsnehmerin ist, besteht kein rückwirkender Versicherungsschutz. Das Gleiche gilt bei einem hinzukommenden Tochterunternehmen, das ein Finanzdienstleistungsunternehmen ist und dessen Bilanzsumme mehr als 30 % der letzten (Konzern-) Bilanzsumme der Versicherungsnehmerin ausmacht."

70 Teilweise ist die Rückwärtsdeckung bei neu hinzukommenden Tochterunternehmen noch dezidierter geregelt. In der vorgenannten Beispielklausel besteht bereits standardmäßig eine Rückwärtsdeckung für Pflichtverletzung von versicherten Personen einer solchen Gesellschaft, wenn diese bis zu einem Jahr vor das Hinzukommen des Unternehmens begangen wurden. Es gibt hier allerdings zwei **Ausnahmen**: Zum einen gilt dies nicht, wenn der Versicherungsnehmer, das Tochterunternehmen oder die jeweils in Anspruch genommenen versicherten Personen zum Zeitpunkt des Hinzukommens der Gesellschaft Kenntnis von den entsprechenden Pflichtverletzungen hatten. Entscheidender Zeitpunkt für die Kenntnis ist somit derjenige, in dem die Gesellschaft als versichertes Tochterunternehmen unter dem D&O-Vertrag gilt. Sämtliche Kenntnisse von Pflichtverletzungen vor diesem Zeitpunkt sind somit schädlich für den Versicherungsschutz im Rahmen der Rückwärtsdeckung. Hierbei ist allerdings zu beachten, dass eine Zurechnung der Kenntnis der Tochtergesellschaft nicht unproblematisch ist und bereits im Zusammenhang mit einer vergleichbaren Regelung zur Rückwärtsdeckung in frühere D&O-Musterbedingungen kontrovers diskutiert wurde.[39]

71 Zum anderen besteht auch keine Rückwärtsdeckung hinsichtlich neu hinzukommender Tochtergesellschaften, wenn diese eine der dort genannten Bilanzsummen überschreiten. Des Weiteren ist häufig in den Bedingungen auch vorgesehen, dass zwischen dem Versicherer und dem Versicherungsnehmer eine weitere Ausdehnung der Rückwärtsdeckung für diese Unternehmen vereinbart werden kann.

III. A-5.3 Anspruchserhebungen nach Vertragsende (Nachmeldefrist)

1. Allgemeines

72 Diese Regelung dehnt den D&O-Versicherungsschutz in zeitlicher Hinsicht nach Vertragsende aus. Normalerweise wären nach dem Claims made-Prinzip keine Inanspruchnahmen mehr versichert, die nach Vertragsende erfolgen (siehe hierzu auch Rn. 93 f.). Das Spätschadenrisiko würde somit bei den versicherten Personen liegen. Hierzu regelt Ziffer A-5.3 eine Ausnahme. Versichert sind auch solche Inanspruchnahmen gegen versicherte Personen, die innerhalb der in der Klausel geregelten Nachmeldefrist und damit nach Vertragsende erhoben werden. Insoweit übernimmt der Versicherer zu einem Teil das Spätschadenrisiko. Im Gegensatz zu Nachmeldefristen in anderen Versicherungen, z.B. Berufshaftpflicht-, Rechtsschutz- oder Vertrauensschadenversicherungen, handelt es sich somit bei derjenigen in D&O-Versicherungen nicht um eine Ausschlussfrist.[40]

73 Das im Titel der Vorschrift enthaltene Wort „Nachmeldefrist" ist allerdings missverständlich. Bei dieser Regelung geht es nicht, wie bei einer Nachmeldefrist, darum, dass ein bereits während der Vertragslaufzeit eingetretener Versicherungsfall innerhalb einer bestimmten Frist nach Vertragsende dem Versicherer angezeigt werden muss, sondern, wie bereits ausgeführt, um die Absicherung von nach Vertragsende eingetretenen Versicherungsfällen. Geregelt ist somit eine Nachhaftung des D&O-Versicherers, auch wenn zusätzlich noch eine Meldung an den Versicherer erfolgen muss. Da sich der Begriff „Nachmeldefrist" aber überwiegend etabliert hat, wird auch im Folgenden dieser – trotz dessen Ungenauigkeit – weiterverwendet.

39 Vgl. hierzu Bruck/Möller/*Baumann* AVB-AVG 2011/2013 Ziff. 3 Rn. 32.
40 *Lange* § 10 Rn. 56, 110.

Das Erfordernis, dass auch die Meldung des Versicherungsfalls innerhalb der Nachmeldefrist zu erfolgen hat, ist keine Obliegenheit, sondern eine wirksame **Risikobegrenzung** in Form eines Ausschlusses.[41] Dies bedeutet, dass generell allein das Versäumen der Frist bereits den Versicherungsschutz ausschließt (zur Ausnahme bei unverschuldetem Fristversäumnis siehe Rn. 100). Die zusätzlichen Voraussetzungen des § 28 VVG (Rechtsfolgen bei Verletzung von vertraglichen Obliegenheiten) müssen somit nicht vorliegen, damit sich der Versicherer bei einer nicht rechtzeitigen Meldung auf eine Leistungsfreiheit berufen kann. 74

Des Weiteren findet die Vereinbarung der Nachmeldefrist – zusammen mit der Rückwärtsdeckung – auch bei der Frage Berücksichtigung, ob in einem Versicherungsvertrag das Claims made-Prinzip wirksam vereinbart werden kann. Die Nachmeldefrist und Rückwärtsdeckung werden in diesem Zusammenhang als Kompensation für die Nachteile, die mit einem Claims made-Prinzip verbunden sind, gesehen.[42] 75

2. Voraussetzungen

Der Deckungsschutz im Rahmen der Regelungen zur Nachmeldefrist nach Ziff. A-5.3 besteht nur, wenn die folgenden Voraussetzungen vorliegen: 76

a) Ende des Versicherungsschutzes. Die Nachmeldefrist knüpft an die Beendigung des Versicherungsschutzes an. Insoweit gelten die Regelungen zur Nachmeldefrist nur für solche Inanspruchnahmen, die nach diesem Zeitpunkt eingetreten sind. Die **Beendigung des Versicherungsschutzes** kann auf unterschiedliche Weise herbeigeführt werden, z.B. durch **Kündigung** des Vertrages durch den Versicherungsnehmer oder den Versicherer oder durch bloßen **Zeitablauf**. Ebenfalls eine Beendigung, die zur Anwendung der Nachmeldefrist führt, ist die Beseitigung einer **Mehrfachversicherung** nach § 79 VVG.[43] 77

Umstritten ist hingegen, ob auch eine **einvernehmliche Aufhebung** die Nachmeldefrist auslöst.[44] Durch eine einvernehmliche Vertragsaufhebung solle nach einer vertretenen Ansicht der Vertrag mit allen seinen vertraglichen Regelungen endgültig beendet werden, was dann auch die Klausel zur Nachmeldefrist betreffen würde.[45] Zutreffend dürfte hier allerdings zu unterscheiden sein: Soll lediglich der Vertrag vorzeitig zu einem bestimmten Zeitpunkt aufgehoben werden, ohne allerdings den Versicherungsschutz aus dem Vertrag bis zu diesem Zeitpunkt zu beseitigen, gelten auch die Regelungen zur Nachmeldefrist weiter. Sollte somit ein Versicherungsfall während der Nachmeldefrist eintreten, besteht hierfür – soweit auch die sonstigen Voraussetzungen vorliegen – weiterhin Versicherungsschutz. Anders liegt die Situation allerdings, wenn eine einvernehmliche Aufhebung den D&O-Versicherungsvertrag insgesamt – und zwar von Anfang an – beseitigen soll. Dieser Fall ist mit einer Anfechtung oder einem Rücktritt vergleichbar (siehe Rn. 80), sodass in dieser Situation kein Versicherungsschutz besteht.[46] 78

Des Weiteren ist fraglich, ob eine **einvernehmliche Vertragsanpassung** die Nachmeldefrist auslösen kann.[47] Auch hier ist allerdings zu unterscheiden: Entscheidend ist, ob die Vertragsanpassung auf eine reine Änderung des bestehenden Vertrages gerichtet ist oder ob die Anpassung so umfangreich ist, dass die Parteien einen neuen Vertrag unter Beendigung des bisherigen Vertrages 79

41 BGH 20.7.2011 VersR **2011** 1264 (1265); BGH 15.4.1992 RuS **1992** 236 (237); OLG Stuttgart 27.11.2008 RuS **2009** 188 (189 f.); so auch *Schimikowski* jurisPR-VersR 5/**2009** Anm. 5.

42 Siehe hierzu insbesondere OLG München 8.5.2009 NZG **2009** 714.

43 Seitz/Finkel/Klimke/*Finkel*/*Seitz* Ziff. 3 Rn. 18.

44 Bejahend Prölss/Martin/*Voit* AVB-D&O A-5.3 Rn. 1; verneinend Seitz/Finkel/Klimke/*Finkel*/*Seitz* Ziff. 3 Rn. 18.

45 Seitz/Finkel/Klimke/*Finkel*/*Seitz* Ziff. 3 Rn. 18.

46 So auch Prölss/Martin/*Voit* AVB-D&O A-5.3 Rn. 1.

47 Dies bejahend Seitz/Finkel/Klimke/*Finkel*/*Seitz* Ziff. 3 Rn. 18.

vereinbaren wollen.[48] Handelt es sich bei der Vertragsanpassung nicht um einen Neuabschluss, sind die Regelungen zur Nachmeldefrist nicht einschlägig. In diesem Fall fehlt es nämlich an der erforderlichen Vertragsbeendigung. Anders sieht es hingegen aus, wenn die Anpassung auf den Neuabschluss eines D&O-Vertrages gerichtet ist. Hierdurch wird dann – zumindest konkludent – der ursprüngliche Versicherungsvertrag beendet, sodass nach der hier vertretenen Ansicht dadurch die Nachmeldefrist ausgelöst wird.

80 **Keine Nachmeldefrist** besteht hingegen, wenn der Vertrag durch Anfechtung oder Rücktritt beendet wurde, da diese ex tunc wirken und damit der Vertrag von Anfang an nicht bestand.[49] Es fehlt somit von vornherein an einer vertraglichen Grundlage für die Gewährung eines Versicherungsschutzes im Rahmen der Nachmeldefrist.

81 **b) Vereinbarung einer Nachmeldefrist.** Weitere Voraussetzung ist, dass nach den Versicherungsbedingungen eine Nachmeldefrist überhaupt vereinbart wird. Eine solche Vereinbarung ist aber in fast allen D&O-Versicherungsverträgen vorgesehen. In den AVB D&O ist zwischen der automatischen Nachmeldefrist und dem Erwerb einer weiteren Nachmeldefrist zu unterscheiden. Der Unterschied ist, dass eine automatische Nachmeldefrist ohne Zutun der Beteiligten besteht, die weitere Nachmeldefrist hingegen nur auf Verlangen und gegen Zahlung einer zusätzlichen Prämie gewährt wird.

82 Die **automatische Nachmeldefrist** ist in Ziffer A-5.3 Abs. 1 AVB D&O geregelt. Die genaue Länge der Nachmeldefrist wird in den GDV-Musterbedingungen offengelassen und ist damit von jedem Versicherer selbst zu bestimmen. In der Praxis sind derzeit Längen zwischen 6 und 12 Jahren üblich. Diese Nachmeldefrist wird vom Versicherer automatisch ohne jegliches Zutun des Versicherungsnehmers bzw. der versicherten Personen eingeräumt. Allerdings ist diese **nicht unverfallbar**. Sollte der Versicherungsvertrag wegen eines Zahlungsverzugs des Versicherungsnehmers beendet werden, wird nach Ziffer 5.3 Abs. 4 AVB D&O keine automatische Nachmeldefrist gewährt (siehe Rn. 102 ff.). In einigen D&O-Marktbedingungen sind abweichende Regelungen zur automatischen Nachmeldefrist enthalten. Insbesondere wird in diesen auf die Regelung einer Verfallbarkeit der Nachmeldefrist verzichtet (siehe zu diesen abweichenden Regelungen Rn. 136 ff.).

83 Teilweise wird in – vor allem älteren – D&O-Versicherungsverträgen auch vorgesehen, dass die automatische Nachmeldefrist **nur dann gilt**, wenn der Versicherer den D&O-Vertrag beendet bzw. nicht weiterführt. Insoweit gilt die Nachmeldefrist nur in sehr speziell und explizit aufgeführten Beendigungssituationen. Eine Beendigung bzw. Nichtweiterführung durch den Versicherungsnehmer würde bei diesen Klauseln somit nicht dazu führen, dass den versicherten Personen eine Nachmeldefrist zur Verfügung steht. Teilweise werden noch weitere Situationen geregelt, die für das Eingreifen einer Nachmeldefrist vorliegen müssen.[50] Hier kommt es dann auf den konkreten Wortlaut der jeweiligen Vereinbarung an, um zu beurteilen, ob eine Nachmeldefrist eingreift.

84 In Ziffer 5.3 Abs. 2 AVB D&O ist die Möglichkeit des Versicherungsnehmers vorgesehen, eine **Verlängerung der automatischen Nachmeldefrist** gegen eine Zusatzprämie zu erwerben. Im Gegensatz zur automatischen Nachmeldefrist tritt diese weitere Nachmeldefrist somit nicht ohne Zutun der Beteiligten ein. Die Höhe der Zusatzprämie wird bereits bei Vertragsschluss festgelegt und entspricht einem prozentualen Anteil von dem letzten Jahresbeitrag. Nach dem Wortlaut der Vorschrift ist lediglich der Versicherungsnehmer – und nicht auch die versicherten Personen – zum Erwerb der weiteren Nachmeldefrist berechtigt. Die Dauer der weiteren Nachmeldefrist wird in den GDV-Musterbedingungen ebenfalls offengelassen.

85 Das Bestehen der weiteren Nachmeldefrist ist an das Vorliegen von **zusätzlichen Voraussetzungen** geknüpft. Zunächst muss der Versicherungsnehmer die verlängerte Nachmeldefrist beim

---

48 Siehe zur Abgrenzung zwischen Vertragsänderung und Neuabschluss: *Armbrüster/Schreier* VersR **2015** 1053.
49 Seitz/Finkel/Klimke/*Finkel/Seitz* Ziff. 3 Rn. 18.
50 Siehe zu diesen Konstellationen Höra/*Sieg* § 17 Rn. 122.

Versicherer innerhalb eines Monats nach der Vertragsbeendigung beantragen. Nach Ziffer 5.3 Abs. 2 Satz 2 AVB D&O ist für die Einhaltung dieser Beantragungsfrist nicht die Absendung, sondern der Zugang der entsprechenden Willenserklärung des Versicherungsnehmers beim Versicherer entscheidend.

Zudem erlischt das Recht des Versicherungsnehmers auf die Gewährung der weiteren Nachmeldefrist, wenn der **zusätzliche Beitrag** nicht **unverzüglich** vom Versicherungsnehmer geleistet wird. Unverzüglich ist auch hier im Sinne von § 121 Abs. 1 S. 1 BGB als ohne schuldhaftes Zögern zu verstehen. Fraglich ist, ob die Frist zur Zahlung des Beitrages auch ohne Aufforderung des Versicherers beginnt. Hierfür könnte sprechen, dass in den Bedingungen bereits vorgesehenen ist, welcher prozentuale Beitrag für die zusätzliche Nachmeldefrist zu leisten ist. Allerdings wird man hier dem Versicherungsnehmer zugestehen müssen, dass er erst abwarten darf, bis der Versicherer seinen Antrag auf Gewährung einer zusätzlichen Nachmeldefrist bestätigt und ihn aufgefordert hat, den zusätzlichen Beitrag auf ein von ihm genanntes Konto zu überweisen. Nach Erhalt dieser Aufforderung hat der Versicherungsnehmer dann ca. 7 bis 10 Tage Zeit, die Überweisung so vorzunehmen, dass innerhalb dieser Frist die Prämie auf dem Konto des Versicherers eingeht. Wenn ein Lastschrifteinzug mit dem Versicherer vereinbart wurde, hat der Versicherer die Zusatzprämie einzuziehen. Der Versicherungsnehmer hat nach Ziffer B1-5.1 lediglich für die ausreichende Deckung des Bankkontos zu sorgen. In einigen Bedingungen ist dieser Punkt aber abweichend geregelt und es wird lediglich darauf abgestellt, dass der Versicherungsnehmer die Zusatzprämie innerhalb einer bestimmten Frist zahlt. Insoweit wird hier auf das Erfordernis einer Beantragung der zusätzlichen Nachmeldefrist verzichtet (siehe Rn. 135). 86

Zu der Verpflichtung der unverzüglichen Zahlung wird vertreten, dass diese unwirksam sei.[51] Hierin wird ein Verstoß gegen das aus §§ 37, 38 VVG resultierende gesetzliche Leitbild gesehen. Hierbei ist Folgendes zu beachten: Bei der Zusatzprämie für die weitere Nachmeldefrist handelt es sich um eine Folgeprämie i.S.v. § 38 VVG. Insoweit ist für den entsprechenden **Zahlungsverzug** diese gesetzliche Regelung einschlägig. Grundsätzlich ist gem. § 38 Abs. 1 VVG somit erforderlich, dass im Falle der nicht rechtzeitigen Zahlung der Versicherungsnehmer noch einmal gemahnt wird. Dies ist allerdings in Ziffer 5.3 Abs. 2 S. 2 AVB D&O nicht vorgesehen. Somit weicht diese Vorschrift zum Nachteil des Versicherungsnehmers von § 38 Abs. 1 VVG ab. Allerdings handelt es sich hierbei nach § 42 VVG um eine halbzwingende Vorschrift, sodass – soweit keine Abweichung von halbzwingenden Vorschriften nach § 210 Abs. 1 VVG möglich ist – bereits aus dieser Vorschrift eine Unwirksamkeit der entsprechenden Regelung resultiert. 87

In Ziffer 5.3 Abs. 3 AVB D&O sind dann weitere Situationen aufgeführt, in denen der Versicherer nicht zur Gewährung einer weiteren Nachmeldefrist bereit ist. Dies bedeutet, dass der Versicherungsnehmer nicht wirksam eine Verlängerung der Nachmeldefrist beantragen kann. Der Erwerb ist nicht möglich, wenn der Vertrag nach einem Antrag auf Eröffnung des **Insolvenzverfahrens** über das Vermögen des Versicherungsnehmers beendet wird. Hierunter fällt nicht nur der Antrag auf Eröffnung eines klassischen Insolvenzverfahrens, sondern auch ein solcher auf eine Eigenverwaltung nach §§ 270 ff. InsO. 88

Eine weitere Nachmeldefrist kann auch dann nicht mehr erworben werden, wenn eine Vertragsbeendigung wegen einer durch **Neubeherrschung** eingetretenen Gefahrerhöhung gem. Ziffer B-3.2 AVB D&O eintritt (siehe hierzu Ziff. B-3.2 Rn. 7). Eine Nachmeldefrist kann ebenfalls nicht nach Ziffer A-5.3 Abs. 4 AVB D&O beantragt werden, wenn der Versicherungsvertrag wegen Zahlungsverzug endet. In diesem Fall gilt ebenfalls nicht die automatische Nachmeldefrist (siehe Rn. 102 ff.). In einigen Marktbedingungen wird die Verfallbarkeit von Nachmeldefristen aber abweichend geregelt (siehe Rn. 136 ff.). 89

Im Zusammenhang mit dem **Zukauf einer Nachmeldefrist** nach Vertragsende stellt sich eine weitere Frage: Müssen der Versicherer oder die Versicherungsvermittler den Versicherungsnehmer auf diese Möglichkeit rechtzeitig hinweisen? Für den **Versicherer** könnte sich eine solche Hinweispflicht aus § 6 Abs. 4 VVG ergeben. Hiernach muss der Versicherer den Versicherungsneh- 90

51 Prölss/Martin/*Voit* AVB-D&O AVB D&O Ziff. A-5.3 Rn. 3; **a.A.** Seitz/Finkel/Klimke/*Finkel*/*Seitz* Ziff. 3 Rn. 27.

mer anlassbezogen auch während des Vertragsverhältnisses noch beraten. Insoweit könnte man durchaus argumentieren, dass zu diesen Beratungspflichten auch noch der Hinweis des Versicherers zählt, dass und wie eine zusätzliche bzw. erweiterte Nachmeldefrist erworben werden kann.[52] Dies gilt selbst dann, wenn der Versicherungsnehmer den Vertrag selbst durch Kündigung beendet.[53] Allerdings ist hier § 6 Abs. 6 VVG zu beachten, sodass eine Beratungspflicht häufig in der Praxis ausscheiden wird, weil der D&O-Versicherungsvertrag von einem Versicherungsmakler vermittelt wurde.

91 Eindeutig kann die Frage bei **Versicherungsvertretern** beantwortet werden. Diese sind nach den gesetzlichen Vorschriften nicht mehr zu einer Beratung des Versicherungsnehmers nach Vertragsabschluss verpflichtet.[54] Insoweit scheidet bei diesen eine Hinweispflicht auf die Möglichkeit des Erwerbs einer zusätzlichen bzw. erweiterten Nachmeldefrist aus. Bei den **Versicherungsmaklern** hingegen dürfte aus dem bestehenden Maklervertrag die grundsätzliche Pflicht bestehen, bei einem Wechsel eines D&O-Versicherungsvertrages den Versicherungsnehmer auf die Erwerbsmöglichkeit einer zusätzlichen bzw. erweiterten Nachmeldefrist hinzuweisen.

92 Selbst wenn bei Versicherer und Versicherungsmaklern grundsätzlich eine Hinweispflicht bestehen kann, heißt dies aber nicht automatisch, dass dem Versicherungsnehmer ein Schadenersatzanspruch bei einem unterlassenen Hinweis zusteht. Insbesondere kann in diesen Situationen das Vorliegen einer Kausalität problematisch sein. Schließt der Versicherungsnehmer nämlich eine Anschluss-D&O-Versicherung zu annähernd gleichen oder besseren Konditionen ab, ist davon auszugehen, dass im Regelfall der Erwerb einer zusätzlichen bzw. erweiterten Nachmeldefrist aus Sicht des Versicherungsnehmers keinen Sinn ergeben hätte. Anders sieht hingegen die Situation aus, wenn der Versicherungsschutz im Anschlussvertrag eingeschränkt wird. Hier kann der Versicherungsnehmer (und vor allem die versicherten Personen) ein elementares Interesse daran haben, durch eine möglichst lange Nachmeldefrist sich die besseren Konditionen des Alt-Vertrages zu sichern. Zudem könnte der neue Versicherer sich weigern, ein Kontinuitätsdatum zu vereinbaren. Auch in dieser Situation könnte der Versicherungsnehmer wünschen, dass ein möglichst langer Versicherungsschutz für unter dem Altvertrag versicherte, aber unter dem Neuvertrag nicht mehr erfasste, da bekannte, Pflichtverletzungen noch besteht. Entscheidend sind hier aber immer die Umstände des Einzelfalls. In der Praxis werden sich die unterschiedlichen Konditionen im konkreten Schadenfall häufig nicht auswirken. In diesen Situationen wird es in Bezug auf den fehlenden Hinweis auf die Möglichkeit des Erwerbs einer zusätzlichen Nachmeldefrist an einem Schaden fehlen.

93 **c) Pflichtverletzung bis Vertragsende.** Weitere Voraussetzung dafür, dass Versicherungsfälle auch noch während des Laufs der Nachmeldefrist gedeckt sind, ist, dass die gegen die versicherten Personen geltend gemachten Ansprüche auf Pflichtverletzungen beruhen, die bis zur Vertragsbeendigung begangen worden sind. In Ziffer A-5.2 Abs. 1 AVB D&O wird nur darauf abgestellt, dass die Pflichtverletzung bis zum Vertragsende begangen wurde. Hingegen wird der Zeitraum vor Vertragsbeginn nicht ausdrücklich ausgenommen. Insoweit sind auch solche Inanspruchnahmen während der Nachmeldefrist versichert, die auf im Rahmen der Rückwärtsdeckung gedeckten Pflichtverletzungen beruhen.[55] Hierzu bedarf es keiner ausdrücklichen Bezugnahme auf die Rückwärtsdeckung. Im Gegenteil: Sollen für Inanspruchnahmen bezüglich Pflichtverletzungen, die vor Vertragsbeginn begangen wurden, keine Deckung im Rahmen der Nachmeldefrist bestehen, muss dies klar und unmissverständlich in den Bedingungen zum Ausdruck kommen.

---

52 Prölss/Martin/*Voit* AVB-D&O AVB D&O Ziffer A-5.3 Rn. 3.

53 A.A. wohl Prölss/Martin/*Rudy* VVG § 6 Rn. 44; dafür im Rahmen einer ähnlichen Situation in der Betriebshaftpflichtversicherung: Späte/Schimikowski/*Schimikowski* BBR BHV Rn. 138; Prölss/Martin/*Lücke* BHV Ziff. 7.9 Rn. 3.

54 Prölss/Martin/*Dörner* VVG § 63 Rn. 9.

55 So auch Veith/Gräfe/Gebert/*Lange* § 21 Rn. 53.

Allerdings besteht im Rahmen der Nachmeldefrist nur Versicherungsschutz für solche Pflichtverletzungen, die auch im Rahmen der Rückwärtsdeckung gedeckt sind. Insoweit wird für Inanspruchnahmen im Zusammenhang mit bekannten Pflichtverletzungen, für die eine Rückwärtsdeckung nicht besteht, kein Versicherungsschutz gewährt. Auch wenn eine Pflichtverletzung **nach Vertragsende** eintritt, besteht hierfür kein Versicherungsschutz.[56] 94

d) Inanspruchnahme während Nachmeldefrist. Nach Vertragsbeendigung, aber noch innerhalb der Nachmeldefrist müssen die versicherten Personen in Anspruch genommen und damit der Versicherungsfall ausgelöst werden. Die Nachmeldefrist bestimmt sich entweder nach Ziffer A-5.3 Abs. 1 AVB D&O (automatische Nachmeldefrist) oder Ziffer A-5.3 Abs. 2 AVB D&O (weitere Nachmeldefrist). Die in Ziffer A-5.3 Abs. 2 AVB D&O geregelte weitere Nachmeldefrist verlängert die automatische Nachmeldefrist um die dort genannte Anzahl von Jahren. 95

In einigen Marktbedingungen ist die Länge der Nachmeldefrist hingegen von der **Anzahl von Versicherungsperioden**, die der Vertrag im Zeitpunkt der Beendigung bestanden hat, abhängig. Mit längerer Dauer des Vertrages wächst damit die Länge der Nachmeldefrist an, sog. Anwachsungsmodell.[57] Die Dauer, die ein Vertrag bestehen muss, wird dort häufig in vollen Jahren angegeben. Sollte somit ein Vertrag nicht die angegebene Anzahl von vollen Jahren bestanden haben, z.B. weil er unterjährig begonnen hat und die Hauptfälligkeit auf den 01.01. eines jeden Jahres gelegt wurde, gilt die entsprechende Verlängerung der Nachmeldefrist nicht. In anderen Bedingungen wird auf das Bestehen einer bestimmten Anzahl von Versicherungsperioden abgestellt, wonach sich die Länge der erweiterten Nachmeldefrist richtet. Häufig wird dies kombiniert mit der Angabe einer zeitlichen Länge, in der der Vertrag besteht. So wird die weitere Nachmeldefrist beispielsweise nach Ablauf der ersten Versicherungsperiode, soweit diese mindestens ein Jahr gedauert hat, gewährt. Diese Voraussetzungen müssen kumulativ vorliegen. Sollte die erste Versicherungsperiode im Beispiel kürzer als ein Jahr gedauert haben, steht die weitere Nachmeldefrist nicht zur Verfügung. Erst wenn nach Ablauf dieser Periode auch die Vertragsdauer insgesamt ein Jahr beträgt und dann der Vertrag beendet wird, liegen die Voraussetzungen für die Gewährung der weiteren Nachmeldefrist vor. 96

Bei der Voraussetzung, dass die Inanspruchnahme während der Nachmeldefrist erfolgt sein muss, ist die Rechtsprechung nicht anwendbar, dass bei einem unverschuldeten Versäumen der Nachmeldefrist diese nicht gilt (siehe hierzu Rn. 100).[58] Dies ist bereits schon aus dem folgenden Grund zutreffend: Die versicherte Person kann nicht beeinflussen, ob und wann sie in Anspruch genommen wird. Insoweit kann ihr weder ein Verschulden noch ein Unverschulden in Bezug auf die Inanspruchnahme zur Last fallen. Daher ist das Kriterium des Verschuldens nicht geeignet, um zu entscheiden, ob bei einer Inanspruchnahme nach Ablauf der Nachmeldefrist ein Deckungsanspruch besteht oder nicht. 97

e) Meldung während Nachmeldefrist. Nach Ziff. A-5.3 Abs. 1 AVB D&O muss die Inanspruchnahme gegenüber dem Versicherer gemeldet werden. Nach Ziffer B4-2.1 Abs. 1 AVB D&O ist die Erklärung in Textform abzugeben. Wer den Versicherungsfall zu melden hat, ist hingegen nicht geregelt. Nach Ziffer B3-3.2 lit. b) AVB D&O haben sowohl der Versicherungsnehmer als auch die versicherte Person einen Versicherungsfall anzuzeigen. Insoweit wird es dann auch ausreichend sein, wenn entweder Versicherungsnehmer oder eine versicherte Person dem Versicherer die Inanspruchnahme während der Nachmeldefrist anzeigen. 98

Auch die Meldung hat innerhalb der Nachmeldefrist zu erfolgen. Ist dies nicht der Fall, besteht kein Versicherungsschutz im Rahmen der Nachmeldefrist. Dies kann zu Härten zum Ende 99

56 *Lange* § 10 Rn. 66.
57 Höra/*Sieg* § 17 S. 120.
58 OLG Frankfurt 5.12.2012 RuS **2013** 329 (332).

der Laufzeit der Frist führen. Würde beispielsweise eine versicherte Person drei Tage vor Ablauf der Nachmeldefrist in Anspruch genommen werden, hätte diese nur drei Tage Zeit, um dem Versicherer die Inanspruchnahme anzuzeigen.

100 Hinsichtlich der Frist zur Meldung des nach Vertragsende eingetretenen Versicherungsfalls beim Versicherer ist zu überlegen, ob diese dann nicht gilt, wenn die versicherte Person **kein Verschulden** an der Nichteinhaltung dieser Frist trifft. Im Extremfall könnte zum Beispiel eine Inanspruchnahme der versicherten Person am letzten Tag der Nachhaftungsfrist erfolgten, sodass diese noch nicht einmal 24-Stunden zur Meldung des Versicherungsfalls und damit zur Wahrung des Deckungsschutzes hätte. Insoweit wird man – in Übereinstimmung der Rechtsprechung zu anderen Nachmeldefristen[59] – annehmen müssen, dass nur eine verschuldete Versäumung der Nachmeldefrist den Anspruch der versicherten Person entfallen lässt.[60] Das fehlende Verschulden ist allerdings von der versicherten Person darzulegen und zu beweisen.[61] Eine unverschuldete Versäumung wird zudem nur in Ausnahmefällen anzunehmen sein, z.B. wenn eine Inanspruchnahme erst wenige Tage vor Ablauf der Nachmeldefrist erfolgt oder die versicherte Person sich bei der Inanspruchnahme im Urlaub befindet und erst nach Ablauf der Nachmeldefrist das Inanspruchnahmeschreiben zur Kenntnis nimmt.

101 In einigen Marktbedingungen wird auf das Erfordernis der Meldung des Versicherungsfalls innerhalb der Nachmeldefrist verzichtet (siehe Rn. 136). Insoweit muss der Versicherungsfall nicht innerhalb der Nachmeldefrist erfolgen, damit für eine Inanspruchnahme während dieser Frist Deckungsschutz besteht. Allerdings bleibt die überwiegend auch geregelte Obliegenheit zur Anzeige des Versicherungsfalls (vgl. Ziffer B3-3.2 lit. b) AVB D&O) bestehen, sodass die versicherte Person bei Nichtwahrung dieser ggf. deckungsrechtliche Nachteile erlangt.

102 **f) Verfallbarkeit der Nachmeldefrist.** Die in den GDV-Musterbedingungen gewährte automatische Nachmeldefrist ist verfallbar. Dies bedeutet, dass die automatische Nachmeldefrist in bestimmten Konstellationen nicht eingreift. Dies ist in Abs. 4 geregelt. Die automatische Nachmeldefrist greift dann nicht ein, wenn der Versicherungsvertrag wegen Zahlungsverzuges beendet wurde. In dieser Konstellation verbleibt es somit bei der Grundregel der Ziffer A-5.1, wonach nur Inanspruchnahmen der versicherten Personen bis zum Ende der Vertragslaufzeit gedeckt sind (siehe zu Klauseln, die eine unverfallbare Nachmeldefrist enthalten: Rn. 136 ff.).

103 Hier stellt sich aber die Frage, ob diese **Verfallsklausel einer AGB-Kontrolle** nach §§ 305 ff. BGB standhält. Ausgangspunkt der Überlegung ist, dass den versicherten Personen eine Nachmeldefrist dann gewährt werden würde, wenn der Versicherungsvertrag zum Ende einer Versicherungsperiode beendet würde. Dies soll aber dann nicht mehr gelten, wenn der Versicherer in der folgenden Versicherungsperiode den Vertrag wegen Zahlungsverzuges kündigt. In beiden vorgenannten Situationen hat der Versicherer aber den Beitrag für die vorherige Periode erhalten. Eine Regelung darf aber die versicherten Personen entgegen dem Grundsatz von Treu und Glauben nicht unangemessen dadurch benachteiligen, dass der Versicherer mit ihr durch einseitige Vertragsgestaltung missbräuchlich eigene Interessen auf Kosten des Versicherungsnehmers durchzusetzen versucht, ohne von vornherein auch dessen Belange hinreichend zu berücksichtigen.[62] Insoweit ist hier eine Interessenabwägung durchzuführen.

104 Die versicherten Personen haben ein Interesse daran, dass eine möglichst lange Nachmeldefrist besteht, damit sie ausreichend für bis zum Vertragsende begangene Pflichtverletzungen abgesichert sind. Dieses Interesse ist insbesondere dann schützenswert, wenn entweder kein D&O-Versicherungsvertrag mehr besteht oder der nachfolgende Versicherungsvertrag erheblich

59 BGH 20.7.2011 VersR **2011** 1264 (1265) m.w.N.; OLG Stuttgart 27.11.2008 RuS **2009** 188 (190).
60 So auch Seitz/Finkel/Klimke/*Finkel/Seitz* Ziff. 3 Rn. 20; *Lange* § 10 Rn. 112.
61 BGH 20.7.2011 VersR **2011** 1264 (1266); OLG Stuttgart 27.11.2008 RuS **2009** 188 (190).
62 BGH 22.1.2014 NJW-RR **2014** 604 Rn. 18.

schlechtere Konditionen aufweist. Die versicherten Personen haben auch keinen Einfluss darauf, ob die Versicherungsprämie gezahlt wird oder nicht.

Für den Versicherer auf der anderen Seite ist hingegen kein schützenswertes Interesse vorhanden, die Nachmeldefrist bei Zahlungsverzug entfallen zu lassen. Hätte der Vertrag mit der letzten Versicherungsperiode vor dem Zahlungsverzug geendet, hätte der Versicherer – ohne Mehrprämie – eine Nachmeldefrist gemäß den Bedingungen gewährt. Auch in dieser Situation hätte der Versicherer somit keine weitere Zahlung vom Versicherungsnehmer erhalten.[63] Insoweit ist diese Situation mit derjenigen des Zahlungsverzugs vergleichbar. Der einzige Unterschied ist, dass der Versicherungsvertrag zunächst weiter fortbestand und erst während der laufenden Versicherungsperiode beendet wurde. Anzuerkennen ist das Interesse des Versicherers daran, dass bei dem Beginn der Nachmeldefrist nicht die Versicherungsperiode berücksichtigt wird, für die der Versicherer keine Prämienzahlung erhalten hat. Eines vollständigen Ausschlusses bedarf es hier aber nicht. Vielmehr hätte der Versicherer den Beginn an das Ende der letzten Versicherungsperiode, für die er eine Versicherungsprämie erhalten hat, anknüpfen können. Bei einem vollständigen Ausschluss überwiegen somit die Interessen der versicherten Personen. Dies führt dazu, dass die vorgenannte Verfallsklausel nach § 307 Abs. 1 S. 1 BGB **unwirksam** ist. 105

Etwas anderes gilt hingegen bei der Möglichkeit, eine zusätzliche bzw. erweiterte Nachmeldefrist zu erwerben. Hier kann der Versicherer frei entscheiden, inwieweit er eine solche anbietet, da er damit keine bestehenden Rechte der versicherten Personen einschränkt, sondern lediglich keine zusätzlichen Rechte mehr gewährt. Hierzu besteht aber keine rechtliche Verpflichtung des Versicherers. 106

Eine Verfallbarbarkeit der Nachmeldefrist muss ausdrücklich in den Versicherungsbedingungen geregelt werden. So wurde beispielsweise in älteren Verträgen häufig der Verfall der Nachmeldefrist an den Eintritt der Insolvenz geknüpft.[64] Sollte hingegen eine solche Einschränkung in den Bedingungen nicht vorhanden sein, ist die Nachmeldefrist unverfallbar und besteht immer nach Vertragsbeendigung. Es kommt in diesem Zusammenhang dann insbesondere nicht darauf an, aus welchem Grund der D&O-Versicherungsvertrag beendet worden ist. 107

3. Deckungsumfang

In Ziffer A-5.3 Abs. 5 AVB D&O ist geregelt, in welchem Umfang ein Versicherungsanspruch während der Nachmeldefrist besteht. Hierbei sind folgende Punkte relevant: 108

a) Geltende Versicherungsbedingungen. Nach Ziffer A-5.3 Abs. 5 AVB D&O gilt, dass der Versicherungsschutz nur im Rahmen und nach Maßgabe der Versicherungsbedingungen besteht, die bei Ablauf der letzten Versicherungsperiode vor Vertragsbeendigung galten. Dies bedeutet somit, dass der letzte Vertragsstand für die gesamte Laufzeit der Nachmeldefrist eingefroren wird. Dies gilt allerdings nicht uneingeschränkt. Soweit nach den zum Zeitpunkt der letzten Versicherungsperiode geltenden Bedingungen die Bedingungen eines anderen Versicherungsjahrs gelten würden, gilt dies auch innerhalb der Nachmeldefrist. Beispielsweise gelten bei einer wirksamen Umstandsmeldung die Bedingungen, die zum Zeitpunkt der Meldung aktuell waren. Ähnliches gilt, wenn die Versicherungsbedingungen sich während der Vertragslaufzeit verschlechtert haben und eine Besitzstandsklausel (siehe Rn. 28 ff.) vereinbart wurde. 109

63 Vgl. hierzu auch *Fortmann* RuS **2019** 458 (459).

64 Siehe hierzu beispielsweise OLG Hamburg 8.7.2015 RuS **2015** 498 (auch zu den mit einer solchen Regelung verbundenen rechtlichen Risiken); *Fortmann* JurisPR-HaGesR 1/**2016** Anm. 3.

110 **b) Höhe der Versicherungssumme.** Für die Nachmeldefrist gilt keine eigene Versicherungssumme. Die Leistungen, die der Versicherer während dieses Zeitraums erbringt, werden auf die Versicherungssumme angerechnet, die in der letzten Versicherungsperiode bzw. der anderen nach den Versicherungsbedingungen maßgeblichen Versicherungsperiode (siehe Rn. 109) galt. Insoweit steht nur der unverbrauchte Teil der Versicherungssumme zur Verfügung. Dies ist in den Bedingungen klargestellt. Dies bedeutet, dass alle Versicherungsfälle, die während der letzten Versicherungsperiode vor Vertragsbeendigung oder während der Nachmeldefrist eintreten, sich überwiegend eine einheitliche Versicherungssumme teilen. Gerade bei einer lange laufenden Nachmeldefrist kann daher die Versicherungssumme der letzten Versicherungsperiode schnell erschöpft sein. Bereits eine geringere Anzahl von größeren Versicherungsfällen, die in dem relevanten Zeitraum eintreten, können hierfür ausreichend sein.

111 **c) Abweichender Fristbeginn.** In D&O-Marktbedingungen beginnt die Nachmeldefrist nicht immer mit der Vertragsbeendigung. So knüpft der Fristbeginn in seltenen Fällen schon an einen früheren Zeitpunkt an, beispielsweise das Ausscheiden eines Tochterunternehmens oder einer versicherten Person im Rahmen der persönlichen Nachmeldefrist.[65] Die persönliche Nachmeldefrist (siehe hierzu Rn. 122 ff.) ist als Erweiterung des Versicherungsschutzes und nicht als Beschränkung anzusehen. Sollte der Beginn der Nachmeldefrist im Einzelfall an das Ausscheiden der versicherten Person anknüpfen, besteht für diese somit auch dann noch Versicherungsschutz, wenn zwar die persönliche, aber noch nicht die allgemeine Nachmeldefrist abgelaufen ist.[66]

112 **d) Umfang bei Zusatzleistungen.** In aktuellen Marktbedingungen sind eine Reihe von Zusatzleistungen des Versicherers vorgesehen (vgl. die Ausführungen zu Ziffer A-6.1 Rn. 36 ff.). In den GDV-Musterbedingungen sind in diesem Zusammenhang nur die Übernahme der Kosten eines Strafverteidigers nach Ziffer A-6.1 Abs. 4 AVB D&O relevant. Ob die Nachmeldefrist auch für diese Kosten gilt, geht aus dem Wortlaut von Ziffer A-5.3 Abs. 1 AVB D&O nicht eindeutig hervor. In der Vorschrift wird nur von Ansprüchen gesprochen. Dieser Begriff ist allerdings dahingehend zu deuten, dass auch die Einleitung eines Strafverfahrens hiervon erfasst ist. Insoweit besteht für die Strafverteidigerkosten ein Versicherungsanspruch, wenn das entsprechende Verfahren während der Nachmeldefrist eingetreten ist, dieses auf einer Pflichtverletzung vor Vertragsende beruht und eine entsprechende Meldung innerhalb der Nachmeldefrist an den Versicherer erfolgt.

113 In einigen D&O-Marktbedingungen wird in den Regelungen zur Nachmeldefrist nicht auf einen Anspruch, sondern darauf abgestellt, dass ein **Versicherungsfall** während dieser Frist eintritt. Bei diesen Bedingungen ist somit nur relevant, wann für die Zusatzleistungen der Versicherungsfall ausgelöst wird. Voraussetzungen für die Erstattung der Zusatzkosten während der Nachmeldefrist ist dann aber häufig auch, dass die insoweit maßgebliche Pflichtverletzung vor Vertragsbeendigung begangen sein soll. Auch hier besteht somit kein Versicherungsschutz für nachvertragliche Pflichtverletzungen. Teilweise wird dann zusätzlich noch gefordert, dass auch der Versicherungsfall während der Nachmeldefrist dem Versicherer angezeigt wird.

114 In anderen D&O-Bedingungen wird darauf abgestellt, dass die versicherten Personen die unter den Zusatzleistungen versicherten Kosten während der Nachmeldefrist geltend machen (siehe hierzu Rn. 140 f.). Hier fehlt häufig die Einschränkung, dass die Pflichtverletzung bis zum Vertragsende begangen wurde. Insoweit ist hier der Zeitpunkt, wann die insoweit maßgebliche Pflichtverletzung eingetreten sein muss, nicht relevant.

65 Vgl. hierzu *Lange* § 10 Rn. 58, 97.

66 So auch *Lange* § 10 Rn. 97.

4. Anfechtung/Rücktritt/Kündigung/Vertragsanpassung während der Nachmeldefrist

In der Praxis stellt sich in einigen Situationen die Frage, ob der Versicherer den Versicherungsvertrag noch anfechten bzw. von diesem zurücktreten kann, wenn der Vertrag schon beendet wurde, aber bei einem Versicherungsfall während der Nachmeldefrist Gründe zutage treten, die die Geltendmachung dieser Rechte rechtfertigen würden. Dies ist zu bejahen. Hier kann es keinen Unterschied machen, ob die Gründe vor oder nach Vertragsende auftreten. Durch die Nachmeldefrist entfaltet der Vertrag weiterhin Wirkung, sodass es ein Interesse des Versicherers gibt, diese Rechte auch während der Nachmeldefrist noch geltend zu machen. 115

Etwas anders gilt allerdings bei einer **Kündigungsmöglichkeit** des Versicherers. Hier ist zu unterscheiden: Ist eine rückwirkende Kündigung nicht möglich – was der Regelfall sein dürfte – und würde sie nicht zum Entfall oder Verkürzung der Nachmeldefrist führen, ist eine Kündigung durch den Versicherer nicht mehr möglich, da der Vertrag bereits beendet ist. Es bleibt dann dabei, dass die volle Nachmeldefrist den versicherten Personen zur Verfügung steht.[67] Dies gilt aber nicht, wenn die Kündigung zu einem rückwirkenden Zeitpunkt erklärt werden könnte oder durch die Kündigung die Nachmeldefrist ganz oder teilweise entfallen würde. In diesem Fall hat die Kündigung noch direkten Einfluss auf die Länge der Nachmeldefrist, sodass der Versicherer das Recht auch noch ausüben kann. Bei einer rückwirkenden Kündigungsmöglichkeit würde die Nachmeldefrist dann zu dem Zeitpunkt beginnen, der bei der rückwirkenden Kündigung maßgeblich ist. Insoweit kann die Kündigung dazu führen, dass im maßgeblichen Zeitpunkt des Eintritts des Versicherungsfalls dann keine Nachmeldefrist mehr besteht, beispielsweise weil die Frist zu einem früheren Zeitpunkt anfängt oder die Bedingungen bei einer solchen Kündigung einen vollständigen Verfall der Frist vorsehen. 116

Auch **rückwirkende Vertragsanpassungen** (beispielsweise nach § 19 Abs. 4 VVG) können noch während der Nachmeldefrist geltend gemacht werden. Soweit die Voraussetzungen einer solchen rückwirkenden Einbeziehung geänderter Vertragsbedingungen vorliegen, gilt dies auch für den Versicherungsschutz innerhalb der Nachmeldefrist. Schließlich besteht hier der Versicherungsschutz so, wie er in der letzten Versicherungsperiode vor Vertragsbeendigung galt. Durch die rückwirkende Vertragsänderung ändern sich dann die in diesem Zeitraum geltenden Bedingungen und damit auch diejenigen der Nachmeldefrist. 117

Etwas anderes gilt hingegen, wenn der Versicherer nur **für die Zukunft** eine Anpassung der Bedingungen verlangen könnte. Dieses Recht kann nicht mehr in der Nachmeldefrist wirksam ausgeübt werden. Hintergrund hierfür ist, dass in den Versicherungsbedingungen eindeutig festgelegt ist, dass während der Nachmeldefrist die Bedingungen der letzten Versicherungsperiode vor Vertragsbeendigung gelten. Insoweit sehen die Bedingungen gerade nicht vor, dass es unterschiedliche Versicherungsbedingungen während der Nachmeldefrist geben kann. Daraus ist der Schluss zu ziehen, dass während der Nachmeldefrist nicht Rechte ausgeübt werden können, die zu solchen unterschiedlichen Bedingungen führen würden. Zudem würde eine in die Zukunft gerichtete Anpassung auch nicht die Vertragsbedingungen der letzten Versicherungsperiode vor Vertragsende ändern. Da diese aber für den Versicherungsschutz während der Nachmeldefrist entscheidend sind, würde eine zukünftige Vertragsanpassung somit auch ins Leere gehen. 118

5. Nachmeldefristen bei Insolvenz des Versicherungsnehmers

Es stellt sich die Frage, ob die Nachmeldefrist auch dann noch gilt, wenn während der laufenden Versicherungsperiode das Insolvenzverfahren über das Vermögen des Versicherungsnehmers eröffnet wird und dieser daher die fällige Versicherungsprämie nicht entrichtet hat. Das LG Wiesbaden hat diese Frage verneint und dies insbesondere damit begründet, dass die nach der Nachmeldefrist maßgebliche letzte Versicherungsperiode diejenige sei, für die keine Versicherungsprämie 119

67 **A.A.** wohl *Lange* § 10 Rn. 113.

gezahlt worden sei.[68] Der Insolvenzverwalter des Versicherungsnehmers habe zudem die Nichterfüllung des Versicherungsvertrages nach § 103 Abs. 2 InsO gewählt. Insoweit könne der Versicherer aus diesem Grunde die Gewährung von Leistungen hinsichtlich der Versicherungsfälle, die in der Nachmeldefrist eingetreten sind, verweigern. Diese Entscheidung ist aus mehreren Gründen abzulehnen.

120 Der BGH hat in einem späteren Urteil zutreffend ausgeführt, dass die Verfügungsbefugnis über den Deckungsanspruch einer versicherten Person in der D&O-Versicherung nicht von der Insolvenz des Versicherungsnehmers beeinflusst wird. Insoweit sei auch irrelevant, ob der Insolvenzverwalter des Versicherungsnehmers die Nichterfüllung nach § 103 Abs. 2 InsO bezüglich des D&O-Vertrages gewählt habe. Hierdurch werde jedenfalls nicht die Möglichkeit der versicherten Personen beschnitten, Ansprüche aus dem Versicherungsvertrag weiterhin geltend zu machen.[69]

121 Des Weiteren sind die Regelungen zur Nachmeldefrist ohnehin dahingehend auszulegen, dass diese die letzte Versicherungsperiode betreffen, für die der Versicherungsnehmer noch eine Versicherungsprämie geleistet hat. Diese würde aber ohnehin nicht von der Nichterfüllungswahl des Insolvenzverwalters betroffen, sodass auch die Ansprüche der versicherten Personen in der Nachmeldefrist durchsetzbar bleiben.[70]

6. Abweichende Marktbedingungen

a) Persönliche Nachmeldefrist

122 *„Ergänzend zu den Ziffern ... und ... gilt eine zeitlich unbegrenzte Nachmeldefrist für*

- *ordentlich,*
- *aus gesundheitlichen Gründen,*
- *aus Altersgründen oder*
- *aufgrund einer Restrukturierungsmaßnahme*

ausgeschiedene versicherte Personen.

Die Aufnahme einer anschließenden selbstständigen oder freiberuflichen Tätigkeit, oder die Wiederaufnahme einer Tätigkeit nach Genesung lassen die entstandene Nachmeldefrist nicht wieder entfallen."

123 In aktuellen D&O-Marktbedingungen wird unter besonderen Umständen ausscheidenden versicherten Personen eine gesonderte Nachmeldefrist gewährt. Diese wird häufig als persönliche Nachmeldefrist bezeichnet und ist unabhängig von der allgemeinen Regelung hierzu. Die Ausscheidensgründe, unter denen diese zusätzliche Frist gewährt wird, sind in den Bedingungen abschließend aufgezählt. In der vorgenannten Beispielklausel sind dies ein ordentliches Ausscheiden, ein Ausscheiden aus gesundheitlichen Gründen, aus Altersgründen oder auf Grund einer Restrukturierungsmaßnahme. Häufig werden die Ausscheidensgründe dann aber nicht näher definiert.

124 Ein **ordentliches Ausscheiden** ist immer dann anzunehmen, wenn der Vertrag durch Zeitablauf (z.B. bei einer Bestellung für 5 Jahre) oder ordentliche Kündigung beendet wird. Kein ordentliches Ausscheiden ist eine fristlose Kündigung des Anstellungsvertrages oder die vorzeitige Abberufung als Organmitglied. Fraglich ist, ob ein **Aufhebungsvertrag** ein ordentliches Ausscheiden im Sinne der vorgenannten Vorschrift ist. Hieran kann man zweifeln. Allerdings ist Folgendes zu berücksichtigen: Soweit eine ordentliche Kündigung des Anstellungsvertrages möglich ist, dürfte auch ein vorzeitiger Aufhebungsvertrag ein ordentliches Ausscheiden darstellen. Schließlich könn-

68 LG Wiesbaden 6.3.2019 RuS **2019** 455. m. Anm. Fortmann.

69 BGH 4.3.2020 RuS **2020** 268. m. Anm. Buntenbroich/Schneider; siehe ergänzend hierzu *Fortmann* jurisPR-VersR 4/**2020** Anm. 3.

70 Siehe hierzu detailliert *Fortmann* RuS **2019** 458; *Fortmann* jurisPR-VersR 4/**2020** Anm. 3; vgl. auch *Buntenbroich/Schneider* RuS **2020** 270 (271).

te anstelle des Abschlusses des Vertrages eine ordentliche Kündigung erfolgen, die dann auch als ordentliches Ausscheiden gesehen würde. Anders ist hingegen die Situation zu beurteilen, in der das Organmitglied für einen festen Zeitraum ohne ordentliche Kündigungsmöglichkeit berufen wurde. Hier ist eine vorzeitige Beendigung der Organstellung nicht möglich. Insoweit würde dann ein vorzeitiger Aufhebungsvertrag als außerordentliches Ausscheiden zu bewerten sein. Konsequenz ist dann, dass in dieser Situation die persönliche Nachmeldefrist nicht gilt.

An ein **Ausscheiden aus gesundheitlichen Gründen** dürfen keine überhöhten Anforderun- 125
gen gestellt werden. Der Versicherer ist ausreichend durch Abs. 2 der Beispielklausel abgesichert. Dieser Grund liegt somit immer dann vor, wenn entweder eine gesundheitsbedingte Kündigung – gleichgültig ob von der versicherten Person oder dem Unternehmen – ausgesprochen wird oder man sich aus gesundheitlichen Gründen auf eine Aufhebung des Anstellungsvertrages und der Organstellung einigt. Die Erkrankung darf aber nicht nur vorgeschoben sein. Bagatellerkrankungen, wie z.B. ein Schnupfen, sind somit nicht dazu ausreichend, um die persönliche Nachmeldefrist zu begründen. Vielmehr muss eine Erkrankung vorliegen, die zumindest teilweise auf eine gewisse Dauer eine Tätigkeit der versicherten Person für den Versicherungsnehmer bzw. das Tochterunternehmen als nicht mehr möglich erscheinen lässt.

Bei einem **Ausscheiden aus Altersgründen** wird es hingegen in der Regel keine Beurtei- 126
lungsschwierigkeiten geben. Dies ist immer dann anzunehmen, wenn ein im Anstellungsvertrag vereinbartes Höchstalter erreicht wird oder der Vertrag aufgrund der Gewährung einer Altersrente automatisch endet. Ein **Ausscheiden auf Grund von Restrukturierungsmaßnahmen** ist dann anzunehmen, wenn die interne Organisation des Unternehmens geändert wird und deshalb die Dienste der versicherten Person nicht mehr benötigt werden.

Liegt einer der in der Beispielklausel genannten Gründe vor, besteht eine persönliche Nach- 127
meldefrist für die ausscheidende versicherte Person. Die Länge kann in den Bedingungen unterschiedlich geregelt sein. Teilweise ist sie zeitlich begrenzt. Immer häufiger wird aber auch eine unbegrenzte Nachmeldefrist – wie in der Beispielklausel – gewährt. Insbesondere bei einer unbegrenzten Nachmeldefrist werden dann aber Gründe in den Bedingungen aufgeführt, die die persönliche Nachmeldefrist entfallen lassen. Hier sind beispielsweise die Aufnahme einer anderen Tätigkeit oder die Genesung nach einer Erkrankung zu nennen. In der vorgenannten Beispielklausel ist die persönliche Nachmeldefrist hingegen unverfallbar. Dies bedeutet, dass aus keinem Grund diese nachträglich wieder entfällt.

Nicht ausdrücklich geregelt ist, welche Versicherungskonditionen für die persönliche Nach- 128
meldefrist gelten. Es wird aber in der Beispielklausel auf die allgemeinen Bestimmungen zur Nachmeldefrist verwiesen. Aus diesem Grund beginnt die Frist mit Vertragsende und es gelten daher dann die Versicherungsbedingungen und die Versicherungssumme, die im Zeitpunkt der letzten Versicherungsperiode vor Beendigung anwendbar waren.

„Endet die Nachmeldefrist gemäß Ziffer ..., besteht für nach dem Ende dieser Nachmeldefrist eintretende und 129
gemeldete Versicherungsfälle dennoch Versicherungsschutz, soweit versicherte Personen betroffen sind, die vor Beendigung des Versicherungsvertrags aus gesundheitlichen Gründen oder aus Altersgründen aus den Diensten der Versicherungsnehmerin oder eines Tochterunternehmens ausgeschieden und im Zeitpunkt des Versicherungsfalls noch keine 12 Jahre seit dem Ausscheiden vergangen sind (persönliche Nachmeldefrist). Auch die persönliche Nachmeldefrist gilt selbst dann, wenn Versicherungsschutz unter einer anderen D&O-Versicherung besteht (Unverfallbarkeit).“

Diese Beispielklausel weist im Vergleich zur ersten Beispielklausel ein paar Besonderheiten auf. 130
Es sind die Gründe, aus denen diese gewährt wird auf ein Ausscheiden aus gesundheitlichen Gründen oder aus Altersgründen begrenzt. Zudem wird hier die Länge der persönlichen Nachmeldefrist auf 12 Jahre, beginnend mit dem Ausscheiden der versicherten Person, begrenzt. Klargestellt wird allerdings dann im letzten Satz, dass die persönliche Nachmeldefrist unverfallbar ist.

Die vorgenannte Klausel knüpft den Beginn der persönlichen Nachmeldefrist an das Ende 131
der allgemeinen Nachmeldefrist an und verlängert diese. Dies bedeutet, dass für die persönliche

Nachmeldefrist dann aber auch dieselben Versicherungskonditionen (Bedingungen und Versicherungssumme) gelten, wie im Rahmen der allgemeinen Nachmeldefrist.

b) Erwerb weitere Nachmeldefrist

132 *„Ergänzend zu Ziffer ... gilt eine Nachmeldefrist von zwölf Jahren beginnend*

- *mit Beendigung des Versicherungsvertrags, sofern die Versicherungsnehmerin bei Vertragsschluss oder innerhalb der ersten drei Monate der Laufzeit des Vertrages eine zusätzliche Prämie in Höhe von 80 % der zu diesem Zeitpunkt geltenden Jahresprämie entrichtet hat oder*
- *mit Beendigung des Versicherungsvertrags, sofern die Versicherungsnehmerin spätestens zwei Monate nach Beendigung eine zusätzliche Prämie in Höhe von 100 % der zuletzt geltenden Jahresprämie entrichtet. Diese Zusatzprämie reduziert sich mit Ablauf der zweiten Versicherungsperiode auf 90 %, der dritten auf 80 %, der vierten auf 70 %, der fünften auf 60 % und der sechsten auf 50 % der zuletzt geltenden Jahresprämie.“*

133 In der vorgenannten Beispielklausel bestehen drei Besonderheiten im Vergleich zu Ziffer A-5.3 Abs. 2 AVB D&O. Dem Versicherungsnehmer wird bereits bei Vertragsbeginn die Möglichkeit eingeräumt, eine insgesamt zwölfjährige Nachmeldefrist zu erwerben. Die zu zahlende Prämie beträgt einen bestimmten Prozentsatz (im Beispiel 80 %) der dann aktuell gültigen Jahresprämie. Diese Möglichkeit ist aber zeitlich begrenzt. Der Versicherungsnehmer kann von ihr nur bei Vertragsschluss oder innerhalb der ersten drei Monate der Laufzeit des Vertrages Gebrauch machen. Diese Formulierung ist allerdings ein wenig ungenau, da es den Zeitraum zwischen Vertragsschluss und Vertragsbeginn ausklammert. Hier wird man zugunsten des Versicherungsnehmers annehmen dürfen, dass auch in diesem Zeitraum die erweiterte Nachmeldefrist erworben werden kann.

134 Der zweite Unterschied zu Ziffer A-5.3 Abs. 2 AVB D&O ist, dass zwar die erweiterte Nachmeldefrist auch innerhalb eines bestimmten Zeitraums nach Vertragsbeendigung (hier: zwei Monate) erworben werden kann, aber sich die Höhe der Zusatzprämie in Abhängigkeit von der **Laufzeit des Vertrages** reduziert.

135 Der letzte Unterschied besteht darin, dass die Zusatzprämie **nicht beantragt** werden kann bzw. muss. Allein die Zahlung der Zusatzprämie ist ausschlaggebend für die Gewährung der erweiterten Nachmeldefrist. Insoweit muss der Versicherungsnehmer selbst dafür Sorge tragen, dass die Zusatzprämie rechtzeitig entrichtet wird.

c) Unverfallbarkeit Nachmeldefrist

136 *„Endet das Versicherungsverhältnis, bleiben Versicherungsfälle versichert, die nach Vertragsende innerhalb von 12 Jahren eintreten, wenn die entsprechenden Pflichtverletzungen vor Vertragsende begangen wurden.*

Dies gilt auch, wenn der Versicherungsvertrag wegen Zahlungsverzug einer Folgeprämie nach § 38 Absatz 3 VVG gekündigt wird. Voraussetzung hierfür ist insoweit, dass der Versicherungsvertrag mindestens 12 Monate bestanden hat und die Erstprämie bezahlt wurde.“

137 Bei dieser Beispielklausel ist kein Verfall der Nachmeldefrist vorgesehen. Die Nachmeldefrist gilt somit auch dann, wenn eine Folgeprämie nicht entrichtet oder der Vertrag aus einem sonstigen Grund beendet wurde. Voraussetzung für die Entstehung der Nachmeldefrist ist allerdings, dass der Vertrag mindestens für zwölf Monate bestanden hat und die Erstprämie entrichtet wurde.

138 *„Endet der Versicherungsvertrag infolge Prämienzahlungsverzugs, bleibt die Nachmeldefrist unberührt. Lediglich die Versicherungsperiode, die vom Verzug betroffen ist, wird bei der Berechnung der Nachmeldefrist nicht berücksichtigt.“*

Diese Beispielklausel hat zunächst lediglich klarstellenden Charakter. Soweit nichts Gegenteiliges im Vertrag geregelt ist, besteht der Versicherungsschutz im Rahmen der Nachmeldefrist ohnehin unabhängig davon, aus welchem Grund der Vertrag beendet wurde. Allerdings könnte überlegt werden, dass die Nachmeldefrist erst zu dem Zeitpunkt zu laufen beginnt, in dem der Versicherer den Vertrag wegen des Zahlungsverzugs beendet hat. Um keine Diskussion hierzu aufkommen zu lassen, wird in der Beispielklausel geregelt, dass die Nachmeldefrist mit Ende der letzten Versicherungsperiode, für die die Versicherungsprämie entrichtet wurde, beginnt. Die vom Verzug betroffene Versicherungsperiode bleibt somit außer Betracht.[71] 139

d) Nachmeldefrist für Zusatzleistungen

„Machen Versicherte innerhalb der Nachmeldefrist sonstige unter diesem Vertrag versicherte Kosten (z.B. vorsorgliche Rechtsberatung, Eigenschadendeckung) geltend, besteht ebenfalls Versicherungsschutz." 140

Diese Beispielklausel regelt die Situation, wenn versicherte Personen während der Nachmeldefrist zusätzliche in den Bedingungen geregelte Kosten geltend machen. In Abweichung zu den üblichen Regelungen zur Nachmeldefrist ist in dieser Klausel die Geltendmachung der versicherten Kosten während der Frist ausreichend. Wann der Versicherungsfall eintritt, ist hingegen irrelevant. Zudem ist auch keine Eingrenzung dahingehend enthalten, dass die relevanten Pflichtverletzungen bis zum Vertragsbeginn vorgelegen haben muss. Insoweit kann der Versicherer gegen die Geltendmachung der versicherten Kosten nicht einwenden, dass die maßgebliche Pflichtverletzung nicht bis zum Vertragsende verursacht wurde. 141

IV. A-5.4 Meldung von Umständen (Notice of Circumstance)

In Ziffer A-5.4 ist die Möglichkeit vorgesehen, eine sog. Meldung von Umständen (Notice of Circumstance) gegenüber dem Versicherer abzugeben. In den Versicherungsbedingungen werden hierfür unterschiedliche Bezeichnungen verwendet.[72] Im Folgenden soll diese Meldung als Umstandsmeldung bezeichnet werden. Die konkrete vertragliche Ausgestaltung ist in den einzelnen Bedingungen häufig unterschiedlich.[73] Es handelt sich um eine einseitige empfangsbedürftige Willenserklärung der Meldeberechtigten, die grundsätzlich zunächst keine weitere Tätigkeitsverpflichtung des Versicherers auslöst (siehe aber Rn. 167 ff.).[74] 142

Die Umstandsmeldung ergänzt das Claims-made-Prinzip. Teilweise wird auch angenommen, dass durch die Umstandsmeldung eine Kompensation der mit dem Claims-made-Prinzip verbundenen Nachteile erfolgt.[75] Mit der Vornahme einer entsprechenden Meldung haben es die Meldeberechtigten in der Hand, zu bestimmen, welcher konkreten Versicherungsperiode ein Versicherungsfall zugeordnet werden soll.[76] Hierdurch kann eine für den Versicherungsnehmer, die Tochtergesellschaft und die versicherten Personen vorteilhafte Verteilung von Versicherungsfällen auf verschiedene Versicherungsperioden erreicht werden.[77] Allerdings könnte dies auch zu Missbrauch des Instruments führen. Unter anderem aus diesem Grund wird diese Möglichkeit daher 143

71 Vgl. zum möglichen Beginn der Nachmeldefrist bei Nichtzahlung einer Folgeprämie *Fortmann* RuS **2019** 458 (458 ff.).

72 Z.B. vorsorgliche Anzeige von Umständen, vorsorgliche Meldung von Sachverhalten, Umstandsanzeige oder vorsorgliche Meldung von Versicherungsfällen.

73 Seitz/Finkel/Klimke/*Finkel/Seitz* Ziff. 3 Rn. 39; *Koch* GmbHR **2004** 288 (292); *Schramm* S. 52 f.

74 Seitz/Finkel/Klimke/*Finkel/Seitz* Ziff. 3 Rn. 41.

75 OLG München 8.5.2009 NZG **2009** 714 (716); siehe hierzu auch *Baumann* NZG **2010** 1366 (1371); Seitz/Finkel/Klimke/*Finkel/Seitz* Ziff. 3 Rn. 42.

76 *Lange* RuS **2006** 177 (181); Beckmann/Matusche-Beckmann/*Beckmann* § 28 Rn. 114c.

77 Beckmann/Matusche-Beckmann/*Beckmann* § 28 Rn. 114c.

teilweise skeptisch gesehen und eine Modifikation der Regelungen zur Umstandsmeldung gefordert.[78] In der Praxis sind allerdings bisher solche Abänderungen der Regelungen zur Umstandsmeldung unüblich.

1. Voraussetzungen

144 Folgende Voraussetzungen müssen vorliegen, damit die Wirkungen einer Umstandsmeldung eintreten:

145 **a) Meldung konkreter Umstände.** Erforderlich ist, dass dem Versicherer konkrete Umstände gemeldet werden. Unter Umstände können sowohl tatsächliche als auch rechtliche **Tatsachen** verstanden werden. Abzugrenzen sind diese lediglich zu Werturteilen. Diese fallen nicht mehr unter den Begriff.

146 Die gemeldeten Umstände müssen **konkret** sein. Dies bedeutet, dass nur pauschale Meldungen, bei denen kein konkreter Sachverhalt erkennbar wird, diese Voraussetzung nicht erfüllen. Beispielsweise kann daher eine Umstandsmeldungen nicht pauschal für alle Pflichtverletzungen, die ein Organ möglicherweise während seiner Tätigkeit für den Versicherungsnehmer begangen habe, abgegeben werden. Immer wenn allerdings ein eingrenzbarer Sachverhaltskomplex angezeigt wird, ist die Voraussetzung der Meldung konkreter Umstände erfüllt.

147 In einigen am Markt vorhandenen Bedingungen reicht allerdings die Meldung konkreter Umstände alleine nicht aus. Vielmehr werden in den Bedingungen dann konkrete Inhalte der Umstandsmeldung vorgegeben (siehe hierzu Rn. 189 ff.). Eine solche Einschränkung ist in Ziffer A-5.4 nicht vorgesehen.

148 **b) Hinreichende Wahrscheinlichkeit einer Inanspruchnahme.** Allein die Meldung von konkreten Umständen ist allerdings noch nicht ausreichend, damit die Umstandsmeldung bei einer späteren Inanspruchnahme eine Wirkung entfaltet. Vielmehr muss diese Inanspruchnahme schon **zum Meldezeitpunkt** hinreichend wahrscheinlich erscheinen. Wann diese Voraussetzung erfüllt ist, ist bisher noch nicht in allen Einzelheiten geklärt. Insbesondere fehlt hierzu eine konkrete Definition in den Bedingungen.

149 Aufgrund der Formulierung in Ziffer A-5.4 Abs. 1 AVB D&O, dass die Inanspruchnahme lediglich wahrscheinlich erscheinen und nicht sein muss, ist davon auszugehen, dass dieser Begriff weit zu verstehen ist. An die hinreichende Wahrscheinlichkeit dürfen somit keine zu strengen Anforderungen gestellt werden.[79] Weder versicherte Person, Versicherungsnehmer, Tochtergesellschaften noch Versicherer können eine zukünftige Entwicklung voraussehen. Daher können häufig im Zeitpunkt der Umstandsmeldung noch nicht alle Umstände konkret angegeben werden. Eine hinreichende Wahrscheinlichkeit der Inanspruchnahme liegt daher bereits immer dann vor, wenn diese nicht völlig ausgeschlossen erscheint. Eine Inanspruchnahme ist hingegen in dem Zeitpunkt noch nicht hinreichend wahrscheinlich, wenn keiner – außer der betroffenen versicherten Person selbst – von der Pflichtverletzung und einem daraus resultierenden möglichen Schaden Kenntnis hat. In dieser Situation ist noch nicht klar, ob überhaupt jemals ein Dritter hiervon Kenntnis erlangen wird. Auch in Situationen, in denen bisher nur ein reiner Bagatellschaden befürchtet wird (z.B. in Höhe von 50 EUR), ist eine hinreichende Wahrscheinlichkeit einer Inanspruchnahme zu verneinen. Allerdings können hier die Grenzen fließend sein. Soweit allerdings absehbar ist, dass über den Bagatellschaden noch weitere signifikante Schäden eintreten können, ist die hinreichende Wahrscheinlichkeit zu bejahen.

78 *Lange* RuS **2006** 177 (181), der die Ausgestaltung als Obliegenheit anregt.
79 Vgl. hierzu auch *Mitterlechner/Wax/Witsch* § 6 Rn. 186.

Eine hinreichende Wahrscheinlichkeit dürfte auch immer schon dann anzunehmen sein, wenn auch Dritte – seien es interne oder externe – von den Handlungen der betroffenen versicherten Person Kenntnis erlangt haben und diese als Pflichtverletzung bewerten oder bewerten könnten. Bei externen Dritten gilt dies allerdings nur insoweit, wie diese nicht zugunsten der versicherten Person zur Verschwiegenheit verpflichtet sind (wie z.B. Rechtsanwälte). Des Weiteren ist erforderlich, dass hieraus auch ein Schaden entstehen könnte. Diese Voraussetzung liegt allerdings nur dann nicht vor, wenn ein Schaden vollkommen ausgeschlossen ist. Eine reine, nicht fernliegende Möglichkeit eines Schadeneintritts reicht aus, damit eine hinreichende Wahrscheinlichkeit gegeben ist (zum Bagatellschaden siehe Rn. 149). Bezüglich einer hinreichenden Wahrscheinlichkeit einer Inanspruchnahme ist hingegen nicht erforderlich, dass diese bereits angedroht oder gar schon beschlossen wurde.[80] 150

Beispielhaft ist in den folgenden Situationen die Voraussetzung einer hinreichenden Wahrscheinlichkeit einer Inanspruchnahme erfüllt, soweit auch ein Schadeneintritt möglich ist: Dieses Tatbestandsmerkmal ist zu bejahen, wenn konkrete Handlungen einer versicherten Person – gleichgültig durch wen – als fehlerhaft bezeichnet werden oder bestimmte Handlungen einer versicherten Person Gegenstand von internen oder externen Untersuchungen sind, die auch eine mögliche Fehlerhaftigkeit dieser Tätigkeiten zum Gegenstand haben bzw. haben könnten. Des Weiteren liegt eine hinreichende Wahrscheinlichkeit vor, wenn eine Aktionärsklage nach § 148 AktG erhoben, das Organ- und/oder Anstellungsverhältnis vorzeitig beendet, die Entlastungen wegen Pflichtverletzungen verweigert oder ein Sonderprüfer durch die Hauptversammlung nach § 142 Abs. 1 AktG bestellt wird.[81] In D&O-Marktbedingungen werden auch teilweise in den Klauseln zur Umstandsmeldung Situationen aufgeführt, in denen eine solche Meldung erfolgen kann (siehe Rn. 204 f.). 151

c) Form. Nach Ziffer A-5.4 Abs. 1 AVB D&O hat die Umstandsmeldung in Textform zu erfolgen. Insoweit reicht nach § 126b BGB auch eine Meldung per E-Mail aus.[82] Lediglich mündliche Meldungen, beispielsweise über das Telefon, sind hiernach nicht wirksam. Insoweit wird es in der Praxis an der Einhaltung dieser Voraussetzung häufig nicht scheitern. 152

Ältere Bedingungen sahen vor, dass die Umstandsmeldung in Schriftform abzugeben ist. Dies dürfte heute im Hinblick auf § 309 Nr. 13 lit. b) BGB – jedenfalls, soweit es die Meldung durch versicherte Personen betrifft – problematisch sein. Hier dürfte die Vorschrift Indizwirkung im Rahmen von § 307 Abs. 1 S. 1 BGB entfalten und damit unwirksam sein. 153

d) Frist zur Meldung. Die Umstandsmeldung muss innerhalb bestimmter Fristen gegenüber dem Versicherer abgegeben werden. Nach dem Wortlaut von Ziffer A-5.4 kann eine Umstandsmeldung zunächst nur **während der Vertragslaufzeit** erfolgen. Eine Meldung nach Vertragsende ist somit ausgeschlossen. Allerdings wird hiervon eine Ausnahme gemacht, wenn der Versicherer den Vertrag kündigt und dies nicht aufgrund des Zahlungsverzugs des Versicherungsnehmers erfolgt. In diesem Fall können Versicherungsnehmer und versicherte Personen innerhalb der in Ziffer A-5.4 Abs. 2 AVB D&O genannten Frist, die von den Versicherern individuell bestimmt wird, auch noch nach Vertragsbeendigung eine Umstandsmeldung abgeben. 154

Ziffer 5.4 Abs. 4 AVB D&O stellt klar, dass für die Wahrung der Frist der **Zugang der Umstandsmeldung beim Versicherer** entscheidend ist. Ein Zugang beim Versicherungsmakler, soweit diesem keine Empfangsvollmacht vom Versicherer gewährt wurde, oder allein die Absendung der Umstandsmeldung ist somit nicht zur Fristwahrung ausreichend. 155

---

80 *Lange* § 9 Rn. 86.

81 *Mitterlechner/Wax/Witsch* § 6 Rn. 183.

82 So auch Seitz/Finkel/Klimke/*Finkel/Seitz* Ziff. 3 Rn. 44.

156 In einigen D&O-Versicherungsbedingungen ist die Möglichkeit vorgesehen, dass die Umstandsmeldung innerhalb einer bestimmten Frist nach Vertragsende abgegeben werden kann. Bei diesen Bestimmungen kommt es dann im Vergleich zu den GDV-Musterbedingungen nicht darauf an, ob der Versicherer oder der Versicherungsnehmer das Versicherungsverhältnis beendet hat. Auch der Zahlungsverzug wird häufig nicht ausdrücklich ausgenommen, sodass auch in diesem Fall die Möglichkeit einer Umstandsmeldung nach Vertragsende besteht.

157 Die **Länge der Frist** ist hier recht unterschiedlich geregelt. In einigen Bedingungen ist ein konkreter Zeitraum angegeben (z.B. fünf Jahre). In anderen kann die Meldung von Umständen während der gesamten Nachmeldefrist erfolgen (siehe hierzu Rn. 199 ff.). In wenigen Verträgen wird keine Frist angegeben, innerhalb derer die Umstandsmeldung nach Vertragsende erfolgen muss. Dies führt allerdings nicht zur Möglichkeit, dass bis in alle Ewigkeit Umstände gemeldet werden können. Denn auch bei dieser Regelung entfaltet die Umstandsmeldung nur die Wirkung, dass der spätere Versicherungsfall als im Zeitpunkt der Meldung eingetreten gilt. Insoweit kann auch bei diesen Klauseln eine Umstandsmeldung nach Ablauf der Nachmeldefrist keine Wirkung entfalten.

158 **e) Meldende.** Nach den GDV-Musterbedingungen können sowohl der Versicherungsnehmer als auch die versicherten Personen eine Umstandsmeldung abgegeben. Die Tochtergesellschaften im Sinne von Ziffer A-4 werden hier nicht genannt. Da die Tochterunternehmen aber in anderen Vorschriften (Versicherungsfall, Company reimbursement-Klausel) ausdrücklich erwähnt werden, muss man davon ausgehen, dass diese keine wirksame Umstandsmeldung abgegeben können, sondern diese nur durch den Versicherungsnehmer oder durch die versicherten Personen erfolgen kann.

159 In den D&O-Marktbedingungen können teilweise abweichende Regelungen zu der Frage enthalten sein, wer eine Umstandsmeldung abgegeben kann. Teilweise sind dies nur der Versicherungsnehmer, teilweise nur die versicherten Personen. In anderen Bedingungen können selbst die Tochterunternehmen solche Meldungen abgeben.[83]

160 Soweit auch der Versicherungsnehmer und die Tochterunternehmen die Möglichkeit der Abgabe einer Umstandsmeldung besitzen, stellt sich allerdings die Frage, welche Organe hierfür gesellschaftsintern zuständig sind. Dies sind diejenigen Organe, die auch für die Inanspruchnahme der versicherten Personen zuständig sind.[84] Dies folgt daraus, dass die Umstandsmeldung als Einheit mit der Inanspruchnahme zu sehen ist und eine Aufspaltung der gesellschaftsinternen Zuständigkeiten schon aus diesem Grund nicht stattfinden kann.

161 **f) Frist für Eintritt des Versicherungsfalls.** In den D&O-Versicherungen ist häufig keine unbegrenzte Wirkung der Umstandsmeldung vorgesehen (keine sog. „**Ewigkeitshaftung**").[85] So wird beispielsweise in Ziffer A-5.4 Abs. 3 AVB D&O geregelt, dass die Inanspruchnahme im Zusammenhang mit der Umstandsmeldung innerhalb einer bestimmten Frist zu erfolgen hat. Solche Klauseln werden als „sunset clause" bezeichnet.[86] Der Fristbeginn richtet sich nach dem Zeitpunkt der Umstandsmeldung. Erfolgt eine spätere Inanspruchnahme, entfaltet die entsprechende Meldung keine Wirkung mehr und es gelten dann die Versicherungskonditionen zum Zeitpunkt der Inanspruchnahme.

162 Die Länge der Fristen, innerhalb der die Inanspruchnahme erfolgen muss, sind in den jeweiligen Bedingungen unterschiedlich geregelt. In einigen wird – wie in den AVB D&O – ein fester

83 *Lange* § 9 Rn. 92.

84 So auch *Lange* § 9 Rn. 9.

85 *Mitterlechner/Wax/Witsch* § 6 Rn. 184 f.; Veith/Gräfe/Gebert/*Lange* § 21 Rn. 44; Seitz/Finkel/Klimke/*Finkel/Seitz* Ziff. 3 Rn. 38.

86 Veith/Gräfe/Gebert/*Lange* § 21 Rn. 42.

Zeitraum nach der Umstandsmeldung angegeben, innerhalb dessen die Inanspruchnahme zu erfolgen hat. In anderen Bedingungen hingegen reicht es aus, wenn die Inanspruchnahme innerhalb der Nachmeldefrist erfolgt.

Sollten die Wirkungen einer Umstandsmeldung nicht mehr eintreten können, weil die Inanspruchnahme nicht innerhalb der in den Bedingungen geregelten Frist erfolgt ist, kann danach für diesen Sachverhalt eine **erneute Umstandsmeldung** erfolgen. Diese wirkte dann allerdings nicht auf den Zeitpunkt der erstmaligen Umstandsmeldung zurück, sondern es gelten dann die Bedingungen, die im Zeitpunkt der zweiten Meldung anwendbar sind. 163

Eine Frist, innerhalb deren die Inanspruchnahme der versicherten Person im Zusammenhang mit der Umstandsmeldung zu erfolgen hat, ist allerdings nicht in allen D&O-Versicherungsbedingungen vorgesehen. Sollte eine solche Eingrenzung fehlen, besteht für Inanspruchnahmen, die auf in Umstandsmeldung genannten Tatsachen beruhen, ein unbegrenzter Versicherungsschutz auch nach Vertragsende.[87] Insoweit müssen in diesem Fall auch Inanspruchnahmen weit nach Vertragsende und Ablauf der Nachmeldefrist noch vom Versicherer übernommen werden (siehe hierzu Rn. 202 f.). 164

g) Eingrenzungen. In den GDV-Musterbedingungen ist zudem vorgesehen, dass in bestimmten Situationen eine Umstandsmeldung nicht abgegeben werden kann. Insoweit regelt Ziffer A-5.4 Abs. 2 AVB D&O, dass die Möglichkeit einer solchen Meldung nach Vertragsende entfällt, wenn der Versicherer den Vertrag wegen Zahlungsverzugs beendet hat. In diesem Fall kann somit die Umstandsmeldung nur während der Vertragslaufzeit vorgenommen werden. In den D&O-Marktbedingungen fehlt es häufig an einer vergleichbaren Regelung. 165

In einigen Vertragsbedingungen ist ausdrücklich vorgesehen, dass die Umstandsmeldung nur bezüglich solcher Pflichtverletzungen erfolgen kann, die bis zum Vertragsende vorgenommen worden sind. Dies gilt allerdings auch ohne entsprechende Regelung. Die Umstandsmeldung erweitert nämlich nicht den Versicherungsschutz in inhaltlicher Hinsicht, sondern sorgt nur dafür, dass der Versicherungsfall zu einem früheren Zeitpunkt eintritt und damit die Konditionen einer anderen Versicherungsperiode als derjenigen der Inanspruchnahme hierfür relevant sind. Da aber zu keinem Zeitpunkt, insbesondere auch nicht während der Nachmeldefrist, Versicherungsschutz für nachvertragliche Pflichtverletzungen besteht, wird eine solche auch nicht durch eine Umstandsmeldung herbeigeführt. 166

h) Pflichten bei Nichteinhaltung der Voraussetzungen. Wenn die vorgenannten Voraussetzungen nicht eingehalten werden, ist fraglich, wie mit dieser Meldung vonseiten des Versicherers umzugehen ist und ob die Meldung eine Wirkung entfaltet. 167

Teilweise wird vertreten, dass der Versicherer aufgrund des Umstands, dass es sich bei der Umstandsmeldung um eine einseitige Erklärung handelt, diese nicht prüfen und auch den Erklärenden nicht auf etwaige Mängel hinweisen muss.[88] Dieser Ansicht kann in dieser Allgemeinheit nicht gefolgt werden. Zutreffend ist, dass eine inhaltliche Prüfung durch den Versicherer nicht vorgenommen werden muss. Zum einen entfaltet die Umstandsmeldung zum Zeitpunkt ihrer Abgabe noch keine Wirkung.[89] Hierfür ist noch erforderlich, dass zu einem späteren Zeitpunkt der Versicherungsfall ausgelöst wird (siehe Rn. 172). Zum anderen ist es für den Versicherer auch überhaupt nicht möglich, zum Zeitpunkt der Meldung zu beurteilen, ob der Inhalt der Umstandsmeldung zutreffend ist. Hierfür müsste er im Regelfall weitere Nachforschungen und Unterlagen 168

87 *Lange* RuS **2006** 177 (181).

88 Seitz/Finkel/Klimke/*Finkel/Seitz* Ziff. 3 Rn. 41, die die Umstandsmeldung mit einer Stehlgutliste oder einer ärztlichen Feststellung der Invalidität in der Unfallversicherung vergleichen.

89 *Mitterlechner/Wax/Witsch* § 6 Rn. 179.

beim Versicherungsnehmer und/oder den betroffenen versicherten Personen einholen. Die Umstandsmeldung ist aber keine Schadenmeldung.

169 Anders sieht es hingegen aus, wenn der Versicherer formelle Mängel der Umstandsmeldung feststellt, beispielsweise dass Formvorschriften nicht eingehalten werden oder aus seiner Sicht keine konkreten Umstände enthalten sind. Hier wird der Versicherer den Meldenden auf diese Mängel hinweisen und ihm die Möglichkeit zur Nachbesserung geben müssen. Insoweit besteht hier eine Parallele zur Hinweispflicht des Versicherers bei der Unwirksamkeit einer Kündigung.[90] Sollte er auf diesen Mangel nicht hinweisen, kann er sich wegen Verletzung einer vertraglichen Nebenpflicht gegenüber dem Meldenden und der betroffenen versicherten Person – soweit diese nicht identisch mit dem Meldenden ist – schadenersatzpflichtig machen.[91] Eine entsprechende Verpflichtung des Versicherers ergibt sich als vertragliche Nebenpflicht insoweit aus § 1a VVG bzw. § 242 BGB.[92]

170 Gleichgültig, ob eine Hinweispflicht des Versicherers besteht oder nicht, bleibt ihm weiterhin die Möglichkeit, im Schadenfall geltend zu machen, dass die Umstandsmeldung und der später geltend gemachte Schadenfall **nicht übereinstimmen** und damit die Umstandsmeldung aus diesem Grund keine Wirkung in dem Versicherungsfall entfaltet. Dies gilt somit unabhängig von einer eventuellen Hinweispflicht und würde dann auch eine Schadenersatzpflicht des Versicherers in Bezug auf die unwirksame Umstandsmeldung entfallen lassen.

171 Soweit der **Versicherungsmakler** von einer Umstandsmeldung Kenntnis erlangt, hat dieser – jedenfalls gegenüber seinen Kunden – ebenfalls grundsätzlich eine Hinweispflicht bei einer formellen Unwirksamkeit der Umstandsmeldung. Diese ergibt sich als Nebenpflicht aus dem geschlossenen Maklervertrag.

2. Rechtsfolgen

172 **a) Allgemeines.** Die Umstandsmeldung bewirkt, dass die spätere Inanspruchnahme der versicherten Personen in Bezug auf die angezeigten Umstände auf den Zeitpunkt zurückwirkt, in dem die entsprechende Meldung erfolgt ist. Hierdurch können die Konditionen der Versicherungsperiode, in der die Umstände angezeigt worden sind, gesichert werden. Sinnvoll kann dies insbesondere sein, wenn die Versicherungssumme der aktuell laufenden Periode zum Ende der Versicherungsperiode noch (fast) vollständig vorhanden ist und eine Inanspruchnahme bezüglich der bekannt gewordenen Pflichtverletzung erst später erfolgen wird. Zudem kann dies auch beim Ausscheiden eines Organmitglieds sinnvoll sein – soweit schon Anhaltspunkte für konkrete Pflichtverletzungen bestehen –, da dieses spätere Änderungen des Versicherungsschutzes nicht mehr beeinflussen kann.

173 Voraussetzung für den Eintritt der vorgenannten Wirkung der Umstandsmeldung ist allerdings, dass der **Sachverhalt** der Inanspruchnahme mit demjenigen in der Meldung **übereinstimmt**. Hierbei ist der Inhalt der Umstandsmeldung auszulegen. Zudem ist nicht eine 100 %ige Übereinstimmung der maßgeblichen Umstände erforderlich. Es ist hierbei zu berücksichtigen, dass im Zeitpunkt der Umstandsmeldung nicht alle Aspekte der späteren Inanspruchnahme bekannt sind. Insoweit ist es ausreichend, wenn sich der wesentliche Sachverhalt aus der Umstandsmeldung und der Inanspruchnahme deckt. Insoweit kann eine Übereinstimmung nicht allein aus dem Grund verneint werden, dass der Schaden aus dem gemeldeten Fehlverhalten ein anderer ist oder die Begründung der Pflichtverletzung von derjenigen in der Umstandsmeldung abweicht,

90 BGH 16.1.2013 RuS **2013** 185 (187) bei einer unwirksamen Kündigung einer privaten Krankenversicherung.

91 BGH 16.1.2013 RuS **2013** 185 (188); Langheid/Rixecker/*Rixecker* VVG § 11 Rn. 11; ähnlich *Schramm* S. 187 f., die allerdings dann davon ausgeht, dass der Versicherer sich nicht auf die Unwirksamkeit berufen kann.

92 Im Ergebnis ähnlich Langheid/Rixecker/*Rixecker* VVG § 11 Rn. 11, der allerdings eine Hinweispflicht aus § 6 Abs. 4 VVG i.V.m. § 1a VVG herleiten möchte.

soweit im Kern das gleiche Fehlverhalten der Umstandsmeldung und der Inanspruchnahme zugrunde liegt.

b) Möglichkeit eines Verzichts. Im Zusammenhang mit der Umstandsmeldung stellt sich zudem die Frage, ob derjenige, der diese abgegeben hat, bei der Inanspruchnahme auch auf deren Wirkung verzichten kann. In einigen D&O-Versicherungsbedingungen ist ausdrücklich vorgesehen, dass es der versicherten Person trotz einer Umstandsmeldung freisteht, die Inanspruchnahme zur laufenden Versicherungsperiode zu melden. Dies bedeutet somit, dass sich die versicherten Personen aussuchen können, ob der Versicherungsfall im Zeitpunkt der Umstandsmeldung oder im Zeitpunkt der Inanspruchnahme eintreten soll. Soweit eine solche Regelung allerdings nicht in den Bedingungen vorhanden ist, ist ein **Wahlrecht zu verneinen**. Die versicherten Personen müssen sich an der vorgenommenen Umstandsmeldung festhalten lassen. Dies kann sowohl positiv als auch negativ für diese sein. Haben sich die Bedingungen in der Zwischenzeit verbessert, führt dies somit dazu, dass die versicherten Personen nicht von den besseren Bedingungen profitieren. 174

c) Verhältnis zwischen Meldenden und versicherten Personen. Bisher wird die Frage kaum diskutiert, welche Auswirkungen es hat, wenn ein Versicherungsnehmer oder eine Tochtergesellschaft eine Umstandsmeldung abgeben, die in Anspruch genommene versicherte Person allerdings dieser weder zugestimmt noch diese gegen sich gelten lassen möchte. Nach dem Wortlaut der Bedingungen ist es gleichgültig, wer die Umstandsmeldung abgegeben hat. Für den Eintritt der Wirkung der Meldung ist allein erforderlich, dass eine Sachverhaltsidentität zwischen dieser und der Inanspruchnahme besteht. Durch die Umstandsmeldung können somit nicht nur die versicherten Personen, sondern auch die Vorgenannten bestimmen, welche Versicherungskonditionen im Zeitpunkt einer späteren Inanspruchnahme gelten. 175

Soweit eine Umstandsmeldung durch den Versicherungsnehmer oder eine Tochtergesellschaft erfolgt und auf die Wirkung der Meldung nicht verzichtet werden kann, könnte daran gedacht werden, dass die versicherte Person argumentiert, dass ihr ein Schadensersatzanspruch gegen die Vorgenannten zusteht. Dies könnte dann der Fall sein, wenn sich die Bedingungen in der Versicherungsperiode der Inanspruchnahme im Vergleich zu der Periode, in der die Umstandsmeldung erfolgt ist, verbessert haben und die versicherte Person von diesen besseren Konditionen nicht profitieren kann. Einen solchen Anspruch wird man aber verneinen müssen. Durch die Abgabe einer Umstandsmeldung verletzen der Versicherungsnehmer und die Tochterunternehmen nicht ihre Pflichten gegenüber den versicherten Personen. Hierbei ist zu berücksichtigen, dass die Vorgenannten auch ein berechtigtes Interesse daran haben können, eine solche Meldung abzugeben. Insbesondere können diese sicherstellen wollen, dass die Inanspruchnahme einer Versicherungsperiode zugeordnet wird, in der die Versicherungssumme noch vollständig zur Verfügung steht. Des Weiteren haben versicherte Personen häufig keinen Anspruch gegen den Versicherungsnehmer oder das entsprechende Tochterunternehmen auf Gewährung eines konkreten Versicherungsumfangs in der D&O-Versicherung. In Anstellungsverträgen sind – soweit eine Verschaffungsklausel hinsichtlich eines D&O-Versicherungsschutzes[93] vereinbart ist – nicht immer die einzelnen Leistungen, die der D&O-Versicherer gewähren muss, aufgeführt. Vielmehr sind häufig dort lediglich Rahmenbedingungen, wie beispielsweise die Fragen, wie lange die D&O-Versicherung aufrechterhalten werden muss und welche Versicherungssumme sie aufweisen soll, geregelt. 176

Teilweise wird vertreten, dass ein Schadenersatz der versicherten Personen allerdings dann bestehen könnte, wenn nur der Versicherungsnehmer das Recht zur Umstandsmeldung besitzt. 177

93 Siehe hierzu beispielsweise *Cyrus* NZG **2018** 7 (13 f.) und MüKoVVG/*Ihlas* 320. D&O Rn. 31 ff.

Hier soll er dafür verantwortlich sein, alle erkennbaren Umstände auch melden zu müssen.[94] Dies ist differenziert zu betrachten: Eine Umstandsmeldung kann vor-, aber auch nachteilhaft für die versicherten Personen sein. Insoweit ist es eine Abwägungsfrage, ob und, falls ja, wann eine solche Meldung abgegeben werden soll. Da die Umstandsmeldung in erster Linie die versicherten Personen schützen soll, soll es in deren Hand liegen, wann sie abgegeben wird. Insoweit ist davon auszugehen, dass der Versicherungsnehmer nicht eigenständig verpflichtet ist, eine Umstandsmeldung abzugeben, sondern nur dann, wenn er von der versicherten Person hierzu aufgefordert wird. Zutreffend dürfte aber sein, dass der Versicherungsnehmer bei Kenntnis von Umständen, die eine Umstandsmeldung rechtfertigen könnten, die versicherten Personen auf die Möglichkeit der Meldung dieses Sachverhalts hinweisen muss.[95]

178 **d) Mehrere Umstandsmeldungen.** Es kann vorkommen, dass zu demselben Sachverhalt Umstandsmeldung in unterschiedlichen Versicherungsperioden erfolgen, zum Beispiel durch Versicherungsnehmer und die betroffene versicherte Person. Es stellt sich dann die Frage, in welcher Versicherungsperiode die Wirkungen der Meldungen eintreten: im Zeitpunkt der ersten oder im Zeitpunkt der zweiten Meldung? In einigen Bedingungen ist diese Frage ausdrücklich dahingehend geregelt, dass auf den Zeitpunkt der ersten Umstandsmeldung abzustellen ist. Dies dürfte auch ohne eine entsprechende Regelung gelten. Aus den Regelungen zur Umstandsmeldung wird deutlich, dass dem Versicherten hierdurch die Möglichkeit gegeben werden soll, sich die Versicherungskonditionen einer bestimmten Versicherungsperiode zu sichern. Allerdings soll die Umstandsmeldung nicht dazu führen, dass ein Versicherungsfall mehreren Versicherungsperioden zugeordnet wird. Insoweit besteht kein Wahlrecht, in welcher Versicherungsperiode die Wirkung einer solchen Meldung eintreten soll, soweit keine abweichende Regelung in den Versicherungsbedingungen hierzu vorhanden ist.

179 Die erste Meldung ist deswegen maßgeblich, da sich die Meldenden bereits damit festgelegt haben, welche Versicherungsperiode im Falle einer späteren Inanspruchnahme gelten soll. Da in den überwiegenden Bedingungen nicht vorgesehen ist, dass ein Verzicht auf die ursprüngliche Umstandsmeldung möglich ist, kann auch keine zweite Umstandsmeldung dazu führen, dass andere Bedingungen gelten. Dies würde einem Verzicht im Ergebnis gleichkommen. Etwas anderes kann nur dann gelten, wenn die erste Umstandsmeldung überhaupt keine rechtliche Wirkung mehr entfalten kann, beispielsweise weil die Inanspruchnahme nicht innerhalb der in den Bedingungen genannten Frist erfolgt ist. Nach diesem Zeitpunkt kann eine zweite Umstandsmeldung erfolgen. Diese hat allerdings die Wirkung, dass dann diejenigen Versicherungskonditionen gelten, die im Zeitpunkt der zweiten Meldung aktuell waren. Eine Rückwirkung auf die erste Umstandsmeldung erfolgt nicht.

180 **e) Auswirkung auf Zusatzleistungen.** In aktuellen Marktbedingungen zur D&O-Versicherung werden nicht nur klassische Leistungen einer Haftpflichtversicherung vorgesehen, sondern es werden eine Reihe von **Zusatzleistungen** versichert, die zugunsten der versicherten Personen gelten. Hierbei stellt sich dann auch die Frage, welche Auswirkungen die Umstandsmeldung auf diese Leistungen hat. Unproblematisch ist dies bei denjenigen Leistungen, deren Versicherungsfall an eine Inanspruchnahme der versicherten Person anknüpfen. Hierbei entfaltet die Umstandsmeldung die vorgenannten Wirkungen. Insoweit gelten auch für diese Leistungen die Versicherungskonditionen, die im Zeitpunkt der Umstandsmeldung galten.

181 Soweit die Zusatzleistung allerdings nicht an eine Inanspruchnahme anknüpfen, sind diejenigen Bedingungen anwendbar, die in dem Zeitpunkt gelten, in dem nach den Bedingungen der Zusatzleistungen der Versicherungsfall eintritt. Beispielsweise ist dies bei vorsorglichen Beratungs-

94 *Lange* § 9 Rn. 103.
95 *Lange* § 9 Rn. 103.

kosten der Fall. Bezüglich dieser Leistungen können sich die versicherten Personen somit nicht einem bestimmten Vertragsstand durch eine Umstandsmeldung sichern, sondern es gelten hierfür die jeweils **aktuellen Vertragsbedingungen**. Dies gilt insbesondere für die Eigenschadenregelungen, die in einigen Versicherungsbedingungen vorhanden sind. Teilweise ist in den Bedingungen zusätzlich vorgesehen, dass die Umstandsmeldung selbst eigene Leistungsansprüche der versicherten Personen auslöst, z.B. die Übernahme von bestimmten Kosten für eine anwaltliche Beratung (siehe Rn. 206 f.).[96]

f) Auswirkung auf die Versicherungssumme. Die Umstandsmeldung hat keine Auswirkung auf die Höhe der zur Verfügung stehenden Versicherungssumme. Es ist somit möglich, dass die Versicherungssumme nach Vornahme der Umstandsmeldung noch durch andere Versicherungsfälle teilweise oder vollständig verbraucht wird. Sollte sich im Zeitpunkt der Inanspruchnahme herausstellen, dass die Versicherungssumme derjenigen Versicherungsperiode, in der die Umstandsmeldung erfolgt ist, nicht mehr zur Verfügung steht, führt dies auch nicht dazu, dass nunmehr die Versicherungssumme derjenigen Periode, in der die Inanspruchnahme vorgenommen wurde, einschlägig ist. Vielmehr ist diese Situation durch Anwendung des Verteilungsverfahrens nach § 109 VVG zu lösen.[97] 182

g) Zurechnung der Umstandsmeldung. Es stellt sich auch die Frage, ob eine Umstandsmeldung den (anderen) versicherten Personen zugerechnet wird. Soweit eine Umstandsmeldung durch eine versicherte Person für sich selbst abgegeben wird, wird man diese Frage lediglich bejahen können, wenn sich eine entsprechende Zurechnung aus den maßgeblichen Vorschriften ergibt.[98] In Ziffer A-5.4 ist eine solche Zurechnung aber nicht vorgesehen, sodass hier eine Umstandsmeldung nur derjenigen versicherten Person zugutekommt, die diese auch abgegeben hat. Es soll nämlich in der Hand der jeweiligen versicherten Person liegen, ob sie eine Umstandsmeldung abgibt oder nicht.[99] Daher können somit für verschiedene versicherte Personen bei einer Inanspruchnahme unterschiedliche Versicherungsbedingungen einschlägig sein. 183

Etwas anderes gilt allerdings dann, wenn die Möglichkeit vorgesehen ist, dass eine Umstandsmeldung durch den Versicherungsnehmer – wie beispielsweise in Ziffer A-5.4 – oder durch eine Tochtergesellschaft vorgenommen werden kann. Bei der Meldung durch die Vorgenannten ist im Zweifel davon auszugehen, dass die Umstandsmeldung zugunsten aller versicherten Personen gilt, die im Zusammenhang mit dem Sachverhalt in Anspruch genommen werden können.[100] Selbst wenn somit die Umstandsmeldung nur auf eine Pflichtverletzung eines konkreten Organs Bezug nimmt, wird man auch eventuelle Aufsichtspflichtverletzungen anderer Organmitglieder hiervon mitumfasst ansehen müssen. 184

3. Verlust der Wirkung einer Umstandsmeldung

Die Umstandsmeldung kann als einseitige Erklärung nicht vom Meldenden zurückgenommen werden. Etwas anderes gilt dann, wenn eine einseitige Rücknahme in den Versicherungsbedingungen vorgesehen ist (siehe Rn. 174). Ebenfalls entfaltet die Umstandsmeldung dann keine Wirkung, wenn Versicherer und Meldender dies einvernehmlich beschließen. Dies gilt allerdings nur insoweit, wie der Meldende eine versicherte Person ist. Wurde die Umstandsmeldung hingegen von 185

96 Vgl. hierzu auch die Ausführungen bei *Mitterlechner/Wax/Witsch* § 6 Rn. 187 ff.
97 Siehe hierzu die Ausführungen bei *Lange* § 90 Rn. 89 und bei *Koch* ZVersWiss **2012** 151 (166 f.).
98 So auch *Schramm* S. 188.
99 Seitz/Finkel/Klimke/*Finkel/Seitz* Ziff. 3 Rn. 47.
100 *Schramm* S. 188.

einem Versicherungsnehmer oder einer Tochtergesellschaft abgegeben, muss auch die versicherte Person der Rücknahme zustimmen. Schließlich gilt diese Meldung zu ihren Gunsten und verschafft ihr bezüglich der Versicherungskonditionen eine gesicherte Rechtsposition. Diese kann ihr dann aber konsequenterweise nur mit ihrer Zustimmung wieder genommen werden.

186 Bei Umstandsmeldungen stellt sich zudem die Frage, welche Auswirkung eine Vertragsbeendigung hat. Soweit die Beendigung auf die Zukunft gerichtet ist, hat diese keine Auswirkung auf die Umstandsmeldung. Dies ist gerade die Funktion der Umstandsmeldung. Anders ist dies hingegen zu bewerten, wenn der Versicherer **Gestaltungsrechte** geltend machen kann (z.B. den Rücktritt oder eine Anfechtung), die den Vertrag **von Anfang an** beseitigen. In diesem Fall fehlt es bereits an einer vertraglichen Grundlage für die Umstandsmeldung, sodass auch alle erfolgten Umstandsmeldungen in diesem Fall gegenstandslos werden. Etwas anderes gilt nur dann, wenn rechtswirksam vereinbart werden kann – was insbesondere bei einer Anfechtung problematisch ist –, dass die Gestaltungserklärungen nur Auswirkung für diejenige Person haben, die das Fehlverhalten vorgenommen hat.[101] Alle anderen Personen behalten dann ihren Deckungsanspruch und die entsprechenden Umstandsmeldungen zu ihren Gunsten bleiben auch weiterhin wirksam.

4. Verhältnis zu anderen Vorschriften

187 Die Umstandsmeldung ist in den überwiegenden Versicherungsbedingungen als Option zugunsten der Meldeberechtigten ausgestaltet. Eine Pflicht zur Abgabe einer Umstandsmeldung bzw. Meldung des entsprechenden Sachverhalts könnte sich aber aus anderen Vorschriften ergeben. Dabei scheidet allerdings eine Pflicht aus §§ 19 ff. VVG (vorvertragliche Anzeigepflicht) aus. Diese betrifft allenfalls Sachverhalte, die bereits bei Vertragsschluss schon bekannt waren. Diese sind aber nach Ziffer A-5.2 bzw. der entsprechenden Vorschriften in anderen Bedingungen als bekannte Pflichtverletzungen von vornherein nicht versichert.

188 Eine Anzeigeobliegenheit könnte sich allerdings aus § 104 Abs. 1 S. 1 VVG ergeben. Hiernach haben der Versicherungsnehmer bzw. die versicherten Personen dem Versicherer Tatsachen anzuzeigen, die ihre Verantwortlichkeit gegenüber Dritten zur Folge haben könnten. Selbst wenn man allerdings eine solche Anzeigeobliegenheit annehmen wollte, muss diese noch vertraglich vereinbart werden, damit sich der Versicherer auf eine Leistungsfreiheit berufen kann.[102] Aus § 104 VVG selbst, also ohne eine vertragliche Regelung in den Allgemeinen Versicherungsbedingungen, ergibt sich keine Rechtsfolge.[103] Allerdings ist keine entsprechende Klausel in den D&O-Versicherungsbedingungen enthalten, sodass eine Anzeigeobliegenheit bezüglich eines drohenden Eintritts eines Versicherungsfalls ausscheidet.[104]

5. Abweichende Marktbedingungen

a) Konkretisierung der Angaben

189 *„Eine Umstandsanzeige ist nur wirksam, wenn die anzeigende Versicherte in ihr den Anlass der Anzeige angibt und konkrete Angaben zu Art und Zeitpunkt der tatsächlichen oder möglichen Pflichtverletzung sowie zu Art und Höhe des tatsächlichen oder möglichen Schadens macht.“*

190 Durch diese Beispielklausel wird geregelt, dass eine Umstandsmeldung nur dann wirksam ist, wenn die dort genannten Angaben enthalten sind. Im Umkehrschluss soll die Meldung dann

101 Vgl. hierzu beispielsweise *Melot de Beauregard/Gleich* NJW **2013** 824 (827 f.).
102 Beckmann/Matusche-Beckmann/*Beckmann* § 28 Rn. 114c; Seitz/Finkel/Klimke/*Finkel/Seitz* Ziff. 3 Rn. 50.
103 MüKoVVG/*Langheid* VVG § 104 Rn. 28.
104 *Koch* ZVersWiss **2012** 151 (162).

keine Wirkung entfalten, wenn die Angaben fehlen. Ob diese Rechtsfolge wirksam vereinbart werden kann, darf allerdings bezweifelt werden. Hier stellt sich die Frage, ob eine solche Regelung die Versicherten nicht unangemessen benachteiligt und damit nach § 307 Abs. 1 S. 1 BGB unwirksam ist. Dies ist anhand der Abwägung der **Interessen des Versicherers und der versicherten Personen** zu entscheiden. Aufseiten des Versicherers könnte angeführt werden, dass durch die Konkretisierung der Angaben ermöglicht werden soll, bei Eintritt des Schadenfalls zu überprüfen, ob dieser mit der Umstandsmeldung übereinstimmt. Zudem könnten die konkreten Angaben für den Versicherer wichtig sein, um ggf. einzuschätzen, welche Belastung auf ihn zukommt.

Hingegen haben die versicherten Personen ein Interesse daran, dass die Möglichkeit der Umstandsmeldung weitreichend besteht. Nur hierdurch kann sichergestellt werden, dass im späteren Versicherungsfall Deckungsschutz besteht und eine ausreichende Versicherungssumme zur Verfügung steht. Zu denken ist beispielsweise an die Situation, dass das Verhalten der versicherten Person in einem bestimmten Bereich untersucht wird und dieser ab der nächsten Versicherungsperiode nicht mehr versichert ist. Gegebenenfalls weiß hier die versicherte Person noch nicht konkret, ob hieraus auch eine Inanspruchnahme entstehen kann. Die Beispielklausel kann in einer solchen Situation nicht durch die Forderung von erhöhten inhaltlichen Anforderungen an die Meldung dazu führen, dass den versicherten Personen eine solche unmöglich gemacht wird. 191

Hierfür besteht auch kein Bedürfnis des D&O-Versicherers. Da der Eintritt des Versicherungsfalls zu einem bestimmten Zeitpunkt eine Anspruchsvoraussetzung ist, ist die versicherte Person hierfür darlegungs- und beweisbelastet. Insoweit muss diese insbesondere nachweisen, dass der Sachverhalt der Umstandsmeldung und derjenige des Versicherungsfalls übereinstimmen. Dies wird bei einer unkonkreten Meldung – wenn überhaupt – nur schwierig möglich sein. Zudem ist zu berücksichtigen, dass die Meldenden – insbesondere die versicherten Personen – im Zeitpunkt der Umstandsmeldung teilweise selbst nur über rudimentäre Informationen hinsichtlich einer möglichen zukünftigen Inanspruchnahme haben. Insoweit können sie einige der geforderten Angaben vielleicht noch nicht einmal konkret angeben. Insoweit bevorzugt der Versicherer durch die geforderten Angaben seine Interessen einseitig zulasten der versicherten Personen. Hieraus folgt, dass die Klausel zu einer unangemessenen Benachteiligung gem. § 307 Abs. 1 S. 1 BGB führt. Insoweit sind solche Klauseln, die zum Nachteil der versicherten Personen vereinbart werden, unwirksam. 192

Selbst wenn man von einer Wirksamkeit der Beispielklausel ausgehen würde, sind allerdings drei Aspekte zu berücksichtigen. Die Versicherten haben nur diejenigen Angaben zu machen, die ihnen auch möglich sind. Kann zu einem Punkt (beispielsweise zum möglichen Schaden) eine konkrete Angabe nicht vorgenommen werden, reicht es aus, wenn der Versicherte hierzu diejenigen Angaben tätigt, die ihm zur Zeitpunkt der Umstandsmeldung bekannt sind. Des Weiteren kann im späteren Versicherungsfall vom Versicherer nicht argumentiert werden, dass die Inanspruchnahme aufgrund einer anderen, nicht angegebenen Pflichtverletzung erfolgt ist und daher die Umstandsmeldung nicht hierfür einschlägig ist. Vielmehr muss auch, wenn die Beispielklausel vereinbart wird, überprüft werden, ob der Sachverhalt der Umstandsmeldung und des Versicherungsfalls übereinstimmen. Ein nicht angegebener Umstand der Inanspruchnahme führt somit nicht automatisch dazu, dass die Umstandsmeldung für diese nicht gilt. Zudem muss der Versicherer den Meldenden darauf hinweisen, wenn eine Meldung nicht den formalen Anforderungen der Versicherungsbedingungen entspricht. Ansonsten kann er sich gegenüber dem Meldenden und der betroffenen versicherten Personen – soweit diese nicht identisch mit dem Meldenden ist – schadenersatzpflichtig machen (siehe Rn. 169). 193

Aber auch inhaltlich ist die Beispielklausel nicht in allen Aspekten eindeutig. Beispielsweise ist unklar, was genau mit Anlass der Anzeige gemeint sein soll. Soll hierunter verstanden werden, was mit der Meldung erreicht werden soll? Dies kann nicht gemeint sein, da die Rechtsfolgen bereits in den Bedingungen geregelt sind und die Versicherten diese herbeiführen wollen. Soll darunter verstanden werden, was den Anstoß für die Meldung gegeben hat? Aber auch hier wird meistens fraglich sein, wofür dies für die Umstandsmeldung relevant sein soll. Insoweit könnte 194 man argumentieren, dass zumindest diese Voraussetzung für die Versicherten nicht hinreichend transparent ist.

195 *„Der Versicherer ist innerhalb von vier Wochen nach der ersten Meldung berechtigt, folgende Informationen zur vorsorglichen Meldung zu verlangen: Die angebliche oder tatsächliche Pflichtverletzung, den Kreis der möglichen Anspruchsteller und Anspruchsgegner, die Art und mögliche Höhe des Schadens sowie die Umstände der erstmaligen Entdeckung. Fordert der Versicherer innerhalb dieser Frist keine weiteren (über die erhaltenen) Informationen an, wird die Vollständigkeit der vorsorglichen Meldung fingiert."*

196 Die zweite Beispielklausel weist ein paar signifikante Unterschiede zur ersten auf. Zunächst sind die zusätzlichen Angaben nur auf Verlangen des Versicherers zu nennen und nicht direkt bei der Umstandsmeldung selbst. Einen Auskunftsanspruch des Versicherers bzw. eine Anzeigeobliegenheit des Meldenden in diesem Zusammenhang zu regeln, ist nicht zu beanstanden.

197 Fraglich ist allerdings, welche Folgen eine Nichtbeantwortung hat. Eine Unwirksamkeit der Umstandsmeldung ist hier nicht geregelt. Insoweit führen fehlerhafte und/oder unterlassene Angaben nicht zu einer Unwirksamkeit der Meldung. Insoweit könnte man allenfalls eine **Obliegenheitsverletzung** mit den Rechtsfolgen nach § 28 VVG annehmen. Allerdings wird dies in der Praxis häufig keine Auswirkung auf den Versicherungsschutz haben, da bereits die Kausalität der unterlassenen oder fehlerhaften Angaben nicht bestehen dürfte.

198 Da die Angaben im Rahmen eines Auskunftsanspruchs des Versicherers geltend gemacht werden, müssen die Meldenden natürlich nur diejenigen Angaben mitteilen, die ihnen bekannt sind. Die zweite Beispielklausel kann somit keine Auskunftspflicht hinsichtlich unbekannter Umstände begründen. Vielmehr müssen die Meldenden bestmöglich versuchen, die angeforderten Angaben dem Versicherer mitzuteilen. Bei Angaben, die ihnen nicht bekannt sind, reicht allerdings allein die Mitteilung dieses Umstands aus, um den Anforderungen der zweiten Beispielklausel zu genügen.

b) Frist bei Meldung innerhalb Nachmeldefrist

199 *„Eine Umstandsanzeige innerhalb der Nachmeldefrist ist nur für Pflichtverletzungen wirksam, die vor Beendigung des Versicherungsvertrags begangen worden sind und spätestens innerhalb eines Jahres nach Ablauf der Nachmeldefrist zu einem Versicherungsfall führen."*

200 Diese Beispielklausel modifiziert die Regelungen in den AVB D&O in zweifacher Hinsicht. Zum einen stellt sie klar, dass eine Umstandsmeldung innerhalb der Nachmeldefrist nur für Pflichtverletzung wirksam ist, die bis Vertragsende begangen wurden. Dieser Regelung bedarf es allerdings nicht, da bereits auch ohne diese dasselbe Ergebnis gilt. Die Umstandsmeldung erweitert den Versicherungsschutz nämlich nicht, sondern stellt nur klar, in welchem Zeitpunkt der Versicherungsfall als eingetreten gilt. Pflichtverletzungen nach Vertragsende sind aber zu keinem Zeitpunkt unter den üblichen D&O-Versicherungsverträgen versichert.

201 Zum anderen wird die Frist, innerhalb der eine Inanspruchnahme nach der Umstandsmeldung zu erfolgen hat, angepasst. Hier wird nicht ein bestimmter Zeitpunkt nach Abgabe der Umstandsmeldung geregelt, sondern es wird auf das Ende der Nachmeldefrist abgestellt. Insoweit ist es gleichgültig, wann eine entsprechende Meldung erfolgt ist. Allerdings muss die Inanspruchnahme bis ein Jahr nach Ende der Nachmeldefrist erfolgen. Wird eine Inanspruchnahme erst nach diesem Zeitpunkt ausgesprochen, besteht hierfür kein Versicherungsschutz mehr. Auch durch diese Regelung wird somit dem Risiko der sog. „Ewigkeitshaftung" begegnet (siehe Rn. 161).

c) Unbegrenzte Wirkung der Umstandsmeldung

„Es gelten dann alle später - auch nach Ablauf der Nachmeldefrist - auf diesen Umständen beruhenden Versicherungsfälle als innerhalb der Versicherungsperiode eingetreten, in der die Umstände angezeigt wurden; bei Anzeige innerhalb der Nachmeldefrist gelten sie als innerhalb der letzten Versicherungsperiode eingetreten." 202

In einigen D&O-Versicherungsbedingungen am Markt findet man auch die vorgenannte Beispielklausel. Inhaltlich führt die Klausel nicht zu einer Modifikation der auch unter den AVB D&O geltenden Grundsätze. Allerdings fehlt eine zeitliche Begrenzung für den Umstand, wann der Versicherungsfall im Zusammenhang mit der Umstandsmeldung eintreten muss, damit Versicherungsschutz besteht. Dies führt dazu, dass sämtliche Inanspruchnahmen, die auf einer Umstandsmeldung beruhen, unabhängig vom Zeitpunkt ihres Eintretens noch versichert sind. Insoweit besteht Versicherungsschutz für Sachverhalte, die wirksam dem Versicherer gemeldet wurden, auch noch viele Jahre nach Ende des Versicherungsvertrages und Ablauf der Nachmeldefrist. Hier kommt es somit zu einer sog. „Ewigkeitshaftung" (siehe Rn. 161). 203

d) Regelbeispiele

„Eine Umstandsanzeige kommt beispielsweise in Betracht, wenn wegen des Vorwurfs einer Pflichtverletzung 204

- *der versicherten Person mündlich Haftpflichtansprüche angedroht wurden,*
- *der versicherten Person die Entlastung verweigert wurde,*
- *der versicherten Person eine Abmahnung erteilt wurde,*
- *die versicherte Person von der Organtätigkeit abberufen wurde, [...]."*

In einigen Bedingungen sind auch beispielhafte Situationen aufgeführt, in denen eine Umstandsmeldung in Betracht kommt. Dieser Katalog ist aufgrund der einleitenden Formulierung nicht abschließend. Insoweit kann eine Umstandsmeldung auch in weiteren Situationen noch erfolgen. Allerdings haben die Regelbeispiele die Wirkung, dass der Versicherer sich bei Vorliegen einer solchen Situation nicht mehr darauf berufen kann, dass eine Inanspruchnahme nicht hinreichend wahrscheinlich ist. Liegt somit eine der in der Klausel genannten Situationen vor, ist bei Eintritt des Versicherungsfalls in der Regel nur noch zu überprüfen, ob der gemeldete Sachverhalt mit demjenigen übereinstimmt, der in der Umstandsmeldung angegeben ist. 205

e) Übernahme von Anwaltskosten

„Die versicherte Person hat das Recht, vom Versicherer zur Vermeidung des Eintritts des Versicherungsfalls die Übernahme der Kosten eines Rechtsanwalts zu verlangen, wenn sie dem Versicherer Umstände nach Maßgabe von Ziffer ... anzeigt. § ... (Freie Anwaltswahl) gilt entsprechend." 206

In einigen D&O-Versicherungsbedingungen ist vorgesehen, dass die versicherten Personen bereits in dem Zeitpunkt, in dem sie eine Umstandsmeldung tätigen, die Übernahme von Rechtsanwaltskosten verlangen können. Hierbei gilt die in D&O-Versicherungsverträgen geregelte freie Anwaltswahl. Solche Kosten werden aber nur insoweit erstattet, als sie der Vermeidung des Eintritts des Versicherungsfalls dienen. Streng genommen sind damit reine Beratungskosten, die keinen Bezug mehr zu einem möglichen Versicherungsfall aufweisen, nicht erstattungsfähig. 207

V. A-5.5 Insolvenz

1. Allgemeines

208 Die Klausel A-5.5 der AVB D&O regelt die Fälle der **Insolvenz** des Versicherungsnehmers oder einer Tochtergesellschaft desselben.

209 Anders als die Vorgängerklausel in Ziff. 3.4 der AVB-AVG 2013 erstreckt die Regelung den Versicherungsschutz in zeitlicher Hinsicht auf Pflichtverletzungen, die bis zu der (formellen) Stellung eines **Insolvenzantrags** begangen worden sind.

210 Die Vorgängerklausel nahm hingegen bereits den (regelmäßig früheren) Zeitpunkt der materiellen **Insolvenzreife** als den maßgeblichen Zeitpunkt an.

2. Inhalt der Klausel

211 **a) Funktionsweise.** Die Klausel enthält eine zeitliche Beschränkung des Versicherungsschutzes für den Fall der Stellung eines Insolvenzantrags. Die Stellung eines Insolvenzantrags führt allerdings nicht zu einem vorzeitigen Erlöschen des Versicherungsschutzes. Vielmehr entsteht mit der Stellung des Insolvenzantrags ein **Deckungsausschluss** für alle ab diesem Zeitpunkt erfolgenden Pflichtverletzungen.[105]

212 Auf diese Weise besteht die Deckung aus dem Versicherungsverhältnis auch während einer Insolvenz grundsätzlich fort.[106] Es können also auch noch während einer Insolvenz des versicherungsnehmenden Unternehmens Ansprüche geltend gemacht werden, die auf Pflichtverletzungen beruhen, die vor der Stellung eines Insolvenzantrags erfolgten.[107]

213 Insbesondere sind etwaige Pflichtverletzungen, die die Insolvenz (mit-)ausgelöst haben, in der Regel nicht durch die Klausel ausgeschlossen, denn die **insolvenzauslösende Pflichtverletzung** erfolgt notwendigerweise vor Stellung des Insolvenzantrags.[108]

214 Gleiches gilt für Pflichtverletzungen im Zeitraum zwischen Insolvenzreife und (verspäteter) Antragstellung, insbesondere solche der **Insolvenzverschleppung** und bei Verstößen gegen das Auszahlungsverbot nach § 15b Abs. 1 S. 1 InsO.[109]

215 **b) Relevanter Zeitpunkt, Rücknahme des Insolvenzantrags.** Relevanter Zeitpunkt für die **Insolvenzantragstellung** ist der Zeitpunkt des Eingangs beim zuständigen Amtsgericht (Insolvenzabteilung).[110] Der weitere Verfahrensgang ist grundsätzlich irrelevant.[111]

216 Da es allein auf die Stellung des Insolvenzantrags ankommt, greift der Ausschluss gemäß der Klausel A-5.5 auch dann, wenn ein Insolvenzverfahren gar **nicht eröffnet** wird (etwa, wenn die Insolvenzmasse nicht ausreicht, um die Kosten für das Insolvenzverfahren zu decken).[112] Wird der Insolvenzantrag hingegen zurückgenommen, führt dies zum Wiederaufleben des Versicherungsschutzes.[113]

---

105 Seitz/Finkel/Klimke/*Finkel/Seitz* Ziff. 3 Rn. 51; *Lange* r+s **2014** 261, 265.
106 Prölss/Martin/*Voit* AVB D&O Abs. A_5.5 Rn. 1; Bruck/Möller/*Armbrüster* VVG A-5 Rn. 117.
107 Seitz/Finkel/Klimke/*Finkel/Seitz* Ziff. 3 Rn. 51; Prölss/Martin/*Voit* AVB D&O Abs. A_5.5 Rn. 1.
108 Seitz/Finkel/Klimke/*Finkel/Seitz* Ziff. 3 Rn. 52; Bruck/Möller/*Armbrüster* VVG A-5 Rn. 114.
109 Bruck/Möller/*Armbrüster* VVG A-5 Rn. 114; *Lange* r+s **2014** 261, 265.
110 Bruck/Möller/*Armbrüster* VVG A-5 Rn. 115.
111 Bruck/Möller/*Armbrüster* VVG A-5 Rn. 115.
112 Bruck/Möller/*Armbrüster* VVG A-5 Rn. 115.
113 Bruck/Möller/*Armbrüster* VVG A-5 Rn. 118.

c) Besonderheiten der Neuregelung. Der im Vergleich zur Vorgängerregelung verschobene Zeitpunkt auf die **Insolvenzantragstellung** stellt klar, dass für Pflichtverletzungen während eines Sanierungsversuchs vor Antragsstellung Deckungsschutz besteht. 217

Pflichtverletzungen nach Eintritt der Insolvenzreife sind also nicht vom Versicherungsschutz ausgeklammert, sofern sie vor Insolvenzantragstellung erfolgen. Auch eine von der versicherten Person nicht wahrgenommene **Insolvenzreife** führt damit nicht zum Ausschluss der Deckung.[114] 218

d) Wirksamkeit der Klausel. Das Insolvenzrecht dient nicht allein den Interessen der Gläubiger, sondern bietet ebenfalls Instrumente zur möglichen Rettung des gefährdeten Unternehmens, beispielsweise durch ein **Schutzschirmverfahren** (§ 270d InsO). 219

Damit eine solche Rettung Erfolg haben kann, ist ein frühzeitiger Antrag erforderlich. Ebenso kann der Schuldner bereits bei **drohender Zahlungsunfähigkeit** einen eigenen Antrag stellen (§ 18 InsO). 220

Da der Versicherungsschutz nach der Klausel A-5.5 mit dem Insolvenzantrag ausgeschlossen ist, laufen die Anreize des Insolvenzrechts zur möglichst frühen Antragstellung auf eine Beschränkung des Versicherungsschutzes hinaus.[115] Dies führt jedoch nicht zu einer **Unwirksamkeit** der Klausel A-5.5. 221

Im Großteil der Fälle ist es vielmehr so, dass das Abstellen auf den Insolvenzantrag gegenüber der vorherigen Regelung (die auf die zeitlich frühere Insolvenzreife abstellte) aus Sicht der versicherten Person deutlich vorteilhafter ist.[116] Schließlich sind nur nach der jetzigen Regelung in der Klausel A5.5 Pflichtverletzungen in der kritischen Phase zwischen materieller Insolvenzreife und (verspäteter) Antragstellung versichert. 222

e) Pflichtverletzungen zwischen Insolvenzreife und Antragstellung. Mit dem Gesetz zur Fortentwicklung des Sanierungs- und Insolvenzrechts vom 22. Dezember 2020 strich der Gesetzgeber diverse Anspruchsgrundlagen, deren Verletzung für den D&O-Versicherungsschutz mitunter problematisch waren. Hierbei handelt es sich um das zuvor in den §§ 92 Abs. 2 S. 1, 93 Abs. 3 Nr. 6 AktG a.F. und § 64 S. 1 GmbHG a.F. statuierte **Auszahlungsverbot**. 223

Bei dem sich aus diesen (älteren) Normen ergebenden Anspruch auf Erstattung eines durch Zahlungen nach Eintritt der Zahlungsunfähigkeit entstandenen Schadens war teilweise streitig gewesen, ob es sich um einen Schadensersatzanspruch handelte (für den grundsätzlich Versicherungsschutz bestanden hätte), oder um einen **Anspruch eigener Art** (dann möglicherweise ohne Versicherungsschutz). 224

Mit Urteil vom 18. November 2020 entschied der BGH, dass es sich bei dem in § 64 S. 1 GmbHG a.F. statuierten Auszahlungsverbot um einen **Schadenersatzanspruch** im Sinne der anwendbaren D&O-Bedingungen handelte.[117] 225

Dies gilt auch für die Nachfolgeregelung in **§ 15b Abs. 4 InsO**.[118] Freilich setzt ein Anspruch nach § 15b Abs. 4 InsO voraus, dass die Auszahlung „nach dem Eintritt der Zahlungsunfähigkeit oder der Überschuldung der juristischen Person" – und mithin nach materieller Insolvenzreife – erfolgte. 226

Nur unter einer Regelung wie der Klausel A-5.5, die für das Bestehen von Versicherungsschutz (nur) auf den Zeitpunkt des **Insolvenzantrags** abstellt, können Ansprüche nach § 15b Abs. 4 InsO demnach unter der D&O-Versicherung gedeckt sein.[119] 227

---

114 Prölss/Martin/*Voit* AVB D&O Abs. A_5.5 Rn. 2.
115 Siehe etwa Prölss/Martin/*Voit* AVB D&O Abs. A_5.5 Rn. 3.
116 Bruck/Möller/*Armbrüster* VVG A-5 Rn. 116.
117 BGH NJW **2021** 231.
118 BeckOK/*Wolfer* § 15b InsO, Rn. 27.
119 *Jaschinski/Wentz* NZG **2021** 288, 289.

228 **f) Beweislast, Verstoß durch Unterlassen.** Bei Stellung eines Insolvenzantrags trifft die versicherte Person als Anspruchsinhaberin die **Darlegungs- und Beweislast** dafür, dass die in Rede stehende Pflichtverletzung vor der Stellung des Insolvenzantrags begangen wurde.[120]

229 Liegt der Inanspruchnahme der versicherten Person ein **pflichtwidriges Unterlassen** zugrunde, reicht es aus, wenn zumindest ein Teil des Unterlassenzeitraums zeitlich weiter zurückreicht als die Antragstellung. In diesem Fall sind jedoch nur diejenigen Schäden vom Versicherungsschutz umfasst, die auf ein Unterlassen vor Antragstellung kausal zurückgehen.

VI. A-5.6 Liquidation und Neubeherrschung

1. Allgemeines

230 Nach Ziffer A-5.6 endet der Versicherungsvertrag im Fall der freiwilligen Liquidation der Versicherungsnehmerin mit Abschluss der **Liquidation** automatisch.

231 Im Fall der **Neubeherrschung** stellt Absatz 2 klar, dass der Versicherungsvertrag nicht automatisch mit Ablauf der Versicherungsperiode endet.

232 Die Regelung zur Liquidation und Neubeherrschung erhielt durch den GDV zahlreiche Änderungen. Die Regelung in Ziffer A-5.6 wurde mit dem Bedingungswerk 2019 neu eingeführt. Vormals waren die Liquidation und Neubeherrschung und deren Auswirkung auf den Versicherungsschutz unter Ziffer 9.3 geregelt.

2. Inhalt der Klausel

233 **a) Liquidation der Versicherungsnehmerin.** Nach Auflösung einer Gesellschaft (§§ 131 ff. HGB, §§ 60 ff. GmbHG, § 262 AktG) folgt deren Liquidation (§§ 145 ff. HGB, §§ 72 ff. GmbHG, §§ 264 ff. AktG). Die **Liquidation** ist die Abwicklung der Gesellschaft, wobei die Liquidatoren die laufenden Geschäfte der Gesellschaft beenden, die bestehenden Verpflichtungen erfüllen und das verbliebene Gesellschaftsvermögen unter den Gesellschaftern verteilen. Die **freiwillige Liquidation** bezeichnet die eigenständige Umwandlung des Vermögens eines wirtschaftlich angeschlagenen Unternehmens in liquide Mittel, ohne dass rechtliche Zwänge dies erfordern.[121]

234 Eine Liquidation kommt für ein Unternehmen etwa dann in Betracht, wenn die Prüfung der Sanierungsfähigkeit negativ ausfällt und das Unternehmen auch nach einer umfangreichen Reorganisation nicht selbstständig am Markt existieren kann.[122]

235 Bei der freiwilligen Liquidation handelt es sich um eine Alternative zum Insolvenzantrag und damit zum Insolvenzverfahren.[123] Die freiwillige Liquidation setzt jedoch voraus, dass noch ausreichend Vermögen im Unternehmen vorhanden ist und noch keine Insolvenzantragspflicht besteht.[124] Das ist auch der Grund, weshalb die freiwillige Liquidation der Praxis eher eine untergeordnete Rolle spielt. In der Regel liegen keine ausreichenden Mittel für das sich in der Krise befindende Unternehmen vor, um eine freiwillige Liquidation durchzuführen.[125]

---

120 Bruck/Möller/*Armbrüster* VVG A-5 Rn. 119; a.A.: Prölss/Martin/*Voit* AVB D&O Abs. A_5.5 Rn. 4 (Beweislast bei VN).
121 Seitz/Finkel/Klimke/*Finkel/Seitz* Ziff. 9 Rn. 18.
122 MAH/*Kreplin* § 9 Besonderheiten einzelner Sanierungsobjekte Rn. 95; Seitz/Finkel/Klimke/*Finkel/Seitz* Ziff. 9 Rn. 18.
123 Seitz/Finkel/Klimke/*Finkel/Seitz* Ziff. 9 Rn. 18.
124 MAH/*Kreplin* § 9 Besonderheiten einzelner Sanierungsobjekte Rn. 95; Seitz/Finkel/Klimke/*Finkel/Seitz* Ziff. 9 Rn. 18.
125 Seitz/Finkel/Klimke/*Finkel/Seitz* Ziff. 9 Rn. 18.

b) Neubeherrschung. Bei einer **Neubeherrschung** der Versicherungsnehmerin endet der Vertrag nicht automatisch mit Ablauf der Versicherungsperiode. Hierbei handelt es sich um die *sog. Change-of-Control-Klausel.* Die Klausel erfuhr durch den GDV zahlreiche Änderungen. **236**

Bis zum Jahr 2012 enthielt die Klausel die Regelung, dass auch eine Neubeherrschung der Versicherungsnehmerin zu einer automatischen Beendigung des Versicherungsvertrags führt.[126] Nachdem der BGH im Jahr 2012 feststellte, dass eine Klausel, die ein automatisches Erlöschen des Versicherungsvertrags nach einem Beherrschungswechsel regelt, unwirksam ist,[127] fasste der GDV die Klausel entsprechend neu. **237**

Die Unwirksamkeit folgte nach der Auffassung des BGH daraus, dass die fristlose automatische Beendigung des Versicherungsvertrags eine für den Versicherungsnehmer nachteilige Abweichung der §§ 23 ff. a.F. VVG begründet. Die §§ 23, 24 Absatz 1 a.F. VVG sahen für den Fall der Kündigung wegen Gefahrerhöhung eine Frist von einem Monat vor. Damit liegt eine für den Versicherungsnehmer nachteilige Abweichung vor, die gemäß § 34a a.F. VVG (jetzt: § 32 VVG) zur Unwirksamkeit der Klausel führt. Etwas anderes kann jedoch für Großrisiken im Sinne von § 210 Absatz 2 VVG gelten.[128] Insofern herrscht weitestgehend Einigkeit darüber, dass der Beherrschungswechsel in der Regel eine Gefahrerhöhung begründet.[129] **238**

Nach der Neufassung der Klausel durch den GDV im Jahr 2013 sah die Regelung vor, dass im Fall einer Neubeherrschung der Versicherungsvertrag automatisch spätestens nach Ablauf einer vom GDV offen gelassenen Frist endete.[130] Auch diese Regelung war nicht unproblematisch, da sie im Gegensatz zu den §§ 23 ff. VVG kein Erfordernis einer Kündigungserklärung regelt[131] und von den Regelungen der §§ 23 ff. VVG gemäß § 32 VVG nicht abgewichen werden darf. **239**

Dies ist wohl der Grund für die Neuregelung der Klausel durch den GDV im Jahr 2019. Nunmehr regelt die Klausel lediglich, dass der Versicherungsvertrag im Fall der Neubeherrschung nicht automatisch mit Ablauf der Versicherungsperiode endet. Im Übrigen regelt die Klausel, dass Ziffer B3-2 unberührt bleibt. **240**

Danach kann der Versicherer im Fall einer Gefahrerhöhung und einer vorsätzlichen oder grob fahrlässigen Verletzung der Pflicht der Anzeige der Gefahrerhöhung den Vertrag fristlos kündigen (B3-2.3.1 Absatz 1). Beruht die Verletzung der Anzeigepflicht auf einfacher Fahrlässigkeit oder wird die Gefahrerhöhung in den Fällen nach B3-2.2.2 und B3-2.2.3 bekannt, kann er den Vertrag unter Einhaltung einer Monatsfrist von einem Monat kündigen. Außerdem kann der Versicherer, statt zu kündigen ab dem Zeitpunkt der Gefahrerhöhung einen entsprechend erhöhten Beitrag der Prämien verlangen oder die Absicherung der erhöhten Gefahr ausschließen (B3-2.3.2). **241**

Die Rechte des Versicherers zur Kündigung oder Vertragsanpassung nach B3-2.3 erlöschen, wenn diese nicht innerhalb eines Monats ab Kenntnis des Versicherers von der Gefahrerhöhung ausgeübt werden oder wenn der Zustand wiederhergestellt ist, der vor der Gefahrerhöhung bestanden hat (B3-2.4). **242**

Zur Frage, wann eine Neubeherrschung vorliegt, verweist Ziffer A-5.6 auf Ziffer A-4. Danach liegt eine Neubeherrschung vor, wenn eine andere Gesellschaft unmittelbar oder mittelbar einen beherrschenden Einfluss ausüben kann, entweder durch **243**

- die Mehrheit der Stimmrechte der Gesellschafter,
- das Recht, die Mehrheit der Mitglieder des Aufsichts-, des Verwaltungsrats oder eines sonstigen Leitungsorgans zu bestellen oder abzuberufen und er gleichzeitig Gesellschafter ist oder

126 Siehe etwa Ziffer 9.3 Musterbedingungen GDV AVB-AVG Stand Mai 2011.

127 BGH 12.9.2012 NJW **2012** 3723.

128 So etwa BGH 12.9.2012 NJW **2012** 3723 = r+s **2013** 17 m. Anm. Wirth/Kuballa.

129 Seitz/Finkel/Klimke/*Finkel/Seitz* Ziff. 9 Rn. 20 ff.; BGH 12.9.2012 NJW **2012** 3723 = VersR **2012** 1506 m. Anm. Koch.; Prölss/Martin/*Voit* VVG AVB D&O Abs. A-5.6 Rn. 2.

130 Siehe etwa Ziffer 9.3 Musterbedingungen GDV AVB-AVG Stand Mai 2013.

131 BGH 12.9.2012 NJW **2012** 3723 = VersR **2012** 1506 m. Anm. Koch.

– das Recht, die Finanz- und Geschäftspolitik auf Grund eines mit diesem Unternehmen geschlossenen Beherrschungsvertrages oder auf Grund einer Bestimmung in der Satzung dieses Unternehmens zu bestimmen.

244 **c) Auswirkungen auf die Nachmeldefrist.** Ziffer A-5.6 hat keine Auswirkungen auf die Regelungen zur Nachmeldefrist.[132]

3. Abweichende Marktbedingungen

245 Auf dem Markt sind zahlreiche Bedingungswerke erhältlich, die deutliche Abweichung zu den GDV-Musterbedingungen aufweisen.

246 **a) Liquidation.** Auf dem Markt finden sich eine Vielzahl unterschiedlicher Bedingungswerke, die teilweise keine Beendigung des Versicherungsvertrags nach einer freiwilligen Liquidation der Versicherungsnehmerin vorsehen, sondern lediglich Regelungen für den Fall eines Insolvenzantrags der Versicherungsnehmerin vorsehen (so etwa: FINLEX Spezialkonzept zur D&O-Versicherung, Stand 2020). Andere Bedingungen regeln lediglich in der Klausel zur Gefahrerhöhung, dass eine Meldepflicht bei Liquidation der Versicherungsnehmerin besteht so (z.B. Tokio Marine HCC zur D&O-Versicherung; TMHCC – DE DO 2019). Der Versicherungsschutz besteht bei diesen Bedingungswerken mangels anderweitiger Regelung auch nach Liquidation der Versicherungsnehmerin im Rahmen der Nachmeldefrist fort.

247 In Abweichung zu den GDV-Musterbedingungen sehen etwa die Versicherungsbedingungen der VOV (§ 10 Nr. 2 AVB-VOV 5.0) ausdrücklich vor, dass der Versicherungsschutz im Fall der freiwilligen Liquidation fortbesteht. Dies gilt nach den Bedingungen insbesondere für Versicherungsfälle, die erst nach Abschluss des Verfahrens eintreten, aber auf zuvor begangenen Pflichtverletzungen beruhen:

„*Wird die Versicherungsnehmerin freiwillig liquidiert, besteht der Versicherungsschutz ebenfalls fort. Das gilt insbesondere für Versicherungsfälle, die erst nach Abschluss des Verfahrens eintreten, aber auf zuvor begangenen Pflichtverletzungen beruhen.*“

248 Die Bedingungswerke der Hendricks GmbH (Hendricks & Partner Bedingungen HPDO 2020 Stand 09.19, Version Newline und Hendricks & Partner Bedingungen HPDO 2020 Stand 09.19, Version AXAXL-Mid-Market-Cover) beziehen sich nicht ausdrücklich auf die freiwillige Liquidation, sondern die Liquidation im Allgemeinen. Nach den Bedingungen der Hendricks GmbH besteht der Versicherungsschutz ebenfalls im Rahmen der Nachmeldefrist fort, bezieht sich aber nur auf solche Pflichtverletzungen, die innerhalb der Vertragsdauer und vor Abschluss der Liquidation begangen worden sind.

249 So heißt es in den Hendricks & Partner Bedingungen HPDO 2020 (Stand 09.19, Version Newline[133]) etwa:

„*Wird die Versicherungsnehmerin oder eine Tochtergesellschaft rechtswirksam liquidiert, besteht für Pflichtverletzungen versicherter Personen, welche innerhalb der Vertragsdauer oder des Zeitraums einer vereinbarten Rückwärtsdeckung sowie vor Abschluss der Liquidation begangen wurden, Versicherungsschutz im Rahmen der Bedin-*

132 Prölss/Martin/*Voit* VVG AVB D&O A-5.6 Rn. 2; Bruck/Möller/*Armbrüster* Ziffer A-5, Rn. 128.

133 Geringe Abweichung durch Benennung der Klausel zur Nachmeldefrist in den Hendricks & Partner Bedingungen HPDO 2020 Stand 09.19, Version AXAXL-Mid-Market-Cover.

gungen und Deckungssumme dieses Vertrages. Bei Liquidation der Versicherungsnehmerin bleibt die Regelung zur Nachmeldefrist unberührt.“

b) Neubeherrschung. In auf dem Markt erhältlichen Bedingungen finden sich regelmäßig abweichende Neubeherrschungsklauseln, die den Versicherungsschutz auf Pflichtverletzungen vor der Neubeherrschung beschränken. 250

So zum Beispiel die Versicherungsbedingungen von Finlex (FINLEX Spezialkonzept zur D&O-Versicherung, Stand 2020): 251

„Im Fall der Neubeherrschung der Versicherungsnehmerin sowie Ver-schmelzung eines Rechtsträgers auf die Versicherungsnehmerin besteht weiterhin Versicherungsschutz.

Verliert die Versicherungsnehmerin durch Verschmelzung ihre Rechtsträgereigenschaft, besteht Versicherungsschutz für Pflichtverletzungen bzw. Ursachen einer ergänzenden Kostendeckung, die vor dem Zeitpunkt der Verschmelzung begangen bzw. gesetzt worden sind. Von diesem Zeitpunkt an gilt der Vertrag als beendet und es besteht die Nachmeldefrist gemäß 6.10. A.“

Die Regelungen zu den Gefahrerhöhungen (gemäß 12) sind zu berücksichtigen (Klarstellung).“

Wieder andere Maklerbedingungen, bestimmen in Abweichung zur jeweiligen Definition der Neubeherrschung, dass eine Neubeherrschung nicht vorliegt, wenn eine Übertragung von Anteilen unter bisherigen Gesellschaftern, auf Ehegatten oder auf Verwandte bisheriger Anteilseigner, auf Stiftungen oder sonstige ausländische vergleichbare Einrichtungen/Sondervermögen stattfindet (Ziffer 1.11 Hendricks & Partner Bedingungen HPDO 2020 Stand 09.19, Version Newline und Ziffer 1.10 Hendricks & Partner Bedingungen HPDO 2020 Stand 09.19, Version AXAXL-Mid-Market-Cover). 252

So heißt es in Ziffer 1.10 den Hendricks & Partner Bedingungen HPDO 2020 (Stand 09.19, Version AXAXL-Mid-Market-Cover[134]) 253

„Wird die Versicherungsnehmerin aufgrund eines Wechsels in der Leitung oder Kontrolle entsprechend den in Ziffer 1.6 definierten Voraussetzungen direkt oder indirekt neu beherrscht, besteht weiterhin Versicherungsschutz. Eine Neubeherrschung liegt nicht vor, wenn eine Übertragung von Anteilen unter bisherigen Gesellschaftern, auf Ehegatten oder auf Verwandte bisheriger Anteilseigner, auf Stiftungen oder sonstige ausländische vergleichbare Einrichtungen/Sondervermögen stattfindet. Die allgemeinen Regelungen über anderweitige Versicherungen unter Ziffern 4.1 bis 4.5 finden Anwendung.“

Die HPDO 2020 berücksichtigen insoweit insbesondere die Interessen von mittelständischen Unternehmen, insbesondere von Familienunternehmen. 254

Andere Bedingungswerke enthalten überhaupt keine Regelungen zum Fortbestand des Versicherungsschutzes bei Neubeherrschung, sodass auch hier der Versicherungsschutz innerhalb der Nachmeldefrist fortbesteht (so etwa Tokio Marine HCC zur D&O-Versicherung; TMHCC – DE DO 2019). 255

134 Geringe Abweichung durch aufgrund unterschiedlicher Nummerierung der zitierten Klauseln in den Hendricks & Partner Bedingungen HPDO 2020 Stand 09.19, Version Newline.

A-6 Sachlicher Umfang des Versicherungsschutzes

A-6.1 Leistungen der Versicherung

[1]Der Versicherungsschutz umfasst
a) die Prüfung der Haftpflichtfrage,
b) die Abwehr unberechtigter Schadenersatzansprüche und
c) die Freistellung der versicherten Personen von berechtigten Schadenersatzverpflichtungen.

[2]Berechtigt sind Schadenersatzverpflichtungen dann, wenn die versicherten Personen aufgrund Gesetzes, rechtskräftigen Urteils, Anerkenntnisses oder Vergleiches zur Entschädigung verpflichtet sind und der Versicherer hierdurch gebunden ist. [3]Anerkenntnisse und Vergleiche, die von den versicherten Personen ohne Zustimmung des Versicherers abgegeben oder geschlossen worden sind, binden den Versicherer nur, soweit der Anspruch auch ohne Anerkenntnis oder Vergleich bestanden hätte.

[4]Ist die Schadenersatzverpflichtung der versicherten Personen mit bindender Wirkung für den Versicherer festgestellt, hat der Versicherer die versicherten Personen binnen zwei Wochen vom Anspruch freizustellen.

[5]Wird in einem Strafverfahren wegen einer Pflichtverletzung, die einen unter den Versicherungsschutz fallenden Haftpflichtanspruch zur Folge haben kann, die Bestellung eines Verteidigers für die versicherten Personen von dem Versicherer gewünscht oder genehmigt, so trägt der Versicherer die Kosten gemäß Rechtsanwaltsvergütungsgesetz, ggf. die mit ihm besonders vereinbarten höheren Kosten des Verteidigers.

[6]Übersteigt der Streitwert die Versicherungssumme, so trägt der Versicherer nur die Kosten nach dem Streitwert in Höhe der Versicherungssumme.

A-6.2 Vollmacht des Versicherers

[1]Der Versicherer ist bevollmächtigt, alle ihm zur Abwicklung des Schadens oder Abwehr der Schadenersatzansprüche zweckmäßig erscheinenden Erklärungen im Namen der versicherten Personen abzugeben.

[2]Kommt es in einem Versicherungsfall zu einem Rechtsstreit über Schadenersatzansprüche gegen versicherte Personen, ist der Versicherer zur Prozessführung bevollmächtigt. [3]Er führt den Rechtsstreit im Namen der versicherten Personen.

A-6.3 Kapitalbeteiligung der versicherten Personen bzw. deren Angehöriger

[1]Besteht eine mittelbare oder unmittelbare Kapitalbeteiligung der versicherten Personen, die eine Pflichtverletzung begangen haben bzw. von Angehörigen dieser versicherten Personen an dem Versicherungsnehmer bzw. einer vom Versicherungsschutz erfassten Tochtergesellschaft, so umfasst der Versicherungsschutz bei Ansprüchen des Versicherungsnehmers bzw. einer vom Versicherungsschutz erfassten Tochtergesellschaft nicht den Teil des Schadenersatzanspruchs, welcher der Quote dieser Kapitalbeteiligung entspricht. [2]Berücksichtigt wird die Quote der Kapitalbeteiligung im Zeitpunkt des Versicherungsfalles im Sinne von A-2 an der Gesellschaft, die Ansprüche geltend macht. [3]Sofern zum Zeitpunkt der Pflichtverletzung eine höhere Kapitalbeteiligung bestand, so wird ausschließlich diese berücksichtigt.

[4]Als Angehörige gelten Ehegatten, Lebenspartner im Sinne des Lebenspartnerschaftsgesetzes oder vergleichbare Partnerschaften nach dem Recht anderer Staaten, Eltern und Kinder,

https://doi.org/10.1515/9783110675511-007

Adoptiveltern und -kinder, Schwiegereltern und -kinder; Stiefeltern und -kinder, Großeltern und Enkel, Geschwister sowie Pflegeeltern und -kinder (Personen, die durch ein familienähnliches, auf längere Dauer angelegtes Verhältnis wie Eltern und Kinder miteinander verbunden sind).

A-6.4 Versicherungssumme, Höchstersatzleistung

[1]Für den Umfang der Leistung des Versicherers ist die vereinbarte Versicherungssumme der Höchstbetrag für jeden Versicherungsfall und für alle während einer Versicherungsperiode eingetretenen Versicherungsfälle zusammen. [2]Aufwendungen des Versicherers für Kosten der gerichtlichen und außergerichtlichen Abwehr der gegenüber einer versicherten Person von einem Dritten und/oder dem Versicherungsnehmer bzw. einer Tochtergesellschaft geltend gemachten Ansprüche (insbesondere Anwalts-, Sachverständigen-, Zeugen- und Gerichtskosten) werden auf die Versicherungssumme angerechnet.

A-6.5 Selbstbehalt

[1]In jedem Versicherungsfall tragen die in Anspruch genommenen versicherten Personen den im Versicherungsschein aufgeführten Betrag selbst (Selbstbehalt). [2]Im Falle von A-3 gilt statt des Selbstbehalts der versicherten Person der im Versicherungsschein aufgeführte Betrag für den Versicherungsnehmer.
[3]Soweit die versicherten Personen als Vorstandsmitglieder von Gesellschaften in Anspruch genommen werden, auf die das deutsche Aktiengesetz (AktG) Anwendung findet, gilt Folgendes:

- Sofern kein höherer Selbstbehalt vereinbart ist, tragen die versicherten Personen im Versicherungsfall einen Selbstbehalt von ... % des Schadens bis zur Höhe des ...-fachen der festen jährlichen Vergütung des Vorstandsmitglieds.
- Diese Selbstbehaltsregelung findet keine Anwendung auf Ansprüche wegen Pflichtverletzungen, die vor dem 5.8.2009 begangen worden sind oder solange und soweit die versicherte Gesellschaft gegenüber den Vorstandsmitgliedern aus einer vor dem 5.8.2009 geschlossenen Vereinbarung zur Gewährung einer D&O- Versicherung ohne Selbstbehalt verpflichtet ist.
- Auf Abwehrkosten findet dieser Selbstbehalt keine Anwendung.

A-6.6 Serienschaden

[1]Unabhängig von den einzelnen Versicherungsperioden gelten mehrere während der Wirksamkeit des Versicherungsvertrages geltend gemachte Ansprüche eines oder mehrerer Anspruchsteller

a) aufgrund einer Pflichtverletzung, welche durch eine oder mehrere versicherte Personen begangen wurde oder
b) aufgrund mehrerer Pflichtverletzungen, welche durch eine oder mehrere versicherte Personen begangen wurden, sofern diese Pflichtverletzungen demselben Sachverhalt zuzuordnen sind und miteinander in rechtlichem, wirtschaftlichem oder zeitlichem Zusammenhang stehen,

als ein Versicherungsfall.
[2]Dieser gilt unabhängig von dem tatsächlichen Zeitpunkt der Geltendmachung der einzelnen Haftpflichtansprüche als in dem Zeitpunkt eingetreten, in dem der erste Haftpflichtanspruch geltend gemacht wurde.

A-6.7 Anerkenntnis, Befriedigung, Vergleich

Falls die vom Versicherer verlangte Erledigung eines Haftpflichtanspruches durch Anerkenntnis, Befriedigung oder Vergleich an dem Verhalten des Versicherungsnehmers oder einer versicherten Person scheitert oder falls der Versicherer seinen vertragsgemäßen Anteil zur Befriedigung des Geschädigten zur Verfügung stellt, so hat der Versicherer für den von der Weigerung bzw. der Zurverfügungstellung an entstehenden Mehraufwand an Hauptsache, Zinsen und Kosten nicht aufzukommen.

Schrifttum

Albers Der Pflicht-Selbstbehalt im Rahmen der D&O Versicherung – Überlegungen zur Umsetzung in der Praxis, CCZ 2009, 222; *Annuß/Theusinger* Das VorstAG – Praktische Hinweise zum Umgang mit dem neuen Recht, BB 2009, 2434; *Armbrüster* Auswirkungen von Versicherungsschutz auf die Haftung, NJW 2009, 187; *ders.* Interessenkonflikte in der D&O-Versicherung, NJW 2016, 897; *ders.* Neues vom BGH zur D&O-Versicherung, NJW 2016, 2155; *ders.* Prozessuale Besonderheiten in der Haftpflichtversicherung, RuS 2010, 441; *ders.* Verteilung nicht ausreichender Versicherungssummen in D&O-Innenhaftungsfällen, VersR 2014, 1; *ders.* AGB-rechtliche Kontrolle von Serienschadenklauseln, RuS 2024, 293; *Armbrüster/Schilbach* Nichtigkeit von Versicherungsverträgen wegen Verbots- oder Sittenverstoßes, RuS 2016, 109; *Bonn* D&O-Versicherung und Eigenschadendeckung 2017; *Baumann* Aktienrechtliche Managerhaftung D&O-Versicherung und „angemessener Selbstbehalt", VersR 2006, 455; *Bayer/Scholz* Haftungsbegrenzung und D&O-Versicherung im Recht der aktienrechtlichen Organhaftung Grundsatzüberlegungen zum 70. DJT 2014, NZG 2014, 926; *Born/Ghassemi-Tabar/Gehle* Münchener Handbuch des Gesellschaftsrechts Band 7 Teil 3. Gesellschaftsrechtliche Streitigkeiten (Corporate Litigation), 6. Aufl. 2020; *Bosse* Das Gesetz zur Angemessenheit der Vorstandsvergütung (VorstAG – Überblick und Handlungsbedarf), BB 2009, 1650; *Bräuer* Das anwaltliche Mandat in D&O-Angelegenheiten – selten unkompliziert, AnwBl 2016, 258; *Car* Das Überschreiten der Deckungssumme in der Haftpflichtversicherung, Diss. Berlin 2016; *Conrad/Panetta* Neuerungen durch das Gesetz zur Angemessenheit der Vorstandsvergütungen NJOZ, 2009, 3199; *Cox/Fleishman* When There's Not Enough, With one policy for directors and officers, claimants may rush for coverage, LegalTimes Week of August 15 2005 VOL. XXVIII NO. 33; *Cyrus* Neue Entwicklungen in der D&O-Versicherung, NZG 2018, 7; *ders.* „Wenn der Rettungsschirm nicht aufgeht", Boardreport 4/2014, 14; *Dauner-Lieb/Tettinger* Vorstandshaftung D&O-Versicherung Selbstbehalt, ZIP 2009, 1555; *Deichl/Küppersbusch/Schneider* Kürzungs- und Verteilungsverfahren nach §§ 155 Abs. 1 und 156 Abs. 3 VVG in der Kfz-Haftpflichtversicherung, 1985; *Delbrück/Seemayer* Führungskräfte im Visier D&O im Versicherungskonzern – Lücken im Selbstbehalt?, VW 2010, 1512; *Drave* Unzureichende Versicherungssumme und Verteilungsverfahren – Scheinargumente in der Schadenregulierung, VP 9/2016, 32; *Drees/Koch/Nell* Aktuelle Probleme des Versicherungsvertrags-, Versicherungsaufsichts- und Vermittlerrechts Bd. 4, 2013; *Dreher* Die selbstbeteiligungslose D&O-Versicherung in der Aktiengesellschaft, AG 2008, 429; *Dreher/Görner* Der angemessene Selbstbehalt in der D&O-Versicherung, ZIP 2003, 2321; *Eley/Franken* Umstandsmeldungen – Grundtypen, vertragliche Ausgestaltungen und Klauseln ähnlicher Zielrichtung, RuS 2024, 405; *Fassbach* Activist Shareholder: Neue Figur auf dem D&O-Schachbrett, AR 2014, 144; *ders.* Deckungskonzepte für eine Aufsichtsrats-D&O-Versicherung, AR 2013, 26; *ders.* Die D&O-Verschaffungsklausel für Aufsichtsräte, AR 2013, 142; *ders.* Die D&O-Versicherung in der Aufsichtsratspraxis, BOARD 4/2014, 156; *Fassbach/Hülsberg* Die Versicherbarkeit von Prozessrisiken, NZI 2024, 65; *Fassbach/Rahlmeyer* Marshallplan für die D&O-Versicherung, VP 9/2015, 15; *Ferck* Der Selbstbehalt in der D&O-Versicherung für Organmitglieder von Aktiengesellschaften, Diss. Münster, 2007; *Fiedler* Der Pflichtselbstbehalt nach § 93 Abs. 2 Satz 3 AktG und seine Auswirkung auf Vorstandshaftung und die D&O Versicherung, MDR 2009, 1077; *ders.* Die Curanum-Entscheidung des OLG Frankfurt, PHi 2013, 94; *Fischinger* Kürzungsregelungen bei Haftungshöchstsummen – Eine kritische Analyse de lege lata und de lege ferenda, 2012; *Fleischer* Das Gesetz zur Angemessenheit der Vorstandsvergütung (VorstAG), NZG 2009, 801; *ders.* Satzungsmäßige Haftungshöchstgrenzen und andere Haftungsmilderungen für Aufsichtsratsmitglieder? AR 2014, 100; *Fortmann* Anmerkung zu OLG Köln, Urt. v. 6.9.2016 – 9 U 29/16, RuS 2017, 143; *ders.* Haftpflichtversicherung: Vorweggenommene Deckungsklage während des Haftpflichtprozesses, jurisPR-VersR 2019, Anm. 2; *ders.* Kritische Anmerkung zu OLG Düsseldorf, Beschluss vom 12.7.2017 – 1-4 U 61/17, RuS 2018, 193; *Franz* Der gesetzliche Selbstbehalt in der D&O-Versicherung nach dem VorstAG– Wie weit geht das Einschussloch in der Schutzweste der Manager?, DB 2009, 2764; *Gädtke* Das Verteilungsproblem in der D&O-Versicherung, VP 2016, 9; *ders.* Implizites Verbot der D&O-Selbstbehaltsversicherung?, VersR 2009, 1565; *Gädtke/Wax* Konzepte zur Versicherung des D&O-Selbstbehalts, AG 2010, 851; *Gisch/Roban/Ratka* Haftpflicht und D&O-Versicherung, 2017, Kostenanrechnung und Verteilung nicht ausreichender Versicherungssumme in der D&O-Versicherung, S. 55; *Gräfe* Die Serienschadenklausel in der Vermögensschaden-Haftpflichtversicherung, NJW 2003, 3673; *Greven* Die Bedeutung des VorstAG für die GmbH, BB 2009, 2154; *Groh* Das Einsichtsrecht des ausgeschiedenen, in Anspruch genommenen Vorstandsmitglieds: Umfang, Umsetzung und Verletzungsfolgen, ZIP 2021,

724; *Grooterhorst/Looman* Kostentragung des Versicherers bei (teilweiser) Erschöpfung der VersSumme in der D&O-Versicherung, RuS 2014, 157; *Haller* Organhaftung und Versicherung: die aktienrechtliche Verantwortlichkeit und ihre Versicherbarkeit unter besonderer Berücksichtigung der D&O-Versicherung, Diss. Zürich 2008; *Harzenetter* Der Selbstbehalt in der D&O-Versicherung nach dem VorstAG und der Neufassung des Deutschen Corporate Governance Kodex (DCGK), DStR 2010, 653; *Held* D&O-Versicherung als Manager-Airbag?, Compliance-Berater 2014, 29; *Hendricks* D&O-Versicherung auf eigene Rechnung, AR 2015, 50; *ders.* Neues von der D&O-Versicherungsfront, AR 2007, 98; *Herdter* Sinn und Unsinn von Prozessführung und Streitbeitritt durch den D&O-Versicherer, VP 2014, 46; *Hohenstatt* Das Gesetz zur Angemessenheit der Vorstandsvergütung, ZIP 2009, 1349; *Höhne* Die D&O-Versicherung des Aufsichtsrats, Diss. Berlin u.a. 2020; *Jahn* Das VorstAG: Neue Vorschriften gegen „unangemessene" Managerbezüge, GWR 2009, 135; *Janz/Gaul* Das neue VorstAG – Veränderte Vorgaben auch für die Geschäftsführer und den Aufsichtsrat der GmbH, GmbHR 2009, 959; *Kerst* D&O-Selbstbehalt: Klare Antworten auf bohrende Fragen, VW 2010, 102; *ders.* Haftungsmanagement durch die D&O-Versicherung nach Einführung des aktienrechtlichen Selbstbehaltes in § 93 Abs. 2 Satz 3 AktG, WM 2010, 594; *Kiethe* Persönliche Haftung von Organen der AG und der GmbH – Risikovermeidung durch D&O-Versicherung? BB 2003, 537; *Kling* Die Angemessenheit der Vorstandsvergütung gemäß § 87 AktG n.F., DZWIR 2010, 221; *Klotz* „Eigenschadenklauseln" in der D&O-Versicherung, RuS 2020, 425; *Knöfel* D&O-Exzedentendeckungen, VersR 2018, 513; *ders.* Strukturprobleme der D&O-Exzedentenversicherung, ZIP 2018, 1814; *Köberich/Heilmann* „Irrlichter" in der deutschen D&O-Versicherungslandschaft, VP 2016, 12; *Koch, Rebecca Julia* Der Selbstbehalt nach § 93 Abs. 2 Satz 3 AktG in der D&O-Versicherung, in: Looschelders/Lothar, Düsseldorfer Vorträge zum Versicherungsrecht 2009, *Beratungspflichten für Versicherungsvermittler – D&O-Versicherung – Lauterkeitsrecht – Solvency II 2010, 97; Koch, Robert* Einführung eines obligatorischen Selbstbehalts in der D&O-Versicherung durch das VorstAG, AG 2009, 637; *ders.* Das Dreiecksverhältnis zwischen Versicherer, Versicherungsnehmer und versicherten Personen in Innenhaftungsfällen der D&O-Versicherung, ZVersWiss 2012, 151; *ders.* Schiedsgerichtsvereinbarungen und Haftpflichtversicherungsschutz, SchiedsVZ 2007, 281; *Kremer/Bachmann/Lutter/v. Werder* Deutscher Corporate Governance Kodex 7. Aufl. 2018; *Krieger/Lutter/Schmidt* Festschrift für Michael Hoffmann-Becking zum 70. Geburtstag, (zit. *Hemeling* FS Hoffmann-Becking (2013); *Küpper-Dirks* Managerhaftung und D&O-Versicherung, Diss. Frankfurt am Main 2001; *Lange* Der Versicherungsfall der D&O-Versicherung, RuS 2006, 177; *ders.* Die D&O-Selbstbehalt-Versicherung, RuS 2010, 92; *ders.* Die Eigenschadenklausel in der D&O-Versicherung, ZIP 2003, 466; *ders.* Die Selbstbehaltsvereinbarungspflicht gem. § 93 Abs. 2 S. 3 AktG, VersR 2009, 1011; *ders.* Die Serienschadenklausel in der D&O-Versicherung, VersR 2004, 563; *ders.* Die verbrauchte Versicherungssumme in der D&O-Versicherung, VersR 2014, 1413; *ders.* Strafrechtsschutz aus einer Haftpflichtversicherung, speziell aus einer D&O-Versicherung – Keine gmaade Wiesn, Teil 1, RuS 2024, 439; *ders.* Strafrechtsschutz aus einer Haftpflichtversicherung, speziell aus einer D&O-Versicherung – Keine gmaade Wiesn, Teil 2, RuS 2024, 485; *Langenick* Probleme des Verteilungsverfahrens, insbesondere das in § 118 Abs. 1 VVG verborgene Super-Befriedigungsvorrecht, RuS Beil. 2011, 70; *Lattwein/Dettler* Industrieversicherung, D&O: Das Selbstbehalts-Modell des GDV, VW 2010, 1352; *Lederer* Die Haftung von Aufsichtsratsmitgliedern und nicht geschäftsführenden Direktoren, Diss. Berlin 2011; *Lingemann* Angemessenheit der Vorstandsvergütung – Das VorstAG ist in Kraft, BB 2009, 1918; *Lorenz, E.* Muss die von dem Vorstand einer Aktiengesellschaft abgeschlossene D&O-Versicherung einen Selbstbehalt für die versicherten Unternehmensleiter vorsehen?, in: FS J. Prölss 2009, 177; *Melot de Beauregard/Gleich* Aktuelle Problemfelder bei der D&O-Versicherung, NJW 2013, 824; *Melot de Beauregard/Lieder/Liersch* Managerhaftung, 1. Aufl. 2022; *Mesch* Der Selbstbehalt für Versicherungen von Vorstandsmitgliedern gemäß § 93 II 3 AktG, Diss. Münster 2014; *Messmer* Corporate Governance und D&O-Versicherung – Eine Momentaufnahme zur „Angemessenheit" eines Selbstbehalts, VW 2002, 1384; *ders.* Quo vadis VorstAG? ZfV 2009, 737; *Olbrich* Die D&O-Versicherung, 2. Aufl. 2007; *Olbrich/Kassing* Der Selbstbehalt in der D&O Versicherung: Gesetzliche Neuregelung lässt viele Fragen offen, BB 2009, 1659; *Palmberger/Honisch* D&O-Versicherung, obligatorischer Selbstbehalt nach VorstAG – Fragen und Antworten, VP 2009, 233; *Pammler* Dies gesellschaftsfinanzierte D&O-Versicherung im Spannungsfeld des Aktienrechts, Diss. Saarbrücken 2006; *Patzina/Bank/Simon-Widmann* Haftung von Unternehmensorganen, 2. Aufl. 2023; *Peltzer* Die deutsche D&O-Versicherung und ihr (noch operabler) Geburtsfehler, FS H.P. Westermann, 2008; *ders.* Konstruktions- und Handhabungsschwierigkeiten bei der D&O-Versicherung, NZG 2009, 970; *Peppersack* Das Kürzungs- und Verteilungsverfahren in der D&O-Versicherung-Auswirkungen unzureichender Deckungssummen und deren Lösungsmöglichkeiten, Diss. Berlin; *ders.* Die Problematik unzureichender Versicherungssummen in der D&O-Versicherung – Modelle und Lösungsansätze, RuS 2018, 117; *Pregler* Der Selbstbehalt des Vorstands im Spannungsfeld des Aktien- und Versicherungsrechts, Diss. Augsburg 2012; *Reichert/Suchy* Die Two-Tier Trigger Policy – Marketinginstrument oder zukunftsweisendes D&O-Versicherungskonzept? NZG 2017, 88; *Säcker* Streitfragen zur D&O Versicherung, VersR 2005, 10; *Schilling* Interessenskonflikte bei D&O-Versicherungen, VW 2014, 22; *Schiel* High Noon in der D&O-Versicherung: Pflicht-Selbstbehalt versichern – Aber wie?, AssCompact 2010, 42; *Schilling* D&O-Versicherung und Managerhaftung, 3. Aufl. 2013; *Scholz*, Die existenzvernichtende Haftung von Vorstandsmitgliedern in der Aktiengesellschaft: Eine Untersuchung der Notwendigkeit und Möglichkeiten einer Beschränkung der Vorstandshaftung im geltenden und künftigen Recht, Diss. Jena 2014; *Schultheiß* Das Verteilungsverfahren nach § 109 VVG in der Vermögensschadenhaftpflichtversicherung, VersR 2016, 497; *Schulz* Der zwingende D&O-Selbstbehalt von Vorständen nach dem VorstAG, ZfV 2009, 558; *ders.* Bericht aus Brüssel Zwangs-Selbstbehalt für Vorstände verfehlt Zweck, VW 2009, 1410; *ders.* Die D&O-Versicherung nach Inkrafttreten des VorstAG in: Aktuelle Entwicklungen im Versicherungskartellrecht, (Körber/Rauh (Hrsg.)) 2011; *Schulze-Schwienhorst/Koch* Die Versicherung der obligatorischen Selbstbeteiligung in der D&O-Versicherung, VW 2010, 424; *Segger/Neveling* Abstimmungs- und Rücksichtnahmepflichten der D&O-VR bei der Schadenregulierung, RuS 2023, 693; *Seyfarth* Vorstandsrecht, 1. Aufl. 2016; *Terno* Strukturen und Probleme der D&O-Versicherung, SpV 2014, 2; *ders.* Wirksamkeit von Kostenanrechnungsklauseln, RuS 2013, 577; *Spindler* Vorstandsgehälter auf dem Prüfstand – Das Gesetz zur Angemessenheit der Vorstandsvergütung (VorstAG), NJOZ 2009, 3282; *Thomas* Die Haftungsfreistellung von Organmitgliedern, 2010; *Thönissen* Interessenkonflikte in der Haftpflichtversicherung von Geschäftsleitern und Unternehmen – Zum Zusammentreffen von D&O- und E&O-Versicherung bei demselben Versicherer, VersR 2023, 553; *Thümmel* Persönliche Haftung von Managern und Aufsichtsräten, Haftungsrisiken bei Managementfehlern, Risikobegrenzung und D&O-Versicherung, 6. Aufl. 2024; *Thüsing* Das Gesetz zur Angemessenheit der Vorstandsvergütung, AG 2009, 517; *Thüsing/Traut* Angemessenheit Selbstbehalt bei D&O-Versicherungen, NZA 2010, 140; *van Kann* Zwingender Selbstbehalt bei der D&O-Versicherung – Gut gemeint, aber auch gut gemacht?, NZG 2009, 1010; *van Kann/Keiluweit*, Das neue Gesetz zur Angemessenheit der Vorstandsvergütung – Wichtige Reform oder viel Lärm um nichts?, DStR 2009, 1587; *Vetter* Aktienrechtliche Probleme der D&O-Versicherung, AG 2000, 453; *von Schenck* Handlungsbedarf bei der D&O-Versicherung, NZG 2015, 494; *Vorrath* D&O: Welche Risiken bergen Selbstbehaltsversicherungen, VW 2010, 1196; *Weiß* D&O-Versicherung und aktuelle Fragen, GmbHR 2014, 574; *Wendler* Gesetz zur Angemessenheit der Vorstandsvergütung (VorstAG) – Mindestselbstbehalt für Vorstände in der unternehmensfinanzierten D&O-Versicherung, ZfV 2009, 593; *Wendt* Zwangs-Selbstbehalt gilt nur für D&O-Policen, VW 2009, 1589; *Werber* Kostenanrechnungsklauseln in der D&O-Versicherung, VersR 2014, 1159; *Werner* D&O-Versicherung und Schiedsverfahren, VersR 2015, 1084; *ders.* Aktuelle Rechtsfragen der D&O-Versicherung, CB 2014, 388; *Westphalen, Graf von/Thüsing/Pamp* Vertragsrecht und AGB-Klauselwerke, 49 EL. März 2023; *Wilhelm/Becker* Unwirksamkeit der Anrechnung von Abwehrkosten auf die Versicherungssumme in D&O-Versicherungsverträgen? VP 2013, 27; *Wilhelm/Mayer* Abwehrkosten – Anrechnung auf die Versicherungssumme? Peritos Schadenpraxis 2014, 4; *Wirtz/Seyer* Trends in der D&O-Versicherung: Die Eigenschadendeckung, PHi 2017, 236; *Wollny* Die Directors' and Officers' Liability Insurance in den Vereinigten Staaten von Amerika (D&O-Versicherung) Diss. Münster 1993.

Übersicht

A. Allgemeines —— 1

I. Entstehungsgeschichte —— 2

II. Regelungsgegenstand —— 3

B. Inhalt der Klausel

I. A-6.1 Leistungen der Versicherung
1. Allgemeines —— 4
2. Umfang der Leistungspflicht (Abs. 1, 2) —— 5
   a) Prüfung Haftpflichtfrage —— 6
   b) Wahlrecht des Versicherers —— 8
   c) Abwehr unberechtigte Ansprüche —— 17
   d) Freistellung von berechtigten Ansprüchen —— 24
3. Fälligkeit der Versicherungsleistung (Abs. 3) —— 29
4. Kosten eines Strafverfahrens (Abs. 4) —— 30
5. Übersteigen der Versicherungssumme (Abs. 5) —— 32
6. Kostenallokation —— 35
7. Weitere Regelung zur Leistungspflicht —— 36
   a) Company reimbursement-Klausel —— 37
   b) Eigenschadenklauseln —— 38
   c) Leistungen vor Eintritt des Versicherungsfalls —— 39
   d) Erweiterung auf andere Ansprüche —— 40
   e) Weitergehende Kosten zugunsten der versicherten Personen —— 41
8. Abweichende Marktbedingungen
   a) Die Versicherungssumme übersteigende Ansprüche —— 42
   b) Kostenallokation —— 44
   c) Eigenschadendeckung —— 47
      aa) Voraussetzungen —— 49
      bb) Durchsetzung in der Praxis —— 51
      cc) Eintritt des Versicherungsfalls —— 53
      dd) Sonstige Thematiken —— 55
   d) Vorsorgliche Rechtsberatung —— 57
   e) Erweiterung auf andere Ansprüche
      aa) Bereicherungsrechtliche Ansprüche —— 61
      bb) Abwehr von Unterlassungs- und Auskunftsansprüchen —— 64
      cc) Abwehrkosten bei Personen- oder Sachschäden —— 66
   f) Erweiterung der Abwehrkosten
      aa) Kostenumfang —— 69
      bb) Kosten für Widerklagen —— 72

cc) Kosten einer negativen Feststellungsklage — 74
g) Weitergehende Kosten zugunsten der versicherten Person
aa) Sofortkosten — 76
bb) Forensische Dienstleistungen — 78
cc) Kosten für Geltendmachung dienstvertragliche Ansprüche — 80
dd) Abfindungszahlung — 83
ee) Gehaltsfortzahlung — 87
ff) Kosten im Zusammenhang mit Reputationsschäden — 95
h) Strafrechtsschutz-Ausschnittsdeckung — 100

II. A-6.2 Vollmacht des Versicherers — 105
1. Regulierungsvollmacht (Abs. 1)
a) Allgemeines — 106
b) Umfang der Vollmacht im Außenverhältnis — 110
c) Geschäftsführungsbefugnis des Versicherers im Innenverhältnis — 114
d) Haftung des Versicherers — 116
e) Anwaltswahl — 119
2. Prozessführungsbefugnis — 120
3. Verhältnis zwischen beauftragten Anwalt und Versicherer — 123
4. Abweichende Marktbedingungen — 126

III. A-6.3 Kapitalbeteiligung der versicherten Personen bzw. deren Angehöriger
1. Allgemeines
a) Regelungsgegenstand — 130
b) Sinn und Zweck der Regelung — 131
c) Wirksamkeit der Klausel — 132
2. Inhalt der Klausel — 135
a) Erfasste Kapitalbeteiligungen — 136
aa) Mittelbare Beteiligung — 138
bb) Treuhänderische Beteiligung — 139
cc) Beteiligung von Angehörigen — 143
dd) Quotale Kürzung des Versicherungsanspruchs — 145
3. Abweichende Marktbedingungen — 148

IV. A-6.4 Versicherungssumme, Höchstersatzleistung
1. Allgemeines
a) Entstehungsgeschichte — 149
b) Regelungsgegenstand — 155
2. Inhalt der Klausel
a) Versicherungssumme
aa) Bestimmung des adäquaten Betrags — 160
bb) Veränderbarkeit — 163
cc) Regelung der Musterbedingungen — 164
dd) Versicherungsperiode — 165
b) Aufwendungen des Versicherers
aa) Definition (Abwehr)-Kosten — 168
bb) Kostenpositionen im Einzelnen — 169
cc) Sonderfall „Schadenermittlungskosten — 175
dd) Zulässigkeit der Anrechnung von Abwehrkosten auf die Versicherungssumme
(1) Marktübliche Praxis — 176
(2) Rechtliche Zulässigkeit – Wirksamkeit der Kostenanrechnung — 179
c) ABG-rechtliche Überprüfung der Kostenanrechnung — 182
aa) Inhaltsprüfung nach § 307 Abs. 3 BGB — 183
bb) Inhaltskontrolle gemäß § 307 Abs. 2 BGB
(1) Leitbildfunktion des § 101 Abs. 2 VVG und Abweichung — 184
(2) Mögliche Unvereinbarkeit– Interessenabwägung — 185
(3) Kein Verstoß — 186
cc) Interessenslagen
(1) Interessensabwägung aus Perspektive des Versicherers
(a) Branchenüblichkeit — 188
(b) Prämienkalkulation — 189
(2) Interessenabwägung aus Perspektive der versicherten Personen — 192
(3) Interessenabwägung aus Perspektive der Versicherungsnehmerin — 193
dd) Transparenzerfordernis nach § 307 Abs. 1 BGB — 194
d) Verteilung der Versicherungssumme
aa) Versicherungssumme nicht ausreichend
(1) Kostentreiber — 198
(2) Lösungsansätze — 201
bb) Verteilungsverfahren — 204
cc) Verteilungsprinzipien — 205
(1) Das Proportionalitätsprinzip nach § 109 VVG analog — 206
(2) Das Prioritätsprinzip — 207
(3) Das Kopfprinzip — 209
(4) Das Beliebensprinzip — 210
(5) Bewertung — 211
3. Abweichende Marktbedingungen
a) Abweichender Wortlaut

aa) Hendricks & Partner Bedingungen HPDO 2020 © Stand 09.19 | Version AXAXL-Mid-Market-Cover — 214
bb) Hendricks & Partner Bedingungen HPDO 2020 © Stand 09.19 | Version Newline — 215
cc) VOV GmbH D&O Versicherungsbedingungen, Stand: 08/2019 — 216
dd) D&O-VERSICHERUNG VERSION TOKIO MARINE HCC/ FINLEX 2020 — 217
ee) Kommentar zum VVG, Klauselbeispiele von Ihlas, in: Langheid/Wandt, Münchener Kommentar zum VVG, 2. Auflage 2017, Band 3 320, Rn. 513 — 218
b) Unterschiede zur Musterbedingung
aa) Umfang — 219
bb) Wiederauffüllung — 221
cc) Maximierung der Versicherungssumme — 224
dd) Auflistung von Abwehrkosten — 225

V. A-6.5 Selbstbehalt
1. Allgemeines
a) Entstehungsgeschichte — 226
b) Regelungsgegenstand
aa) Regelungszweck — 237
bb) Rechtsnatur der Norm — 240
cc) Vertraglicher Ort der Regelung — 241
2. Inhalt der Klausel
a) Sachlicher Anwendungsbereich
aa) Innenhaftungsfälle — 242
(1) Ansicht für Innen- und Außenhaftung — 244
(2) Ansicht nur für reine Innenhaftung mit Abwägung zur Außenhaftung — 247
(3) Weite Regelung der Musterbedingungen — 248
bb) Deutsche Aktiengesellschaften und Auslandsbezug — 249
cc) Versicherungsarten
(1) D&O-Versicherung – Anderweitige Versicherungen — 250
(2) Keine Anwendung bei Individualversicherung — 255
b) Zeitlicher Anwendungsbereich — 256
c) Persönlicher Anwendungsbereich
aa) Versicherte Personen — 257
bb) Versicherungsnehmer — 259
cc) Vorstandsmitglieder — 260
d) Kostentragung (Selbstbehalt)
aa) Gesetzlicher Pflichtselbstbehalt — 262
bb) Schwellenwerte nach AktG — 264
cc) Häufigkeit — 266
dd) Gesamtschuldnerschaft
(1) Haftung als Gesamtschuldner — 267
(2) Verteilung des Selbstbehalts — 268
e) Selbstbehalt-Versicherung — 269
f) Anwendungsbereich – Besonderheiten auf gesellschaftsrechtlicher Ebene und betroffene Organmitglieder
aa) Gesellschaftsbezogener Anwendungsbereich — 273
bb) Vorstandsmitglieder- Abgrenzung zu anderen Personenmitgliedern
(1) Aufsichtsratsmitglieder — 275
(2) Anwendung im Rahmen der GmbH? — 276
(3) Anwendung im Rahmen von Konzerngesellschaften — 278
cc) Doppelmandate — 282
g) Einzelfragen bei der Selbstbehaltsanwendung — 283
aa) Mehrfache Anwendung des Selbstbehalts — 284
bb) Entfallen des Selbstbehaltes — 285
cc) Nebenamt/-mandat — 286
dd) Umgehungstatbestände — 288
h) Mögliche Nicht-Anwendbarkeit
aa) Pflichtverletzungen vor 5.8.2009 — 290
bb) Abwehrkosten — 292
3. Abweichende Marktbedingungen
a) Abweichender Wortlaut
aa) Hendricks & Partner Bedingungen HPDO 2020 © Stand 09.19 | Version AXAXL-Mid-Market-Cover — 296
bb) Hendricks & Partner Bedingungen HPDO 2020 © Stand 09.19 | Version Newline — 297
cc) D&O-VERSICHERUNG VERSION TOKIO MARINE HCC/ FINLEX 2020 — 298
dd) AVB-VOV 5.0 Allgemeine Bedingungen zur VOV D&O-Versicherung — 299
ee) Unterschiede zu Musterbedingungen — 300

VI. A-6.6 Serienschaden
1. Einleitung — 304
2. Auslegung von Serienschadenklauseln — 312
3. Wirksamkeit — 315
4. Konsequenzen aus dem Serienschaden – abhängig vom Zeitpunkt der ersten Inanspruchnahme — 327
5. Erstmalige Geltendmachung des Haftungsanspruchs während einer Nachmeldepflicht — 334

6. Behandlung von Serienschäden nach dem Ende einer etwaigen Nachmeldefrist — 337

VII. A-6.7 Anerkenntnis, Befriedigung, Vergleich
1. Allgemeines — 353
2. Inhalt der Klausel
   a) Scheitern der Erledigung durch Verhalten des Versicherungsnehmers oder der versicherten Person — 355
      aa) Regulierungsvollmacht des VR — 357
      bb) Widerstand des Versicherungsnehmers oder der versicherten Person — 364
   b) Abandonrecht — 369
   c) Rechtsfolge — 371
3. Abweichende Marktbedingungen — 373

A. Allgemeines

In Ziffer A-6 werden verschiedene Aspekte des sachlichen Leistungsumfangs der D&O-Versicherung geregelt. Unter anderem wird die Leistungspflicht des Versicherers hier konkretisiert und welche Begrenzungen hierfür bestehen. 1

I. Entstehungsgeschichte

Ziffer A-6 war früher im Wesentlichen in Ziffer 4 AVB-AVG 2017 geregelt. Durch die Umstellung der AVB-AVG 2017 auf die AVB D&O wurde diese neu strukturiert. Die inhaltlichen Änderungen waren allerdings gering. 2

II. Regelungsgegenstand

In Ziffer A-6.1 werden die Leistungen konkretisiert, die der Haftpflichtversicherer im Versicherungsfall zu erbringen hat. In Ziffer A-6.2 wird geregelt, welche Vollmachten des Versicherers bestehen, um die versicherten Personen in einem Schadenfall vertreten zu können. In den anschließenden Regelungen (Ziffern A-6.3 bis A-6.6) wird die Leistungspflicht des Versicherers dann in verschiedener Weise (z.B. durch die Vereinbarung einer Versicherungssumme oder eines Selbstbehalts) begrenzt. Ziffer A-6.7 regelt dann den sog. Abandon des Haftpflichtversicherers und die Situation, wenn ein Vergleich, ein Anerkenntnis oder eine Befriedigung des Geschädigten an der Weigerung der versicherten Person scheitern. 3

B. Inhalt der Klausel

I. A-6.1 Leistungen der Versicherung

1. Allgemeines

Die ersten drei Absätze von Ziffer A-6.1 entsprechen Ziffer A1-4.1 AVB BHV. Hierin sind die üblichen Leistungspflichten eines Haftpflichtversicherers geregelt. 4

2. Umfang der Leistungspflicht (Abs. 1, 2)

Abs. 1 von Ziffer A-6.1 entspricht im Wesentlichen § 100 VVG und konkretisiert diese Gesetzesvorschrift. Hieraus ergibt sich, dass der Versicherer die **Haftung** des Versicherten – bei einer D&O-Versicherung als Versicherung für fremde Rechnung: der versicherten Person – zu **prüfen**, diesen 5 von berechtigten Ansprüchen freizustellen (**Freistellungsanspruch**) und unberechtigte Ansprüche für ihn abzuwehren hat (sog. **Abwehrdeckung**).

6 **a) Prüfung Haftpflichtfrage.** Der Haftpflichtversicherer ist zunächst verpflichtet, die Haftpflichtfrage zu prüfen. Dies ist zwar in § 100 VVG nicht explizit geregelt. Eine solche Pflicht ergibt sich aber konkludent aus der Vorschrift und der Versicherer wird eine solche Prüfung bereits im eigenen Interesse vornehmen.[1] Zudem ist es in der D&O-Versicherung als Verpflichtung ausdrücklich in Ziffer A-6.1 Abs. 1 AVB D&O aufgeführt. Die Prüfung hat auf eigene Kosten des Versicherers zu erfolgen.[2] Hierbei ist er verpflichtet, sich ein hinreichend genaues Bild über die Umstände des Einzelfalls zu verschaffen und zu einer möglichst zuverlässigen Einschätzung zum Grund und zur Höhe des gegen die versicherten Personen geltend gemachten Anspruchs zu kommen.[3] Dem Versicherer ist allerdings ein (begrenzter) Beurteilungsspielraum einzuräumen, insbesondere in Situationen, in denen die Sach- und/oder Rechtslage uneindeutig ist.[4]

7 Es stellt sich die Frage, wie lange die Prüfung des Versicherers im Einzelfall dauern darf. Festzuhalten ist, dass dem Versicherer ein **angemessener Zeitraum** zur Verfügung steht.[5] Er darf insbesondere noch weitere Informationen, z.B. zu einem laufenden Strafverfahren, einholen und muss seine Entscheidung nicht allein auf die Angaben und Informationen der versicherten Personen stützen.[6] Am Ende des Prüfungszeitraums steht die Entscheidung, ob der Versicherer den versicherten Personen eine Abwehrdeckung gewährt oder er den Anspruch befriedigen möchte (siehe Rn. 8 ff.). Allein aus der Prüfung der Haftpflichtfrage kann aber nicht hergeleitet werden, dass der Versicherer seine Deckungspflicht anerkennt.[7] Die Angemessenheit der Prüfungsdauer richtet sich nach den Umständen des Einzelfalls. Zu berücksichtigen sind insbesondere der Umfang der Unterlagen, die Schwierigkeit der Einschätzung der Haftungsfrage und die benötigte Zeit für die Einholung eventuell noch zusätzlich erforderlicher Informationen und Unterlagen. Sollte eine Deckungsklage erhoben werden, bevor diese Frist abgelaufen ist, und der Versicherer seine Deckungspflicht anerkennen, hat die versicherte Person nach § 93 ZPO die Kosten des Gerichtsprozesses zu tragen.[8]

8 **b) Wahlrecht des Versicherers.** Nach herrschender Ansicht steht es im pflichtgemäßen Ermessen des Haftpflichtversicherers, ob er den versicherten Personen eine Abwehrdeckung gewährt oder er diese von dem geltend gemachten Schadenersatzanspruch freistellt.[9] Hierbei hat er allerdings im Rahmen des Rücksichtnahmegebots im Einzelfall gegebenenfalls auch die berechtigten Interessen der versicherten Person zu berücksichtigen.[10] In der Praxis der D&O-Versicherung steht die Gewährung von Abwehrdeckung im Vordergrund, was im Regelfall auch den Interessen der betroffenen versicherten Person entsprechen dürfte, wenn die Haftungslage unklar ist. Es ist allerdings nicht auszuschließen, dass es in bestimmten Situationen das Rücksichtnahmegebot gebietet, dass der Versicherer den geltend gemachten Anspruch befriedigt und der betroffenen versicherten Person einen langwierigen und belastendenden Haftungsprozess erspart. Dies dürfte dann

1 BGH 20.11.1980 VersR **1981** 180, 181; Späte/Schimikowski/*Harsdorf-Gebhardt* AHB Ziffer 5 Rn. 12.
2 Prölss/Martin/*Lücke* AHB Ziff. 5 Rn. 4.
3 BGH 20.11.1980 VersR **1981** 180, 181.
4 Bruck/Möller/*Koch* VVG § 100 Rn. 102; **a.A.** Prölss/Martin/*Lücke* AHB Ziff. 5 Rn. 4.
5 OLG Celle 23.12.2009 RuS **2010** 109, 111.
6 Bruck/Möller/*Koch* VVG § 100 Rn. 103.
7 BGH 9.3.1961 VersR **1961** 399; OLG Saarbrücken 20.12.2006 BeckRS **2008** 2348; Prölss/Martin/*Lücke* AHB Ziff. 5 Rn. 6.
8 OLG Bamberg 6.12.1988 RuS **1990** 86; OLG Nürnberg 30.1.1976 VersR **1976** 1052; Prölss/Martin/*Lücke* AHB Ziff. 5 Rn. 6.
9 BGH 26.3.2014 NJW **2014** 2038, 2039; BGH 20.11.1980 VersR **1981** 180; BGH 20.2.1956 NJW **1956** 826, 827; OLG Frankfurt 18.12.2002 VersR **2003** 588; Späte/Schimikowski/*Harsdorf-Gebhardt* AHB Ziffer 5 Rn. 5; **a.A.** Prölss/Martin/*Lücke* AHB Ziff. 5 Rn. 2; siehe hierzu auch Bruck/Möller/*Koch* VVG § 100 Rn. 85 ff.
10 BGH 20.11.1980 VersR **1981** 180.

der Fall sein, wenn bezüglich des geltend gemachten Haftungsanspruchs kaum Verteidigungsaussichten bestehen. Allerdings dürfte diese Situation in der Praxis recht selten sein, da die Haftung von Organmitgliedern häufig nicht einfach zu beurteilen sein wird.

Zudem hat der Versicherer den versicherten Personen **rechtzeitig und unmissverständlich** 9
mitzuteilen, ob er bedingungsgemäßen Deckungsschutz entweder in Form der Freistellung oder der Abwehrdeckung gewährt.[11] Bleibt er insoweit untätig oder verweigert der Versicherer den Deckungsschutz, so gibt er die Regulierung des Haftpflichtanspruchs aus seiner Hand und in die Hände der versicherten Person.[12] Er ist dann an die Regulierungsentscheidung der versicherten Person gebunden.[13] Soweit der Versicherer zunächst Abwehrdeckung gewährt und während des Haftpflichtprozesses die Deckung versagen möchte, so muss er dies der versicherten Person mitteilen und ihr die Möglichkeit geben, die Prozessführung selbstständig zu übernehmen.[14] Insbesondere für die versicherte Person nachteilige Handlungen darf der Versicherer in einer solchen Situation nicht mehr vornehmen.[15]

Soweit der Versicherer eine (vorläufige) Abwehrdeckung gewährt, ist es den versicherten 10
Personen nach ständiger Rechtsprechung des BGH nicht möglich, feststellen zu lassen, dass der Versicherer nach der aktuellen Sachlage auch zur Übernahme einer eventuell ausgeurteilten Entschädigungsleistung verpflichtet ist.[16] Nach dem BGH ist eine solche Klage erst nach rechtskräftigem Abschluss des Haftpflichtprozesses möglich.[17] Diese Rechtsprechung sollte überdacht werden. Es ist kein Grund ersichtlich, warum der Versicherer auf Grundlage der aktuellen Lage nicht verpflichtet sein soll, zu erklären, ob er deckungsrechtliche Einwände geltend macht. Dass auch eine vom BGH abweichende Ansicht möglich ist, zeigt insbesondere ein Blick nach Österreich. Dort bejaht der OGH in ständiger Rechtsprechung die Verpflichtung des Haftpflichtversicherers, auch schon vor rechtskräftigem Abschluss des Haftpflichtprozesses zu erklären, ob ein Freistellungsanspruch, soweit es zu einer Verurteilung des Versicherungsnehmers im Haftpflichtprozess kommt, – zumindest dem Grunde nach – besteht.[18]

Dem steht auch nicht die Begründung des BGH in der genannten Entscheidung entgegen. Der 11
BGH gewährt dem Versicherungsnehmer im Wesentlichen deswegen nicht die Möglichkeit auf Befriedigung einer bestimmten Haftpflichtforderung zu klagen, weil damit das Wahlrecht des Haftpflichtversicherers hinsichtlich der Frage, wie er seinen Deckungsanspruch erfüllt, unterlaufen würde.[19] Diese Gefahr besteht allerdings nicht für die Situation, dass der Versicherungsnehmer vom Versicherer eine Erklärung erhalten möchte, ob der Versicherer nach der aktuellen Situation Deckungsschutz auch im Falle einer Verurteilung im Haftpflichtprozess gewähren würde. Denn hier akzeptiert der Versicherungsnehmer das Wahlrecht des Versicherers und möchte lediglich wissen, ob er Vorkehrungen im Falle einer haftungsrechtlichen Verurteilung treffen muss.[20]

Die Gewährung eines solchen Anspruchs ist auch interessengerecht. Im Zeitpunkt der rechts- 12
kräftigen Verurteilung im Haftungsprozess hat die versicherte Person in der Regel nach der Rechtsprechung nur 14 Tage Zeit, die titulierte Forderung zu erfüllen.[21] Innerhalb dieser Frist ist es einer versicherten Person unmöglich, rechtskräftig feststellen zu lassen, ob eine Deckungsablehnung des Versicherers berechtigt ist. Im schlimmsten Fall führt somit eine unberechtigte Deckungsablehnung dazu, dass die versicherte Person Insolvenz anmelden muss, obwohl sie eigentlich einen

11 BGH 7.2.2007 RuS **2007** 191, 193 im Falle der nicht rechtzeitigen Zusage der Abwehrdeckung nach Klageerhebung durch den Geschädigten.

12 Späte/Schimikowski/*Harsdorf-Gebhardt* AHB Ziffer 5 Rn. 12.

13 BGH 7.2.2007 RuS **2007** 191, 194; Späte/Schimikowski/*Harsdorf-Gebhardt* AHB Ziffer 5 Rn. 12.

14 BGH 18.7.2001 RuS **2001** 499, 500.

15 BGH 18.7.2001 RuS **2001** 499, 500.

16 Vgl. BGH 7.2.2007 RuS **2007** 191, 193.

17 BGH 4.12.1980 NJW **1981** 870, 871; OLG Köln 6.9.2016 RuS **2017** 138. m. Anm. Fortmann.

18 OGH 21.3.2018 VersR **2019** 125, 128.

19 BGH 4.12.1980 NJW **1981** 870, 871.

20 In diese Richtung auch OGH 21.3.2018 VersR **2019** 125, 128.

21 Vgl. beispielsweise BGH 18.7.2003 NJW-RR **2003** 1581, 1582.

begründeten Anspruch gegen den Versicherer hätte. Ergab sich der Grund für die Deckungsablehnung aber nicht aus dem Haftpflichturteil, sondern war schon zuvor vom Versicherer zu erkennen, ist kein Grund ersichtlich, warum die versicherte Person dieser Gefahr ausgesetzt werden muss.[22]

13 Eine erteilte Deckungszusage hinsichtlich der Abwehrdeckung kann nur in Ausnahmefällen **widerrufen** werden, beispielsweise durch eine Leistungskondiktion gem. § 812 BGB.[23] Nach der Rechtsprechung stellt diese im Rahmen der Rechtsschutzversicherung ein **deklaratorisches Schuldanerkenntnis** dar, sodass der Versicherer mit allen Einwendungen und Einreden ausgeschlossen ist, die er bei Erteilung der Zusage kannte, für möglich gehalten hat oder mit denen er rechnete.[24] Für die Deckungszusage hinsichtlich der Abwehrdeckung in der D&O-Versicherung kann nichts anderes gelten, soweit diese uneingeschränkt erteilt wurde.[25] Hier wird man die Rechtsprechung zur Rechtsschutzversicherung entsprechend anwenden können. Soweit keine Einschränkung in die Deckungszusage aufgenommen wird, ist zu unterscheiden: Sind die Gründe, die zur späteren Deckungsversagung führen, schon im Zeitpunkt der Zusage dem Versicherer bekannt, kann sich der Versicherer in der Regel trotz eines Hinweises auf einen Ausschlusstatbestand nicht mehr später auf diese Tatsachen berufen.[26] Sollten die Gründe allerdings erst nach der Deckungszusage entstehen oder dem Versicherer bekannt werden, wird eine spätere Deckungsablehnung nicht durch die Deckungszusage gesperrt.

14 Dies bedeutet hingegen nicht, dass der D&O-Versicherer auch mit allen Einwendungen und Einreden hinsichtlich des **Freistellungsanspruchs** ausgeschlossen ist. Es gibt – zumindest nach der derzeitigen Rechtsprechung des BGH – nämlich in der Haftpflichtversicherung keinen Grundsatz, dass er eventuelle Deckungseinwände unverzüglich nach seiner Kenntnis von den entsprechenden Gründen geltend machen muss.[27]

15 Etwas anderes gilt – im Gegensatz zur aktuellen BGH-Rechtsprechung – in der Situation, in der die versicherte Person den Haftpflichtversicherer ausdrücklich auffordert, sich hinsichtlich der Frage zu erklären, ob zum aktuellen Zeitpunkt bereits Deckungseinwände in Bezug auf einen eventuell später entstehenden Freistellungsanspruch bestehen (siehe hierzu Rn. 10 ff.). Eine solche Auskunftspflicht des D&O-Versicherers ergibt sich aus einer vertraglichen Nebenpflicht. Diese ist aus § 1a Abs. 1 S. 1 VVG bzw. früher aus § 242 BGB herzuleiten.[28] Aus diesen Normen ergibt sich, dass der Versicherer bei der Schadenabwicklung (vgl. § 1a Abs. 1 S. 2 Nr. 4 VVG) auf die Interessen des Versicherungsnehmers Rücksicht zu nehmen hat. Bei einer Versicherung für fremde Rechnung – wie die D&O-Versicherung eine ist – gilt diese Verpflichtung bei der Schadenregulierung auch im Hinblick auf die versicherten Personen.[29] Selbst wenn man allerdings § 1a VVG in dieser Situation nicht für anwendbar halten würde, ergibt sie die entsprechende Nebenpflicht des Versicherers gegenüber den versicherten Personen aus § 242 BGB. Insoweit hat der Versicherer nach Aufforderungen den versicherten Personen mitzuteilen, ob nach der derzeitigen Sachlage eine Deckungsverweigerung für einen eventuellen späteren Freistellungsanspruch in Betracht kommt.

16 Erklärt der Versicherer daraufhin, dass keine Einwände bestehen, ist dies ebenfalls als **deklaratorisches Schuldanerkenntnis** aufzufassen. Diese Erklärung ist für die betroffene versicherte Person genauso wichtig wie eine Deckungszusage, da er auf ihrer Grundlage für den Fall der späteren Verurteilung im Haftpflichtprozess entweder Vorkehrungen trifft oder diese gerade im Vertrauen auf die Aussage des Versicherers unterlässt. Selbst wenn man kein deklaratorisches

22 *Fortmann* jurisPR-VersR **3/2019** Anm. 2; *Fortmann* RuS **2017** 143, 143 f.

23 Veith/Gräfe/Gebert/*Lange* § 21 S. 67.

24 OLG Braunschweig 4.3.2013 NJOZ **2014** 441 441; OLG Koblenz 16.2.2011 NJW-RR **2011** 761, 762.

25 Veith/Gräfe/Gebert/*Lange* § 21 S. 67.

26 OLG Braunschweig 4.3.2013 NJOZ **2014** 441.

27 BGH 16.5.2007 VersR **2007** 979.

28 Vgl. Prölss/Martin/*Armbrüster* VVG § 1a Rn. 1.

29 **A.A.** Prölss/Martin/*Armbrüster* VVG § 1a Rn. 3, der insgesamt die Anwendung von § 1a bei einer Versicherung für fremde Rechnung ablehnt.

Schuldanerkenntnis annehmen wollte, besteht eine Schadenersatzpflicht des Versicherers nach § 280 Abs. 1 BGB, wenn er der versicherten Person keine, eine unzureichende oder eine fehlerhafte Auskunft zum Bestehen möglicher deckungsrechtlicher Einwände hinsichtlich des späteren Freistellungsanspruchs erteilt. Diese Auskunft ist zudem gerichtlich überprüfbar bzw. dieser Auskunftsanspruch gerichtlich durchsetzbar (siehe Rn. 10 ff.).

c) Abwehr unberechtigte Ansprüche. Entscheidet sich der Versicherer für die Abwehr der geltend gemachten Ansprüche, ist er zur Tragung der Abwehrkosten und zur Führung eines eventuellen Haftpflichtprozesses verpflichtet.[30] Auch die Gewährung der Abwehrdeckung ist nicht als Anerkenntnis des D&O-Versicherers hinsichtlich der Freistellungsverpflichtung zu verstehen (zu dieser Frage bei der Prüfung der Haftpflichtigkeit siehe Rn. 7).[31] Bei der Abwehr der geltend gemachten Haftpflichtansprüche hat der D&O-Versicherer die Interessen der versicherten Personen in dem gleichen Umfang zu wahren, wie dies ein beauftragter Anwalt schulden würde.[32] Aus diesem Grund muss im Konfliktfall der Versicherer seine Interessen auch einmal hintanstellen.[33] 17

Der Anspruch auf Gewährung von Abwehrdeckung **entsteht** zu dem Zeitpunkt, in dem der Versicherungsfall eintritt. Dies bedeutet, dass die versicherten Personen erst dann eine Leistung vom D&O-Versicherer verlangen können, wenn sie haftungsrechtlich in Anspruch genommen worden sind.[34] Beratungskosten im Vorfeld eines Versicherungsfalls sind somit nicht vom Versicherungsschutz umfasst, soweit diese nicht gesondert in den Versicherungsbedingungen vereinbart werden.[35] Die Fälligkeit des Abwehranspruchs tritt sofort mit der Entstehung ein.[36] 18

Soweit keine abweichende Regelung vorhanden ist, richtet sich der Umfang bezüglich der vom Versicherer zu erstattenden Kosten nach § 101 Abs. 1 VVG (zu den Kosten eines Strafverfahrens siehe Rn. 30 f.). Teilweise sind allerdings Klauseln in den D&O-Versicherungsbedingungen vereinbart, die den Umfang der vom Versicherer zu tragenden Anwaltskosten konkret vorgeben (siehe Rn. 338 ff.). In einigen D&O-Versicherungen werden zudem die Abwehrkosten ausdrücklich auf die Situation von Widerklagen (siehe Rn. 341 f.) und von negativen Feststellungsklagen (siehe Rn. 343 f.) erweitert. 19

Die Abwehr von Haftungsansprüchen wird häufig im Rahmen eines sog. **Passivprozesses** erfolgen, in dem eine versicherte Person auf Schadenersatz in Anspruch genommen wird. Teilweise macht die versicherte Person aber selbst Ansprüche gegen den Versicherungsnehmer oder eine Tochtergesellschaft geltend (sog. **Aktivprozess**) und diese rechnen in diesem Prozess mit Schadenersatzansprüchen auf oder erheben eine Widerklage. 20

Erhebt der Versicherungsnehmer oder eine Tochtergesellschaft eine **Widerklage**, in der diese einen versicherten Anspruch gegen die versicherte Person geltend machen, sind von dem D&O-Versicherer nur die (Mehr-) Kosten zu erstatten, die durch die Widerklage verursacht werden. Bei einer Vergütung nach dem RVG sind diese dann die durch die Widerklage erhöhten Gerichts- und Rechtsanwaltskosten. Soweit allerdings eine Abrechnung auf Stundensatzbasis durch die mandatierten Rechtsanwälte vorgenommen wird, kann es Situationen geben, in dem eine Tätigkeit nicht ausschließlich der Klage oder der Widerklage zugeordnet werden kann. Beispielsweise sei hier daran zu denken, dass die versicherte Person sich gegen eine außerordentliche Kündigung wehrt, die Gesellschaft allerdings aus den Kündigungsgründen widerklagend einen Schadenersatzanspruch geltend macht. Hier werden die vermeintlich fehlerhaften Handlungen der versicherten 21

---

30 *Mitterlechner/Wax/Witsch* § 6 Rn. 6.

31 BGH 22.7.2009 VersR **2009** 1485; Veith/Gräfe/Gebert/*Lange* § 21 Rn. 73.

32 BGH 7.2.2007 RuS **2007** 191, 192 f.; Bruck/Möller/*Baumann* AVB-AVG 2011/2013 Ziff. 4 Rn. 7; Looschelders/Pohlmann/*Haehling von Lanzenauer/Kreienkamp* Anhang C: D&O Rn. 118; Höra/*Sieg* § 17 Rn. 150.

33 BGH 7.2.2007 RuS **2007** 191, 193.

34 Prölss/Martin/*Voit* AVB-D&O Rn. 2.

35 *Thümmel* Rn. 462.

36 Langheid/Rixecker/*Langheid* VVG § 106 Rn. 8.

Person sowohl Gegenstand der Klage als auch der Widerklage sein. Sollten somit bestimmte Kosten weder der Klage noch der Widerklage eindeutig zugeordnet werden können, ist davon auszugehen, dass die Kosten in beiden Bereichen anfallen und damit diese hälftig von der versicherten Person und vom Versicherer zu tragen sind.

22 Rechnet der Versicherungsnehmer oder eine Tochtergesellschaft gegen einen von der versicherten Person geltend gemachten Anspruch mit einem versicherten Anspruch auf, sind die folgenden Situationen zu unterscheiden: Zum einen kann die Aufrechnung den Streitwert erhöhen. Dies ist beispielsweise nach § 45 Abs. 3 GKG dann der Fall, wenn eine **Hilfsaufrechnung** erklärt wurde und über diese eine rechtskraftfähige Entscheidung ergeht. In dieser Situation gelten die Ausführungen zur Widerklage entsprechend (siehe Rn. 21). Fraglich ist, wie die Situation zu behandeln ist, in der der Anspruch der versicherten Person von dem Versicherungsnehmer bzw. der Tochtergesellschaften nicht in Abrede gestellt wird, aber sich diese mit einer sog. **Hauptaufrechnung** verteidigen, die den Streitwert nicht erhöht.[37] Hier streiten sich die Parteien ausschließlich über die Berechtigung der Aufrechnung mit dem versicherten Anspruch. Es ist daher interessengerecht, dass der D&O-Versicherer die vollständigen Kosten dieses Gerichtsprozesses zu tragen hat.[38]

23 Soweit ein Anwalt mit der Abwehr der Ansprüche beauftragt wird, steht dessen Wahl grundsätzlich dem D&O-Versicherer zu (siehe hierzu Rn. 119). Der Versicherer ist nur zur Abwehr solcher Ansprüche verpflichtet, für die entweder eine Abwehrdeckung ausdrücklich vereinbart ist oder die im Falle ihrer Begründetheit auch vom Versicherungsschutz mitumfasst wären.[39] Daher schuldet der D&O-Versicherer keine Abwehrdeckung, wenn sich im Rahmen der Anspruchsgeltendmachung ergibt, dass kein Versicherungsschutz besteht, beispielsweise weil ein Ausschlusstatbestand verwirklicht wurde. Im Ergebnis müsste dann die versicherte Person die Abwehrkosten vorstrecken und würde sie, falls das Anspruchshindernis für den Deckungsanspruch sich erledigt hat, diese dann vom Versicherer zu einem späteren Zeitpunkt erhalten.[40] Aus diesem Grund wird in einigen anspruchsausschließenden Klauseln, insbesondere beim Ausschlusstatbestand der wissentlichen Pflichtverletzung, geregelt, dass diese nur dann eingreifen, wenn deren Voraussetzungen rechtskräftig festgestellt worden sind. In diesem Fall hat der Versicherer somit zunächst eine Abwehrdeckung zu gewähren und kann nicht einwenden, dass hierfür nach diesen Klauseln kein Versicherungsschutz besteht. Wird dann zu einem späteren Zeitpunkt rechtskräftig festgestellt, dass die Voraussetzungen der vorgenannten Vorschriften vorliegen und damit ein Deckungsanspruch der versicherten Person entfällt, ist hierfür häufig eine Rückzahlungsverpflichtung bezüglich der Abwehrkosten vorgesehen.[41]

24 **d) Freistellung von berechtigten Ansprüchen.** Eine weitere Hauptverpflichtung aus dem D&O-Versicherungsvertrag ist die Pflicht des Versicherers, die versicherten Personen von berechtigten Schadenersatzansprüchen freizustellen. Hierbei handelt es sich somit in der Regel nicht um einen Zahlungsanspruch.[42] Lediglich wenn der Versicherungsnehmer bzw. – in der D&O-Versicherung – eine versicherte Person bereits den Geschädigten befriedigt hat, wandelt sich der Freistellungs- in einen Zahlungsanspruch gegen den Versicherer um.[43] Wann die geltend gemachten Haftpflichtansprüche berechtigt sind, regelt Ziffer A-6.1 Abs. 2 AVB D&O. Hierbei müssen zwei Voraussetzungen erfüllt werden:

25 Zum einen ist erforderlich, dass die versicherten Personen aufgrund Gesetzes, rechtskräftigen Urteils, Anerkenntnisses oder Vergleiches zu einer Entschädigung des **Anspruchstellers ver-**

---

37 BGH 24.11.1971 NJW **1972** 257, 258.
38 In diese Richtung wohl auch tendierend Seitz/Finkel/Klimke/*Finkel/Seitz* Ziff. 4 Rn. 9.
39 Prölss/Martin/*Voit* AVB-D&O Ziff. A-6.1 Rn. 1.
40 Prölss/Martin/*Voit* AVB-D&O Ziff. A-6.1 Rn. 1.
41 *Olbrich* S. 180 ff.
42 HK-VVG/*Schimikowski* VVG § 100 Rn. 2.
43 OLG Stuttgart 21.4.2010 RuS **2010** 284, 284; HK-VVG/*Schimikowski* VVG § 100 Rn. 2.

pflichtet sind. Die Freistellungsverpflichtung des Versicherers besteht somit nur in dem Umfang, in dem die versicherte Person aufgrund einer Gesetzesvorschrift (z.B. § 43 Abs. 2 GmbHG oder § 93 Abs. 2 AktG), eines Anerkenntnisses oder eines Vergleichs zur Leistung von Schadenersatz verpflichtet sind. Durch die ausdrückliche Nennung des rechtskräftigen Urteils wird klargestellt, dass für das Bestehen der Freistellungsverpflichtung nicht zwingend eine rechtskräftige gerichtliche Entscheidung erforderlich ist. Natürlich kann der D&O-Versicherer ohne eine solche zur Leistung verpflichtet sein. Hierbei ist zu beachten, dass das frühere Anerkenntnisverbot seit der VVG-Reform im Jahre 2008 nicht mehr gilt. Nach § 105 VVG sind nämlich nunmehr Vereinbarungen unwirksam, wonach der Versicherer im Falle eines Anerkenntnisses oder Befriedigung des Anspruchstellers leistungsfrei wird. Insoweit wird der D&O-Versicherer – anders als vor der VVG-Reform – nicht allein durch die Abgabe eines Anerkenntnisses durch die versicherte Person leistungsfrei.

Zum anderen muss der Versicherer auch an die vorgenannten Ereignisse **gebunden** sein. 26
Dies ist die notwendige Ergänzung des sog. Trennungsprinzips, wonach Haftung und Deckung in zwei separaten Prozessen festzustellen sind.[44] Wann eine solche Bindungswirkung bei Ansprüchen aus Gesetz und rechtskräftigen Urteilen eintritt, wird nicht explizit in den Versicherungsbedingungen geregelt. Soweit nach dem Gesetz ein Anspruch des Anspruchsstellers gegen eine versicherte Person besteht, ist der D&O-Versicherer hieran immer gebunden. Auch bei rechtskräftigen Urteilen besteht eine solche Bindungswirkung des Versicherers, auch wenn dies nicht unumstritten ist.[45] Dies bedeutet somit, dass der D&O-Versicherer an eine rechtskräftige Entscheidung im Haftungsprozess ohne Weiteres – insbesondere auch ohne seine Beteiligung – gebunden ist. Eine Bindungswirkung eines Haftpflichturteils, an deren Zustandekommen der Versicherer nicht mitgewirkt hat – muss somit nicht separat herbeigeführt werden. Es bleibt ihm aber unbenommen, eventuelle Obliegenheitsverletzungen diesbezüglich geltend zu machen.[46]

Der Umfang der Bindungswirkung an eine rechtskräftige Entscheidung im Haftpflichturteil ist 27
allerdings nicht unbeschränkt. Für die Deckungsbeurteilung ist diese Entscheidung nur insoweit relevant, wie eine sog. **Voraussetzungsidentität** besteht. Dies bedeutet, dass die Beteiligten nur an solche Umstände aus dem Haftungsurteil bei der Beurteilung der Deckung gebunden sind, die auch schon für die Verurteilung der versicherten Person im Haftpflichtprozess relevant waren.[47] Umstritten ist, ob auch ein **Schiedsspruch** in einem schiedsgerichtlichen Verfahren ein rechtskräftiges Urteil darstellen kann. Hierfür dürfte – auch ohne vertragliche Regelung – § 1055 ZPO sprechen, soweit diese Regelung auf den Schiedsspruch Anwendung findet.[48] Der Haftpflichtversicherer ist auch nach der Rechtsprechung des BGH an ein rechtskräftiges Versäumnisurteil bei der Deckungsbeurteilung gebunden. Da dieses Urteil allerdings keine Entscheidungsgründe aufweist, ist für diese auf die Klageschrift zurückzugreifen.[49]

Bei **Anerkenntnissen und Vergleichen** tritt hingegen die Bindungswirkung nach Ziffer A-6.1 28
Abs. 2 Satz 2 AVB D&O nur dann ein, wenn der Versicherer entweder diesen zugestimmt hat oder der geltend gemachte Anspruch auch ohne den Vergleich oder das Anerkenntnis bestanden hätte. Sollte der Versicherer einen Vergleich oder Anerkenntnis, der bzw. das durch die versicherte Person abgegeben worden ist, nicht zugestimmt haben, hat diese darzulegen und zu beweisen, dass der Anspruch in Höhe der abgegebenen Erklärung berechtigt war. Diese Frage ist dann

44 Siehe hierzu ausführlich Späte/Schimikowski/*Harsdorf-Gebhardt* AHB Ziffer 5 Rn. 66.

45 Späte/Schimikowski/*Harsdorf-Gebhardt* AHB Ziffer 5 Rn. 67 ff.; *Armbrüster* RuS **2010** 441, 446; **a.A.** Langheid/Rixecker/*Langheid* VVG § 100 Rn. 35; Seitz/Finkel/Klimke/*Finkel/Seitz* Ziff. 4 Rn. 20; unklar Prölss/Martin/*Lücke* VVG § 100 Rn. 59.

46 Späte/Schimikowski/*Harsdorf-Gebhardt* AHB Ziffer 5 Rn. 67.

47 St.Rspr. BGH 8.12.2010 VersR **2011** 203, 204; Späte/Schimikowski/*Harsdorf-Gebhardt* AHB Ziffer 5 Rn. 70.

48 Uneingeschränkt bejahend HK-VVG/*Schimikowski* AHB § 5 Rn. 3; *Koch* SchiedsVZ **2007** 281, 285 m.w.N.; dies ablehnend ohne ausdrückliche vertragliche Regelung Seitz/Finkel/Klimke/*Finkel/Seitz* Ziff. 4 Rn. 24.

49 BGH 19.3.2003 NJW-RR **2003** 1572, 1572 f.

konkludent im Rahmen des Deckungsanspruches zu prüfen.[50] Auch ohne Zustimmung des Versicherers ist dieser an Anerkenntnisse und Vergleiche aber gebunden, wenn er seine Deckungsverpflichtung nicht erfüllt hat und die betroffene versicherte Person nicht leichtfertig oder arglistig gehandelt hat.[51]

3. Fälligkeit der Versicherungsleistung (Abs. 3)

29 Die Fälligkeit des Freistellungsanspruchs ist in Ziffer A-6.1 Abs. 3 AVB D&O geregelt. Hiernach hat der Versicherer die betroffene versicherte Person innerhalb von zwei Wochen nach dem Zeitpunkt, in dem die Schadenersatzverpflichtung mit bindender Wirkung für diesen festgestellt worden ist, freizustellen. Diese Regelung entspricht § 106 S. 1 VVG. In den Versicherungsbedingungen ist hingegen nicht geregelt, wann der Versicherer seine Leistung an die versicherten Personen zu erbringen hat, wenn diese den Anspruchssteller bereits befriedigt haben. Hier ist auf § 106 S. 2 VVG zurückzugreifen. Insoweit hat der Versicherer seine Leistung innerhalb von zwei Wochen nach dem Zeitpunkt der Befriedigung zu erbringen. Dies gilt allerdings nur dann, wenn diesbezüglich eine Bindungswirkung für den Versicherer besteht. Insoweit besteht die Fälligkeit nur insoweit, wie die versicherte Person auch ohne die Befriedigung gesetzlich zur Zahlung verpflichtet gewesen wäre (siehe Rn. 28).

4. Kosten eines Strafverfahrens (Abs. 4)

30 In Ziffer A-6.1 Abs. 4 AVB D&O ist geregelt, dass der Versicherer die Kosten eines Strafverteidigers übernimmt, soweit gegen eine versicherte Person ein Strafverfahren eingeleitet wird und die Bestellung eines Verteidigers vom Versicherer gewünscht oder genehmigt wird. Dies gilt allerdings nur für Strafverfahren wegen solcher Pflichtverletzungen, die unter dem D&O-Versicherungsvertrag einen Deckungsanspruch auslösen könnten.

31 Der Versicherer übernimmt mindestens die Kosten des Strafverteidigers nach dem RVG. Gerade in Wirtschaftsstrafverfahren arbeiten die Strafverteidiger überwiegend auf Stundensatzbasis. In der AVB D&O wird daher geregelt, dass der Versicherer ggf. die mit ihm besonders vereinbarten höheren Kosten des Verteidigers übernimmt. Für Kosten hinsichtlich möglicher Straftaten der versicherten Personen bestehen in einigen D&O-Marktbedingungen noch weitergehende Regelung (siehe hierzu Rn. 369 ff.).

5. Übersteigen der Versicherungssumme (Abs. 5)

32 Die Vorschrift in Ziffer A-6.1 Abs. 5 AVB D&O weicht von der gesetzlichen Regelung in § 101 Abs. 2 S. 1 VVG ab, die nach § 112 VVG disponibel ist. Nach dieser Regelung kommt es nicht darauf an, ob die geltend gemachten Ansprüche begründet oder unbegründet sind. Der Versicherer erstattet vielmehr höchstens die Kosten nach dem Streitwert in Höhe der Versicherungssumme. Die Verwendung des Worts „Streitwert" spricht dafür, dass diese Begrenzung der Kostenerstattung allerdings nur im gerichtlichen Verfahren und nicht schon davor eingreift.[52] Übersteigen die geltend gemachten Ansprüche die Versicherungssumme, müssen die versicherten Personen die Kosten, die auf den die Versicherungssumme übersteigenden Teil entfallen, selbst tragen. Dies gilt auch

50 OLG Stuttgart 21.4.2010 RuS **2010** 284, 286; HK-VVG/*Schimikowski* VVG § 105 Rn. 5; Prölss/Martin/*Lücke* VVG § 105 Rn. 7.

51 HK-VVG/*Schimikowski* AHB § 5 Rn. 3; Prölss/Martin/*Lücke* AHB Ziff. 5 Rn. 7; **a.A.** Seitz/Finkel/Klimke/*Finkel/Seitz* Ziff. 4 Rn. 16.

52 Bruck/Möller/*Baumann* AVB-AVG 2011/2013 Ziff. 4 Rn. 35.

dann, wenn sich hinterher herausstellt, dass nur Ansprüche in Höhe der Versicherungssumme oder niedriger gerechtfertigt sind. Im gerichtlichen Verfahren kann der versicherten Person aber für diese Kosten ggf. – ganz oder teilweise – ein Kostenerstattungsanspruch zustehen.

Problematisch ist diese Regelung, wenn – wie in der Praxis häufig bei hohen Streitwerten üblich – eine Honorarvereinbarung auf Stundensatzbasis getroffen wird. Sind in diesem Fall auch die Ansprüche aus der Honorarvereinbarung auf die RVG-Vergütung in Höhe des Streitwerts der Versicherungssumme begrenzt? Für eine solche Auslegung besteht kein Ansatzpunkt. Vielmehr ist der Streitwert nur bei einer Berechnung auf RVG-Basis und nicht auf Stundensatz-Basis relevant, sodass sie auf letztere schon nach dem Wortlaut nicht anwendbar ist. Bei der Vereinbarung einer Stundensatzvergütung wird die durchschnittliche versicherte Person – nicht ohne ausdrückliche Regelung – auch nicht damit rechnen, dass der Versicherer nur einen Teil der angefallenen Stundensätze übernimmt. Soweit somit eine Honorarvereinbarung mit den Rechtsanwälten der betroffenen versicherten Person mit uneingeschränkter Zustimmung des D&O-Versicherers getroffen wurde, ist der Letztgenannte zur Tragung der vollständigen Rechtsanwaltsvergütung verpflichtet, ohne dass er sich auf Ziffer A-6.1 Abs. 5 AVB D&O berufen kann. 33

In der Praxis finden sich in den D&O-Versicherungsbedingungen häufig abweichende Regelungen. Nach diesen werden die Abwehrkosten überwiegend bis zur Ausschöpfung der Versicherungssumme vom Versicherer getragen (siehe hierzu Rn. 42 f.). Bei solchen Klauseln macht es dann auch keinen Unterschied, ob die Rechtsanwälte der versicherten Person auf RVG- oder auf Stundensatz-Basis abrechnen. 34

6. Kostenallokation

Keine Regelung findet sich in den AVB D&O zu der Situation, dass bei den versicherten Personen Kosten sowohl für versicherte als auch für unversicherte Sachverhalte anfallen oder die versicherte Person neben nicht versicherten Personen auf Erstattung des gleichen Schadens in Anspruch genommen wird. Aufgrund fehlender anderweitiger Regelungen erhält die versicherte Person in der ersten Situation nur diejenigen Kosten erstattet, die auf versicherte Sachverhalte entfallen. In der zweiten Situation erhält auch lediglich die versicherte Person eine Leistung und nicht auch die nicht versicherten Personen. Dies kann im Ergebnis allerdings dann dazu führen, dass durch eine schlechte Verteidigung der nicht versicherten Personen ggf. auch die Ansprüche gegen die versicherte Person als bestehend angesehen werden. In den überwiegenden D&O-Marktbedingungen wird diese Situation ebenfalls ausdrücklich geregelt (siehe Rn. 44 ff.). 35

7. Weitere Regelung zur Leistungspflicht

Die Leistungen in den AVB D&O sind relativ rudimentär geregelt. In D&O-Marktbedingungen finden sich darüber hinaus eine Vielzahl von weiteren Leistungen, die der Versicherer im Regelfall zugunsten der versicherten Personen, teilweise aber auch zugunsten des Versicherungsnehmers erbringt. An dieser Stelle soll auf einige dieser Leistungen kurz eingegangen werden. 36

a) Company reimbursement-Klausel. Bei der Company reimbursement-Klausel, die eine der wenigen Zusatzleistungen ist, die auch in den AVB D&O enthalten ist, erhält der Versicherungsnehmer einen Direktanspruch gegen den Versicherer, wenn Erstgenannter die versicherten Personen von einem versicherten Anspruch freistellt (zu den Details siehe die Ausführungen zu Ziffer A-3 Rn. 1 ff.). 37

38 **b) Eigenschadenklauseln.** In Ergänzung zur vorgenannten Company reimbursement-Klausel sind in einigen D&O-Versicherungen sog. Eigenschadenklauseln vorhanden. Diese gewähren dem Versicherungsnehmer in bestimmten Situationen, in denen eine Haftung der versicherten Personen ausscheidet, einen Direktanspruch gegen den Versicherer. Dies ist beispielsweise der Fall, wenn eine Haftung aufgrund § 31a BGB oder der Grundsätze der Arbeitnehmerhaftung nicht besteht (siehe zu den Details Rn. 47 ff.).

39 **c) Leistungen vor Eintritt des Versicherungsfalls.** In üblichen D&O-Versicherungen werden häufig auch Leistungen bereits vorgesehen, die vor dem Eintritt des Versicherungsfalls erbracht werden. Hier gewährt der Versicherer in bestimmten Situationen Beratungskosten zugunsten der versicherten Personen (sog. **vorsorgliche Rechtsberatungskosten**, siehe Rn. 325 ff.).

40 **d) Erweiterung auf andere Ansprüche.** Der Versicherungsschutz von marktüblichen D&O-Versicherungen beschränkt sich heute nicht nur auf die Gewährung von Leistungen im Zusammenhang mit haftungsrechtlichen Inanspruchnahmen. Sie sehen vielmehr auch dann Leistungen vor, wenn **bereicherungsrechtliche Ansprüche** (siehe Rn. 330 ff.), Ansprüche im Zusammenhang mit **Unterlassungs- und Auskunftsansprüchen** (siehe Rn. 333 f.) und **Ansprüche aus Sach- und Personenschäden** (siehe Rn. 335 ff.) gegen die versicherten Personen geltend gemacht werden.

41 **e) Weitergehende Kosten zugunsten der versicherten Personen.** In Situationen, in denen Sofortmaßnahmen zu ergreifen sind, ohne dass der Versicherer hierüber im Vorfeld kontaktiert werden kann, übernimmt der Versicherer sog. **Sofortkosten** (siehe Rn. 76 f.). Auch unterstützt der Versicherer die versicherten Personen bei der Erforschung des Sachverhalts, u.a. durch Übernahme von sog. **Forensikkosten** (siehe Rn. 347 f.). In einigen Bedingungen am Markt werden noch weitergehende Kosten zugunsten von versicherten Personen in den Versicherungsschutz mit einbezogen. Beispielsweise sind hier die Kosten für die Geltendmachung von **Ansprüchen aus dem Anstellungsvertrag** (siehe Rn. 349 ff.), Übernahme von **Ansprüchen aus Aufhebungs- und Abfindungsverträgen** (siehe Rn. 352 ff.), die **Gehaltsfortzahlung** (siehe Rn. 356 ff.) und die **PR-Kosten** im Zusammenhang mit Reputationsschäden (siehe Rn. 364 ff.) zu nennen.

8. Abweichende Marktbedingungen

a) Die Versicherungssumme übersteigende Ansprüche

42 *„Selbst wenn der Streitwert eines Haftpflichtanspruchs die Versicherungssumme übersteigt, übernimmt der Versicherer die Abwehrkosten, ohne geltend zu machen, dass er nur zu einer anteiligen Übernahme verpflichtet sei. § ... (Versicherungssumme) bleibt unberührt."*

43 In Abweichung zu Ziffer A-6.1 Abs. 5 AVB D&O wird nach dieser Beispielklausel die Erstattung der Abwehrkosten nicht auf den Streitwert in Höhe der Versicherungssumme begrenzt. Vielmehr übernimmt der Versicherer diese in voller Höhe, gleichgültig, ob die geltend gemachten oder begründeten Ansprüche die Versicherungssumme übersteigen. Aufgrund der in den D&O-Versicherungen vereinbarten Klausel, dass die Kosten auf die Versicherungssumme angerechnet werden (Kostenanrechnungsklausel), erfolgt die Kostenerstattung allerdings lediglich im Rahmen der verfügbaren Versicherungssumme.

b) Kostenallokation

„Werden in einem Versicherungsfall Ansprüche gleichzeitig sowohl als auch 44

a) gegen versicherte und nicht versicherte Personen,

b) gegen versicherte Personen und die Versicherungsnehmerin oder ein Tochterunternehmen oder

c) aufgrund versicherter und nicht versicherter Sachverhalte

erhoben, besteht Versicherungsschutz für den Anteil der Abwehrkosten und des Vermögensschadens, der dem Haftungsanteil der versicherten Personen für versicherte Sachverhalte entspricht. Abweichend davon trägt der Versicherer in Fällen gemäß a) und b) die gesamten Abwehrkosten, solange die rechtlichen Interessen durch dieselbe Rechtsanwaltskanzlei vertreten werden."

Diese Beispielklausel regelt die Situationen, dass Ansprüche sowohl gegen versicherte und nicht 45 versicherte Personen, gegen versicherte Personen und den Versicherungsnehmer bzw. eine Tochtergesellschaft oder aufgrund versicherter und nicht versicherter Sachverhalte geltend gemacht werden. Nach der Vorschrift wird zunächst die ohnehin geltende Rechtslage klargestellt, dass die Pflicht zur Übernahme der Abwehrkosten nur für versicherte Sachverhalte und nur für die Haftungsanteile der versicherten Personen besteht (siehe Rn. 35). Insoweit schuldete der Versicherer weder Abwehrkosten, die nur Haftungsanteile von nicht versicherten Personen betreffen, noch für nicht versicherte Sachverhalte.

Vom diesem Grundsatz wird allerdings für die ersten Situationen (lit. a) und lit. b)) eine 46 Ausnahme gemacht. Hier übernimmt der Versicherer die vollständigen Abwehrkosten, gleichgültig, ob diese Kosten auch für die Abwehr von Ansprüchen gegen nicht versicherte Personen, Versicherungsnehmer oder Tochtergesellschaften aufgewandt werden. Es gibt allerdings zwei Einschränkungen: Zum einen müssen deren rechtliche Interesse durch dieselbe Rechtsanwaltskanzlei geltend gemacht werden. Dies ist insbesondere bei widerstreitenden Interessen der unterschiedlichen Personen nicht möglich (vgl. § 3 BORA). Zum anderen werden auch hier nur Kosten erstattet, die sich auf versicherte Sachverhalte erstrecken. Denn von lit. c) wird keine Ausnahme geregelt.

c) Eigenschadendeckung

„Der Versicherer bietet der Versicherungsnehmerin und Tochtergesellschaften Versicherungsschutz für Schäden aufgrund von Pflichtverletzungen, die begangen wurden durch 47

- *versicherte Personen,*
  - *sofern deren Haftung allein deswegen ausgeschlossen ist, weil die Versicherungsnehmerin oder Tochtergesellschaften sie vor Begehung der Pflichtverletzung von einer Haftung rechtswirksam befreit/freigestellt haben oder auf die Geltendmachung und/oder Durchsetzung von Ansprüchen rechtswirksam verzichtet wurde (z.B. im Anstellungsvertrag oder durch Satzung) und die Gesellschaft bei der jeweiligen Erklärung keine Kenntnis von tatsächlichen Haftungsfällen hatte oder*
  - *sofern deren Haftung aufgrund einer Entlastung nicht mehr besteht bzw. die Geltendmachung und/oder Durchsetzung von Ansprüchen gegen sie deshalb nicht mehr möglich ist oder*
  - *falls sie zugleich über einen Arbeitsvertrag bei einem anderen versicherten Unternehmen (Versicherungsnehmerin oder Tochtergesellschaft) verfügen und insoweit von dieser Haftungsfreistellung verlangen können oder*
  - *sofern für sie eine Haftungsfreistellung oder -begünstigung z.B. die des § 31a Abs. 1 BGB oder § 34 Abs. 2 S. 3 GenG sowie entsprechender ausländischer Rechtsvorschriften gilt;*
- *versicherte Personen, soweit sie aufgrund der Grundsätze über den innerbetrieblichen Schadenausgleich sowie entsprechender ausländischer Rechtsvorschriften von einer Haftung gegenüber der Versicherungsnehmerin oder Tochtergesellschaften freigestellt sind; hierbei gelten ein Selbstbehalt von ... EUR sowie ein Sublimit von ... der Deckungssumme, maximal ... EUR.*

48 In einigen D&O-Versicherungsbedingungen sind sog. Eigenschadenklauseln, wie die vorgenannte, enthalten. Bei diesen verlässt die D&O-Versicherung den Bereich der Haftpflichtversicherung, da weder eine umfassende Haftpflichtigkeit einer versicherten Person noch deren Inanspruchnahme erforderlich ist. Des Weiteren erhält nicht die versicherte Person einen Deckungsanspruch, sondern bei Eigenschadenklauseln steht dieser dem Versicherungsnehmer oder den Tochtergesellschaften zu. Insoweit handelt es sich um einen Direktanspruch.[53] Die Anwendung der entsprechenden Klauseln ist allerdings in der Praxis nicht immer einfach.[54]

49 **aa) Voraussetzungen.** Voraussetzung für das Eingreifen der Eigenschadendeckung ist, dass eine Haftung von versicherten Personen aus den dort abschließend genannten Gründen nicht besteht. In der Beispielklausel ist dies der Fall, wenn eine Haftung gegen die versicherte Person ausscheidet, weil die versicherte Person rechtswirksam von der Schadenersatzverpflichtung freigestellt/befreit wurde, auf die Geltendmachung oder Durchsetzung der Ansprüche verzichtet wurde, aufgrund einer erteilten Entlastung keine Ansprüche mehr bestehen, die versicherte Person zeitgleich von einer anderen versicherten Gesellschaft eine Haftungsfreistellung verlangen könnte oder eine Haftungsfreistellung oder -begünstigung nach § 31a Abs. 1 BGB, § 34 Abs. 2 S. 3 GenG oder einer vergleichbaren ausländischen Vorschrift besteht.[55] Eine gesonderte Regelung besteht für versicherte Personen, die nach den Grundsätzen über den innerbetrieblichen Schadenausgleich und vergleichbare ausländische Rechtsvorschriften nicht haften. Dies können in erster Linie nur solche versicherten Personen sein, die nicht Organmitglieder sind, wie z.B. leitende Angestellte.[56] Hier wird dem Versicherungsnehmer und den Tochterunternehmen auch ein Direktanspruch gegen den Versicherer eingeräumt. Allerdings gelten abweichende Versicherungssummen und Selbstbehalte.

50 Bei der Anwendung dieser Vorschriften stellt sich insbesondere die Frage, ob ansonsten die Voraussetzungen für eine **Haftung der versicherten Person** vorliegen müssen, damit ein Anspruch gegen den Versicherer besteht. Dies ist zu bejahen. Dies wird teilweise bereits durch die Verwendung der Worte „allein deswegen" deutlich. Hieraus ergibt sich, dass die Haftung nur aus den dann danach genannten Gründen ausscheiden darf, aber ansonsten alle weiteren Voraussetzungen für einen Haftungsanspruch gegen die versicherte Person vorliegen müssen. Aber auch für die anderen Tatbestandsvarianten gilt nicht etwas anderes. Aus der erkennbaren Systematik der Eigenschadenklausel wird einem durchschnittlichen Versicherungsnehmer deutlich, dass der Versicherer nur dann eine Deckung zusagen möchte, wenn aus einem der dort genannten Gründe eine Haftung ausscheidet bzw. er aus einem anderen Grund leisten müsste. Insoweit ist erkennbar, dass dann kein Deckungsanspruch besteht, wenn eine Haftung der betroffenen versicherten Person aus anderen Gründen ausscheidet.[57] Dies bedeutet insbesondere, dass der Versicherer auch im Rahmen der Eigenschadenklauseln einwenden kann, dass eine Haftung der versicherten Personen aus anderen Gründen (z.B. Verjährung, fehlendes Verschulden, fehlende Kausalität) entfällt und er damit nicht zu einer Leistung verpflichtet ist.

51 **bb) Durchsetzung in der Praxis.** Des Weiteren stellen sich auch praktische Probleme bei der Durchsetzung der Ansprüche aus der Eigenschadenklausel. Häufig wird das Eingreifen der Haftungsbeschränkungen nicht immer von vornherein eindeutig beurteilt werden können. Insoweit wird man daher in der Praxis häufig trotzdem einen Gerichtsprozess gegen die versicherten

---

53 So auch *Wirtz/Seyer* PHi **2017** 236, 238; *Klotz* RuS **2020** 425, 428; *Bonn* S. 34.

54 Siehe zu den hiermit verbundenen Problematiken *Bonn* S. 33 ff.

55 Hierzu auch *Bonn* S. 33 ff.

56 Siehe zu den Grundsätzen der Haftungsprivilegierung bei Arbeitnehmer inklusive leitenden Angestellten MHdB ArbR/*Reichold* § 57 Rn. 19 ff.

57 So auch *Klotz* RuS **2020** 425 (430).

Personen führen müssen. Das entsprechende Haftpflichturteil weist allerdings in der Regel nur eine Bindungswirkung zwischen Versicherer und versicherter Person auf, nicht hingegen gegenüber dem Versicherungsnehmer oder der Tochtergesellschaft als Anspruchsteller.[58] Eine Streitverkündung an den D&O-Versicherer durch diese ist auch problematisch, da der Versicherer aufgrund seiner Verpflichtungen gegenüber der versicherten Person nicht aufseiten der Anspruchsteller dem Prozess beitreten dürfte.[59] Dies bedeutet somit, dass das Haftungsgericht eine Klage gegen die versicherte Person wegen Eingreifens einer in der Eigenschadenklausel genannten Haftungsbegrenzung abweisen könnte, aber das Gericht, dass den deckungsrechtlichen Anspruch aus dieser Klausel zu prüfen hat, die Ansicht vertreten könnte, dass die Haftungsbegrenzung nicht vorliegen würde. Hier besteht somit die Gefahr von sich widersprechenden gerichtlichen Entscheidungen.

Dies könnte nur dadurch abgewandt werden, dass zunächst der Eigenschadenanspruch gegen 52
den Versicherer geltend gemacht und der versicherten Person hierbei der Streit verkündet wird. Im eventuell erforderlichen anschließenden Haftungsprozess – nämlich, wenn der Anspruch aus der Eigenschadenklausel verneint wird – würde dann jedenfalls bereits verbindlich feststehen, ob die entsprechende Haftungsbegrenzung eingreift. Allerdings kann der Haftungsanspruch dann noch aus anderen Gründen entfallen, da diese in der Regel im Deckungsprozess in dem abweisenden Urteil noch nicht geprüft wurden bzw. diese nicht entscheidungserheblich gewesen sind.

cc) Eintritt des Versicherungsfalls. Bei den Eigenschadenklauseln wird häufig nicht explizit 53
geregelt, wann der Versicherungsfall eintritt.[60] Insoweit stellt sich die Frage, wie dies zu bestimmen ist. Eine Inanspruchnahme einer versicherten Person kann jedenfalls keine zwingende Voraussetzung für die Auslösung des Versicherungsfalls sein, da nach dem versicherten Gegenstand gerade keine Haftung dieser besteht und es somit nicht zu einer Inanspruchnahme kommt.[61] Da für diese Situation keine Regelung für den Versicherungsfall vorhanden ist, ist der Versicherungsvertrag lückenhaft.[62] Insoweit ist durch eine ergänzende Vertragsauslegung zu bestimmen, wann dieser eintritt.[63]

Aus den herkömmlichen Regelungen zur D&O-Versicherung geht hervor, dass der Versiche- 54
rungsfall mit der Inanspruchnahme der versicherten Person eintritt. Insoweit spricht nichts dagegen, auch im Rahmen der Eigenschadendeckung den Versicherungsfall eintreten zu lassen, soweit es bezüglich des geltend gemachten Schadens zuvor zur Inanspruchnahme der betroffenen versicherten Person gekommen ist (beispielsweise, weil erst im Haftungsprozess endgültig geklärt wurde, dass eine Haftungsbeschränkung im Sinne der Eigenschadenklausel vorlag). Soweit allerdings keine solche Inanspruchnahme vorgenommen wurde und ausschließlich ein Anspruch aus der Eigenschadendeckung verfolgt wird, kann auf diesen Zeitpunkt nicht abgestellt werden. Aus den Grundbestimmungen der D&O-Versicherung ergibt sich allerdings, dass der Versicherungsfall immer in dem Zeitpunkt eintreten soll, wenn der Versicherungsnehmer bzw. eine Tochtergesellschaft ihre Ansprüche geltend machen. Dieser Grundsatz ist auch in Hinsicht auf die Eigenschadenklausel anzuwenden. Insoweit tritt der Versicherungsfall bei dieser dann ein, sofern keine Inanspruchnahme der versicherten Person zuvor erfolgt ist, wenn der Versicherungsnehmer oder das entsprechende Tochterunternehmen ihre Ansprüche gegen den Versicherer geltend machen. Diese Auslegung berücksichtigt bestmöglich die Interessen der Vertragsparteien und die allgemeinen Grundsätze der D&O-Versicherung.[64]

58 Späte/Schimikowski/*Harsdorf-Gebhardt* AHB Ziffer 5 Rn. 67.
59 OLG Karlsruhe 18.11.2016 RuS **2017** 223 (224); OLG München 5.2.2009 VersR **2009** 822, 823 f.
60 *Bonn* S. 39 ff.
61 *Klotz* RuS **2020** 425, 427.
62 So auch *Bonn* S. 41, der bei einer Vertragsauslegung zu keinem Ergebnis kommt; *Klotz* RuS **2020** 425 (427).
63 Zur ergänzenden Vertragsauslegung eines Versicherungsvertrages siehe BGH 12.10.2005 NJW **2005** 3559, 3563 ff.
64 So auch *Klotz* RuS **2020** 425, 427 f.; im Ergebnis ebenfalls so *Cyrus* NZG **2018** 7, 10.

55 **dd) Sonstige Thematiken.** Bei der Eigenschadenklausel ist zu klären, ob Obliegenheitsverletzungen von versicherten Personen dem Versicherungsnehmer bzw. der Tochtergesellschaft zugerechnet werden können. Dies wird teilweise abgelehnt.[65] Allerdings kann dieser pauschalen Ablehnung der Zurechnung nicht gefolgt werden. Bei juristischen Personen sind auch die gesetzlichen Vertreter zur Erfüllung der Obliegenheiten des Versicherungsnehmers bzw. der Tochtergesellschaft verpflichtet.[66] Sollte somit ein gesetzlicher Vertreter (insbesondere GmbH-Geschäftsführer oder Vorstände von Vereinen oder Aktiengesellschaften) Obliegenheiten, die der Versicherungsnehmer im Zusammenhang mit der Eigenschadenklausel zu erfüllen hat, verletzen, ist diese Verletzung dem Unternehmen zuzurechnen mit der Folge, dass der Versicherer ggf. seine Leistung nach § 28 VVG ganz oder teilweise verweigern kann. Dies gilt auch, wenn eine versicherte Person als Repräsentant des Versicherungsnehmers bzw. der Tochtergesellschaft anzusehen ist.

56 Des Weiteren ist die Darlegungs- und Beweislast bei der Geltendmachung von Ansprüchen aus der Eigenschadendeckung problematisch. Gilt hier die im Haftungsprozess geltende Beweislastumkehr (§ 93 Abs. 2 S. 2 AktG)? Dies ist zu verneinen, da der Versicherer nicht die weitergehende Kenntnis, die ein Organmitglied hat, besitzt.[67]

d) Vorsorgliche Rechtsberatung

57 *„Der Versicherungsschutz erstreckt sich auf die Übernahme von Kosten versicherter Personen hinsichtlich einer vorsorglichen Beratung und außergerichtlichen Vertretung zur Abwehr von Haftpflichtansprüchen im Sinne von Ziffer ..., wenn alternativ oder kumulativ*

1. *versicherten Personen eine Pflichtverletzung im Sinne von Ziffer ... vorgeworfen wird;*
2. *ein zivilrechtliches Verfahren auf Widerruf oder Unterlassung gegen eine versicherte Person eingeleitet wird;*
3. *gegen die Versicherungsnehmerin und Tochtergesellschaften ein Leistungs- oder Unterlassungsanspruch mit einem Streitwert in Höhe von mindestens ... EUR geltend gemacht wird; [...].*

Die Geltendmachung der Kostenübernahme nach Abs. 1 gilt als vorsorgliche Meldung von Sachverhalten gemäß Ziffer ....“

58 In vielen D&O-Versicherungsbedingungen ist eine Klausel vorhanden, nach der der Versicherer bereits vorsorglich Beratungskosten – und teils auch für die außergerichtliche Vertretung zur Abwehr von Haftpflichtansprüchen – zugunsten einer versicherten Person übernimmt. Voraussetzung hierfür ist, dass eine in der Klausel genannte Situation vorliegt. Ein Versicherungsfall muss hingegen noch nicht eingetreten sein. Ansonsten würden diese Kosten bereits nach den allgemeinen Vorschriften in den Versicherungsbedingungen erstattet. Insoweit wird der Versicherungsschutz hierbei auf den Zeitraum vor Eintritt des Versicherungsfalls in häufig abschließend aufgezählten Situationen ausgeweitet.

59 Der **Eintritt des Versicherungsfalls** richtet sich bei den Kosten der vorsorglichen Rechtsberatung nicht nach dem Claims-made Prinzip, da bisher noch keine Inanspruchnahme der versicherten Personen erfolgt ist. Vielmehr ergibt sich aus der Auslegung der entsprechenden Klauseln, dass die Kosten von den versicherten Personen sofort nach dem Eintritt der dort genannten Situationen geltend gemacht werden können. Versicherungsfall ist somit der Zeitpunkt, in dem mindestens eines der im Katalog aufgeführten Ereignisse eingetreten ist.

60 Teils findet sich dann auch eine Regelung bei den vorsorglichen Rechtsberatungskosten, dass deren Geltendmachung auch gleichzeitig eine **Umstandsmeldung** darstellt (siehe Ziff. A-5 Rn. 142 ff.). Dies bedeutet somit, dass in diesem Zeitpunkt die Versicherungskonditionen, die für eine mögliche spätere Inanspruchnahme gelten, festgelegt werden. Allerdings kommt es hier zu Abgrenzungsproblemen: Einige der in der Beispielklausel genannten Situationen setzen keine

65 *Klotz* RuS **2020** 425, 428 f.

66 Prölss/Martin/*Armbrüster* VVG § 28 Rn. 85.

67 *Bonn* S. 44 f.; *Klotz* RuS **2020** 425, 429 f.

Pflichtverletzung voraus und es ist unklar, ob überhaupt ein Schaden entsteht. Die Kosten der vorsorglichen Rechtsberatung sind beispielsweise schon dann zu leisten, wenn dem Versicherungsnehmer eine Zahlungsunfähigkeit im Sinne von § 18 InsO droht. Hier stellt sich die Frage, welche konkreten Sachverhalte von der vorgenannten Umstandsmeldung erfasst sind. Aus Sicht der durchschnittlichen versicherten Person werden das in der Regel alle Sachverhalte sein, die noch einen Zusammenhang mit dem eingetretenen Ereignis aufweisen. Insoweit gilt das nur dann nicht mehr, wenn überhaupt kein Zusammenhang zwischen diesem und der späteren Inanspruchnahme vorhanden ist. Die Formalien, die sonst ggf. bei einer Umstandsmeldung einzuhalten sind, gelten in dieser Situation nicht.

e) Erweiterung auf andere Ansprüche

aa) Bereicherungsrechtliche Ansprüche

„Als Schadenersatzansprüche gelten ebenfalls bereicherungsrechtliche Ansprüche und Herausgabeansprüche wegen einer Pflichtverletzung im Sinne von Ziffer .... Versicherungsschutz besteht insoweit ausschließlich im Hinblick auf Kosten zur gerichtlichen und außergerichtlichen Anspruchsabwehr. Diese Kosten sind dem Versicherer zu erstatten, sobald rechtskräftig oder in einem Vergleich festgestellt wird, dass die Ansprüche begründet sind.“ 61

Die Leistungspflicht des Versicherers wird häufig in D&O-Versicherungsbedingungen auch auf die Abwehr von bereicherungsrechtlichen Ansprüchen nach §§ 812 ff. BGB erweitert. Hierfür besteht allerdings nach der Beispielklausel oder entsprechenden Regelungen nur eine vorläufige Abwehrdeckung. Sollte rechtskräftig oder in einem Vergleich festgestellt werden, dass die Ansprüche begründet sind, hat die versicherte Personen die Abwehrkosten an den Versicherer zurückzuzahlen. Insoweit besteht hier auch kein Anspruch auf eine Entschädigungsleistung der versicherten Person. 62

Bei einer Feststellung, ob ein bereicherungsrechtlicher Anspruch Gegenstand eines Vergleichs ist, können teilweise Abgrenzungsproblematiken in der Praxis bestehen, wenn die Vereinbarung sowohl bereicherungsrechtliche als auch schadenersatzrechtliche Ansprüche betrifft. Nicht immer wird im entsprechenden Verleichstext genau aufgeschlüsselt, aus welchen Teilansprüchen sich eine Vergleichssumme zusammensetzt. Dies ist dann durch Auslegung der Vergleichsvereinbarung und ggf. der entsprechenden Korrespondenz zwischen den Parteien zu bestimmen. Insbesondere, wenn die Vergleichssumme die Höhe der geltend gemachten Schadenersatzansprüche übersteigt, ist davon auszugehen, dass der überschießende Teil auf die bereicherungsrechtlichen Ansprüche entfällt, soweit nicht noch weitere Ansprüche in Rede stehen. Der Versicherer ist darlegungs- und beweisbelastet dafür, dass ein Rückzahlungsanspruch besteht. Sollte somit nicht bestimmbar sein, ob die Vergleichssumme auch bereicherungsrechtliche Ansprüche betrifft, steht ihm kein entsprechender Anspruch zu. 63

bb) Abwehr von Unterlassungs- und Auskunftsansprüchen

„Wird gegenüber versicherten Personen im Zusammenhang mit einem Versicherungsfall im Sinne von Ziffer ... ein Unterlassungs- oder Auskunftsanspruch nach den Vorschriften des gewerblichen Rechtsschutzes, des Urheberrechts, des Kartellrechts, des Wettbewerbsrechts oder vergleichbaren ausländischen Rechtsvorschriften geltend gemacht, übernimmt der Versicherer die Kosten der Abwehr dieses Anspruchs.“ 64

In einigen D&O-Versicherungsbedingungen sind auch die Situationen versichert, dass Unterlassungs- oder Auskunftsansprüche gegen versicherte Personen geltend gemacht werden. In der Regel bestehen hier – wie in der Beispielklausel – aber die folgenden Einschränkungen: Die Unterlassungs- oder Auskunftsansprüche müssen im Zusammenhang mit einem Versicherungsfall geltend 65 gemacht werden. Eine isolierte Geltendmachung dieser Ansprüche, also ohne Auslösung eines Versicherungsfalls, ist nach dem Wortlaut der Beispielklausel nicht mitversichert. Des Weiteren werden nur Abwehrkosten bezüglich solcher Ansprüche versichert, die aus einem bestimmten Rechtsgebiet stammen (z.B. dem Urheber-, Kartell- oder Wettbewerbsrecht). In der Regel gilt zusätzlich für diese Kosten ein separates Sublimit.

cc) Abwehrkosten bei Personen- oder Sachschäden

66 *„Werden in einem Versicherungsfall auch Ansprüche auf Ersatz von Personen- oder Sachschäden geltend gemacht, besteht auch insoweit Versicherungsschutz für die gerichtliche und außergerichtliche Anspruchsabwehr."*

67 In einigen D&O-Versicherungsbedingungen ist die vorgenannte Beispielklausel oder eine ähnliche Regelung vorhanden. Sie erweitert den Deckungsschutz im Rahmen der Abwehrkosten auf Fälle, in denen gegen die versicherten Personen ein nicht versicherter Sach- oder Personenschaden geltend gemacht wird. Diese Regelung beschränkt sich aber allein auf die Gewährung von Abwehrdeckung. Eine Entschädigungsleistung erbringt der D&O-Versicherer hingegen nicht. Fast überwiegend werden diese Abwehrkosten aber nicht unbegrenzt, sondern lediglich im Rahmen eines Sublimits übernommen.

68 In Ergänzung zu der vorgenannten Beispielklausel ist in den überwiegenden D&O-Bedingungen in Deutschland auch der sog. **erweiterte Vermögensschaden** mitversichert. Unter dieser Klausel kann dann auch ein Vermögensschaden versichert sein, der aus einem Sach- oder Personenschaden resultiert. Sollte ein Deckungsschutz nach dieser Klausel bestehen, übernimmt der Versicherer nicht nur die Abwehrkosten, sondern auch den aus dem Sach- oder Personenschaden resultierenden Vermögensschaden. Für reine Sach- oder Personenschäden erbringt der D&O-Versicherer aber in keinem Fall eine Entschädigungsleistung.

f) Erweiterung der Abwehrkosten

aa) Kostenumfang

69 *„Der Versicherer übernimmt die Gebühren nach dem Rechtsanwaltsvergütungsgesetz (RVG), entsprechenden in- oder ausländischen Gebührenordnungen oder Kosten aufgrund von Honorarvereinbarungen, soweit die jeweilige Vergütung im Hinblick auf die Schwierigkeit und Bedeutung der Sache angemessen ist."*

70 Die Beispielklausel regelt, welche Anwaltskosten vom Versicherer im konkreten Einzelfall übernommen werden. Die Kosten nach dem RVG oder entsprechenden in- oder ausländischen Gebührenordnungen sind in jedem Fall vom D&O-Versicherer zu übernehmen. Dies gilt auch ohne ausdrückliche Klarstellung in den Bedingungen. Allerdings geht die Beispielklausel noch darüber hinaus. Auch die Kosten aus **Honorarvereinbarungen** werden vom Versicherer ersetzt, soweit dies im Hinblick auf die Schwierigkeit und die Bedeutung der Sache gerechtfertigt ist. Wann dies der Fall ist, wird in den Bedingungen nicht weiter spezifiziert und ist eine Frage des konkreten Einzelfalls. Generell lässt sich allerdings festhalten, dass gerade bei der haftungsrechtlichen Inanspruchnahme von Organen schwierige Tatsachen- und Rechtsfragen zu klären sind. Insoweit dürfte in vielen Fällen die vorgenannte Voraussetzung vorliegen, sodass der Versicherer zur Übernahme auch der Vergütung aus einer Honorarvereinbarung verpflichtet ist.

71 Auch wenn nach dieser Klausel grundsätzlich eine Pflicht des Versicherers bestehen kann, ein Honorar aus einer Vergütungsvereinbarung zu übernehmen, gilt dies nur insoweit, wie die versicherte Person ein solches überhaupt schuldet. Sollte somit keine wirksame Honorarvereinbarung zwischen der versicherten Person und dem Rechtsanwalt bestehen, ist ein die RVG-Vergütung übersteigendes Honorar auf die Höhe der RVG-Vergütung zu mindern. Zudem besteht auch nur

eine Vergütungspflicht des Versicherers in Höhe eines reduzierten Honorars, soweit die aus einer Honorarvereinbarung resultierende Vergütung unangemessen hoch i.S.v. § 3a Abs. 2 RVG ist.

bb) Kosten für Widerklagen

„Als Abwehrkosten gelten ferner, soweit die Inanspruchnahme weder durch den Versicherungsnehmer noch durch ein Tochterunternehmen erfolgt, die Kosten der Erhebung einer Widerklage durch eine versicherte Person, sofern sie im Versicherungsfall für die Verteidigung sachdienlich ist.“ 72

Teilweise werden vom D&O-Versicherer die Kosten für eine Widerklage übernommen. Nach der Beispielklausel ist dies dann der Fall, wenn eine Inanspruchnahme weder durch den Versicherungsnehmer oder eine Tochtergesellschaft erfolgt ist. Insoweit ist die Klausel nur anwendbar, wenn ein Haftungsanspruch im Außenverhältnis gegen die versicherte Person geltend gemacht wird. Zudem werden diese Kosten nur dann übernommen, wenn sie zur Verteidigung im Versicherungsfall sachdienlich sind. Eine Sachdienlichkeit liegt vor, wenn die Widerklage in irgendeiner Weise die Verteidigung der gegen die versicherte Person geltend gemachten Ansprüche unterstützen kann. Dies ist anhand der Umstände des Einzelfalls zu beurteilen. 73

cc) Kosten einer negativen Feststellungsklage

„Im Versicherungsfall übernimmt der Versicherer auch die Kosten einer negativen Feststellungsklage, soweit eine solche Klage unter Berücksichtigung der Interessen der versicherten Person einerseits und des Versicherers andererseits taktisch geboten erscheint.“ 74

Nach der Beispielklausel übernimmt der D&O-Versicherer die Kosten für die Erhebung einer negativen Feststellungsklage. Allerdings gilt dies nur dann, wenn eine solche Klage taktisch geboten erscheint. Hierbei sind sowohl die Interessen der versicherten Personen als auch des Versicherers zu berücksichtigen. In der Regel dürfte eine negative Feststellungsklage dann geboten sein, wenn nur ein Teilanspruch gegen die versicherte Person erhoben wird. Hingegen dürfte in der Regel diese nicht geboten erscheinen, soweit noch keine Inanspruchnahme der versicherten Person erfolgt ist. Häufig werden diese Kosten vom Versicherer allerdings nicht unbeschränkt übernommen, sondern nur im Rahmen eines gesondert vereinbarten Sublimits. 75

g) Weitergehende Kosten zugunsten der versicherten Person

aa) Sofortkosten

„Der Versicherer übernimmt die notwendigen Kosten für unverzügliche Sofortmaßnahmen, wenn in einem Versicherungsfall die vorherige Abstimmung mit dem Versicherer nicht möglich ist.“ 76

Nach der Beispielklausel werden Kosten für Maßnahmen erstattet, die nach Eintritt des Versicherungsfalls unverzüglich vorzunehmen sind. Allerdings sind diese nur dann zu erstatten, wenn eine vorherige Abstimmung mit dem Versicherer nicht möglich ist. Dies wird nur in **absoluten Ausnahmesituationen** der Fall sein. Die Voraussetzungen werden nur dann vorliegen, wenn die versicherte Person versucht hat, vorher die Zustimmung des Versicherers einzuholen. Zudem muss die Maßnahme unaufschiebbar sein. Sollte die Maßnahme hingegen ohne Nachteile auch noch zu einem späteren Zeitpunkt vorgenommen werden können, sind die Voraussetzungen der Klausel ebenfalls nicht erfüllt. In der Praxis dürfte daher der Anwendungsbereich der Klausel eher beschränkt sein, zumal hierdurch nicht die Regulierungsvollmacht und die Prozessführungs- 77 befugnis des Versicherers umgangen werden können. Sollten im Ausnahmefall die Voraussetzungen der Klausel einmal vorliegen, werden die Kosten in der Regel nur bis zu einem gesondert vereinbarten Sublimit übernommen.

bb) Forensische Dienstleistungen

78 *„Über die gemäß § ... (Abwehr drohender und erhobener Haftpflichtansprüche) zu erstattenden Kosten hinaus trägt der Versicherer die angemessenen Kosten eines forensischen Dienstleisters für die tatsächliche Sachverhaltsaufklärung, Beweisermittlung, Beweissicherung und Beweisbeibringung, soweit sie zur Erfüllung der Darlegungs- und Beweislast der in Anspruch genommenen versicherten Personen zur Abwehr des Haftpflichtanspruchs erforderlich sind. Für die Auswahl des forensischen Dienstleisters gilt § ... (Freie Anwaltswahl) entsprechend."*

79 Häufig hat das in Anspruch genommene Organmitglied das Problem, dass es nicht auf alle relevanten Unterlagen zugreifen kann. In der Regel ist es im Zeitpunkt der Inanspruchnahme nicht mehr für das Unternehmen tätig und hat daher keinen Zugang mehr zu diesen Unterlagen.[68] Nach der Beispielklausel umfassen die Abwehrkosten auch die Kosten für einen forensischen Dienstleister. Dieser soll die betroffene versicherte Person bei der Sachverhaltsaufklärung, Beweisermittlung, Beweissicherung und Beweisbeibringung unterstützen. Dies gilt allerdings nur für den Fall, dass dies für die Erfüllung der Darlegungs- und Beweislast erforderlich ist. Soweit somit die Darlegungs- und Beweislast bei dem Anspruchsteller liegt, besteht kein Anspruch auf Unterstützung durch einen forensischen Dienstleister, also auch nicht, um die vom Anspruchsteller vorgetragenen Tatsachen zu erschüttern. Die Kosten des forensischen Dienstleisters werden lediglich im Rahmen des gesondert vereinbarten Sublimits erstattet.

cc) Kosten für Geltendmachung dienstvertragliche Ansprüche

80 *„Der Versicherungsschutz erstreckt sich auf die Übernahme von Kosten aus der Geltendmachung von*

- *dienstvertraglichen Ansprüchen;*
- *hiermit in unmittelbarem Zusammenhang stehenden Ansprüchen wie Gehalts- und Pensionsrückstellungen (Gehaltsforderungen);*
- *Ansprüchen aus Aufhebungs- und Abfindungsverträgen,*

falls die Versicherungsnehmerin oder Tochtergesellschaften die Aufrechnung mit Haftpflichtansprüchen erklären oder ein Zurückbehaltungsrecht geltend machen."

81 In den letzten Jahren wurde in D&O-Versicherungsbedingungen auch Klauseln aufgenommen, die mit der vorgenannten Beispielklausel vergleichbar sind. Hiernach übernehmen die D&O-Versicherer die Kosten der versicherten Personen für die Geltendmachung dienstvertraglicher Ansprüche, hiermit im Zusammenhang stehende Ansprüche und Ansprüche aus Aufhebungs- und Abfindungsvereinbarungen. Es handelt sich hierbei um eine **Rechtsschutz-Komponente**. Vergleichbarer Versicherungsschutz besteht beispielsweise in Anstellungsvertrags-Rechtsschutzkomponenten von Top Manager-Rechtsschutzverträgen.

82 Allerdings besteht die Kostenübernahmepflicht nur insoweit, wie der Versicherungsnehmer oder eine Tochtergesellschaft mit Haftpflichtansprüchen die Aufrechnung erklärt hat oder ein Zurückbehaltungsrecht geltend macht. Nicht versichert sind somit die Situationen, in denen der Versicherungsnehmer oder das Tochterunternehmen die Ansprüche ohne nähere Begründung oder aus anderen Gründen nicht erfüllen. Für diese Zusatzleistung des D&O-Versicherers besteht häufig ein gesondert im Vertrag vereinbartes Sublimit.

---

68 Siehe zu dieser Situation beispielsweise *Groh* ZIP **2021** 724 ff.

dd) Abfindungszahlung

„Forderungen versicherter Personen aus Aufhebungs- und Abfindungsverträgen werden in der zum Zeitpunkt der Aufrechnung bzw. Geltendmachung von Zurückbehaltungsrechten (Ziffer ...) bestehenden Höhe übernommen. Soweit der versicherten Person insbesondere wegen Unwirksamkeit der Aufrechnung ein Ersatzanspruch gegen den Aufrechnenden zusteht, geht dieser Anspruch auf den Versicherer über, soweit der Versicherer die Abfindungsforderungen übernommen hat." **83**

In Ergänzung zu der Übernahme der Rechtsschutzkosten für die Geltendmachung von Ansprüchen aus Aufhebungs- und Abfindungsverträgen sehen einige D&O-Versicherungsbedingungen auch vor, dass die Forderungen aus diesen Vereinbarungen vom Versicherer übernommen werden. Voraussetzung hierfür ist, dass der Versicherungsnehmer bzw. die Tochtergesellschaft diesbezüglich ein Zurückbehaltungsrecht ausüben bzw. eine Aufrechnung erklären (siehe Rn. 82). Durch den Verweis auf die Regelung zur Geltendmachung von dienstvertraglichen Ansprüchen ist klargestellt, dass nur Haftpflichtforderungen Gegenstand der Aufrechnung bzw. des Zurückbehaltungsrechts sein können. **84**

Eine Pflicht zur Übernahme der Forderung besteht nur insoweit, wie diese Forderungen auch begründet sind. Insoweit müssen die Forderungen aus den Aufhebungs- und Abfindungsverträgen tatsächlich entstanden und auch nicht bereits untergegangen sein. Daher scheidet eine Ersatzpflicht insbesondere dann aus, wenn gegen die Voraussetzungen von § 93 Abs. 4 S. 3 AktG verstoßen wird. Sollte sich erst nach Erbringung der Versicherungsleistung durch den Versicherer herausstellen, dass die Forderung der versicherten Person nicht begründet war, hat diese nach bereicherungsrechtlichen Grundsätzen die erhaltenen Beträge zurückzuzahlen. Die Forderungen aus Aufhebungs- und Abfindungsverträgen werden vom Versicherer nur im Rahmen eines gesondert vereinbarten Sublimits vom Versicherer getragen. **85**

Soweit der Versicherer die entsprechenden Forderungen der versicherten Person übernommen hat, gehen eventuelle Ansprüche der Letztgenannten gegen den Versicherungsnehmer bzw. die Tochtergesellschaften auf den Versicherer über. Dies gilt insbesondere, wenn die Aufrechnung mit Haftpflichtansprüchen unwirksam ist. **86**

ee) Gehaltsfortzahlung

„Netto-Gehaltsforderungen versicherter Personen werden in der zum Zeitpunkt der Aufrechnung bzw. Geltendmachung von Zurückbehaltungsrechten (Ziffer ...) bestehenden Höhe und in künftig fällig werdender Höhe vom Versicherer fortlaufend übernommen. Sofern der versicherten Person insbesondere wegen Unwirksamkeit der Aufrechnung ein Ersatzanspruch gegen den Aufrechnenden zusteht, geht dieser Anspruch auf den Versicherer über, wenn der Versicherer die Gehaltsforderungen übernommen hat." **87**

Nach der Beispielklausel werden unter bestimmten Voraussetzungen auch die Netto-Gehaltsforderungen der versicherten Personen vom D&O-Versicherer übernommen. Hier stellt sich die Frage, ob dies mit der D&O-Versicherung als Haftpflichtversicherung noch im Einklang steht. Dies kann bezweifelt werden. Vielmehr stellt die D&O-Versicherung hier eine Art Ausfallversicherung zugunsten der versicherten Personen dar. **88**

Voraussetzung für die Übernahme der Netto-Gehaltsforderung ist, dass der Versicherungsnehmer bzw. die Tochtergesellschaft diesbezüglich ein Zurückbehaltungsrecht ausüben bzw. eine Aufrechnung erklärt (siehe Rn. 82). Durch den Verweis auf die Rechtsschutzdeckung ist klargestellt, dass nur Haftpflichtforderungen Gegenstand der Aufrechnung bzw. des Zurückbehaltungsrechts sein können. Die Leistung wird vom Versicherer dann fortlaufend erbracht. Dies bedeutet, dass sowohl vergangene, gegenwärtige als auch zukünftig nicht erfüllte Gehaltsansprüche, soweit die Nichterfüllung auf einer Aufrechnung bzw. der Geltendmachung eines Zurückbehaltungsrechts beruht, vom Versicherer getragen werden. **89**

90 In der Beispielklausel ist auch ausdrücklich klargestellt, dass die Gehaltsforderungen nur insoweit übernommen werden, wie sie tatsächlich bestehen. Sollte beispielsweise der Vergütungsanspruch wirksam durch eine Kündigung entfallen sein, scheidet eine Leistungspflicht des Versicherers nach der Beispielklausel aus. Sollte sich erst nach der Leistung durch den Versicherer herausstellen, dass der Vergütungsanspruch der versicherten Person tatsächlich nicht bestanden hat, ist Letztgenannte zur Zurückzahlung dieser Leistung nach bereicherungsrechtlichen Grundsätzen verpflichtet.

91 Für den **Umfang der Erstattungspflicht** des Versicherers ist entscheidend, welcher Begriff zur Bezeichnung des erstattungsfähigen Gehalts verwendet wird. Teilweise wird der Begriff Nettogehalt benutzt. Hierunter wird die durchschnittliche versicherte Person sämtliche Gehaltsbestandteile verstehen, also auch Tantiemen oder andere variable Vergütungsbestandteile. In anderen Bedingungen wird in diesem Kontext der Begriff Nettofestvergütung oder Netto-Grundgehalt verwendet. Hier ist klargestellt, dass variable Vergütungsbestandteile, insbesondere Tantiemen, nicht zur Leistungspflicht des Versicherers gehören. Beide vorgenannten Begriffen weisen allerdings die Gemeinsamkeit auf, dass auf das Nettogehalt abgestellt wird. Insbesondere Steuer- und Sozialversicherungsabzüge sind daher nicht vom D&O-Versicherer zu übernehmen. In anderen Bedingungen wird hingegen beispielsweise der Begriff Bruttomonatsfestgehalt verwendet. Hierbei ist somit das vereinbarte (Fest-) Gehalt ohne Berücksichtigung irgendwelcher Abzüge der Berechnung der Versicherungsleistung zugrunde zu legen.

92 Häufig steht für die Gehaltsfortzahlung durch den Versicherer aber nicht die gesamte Versicherungssumme zur Verfügung, sondern der Anspruch wird auf verschiedene Weisen **begrenzt**. Teilweise wird das Nettogehalt nur bis zu einer bestimmten Höhe vom Versicherer getragen, d.h. die einzelnen Zahlungen werden der Höhe nach begrenzt. Des Weiteren ist in den D&O-Bedingungen häufig vorgesehen, dass das Gehalt nur für einen bestimmten Zeitraum, z.B. 12 Monate, vom Versicherer getragen wird. Auch wenn es bei den einzelnen Formulierungen hier Unterschiede geben kann, wird man diese Regelung dahingehend aus Sicht der durchschnittlichen versicherten Person auslegen müssen, dass bei einem Versicherungsfall insgesamt nur das Gehalt für den festgelegten Zeitraum übernommen wird. Ob dieser Zeitraum hingegen zusammenhängt – was in der Praxis wohl überwiegend der Fall sein dürfte – oder ob dazwischen sich auch Phasen befinden, in denen das Gehalt wieder gezahlt wird, ist hingegen irrelevant.

93 Eine **weitere Begrenzung** der Versicherungsleistung wird in der Regel durch die Vereinbarung eines Sublimits vorgenommen. Dies gilt dann häufig für die Leistung an alle versicherten Personen innerhalb eines Versicherungsjahres. Mit anderen Worten: Der Versicherer leistet maximal diesen Höchstbetrag für die Erstattung der Gehaltsansprüche, gleichgültig wie viele versicherte Personen einen Anspruch in dem konkreten Jahr geltend machen und ob die sonstigen Beschränkungen schon erschöpft sind oder nicht. Hier stellt sich dann die Frage, wie eine nicht ausreichende Versicherungssumme unter den versicherten Personen verteilt wird. Da es sich bei der Erstattung der Gehaltsansprüche nicht mehr um die Absicherung einer Haftpflichtforderung, sondern einer Art Ausfallversicherung handelt, ist § 109 VVG nicht anwendbar. Insoweit müsste – streng genommen – das zeitliche Prioritätsprinzip gelten. Dies bedeutet, dass die zeitliche Entstehung des jeweiligen Anspruchs für die Verteilung der Versicherungssumme entscheidend ist. Dies könnte in der Praxis aber zu unbilligen Ergebnissen führen, weil einige versicherte Personen im Extremfall alle ihre Ansprüche, andere aber überhaupt keine Leistung erhalten. Insoweit sollte diese Situation explizit in den Bedingungen geregelt werden.

94 Soweit der Versicherer die entsprechenden Forderungen der versicherten Person übernommen hat, gehen eventuelle Ansprüche der versicherten Person gegen den Versicherungsnehmer bzw. die Tochtergesellschaften auf den Versicherer über. Dies gilt insbesondere, wenn die Aufrechnung mit Haftpflichtansprüchen unwirksam ist.

ff) Kosten im Zusammenhang mit Reputationsschäden

„Droht in einem Versicherungsfall ein das berufliche Ansehen einer versicherten Person beeinträchtigender Reputationsschaden, übernimmt der Versicherer die Kosten, die erforderlich sind, um den Reputationsschaden durch Beauftragung einer PR Agentur abzuwenden oder zu mindern. Versichert sind außerdem die Kosten, die dadurch entstehen, dass die Geltendmachung von Unterlassungs- oder Widerrufsansprüchen erforderlich ist.“ 95

In den D&O-Versicherungsbedingungen werden auch Kosten, die im Zusammenhang mit Reputationsschäden den versicherten Personen entstehen, übernommen. Nach der Beispielklausel ist Voraussetzung für die Übernahme dieser Kosten, dass ein das **berufliche Ansehen** einer versicherten Person drohender Reputationsschaden droht. Diese Voraussetzung ist in allen Managerhaftungsfällen verwirklicht, in denen die lokale oder überregionale Presse und/oder Internetmedien über die (angeblichen) Verfehlungen einer versicherten Person berichten. Ein Reputationsschaden kann auch dann vorliegen, wenn diese (angeblichen) Pflichtverletzungen nur in einem bestimmten Kreis, z.B. einer bestimmten Branche, verbreitet werden, ohne dass dies über die Presse oder Internetmedien erfolgt. Eine Erstattung von PR-Kosten scheidet hingegen regelmäßig aus, wenn die Vorwürfe nicht den Kreis der an dem Versicherungsfall beteiligten Personen und Unternehmen verlassen. 96

In anderen Bedingungen wird eine Rufschädigung infolge von Medienberichterstattung gefordert. Hier sind die Kosten also nur dann vom Versicherer zu übernehmen, wenn Presse- oder Internetmedien über den Versicherungsfall berichten. Zum Teil werden in den jeweiligen Bedingungen noch weitergehende Anforderungen gestellt, sodass beispielsweise die Berichterstattung über Pflichtverletzungen, welche einen unter den Versicherungsschutz fallenden Schadenersatzanspruch zur Folge haben, benötigt wird. Nach dieser Klausel müssten in der Berichterstattung auch schon konkrete Verfehlungen der versicherten Person genannt werden. 97

Übernommen werden vom Versicherer die Kosten für eine PR-Agentur, in anderen Bedingungen eines PR-Beraters. Allerdings werden diese nur insoweit übernommen, als sie zur Abwendung oder Verminderung des Reputationsschadens aufgewandt werden. Sollte die PR-Agentur noch weitere Leistungen erbringen, sind diese vom Versicherungsschutz nicht umfasst. Des Weiteren umfassen diese Kosten teilweise auch die Geltendmachung von Unterlassungs- oder Widerrufsansprüche. Hiermit muss die versicherte Person dann aber nicht die PR-Agentur beauftragen, sondern kann diese durch einen Rechtsanwalt geltend machen lassen. 98

Nicht erfasst ist hingegen die Erstattung eines eventuell eingetretenen Reputationsschadens. Dieser dürfte in der Praxis aber auch nur schwer zu berechnen sein. Für den Umfang der Erstattung der PR-Kosten durch den Versicherer besteht zudem häufig ein gesondert vereinbartes Sublimit, was die Leistungspflicht begrenzt. 99

h) Strafrechtsschutz-Ausschnittsdeckung

„Der Versicherer übernimmt Anwalts- und Verfahrenskosten, wenn gegen versicherte Personen wegen einer möglichen Pflichtverletzung, die einen unter die Versicherung fallenden Anspruch zur Folge haben könnte, 100

- *ein Ermittlungsverfahren nach den Vorschriften des Straf-, Ordnungswidrigkeiten-, Disziplinar-, Aufsichts- oder Standesrechts oder ein hiermit im Zusammenhang stehendes Verwaltungs- und Verwaltungsgerichtsverfahren eingeleitet wird;*
- *ein formeller Bescheid über ein Auslieferungsgesuch zugestellt, ein Haftbefehl infolge eines Auslieferungsgesuchs vollstreckt oder Auslieferungshaft angeordnet wird;*
- *Untersuchungshaft angeordnet wird;*
- *ein Privatklageverfahren einschließlich eines Sühneverfahrens eingeleitet wird oder*
- *versicherte Personen zur Zeugenaussage aufgefordert werden. Dies gilt auch, wenn versicherte Personen in einem Verfahren gegen Dritte zur Zeugenaussage aufgefordert werden.*

Der Versicherer ist zur Übernahme des Versicherungsschutzes verpflichtet, bis in einem Strafverfahren rechtskräftig eine Vorsatztat der versicherten Person festgestellt wurde. Bei Abschluss des Strafverfahrens durch einen Strafbe-

fehl bleibt der Versicherungsschutz auch bei rechtskräftiger Verurteilung wegen einer Vorsatztat bestehen. In diesem Fall besteht keine Rückerstattungspflicht."

101 Häufig wird in D&O-Versicherungsbedingungen ein weitgehender Strafrechtsschutz zugunsten der versicherten Personen als in Ziffer A-6.1 Abs. 4 AVB D&O vereinbart. Es werden dann bestimmte Elemente übernommen, die ansonsten in separaten Spezial-Strafrechtsschutz-Versicherungsprodukten vorhanden sind. So gewährt der Versicherer nach der Beispielklausel nicht nur Deckungsschutz bei Strafverfahren, sondern auch bei Ordnungswidrigkeiten-, Disziplinar-, Aufsichts- oder Standesrechtsverfahren. Insoweit wird der Versicherungsschutz ausgeweitet. Es bleibt allerdings weiter Voraussetzung, dass diese Verfahren Pflichtverletzungen zum Gegenstand haben, die einen unter die Versicherung fallenden Anspruch zur Folge haben können. Hierbei ist es auch ausreichend, wenn eine solche Pflichtverletzung nicht alleiniger Inhalt des entsprechenden Verfahrens ist und der versicherten Person daneben noch – nicht versicherte – Verfehlungen vorgeworfen werden.

102 Kostenschutz besteht auch dann, wenn aufgrund der vorgenannten Pflichtverletzung ein formelles Auslieferungsgesuch gestellt oder ein Haftbefehl oder eine Untersuchungshaft angeordnet wird. Des Weiteren besteht im Rahmen der Strafrechtsschutz-Ausschnittsdeckung auch dann Versicherungsschutz, wenn eine versicherte Person zur Zeugenaussage aufgefordert wird, gleichgültig, ob in einem „eigenen" Verfahren oder einem Verfahren gegen Dritte. Aber auch hier muss die Zeugenaussage mögliche versicherte Pflichtverletzungen betreffen.

103 Für die Leistungen im Rahmen der Strafrechtsschutz-Ausschnittsdeckung ist in der Regel ein gesondert vereinbartes Sublimit in den Bedingungen vorgesehen. Zudem wird geregelt, dass die Leistungspflicht des Versicherers nachträglich entfällt, wenn die versicherte Person rechtskräftig wegen einer Vorsatztat verurteilt wird. Bis zu diesem Zeitpunkt hat der D&O-Versicherer die (Strafverteidigungs-) Kosten vorzustrecken und kann sie dann nach der rechtskräftigen Verurteilung von der versicherten Person zurückfordern. In einigen Klauseln, wie auch in der Beispielklausel, ist dann auch vorgesehen, dass eine solche Erstattungspflicht dann nicht besteht, wenn das Verfahren durch einen Strafbefehl abgeschlossen wird. Eine vergleichbare Regelung findet sich häufig auch in separaten Spezial-Straf-Rechtsschutzdeckungen.

104 Bei der vorgenannten Deckung handelt es sich allerdings nur um eine Ausschnittsdeckung. Diese ersetzt nur teilweise eine gesonderte Spezial-Straf-Rechtsschutzdeckung für Top Manager. Wesentlicher Unterschied ist, dass bei dem gesonderten Produkt keine Pflichtverletzung, die einen Haftpflichtanspruch zur Folge haben kann, vorliegen muss. Dies bedeutet, dass beim separaten Produkt sämtliche Verfehlungen der Organe versichert sind. Zudem ist der Umfang der separaten Produkte noch ein wenig weiter, sodass beispielsweise auch Kosten bei Durchsuchungen und Beschlagnahmung vom Rechtsschutzversicherer übernommen werden.

II. A-6.2 Vollmacht des Versicherers

105 In Ziffer A-6.2 sind die im Schadenfall für den Versicherer wichtige **Regulierungsvollmacht** (Abs. 1) und die **Prozessführungsbefugnis** (Abs. 2) geregelt. Hierdurch ist der Versicherer in der Lage, den Haftungsprozess bestmöglich zu begleiten und zu steuern.

1. Regulierungsvollmacht (Abs. 1)

106 **a) Allgemeines.** Ziffer A-6.2 Abs. 1 AVB D&O bevollmächtigt den D&O-Versicherer, alle ihm zur Abwicklung des Schadens oder zur Abwehr der Schadenersatzansprüche zweckmäßig erscheinenden Erklärungen im Namen der versicherten Personen abzugeben. Hier wird somit eine rechtsgeschäftliche Vollmacht zugunsten des Haftpflichtversicherers geregelt. Auf sie sind die §§ 164 ff. BGB grundsätzlich anwendbar, soweit nicht eine Besonderheit des Haftpflichtversicherungsverhältnisses deren Anwendung entgegensteht.

Es stellt sich aber die Frage, ob durch diese Regelung überhaupt wirksam eine Vollmacht für alle versicherten Personen vereinbart werden kann.[69] Die Vereinbarung wird nicht von den versicherten Personen, sondern vom Versicherungsnehmer mit dem Versicherer getroffen. Es wird in der Regel an einer Bevollmächtigung des Versicherungsnehmers durch alle versicherten Personen fehlen.[70] Diese ist aber auch nicht erforderlich. Die Rechtsprechung zur Regulierungsvollmacht im Rahmen der AHB bezüglich Mitversicherten ist auf die D&O-Versicherung nicht übertragbar.[71] Entgegen der einschlägigen Regelung in den AHB, wird in den D&O-Versicherungsbedingungen nicht eine Regulierungsvollmachtserteilung durch den Versicherungsnehmer, sondern ausdrücklich eine Vollmachtserteilung durch die versicherten Personen geregelt. Im Gegensatz zu der einschlägigen Klausel in den AHB sieht die Bestimmung in der D&O-Versicherung eine ausdrückliche Erteilung der Vollmacht durch die versicherten Personen vor. Bereits hierin ist ein wesentlicher Unterschied zu der Rechtsprechung zu den AHB zu sehen. 107

Bei einer Vollmachtserteilung handelt es sich um eine **einseitige empfangsbedürftige Willenserklärung.**[72] Soweit der Versicherungsnehmer somit ohne die Beauftragung durch die versicherten Personen handeln sollte – was der Regelfall sein dürfte –, gilt hierfür § 180 BGB. Nach dessen S. 1 ist die einseitige Willenserklärung grundsätzlich unwirksam. Allerdings gilt dies nach S. 2 dann nicht, wenn entweder derjenige, dem gegenüber das einseitige Rechtsgeschäft vorgenommen wird, die behauptete Vertretungsmacht nicht beanstandet hat oder mit dem Handeln ohne Vertretungsmacht einverstanden ist. Der letzte Fall ist bei Ziffer A-6.2 Abs. 1 AVB D&O gegeben. Dem D&O-Versicherer ist bewusst, dass der Versicherungsnehmer nicht alle versicherten Personen wirksam bei der Vollmachtserteilung vertreten kann. Aus der Vorschrift wird aber deutlich, dass der Versicherer trotzdem einer entsprechenden Vollmachtserteilung durch den Versicherungsnehmer zustimmt. Dies hat nach § 180 S. 2 BGB zur Folge, dass die §§ 177 ff. BGB zur Anwendung kommen. Dies bedeutet, dass das Rechtsgeschäft **schwebend unwirksam** ist und noch von dem Vertretenen – also den versicherten Personen – genehmigt werden kann, § 177 Abs. 1 BGB.[73] Eine solche Genehmigung kann auch konkludent erteilt werden.[74] Aus den Gesamtumständen ergibt sich, dass eine versicherte Person die Vollmachtserteilung konkludent genehmigt, wenn sie erstmalig einen Anspruch aus der D&O-Versicherung im Zusammenhang mit einer Inanspruchnahme geltend macht.[75] 108

Die Regulierungsvollmacht gilt auch für die **Zukunft**, sodass eine separate Vollmachtserteilung in jedem Versicherungsfall nicht erforderlich ist und auch noch nach Vertragsbeendigung für bestehende Versicherungsfälle fortbesteht.[76] 109

b) Umfang der Vollmacht im Außenverhältnis. Die Vollmacht des Haftpflichtversicherers besteht im Außenverhältnis **unbeschränkt.**[77] Daher kann der D&O-Versicherer versicherte Personen auch dann verpflichten, wenn ein Teil des Haftpflichtanspruchs unversichert ist, z.B. weil ein 110

69 Zur allgemeinen Haftpflichtversicherung BGH 3.6.1987 VersR **1987** 924, 926; Bruck/Möller/*Baumann* AVB-AVG 2011/2013 Ziff. 4 Rn. 64.

70 Bruck/Möller/*Baumann* AVB-AVG 2011/2013 Ziff. 4 Rn. 64.

71 Siehe zu dieser Rechtsprechung BGH 4.12.1990 NJW-RR **1991** 472, 473; BGH 3.6.1987 VersR **1987** 924, 926.

72 MüKoBGB/*Schubert* BGB § 167 Rn. 5.

73 BGH 12.7.1968 BB **1969** 293; MüKoBGB/*Schubert* BGB § 180 Rn. 13.

74 MüKoBGB/*Schubert* BGB § 177 Rn. 35.

75 Mit ähnlicher Begründung, aber in der Inanspruchnahme der Versicherungsleistung keine konkludente Genehmigung sehend Bruck/Möller/*Baumann* AVB-AVG 2011/2013 Ziff. 4 Rn. 65; im Ergebnis genauso, aber mit anderer Begründung Seitz/Finkel/Klimke/*Finkel/Seitz* Ziff. 4 Rn. 153; **a.A.** Prölss/Martin/*Voit* AVB-D&O Ziff. A-6.2 Rn. 1; Beckmann/Matusche-Beckmann/*Beckmann* § 28 Rn. 88; an einer wirksamen Vollmachtserteilung Bedenken äußernd *Herdter* VP **2014** 46, 47.

76 Prölss/Martin/*Lücke* AHB Ziff. 5 Rn. 12; Späte/Schimikowski/*Harsdorf-Gebhardt* AHB Ziffer 5 Rn. 24 ff. zur allgemeinen Haftpflichtversicherung.

77 BGH 11.10.2006 RuS **2007** 16, 17.

Selbstbehalt eingreift, der Versicherer teilweise leistungsfrei ist oder der Haftpflichtanspruch die Versicherungssumme übersteigt.[78] Die Regulierungsvollmacht ist grundsätzlich **nicht widerrufbar**. Dies soll allerdings nicht bezüglich des Teils des Schadens gelten, der die Versicherungssumme übersteigt. Bezüglich dieses Teilbetrages soll die Vollmacht von den versicherten Personen nach dem Grundsatz von Treu und Glauben (§ 242 BGB) widerrufen werden können.[79] Dies ist allerdings zweifelhaft.

111 In der Regel wird der geschädigte Dritte in der vorgenannten Situation nicht ausreichend geschützt.[80] Denn dieser wird im Regelfall davon ausgehen, dass der Versicherer insgesamt die Schadenangelegenheit regeln kann. Beschränkungen im Innenverhältnis, wie ein teilweiser Widerruf der Regulierungsvollmacht, werden ihm häufig nicht bekannt sein, da diese allein das Verhältnis der versicherten Person zum Versicherer betreffen.

112 Es bedarf auch nicht der Widerrufsmöglichkeit durch die versicherte Person. Sie ist ausreichend dadurch geschützt, dass eine schuldhafte Pflichtverletzung des Versicherers immer schon dann anzunehmen ist, wenn dieser nicht die versicherte Person vor dem Vergleichsschluss, bei dem die Letztgenannte einen erheblichen Teil der Vergleichssumme selbst tragen muss, konsultiert und dieser die Möglichkeit einräumt, Einwände gegen den Abschluss des Vergleichs geltend zu machen.[81] Sollte durch ein solches Verhalten des Versicherers der versicherten Person ein Schaden entstehen, ist der Erstgenannte zur Leistung eines **Schadenersatzes** aus § 280 Abs. 1 verpflichtet (siehe hierzu auch Rn. 116 ff.).

113 Des Weiteren ist fraglich, ob sich aus dem Handeln des Versicherers im Außenverhältnis gegenüber dem Geschädigten ergibt, dass der Versicherer die versicherten Personen nur insoweit verpflichten möchte, wie seine Deckungspflicht besteht. In der Allgemeinen Haftpflichtversicherung gilt, dass aus Sicht des Geschädigten der Haftpflichtversicherer nicht nur aufgrund seiner Pflichten aus dem Versicherungsvertrag gegenüber ihm handelt, sondern auch gleichzeitig die Pflichten des Schädigers, also des Versicherungsnehmers erfüllen möchte.[82] Möchte der Haftpflichtversicherer daher von seiner unbeschränkten Vollmacht im Außenverhältnis nur eingeschränkt Gebrauch machen, muss er dies gegenüber dem Geschädigten ausdrücklich klarstellen.[83] Dieser Grundsatz gilt in der D&O-Versicherung auch in **Außenhaftungsfällen**, also wenn ein Dritter, der nicht Versicherungsnehmer oder mitversichertes Tochterunternehmen ist, Ansprüche gegen eine versicherte Person geltend macht. Etwas anderes könnte aber in **Innenhaftungsfällen** gelten. Hier kennt zumindest der Versicherungsnehmer den Inhalt des D&O-Versicherungsvertrages und weiß, bis zu welcher Deckungssumme Versicherungsschutz besteht. Allerdings weiß auch er teilweise nicht, in welcher Höhe diese Versicherungssumme noch zur Verfügung steht. Zudem ist zu berücksichtigen, dass der Versicherungsnehmer zudem Kenntnis davon hat, dass eine unbeschränkte Regulierungsvollmacht des Versicherers für die versicherten Personen besteht. Insoweit gilt auch hier der vorgenannte Grundsatz, dass der D&O-Versicherer gegenüber dem geschädigten Unternehmen es ausdrücklich angeben muss, wenn er von der bestehenden Vollmacht nur eingeschränkten Gebrauch machen möchte.

114 **c) Geschäftsführungsbefugnis des Versicherers im Innenverhältnis.** Im Innenverhältnis zu den versicherten Personen besteht laut dem BGH eine **Geschäftsführungsbefugnis eigener Art** des Haftpflichtversicherers. Er kann nach seinem Belieben, unabhängig von den Weisungen der versicherten Personen, sogar gegen diese, alle Erklärungen und Rechtsgeschäfte vornehmen,

78 *Lange* § 14 Rn. 7.

79 Späte/Schimikowski/*Harsdorf-Gebhardt* AHB Ziffer 5 Rn. 32; *Lange* § 14 Rn. 8; Bruck/Möller/*Koch* AHB 2012 Ziff. 5 Rn. 21 ff.

80 Bruck/Möller/*Koch* AHB 2012 Ziff. 5 Rn. 27.

81 Ähnlich für die allgemeine Haftpflichtversicherung Prölss/Martin/*Lücke* AHB Ziff. 5 Rn. 22.

82 BGH 11.10.2006 RuS **2007** 16, 17.

83 BGH 11.10.2006 RuS **2007** 16, 17.

die mit der Schadenfeststellung und -regulierung zusammenhängen.[84] Der Versicherer ist grundsätzlich auch nicht verpflichtet, von seiner bestehenden Vollmacht nur eingeschränkt und nur im Rahmen seiner Deckungsverpflichtung Gebrauch zu machen.[85] Zudem besteht keine Pflicht des Versicherers, mit der Vollmacht einen Vergleich abzuschließen, wenn ansonsten bei einer Verurteilung die Deckungssumme überschritten würde, soweit auch ein vom Versicherungsnehmer beauftragter Anwalt den Abschluss nicht empfohlen hätte.[86]

Allerdings kann sich eine **Beschränkung der Geschäftsführungsbefugnis** des Versicherers im Innenverhältnis aus den konkreten Umständen des Einzelfalls ergeben. Der Versicherer hat die schützenswerten Interessen der versicherten Personen bei der Geltendmachung der Vollmacht zu berücksichtigen.[87] Dies insbesondere in Situationen, in denen er die versicherten Personen für Beträge in erheblicher Höhe verpflichtet, für die kein oder nur teilweise Versicherungsschutz besteht. Teilweise wird angenommen, dass der Versicherer im Innenverhältnis generell verpflichtet sein soll, von der Vollmacht nur im Umfang seiner Deckungsverpflichtung Gebrauch zu machen.[88] Eine solche generelle Verpflichtung dürfte hingegen zu verneinen sein. Gerade bei geringfügigen Beträgen, die die versicherte Person selbst tragen muss, darf der Versicherer von der Regulierungsvollmacht im Außenverhältnis Gebrauch machen, ohne dass sich hier eine Beschränkung im Innenverhältnis ergibt. Im Endeffekt muss abgewogen werden, ob die Interessen der versicherten Person bei einem Gebrauch der Vollmacht erheblich beeinträchtigt werden. Dies ist anhand der Umstände des Einzelfalls, insbesondere auch an der Höhe des vom Versicherer nicht zu übernehmenden Betrags zu beurteilen. 115

d) Haftung des Versicherers. Überschreitet der Versicherer seine Geschäftsführungsbefugnis im Innenverhältnis zur versicherten Person, ist er dieser für den daraus resultierenden Schaden aus § 280 Abs. 1 BGB zum Schadenersatz verpflichtet.[89] Zu den Anforderungen an die Handlungen im Innenverhältnis: siehe Rn. 114. 116

Ein **Verschulden** des Versicherers wird nach § 280 Abs. 1 S. 2 BGB vermutet. Insoweit muss der Versicherer darlegen und beweisen, dass die Überschreitung der Geschäftsführungsbefugnis im Innenverhältnis nicht schuldhaft war. Eine Entlastung des Versicherers ist insbesondere aber dann nicht möglich, wenn er der versicherten Person im Falle eines Vergleichsschlusses, bei dem diese einen erheblichen Eigenanteil zu leisten hat, nicht die Möglichkeit einräumt, zu dem beabsichtigten Abschluss Einwände vortragen zu können. 117

Des Weiteren muss der versicherten Person auch ein **kausaler Schaden** entstanden sein. Der Nachweis von diesem kann im Einzelfall schwierig sein. Beispielsweise müsste die versicherte Person nachweisen, dass ohne den Vergleichsschluss der Anspruch nicht oder jedenfalls nicht in Höhe der Vergleichssumme bestanden hätte. 118

e) Anwaltswahl. Die Regulierungsvollmacht des Versicherers ist auch im Zusammenhang mit der Regelung in Ziffer B3-3.2 lit. f) AVB D&O zu sehen. Danach beauftragt der Versicherer den Rechtsanwalt im Namen der versicherten Personen. Insoweit wird hieraus deutlich, dass der D&O-Versicherer die Entscheidung trifft, welchen Rechtsanwalt die versicherten Personen zu ihrer Verteidigung im Haftpflichtprozess beauftragen müssen.[90] In D&O-Marktbedingungen wird diese Regelung zugunsten der versicherten Personen aber teilweise modifiziert (siehe Rn. 374 ff.). 119

---

84 BGH 17.3.1970 VersR **1970** 549; Späte/Schimikowski/*Harsdorf-Gebhardt* AHB Ziffer 5 Rn. 25.

85 BGH 11.10.2006 RuS **2007** 16, 17; MüKoVVG/*Littbarski* VVG § 101 Rn. 32 m.w.N.

86 OLG Köln 22.5.2012 VersR **2013** 1390, 1392.

87 MüKoVVG/*Büsken* Allgemeine Haftpflichtversicherung Rn. 121.

88 In diese Richtung wohl tendierend Prölss/Martin/*Lücke* AHB Ziff. 5 Rn. 18.

89 MüKoVVG/*Büsken* Allgemeine Haftpflichtversicherung Rn. 121; Prölss/Martin/*Lücke* AHB Ziff. 5 Rn. 22.

90 *Mitterlechner*/*Wax*/*Witsch* § 6 Rn. 16; zur allgemeinen Haftpflichtversicherung siehe MüKoVVG/*Littbarski* VVG § 101 Rn. 32; Prölss/Martin/*Voit* AVB-D&O Ziff. A-6.2 Rn. 1.

2. Prozessführungsbefugnis

120 In Ziffer A-6.2 Abs. 2 AVB D&O ist geregelt, dass der D&O-Versicherer im Falle, dass es zu einem Rechtsstreit über einen versicherten Anspruch kommt, die Prozessführung im Namen der versicherten Personen übernimmt. Dem Versicherer wird somit die Möglichkeit eingeräumt, auch eine Prozessvollmacht im Namen der versicherten Personen zu erteilen.[91]

121 Auch die Prozessführungsbefugnis des Versicherers ist zunächst schwebend unwirksam, wird aber wirksam, sobald die versicherte Person bei einer haftungsrechtlichen Inanspruchnahme eine Leistung aus dem Versicherungsvertrag in Anspruch nimmt (siehe Rn. 108 f.). Auch wenn es in Ziffer A-6.2 Abs. 2 AVB D&O nicht ausdrücklich geregelt ist, hat der Versicherer die Kosten des Rechtsstreits zu übernehmen. Allerdings wird diese Kostenerstattung durch die Kostenanrechnungsklausel, die in Ziffer A-6.4 S. 2 AVB D&O enthalten ist (siehe hierzu, insbesondere auch zu deren Wirksamkeit, Rn. 149 ff.), begrenzt.

122 Die Prozessführungsbefugnis regelt aber auch das Innenverhältnis zwischen versicherter Person und Versicherer. Dieses wird durch die Obliegenheit in Ziffer B3-3.2 lit. f) AVB D&O (siehe Ziffer B3-3.2 Rn. 50) abgesichert. Danach muss die versicherte Person insbesondere die Führung des Rechtsstreits dem Versicherer überlassen. Soweit diese Obliegenheit nicht eingehalten wird, kann der D&O-Versicherer nach § 28 VVG ganz oder teilweise leistungsfrei werden.

3. Verhältnis zwischen beauftragten Anwalt und Versicherer

123 Soweit der Versicherer einen Rechtsanwalt zur Abwehr der Haftungsansprüche beauftragt, stellt sich die Frage, wessen Interessen dieser wahrzunehmen hat. Insbesondere ist fraglich, ob der Rechtsanwalt die Interessen des Versicherers wahren darf. Dies ist zu verneinen. Es wird teilweise angenommen, dass ein Anwaltsvertrag nur zwischen Versicherer und dem Prozessanwalt der versicherten Personen zustande käme, wenn der Versicherer den Anwalt mit der Vertretung beauftragt habe.[92] Dem ist allerdings zu widersprechen. Ohne besondere Umstände kommt es nicht in Betracht, dass der Versicherer Vertragspartei des Anwalts wird. Dies ergibt sich deutlich bereits aus Ziffer B3-3.2 lit. f) S. 2 AVB D&O. Hiernach beauftragt der Versicherer den Rechtsanwalt im Namen der versicherten Person. Auch der BGH nimmt an, dass allein aus der Zustimmung des Versicherers zur Beauftragung eines bestimmten Rechtsanwalts kein eigenes Vertragsverhältnis zwischen Versicherer und dem Anwalt zustande kommt.[93] Etwas anderes kann nur dann gelten, wenn der Versicherer ausdrücklich den Rechtsanwalt im eigenen Namen mit der Vertretung der versicherten Person beauftragt haben sollte.

124 Es stellt sich allerdings die Frage, ob es entscheidend darauf ankommt, ob die versicherte Person oder der Versicherer Vertragspartei des Rechtsanwalts ist. Aus der Sicht des Anwalts kann diese Frage für seinen Vergütungsanspruch entscheidend sein.[94] Allerdings wird zu Recht angenommen, dass selbst in der Situation, in der der Versicherer Vertragspartei des Anwalts sein sollte, der Versicherer den Anwalt anzuweisen hat, ausschließlich die Interessen der versicherten Personen zu vertreten.[95] Dies ergibt sich aus dem Umstand, dass der Versicherer bei der Anspruchsabwehr die versicherten Personen so zu vertreten hat, als wenn diese einen eigenen Anwalt beauftragt hätten, und aus diesem Grund eigene Interessen zurückzustellen hat, wenn diese mit denjenigen der versicherten Personen kollidieren (siehe Rn. 17). Insbesondere darf der Rechtsanwalt – ohne Zustimmung der versicherten Person – daher keine Informationen an den Versicherer weitergeben, die für die versicherte Person nachteilig sein können. Der Pflichtenumfang des

---

91 Späte/Schimikowski/*Harsdorf-Gebhardt* AHB Ziffer 5 Rn. 38 m.w.N.

92 Höra/*Sieg* § 17 Rn. 149; zu Recht **a.A.** *Kiethe* BB **2003** 537, 540; *Lange* § 14 Rn. 35.

93 BGH 10.1.2019 RuS **2019** 197, 198.

94 Vgl. BGH 10.1.2019 RuS **2019** 197.

95 *Lange* § 14 Rn. 37.

Rechtsanwalts ist somit identisch, gleichgültig ob er von der versicherten Person oder vom Versicherer beauftragt wurde.

125 Dieses Ergebnis ist auch interessengerecht. Sollte der Versicherer im Haftungsprozess eigene Rechte berücksichtigen wollen, ist es ihm unbenommen, als **Nebenintervenient** dem Rechtsstreit beizutreten. Dies ist zulässig.[96] Aufseiten des Anspruchstellers darf der Versicherer dem Haftungsprozess hingegen nicht beitreten.[97]

4. Abweichende Marktbedingungen

126 *„Den versicherten Personen wird im Einvernehmen mit dem Versicherer die Wahl des zu beauftragenden Rechtsanwalts überlassen, wobei der Versicherer die versicherten Personen auf Wunsch bei der Auswahl eines geeigneten Rechtsanwalts unterstützt.“*

127 Diese Beispielklausel weicht von dem Grundsatz ab, dass der Haftpflichtversicherer im Regelfall den Rechtsanwalt, der die versicherten Personen verteidigen soll, einseitig bestimmen kann. Vielmehr ist nach ihr ein Einvernehmen zwischen Versicherer und versicherter Person herzustellen. Diese Klausel ist aber nicht so zu verstehen, dass nunmehr die versicherte Person allein den Anwalt bestimmen kann. Einvernehmen bedeutet in diesem Zusammenhang lediglich, dass weder der Versicherer noch die versicherte Person einseitig einen Rechtsanwalt für die Verteidigung bestimmen können. Vielmehr muss diesbezüglich eine Einigung zwischen den Parteien erzielt werden. Teilweise wird auch in den Bedingungen gefordert, dass der versicherten Person in Abstimmung mit dem Versicherer die Anwaltswahl zustehe. Diese leicht abweichende Formulierung führt allerdings zum gleichen Ergebnis. Insoweit ist es irreführend, wenn in diesem Zusammenhang von einer „freien Anwaltswahl“ gesprochen wird.

„Die versicherten Personen haben das Recht zur freien Wahl des Rechtsanwalts. Der Versicherer behält sich für den Fall, dass ein sachlicher Grund gegen die Wahl des Rechtsanwalts vorliegt, ein Widerspruchsrecht vor.“

128 Weitergehend zugunsten der versicherten Personen ist hingegen die zweite Beispielklausel. Hier muss kein Einvernehmen zwischen versicherter Person und Versicherer hergestellt werden, sondern die versicherte Person kann den Anwalt, der sie verteidigen soll, im Grundsatz frei wählen. Dem Versicherer steht lediglich ein **Widerspruchsrecht** zu. In der Klausel ist dies dahingehend begrenzt, dass dieses nur im Falle eines sachlichen Grundes ausgeübt werden kann. Aber auch wenn in einzelnen Bedingungen eine solche Klarstellung fehlt, darf der D&O-Versicherer auch dann nur von seinem Widerspruchsrecht in Fällen Gebrauch machen, in denen ein sachlicher Grund besteht.

129 Einen **sachlichen Grund** für die Ausübung des Widerspruchsrechts wird man insbesondere in den Situationen annehmen dürfen, wenn der beauftragte Rechtsanwalt keine Erfahrungen mit der Abwehr von Haftungsansprüchen gegen Organmitglieder besitzt. Der Versicherer hat ein Interesse daran, dass die versicherte Person einen Gerichtsprozess nicht allein aufgrund der fehlenden Erfahrung des Anwalts verliert und damit der Versicherer eine ansonsten nicht gerechtfertigte Entschädigungsleistung erbringen muss. Dies gebietet auch die zugunsten der versicherten Person bestehende Schutzpflicht des Versicherers. Keinen sachlichen Grund stellt es allerdings dar, wenn die versicherte Person einen Rechtsanwalt wählt, dessen Stundensätze teurer sind als des durchschnittlichen Anwalts.

96 OLG Hamm 19.8.2019 RuS **2019** 698, m. Anm. Fortmann.

97 OLG Karlsruhe 18.11.2016 RuS **2017** 223, 224; OLG München 5.2.2009 VersR **2009** 822, 823 f.

III. A-6.3 Kapitalbeteiligung der versicherten Personen bzw. deren Angehöriger

1. Allgemeines

130 **a) Regelungsgegenstand.** Ziffer A-6.3 regelt, dass wenn eine versicherte Person bzw. ein Angehöriger einer versicherten Person über eine **Kapitalbeteiligung** an der Versicherungsnehmerin oder einer versicherten Tochtergesellschaft verfügt, der Versicherungsschutz, um den Teil zu kürzen ist, welcher der Quote der Beteiligung entspricht (sog. Eigenschadenklausel).

131 **b) Sinn und Zweck der Regelung.** Die Regelung soll verhindern, dass eine versicherte Person aufgrund der eigenen Pflichtverletzungen einen Ausgleich für die Wertminderung des eigenen Unternehmens in Form der Versicherungsleistung erlangt.[98] Außerdem soll die Regelung einem kollusiven Zusammenwirken zwischen dem Schädiger und dem Geschädigten zum Nachteil des Versicherers vorbeugen, in dem man von Anfang an den wirtschaftlichen Eigenschaden des versicherten Schädigers von dem Versicherungsschutz ausnimmt.[99] So soll durch die deckungsreduzierende Wirkung der Eigenschadenklausel ein Interesse des Geschäftsführers bzw. eines sonstigen Unternehmensleiters an einem etwaigen Betrug zum Nachteil des Versicherers entgegengetreten werden.[100]

132 **c) Wirksamkeit der Klausel.** Die Wirksamkeit der **Eigenschadensklausel** wird in der Literatur vereinzelt infrage gestellt. Teilweise sind diese Positionen durch die Neuregelung der Klausel durch den GDV bereits hinfällig geworden. So wurde teilweise bemängelt, dass vorherige Klauselfassungen den maßgeblichen Beurteilungszeitraum der Kapitalbeteiligung nicht festlegten.[101] Nunmehr wird wie unter II. ausgeführt auf den Eintritt des Versicherungsfalls, also den Zeitpunkt der erstmaligen schriftlichen Inanspruchnahme abgestellt.

133 Weiterhin wird die Unwirksamkeit der Eigenschadenklausel damit begründet, dass die mit der Klausel verbundene Deckungskürzung den wirtschaftlichen Eigenschaden der versicherten Person vielfach übersteige.[102] Dem ist jedenfalls insofern zuzustimmen, als dass der wirtschaftliche Eigenschaden der versicherten Person wohl regelmäßig nicht mit der Deckungskürzung übereinstimmt.[103]

134 Die Vermeidung des Eigenschadenersatzes ist jedoch nicht der einzige Zweck der Regelung. Wie schon erwähnt ist Sinn und Zweck der Regelung auch gerade das Interesse des Geschäftsleiters, einem Betrug des Unternehmens entgegenzutreten und ein kollusives Zusammenwirken zum Nachteil des Versicherers zu vermeiden. Die Klausel wird deshalb überwiegend als wirksam erachtet.[104]

---

98 Seitz/Finkel/Klimke/*Finkel/Seitz* Ziff. 4 Rn. 36; Bruck/Möller/*Armbrüster* Ziffer A-6.3. AVB-D&O, Rn. 86; Prölss/Martin/*Voit* Ziffer A-6.3 AVB-D&O, Rn. 1.

99 Seitz/Finkel/Klimke/*Finkel/Seitz* Ziff. 4 Rn. 36; Bruck/Möller/*Armbrüster* Ziffer A-6.3. AVB-D&O, Rn. 86.

100 Seitz/Finkel/Klimke/*Finkel/Seitz* Ziff. 4 Rn. 36; Bruck/Möller/*Armbrüster* Ziffer A-6.3. AVB-D&O, Rn. 86. *Lange* Die Eigenschadenklausel in der D&O-Versicherung ZIP **2003** 466, 468; vgl. auch OLG Düsseldorf 26.6.2020 VersR **2020** 1307, 1313.

101 Beckmann/Matusche-Beckmann/*Beckmann* Versicherungsrechts-Handbuch § 28 Rn. 95.

102 Prölss/Martin/*Voit* Ziffer A-6.3 AVB-D&O, Rn. 2; *Lange* Die Eigenschadenklausel in der D&O-Versicherung ZIP **2003** 466, 469.

103 Beckmann/Matusche-Beckmann/*Beckmann* Versicherungsrechts-Handbuch § 28 Rn. 95a.

104 Bruck/Möller/*Armbrüster* Ziffer A-6.3. AVB-D&O, Rn. 86; Beckmann/Matusche-Beckmann/*Beckmann* Versicherungsrechts-Handbuch § 28 Rn. 95a; Prölss/Martin/*Voit* Ziffer A-6.3 Rn. 2.

2. Inhalt der Klausel

Hält die versicherte Person bzw. ein Angehöriger einer versicherten Person eine unmittelbare oder mittelbare **Kapitalbeteiligung** am versicherten Unternehmen, so regelt die Klausel in A-6.3, dass der Versicherungsschutz nicht den Teil des Schadenersatzanspruchs erfasst, der der Quote der Kapitalbeteiligung entspricht. 135

a) Erfasste Kapitalbeteiligungen. Ziffer A-6.3 greift sowohl bei unmittelbaren als auch bei mittelbaren Kapitalbeteiligungen von versicherten Personen bzw. deren Angehörigen am versicherten Unternehmen. 136

Die Klausel setzt keine Mindestbeteiligungsquote voraus und ist daher grundsätzlich bereits bei Kleinstbeteiligungen anwendbar. 137

aa) Mittelbare Beteiligung. Eine **mittelbare Kapitalbeteiligung** liegt z.B. vor, wenn die versicherte Person bzw. deren Angehörige an einem Tochterunternehmen des versicherten Unternehmens Kapitalanteile hält.[105] Für die versicherte Person macht es wirtschaftlich keinen Unterschied, ob sie über eine unmittelbare oder mittelbare Beteiligung verfügt.[106] 138

bb) Treuhänderische Beteiligung. Kritisch wird die Klausel im Hinblick auf eine **treuhänderische Kapitalbeteiligung** gesehen, also für den Fall, dass eine versicherte Person – zum Beispiel der Geschäftsführer der versicherten GmbH – eine Kapitalbeteiligung als Treuhänder für einen Dritten hält. In diesem Fall sind die Voraussetzungen der Norm grundsätzlich erfüllt. In der Literatur wird bemängelt, dass der Sinn und Zweck der Norm hier nicht zum Tragen komme, da der Treuhänder die Beteiligung für eine andere Person hält und daher im Schadenfall keinen Eigenschaden habe.[107] Ziffer A-6.3 sei in einem solchen Fall daher nicht anzuwenden. 139

Hier erscheint eine differenzierte Lösung vorzugswürdig: Im Fall eines **fremdnützigen (Verwaltungs-)Treuhandverhältnisses** liegt der Anwendungsbereich der Eigenschadenklausel gemessen an dem Sinn und Zweck der Regelung nicht vor, da wirtschaftlich kein Eigenschaden beim treuhänderischen Firmenleiter verbleibt.[108] Eine Kürzung des Versicherungsanspruchs durch Anwendung der Eigenschadenklausel scheidet daher aus. Im Fall der **eigennützigen (Sicherungs-) Treuhand** hat der versicherte Treuhänder das gleiche wirtschaftliche Interesse an der Kapitalbeteiligung wie jeder andere Anteilseigner. Damit liegt, gemessen am wirtschaftlichen Interesse des Treugebers, ein Eigenschaden vor, sodass in Anwendung der Eigenschadenklausel eine Kürzung des Versicherungsanspruchs vorzunehmen ist.[109] 140

Zu einer anderen Beurteilung dürfte es bei Fällen **der treugeberischen Beteiligung** kommen. Gemeint sind Sachverhalte, in denen ein versichertes Organmitglied das versicherte Unternehmen durch einen Treuhänder verwalten lässt. Nach der im § 305c Abs. 2 BGB kodifizierten Unklarheitenregel sind Zweifel bei der Auslegung der Allgemeinen Geschäftsbedingungen zulasten des Versicherers zu werten. Ein solcher Zweifel entsteht bei der treugeberischen Beteiligung dadurch, dass das versicherte Organ nicht im Sinne der Eigenschadenklausel an der Versicherungsnehmerin beteiligt ist, aber dennoch eine ähnliche Interessenlage besteht, als wäre es beteiligt. Die 141

105 Seitz/Finkel/Klimke/*Finkel/Seitz* Ziff. 4 Rn. 36.

106 Bruck/Möller/*Armbrüster* Ziffer A-6.3, Rn. 90.

107 *Lange* Die Eigenschadenklausel in der D&O-Versicherung ZIP **2003** 466, 467.

108 Beckmann/Matusche-Beckmann/*Beckmann* Versicherungsrechts-Handbuch § 28 Rn. 94; Bruck/Möller/Armbrüster, Ziffer A-6.3, Rn. 93.

109 Beckmann/Matusche-Beckmann/*Beckmann* Versicherungsrechts-Handbuch § 28 Rn. 94; Bruck/Möller/Armbrüster, Ziffer A-6.3, Rn. 93; Seitz/Finkel/Klimke/*Finkel/Seitz* Ziff. 4 Rn. 44.

so entstehende Unklarheit dürfte zulasten der Versicherer auszulegen sein, insbesondere da die Versicherer auch die Möglichkeit haben, treugeberische Beteiligungen in ihre Eigenschadenklauseln zu integrieren.[110]

142 Optionsrechte, etwa Aktienoptionsprogramme sind von der Klausel nicht umfasst.[111] Optionsrechte stellen insoweit keine Beteiligung dar, sondern geben lediglich die Option zum künftigen Beteiligungserwerb.[112]

143 **cc) Beteiligung von Angehörigen.** Verkürzend wirken sich nicht nur etwaige Kapitalbeteiligungen der versicherten Person, sondern auch Kapitalbeteiligungen von **Angehörigen** aus. Als Angehörige gelten nach Absatz 2 Ehegatten, Lebenspartner im Sinne des Lebenspartnerschaftsgesetzes oder vergleichbare Partnerschaften nach dem Recht anderer Staaten, Eltern und Kinder, Adoptiveltern und -kinder, Schwiegereltern und -kinder; Stiefeltern und -kinder, Großeltern und Enkel, Geschwister sowie Pflegeeltern und -kinder (Personen, die durch ein familienähnliches, auf längere Dauer angelegtes Verhältnis wie Eltern und Kinder miteinander verbunden sind). Die Gleichstellung der Kapitalbeteiligung von Angehörigen der versicherten Person mit der Kapitalbeteiligung der versicherten Person dient der möglichst effektiven Vermeidung von kollusiven Zusammenwirken.[113]

144 Maßgeblicher Zeitpunkt für die Angehörigeneigenschaft dürfte entsprechend Absatz 1 der Zeitpunkt des Eintritts des Versicherungsfalls sein. Die Anknüpfung an den Zeitpunkt der Pflichtverletzung kann im Einzelfall in Betracht kommen, wenn sich die Angehörigeneigenschaft zwischen Pflichtverletzung und Inanspruchnahme verändert hat (§ 242 BGB).[114]

145 **dd) Quotale Kürzung des Versicherungsanspruchs.** Liegen die Voraussetzungen vor, wird der Versicherungsanspruch entsprechend der Quote der Kapitalbeteiligung gekürzt.

146 Maßgeblich für die Berechnung der Quote ist die Kapitalbeteiligung im Zeitpunkt des Versicherungsfalles nach Ziffer A-2, also der erstmaligen schriftlichen Inanspruchnahme (claims-made-Prinzip). Sofern eine Umstandsmeldung abgegeben worden ist, ist wegen der Rückwirkungsfunktion auf diesen Zeitpunkt abzustellen.[115] Sofern jedoch im Zeitpunkt der Pflichtverletzung die Kapitalbeteiligung höher ist als im Zeitpunkt der Inanspruchnahme, so ist diese Quote bei der Kürzung zu Grunde zu legen (A-6.3 Absatz 1 Satz 3). Bei einem Dauerverstoß dürfte der für den durchschnittlichen und verständigen Versicherungsnehmer erkennbare Sinnzusammenhang,[116] nämlich ein zu Lasten des Versicherers gehendes kollusives Zusammenwirken von versicherter Person und Versicherungsnehmer zu verhindern, dafür sprechen, auf den spätesten Zeitpunkt abzustellen, in welchem der Schadeneintritt noch hätte verhindert werden können.[117]

147 Aus dem Wortlaut der Norm geht nicht hervor, ob sich die Kürzung nur auf den Freistellungs- oder auch auf den Abwehranspruch bezieht. Unklarheiten gehen nach § 305c Abs. 2 BGB grundsätzlich zu Lasten des Versicherers, sodass man hier davon ausgehen kann, dass sich die Kürzung nur auf den Freistellungsanspruch bezieht.[118] Die Leistungspflicht des Versicherers im Rahmen

110 So auch *Lange* Die Eigenschadenklausel in der D&O-Versicherung ZIP **2003** 466, 467.

111 *Lange* Die Eigenschadenklausel in der D&O-Versicherung ZIP **2003** 466, 468; Bruck/Möller/*Armbrüster* Ziffer A-6.3, Rn. 94.

112 Bruck/Möller/*Armbrüster* Ziffer A-6.3, Rn. 94.

113 Seitz/Finkel/Klimke/*Finkel*/*Seitz* Ziff. 4 Rn. 40.

114 Bruck/Möller/*Armbrüster* Ziffer A-6.3, Rn. 99.

115 Bruck/Möller/*Armbrüster* Ziffer A-6.3, Rn. 96.

116 BGH 23.6.1993 NJW **1993**, 2369; BGH 26.9.2007 NJW-RR **2008** 189.

117 Bruck/Möller/*Armbrüster* Ziffer A-6.3, Rn. 98; Prölss/Martin/*Voit* Ziffer A-6.3 Rn. 2.

118 Seitz/Finkel/Klimke/*Finkel*/*Seitz* Ziff. 4 Rn. 40; Bruck/Möller/*Armbrüster* Ziffer A-6.3, Rn. 100.

der Anspruchsabwehr wird dagegen nicht gekürzt, da trotz der Kapitalbeteiligung kein Vermögensvorteil der versicherten Person besteht.[119]

3. Abweichende Marktbedingungen

Am Markt sind zahlreiche Bedingungswerke verfügbar, die auf die sogenannte Eigenschadenklausel komplett verzichten.[120] 148

IV. A-6.4 Versicherungssumme, Höchstersatzleistung

1. Allgemeines

a) Entstehungsgeschichte. Eine Begrenzung der Versicherungssumme durch eine zuvor festgelegte Höchstleistung ist schon lange in der Versicherungspraxis vorhanden und auch üblicher Bestandteil der Summenversicherung. Eingeschränkt wird die Höchstleistung des VR durch Anrechnung diverser, nicht abschließend aufgeführter Kostenpositionen auf die Versicherungssumme. Hierdurch kann die Versicherungssumme beträchtlich geschmälert werden, so dass am Ende kein (nennenswerter) Betrag mehr für die eigentliche Schadenkompensation zur Verfügung steht. 149

So hat sich beispielsweise in der Praxis im Laufe der Zeit etabliert, die entstandenen Abwehrkosten auf die Versicherungssumme anzurechnen.[121] Schon die Musterbedingungen des GDV aus dem **Jahr 2011** sahen in der damaligen Ziffer 4.3 vor, dass die *„Kosten gemäß Ziffer 4.4 [sind] darin inbegriffen“* sind. In den früheren Musterbedingungen des GDV aus 2011 war in Ziffer 4.3 Abs. 1 S. 2 i.V.m. Ziffer 4.4 AVB-AVG geregelt, was unter dem Begriff der anzurechnenden „Kosten“ zu verstehen ist. Hierzu zählten Anwalts-, Sachverständigen-, Zeugen- und Gerichtskosten, Aufwendungen zur Abwendung oder Minderung des Schadens bei oder nach Eintritt des Versicherungsfalls sowie Schadensermittlungskosten mit Reisekosten, die dem VR nicht selbst entstehen. Rein interne Schadensermittlungs- oder Bearbeitungskosten waren soweit ersichtlich noch nicht Gegenstand einer Anrechnung zugunsten des VR. 150

In den nachfolgenden AVB-AVG aus dem **Jahr 2013** wurde die Kostenziffer 4.4 gestrichen und der Begriff der Abwehrkosten wurde ergänzend in Ziffer 4.3 Abs. 1 S. 2 AVB-AVG 2013 festgelegt. Die Kosten für die Aufwendung zur Abwendung und Minderung des Schadens waren somit in der Ziffer 4.4. der AVB-AVG 2013 nicht mehr explizit gelistet. Ebenso nicht weiter verwendet wurde der Begriff der „Schadenermittlungskosten“ ab den AVB-AVG 2013. Ziffer 4.3 Abs. 1 S. 1 AVB-AVG 2013 stimmte bereits mit der heutigen Version der Ziffer A-6.4 der Musterbedingungen überein. Insofern haben sich diesbezüglich über mehrere Jahre keine Anpassungen ergeben. 151

In den darauf folgenden Musterbedingungen des GDV (Stand: **Februar 2016**) werden die Kosten, welche auf die Versicherungssumme angerechnet werden, mit Beispielen belegt und in komprimierter Form aufgelistet. Ziffer 4.3 Abs. 1 S. 2 lautete: *„Aufwendungen des Versicherers für Kosten der gerichtlichen und außergerichtlichen Abwehr der gegenüber einer versicherten Person von einem Dritten und/oder der Versicherungsnehmerin geltend gemachten Ansprüche (insbesondere Anwalts-, Sachverständigen- Zeugen- und Gerichtskosten) werden auf die Versicherungssumme angerechnet.“* Durch das Wort *„insbesondere“* war eindeutig, dass es sich bei den 152

119 Seitz/Finkel/Klimke/*Finkel/Seitz* Ziff. 4 Rn. 40; Bruck/Möller/*Armbrüster* Ziffer A-6.3, Rn. 100.

120 So die hier untersuchten Bedingungen: Tokio Marine HCC D&O-Versicherung (TMHCC – DE DO 2019); Hendricks & Partner Bedingungen HPDO 2020; AVB-VOV 5.0; FINLEX Spezialkonzept zur D&O-Versicherung, Stand 2020.

121 Zur Anrechnung der Kostenproblematik genauer unter Rn. 109 ff.

aufgelisteten Positionen lediglich um nicht abschließende Beispiele handelte. Die Kosten durften verständlicherweise nicht bei dem VR selbst entstanden sein. Ein Zusammenhang der Kostenentstehung mit der Anspruchsabwehr musste vorliegen. Hierbei handelte es sich wohl um eine gezielte Wortwahl, wodurch sich der VR offen lassen konnte, auch vergleichbare, aber nicht ausdrücklich genannte, Kostenpositionen bei der Auflistung mit bei der Anrechnung einzubeziehen. Diese beispielhafte Auflistung sollte zugleich zu einem besseren Verständnis und mehr Transparenz beitragen.

153 Bis auf die klarstellende Erweiterung auch auf Tochtergesellschaften entsprach diese GDV-Musterbedingung aus 2016 bereits inhaltsgleich der aktuellen Fassung aus dem **Jahr 2020**. Die vorgesehene Versicherungssumme bildete damit die Höchstersatzleistung für jeden Versicherungsfall sowie für alle Versicherungsfälle einer Versicherungsperiode zusammen, inklusiv der unter der Ziffer 4.4 in den Musterbedingungen aufgelisteten Kosten.

154 Von der gesetzlichen Vorschrift des **§ 101 Abs. 2 Satz 1 VVG** wurde insoweit gezielt abgewichen. Die Vorschrift sieht vor, dass die Kosten des Rechtsstreits zusammen mit der übrigen Entschädigung die Versicherungssumme überschreiten. Zu den Kosten des Rechtsstreits zählen die direkten Aufwendungen der jeweils Beteiligten, die im Laufe des Rechtsstreits entstehen (Gerichtskosten und außergerichtliche Kosten).[122] Vorgesehen ist, dass diese Kosten dann, wenn sie in einem auf Veranlassung des VR geführten Rechtsstreit entstehen, auch insoweit zu ersetzen sind, als sie zusammen mit der übrigen Entschädigung die Versicherungssumme übersteigen. Die Aufwendungen des VR für Kosten werden sozusagen zu dessen Nachteil überhaupt nicht auf die Versicherungssumme angerechnet, d.h. der VR muss diese Kosten in jedem Fall tragen, selbst wenn sie deutlich höher als die festgelegte Versicherungssumme ausfallen sollten (ohne Limitierung).[123] Demgegenüber ist die Entwicklung im Rahmen der D&O-Versicherung eine andere, man will hier aus Perspektive der VR gerade keine Kosten tragen, die über die eigentliche Versicherungssumme hinausgehen.

155 **b) Regelungsgegenstand.** Gerade im Bereich der D&O-Versicherung sind Vorgänge oftmals durch Schadenereignisse im Bereich von **Großrisiken und -schäden** geprägt. Dabei können hohe Schadenersatzforderungen oder schon Anwaltskosten die zur Verfügung stehende Versicherungssumme übersteigen. Insbesondere bei höheren Versicherungssummen (internationaler) Konzerne kommt es nicht selten vor, dass ein (Grund-)VR das Risiko der VN nicht mehr alleine (wirtschaftlich) abdecken kann oder möchte. Daher bedarf es in diesem Fall meist einer Einbindung von einem oder mehreren VR, die sich das versicherungstechnische Risiko je nach Art der Ausgestaltung (z.B. in Form einer Exzedentenversicherung) untereinander aufteilen.

156 Um das Risiko für den bzw. die VR zu begrenzen, ist die Festlegung einer maximalen Summe als Ersatzleistung und Eintrittspflicht stets in den Versicherungspolicen vertraglich vorgesehen. Das betrifft sowohl die **Maximalleistung** der Versicherungssumme je Schadenfall als auch die Versicherungssumme, die insgesamt innerhalb der vorgesehenen **Versicherungsperiode** (oftmals bezogen auf ein Jahr als maßgeblichen Versicherungszeitraum) zur Verfügung steht.[124] Ohne eine solche Maximalbegrenzung wäre das Kostenrisiko für den/die VR vermutlich schon nicht vernünftig kalkulierbar. Durch die Bestimmung der Maximalleistung sollen die versicherten Personen auch dahingehend geschützt werden, dass nicht die komplette Versicherungssumme dem Selbstbehalt unterfällt. Durch die gesetzlich vorgesehene Selbstbehaltsregelung wird eine zusätzliche Begrenzung geschaffen.[125] Inhaltlich stellt die Festlegung der Versicherungssumme eine Hauptleistungspflicht des VR dar, im Versicherungsfall leisten zu müssen, entweder in Form von Abwehrkosten oder auch Kosten im Zu-

122 Bruck/Möller/*Koch* § 101 Rn. 42.
123 Bruck/Möller/*Koch* § 101 Rn. 42.
124 Beckmann/Matusche-Beckmann/*Beckmann* § 28 Rn. 90; *Mitterlechner*/*Wax*/*Witsch* § 6 Rn. 22.
125 S. detaillierter zum Selbstbehalt Kapitel A-6.5 unter Rn. 159 ff.

sammenhang der Freistellung.[126] Durch die Einstufung der Versicherungssumme als Hauptleistungspflicht ist diese einer AGB-rechtlichen Prüfung vom Grundsatz her entzogen.[127] Abweichend von diesem Grundsatz ist eine AGB-rechtliche Überprüfung dennoch aufgrund der nachstehend genannten Jahresmaximierung und der später noch zu untersuchenden Kostenanrechnung als Modifizierung des Leistungsversprechens des VR zu dessen Vorteil einzuordnen und daher doch (zumindest eingeschränkt) kontrollfähig.[128]

Nicht zuletzt hat in jüngster Zeit die Zunahme von Schadensfällen in der D&O-Versicherung sowohl von der Anzahl als auch der Höhe nach dazu geführt, dass die vereinbarte Versicherungssumme nicht mehr ausreichend erscheint.[129] Grundsätzlich steht die Versicherungssumme – ohne anderweitigen Vereinbarungen – auch nur **einfach** für die maßgebliche Versicherungsperiode zur Verfügung.[130] Das bedeutet also, dass die Versicherungssumme nur einmal in der jeweiligen Versicherungsperiode zur Verfügung steht und nach dem Verzehr grundsätzlich erst in dem nachfolgenden Versicherungszeitraum erneut abgerufen werden kann. 157

Die **Versicherungsperiode** deckt sich oftmals mit dem **Kalenderjahr** (in der jeweiligen Versicherungspolice ausgewiesen). Alle unter die jeweilige(n) Versicherungspolice(n) fallenden versicherten Personen genießen bei Inanspruchnahme im Rahmen von Konzernpolicen bei Vorliegen aller Voraussetzungen Versicherungsschutz aus der (noch) vorhandenen Versicherungssumme. Je mehr Inanspruchnahmen von versicherten Personen abhängig von der Größe des geltend gemachten Schadens bzw. der Schäden im maßgeblichen Zeitraum erfolgen, desto wahrscheinlicher ist ein Erschöpfen der Versicherungssumme. Zudem führt das Vorliegen mehrerer Versicherungsfälle innerhalb einer Versicherungsperiode nicht dazu, dass eine Erhöhung der Versicherungssumme eintritt. Die Versicherungssumme ist unabhängig von der Anzahl der Versicherungsfälle begrenzt. Das Risiko einer Abhängigkeit von der Anzahl der gemeldeten Schadenfälle im Verhältnis zu der Versicherungssumme und deren Flexibilität würde der D&O-VR auch kaum vorstellbar mittragen. Es ist nicht möglich, den nicht beanspruchten Teil der Versicherungssumme „anzusparen" um diesen in das nachfolgende Versicherungsjahr mit übertragen zu können. Die vorhandene Versicherungssumme gilt immer nur für die maßgebliche Versicherungsperiode. Bei Beendigung des Versicherungsvertrages besteht noch über die vereinbarte Nachmeldefrist[131] (Zeitraum variiert nach Vereinbarung bis hin zur unbegrenzten Nachmeldefrist) Versicherungsschutz, jedoch nur in Höhe des unverbrauchten Teils der Versicherungssumme im letzten Versicherungsjahr. 158

Um der grundsätzlich einfach bestehenden maximierten Versicherungssumme mit dessen **Erschöpfungsproblematik** entgegenzuwirken, haben sich in der Praxis in jüngster Zeit verschiedene Modelle entwickelt, dieser Thematik entgegenzuwirken. Dabei steht die (mehrfach) **maximierte Versicherungssumme** als Option zur Verfügung.[132] Je nach Ausgestaltung steht diese mehrfache Versicherungssumme nicht unbedingt von Anfang an (vollständig) zur Verfügung, sondern gegebenenfalls erst im Anschluss an die eigentliche einfach maximierte Versicherungssumme. Die Bestimmungen in den Versicherungsbedingungen sind insoweit verschieden ausgestaltet.[133] 159

126 *Mitterlechner/Wax/Witsch* § 6 Rn. 1.

127 BGH 9.5.2001, IV ZR 138/99; BGH 16.1.1999 NJW **2000** 577, 579; Ulmer/Brandner/Hensen/*Fuchs* AGB, § 307 Rn. 6.

128 Bruck/Möller/*Armbrüster* D&O AVB 2020/2022 A-6 Rn. 106; *Fiedler* PHi **2013** 94, 95; *Terno* RuS **2013** 577, 579.

129 Vgl. ausführlicher zu der Zunahme von Schadenfällen, *Peppersack* Das Kürzungs- und Verteilungsverfahren in der D&O-Versicherung, S. 12 f.

130 Zum Begriff der Einfachmaximierung s. auch Rn. 99.

131 *Koch* VersR **2011** 295, 298; *Lange* § 10 Rn. 54 ff.

132 S. hierzu Abschnitt bei den Makler-/ VRbedingungen unter 3. Rn. 147 ff.

133 MüKoVVG/*Ihlas* 320. D&O Rn. 511.

2. Inhalt der Klausel

a) Versicherungssumme

160 **aa) Bestimmung des adäquaten Betrags.** Die Bestimmung der Versicherungssumme in der Versicherungspolice ist eines der Kernelemente vor Abschluss des Versicherungsvertrages und ebenso bei fortlaufenden Anpassungen des Vertrages im Rahmen der Laufzeit der Versicherungspolice. Praktisch kann es sich immer wieder als schwierig erweisen, die „richtige" Höhe der Versicherungssumme zu bestimmen.[134] Eine zu niedrig gewählte Versicherungssumme kann für die Beteiligten sogar von existenzbedrohender Wirkung sein.[135] Umgekehrt kann die Versicherungssumme verständlicherweise nicht ins Unermessliche festgelegt werden, sondern wird durch die Kapazitätsgrenzen des/der VR und wirtschaftlichen Aspekten mit beeinflusst.[136] Andernfalls könnten zu hohe Versicherungssummen dazu führen, dass sich das Risiko nicht mehr mit einem angemessenen Prämienniveau versichern ließe.[137] Das derzeit immer noch niedrige Prämienniveau[138] der D&O-VR (im Vergleich zu anderen Versicherungssparten) müsste in diesem Fall erheblich ansteigen. Es kann nie garantiert werden, dass die Deckungssumme so von der Höhe bestimmt wurde, dass jeder beliebige Schadenfall (vollständig) abgesichert sein kann. Das zeigt sich schon daran, dass die Deckungssumme im Laufe der Zeit der Höhe nach meist weiter zunahm, gleichwohl diese sich im Schadenfall häufig noch als unzureichend erwiesen hat.[139] Allein die simple Erhöhung der Versicherungssumme kann nicht dazu beitragen, dass die Deckungssumme im Schadenfall ausreichend ist und auch einem Lösungsansatz nicht näher zu kommen, kein Verteilungsverfahren aufgrund unzureichender Versicherungssumme durchführen zu müssen.[140]

161 Bei der Bestimmung der Höhe der Versicherungssumme haben die Parteien ein freies Entscheidungsrecht. Hierbei haben sich zwar verschiedene Kriterien zur besseren Bestimmung herausgebildet, am Ende wird die Wahl der „richtigen" Versicherungssumme aber kaum vorhersehbar sein und muss sich immer individuell an den konkreten Vorgaben des Unternehmens richten. Gerade der beabsichtige **Schutzumfang** für die versicherten Personen muss mit maßgeblich dafür sein, wie hoch die Versicherungssumme ausfällt. In die Überlegungen muss auch mit einbezogen werden, wie weit der **Kreis der versicherten Personen** reichen soll, die Versicherungsleistungen unter der D&O-Police beanspruchen können. Je mehr versicherte Personen in den Versicherungsschutz mit einbezogen werden, die nicht Organ der VN sind, desto schneller kann die zur Verfügung stehende Versicherungssumme im Schadenfall aufgebraucht sein; verstärkt werden kann dies auch durch die Einbeziehung von Versicherungsschutz in Fremdmandaten.[141] Gleiches gilt für die Einbeziehung von etwaigen Tochtergesellschaften der VN als Anspruchstellerin. Im schlimmsten Fall kann ein größerer Schaden bei der Tochtergesellschaft bereits die Versicherungssumme (nahezu) ausschöpfen, so dass kein nennenswerter Betrag der Versicherungssumme mehr für die Muttergesellschaft oder weitere Tochtergesellschaften verbleibt. Um eine Information der VN respektive der versicherten Personen über den aktuellen Gegenstand der Versicherungssumme zu ermöglichen, gibt es teils schon Regelungen in den Versicherungsbedingungen,[142] wonach der VN respektive der versicherten Person ein Auskunftsanspruch gegenüber dem VR hinsichtlich

---

134 *Mitterlechner/Wax/Witsch* § 6 Rn. 23.
135 *Fassbach* BOARD **2014** 156, 157.
136 *Köberich/Heilmann* VP **06/2016** 12, 14.
137 *Hemeling* FS Hoffmann-Becking **2013** S. 491 (503).
138 Hierzu auch *Peppersack* Das Kürzungs- und Verteilungsverfahren in der D&O-Versicherung, S. 35 Fn. 162. In jüngster Zeit ist das Prämienniveau angestiegen.
139 *Hendricks* AR **2015** 50.
140 *Armbrüster* NJW **2016** 897, 900.
141 Höra/*Sieg* Teil C § 17 Rn. 139.
142 Ziff. 2.4.5 HPDO 2020, Stand: 09.19 | Version AXAXL-Mid-Market-Cover.

der noch vorhandenen Höhe der Versicherungssumme in der jeweiligen Versicherungsperiode zusteht.

Als **Orientierungspunkte** bei der Herausbildung der „richtigen" Versicherungssumme[143] treten in der Praxis beispielsweise die „Bilanzsumme" und die „Eigenkapitalquote" in Erscheinung.[144] Zu beachten ist stets, dass vorgenannte Anhaltspunkte nur der groben Orientierung dienen sollen. Es ist stets einzelfallbezogen zu prüfen, wie hoch die Versicherungssumme als angemessen erscheint und welche praktischen Erfahrungen hierbei Auswirkungen haben. 162

bb) Veränderbarkeit. Bei der Versicherungssumme handelt es sich **nicht** um eine von vornherein **feststehende Größe**, die im Nachgang nicht mehr veränderbar ist. Stellt sich im Laufe einer Versicherungsperiode heraus, dass die Versicherungssumme nicht mehr angemessen erscheint, kann beim VR eine Erhöhung beantragt werden, die regelmäßig mit der Abgabe einer Erklärung einhergeht, dass keine Pflichtverstöße auf Seiten der VN bekannt sind (*no claims declaration*), die zu einer die Versicherungssumme übersteigenden Schadenersatzpflicht führen könnten.[145] Letztendlich muss der VR davon überzeugt werden, dem Antrag der gewünschten Deckungssummenerhöhung stattzugeben. In jüngster Zeit erscheint es zunehmend schwierig, die gewünschten Kapazitäten bei den VR auch tatsächlich abrufen zu können, d.h. der Bedarf an größeren Versicherungssummen ist VN seitig meist höher, als dieser sich tatsächlich realisieren lässt. Die VN hat hierbei stets eine wahrheitsgemäße Erklärung abzugeben, da ansonsten bei jeder größeren zu erwartenden Schadenfallbelastung die Versicherungssumme einfach im Vorfeld angehoben werden könnte, um den Schaden möglichst vollständig abdecken zu können. Teilweise kann in den Versicherungsbedingungen auch die Möglichkeit angeboten werden, die Versicherungssumme (vollständig) nach Ausschöpfung durch Leistung eines Prämienzuschlags wiederherzustellen.[146] Sofern der VR die Abgabe einer solchen Erklärung seitens der VN verlangt, ist es ihm im Nachgang möglich, sich auf die Unwirksamkeit der Erhöhung (Anfechtbarkeit auch bedingt durch Obliegenheitsverletzung) zu berufen, wenn falsche Angaben erfolgt sind. Andererseits gibt es für den VR auch ohne eine solche Erklärung Rechte, sich von der durch die Deckungssumme bestehende Vertragsänderung zu lösen, §§ 19 ff. VVG. Daneben bleiben auch die gängigen Anfechtungsrechte z.B. nach § 22 VVG und solche aus dem BGB bestehen.[147] 163

cc) Regelung der Musterbedingungen. Die Musterbedingungen des GDV orientieren sich inhaltlich stark an den Vorgaben des Gesetzgebers nach der aktienrechtlichen Regelung des § 93 Abs. 2 S. 3 AktG. Hieran wird kritisiert, dass die Musterbedingungen lediglich die gesetzgeberischen Vorgaben übernommen haben, ohne die bei der gesetzlichen Regelung bestehenden Probleme zu lösen.[148] Es ist zutreffend, dass einhergehend mit der Einführung des **gesetzlichen Selbstbehaltes** eine Vielzahl von Problemen in der Literatur diskutiert werden, da die Regelung insoweit teils unklar und lückenhaft erscheint.[149] Verständlicherweise wäre es hier von Vorteil gewesen, die bereits aufgetretenen und in der Literatur diskutierten Probleme aufzunehmen und in den Musterbedingungen insoweit einen Lösungsvorschlag zu skizzieren (Lösungsansatz hätte dann ohnehin nur unverbindliche Wirkung). Allein schon für die Sicherheit der versicherten Person(en) wäre eine gewisse Transparenz in den neuesten Musterbedingungen wünschenswert gewesen. 164

143 *Mitterlechner/Wax/Witsch* § 6 Rn. 23.
144 Bruck/Möller/*Armbrüster* D&O AVB 2020/2022 A-6 Rn. 107; MüKo VVG/*Ihlas* 320 Rn. 508.
145 Bruck/Möller/*Armbrüster* D&O AVB 2020/2022 A-6 Rn. 107 ff.
146 *Seyfarth* § 25 Rn. 35.
147 Seitz/Finkel/Klimke/*Finkel/Seitz* Ziff. 4 Rn. 49.
148 *Albers* CCZ **2009** 222, 225.
149 S. zum Thema Selbstbehalt genauer unter A-6.5 unter Rn. 159 ff.

165 **dd) Versicherungsperiode.** Bezugspunkt für die Höchstleistung der vertraglich vereinbarten Versicherungssumme ist die jeweilige **Versicherungsperiode**, in der sich der bzw. die maßgeblichen Schadenfälle ereignen. Es gilt dann ein Höchstbetrag je Versicherungsfall und eine Deckelung mit einer **Höchst(ersatz)leistung** für alle im festgelegten Zeitraum eintretenden Versicherungsfälle. Diese beiden Begrenzungen in den Versicherungsbedingungen sind überwiegend der Höhe nach identisch, zwingend ist dies aber nicht. Im Einzelfall ist daher darauf zu achten, was vom VR bzw. Makler bei der Eindeckung des Versicherungspaketes im Umgang mit dem späteren Versicherungsfall vorgesehen wird. Hierdurch entsteht für den VR eine gewisse Planungssicherheit, da seine Leistungspflicht bei etwaiger Eintrittsplicht stets auf die maximal in der Versicherungspolice bestimmte Höchstsumme gedeckelt ist. Sofern der Schaden am Ende höher als die Versicherungssumme ausfallen sollte, hat die VN respektive versicherte Person – vorbehaltlich spezifischer Regelungen in den Versicherungsbedingungen – das Risiko der darüber hinaus zu leistenden Schadenersatzforderungen bzw. das Realisierungsrisiko entsprechend selbst zu tragen.

166 Der **Zeitraum** der Versicherungsperiode wird in den AVBs offen gelassen, praktisch wird sich der Zeitraum auf ein Jahr beschränken, insoweit spricht man auch von **„Jahresmaximierung"**.[150] Grundsätzlich steht die Versicherungssumme innerhalb des vorgesehenen Zeitraums auch nur einfach zur Verfügung (sog. **„einfache Maximierung"**). Das hat sich in der Praxis erwiesen und wird auch akzeptiert, das Ganze soll Frequenzschäden vermeiden.[151] Folgendes Beispiel[152] lässt sich für die Höchstersatzleistung des VR bilden: Nach der zugrunde liegenden Versicherungspolice besteht eine Versicherungssumme in Höhe von EUR 100 Mio. Vom Anspruchsteller werden Schadenersatzansprüche in Höhe von EUR 95 Mio. geltend gemacht, die rechtskräftig durch das Gericht festgestellt werden. Die angefallenen Abwehrkosten, die überwiegend auf Rechtsanwaltskosten der Verteidigung basieren,[153] betragen EUR 10 Mio. Der VR wird die Abwehrkosten – wie üblich – auf die vorhandene Versicherungssumme in voller Höhe von EUR 10 Mio. auf die Schadenersatzleistung in Abzug bringen. Hinsichtlich der offenen Differenz in Höhe von EUR 5 Mio. ist der VR nicht in der Eintrittspflicht und die versicherte Person haftet insoweit mit ihrem Privatvermögen. Der sich abzeichnende Eigenschaden für die versicherte Person variiert dabei, je nachdem wie hoch der jeweilige Schaden im Verhältnis zur Versicherungssumme ausfällt (ggf. noch unter Berücksichtigung von freiwilligen Eigenbeteiligungen). Umgekehrt wäre der VR ohne eine solche Anrechnung der Abwehrkosten unter Umständen zu einer unbegrenzten Abwehrkostenleistung verpflichtet, könnte somit sein Kostenrisiko auch im Hinblick auf die Prämienkalkulation nicht mehr praktikabel einschätzen.

167 Im Versicherungsvertrag wird dieser Zeitraum sowie die (einfache) Maximierung der Versicherungssumme also bestimmt. Aufgrund des in der D&O-Versicherung geltenden claims-made Prinzips[154] ist die Versicherungssumme maßgeblich, welche zum **Zeitpunkt der Inanspruchnahme** noch zur Verfügung steht. Unerheblich ist also, wie hoch die Versicherungssumme in der Versicherungsperiode grundsätzlich in der Versicherungspolice zum Verstoßzeitpunkt war.[155] Die Bestimmung der Versicherungssumme stellt u.a. die Hauptleistungspflicht des VR dar und ist somit auch einer AGB-rechtlichen Überprüfung zugänglich.[156] Durch die Vielzahl der in den Versicherungsschutz mit einbezogenen versicherten Personen stellt sich die Frage, ob bei nicht einschlägigem Versicherungsschutz im konkreten Fall für die jeweilige versicherte Person aufgrund der

---

150 Zum Begriff s. *Armbrüster* VersR **2014** 1; Bruck/Möller/*Armbrüster* D&O AVB 2020/2022 A-6 Rn. 110.

151 MüKoVVG/Ihlas 320. D&O Rn. 506.

152 *Peppersack* Das Kürzungs- und Verteilungsverfahren in der D&O-Versicherung, S. 56 f.

153 Bspw. der Fall der Sachsen LB (vgl. *Jung* JUVE-Rechtsmarkt 01/**2014** 68), dort standen dem eingeklagten Betrag von EUR 200 Mio. etwa Anwaltskosten in Höhe von EUR 44 Mio. gegenüber und es konnte lediglich ein Betrag i.H.v. ca. EUR 21 Mio. durchgesetzt werden.

154 OLG München 8.5.2009 VersR **2009** 1066 f.; *Schramm* Das Anspruchserhebungsprinzip **2009** S. 73 ff.

155 MüKoVVG/Ihlas 320. D&O Rn. 507.

156 BGH 9.5.**2001**, IV ZR 138/99.

begrenzten Versicherungssumme die Aushöhlungsgefahr im Sinne des § 307 Abs. 2 Nr. 2 i.V.m. Abs. 1 S. 1 BGB besteht.[157] Es ist jedoch mit Unsicherheiten behaftet, ob alle tatbestandsrelevanten Elemente der vorgenannten Vorschrift hierdurch erfüllt sind oder nicht doch eher als ein hinzunehmendes Risiko eines Kaufmanns sich verwirklicht gem. § 310 Abs. 1 S. 2 BGB, das sich zumeist als Großrisiko nach § 210 VVG darstellt.[158] Tatsächlich wird oftmals im Rahmen der D&O-Versicherung der Anwendungsbereich eines Großrisikos eröffnet sein, so dass die Frage ohnehin nur von geringer praktischer Relevanz sein dürfte. Der VR sollte die VN grundsätzlich im Vorfeld ohnehin gem. § 6 VVG umfassend beraten, so dass zuvor über diesen Umstand eine Aufklärung erfolgt ist. Diese Beratungspflicht entfällt allerdings bei Vorliegen der Voraussetzungen von § 6 Abs. 6 VVG, d.h. bei einem Großrisiko nach § 210 VVG, oder im Fall der Vermittlung durch einen Versicherungsmakler.[159]

b) Aufwendungen des Versicherers

aa) Definition (Abwehr)-Kosten. Interessant ist, welche Kostenbestandteile die Versicherungssumme beinhaltet. Eine Definition des Kostenbegriffs enthalten die Musterbedingungen des GDV leider nicht. Gleiches gilt für die meisten im Markt üblichen Versicherungsbedingungen, die ebenfalls keine Begriffsdefinition erhalten.[160] Je nach Ausgestaltung der Versicherungsbedingungen sind die einzelnen **Kostenpositionen** unterschiedlich breit dargestellt. Sofern versucht wird, die Definition des Kostenbegriffs abschließend darzustellen, birgt dies ein Risiko, dass eine Vielzahl der eingeschlossenen Kostenpositionen schnell unübersichtlich wirkt. Sofern die Begriffsbestimmung auch abschließend formuliert ist, besteht die zusätzliche Gefahr, dass gewisse Kostenpositionen gar nicht erfasst sind, der VR diese aber mit einschließen wollte. 168

bb) Kostenpositionen im Einzelnen. Der Begriff „Kosten“ umfasst auch die anfallenden Abwehrkosten zur **Verteidigung im Schadenfall**. Solche Kosten, die aufgrund der Involvierung von anwaltlichem Beistand beruhen, dürften in der Praxis zumeist den Großteil der hierauf entstehenden Kosten ausmachen. Je nach Ausgestaltung der Versicherungsbedingungen sind grundsätzlich nur solche Anwaltskosten erfasst, die zur Klärung der Haftungsfrage bei der Abwehr durch die Regelungen des Rechtsanwaltsvergütungsgesetzes (RVG) auf Basis des Gegenstandswerts begrenzt sind. Das beruht auf gesetzlichen Regelungen. Von den erstattungsfähigen Kosten im Rahmen des § 101 Abs. 2 VVG sind nur solche erfasst, die nach dem RVG auf Basis des Gegenstandswerts anfallen, vgl. auch § 91 ZPO. In der Praxis entscheiden sich eine Vielzahl der VR nach den zugrunde liegenden Versicherungsbedingungen meist dazu, auch Kosten auf Stundensatzbasis zu übernehmen, so dass diese auch von dem Kostenbegriff und der Anrechnung umfasst sind. 169

Der Begriff der **„Sachverständigenkosten“** ist weit zu fassen.[161] Es besteht hier keine Beschränkung auf spezifische Berufsgruppen, welche nur als Sachverständigen in Betracht kommen könnten. Es sollen alle Experten unterschiedlicher Fachrichtungen erfasst werden, die mit ihrer Expertise eine sachverständige Stellungnahme abgeben können. Häufig erfolgt ihr Einsatz im Zusammenhang mit dem Nachweis für eine (mit-)ursächliche Kausalität einer bestimmten Verhaltensweise für den eingetretenen Schaden und ggf. die Klärung näherer Umstände zur Schadenhöhe. 170

Auch Kosten im Zusammenhang mit **Zeugen** werden angerechnet. Für ihre Beteiligung haben Zeugen grundsätzlich einen gesetzlichen Anspruch auf angemessene Entschädigung, sofern sie 171

157 Bruck/Möller/*Armbrüster* D&O AVB 2020/2022 A-6 Rn. 114.
158 Offen gelassen von Bruck/Möller/Armbrüster D&O AVB 2020/2022 A-6 Rn. 114.
159 Einschränkend Bruck/Möller/*Baumann* AVB-AVG 2011/2013 Ziff. 4 Rn. 28.
160 MüKoVVG/Ihlas 320. D&O Rn. 513.
161 Seitz/Finkel/Klimke/*Finkel/Seitz* Ziff. 4 Rn. 72.

hierauf nicht verzichten. Der Umfang und die Höhe richten sich nach Art des zugrundeliegenden Prozesses: Für den Zivilprozess nach § 401 ZPO, für den Strafprozess nach § 71 StPO, sowie für Verfahren nach der Verwaltungsgerichtsordnung gem. § 28 VwGO i.V.m. § 401 ZPO.

172 Zudem unterfallen entstehende **Gerichtskosten** dem Kostenbegriff. Diese richten sich hinsichtlich der Entstehung und dem Umfang nach Vorschriften des Gerichtskostengesetzes (GKG). Die Höhe der Gerichtskosten bemisst sich meistens an der Höhe des festgesetzten Streitwertes. Grundlage der Bemessung sind gerichtliche Gebühren nach einer Tabelle, sowie außergerichtliche Auslagenpositionen.

173 Darüber hinaus gibt es weitere Kostenpositionen, die nicht ausdrücklich in der beispielhaften Auflistung genannt sind, die – wie erwähnt – sich nicht als abschließend darstellt. So stellt sich die Frage, ob und inwieweit Aufwendungen zur **Abwendung und/oder Minderung des Schadens** auf die Versicherungssumme anzurechnen sind. Die nicht abdingbare Regelung des § 83 Abs. 1 S. 1 VVG regelt den Anspruch auf Aufwendungsersatz insoweit, dass der VR die Aufwendungen des VN nach § 82 Abs. 1 und 2 VVG, selbst wenn sie erfolglos bleiben, zu erstatten hat, soweit die VN diese den Umständen nach für geboten halten durfte. Die erwähnte Streichung der Aufwendungen zur Abwendung und Milderung des Schadens könnte einerseits darauf hindeuten, dass der GDV diese bewusst nicht mehr weiter mit aufgelistet hat, so dass diese auch nicht mehr in Ansatz zu bringen wären. Anderseits ist die neue Musterregelung des GDV gezielt offen und nicht abschließend formuliert, so dass auch etwaige nichtgenannte Positionen, wie die Aufwendungen zur Abwendung/Minderung des Schadens, dennoch hierunter fallen würden. Von dieser letzten Sichtweise ist weiterhin auszugehen, die gesetzliche Regelung des § 83 VVG steht dem nicht entgegen.[162]

174 Die Musterbedingungen äußern sich nicht zu der Frage der **Zinsanfälligkeit** und **Zinsberechnung**, ebenso nicht zu der Frage der **Sicherheitsleistung** und Möglichkeit der **Hinterlegung**. Insoweit ist auf die gesetzlichen Vorgaben aus den Regelungen zu (Verzugs-)Zinsen aus dem BGB und § 101 Abs. 2 S. 2 VVG sowie § 101 Abs. 3 VVG für die Hinterlegung abzustellen.[163]

175 **cc) Sonderfall „Schadenermittlungskosten.** Einen Sonderfall bilden die Schadenermittlungskosten, die seit 2013 bereits nicht mehr in den AVB-AVG aufgeführt sind. Anders als bei den Aufwendungen zur Schadenminderung soll dies vorliegend dazu führen, dass diese erstattungsfähig sind und solche Positionen auch bei der Versicherungssumme angerechnet werden und diese damit zusätzlich schmälern. Hier kann ein Vergleich zur Regelung des § 85 VVG gezogen werden, wonach auch **technische Ermittlungskosten** für den Schaden und zur Feststellung der Ursächlichkeit des Schadens unter die Schadensermittlungskosten fallen.[164]

dd) Zulässigkeit der Anrechnung von Abwehrkosten auf die Versicherungssumme

176 **(1) Marktübliche Praxis.** Nach Ziffer A-6.4 S. 2 der GDV Musterbedingungen werden bestimmte Aufwendungen auch auf die Versicherungssumme angerechnet. Hierunter fallen eindeutig sowohl gerichtliche als auch außergerichtliche Kosten zur Anspruchsabwehr. Abwehrkosten werden nach praktischer Handhabung auf die vereinbarte Versicherungssumme angerechnet, die Kosten schmälern damit die zur Verfügung stehende Versicherungssumme zum Nachteil der versicherten Personen. Diese Kostenanrechnung hat sich in der Versicherungspraxis mittlerweile als fester Bestandteil etabliert und wird auch von Seiten der Beteiligten wie der VN und Versicherungsmaklern akzeptiert.[165] Dabei erfolgt die Kostenanrechnung auch völlig unabhängig zu dem geltend gemacht Schaden und dessen Anspruchshöhe. Unbeachtlich ist, ob die Ansprüche im Wege der

162 Seitz/Finkel/Klimke/*Finkel*/*Seitz* Ziff. 4 Rn. 77.
163 Bruck/Möller/*Armbrüster* D&O AVB 2020/2022 A-6 Rn. 120 ff.
164 Seitz/Finkel/Klimke/*Finkel*/*Seitz* Ziff. 4 Rn. 78.
165 Höra/*Sieg* § 17 Rn. 140, s. im Einzelnen noch unter Rn. 112 ff.

Innen- oder Außenhaftung geltend gemacht werden.[166] Somit greift die Kostenanrechnung immer gleichermaßen ein. Aus Sicht der VR ist die Kostenanrechnung der Abwehrkosten vorteilhaft, da sie dann diese – mitunter sehr hohen – Kosten nicht noch zusätzlich zu der Versicherungssumme leisten müssen.[167]

Nicht umfasst von der Kostenanrechnung sind hingegen rein interne Kosten, die beim VR 177
anfallen, z.B. Kosten der Sach- und Schadenbearbeitung, Sachverhaltserforschungs- und ermittlungskosten (auch Monitoring).[168] Insoweit findet keine Anrechnung auf die Versicherungssumme statt. Hierfür spricht der klarstellende Hinweis auf die anzurechnenden Kosten der Abwehr, gerade nicht „Kosten im Allgemeinen" anzurechnen, worunter auch interne Kosten zu fassen sein dürften.

Teils taucht in der Praxis die Fragestellung auf, was im Fall der **Kostenallokation** mit der 178
Aufteilung der Versicherungssumme passiert.[169] Bei Ansprüchen, die teils versichert sind und teils nicht, bzw. bei Ansprüchen gegenüber versicherten und nicht versicherten Personen stellt sich die Frage, ob und ggf. inwieweit auch Kosten für nicht versicherte Ansprüche/Personen seitens des VR erbracht werden. Je nach Kostenregelung kann der VR nur dazu verpflichtet sein, denjenigen Anteil der Kosten der versicherten Ansprüche, respektive Personen, zu übernehmen. Ein Interesse an der Übernahme von Kosten an nicht versicherten Ansprüchen/Personen besteht nachvollziehbarerweise nicht. Praktisch schwieriger in der Handhabung ist es, wenn man ein einem Versicherungsfall zwischen versicherten und nicht versicherten Ansprüchen eine Splittung der Abwehrkosten herbeiführt. Der VR hat dann die Erfolgsaussichten in seiner Kostenkalkulation mittels einer Schätzung zu berücksichtigen, was den Teil der versicherten Ansprüche anbelangt. Manche Bedingungswerke erweisen sich als großzügiger, indem auch Kosten für nicht versicherte Ansprüche abgedeckt werden, die im Zusammenhang mit versicherten Ansprüchen stehen, so dass kein Kostensplit erfolgen muss. Die Leistung wird dann gegenüber den nichtversicherten Personen teils eingeschränkt oder an Bedingungen geknüpft, auch eine Möglichkeit zu regressieren wird offengelassen.

(2) Rechtliche Zulässigkeit – Wirksamkeit der Kostenanrechnung. Die oben erwähnte 179
Kostenanrechnung von Abwehrkosten zieht die vielseitig diskutierte Frage nach sich, ob und inwieweit eine solche Kostenanrechnung zulässig bzw. wirksam vorgenommen werden kann. Übernommen wurden die Vorgaben einer Kostenanrechnung aus den USA und haben sich mittlerweile auch in deutschen Bedingungswerken als Standardrepertoire am Markt etabliert.[170] Die **Kostenanrechnung** erfolgt **ohne weitere Differenzierung** im jeweiligen Schadenfall. Damit ist es unerheblich, ob es sich – wie bereits zuvor erwähnt – um Außen- oder Innenhaftungsfälle handelt oder ob die Anspruchsabwehr letztlich erfolgreich bzw. erfolglos war.[171]

So führt insbesondere die Anrechnung der **hohen Abwehrkosten** dazu, dass am Ende die 180
zur Verfügung stehende Versicherungssumme beträchtlich geschmälert wird. Sofern in einem Schadenfall mehrere versicherte Personen in Anspruch genommen werden, werden diese in der Regel auch anwaltlich einzeln vertreten, was eine zusätzliche Potenzierung der anzurechnenden Abwehrkosten zur Folge haben kann.[172] In der Praxis findet zumeist auch keine Sublimitierung der Abwehrkosten statt, um das Risiko der Schmälerung bzw. der Aufzehrung der Versicherungssumme zu minimieren.[173] Dieser Kostenfaktor spielt bei der gesetzlichen Kostenregelung des § 101

166 *Terno* RuS **2013** 577.
167 **A.A.** bezogen auf die Unwirksamkeit von Kostenanrechnungsklauseln, *Terno* RuS **2013** 577.
168 *Lange* § 15 Rn. 32; § 21 Rn. 73; i.E. unklar *Peltzer* NZG **2009** 970, 973.
169 Seitz/Finkel/Klimke/*Finkel/Seitz* Ziff. 4 Rn. 82 ff.
170 *Hemeling* FS Hoffmann-Becking S. 491, 502; *Lange* RuS **2014** 209, 211.
171 *Terno* RuS **2013** 577.
172 *Bräuer* AnwBl **2016** 258, 260.
173 *Armbrüster* VersR **2014** 1.

Abs. 2 VVG nicht eine so entscheidende Rolle, da allein Kosten auf Basis des RVG angerechnet werden.[174]

181 Grundsätzlich ist eine Abweichung von vorgenannter Vorschrift auch möglich, da § 112 VVG nur vorgibt, dass eine abweichende Vereinbarung von § 104 und § 106 VVG zum Nachteil des VN nicht zulässig ist. Da § 101 VVG nicht hierunter aufgelistet wurde, kann auch eine für den VN nachteilige Abweichung von der gesetzlichen Regelung vorgenommen werden, was aber allein noch nichts über den zulässigen Umfang von der gesetzlichen Abweichung aussagt, welcher einer AGB-rechtlichen Überprüfung zugänglich ist.[175] Mit der Auflistung der einzelnen Kostenpositionen wollte man bewusst eine inhaltliche Abgrenzung zum vorgenannten Kostenbegriff vornehmen. Grundsätzlich stellt eine Abweichung von vorgenannter Norm kein Problem dar, da es sich hierbei um eine abdingbare Regelung handelt. Die versicherungsrechtliche Praxis ist bis heute nicht von der Kostenanrechnung der Abwehrkosten abgewichen. Selbst eine obergerichtliche Rechtsprechung des OLG Frankfurt am Main[176] konnte hier (bislang) keine Umkehr einleiten. Ganz im Gegenteil, wurde die Entscheidung des OLG Frankfurt am Main in der Literatur oftmals als sehr kritisch betrachtet und in den Urteilsgründen als unzutreffend und unzureichende begründete Entscheidung angesehen.[177]

182 **c) ABG-rechtliche Überprüfung der Kostenanrechnung.** Im Folgenden sollen die AGB-rechtlichen Bedenken nur im Überblick dargestellt werden.[178] Anrechnungsklauseln stellen unproblematisch allgemeine Versicherungsbedingungen in AGB-Form dar, die meist nicht im Einzelfall verhandelt werden und damit einer AGB-rechtlichen Überprüfung zugänglich sind.[179] Die im Rahmen der Einbeziehungskontrolle zu berücksichtigende Prüfung einer etwaigen überraschenden Klausel i.S.v. § 305c Abs. 1 BGB ist im Ergebnis abzulehnen.[180] Es bestehen keine Anhaltspunkte dafür, dass die Klausel nach dem Abstellen auf den Empfängerhorizont einer typischen VN im Rahmen der D&O-Versicherung überraschend wirken könnte. Der VN ist es nach der Erkundung bzw. schon aufgrund ihres Erfahrungsschatzes möglich festzustellen, dass die Anrechnung von Abwehrkosten in der Branche übliche Praxis ist.[181] In sämtlichen marktüblichen Versicherungsbedingungen finden sich zumeist ausdrückliche Hinweise darauf, dass eine Anrechnung der Abwehrkosten auf die Versicherungssumme stattfindet. Oftmals erfolgt die Vertragsanbahnung durch einen Versicherungsmakler, der im Lager der VN steht und dessen Wissen zugerechnet wird, so dass schon keine „Überrumpelung" der VN durch die Kostenanrechnung besteht.[182]

183 **aa) Inhaltsprüfung nach § 307 Abs. 3 BGB.** Ferner unterliegen die Kostenanrechnungsklauseln den sog. „Schranken der Inhaltskontrolle" gem. § 307 Abs. 3 BGB. Dabei unterliegen die Anrechnungsklauseln im Ergebnis prinzipiell einer Inhaltsprüfung gem. § 307 Abs. 3 S. 1 BGB. Das ist auf den ersten Blick nicht so eindeutig, da es sich bei den Abwehrkosten um Anrechnungsabsprachen über den unmittelbaren Hauptleistungsgegenstand, also eine wesentliche Vertragspflicht, handelt. Durch die Bezugnahme zum Hauptleistungsgegenstand wäre somit eigentlich keine In-

174 *Ihlas* D&O Directors and Officers Liability S. 434 f.

175 Prölss/Martin/*Lücke* § 101 Rn. 33; Bruck/Möller/*Koch* Band 4 § 101 Rn. 63; *Langheid/Grote* VersR **2005** 1165, 1175.

176 OLG Frankfurt am Main 9.6.2011 RuS **2011** 509 ff.

177 *Armbrüster* NJW **2016** 897, 898; Seitz/Finkel/Klimke/*Finkel/Seitz* Ziff. 4 Rn. 59; *Langheid* VW **2012** 1768, 1771; van Bühren/*Lenz* § 25 Rn. 128 ff.

178 Vertiefend hierzu *Dickstein*, Die Kostenanrechnungsklausel in der D&O-Versicherung § 3; Drees/Koch/Nell/*Fiedler* S. 65; *Peppersack* Das Kürzungs- und Verteilungsverfahren in der D&O-Versicherung, S. 59 ff.; *Repgen* Die Wirksamkeit von Kostenanrechnungsklauseln in der D&O-Versicherung, S. 17 ff.

179 Seitz/Finkel/Klimke/*Finkel/Seitz* Einf. Rn. 102 f.

180 Seitz/Finkel/Klimke/*Finkel/Seitz* D&O-Versicherung Ziff. 4 Rn. 59; *Terno* RuS **2013** 577, 578.

181 *Fiedler* PHi **2013** 94; *Lange* § 15 Rn. 21; van Bühren/*Lenz* § 25 Rn. 132; *Terno* RuS **2013** 577, 578.

182 Drees/Koch/Nell/*Fiedler* S. 65.

haltsprüfung mehr möglich, allein eine Transparenzprüfung verbliebe.[183] Die Kostenanrechnungsklausel modifiziert die gesetzliche Regelung des § 101 Abs. 2 S. 1 VVG dergestalt, dass eine Anrechnung der Abwehrkosten auf die bestimmte Versicherungssumme stattfindet und hierdurch ein zusätzlicher Regelungsinhalt geschaffen wird, der einer inhaltlichen Überprüfung auch zugänglich ist.[184]

bb) Inhaltskontrolle gemäß § 307 Abs. 2 BGB

(1) Leitbildfunktion des § 101 Abs. 2 VVG und Abweichung. Dabei müssen die inkludierten 184
Anrechnungsklauseln einer Inhaltskontrolle i.S.d. § 307 Abs. 2 Nr. 1 BGB standhalten. Nach vorstehender Regel liegt eine unangemessene Benachteiligung im Zweifel dann vor, wenn eine Bestimmung mit wesentlichen Grundgedanken einer gesetzlichen Regelung, von der man abweicht, nicht mehr zu vereinbaren ist. Damit eine beachtliche Abweichung vorliegt, muss der Vorschrift und dem Regelungsgehalt des § 101 Abs. 2 VVG eine „Leitbildfunktion oder -charakter“[185] zukommen. Das Bestehen eines Leitbildcharakters wird unproblematisch angenommen. Selbst das OLG Frankfurt am Main ging in seiner Entscheidung zur Kostenanrechnung ohne Weiteres vom **Vorliegen eines Leitbildes** der Vorgängerregelung des § 150 Abs. 2 VVG a.F. aus.[186] Als nächste Voraussetzung liegt eine inhaltliche Abweichung der Anrechnungsklausel vom gesetzlichen Leitbild des § 101 Abs. 2 S. 1 VVG vor.[187] Nach der VVG-Regelung sind die Abwehrkosten nicht auf die festgelegte Versicherungssumme anzurechnen, wogegen nach der Anrechnungsklausel umgekehrt eine Anrechnung der Abwehrkosten erfolgen soll. Die Kostenanrechnung erfolgt generell, auch dann, wenn der Schaden die bestimmte Versicherungssumme ohne die Abwehrkosten noch nicht überschritten hat.

(2) Mögliche Unvereinbarkeit– Interessenabwägung. Bedeutsamer ist die Frage, ob und in- 185
wieweit Anrechnungsklauseln unvereinbar mit § 101 Abs. 2 VVG sind. Erst eine vorzunehmende Interessenabwägung zwischen dem VR als Verwender und der VN als Vertragspartnerin kann eine ausreichende Beurteilungsgrundlage bieten,[188] wobei sowohl die Interessen des VR als auch der VR anteilig im angemessenen Verhältnis zu berücksichtigen sind.[189] Sofern die VN ein Großunternehmen ist, stellt sich die Frage, ob und inwieweit für diese Unternehmen überhaupt noch ein zu berücksichtigendes Schutzbedürfnis besteht, das im Rahmen der Transparenz- und Leitbildprüfung noch von ausschlaggebender Bedeutung ist.[190] Insoweit könnten die Interessen des VR aufgrund der fehlenden Schutzbedürftigkeit schon überwiegen. Hinzu kommt die angemessene Interesseneinbeziehung bezüglich der versicherten Personen, denen im Rahmen der D&O-Versicherung die Rechte zustehen.[191]

(3) Kein Verstoß. Im Ergebnis führt eine umfassende Interessenabwägung dazu, dass keine un- 186
vereinbare Abweichung zu dem gesetzlichen Leitbild des § 101 Abs. 2 S. 1 VVG und damit kein

183 MünchHdB GesR VII/*Armbrüster* § 108 Rn. 91.
184 OLG München 8.5.2009 RuS **2009**, 327, 329; *Armbrüster* NJW **2016** 897, 898; *Baumann* NZG **2010** 1366, 1367.
185 Hierzu auch *Fiedler* PHi **2013** 94, 96.
186 OLG Frankfurt am Main 9.6.2011 VersR **2012** 432, 434.
187 *Terno* RuS **2013** 577, 580.
188 *Fiedler* PHi **2013** 94, 97 m.w.N.
189 Ausführlich zur Interessenlage siehe unter Rn. 121 ff.
190 *Armbrüster* NJW **2016** 897, 898.
191 BGH 16.7.2014 VersR **2014** 1118, 1119; BGH 9.11.2011 VersR **2011** 918, 920 (HEROS I); *Koch* VersR **2015** 133, 144; *Lange* § 3 Rn. 88 f.

Verstoß besteht; das Interesse des VR an der Vereinbarung einer Kostenanrechnungsklausel überwiegt, welches keinen Verstoß gegen **§ 307 Abs. 2 Nr. 1 BGB** begründet.[192]

187 Des Weiteren besteht durch die Anrechnung der Abwehrkosten keine Vertragszweckgefährdung i.S.d. **§ 307 Abs. 2 Nr. 2 BGB.**[193]

cc) Interessenslagen

(1) Interessensabwägung aus Perspektive des Versicherers

188 **(a) Branchenüblichkeit.** Im Rahmen der Interessenabwägung für den VR spricht, dass es sich bei den Anrechnungsklauseln um **branchenübliche Klauseln** handelt.[194] Allein dieser Umstand ist aber nicht ausreichend dafür, dass angemessene Klauseln bestehen.[195] Die D&O-Versicherung hat sich seit langem auch in Deutschland zu einem festen Marktbestandteil in der Versicherungswirtschaft etabliert. Mit der Branchenüblichkeit und der daraus resultierenden Indizwirkung kann jedoch die Angemessenheit einer Klausel nicht allein begründet werden, hierfür bedarf es noch zusätzlicher Faktoren.[196]

189 **(b) Prämienkalkulation.** Als weiterer Faktor zur Beurteilung der Angemessenheit wird teilweise die **Prämienkalkulation** des VR hinzugezogen. Schließlich kalkuliert der VR die Prämien im Vertrauen darauf, dass bei Eintritt eines Schadenfalles die Abwehrkosten zu dessen Vorteil auf die Versicherungssumme in Ansatz gebracht werden können.[197] Teilweise reichen die Auffassungen sogar soweit, dass eine Anrechnung der Abwehrkosten vorzunehmen sei, da andernfalls das Prämienniveau derart ansteigen müsste, dass sich kaum noch wirtschaftlich versichern ließe.[198] Auch bringt die Kostenkalkulation eine gewisse Unsicherheit für den VR mit sich. Uneinheitliche Stundenhonorare (die sich sichtbar über den Regelsätzen nach dem RVG auf Basis des Gegenstandswerts bewegen) der beteiligten Wirtschaftsanwälte, Gutachter- und Sachverständigenkosten sind hierfür maßgeblich verantwortlich.[199] Insbesondere eine erschwerte Kostenschätzung- und Berechnung im Ausland[200] (wie z.B. USA und Kanada) erfordert durch die höheren Anwaltskosten eine Anrechnung zur Entlastung des VR.[201] Verstärkt werde dies auch durch die Ausprägung einer Vielzahl von Inanspruchnahmen bei dualistischen Gesellschaftsformen von meist mehreren Organmitgliedern aufgrund deren Pflichtverletzungen.[202] Andererseits werden teils die unterschiedlichen Stundenhonorare dem VR nicht zur Gute gehalten, danach ist die Kalkulation für den VR zumutbar.[203] Ein weiteres Argument, das aus VRsicht für eine Angemessenheit von Kostenanrech-

---

192 MünchHdB GesR VII/*Armbrüster* § 108 Rn. 96; umfassender hierzu auch *Peppersack* Das Kürzungs- und Verteilungsverfahren in der D&O-Versicherung, S. 82 ff. m.w.N.

193 *Peppersack* Das Kürzungs- und Verteilungsverfahren in der D&O-Versicherung, S. 85 ff.

194 Zur Branchenüblichkeit s. auch Höra/Sieg/*Terbille* § 17 Rn. 138.

195 *Fiedler* PHi **2013** 94, 97; *Terno* RuS **2013** 577, 582.

196 *Werber* VersR **2014** 1159, 1165; **a.A.** *Fiedler* PHi **2013** 94, 97 die Indizwirkung schon ablehnend.

197 *Peppersack* Das Kürzungs- und Verteilungsverfahren in der D&O-Versicherung, S. 71; *Werber* VersR **2014** 1159, 1164.

198 *Hemeling* FS Hoffmann-Becking S. 491, 503; Seitz/Finkel/Klimke/*Finkel*/*Seitz* Ziff. 4 Rn. 65.

199 Bruck/Möller/*Koch* Band 4 § 101 Rn. 73; Seitz/Finkel/Klimke/*Finkel*/*Seitz* Ziff. 4 Rn. 63.

200 Verstärkend Seitz/Finkel/Klimke/*Finkel*/*Seitz* Ziff. 4 Rn. 66, wonach sogar bei Inlandsrisiken eine schwere Kosteneinschätzung besteht.

201 Vgl. auch Patzina/Bank/Schimmer/Simon-Widmann/*Schimmer*, Kapitel 18 Rn. 64.

202 MünchHdB GesR VII/*Armbrüster* § 108 Rn. 95.

203 *Wilhelm*/*Mayer* Schadenpraxis 04/**2014** 4, 7; **a.A.** MünchHdB GesR VII/*Armbrüster* § 108 Rn. 95; Bruck/Möller/*Koch*, Band 4 § 101 Rn. 73.

nungsklauseln spricht, ist der Umstand, dass der VR selbst dann Leistungen in Form von Abwehrkosten erbringt, wenn ein umgekehrter Fall der Unterversicherung besteht.[204]

Als Gegenargument wird angeführt, dass die Kalkulation der Prämien ein wirtschaftlicher Betrachtungsfaktor ist, der grundsätzlich nicht zur Angemessenheit und damit zur Wirksamkeit von Vertragsklauseln führen wird, sondern allenfalls zur Anpassung zukünftig entstehender Prämien.[205] **190**

Schlussendlich kann die Prämienkalkulation deshalb nur als Teil mitbestimmend sein, die Angemessenheit der Kostenanrechnung zu rechtfertigen. Eine Indizwirkung zugunsten des VR kann somit berücksichtigt werden.[206] Die Vielzahl von Inanspruchnahmen innerhalb der D&O-Versicherung gegenüber einem aus VRsicht noch nicht feststehenden Kreis von Personen kann auch zu dessen Gunsten berücksichtigt werden.[207] Oftmals werden (gleichzeitig) mehrere versicherte Personen der VN auf Schadenersatz in Anspruch genommen, im Vorfeld hat hier die VR kaum Möglichkeiten, die Risiken einzugrenzen, ohne eine Anrechnung der Abwehrkosten vorzunehmen.[208] Hinzu kommt dem VR bei der Interessenabwägung für die Anrechnung der Abwehrkosten zugute, dass bei Innenhaftungsfällen die potentielle Gefahr besteht, dass die versicherten Personen mit der VN kollusiv zum Nachteil des VR zusammenwirken.[209] Diese Annahme kann jedoch nicht einfach unterstellt werden und muss einzelfallbezogen geprüft werden.[210] **191**

(2) Interessenabwägung aus Perspektive der versicherten Personen. Im Rahmen der Interessenabwägung spricht für die versicherten Personen das Argument, dass zunächst der VR mit der Ausübung seines Wahlrechtes dafür die Entscheidung trifft, dass künftig Abwehrkosten anfallen.[211] Eine sofortige Freistellung der versicherten Personen hätte zur Folge, dass keine Abwehrkosten entstehen würden. Die VN selbst hat nur begrenzte Einwirkungsmöglichkeiten auf die Entscheidung des VR darauf, ob dieser in die Abwehr der Ansprüche eintritt oder eine Freistellung vornimmt. Unrichtigen Entscheidungen des VR im Hinblick auf die Begründetheit der geltend gemachten Ansprüche ist die VN somit ausgesetzt.[212] Umgekehrt hat der VR gerade ein gesetzlich vorgesehenes Wahlrecht, so dass dieser immer noch uneingeschränkt hiervon Gebrauch machen kann, die VN ist bei (bewussten) Fehlentscheidung auch über Schadenersatzansprüche abgesichert.[213] **192**

(3) Interessenabwägung aus Perspektive der Versicherungsnehmerin. Bei der Interessenabwägung fehlt abschließend noch die Sichtweise der VN selbst. Diese hat naturgemäß ein Interesse daran, eine möglichst hohe Schadenkompensation zu erhalten, so dass keine Abrechnung der Abwehrkosten vorzunehmen wäre.[214] Andernfalls bestünde die nicht unerhebliche Gefahr, dass eine fehlgeschlagene Anspruchsabwehr die Versicherungssumme (vollständig) aufge- **193**

204 Veith/Gräfe/Gebert/*Lange* § 21 Rn. 340; D&O **2022** *Lange* § 15 Rn. 23; Abweichung in der Praxis möglich, s. nur Seitz/Finkel/Klimke/*Finkel/Seitz* Ziff. 4 Rn. 170.

205 BGH 16.11.1992 NJW **1993** 2442, 2444; Beckmann/Matusche-Beckmann/*Beckmann* § 10 Rn. 225; *Terno* RuS **2013** 577, 582; *Wilhelm/Becker* VP **2013** 27, 32; **a.A.** Seitz/Finkel/Klimke/*Finkel/Seitz* Ziff. 4 Rn. 65.

206 *Peppersack* Das Kürzungs- und Verteilungsverfahren in der D&O-Versicherung, S. 74 f.

207 *Fiedler* PHi **2013** 94, 98.

208 *Fiedler* PHi **2013** 94, 100.

209 *Armbrüster* NJW **2016** 2155, 2157 f.; van Bühren/*Lenz* § 25 Rn. 99.

210 *Peppersack* Das Kürzungs- und Verteilungsverfahren in der D&O-Versicherung, S. 77 f.

211 *Wilhelm/Becker* VP **2013** 27, 31.

212 *Wilhelm/Becker* VP **2013** 27, 31; Hauschka/Moosmayer/Lösler/*Pant* Corporate Compliance § 8 Rn. 26.

213 *Peppersack* Das Kürzungs- und Verteilungsverfahren in der D&O-Versicherung, S. 79 f.

214 *Peppersack* Das Kürzungs- und Verteilungsverfahren in der D&O-Versicherung, S. 80.

braucht hat, so dass am Ende schon keine Schadenskompensation mehr erfolgen kann.[215] Von dem eigenen Bilanzschutz abgesehen, hat aber auch die VN ein Interesse darin, die versicherten Personen in den Versicherungsschutz mit einzubeziehen, was der Charakter der D&O-Versicherung als Versicherung für fremde Rechte mit sich bringt.

194 **dd) Transparenzerfordernis nach § 307 Abs. 1 BGB.** Schließlich genügt die Kostenanrechnungsklausel nach hier vertretener Auffassung auch dem Transparenzerfordernis gem. § 307 Abs. 1 S. 2 BGB im Rahmen der eigentlichen Inhaltskontrolle. In der **Rspr.** hingegen hat die Entscheidung des OLG Frankfurt am Main[216] für Diskussion gesorgt, da die zu beurteilende Anrechnungsklausel im Rahmen der bestehenden D&O-Versicherung als intransparent und infolgedessen als unwirksam nach **§ 307 Abs. 1 S. 2 BGB** erachtet wurde.[217] Das Urteil stützte sich im Wesentlichen auf ältere Ausführungen von *Säcker*,[218] die auch auf die dort zu entscheidende Sachverhaltskonstellation transferiert wurde. Nach vielfacher und zutreffender Kritik in der Literatur wurde dargelegt, dass die Ausführungen des OLG Frankfurt am Main im Ergebnis nicht überzeugen können.[219] Es erfolgte auch eine spezifische Angemessenheitsprüfung der Kostenanrechnungsklausel aus den Musterbedingungen des GDV, die man für transparent und damit für rechtswirksam hielt.[220] Im Ergebnis sind die sog. Anrechnungsklauseln in den Wordings der VR bzw. die Musterklausel des GDV wirksam und halten einer AGB-rechtlichen Überprüfung stand.[221] Die angesprochene Entscheidung des OLG Frankfurt am Main gilt weiter fort und wurde nicht durch eine BGH-Entscheidung gestützt oder revidiert.

195 In der **Praxis** haben sich dadurch jedoch Zweifel abgebildet, ob nicht doch die teils von VR verwendeten Kostenanrechnungsklauseln unwirksam sind.[222] Ohne höchstrichterliche Entscheidung bietet auch die Verwendung der Musterklausel des GDV keine abschließende Rechtssicherheit, so dass davon auszugehen ist, dass von den VR weiterhin hiervon abweichende Regelungen in den Versicherungsbedingungen getroffen werden.[223] Der VR wird nur ungern auf eine (vollständige) Kostenanrechnung der Abwehrkosten verzichten wollen oder können, während die versicherten Personen und die VN selbst hieran ein großes Interesse haben. Schon in der Vergangenheit gab es hierzu erste Ansätze einer Kostenschmälerung entgegenzuwirken, indem Abwehrkosten auf Veranlassung des VR sich nicht nachteilig auf eine Verschlankung der Versicherungssumme auswirken sollen.[224]

196 Um den auftretenden Unsicherheiten entgegenzutreten, gibt es Überlegungen zur **AGB-festen Gestaltung** von Kostenanrechnungsklauseln, dass diese auch einer strikten AGB-Prüfung, insbesondere im Hinblick auf das Transparenzgebot, am besten standhalten werden.[225] Teils wird vorgeschlagen, die Kostenanrechnung zu **limitieren** und auf einen vorher begrenzten Teil der Versi-

---

215 MünchHdB GesR VII/*Armbrüster* § 108 Rn. 94.

216 OLG Frankfurt/Main 9.6.2011 VersR **2012** 432 ff.

217 OLG Frankfurt/Main 9.6.2011 VersR **2012** 432, 434; **a.A.** van Bühren/*Lenz* § 25 Rn. 128, 130; Bruck/Möller/*Armbrüster* D&O AVB 2020/2022 A-6 Rn. 210; Drees/Koch/Nell/*Fiedler* S. 120 ff.; *Werner* CB **2014** 388, 393.

218 *Säcker* VersR **2005** 10 ff.

219 So bspw. *Armbrüster* NJW **2016** 897, 898; Seitz/Finkel/Klimke/*Finkel/Seitz* Ziff. 4 Rn. 59; van Bühren/*Lenz* § 25 Rn. 130 ff.

220 Drees/Koch/Nell/*Fiedler*, S. 120 ff.; *Lange* § 15 Rn. 21 ff.; *Terno* RuS **2013** 577, 578; **a.A.** *Säcker* VersR **2005** 10, 14.

221 *Fiedler* PHi **2013** 94, 104; Drees/Koch/Nell/*Fiedler*, S. 122f.; Seitz/Finkel/Klimke/*Finkel/Seitz* Ziff. 4 Rn. 66; *Lange* § 15 Rn. 21 ff.; Veith/Gräfe/Gebert/*Lange* Versicherungsprozess § 21 Rn. 339; van Bühren/*Lenz* § 25 Rn. 132f.; **a.A.** *Terno* RuS **2013** 577; *Säcker* VersR **2005** 10, 14.

222 *Hemeling* FS Hoffmann-Becking, S. 491, 503; *Peppersack* Das Kürzungs- und Verteilungsverfahren in der D&O-Versicherung, S. 97.

223 Siehe unten unter Rn. 147 ff. die Beispiele der Versicherungsklauseln mit Kostenanrechnung der Abwehrkosten.

224 *Armbrüster* NJW **2016** 897, 898.

225 Im Einzelnen hierzu *Peppersack* Das Kürzungs- und Verteilungsverfahren in der D&O-Versicherung, S. 98 ff.

cherungssumme zu limitieren.[226] Das hätte den Vorteil, dass die anzurechnenden Kosten nicht die zur Verfügung stehende Versicherungssumme aufzehren würden, so dass eine Schadenskompensation weiterhin möglich wäre.

Eine andere Möglichkeit besteht darin, die Versicherungssumme in zwei Teile **aufzusplitten**, so dass ein Teil allein für die Freistellungskomponente zur Verfügung steht, der weitere Teil dann für die Anrechnung der Abwehrkosten bereit steht, so dass je nach Art der Zahlung zwischen den beiden „Töpfen“ der Versicherungssumme zu differenzieren ist.[227] Die Trennung bedingt einen gewissen Aufwand und kommt einer Sublimitierung[228] für den jeweiligen Bereich nahe. Eine weitere Möglichkeit besteht darin, die unterschiedlich anfallenden **Kosten zu priorisieren**. Etwaig entstehende Prozesskosten sollen vor übrigen Kosten mit Prioritätsstellung ausgeglichen werden.[229] Vorschlag wäre, den Begriff der „Prozesskosten“ noch im Einzelnen zu definieren, um Klarheit zu schaffen.[230] Nachteilig durch die Anrechnung der vorrangigen Abwehrkosten wäre die Gesellschaft selbst betroffen, da die Verwirklichung ihres Schadenersatzanspruches durch die Schmälerung der zur Verfügung stehenden Versicherungssumme beeinträchtigt wird.[231] 197

d) Verteilung der Versicherungssumme

aa) Versicherungssumme nicht ausreichend

(1) Kostentreiber. Das **Verteilungsproblem** hinsichtlich der Versicherungssumme besteht genau in dem Fall, wo die erwarteten Kosten die festgelegte Versicherungssumme überschreiten.[232] Der geltend gemachte bzw. tatsächlich eingetretene Schaden ist (deutlich) höher als die zur Verfügung stehende Versicherungssumme. Die Bestimmung der zu erwartenden Kosten[233] ist für den VR nachvollziehbar eine schwierige Aufgabe, der er sich widmen muss. Gerade am Anfang eines Schadenfalles ist die Entwicklung meist nicht eindeutig, wie hoch der Schaden im Weiteren tatsächlich ausfallen kann, vor allem was die Anwaltskosten auf Seiten der Anspruchsabwehr anbelangt. Praktische Erfahrungen im Umgang mit dem Verteilungsverfahren scheinen auch eher kaum vorhanden zu sein. Vom Grundsatz her besteht kein Thema einer Verteilung der Versicherungssumme bei Vorliegen einer Gesamtschuld in einem einzigen Schadensfall und gleichzeitiger Inanspruchnahme der betroffenen versicherten Personen.[234] Trotzdem verbleiben hierbei gewisse gesamtschuldnerische Ungerechtigkeiten, sollten die zahlungskräftigen versicherten Personen vorranging in Anspruch genommen werden.[235] 198

Die Höhe der anfallenden Abwehrkosten dürfte in der Praxis maßgeblich durch die entstehenden **Anwaltshonorare** mitgeprägt sein. Im Rahmen von D&O-Schadensfällen werden die wenigsten Anwälte nach dem RVG auf Basis des Gegenstandswerts abrechnen.[236] Vielmehr werden Zeithonorare mit unterschiedlich **hohen Stundensätzen** vereinbart sein, wodurch die zur Verfügung stehende Versicherungssumme beträchtlich geschmälert werden kann. Um einer ausufernden Kostenanrechnung der Abwehrkosten entgegenzuwirken, werden teils Limitierungen hierfür 199

226 *Terno* RuS **2013** 577, 582.

227 *Terno* RuS **2013** 577, 582; *Werber* VersR **2014** 1159, 1166.

228 Zu Sublimitierung s. noch unten unter Rn. 153.

229 Mit vorgeschlagener „Musterklausel“, *Grooterhorst/Looman* RuS **2014** 157, 163 mit Klauselvorschlag; **a.A.** zum Klauselvorschlag *Lange* VersR **2014** 1413 (Fn. 2).

230 *Peppersack* Das Kürzungs- und Verteilungsverfahren in der D&O-Versicherung, S. 100 f.

231 *Grooterhorst/Looman* RuS **2014**, 157, 163.

232 *Peppersack* RuS **2018** 117, 119.

233 Siehe auch oben Rn. 93 f. zur Bestimmung der „richtigen“ Versicherungssumme.

234 *Peppersack* RuS **2018** 117, 120; *ders.*, Das Kürzungs- und Verteilungsverfahren in der D&O-Versicherung, S. 108 f., m.w.N. in Fn. 511.

235 *Peppersack* RuS **2018** 117, 120.

236 *Fassbach* AR **2013** 142, 143; *Wilhelm/Mayer*, Schadenpraxis 04/**2014** 4, 6.

in den Versicherungsbedingungen vorgesehen, oder es werden umgekehrt Zusatzlimite für bestimmte Kostenpositionen vorgesehen. Die Versicherungsbedingungen treffen an entsprechender Stelle meist vertragliche Vorgaben, was die Höhe und die Erstattungsfähigkeit von anwaltlichen Honorarvereinbarungen anbelangt.

200 Bei den zahlreichen Beispielen in der Praxis für eine nicht ausreichende Versicherungssumme tritt die Fragestellung auf, wie die Verteilung der nicht ausreichenden Versicherungssumme zu erfolgen hat. Bis vor wenigen Jahren war die Problematik noch (relativ) unbeleuchtet, dementsprechend sahen die vorhandenen Versicherungsbedingungen auch gar keine Regelungen für diese Problematik vor bzw. beinhalteten nur solche Regelungen, die für die Lösung der Verteilungsproblematik allenfalls im Ansatz eine Hilfestellung bieten konnten. Erst in jüngster Zeit haben sich die VR und Maklerhäuser damit auseinandergesetzt und Ansatzpunkte zur Lösung der Verteilungsproblematik mit in ihre Versicherungsbedingungen aufgenommen.[237]

201 **(2) Lösungsansätze.** Es gibt unterschiedliche Ansätze mit denen man einer etwaigen unzureichenden Versicherungssumme entgegenwirken kann.[238] Hierzu zählen beispielsweise Aspekte wie Regelungen innerhalb der Versicherungsbedingungen, dazu zählen zusätzliche Abwehrkosten, die Maximierung oder Wiederauffüllung der Deckungssumme, Möglichkeiten im Rahmen des Schiedsverfahrens, vergleichsweise Lösungen oder auch die praktisch kaum in Erscheinung tretenden Individualpolicen (in echter oder unechter Ausgestaltungsform denkbar).[239]

202 In diesem Zusammenhang soll nur etwas näher die sog. **separate Aufsichtsrats-Police** betrachtet werden bezüglich des Verbrauchs der Versicherungssumme. Auf dem Markt werden solche spezifisch für Aufsichtsräte entwickelten Deckungskonzepte schon seit geraumer Zeit angeboten und treten zunehmend häufiger in Erscheinung. Dabei kann die Ausgestaltung derart erfolgen, dass **getrennte Summen** der Versicherungssumme für Vorstands- und Aufsichtsratsmitglieder zur Verfügung stehen. Alternativ können für die Vorstands- und Aufsichtsratspolicen vollständig voneinander **getrennte Versicherungspolicen** abgeschlossen werden, in Form von sogenannten **„Two-Tier-Trigger" (TTT)** Policen[240] oder als **„Twin Tower" Modell**.[241] Hierdurch kann dem Aufsichtsrat eine separate Versicherungssumme bereitgestellt werden, wie es nach dem letztgenannten Modell vorgesehen ist. Die „Two-Tier-Trigger" Police bietet dagegen einen anderen Ansatz und die Aufsichtsratsmitglieder sind im Rahmen der gesondert für diese reservierten Versicherungssumme mitversichert, wo der Zugriff durch ein zuvor definiertes Versicherungsereignis (**„Trigger"**) ausgelöst wird. Diese Form der Versicherung wird meist auch bei einem anderen VR eindeckt werden, so dass auch kein Problem einer etwaigen Mehrfachversicherung i.S.d. § 78 Abs. 1 VVG entsteht und die Bedingungen aufeinander voll abgestimmt sind, sog. „full-following form".

203 Der erste und eigentlich **wichtigste Trigger** ist hierbei die Ausschöpfung der Versicherungssumme bei der D&O-Unternehmenspolice.[242] In die denkbare Versorgungslücke bei Verbrauch der Versicherungssumme tritt dann die spezielle Absicherung für die Mitglieder des Aufsichtsrats ein. Ohne diesen eigenständigen Versicherungsschutz könnte im Schadensfall bereits der Vorstand die zur Verfügung stehende Versicherungssumme aufbrauchen aufgrund der in der Praxis gängigen Kostenanrechnung bei den hohen Abwehrkosten. Dadurch steht der Aufsichtsrat am Ende mit eigenem Schutzschirm in Form der spezifischen Versicherungssumme dar. Beim etwaigen Verteilungsverfahren des VR dürften die Aufsichtsratsmitglieder zumeist auch unberücksichtigt bleiben,

---

237 *Armbrüster* VersR **2014** 1, 3.

238 *Peppersack* Das Kürzungs- und Verteilungsverfahren in der D&O-Versicherung, S. 307 ff.

239 Zu den Ansätzen s. unten Rn. 152 ff. bei dem Vergleich zu den Musterbedingungen und im Übrigen *Peppersack* Das Kürzungs- und Verteilungsverfahren in der D&O-Versicherung, S. 307 ff.

240 Vgl. *Reichert/Suchy* NZG **2017** 88.

241 *Peppersack* Das Kürzungs- und Verteilungsverfahren in der D&O-Versicherung, S. 348, Fn. 1583 m.w.N.

242 *Fassbach* BOARD 4/**2014** 156, 160; *Wettich* AG **2015** 681, 684.

da in der Praxis oftmals erst dann Ansprüche geltend gemacht werden, nachdem sich Ansprüche gegenüber den Vorstandsmitgliedern bereits herauskristallisiert haben. Bei späterer Inanspruchnahme der Aufsichtsratsmitglieder kann die eigentlich zur Verfügung stehende Versicherungssumme dann zu deren Nachteil bereits (vollständig) erschöpft sein.[243]

bb) Verteilungsverfahren. Ohne konkrete Vorgaben in den Versicherungsbedingungen obliegt 204
es dem VR letztendlich selbst zu entscheiden, nach welchem **Prinzip** dieser die **Verteilung** vornimmt. Sofern keine konkreten Regelungen in den Versicherungsbedingungen mit abgebildet werden, werden bei Eintritt eines Schadensfalls die unterschiedlichen Vorstellungen der Beteiligten ein Streitpotential nach sich ziehen. Umgekehrt kann eine zu detailliert ausgestaltete Regelung in den Versicherungsbedingungen dazu führen, dass bei Eintritt eines Schadensfalls den Beteiligten gar kein oder kein nennenswerter Verhandlungsspielraum zur Verfügung steht. Daher sind bei der **Bestimmung der Verteilungsart** solche Kriterien zu bestimmen, die dem Interesse aller Beteiligten am nächsten kommen. Grundsätzlich gilt, dass je größer die Anzahl der beteiligten Personen im Schadensvorgang ist, desto schwieriger gestaltet sich eine einvernehmliche Lösung. Auch die Involvierung mehrerer **(Exzedenten-)VR (Layer)** statt nur eines GrundVR kann eine einvernehmliche Einigung aufgrund der unterschiedlich gelagerten Interessen oftmals erschweren. So kann hier beispielsweise die Frage offen sein, zu welchem **Zeitpunkt** die beteiligten VR das Verteilungsverfahren einzuleiten haben.[244] Das muss spätestens dann der Fall sein, wenn die Versicherungssumme des Grund-VR bereits ausgeschöpft ist und es einer zusätzlichen Versicherungssumme durch die Exzedenten-VR bedarf. Anderseits mag sich die Frage stellen, ob die beteiligten Exzedenten-VR nicht bereits auf zeitlich früherer Ebene in das Verteilungsverfahren involviert werden sollten bzw. müssten.[245] Dann könnte eine Beteiligung bereits in dem Zeitpunkt stattfinden, wo erwartet wird, dass die Versicherungssumme des Grund-VR nicht (mehr) ausreichend erscheint. Gerichtliche Auseinandersetzungen zu der Frage, welche Ansätze im Hinblick auf die Verteilung bei mehreren VR erfolgen müssen, gerade auf zeitlicher Ebene betrachtet, gibt es bislang soweit ersichtlich nicht in Deutschland für D&O-Fallentscheidungen. Das bietet somit weiterhin Raum dafür, dass die Ansätze der VR hinsichtlich der Modalitäten der Verteilung unzureichender Versicherungssummen divergieren.

cc) Verteilungsprinzipien. In der Literatur haben sich unterschiedliche Möglichkeiten heraus- 205
gebildet, welche Verteilungsprinzipien Anwendung finden, was je nach Fallkonstellation variieren kann. Bei unzureichender Versicherungssumme bestehen grundlegend voneinander abweichende Möglichkeiten der Verteilung. Eine einheitliche Linie, wann welches Verteilungsprinzip Anwendung finden soll, hat sich nicht herausgebildet.[246] So mag der VR die Verteilung nach der Regelung des § 109 VVG (analog) quotal, alternativ pro Kopf, nach Priorität oder mittels einer Modifikation der vorstehenden Prinzipien vornehmen. Die Arten der Verteilung lassen sich überblicksartig ohne Anspruch auf Vollständigkeit wie folgt deklarieren[247] und hängen von der Anwendung je nach Fallkonstellation ab: (1) **Proportionalitätsprinzip** gemäß **§ 109 VVG (analog)**, (2) **Prioritätsprinzip**, aus dem amerikanischen auch als „first-come first-served“ Prinzip bekannt, (3) **Kopfprin-**

243 Zu den weiteren und hier nicht dargestellten Triggern der TTT-Police vgl. auch MünchHdB GesR VII/*Armbrüster* § 108 Rn. 11 ff.

244 *Knöfel* ZIP **2018** 1814 ff. zum Ganzen bei Exzedentenversicherern.

245 *Eley* VersR **2021** 1461, 1466 f. m.w.N.

246 *Peppersack* RuS **2018** 117, 120.

247 *Peppersack* RuS **2018** 117, 120.

zip und das (4) „**Beliebensprinzip**". Die vorstehenden Prinzipien werden im Folgenden noch jeweils knapp skizziert.[248]

206 **(1) Das Proportionalitätsprinzip nach § 109 VVG analog.** In der Literatur geht ein nicht unwesentlicher Teil von einer Verteilung nach dem Proportionalitätsprinzip i.S.d. § 109 VVG – in analoger Anwendung bzw. ergänzender Vertragsauslegung – aus.[249] Bei Innenhaftungsfällen kann aufgrund der bestehenden umgekehrten Fallkonstellation per se eigentlich allein eine analoge Anwendung der Vorschrift in Betracht kommen. Die für die analoge Anwendung einer Norm erforderlichen Voraussetzungen einer (planwidrigen) Regelungslücke und einer vergleichbaren Interessenlage werden im Hinblick auf die Erfüllung in der Literatur uneinheitlich beurteilt, so dass man entweder zu einer analogen Anwendung der Vorschrift des § 109 VVG mit der Folge der Anwendbarkeit des Proportionalitätsprinzips gelangt oder gerade nicht.[250] Ist die Frage der (analogen) Anwendbarkeit des § 109 VVG zunächst einmal geklärt, stellt sich die unmittelbare Folgefrage, ob § 109 VVG allein in Bezug zur Freistellungskomponente des Anspruchs (aufgrund des Wortlauts) dann Anwendung findet, oder nicht auch entsprechend bei der Abwehranspruchskomponente eingreifen soll. Die Frage ist zudem, nach welcher Art der Verteilung diese Abwehrkosten damit zu verteilen sind. Vertreten wird in diesem Zusammenhang, dass auch die Kosten der Abwehr ebenso entsprechend quotal nach dem Prinzip des § 109 VVG aufzuteilen sind. Teils wird auch vorgeschlagen, dass man das Prinzip diesbezüglich modifiziert anwendet und etwaige Kosten der Anspruchsabwehr vorrangig nach Priorität oder Köpfen aufteilen könnte, alternativ auch nach dem bereits erwähnten „Beliebensprinzip".[251]

207 **(2) Das Prioritätsprinzip.** Als weitere Verteilungsart kann das Prioritätsprinzip in Betracht kommen. Die Existenz als solches ist unbestritten. Das Prinzip kann nur sinnvoll zum Einsatz gelangen, wenn es sich um mehrere (zeitlich nacheinander) versicherungsrechtliche Schadenfälle handelt. Bei Serienschäden, die versicherungsrechtlich nur als ein einzelner Schadenfall betrachtet werden, sowie bei mehreren Versicherungsfällen die genau zeitgleich eintreten sollten, kann das Prinzip daher nicht zur Anwendung gelangen.[252] Nach dieser Art der Verteilung werden Leistungen in einem zeitlich früheren Versicherungsfall primär vor Ansprüchen aus zeitlich späteren Versicherungsfällen einer Versicherungsperiode erbracht.[253] So kann je nach Fallkonstellation für den zeitlich späteren Versicherungsfall für den VR schon keine Leistungspflicht mehr bestehen, da überhaupt keine Versicherungssumme mehr vorhanden ist, um an ein Verteilungsproblem anknüpfen zu können.[254] Sofern man die Anwendung dieses Prioritätsprinzips befürwortet, gibt es auch hier Folgefragen. Bei einer solchen Verteilung nach zeitlicher Reihenfolge ist noch fraglich, nach welchen Merkmalen die Ansprüche in zeitlicher Reihenfolge verteilt werden sollen. So kann sich die Verteilung der versicherungsrechtlichen Leistungen nach der Vorgabe gemäß § 106 VVG richten, abweichend nach zeitlicher Reihenfolge der Entstehung von Versicherungsfällen, nach der tatsächlichen Leistung des VR bzw. dem möglichen Erfordernis der Leistungserbringung, des Zeitpunktes von Rechnungserteilungen bzw. deren Eingangserhalt, oder dem Erhalt von vollstreckbaren Titeln.[255]

---

248 *Peppersack* Das Kürzungs- und Verteilungsverfahren in der D&O-Versicherung, Teil 2 Abschnitt G, S. 102 ff. im Einzelnen.
249 Ebd. RuS **2018** 117, 120 Fn. 34 m.w.N.
250 Ebd. RuS **2018** 117, 120 f. mit Einzelheiten bzgl. der Abwägung der analogen Anwendung.
251 Ebd. RuS **2018** 117, 120 f.
252 Ebd. RuS **2018** 117, 121.
253 *Armbrüster* VersR **2014** 1, 5; *Gädtke* VP 06/**2016** 9.
254 *Peppersack* RuS **2018** 117, 121.
255 *Peppersack* Das Kürzungs- und Verteilungsverfahren in der D&O-Versicherung, S. 255 ff.

Ähnlich hierzu erfolgt die Aufteilung der Versicherungssumme nach dem amerikanischen sogenannten first-come first-served Prinzip, abhängig von der zeitlichen Reihenfolge der geschlossenen Vergleiche oder den erstrittenen Urteilen in den zugrunde liegenden Schadensfällen.[256] Nachteilig bewirkt diese Art der Verteilung, dass es unter den Beteiligten zu einer Art „Wettlauf" kommen kann, wer zuerst den Titel „in den Händen hält", um Leistungen beanspruchen können. In den seltensten Fällen werden die Beteiligten hierauf großen Einfluss nehmen können. 208

(3) Das Kopfprinzip. Eine weitere Verteilungsmöglichkeit besteht nach dem eingangs benannten Kopfprinzip („**per capita distribution**"). Dies ist vergleichbar mit dem Prinzip der **Teilgläubigerschaft** gemäß § 420 Alt. 2 BGB. Das Prinzip stellt sich praktisch leicht umgänglich für den VR dar, indem die Versicherungssumme pro beteiligtem Organmitglied gleichermaßen aufgeteilt wird.[257] Als vorteilhaft gegenüber dem Proportionalitätsprinzip wird teilweise aufgeführt, dass hierbei eine gleichmäßige Berücksichtigung erfolgt und nicht derjenige auch noch am meisten profitiert, auf den der größte Schaden(-anteil) entfällt bzw. derjenige, der die meisten Abwehrkosten verursacht hat.[258] In dem Fall, wo eine versicherte Person vom Bedarf her nicht den gesamten Anteil der Versicherungssumme benötigt, der theoretisch auf diese nach dem Kopfprinzip entfallen würde, hat der VR den nicht beanspruchten Teil genauso gleichmäßig unter den verbleibenden versicherten Personen aufzuteilen, sofern dort weiterer Bedarf besteht.[259] 209

(4) Das Beliebensprinzip. Schließlich verbleibt noch das genannte „**Beliebensprinzip**". Hiernach kann der VR frei bestimmten, an welche versicherte Person(en) dieser überhaupt und in welcher Höhe Leistungen gewähren möchte, angelehnt an die Vorgaben der **Gesamtgläubigerschaft** gemäß § 428 BGB.[260] Jeder Gläubiger kann dabei von dem Schuldner (VR) die **volle Leistung** verlangen, dieser ist nur einmal verpflichtet, die geforderte Leistung zu erbringen. Auf den ersten Blick mag dieses Verteilungsprinzip als ungerecht erscheinen, da der VR eine Aufteilung vornehmen kann, wo bestimmte versicherte Personen gegenüber den durch (mehr) Leistung begünstigten Personen einen nicht unerheblichen Nachteil erleiden können. Der Gefahr einer etwaigen Benachteiligung wird entgegengehalten, dass der VR unter den Aspekten von Treu und Glauben dazu angehalten werde, eine gerechte Aufteilung vorzunehmen.[261] Kritiker dieses Verteilungsprinzips erachten dies als zu weitgehend, so dass aufgrund der Unsicherheiten für die versicherten Personen dieses Prinzip im Ergebnis nicht hinnehmbar sei.[262] 210

(5) Bewertung. Im Ergebnis lässt sich feststellen, dass es keine einheitliche Verwendung der beschriebenen Verteilungsprinzipien gibt und diese sich auch nicht als abschließend darstellen lassen, da hiervon prinzipiell stets bestimmte Modalitäten in Erscheinung treten können. Kein Prinzip kommt ohne jegliche Nachteile für die Beteiligten daher. Je nach Betrachtung für die jeweiligen Beteiligten bringt jedes dieser Prinzipien sowohl Vor- als auch Nachteile mit sich.[263] Das Proportionalitätsprinzip dient primär dem Gerechtigkeits- und Gleichbehandlungsgedanken, zieht aber als wesentlichen Nachteil mit sich, dass derjenige, auf den der größte Schaden entfällt bzw. der mit den meisten Abwehrkos- 211

256 *Cox/Fleishman* Legal Times, August 2005 Vol. XXVIII NO. 33.
257 *Peppersack* RuS **2018** 117, 121.
258 *Armbrüster* VersR **2014** 1, 6; **a.A.** van Bühren/*Lenz* § 25 Rn. 124; *Koch* VersR **2016** 1469, 1472.
259 *Bräuer*, AnwBl **2016** 258, 260; *Peppersack* Das Kürzungs- und Verteilungsverfahren in der D&O-Versicherung, S. 248 f.
260 *Peppersack* RuS **2018** 117, 121.
261 *Lange* VersR **2014** 1413, 1425 f.
262 *Armbrüster* VersR **2014** 1, 5; *Gädtke* VP 06/**2016** 9, 11; **a.A.** *Lange* VersR **2014** 1413, 1422.
263 *Peppersack* RuS **2018** 117, 122.

ten im Vergleich zu geringer verursachen Beteiligten unverhältnismäßig begünstigt wird.[264] Sofern man einer entsprechenden Anwendung des § 109 S. 1 VVG folgt, erscheint eine modifizierte quotale Verteilung oftmals sinnvoller, indem man beispielsweise vorrangig die Abwehrkosten aufteilen könnte, um einen möglichst vollständigen Ausgleich zu erhalten.

212 Die tatsächliche praktische Verwendung und relativ einfache Handhabung spricht zugunsten des Kopfprinzips.[265] Als vorteilhaft erweist sich daneben die verhaltenssteuernde Wirkung hinsichtlich der jeweiligen versicherten Person, die Schadenhöhe nicht ausufern zu lassen, sondern den Schaden möglichst klein zu halten, um keine Eigenbeteiligungen erbringen zu müssen. Dieses Prinzip dient damit der Schaffung einer Art „Mindestschutz" und somit einer Grundabsicherung für sämtliche versicherte Personen.[266] Jüngst hatte sich auch das OLG Hamm[267] in seinem Beschluss eines Strafrechtsschutz-Versicherungsfalls am Rande mit den Verteilungsprinzipien auseinandergesetzt. Im Wege der ergänzenden Vertragsauslegung sei es sach- und interessengerecht, die Versicherungssumme entsprechend § 430 BGB nach Kopfteilen zu splitten- schon aufgrund der Eilbedürftigkeit.[268]

213 Das Prioritätsprinzip bietet sich von vornherein nur bei zwei oder mehreren nacheinander eintretenden Schadensfällen sinnvollerweise an.[269] Durch dessen Anwendung wird ein Gleichlauf mit dem in der D&O-Versicherung bestehenden claims-made-Prinzip erzielt. Bei dem Prioritätsprinzip kann es aufgrund des Zeitpunktes der Inanspruchnahme der versicherten Personen zu zufälligen Ergebnissen im Hinblick auf die Verteilung kommen. Die versicherten Personen haben zumeist selbst keinen Einfluss darauf, zu welchem Zeitpunkt ihre Inanspruchnahme tatsächlich erfolgt.

3. Abweichende Marktbedingungen

a) Abweichender Wortlaut

aa) Hendricks & Partner Bedingungen HPDO 2020 © Stand 09.19| Version AXAXL-Mid-Market-Cover

214 Ziff. 2.4 „Deckungssumme/Wiederauffüllung":

„Die Leistungspflicht des Versicherers innerhalb einer Versicherungsperiode ist je Versicherungsfall und für alle Versicherungsfälle zusammen auf die im Versicherungsschein genannte Deckungssumme begrenzt.

Ist ein Versicherungsfall im Sinne der Ziffer 1.1 eingetreten, kann die Versicherungsnehmerin unabhängig vom Verbrauch der Deckungssumme für weitere Versicherungsfälle innerhalb derselben Versicherungsperiode oder gegebenenfalls Nachmeldefrist eine neue vollständige Deckungssumme erwerben. Der Erwerb kann jederzeit, auch nach Ablauf der Versicherungsperiode/innerhalb der Nachmeldefrist (Ziffer 6.3), erfolgen, ist für eine Versicherungsperiode bzw. Nachmeldefrist (Ziffer 6.3) aber nur einmal möglich. Die Prämie für die neue Deckungssumme beträgt 150 % der zum Zeitpunkt des Erwerbs vereinbarten Jahresprämie, im Fall des Erwerbs innerhalb der Nachmeldefrist 150 % der letzten Jahresprämie.

Leistungen nach Ziffer 2.1 (insbesondere die Abwehr von Schadenersatzansprüchen) sowie sämtliche anderen versicherten Kosten werden auf die Deckungssumme angerechnet. Dies gilt nicht für interne Kosten der Abwehr sowie darüber hinausgehende Rechtsanwalts- und Sachverständigenkosten des Versicherers, die nicht der Abwehr von Ansprüchen dienen. Sofern Schadenersatz in einer Fremdwährung ausgezahlt wird, gilt der amtliche Mittelkurs am Auszahlungstag.

Ziffer 1.3 gilt mit Ausnahme von Satz 1 Aufzählungspunkt 1 entsprechend für eine unterjährige Anhebung der Deckungssumme.

Rückerstattungen durch die Versicherungsnehmerin oder versicherte Personen (z.B. in Fällen von Ziffer 1.3 oder 3.1 Absatz 3) werden der Deckungssumme gutgeschrieben.

264 Ebd. RuS **2018** 117, 122.

265 Ebd. RuS **2018** 117, 123 Fn. 68 m.w.N. der praktischen Anwendung.

266 Ebd. RuS **2018** 117, 123.

267 OLG Hamm, Beschluss v. 13.7.**2023** – 20 U 64/22.

268 BeckRS **2023**, 29459, Rn. 68.

269 *Peppersack* Das Kürzungs- und Verteilungsverfahren in der D&O-Versicherung, S. 251 ff.

In Fällen, in denen der Versicherer auf eine Rückerstattung verzichtet gleich aus welchem Grund, sind die vom Versicherer erbrachten Leistungen auf die Deckungssumme nicht anzurechnen. Ist die verfügbare Deckungssumme innerhalb einer Versicherungsperiode ausgeschöpft, ist die Versicherungsnehmerin verpflichtet, Versicherungsleistungen nach den Ziffern 1.1.2, 1.1.4 und 8.3 zurückzuerstatten, sofern Ansprüche versicherter Personen gegen den Versicherer aus diesem Vertrag aufgrund desselben Versicherungsfalls nur wegen Erschöpfung der Deckungssumme nicht befriedigt werden können. Der Versicherer ist in Höhe der erfolgten Rückerstattung zur Leistung an die versicherten Personen verpflichtet.

bb) Hendricks & Partner Bedingungen HPDO 2020 © Stand 09.19| Version Newline

Ziff. 2.6 „Deckungssumme/ Wiederauffüllung“: 215
Die Leistungspflicht des Versicherers innerhalb einer Versicherungsperiode ist je Versicherungsfall und für alle Versicherungsfälle zusammen auf die im Versicherungsschein genannte Deckungssumme begrenzt.
Ist ein Versicherungsfall eingetreten, kann die Versicherungsnehmerin einmalig unabhängig vom Verbrauch der Deckungssumme innerhalb derselben Versicherungsperiode oder gegebenenfalls Nachmeldefrist eine zweite Deckungssumme in gleicher Höhe erwerben für weitere Versicherungsfälle auf Grund zum Zeitpunkt der Wiederauffüllung noch nicht bekannter Pflichtverletzungen. Der Erwerb kann jederzeit, bis zum Ablauf der Nachmeldefrist, erfolgen. Die Prämie für die zweite Deckungssumme beträgt 150 % der zum Zeitpunkt des Erwerbs vereinbarten Jahresprämie, im Fall des Erwerbs innerhalb der Nachmeldefrist 150 % der letzten Jahresprämie. Die Regelungen in §§ 2 Abs. 2 S. 2 und 19 VVG finden keine Anwendung.
Sämtliche versicherte Leistungen werden auf die Deckungssumme angerechnet, dies gilt auch für Schadenermittlungs- und Schadenminderungskosten sowie die Kosten der Abwehr von Haftpflichtansprüchen (Ziffer 2.1). Für Abwehrkosten, die bei dem Versicherer selbst entstehen (auch Rechtsanwalts-und Sachverständigenkosten), auf Weisung des Versicherers veranlasste Schadenminderungskosten sowie für Zinsen, die die versicherte Person infolge einer vom Versicherer veranlassten Verzögerung der Befriedigung des Anspruchstellers diesem schuldet, erfolgt hingegen keine Anrechnung.
Eine Anrechnung von Abwehrkosten und Zinsen auf die Deckungssumme erfolgt nicht für Versicherungsfälle, die während der Vertragslaufzeit eintreten, wenn die vereinbarte Deckungssumme EUR 5,0 Mio. nicht überschreitet. In diesen Fällen trägt der Versicherer je Versicherungsfall und Versicherungsperiode über die vereinbarte Deckungssumme hinaus die Kosten und Zinsen, maximal bis zu 50 % der vereinbarten Deckungssumme.
Sofern Zahlungen in einer Fremdwährung erfolgen, gilt der amtliche Mittelkurs am Auszahlungstag.
Ist die verfügbare Deckungssumme innerhalb einer Versicherungsperiode ausgeschöpft, ist die Versicherungsnehmerin verpflichtet, Versicherungsleistungen nach Ziffern 1.3 und 2.4 zurück zu erstatten, sofern Ansprüche versicherter Personen gegen den Versicherer aus diesem Vertrag aufgrund desselben Versicherungsfalls nur wegen Erschöpfung der Deckungssumme nicht befriedigt werden können. Der Versicherer ist in Höhe der erfolgten Rückerstattung zur Leistung an die versicherten Personen verpflichtet.
Rückerstattungen durch die Versicherungsnehmerin oder versicherte Personen werden der Deckungssumme gutgeschrieben.
In Fällen, in denen der Versicherer auf eine Rückerstattung verzichtet ungeachtet aus welchem Grund, sind die vom Versicherer erbrachten Leistungen auf die Deckungssumme nicht anzurechnen.

cc) VOV GmbH D&O Versicherungsbedingungen, Stand: 08/2019

Ziff. 1.1 „Versicherungssumme“: 216
Die Leistungspflicht der VOV ist auf die vereinbarte Versicherungssumme begrenzt. Diese bildet die Leistungsobergrenze in jedem einzelnen Versicherungsfall und für alle Versicherungsfälle einer Versicherungsperiode zusammen. Sie stellt also die Höchstleistung der VOV innerhalb einer Versicherungsperiode dar. Das gilt auch dann, wenn eine Versicherungsperiode vereinbarungsgemäß länger oder kürzer als ein Jahr ist.
Die Versicherungssumme begrenzt auch sämtliche durch die VOV zu übernehmenden Kosten (beispielsweise Abwehrkosten gemäß § 2 Ziffer 1., Strafverteidigerkosten oder der Versicherungsnehmerin bzw. einem Tochterunternehmen zu erstattende Kosten). Auch Kosten werden also aus der Versicherungssumme entnommen, soweit es sich nicht um interne Kosten der VOV oder um die Kosten einer anwaltlichen Vertretung der VOV in außergerichtlichen oder gerichtlichen deckungsrechtlichen Streitigkeiten handelt.
§ 2 Ziffer 2.2. (Zinsen) und § 3 Ziffer 3. (Zusatzlimits) bleiben unberührt.

dd) D&O-VERSICHERUNG VERSION TOKIO MARINE HCC/ FINLEX 2020

217 Ziff. 4.1 „Versicherungssumme“:

A. Die Entschädigungsleistung des Versicherers ist, einschließlich sämtlicher unter diesem Vertrag versicherter Kosten und Zinsen, je leistungsauslösendem Ereignis und für alle leistungsauslösenden Ereignisse zusammen je Versicherungsperiode insgesamt auf die im Versicherungsschein genannte Versicherungssumme begrenzt und steht im Anschluss an die Selbstbehalte zur Verfügung.

Sofern im Versicherungsschein vereinbart, beträgt – abweichend von Absatz 1 – die Jahreshöchstersatzleistung des Versicherers das Zweifache der im Versicherungsschein genannten Versicherungssumme. Die zweifache Jahreshöchstersatzleistung gilt auch für Sublimite, nicht jedoch für Zusatzlimite. Ist eine zweifache Jahreshöchstersatzleistung vereinbart, besteht kein Recht zur Wiederauffüllung der Versicherungssumme.

B. Nicht auf die Versicherungssumme angerechnet werden:

- Eigene Kosten des Versicherers;
- Auf Weisung des Versicherers veranlasste Aufwendungen zur Abwendung oder Minderung des Schadens;
- Auf Weisung des Versicherers veranlasste Schadenermittlungskosten;
- Kosten in behördlichen Verfahren, die auf Weisung des Versicherers veranlasst wurden;
- Vom Versicherer nach Fälligkeit der Versicherungsleistung verursachte Zinsen.

C. Übersteigt der geltend gemachte Schadenersatzanspruch die Versicherungssumme, trägt der Versicherer dennoch die vollen Kosten bis zur Höhe der Versicherungssumme. Der Versicherer ist gegenüber den Versicherten auf Anfrage über die Höhe der vom Versicherer für die jeweilige Versicherungsperiode bereits geleisteten Zahlungen auskunftspflichtig.

D. Der Versicherer verzichtet auf eine Rückforderung der von ihm übernommenen Kosten. Dies gilt selbst dann, wenn sich später herausstellt, dass der Versicherer zur Leistung nicht verpflichtet war. Der Rückforderungsverzicht gilt nicht, sofern sich die Leistungsfreiheit des Versicherers aus 11 B. und/oder 7.2 (unter Berücksichtigung des in 7.2 vorgesehen teilweisen Rückforderungsverzichts) ergibt.

4.2 Zusatzlimite

Der Versicherer gewährt über die vereinbarte Versicherungssumme hinaus folgende zusätzliche Versicherungssummen (Zusatzlimite):

A. PERSÖNLICH

Zusatzlimit für Organe gemäß 2.2 Nr. 1 und 2 der Versicherungsnehmerin in Höhe von 20 % der Versicherungssumme, jedoch maximal EUR 2.000.000 für alle Organe zusammen je Versicherungsperiode.

B. ABWEHRKOSTEN

Zusatzlimit für Abwehrkosten in Höhe von 50 % der Versicherungssumme, jedoch maximal EUR 2.500.000 je Versicherungsperiode.

Die Zusatzlimite gelten

- im Anschluss an eine vollständig verbrauchte Versicherungssumme,
- nachrangig zu einer im Versicherungsschein vereinbarten zweifachen Jahreshöchstersatzleistung,
- nachrangig zu bestehendem Versicherungsschutz unter zu diesem Vertrag vereinbarten Exzedentenverträgen,
- für weitere leistungsauslösende Ereignisse (und nicht für leistungsauslösende Ereignisse, aus denen der vollständige Verbrauch der Versicherungssumme resultiert).

ee) Kommentar zum VVG, Klauselbeispiele von Ihlas, in: Langheid/Wandt, Münchener Kommentar zum VVG, 2. Auflage 2017, Band 3 320, Rn. 513

218 Klausel 35 „Abwehrkosten Anrechnung auf Versicherungssumme“:

Kosten für die Abwehr werden auf die Versicherungssumme angerechnet; solche Kosten sind:

1. die Vergütung des Rechtsanwalts nach RVG, ausländischen Kostenregeln oder gemäß einer mit Einwilligung des Versicherers geschlossenen Honorarvereinbarung, wobei der Versicherer sich ein Widerspruchsrecht gegen die freie Wahl des Rechtsanwalts in Ausnahmefällen vorbehält,
2. die Vergütung und Entschädigung von Zeugen
3. die Vergütung von sachverständigen Rechtsanwälten, Steuerberatern, Wirtschaftsprüfern, Hochschulprofessoren, PR-Beratern oder sonstigen Sachverständigen, wobei der Versicherer sich ein Widerspruchsrecht gegen die freie Wahl des Sachverständigen vorbehält,

4. die Gerichtskosten,
5. die gegnerischen Kosten unter 1.–4.,
6. die Kosten der Feststellung des Umfangs des Schadens durch externe Dienstleister,
7. die Kosten für forensische Dienste zur Sachverhaltsaufklärung und Erfüllung der Darlegungs- und Beweislast im Dienste der Abwehr und Schadenminderung, sofern diese üblich und angemessen sind und der Versicherer diesen nicht innerhalb von 14 Tagen widerspricht,
8. Übersetzungs- und Digitalisierungskosten,
9. Korrespondenzkosten der versicherten Person,
10. Reisekosten der versicherten Person, der Ehepartner oder der anerkannten Lebenspartner an den Ort des zuständigen Gerichts, welches deren persönliches Erscheinen angeordnet hat, wenn das Gericht seinen Sitz in einem anderen Bundesland oder im Ausland hat,
11. alle sonstigen Schadenregulierungskosten und Auslagen, die mit Einwilligung des Versicherers in unmittelbarem Zusammenhang mit der Vorbeugung oder Anspruchsabwehr stehen,
12. soweit der Versicherer einwilligt und die versicherte Person dies betreibt: die Kosten

12.1 einer negativen Feststellungsklage

12.2 Nebenintervention sowie

12.3 eines Schiedsverfahrens,

13. Sublimits.
14. Kosten umfassen nicht:

14.1 Zusatzlimits

14.2 interne Kosten der versicherten Unternehmen

14.3 Eigene Kosten des Versicherers: Für Kosten, die beim Versicherer selbst entstehen, auf Weisung des Versicherers veranlasste Schadenminderungskosten sowie für Zinsen, die die versicherte Person infolge einer vom Versicherer veranlassten Verzögerung der Befriedigung des Anspruchsstellers diesem schuldet, erfolgt keine Anrechnung auf die Versicherungssumme. Eine Anrechnung erfolgt jedoch, sofern diese Kosten für eine umfassende Verteidigung der versicherten Person erforderlich erscheinen und die versicherte Person schriftlich eine Anrechnung auf die Versicherungssumme verlangt.

Klausel 36 „Anteilige Abwehrkosten“:
Der Versicherer ersetzt alle außergerichtlichen und gerichtlichen Kosten, die zur Abwehr eines versicherten Haftpflichtanspruchs notwendig sind. Übersteigt der geltend gemachte Haftpflichtanspruch die vereinbarte Versicherungssumme, trägt der Versicherer die Abwehrkosten nur in dem Umfang, in welchem diese bei einem Anspruch in Höhe der Versicherungssumme entstanden wären. Der Versicherer trägt jedoch – unabhängig von der Höhe der geltend gemachten Haftpflichtansprüche – die Abwehrkosten in voller Höhe bis zur vereinbarten Versicherungssumme, wenn die Gesamtheit der Leistungen des Versicherers in Bezug auf einen Versicherungsfall die vereinbarte Versicherungssumme nicht übersteigt.
Als Kosten gelten unter anderem: Anwalts- und Steuerberaterkosten, Konfliktmanagementkosten, Gerichtskosten, Sachverständigenkosten, Kosten forensischer Dienstleistungen, Kosten der Zeugenvernehmung, Reisekosten, Schadenminderungskosten, Schadenregulierungskosten sowie Kosten der Stellung einer Sicherheitsleistung zur Abwehr einer Zwangsvollstreckung.
Keine Kosten sind: Kosten einer Streitverkündung gegen den Versicherer und Korrespondenzkosten einer versicherten Person anlässlich des Versicherungsfalls.“

b) Unterschiede zur Musterbedingung

aa) Umfang. Die GDV-Musterbedingungen zur Versicherungssumme/Höchstersatzleistung haben in jüngster Zeit keine Erweiterungen erfahren. Allerdings ist diese Klausel in der gewählten Form zu kurz gegriffen und wird daher von den zur Verfügung gestellten und betrachteten Bedingungen – sowie auch sonst in der Praxis – in der Form nicht verwendet, sondern durch verschiedene **Bausteine erweitert**. Zwar muss die Höchstleistung des VR nachvollziehbarerweise begrenzt werden, aber durch neue Gegebenheiten sind Deckungserweiterungen der grundsätzlich einfach maximierten Versicherungssumme nur praxisnah. 219

220 Umgekehrt gibt es aber auch Klauseln, die **Limitierungen** enthalten, wie bspw. spezielle Sublimits. Hierdurch soll verhindert werden, dass bereits allein die Abwehrkosten die Versicherungssumme ausschöpfen, ohne dass noch ein Teil der Versicherungssumme zur Schadenkompensation zur Verfügung stehen kann. Eine Limitierung der Abwehrkosten kann sich auf der anderen Seite auch als unvorteilhaft erweisen. Sofern Abwehrkosten anfallen, die über dem festgelegten Sublimit liegen, sind diese Abwehrkosten nicht mehr auf die Versicherungssumme anzurechnen, sondern müssen zum Nachteil der versicherten Personen von diesen eigenständig erbracht werden.

221 **bb) Wiederauffüllung.** Die Musterbedingung sieht vor, dass die Versicherungssumme pro Versicherungsfall oder für alle Versicherungsfälle zusammen in einer Versicherungsperiode nur einfach zur Verfügung steht. Durch die **Wiederauffüllung der Versicherungssumme** wird erreicht, dass bei Erschöpfung der Versicherungssumme diese wieder vollständig aufgefüllt wird.[270] So kann ein erster Schadenfall innerhalb der maßgeblichen Versicherungsperiode dazu führen, dass die einfache Versicherungssumme aufgebraucht ist. Mit Hilfe der Wiederauffüllung können so in einem weiteren Schadenfall noch etwaige Leistungen des VR erfolgen, die versicherten Personen sind also besser abgesichert. Der Ansatz der Wiederauffüllung bietet dagegen keinen Vorteil mehr, wenn die Versicherungssumme schon im ersten Schadensfall erschöpft ist, ohne dass weitere Schadensfälle folgen.

222 So bieten die abweichenden Versicherungsbedingungen durchaus die Möglichkeiten einer grundsätzlichen Wiederauffüllung der Versicherungssumme an. Es ist aus Sicht des VR nachvollziehbar, dass eine Wiederauffüllung nur mit einem gewissen **Prämienzuschlag**, der sich beispielsweise in der Größenordnung von 150 % der laufenden bzw. letztmaligen Prämie bewegt, vereinbar ist. Dies steht in einem angemessenen Kosten-/Risikoverhältnis, da der VR im Vorfeld schwer einschätzen kann, wann und ob der Mechanismus der Wiederauffüllung eingreifen wird. Entsprechend fällt die zusätzliche Prämie im Hinblick auf die reinen Abwehrkosten als Zusatzlimit bedeutend geringer aus. Noch besser sind solche Versicherungsbedingungen, die sogar eine Wiederauffüllung der neuen Versicherungssumme bei Eintritt eines Versicherungsfalles vorsehen, unabhängig vom Verbrauch der Versicherungssumme für weitere Versicherungsfälle innerhalb derselben Versicherungsperiode oder der etwaig bereits laufenden Nachmeldefrist (s. auch noch nachstehend). Sofern ein Serienschaden vorliegt, kann dies wohl eine Wiederauffüllung der Versicherungssumme verhindern, da es sich tatsächlich nur um einen Schadenfall handelt.

223 Gut gelöst wird der Verbrauch auch durch das Konzept einer Wiederauffüllung bei der Versicherungssumme. Über dem Marktdurchschnitt liegende Versicherungsbedingungen sehen vor, dass die VN unabhängig vom Verbrauch der Versicherungssumme für weitere Versicherungsfälle innerhalb derselben Versicherungsperiode oder sogar im Rahmen der Nachmeldefrist eine neue vollständige Deckungssumme erwerben kann. Dabei wird zumeist vereinbart sein, dass eine Wiederauffüllung nur einmal pro Versicherungsperiode möglich ist. Der Abruf und der Erwerb einer neuen Versicherungssumme kann jederzeit im Rahmen der vorgesehenen Periode erfolgen. Nicht unbedeutend ist auch, dass die Wiederauffüllung der Versicherungssumme unabhängig von dem Verbrauch möglich ist. Ohne eine solche Erweiterung könnte der Fall eintreten, dass eine weitere Versicherungssumme zwar benötigt wird, diese jedoch nicht abgerufen werden kann, da noch ein Restbestand an der ursprünglichen Versicherungssumme vorhanden ist. Wenn der Restbestand der Versicherungssumme nur auf Abwehrkosten beschränkt ist, jedoch eine Summe für die Schadenkompensation benötigt wird, so kann die Wiederauffüllung ohne diese Erweiterung u.U. „ins Leere" laufen. Einschränkend gilt jedoch zu beachten, dass die Wiederauffüllung der Versicherungssumme nur für weiter eintretende Versicherungsfälle besteht, nicht innerhalb desselben Schadenfalls zum Tragen kommt. Zu bedenken gilt, dass sich eine Zweifachmaximierung und die

270 *Hemeling* FS Hoffmann-Becking S. 491, 501.

Wiederauffüllung gegenseitig zumeist ausschließen, d.h. sofern eine zweifache Jahreshöchstersatzleistung vereinbart ist, besteht daneben kein Recht zur Wiederauffüllung der Versicherungssumme.

cc) Maximierung der Versicherungssumme. Möglich ist auch, von Beginn an die Versicherungssumme zu **maximieren**, z.B. in **zweifacher** oder – eher selten in der Praxis – noch höherer Form. Mit höherer Ausgestaltung der Maximierung nimmt auch die Höhe der zu leistenden Prämie zu. Hier gilt es abzuwägen, ob und in welcher Höhe eine zusätzliche Absicherung durch Maximierung sinnvoll erscheint. Die hierdurch anfallende Prämienerhöhung erscheint oftmals durch die bessere Risikoabsicherung akzeptabel. Vorteil der Mehrfachmaximierung ist, dass die Versicherungssumme in Gänze angehoben wird, nicht nur für einen bestimmten Teilbereich wie die Erhöhung eines Zusatzlimits von Abwehrkosten. Denn ein sogenanntes Abwehrkostenzusatzlimit darf ausschließlich für anfallende Abwehrkosten nach Aufzehrung der bestehenden Versicherungssumme verwertet werden. Dies bietet insoweit daher nur einen eingeschränkten Zusatzschutz, sofern im Weiteren noch Kosten im Hinblick auf die Freistellung von Ansprüchen anfallen sollten. Die Problematik einer unzureichenden Versicherungssumme mit den sich stellenden Verteilungsfragen kann als Ansatzpunkt mittels einer Mehrfachmaximierung schon im Vorfeld vorgebeugt werden. 224

dd) Auflistung von Abwehrkosten. Zudem erweitern die Musterbedingungen die **beispielhafte Auflistung für die anzurechnenden Abwehrkosten** erheblich. Je nach Klausel der Versicherungsbedingungen kann sich so die VN bzw. die betroffene versicherte Person ein besseres Bild davon machen, welche einzelnen Kostenpositionen maßgeblich von der Versicherungssumme abgezogen werden. 225

V. A-6.5 Selbstbehalt

1. Allgemeines

a) Entstehungsgeschichte. Der Selbstbehalt ist seit Einführung des „Gesetzes zur Angemessenheit der Vorstandsvergütung“ **(VorstAG)** im **Jahr 2009** für den Bereich von deutschen Aktiengesellschaften **gesetzlich normiert.**[271] Letztendlich wurde die Vorschrift in das VorstAG aufgrund einer Empfehlung des Rechtsauschusses im Bundestag aufgenommen.[272] Beruhend auf den Lehren der vorangegangenen Finanzkrise aus 2008/2009, sollte einem pflichtwidrigen Verhalten der Vorstandsmitglieder zukunftsgerichtet präventiv entgegengewirkt werden.[273] Die Einführung des Selbstbehaltes ist dabei nur ein „kleiner Schritt“ zum Nachteil der Vorstandsmitglieder gewesen, denn eine deutliche Verschlechterung wäre es gewesen, wenn der D&O-Versicherungsschutz überhaupt nicht mehr oder nur noch ganz eingeschränkt möglich gewesen wäre. 226

Schon vor der gesetzlichen Einführung des Selbstbehaltes empfahl der **Deutsche Corporate Governance Kodex (DCGK)** im **Jahr 2002**, einen „angemessenen Selbstbehalt“ für Vorstände börsennotierter Unternehmen zu vereinbaren (Ziffer 3.8 S. 4 DCGK a.F.). Die Empfehlung lautete wie folgt: *„Schließt die Gesellschaft für Vorstand und Aufsichtsrat eine D&O-Versicherung ab, so soll ein angemessener Selbstbehalt vereinbart werden“.*[274] Dies galt im Zeitraum ab dem 28.2.2002 227

271 Gesetz zur Angemessenheit der Vorstandsvergütung **(VorstAG)** v. 31.7.2009 (BGBl. I S. 2509), in Kraft seit dem 5.8.2009.

272 Beschlussempfehlung des Rechtsausschusses BTDrucks. 16/13433 S. 11.

273 BTDrucks. 16/13433 S. 17.

274 Ziff. 3.8 S. 2 DCGK 2002.

bis zum 18.6.2009.[275] Durch die unbestimmte Formulierung „**angemessener Selbstbehalt**“ war die Vorgabe sehr auslegungsbedürftig formuliert und unklar, was im Einzelnen darunter zu verstehen war. Beispielhaft wurde versucht, diese Unklarheiten durch prozentuale Höchstbestimmungen oder reale Schwellenwerte einer Summe konkret einzugrenzen.[276] Die Unbestimmtheit führte dazu, dass in der damaligen Praxis verschiedene Summen als Selbstbehalt vereinbart wurden, die sich an der Größe der Gesellschaft und der jeweiligen Organstellung orientierten.[277] So gab es Ansätze, die sich im Wesentlichen an der Unternehmensgröße gemessen an der Höhe des Selbstbehaltes orientierten.[278] Die Bestimmung erfolgte teils an prozentualen Schwellenwerten, teils bei der Bemessung an der Jahresvergütung, an einem unabhängig davon festgelegten Wert.[279] Andererseits konnte sich der Selbstbehalt auch abhängig von der Höhe des eingetretenen Schadens orientieren. Dabei galt, je höher der eingetretene Schaden, desto größer die Verpflichtung zur Leistung eines Selbstbehaltes der Höhe nach. Eine prozentuale Bestimmung findet sich zwar im Entwurf des Kapitalmarktinformationsgesetzes 2004, der einen Selbstbehalt von 50 % der D&O-VersSumme vorsah. Konkrete gesetzliche Regelungen finden sich aber erst mit dem VorstAG ab dem Jahr 2009.

228 Letztendlich wurde die Selbstbehaltsregelung im Aktiengesetz durch Implementierung des VorstAG in der Regelung des **§ 93 Abs. 2 S. 3 AktG**[280] verankert. Hierbei orientierte der Gesetzgeber sich offenbar an den empfohlenen **Vorgaben** des **DCGK**, der sich schon vorher für die Einführung eines Selbstbehaltes mit aussprach (s. zuvor Rn. 160). Mit der gesetzlichen Einführung wurde die Empfehlung eines solchen Selbstbehaltes dann auch erstmals im Rahmen des **DCGK 2009** (Ziffer 3.8) konkretisiert ausgesprochen und im Laufe der weiteren Jahre und der DCGK Entwicklung beibehalten. Inhaltlich stimmte die Empfehlung des DCGK nahezu mit der Regelung des § 93 Abs. 2 S. 3 AktG überein. Die Empfehlung war allerdings nicht eingeschränkt auf die Versicherung zur Absicherung eines Vorstandsmitglieds gegen Risiken aus dessen beruflicher Tätigkeit. Theoretisch waren somit auch privatrechtliche Tätigkeiten für den Einschluss der Selbstbehaltsausgestaltung vorgesehen. Es wurde auch eine Empfehlung dahingehend ausgesprochen, einen Selbstbehalt für Aufsichtsratsmitglieder im Rahmen der D&O-Versicherung zu vereinbaren. Zuvor gab es bis **DCGK 2008** (ab 2002 s.o.) nur eine nicht konkrete Empfehlung dahingehend, dass wenn die Gesellschaft für Vorstand und Aufsichtsrat eine D&O-Versicherung abschließt, ein angemessener Selbstbehalt vereinbart werden soll.

229 Der Selbstbehalt ist **verpflichtend** ausgestaltet, was man aus anderen Bereichen bislang überhaupt noch nicht kannte. Insoweit ist man vom anfänglichen Gesetzesentwurf, der keine verpflichtende Ausgestaltung des Selbstbehaltes vorsah, abgewichen.[281] Ein Absehen von der Leistung eines Selbstbehaltes ist damit nicht mehr möglich, vorher freiwillig bestehende Selbstbehalte sind hierdurch hinfällig geworden. Gleichwohl ist es aber zulässig, die gesetzlichen Voraussetzungen des Selbstbehaltes durch Vereinbarung zu „verschärfen“. Das Gesetz schreibt insoweit nur gewisse Mindestanforderungen vor, wie hoch diese dann praktisch überschritten werden ist grundsätzlich unerheblich und kann sich eventuell nur anhand von Unverhältnismäßigkeitsgrundsätzen messen lassen.

230 Parallel laufend zu der Empfehlung des DCGK gab es eine ähnliche Empfehlung eines Selbstbehaltes in dem **Public Corporate Governance Kodex (PCGK)** für Unternehmen, wo eine mehrheitliche Bundesbeteiligung besteht (Ziffer 3.3.2 PCGK **2009**). Diese Regelung sieht vor, dass Unternehmen allein mit einem erhöhten Betriebsrisiko und/ oder Unternehmensrisiko eine D&O-Versicherung für ihr Unternehmen abschließen. Der Abschluss und die Zweckmäßigkeit einer

---

275 MüKoVVG/*Ihlas* 320. D&O Rn. 474.
276 MüKoVVG/*Ihlas* 320. D&O Rn. 475 m.w.N.
277 Redundant. MüKoVVG/*Ihlas* 320. D&O Rn. 478.
278 *Schilling* S. 49.
279 Beckmann/Matusche-Beckmann/*Beckmann* § 28 Rn. 96; MüKo AktG/*Spindler* § 93 Rn. 184 f.
280 § 92 Abs. 2 Satz 3 eingef. m.W.v. 5.8.2009, s. Fn. 1.
281 BTDrucks. 16/12278.

solchen Versicherung ist dann auch zu begründen und zu dokumentieren. Ferner lautete Ziffer 3.3.2 PCGK 2009 S. 2 f. wie folgt: *„Schließt eine Aktiengesellschaft eine Versicherung zur Absicherung eines Vorstandsmitglieds gegen Risiken aus dessen beruflicher Tätigkeit ab, ist ein Selbstbehalt von mindestens 10 Prozent des Schadens bis mindestens zur Höhe des Eineinhalbfachen der festen jährlichen Vergütung des Vorstandsmitglieds vorzusehen; ein derartiger Selbstbehalt soll auch für die Mitglieder der Geschäftsleitung von Unternehmen in anderer Rechtsform vereinbart werden. Für die Mitglieder von Überwachungsorganen soll beim Abschluss einer derartigen Versicherung ein angemessener Selbstbehalt vereinbart werden."*

Im **GmbH-Gesetz** (GmbHG) oder weiteren Gesetzen wurde der Selbstbehalt **nicht** mit **aufgenommen**, er gilt dort also nicht, auch nicht analog zu der genannten Vorschrift des Aktiengesetzes.[282] Die Formulierung des DCGK 2009 war spezifisch auf den Fall der „D&O-Versicherung" angesetzt, anders als die zeitlich später eingeführte aktienrechtliche Bestimmung.[283] In dieser wurde nicht spezifisch der Begriff der „D&O-Versicherung" verwendet, sondern es ging allgemeiner um *„eine Versicherung zur Absicherung eines Vorstandsmitglieds gegen Risiken aus dessen beruflicher Tätigkeit für die Gesellschaft"*.[284] Hierdurch hatte man sich offengelassen, auch **weitere Versicherungen** außerhalb der D&O-Versicherung ebenfalls einer Selbstbehaltsverpflichtung zu unterwerfen (z.B. in der Betriebshaftpflicht-, Strafrechtsschutz-, oder Rechtsschutzversicherung[285]). Durch die eindeutige Beschränkung des Wortlauts auf „berufliche Tätigkeiten" ist auch klar, dass für etwaige private Tätigkeiten – sofern diese überhaupt vom Versicherungsschutz der D&O-Versicherung umfasst sein sollten – keine Selbstbehaltsverpflichtung besteht. Das dürfte ohnehin nicht von einer besonders großen praktischen Relevanz geprägt sein, da es hierfür schon kaum Inanspruchnahmen geben dürfte. 231

Auch gab es aktienrechtlich **keine Umsetzung** der von der DCGK geforderten Implementierung der Selbstbehaltsregelung für den **Aufsichtsrat**. Anders dagegen die weitere Empfehlung des DCGK, die nach der aktienrechtlichen Bestimmung noch weiter an einer Empfehlung des Selbstbehaltes für den Aufsichtsrat festhielt (ehemals Ziffer 3.8 DCGK 2009). Die damalige Empfehlung des Selbstbehaltes im DCGK wurde in der neuesten Version des DCGK aus dem Jahr 2020 gestrichen.[286] Somit ist man hier davon abgewichen, die Empfehlung des Selbstbehaltes für Aufsichtsratsmitglieder weiter aufrecht zu erhalten. 232

Auch schon vor der Einführung des VorstAG ist die Vereinbarung eines Selbstbehaltes in der **versicherungsrechtlichen Praxis** in Erscheinung getreten. Dabei war der Selbstbehalt wohl im Vergleich zur Höhe der gesetzlichen Anforderung als äußerst niedrig einzustufen.[287] Daher wurde erwogen, mit einer erhöhten gesetzlich fixierten Regelung die Maßstäbe der Vorstandsmitglieder an ihre Sorgfältigkeit weiter erhöhen zu können. Regelungen betreffend den Selbstbehalt waren aber kein Novum, diese waren auch schon in **anderen Versicherungssparten** bekannt und finden sich auch heute noch auf Basis vertraglicher und gesetzlich vorgeschriebener Vereinbarungen wieder. In diesem Zusammenhang stellt die Musterklausel des GDV zwar einen vertraglich vereinbarten Selbstbehalt dar, der jedoch auf der gesetzlichen Verpflichtung durch Einführung des § 93 Abs. 2 S. 3 AktG basiert. 233

Auch der Gesamtverband der Versicherungswirtschaft hat seine **Musterbedingungen** bezüglich des Selbstbehalts im Laufe der Zeit **Anpassungen** unterworfen. Durch die Verankerung der gesetzlichen Selbstbehaltsregelung wurden die Musterbedingungen ab 2008 in Ziffer 4.3 Absätze 3 bis 5 entsprechend ergänzt. Die Aufnahme der Selbstbehaltsregeln in die Musterbedingungen erfolgte letztendlich wohl aufgrund der Vorgaben des VorstAG. Im Rahmen der GDV-Muster-Histo- 234

282 *Kerst* WM **2010** 594, 597; *Albers* CCZ **2009** 222, 223.
283 Kremer/Bachmann/Lutter/v. Werder/*Bachmann* Deutscher Corporate Governance Kodex Rn. 682 f.
284 § 93 Abs. 2 Satz 3 AktG.
285 *Harzenetter* DStR **2010** 653, 654; *Kerst* VW **2010** 102.
286 *Spindler*/ BeckOGK AktG § 116 Rn. 194.
287 van Bühren/*Lenz* § 25 Rn. 137.

rie ergaben sich zwischen den Bedingungen vom Jahr 2013 zu den aktuellsten Bedingungen aus dem Jahr 2020 keine weiteren Änderungen im Wortlaut.

235 Die Einführung eines Selbstbehaltes war nicht unumstritten und wurde insbesondere anfänglich kritisch hinterfragt.[288] Im Schwerpunkt wurde diskutiert, ob und inwieweit das eigentlich beabsichtige Ziel einer verhaltenssteuernden Wirkung durch einen Selbstbehalt überhaupt erreicht werden konnte.[289] Ziel war es, die Organmitglieder an ein ordnungsgemäßes Verhalten eines ordentlichen und gewissenhaften Geschäftsleiters zu erinnern mit präventiver Funktion, so dass möglichst eine Pflichtverletzung im Ansatz bereits vermieden werden kann.[290] Der Gesetzgeber beabsichtigte mit der Einführung des Pflichtselbstbehaltes eine präventiv verhaltenssteuernde Wirkung zu erreichen, so dass Vorstände neben einer bestehenden D&O-Versicherung persönlich einen Beitrag beisteuern müssen.[291] Teilweise wird ein Verständnis angenommen, wonach die versicherte Person durch die Einbindung in den Schutz einer D&O-Versicherung dazu verleitet wird, ihre gebotenen Sorgfaltspflichten als Geschäftsleiter außer Acht zu lassen. Das mag aber zweifelhaft sein, ob dieses Verständnis auf eine Vielzahl von Unternehmensleitern zutrifft, nur weil man sich ein einer scheinbaren Sicherheit aufgrund des bestehenden Versicherungsschutzes wägt. Schließlich kann man sich als versicherte Person nicht in 100 %iger Sicherheit wiegen, dass bei Eintritt eines Versicherungsfalls auch vollständiger Versicherungsschutz besteht bzw. volle Leistungen erbracht werden und die Möglichkeit einer bereits erschöpften Versicherungssumme. Dieses Risiko wird wohl niemand bewusst in Kauf nehmen wollen. Gegen diese Annahme spricht auch, die Realisierung eines etwaigen Haftungsrisikos zulasten der versicherten Personen neben einem möglichen Reputationsverlust.

236 Die Frage einer Verfassungsmäßigkeit der aktienrechtlichen Vorschrift wurde im Ergebnis bejaht.[292]

b) Regelungsgegenstand

237 **aa) Regelungszweck.** Vorrangiges Ziel des Selbstbehaltes soll sein, einen Anreiz für das betroffene Organmitglied zu **verhaltenskonformen Verhalten** eines ordentlichen Geschäftsleiters zu schaffen, in dem vermieden werden soll, eigene Leistungen aus dem Privatvermögen für ein Fehlverhalten erbringen zu müssen. Dagegen könnte sprechen, dass der Selbstbehalt nicht aus dem eigenen Vermögen zu erbringen ist, weil in der Regel dieser nicht mit versichert, sondern nur versicherbar erscheint. Daneben soll der Zweck auch darin bestehen, den VR möglichst nicht mit der Meldung von Bagatellschäden zu belasten.[293] Dabei mag schon zweifelhaft sein, ob Bagatellschäden im Rahmen der D&O-Versicherung überhaupt einen besonders hohen Stellenwert einnehmen. Vorsätzliche Pflichtverletzungen werden im Rahmen von D&O-Versicherungen ohnehin nicht abgedeckt, einschränkend wird bedingter Vorsatz von manchen Bedingungswerken erfasst. Ohne wissentliche Pflichtverletzung wird dann aber ein verhaltenskonformes Verhalten meist schwierig zu steuern sein und lässt sich auch durch einen vorgesehenen Selbstbehalt nicht zielführend erreichen. Bei vorsätzlichem Verhalten eines Organmitglieds greift bereits ein Leistungsausschluss der zugrunde liegenden Versicherungsbedingungen ein, wodurch das betreffende Organmitglied hinreichend sanktioniert wird; ohne Leistungserbringung erfolgt naturgemäß schon kein Anfall des Selbstbehaltes. Allerdings wird durch die nicht unumstrittene Möglichkeit einer Selbst-

288 Dazu bereits *Baumann* VersR **2006** 455, 459 ff.

289 Dazu auch *Hirte*, Stellungnahme zum Fraktionsentwurf eines Gesetzes zur Angemessenheit der Vorstandsvergütung (VorstAG) für den dt. Bundesrat S. 3 f.

290 BTDrucks. 16/13433 S. 11.

291 BTDrucks. 16/13433 S. 11.

292 *Kerst* WM **2010**, 594, 597; *Koch* AG **2009** 637, 640 ff.

293 Bruck/Möller/*Armbrüster* D&O AVB 2020/2022 A-6 Rn. 140; Höra/*Sieg* MAH § 17 Rn. 147.

behaltsversicherung[294] die **Zweckerreichung** in Frage gestellt bzw. zumindest **beeinträchtigt**.[295] Dann wäre allein die Versicherungsprämie für die Selbstbehaltsversicherung fällig, die zumeist deutlich geringer ausfallen dürfte als der eigentliche Schaden.

Nicht geregelt wird dagegen die Frage, ob der Selbstbehalt auch bei **unzureichender Versicherungssumme** Anwendung finden soll. In diesem Fall kann ein Organmitglied bereits „ausreichend bestraft" sein, wenn neben den erforderlichen Eigenleistungen zusätzlich noch ein Selbstbehalt erbracht werden müsste.[296] Der Zweck einer verhaltenssteuernden Wirkung kann dann bereits dadurch erreicht worden sein, dass von dem Organmitglied u.U. noch Eigenleistungen aus dem Privatvermögen erfolgen müssen, da insoweit die zur Verfügung stehende Versicherungssumme nicht ausreichend ist. Sofern neben dem Selbstbehalt auch (zusätzliche) Eigenbeteiligungen der versicherten Person durch das Aufbrauchen der Versicherungssumme erforderlich würden, käme es zu einer „doppelten Bestrafung".[297] Andererseits ist das Risiko einer erschöpften Versicherungssumme stets immanent, die ihren Ursprung darin hat, dass von Beginn an möglicherweise eine zu geringe Versicherungssumme gewählt worden ist. Es ist auch nicht erkennbar, dass der Gesetzgeber hier Unterscheidungen treffen wollte, die Selbstbehaltsverpflichtung sollte offenbar stets eingreifen, ohne in Betracht kommende Ausnahmen. Zudem handelt es sich nicht um eine „Bestrafung" im rechtlichen Sinne. Das Gesetz selbst bietet ebenso keine Anhaltspunkte dafür, dass in einem solchen Fall der Selbstbehalt entfallen kann. Hier wäre es auch schwierig eine Grenze zu ziehen, inwieweit der Selbstbehalt entfällt. Möglich wäre eine prozentuale Staffelung, wonach der Selbstbehalt zwischen 25 und 100 Prozent entfallen kann, je nach Höhe der Eigenleistung im Verhältnis zur Gewichtung des Gesamtschadens. Auch eine Einschränkung im Wege der teleologischen Reduktion kommt auf den ersten Blick eher nicht in Betracht, da die Regelung schon nicht ausufernd erscheint und damit auch keiner Begrenzung bedarf. Vor dem Hintergrund aber, dass die versicherten Personen bei Überschreiten der Versicherungssumme schlechter gestellt sind als bei einer ausreichenden Versicherungssumme im Schadenfall, lässt sich dies vertreten.[298] 238

Vom Regelungsgehalt der Klausel können je nach Fallkonstellation **Nachteile für die versicherten Personen** entstehen, die vom Gesetzgeber vermutlich nicht beabsichtigt waren. Beispielsweise in dem Fall, wo der gesetzlich vorgesehene Selbstbehalt keine Anwendung findet, da schon keine D&O-Versicherung abgeschlossen wurde. Oder auch wo ein Organmitglied eine D&O-Individualpolice abgeschlossen hat. Denn hier findet der Selbstbehalt bereits nach dem Wortlaut der Vorschrift keine Anwendung. Diese Regelungskonstellationen sind aber nicht von der gesetzlichen Bestimmung ausgenommen worden, so dass hier offenbar keine Ausnahme eingreifen soll. 239

bb) Rechtsnatur der Norm. Rechtsprechung zu dem Charakter der Klausel ist noch nicht vorhanden soweit bislang ersichtlich. An den Charakter der Regelung anknüpfend, gibt es teils unterschiedliche Ansichten darüber, ob es sich hierbei um eine (versicherungsvertragliche) Gebotsnorm,[299] die das Innenverhältnis zwischen dem Unternehmen und den versicherten Personen betrifft,[300] oder entgegengesetzt um eine gesetzliche Verbotsnorm[301] i.S.d. § 134 BGB handelt. Die 240

294 Siehe Rn. 202 ff.

295 van Bühren/*Lenz* § 25 Rn. 145.

296 *Mesch* Der Selbstbehalt S. 40 ff.

297 *Peppersack* Das Kürzungs- und Verteilungsverfahren in der D&O-Versicherung, S. 277.

298 *Mesch* Der Selbstbehalt S. 41 f.

299 *Fiedler* MDR **2009** 1077, 1080f.; *Gädtke* VersR **2009** 1565, 1568; *Laschet* PHi **2009** 158, 166; *Kerst* WM **2010** 594, 600 f.; *Thüsing/Traut* NZA **2010** 140, 140 f.

300 *Dauner-Lieb/Tettinger* ZIP **2009** 1555, 1556.

301 *Mitterlechner/Wax/Witsch* D&O § 6 Rn. 63 m.w.N.

wohl **h.M.**[302] geht davon aus, dass ein **Verbotsgesetz** besteht. Auch der Wortlaut der Norm mit „ist" spricht für eine gebotene Verpflichtung zur Vereinbarung eines Selbstbehaltes, was umgekehrt ein Verbot eines Abschlusses einer Versicherung ohne Selbstbehaltsverpflichtung zugleich beinhaltet.[303] Sofern man von einem Verbotsgesetz ausgeht, wäre eine Nichtigkeit des vollständigen Versicherungsvertrages wohl zu weitgehend und nicht beabsichtigt.[304] Vor allem aus der Perspektive der Gesellschaft selbst würde es einen nicht unerheblichen Nachteil darstellen, wenn der gesamte Versicherungsvertrag wegfallen würde, da hierdurch die Möglichkeit fehlt, den Schaden bei einem (D&O-)VR zu realisieren.[305] Statt dessen erscheint es angemessener, dass an die Stelle der nichtigen Vereinbarung eine Regelung tritt, die der gesetzlich geforderten Lage hinsichtlich des Selbstbehaltes entspricht.[306] Das würde also bedeuten, dass die Vorgaben des § 93 Abs. 2 S. 3 AktG an die Stelle der unwirksamen Regelung treten. Nur ein teilweises Aufrechterhalten der vereinbarten Regelung hinsichtlich des gesetzlich zulässigen Teils würde auch nicht den gesetzlichen Vorgaben entsprechen. Ansonsten könnte man stets versuchen, zu seinem Vorteil eine über das gesetzlich zugelassene Maß hinausgehende Vereinbarung zu treffen und man müsste dann keine Konsequenzen befürchten, sofern die Regelung stets auf das gesetzlich noch zulässige Maß hinsichtlich des unzulässigen Teils herabgestuft würde (**Verbot der geltungserhaltenen Reduktion**). Für andere steht hingegen zu Recht nicht der praktische Ausfall des Versicherungsschutzes für die VN im Vordergrund. Hier wird der Schutz der versicherten Personen als vordergründig angesehen, da diese bei Nichtigkeit des Versicherungsvertrages am Ende ohne Schutz dastehen und so für den gesamten Schaden mit ihrem Privatvermögen eintrittspflichtig werden.[307] Die praktische Relevanz dieser Fragestellung dürfte jedoch abgenommen haben, da die Versicherungsbedingungen überwiegend eine der den gesetzlichen Vorgaben entsprechende Regelung des Selbstbehaltes vorsehen.[308]

241 **cc) Vertraglicher Ort der Regelung.** Gesetzlich ist in § 93 Abs. 2 Satz 1 AktG nicht vorgeschrieben, wo die vorgesehene Regelung zum Selbstbehalt verankert werden soll. Auch der Wortlaut der Vorschrift bietet insoweit keine Ansatzpunkte. Naheliegend ist hier die Vereinbarung in dem vereinbarten **Versicherungsvertrag** selbst oder alternativ in dem zugrunde liegenden Anstellungsvertrag.[309] Trotz der teilweise erwogenen Möglichkeit, den Selbstbehalt auch auf arbeitsrechtlicher Ebene zu erfassen,[310] wird zu Recht davon auszugegangen, den Selbstbehalt besser auf versicherungsrechtlicher Ebene unterzubringen.[311] So gibt es diverse Anhaltspunkte, die dafür ausschlaggebend sind, eine Verankerung sinnvollerweise auf versicherungsrechtlicher Ebene herbeizuführen. Zum einen spricht hierfür die Regelung des § 23 Abs. 1 EGAktG, der eindeutig auf „Versicherungsverträge" und deren Abschluss Bezug nimmt. Von einer Möglichkeit der Festlegung auch im Rahmen von arbeitsrechtlichen Verhältnissen bestehen insoweit nach dem eindeutigen Wortlaut her keine Anhaltspunkte. Hätte man hier auch eine weitere Festlegungsmöglichkeit gewünscht, spricht vieles dafür, dies an der maßgeblichen gesetzlichen Stelle auch zu regeln, was jedoch nicht erfolgt ist. Für diese Sichtweise spricht auch die Regelung im DCGK, wo in Abschnitt 3.8 Abs. 2 Satz 2 der neuen

---

302 *Mitterlechner/Wax/Witsch* D&O § 6 Rn. 57 ff.; *Gädtke* VersR **2009** 1565, 1568; MüKoVVG/Ihlas 320. D&O Rn. 482; *Koch* AG **2009** 637, 639 im Hinblick auf Teilnichtigkeit; *Olbrich/Kassing* BB **2009** 1659, 1661; Prölss/Martin/*Voit* D&O A-6.5 Rn. 5; *Messmer* ZfV **2009** 737, 739; **a.A.** MünchHdB GesR VII/Armbrüster § 108 Rn. 20.

303 *Franz* DB **2009** 2764, 2770 f.; **a.A.** *Kerst* WM **2010** 594, 600 als *„Pflichtenbindung im Innenverhältnis"*.

304 Beckmann/Matusche-Beckmann/*Beckmann* § 28 Rn. 96 f.; *Koch* AG **2009** 637, 639.

305 Beckmann/Matusche-Beckmann/*Beckmann* § 28 Rn. 96 f.

306 *Koch* WM **2009** 637, 647.

307 MünchHdB GesR VII/Armbrüster § 108 Rn. 20.

308 Beckmann/Matusche-Beckmann/*Beckmann* § 28 Rn. 96 f.

309 *Lange* § 16 Rn. 29.

310 *Thüsing/Traut* NZA **2010** 140, 141.

311 Bruck/Möller/*Armbrüster* D&O AVB 2020/2022 A-6 Rn. 152; *Lange* § 16 Rn. 30; *ders.* VersR **2009** 1011, 1012 f.; *Franz* DB **2009** 2764, 2765.

Fassung vorgesehen ist, in der „D&O-Versicherung" einen entsprechenden Selbstbehalt zu vereinbaren. Auch hier erfolgt kein Anhaltspunkt für die Vereinbarung auf arbeitsrechtlicher Ebene. Hinzu kommt, dass auch die am Versicherungsmarkt bestehenden Versicherungsbedingungen die Vereinbarung eines Selbstbehaltes im Rahmen der Versicherung vorsehen, ohne Vorkehrungen auf arbeitsrechtlicher Ebene (als Ergänzung) zu treffen.

2. Inhalt der Klausel

a) Sachlicher Anwendungsbereich

aa) Innenhaftungsfälle. Der Selbstbehalt scheint grundsätzlich nur bei einer Anwendung im Rahmen der **Haftung im sog. Innenverhältnis** vorzuliegen.[312] Soweit die versicherten Personen als Vorstandsmitglieder von den Gesellschaften in Anspruch genommen werden, auf die das deutsche Aktiengesetz Anwendung findet, gilt die Pflicht zur Vereinbarung eines Selbstbehaltes. Der Selbstbehalt findet allein Anwendung bei Unternehmenspolicen, was gesetzlich vorgeschrieben ist. Bei den kaum in der Praxis in Erscheinung tretenden Individualpolicen greift die Verpflichtung des Selbstbehaltes nicht ein, es verbleibt Raum für Vereinbarung eines freiwilligen Selbstbehaltes. 242

Tatsächlich ist die Frage, ob die Regelung nur Haftungsansprüche im Innenverhältnis erfassen soll, nicht so eindeutig. Daher ist diese Frage in der Literatur auch umstritten. 243

(1) Ansicht für Innen- und Außenhaftung. Vom Wortlaut her betrachtet, gibt es hierfür keine Anhaltspunkte die für oder gegen die Mitumfassung von Innen-/ und/oder Außenhaftungsansprüchen sprechen, hierunter sind sowohl Innen- als auch Außenhaftungsansprüche zu fassen. So ist in § 93 Abs. 2 S. 3 AktG lediglich vorgesehen, dass *„die Gesellschaft eine Versicherung zur Absicherung eines Vorstandsmitglieds gegen Risiken aus dessen beruflicher Tätigkeit für die Gesellschaft"* zum Abschluss führt. Der Wortlaut differenziert nicht nach den beiden Haftungsansprüchen, so dass wohl beides umfasst ist.[313] 244

Gleiches gilt auch nach dem Sinn und Zweck der Regelung und entsprechender Auslegung anhand der §§ 133, 157 BGB, wonach sowohl Innen- als auch Außenhaftungsansprüche erfasst wären.[314] Die Rechtsfolge der Vorschrift mit Höhe der Selbstbehaltsfestlegung knüpft an § 93 Abs. 2 S. 1 AktG mit dem entstandenen Schaden für den Fall der Innenhaftung an. Die Eingruppierung des Pflichtselbstbehaltes in die Vorschrift des § 93 Abs. 2 AktG spricht für die Innenhaftung, nicht für den Einschluss der Außenhaftung. Andererseits erscheint das Ziel einer verhaltenssteuernden Einflussnahme auf die Organmitglieder unabhängig zu sein von der Beurteilung, ob es sich um Außen- oder Innenhaftungsfälle handelt. 245

Nach teils vertretener Ansicht sind auch Außenhaftungsansprüche vom Selbstbehalt erfasst.[315] Es gibt Bestrebungen, die Ansprüche von der Selbstbehaltsverpflichtung in Klauseln auszunehmen, so dass der VR eine Freistellung vornehmen muss und ggf. im Innenverhältnis gegenüber der versicherten Person Regress nehmen kann.[316] Ob hiermit die gesetzlichen Anforderungen des Selbstbehaltes nach § 93 Abs. 2 S. 3 AktG gewahrt werden, wird in der Literatur bezweifelt.[317] Der vom Gesetzgeber beabsichtige Zweck der Verhaltenssteuerung wird hierdurch wohl entfallen. 246

312 Siehe hierzu genauer unter Rn. 180 ff.
313 *van Kann* NZG **2009** 1010, 1011.
314 van Bühren/*Lenz* § 25 Rn. 140; Prölss/Martin/*Voit* VVG D&O A-6.5 Rn. 3.
315 Siehe oben Fn. 295.
316 *Franz* DB **2009** 2764, 2765.
317 Prölss/Martin/*Voit* VVG D&O A-6.5 Rn. 3.

Da es keine Verpflichtung gibt, im Innenverhältnis bei der versicherten Person zu regressieren, wird vielleicht sogar ein Anreiz geschaffen, hiervon keinen Gebrauch zu machen.[318]

247 **(2) Ansicht nur für reine Innenhaftung mit Abwägung zur Außenhaftung.** Nach der Gegenauffassung gelte die Vorschrift gerade nicht für Ansprüche im Außenverhältnis.[319] Haftungsansprüche im Außenverhältnis würden hiernach von der gesetzlichen Regelung des Selbstbehaltes nicht erfasst. Für eine Einbeziehung von Ansprüchen im Außenverhältnis spricht, dass offenbar keine Unterscheidung von der erfolgten Art der Inanspruchnahme der Vorschrift vorgesehen ist. Es kann ansonsten nur schwerlich erklärt werden, warum der Selbstbehalt nur bei Innenhaftungsansprüchen zum Tragen kommen soll. Es wird angeführt, dass die Zielerreichung einer verhaltenssteuernden Wirkung nicht von der Art der Innen- oder Außenhaftung abhängen könne.[320] Auch vom Gesetzgeber erfolgt keine direkte Begründung dahingehend, dass Außenhaftungsansprüche nicht erfasst würden.[321] Dennoch befinden sich in der Gesetzesbegründung Anhaltspunkte dafür, die gegen eine Miterfassung von Außenhaftungsansprüchen sprechen (Bezugnahme insoweit nur auf die „Gesellschaft" nicht auch auf „Dritte").[322] Teilweise wird auch mit dem Standort der Regelung des § 93 Abs. 2 Satz 3 AktG innerhalb des Aktiengesetzes argumentiert als systematischen Ansatzpunkt. Durch die Verankerung im Abschnitt „Vorstand" seien keine Anhaltspunkte für die Einbeziehung von Drittansprüchen erkennbar, so dass solche Ansprüche ausgeschlossen seien.[323] Vorstandsansprüche seitens der Gesellschaft betreffen lediglich das Innenverhältnis. Dagegen wird eingewandt, dass Vorschriften im Aktiengesetz ohnehin nur die Innenhaftung betreffen und es keinen geeigneten Standort für die Miterfassung von etwaigen Außenhaftungsansprüchen im Aktiengesetz gebe.[324] Darüber hinaus liefert die historische Auslegung auch Anhaltspunkte dafür, den Selbstbehalt eher nur auf Ansprüche im Innenverhältnis zu beziehen.[325] Andere in der Literatur[326] hingegen sprechen sich dennoch für die Einbeziehung von Außenhaftungsansprüchen unter der Selbstbehaltsverpflichtung aus.

248 **(3) Weite Regelung der Musterbedingungen.** Damit der Streit, ob auch Außenhaftungsansprüche in die Selbstbehaltsverpflichtung mit einzubeziehen sind, nicht endgültig entschieden werden muss, wurden solche Ansprüche bei der Selbstbehaltsversicherung auch mit in deren Musterbedingungen aufgenommen.[327] In den AVB-AVG wird nicht nach der Art des Anspruchs differenziert, d.h. der Selbstbehalt greift unabhängig davon ein, ob es sich um **Innen- oder Außenhaftungsansprüche** handelt. Somit gehen die Musterbedingungen des GDV vom Umfang her über den Regelungsgehalt der gesetzlichen Vorschrift hinaus, sofern man die Ansicht teilt, dass die gesetzliche Regelung sich nur auf Innenhaftungsansprüche beschränkt. Aufgrund der Verteilung der Innen- und Außenhaftungsfälle im Rahmen der D&O-Versicherung[328] dürften ohnehin nur die Fälle der Innenhaftung von großer praktischer Relevanz sein. Angelehnt sind die Vorgaben des GDV möglicherweise an Vorschriften des DCGK, der im Rahmen seiner Empfehlungen auch

318 Ebd.
319 *Kerst* VW **2010** 102 f.; *Olbrich/Kassing* BB **2009** 1659; **a.A.** *van Kann* NZG **2009** 1010 f., der einen Selbstbehalt bei Fehlen für die Außenhaftung als gesetzeswidrig ansieht.
320 Bruck/Möller/*Armbrüster* D&O AVB 2020/2022 A-6 Rn. 175 f.; *Thüsing/Traut* NZA **2010** 140, 141.
321 BTDrucks. 16/13433 S. 11.
322 *Lange* § 16 Rn. 53; *ders.* VersR **2009** 1011, 1016; auch *Franz* DB **2009** 2764, 2768.
323 Dafür *Olbrich/Kassing* BB **2009** 1659; *Schulz* VW **2009** 1410, 1412; **a.A.** wohl *Gädtke* VersR **2009** 1565, 1567.
324 *Gädtke* VersR **2009** 1565, 1567.
325 *Lange* § 16 Rn. 55 m.w.N.
326 Bruck/Möller/*Armbrüster* D&O AVB 2020/2022 A-6 Rn. 176; *Gädtke* VersR **2009** 1565, 1567; *Thüsing/Traut* NZA **2010** 140, 141; *van Kann* NZG **2009** 1010, 1011; **a.A.** *Lange* VersR **2009** 2011, 2016; *ders.* VersR **2011** 429, 439.
327 Bruck/Möller/*Armbrüster* D&O AVB 2020/2022 A-6 Rn. 175.
328 *Peppersack* Das Kürzungs- und Verteilungsverfahren in der D&O-Versicherung, S. 15 f.

nicht nach Art der Innen- bzw. Außenhaftungsansprüche differenziert. Wenn neben dem Innenhaftungsanspruch zeitgleich auch ein Außenhaftungsanspruch vorliegt, kann dies auch nicht dazu führen, dass der Selbstbehalt entfällt. Das dürfte selbst dann gelten, wenn man der Ansicht folgt, dass der Selbstbehalt bei Außenhaftungsansprüchen nicht zur Anwendung gelangt. Da beide Ansprüche parallel nebeneinander bestehen, führt dies nicht zu einem Entfall des Selbstbehaltes.

bb) Deutsche Aktiengesellschaften und Auslandsbezug. Nach dem Wortlaut der Vorschrift ist der Anwendungsbereich eingeschränkt auf **deutsche Aktiengesellschaften** (Sitz der Gesellschaft) bzw. auf solche Gesellschaften, auf die das deutsche Aktiengesetz anwendbar ist. Damit ist kein Raum für ausländische (Tochter-)Gesellschaften der VN gegeben, oder auf solche Gesellschaften, auf die das deutsche Aktiengesetz keine Anwendung findet.[329] Insoweit kann es zu **Ungerechtigkeiten** kommen, was die Unterscheidung zwischen deutschen und auslandsbezogenen Gesellschaften anbelangt. Womöglich wurde der Anwendungsbereich bewusst auf Gesellschaften mit Anwendung des deutschen Aktiengesetzes gewählt, da ausländische Bezüge keine große praktische Relevanz haben. Sofern die Muttergesellschaft im **Ausland** ihren Sitz hat, kann unter Umständen auch die u.a. in Deutschland ansässige Tochtergesellschaft für ihre Vorstandsmitglieder der deutschen Selbstbehaltsregelung unterfallen. Es kommt maßgeblich darauf an, ob das deutsche Aktiengesetz auf die Muttergesellschaft anwendbar ist. Das kann der Fall sein, wenn diese eine D&O-Versicherung abgeschlossen hat, die deutsches Recht für anwendbar erklärt. Sofern deutsches Recht keine Anwendung findet und auch keine dem deutschen Aktienrecht vergleichbare Selbstbehaltsregelung nach ausländischem Recht vorgesehen ist, findet diese – bezogen auf die Selbstbehaltsregelung – durch die Auslandseinstufung auch keine Anwendung. Umgekehrt kann es auch zu der wohl etwas selteneren Kombination kommen, dass eine ausländische Tochtergesellschaft für ihre in Deutschland befindliche Muttergesellschaft eine D&O-Versicherung platziert. Dann unterliegen Vorstandsmitglieder der deutschen Muttergesellschaft der Selbstbehaltsverpflichtung nach deutschem Recht, das auf diese Anwendung findet. Auch hier ergibt sich für die Vorstandsmitglieder der ausländischen Tochtergesellschaft eine Besserstellung. Die Muttergesellschaft kann ihre Selbstbehaltsverpflichtung nicht deshalb entfallen lassen, weil die Selbstbehaltsverpflichtung auf ihre ausländische Gesellschaft keine Anwendung findet, da sie ansonsten gegen deutsches Recht verstoßen würde. 249

cc) Versicherungsarten

(1) D&O-Versicherung – Anderweitige Versicherungen. Fraglich ist, ob der Selbstbehalt allein im Rahmen von D&O-Versicherungen Anwendung finden soll. In der Praxis dürfte der Selbstbehalt **primär** im Rahmen von **D&O-Versicherungen** zur Anwendung gelangen. Vom Gesetzestext her wird der Anwendungsbereich gleichwohl nicht nur auf D&O-Versicherungen eingeschränkt, so dass noch ein Anwendungsbereich für **weitere Versicherungsarten** verbleibt.[330] Andere wollen dagegen den Anwendungsbereich der Vorschrift nicht auf andere Versicherungsarten erstrecken, so dass der Selbstbehalt allein für D&O-Versicherungen bestimmt sein soll.[331] 250

Der Wortlaut der aktienrechtlichen Vorschrift zielt nicht spezifisch auf D&O-Versicherungen ab, so dass auch weitere Versicherungsarten, beispielsweise **Vermögensschadenhaftplichtversicherungen** im Allgemeinen hiervon erfasst sein könnten. Die gesetzlichen Vorgaben gehen nur von einem Abschluss einer Versicherung seitens der Gesellschaft für ihre Vorstandsmitglieder aus, die Risiken aus Pflichtverletzungen im Rahmen von beruflichen Tätigkeiten abdecken. Die Frage wird in der Literatur nicht einheitlich beurteilt. Teils wird die Anwendung der Vorschrift außerhalb von Verträgen der D&O-Versicherung abgelehnt.[332] Begründet wird dies mit der Systematik des § 93 251

---

329 *Lange* § 16 Rn. 40.
330 *Lange* VW **2009** 918.
331 *Harzenetter* DStR **2010** 653, 654; *Koch* AG **2009** 637, 643; *Schulz* VW **2009** 1410 f.; *Wendt* VW **2009** 1589 ff.
332 Seitz/Finkel/Klimke/*Finkel/Seitz* Ziff. 4 Rn. 113; *Wendt* VW **2009** 1589, 1590 ff.; *Schulz* VW **2009** 1410, 1411.

AktG, der allein auf die Innenhaftung abziele. Solche Versicherungen, bei denen schon keine Innenhaftung denkbar sei, wären hiernach per se schon vom Anwendungsbereich ausgeschlossen. Ausgeschlossen wären danach beispielsweise die Industrieschadenversicherung, Betriebshaftpflichtversicherung oder Vermögensschadenhaftpflichtversicherung.[333] Auch die Befürworter der Ansicht, dass der Selbstbehalt ebenfalls auf Betriebshaftpflichtversicherungen anwendbar sei, räumen dabei den geringeren Anwendungsbereich ein.[334] Denn die im Rahmen der D&O-Versicherung maßgeblichen Innenhaftungsfälle spielen für die Betriebshaftpflichtversicherung fast keine Rolle, da die Innenverhältnisdeckung meist nicht erfasst ist; abweichendes kann aber durch deren Versicherungsbedingungen bestimmt sein.[335] Weitere Vermögensschadenversicherungen, wie z.B. Rechtsschutzversicherungen, sollen dagegen nicht von der Verpflichtung zur Vereinbarung eines Pflichtselbstbehaltes erfasst sein.[336]

252 Hinzu kommt das Argument der historischen Auslegung, wonach der Gesetzgeber bei Erlass der Vorschrift allein das Konstrukt der D&O-Versicherung abbilden wollte.[337] Die Gegenauffassung will den Selbstbehalt auch auf weitere Versicherungsarten außerhalb von D&O-Versicherungen anwenden.[338] Um sich der Gegenauffassung anzunähern, kommt dies bei der grundsätzlich ablehnenden Haltung der Anwendung auf andere als die D&O-Versicherung nur über eine **analoge Anwendung** in Betracht. Das kann beispielsweise dann der Fall sein, wenn eine Innenhaftung grundsätzlich im Rahmen der anderen Versicherung möglich ist, so dass ausnahmsweise die Verpflichtung zur Selbstbehaltsregelung eingreifen könnte.[339]

253 Gegen eine Erstreckung des Selbstbehaltes auch auf Bereiche außerhalb der D&O-Versicherung spricht der Wortlaut von Vorgaben aus der Gesetzesbegründung, der sich insoweit eindeutig auf die D&O-Versicherung selbst bezieht.[340] Auch die Vorgaben der Regierungskommission der DCGK sprechen ausschließend für den Anwendungsbereich des Selbstbehaltes auf die D&O-Versicherung selbst.[341] Der Wortlaut der Ziffer 3.8 Abs. 2 DCGK ist insoweit eindeutig nur auf die D&O-Versicherung festgelegt. Sofern die Vorgaben aus dem DCGK auch auf andere Versicherungsarten hätten erstreckt werden sollten, hätte man dies konkret vorgesehen oder zumindest eine Öffnungsklausel verfasst, was jedoch beides nicht der Fall ist. Somit kann nicht davon ausgegangen werden, dass von dieser Regierungskommission eine Erstreckung außerhalb der D&O-Versicherung beabsichtigt war. Dennoch sieht *Lange*[342] hier keinen Grund, zwischen Vermögensschäden und anderen Schadensarten zu differenzieren vor dem Hintergrund, dass unabhängig von der konkreten Schadensart die Vorstandsmitglieder zu größtmöglicher Sorgfaltsanforderung verpflichtet werden sollen. Nach hiesiger Auffassung spricht gegen eine Erweiterung der Selbstbehaltsregelung auf die Betriebshaftpflichtversicherung auch, dass letztere Schäden Dritter durch fehlerhafte betriebliche Abläufe decken soll, bei denen i.d.R. eine Haftung des Betriebes über Zurechnung einer schuldhaften Pflichtverletzung eines Arbeitnehmers erfolgt. Sinn der Selbstbehaltsregelung kann aber sicherlich nicht sein, dass die Vorstandsmitglieder der AG für sämtliches Fehlverhalten der Mitarbeiter einzustehen haben; vielmehr sollen sie aufgrund der Aussicht einer finanziellen Beteiligung bei Pflichtverletzung dazu angehalten werden, ihren Verpflichtungen nach § 93 Abs. 1 AktG nachzukommen.

254 Eine entsprechende Anwendung des Pflichtselbstbehaltes auf den Bereich der Eigenschadenversicherungen, wo ein Regressverzicht gegenüber den Organmitgliedern vereinbart ist, wird für

---

333 *Harzenetter* DStR **2010** 653, 654; *Koch* AG **2009** 637, 643; *Wendt* VW **2009** 1589 ff.; *Schulz* VW **2009** 1410, 1411; **a.A.** *Lange* VersR **2009** 1011, 1016 ff.; *ders.* § 16 Rn. 57.

334 *Lange* § 16 Rn. 57.

335 *Wendt* VW **2009** 1589, 1592.

336 *Lange* § 16 Rn. 62 FN 114; *Wendt* VW **2009** 1589, 1590; **a.A.** *Kerst* VW 2010 102 f.

337 Seitz/Finkel/Klimke/*Finkel/Seitz* Ziff. 4 Rn. 114.

338 *Lange* VersR **2009** 1011, 1017.

339 *Franz* DB **2009** 2764, 2765.

340 BTDrucks. 16/13433 S. 2, 11.

341 S. Ziff. 3.8 Abs. 2 DCGK 2017.

342 *Lange* § 16 Rn. 59 f.

erforderlich gehalten.[343] Eine Ausprägung der Selbstbehaltsregelung fand sich vor einigen Jahren auch in vielen Versicherungsbedingungen im Zusammenhang mit der sogenannten **Eigenschadenklausel**. Darin war bestimmt, dass es keinen Freistellungsanspruch im Rahmen des Innenhaftungsanspruchs gegenüber derjenigen versicherten Person gab, soweit diese prozentual entsprechend an der Gesellschaft beteiligt ist. Seit dem Jahr 2008 etwa gibt es diese Eigenschadenklausel in den allermeisten Versicherungsbedingungen nicht weiter in dieser Form, man hielt dies offenbar nicht weiter für erforderlich, um die eigene Inanspruchnahme zu begünstigen.[344]

(2) Keine Anwendung bei Individualversicherung. Von der Klausel ist vorgesehen, dass die „Gesellschaft" selbst Versicherungsschutz für ihre Organmitglieder abschließt. In dem Fall, wo die versicherte Person damit für sich selbst Versicherungsschutz einkauft (Stichwort **„Individualversicherung"**, **„persönliche D&O-Versicherung"**) findet nach dem Regelungsgehalt der Vorschrift der vorgesehene Selbstbehalt keine Anwendung.[345] 255

b) Zeitlicher Anwendungsbereich. Nicht eindeutig geregelt ist die Frage, welcher **zeitliche Bezugspunkt** der Anwendung des Selbstbehaltes zugrunde liegt. Generell basiert die D&O-Versicherung auf dem ihr zugrunde liegenden claims-made-Prinzip, was die Auslösung des Versicherungsfalls anbelangt. Hiervon abweichend scheint die Gesetzesbegründung sich für die Anknüpfung an das Bezugsjahr an dem Pflichtenverstoß zu orientieren. Hier heißt es: *„Das Bezugsjahr für den anzuwendenden Selbstbehalt ist das Jahr des Pflichtverstoßes."*[346] Bestimmter Zeitraum ist damit das Jahr des Pflichtenverstoßes.[347] Ausgelegt werden muss allerdings noch die Frage, welche Art von „Jahr" hiermit gemeint ist. Bei mehreren Pflichtverletzungen, die sich über einen größeren Zeitraum erstrecken, ist die Frage umso schwieriger zu beantworten. Dann müsste man die Grenzen für die diversen Jahre gesondert berechnen. Dies wurde vom Gesetzgeber leider nicht beantwortet. Naheliegend ohne nähere Anhaltspunkte ist auf das übliche Kalenderjahr (1.1.–31.12.) abzustellen und nicht auf einen abweichenden oder verkürzten Zeitraum wie beispielsweise das Geschäftsjahr der jeweiligen Gesellschaft oder das etwaig abweichende Versicherungsjahr. Von einem Kalenderjahr geht wohl auch die praktische Handhabung aus.[348] Andere hingegen stellen auf das Tätigkeitsjahr[349] oder das Jahr der Vergütung[350] ab. Es gibt auch eine Auffassung, die den Parteien die Bezugnahme auf das Jahr zur freien Gestaltung selbst überlassen will.[351] Gegen die Selbstbestimmung der Parteien, auf welches Jahr Bezug genommen werden soll, spricht, dass vom Gesetz schon kein Gestaltungsspielraum zur privatrechtlichen Festlegung geschaffen wurde und dies auch nicht praktisch ist, da die Parteien sich dann stets auf einen Bezugspunkt festlegen müssten.[352] Ohne eine vertragliche Bestimmung bliebe dann unklar, welches Jahr der Bezugspunkt für die Selbstbehaltsfestlegung wäre. Zu Recht wird auf die Nachteile in Bezug auf das Kalenderjahr hingewiesen, da beispielsweise ein erst gegen Ende des Jahres eintretendes Vorstandsmitglied und einem sich neu ereignenden Schadenfall am Anfang des neuen Kalenderjahres direkt wieder mit dem Selbstbehalt unverhältnismäßig belastet würde.[353] Um diese Unverhältnismäßigkeit zu 256

343 Ebd. § 16 Rn. 62; **a.A.** *Kerst* VW **2010** 102 f.
344 Ebd. § 16 Rn. 13.
345 Ebd. § 16 Rn. 38.
346 BTDrucks. 16/13433 S. 17.
347 *Albers* CCZ **2009** 222, 223.
348 *Mitterlechner/Wax/Witsch* D&O § 6 Rn. 39.
349 *Lange* VersR **2011** 1011, 1019; *Laschet* Phi **2009** 158, 163.
350 *Fiedler* MDR **2009** 1077, 1078; *van Kann* NZG **2009** 1010, 1012.
351 *Dauner-Lieb/Tettinger* ZIP **2009** 1555, 1556.
352 MüKo AktG/*Spindler* § 93 Rn. 233.
353 MüKo AktG/*Spindler* § 93 Rn. 233.

vermeiden, spricht viel dafür, auf das Jahr der Vergütung bzw. eine aus mehreren Kalenderjahren oder Vergütungsjahren gebildete Durchschnittsvergütung, bedingt durch unterschiedliche Pflichtverletzungen abzustellen. So braucht das Vorstandsmitglied auch nicht über das gesamte Kalenderjahr erstreckt seine Position inne zu haben.[354]

c) Persönlicher Anwendungsbereich

257 **aa) Versicherte Personen.** Grundsätzlich zielt der Selbstbehalt nur auf die **Erfassung versicherter Personen** ab. Explizit sehen die Versicherungsbedingungen teilweise vor, dass ein Selbstbehalt nicht auf das Unternehmen selbst abzielt, es sei denn, es ist diesbezüglich eine entsprechende Vereinbarung getroffen. Nach der gesetzlichen Regelung bedarf es einer solchen Regelung nicht, da sich die verpflichtende Vereinbarung eines Selbstbehaltes allein an versicherte Personen und nicht an das Unternehmen selbst richtet. Es mag auch Versicherungsbedingungen geben, die eine zusätzliche und damit nachteilige Regelung für das Unternehmen selbst vorsehen, dass aber einer gesonderten Vereinbarung bedarf.

258 Abweichendes kann sich im Fall einer Freistellung der versicherten Person(en) gegenüber der VN ergeben. In dieser Konstellation hat die VN das Bezugsrecht der Leistungen unmittelbar gegenüber dem VR, so dass der Selbstbehalt auch in diesem abweichenden Verhältnis angerechnet wird.

259 **bb) Versicherungsnehmer.** Nach der zugrundeliegenden Musterbedingung gilt im Falle von A-3 statt des Selbstbehalts der versicherten Person der im Versicherungsschein aufgeführte Betrag für den VN selbst. Hierunter verbirgt sich der Fall des sogenannten company reimbursement: „*Besteht eine Verpflichtung des Versicherungsnehmers oder einer Tochtergesellschaft, versicherte Personen für den Fall, dass diese von Dritten, also nicht von dem Versicherungsnehmer oder einer Tochtergesellschaft oder einer anderen versicherten Person in dem in A-1 beschriebenen Umfang haftpflichtig gemacht werden, freizustellen (company reimbursement), so geht der Anspruch auf Versicherungsschutz aus diesem Vertrag in dem Umfang von den versicherten Personen auf den Versicherungsnehmer oder seine Tochtergesellschaft über, in welchem dieser seine Freistellungsverpflichtung erfüllt. Voraussetzung für den Übergang des Versicherungsschutzes ist, dass die Freistellungsverpflichtung nach Art und Umfang rechtlich zulässig ist.*“ In dieser Konstellation kann dann ausnahmsweise auch die Gesellschaft mit der Selbstbehaltsverpflichtung belastet sein, da der Anspruch auf Haftung durch Übergang voll zu Lasten der VN wirkt.

260 **cc) Vorstandsmitglieder.** Vorgesehen ist der Selbstbehalt ausdrücklich nur für Vorstandsmitglieder, wogegen die Vorschrift auf Mitglieder des Aufsichtsrats oder GmbH-Geschäftsführer keine Anwendung findet (...„*nämlich die Versicherung zugunsten von Vorstandsmitgliedern*“).[355] Hier besteht höchstens die Möglichkeit einer gesonderten Vereinbarung eines Selbstbehaltes. Ansonsten hätte die aktienrechtliche Vorschrift auch Eingang im GmbHG gefunden; ein Verweis wurde hier nicht umgesetzt. Insoweit schließt die aktienrechtliche Vorschrift für den Aufsichtsrat in § 116 AktG die Regelung des Selbstbehaltes in § 93 Abs. 2 S. 3 AktG eindeutig aus (...„*mit Ausnahme des Absatzes 2 Satz 3*“). Auch fehlt es an einer Verpflichtung für weitere versicherte Personen, wie beispielsweise leitende Angestellten, wofür kein Selbstbehalt vorgesehen ist. Genauso sollen auch Personengesellschaften, Vereine und Genossenschaften – genau wie GmbHs – nicht vom Anwendungsbereich erfasst werden.[356]

354 MüKo AktG/*Spindler* § 93 Rn. 233; *Lange* VersR **2009** 1011, 1019.
355 BTDrucks. 16/13433 S. 11; s.a. noch unten unter Rn. 208.
356 *Albers* CCZ **2009** 222, 223.

Je nach Ausgestaltung und den individuellen Besonderheiten kann vom Vorstand bei der Vereinbarung einer Versicherung versucht werden, gleichgerichtete Interessen durchzusetzen, so dass möglicherweise auch die Aufsichtsratsmitglieder auf „freiwilliger Basis" einen Selbstbehalt leisten sollen.[357] Schließlich haben die Mitglieder des Aufsichtsrates durch die bestehende Überwachungsfunktion des Vorstands ein nicht unerhebliches Haftungsrisiko als der Vorstand selbst, sollte es zu einer Haftungssituation kommen. Aber auch leitende Angestellte könnten je nach Verantwortungsbereich vom Vorstand dazu angehalten werden, einen vergleichbaren Selbstbehalt im Schadensfall erbringen zu müssen. Dabei dürfte dieser von der Höhe her betrachtet deutlich geringer ausfallen als bei den Vorstandsmitgliedern selbst, schon aufgrund des nicht unerheblichen Einkommensunterschieds und der privilegierten Arbeitnehmerhaftung.[358] In der Praxis könnte die Ausgestaltung des Selbstbehaltes zu unterschiedlichen Begehren bei der Inanspruchnahme von Mitgliedern des Unternehmens führen, vergleichbar mit dem wohl unter rechtlichen Gesichtspunkten nicht existierenden Grundsatz „Deckung schafft Haftung".[359] Wo die versicherten Personen keinem Selbstbehalt unterliegen und dies für den Anspruchsteller ersichtlich ist – was bei Innenhaftungsansprüchen beim Unternehmen der Fall ist –, könnten diejenigen Personen bevorzugt in Anspruch genommen werden, die gar keinen Selbstbehalt leisten müssten. Denn hier besteht kein Liquiditätsrisiko, sofern der VR bei Vorliegen der Deckungsvoraussetzungen den Schaden möglichst vollständig ausgleicht. 261

d) Kostentragung (Selbstbehalt)

aa) Gesetzlicher Pflichtselbstbehalt. Der gesetzlich vorgesehene aktienrechtliche Selbstbehalt ist als Pflichtselbstbehalt ausgestaltet. Insofern ist diese Vorgabe des Selbstbehaltes von der grundsätzlich möglichen Vereinbarung eines freiwilligen Selbstbehaltes zu unterscheiden. Von dieser freiwilligen Möglichkeit dürfte in der Praxis kein Gebrauch gemacht werden, so dass die freiwillige Ausgestaltung eher bei Null liegt.[360] 262

Definiert wird die Selbstbehaltsverpflichtung in unterschiedlichen Gestaltungen im Rahmen der Versicherungsverträge. So wird der Selbstbehalt schon in der Versicherungspolice konkret festgelegt und meist zudem noch in detaillierterer Form im Rahmen der jeweiligen Versicherungsbedingungen aufgenommen. 263

bb) Schwellenwerte nach AktG. In **§ 93 Abs. 2 S. 3 AktG** sind unterschiedliche Schwellenwerte für das Eingreifen des Selbstbehaltes vorgesehen. Dort heißt es: *„Schließt die Gesellschaft eine Versicherung zur Absicherung eines Vorstandsmitglieds gegen Risiken aus dessen beruflicher Tätigkeit für die Gesellschaft ab, ist ein Selbstbehalt von mindestens 10 Prozent des Schadens bis mindestens zur Höhe des Eineinhalbfachen der festen jährlichen Vergütung des Vorstandsmitglieds vorzusehen."* Auf den ersten Blick mag man sich fragen, warum zwei unterschiedliche Grenzen (prozentual und absolut) für die Bestimmung des Selbstbehaltes notwendig erscheinen. Hierzu kann die Gesetzesbegründung Anhaltspunkte liefern, wo es lautet: *„Bei der Vereinbarung des Selbstbehalts sind zwei Werte festzusetzen: Eine prozentuale Quote, die sich auf jeden einzelnen Schadensfall bezieht, und eine absolute Obergrenze, die für alle Schadensfälle in einem Jahr zusammen gilt, jedoch bei großen Schäden auch schon bei einem einzigen Schadensfall erreicht werden* 264

357 *Franz* DB **2009** 2764, 2766.

358 *Franz* DB **2009** 2764, 2766 zumindest in Bezug auf Aufsichtsratsmitglieder.

359 Zum Grundsatz *Bachmann* Reform der Organhaftung? – Materielles Haftungsrecht und seine Durchsetzung in privaten und öffentlichen Unternehmen, Gutachten E zum 70. Deutschen Juristentag München **2014** E 19 f.; *ders.* Organhaftung im Brennpunkt, Audit Committee Quarterly III/**2014**, 7; ferner *Doganay/Wessel* VP **2016** 3, 4; ebenso *Gädtke* VP **2015** 26, 28.

360 MüKoVVG/Ihlas 320. D&O Rn. 467.

kann. Die Höhe der Werte gibt das Gesetz nicht abschließend vor, geregelt wird lediglich, wie hoch die Werte mindestens sein müssen. Bei jedem Schadensfall hat sich das Vorstandsmitglied mit einem vertraglich festzulegenden Prozentsatz an dem Schaden zu beteiligen, der mindestens 10 Prozent betragen muss. Absolute Obergrenze ist ein Betrag, der mindestens dem Eineinhalbfachen der jährlichen Festvergütung entsprechen muss. [...] Je nach Änderung der Festvergütung ist die Versicherung jährlich anzupassen.[361]

265 Beide Schwellen sind als „Mindestanforderungen" ausgestaltet, nach oben hin ist keine Obergrenze vorgesehen. Es gibt keine in realiter festgelegte Größe, sondern nur eine **prozentuale Bestimmung**. Festgelegt sind die Anforderungen auch nur spezifisch auf Vorstandsmitglieder, andere Organmitglieder werden von der Regelung bereits nicht erfasst. Damit dürfen die Vertragspartner des Versicherungsvertrags bei Vereinbarung sowohl eine über 10 Prozent hinausgehende Beteiligung des Vorstandsmitglieds pro Schaden und/oder eine höhere Obergrenze als das Eineinhalbfache der jährlichen Festvergütung[362] des Vorstandsmitglieds pro Jahr vereinbaren. Wichtig ist nur, dass die vorgesehenen Schwellenwerte nicht unterschritten werden. Die gesetzlichen Mindestvorgaben können dazu führen, dass die Höhe des Selbstbehaltes von Fall zu Fall sehr unterschiedlich ausfallen kann.[363] Nachvollziehbar dürfte sein, eine Höchstgrenze für die Bestimmung des Selbstbehaltes vorzusehen, um einer ausufernden Wirkung zulasten der versicherten Personen entgegenzuwirken. Sonst könnten bei sehr hohen Schäden starke finanzielle Nachteile zulasten der versicherten Personen auftreten, die deren finanzielle Liquidität, im schlimmsten Fall bis hin zur Insolvenz, verursachen könnten.[364] Gesetzliche Vorgaben, inwieweit der Selbstbehalt konkret auszugestalten ist und welche Höhe bei der Ausgestaltung möglicherweise angemessen ist, fehlen. Offen bleibt auch die Frage, wer für die Festlegung des Selbstbehaltes überhaupt zuständig ist.[365] Sofern man von der Zuständigkeit des Vorstands für den Abschluss der D&O-Versicherung ausgeht, könnte man entsprechend annehmen, dass dieser selbst auch für die Festlegung der konkreten Ausgestaltung des Selbstbehaltes verantwortlich ist. Sofern man hiervon ausgeht, werden die Vorstandsmitglieder ein eigenes Interesse daran haben, allein die gesetzlichen Mindestvorgaben zu erfüllen. Ein höherer Selbstbehalt würde die Vorstandsmitglieder im Schadensfall ansonsten unnötig belasten, was nicht in deren Eigeninteresse liegen dürfte.

266 **cc) Häufigkeit.** Nicht unbedeutend ist auch die Frage, **wie oft der Selbstbehalt zur Geltung** gelangt. Bei einem Serienschaden beispielsweise könnte der Selbstbehalt jeweils gesondert zum Tragen kommen, ohne dass dieser einheitlich nur einmal eingreift wenn man die Anrechnung nicht gleichlaufend mit dem engeren Begriff des Serienschadens ansieht. Dagegen spricht aber, dass die versicherte Person unangemessen benachteiligt werden würde. Sofern nach der jeweiligen Begriffsdefinition ein Serienschaden einschlägig ist, hat man auch insgesamt aufgrund der mehreren Sachverhaltskonstellationen die Schadenvorgänge als einen einheitlichen Versicherungsfall zusammengefasst. Sofern dann tatsächlich auch nur von einem einheitlichen Schadenvorgang ausgegangen wird, würde man die versicherten Personen hier unverhältnismäßig belasten, wenn man sich bezüglich des Selbstbehaltes nicht hieran orientiert. Eine losgelöste Orientierung anhand der begangenen Pflichtverletzungen als Anknüpfungspunkt ist zwar denkbar, würde aber zur unangemessenen Benachteiligung der versicherten Person führen. Diese Sichtweise wäre auch konträr zum Versicherungsschutz, der sich anhand des Versicherungsfalls orientiert und im Fall des Serienschaden nur einen einzigen Versicherungsfall auslöst, so dass der

---

361 BTDrucks. 16/13433 S. 11.

362 Begriff wohl unklar, s.a. *Lange* § 16 Rn. 71 f.

363 Höra/*Sieg* MAH § 17 Rn. 146.

364 *Thüsing*/*Traut* NZA **2010** 140, 142.

365 Höra/*Sieg* MAH § 17 Rn. 147 („Bemessung" und „Festlegung der Höhe").

Selbstbehalt auch nur einmal anfällt. Im Ergebnis kann der Selbstbehalt bei einem Serienschaden auch nur einmal eingreifen.[366]

dd) Gesamtschuldnerschaft

(1) Haftung als Gesamtschuldner. Es stellt sich die Frage, ob bei der Erfassung des Selbstbehaltes der Höhe nach sich eine Änderung dadurch ergibt, dass ein Fall der **Gesamtschuldnerschaft** i.S.d. § 421 Satz 1 BGB vorliegt. Danach ist jeder Schuldner dazu angehalten, die gesamte Leistung zu bewirken, der Gläubiger hingegen kann die Leistung im Ergebnis von den Schuldnern nur einmal verlangen. Im Innenverhältnis kommt es dann aufgrund des Forderungsübergangs zu einem Ausgleichsverhältnis untereinander gem. § 426 BGB. Hiernach kann der leistende Schuldner dann versuchen, die auf die übrigen Schuldner entfallende Anteile zurückzuholen, wobei er deren Liquiditätsrisiko trägt. Sofern mehrere Vorstandsmitglieder wegen der gleichen Pflichtverletzung auf Schadenersatz in Anspruch genommen werden, können diese gesamtschuldnerisch haften. Es stellt sich die Frage, wie nun die Selbstbehalte zu bestimmen sind, denn im Regelfall werden die Vorstandsgehälter der Höhe nach auch unterschiedlich ausfallen. Dann kann man die unterschiedlichen Jahresgehälter der Vorstandsmitglieder der Höhe nach zusammentragen, ohne dass einzelne Selbstbehalte vom Gesamtschaden subtrahiert werden.[367] 267

(2) Verteilung des Selbstbehalts. Nicht einheitlich wird auch die Frage beurteilt, wie die **Verteilung des zu übernehmenden Selbstbehaltes** zu erfolgen hat, wenn mehrere Vorstandsmitglieder als Gesamtschuldner in einem Schadenvorgang in Anspruch genommen werden. Die gesetzliche Regelung sieht hierfür keine Vorgaben vor. Es kommt dann auch darauf an, in welcher Art und Weise die Vorstandsmitglieder in Anspruch genommen werden. Vorstellbar ist, dass der Anspruchsteller nicht gleichzeitig sämtliche Vorstandsmitglieder in Anspruch nimmt, sondern zunächst nur gegen einzelne oder ein einzelnes Vorstandsmitglied vorgeht. Bei einer einzelnen Inanspruchnahme könnte das betroffene Vorstandsmitglied mit dem vollständigen Selbstbehalt gemessen an dem geltend gemachten Schaden belastet werden und anschließend im Wege des Innenregresses versuchen, den entsprechenden Anteil bei den weiteren Vorstandsmitgliedern zu regressieren.[368] Eine solche Vorgehensweise bringt jedoch für das in Anspruch genommene Vorstandsmitglied unter Umständen Nachteile mit sich. Dieses wäre zunächst mit dem Selbstbehalt belastet und müsste anschließend im Innenverhältnis versuchen, die entsprechenden Anteile bei den übrigen Vorstandsmitgliedern zu regressieren, womit ein Ausfallrisiko verbunden ist. Darüber hinaus können sich Ungerechtigkeiten bei unterschiedlichen Jahresbezügen der Vorstandsmitglieder ergeben.[369] Der gesetzlichen Vorgabe des Selbstbehaltes scheint es am besten zu entsprechen, wenn man den Selbstbehalt einzeln bestimmt.[370] Den Interessen der Vorstandsmitglieder dürfte dabei am besten Rechnung getragen werden, wenn sie nur den Selbstbehalt in der Höhe erbringen, der sich anhand des Anteils berechnet, der sich in Bezug zu ihrem Verantwortungsgrad bemisst und daher im Innenverhältnis zu übernehmen ist.[371] Der VR ist dann beim einschlägigen Schadenfall dazu verpflichtet, die versicherungsvertraglich vorgesehenen Leistungen zu erbringen, bis auf den Anteil des jeweiligen Selbstbehaltes, der von den versicherten Personen entsprechend zu übernehmen ist. Die Lösung hat den Vorteil, dass von Beginn an nur das jeweilige 268

366 Graf von Westphalen/*Thüsing* Vertragsrecht- und AGB Klauselwerke 44. EL. Einzelheiten zur D&O-Versicherung Rn. 163.
367 Seitz/Finkel/Klimke/*Finkel/Seitz* Ziff. 4 Rn. 128.
368 Beckmann/Matusche-Beckmann/*Beckmann* § 28 Rn. 96 e; *Koch* AG **2009** 637, 645.
369 Beckmann/Matusche-Beckmann/*Beckmann* § 28 Rn. 96 e; *Schulz* VW **2009** 1410, 1412.
370 Beckmann/Matusche-Beckmann/*Beckmann* § 28 Rn. 96 e; Prölss/Martin/*Voit* D&O A-6.5 Rn. 4.
371 Beckmann/Matusche-Beckmann/*Beckmann* § 28 Rn. 96 e; *Koch* AG **2009** 637, 645; *Franz* DB **2009** 2764, 2770.

Vorstandsmitglied mit dem zutreffend errechneten Selbstbehalt belastet ist, im Nachgang bedarf es dann keines unnötigen Regresses mehr.

269 **e) Selbstbehalt-Versicherung.** Einige Stimmen in der Literatur und in der Politik haben die Verpflichtung zur Umsetzung des Selbstbehaltes als kritisch angesehen, da mit der Einführung einer Selbstbehaltsversicherung der beabsichtigte Zweck der Verpflichtung zur Umsetzung des Selbstbehaltes konterkariert wird.[372] Es wird sich letztendlich dafür ausgesprochen, die Regelung des § 93 Abs. 2 S. 3 AktG nicht weiter aufrecht zu erhalten.[373] Nach den Kritikern bestehen auch Alternativen, dass man beispielsweise durch „echte Eigenbeteiligungen" bei Vergleichen als positive verhaltenssteuernde Wirkungen einwirken kann. Sofern also mit dem eigentlichen Zweck des Selbstbehaltes vergleichbare Maßnahmen durchgeführt werden, könnte der Selbstbehalt in betroffener Höhe (vollständig) entfallen. Das wäre wohl nicht mit der Regelung vereinbar, die keine Ausnahme vorsieht, wenn eine vergleichbare Eigenbeteiligung vorgenommen wird. Dann verbliebe eine solche Möglichkeit lediglich auf freiwilliger Basis, die sich praktisch wohl kaum durchsetzen dürfte. Kritik übte im Übrigen auch der GDV selbst. In dessen Mitteilung wurde im Wesentlichen darauf verwiesen, dass der Selbstbehalt unverhältnismäßig in die Privatautonomie der Vertragspartner eingreifen würde. Parallel laufend zu den Musterbedingungen der D&O-Versicherung gab es gesonderte Musterbedingungen für die persönliche Selbstbehaltsversicherung, mit der die Vorstandsmitglieder die anfallende Belastung mit dem Selbstbehalt absichern können. Es handelt sich hier um die Musterbedingungen „Allgemeine Versicherungsbedingungen für die persönliche Absicherung des Selbstbehaltes nach dem VorstAG" (AVB-S).[374] Hinzu kam, dass die gesetzliche Regelung nur auf einem pauschalen Ansatz für börsennotierte Gesellschaften beruht, ohne Differenzierungen nach Art des individuellen VN aufzunehmen, was zu einer unflexiblen Handhabung und auch Unverhältnismäßigkeiten führen kann.

270 Es wurde schon seit langem diskutiert, ob und inwieweit die versicherten Personen den vorgesehenen Selbstbehalt mit einer **persönlichen Selbstbehaltsversicherung kompensieren** können. Dagegen spricht, dass der vom Gesetzgeber verfolgte Zweck mit dem Selbstbehalt, wonach die versicherten Personen auch mit einem Anteil aus ihrem Privatvermögen haften sollen, letztendlich wieder entfällt.[375] Sofern die persönliche Selbstbehaltsversicherung hierfür eintritt, würde der verfolgte Zweck spezifisch umgangen. Im Ergebnis ist dabei auch unbeachtlich, ob die Versicherungsleistung nur von einem oder mehreren VR erfolgt, die Eigenbeteiligung des sich zusätzlich absichernden Organmitglieds fällt in jedem Fall weg. Das mag auch meist nicht ansatzweise durch die Erbringung der Eigenleistung der Versicherungsprämie für die Selbstbehaltsversicherung kompensiert werden.[376]

271 Im (Aktien-)Gesetz hat ein Verbot bezüglich des Abschlusses einer solchen Selbstbehaltsversicherung keinen Einklang gefunden. Im Gegenteil, der Wortlaut der aktienrechtlichen Vorschrift gebietet keine Anhaltspunkte für das Verbot einer Selbstbehaltsversicherung.[377] Insoweit bietet eine Selbstbehaltsversicherung ein zusätzliches Pendant zur bestehenden D&O-Versicherung. Das betroffene Vorstandsmitglied kann sich so vor eigenständig zu leistenden Kosten weitgehend versuchen abzusichern. Es handelt sich hierbei um die Form einer zusätzlichen Individualpolice, die neben der D&O-Versicherung in der grundsätzlichen Ausgestaltung als Unternehmenspolice besteht. Wenn die versicherte Person sich selbst als VN mit einer Versicherung hinsichtlich des Selbstbehaltes eindecken möchte, kann sie dies schon auf eigene Kosten umsetzen. Als Individualdeckung findet der Selbstbehalt dann nur auf die jeweils betroffene versicherte Person Anwen-

372 *Peppersack* Das Kürzungs- und Verteilungsverfahren in der D&O-Versicherung S. 276 m.w.N.
373 *Haarmann/Weiß* BB **2014** 2115, 2122.
374 GDV-Nachrichten 05/**2009** 11.
375 *Koch* AG **2009** 637, 645.
376 *Gädtke/Wax* AG **2010** 851, 852 f.
377 *Albers* CCZ **2009** 222, 225; *Olbrich/Kassing*, BB **2009** 1659, 1662.

dung, die Kosten der Versicherungssumme stehen dieser allein zur Verfügung und müssen anders als bei der eigentlichen D&O-Versicherung nicht mit weiteren versicherten Personen geteilt werden. Bedingt durch die Einführung der Pflicht zur Tragung eines Selbstbehaltes sind auch die Angebote bei den VR bzw. Maklerhäusern zur Eindeckung einer solchen Versicherung angewachsen, was der gestiegenen Nachfrage seitens der versicherten Personen geschuldet sein dürfte. Die Selbstbehaltspolice sollte bei dem gleichen VR abgeschlossen werden, wo auch die D&O-Versicherungspolice besteht, da ansonsten der D&O-VR aufgrund des Zusatzschutzes kein großes Interesse daran haben wird, die Anspruchsabwehr für die versicherte Person(en) ordnungsgemäß zu betreiben.[378] Die identische Platzierung ist auch am Markt vorherrschend.[379] Dennoch sollte darauf geachtet werden, dass die unterschiedlichen Versicherungen bestmöglich aufeinander abgestimmt werden, auch vom Deckungsumfang her sollte die Selbstbehaltspolice im Vergleich zur D&O-Unternehmenspolice nicht schlechter ausfallen.[380] Am Markt wird schon lange von der Eindeckung solcher Selbstbehaltspolicen mit großem Interesse Gebrauch gemacht, im Jahr 2010 sollen so schon 3.000 Selbstbehaltspolicen abgeschlossen worden sein.[381] Es ist davon auszugehen, dass die Anzahl der Selbstbehaltspolicen aktuell deutlich höher liegt.

Angetrieben wurden die **Wirksamkeitsdiskussionen** auch dadurch, wer letztlich die Prämie für die Selbstbehaltsversicherung übernehmen muss. Grundsätzlich wird die betroffene versicherte Person die Prämie selbst tragen, da sie Vertragspartnerin der Selbstbehaltspolice ist. Ganz anders der Fall bei der D&O-Unternehmenspolice, wo die VN Prämienschuldnerin als Vertragspartnerin ist. Problematisch ist somit der Fall, wenn die versicherten Personen ihre jeweiligen Prämien nicht selbst tragen, sondern die Gesellschaft die Prämie übernimmt.[382] In dieser Konstellation gibt es Ansichten die sogar so weit gehen, dass es einer Art von Verbot einer Selbstbehaltsversicherung entspricht, sobald die Gesellschaft dafür die Prämie übernehmen würde.[383] Es dürfte wohl zurecht nicht beabsichtigt gewesen sein, dass die Gesellschaft die Prämien der Versicherung übernimmt, die individuell auf die versicherte Person zugeschnitten ist und vergleichbar wie D&O-Individualpolicen von den jeweiligen versicherten Personen getragen werden sollte. Davon geht offenbar auch der GDV selbst aus, der in der Präambel der Musterbedingungen davon spricht, dass es sich um das persönliche Risiko des Vorstandsmitglieds handelt, welches auch privat zu versichern wäre. Zu Recht wird auf einen möglichen Interessenkonflikt im Zusammenhang mit der Selbstbehaltsversicherung hingewiesen. Der besteht in den jeweiligen Vorstandsmitgliedern selber, die auf der einen Seite eine möglichst geringe Versicherungsprämie bei eigener Kostentragung fokussieren, auf der anderen Seite auch aufgrund der organschaftlichen Stellung dem Interesse der Gesellschaft primär verpflichtet sind.[384] Abgedeckt wird von der Selbstbehaltsversicherung grundsätzlich auch nur der Selbstbehalt der versicherten Personen wie gesetzlich vorgeschrieben. Sollte individuell ein höherer Selbstbehalt vereinbart worden sein, so muss auch in der Selbstbehaltspolice ein entsprechend höherer Selbstbehalt mit dem VR vereinbart werden. Ebenso kann ein etwaig freiwillig vereinbarter Selbstbehalt (wie z.B. hinsichtlich der Abwehrkosten) mittels der individuellen Selbstbehaltspolice abgedeckt werden.[385] Damit ist nach der **h.M.** die Selbstbehaltsversicherung zulässig, zumindest wenn eine eigenständige Prämienübernahme erfolgt.[386] 272

378 MünchHdB GesR VII/*Armbrüster* § 108 Rn. 21; **a.A.** *Palmberger/Honisch* VP **2009** 233, 237.

379 *Lange* RuS **2010** 92, 95.

380 Zu unterschiedlichen Konzepten bei der SB Versicherung s. *Mitterlechner/Wax/Witsch* D&O § 6 Rn. 42 ff.; ebenso *Gädtke/Wax* AG **2010** 851, 858 ff.; *Schulze-Schwienhorst/Koch* VW **2010** 424, 425.

381 *Mitterlechner/Wax/Witsch* D&O § 6 Rn. 41 mit Zahl von 3.000 unter Berufung auf einen Vortrag von *Ihlas* auf dem 1. Hamburger Forum Haftpflichtversicherung am 8.10.2010.

382 *Hohenstatt* ZIP **2009** 1349, 1354.

383 *Hohenstatt* ZIP **2009** 1349, 1354; *Kerst* VW **2010** 102, 105.

384 Seitz/Finkel/Klimke/*Finkel/Seitz* Ziff. 4 Rn. 143.

385 *Lange* § 17 Rn. 4.

386 *Albers* CCZ **2009** 222, 225; *Gädtke* VersR **2009** 1565, 1569; *Gädtke/Wax* AG **2010** 851, 852; *Lange* RuS **2010** 92, 92f.; *Olbrich/Kassing*, BB **2009** 1659, 1662; *Peppersack* Das Kürzungs- und Verteilungsverfahren in der D&O-Versicherung, S. 277 FN 1218 m.w.N.; *Thüsing/Traut* NZA **2010** 140, 142; **a.A.** *Palmberger/Honisch* VP **2009** 233, 236.

f) Anwendungsbereich – Besonderheiten auf gesellschaftsrechtlicher Ebene und betroffene Organmitglieder

273 **aa) Gesellschaftsbezogener Anwendungsbereich.** Vor der Einführung der Regelung wurde im Gesetzgebungsverfahren auch in Erwägung gezogen, eine Beschränkung in der Form vorzusehen, den Selbstbehalt nur im Rahmen von **börsennotierten Aktiengesellschaften** anzuwenden.[387] Damit wäre der Anwenderkreis aber erheblich eingeschränkt worden, was sich letztendlich auch nicht durchgesetzt hat. Somit findet die Regelung auf sämtliche Mitglieder von Vorständen Anwendung, wo das deutsche Aktiengesetz einschlägig ist. Eine Anwendung des Selbstbehaltes auf Vorstandsmitglieder selbst ist allein von der gesetzlichen Regelung vorgesehen. Im Umkehrschluss bedeutet dies, dass andere Organmitglieder der Aktiengesellschaft grundsätzlich keiner Selbstbehaltsverpflichtung unterliegen. Auch spielt die Größe der Aktiengesellschaft keine Rolle dafür, ob der Selbstbehalt Anwendung findet, die etwaige Börsennotierung und ebenso die Aktionärsstruktur sind nicht maßgeblich hierfür.[388]

274 Der Anwendungsbereich des Selbstbehaltes zielt nicht allein auf die Aktiengesellschaft als solche ab. Betroffen sind nicht nur die eigentlichen Aktiengesellschaften selbst, sondern auch **Vorstandsmitglieder verwandter Gesellschaften** sind durch Verweisungsvorschriften mit erfasst, so z.B. die **SE**[389] (Europäische Aktiengesellschaft/Societas Europea) nach §§ 39, 40 Abs. 8 SE-AG (für die monistisch organisierte SE) sowie Art. 9 Abs. 1 lit. c ii SE-VO.[390] Ferner sind mit inbegriffen der **VVaG** über §§ 34 S. 2, 188 Abs. 1 S. 2 VAG,[391] sowie nach § 48 S. 2 AG die **Vor-AG** über den Verweis in § 48 S. 2 AktG.[392] Nicht eindeutig ist die Situation bei der Kommanditgesellschaft auf Aktien (**KGaA**), wo kein direkter Vorstand besteht, sondern persönliche haftende Gesellschafter. Nach dem Verweis in § 283 Nr. 3 AktG gelten die Vorschriften für den Vorstand der Aktiengesellschaft entsprechend, so dass auch der § 93 Abs. 2 S. 3 AktG entsprechende Anwendung findet.

bb) Vorstandsmitglieder- Abgrenzung zu anderen Personenmitgliedern

275 **(1) Aufsichtsratsmitglieder.** Auf Mitglieder des **Aufsichtsrates** findet der Selbstbehalt nach § 93 Abs. 2 S. 3 AktG aufgrund der Regelung des § 116 S. 1 AktG **keine Anwendung**. Es verblieb hier bislang nur bei Anwendung eines freiwilligen Selbstbehaltes aufgrund der oben bereits angesprochenen Empfehlung des Deutschen Corporate Governance Kodex (Ziffer 3.8 Abs. 2 DCGK 2014). In der Neufassung des DCGK vom 9.5.2019 ist diese Empfehlung weggefallen. Die Mitberücksichtigung von Aufsichtsratsmitgliedern beim Selbstbehalt kann aber dennoch im Sinne einer zielführenden Corporate Governance empfohlen werden.[393]

276 **(2) Anwendung im Rahmen der GmbH?** Dagegen sind keine Anhaltspunkte ersichtlich, dass man die Konstruktion auch auf die **Geschäftsführer** einer GmbH (entsprechend) anwenden kann. Eine analoge Anwendung des § 93 Abs. 2 Satz 3 AktG scheidet aus,[394] eine planwidrige Regelungslücke liegt nicht vor. Vermutlich wäre eine Anwendung auf GmbH Geschäftsführer auch zu unangemessen, da möglicherweise sonst die ganzen klein- und mittelständischen GmbHs ebenfalls mit umfasst sein würden. Zudem ist die Vorschrift des § 43 Abs. 2 GmbHG weitgehend dispositiv

---

387 Siehe auch bezogen auf den DCGK MüKoVVG/*Ihlas* 320. D&O Rn. 474.

388 *Franz* DB **2009** 2764, 2766.

389 Gegen die Anwendung bezogen auf die SE *Schulz* VW **2009** 1410 ff.; anders die wohl **h.M.** *Albers* CCZ **2009** 222, 223; MünchHdB GesR VII/*Armbrüster* § 108 Rn. 16; *Gädtke*/*Wax* AG **2010** 851.

390 van Bühren/*Lenz* § 25 Rn. 139; *Kerst* VW **2010** 102.

391 Teils einschränkend gesehen nur für Vorstände außerhalb der VVaGs gem. § 210 VAG.

392 *Franz* DB **2009** 2764, 2766; *Messmer* ZfV **2009** 737, 738; **a.A.** *Kerst* VW **2010** 102.

393 Bruck/Möller/*Armbrüster* D&O AVB 2020/2022 A-6 Rn. 156.

394 Prölss/Martin/Voit VVG D&O A-6.5 Rn. 1. MüKoVVG/*Ihlas* 320. D&O Rn. 486 ff.

ausgestaltet, so dass bezogen auf die haftungsbegründenden Aspekte der Selbstbehalt schon keinen Sinn ergebe.[395]

Anders dagegen kann die Konstruktion ausfallen, wenn bei einer Konzernstruktur eine GmbH 277
als Obergesellschaft besteht, die auch über Tochtergesellschaften in Form von Aktiengesellschaften verfügt. In dieser besonderen Konstellation wäre zu überlegen, den Selbstbehalt auch auf die Vorstandsmitglieder der Tochtergesellschaften zu erstrecken. Ansonsten könnte man womöglich durch die gewählte Konzernstruktur die Pflicht zur Abgabe eines Selbstbehaltes mit wenig Aufwand bewusst umgehen.[396] Der Wortlaut der gesetzlichen Regelung („*die Gesellschaft*") setzt auch nicht voraus, dass der Selbstbehalt bei Vorstandsmitgliedern bei der Konzernobergesellschaft anfallen muss und ein Durchgreifen auf zugehörige Tochtergesellschaften nicht möglich ist.[397]

(3) Anwendung im Rahmen von Konzerngesellschaften. Es stellt sich die Frage, ob die 278
Regelung auch bei Konzerngesellschaften der VN Anwendung finden soll. Der Wortlaut der Vorschrift bezieht sich insoweit lediglich auf „ein Vorstandsmitglied" von demjenigen Unternehmen, mit dem der Versicherungsvertrag zustande kommt. Meist handelt es sich aber um sogenannte Konzernpolicen, wo nicht nur die Vorstandsmitglieder der vertragsabschließenden Gesellschaften mit in den Versicherungsschutz mit einbezogen sind, sondern ebenso Vorstandsmitglieder weiterer Konzerngesellschaften mit einbezogen werden, die nicht Vertragspartei sind, aber für deren Organmitglieder dennoch Versicherungsschutz mit abgebildet werden soll. Dann wäre beispielsweise das Vorstandsmitglied A der vertragsschließenden Konzerngesellschaft mit der Leistung des Selbstbehaltes belastet, während möglicherweise das Vorstandsmitglied B des konzernzugehörigen Tochterunternehmens strikt nach dem Wortlaut der Regelung überhaupt keinen Selbstbehalt zu tragen hätte. Die dadurch bestehende Ungerechtigkeit scheint weder beabsichtigt noch gerechtfertigt.[398] Die Erstreckung des Selbstbehaltes nur auf Vorstandsmitglieder des vertragsabschließenden Unternehmens kann auch nicht beabsichtigt sein, da ansonsten der beabsichtigte Zweck (bestmögliche Besinnung aller Organmitglieder zu einem adäquaten pflichtgemäßem Verhalten) nicht mehr erreicht werden kann. Das pflichtkonforme Verhalten darf nicht daran geknüpft sein, ob der Versicherungsschutz dem betroffenen Organmitglied unmittelbar von der vertragsschließenden Gesellschaft als solches oder von einem eingeschlossenen Versicherungsunternehmen zur Verfügung gestellt wird. Maßgeblich muss sein, dass das Organmitglied mit in den Versicherungsschutz mit einbezogen ist und somit auch den Selbstbehalt mit tragen muss, während die Anknüpfung daran, von welcher Seite her der Versicherungsschutz gewährt wird, hierfür nicht maßgeblich sein kann.[399] Die mögliche Nichteinbeziehung von Organmitgliedern wurde somit vom Gesetzgeber außer Acht gelassen.[400] Im Ergebnis muss daher auch eine Einbeziehung von Organmitgliedern solcher mitversicherten Unternehmen erfolgen, die in den Versicherungsschutz der Konzerngesellschaften mit eingeschlossen sind. Insoweit hat eine entsprechende bzw. analoge Anwendung der aktienrechtlichen Vorschrift des § 93 Abs. 2 Satz 3 AktG zu erfolgen.[401] Wie beschrieben, ist davon auszugehen, dass die Regelungslücke durch die fehlende Berücksichtigung der Konstellation durch den Gesetzgeber auch planwidrig erscheint. Von einer vergleichbaren Interessenlage ist auszugehen. Es ist kein sachlicher Grund dafür ersichtlich, versicherte Personen aus einem mitversicherten Unternehmen des Konzerns anderweitig zu behandeln als solche versicherte Personen, die unmittelbar über das vertragsabschließende Konzernunternehmen mit einbezogen sind. Folgerichtig muss dann auch ein zunächst nicht mit versichertes Organmitglied einer Drittge-

---

395 *Harzenetter* DStR **2010** 653, 654.
396 MüKo AktG/*Spindler* § 93 Rn. 227; *van Kann* NZG **2009** 1010, 1011; *Harzenetter* DStR **2010** 653, 654.
397 MüKo AktG/*Spindler* § 93 Rn. 227; **a.A.** *Harzenetter* DStR **2010** 653, 654.
398 *Lange* § 16 Rn. 41.
399 Siehe auch *Albers* CCZ **2009** 222, 223; *Koch* AG **2009** 637, 640; **a.A.** *Fiedler* MDR **2010** 1077.
400 *Lange* § 16 Rn. 41.
401 *Lange* § 16 Rn. 41 a.E.; *Harzenetter* DStR **2010** 653, 654; *Kerst* WM **2010** 102, 105.

sellschaft dem Selbstbehalt unterliegen, sofern dieses im Nachhinein durch eine spätere Konzernzugehörigkeit vom Versicherungsschutz mit umfasst wird.[402] Das jeweilige Organmitglied wird wohl auch darauf bedacht sein, besser einen Versicherungsschutz mit Selbstbehaltsbeteiligung zu erhalten, als wie möglicherweise zuvor überhaupt keinen Versicherungsschutz zu genießen. Aus der Police folgt auch nur, dass der Selbstbehalt insgesamt zur Anwendung gelangt, nicht bezogen auf einzelne, namentlich genannte versicherte Personen. Das hat den Vorteil bei Wechsel von versicherten Personen im laufenden Jahr, dass keine ständigen Anpassungen in der Police erfolgen müssen, sofern dort ein Name genannt wäre. Die Erfassung neuer Vorstandsmitglieder erfolgt dann automatisch auch in Bezug auf die Anwendung des Selbstbehaltes, da diese als oberste Organmitglieder im Rahmen der D&O-Police selbstverständlich in den Versicherungsschutz mit eingeschlossen sind. Sofern der Gesetzgeber in der Beschlussfassung von einer jährlichen Überprüfung der Police gesprochen hat, so kann hiermit sicher nicht die namentliche Überprüfung beabsichtigt gewesen sein.

279 Aus der Begründung des Rechtsausschusses des Bundestages wird ersichtlich, worauf die damals neu eingefügte gesetzliche Regelung des § 93 Abs. 2 Satz 3 AktG beruht. Insoweit lautet es: *„Die Neuregelung flankiert die in § 76 Abs. 1 AktG normierte persönliche Verpflichtung und Verantwortung des Vorstandes, das Unternehmen mit der Sorgfalt eines ordentlichen und gewissenhaften Geschäftsleiters zu leiten. Zugleich hat die Regelung verhaltenssteuernde Wirkung. Die Haftung mit dem Privatvermögen wirkt Pflichtverletzungen von Vorstandsmitgliedern präventiv entgegen. Der Gefahr eines im Ergebnis zu Lasten des Gesellschaftsvermögens (und damit zu Lasten der Aktionäre und Aktionärinnen) gehenden Ausfallrisikos der Gesellschaft im Haftungsfall eines Vorstandsmitglieds wird durch die höhenmäßige Beschränkung des notwendigen Selbstbehalts Rechnung getragen.“*[403]

280 Die Aufnahme einer Regelung zum Selbstbehalt ist im Rahmen von Versicherungen jedoch nicht völlig neu. Schon zuvor gab es im Bereich Vermögensschäden bei der Berufshaftpflichtversicherung beispielsweise Abbildungen von Selbstbehalten, die auch zur Orientierung der neu geschaffenen Selbstbehaltsregelung im Aktiengesetz dienen konnten. In der Praxis hat sich offenbar gezeigt, dass dem Selbstbehalt keine große Bedeutung beigemessen werden kann. Anders soll es sich demgegenüber bei Vergleichen verhalten, bei denen eine „echte Eigenbeteiligung“ zunehmend eine größere Rolle spielt. So gesehen, hat man es in diesem Fall mit einem „unechten Selbstbehalt“ zu tun.[404]

281 International betrachtet, gibt es wohl kaum verpflichtende Selbstbehalte wie im deutschen Aktiengesetz.[405] Trotzdem soll dies im Laufe der Zeit nicht dazu geführt haben, potentielle Interessenten aus dem Ausland von der Besetzung von Vorstandsposten in Aktiengesellschaften in Deutschland abzuhalten.[406]

282 **cc) Doppelmandate.** Fraglich ist auch, wie in der Konstellation der sogenannten **„Doppelmandate“** mit dem Selbstbehalt umzugehen ist.[407] Das ist dann der Fall, wenn ein Vorstandsmitglied in einem Konzern aktiv ist und gleichzeitig noch in einem anderen verbundenen Unternehmen eine Funktion inne hat, z.B. die eines Aufsichtsratsmitglieds. Dann stellt sich die Frage, wie der Selbstbehalt berechnet und geleistet werden soll, wenn in demselben Haftungsvorgang die gleiche versicherte Person aufgrund der beiden Funktionen innerhalb des Konzerns in Anspruch genommen wird.[408] Sofern beide Selbstbehalte betroffen sein sollten, die gesetzlich verbindlich vorge-

---

402 *Lange* § 16 Rn. 44.

403 BTDrucks. 16/13433, S. 11.

404 Kremer/Bachmann/Lutter/v. Werder/*Bachmann* Deutscher Corporate Governance Kodex 3. Teil Rn. 675.

405 Kremer/Bachmann/Lutter/v. Werder/*Bachmann* Deutscher Corporate Governance Kodex 3. Teil Rn. 676.

406 Kremer/Bachmann/Lutter/v. Werder/*Bachmann* Deutscher Corporate Governance Kodex 3. Teil Rn. 676.

407 *Lange* § 16 Rn. 50.

408 Die Frage letztlich offenlassend *Lange* § 16 Rn. 50.

schrieben sind, so spricht viel dafür, dass nur ein Selbstbehalt eingreift, damit man die versicherte Person nicht doppelt belastet. Dabei ist auch kein Unterschied zu machen, wenn es sich hierbei um zwei obligatorische oder um einen obligatorischen und einen fakultativen Selbstbehalt handelt. Wenn sich die beiden Werte für den Selbstbehalt der Höhe nach (stark) unterscheiden sollten, stellt sich die Anschlussfrage, welcher der beiden Selbstbehalte nun eingreifen soll, so dass einer der beiden vorgesehenen Selbstbehalte entfallen kann. Sofern man annimmt, dass der niedrigere Selbstbehalt entfallen soll, wären diejenigen versicherten Personen benachteiligt, bei denen nur ein Selbstbehalt zur Anwendung gelangt, der aber deutlich höher ausfallen kann, als der Selbstbehalt derjenigen Person, die dann ggf. nur einmal mit einem niedrigeren Selbstbehalt belastet wäre. Somit ist zu überlegen, dass nicht der niedrigere Selbstbehalt einfach entfällt, sondern aus beiden Selbstbehalten den Durchschnitt zu bilden, der dann zu leisten wäre. Anders wäre dagegen eine Regelung, dessen Höhe sich anhand der Art des betroffenen Unternehmens richtet, eher abzulehnen.[409] Da vom Gesetz für einen solchen Kumul keine Regelung vorgesehen ist, würde es sich anbieten, hierzu im Vorfeld bei Abschluss des Versicherungsvertrages eine Vereinbarung zu treffen.

g) Einzelfragen bei der Selbstbehaltsanwendung. **Ungerechtigkeiten** können entstehen, wenn im Innenverhältnis die beteiligten Vorstandsmitglieder einen unterschiedlichen Verantwortungsgrad des Verschuldens tragen in Bezug auf die Pflichtverletzung und so Regressmöglichkeiten hinsichtlich des Selbstbehaltes geprüft werden. Dann kann es sein, dass der Selbstbehalt des Vorstandsmitglieds, welches einen höheren Verantwortungsgrad am Verschulden trägt, der Höhe nach entsprechend umfassend ausfällt. Ein Vorgehen gegenüber den anderen Vorstandsmitgliedern im Regresswege nach § 426 Abs. 2 BGB wird verneint und man kann sich zur Anspruchsverneinung auf den Grundsatz von Treu und Glauben aus § 242 BGB berufen.[410] Für die versicherte Personen sollte stets eine individuelle Betrachtungsweise erfolgen, unabhängig davon, ob und inwieweit weitere versicherte Personen der Haftung unterliegen. 283

aa) Mehrfache Anwendung des Selbstbehalts. Offen bleibt noch die Frage, ob der Selbstbehalt auch **mehrfach zur Anwendung** gelangen kann, wenn beispielsweise neben einem GrundVR noch weitere AnschlussVR als Exzedenten mit zur Verfügung stehen. Das wird vom Wortlaut der Regelung offen gelassen. Würde man von einer mehrfachen Anwendung des Selbstbehaltes in einem einzigen Versicherungsfall ausgehen, sofern bei einem Großschaden mehrere VR in der Eintrittspflicht wären, würde der Selbstbehalt unter Umständen mehrfach zur Anwendung gelangen. Eine solche Benachteiligung zulasten der versicherten Personen kann von dem Gesetzgeber nicht beabsichtigt gewesen sein, da ansonsten der Selbstbehalt sehr weitreichend sein könnte, umso höher die Einbeziehung der weiteren AnschlussVR wäre.[411] Ungerechtigkeiten für die versicherten Personen würden verstärkt entstehen, wenn beispielsweise Unternehmen A einen VR mit einer großen Grunddeckungssumme gefunden hat, während Unternehmen B für die gleiche Versicherungssumme neben ihrem GrundVR bereits zwei ExzedentenVR mit einbeziehen musste. In diesem Fall müsste die betroffene versicherte Person aus dem Unternehmen A nur einmal den Selbstbehalt leisten, währen die betroffene versicherte Person aus dem Unternehmen B schon einen dreifachen Selbstbehalt leisten müsste. Die hierdurch entstehende Ungerechtigkeit lässt sich sachlich auch nicht rechtfertigen. Ansonsten würde es womöglich maßgeblich vom Zufall mit abhängen, wie das Unternehmen den Versicherungsschutz eingekauft hat. Je mehr VR bei der Versicherungssumme mit einbezogen würden, desto schlechter wäre dann auch die Potenzierung bei der Anwendung des Selbstbehaltes. 284

409 *Lange* § 16 Rn. 51.

410 Seitz/Finkel/Klimke/*Finkel/Seitz* Ziff. 4 Rn. 130.

411 *Lange* § 16 Rn. 31.

285 **bb) Entfallen des Selbstbehaltes.** Fraglich ist, ob und inwieweit der Selbstbehalt bei hierdurch entstehenden Ungerechtigkeiten entfallen könnte. Das könnte beispielsweise der Fall sein, wenn die gesetzlich vorgeschriebene Höhe des Selbstbehaltes in Höhe von mindestens 10 Prozent des Schadens im Einzelfall ungerechtfertigt ist. Wenn eine versicherte Person gleich zu Beginn ihrer Organtätigkeit mit einem Versicherungsfall konfrontiert wird, so ist der Selbstbehalt sogleich in voller Höhe fällig, da die gesetzliche Regelung nicht danach differenziert, in welchem Zeitraum zuvor die versicherte Person schon in ihrer Stellung als Organmitglied tätig ist.[412] Bei einem großen Schaden auf der einen Seite und eines erst geringen Verdienstes aufgrund einer erst seit kurzem begonnenen Organtätigkeit kann sich eine solche Unverhältnismäßigkeit abzeichnen. Eine solche Belastung wird für die Organmitglieder teilweise als nicht tragbar angesehen.[413] Von der gesetzlichen Regelung her werden solche denkbaren Ausnahmekonstellationen nicht abgebildet. Somit kann allenfalls eine Einschränkung für solche Konstellationen im Wege der restriktiven Auslegung erreicht werden.[414] Von *Lange*[415] wird eine solche restriktive Einschränkung befürwortet, gerade wenn das Vorstandsmitglied beispielsweise am Anfang seiner Tätigkeit stehe, so dass man auch nach dem Gesetzeszweck der Begrenzung des Selbstbehaltes der Höhe nach nachkommen müsse.

286 **cc) Nebenamt/-mandat.** Eine weitere Konstellation von etwaigen Ungerechtigkeiten kann sich ergeben, wenn die versicherte Person ihre Position nur als **Nebenamt/-mandat** ausübt. Oftmals fehlt es hierbei an einer Vereinbarung einer festgelegten Jahresvergütung.[416] Der Selbstbehalt orientiert sich bei dessen Bestimmung aber auch an der Höhe der festgelegten Jahresvergütung. Da die Jahresvergütung vom Bruttoertrag her nicht starr ist und Veränderungen unterliegt, ist diese in der Versicherung auch entsprechend anzupassen.[417] Die Anpassungen wären dann im Renewal vorzunehmen, selbst wenn sich die Vergütung auch innerhalb eines Jahres ändern sollte. Unklar ist auch, ob variable Vergütungsanteile (wie z.B. Bonuskomponenten) bei der Bestimmung der Jahresvergütung eine Rolle spielen. Der Wortlaut geht von einer „festgelegten" Jahresvergütung aus, was dafür spricht, dass eine Bonuskomponente nur dann mit einzubeziehen wäre wenn sie zu Beginn der Versicherungsperiode und Bestimmung in der Police feststeht, und ansonsten außer Betracht bleibt.

287 Ist eine solche Vergütung nicht festgelegt, stellt sich die Frage, ob allein deshalb die Leistung des Selbstbehaltes entfallen kann.[418] In der Literatur werden hierzu unterschiedliche Möglichkeiten vertreten. Ein Wegfall der Verpflichtung zur Leistung des Selbstbehaltes wäre dann der Fall, sofern man den Wert zur Bestimmung des Selbstbehaltes einfach bei Null ansetzt.[419] Dann wären die versicherten Personen stets bevorteilt, da diese – wenn auch ggf. nur eine geringe – Vergütung für ihre Tätigkeit erhalten. Ein pauschales Ansetzen bei dem Nullwert erscheint nicht gerechtfertigt, um die jeweiligen Konstellationen zutreffend abzubilden. Dann wäre das vom Gesetzgeber verfolgte Ziel der Disziplinierung der Vorstandsmitglieder nicht hinreichend gewahrt, wenn man durch diverse Nebenmandate leichter den Hang zur Unachtsamkeit walten lassen könnte, ohne die vorgesehenen Konsequenzen einer Selbstbelastung zu befürchten, sofern das Fehlverhalten vollständig über die bestehende D&O-Versicherung abgedeckt wäre. Genauso erscheint die Festlegung auf die Abgabe eines vereinheitlichten Selbstbehaltes fragwürdig.[420] In diesem Fall könnte

412 *Lange* § 16 Rn. 64.
413 *Lange* § 16 Rn. 65; tendenziell auch *Harzenetter* DStR **2010** 653, 656.
414 Dafür *Lange* § 16 Rn. 65.
415 *Lange* § 16 Rn. 65; **a.A.** *Franz* DB **2009** 2764, 2769 f.
416 *Lange* § 16 Rn. 98.
417 BTDrucks. 16/13433, S. 11.
418 Fragen aufwerfend bei *Lange* § 16 Rn. 100.
419 *Schulz* VW **2009** 1410, 1415.
420 *Thüsing/Traut* NZA **2010** 140, 143.

es sogar zu einer etwaigen Benachteiligung der versicherten Person kommen, wenn der vereinheitlichte Selbstbehalt im Missverhältnis zu den eigentlichen Bezügen des Mandats stehen würde.[421] Auch der weitere Vorschlag, die Vergütung im Schadensfall fiktiv auf die jeweiligen Mandate aufzusplitten, erscheint nicht unproblematisch.[422] Im Ergebnis wurde offenbar bislang zumindest keine adäquate Lösungsmöglichkeit gefunden, wie man mit vorhandenen Nebenmandaten und der Bestimmung des Selbstbehaltes gerecht umgeht.[423] In diesem Zusammenhang scheint auch der Begriff „Jahresvergütung" nicht eindeutig, welche einzelnen Kriterien sich hierunter verbergen. So wird vertreten, dass nicht nur die Geldleistungen, sondern auch Naturalleistungen oder geldwerte Vorteile, die zu einer Festvergütung zählen, hierunter fallen.[424]

dd) Umgehungstatbestände. In der Praxis könnten verschiedene Möglichkeiten versucht werden, die Pflicht zur Tragung des **Selbstbehaltes zu umgehen**. So stellt sich die Frage, ob allein der Abschluss eines Vergleichs dazu berechtigt, die Verpflichtung eines Selbstbehaltes (vollständig) entfallen zu lassen. Oftmals erfolgt in D&O-Rechtstreitigkeiten eine vergleichsweise Lösung der Beteiligten, ohne dass Vorgänge durch Urteil entschieden werden müssen. Sofern man den Anwendungsbereich der Selbstbehaltsverpflichtung bei Vergleichsabschlüssen einschränken wollte, würde dies dazu führen, dass dessen Anwendungsbereich nicht unerheblich beeinträchtigt werden würde. Auch gebietet der Wortlaut des § 93 Abs. 2 S. 3 AktG es nicht, dass der Selbstbehalt bei Vergleichsabschlüssen entfallen könnte. Umgekehrt wird auch nicht vorausgesetzt, dass es einer gerichtlichen Entscheidung bedarf, damit die Verpflichtung zur Tragung des Selbstbehaltes überhaupt erst eingreift. Hinzu kommt, dass der Selbstbehalt grundsätzlich nur auf die Freistellungskomponente und nicht auf die Abwehrrechtsschutzkomponente Anwendung findet.[425] Ein Vergleichsabschluss stellt aber eine Leistung dar, mit der die Haftungsfrage nicht bewusst abschließend geklärt wird, sondern man sich mit der Gegenseite auf einen (wesentlich) niedrigeren Betrag als abschließende Leistung einigt. Diese Leistung stellt sich auch als Teil der Freistellungskomponente dar, auf die der Selbstbehalt im Normalfall ohne Vergleichsabschluss auch Anwendung findet, so dass allein durch den vergleichsweisen Abschluss keine anderweitige Beurteilung erfolgen kann.[426] 288

Von Praxisrelevanz geprägt ist die Fragestellung, ob auch bei Vergleichsabschlüssen der Selbstbehalt zur Anwendung gelangen soll. Teils wird mit dem Wortlaut sowie Sinn und Zweck der Norm argumentiert, die für eine Anwendung des Selbstbehaltes in dieser Konstellation sprechen sollen.[427] Grundsätzlich muss die Anwendung des Selbstbehaltes auch für die wichtigsten Fälle der Innenhaftung und deren **Vergleichsabschlüsse** gelten.[428] Wenn die Beteiligten bestrebt sind, einen Vergleich abzuschließen, könnten sich hierin auch Regelung befinden, die den gesetzlich vorgesehenen Selbstbehalt ausschließen oder einschränken können. Eine solche Vorgehensweise würde jedoch dazu führen, dass man die gesetzliche Vorschrift in unzulässiger Weise umgeht, s. § 134 BGB (sofern man die Vorschrift als Verbotsnorm einordnet). Würde man eine solche Regelung mit aufnehmen, wäre diese damit nichtig. Es besteht daher keine gesetzeskonforme Möglichkeit, den vorgeschriebenen Selbstbehalt durch Vereinbarung auszuschließen oder einzuschrän- 289

421 *Lange* § 16 Rn. 100.
422 *Koch* AG **2009** 637, 645; *Franz* DB **2009** 2764, 2766. Kritisch dazu auch *Lange* § 16 Rn. 100.
423 S. auch *Thüsing/Traut* NZA **2010** 140, 143.
424 Prölss/Martin/*Voit* D&O A-6-5 Rn. 6; **a.A.** *Annuß/Theusinger* BB **2009** 2434, 2441; *Franz* DB **2009** 2764, 2769.
425 S. genauer zu dieser Fragestellung unten unter Rn. 225 ff.
426 Seitz/Finkel/Klimke/*Finkel/Seitz* Ziff. 4 Rn. 115.
427 *Franz* DB **2009** 2764, 2768.
428 *Mitterlechner/Wax/Witsch* D&O § 6 Rn. 38 jedenfalls für einen „Vergleich mit Anerkenntnisfunktion".

ken.[429] Daher geht *Lange*[430] davon aus, dass die Bestrebungen einen Vergleich zu vereinbaren, von Seiten der versicherten Person getrübt sein könnten, da diese auch im Falle eines Vergleichsabschlusses den vollen Selbstbehalt erbringen müsste. Am Ende wäre es günstiger, wenn die versicherten Personen von dem Vorwurf der Pflichtverletzung freigesprochen würden bzw. der Schadenersatzanspruch als (unbegründet) zurückgewiesen werden würde, da in diesem Fall der Selbstbehalt nicht zum Tragen käme. Dann wäre das Interesse der versicherten Personen womöglich größer daran, keinen Vergleichsabschluss anzustreben, sondern die Haftungsfrage voll ausurteilen zu lassen und so bei Abweisung des Anspruchs besser dazustehen.[431] Andererseits können die versicherten Personen sich nicht in Sicherheit wiegen, dass am Ende eines etwaigen Verfahrens zu ihren Gunsten sich der erhobene Anspruch als unbegründet darstellt. Der Ausgang des Verfahrens wird für die versicherten Personen stets mit teilweise unkalkulierbaren Risiken verbunden sein. Daher kann es für sie besser sein, einen günstigen Vergleichsabschluss mit einer niedrigen Haftungshöhe einzugehen, der sich an der konkreten Situation des Schadenfalls orientiert. Andererseits wäre es nicht möglich, einen Vergleich nur aus dem günstigeren Grund abzuschließen, die Belastung mit dem Selbstbehalt nicht zu hoch werden zu lassen, da hierdurch wieder eine unzulässige Umgehung der gesetzlich vorgeschriebenen Regelung eintreten würde. Oftmals wird es auch schon (wirtschaftlich) keinen Sinn machen, einen Vergleich nur deshalb abzuschließen, um dadurch Kosten für den Selbstbehalt einzusparen.

h) Mögliche Nicht-Anwendbarkeit

290 **aa) Pflichtverletzungen vor 5.8.2009.** Die Selbstbehaltsregelung findet keine Anwendung auf Ansprüche wegen Pflichtverletzungen, die vor dem 5.8.2009 begangen worden sind (aus damaliger Perspektive damit zukunftsgerichtet) oder solange und soweit die versicherte Gesellschaft gegenüber den Vorstandsmitgliedern aus einer vor dem 5.8.2009 geschlossenen Vereinbarung zur Gewährung einer D&O-Versicherung ohne Selbstbehalt verpflichtet ist. Die Einführung eines Selbstbehaltes erfolgte somit nur eingeschränkt rückwirkend (unechte Rückwirkung).

291 Eine echte Rückwirkung mit vorgesehenen Nachteilen wäre unzulässig. So sieht § 23 Abs. 1 des Einführungsgesetzes zum Aktiengesetz (EGAktG) vor, dass § 93 Abs. 2 S. 3 des Aktiengesetzes in der ab dem 5.8.2009 geltenden Fassung ab dem 1.7.2010 auch auf Versicherungsverträge anzuwenden ist, die vor dem 5.8.2009 geschlossen wurden. Laufende Verträge mussten daher bis zum 1.7.2010 im Sinne der Vorschrift des EGAktG angepasst werden. Die Regelung bestimmt im Wortlaut: *„§ 93 Absatz 2 Satz 3 des Aktiengesetzes in der ab dem 5. August 2009 geltenden Fassung ist ab dem 1. Juli 2010 auch auf Versicherungsverträge anzuwenden, die vor dem 5. August 2009 geschlossen wurden. Ist die Gesellschaft gegenüber dem Vorstand aus einer vor dem 5. August 2009 geschlossenen Vereinbarung zur Gewährung einer Versicherung ohne Selbstbehalt im Sinne des § 93 Absatz 2 Satz 3 des Aktiengesetzes verpflichtet, so darf sie diese Verpflichtung erfüllen.“* Pflichtverletzungen im Zeitraum vor dem 5.8.2009 unterliegen daher keiner Selbstbehaltsverpflichtung sowie in Bezug auf Altverträge, die vor dem 1.7.2009 abgeschlossen worden sind. Ferner ist als eine Art von Ausgleich bestimmt, dass, wenn die Gesellschaft gegenüber dem Vorstand aus einer vor dem 5.8.2009 geschlossenen Vereinbarung zur Gewährung einer Versicherung ohne Selbstbehalt im Sinne des § 93 Abs. 2 S. 3 des Aktiengesetzes verpflichtet ist, die Gesellschaft diese Verpflichtung erfüllen kann.

429 *Lange* § 16 Rn. 96; *Franz* DB **2009** 2764, 2768; Kremer/Bachmann/Lutter/v. Werder/*Bachmann* Deutscher Corporate Governance Kodex 7. Aufl. 2018 Rn. 523a.

430 *Lange* § 16 Rn. 96.

431 Veith/Gräfe/Gebert/*Lange* D&O § 21 Rn. 316.

bb) Abwehrkosten. Fraglich ist weiterhin, ob der Pflichtselbstbehalt sogar auch auf die Leistungen der Abwehrschutzkomponente in Ansatz zu bringen ist, und nicht nur in Bezug auf die Freistellungskosten. Der gesetzlichen Regelung kann diese Fragestellung nicht entnommen werden.[432] 292

Argumentiert wird hier aus Perspektive der VR damit, dass es für diesen im Fall der Abwehrkosten zu einer vollständigen Kostenübernahme käme, anders als bei Freistellungsansprüchen, wo dann der Selbstbehalt Anwendung finde.[433] Um hier einen Gleichlauf zu erzielen, werden Abwehrkosten auch als Element des Schadens angesehen, die dem Selbstbehalt unterliegen würden. Dem wird zu Recht widersprochen, da sowohl die Abwehr- als auch Freistellungskosten keinen (direkten) „Schaden" des VR darstellen.[434] Vielmehr ist der Schaden allein auf Seiten der Gesellschaft als VN entstanden, der VR deckt nur das Risiko der Verwirklichung eines fremden begründeten Schadens mit Leistungen gegenüber der versicherten Person(en), respektive der VN, ab. 293

Fraglich ist, ob und ggf. inwieweit **Abwehrkosten** von der Anwendung des Selbstbehaltes ausgenommen sind. Denn aus der gesetzlichen Regelung lässt sich nicht entnehmen, ob und inwieweit hierbei eine Anrechnung erfolgen soll. In der D&O-Versicherung als Haftpflichtversicherung werden nach § 100 VVG sowohl Abwehrkosten- als auch Freistellungskosten umfasst. Das ist von besonderer Bedeutung, da in der Praxis die Summe der Abwehrkosten stark ins Gewicht fällt und dementsprechend hierbei von großer Auswirkung sein kann. Der Wortlaut der gesetzlichen Regelung bezieht sich eindeutig nur auf den „Schaden" als solches.[435] Unter „Schaden" versteht man jegliche Beeinträchtigung eines Interesses bedingt durch einen Vermögensnachteil. Vorliegend ist ein solcher Vermögensnachteil dem Unternehmen durch ein Fehlverhalten des Vorstandsmitgliedes entstanden. Abwehrkosten dagegen fallen für den Aufwand an, den das betroffene Vorstandsmitglied dafür benötigt, um sich gegen den Vorwurf der Pflichtverletzung(en) zu verteidigen und stellen somit keinen direkten Unternehmensschaden dar. Vom Wortlaut ausgehend spricht nichts dafür, dass die Abwehrkosten auch auf den Selbstbehalt angerechnet werden sollen. Soweit es dort schlicht „Versicherungsfall" lautet, bleibt die Frage offen, ob der Selbstbehalt auch im Hinblick auf die Abwehr unbegründeter Schadenersatzansprüche Anwendung finden soll. Abweichend hierzu kann eine solche Anrechnung vertraglich zwischen den Parteien vereinbart werden. Im Schadenfall stellt sich dies u.U. bei hohen Abwehrkosten für die versicherten Personen als Nachteil dar, wenn diese die Kosten ihrer Verteidigung teilweise oder im schlimmsten Fall vollständig übernehmen müssen.[436] Zu Recht wird auch auf die fehlende Praktikabilität bei der Einbeziehung des Selbstbehaltes hingewiesen, denn bei den Abwehrkosten handelt es sich gerade nicht um eine von vornherein feststehende Größe, da diese sich erst im Laufe des Schadensvorgangs bei der Anspruchsabwehr entwickeln.[437] Auch *Lange*[438] plädiert dafür, dass der Selbstbehalt im Hinblick auf die Abwehrkosten keine Anwendung findet, sondern allein nach der Feststellung des Schadens eingreift, also somit in Bezug auf die Freistellungskosten eingreift und fällig wird.[439] Gegen die Erstreckung des Selbstbehaltes auch auf Abwehrkosten spricht auch, dass diese keinen Schaden der Gesellschaft darstellen und auch keine Einwirkung auf die verfolgte Präventivwirkung an ein pflichtgemäßes Verhalten der Vorstandsmitglieder entfalten.[440] Aus den Gesetzesmaterialien lässt sich auch nicht ableiten, ob eine Selbstbehaltsanrechnung im Hinblick auf die Abwehrkosten erfolgen soll. 294

---

432 *Olbrich/Kassing* BB **2009** 1659, 1660; *Olbrich* VP **2009** 160, 161.

433 *van Kann* NZG **2009** 1010, 1012.

434 MünchHdB GesR VII/*Armbrüster* § 108 Rn. 18.

435 **H.M.**, s. *Olbrich/Kassing* BB **2009** 1659, 1660; *Koch* AG **2009** 637; *Messmer* ZfV **2009** 735, 741.

436 Im Fall der unbegründeten Inanspruchnahme sogar „unbillig" *Palmberger/Honisch* VP **2009** 233, 236.

437 MüKoVVG/*Ihlas* 320. D&O Rn. 503.

438 *Lange* § 16 Rn. 87.

439 „Abwehrkosten müssen nicht zwingend in den Selbstbehalt mit einbezogen werden", *Thüsing/Traut* NZA **2010** 140, 141; ferner Bruck/Möller/*Armbrüster* D&O AVB 2020/2022 A-6 Rn. 177.

440 *Mitterlechner/Wax/Witsch* D&O § 6 Rn. 38.

295 Im Ergebnis ist der überwiegenden Auffassung zu folgen, die eine Anwendung des Selbstbehaltes auf Abwehrkosten ablehnt.[441] Es besteht zwar die theoretische Möglichkeit einer freiwilligen Vereinbarung eines Selbstbehaltes für diese Abwehrkosten,[442] davon dürfte in der Praxis jedoch kaum Gebrauch gemacht werden. Vorteilhafte Versicherungsbedingungen werden solche Regelungen auch **nicht** vorsehen, wonach die Abwehrkosten auf den Selbstbehalt **anzurechnen** wären. Zwar könnte eine solche Anrechnung im Versicherungsvertrag zwischen der Parteien vereinbart werden. Das würde aber nicht mehr dem Marktstandard entsprechen. Im Gegenteil, in solchen Versicherungsbedingungen wird zumeist klarstellend geregelt sein, dass der Selbstbehalt zur Abwehr von Haftpflichtansprüchen keine Anwendung findet. Bereits die Musterbedingungen des GDV nehmen die Anrechnung der Abwehrkosten[443] auf den Selbstbehalt als Empfehlung aus.

3. Abweichende Marktbedingungen

a) Abweichender Wortlaut

aa) Hendricks & Partner Bedingungen HPDO 2020 © Stand 09.19| Version AXAXL-Mid-Market-Cover

296 „Ziff. 2.7 Selbstbehalt
Wird eine versicherte Person als Mitglied des Vorstands aus § 93 Absatz 2 Satz 1 AktG auf Schadenersatz in Anspruch genommen, gilt für dieses Vorstandsmitglied im Hinblick auf diesen Haftpflichtanspruch ein Selbstbehalt je Versicherungsfall in Höhe von 10 % des Schadens und für alle Versicherungsfälle innerhalb einer Versicherungsperiode zusammen in Höhe von höchstens 150 % seiner festen jährlichen Vergütung zum Zeitpunkt der ersten Pflichtverletzung. Auf die Abwehr von Haftpflichtansprüchen findet dieser Selbstbehalt keine Anwendung.
Der Selbstbehalt nach Absatz 1 erfasst allein solche Pflichtverletzungen, die nach Anwendbarkeit des VorstAG (§ 23 EGAktG) begangen wurden, d.h. nach dem 5.8.2009 (bei einem nach dem 5.8.2009 abgeschlossenen D&O-Vertrag) bzw. nach dem 1.7.2010 (bei einem vor dem 5.8.2009 abgeschlossenen D&O-Vertrag).
Der Selbstbehalt wird nicht auf die Deckungssumme angerechnet.
Der Versicherer verzichtet auf Regressansprüche gegen diejenigen Vorstandsmitglieder, gegen die keine Ansprüche geltend gemacht wurden.
Im Anwendungsbereich des Selbstbehaltes wird der Versicherer im Rahmen der und unter Anrechnung auf die Versicherungssumme Leistungen auf den Schadenersatz Zug um Zug gegen Abtretung des Haftpflichtanspruches der betreffenden Aktiengesellschaft in Höhe des Selbstbehaltes an den Versicherer erbringen.
Schließt eine versicherte Person mit dem Anspruchsteller und/oder dem Versicherer über die Haftpflicht- und/oder die Deckungsfrage einen Vergleich, wird sich der Versicherer auf § 93 Absatz. 2 Satz 3 AktG nicht berufen insbesondere nicht, wenn die Haftpflichtfrage in dem Vergleich nicht geklärt wird.“

bb) Hendricks & Partner Bedingungen HPDO 2020 © Stand 09.19| Version Newline

297 Ziff. 2.6.5 Selbstbehalt nach § 93 Abs. 2 S. 1 AktG
„Wird eine versicherte Person als Mitglied des Vorstands aus § 93 Abs. 2 S. 1 AktG auf Schadenersatz in Anspruch genommen, gilt für dieses Vorstandsmitglied im Hinblick auf diesen Haftpflichtanspruch ein Selbstbehalt je Versicherungsfall in Höhe von 10 % des Schadens und für alle Versicherungsfälle innerhalb einer Versicherungsperiode zusammen in Höhe von höchstens 150 % seiner festen jährlichen Vergütung zum Zeitpunkt der ersten Pflichtverletzung. Auf die Abwehr von Haftpflichtansprüchen findet dieser Selbstbehalt keine Anwendung.

441 **H.M.** wohl MünchHdB GesR VII/*Armbrüster* § 108 Rn. 18; *Lange* VersR **2009** 1011, 1020; *Olbrich/Kassing* BB **2009** 1659, 1660.
442 *Lange* § 16 Rn. 88.
443 Die Frage aufwerfend, ob der Begriff der Abwehrkosten zutreffend gewählt wurde vgl. van Bühren/*Lenz* § 25 Rn. 143 a.E.

Der Selbstbehalt nach Abs. 1 erfasst allein solche Pflichtverletzungen, die nach Inkrafttreten des VorstAG (§ 23 EGAktG) begangen wurden, d.h. nach dem 5.8.2009 (bei einem nach dem 5.8.2009 abgeschlossenen D&O-Vertrag) bzw. nach dem 1.7.2010 (bei einem vor dem 5.8.2009 abgeschlossenen D&O-Vertrag).

Im Anwendungsbereich des Selbstbehaltes wird der Versicherer Leistungen auf den Schadenersatz Zug-um-Zug gegen Abtretung des Haftpflichtanspruches der betreffenden Aktiengesellschaft in Höhe des Selbstbehaltes erbringen. Die Vorleistung auf den Selbstbehalt wird nicht auf die Deckungssumme angerechnet und findet auch über diese hinaus statt.

Der Versicherer verzichtet auf Regressansprüche gegen diejenigen Vorstandsmitglieder, gegen die keine Ansprüche geltend gemacht wurden."

cc) D&O-VERSICHERUNG VERSION TOKIO MARINE HCC/ FINLEX 2020

Ziff. 4.7 Selbstbehalt 298

A. VERSICHERTE PERSONEN

Versicherte Personen tragen keinen Selbstbehalt.

Hiervon abweichend gilt: Wird eine versicherte Person als Mitglied des Vorstands aus § 93 Absatz 2 Satz 1 AktG auf Schadenersatz in Anspruch genommen und vom Versicherer von begründeten Ansprüchen freigestellt, gilt für dieses Vorstandsmitglied im Hinblick auf die Anspruchsfreistellung ein Selbstbehalt je Versicherungsfall von 10 % des Schadens und für alle Versicherungsfälle innerhalb einer Versicherungsperiode zusammen von höchstens 150 % seiner festen jährlichen Vergütung zum Zeitpunkt der ersten Pflichtverletzung vereinbart. Auf die Abwehr eines Schadenersatzanspruches, alle ergänzenden Kostendeckungen sowie auf Anspruchsfreistellungen aufgrund eines Vergleichs, unabhängig davon ob hinsichtlich der Haftungs- und/oder Deckungsfrage, findet dieser Selbstbehalt keine Anwendung. Es wird klargestellt, dass der Selbstbehalt nicht auf die Versicherungssumme angerechnet wird. Der Versicherer wird, in Höhe des zu tragenden Selbstbehalts, im Rahmen und unter Anrechnung auf die Versicherungssumme Leistungen auf den Schadenersatz Zug um Zug bei gleichzeitiger Abtretung des Schadenersatzanspruches der betreffenden Aktiengesellschaft in gleicher Höhe an den Versicherer erbringen.

Der Selbstbehalt nach Absatz 1 erfasst ausschließlich Pflichtverletzungen, die nach Anwendbarkeit des VorstAG (§ 23 EGAktG) begangen wurden, d.h. nach dem 5.8.2009 (bei einem nach dem 5.8.2009 abgeschlossenen D&O-Vertrag) bzw. nach dem 1.7.2010 (bei einem vor dem 5.8.2009 abgeschlossenen D&O-Vertrag).

Der Versicherer verzichtet auf Regressansprüche gegen diejenigen Vorstandsmitglieder, gegen die keine Ansprüche geltend gemacht wurden.

B. VERSICHERTE UNTERNEHMEN

Versicherte Unternehmen tragen keinen Selbstbehalt, es sei denn es ist ausdrücklich ein solcher vereinbart.

dd) AVB-VOV 5.0 Allgemeine Bedingungen zur VOV D&O-Versicherung

Versicherungsbedingungen beinhalten keine spezifische Selbstbehaltsregelung. 299

ee) Unterschiede zu Musterbedingungen. Während die Musterbedingungen noch die Vorgabe des prozentualen Selbstbehaltes sowie den maximal prozentualen Richtwert in Bezug zur festen Jahresvergütung offen lassen, werden diese „Lücken" durch die Maklerbedingungen – angelehnt an die gesetzlichen Vorgaben des § 93 Abs. 2 S. 3 AktG – geschlossen. Die Musterbedingungen eröffnen daher den Spielraum, dass ein höherer prozentualer Vorbehalt als gesetzlich vorgesehen vereinbart werden kann. Je nach der Höhe der Abweichung kann dies unter Umständen einen nicht unerheblichen Nachteil für die versicherte Person darstellen. Denn je höher die prozentuale Anhebung des Selbstbehaltswertes ausfällt, desto höher ist auch der tatsächlich reale Betrag, der selbst von der versicherten Person aufgebracht werden muss. Es kann auch nicht mit Sicherheit vorherbestimmt werden, dass ein höherer gewählter Prozentsatz der Selbstbeteiligung dazu führt, dass die versicherte Person von Beginn an vorsichtiger agiert, was ihre Haftung anbelangt. Daher wird der Wert in der Praxis zumeist auch innerhalb der gesetzlichen Vorgaben liegen. 300

301 Die zur Verfügung gestellten Versicherungsbedingungen orientieren sich demzufolge auch an den gesetzlichen Vorgaben des § 93 Abs. 2 S. 3 AktG. Dessen Mindestvoraussetzungen von einem Selbstbehalt von mindestens 10 % des Schadens bis mindestens zur Höhe des Eineinhalbfachen der festen jährlichen Vergütung des Vorstandsmitglieds werden treffend umgesetzt. Gleiches gilt für Vorgaben aus der zugehörigen Gesetzesbegründung, die zwei prozentuale Wertbestimmungen näher vorsieht. Dies zum einen bezogen auf den jeweils eintretenden Schadensfall, und eine Kappungsgrenze als (fixe) Obergrenze, für alle eintretende Schadenfälle in dem Zeitraum von einem Jahr. Es gilt, je größer der eingetretene Schadenfall von der der Schadenshöhe her ausfällt, desto eher kann die Kappungsgrenze auch schon bei einem einzigen Schadensfall erreicht werden. Diese Obergrenze besteht in dem Betrag, der mindestens dem Eineinhalbfachen der Jahresfestvergütung entspricht. Bezugnahme ist dann meist die erste Pflichtverletzung in der betroffenen Versicherungsperiode, die zum Schadenseintritt führt.

302 Es gibt sogar Versicherungsbedingungen, die bei Freistellungen aufgrund eines Vergleichs, unabhängig davon ob hinsichtlich der Haftungs- und/oder Deckungsfrage, den Selbstbehalt gar nicht anwenden. Dies dürfte einer AGB-rechtlichen Überprüfung nach §§ 305 ff. BGB zugänglich sein. Diese Vorgehensweise kann erhebliche praktische Auswirkungen zugunsten der versicherten Personen haben, wenn man einmal betrachtet, dass die vergleichsweise Einigung in der Praxis eine nicht unerhebliche Rolle spielt. Für die versicherten Personen besteht durch eine Ausklammerung der Freistellungen von Vergleichen eine erhebliche positive Besserstellung, es wird auch nicht nach Haftungs-/ oder Deckungsvergleich differenziert. Ebenso fehlt es an einer Differenzierung des Vergleichsinhaltes, Vergleiche werden pauschal von der Selbstbehaltsverpflichtung ausgeklammert. Durch diese Regelung könnte sogar die Bereitschaft auf Seiten der versicherten Personen dafür gestärkt werden, Vergleichsabschlüsse zu befürworten.

303 Über die Musterbedingungen hinausgehend stellen die Maklerbedingungen sicher, dass der VR auf Regressansprüche gegenüber denjenigen Vorstandsmitglieder verzichtet, gegen die keine Ansprüche geltend gemacht wurden. Teilweise werden in der Praxis nicht zwingend alle Vorstandmitglieder (gleichzeitig) auf Schadenersatz in Anspruch genommen. Wenn beispielsweise nur der Vorstandsvorsitzende in Anspruch genommen wird, könnte der D&O-VR im Nachgang ein etwaiges Interesse daran haben, weitere Vorstandsmitglieder auf Regress in Anspruch zu nehmen. Durch diesen klarstellenden Zusatz wird eine etwaige Regressmöglichkeit bereits von Beginn an untersagt. Nur so können auch die nicht in Anspruch genommenen versicherten Personen vor etwaigen Regressbegehren wirksam geschützt werden. Praktisch betrachtet, wird der Inanspruchnehmer sich im Vorfeld auch nicht darüber informieren, in welcher Höhe bei dem jeweils Betroffenen der Selbstbehalt vorgesehen ist.

VI. A-6.6 Serienschaden

1. Einleitung

304 In den Versicherungsbedingungen zur D&O-Versicherung sind Serienschadenklauseln üblich.

305 Der Versicherer bezweckt mit der Serienschadenklausel in der Regel seine Einstandspflicht bei mehreren auf den gleichen Umständen beruhenden Versicherungsfällen zu begrenzen.

306 Liegen mehrere Versicherungsfälle in einer Versicherungsperiode vor, muss der Versicherer die vereinbarte Versicherungssumme mehrfach zur Verfügung stellen. Dieses Risiko will der Versicherer in den Fällen begrenzen, in welchen die Versicherungsfälle auf gleichen bzw. zusammenhängenden Pflichtverletzungen beruhen. Dies gelingt im Wege der Serienschadenklausel dadurch, dass mehrere grundsätzlich selbstständige Versicherungsfälle einer Schadenserie zu einem Versicherungsfall verklammert werden. Im Rahmen der GDV-Musterbedingungen liegt eine solche Schadenserie vor, wenn die geltend gemachten Ansprüche entweder auf ein und derselben Pflichtverletzung beruhen, die durch mehrere versicherte Personen begangen worden ist (Ziffer A-6.6 a)) oder bei mehreren selbstständigen Pflichtverletzungen, wenn diese Pflichtverletzungen dem-

selben Sachverhalt zuzuordnen sind und miteinander im rechtlichen, wirtschaftlichen oder zeitlichen Zusammenhang stehen (Ziffer A-6.6. b)).

Bei Vorliegen dieser Voraussetzungen, gelten (Fiktion) diese selbstständigen Versicherungsfälle als ein Versicherungsfall. Für den Versicherer hat das den Vorteil, dass er die vereinbarte Versicherungssumme nur einmal leisten muss. Dieser einheitliche Versicherungsfall gilt dann im Wege der zweiten im Rahmen der Serienschadenklausel geregelten Fiktion als zu dem Zeitpunkt eingetreten, in welchem der erste Versicherungsfall eingetreten ist. Somit ist für die Höhe der zu leistenden Versicherungssumme diejenige Versicherungsperiode maßgeblich, in die der erste Versicherungsfall der Schadenserie fällt. 307

Aus Sicht des Versicherungsnehmers haben Serienschadenklauseln praktische Bedeutung, weil Serienschadenklauseln neben gewissen wirtschaftlichen Vorteilen für den Versicherungsnehmer vor allem zu Deckungslücken führen können. Serienschadenklauseln bestimmen den Umfang des Versicherungsschutzes und können die Leistungspflicht des Versicherers zu Lasten des Versicherungsnehmers erheblich einschränken 308

Liegt ein Serienschaden vor, hat dies aber nicht nur Nachteile für den Versicherungsnehmer: Ein gegebenenfalls vereinbarter vertraglicher Selbstbehalt ist nur einmal in Abzug zu bringen, da es sich ja auch nur um einen Schaden handelt. Diese für den Versicherungsnehmer günstige Rechtsfolge ist im Normalfall von eher untergeordneter Bedeutung. Handelt es sich jedoch um einen D&O-Schaden mit hoher Frequenz, kann auch diese Rechtsfolge des Vorliegens eines Serienschadens wirtschaftlich bedeutsam sein. 309

Ein weiterer Vorteil kann darin liegen, dass die Rückverlagerung des Versicherungsfalls durch die Serienschadenklausel für den Versicherungsnehmer auch einen Periodenvorteil mit sich bringt. In mehreren aufeinanderfolgenden Versicherungsperioden können unterschiedliche Versicherungssummen oder unterschiedliche Versicherungsbedingungen vereinbart sein (beispielsweise Deckungserweiterungen bzw. Ausschlüsse). Eine Serienschadenklausel kann bewirken, dass mehrere Versicherungsfälle oder Schäden in einer früheren, günstigen Versicherungsperiode zusammengezogen würden.[444] 310

Zu beachten ist, dass *die* Serienschadenklausel nicht existiert. Serienschadenklauseln werden auf dem Markt in zahlreichen Varianten in verschiedenen Versicherungssparten vereinbart. Auch Maklerbedingungen enthalten üblicherweise Serienschadenklauseln, die unterschiedlich ausgestaltet sind. 311

2. Auslegung von Serienschadenklauseln

Das Eingreifen und die Reichweite der Serienschadenklausel ist im jeweiligen Einzelfall durch Auslegung zu ermitteln, wobei auf die Verständnismöglichkeiten eines durchschnittlichen Versicherungsnehmers ohne versicherungsrechtliche Spezialkenntnis abzustellen ist.[445] Dabei ist zu beachten, dass die Serienschadenklausel als Risikobegrenzungsklausel eng auszulegen und nicht in einem umfassenderen Sinne zu verstehen ist, als es ihr Sinn unter der Beachtung ihres Zwecks und der gewählten Ausdrucksweise erfordert.[446] 312

Vorab ist zu klären, ob es sich um Allgemeine Versicherungsbedingungen des Versicherers handelt – dann kann sich der Versicherungsnehmer und die versicherte Person auf § 307 Abs. 1 S. 2 BGB bzw. auf § 305c Abs. 2 BGB berufen, oder aber vom Makler entwickelte und gestellte 313

444 Mit Beispielen zur D&O-Versicherung: *Lange*, VersR **2004** 563.
445 BGH 21.2.2001 NJW **2001** 3406; BGH 9,7.2003 NJW-RR **2003** 1257; BGH 23.2.**2005** BGHZ 162, 210; BGH 24.5.2006 NJW 2006, 2545.
446 So etwa: BGH 17.9.2003 NJW **2003** 3705.

Bedingungen – dann greifen diese Regelungen zur Inhaltskontrolle und zur Auslegung nicht zu Gunsten des Versicherungsnehmers, sondern allenfalls zu Gunsten des Versicherers.[447]

314 In diesem Fall gelten zur Inhaltskontrolle bzw. Auslegung von Serienschadenklauseln insbesondere § 307 Abs. 1 S. 2 BGB (Unwirksamkeit intransparenter AVB) und § 305c Abs. 2 BGB (Auslegung im Zweifel zum Nachteil des Verwenders der AVB).

3. Wirksamkeit

315 Serienschadenklauseln können den Versicherungsschutz für den Versicherungsnehmer massiv beschränken. Die Wirksamkeit der Serienschadenklausel ist in der Literatur daher umstritten und durch die Rechtsprechung auch nicht abschließend geklärt.

316 Fraglich ist zunächst, ob Serienschadenklauseln unter das Überraschungsverbot nach § 305c Abs. 1 BGB fallen. Als überraschend im Sinne der Vorschrift gilt eine Norm, wenn eine deutliche Abweichung der zu vom VN erwartenden Regelung insofern vorliegt, als dass damit unter normalen Umständen nicht zu rechnen ist. Die Klausel knüpft gleich an zwei tatbestandliche Voraussetzungen an. Zum einen ist die Ungewöhnlichkeit der Klausel erforderlich, zum anderen muss der sogenannten Überrumpelungseffekt gegeben sein. Zum Kriterium der Ungewöhnlichkeit zählt insbesondere der Inhalt bzw. die äußere Gestaltung, wohingegen dem Überrumpelungseffekt im Zuge eines Hinweises (etwa in Form von drucktechnischer Hervorhebung) entgegengewirkt werden kann. Die Literatur stimmt dem Überraschungsverbot nach § 305 Abs. 1 BGB zum Teil zu. Ein Argument dafür sei die Tatsache, dass Serienschadenklauseln objektiv ungewöhnlich seien. Außerdem bestehe die Gefahr, dass man leicht darüber hinweglese, sofern sich die Klausel wohl an richtiger Stelle, jedoch in Folge einer ohnehin bereits umfangreichen Regelung befindet. Um den Überraschungseffekt zu vermeiden sei es außerdem nicht ausreichend, dass sie Teil der AVB ist und somit von dem VN zur Kenntnis genommen werden könne. Vielmehr sei hier eine klare Kennzeichnung oder Hervorhebung geboten.

317 Während die objektive Ungewöhnlichkeit anhand der inhaltlichen Reichweite der Serienschadensklausel festgestellt werden kann, ist ein etwaiger Überraschungseffekt konkret im Einzelfall zu untersuchen. Dazu zählt insbesondere auch der durch die Klausel angesprochene Verkehrskreis. Ist ein Unternehmen VN muss regelmäßig mit einer Serienschadenklausel gerechnet werden. Auch für Verbraucher kann kein grenzenlos umfassender Versicherungsschutz gewährleistet sein, sodass derartige Klauseln grundsätzlich nicht als überraschend i.S.d. § 305 Abs. 1 BGB einzuordnen sind. Darüber hinaus muss eine derartige Klausel der Inhalts- und Transparenzkontrolle des § 307 Abs. 1Satz 2 BGB standhalten. Dies erfolgt regelmäßig im Zuge der Auslegung unter Gesamtabwägung der beidseitigen Interessen der Vertragspartner. Während ein Verstoß gegen das Transparenzgebots regelmäßig zur Unwirksamkeit der Klausel führt, ist dies nicht die Rechtsfolge im Falle der Unklarheitsregel nach § 305c Abs. 2 BGB. Letztere ist der Regelung aus § 307 Abs. 1 Satz 2 BGB gegenüber subsidiär und findet lediglich dann Anwendung, wenn eine Klausel objektiv mehrdeutig ist.[448]

318 Der BGH äußerte sich bislang lediglich im Rahmen einer im Versicherungsvertrag einer Architekten-Haftpflichtversicherung geregelten Serienschadenklausel zu deren Wirksamkeit und sah die dort streitgegenständliche Klausel als unwirksam an.[449] Der BGH stellte fest, dass der Umstand, dass die Serienschadenklausel zu einer Schmälerung des Versicherungsschutzes führt, für sich alleine nicht für eine unangemessene Benachteiligung und damit eine Unwirksamkeit des Versi-

447 BGH 22.7.2009 NJW-RR **2010** 39 *„Der Versicherer ist nicht Verwender von Versicherungsbedingungen, wenn diese durch einen vom Versicherungsnehmer beauftragten Makler entworfen und auf dessen Betreiben in den Versicherungsvertrag einbezogen worden sind, und der Versicherer in Verträgen, die nicht durch Vermittlung des Maklers abgeschlossen werden, anders gestaltete eigene Versicherungsbedingungen für den betreffenden Versicherungszweig verwendet.“*.

448 *Armbrüster* AGB-rechtliche Kontrolle von Serienschadenklauseln Rn. 5–14, 14, 17.

449 BGH 28.11.1990 NJW-RR **1991** 412.

cherungsschutzes ausreiche. Der Versicherer habe ein berechtigtes Interesse an der Vereinbarung von Serienschadenklauseln, da diese unsorgfältiger Arbeit entgegenwirken und dadurch Haftpflichtfälle vermeiden solle. Ob diese Überlegungen auch auf die D&O-Versicherung übertragbar sind, ist zweifelhaft. Die in der Entscheidung des BGH streitgegenständliche Klausel benachteilige den Versicherungsnehmer aber deshalb unangemessen, da die Klausel auf jegliche zeitliche aber vor allem auch sachliche Verknüpfung einer gemeinsamen Fehlerquelle verzichtete.

In einem weiteren Urteil beschäftigte sich der BGH mit der Thematik der Serienschadenklausel in der Haftpflichtversicherung für Anlagevermittler.[450] Danach wird ein wiederholtes, auf gleicher Fehlerquelle beruhendes Tun oder Unterlassen einen einheitlichen Verstoß darstellen, sofern ein rechtlicher und/oder wirtschaftlicher Zusammenhang besteht. Der BGH macht keinerlei Ausführungen zum Verstoß oder Nichtverstoß gegen § 307 BGB, sondern legt die im Vertrag befindliche Klausel vielmehr nach dem Kriterium des wirtschaftlichen Zusammenhangs aus. Dazu hält er fest, dass eine Serienschadenklausel der Inhaltskontrolle standhält, solange ihr im Zuge der Auslegung ein die Interessen des VN schützender Sinn gegeben werden kann.[451] 319

Diesem Umstand trägt Ziffer A-6.6 jedenfalls insoweit Rechnung, dass die Voraussetzung für eine Serienschadenklausel voraussetzt, dass die Pflichtverletzungen demselben Sachverhalt zuzuordnen sind und miteinander in rechtlichen, wirtschaftlichen oder zeitlichen Zusammenhang stehen. 320

In AGB-rechtlicher Hinsicht ist jedoch zu beachten, dass Ziffer A-6.6 zahlreiche unbestimmte und nicht einfach zu definierende Begriffe enthält. Hierbei stellen sich Fragen, etwa wann mehrere Pflichtverletzungen „demselben Sachverhalt zuzuordnen“ sind, wann mehrere Pflichtverletzungen in einem „zeitlichen Zusammenhang“ stehen, oder wann mehrere Pflichtverletzungen in einem „rechtlichen und/oder in einem wirtschaftlichen Zusammenhang“ stehen. 321

Zu diesen Fragen existieren nur wenige obergerichtliche Entscheidungen, die sich regelmäßig mit der Problematik der Intransparenz solcher wie der soeben zitierten Serienschadenklauseln befassen. Den strengsten Prüfungsmaßstab legt das OLG Frankfurt a.M.[452] in einer Entscheidung aus dem Jahr 2021 an: 322

„Hiernach ist der Verwender von AGB gehalten, Rechte und Pflichten seines Vertragspartners möglichst klar und durchschaubar darzustellen. Dabei kommt es nicht nur darauf an, dass die Klausel in ihrer Formulierung für den durchschnittlichen VN verständlich ist. Vielmehr gebieten Treu und Glauben, dass die Klausel die wirtschaftlichen Nachteile und Belastungen soweit erkennen lässt, wie dies nach den Umständen gefordert werden kann. Dem VN soll bereits im Zeitpunkt des Vertragsschlusses vor Augen geführt werden, in welchem Umfang und welche Umstände seinen Versicherungsschutz gefährden. […] Diesen Maßstäben genügt die Serienschadenklausel nicht. Dies ergibt sich zum einen aus der Formulierung „demselben Sachverhalt“. Auch am Maßstab eines durchschnittlichen VN einer D&O-Versicherung, auf den abzustellen ist, ist nicht zu erkennen, welche Voraussetzungen in tatsächlicher Hinsicht vorliegen müssen, damit von „demselben Sachverhalt“ gesprochen werden kann. Mit der gewählten Klausel ist eine erhebliche Unsicherheit darüber verbunden, wo die Grenzen des Versicherungsschutzes liegen. Es wird nicht auf ein punktuelles, bestimmtes Ereignis abgestellt, sondern die Frage, ob von „demselben Sachverhalt“ auszugehen ist, fordert dem VN eine Wertung ab. Konkrete Maßstäbe, anhand deren der VN – auch im Vorhinein – beurteilen kann, ob von „denselben Sachverhalten“ auszugehen ist, enthält die Klausel nicht. […] Maßstäbe ergeben sich auch nicht daraus, dass die Pflichtverletzungen in zeitlichem, rechtlichem und wirtschaftlichem Zusammenhang stehen müssen. Denn damit werden Begriffe verwendet, die ihrerseits wiederum in hohem Maße unbestimmt und auslegungsbedürftig sind. Bei dem Ausdruck „rechtlicher und wirtschaftlicher“ Zusammenhang handelt es sich um eine schwer zu präzisierende Klausel (m.w.N.). Jedenfalls der Begriff des zeitlichen Zusammenhangs ist zu unbestimmt. Soll damit ein Zeitraum von wenigen Tagen, wenigen Wochen, Monaten oder – wie hier – gar Jahren erfasst sein? Unter einem „zeitlichen Zusammenhang“ kann man alles oder nichts verstehen; alles hängt mit allem irgendwie zeitlich zusammen.“

---

450 BGH 17.9.2003 VersR **2003** 1389.

451 *Armbrüster* AGB-rechtliche Kontrolle von Serienschadenklauseln Rn. 75.

452 OLG Frankfurt 17.3.2021 VersR **2021** 1355.

323 Das OLG Frankfurt a.M. geht in der vorstehend zitierten Entscheidung zwar von einem strengen, aber im Hinblick auf den restriktiven Auslegungsmaßstab von Serienschadenklauseln von einem zutreffenden Prüfungsmaßstab aus. Dem Versicherer ist es insbesondere zumutbar die von ihm verwendeten unbestimmten Rechtsbegriffe zu definieren und zu konkretisieren, um eine rechtssichere und transparente Regelung zu schaffen.

324 In Bezug auf die Allgemeinen Haftpflichtbedingungen (AHB) wird in der Literatur teilweise auch der Verstoß gegen das gesetzliche Leitbild des § 100 VVG und damit eine Unwirksamkeit gemäß § 307 Abs. 2 Nr. 1 BGB vorgebracht.[453] Aus § 100 VVG könne entnommen werden, dass der Versicherer die mit dem Versicherungsnehmer vereinbarte Versicherungssumme für jeden einzelnen Versicherungsfall zu Verfügung stellen müsse.[454] Nach anderer Ansicht lasse sich aus § 100 VVG kein gesetzliches Leitbild entnehmen, da § 100 VVG keine Definition des Versicherungsfalls regeln wolle und daher nicht geeignet sei, um daran eine vertragliche Einschränkung des Versicherungsschutzes zu messen.[455] Diese Ansicht verkennt jedoch, dass der BGH § 149 VVG a.F. (entspricht § 100 VVG n.F.) sehr wohl ein gesetzliches Leitbild entnommen hat.[456] Zwar schreibe das VVG nicht vor, welcher Umstand in der Haftpflichtversicherung den Eintritt des Versicherungsfalls auslöse. § 149 VVG a.F. lege aber fest, dass „die finanzielle Abdeckung der aus dem einzelnen Haftpflichtfall erwachsenen Verantwortlichkeit des VN einem Dritten gegenüber Gegenstand des Leistungsversprechens des Versicherers ist. Hiervon weiche nach Ansicht des BGH eine Klausel ab, in der mehrere Versicherungsfälle für die Regulierung durch den Versicherer zu einem einzigen Versicherungsfall zusammengefasst werden.

325 Die in der Literatur vorgebrachten Wirksamkeitsbedenken sind daher durchaus valide und Serienschadenklauseln im jeweiligen Einzelfall in AGB-rechtlicher Hinsicht auf ihre Wirksamkeit zu prüfen.

326 Hinsichtlich der Vertragszweckgefährdung nach § 307 Abs. 2 Nr. 2 BGB hat sich der BGH nicht unbedingt allzu zustimmend ausgesprochen. Im Näheren führte er dazu aus, dass eine Leistungsbegrenzung an sich nicht für eine Gefährdung eines Vertragszweckes ausreiche. Diese sei indes erst dann anzunehmen, wenn der Vertrag nach seinem Gegenstand durch die vorgenommene Einschränkung ausgehöhlt wird und mit Blick auf das zu versichernde Risiko dadurch zwecklos wird. Erforderlich an dieser Stelle ist eine qualifizierte sachliche Verknüpfung von gemeinsamen Fehlerquellen, Verstößen und dem Eintritt der Schäden.[457]

4. Konsequenzen aus dem Serienschaden – abhängig vom Zeitpunkt der ersten Inanspruchnahme

327 Die meisten Versicherungsbedingungen – so auch die oben zitierten Musterbedingungen des GDV – regeln, dass die Serienschadenklausel nur auf während der Wirksamkeit des Versicherungsvertrages geltend gemachte Ansprüche anwendbar ist. So bzw. ähnlich lautet auch der Wortlaut der meisten uns vorliegenden Serienschadenklauseln aus Bedingungswerken sowohl der Versicherer als auch der Versicherungsmakler. Bei diesen in der Praxis üblichen Serienschadenklauseln bleiben daher vor Abschluss des Versicherungsvertrages geltend gemachte Ansprüche außer Betracht und fallen nicht unter die Serienschadenklausel. In diesen Fällen entsteht der Serienschaden zum Zeitpunkt der ersten Geltendmachung des Haftpflichtanspruches nach Abschluss des Versicherungsvertrages.

---

453 Prölss/Martin/*Lücke* AHB Abs. 6 Ziff. 6 Rn. 15; HK-VVG/*Schimikowski* § 6 Rn. 3.
454 HK-VVG/*Schimikowski* AHB § 6 Rn. 3.
455 Bruck/Möller/*Armbrüster* A-6.6 Rn. 205.
456 BGH 28.11.1990 NJW-RR **1991** 412.
457 BGH 26.1.2022 VersR **2022** 312 Rn. 41; BGH 12.7.2017 VersR **2017** 1076.

Es gibt aber auch Serienschadenklauseln, die folgenden Wortlaut haben: 328

„Liegt die erste Inanspruchnahme vor dem als Beginn der Versicherung festgelegten Zeitpunkt, ist der gesamte Serienschaden nicht versichert.“[458]

Diese Serienschadenklausel hat im Falle der ersten Anspruchserhebung vor Abschluss des Versicherungsvertrages zur Folge, dass keinerlei Versicherungsschutz besteht. Dies ist dogmatisch sogar konsequent, da bei Vorliegen eines Serienschadens ja ein einziger Versicherungsfall fingiert wird und dieser Versicherungsfall mit der ersten Geltendmachung des Haftpflichtanspruches eintritt. Erfolgt die erste Geltendmachung des Haftpflichtanspruches vor Versicherungsbeginn, besteht dann konsequenterweise kein Versicherungsschutz. 329

Von mittlerweile praktisch eher geringer Relevanz ist die Frage, was bei einer ersten Inanspruchnahme vor Abschluss des Versicherungsvertrages gilt, wenn die anwendbare Serienschadenklausel hierfür keine Regelung trifft, wie beispielsweise die nachfolgende Serienschadenklausel: 330

„Mehrere geltend gemachte Ansprüche eines oder mehrerer Anspruchssteller aufgrund einer Pflichtverletzung, welche durch eine oder mehrere versicherte Personen begangen wurde, gilt als ein Versicherungsfall. Dieser gilt unabhängig von dem tatsächlichen Zeitpunkt der Geltendmachung der einzelnen Haftpflichtansprüche als in dem Zeitpunkt eingetreten, in dem der erste Haftpflichtanspruch geltend gemacht wurde.“

Bei Subsumtion unter den Wortlaut dieser Klausel wäre der Serienschaden im Falle einer ersten Geltendmachung des Haftpflichtanspruchs vor Beginn des Versicherungsvertrages auch vor Beginn des Versicherungsvertrages eingetreten und daher nicht versichert. 331

Dieses dogmatisch korrekte Ergebnis dürfte jedoch wegen Intransparenz gegen § 307 Abs. 1 S. 2 BGB verstoßen, sofern es sich um allgemeine Versicherungsbedingungen des Versicherers handelt. 332

Die soeben zitierte Serienschadenklausel würde einen Serienschaden mit erster Geltendmachung des Haftpflichtanspruches vor Vertragsbeginn komplett vom Versicherungsschutz ausnehmen, ohne dass dies aus dem Wortlaut hinreichend transparent hervorginge.[459] 333

5. Erstmalige Geltendmachung des Haftungsanspruchs während einer Nachmeldepflicht

In den meisten D&O-Bedingungen sind Nachmeldefristen vereinbart. Ein Versicherungsanspruch besteht auch für während der Nachmeldefrist erstmals geltend gemachte Haftungsansprüche, sofern die zugrundeliegende Pflichtverletzung bereits während der Laufzeit des Versicherungsvertrages (vor Beginn der Nachmeldefrist) begangen wurde. 334

Ein Serienschaden kommt daher auch in Betracht, wenn die erste Geltendmachung des Haftpflichtanspruchs nach Beendigung des Versicherungsvertrags, aber während der Nachmeldefrist erfolgte. Dies dürfte auch ohne explizite Regelung im Versicherungsvertrag gelten. 335

458 OLG Frankfurt 17.3.2021 VersR **2021** 1355.

459 Sowohl im Ergebnis auch das OLG Frankfurt 17.3.2021 VersR **2021** 1355, 1360 Rn. 122: *„Dem Versicherungsnehmer wird keine klare Erkenntnisgrundlage geboten, welche verschiedenen Vorgänge oder Ereignisse zu einem einheitlichen Versicherungsfall kontrahiert werden. Gerade dies wäre aber im Hinblick darauf erforderlich, dass dann, wenn die erste Inanspruchnahme vor Versicherungsbeginn liegt, der gesamte Serienschaden nicht versichert ist. Insofern könnte es zu einer Lücke im Versicherungsschutz kommen, mit denen der durchschnittliche Versicherungsnehmer nicht zu rechnen braucht, ohne dass ihm dies hinreichend vor Augen geführt wird.“*.

336 Rein deklaratorischer Natur dürften daher Regelungen wie die folgende sein[460]:

„Werden während der Vertragslaufzeit oder einer etwaigen Nachmeldefrist eine oder mehrere versicherte Personen aufgrund derselben Pflichtverletzung […] von einem oder mehreren Anspruchstellern in Anspruch genommen, stellen diese Inanspruchnahmen einen einheitlichen Versicherungsfall dar (Serienschaden). Vereinbarte Selbstbehalte finden nur einmal Anwendung. Der Serienschaden gilt als in dem Zeitpunkt erfolgt, in dem der erste Versicherungsfall eingetreten ist."

6. Behandlung von Serienschäden nach dem Ende einer etwaigen Nachmeldefrist

337 Je nach Wortlaut der Serienschadenklausel ist umstritten, in welchem Umfang Serienschäden versichert sind, in denen nach dem Ende des Versicherungsvertrages und nach Ende einer ggf. vereinbarten Nachmeldefrist noch Haftpflichtansprüche geltend gemacht werden, die den bereits eingetretenen Serienschaden vertiefen würden.

338 Bei den meisten Serienschadenklauseln ist dieser Fall explizit im Sinne der Versicherer geregelt, beispielsweise wie in den nachfolgenden Bedingungen eines Versicherers:

„Mehrere zwischen dem Versicherungsbeginn und dem Ende der Nachmeldefrist eintretende Versicherungsfälle, denen dieselbe Pflichtverletzung einer oder mehrerer versicherter Personen zugrunde liegt, gelten unabhängig von der Anzahl der Inanspruchnahmen als ein Versicherungsfall. Diese gelten als in dem Zeitpunkt eingetreten, in dem der erste den Serienschaden auslösende Versicherungsfall eingetreten ist."[461]

339 Bei dieser Klausel ist geregelt, dass schriftliche Inanspruchnahmen nach dem Ende der Nachmeldefrist außer Betracht bleiben und den bereits eingetretenen und versicherten Serienschaden nicht vertiefen können.

340 Teilweise regeln Maklerklauseln aber auch explizit, dass Versicherungsfälle, die nach Ende der Nachmeldefrist gemeldet werden, Teil eines Serienschadens sein können[462]:

*„Mehrere Versicherungsfälle, **auch solche, die nach Beendigung des Versicherungsvertrages oder nach Ablauf einer Nachmeldefrist angezeigt werden**, gelten als ein Versicherungsfall und werden der Versicherungsperiode zugeordnet, zu der der erste Versicherungsfall gemeldet wurde, wenn*

1. eine Pflichtverletzung durch eine oder mehrere versicherte Personen begangen wurde oder

2. mehrere Pflichtverletzungen durch eine oder mehrere versicherte Personen begangen wurden, sofern diese Pflichtverletzungen demselben Sachverhalt zuzuordnen sind und miteinander in rechtlichem, wirtschaftlich angemessenem oder zeitlichem Zusammenhang stehen."

341 Fraglich und umstritten ist aber, ob nach dem Ende einer Nachmeldefrist geltend gemachte Haftpflichtansprüche den Serienschaden vertiefen können, wenn es an einer entsprechenden Regelung in der Serienschadenklausel fehlt, wie beispielsweise in den nachfolgenden uns vorliegenden Bedingungen[463]:

„Mehrere Versicherungsfälle gelten als ein Versicherungsfall und werden der Versicherungsperiode zugeordnet, zu der der erste Versicherungsfall gemeldet wurde, wenn eine Pflichtverletzung durch eine oder mehrere versicherte Personen begangen wurde. …"

---

460 Ziffer 4.6. A, FINLEX, D&O-Spezialkonzept, Version Tokio Marine HCC/FINLEX 2020; ähnliche Klausel bei: Tokio Marine HCC D&O-Versicherung (TMHCC DE D&O 2019) und Ziffer 5 AVB-VOV GmbH 08/2019.

461 Ziffer 5 AVB-VOV GmbH 08/**2019**; ähnliche Klausel bei: Tokio Marine HCC D&O-Versicherung (TMHCC DE D&O 2019).

462 So Ziffer 1.1.3 Hendricks & Partner Bedingungen HPDO 2020, Stand 09.19, Version Newline.

463 Ziffer 2.4.6 Hendricks & Partner Bedingungen HPDO 2020, Stand 09.19 | Version AXAXL-Mid-Market-Cover.

In dieser Serienschadenklausel fehlt die Einschränkung, dass Serienschäden nur die Geltendmachung von Haftpflichtansprüchen bis zum Ende einer Nachmeldefrist beinhalten. 342

Ist daher im Falle einer solchen Klausel für den relevanten Zeitpunkt des Serienschadens die Versicherungssumme zum Ende der Nachmeldefrist noch nicht ausgeschöpft, können auch noch nach Ende der Nachmeldefrist geltend gemachte Haftungsansprüche den bereits eingetretenen Serienschaden vertiefen und weitere Versicherungsansprüche nach sich ziehen, wobei dieses Ergebnis umstritten ist.[464] 343

Letztlich kann der Versicherungsnehmer bei Abschluss des Versicherungsvertrages nicht bestimmen, wann ein Serienschaden vorliegt und wann nicht, wenn die oben zitierte Verknüpfung aus den Musterbedingungen des GDV in Rede steht.[465] So führt auch der BGH[466] aus: 344

> *„II.a) Wie bei allen Versicherungsbedingungen ist auch bei dieser mit ihrem Ausdruck „rechtlicher oder wirtschaftlicher" Zusammenhang schwer zu präzisierenden Klausel (...) auf die Verständnismöglichkeiten eines durchschnittlichen Versicherungsnehmers ohne versicherungsrechtliche Spezialkenntnisse abzustellen. Auf die Sicht des geschädigten Klienten des Versicherungsnehmers, auf die sich das Berufungsgericht wie auch die Revision [...] hauptsächlich stützen wollen, kommt es insoweit nicht an."*

Nach der hier vertretenen Ansicht sind vom Versicherer gestellte Serienschadenklauseln, die mehrere Pflichtverletzungen und daraus resultierend mehrere Schäden zu einem Serienschaden verknüpfen, oftmals intransparent und daher wegen unangemessener Benachteiligung des Versicherungsnehmers gemäß § 307 Abs. 1 S. 2 BGB unwirksam. 345

Teilweise wird auch die Auffassung vertreten, solche Serienschadenklauseln wie Ziffer A-6.6 seien letztlich unbedenklich, weil es in der Praxis (angeblich) überraschend selten zu Streitigkeiten käme, da solche Klauseln durch die Versicherer in der Regel vernünftig gehandhabt würden. Kein verantwortungsbewusster Versicherer riskiere eine Deckungsablehnung nur aufgrund einer Serienschadenklausel, wenn ihm bewusst sei, dass die von ihm gemäß dieser Klausel zusammen betrachteten Versicherungsfälle nicht tatsächlich so eng „verwandt" seien, dass sich ihre einheitliche deckungsrechtliche Behandlung unter einer Versicherungssumme gewissermaßen von selbst aufdränge.[467] 346

Das vorstehende Zitat zeigt aber gleichzeitig die Problematik der mit mehreren unbestimmten und im Vorhinein kaum auslegbaren Begriffen gespickten Klausel aus Ziffer A-6.6, lit. b), welcher in der Praxis etliche AVB von Versicherern nachgebildet sind. 347

Der Versicherungsnehmer kann letztlich nicht darauf angewiesen sein, dass der Versicherer im Schadenfall eine vernünftige oder pragmatische Position einnimmt. 348

Der durch Serienschadenklauseln maßgeblich bestimmte und regelmäßig eingegrenzte Versicherungsumfang muss für den Versicherungsnehmer bei Abschluss des Versicherungsvertrages vorhersehbar sein und darf nicht von einer „Gutsherrenentscheidung" des Versicherers abhängen. 349

Selbst wenn man die zitierte Klausel daher als AVB der Versicherer nicht wegen Verstoßes gegen § 307 Abs. 1 S. 2 BGB für unwirksam hält, greift zugunsten der Versicherungsnehmer zumindest die Zweifelsregelung aus § 305 c Abs. 2 BGB. 350

Nach dieser Norm sind AVB im Zweifelsfall zugunsten der Versicherungsnehmer und der versicherten Personen auszulegen. 351

Verbleiben daher Zweifel, ob die Voraussetzungen beispielsweise eines „rechtlichen und wirtschaftlichen Zusammenhangs" oder eines „zeitlichen Zusammenhangs" erfüllt sind, ist im Zweifel kei- 352

---

464 Zustimmend Melot de Beauregard/ Lieder/Liersch/ *Hendricks* Managerhaftung Rn. 61; ablehnend OLG Düsseldorf 12.7.2017 VersR **2018** 217, r+s **2018** 193 mit kritischer Anmerkung von Fortmann.

465 Ähnlich kritisch auch: *Westphalen,Graf von/Thüsing/Pamp* Vertragsrecht und AGB-Klauselwerke Rn. 163; skeptisch auch MüKoVVG/*Ihlas* Rn. 557, BGH-Rechtsprechung zur Frage des „rechtlichen oder wirtschaftlichen Zusammenhangs" in Serienschadenklauseln existiert für die (Berufs)Haftpflichtversicherung.

466 BGH 17.9.2003 NJW **2003** 3705.

467 So Veith/Gräfe/Lange/Rogler/*Lange* § 21 Rn. 48 a.E.

ne Begrenzung des Versicherungsanspruchs durch die Serienschadenklausel anzunehmen (§ 305c Abs. 2 BGB).

VII. A-6.7 Anerkenntnis, Befriedigung, Vergleich

1. Allgemeines

353 Die Klausel sieht für zwei Fallgestaltungen vor, dass der Versicherer für einen vom Versicherungsnehmer oder von der versicherten Person verursachten **Mehraufwand** an der Hauptsache, **Zinsen** und **Kosten** nicht aufzukommen hat. In der ersten Variante scheitert eine vom Versicherer angestrebte Erledigung der Haftpflichtfrage durch **Anerkenntnis**, **Befriedigung** oder **Vergleich** am Verhalten des Versicherungsnehmers oder der versicherten Person. In der zweiten Variante stellt der Versicherer den von ihm vertragsgemäß geschuldeten Anteil zur Befriedigung des Geschädigten zur Verfügung (sog. **Abandonrecht**).

354 Sinn und Zweck der Regelung ist der Interessenausgleich zwischen den Interessen des Versicherungsnehmers bzw. der versicherten Person und des Versicherers. Diese Interessen können nicht zuletzt bei der Frage der Erledigung des Haftpflichtanspruchs gegenläufig sein. So geht das Interesse des Versicherers in aller Regel dahin, sein wirtschaftliches Risiko weitestgehend gering zu halten. Auf der anderen Seite kann das Organmitglied, aufgrund persönlicher Betroffenheit, möglicherweise daran interessiert sein, die Haftpflichtfrage vor Gericht auszufechten, um sein angebliches Fehlverhalten zu widerlegen. Die Klausel hat daher zum Ziel, sicherzustellen, dass der Versicherte das finanzielle Risiko einer weiteren Fortführung des Haftpflichtprozesses selbst trägt. Dies soll ihn gleichzeitig dazu motivieren, die Haftpflichtansprüche auf wirtschaftlich sinnvolle Weise zu regeln.[468]

2. Inhalt der Klausel

355 **a) Scheitern der Erledigung durch Verhalten des Versicherungsnehmers oder der versicherten Person.** Ziffer A-6.7 sieht die (Teil-)Leistungsfreiheit des Versicherers für den Fall vor, dass eine vom Versicherer verlangte Erledigung des Haftpflichtanspruchs durch Anerkenntnis, Befriedigung oder Vergleich an der Weigerung des Versicherungsnehmers bzw. der versicherten Person scheitert.

356 Bei der Klausel unter Ziffer A-6.7 handelt es sich um eine in der Vermögenschadenhaftpflichtversicherung sowie der Allgemeinen Haftpflichtversicherung enthaltene Standardregelung.[469]

357 **aa) Regulierungsvollmacht des VR.** Gemäß Ziffer A-6.2 hat der Versicherer eine umfassende **Prozessführungs- und Regulierungsvollmacht**. Diese Regulierungsvollmacht ermöglicht es dem Versicherer grundsätzlich ohne Mitwirkung des Versicherungsnehmers oder der versicherten Personen eine Erledigung der Haftpflichtfrage durch Anerkenntnis, Befriedigung oder Vergleich herbeizuführen.

358 Im Rahmen der Fremdversicherung stellt sich zunächst die Frage, ob solche vertraglichen Vollmachten gegenüber der versicherten Person (dem in Anspruch genommenen Manager) wirksam sind. Schließlich ist Vertragspartner in der D&O-Versicherung das Unternehmen und nicht die versicherte Person. Die versicherten Personen kennen häufig die Einzelheiten des D&O-Versicherungsvertrages nicht und sind im Vertrag namentlich auch nicht genannt. Ein nicht am Vertrag Beteiligter kann aber nicht automatisch Vollmachtgeber sein, sondern muss eine Vollmacht explizit erteilen (vgl. § 167 BGB).

---

468 Seitz/Finkel/Klimke/*Finkel/Seitz* Ziffer 4.6 Rn. 186; MüKo VVG/*Ihlas* Rn. 573.

469 Allgemeine Versicherungsbedingungen für die Haftpflichtversicherung (AHB), Musterbedingungen des GDV Februar 2016, Ziffer 6.8.

Die Wirksamkeit der Vollmachtserteilung ist in der Literatur daher umstritten (siehe hierzu A-6.2 Rn. 107, 108). Einige in der Literatur vertretene Ansichten erkennen dieses Problem teilweise an und argumentieren, dass die versicherte Person durch die vertragliche Regelung zwischen Versicherer und Versicherungsnehmer (Unternehmen) zwar keine Vollmacht erteilen könne. Die Regelung sei jedoch ggf. in eine Obliegenheit der versicherten Person zur Vollmachtserteilung gegenüber dem Versicherer umzudeuten.[470] Wieder andere gehen davon aus, dass die Vollmachtserteilung zunächst nach §§ 180 S. 2, § 177 Abs. 1 BGB bis zur Genehmigung durch die versicherte Person schwebend unwirksam ist (siehe hierzu Ziffer A-6.2 Rn. 108).[471] Teilweise wird auch eine Obliegenheit der versicherten Person angenommen, die Bevollmächtigen des Versicherers nach Eintritt des Versicherungsfalls gemäß §§ 180 S. 2, § 177 Abs. 1 BGB zu genehmigen.[472] Andere gehen von der Unwirksamkeit der Klausel aus, da sie nicht den Anforderungen der halbzwingenden Vorschriften der §§ 28, 32 VVG genügt.[473] 359

Ungeachtet dieses Streitpunktes, ist die **Abstimmung** des Versicherers mit dem Versicherten bereits deshalb angezeigt, da der Versicherer die Interessen der versicherten Person bei der Ausübung der Vollmacht wahren muss. So entspricht es der ständigen Rechtsprechung des BGH, dass der Haftpflichtversicherer, wenn er von seiner ihm zukommenden Prozessführungs- und Regulierungsvollmacht Gebrauch macht, die Interessen des VN so zu wahren hat, wie dies ein vom Versicherungsnehmer beauftragter Rechtsanwalt tun würde.[474] Dies gilt umso mehr, wenn die Haftpflichtansprüche die vereinbarte Versicherungssumme überschreiten oder ein Selbstbehalt vereinbart ist.[475] Im Rahmen der D&O-Versicherung gilt dieses Gebot insbesondere dann, wenn Interessen der versicherten Person, insbesondere deren Reputation, gefährdet sind.[476] 360

Die Vollmacht ist grundsätzlich unwiderruflich (siehe hierzu A-6.2, Rn. 110). Eine Beschränkung der Geschäftsführungsbefugnis kann sich aus den konkreten Umständen des Einzelfalls etwa dann ergeben, wenn die schützenswerten Interessen der versicherten Person dies erfordern[477] (siehe hierzu A-6.2, Rn. 110). 361

Schließt der Versicherer einen die Interessen der versicherten Person nicht oder nicht ausreichend berücksichtigenden Vergleich ab, kann hieraus eine Schadenersatzverpflichtung des Versicherers gegenüber der versicherten Person resultieren (siehe hierzu A-6.2, Rn. 112). 362

Der sicherste Ansatz für den Versicherer dürfte darin zu bestehen, sich vor Beginn von Verhandlungen mit dem Anspruchssteller eine Bestätigung der in Klausel A-6.2 AVB-D&O gewährten Vollmacht oder gegebenenfalls eine separate, gleichlautende Vollmacht der versicherten Person einzuholen.[478] 363

bb) Widerstand des Versicherungsnehmers oder der versicherten Person. Die vom Versicherer gewollte Erledigung muss am Verhalten des Versicherungsnehmers oder der versicherten Person scheitern. 364

Kausalitätsfragen können sich vor dem Hintergrund ergeben, dass der Versicherer (die Wirksamkeit der Regulierungsvollmacht vorausgesetzt) die Erledigung ohne die Zustimmung des Versicherungsnehmers oder der versicherten Person herbeiführen kann. In der Regel scheitert eine Erledigung daher nicht an der Weigerung des Versicherungsnehmers oder der versicherten Person, sondern vielmehr an den Bedenken des Versicherers der sich nicht dem Risiko eines Schaden- 365

470 Prölss/Martin/*Voit* AVB D&O A-6.2 Rn. 1.
471 *Lange* § 19 Rn. 30.
472 Bruck/Möller/*Armbrüster* AVB D&O, A-6 Rn. 66.
473 *Herdter* VP **2014** 46, 47.
474 BGH 30.9.1992 NJW **1993** 68 ; BGH 18.7.2001 VersR **2001** 1150.
475 Seitz/Finkel/Klimke/*Finkel/Seitz* Ziffer 4 Rn. 187.
476 Bruck/Möller/*Armbrüster*, AVB D&O, A-6 Rn. 231.
477 Bruck/Möller/*Armbrüster* AVB D&O, A-6 Rn. 67.
478 Bruck/Möller/*Armbrüster* AVB D&O, A-6 Rn. 67.

ersatzanspruchs (siehe oben Rn. 358) aussetzen will.[479] Andere sehen den Anwendungsbereich der Klausel gerade darin, dass der Versicherer durch Ziffer A-6.7 berechtigt wird in solchen zweifelhaften Fällen nicht von seiner Regulierungsvollmacht Gebrauch zu machen und die negativen finanziellen Folgen (Mehraufwand an der Hauptsache, Kosten und Zinsen) auf den Versicherungsnehmer bzw. die versicherte Person abzuwälzen.[480]

366 Da Ziffer A-6.7 Fall 1 die Leistungsfreiheit des Versicherers an ein bestimmtes Verhalten des Versicherungsnehmers oder der versicherten Person knüpft, wird die Klausel von der herrschenden Meinung nicht als Leistungsbeschränkung, sondern als **verhüllte Obliegenheit** verstanden.[481] Rechtsfolge der Auslegung als verhüllte Obliegenheit ist nach der Rechtsprechung des BGH die entsprechende Anwendung des § 28 VVG.[482]

367 Berechtigterweise stellt sich auch hier die Frage nach der Wirksamkeit der Klausel. So äußern Teile der Literatur Bedenken gegen die Wirksamkeit von verhüllten Obliegenheiten, weil entgegen § 28 Abs. 2 VVG keine Differenzierung zwischen dem Verschuldensgrad und der Sanktionsanordnung vorsehen wird. Da die Regelung des § 28 Abs. 2 VVG nach § 32 VVG halbzwingend ist, von ihr also zum Nachteil des Versicherungsnehmers (bzw. der versicherten Person) nicht abgewichen werden darf, wird teilweise von der Unwirksamkeit sog. verhüllter Obliegenheiten ausgegangen.[483] Für Großrisiken soll die Unwirksamkeit aus § 307 Abs. 1 S. 1 BGB folgen.[484]

368 Die Wirksamkeit der Klausel vorausgesetzt, kommt eine Leistungsfreiheit des Versicherers nur in Betracht, wenn der Versicherungsnehmer oder die versicherte Person die Obliegenheit vorsätzlich oder grob fahrlässig (dann Teil-Leistungsfreiheit) verletzt hat, § 28 Abs. 2 S. 1 und 2 VVG.[485] Der Widerstand des Versicherungsnehmers muss daher widerrechtlich sein.[486] Dies kann im Rahmen der D&O-Versicherung etwa der Fall sein, wenn die versicherte Person eine wirtschaftliche Lösung der Haftpflichtfrage aufgrund rein persönlicher, nicht schutzwürdiger Belange verweigert.[487] Spiegelbildlich fehlt es an einer entsprechenden Widerrechtlichkeit, wenn berechtigte Interessen des Versicherten seinen Widerstand rechtfertigen. Außerdem setzt die Leistungsfreiheit des Versicherers in entsprechender Anwendung des § 28 Abs. 4 VVG voraus, dass der Versicherer den Versicherungsnehmer bzw. die versicherte Person über die Rechtsfolgen des § 28 VVG wirksam belehrt hat.

369 **b) Abandonrecht.** Die zweite Variante der Ziffer A-6.7 ermöglicht es dem Versicherer sich durch zur Verfügungstellung seines vertragsgemäßen Anteils von dem anschließenden Mehraufwand an der Hauptsache und den Nebenforderungen zu befreien. Dabei modifiziert die Klausel das Hauptleistungsversprechen des Versicherers. Denn der Versicherer ist nach Ziffer A-6.1 nicht zur Zahlung, sondern nur zur Abwehr bzw. Freistellung von Ansprüchen verpflichtet. In den AHB[488] ist eine entsprechende Regelung nicht mehr enthalten.

---

479 So auch: Bruck/Möller/*Koch* Ziffer 6 AHB 2012 Rn. 44; Späte/Schmikowski/*Harsdorf-Gebhardt* Ziffer 6 AHB Rn. 67.

480 Prölss/Martin/*Lücke* AHB Ziffer 6. Rn. 23; Rüffer/Halbach/Schimikowski/*Schimikowski* AHB § 6 Rn. 12.

481 Bruck/Möller/*Armbrüster* AVB D&O, A-6 Rn. 233; Seitz/Finkel/Klimke/Finkel/Seitz Ziffer 4; Rn. 189; Prölss/Martin/*Voit* AVB D&O, A-6.7 Rn. 1.

482 BGH 5.7.2023 NJW-RR **2023** 1073 Rn. 19.

483 Bruck/Möller/Koch Ziffer 6 AHB 2012 Rn. 43; BeckOK VVG/*Marlow* § 28 Rn. 30; Zweifel an der Wirksamkeit äußernd: Späte/Schmikowski/*Harsdorf-Gebhardt* Ziffer 6 AHB Rn. 12; a.A.: Bruck/Möller/*Armbrüster* AVB D&O Ziffer A-6 Rn. 234.

484 Bruck/Möller/*Koch* Ziffer 6 AHB 2012 Rn. 43.

485 Bruck/Möller/*Armbrüster* AVB D&O, A-6 Rn. 232; Prölss/Martin/*Voit* AVB D&O A-6.2 Rn. 1; Späte/Schmikowski/*Harsdorf-Gebhardt* Ziffer 6 AHB Rn. 67.

486 Bruck/Möller/*Armbrüster* AVB D&O, A-6 Rn. 232; Prölss/Martin/*Voit* AVB D&O A-6.2 Rn. 1; Späte/Schmikowski/*Harsdorf-Gebhardt* Ziffer 6 AHB Rn. 67.

487 Bruck/Möller/*Armbrüster* AVB D&O, A-6 Rn. 232.

488 Allgemeine Versicherungsbedingungen für die Haftpflichtversicherung (AHB), Musterbedingungen des GDV Februar 2016, Ziffer 6.8.

Die Regelungen wirft in der Praxis verschiedene Probleme auf: Zum einen geht aus ihr nicht hervor, an wen der Versicherer leisten muss. Außerdem ist für die versicherte Person gegebenenfalls nicht ohne weiteres erkennbar, wie hoch der vom Versicherer geschuldete „vertragsgemäße Anteil“ des Versicherers ist.[489] 370

c) Rechtsfolge. Gemäß Ziffer A-6.7 hat der Versicherer nach Weigerung des Versicherungsnehmers bzw. der zur Verfügungstellung seines vertragsgemäßen Anteils nicht mehr für den Mehraufwand an Hauptsache, Zinsen und Kosten einzustehen. 371

Aus der Regelung folgt aber auch, dass der Versicherer weiterhin für die Abwehrkosten einzustehen hat.[490] 372

3. Abweichende Marktbedingungen

In Abänderung zu Ziffer A-6.7 sehen einige Bedingungswerke vor, dass der Versicherer nur im Einvernehmen mit der versicherten Person bevollmächtigt ist, alle zur Beilegung oder Abwehr eines Anspruchs zweckmäßig erscheinenden Erklärungen abzugeben. Eine Vollmachtserteilung ist darin nicht zu sehen, jedenfalls muss sich der Versicherer eine Genehmigung der versicherten Person nach §§ 180 S. 2, § 177 Abs. 1 BGB einholen. Rechtsicherer wäre es auch sich eine separate Vollmacht der versicherten Person einzuholen. 373

Gleichzeitig wird die Reichweite der Regulierungsvollmacht davon abhängig gemacht, ob die vereinbarte Versicherungssumme ausreicht, um die geltend gemachten Haftpflichtansprüche zu befriedigen. 374

So lautet die Regelung zur Erledigung durch Anerkenntnis, Befriedigung und Vergleich in den Hendricks & Partner Bedingungen (Ziffer 2.7 HPDO 2020, Stand 09.19 Hendricks & Partner Bedingungen HPDO 2020 Stand 09.19, Version Newline bzw. Ziffer 2.5 Hendricks & Partner Bedingungen HPDO 2020 Stand 09.19, Version AXAXL-Mid-Market-Cover) wie folgt: 375

> *„Der Versicherer ist bevollmächtigt, im Einvernehmen mit den jeweils betroffenen Versicherten alle zur Beilegung oder Abwehr des Anpruchs zweckmäßig erscheinenden Erklärungen im Namen der Versicherten abzugeben. Der Versicherer wird gegen den Willen der versicherten Person kein Anerkenntnis erklären und keinem Vergleich zustimmen, wenn und soweit die Deckungssumme nicht ausreicht. Kommt es in einem Versicherungsfall zu einem Rechtsstreit über einen Anspruch zwischen Versicherten und dem Geschädigten oder dessen Rechtsnachfolger, führt der Versicherer den Rechtsstreit im Namen der Versicherten und mit deren Einvernehmen. Rechtsmittel kann der Versicherer auch ohne Zustimmung der Versicherten einlegen, soweit hierfür die Kosten vom Versicherer auch bei Verbrauch der Deckungssumme getragen werden.“*

Auch die Bedingungen der VOV-Versicherung in § 13 (AVB-VOV 5.0) sehen vor, dass der Versicherer kein Anerkenntnis abgibt, keinen Vergleich abschließt soweit die geltend gemachten Ansprüche die Versicherungssumme übersteigen: 376

> *„§ 13 Anerkenntnis, Vergleich, Befriedigung*
> *Die versicherten Personen sind berechtigt, ohne vorherige Zustimmung der VOV einen Haftpflichtanspruch ganz oder zum Teil anzuerkennen, zu vergleichen oder zu befriedigen. Macht eine versicherte Person hiervon Gebrauch, ist die VOV aber nur insoweit zur Leistung verpflichtet, als sie es auch ohne das Anerkenntnis, den Vergleich oder die Befriedigung wäre. Die VOV wird ohne Zustimmung der versicherten Person kein Anerkenntnis abgeben und keinen Vergleich schließen, soweit der anerkannte oder vergleichsweise zu zahlende Betrag nicht aus der für den Versicherungsfall noch zur Verfügung stehenden Versicherungssumme aufgebracht werden kann. In den Fällen des*

489 Bruck/Möller/*Armbrüster* Ziffer A-6 Rn. 237.
490 Späte/Schmikowski/*Harsdorf-Gebhardt* Ziffer 6 AHB Rn. 68.

§ 2 Ziffer 4. gilt das zuvor Gesagte für die Versicherungsnehmerin oder das jeweils betroffene Tochterunternehmen entsprechend."

377 Die Bedingungen der Tokio Marine HCC zur D&O-Versicherung (TMHCC – DE DO 2019) sehen zur Verfahrensführung vor, dass die versicherte Person die Verfahrensführung im Rechtsstreit selbst übernimmt. Außerhalb von Rechtsstreitigkeiten bestimmen die Bedingungen auch hier, dass der Versicherer keine gütliche Beilegung der Haftpflichtfrage ohne Einverständnis der versicherten Person erklärt, soweit die Deckungssumme nicht zur Befriedigung der Haftpflichtansprüche ausreicht:

„5.2.2 Verfahren im Rechtsstreit
Die versicherte Person führt den Rechtsstreit selbst und darf den Anwalt auswählen, der sie vertritt. Der Versicherer begleitet und prüft die Abwehr und kann hierzu Vorschläge und Anregungen abgeben.
Sofern sachliche Gründe vorliegen, kann der Versicherer der Wahl des Rechtsanwalts durch die versicherte Person widersprechen, Anweisungen zur Führung des Rechtsstreits erteilen und – soweit die versicherte Person sich weigert dem Widerspruch oder den Anweisungen durch den Versicherer nachzukommen – den Rechtsstreit übernehmen und im Namen der versicherten Person führen. In diesem Fall ist er ermächtigt, alle hierfür notwendigen Rechts- und Prozesshandlungen durchzuführen, einen Vergleich zu schließen und notwendige Erklärungen im Namen der versicherten Person abzugeben. Die versicherte Person ist ferner verpflichtet, dem vom Versicherer beauftragten Rechtsanwalt Prozessvollmacht zu erteilen.
Der Versicherer wird keine gütliche Einigung treffen und kein Anerkenntnis ohne Einverständnis der versicherten Person erklären, soweit die Deckungssumme zur Befriedung der Haftpflichtansprüche und der geschuldeten Abwehrkosten nicht ausreicht. Auch wenn der Versicherer die Prozessführung übernommen hat, sind von den versicherten Personen die Obliegenheiten dieses Vertrags zu erfüllen."

A-7 Ausschlüsse

Vom Versicherungsschutz ausgeschlossen sind Haftpflichtansprüche

A-7.1 wegen vorsätzlicher Schadenverursachung oder durch wissentliches Abweichen von Gesetz, Vorschrift, Beschluss, Vollmacht oder Weisung oder durch sonstige wissentliche Pflichtverletzung. Den versicherten Personen werden die Handlungen und Unterlassungen nicht zugerechnet, die von anderen Organmitgliedern begangen wurden;

A-7.2 wegen Rückzahlung oder Rückgabe von Bezügen, Tantiemen oder sonstigen Vorteilen, welche die versicherten Personen aus der versicherten Tätigkeit oder mit Rücksicht auf diese erhalten haben;

A-7.3 wegen Schäden durch von dem VN oder einer Tochtergesellschaft in den Verkehr gebrachte Produkte, Arbeiten oder sonstige Leistungen;

A-7.4 wegen Schäden durch Umwelteinwirkungen und alle sich daraus ergebenden weiteren Schäden;

A-7.5 – welche vor Gerichten außerhalb der EU oder nach dem Recht von Staaten, die nicht der EU angehören, geltend gemacht werden – dies gilt auch im Falle der Vollstreckung von Urteilen, die außerhalb der EU gefällt wurden–;
– wegen Schäden aus der Verletzung oder Nichtbeachtung des Rechts von Staaten, die nicht der EU angehören;

A-7.6 aus Pflichtverletzungen im Zusammenhang mit sog. „Insider-Regeln“;

A-7.7 aus Pflichtverletzungen bei einer anderen als der versicherten Tätigkeit (z.B. Tätigkeit bei einem anderen Unternehmen oder freiberufliche Tätigkeit);

A-7.8 die sich daraus ergeben oder damit im Zusammenhang stehen, dass Versicherungsleistungen oder Versicherungen nicht oder unzureichend wahrgenommen, abgeschlossen oder fortgeführt werden;

A-7.9 wegen unlauteren Wettbewerbs oder Wettbewerbsbeschränkungen sowie aus der Verletzung von Berufsgeheimnissen, Urheber-, Patent-, Warenzeichen-, Geschmacksmuster- und vergleichbaren Immaterialgüterrechten;

A-7.10 wegen Schäden aufgrund von Vertragsstrafen, Kautionen, Bußgeldern und Entschädigungen mit Strafcharakter (punitive und exemplary damages), die gegen den VN oder eine Tochtergesellschaft verhängt oder von ihnen übernommen wurden;

A-7.11 des VNs, einer Tochtergesellschaft oder einer verbundenen Gesellschaft, deren Vermögensschaden bei einer anderen Gesellschaft dieses Konzerns zu einem Vermögensvorteil geführt hat, in Höhe des Vermögensvorteils;

A-7.12 im Zusammenhang mit Bestechung, Bestechlichkeit, Vorteilsannahme, Vorteilsgewährung oder vergleichbaren Handlungen;

A-7.13 wegen Schäden aus Spekulationsgeschäften, soweit diese nicht innerhalb eines ordnungsgemäßen Geschäftsgangs erforderlich und üblich sind (z.B. Kurssicherungsgeschäfte);

A-7.14 wegen Schäden des VNs oder einer Tochtergesellschaft durch Einbußen bei Darlehen und Krediten. Dies gilt nicht, soweit die Einbußen verursacht sind durch Pflichtverletzungen bei der Rechtsverfolgung;

A-7.15 wegen Schäden aus Anfeindung, Schikane, Belästigung, Ungleichbehandlung oder sonstigen Diskriminierungen,

A-7.16 wegen Schäden, die direkt oder indirekt auf Asbest, asbesthaltige Substanzen oder Erzeugnisse zurückzuführen sind oder mit diesen im Zusammenhang stehen;

A-7.17 die im Zusammenhang mit Forderungen, Klagen, Verwaltungsakten, Ermittlungsverfahren, Untersuchungen, Urteilen, sonstigen Vollstreckungstiteln oder den diesen zugrunde liegenden Sachverhalten stehen, die bereits vor oder zu Beginn des Vertrages gegen eine versicherte Person oder den VN oder eine Tochtergesellschaft gerichtet waren.

https://doi.org/10.1515/9783110675511-008

Schrifttum

Armbrüster Neues vom BGH zur D&O-Versicherung, NJW 2016, 2155; *ders.* Interessenkonflikte in der D&O-Versicherung, NJW 2016, 897; *ders.* Verteilung nicht ausreichender Versicherungssummen in D&O-Innenhaftungsfällen, VersR 2014, 1; *ders.* Prozessuale Besonderheiten in der Haftpflichtversicherung, RuS 2010, 441; *ders.* Auswirkungen von Versicherungsschutz auf die Haftung, NJW 2009, 187; *Armbrüster/Schilbach* Nichtigkeit von Versicherungsverträgen wegen Verbots- oder Sittenverstoßes, r+s 2016, 109; *Bernhard/Meßmer* Praxishandbuch Kartellrecht im Unternehmen, 2. Aufl. 2018; *Born/Ghassemi-Tabar/Gehle/Armbrüster* Münchener Handbuch des Gesellschaftsrechts Band 7 Teil 3. Gesellschaftsrechtliche Streitigkeiten (Corporate Litigation), 6. Aufl. 2020; *Bräuer* Das anwaltliche Mandat in D&O-Angelegenheiten – selten unkompliziert, AnwBl 2016, 258; *Car* Das Überschreiten der Deckungssumme in der Haftpflichtversicherung, Diss. Berlin 2016; *Cox/Fleishman* When There's Not Enough, With one policy for directors and officers, claimants may rush for coverage, LegalTimes Week of August 15 2005 VOL. XXVIII NO. 33; *Cyrus* Neue Entwicklungen in der D&O-Versicherung, NZG 2018, 7; *Cyrus* „Wenn der Rettungsschirm nicht aufgeht", Boardreport 4/2014, 14; *de Lippe* Probleme wissentlicher Pflichtverletzungen in der D&O-Versicherung, VersR 2021, 69; *Deichl/Küppersbusch/Schneider* Kürzungs- und Verteilungsverfahren nach §§ 155 Abs. 1 und 156 Abs. 3 VVG in der Kfz-Haftpflichtversicherung, 1985; *Dilling* Die Wirksamkeit der Risikoausschlüsse für wissentliche und vorsätzliche Pflichtverletzungen in der D&O-Versicherung, Diss. Köln 2015; *ders.* Zur Unwirksamkeit des Risikoausschlusses für wissentliche Pflichtverletzungen in der D&O-Versicherung, VersR *2018, 332; Dreher* Versicherungsschutz für die Verletzung von Kartellrecht oder von Unternehmensinnenrecht in der D&O-Versicherung und Ausschluss vorsätzlicher oder wissentlicher Pflichtverletzungen, VersR 2015, 781; *ders.* Die kartellrechtliche Bußgeldverantwortlichkeit von Vorstandsmitgliedern: Vorstandshandeln zwischen aktienrechtlichem Legalitätsprinzip und kartellrechtlicher Unsicherheit, Festschrift Konzen 2006; *Drave* Unzureichende Versicherungssumme und Verteilungsverfahren – Scheinargumente in der Schadenregulierung, VP 9/2016, 32; *Fassbach* Die D&O-Versicherung in der Aufsichtsratspraxis, BOARD 4/2014, 156; *ders.* Activist Shareholder: Neue Figur auf dem D&O-Schachbrett, AR 2014, 144; *ders.* Die „D&O-Verschaffungsklausel" für Aufsichtsräte, AR 2013 142; *ders.* Deckungskonzepte für eine Aufsichtsrats-D&O-Versicherung, AR 2013, 26; *Fassbach/Rahlmeyer* Marshallplan für die D&O-Versicherung, VP 9/2015, 15; Drees/Koch/Nell/*Fiedler* Aktuelle Probleme des Versicherungsvertrags-, Versicherungsaufsichts- und Vermittlerrechts: Wirksamkeit von Kostenanrechnungsklauseln in der D&O-Versicherung Band 4 2013, 7; *ders.* Die Curanum-Entscheidung des OLG Frankfurt, PHi 2013, 94; *Fischinger* Kürzungsregelungen bei Haftungshöchstsummen- Eine kritische Analyse de lege lata und de lege ferenda, 2012; *Fleischer* Satzungsmäßige Haftungshöchstgrenzen und andere Haftungsmilderungen für Aufsichtsratsmitglieder? AR 2014, 100; *Gädtke* Das Verteilungsproblem in der D&O-Versicherung, VP 2016, 9; *Genzow/Grunewald/Schulte-Nölke/Lenz* Zwischen Vertragsfreiheit und Verbraucherschutz. Festschrift für Friedrich Graf von Westphalen: Wirtschaftskrise – Bankvorstände und D&O-Versicherung. Zugleich ein Beitrag zu „Spekulationsgeschäften" und zu „versicherten Tätigkeiten" 2010; *Gräfe* Die Serienschadenklausel in der Vermögensschaden-Haftpflichtversicherung, NJW 2003, 3673; *Gisch/Roban/Ratka/Koch* Haftpflicht und D&O-Versicherung 2016, 2017, Kostenanrechnung und Verteilung nicht ausreichender Versicherungssumme in der D&O-Versicherung, S. 55; *Grooterhorst/Looman* Kostentragung des Versicherers bei (teilweiser) Erschöpfung der VersSumme in der D&O-Versicherung, RuS 2014, 157; *Held* D&O-Versicherung als Manager-Airbag?, Compliance-Berater 2014, 29; *Hemeling* Neuere Entwicklungen in der D&O-Versicherung, in: Krieger/Lutter/Schmidt (Hrsg.) FS Hoffmann-Becking (2013) S. 491; *Hendricks* D&O-Versicherung auf eigene Rechnung, AR 2015, 50; *Herdter* „Kardinalpflichtverletzung" des Vorstands – Einfallstor für die Deckungsablehnung in der D&O-Versicherung? VersicherungsPraxis 6/2020, 35; *Knöfel* Strukturprobleme der D&O-Exzedentenversicherung, ZIP 2018, 1814; *ders.* D&O-Exzedentendeckungen, VersR 2018, 513; *Köberich/Heilmann* „Irrlichter" in der deutschen D&O-Versicherungslandschaft, VP 2016, 12; *Korch/ Lüttringhaus* Kardinalpflichten und D&O-Versicherung: Ein kardinales Missverständnis, VersR 2024, 537; *Kordes* D&O-Versicherung: Zusammentreffen von wissentlicher Pflichtverletzung und weiteren fahrlässigen Pflichtverletzungen, r+s 2019, 307*; Labusga* Die Ersatzfähigkeit von Unternehmensgeldbußen im Innenregress gegen verantwortliche Vorstandsmitglieder, VersR 2017, 394; *Lange* Vernachlässigte Aspekte des Wissentlichkeitsausschlusses in der D&O-Versicherung, VersR 2020, 588*; ders.* Die verbrauchte Versicherungssumme in der D&O-Versicherung, VersR 2014, 1413; *ders.* Der Versicherungsfall der D&O-Versicherung, RuS 2006, 177; *Langenick* Probleme des Verteilungsverfahrens, insbesondere das in § 118 Abs. 1 VVG verborgene Super-Befriedigungsvorrecht, RuS Beil. 2011, 70; *Langheid* Wissentliche und fahrlässige Pflichtverletzung in der D&O-Versicherung, VersR 2017, 1365; *Lattwein* Quo Vadis D&O? – Status der Diskussionen über die D&O-Bedingungen NVersZ 1999, 49; *Lederer* Die Haftung von Aufsichtsratsmitgliedern und nicht geschäftsführenden Direktoren, Diss. Berlin 2011; *Leuering/Rubner* Das claims-made-Prinzip in der D&O-Versicherung, NJW-Spezial 2016, 143; *Looschelders* Der Risikoausschluss bei vorsätzlicher oder wissentlicher Pflichtverletzung – Auswirkungen auf die Rechtsstellung der VN und anderer Versicherter, VersR 2018, 1413; *Looschelders/Derkum* Befugnis zur Geltendmachung des Versicherungsschutzes und Rechtsmissbrauchsverbot bei der D&O-Versicherung, ZIP 2017, 1249; *Mitsch* Karlsruher Kommentar zum Gesetz über Ordnungswidrigkeiten: OWiG, 5. Aufl. 2018*; R. Koch* Das Dreiecksverhältnis zwischen Versicherer, Versicherungsnehmer und versicherten Personen in Innenhaftungsfällen der D&O-Versicherung, ZVersWiss 2012, 151; *ders.* Versicherung von Haftungsrisiken nach dem Allgemeinen Gleichbehandlungsgesetz, VersR 2007, 288; *Küpper-Dirks* Managerhaftung und D&O-Versicherung, Diss. Frankfurt am Main 2001; *Olbrich* Die D&O-Versicherung, 2. Aufl. 2007; *Peltzer* Die deutsche D&O-Versicherung und ihr (noch operabler) Geburtsfehler, FS H.P. Westermann, 2008; *ders.* Konstruktions- und Handhabungsschwierigkeiten bei der D&O-Versicherung, NZG 2009, 970; *Peppersack* Das Kürzungs- und Verteilungsverfahren in der D&O-Versicherung- Auswirkungen unzureichender Deckungssummen und deren Lösungsmöglichkeiten, Diss. Berlin 2016; *ders.* Die Problematik unzureichender Versicherungssummen in der D&O-Versicherung – Modelle und Lösungsansätze, RuS 2018, 117; *Pott* Versicherbarkeit von Geldbußen und Gelstrafen, ZfV 12/2023, 357; *Reichert/Suchy* Die Two-Tier Trigger Policy – Marketinginstrument oder zukunftsweisendes D&O-Versicherungskonzept? NZG 2017, 88; *Sücker* Streitfragen zur D&O Versicherung, VersR 2005, 10; *Schilling* Interessenskonflikte bei D&O-Versicherungen, VW 2014, 22; *Scholz*, Die existenzvernichtende Haftung von Vorstandsmitgliedern in der Aktiengesellschaft: Eine Untersuchung der Notwendigkeit und Möglichkeiten einer Beschränkung der Vorstandshaftung im geltenden und künftigen Recht, Diss. Jena 2014; *Schultheiß* Das Verteilungsverfahren nach § 109 VVG in der Vermögensschadenhaftpflichtversicherung, VersR 2016, 497; *Schweitzer* Zulässigkeit der Ausschlussklauseln für Vorsatz und wissentliches Handeln in der D&O-Versicherung 2013; *Segger* Keine Haftung unbeteiligter Organmitglieder für wissentliche Pflichtverletzungen ihrer Kollegen, VersR 2018 329; *Seyfarth* Vorstandsrecht, 2016; *Terno* Strukturen und Probleme der D&O-Versicherung, SpV 2014, 2; *ders.* Wirksamkeit von Kostenanrechnungsklauseln, RuS 2013, 577; *Thomas* Die Haftungsfreistellung von Organmitgliedern, 2010; *Thümmel* Persönliche Haftung von Managern und Aufsichtsräten, Haftungsrisiken bei Managementfehlern, Risikobegrenzung und D&O-Versicherung, 5. Aufl. 2016; *von Schenck* Handlungsbedarf bei der D&O-Versicherung, NZG 2015, 494; *Weiß* D&O-Versicherung und aktuelle Fragen, GmbHR 2014, 574; *Werber* Kostenanrechnungsklauseln in der D&O-Versicherung, VersR 2014, 1159; *Werner* D&O-Versicherung und Schiedsverfahren, VersR 2015, 1084; *ders.* Aktuelle Rechtsfragen der D&O-Versicherung, CB 2014, 388; *Wilhelm/Becker* Unwirksamkeit der Anrechnung von Abwehrkosten auf die Versicherungssumme in D&O-Versicherungsverträgen? VP 2013, 27; *Wilhelm/Mayer* Abwehrkosten – Anrechnung auf die Versicherungssumme? Peritos Schadenpraxis 2014, 4.

Übersicht

A. Allgemeines — 1

B. Inhalt der Klausel

I. A-7.1 Vorsatzausschluss/Ausschluss bei wissentlicher Pflichtverletzung — 4
1. A-7.1 Alt. 1: Vorsätzliche Schadenverursachung — 9
2. A-7.1 Alt. 2: Wissentliche Pflichtverletzung — 10
   a) Wirksamkeit der Klausel — 13
      aa) Gefährdung des Vertragszwecks — 14
      bb) Abweichung von der gesetzlichen Regel — 17
      cc) Verstoß gegen das Transparenzgebot — 22
   b) Objektive Pflichtverletzung — 24
   c) Positive Kenntnis von der verletzten Pflicht (Pflichtbewusstsein) — 26
   d) Bewusstsein pflichtwidrig zu handeln (Pflichtverletzungsbewusstsein) — 29
   e) Kausalität — 31
   f) Darlegungs- und Beweislast — 33
      aa) Indizien — 39
      bb) Erleichterte Darlegungslast des VRs bei Verstoß gegen elementare berufliche Pflichten (Kardinalpflicht) — 42
         (1) Herleitung der Kardinalpflicht in der Rechtsprechung — 43
         (2) Auslegung als Kardinalpflicht nach Art und Umfang der verletzten Pflicht — 53
      cc) Sekundäre Darlegungslast der versicherten Person — 62
      dd) Beweisaufnahme — 68
3. A-7.1 S. 2: Gegenseitige Zurechnung — 69
   a) Mittelbare Zurechnung — 73
   b) Kürzung zulasten des VN — 75
4. Abweichende Marktbedingungen — 78
   a) Abweichender Wortlaut — 79
   b) Unterschiede zur Musterbedingung — 83
      aa) Rückausnahme bei Verletzung von Richtlinien oder sonstigen (unternehmensinternen) Vorschriften — 84
      bb) Rückausnahme vorläufiger Abwehrschutz — 88

II. A-7.2 – Ausschluss wegen Rückzahlung und Vorteilen — 96
1. Klarstellungsfunktion — 97
2. Konstitutive Wirkung — 98

III. A-7.3 – Ausschluss von Schäden durch Produkte, Arbeit und Dienstleistungen — 102
1. Zielsetzung — 103
2. Einfache und qualifizierte Subsidiaritätsklausel — 104
3. Klarstellende und konstitutive Wirkung — 105
4. Arbeiten und sonstige Leistungen — 107

IV. A-7.4 – Ausschluss wegen Umwelteinwirkungen — 108
1. Zielsetzung — 109
2. Klarstellende und konstitutive Wirkung — 110

V. A-7.5 – Ausschluss von Haftpflichtansprüchen außerhalb der EU — 112
1. Zielsetzung — 113
2. Bedeutung in der Praxis — 114
3. US-Ausschlüsse — 115
4. Wirksamkeit — 117
5. Abweichende Marktbedingungen — 119

VI. A-7.6 – Ausschluss „Insider-Regeln" — 120
1. Zielsetzung — 121
2. Klarstellende Wirkung — 122

VII. A-7.7 – Ausschluss Haftpflichtansprüche bei nicht versicherter Tätigkeit — 123
1. Zielsetzung — 124
2. Abweichende Marktbedingungen — 126

VIII. A-7.8 – Ausschluss unzureichender Versicherung — 128
1. Zielsetzung — 129
2. Klarstellende und konstitutive Wirkung — 130
3. Hinreichende Bestimmtheit — 132

IX. A-7.9 – Ausschluss unlauterer Wettbewerb u.a. — 133
1. Zielsetzung — 134
2. Klarstellende und konstitutive Wirkung — 135
3. Haftung im Innen und Außenverhältnis — 136
a) Außenhaftung bei positivem Tun — 137
b) Außenhaftung bei Unterlassen — 138
c) Innenhaftung — 140

X. A-7.10 – Ausschluss für Vertrags-, Geldstrafen, Geldbußen und „punitive damages"
1. Allgemeines — 141
2. Versicherbarkeit von Geldstrafen, Bußgeldern — 143
a) Sanktionszweck von Geldstrafen und Bußgeldern — 146
b) Versicherbarkeit von Geldstrafen und Geldbußen, die gegen die versicherte Person verhängt wurden — 149
aa) Gesetzliches Verbot, § 134 BGB — 151
bb) Sittenwidrigkeit, § 138 BGB — 156
c) Versicherbarkeit von Regressansprüchen des Unternehmens gegen Organmitglieder aufgrund einer verhängten Verbandsgeldbuße — 161
3. Entschädigungen mit Strafcharakter (punitive und exemplary damages) — 167
4. Abweichende Marktbedingungen — 168

XI. A-7.11 – Ausschluss Vermögensvorteil einer Konzerngesellschaft — 172

XII. A-7.12 – Ausschluss Bestechung u.a. — 175

XIII. A-7.13 – Ausschluss Spekulationsgeschäfte — 179

XIV. A-7.14 – Ausschluss Einbußen bei Darlehen und Krediten — 186

XV. A-7.15 – Diskriminierungs-Ausschluss — 190

XVI. A-7.16 – Asbestausschluss — 193

XVII. A-7.17 – Ausschluss laufender Streitigkeiten — 194

A. Allgemeines

1 Ziffer A-7 regelt die Ausschlüsse vom Versicherungsschutz, also die Fälle, in denen der VR nicht zur Leistung verpflichtet ist. Ausschlüsse begrenzen generell das Risiko, zu dessen Übernahme sich der VR zunächst verpflichtet hat. In Ziffer A-1 legt der VR für die D&O-Versicherung fest, welches Risiko er übernehmen möchte (primäre Risikoabgrenzung). Die Ausschlüsse in A-7 schränken den Umfang des übernommenen Risikos wieder ein (sekundäre Risikobegrenzung). Die Darlegungs- und Beweislast dafür, dass die objektiven und subjektiven Voraussetzungen des eingewendeten Ausschlusses vorliegen, liegt dabei grundsätzlich beim VR, der sich eben auf den Ausschluss beruft.

2 Ziffer A-7 regelt eine Vielzahl von Ausschlüssen, die sich in diesem Umfang in praktisch keinem der marktgängigen Makler-Wordings zur D&O-Versicherung finden. Im Marktumfeld der D&O-Versicherung ließ sich in der Vergangenheit ein derart weitgefächerter Ausschlusskanon nicht durchsetzen und wäre wohl auch praktisch nur schwer dem VN zu vermitteln.

Einigen wenigen Ausschlüsse der AVB D&O kommt in der Praxis hingegen große Bedeutung zu. Diese sind häufig in marktgängigen D&O-Wordings enthalten. Dazu zählen der 3
- Ausschluss von wissentlichen Pflichtverletzungen,
- der Ausschuss von Vertragsstrafen und Geldbußen und
- der Ausschluss von Ansprüche, die in den USA oder auf Basis des US-Rechts geltend gemacht werden.[1]

B. Inhalt der Klausel

I. A-7.1 Vorsatzausschluss/Ausschluss bei wissentlicher Pflichtverletzung

Ziffer A-7.1 AVB D&O ist der in der Praxis mit großem Abstand bedeutsamste Ausschluss und spielt in seinen verschiedenen einzelvertraglichen Ausprägungen praktisch bei allen Deckungsstreitigkeiten zwischen VR und VP eine Rolle. 4

Der Ausschluss knüpft einerseits an den gesetzlichen Ausschluss in § 103 VVG in der Haftpflichtversicherung an, wonach kein Versicherungsschutz besteht, wenn der VN den Schaden vorsätzlich herbeiführt. § 103 VVG ist wiederum die speziellere Regelung zu § 81 Abs. 1 VVG, wonach in allen Schadensversicherungen Leistungsfreiheit des Versicherers eintritt, wenn der Versicherungsfall vorsätzlich herbeigeführt wird. Insoweit ist der Ausschluss in Ziffer A-7.1 rein deklaratorisch, soweit er sich auf die vorsätzliche Schadenherbeiführung bezieht. 5

Andererseits geht der Ausschluss vertraglich deutlich über die Regelung des § 103 VVG hinaus. Denn es besteht auch dann kein Versicherungsschutz, wenn eine VP wissentlich von Gesetz, Vorschrift, Beschluss, Vollmacht oder Weisung abweicht oder eine sonstige wissentliche Pflichtverletzung begeht. Bei der wissentlichen Pflichtverletzung bezieht sich das Verschulden der VP auf die Verletzung einer Pflicht, und nicht auf die Herbeiführung des Schadens. Für den beweisbelasteten VR ist der Nachweis einer wissentlichen Pflichtverletzung der VP deutlich einfacher zu erbringen als der Nachweis, dass die VP einen Schaden vorsätzlich herbeiführte. 6

Der **Begriff des Vorsatzes** ist weder im BGB noch im VVG gesetzlich definiert. § 276 Abs. 1 BGB bestimmt, dass der Schuldner grundsätzlich „Vorsatz“ und, „Fahrlässigkeit“ zu vertreten hat. In § 276 Abs. 2 BGB findet sich eine Legaldefinition für den Begriff der Fahrlässigkeit. Fahrlässig handelt derjenige, der „die im Verkehr erforderliche Sorgfalt außer Acht lässt“. 7

Mangels Legaldefinition wird auch im Zivilrecht auf die im Bereich des Strafrechts entwickelte Definition zur Bestimmung des Vorsatzes zurückgegriffen, wonach Vorsatz immer ein Wissens- und Wollenselement des tatbestandlichen Erfolges umfassen soll.[2] Vorsätzlich im zivilrechtlichen Sinne soll daher derjenige handeln, der „wissentlich und willentlich“ handelt.[3] 8

1. A-7.1 Alt. 1: Vorsätzliche Schadenverursachung

Ziffer A-7.1 AVB D&O Alt. 1 wiederholt deklaratorisch die Regelung des § 103 VVG. Damit knüpft dieser Ausschlusstatbestand den Vorsatz daran, dass die versicherte Person die Schädigung mindestens billigend in Kauf genommen hat. Sofern die versicherte Person bei ihrem schädigenden Verhalten einen Schadenseintritt nicht vorhersieht bzw. pflichtwidrig darauf vertraut, dass dieser nicht eintreten werde (grobe Fahrlässigkeit), liegt keine vorsätzliche Schädigung vor und der Versi- 9

1 Bruck/Möller/Gädtke AVB D&O A-7 Rn. 3; *Koch* WM **2007** 2173, 2178; *Mitterlechner/Wax/Witsch* § 7 Rn. 1.
2 *Roxin* Strafrecht AT § 12 Rn. 4.
3 Staudinger/*Caspers* Kommentar zum BGB § 276 Rn. 22.

cherungsschutz ist nicht ausgeschlossen.[4] In D&O-Versicherungsfällen kommt dieser Ausschlusstatbestand daher nur selten zum Tragen.[5]

2. A-7.1 Alt. 2: Wissentliche Pflichtverletzung

10 Anders als § 103 VVG und Ziffer A-7.1 Alt. 1 AVB D&O bezieht sich dieser Ausschlusstatbestand nicht auf den Schaden selbst, sondern knüpft an die schadensverursachende Pflichtverletzung an.[6] Die versicherte Person muss daher weder wissen noch erwarten, dass die Pflichtverletzung zu einem Schadenseintritt führt.[7] Die wissentliche Pflichtverletzung muss nur ursächlich für den geltend gemachten Schaden sein.[8] Anknüpfungspunkt für das vorgeworfene Verhalten ist die schadensverursachende Pflichtverletzung, nicht aber die Schadenherbeiführung an sich.[9]

11 Eine wissentliche Pflichtverletzung liegt vor, wenn sich die versicherte Person ihrer Pflichtverletzung bewusst war. Das Bewusstsein der versicherten Person setzt sich aus zwei Merkmalen zusammen. Erstens muss sich die versicherte Person bewusst gewesen sein, eine bestimmte Pflicht zu haben (Pflichtbewusstsein).[10] Zweitens muss die versicherte Person erkannt haben, dass sie durch ihr Verhalten die ihr bekannte Pflicht verletzt (Pflichtverletzungsbewusstsein).[11]

12 Der Ausschluss der wissentlichen Pflichtverletzung knüpft nicht an einen bedingten Vorsatz (Eventualvorsatz) als Verschuldensform an, sondern setzt Absicht (dolus directus 1. Grades) oder „direkten Vorsatz“ (dolus directus 2. Grades) des Handelnden voraus.[12] Der Handelnde muss also über das sichere Wissen verfügen, dass sein eigenes Handeln pflichtwidrig ist[13] bzw. absichtlich pflichtwidrig handeln.

13 **a) Wirksamkeit der Klausel.** Gegen die aus Sicht der VP nachteilige Abweichung des Ausschlusses der wissentlichen Pflichtverletzung von der gesetzlichen Regelung des § 103 VVG bestehen unterschiedliche Wirksamkeitsbedenken.[14] Ungeachtet dieser Wirksamkeitsbedenken nimmt die herrschende Meinung eine AGB-rechtliche Zulässigkeit des Ausschlusses der wissentlichen Pflichtverletzung an.[15]

14 **aa) Gefährdung des Vertragszwecks.** *Dilling* vertritt die Ansicht, dass der Ausschluss der wissentlichen Pflichtverletzung den Versicherungsschutz aushöhlt und daher nach § 307 Abs. 2 Nr. 2 BGB unwirksam sei.[16] Der Klauselverwender dürfe gegenüber seinem Vertragspartner mit einer Klausel nicht genau diejenigen Rechte ausschließen oder verkürzen, die er ihm eigentlich

---

4 Prölss/Martin/*Martin* § 103 VVG Rn. 10.
5 *Dilling* VersR **2018** 332, 33.
6 Bruck/Möller/*Gädtke* AVB D&O A7 Rn. 41.
7 BGH NJW-RR **1991** 145, 146; BGH VersR **1991** 176, 177; MüKoVVG/*Ihlas* Band 3, 320 D&O Rn. 601 m.w.N.
8 Bruck/Möller/*Gädtke* AVB-AVG 2011/2013 Ziff. 5 Rn. 51.
9 Vgl. zu dem inzwischen überholten Meinungsstreit, ob die vorsätzliche Pflichtverletzung sich auch auf den Schadenseintritt beziehen muss: Bruck/Möller/*Gädtke* AVB-AVG 2011/2013 Ziff. 5 Rn. 51.
10 Bruck/Möller/*Gädtke* AVB-AVG 2011/2013 Ziff. 5 Rn. 51; *Dreher* VersR **2015** 781, 782.
11 Bruck/Möller/*Gädtke* AVB-AVG 2011/2013 Ziff. 5 Rn. 51.
12 BGH 26.9.1990 VersR **1991** 176; *Lange* VersR **2020** 588, 589 m.w.N.
13 OLG Karlsruhe 14.3.2017 VersR **2017** 1389, 1390 m. Anm. *Weitzel*.
14 *Dilling* VersR **2018** 332 m.w.N.; *Dilling* Die Wirksamkeit der Risikoausschlüsse für wissentliche und vorsätzliche Pflichtverletzungen in der D&O-Versicherung **2015**; *Schweitzer* Zulässigkeit der Ausschlussklauseln für Vorsatz und wissentliches Handeln in der D&O-Versicherung **2013**.
15 Bruck/Möller/*Gädtke* AVB-AVG 2011/2013 Ziff. 5 Rn. 52; Bruck/Möller/*Koch* § 103 Rn. 103; *Dreher* VersR **2015** 781, 783; *Lange*, D&O **2014** § 11 Rn. 57; MüKoVVG/*Ihlas* Band 3, 320 D&O Rn. 599 ff., *Looschelders* VersR **2018** 1413 ff.
16 *Dilling* VersR **2018** 332, 334.

vertraglich schuldet.[17] Ein Manager sei generell angehalten, im Rahmen des durch die Business Judgement Rule gesetzten unternehmerischen Handlungsspielraumes zu handeln. Wenn der Manager diesen Rahmen verlasse, läge eine unternehmerische Fehlleistung vor, bei der die Wissentlichkeit häufig vorliegt und der Deckungsschutz durch die D&O-Versicherung in aller Regel entfällt.[18] Ein Handeln außerhalb der Business Judgement Rule könne also dazu führen, dass der Ausschluss der wissentlichen Pflichtverletzung fast automatisch greife.[19]

Nach der **herrschenden Meinung** höhlt der Wissentlichkeitsausschluss hingegen nicht den Vertragszweck der D&O-Versicherung gemäß § 307 Abs. 2 Nr. 2 BGB aus.[20] Auch im Bereich des Gesellschaftsrechts sei nicht jede Pflichtverletzung wissentlich begangen.[21] Des Weiteren sei es dem VR nur schwer möglich, eine wissentliche Pflichtverletzung zu beweisen, sodass der Ausschlusstatbestand zwar häufig erörtert werde, aber selten zu einer Einschränkung des Versicherungsschutzes führe.[22] 15

Überzeugend kann dieser Ansicht allerdings nicht: Denn die Wirksamkeitsprüfung nach § 307 BGB kann nicht davon abhängen, wie einfach dem beweisbelasteten VR auf Rechtsfolgenseite ein Nachweis gelingt. Materielles Recht ist losgelöst von hypothetischen Überlegungen zu prüfen. Die meisten Maklerwordings lösen das Problem des sofortigen Einwands der wissentlichen Pflichtverletzung dadurch, dass sie vertraglich sicherstellen, dass sich der VR nicht auf den Ausschluss der wissentlichen Pflichtverletzung berufen kann, solange die Verletzung noch nicht rechtskräftig festgestellt wurde.[23] 16

bb) Abweichung von der gesetzlichen Regel. Aufbauend auf einem Urteil des BGH zur Vermögensschadenhaftpflichtversicherung für Steuerberater[24] nimmt die herrschende Meinung an, dass die Ausschlussklausel für eine wissentliche Pflichtverletzung auch in der D&O-Versicherung in zulässiger Weise von § 103 VVG abweicht und somit nicht gegen § 307 Abs. 2 Nr. 1 BGB verstößt.[25] Der BGH begründete seine Entscheidung unter Nr. 6 lit. c) damit, dass der mit einer solchen Klausel für die versicherte Person einhergehende Nachteil u.a. durch die Nichtanwendung des § 103 VVG bzw. § 152 VVG a.F. ausgeglichen werde:[26] 17

> *„Das Entfallen des Tatbestandsmerkmals – Voraussehen des schädigenden Erfolges als zumindest möglich und billigende Inkaufnahme seines Eintritts – wird ausgeglichen dadurch, daß der Risikoausschluß nur bei Verstößen greift, die ihrer Art nach schadengeneigt sind, was dem VersNehmer bei zutreffender Beurteilung seiner Pflichten nicht verborgen bleibt, und daß diese Verstöße eben wissentlich begangen worden sein müssen."*

Die für die VP *nachteilhafte* Anknüpfung an die Pflichtverletzung werde somit durch die *ausschließliche* Anknüpfung an die Wissentlichkeit gerechtfertigt. 18

Gegen eine unmittelbare Übertragung dieser Rechtsprechung auf die D&O-Versicherung sprechen mehrere Punkte: So knüpft Ziffer A-7.1 AVB D&O neben der wissentlichen Pflichtverletzung alternativ an die vorsätzliche Schadensverursachung an. Zum Nachteil der versicherten Person tritt folglich neben den – den Versicherungsschutz begrenzenden – § 103 VVG der Ausschluss der 19

17 *Dilling* VersR **2018** 332, 334.
18 *Dilling* VersR **2018** 332, 334.
19 *Dilling* VersR **2018** 332, 334.
20 *Kordes* r+s **2019** 307, 308 sowie oben Fn. 15.
21 *Kordes* r+s **2019** 307, 308.
22 *Kordes* r+s **2019** 307, 308.
23 Siehe unter B. I. 4. B. bb).
24 BGH 26.9.1990 VersR **1991** 176.
25 *Kordes* r+s **2019** 307, 308 m.w.N.
26 BGH 26.9.1990 VersR **1991** 176, 179; diese Argumentation auf die D&O-Versicherung anwendend: *Kordes* r+s **2019** 307, 308.

wissentlichen Pflichtverletzung. Bei den AVB D&O kann deshalb der Ausschluss der wissentlichen Pflichtverletzung nicht mit einer für die versicherte Person vorteilhaften Abweichung von § 103 VVG gerechtfertigt werden.

20 Des Weiteren stellt der BGH in seiner Entscheidungsbegründung darauf ab, dass nur solche wissentlichen Verstöße unter den Ausschlusstatbestand fallen, die geeignet waren, zu Vermögensschäden des Mandanten des Steuerberaters zu führen.[27] Das Kriterium der Schadensgeeignetheit mag zwar bei Steuerberatern den Anwendungsbereich der Ausschlussklausel einschränken, es ist jedoch kaum geeignet, bei Organpflichtverletzungen eines Managers den Anwendungsbereich einzuengen.[28] Insofern ist zu berücksichtigen, dass es für den Beruf des Managers – anders als für den Beruf des Steuerberaters – keine verbindliche Ausbildung gibt, bei der ein Manager besonders schadensgeeignete Pflichten erlernt. Unternehmerischen Handlungen liegt vielmehr immer die Gefahr eines Misserfolgs und damit eines Schadens zugrunde.[29]

21 Vor diesem Hintergrund erscheint es fraglich, ob sich das Urteil des BGH zur Vermögensschadenhaftpflichtversicherung für Steuerberater[30] tatsächlich ohne weiteres auf die D&O-Versicherung übertragen lässt. Die von der gesetzlichen Regelung des § 103 VVG abweichende vertragliche Klausel in Ziffer A-7.1 Alt. 2 AVB D&O, mit der der Anknüpfungspunkt für den Pflichtenverstoß auf den Zeitpunkt der Pflichtverletzung vorverlagert wird, könnte demnach eine unangemessene Benachteiligung i.S.d. § 307 Abs. 2 Nr. 1 BGB darstellen.

22 **cc) Verstoß gegen das Transparenzgebot.** Die **herrschende Meinung** bewertet eine die wissentliche Pflichtverletzung ausschließende Klausel als hinreichend transparent im Sinne des § 307 Abs. 1 S. 2 BGB.[31] Der Ausschluss wissentlicher Pflichtverletzungen entspreche einem allgemeinen Rechtsgedanken, wonach die Haftung wegen vorsätzlicher Pflichtverletzung nicht im Voraus erlassen werden kann.[32] Wann Wissentlichkeit und eine Pflichtverletzung vorliegen, sei durch die Rechtsprechung ausreichend klar umrissen.[33]

23 Eine transparente Ausschlussklausel liegt grundsätzlich dann vor, wenn ein objektiver Empfänger erkennen kann, welches Verhalten aus dem Schutzbereich der Versicherung ausgeschlossen ist. Ziffer A-7.1 Alt. 2 AVB D&O schließt wissentliche Pflichtverletzungen aus. Damit ist Ziffer A-7.1 Alt. 2 AVB D&O nur dann hinreichend transparent, wenn für die versicherte Person erkennbar ist, wann sie eine ihrer Pflichten verletzt. Da die Business Judgement Rule aber einen Graubereich eröffnet, ab wann eine Pflichtverletzung vorliegt, und deshalb für die einzelne versicherte Person die konkreten Verhaltenspflichten selten klar abgrenzbar sind, wird teilweise von der **Literatur** ein Verstoß gegen das Transparenzgebot vertreten.[34]

24 **b) Objektive Pflichtverletzung.** Für den Ausschluss maßgeblich ist, dass überhaupt Tatsachen vorliegen, die objektiv für eine Pflichtverletzung sprechen. Die verletzte Pflicht kann sich unter anderem aus Satzungen, Beschlüssen, internen Weisungen oder Gesetz ergeben und ist somit nicht immer leicht für die versicherte Person zu erkennen.[35]

27 BGH 26.9.1990 VersR **1991** 176, 179 unter Nr. 6 lit. b).
28 *Dilling* VersR **2018** 332, 334.
29 *Dilling* VersR **2018** 332, 333.
30 BGH 26.9.1990 VersR **1991**, 176.
31 *Kordes* r+s **2019** 307, 308.
32 Bruck/Möller/*Gädtke* AVB-AVG 2011/2013 Ziff. 5 Rn. 34; MüKoVVG/*Ihlas* Band 3, 320 D&O Rn. 599; *Kordes* r+s **2019** 307, 308.
33 *Kordes* r+s **2019** 307, 308.
34 *Dilling* VersR **2018** 332, 335 f.
35 MüKoVVG/*Ihlas* Band 3, 320 D&O Rn. 602.

Kommt es nach einem Haftpflichtprozess zu einem Deckungsprozess, sind die Verteidigungsmöglichkeiten des VR aufgrund der vom Haftpflichturteil ausgehenden Bindungswirkung begrenzt. Der VR kann nur solche Pflichtverletzungen für den Ausschlusstatbestand heranziehen, die auch im Haftpflichtprozess festgestellt wurden.[36] Somit kann der VR nur mit im Haftpflichturteil festgestellten Pflichtverletzungen den Wissentlichkeitsausschluss begründen.[37] 25

c) Positive Kenntnis von der verletzten Pflicht (Pflichtbewusstsein). Das für eine wissentliche Pflichtverletzung notwendige Pflichtbewusstsein erfordert, dass der versicherten Person die konkrete Pflicht positiv bekannt war.[38] Die positive Kenntnis von der konkreten Pflicht muss zum Zeitpunkt der Pflichtverletzung vorliegen.[39] 26

Positive Kenntnis kann immer nur dann angenommen werden, wenn der versicherten Person bewusst war, wie und auf welche Art und Weise sie sich hätte verhalten müssen.[40] Sofern es die versicherte Person nur für möglich hält, dass eine bestimmte Pflicht besteht, liegt kein hinreichendes Pflichtbewusstsein vor.[41] Ebenso ist es unbeachtlich, dass die versicherte Person fahrlässig die ihr gegenüber bestehende Pflicht verkannte.[42] 27

Schwierigkeiten ergeben sich immer dann, wenn der versicherten Person vorgeworfen wird, die ihr obliegende Überwachungs - und Kontrollpflicht verletzt zu haben. Insbesondere die Reichweite der Überwachungs- und Kontrollpflicht zwischen einzelnen Vorstandsmitgliedern ist weder gesetzlich vorgegeben noch durch die Rechtsprechung hinreichend konkretisiert. Dem Unternehmensinteresse entspricht es, wenn die Vorstandsmitglieder arbeitsteilig und vertrauensvoll zusammenarbeiten.[43] Eine dauerhafte Überwachung und Kontrolle anderer Vorstandsmitglieder liegt dagegen weder im Unternehmsinteresse noch ist beides realisierbar. Erst wenn einem Organmitglied Anhaltspunkte dafür vorliegen, dass *wahrscheinlich* ein anderes Organmitglied vorsätzlich pflichtwidrig handelt, muss es im Rahmen seiner Überwachungs- und Kontrollpflichten tätig werden.[44] Welches Verhalten in einem solchen Verdachtsfall von der versicherten Person verlangt wird, lässt sich selbst aus ex-post Sicht nur schwer bewerten. Der versicherten Person kann deshalb kaum unterstellt werden, die konkrete Reichweite der jeweiligen Überwachungs- und Kontrollpflicht ex ante überhaupt erkannt und in der Folge entgegen dieser Pflicht gehandelt zu haben. 28

d) Bewusstsein pflichtwidrig zu handeln (Pflichtverletzungsbewusstsein). Neben der positiven und nachzuweisenden Kenntnis der versicherten Person von der konkreten Pflicht muss die versicherte Person wissentlich gegen diese Pflicht verstoßen haben.[45] Ein solcher Verstoß liegt vor, wenn sie sich **bewusst über die ihr bekannte Pflicht hinwegsetzt** und sich damit wissentlich gegen die Erfüllung ihrer Pflicht entscheidet.[46] Unbeachtlich ist, ob bzw. dass die versicherte Person die Schadensverwirklichung bei ihrer Verletzungshandlung bedacht hat.[47] 29

---

36 BGH 17.12.2014 VersR **2015** 181 Rn. 11; Höra/*Sieg* § 17 Rn. 156; grds. auch: *Lange* VersR **2020** 588, 591.

37 So richtigerweise: Höra/*Sieg* § 17 Rn. 156; **a.A.** *Lange* VersR **2020** 588, 591.

38 BGH 17.12.2014 VersR **2015** 181 Rn. 15; NJW **2006** 289 Rn. 27; NJW-RR **1991** 145; OLG Düsseldorf 16.10.2007 BeckRS **2008** 25293 unter 3d; OLG Hamm 7.3.2007 r+s **2007** 279, 280.

39 Veith/Gräfe/Gebert/*Lange* § 21 Rn. 86.

40 OLG Hamm 7.3.2007 r+s **2007**, 279, 280; Bruck/Möller/*Gädtke* AVB-AVG 2011/2013 Ziff. 5 Rn. 52.

41 BGH 17.12.2014 VersR **2015** 181 Rn. 11; 28.9.2005 NJW **2006** 289 Rn. 26; 26.9.1990 NJW-RR **1991**, 145; Veith/Gräfe/Gebert/*Lange* § 21 Rn. 86.

42 BGH 17.12.2014 VersR **2015** 181 Rn. 15.

43 *Segger* VersR **2018** 329, 330.

44 *Segger* VersR **2018** 329, 330.

45 BGH 28.9.2005 VersR **2006** 106 Rn. 27; Prölss/Martin/*Voit* AVB-AVG Ziff. 5.1 Rn. 2.

46 BGH 28.9.2005 VersR **2006** 106 Rn. 27.

47 BGH 26.9.1990 VersR **1991**, 176; OLG Hamm 7.3.2007 r+s **2007** 279; MüKoVVG/*Ihlas* Band 3, 320 D&O Rn. 601; Veith/Gräfe/Gebert/*Lange* § 21 Rn. 86.

30 Erkennt die versicherte Person aber ihre Pflicht und verhält sich im Glauben der ordnungsgemäßen Pflichterfüllung irrtümlich pflichtwidrig, liegt kein Pflichtverletzungsbewusstsein vor. Die versicherte Person unterliegt dann einem vorsatzausschließenden Irrtum.[48] An dem Pflichtverletzungsbewusstsein fehlt es daher, wenn die versicherte Person überzeugt war, eine geeignete Maßnahme zur Pflichterfüllung zu treffen.[49] Ein ebenso die Wissentlichkeit ausschließender Rechtsirrtum liegt vor, wenn die versicherte Person irrig annimmt, die verletzte Pflicht bestehe nicht oder mit einem anderen Inhalt.[50] Umso unklarer die einzuhaltenden Pflichten und je vielfältiger die denkbaren Handlungsalternativen, desto schwieriger ist es für den VR, eine bewusste Pflichtverletzung nachzuweisen.

31 **e) Kausalität.** Sofern die versicherte Person wissentlich die ihr bekannte Pflicht verletzt hat, ist weiterhin für die Verwirklichung des Ausschlusstatbestands notwendig, dass die Pflichtverletzung schadensursächlich war.

32 Wird der versicherten Person vorgeworfen, ihre Überwachungs- und Kontrollpflichten gegenüber anderen Organmitgliedern verletzt zu haben, wird es häufig an einer schadensbegründenden Kausalität fehlen. Nur dann, wenn eine fiktiv ordnungsgemäße Pflichterfüllung den Pflichtverstoß vermieden oder beendet hätte, ist die Pflichtverletzung der versicherten Person schadensursächlich.[51]

33 **f) Darlegungs- und Beweislast.** Darlegungs- und beweispflichtig für die Verwirklichung der Tatbestandsmerkmale des Risikoausschlusses ist der VR.[52] Der VR muss darlegen und beweisen, dass die versicherte Person wissentlich ihre Pflicht verletzte und damit den Ausschlusstatbestand verwirklichte.[53] Die Verwirklichung des Ausschlusstatbestands hat der VR vollumfänglich und grundsätzlich ohne Beweiserleichterungen zu beweisen.[54]

34 Insbesondere greift zugunsten des Versicherers kein Anscheinsbeweis für das Vorliegen einer wissentlichen Pflichtverletzung.[55] Ein Anscheinsbeweis scheitert daran, dass eine individuelle Willensentschließung darzulegen und zu beweisen ist und somit kein typischer Geschehensablauf vorliegt, der Voraussetzung für die Annahme eines Anscheinsbeweises ist.[56]

35 Zu Beweiserleichterungen kann es dann kommen, wenn die versicherte Person den Beweis **vereitelt** oder erschwert.[57] Vereitelt die versicherte Person schuldhaft den Beweis, indem sie die Beweisführung des VR erschwert oder verhindert, kann das Beweismaß abgesenkt oder die Beweislast umgekehrt werden.[58] Zu einer Beweislastumkehr kann es insbesondere dann kommen, wenn die versicherte Person dienstliche Korrespondenz vernichtet oder typischerweise dokumentierte Entscheidungen nicht dokumentiert.[59]

---

48 LG Köln 18.9.2007 r+s **2008** 288, 289.

49 Veith/Gräfe/Gebert/*Lange* § 21 Rn. 90.

50 OLG Frankfurt 13.5.2009 – 7 U 165/08 – BeckRS 2011, 15929 Rn. 32.

51 *Segger* VersR **2018** 329, 331.

52 BGH 26.9.1990 NJW-RR **1991**, 145, 146; NJW **2006**, 289, 291; NJW-RR **2001**, 1311, 1313; NZI **2015**, 271 Rn. 15 f.; OLG Köln 19.2.2013 – 9 U 158/12 – BeckRS **2014** 10943; Prölss/Martin/*Lücke* VVG, AVB Verm. § 4 Rn. 18 f.

53 BGH 17.12.2014 VersR **2015** 181 Rn. 16; *Lange* VersR **2020** 588, 589.

54 BGH 13.4.2005 NJW-RR **2005** 1051, 1051 f. m.w.N.

55 OLG Hamm 7.3.2007 r+s **2007** 279, 280; Bruck/Möller/*Gädtke* AVB-AVG 2011/2013 Ziff. 5 Rn. 50; Seitz/Finkel/Klimke/*Finkel/Seitz* Ziff. 5 Rn. 24, **a.A.** KG 13.6.2006 r+s **2007**, 372, 374 zur Notarhaftung.

56 BGH 4.5.1988 NJW **1988** 2040, 2041; OLG Hamm 7.3.2007 r+s **2007** 279, 280; Bruck/Möller/*Gädtke* AVB-AVG 2011/2013 Ziff. 5 Rn. 50; MüKoVVG/*Ihlas* Band 3, 320 D&O Rn. 618 Seitz/Finkel/Klimke/*Finkel/Seitz* Ziff. 5 Rn. 24; *Korch/ Lüttringhaus* VersR **2024**, 537, 541.

57 BGH 13.4.2005 NJW-RR **2005** 1051, 1052 m.w.N.

58 BGH 23.11.2005 NJW **2006** 434 Rn. 23; *Lange* VersR **2020** 588, 597 ff.

59 *Lange* VersR **2020** 588, 598.

Das Pflichtbewusstsein, das Pflichtverletzungsbewusstsein und die Ursächlichkeit sind somit vom VR zu beweisen. Hierfür hat der VR insbesondere darzulegen, wie sich die versicherte Person hätte verhalten müssen.[60] Des Weiteren hat der VR darzulegen, dass die versicherte Person wusste, wie sie sich hätte verhalten müssen.[61] Der VR muss somit innere Tatsachen der versicherten Person darlegen und beweisen,[62] die nach außen nur mit Hilfstatsachen (d.h. objektiven Indizien, die im Wege des Indizienbeweises zur Überzeugung des Gerichts den Schluss auf das Vorliegen der Haupttatsache zulassen) belegt werden können.[63] 36

Feststellungen im Haftpflichtprozess hierzu können zwar grundsätzlich auch die Parteien des Deckungsprozesses binden.[64] Jedoch kommt es nur dann zu einer Bindungswirkung, wenn Voraussetzungsidentität vorliegt.[65] An der Voraussetzungsidentität fehlt es, wenn das Haftpflichturteil Feststellungen enthält, die für die konkrete Entscheidung des Haftpflichtprozesses nicht notwendig und damit überschießend waren.[66] Da es für die Bejahung der Haftpflicht meist unbedeutend ist, ob die versicherte Person fahrlässig oder vorsätzlich handelte, bindet das Haftpflichturteil in der Regel nicht bezüglich der Feststellungen zur Verschuldensform (da in der Regel schon fahrlässiges Handeln zur Erfüllung der Haftungsnorm ausreicht).[67] 37

Der VR kann die ausschlussbegründenden inneren Tatsachen meist nur durch Indizien darlegen und beweisen. 38

aa) Indizien. Um seine Darlegungslast zu erfüllen, muss der VR Anknüpfungstatsachen vortragen, „die als schlüssige Indizien für eine wissentliche Pflichtverletzung betrachtet werden können".[68] Maßgeblich ist, ob die vorgetragenen Einzelumstände in ihrer Gesamtheit geeignet sind, das Gericht vom vorgetragenen Sachverhalt i.S.d. § 286 ZPO (Vollbeweis) zu überzeugen.[69] Beispielsweise kann der VR aussagekräftige E-Mails vorlegen, die auf eine wissentliche Pflichtverletzung der VP hindeuten. Der VR kann sich nicht auf Beweiserleichterungen wie bspw. einen Anscheinsbeweis stützen.[70] 39

Ein mögliches Indiz für eine Pflichtverletzung bei Gesamtvertretungsbefugnis im Vorstand kann sein, dass ein Vorstand den **Aussagen eines anderen Vorstandes vertraut** und deshalb nicht selbst eine vollständige Detailprüfung vornimmt.[71] So ein Vorgehen kann zwar eine fahrlässige Pflichtverletzung darstellen, es reicht aber grundsätzlich nicht für eine wissentliche Pflichtverletzung. Insoweit ist das Vorbringen, der Vorstand habe nicht alle zu Grunde liegenden Informationen gekannt und wissentlich „falsch" vertraut, unzureichend. 40

Der VR muss also einen Sachverhalt darlegen, „der auf eine Wissentlichkeit der Pflichtverletzung des VN zumindest hindeutet".[72] Erst dann trifft die versicherte Person eine sekundäre Darlegungslast.[73] Behauptet der VR lediglich, dass wissentlich eine Pflicht verletzt wurde und trägt keine Tatsachen vor, die auf eine wissentliche Pflichtverletzung hindeuten, kommt er seiner Darle- 41

---

60 BGH 17.12.1986 NJW-RR **1987** 472; OLG Düsseldorf 16.10.2007 – 4 U 211/06 – BeckRS **2008** 25293 unter III. 2.

61 Ebenda.

62 Seitz/Finkel/Klimke/*Finkel/Seitz* Ziff. 5 Rn. 21.

63 *Korch/Lüttringhaus* VersR **2024** 537, 538.

64 Allgemein zur Bindungswirkung: BGH NJW **2011** 610 [unter II 1b]; BGH NJW-RR **2007** 827 [unter II 1].

65 Allgemein zur Voraussetzungsidentität: BGH 18.5.2011 r+s **2011** 430 Rn. 17.

66 BGH 28.9.2005 VersR **2006** 106 Rn. 24; *Lange* VersR **2020** 588, 590.

67 Bruck/Möller/*Gädtke* AVB-AVG 2011/2013 Ziff. 5 Rn. 47; *Lange* VersR **2020** 588, 590; MüKoVVG/*Ihlas* Band 3, 320 D&O Rn. 616.

68 BGH 17.12.2014 VersR **2015** 181 Rn. 21.

69 *Seitz/Finkel*/Klimke Ziff. 5 Rn. 23.

70 Bruck/Möller/*Gädtke* AVB D&O A-7 Rn. 50; *Korch/ Lüttringhaus* VersR **2024** 537, 541, **a.A.** KG Berlin 13.6.2006 r+s **2007** 372 zur Berufshaftpflichtversicherung der Notare; siehe oben Rn. 34.

71 *Herdter* VersicherungsPraxis 6/**2020** 35.

72 BGH 17.12.2014 VersR **2015** 181 Rn. 20; *Lange* VersR **2020** 588, 591.

73 BGH 17.12.2014 VersR **2015** 181 Rn. 20; *Lange* VersR **2020** 588, 591.

gungslast nicht nach und die versicherte Person trifft keine sekundäre Darlegungslast.[74] Im Rahmen ihrer sekundären Darlegungslast muss die versicherte Person dann aufzeigen, warum aus den vorgetragen Indizien nicht auf eine wissentliche Pflichtverletzung geschlossen werden kann.[75]

42 **bb) Erleichterte Darlegungslast des VRs bei Verstoß gegen elementare berufliche Pflichten (Kardinalpflicht).** Trägt der VR Indizien und Anknüpfungstatsachen vor, die eine Verletzung **elementarer beruflicher Pflichten** (auch als Elementarwissen oder Kardinalpflichten bezeichnet) plausibel belegt, löst dies nach Auffassung des BGH in einer Entscheidung zur Berufshaftpflichtversicherung für Insolvenzverwalter eine sekundäre Darlegungslast des Versicherten aus.[76] Der BGH schließt dann aus den äußeren Indizien „vom äußeren Geschehensablauf und dem Ausmaß des objektiven Pflichtverstoßes“ auf innere Vorgänge bei der versicherten Person.[77] Die Entscheidung des BGH entbindet den VR aber nicht von der Pflicht einen Sachverhalt vorzutragen, der auf eine Wissentlichkeit und Pflichtverletzung des VN hindeutet.[78] Auch finden sich in der Entscheidung keine Anhaltspunkte dafür, dass sich die VP in einem solchen Fall nicht im Rahmen der sekundären Beweislast entlasten kann.[79] Der Versicherte kann also im Rahmen der sekundären Beweislast Tatsachen und Umstände darlegen, die gegen einen wissentlichen Pflichtverstoß sprechen[80] bzw. berechtigte Zweifel am Pflichtbewusstsein und/oder Pflichtverletzungsbewusstsein begründen, z.B. offensichtlich berufliche Unterfahrenheit, fehlende Motive.[81]

43 **(1) Herleitung der Kardinalpflicht in der Rechtsprechung.** Nach Ansicht des BGH liegen elementare berufliche Pflichten vor, wenn „deren Kenntnis nach der Lebenserfahrung bei jedem Berufsangehörigen vorausgesetzt werden kann“.[82] Diese unspezifische Anknüpfung an die Lebenserfahrung ist jedoch nach Stimmen der **Literatur** und Ansicht des **Verfassers** kaum geeignet, den Begriff der Kardinalpflicht oder elementaren beruflichen Pflicht ausreichend klar zu bestimmen.[83]

44 Denn der Begriff der Kardinalpflicht stammt ursprünglich aus dem Recht der Allgemeinen Geschäftsbedingungen und bezeichnet dort besonders wesentliche Hauptpflichten, die dem jeweiligen Vertragstypus innewohnen.[84]

45 Die Existenz elementarer berufsspezifischer Pflichten, deren Kenntnis nach der Lebenserfahrung bei jedem Berufsangehörigen vorausgesetzt werden kann, erscheint im Hinblick auf die Managerhaftung problematisch.[85] Das AktG und GmbHG nehmen eine solche Klassifizierung in elementare berufsspezifische Pflichten in Abgrenzung zu „normalen“ Pflichten des Geschäftsleiters nicht vor. Vielmehr sind derartige unterschiedliche Kategorien von Pflichten dem Gesellschaftsrecht unbekannt, da jede schuldhafte Pflichtverletzung des Managers, die einen Schaden verursacht, grundsätzlich zu einer Haftung führt.[86]

46 Die Gerichte in Deutschland entwickelten ihre Rechtsprechung zu den elementaren beruflichen Pflichten auch nicht für die Managerhaftung, sondern mit Bezug auf Berufshaftpflichtversicherungen für bestimmte Berufsgruppen (Rechtsanwälte, Architekten, Insolvenzverwalter). Für

---

74 BGH 17.12.2014 VersR **2015** 181 Rn. 20; *Lange* VersR **2020** 588, 592.
75 BGH 17.12.2014 VersR **2015** 181 Rn. 21.
76 BGH 17.12.2014 VersR **2015** 181 Rn. 20.
77 BGH 17.12.2014 VersR **2015** 181 Rn. 21.
78 BGH 17.12.2014 VersR **2015** 181 Rn. 20.
79 So auch *Korch/Lüttringhaus* VersR **2024** 537, 543.
80 OLG Düsseldorf 8.11.2019 VersR **2019** 968, 974, *Herdter* VersicherungsPraxis 2/**2022** 3, 5.
81 *Korch/Lüttringhaus* VersR **2024** 537, 543.
82 BGH 17.12.2014 VersR **2015** 181 Rn. 20.
83 Vgl. *Lange* VersR **2020** 588, 593; *Korch/ Lüttringhaus* VersR **2024** 537, 545.
84 Vgl. BGH 20.7.2005 ZIP **2005** 1785 m.w.N.
85 *Korch/Lüttringhaus* VersR **2024** 537, 545; *Herdter* VersicherungsPraxis 6/**2020** 35.
86 *Korch/Lüttringhaus* VersR **2024** 537, 545.

diese jeweiligen Berufsgruppen arbeiteten die Gerichte sodann Pflichten heraus, die sie als elementare berufsspezifische Pflichten für den jeweiligen Beruf ansehen:

So urteilte beispielsweise das OLG Köln, dass es eine elementare berufliche Pflicht des Rechts- 47
anwalts sei, Gerichtstermine wahrzunehmen, kein Versäumnisurteil gegen sich ergehen zu lassen und den Mandanten über den Verfahrensstand zu unterrichten.[87] Das OLG Saarbrücken sah eine Verletzung elementarer beruflicher Pflichten darin, dass ein Architekt die Bauarbeiten begann, obwohl die von ihm beantragte Baugenehmigung noch nicht erteilt worden war.[88] Ebenfalls in Bezug auf die Berufshaftpflichtversicherung für Architekten urteilte das OLG Hamm, dass ein Architekt elementare Pflichten seines Berufsstandes verletzte, der zentrale technische Vorschriften bei der Errichtung eines Dachs missachtete.[89]

Keine Verletzung einer elementaren Berufspflicht nahm das OLG Frankfurt in einem Fall an, 48
in dem der Architekt ein Gebäude falsch eingemessen hatte, so dass das Gebäude zu weit über die Geländeoberfläche hinausragte und ein Baustopp verhängt werden musste.[90] Das OLG Frankfurt führte aus, dass es bei der Verletzung einer elementaren Berufspflicht *„mit den Händen zu greifen“* sein muss, dass der Architekt sich bewusst pflichtwidrig verhalten hat, was vorliegend nicht der Fall gewesen sei.[91]

Die Verletzung einer Kardinalpflicht sah das OLG Frankfurt bei einem Honoraranlagenberater 49
gegeben, der ohne Vermittlererlaubnis Kunden in Vermögensangelegenheiten beriet.[92] Die versicherte Person müsse sich darüber vergewissern, dass der beabsichtigte Geschäftsbetrieb über die erforderlichen Erlaubnisse und Genehmigungen verfüge. Zu den Kardinalpflichten zähle auch die Pflicht, sich vor der Aufnahme einer Tätigkeit wie der Anlagevermittlung und Anlageberatung über den rechtlichen Rahmen und insbesondere etwaige Erlaubnispflichten zu erkundigen.[93] Es könne im Grundsatz davon ausgegangen werden, dass dem Vermittler die Vorschriften, die speziell seine berufliche Tätigkeit betreffen, geläufig seien.[94]

In einer jüngeren Entscheidung stellte das OLG Köln fest, dass es zum Primitiv- und Elemen- 50
tarwissen eines jeden Geschäftsführers einer GmbH gehöre, sich über die wirtschaftliche Lage der Gesellschaft sowie die einhergehende Prüfung der Insolvenzreife zu vergewissern.[95] Der Unternehmensleiter sei zur beständigen wirtschaftlichen Selbstkontrolle über die wirtschaftliche Lage der Gesellschaft verpflichtet.[96] Hierzu gehöre insbesondere die Prüfung der Insolvenzreife. Organmitglieder, die gleichermaßen „blind in die Krise segeln“, könne die Verletzung einer Kardinalpflicht vorgeworfen werden, die bereits durch die Evidenz der Pflichtverletzung den Rückschluss auf das Vorliegen einer wissentlichen Pflichtverletzung indiziere.[97]

An der Entscheidung des OLG Köln wird zu Recht kritisiert, dass der Senat keine Feststellun- 51
gen dazu traf, ob und inwieweit dem Geschäftsführer überhaupt bewusst war, sich im Anwendungsbereich der Auszahlungssperre (jetzt § 15b Abs. 1 InsO) zu bewegen,[98] zumal § 15b Abs. 2 InsO ausnahmeweise Auszahlungen zulässt. Ob das Zahlungsverbot nach § 15b Abs. 1 InsO eine Kardinalpflicht darstellen kann, ist für die teilweise neu gefasste Vorschrift nicht geklärt und wegen der Komplexität der Rechtsfolgen von § 15b auch nicht möglich.[99]

---

87 OLG Köln 29.11.2011 VersR **2012** 560.

88 OLG Saarbrücken 15.4.1992 VersR **1993** 85.

89 OLG Hamm VersR **2007** 1550.

90 OLG Frankfurt a.M. 6.10.1999 NVersZ **2000** 439.

91 Ebenda.

92 OLG Frankfurt a.M. 6.7.2022 VersR **2022** 1287.

93 OLG Frankfurt a.M. 6.7.2022 VersR **2022** 1287 Rn. 42 f.

94 OLG Frankfurt a.M. 6.7.2022 VersR **2022** 1287 Rn. 43.

95 OLG Köln 16.11.2021 NZI **2022** 498 mit Anm. *Primozic/Spanier,* Rn. 31.

96 Ebenda.

97 Ebenda.

98 OLG Köln 16.11.2021 NZI **2022** 498, 501 mit Anm. *Primozic/Spanier,* Urteilsanmerkung.

99 OLG Köln 16.11.2021 NZI **2022** 498, 501 mit Anm. *Primozic/Spanier*; vgl. auch *Korch/ Lüttringhaus* VersR **2024** 537, 548.

52 Zusammenfassend fehlt es bisher an instruktiver Rechtsprechung, die sich mit den elementaren beruflichen Pflichten von Geschäftsleitern – wenn es denn solche gibt – auseinandersetzt.

53 **(2) Auslegung als Kardinalpflicht nach Art und Umfang der verletzten Pflicht.** Festzuhalten ist, dass ein Elementarwissen oder eine Kardinalpflicht als unbestimmter Rechtsbegriff **nur einzelfallbezogen** definiert werden kann.[100] Pflichten außerhalb des berufsspezifischen Bezuges sind dabei von vornherein keine berufsspezifischen und berufstypischen Elementarpflichten.

54 Des Weiteren muss sich aus „Art und Umfang der verletzten Pflicht" ergeben, ob diese „aus sich heraus auf eine wissentliche Begehung hindeuten".[101] Unklar ist aber auch hier, was der BGH unter *Art und Umfang der verletzten Pflicht* versteht. Allein das Fehlen eines Liquiditätsplans genügt nach Auffassung des BGH für eine solche Annahme nicht.[102]

55 Während sich die Art der verletzten Pflicht ausschließlich aus dem Gesetz oder dem zugrunde liegenden Rechtsgeschäft durch Auslegung ergibt, dürfte für den Umfang die *Verletzungshandlung an sich* maßgeblich sein.[103] Besser ist es daher, von der Art der Pflicht und dem Umfang der Pflichtverletzung zu sprechen.

56 Eher fernliegend erscheint der Ansatz, elementare Pflichten des Geschäftsleiters aus den vermeintlich zentralen Grundregeln des jeweiligen Rechtsgebiets bzw. des zugrunde liegenden Rechtsgeschäfts herzuleiten.[104] Wie oben ausgeführt, nimmt das Gesellschaftsrecht eine Abgrenzung zwischen „elementaren" und „normalen" Pflichten des Geschäftsleiters (Managers) nicht vor, so dass eine Einordnung als zentrale Grundregel schwierig erscheint.

57 Die Insolvenzantragspflicht des Geschäftsführers gemäß § 15a InsO kann – abhängig vom Einzelfall – eine elementare Pflicht darstellen.[105] In dieser Pauschalität abzulehnen ist das aber für Zahlungsverbote gemäß § 15b InsO[106] die Buchführungspflicht des Organmitglieds, die Rechenschaftspflicht des Vorstandes gegenüber dem Aufsichtsrat, die Verletzung der treuhänderischen Stellung des Geschäftsleiters als Verwalter fremder Interessen, das Handeln/Unterlassen als „einflussloser Geschäftsführer" oder die Nichteinholung fachkundiger in- oder externer Beratung durch einen selbst nicht entscheidungskompetenten Geschäftsleiter.[107] Wollte man die Art der Kardinalpflicht in dieser Weise generell ausweiten, liefe das Organmitglied im alltäglichen Handeln permanent Gefahr, wissentlich eine Kardinalpflicht zu verletzen, für deren Folgen es mit seinem Privatvermögen unbegrenzt haften müsste. Die weite Ausdehnung des berufsbedingten Elementarwissens eines Organmitglieds würde dann dazu führen, dass sich die Beweissituation der versicherten Person im Deckungsstreit mit dem VR deutlich verschlechtern würde. Es bestünde dann eine dem Anscheinsbeweis vergleichbare Situation, welche aber zum Beweis einer wissentlichen Pflichtverletzung gerade nicht zulässig ist.[108] Der Sinn und Zweck der D&O-Versicherung als Berufshaftpflichtversicherung für Manager liefe Gefahr, leer zu laufen.

58 Teilweise argumentieren D&O-Versicherer in Deckungsstreitigkeiten, dass der Manager bereits durch das (fahrlässige) **Unterschreiben** eines Dokumentes wissentlich eine Kardinalpflicht verletzt, wenn er sich über den Inhalt seiner eigenen rechtsgeschäftlichen Willenserklärung keine ausreichende Kenntnis verschafft habe. Diese Pflicht – sich im Detail über die Hintergründe des Dokuments zu informieren, das man unterzeichnet – kann allenfalls eine *allgemeine Sorgfalts-*

---

100 BGH 17.12.2014 NZI **2015** 272, 273 mit Anm. Jüngel.

101 BGH 17.12.2014 VersR **2015** 181 Rn. 23.

102 BGH 17.12.2014 VersR **2015** 181 Rn. 23.

103 *Lange* VersR **2020** 588, 593, 596, der aber missverständlich von „Art der Pflichtverletzung" spricht.

104 So aber *Lange* VersR **2020** 588, 593, 595; diesen Ansatz deutlich ablehnend: *Korch/Lüttringhaus* VersR **2024** 537, 545 *„In dieser Kirche ist jeder Kardinal"*.

105 Vgl. OLG Köln 16.11.2021 NZI **2022** 498 mit Anm. *Primozic/Spanier*, Rn. 31; *Korch/Lüttringhaus* VersR **2024** 537, 545.

106 *Korch/Lüttringhaus* VersR **2024** 537, 548.

107 So aber wohl *Lange* VersR **2020** 588, 594 f.

108 Bruck/Möller/*Gädtke* AVB D&O A-7 Rn. 57, vgl. oben Rn. 34.

pflicht des Geschäftsleiters begründen, ist jedoch keine berufsspezifische und berufstypische Elementarpflicht.[109]

Das Gericht muss in jedem einzelnen Fall umfassend anhand aller Umstände des Einzelfalls würdigen, ob eine elementare Berufspflicht oder auch „Kardinalpflicht“ vorliegt, wie das OLG Düsseldorf zu den Kardinalpflichten eines Insolvenzverwalters zutreffend ausführte[110]: 59

> *„Die Frage, ob gegen eine Kardinalpflicht verstoßen wurde, hat an dem konkreten Pflichtenverstoß des VN anzusetzen. Keineswegs hat ein Insolvenzverwalter immer dann, wenn er nach § 61 InsO zu Schadenersatz verurteilt wird, zugleich auch einen versicherungsvertraglichen Ausschlusstatbestand verwirklicht, obwohl Insolvenzverwalter selbstverständlich die ‚elementare berufliche Pflicht‘ nach § 61 InsO kennen müssen […].*
>
> *Entscheidend ist also die Kenntnis der konkreten Pflichtverletzung im Einzelfall, nicht der abstrakte Verstoß gegen die gesetzlichen Pflichten […]“*

Dabei ist auch die **Berufserfahrung** und die Lebenserfahrung der versicherten Person zur Zeit der Pflichtverletzung für die Rechtsprechung ein maßgebliches Kriterium.[111] Je berufserfahrener eine versicherte Person ist, desto eher wird von ihr erwartet, grundsätzlich bedeutende Berufspflichten zu kennen. Die subjektive Berufserfahrung einer versicherten Person ist somit bedeutsam für die Einordnung einer Pflicht als Kardinalspflicht. 60

Verletzt die versicherte Person über eine gewisse Dauer eine oder mehrere eindeutige Pflichten, kann dies für eine Verletzung *elementarer* Pflichten sprechen(Umfang der Pflichtverletzung).[112] Ab welcher Dauer und ab welcher Anzahl mehrere Pflichtverletzungen ggf. zu einer elementaren Berufspflichtverletzung führen, ist aber im Einzelfall zu bestimmen. Zusammenfassend führt die Verletzung einer elementaren Pflicht durch den Manager – so sie denn hergeleitet und bestimmt werden kann – allein dazu, dass eine sekundäre Darlegungslast des Managers ausgelöst wird (Kardinalpflicht als vertypter Auslöser sekundärer Darlegungslast und schwächeres Indiz der Lebenserfahrung).[113] 61

cc) Sekundäre Darlegungslast der versicherten Person. Trägt der VR einen Sachverhalt vor, der auf eine wissentliche Pflichtverletzung zumindest hindeutet, obliegt es der versicherten Person Tatsachen vorzutragen, die eine unwissentliche Pflichtverletzung ebenso naheliegend erscheinen lassen. Die versicherte Person kann ihrer sekundären Darlegungslast genügen, indem sie plausible Gründe vorträgt, die eine Verletzung dieser Pflichten erklären.[114] 62

Auch bei Annahme eines vermeintlichen Verstoßes gegen sogenannte Kardinalpflichten ist es dem betroffenen Geschäftsleiter gestattet, im Rahmen seiner sekundären Darlegungslast plausible Gründe vorzutragen, die eine Verletzung dieser Pflichten erklären.[115] Es genügt damit nicht, wenn der VR Indizien bzgl. einer wissentlichen Pflichtverletzung vorträgt und behauptet, es läge eine wissentliche Kardinalpflichtverletzung vor. Der Vorstand darf auf Ebene der sekundären Darlegungslast schildern, warum es zu einer Pflichtverletzung kam. 63

Die versicherte Person kann unter anderem – auch bei Verletzung einer vermeintlich elementaren Berufspflicht – vortragen, dass sie das Bestehen der Pflicht oder deren Inhalt **irrtümlich** 64

---

109 *Herdter* VersicherungsPraxis 6/**2020** 35.

110 OLG Düsseldorf 30.11.2018 VersR **2019** 537.

111 *Lange* VersR **2020** 588, 592 m.w.N. auf BGH 17.12.2014 VersR **2015** 181 Rn. 20; OLG Düsseldorf 30.11.2018 VersR **2019** 537, 540; OLG Karlsruhe 11.10.2019 VersR **2020** 156; OLG Karlsruhe 24.9.2009 VersR **2010** 940, 942; OLG Köln 10.4.2017 VersR **2017** 1005; OLG Köln 24.7.2015 VersR **2016** 322; OLG Köln 4.11.1997 r+s **1998** 59; LG Berlin 14.3.2006 r+s **2007** 372.

112 *Lange* VersR **2020** 588, 596 f.

113 *Korch/Lüttringhaus* VersR **2024** 537, 547, 549.

114 OLG Köln 29.11.2011 VersR **2012** 560, 562.

115 *Korch/Lüttringhaus* VersR **2024** 537, 549.

verkannt hat.[116] Erkennt die versicherte Person eine vorliegende elementare Berufspflicht und entscheidet sich irrtümlich für eine pflichtverletzende Handlung, verletzt sie die elementare Berufspflicht *nicht wissentlich*. Aus der Verletzung der elementaren Berufspflicht kann dann nicht auf eine wissentliche Pflichtverletzung geschlussfolgert werden.

65 Das erkennende Gericht muss sich im Rahmen der sekundären Darlegung mit der Frage auseinanderzusetzen, welches **Motiv** die versicherte Person gehabt haben sollte, wissentlich gegen Pflichten zu verstoßen. Darüber hinaus ist für die Frage, ob eine Kardinalpflichtverletzung eines Managers vorliegt, die **berufliche Erfahrung** des Betroffenen zu berücksichtigen.[117]

66 Der BGH[118] führt in einer Entscheidung zur Anwaltshaftung aus:

> *„Es [Das Berufungsgericht] setzt sich weder mit der seinerzeit offensichtlichen beruflichen Unerfahrenheit der Kl. noch mit der naheliegenden Frage auseinander, welches Motiv sie gehabt haben sollte, wissentlich gegen die Verpflichtung zu verstoßen, das erhaltene Geld an die X. Bank weiterzuleiten. Stattdessen wird der Klägerin lediglich angelastet, als Rechtsanwältin habe ihr die rechtliche Bedeutung der getroffenen Vereinbarung klar sein müssen und sie habe angesichts des klaren Inhalts des die Überweisung erläuternden Faxes des Versicherers auch nicht annehmen können, das erhaltene Geld sei für die Mandantin bestimmt. Damit ist indessen nur der Vorwurf – möglicherweise auch grober – Fahrlässigkeit begründet, nicht aber positiv festgestellt, dass die Klägerin ihre Verpflichtungslage zutreffend erkannt und sich bewusst darüber hinweggesetzt hat.“*

67 Das OLG Koblenz[119] hebt zutreffend hervor, dass das **Vertrauen auf die Aussage eines langjährigen Geschäftspartners** gegen eine bewusste Pflichtverletzung spricht. Der Geschäftsführer erweiterte in dieser Entscheidung den Warenkreditrahmen eines Kunden, obwohl er dazu laut Geschäftsführervertrag die Zustimmung des Gesellschafters gebraucht hätte und unterließ die Prüfung der Werthaltigkeit der im Gegenzug abgetretenen Forderungen. Das OLG Koblenz lehnte gleichwohl eine bewusste Pflichtverletzung ab und führte aus, dass der Kläger im Hinblick auf die bereits über 25 Jahre bestehende Geschäftsverbindung auf die Seriosität des Geschäftspartners vertrauen konnte.[120]

68 **dd) Beweisaufnahme.** Erfüllen der VR wie auch die versicherte Person ihre jeweilige Darlegungslast, kommt es zur Beweisaufnahme. Der VR trägt grundsätzlich die volle Beweislast und muss damit die volle richterliche Überzeugung nach § 286 Abs. 1 ZPO erlangen, wonach es eines für das praktische Leben brauchbaren Grades von Gewissheit bedarf, der Zweifeln Schweigen gebietet, ohne sie völlig auszuschließen.[121] Gelingt es dem VR nicht, die behauptete wissentliche Pflichtverletzung zu beweisen, gilt der Ausschlusstatbestand als nicht erwiesen und der Versicherungsschutz greift ein (**non liquet**).

3. A-7.1 S. 2: Gegenseitige Zurechnung

69 Gemäß Ziffer A-7.1 S. 2 AVB D&O erfolgt gegenüber versicherten Personen keine Zurechnung für Handlungen und Unterlassungen, die von anderen Organmitgliedern begangen wurden. Diese oder ähnliche Klauseln werden häufig als „Severability“-Klauseln bezeichnet. Ziel solcher Klauseln ist es, dass der Versicherungsschutz der redlich handelnden versicherten Personen nicht durch die wissentliche Pflichtverletzung von nur einer VP entfällt.

116 LG Köln 18.9.2007 r+s **2008** 288, 290; Bruck/Möller/*Gädtke* AVB-AVG 2011/2013 Ziff. 5 Rn. 55.
117 OLG Hamm, VersR **2007** 1550, 1. Leitsatz.
118 BGH 28.9.2005 VersR **2006** 106.
119 OLG Koblenz 18.6.2010 VersR **2011** 1042.
120 Ebenda.
121 St.Rspr.; vgl. BGH 23.11.2011 NJW **2012** 392 Rn. 16; BGH 16.4.2013 NJW **2014** 71 Rn. 8.

Kontrovers wurde in der jüngeren **Literatur** ein Beschluss des BGH vom 27. Mai 2015[122] zur Vermögensschadenhaftpflichtversicherung diskutiert, wonach der Deckungsausschluss für Schadensverursachung durch wissentliche Pflichtverletzung dann eingreift, wenn derselbe Schaden nicht nur durch eine wissentliche Pflichtverletzung, sondern (möglicherweise) auch durch weitere, nicht wissentliche Pflichtverletzungen mitverursacht worden ist.[123] Mit diesem *obiter dictum* änderte der BGH die bis dato herrschende Rechtsprechung, wonach der Versicherungsschutz bestehen bleibt, wenn nur eine Pflichtverletzung übrig bleibt, die nicht von einem Ausschlusstatbestand erfasst wird, selbst wenn andere Pflichtverletzungen ausgeschlossen sein sollten.[124] 70

Nach dem Beschluss des BGH wird der auf dem Freistellungsanspruch beruhende Zahlungsanspruch einer versicherte Person, die mehrere Pflichtverletzungen (teils wissentlich, teils fahrlässig) begeht, die zusammen zu einem Schaden führen, wohl unter den Wissentlichkeitsausschluss fallen. Dies kann aber nicht für den Abwehranspruch der versicherten Person gelten, wenn der Geschädigte im Haftungsprozess mehrere Pflichtverletzungen der versicherten Person (teils wissentlich begangen) nur behauptet. Anderenfalls würde der Versicherungsanspruch in der D&O-Versicherung erheblich verkürzt, da es dann in der Hand des anspruchsstellenden Geschädigten läge (welche Pflichtverletzungen werden behauptet), ob die versicherte Person Versicherungsschutz erlangen kann oder ob sie neben dem Haftungsprozess gegen den Geschädigten einen Deckungsprozess gegen den Versicherer auf Erstattung der Abwehrkosten führen muss. 71

Interessanterweise wird das *obiter dictum* des BGH auch für die Frage herangezogen, ob der Wissentlichkeitsausschluss dann eingreift, wenn mehrere versicherte Personen durch mehre fahrlässige und wissentliche Pflichtverletzungen einen Schaden verursachen. Diskutiert wird in diesem Zusammenhang vor allen, ob die wissentliche Pflichtverletzung einer versicherten Person den Versicherungsschutz der anderen (fahrlässig handelnden) versicherten Personen oder den mittelbaren Schutz des geschädigten VN in der D&O-Versicherung (teilweise) entfallen lassen könne.[125] 72

a) Mittelbare Zurechnung. Ausgehend von A-7.1 S. 2 AVB D&O wird die wissentliche Pflichtverletzung einer versicherten Person nicht unmittelbar weiteren versicherten Personen zugerechnet. Da aber versicherten Personen häufig Repräsentanten des VN sind, könnte die wissentliche Pflichtverletzung einer versicherten Person dem VN zugerechnet werden. Erfolgt eine solche Zurechnung, soll gemäß § 47 Abs. 1 VVG die dann wissentliche Pflichtverletzung des VN den anderen fahrlässig handelnden versicherten Personen zugerechnet werden.[126] 73

Gegen eine solche mittelbare Zurechnung über den VN spricht schon, dass § 47 Abs. 1 VVG nicht zulasten der versicherten Person wirkt, denn über § 47 Abs. 1 VVG wird das Verhalten der versicherten Person dem Versicherungsnehmer zugerechnet, nicht aber das Verhalten des Versicherungsnehmers der versicherten Person.[127] Der Wissentlichkeitsausschluss stellt einen subjektiven Risikoausschluss dar. Des Weiteren widerspricht eine mittelbare Zurechnung dem nach A-7.1 S. 2 AVB D&O vertraglich zugesicherten selbständigen Schutz jeder einzelnen versicherten Person.[128] 74

122 BGH 27.5.2015 VersR **2015** 1156.

123 *Langheid* VersR **2017** *1365; Kordes* r+s **2019** 307; MüKoVVG/*Ihlas* Band 3, 320 D&O Rn. 894; *Looschelders* VersR **2018** 1413; *Segger* VersR **2018** 329 ff.; *Armbrüster* VP 9/**2023** 6.

124 OLG Düsseldorf NVersZ **2002** 369; OLG Koblenz VersR **1979** 830; BGH, VersR **1962** 557.

125 *Langheid* VersR **2017** *1365; Kordes* r+s **2019** 307; MüKoVVG/*Ihlas* Band 3, 320 D&O Rn. 894; *Looschelders* VersR **2018** 1413; *Segger* VersR **2018** 329 ff.; *Armbrüster* VP 9/**2023** 6.

126 Zum Meinungsstand: *Looschelders* VersR **2018** 1413, 1416 m.w.N.

127 *Looschelders* VersR **2018** 1413, 1416; Langheid/*Rixecker* § 47 VVG Rn. 3.

128 *Looschelders* VersR **2018** 1413, 1416.

75 **b) Kürzung zulasten des VN.** Von *Langheid* wird diskutiert, ob in der D&O-Versicherung wegen der wissentlichen Pflichtverletzung einer versicherten Person der Haftungsanspruch des geschädigten VN gegen alle anderen haftpflichtigen (fahrlässig handelnden) versicherten Personen nach den Regeln der gestörten Gesamtschuld gekürzt werden könnte, da die D&O-Versicherung auch eine Eigenversicherung der geschädigten VN sei.[129] Die Überlegungen von *Langheid* beruhen auf einem Beschluss des BGH vom 27. Mai 2015.[130] Demnach ist der Versicherungsschutz einer Vermögensschadenversicherung für Steuerberater und Wirtschaftsprüfer dann ausgeschlossen, wenn der Schaden auf einer wissentlichen und mehreren fahrlässigen Pflichtverletzungen des Versicherten beruhe.[131] Dabei sei unerheblich, ob neben einer wissentlichen Pflichtverletzung auch eine fahrlässige Pflichtverletzung *denselben* Schaden verursacht.[132]

76 Gegen die von *Langheid* vertretene Übertragung der BGH-Rechtsprechung auf die D&O-Versicherung spricht schon, dass es bei dem der BGH-Entscheidung zugrunde liegenden Sachverhalt um mehrere Pflichtverletzungen ein und desselben Versicherten ging.[133] Der BGH traf folglich keine Entscheidung zu der Frage, ob die wissentliche Pflichtverletzung *einer* versicherten Person den Versicherungsschutz *anderer* nicht-wissentlich handelnder versicherter Personen ausschließt.

77 Des Weiteren spricht gegen die Kürzung zulasten des geschädigten VN der mit einer jeden Haftpflichtversicherung mittelbar bezweckte Schutz des Geschädigten[134] sowie der für den VR bei Vertragsschluss klar erkennbar bezweckte mittelbare Eigenschadenschutz des VN gegen eine solche Kürzung.[135] Dogmatisch vermischt der Ansatz von *Langheid* Haftungs- und Deckungsgesichtspunkte, indem der Deckungsschutz des nur fahrlässig handelnden Geschäftsleiters unzulässigerweise auf Grund von Haftungstatbeständen anderer Geschäftsleiter eingeschränkt werden soll. Eine Kürzung zu Lasten des VN ist daher abzulehnen.

4. Abweichende Marktbedingungen

78 Die meisten gängigen Maklerwordings weichen deutlich von Ziffer A-7.1 AVB D&O ab und enthalten zum Vorsatzausschluss/Ausschluss wissentlicher Pflichtverletzung deutlich längere vertragliche Reglungen mit diversen Rückeinschlüssen.

79 **a) Abweichender Wortlaut.** Anders als A-7.1 AVB D&O nehmen die meisten Maklerwordings keinen Bezug auf die vorsätzliche Schadenverursachung, sondern gehen allein auf den Ausschluss der wissentlichen Pflichtverletzung ein. Der Ausschluss der vorsätzlichen Schadenverursachung ist ohnehin gesetzlich in § 103 VVG geregelt.

80 Häufig wird in Maklerbedingungen auch nicht der Begriff der wissentlichen Pflichtverletzung verwendet, sondern es wird auf eine „direkt vorsätzliche Pflichtverletzung (dolus directus)" der in Anspruch genommenen versicherten Person abgestellt. So heißt es etwa in Ziffer 3.1 HPDO 2020:

> *„Der Versicherungsschutz erstreckt sich nicht auf Ansprüche wegen direkt vorsätzlicher Pflichtverletzung (dolus directus) der in Anspruch genommenen versicherten Person."*

---

129 *Langheid* VersR **2017** 1365, 1368 ff.
130 BGH 27.5.2015 VersR **2015** 1156.
131 BGH 27.5.2015 VersR **2015** 1156, 1157.
132 Ebenda.
133 *Kordes* r+s **2019** 307, 310.
134 *Looschelders* VersR **2018** 1413, 1418.
135 *Looschelders/Derkum* ZIP **2017** 1249.

Die Reichweite des Ausschlusses ändert sich durch die Verwendung des Begriffs *direkt vorsätzlicher Pflichtverletzung (dolus directus)* an Stelle von *wissentlicher Pflichtverletzung* nicht. 81

Exemplarisch nimmt das D&O-Spezialkonzept, FINLEX 2020 Bezug auf die wissentliche Pflichtverletzung und formuliert den Ausschluss in Ziffer 7.2 wie folgt: 82

„Verletzt ein Versicherter eine Pflicht wissentlich, besteht für diesen Versicherten kein Versicherungsschutz für daraus resultierende leistungsauslösende Ereignisse."

b) Unterschiede zur Musterbedingung. Der wesentliche Unterschied der meisten verwendeten Maklerwordings zu A-7.1 AVB D&O liegt darin, dass die Folgen des Ausschlusses der wissentlichen Pflichtverletzung vertraglich abgemildert werden. Standardmäßig finden sich bestimmte Rückausnahmen in den meisten Maklerwordings. 83

aa) Rückausnahme bei Verletzung von Richtlinien oder sonstigen (unternehmensinternen) Vorschriften. Häufig soll der Ausschluss der wissentlichen Pflichtverletzung dann keine Anwendung finden, wenn die versicherte Person bei der Verletzung der Pflicht unter objektiver Abwägung aller Umstände annehmen durfte, zum Wohle der Gesellschaft zu handeln. So findet sich etwa in Ziffer 3.1 HPDO 2020 folgende Formulierung: 84

„Besteht die Pflichtverletzung allein in einer Verletzung von ausschließlich auf Unternehmensebene von der Versicherungsnehmerin oder einem Tochterunternehmen gesetztem Recht in Gestalt von Satzungen, Geschäftsordnungen, Richtlinien oder sonstigen Handlungsanweisungen, findet dieser Ausschluss keine Anwendung, wenn die versicherte Person bei der Verletzung der Pflicht unter objektiver Abwägung aller Umstände, insbesondere auf der Grundlage angemessener Informationen, vernünftigerweise annehmen durfte, zum Wohle der Gesellschaft zu handeln; die Grundsätze des Erlaubnistatbestandsirrtums, des Verbotsirrtums sowie § 93 Absatz 1 Satz 2 AktG finden Anwendung."

Im Hinblick auf den in Ziffer 3.1 HPDO 2020 erwähnten zivilrechtlichen Verbotsirrtum gilt grundsätzlich die sogenannte Vorsatztheorie im Zivilrecht, wonach zum Vorsatz auch das Bewusstsein der Rechts- bzw. Pflichtwidrigkeit gehört, so dass bei einem Verbotsirrtum eine Haftung entfällt.[136] 85

Inhaltlich ähnliche Regelungen (ohne Bezugnahme auf den Verbotsirrtum) finden sich etwa in Ziffer 7.2 D&O-Spezialkonzept, FINLEX 2020: 86

„Verletzt ein Versicherter Richtlinien oder sonstige Vorschriften, liegt Wissentlichkeit im Sinne von Satz 1 auch dann nicht vor, wenn und soweit der Versicherte bei objektiver Würdigung aller Umstände – insbesondere auch unter Berücksichtigung offizieller Verlautbarungen von Behörden sowie der Rechtsprechung – und unter Berücksichtigung des Wohles des Unternehmens annehmen durfte, dass eine Befolgung der verletzten Richtlinie bzw. Vorschrift rechtlich nicht erforderlich und insofern ihr Handeln rechtmäßig sei."

So auch Ziffer 6.1 AVB-VOV 5.0: 87

„Der Versicherungsschutz erstreckt sich nicht auf Versicherungsfälle, die auf einer wissentlichen Pflichtverletzung beruhen, es sei denn, die verletzte Pflicht ergibt sich ausschließlich aus unternehmensinternem Recht (z.B. Satzung, Geschäftsordnung, Gesellschafter- oder Aufsichtsratsbeschluss oder arbeitgeberseitiger Weisung) und die pflichtwidrig handelnde versicherte Person durfte vernünftigerweise annehmen, auf der Grundlage ausreichender Information zum Wohl des Unternehmens zu handeln."

136 RG 29.9.1909 RGZ 72 4, 6; BGHZ 69, 128, 142 f. m.w.N.; Schulze, BGB, § 276 Rn. 6,7.

88 **bb) Rückausnahme vorläufiger Abwehrschutz.** Für die versicherte Person ist von großer Bedeutung, dass sie nach Erhebung eines Schadenersatzanspruches die Rechtsanwaltskosten erstattet bekommt, die für die Abwehr des Anspruchs entstehen. Die marktübliche Rückausnahme zur vorläufigen Abwehrdeckung stellt sicher, dass sich der VR nicht auf den Ausschluss der wissentlichen Pflichtverletzung berufen kann, solange die Verletzung noch gar nicht rechtskräftig festgestellt wurde.

89 Zwar regelt § 101 Abs. 1 S. 3 VVG im Grundsatz, dass der VR die Abwehrkosten auf Verlangen des VN vorzuschießen hat. Eine Verpflichtung des VR zur Rechtsschutzgewährung gegenüber der versicherten Person folgt aus dieser Regelung jedoch nicht, weil die Vorschusspflicht das Bestehen des Abwehranspruchs voraussetzt.[137] Das Bestehen des Abwehranspruchs kann der VR aber gerade vor dem Hintergrund einer möglichen wissentlichen Pflichtverletzung bestreiten.

90 Die Regelung des A-7.1 AVB D&O könnte für die versicherte Person zu einer Situation führen, dass ein (vermeintlich) geschädigter Anspruchssteller eine wissentliche Pflichtverletzung der versicherten Person behauptet und der VR für die Streitigkeit die Abwehrdeckung für die versicherte Person ablehnt. Die versicherte Person müsste dann (parallel zur Abwehr der Haftpflichtansprüche auf eigene Kosten) einen vorweggenommenen Deckungsprozess gegen den VR auf Erstattung der Abwehrkosten führen, was die versicherte Person finanziell und zeitlich erheblich belasten würde.

91 Diese Situation sollen vertragliche Regelungen vermeiden, nach denen regelmäßig darauf abgestellt wird, dass eine wissentliche Pflichtverletzung rechtskräftig festgestellt sein muss. Nur dann darf der VR sich auf eine wissentliche Pflichtverletzung berufen und die bis dato geleisteten Abwehrkosten zurückfordern.

92 So heißt es etwas in Ziffer 3.1 HPDO 2020:

> *„Ausschließlich für die Abwehrkosten besteht Versicherungsschutz, bis direkter Vorsatz in dem Verfahren über die Haftungsfrage rechtskräftig festgestellt wird. Der Versicherer wird bis zur rechtskräftigen Entscheidung über die Haftungsfrage keine diesbezügliche Feststellungsklage erheben. Wird direkter Vorsatz gemäß Absatz 1 festgestellt, ist die versicherte Person verpflichtet, dem Versicherer die erbrachten Leistungen zurückzuerstatten.“*

93 Ziffer 7.2 D&O-Spezialkonzept, FINLEX 2020 regelt diese Thematik ebenfalls:

> *„Ist streitig, ob ein Versicherter eine Pflicht wissentlich verletzt hat, besteht vorläufig Versicherungsschutz für die Kosten zur Abwehr der geltend gemachten Ansprüche. Dieser Versicherungsschutz entfällt rückwirkend, wenn die wissentliche Verletzung der Pflicht durch rechtskräftig(e) gerichtliche Entscheidung, endgültigen Vergleich oder ausdrücklich schriftlich erklärtes Anerkenntnis festgestellt wird. Die von dem Versicherer bis dahin erbrachten Leistungen sind dem Versicherer zurückzuerstatten.“*

94 Vorläufige Abwehrdeckung soll der VR auch dann gewähren, wenn der Anspruchssteller einen zivilrechtlichen Anspruch als Folge der Verletzung einer strafrechtlichen Bestimmung oder Begehung einer Ordnungswidrigkeit erhebt, die von vornherein nur vorsätzlich begehbar ist (z.B. § 266a StGB).[138]

95 Üblich ist auch eine vertragliche Regelung in D&O-Wordings, wonach die Beendigung eines Straf- oder Ordnungswidrigkeitenverfahrens gegen die versicherte Person durch Strafbefehl **oder** Einstellung des Verfahrens den Versicherungsschutz nicht entfallen lässt (also keine wissentliche Pflichtverletzung und eine Rückforderung der Abwehrkosten begründen kann).[139] Die Rückforderung der Abwehrkosten setzt dann vertraglich eine rechtskräftige strafrechtliche Verurteilung der versicherten Person voraus. Bei Abschluss des Verfahrens durch einen Strafbefehl bleibt der

---

137 MüKoVVG/*Ihlas* Band 3, 320 D&O Rn. 609; Prölss/Martin/*Martin* § 100 VVG Rn. 16.
138 Vgl. Ziffer 7.2 lit. b. D&O-Spezialkonzept, FINLEX 2020.
139 Vgl. Ziffer 7.2 lit. c. D&O-Spezialkonzept, FINLEX 2020.

Versicherungsschutz allerdings selbst bei rechtskräftiger Verurteilung wegen einer Vorsatztat bestehen.[140]

II. A-7.2 – Ausschluss wegen Rückzahlung und Vorteilen

Ziffer A-7.2 AVB D&O regelt den Ausschluss des Versicherungsschutzes wegen Rückzahlung oder Rückgabe von Bezügen, Tantiemen oder sonstigen Vorteilen, welche die versicherten Personen aus der versicherten Tätigkeit oder mit Rücksicht auf diese (z.B. aus einem Geschäftsführeranstellungsvertrag) erhalten haben. Der Ausschluss stellt wohl vor allem auf die Situation ab, dass ein Insolvenzverwalter oder der VN Rückzahlungsansprüche gegen ein ehemaliges Organmitglied geltend macht.[141] In diesem Fall soll die versicherte Person die zurückgezahlten Leistungen nicht unter der D&O-Versicherung erstattet bekommen können. 96

1. Klarstellungsfunktion

Der Ausschlusstatbestand wirkt nur klarstellend, solange bereicherungsrechtliche Ansprüche (§§ 812 ff. BGB) gegen die versicherte Person in Betracht kommen. Ansprüche des Bereicherungsrechts stellen keine *„aufgrund gesetzlicher Haftpflichtbestimmungen“ (A-1)* entstandenen Schadensersatzansprüche dar.[142] 97

2. Konstitutive Wirkung

Dagegen wirkt der Ausschlusstatbestand dann **konstitutiv**, wenn die Annahme eines oben bezeichneten Vorteils auch einen Pflichtverstoß einer versicherten Person darstellt, oder eine andere versicherte Person ihre Überwachungs- oder Kontrollfunktion dadurch verletzt, dass sie die Gewährung des Vorteils verursacht oder nicht verhindert.[143] 98

Zu beachten ist der Fall, in dem Ansprüche gegen zwei oder mehrere Organmitglieder bestehen, die nicht auf derselben Anspruchsgrundlage beruhen. So kann gegen das eine Mitglied ein Anspruch aus Bereicherungsrecht bestehen (damit ausgeschlossen, weil keine gesetzliche Haftpflichtbestimmung), weil sich dieses Leistungen hat gewähren lassen, die ihm nicht zustanden. Darüber hinaus können gegen ein anderes Mitglied Ansprüche der Gesellschaft auf Schadensersatz bestehen, weil dieses die Gewährung veranlasst oder nicht verhindert hat. In diesen Fällen haftet im Ergebnis das *bereicherte* Mitglied vorrangig gegenüber der Gesellschaft.[144] 99

So liegt der Fall etwa, wenn der Aufsichtsrat dem Vorstand Vorteile zukommen lässt, die diesem nicht zustehen. Fraglich ist hier, ob der Aufsichtsrat (haftet auf Schadenersatz) und Vorstand (haftet aus Bereicherungsrecht) gegenüber der Gesellschaft als Gesamtschuldner anzusehen sind. Nach zutreffender Ansicht ist in einem solchen Fall eine vorrangige Haftung des bereicherte Vorstands anzunehmen.[145] 100

140 So Ziffer 2.2 Abs. 5 HPDO 2020.
141 Bruck/Möller/*Gädtke* AVB D&O A-7 Rn. 67.
142 BGH 20.11.1970 NJW **1971** 429 f.; Bruck/Möller/*Gädtke* AVB D&O A7 Rn. 68; Seitz/Finkel/Klimke/*Finkel/Seitz* Ziff. 5 Rn. 36.
143 Bruck/Möller/*Gädtke* AVB D&O A-7 Rn. 69; Seitz/Finkel/Klimke/*Finkel/Seitz* Ziff. 5 Rn. 36.
144 MüKoGmbHG/*Fleischer* § 43 Rn. 319.
145 Seitz/Finkel/Klimke/*Finkel/Seitz* Ziff. 5 Rn. 38.

101 Gar nicht erst in den Bereich der D&O-Versicherung fällt die Variante, dass sich der Bereicherte den Vorteil vorsätzlich verschafft und hierdurch eine Straftat nach § 246 oder § 263 StGB begeht. Diese Fälle unterfallen der Vertrauensschadenversicherung.[146]

III. A-7.3 – Ausschluss von Schäden durch Produkte, Arbeit und Dienstleistungen

102 Ziffer A-7.3 AVB D&O regelt den Ausschluss vom Versicherungsschutz wegen Schäden durch von dem Versicherungsnehmer oder einer Tochtergesellschaft in den Verkehr gebrachter Produkte, Arbeiten oder sonstiger Leistungen.

1. Zielsetzung

103 Ziel des Ausschlusses ist die Verhinderung von Doppelversicherungen nach § 78 VVG. So sollen diejenigen Sachverhalte nicht von der D&O-Versicherung umfasst sein, die auch über Betriebs- oder Produkthaftpflichtversicherungen versichert werden können.[147] Neben dem Ausschluss in A-7.3 AVB D&O verwenden D&O-Versicherer häufig Subsidiaritätsklauseln.[148]

2. Einfache und qualifizierte Subsidiaritätsklausel

104 Der Ausschluss in Ziffer A-7.3 AVB D&O wirkt daher wie eine Subsidiaritätsklausel. Zu unterscheiden ist zwischen einfachen und qualifizierten Subsidiaritätsklauseln. Die einfache Subsidiaritätsklausel sieht vor, dass der D&O-VR nicht haftet, sofern eine andere Versicherung abgeschlossen wurde und das konkrete Schadensereignis von dieser auch abgedeckt ist.[149] Diese Klausel ist auch grundsätzlich mit dem AGB-Recht vereinbar.[150] Bei der qualifizierten Subsidiaritätsklausel wird hingegen vereinbart, dass der D&O-VR nicht haftet, wenn eine andere Versicherung abgeschlossen wurde, die *grundsätzlich* das eingetretene Risiko erfasst, unabhängig davon, ob diese auch den konkreten Schadenfall abdeckt.[151] Diese Klauseln sind AGB-rechtlich umstritten, werden in der Praxis aber verwendet und von der Rechtsprechung teilweise gebilligt.[152] Sollten jedoch zwei derartige Klauseln aus verschiedenen Versicherungsverträgen aufeinandertreffen, so entfalten beide Klauseln keine Wirkung mit der Folge, dass eine Doppelversicherung besteht.[153]

3. Klarstellende und konstitutive Wirkung

105 Ziffer A-7.3 AVB D&O hat in den Fällen, in denen es um Personen- oder Sachschäden geht, nur klarstellende Wirkung. Die D&O-Versicherung sichert solche Risiken gerade nicht ab, sondern gilt für reine Vermögensschäden. Oben bezeichnete Schäden müssen daher über die Produkthaftpflicht- und Betriebshaftpflichtversicherung abgesichert werden. Anders ist es zu beurteilen, wenn sich die Produkthaftung auf einen reinen Vermögensschaden bezieht, zu dessen Aus-

146 MüKoVVG/*Ihlas* Band 3, 320 D&O Rn. 632.
147 Seitz/Finkel/Klimke/*Finkel/Seitz* Ziff. 5 Rn. 40.
148 Beckmann/Matusche-Beckmann/*Beckmann* § 35 Rn. 17.
149 Beckmann/Matusche-Beckmann/*Beckmann* § 35 Rn. 17; Prölss/Martin/*Armbrüster* § 78 VVG Rn. 30.
150 BGH 21.4.2004 VersR **2004** 994.
151 MüKoVVG/*Halbach* Band 1 § 78 Rn. 17.
152 BGH 13.9.2006 r+s **2006** 500; BGH 16.11.1967 VersR 1968 138; OLG Köln VersR **2009** 539.
153 Beckmann/Matusche-Beckmann/*Beckmann* § 35, Rn. 19.

gleich der VN verpflichtet ist und er daraufhin gegen ein Organ einen Regressanspruch geltend macht. Somit beschränkt sich die konstitutive Wirkung des Ausschlusses regelmäßig auf die Innenhaftung des Organs.[154] Von Bedeutung ist dann die Auslegung des Wortes (Schaden) „durch" (von dem Versicherungsnehmer oder einer Tochtergesellschaft in den Verkehr gebrachte Produkte etc.) in A-7.3 AVB D&O. Ein Vermögensschaden entsteht dem VN in dem Zeitpunkt, in dem er den Schadensersatzanspruch des Dritten befriedigt. Der Schaden entsteht also nur mittelbar aufgrund eines fehlerhaften Produkts. Daher stellt sich die Frage, ob das Wort „durch" weit und damit vorausgegangene Umstände einbeziehend oder eng und vorausgegangene Umstände außer Acht lassend auszulegen ist.[155] Lösen lässt sich das Problem anhand des Wortlauts nicht. Der Sinn und Zweck der Klausel dürfte darin liegen, dass alle aufgrund des fehlerhaften Produkts entstandenen, also auch folgende Vermögensschäden, von der Klausel erfasst sein sollen. Erachtet man beide Auslegungsergebnisse für vertretbar, so gehen diese Zweifel zulasten des Verwenders, § 305c Abs. 2 BGB. Es gilt dann das für die versicherte Person günstigere Auslegungsergebnis. Dies würde im konkreten Fall bedeuten, dass der Vermögensschaden nicht durch das fehlerhafte Produkt entstanden ist und somit der Anwendungsbereich der D&O-Versicherung eröffnet wäre.

Auch wegen § 307 Abs. 2 Nr. 2 BGB kann die Wirksamkeit der Klausel in Zweifel gezogen 106
werden.[156] Die im Zusammenhang mit der Herstellung des Produkts stehenden Aufgaben sind die obersten Pflichten eines Organmitglieds in einem entsprechenden Unternehmen. Das Organmitglied als versicherte Person darf deshalb davon ausgehen, dass im Falle von Pflichtverletzungen in diesem Bereich Versicherungsschutz besteht.[157] Der Ausschluss könnte insofern als unangemessene Benachteiligung angesehen werden. Eine unangemessene Benachteiligung wird jedoch nur dann angenommen, wenn der Ausschluss eine relevante Gefährdung des Vertragszwecks darstellt.[158] Wie stark der Vertragszweck gefährdet sein muss, ist streitig. Einige **Literaturstimmen** sehen eine nicht unerhebliche Gefährdung des Vertragszwecks als ausreichend an, die anhand einer differenzierten Risikobetrachtung und einer Interessenabwägung zu bestimmen sei.[159] Der **BGH** sieht eine solche Gefährdung indes erst dann als gegeben an, wenn sie den Vertrag seinem Gegenstand nach aushöhlt und in Bezug auf das zu versichernde Risiko zwecklos macht.[160]

4. Arbeiten und sonstige Leistungen

Vom Versicherungsschutz ausgeschlossen sind auch Schäden durch von dem Versicherungsneh- 107
mer oder einer Tochtergesellschaft in den Verkehr gebrachte Arbeiten oder sonstige Leistungen.

IV. A-7.4 – Ausschluss wegen Umwelteinwirkungen

Ziffer A-7.4 regelt den Ausschluss vom Versicherungsschutz wegen Schäden durch Umwelteinwir- 108
kungen und allen sich daraus ergebenden weiteren Schäden. Gem. § 3 Abs. 1 UmweltHG entsteht ein Schaden durch eine Umwelteinwirkung, wenn er durch Stoffe, Erschütterungen, Geräusche,

154 Beckmann/Matusche-Beckmann/*Beckmann* § 35 Rn. 167; Bruck/Möller/*Gädtke* AVB D&O, A7, Rn. 72; MüKoVVG/*Ihlas* Band 3, 320 D&O Rn. 746.

155 Bruck/Möller/*Gädtke* AVB D&O A-7 Rn. 74.

156 Bruck/Möller/*Gädtke* AVB D&O A-7 Rn. 76.

157 Bruck/Möller/*Gädtke* AVB D&O A-7 Rn. 76.

158 Ebenda.

159 Bruck/Möller/*Gädtke* AVB D&O A-7 Rn. 76; MüKoBGB/*Bruns* § 307 Rn. 122.

160 BGH 25.7.2012 r+s **2012** 503, 504; 19.5.2004 r+s **2004** 423; 21.7.2011 r+s **2011** 467 Rn. 26.

Druck, Strahlen, Gase, Dämpfe, Wärme oder sonstige Erscheinungen verursacht wird, die sich in Boden, Luft oder Wasser ausgebreitet haben.

1. Zielsetzung

109 Abs. 4 bezweckt ebenfalls die Abgrenzung zu anderen Arten der Haftpflichtversicherung, hier der Umwelthaftpflichtmodelle.[161] Schäden, die auch über ein Umwelthaftpflichtmodell abgesichert werden können, sollen nicht auch über die D&O-Versicherung abgesichert sein.[162]

2. Klarstellende und konstitutive Wirkung

110 Auch für Ziffer A-7.4 AVB D&O gilt, dass der Ausschluss im Hinblick auf Personen- und Sachschäden nur klarstellende Wirkung hat, da diese grundsätzlich nicht von der D&O-Versicherung umfasst sind.[163]

111 Konstitutivwirkung kann die Klausel aber entfalten, wenn ein reiner Vermögensschaden (bspw. im Rahmen von Kontroll- und Überwachungspflichtverletzungen) vorliegt.[164] Zu beachten ist, dass ein Anspruch aus dem Umweltschadengesetz seit 2007 auch gegen ein Organmitglied des VN gerichtet sein kann, da der Wortlaut des § 7 Abs. 2 USchadG von „Betreiber" hin zu „Verantwortlicher" geändert wurde und somit grundsätzlich auch der Anwendungsbereich der D&O-Versicherung eröffnet wäre.[165] Jedoch wird in der Praxis nur in geringem Maße von dem Ausschluss Gebrauch gemacht.[166]

V. A-7.5 – Ausschluss von Haftpflichtansprüchen außerhalb der EU

112 Ziffer A-7.5 AVB D&O regelt den Ausschluss vom Versicherungsschutz in Bezug auf Haftpflichtansprüche, die vor Gerichten außerhalb der EU oder nach dem Recht von Staaten, die nicht der EU angehören, geltend gemacht werden. Der Ausschluss gilt auch im Falle der Vollstreckung von Urteilen, die außerhalb der EU gefällt wurden und bei Schäden aus der Verletzung oder Nichtbeachtung des Rechts von Staaten, die nicht der EU angehören.

1. Zielsetzung

113 Ziel des Ausschlusses ist es wohl, den Versicherungsschutz für die komplexe Haftung in Nicht-EU-Staaten zu vermeiden.[167] Primär geht es jedoch darum, sog. US-Risiken nicht in den Versicherungsschutz einzubeziehen, weil dort das Haftungsrisiko ungleich höher ist als etwa innerhalb der EU.[168]

161 MüKoVVG/*Ihlas* Band 3, 320 D&O Rn. 754 f.; Seitz/Finkel/Klimke/*Finkel/Seitz* Ziff. 5 Rn. 43.
162 Ebenda.
163 Beckmann/Matusche-Beckmann/*v. Rintelen* § 28 Rn. 126.
164 Bruck/Möller/*Gädtke* AVB D&O A-7 Rn. 80.
165 Seitz/Finkel/Klimke/*Finkel/Seitz* Ziff. 5 Rn. 46.
166 Seitz/Finkel/Klimke/*Finkel/Seitz* Ziff. 5 Rn. 47.
167 Seitz/Finkel/Klimke/*Finkel/Seitz* Ziff. 5 Rn. 51.
168 Seitz/Finkel/Klimke/*Finkel/Seitz* Ziff. 5 Rn. 49.

2. Bedeutung in der Praxis

Die Bedeutung des Ausschlusses in der Praxis ist gering.[169] Es werden regelmäßig Policen ausgehandelt, die eine weltweite Deckung vorsehen, jedoch einen Ausschluss hinsichtlich solcher Haftpflichtansprüche enthalten, die auf US-amerikanischem Recht beruhen.[170] 114

3. US-Ausschlüsse

Dem VR kommt es also in erster Linie nicht darauf an, nach außereuropäischem Recht geltend gemachte Haftpflichtansprüche auszuschließen, sondern solche, die innerhalb Nordamerika gerichtlich eingefordert werden. Das Haftungsrisiko in den USA wird insbesondere dadurch erhöht, dass Kleinstaktionäre mit Minimalbeteiligung die der Gesellschaft zustehenden Ansprüche in eigenem Namen geltend machen können.[171] Dies ist etwa in Deutschland nur unter den Voraussetzungen des § 147 Abs. 2 S. 2 AktG möglich. 115

Darüber hinaus wird das finanzielle Risiko des VR dadurch erhöht, dass in den USA ein kostspieliges Beweisverfahren vorgeschaltet werden kann, die Parteien ihre Verfahrenskosten erfolgsunabhängig selbst tragen und es zu immens hohen Schadensersatzsummen kommen kann.[172] Dennoch werden teils auch US-Policen abgeschlossen, die gewisse Aspekte absichern, wie etwa die Übernahme von Verteidigungskosten.[173] 116

4. Wirksamkeit

US-Ausschlüsse sind grundsätzlich wirksam, auch wenn der Versicherungsschutz stark eingeschränkt wird und der VR, wenn er Kenntnis von der internationalen Tätigkeit des VN hat, hinweispflichtig ist.[174] 117

Da die Klausel in der Praxis standardmäßig (marktüblich) eingesetzt wird, ist sie eher nicht überraschend i.S.v. § 305c Abs. 1 BGB. Zum anderen stellt sie auch keine unangemessene Benachteiligung i.S.v. § 307 BGB dar, weil die Haftungssituation in den USA eine besondere ist und der VN die Möglichkeit hat, das Risiko in den USA selbst zu versichern.[175] 118

5. Abweichende Marktbedingungen

Beispielhaft für den Ausschluss solcher US-Risiken wird nachfolgend Ziffer 6.3 AVB-VOV 5.0 (Allgemeine Bedingungen zur VOV D&O-Versicherung, Stand 08/2019) ausschnitthaft aufgeführt. Die Ziffer bildet eine weltweite Deckung der D&O-Versicherung unter Ausschluss solcher Haftpflichtansprüche ab, die gegen die versicherte Person in den USA bzw. auf Basis des dort geltenden Rechts erhoben werden. 119

169 Bruck/Möller/*Gädtke* AVB D&O A-7 Rn. 83; Prölss/Martin/*Voit* AVB D&O Abs. A-7.5 Rn. 1.
170 Ebenda.
171 Seitz/Finkel/Klimke/*Finkel/Seitz* Ziff. 5 Rn. 49.
172 Bruck/Möller/*Gädtke* AVB D&O A-7 Rn. 84; Seitz/Finkel/Klimke/*Finkel/Seitz* Ziff. 5 Rn. 50.
173 Bruck/Möller/*Gädtke*, AVB D&O, A-7 Rn. 83.
174 Prölss/Martin/*Voit* AVB D&O Abs. A-7.5 Rn. 1.
175 Bruck/Möller/*Gädtke* AVB D&O A-7 Rn. 86.

„Der Versicherungsschutz erstreckt sich nicht auf Haftpflichtansprüche der Versicherungsnehmerin oder der Tochterunternehmen gegen versicherte Personen und nicht auf Haftpflichtansprüche der versicherten Personen untereinander, die in den U.S.A. oder auf Basis des dort geltenden Rechts erhoben werden, es sei denn,

- *eine versicherte Person nimmt als unmittelbare Folge eines versicherten Schadenersatzanspruchs Regress oder macht einen Ausgleichsanspruch geltend,*
- *diese Ansprüche werden ohne jegliche Weisung, Unterstützung, Förderung, Empfehlung oder Veranlassung einer versicherten Person, der Versicherungsnehmerin oder eines Tochterunternehmens von Aktionären oder einem Insolvenzverwalter erhoben,*
- *diese Ansprüche werden von einer ehemaligen versicherten Person erhoben oder*
- *es handelt sich um Abwehrkosten. […]“*

VI. A-7.6 – Ausschluss „Insider-Regeln“

120 Ziffer A-7.6 AVB D&O regelt den Ausschluss vom Versicherungsschutz wegen Pflichtverletzungen im Zusammenhang mit sog.„Insider-Regeln“. Der Ausschluss bezieht sich wohl vor allem auf unzulässige Aktiengeschäfte aufgrund von Insider-Wissen.

1. Zielsetzung

121 Die Praxisrelevanz des Ausschlusses ist gering, weil sich die Klausel nur selten in marküblichen Wordings findet. Wegen der Überschneidungen mit Ziffer A-7.1 AVB D&O hat die Klausel auch keine große eigenständige Bedeutung, denn im Falle eines Verstoßes gegen die entsprechenden Vorschriften des WpHG dürfte regelmäßig eine unversicherte wissentliche Pflichtverletzung vorliegen.[176] Die Relevanz der Klausel ist aber theoretisch denkbar für solche Fälle, in denen der VN einem Dritten gegenüber wegen Verstoßes gegen das WpHG haftet oder der VN wegen eines Fehlverhaltens seines Organmitglieds gegenüber einem Dritten verpflichtet ist und der VN das Organmitglied deswegen in Anspruch nimmt.

2. Klarstellende Wirkung

122 Der Ausschluss hat zumeist nur klarstellende Wirkung.

VII. A-7.7 – Ausschluss Haftpflichtansprüche bei nicht versicherter Tätigkeit

123 Ziffer A-7.7 AVB D&O regelt den Ausschluss vom Versicherungsschutz bei Haftpflichtansprüchen aus Pflichtverletzungen bei einer anderen als der versicherten Tätigkeit (z.B. Tätigkeit bei einem anderen Unternehmen oder freiberufliche Tätigkeit).

1. Zielsetzung

124 Der Ausschluss hat lediglich deklaratorische Wirkung. Gemäß Ziffer A-1 AVB D&O sind ohnehin nur Pflichtverletzungen bei Ausübung der organschaftlichen Tätigkeit versichert. Dazu zählen die in Ziffer A-7.7 AVB D&O genannten Tätigkeiten bei eine anderen Unternehmen oder freiberufliche Tätigkeiten nicht. Für den Fall, dass ein Aufsichtsrat, der gleichzeitig als Freiberufler (bspw. Rechtsanwalt oder Steuerberater) für das Unternehmen tätig wird, Pflichtverletzungen bei der

176 Beckmann/Matusche-Beckmann/*Beckmann* § 35 Rn. 172; Prölss/Martin/*Voit* AVB D&O Abs. A-7.6 Rn. 1.

freiberuflichen Tätigkeit begeht, besteht für diese freiberuflichen Tätigkeiten kein Versicherungsschutz unter der D&O-Versicherung.[177]

Jedoch finden sich andersherum auch Klauseln, die die versicherte Person des VN für Tätigkeiten, die sie für fremde Unternehmen (sog. Fremdmandate oder „outside directorships") übernimmt, mitversichern.[178] 125

2. Abweichende Marktbedingungen

In Maklerbedingungen finden sich häufig Regelungen, wonach Fremdmandate von versicherten Personen mitversichert werden, z.B. wenn das Fremdmandat durch das versicherte Unternehmen veranlasst wurden oder das Fremdmandat explizit im Versicherungsschein aufgeführt wird. 126

Beispielhaft soll hier auszugsweise Ziffer 2.3, FINLEX 2020 herangezogen werden: 127

> *„Versicherungsschutz besteht für versicherte Personen oder Arbeitnehmer, die auf Veranlassung eines versicherten Unternehmens Tätigkeiten im Sinne von 2.2 in externen Organisationen (Fremdmandate) wahrnehmen. Die Tätigkeit als Vertreter eines versicherten Unternehmens in der Gesellschafterversammlung von externen Organisationen gilt auch als versichertes Fremdmandat. (...)*
>
> *Fremdmandate in externen Organisationen, deren Anteile bzw. Wertpapiere (einschließlich Stellvertreterzertifikate – ADR) an einer US-Börse gehandelt werden und solchen, die Finanzdienstleistungsunternehmen sind, sind versichert, wenn sie ausdrücklich als mitversichertes Fremdmandat im Versicherungsschein dokumentiert sind. Finanzdienstleistungsunternehmen sind Banken, Versicherungen und Vermögensverwalter sowie sonstige Gesellschaften, die der Aufsicht der Bundesanstalt für Finanzdienstleistungsaufsicht (BaFin) unterliegen."*

VIII. A-7.8 – Ausschluss unzureichender Versicherung

Den Ausschluss von Haftpflichtansprüchen, die sich daraus ergeben oder damit in Zusammenhang stehen, dass Versicherungsleistungen oder Versicherungen nicht oder unzureichend wahrgenommen, abgeschlossen oder fortgeführt werden, regelt Ziffer A-7.8 AVB D&O. 128

1. Zielsetzung

Ziel des Ausschlusses ist die Vermeidung eines Auffangtatbestands in Form der D&O-Versicherung, der den Abschluss anderer Versicherungen überflüssig machen oder bestehende Deckungslücken anderer Versicherungen schließen würde.[179] Sind eingetretene Schäden nicht oder nicht ausreichend versichert, soll die D&O-Versicherung nicht als „Notnagel" herhalten.[180] 129

2. Klarstellende und konstitutive Wirkung

Der Ausschluss wirkt klarstellend, wenn es um Personen- oder Sachschäden oder um daraus resultierende Folgeschäden geht, da diese Schäden nicht Vermögensschäden sind und schon von vornherein nicht von der D&O-Versicherung umfasst sind (vgl. Ziffer A-1 AVB D&O). Unterschiedlich bewertet wird dabei die Frage, ob ein Schaden, der einen Personen- oder Sachschaden bei einem Dritten darstellt, für den VN dann einen Vermögensschaden darstellt, wenn dieser Schaden 130

177 Seitz/Finkel/Klimke/*Finkel/Seitz* Ziff. 5, Rn. 62.
178 Bruck/Möller/*Gädtke* AVB D&O A-7 Rn. 93.
179 Beckmann/Matusche-Beckmann/*Beckmann* § 35 Rn. 165; Seitz/Finkel/Klimke/*Finkel/Seitz* Ziff. 5 Rn. 68.
180 Ebenda.

im Innenverhältnis gegen die versicherte Person geltend gemacht wird. Zutreffenderweise ist dann von einem Vermögensschaden und damit von der konstitutiven Wirkung der Klausel auszugehen.[181]

131 Es wird auch argumentiert, dass ein Schaden des VN nicht etwa durch den Personen- oder Sachschaden bei einem Dritten entstünde, sondern erst durch den Nichtabschluss einer entsprechenden Versicherung.[182] Der aus dem Nichtabschluss resultierende Schaden entspräche einem reinen Vermögensschaden.[183]

3. Hinreichende Bestimmtheit

132 Die in der Klausel verwendete Formulierung des „unzureichenden Versicherungsschutzes“ ist zu unbestimmt.[184] Die Frage, ob der bestehende Versicherungsschutz hinreichend ist, dürfte von den Parteien regelmäßig unterschiedlich beantwortet werden und aus ex-post-Sicht auch nur schwer zu beurteilen.

IX. A-7.9 – Ausschluss unlauterer Wettbewerb u.a.

133 Ziffer A-7.9 AVB D&O regelt den Ausschluss von Haftpflichtansprüchen wegen unlauteren Wettbewerbs oder Wettbewerbsbeschränkungen sowie aus der Verletzung von Berufsgeheimnissen, Urheber- und Patentrechten, Warenzeichen, Geschmacksmustern und vergleichbaren Immaterialgüterrechten.

1. Zielsetzung

134 Die im Geschäftsverkehr bestehenden Rechte Dritter und die dort vorherrschenden Handelsbräuche sollen nicht durch das Vorliegen einer D&O-Versicherung hinfällig werden. Insofern besteht bei der Verletzung derartiger Pflichten kein Versicherungsschutz.[185]

2. Klarstellende und konstitutive Wirkung

135 Der Ausschluss wirkt grundsätzlich konstitutiv, wenn Haftpflichtansprüche wegen der Verletzung von Berufsgeheimnissen oder des Wettbewerbs- oder Immaterialgüterrechts in Rede stehen. Dies gilt jedoch dann nicht, wenn es sich um eine vorsätzliche Verletzung handelt, die schon aufgrund von Ziffer A-7.1 AVB D&O ausgeschlossen ist. Insofern gilt der Ausschluss nur deklaratorisch.

3. Haftung im Innen und Außenverhältnis

136 Der Ausschluss betrifft im Grundsatz verschiedene Haftungsszenarien im Innen- und Außenverhältnis.

---

181 Beckmann/Matusche-Beckmann/*v. Rintelen* § 28 Rn. 71; Bruck/Möller/*Baumann* AVB/AVG 2011/2013 Ziff. 1 Rn. 51; **a.A.** wohl Höra/Sieg § 17 Rn. 93; MüKoVVG/*Ihlas* Band 3, 320 D&O Rn. 204.
182 Prölss/Martin/*Voit* VVG A-7.8 Rn. 1.
183 *Lattwein* NVersZ **1999** 49, 52.
184 Beckmann/Matusche-Beckmann/*Beckmann* § 35 Rn. 165; Seitz/Finkel/Klimke/*Finkel/Seitz* Ziff. 5 Rn. 69.
185 Bruck/Möller/*Gädtke* AVB D&O A-7 Rn. 96; Seitz/Finkel/Klimke/*Finkel/Seitz* Ziff. 5 Rn. 71.

a) Außenhaftung bei positivem Tun. Ansprüche des verletzten Dritten direkt gegen das Organmitglied sind möglich, wenn dieses an dem den Schaden auslösenden Handeln beteiligt war, also bei positivem Tun. 137

b) Außenhaftung bei Unterlassen. Auch im Falle des Unterlassens kann ein Anspruch gegen das Organmitglied bestehen. Dies ist dann der Fall, wenn dem Organmitglied nach den allgemeinen Grundsätzen des Deliktsrechts eine Garantenstellung gegenüber dem verletzten Dritten zukommt und dieses die Handlung deswegen hätte verhindern müssen.[186] 138

Eine solche Garantenstellung ergibt sich jedoch nicht schon aus der Eigenschaft als Organmitglied. Vielmehr muss die Verletzung auf ein Verhalten zurückzuführen sein, das typischerweise auf der Ebene des Geschäftsführers entschieden wird und das nach seinem äußeren Erscheinungsbild und in Ermangelung abweichender Feststellungen darauf schließen lässt, dass der Geschäftsführer die Verletzungshandlung veranlasst hat.[187] 139

c) Innenhaftung. Eine Haftung gegenüber der Gesellschaft kann schon dann bestehen, wenn die Gesellschaft selbst einstandspflichtig ist und das Organ gegenüber dieser Organisations- oder Überwachungspflichten verletzt hat.[188] 140

X. A-7.10 – Ausschluss für Vertrags-, Geldstrafen, Geldbußen und „punitive damages“

1. Allgemeines

Vom Versicherungsschutz ausgeschlossen sind nach der Vorschrift Haftpflichtansprüche wegen Schäden aus Vertragsstrafen, Kautionen, Bußgeldern und Entschädigungen mit Strafcharakter, die gegen den Versicherungsnehmer oder eine Tochtergesellschaft verhängt oder von ihnen übernommen wurden. 141

Die D&O Versicherung deckt die Inanspruchnahme der versicherten Person typischerweise auf der Grundlage gesetzlicher Haftpflichtbestimmungen ab.[189] Da die in Ziffer A-7.10 AVB D&O ebenfalls ausgeschlossene Vertragsstrafe auf einer vertraglichen Zusage beruht, unterfällt sie mangels gesetzlicher Grundlage schon nicht dem sachlichen Anwendungsbereich der D&O-Versicherung.[190] 142

2. Versicherbarkeit von Geldstrafen, Bußgeldern

Der Ausschluss der Ziffer A-7.10 AVB D&O findet sich in den meisten marktüblichen Wordings nicht. Bei Fehlen des Ausschlusses der Ziffer A-7.10 AVB D&O stellt sich die Frage, inwieweit die D&O Versicherung Bußgelder und Geldstrafen in sachlicher Hinsicht überhaupt erfassen kann. Diskutiert wird, ob die Deckung (als Erstattungszusage des Unternehmens an die versicherten Personen) den Sanktionszweck im Sinne des Straf- und Ordnungswidrigkeitenrechts vereitelt.[191] 143

186 BGHZ 201, 344 Rn. 17.
187 BGHZ 201, 344 Rn. 19.
188 Bruck/Möller/*Gädtke* AVB D&O A-7 Rn. 98.
189 Beckmann/Matusche-Beckmann/*Beckmann* § 35 Rn. 70, 78f.
190 MüKoVVG/*Ihlas* Band 3, 320 D&O Rn. 791, 796; Seitz/Finkel/Klimke/*Finkel*/*Seitz* Ziff. 5, Rn. 75.
191 Bruck/Möller/*Gädtke* A-7 Rn. 100 m.w.N.

144 Zu unterscheiden sind Geldstrafen und -bußen, die direkt gegen die versicherte Person (das Organ) verhängt werden, und solchen, die das Unternehmen treffen, welches sodann Regressansprüche gegen ihr Organmitglied geltend macht.

145 In der Praxis lehnen Versicherer eine Einstandspflicht teilweise unter Berufung auf Sittenwidrigkeit ab, während andere Versicherer die Abwehrkosten im Ordnungswidrigkeitenverfahren erstatten.[192] Darüber hinaus übernehmen manche Versicherer sowohl die Abwehrkosten im Ordnungswidrigkeitenverfahren und die daran anschließende Geldbuße, wenn ein Fahrlässigkeitsvorwurf zugrunde liegt.[193] Im Hinblick auf mögliche Regressansprüche des Unternehmens von Geldstrafen/-bußen gegen die versicherte Person fehlt es an höchstrichterlicher Rechtsprechung und klaren gesetzlichen Regelungen. Teilweise wird instanzgerichtlich vertreten, dass der Bußgeldregress die Sanktionswirkung des Bußgeldes beeinträchtigen würde und deswegen ein Bußgeldregress ausscheiden müsste.[194] Nach anderer Ansicht des LG Dortmund kann eine Gesellschaft ihren Geschäftsführer auf Ersatz der Geldbuße in Anspruch nehmen, die das Bundeskartellamt gegen die Gesellschaft aufgrund eines Kartellverstoßes verhängt hat, für den der Geschäftsführer verantwortlich ist.[195]

146 **a) Sanktionszweck von Geldstrafen und Bußgeldern.** Mit Verhängung einer Geldstrafe (§ 40 Abs. 1 StGB) wird der Täter wegen des Übergehens strafrechtlicher Verbote und Gebote getadelt und „öffentlich angeprangert“.[196] Unter spezialpräventiven Gesichtspunkten soll die Geldstrafe den Täter *persönlich* von der Begehung weitere zukünftiger Straftaten abhalten. In generalpräventiver Hinsicht verfolgt die Geldstrafe die Abschreckung potenzieller Täter.[197]

147 Als Sanktion für die rechtswidrige und vorwerfbare Begehung einer Ordnungswidrigkeit ist die Geldbuße vorgesehen, § 65 OWiG. Im Gegensatz zur Geldstrafe fällt die Geldbuße kein „ehrenrühriges autoritatives Unwerturteil“ über die Tat und Person des Täters, sie stellt lediglich eine eindringliche Pflichtenermahnung dar.[198] Daneben bezweckt sie die Abschöpfung des aus der Tat gezogenen wirtschaftlichen Vorteils.[199] Die Differenzierung nach Sanktionszweck zwischen Geldbuße und Geldstrafe wird in der Praxis weder in Maklerwordings aufgegriffen noch von Versicherern vorgenommen.

148 Eine Besonderheit gegenüber dem Strafrecht stellt die Verbandsgeldbuße gemäß §§ 30, 88 OWiG, 81 GWB, § 83 Abs. 4 DSGVO dar. Diese ermöglicht die Festsetzung von Geldbußen gegen das Unternehmen, wenn ein Organmitglied eine betriebsbezogene Straftat oder Ordnungswidrigkeit begangen hat.[200] Mit der Verbandsgeldbuße soll den Organen und Vertretern des Unternehmens ins Bewusstsein gerufen werden, dass Rechtsverstöße nicht nur für sie selbst, sondern vor allem auch für das Unternehmen als Einheit nachteilige Folgen haben können.[201]

149 **b) Versicherbarkeit von Geldstrafen und Geldbußen, die gegen die versicherte Person verhängt wurden.** Ob und inwieweit Geldstrafen oder Geldbußen versicherbar sind, ist ebenfalls unter Beachtung des Sanktionszwecks des Straf- und Ordnungswidrigkeitenrechts zu erör-

---

192 *Pott* ZfV 12/**2023** 357 f.
193 Ebenda.
194 OLG Düsseldorf r+s **2023** 827, Rn. 167.
195 LG Dortmund, NZKart **2023** 496.
196 Bruck/Möller/*Gädtke* A-7 Rn. 100; Mitsch/*Mitsch* KK OwiG § 17 Rn. 5.
197 Bruck/Möller/*Gädtke* A-7 Rn. 102; Schönke/Schröder/*Kinzig* Vorbemerkung zu den §§ 38 ff., Rn. 7.
198 BVerfG 6.6.1967 BVerfGE 22, 49 Rn. 110; 16.7.1969 BVerfGE 27, 18 Rn. 42; Bruck/Möller/*Gädtke* VVG A-7, Rn. 103; Mitsch/*Mitsch* KK OWiG § 17 Rn. 5.
199 Bruck/Möller/*Gädtke* A-7 Rn. 102.
200 Mitsch/*Rogall* KK OWiG § 30 Rn. 1.
201 Bruck/Möller/*Gädtke* A-7 Rn. 103; Mitsch/*Mitsch* KK OWiG § 17 Rn. 16; Mitsch/*Rogall* KK OWiG § 30 Rn. 16.

tern. Sofern die Geldstrafe oder Geldbuße gegen die versicherte Person verhängt wird, wird vertreten, dass es sich um eine hoheitliche Anordnung handelt, die nicht als Schadensersatzanspruch aufgrund gesetzlicher Haftpflichtbestimmungen qualifiziert werden kann.[202]

Die Versicherung des aus der Geldbuße oder Geldstrafe folgenden Vermögensschadens wird als vorherige Erstattungszusage des Unternehmens gegenüber seinen Organmitglieder angesehen.[203] Die vorherige Erstattungszusage könnte gemäß § 134 BGB oder § 138 BGB nichtig sein.[204] 150

aa) Gesetzliches Verbot, § 134 BGB. Der Gesetzgeber verankerte weder im VVG ein gesetzliches Verbot der Versicherbarkeit von Geldstrafen und Geldbußen noch handelt es sich um ein festgeschriebenes allgemeines Prinzip.[205] 151

Der Versicherung von Geldstrafen und Geldbußen steht § 134 BGB i.V.m. den in Betracht kommenden Verbotsgesetzen im Ergebnis ebenfalls nicht entgegen.[206] 152

Die Versicherung von Geldstrafen und Geldbußen erfüllt nicht den Tatbestand der Vollstreckungsvereitelung gemäß § 258 StGB. Vollstreckungsvereitelung begeht nur, wer durch Störung der äußeren Abläufe bewirkt, dass eine gegen einen anderen verhängte Strafe oder Maßnahme ganz oder zum Teil mindestens für geraume Zeit nicht verwirklicht werden kann.[207] Die Bezahlung einer Geldstrafe durch einen Dritten trägt nur dazu bei, dass der Verurteilte von der Strafe nicht oder weniger persönlich betroffen ist.[208] Eine Vereitelung des staatlichen Strafanspruchs durch den Eingriff in äußere Abläufe erfolgt nicht.[209] Nach Ansicht des BGH macht sich selbst derjenige, der dem Täter die zur Zahlung der Strafe erforderlichen Geldmittel im Voraus zur Verfügung stellt, nicht nach § 258 StGB strafbar.[210] Das gleiche müsste dann folglich im Falle der Versicherung von Geldbußen und Geldstrafen gelten. 153

Eine Begünstigung gemäß § 259 StGB liegt ebenfalls nicht vor, weil die Zahlung der Strafe nicht dazu dient, etwaige Vorteile aus der Tat zu sichern.[211] 154

Der Tatbestand der Untreue gemäß § 266 StGB ist ebenfalls nicht erfüllt. Eine Verletzung der Vermögensbetreuungspflicht ist zumindest dann nicht gegeben, wenn die freiwillig erbrachte Erstattung an das Organmitglied, dem die Strafe auferlegt wurde, einen *zukunftsbezogenen Nutzen* für die Gesellschaft hat.[212] Dieser könnte auf Unternehmerseite darin liegen, dass bei Abschluss einer Versicherung für Geldstrafen und Geldbußen zum Beispiel eine negative Öffentlichkeitswirkung aufgrund einer durch Rechtsmitteleinlegung verlängerten Verfahrensdauer vermieden wird.[213] 155

bb) Sittenwidrigkeit, § 138 BGB. Mangels strafrechtlicher Tatbestände stützen sich die Versicherer bei Ablehnung der Übernahme von Geldstrafen und Geldbußen in der D&O-Versicherung auf Sittenwidrigkeit gem. § 138 BGB. 156

---

202 Armbrüster/Schilbach r+s 2016, 109, 110.
203 Bruck/Möller/*Gädtke* A-7 Rn. 104; MüKoVVG/*Ihlas* VVG Band 3, 320 D&O Rn. 800 f.
204 Bruck/Möller/*Gädtke* A-7 Rn. 106 ff.; MüKoVVG/*Ihlas* Band 3, 320 D&O Rn. 800 f.; *Pott* Versicherbarkeit von Geldbußen ZfV 12/**2023** 357 f.
205 *Pott* ZfV 12/**2023** 357, 358.
206 A.A. *Ihlas* D&O S. 548.
207 BGH NJW **1991** 990; *Armbrüster/Schilbach* r+s **2016** 109, 110.
208 Ebenda.
209 Ebenda.
210 Ebenda.
211 BGH NJW **1991** 990.
212 Bruck/Möller/*Gädtke* A-7 Rn. 107.
213 Bruck/Möller/*Gädtke* A-7 Rn. 107; *Thomas* Haftungsfreistellung S. 413 f.

157 Ob eine vorherige Erstattungszusage des Unternehmens an die versicherte Person sittenwidrig ist, ist in der Literatur umstritten.[214]

158 Nach Ansicht des BGH kommt es für die Feststellung der Sittenwidrigkeit allein auf den sich aus dem Inhalt, Beweggrund und Zweck ergebenden Gesamtcharakter des Rechtsgeschäfts an, der an der Sittenordnung zu messen ist.[215] Das BAG entschied, dass Zusagen des Arbeitgebers über die Erstattung von etwaigen Geldbußen für Verstöße der Arbeitnehmer gegen Vorschriften über Lenkzeiten im Güterfernverkehr sittenwidrig und daher – pauschal – nach § 138 BGB unwirksam seien.[216]

159 Diese Entscheidung ist allerdings nicht ohne weiteres auf die Organhaftung übertragbar. Die Erstattung von Geldbußen/Geldstrafen für fahrlässige Pflichtverstöße durch eine vom Unternehmen abgeschlossene Versicherung ist von dem arbeitsrechtlichen Fall zu unterscheiden, in dem ein Arbeitgeber die Mitarbeiter durch Zusagen von Erstattungen zur Missachtung von Rechtsnormen auffordert.[217] Im Hinblick auf die D&O-Versicherung stellt sich die Frage, ob die (versicherte) Erstattung der Geldbuße/Geldstrafe überhaupt der Förderung einer strafbaren Handlung dient. Denn § 138 BGB ist unanwendbar, wenn das Verhalten des Vertragspartners (in der D&O-Versicherung also des Unternehmens) nicht als Unterstützung der strafbaren Handlung gewertet werden kann.[218] Während eine solche Unterstützung einer strafbaren Handlung bei Erstattungszusagen für vorsätzlich begangene Straftaten (z.B. Missachtung von Lenkzeiten) nachvollziehbar ist, erscheint dies bei fahrlässig begangenen Pflichtverstößen von Organmitgliedern (z.B. fahrlässig verspätete Ad-hoc Mitteilung) nur schwer denkbar.[219]

160 Die versicherten Personen einer D&O-Versicherung sind verpflichtet, die Sorgfalt eines ordentlichen Kaufmanns und den Normen des § 93 AktG und des § 43 GmbHG zu genügen.[220] Vor diesem Hintergrund sind zumindest Erstattungszusagen für fahrlässig begangene Taten nicht dem Anwendungsbereich § 138 BGB zu unterwerfen.[221]

161 **c) Versicherbarkeit von Regressansprüchen des Unternehmens gegen Organmitglieder aufgrund einer verhängten Verbandsgeldbuße.** Die Pflichtverletzung des Organmitglieds kann sich haftungsrechtlich sowohl aus der Verletzung der Legalitätspflicht als auch aus dem Verstoß gegen die Aufsichtspflicht ergeben.[222] Kommt es zu einem kartellrechtlichen Verstoß, so liegt eine Aufsichtspflichtverletzung gemäß § 130 OWiG vor, die den Durchgriff auf die Gesellschaft durch Anordnung einer Verbandsgeldbuße ermöglicht,[223] denn der BGH sieht eine Geldstrafe grundsätzlich als Vermögensschaden an.[224]

162 Anders als die persönliche Geldbuße richtet sich die Verbandsgeldbuße nicht gegen den einzelnen Verantwortlichen direkt, sondern gegen das gesamte Unternehmen. Die Verbandsgeldbuße soll das Unternehmen zum einen zur Einhaltung der relevanten kartell- und datenschutzrechtli-

---

214 Vgl. Pott ZfV 12/**2023** 357 m.w.N.; Bruck/Möller/Gädtke A-7 Rn. 109, Dreher VersR 2015 781, 792; Armbrüster/Schilbach r+s 2016 109, 112; kein Regressanspruch: Dreher, VersR 2015, 781, 787 ff.; Horn ZIP 1997, 1129; für einen Regressanspruch: Binder/Kraayvanger, BB **2015** 1219, 1225 ff.; Koch, VersR **2015** 655, 657 ff.; Fleischer, DB **2014** 345, 347 ff.; ders. BB **2008** 1070, 1073; Zimmermann, WM **2008** 433, 437.

215 BGH 20.1.1965 BGHZ 43, 46 Orientierungssatz 1; BGH NJW **1970** 1273, 1275.

216 BAG 25.1.2001 ZIP **2001** 850.

217 *Pott* ZfV 12/**2023** 357, 358.

218 Grüneberg/*Ellenberger* § 138 BGB Rn. 43.

219 Vgl. Kapp NJW **1992** 2796, 2798; Pott ZfV 12/**2023** 357, 359.

220 Ebenda.

221 Kapp NJW **1992** 2796, 2798; **a.A.** *Armbrüster/Schilbach* r+s **2016** 109, 110.

222 Bruck/Möller/*Gädtke* A-7 Rn. 112 f.; Hüffer/Koch/*Koch* § 93 Rn. 6.

223 Mitsch/*Rogall* KK OWiG § 130 Rn. 6.

224 BGH 15.4.2010 – IX ZR 189/09 – Beck RS **2010** 11952.

chen Vorschriften veranlassen, zum anderen soll das Unternehmen zur sorgfältigen Auswahl der Organmitglieder angehalten werden.[225]

Im Fall eines kartellrechtlichen Verstoßes lehnen Teile der Rechtsprechung als auch Teile der Literatur den Regressanspruch der Gesellschaft gegen die verantwortlichen Organmitglieder ab.[226] Nach anderer Ansicht des LG Dortmund kann eine Gesellschaft ihren Geschäftsführer auf Ersatz der Geldbuße in Anspruch nehmen, die das Bundeskartellamt gegen die Gesellschaft aufgrund eines Kartellverstoßes verhängt hat, für den der Geschäftsführer verantwortlich ist.[227] 163

Teilweise wird vertreten, dass ein Innenregressanspruchs gegen das vorrangige Unionsrecht verstößt.[228] Das europäische Kartellrecht beschränke sich hinsichtlich der Sanktionswirkung auf das Unternehmen als eigentlichen Normenadressaten des Kartellrechtes.[229] Eine gegen das Unternehmen verhängte Verbandsgeldbuße soll dieses direkt treffen, da ein rechtswidriges Verhalten sanktioniert und das Unternehmen für die Zukunft zu rechtmäßigen Verhalten angehalten werde.[230] Die Regressierbarkeit kartellrechtlicher Unternehmensgeldbußen berühre damit den Kern der öffentlich-rechtlichen Kartellverfolgung durch die Kommission und damit der Art. 101, 105 AUEV.[231] 164

Gegen die oben genannte Darstellung wird für die Zulässigkeit des Innenregresses (und konsequenterweise auch für die Versicherbarkeit von Geldstrafen- und bußen der Organe selbst) eingewandt, dass der Sanktionszweck bereits mit Verhängung und Begleichung der Verbandsgeldbuße erreicht sei.[232] Es sei nunmehr Sache des Zivilrechts, wer die Geldbuße schließlich trage, was ein sozialadäquates Verhalten darstelle und jedenfalls nicht sittenwidrig sei.[233] 165

Zum Teil wird bei der Annahme der Versicherbarkeit ein Vorteilsausgleich vorgenommen, indem die Abschöpfung wirtschaftlicher Vorteile aus dem Regressanspruch ausgeklammert werden.[234] 166

3. Entschädigungen mit Strafcharakter (punitive und exemplary damages)

Ausgeschlossen sind nach Ziffer A.7-10 AVB D&O Haftpflichtansprüche wegen Entschädigungen mit Strafcharakter (punitive und exemplary damages). Die dem common law entstammenden Begriffe würde man im deutschen Recht wohl mit Strafschadensersatz oder Entschädigung mit Strafcharakter übersetzen, wenngleich dem deutschen Zivilrecht diese Form der Bestrafung des Beklagten im Zivilprozess als Teil des Schadenersatzes fremd ist.[235] Teilweise wird hierzu vertreten, dass es sich bei punitive und exemplary damages bereits um keine Vermögenschäden handeln würde, so dass der Ausschluss ohnehin nur deklaratorisch sei.[236] 167

225 Mitsch/*Rogall* KK OWiG § 30 Rn. 15.
226 LAG Düsseldorf 20.1.2015 ZIP **2015** 829; Bruck/Möller/*Gädtke* VVG A-7 Rn. 115; *Dreher* FS Konzen **2006** 85, 203 ff.
227 LG Dortmund, NZKart **2023** 496.
228 Bruck/Möller/*Gädtke* VVG A-7 Rn. 115; so wohl auch LG Saarbrücken 7HK O 6/16, Rn. 151.
229 Ebenda.
230 Ebenda.
231 Ebenda.
232 Bruck/Möller/*Gädtke* A-7 Rn. 116; Krieger/Schneider/*Wilsing* § 27 Rn. 39; *Pott* Versicherbarkeit von Geldbußen ZfV 12/**2023** 357, 359.
233 Bruck/Möller/*Gädtke* A-7 Rn. 116; Krieger/Schneider/*Wilsing* § 27 Rn. 39; *Pott* Versicherbarkeit von Geldbußen ZfV 12/**2023** 357, 359.
234 *Armbrüster/Schilbach* r+s **2016** 109, 113.
235 Bruck/Möller/*Gädtke* VVG A-7 Rn. 12 5.
236 MüKoVVG/*Ihlas* Band 3, 320 D&O Rn. 798.

4. Abweichende Marktbedingungen

168 Beispielhaft soll eine für die Praxis gängige Maklerbedingung des D&O-Spezialkonzepts Ziffer 7.3, FINLEX 2020 herangezogen werden, die grundsätzlich sowohl Regressansprüche des Unternehmens als auch Strafen gegen das Organ selbst versichert:

> *„Der Versicherungsschutz erstreckt sich nicht auf Vertragsstrafen, Bußgelder und Geldstrafen („criminal fines"). […]*
> *Entschädigungen mit Strafcharakter sind nur dann versichert, wenn und soweit deren Einbeziehung in den Versicherungsschutz kein gesetzliches Verbot entgegensteht.*
> *In Klarstellung zu Absatz 1 besteht Versicherungsschutz für Regressansprüche der versicherten Unternehmen gegen versicherte Personen wegen gegen versicherte Unternehmen verhängter Vertragsstrafen, Bußgelder oder Geldstrafen."*

169 Die Systematik dieser Maklerbedingungen geht also dahin, Entschädigungen mit Strafcharakter nach common law zunächst auszuschließen, soweit ein gesetzliches Versicherungsverbot entgegensteht.[237] Zu prüfen ist dann also, ob nach nationalem Recht ein Versicherungsverbot entgegensteht.[238]

170 Vertragsstrafen, Bußgelder und Geldstrafen sind zwar nicht versichert, wohl aber der Regress des Unternehmens gegen versicherte Personen wegen gegen versicherte Unternehmen verhängter Vertragsstrafen, Bußgelder oder Geldstrafen.

171 Teilweise finden sich am Markt auch Klausel, wonach Geldbußen oder Entschädigungen mit Strafcharakter zwar ausgeschlossen sind, der Ausschluss aber nicht für die Abwehrkosten gilt.[239]

XI. A-7.11 – Ausschluss Vermögensvorteil einer Konzerngesellschaft

172 Der in der Praxis selten verwendete Ausschluss erfasst auf Grundlage des Gedankens vom Vorteilsausgleich[240] Fälle, in denen der innerhalb eines beteiligten Unternehmens erlittene Vermögensschaden in einer anderen Konzerngesellschaft zu einem – nicht notwendigerweise dauerhaften[241] –, Vermögensvorteil geführt hat.[242] Berechnet wird nach der Saldotheorie.

173 Im Einzelfall ist zu prüfen, ob der Vermögensvorteil der *einen* Gesellschaft tatsächlich auf die *andere* Gesellschaft im Konzern durchschlägt.[243] Sofern dies zutrifft, ist dem Versicherungsnehmer der Versicherungsschutz in Höhe des entstandenen Vermögensvorteils zu versagen.[244] Das LG Wiesbaden nahm das Vorliegen des Ausschlusses bei einer konzerninternen Darlehensvergabe an, wenn zwar die Darlehenshingabe zu einer Vermögenseinbuße der einen Gesellschaft führt, zur gleichen Zeit bei der darlehensempfangenden anderen Konzerngesellschaft ein Vermögensvorteil gleichen Umfangs entsteht.[245]

174 Der Ausschluss sei auch nicht nach § 307 Abs. 1, 2 Nr. 2 BGB wegen ungemessener Benachteiligung des Versicherungsnehmers unwirksam.[246] Das Interesse des Versicherers bestehe berechtigterweise darin, ein kollusives Zusammenwirken zwischen den versicherten Personen und dem Versicherungsnehmer zu verhindern.[247]

---

237 So auch Ziffer 3.2 HPDO 2020.
238 Vgl. zur Versicherbarkeit von punitive damages und exemplary damages, MAH VersR/Stempfle § 37 Rn. 93 ff.
239 Vgl. Ziffer 6.2 AVA-VOV 5.0.
240 Prölss/Martin/*Voit* AVB D&O A-7.11 Rn. 1.
241 Bruck/Möller/*Gädtke* A-7 Rn. 133; LG Wiesbaden 14.12.2004 VersR **2005** 545.
242 Bruck/Möller/*Gädtke* VVG A-7, Rn. 133; MüKoVVG/*Ihlas* Band 3, 320 D&O Rn. 808.
243 Beckmann/Matusche-Beckmann/*Beckmann* § 35 Rn. 56.
244 Bruck/Möller/*Gädtke* A-7 Rn. 133; MüKoVVG/*Ihlas* Band 3, 320 D&O Rn. 808.
245 LG Wiesbaden 14.12.2004 VersR **2005** 545.
246 Ebenda.
247 Ebenda.

XII. A-7.12 – Ausschluss Bestechung u.a.

175 Der Ausschluss nach Ziffer A-7.12 AVB D&O erfasst in seiner Aufzählung der Pflichtverletzungen vorrangig die Straftaten gemäß den §§ 331 ff. StGB (insbesondere die namentlich genannten Bestechung gemäß § 334 StGB, Bestechlichkeit gemäß § 332 StGB, Vorteilsannahme gemäß § 331 StGB, Vorteilsgewährung gemäß § 333 StGB).[248] Erfüllt die versicherte Person einen oder mehrere der Straftatbestände, so ist der Versicherungsschutz bereits nach Ziffer A-7.1 AVB D&O zu versagen.[249] Jedenfalls wird bezüglich des Täters und der Mitverantwortlichen eine wissentliche Pflichtverletzung vorliegen. Die Vorschrift führt dann zu keiner weiteren Einschränkung des Versicherungsschutzes.

176 Der Wortlaut der Vorschrift, „im Zusammenhang mit Bestechung, Bestechlichkeit, Vorteilsannahme, Vorteilsgewährung“ kann darüber hinaus auch solche Haftpflichtansprüche vom Versicherungsschutz ausschließen, die dem Pflichtenkreis Vermeidung, Entdeckung, Bewältigung und Kommunikation der versicherten Personen zuzurechnen sind.[250]

177 Insbesondere die *gesetzlichen* Pflichten zur Überwachung, Organisation, Kontrolle Buchführung und Bilanzierung bedürfen des Versicherungsschutzes durch die D&O-Versicherung.[251] Der Ausschluss in Ziffer A-7.12 AVB D&O ist daher zu weitgehend und in marktgängigen D&O-Policen kaum durchsetzbar.[252]

178 Bei gemeinnützigen Organisationen (Non-Profit-Organisationen) führt ein solcher Ausschluss zu erheblichen Deckungslücken,[253] so dass der Ausschluss in marktgängigen Policen meist nicht zur Anwendung kommt.

XIII. A-7.13 – Ausschluss Spekulationsgeschäfte

179 Die Klausel schließt die zumeist hohen Schäden aus Spekulationsgeschäften aus.

180 Spekulationsgeschäfte sind Rechtsgeschäfte, bei denen beide Parteien dadurch einen Gewinn zu erzielen beabsichtigten, dass die jeweils andere Seite die Differenz zwischen dem Preis bei Abschluss des Rechtsgeschäfts und dem zu einem späteren Zeitpunkt festgesetzten Preis auszugleichen hat.[254] Einen Unterfall des Spekulationsgeschäftes bildet das Börsenspekulationsgeschäft, worunter Verträge über Finanzinstrumente, Waren oder Devisen fallen, die von beiden Parteien erst zu einem späteren Zeitpunkt zu erfüllen sind und die in der Absicht geschlossen werden, aus zwischenzeitlichen Preisunterschieden einen Gewinn zu ziehen, verstanden werden.[255]

181 Zweck und Inhalt des Ausschlusses liegen darin, hochspekulative Geschäfte, die existenzgefährdende Liquiditätskrisen verursachen und im äußersten Fall zum Zusammenbruch des Unternehmens oder zu einer nachhaltigen Beeinträchtigung des Finanzmarkts führen können, vom Versicherungsschutz auszuklammern.[256] Unter welchen Voraussetzungen die Vornahme eines spekulativen Geschäfts eine Sorgfaltspflichtverletzung seitens der versicherten Person darstellt, lässt die Klausel indes offen.

182 Grundsätzlich gilt: Wird der Versicherungsschutz durch eine AVB-Klausel beschränkt, so muss dem Versicherungsnehmer deutlich vor Augen geführt werden, in welchem Umfang Versicherungsschutz trotz der Klausel noch besteht.[257] Die tatbestandlichen Voraussetzungen und die

---

248 MüKoVVG/*Ihlas* Band 3, 320 D&O Rn. 812; Seitz/Finkel/Klimke/*Finkel*/*Seitz* Ziff. 5 Rn. 98.
249 Prölss/Martin/*Voit* AVB D&O A-7.12 Rn. 1.
250 Bruck/Möller/*Gädtke* A-7 Rn. 136.
251 Bruck/Möller/*Gädtke* A-7 Rn. 136; MüKoVVG/*Ihlas* Band 3, 320 D&O Rn. 812.
252 MüKoVVG/*Ihlas* Band 3, 320 D&O Rn. 813.
253 MüKoVVG/*Ihlas* Band 3, 320 D&O Rn. 814; Seitz/Finkel/Klimke/*Finkel*/*Seitz* Ziff. 5 Rn. 101.
254 Bruck/Möller/*Gädtke* VVG A-7 Rn. 138; *Lenz* FS von Westphalen **2010** 469, 482 f.
255 Schwark/Zimmer/ *Kumpan* § 26 BörsG Rn. 2 m.w.N.
256 Bruck/Möller/*Gädtke* A-7 Rn. 140; *Lenz* FS von Westphalen **2010** 469, 483 f.
257 BGH r+s **2001** 124; BGH VersR **2004** 507.

Rechtsfolgen einer Bedingung müssen so genau beschrieben werden, dass sich für den Versicherer keine ungerechtfertigten Beurteilungsspielräume ergeben.[258]

183 Vor diesem Hintergrund lässt die Klausel berechtigte Zweifel an der Bestimmtheit und ihrer Wirksamkeit im Lichte des Transparenzgebots i.S.v. § 307 Abs. 1 S. 2 BGB aufkommen.[259] Es bedarf folglich einer tatbestandlichen Eingrenzung der geschützten bzw. nicht geschützten Geschäfte.[260]

184 Versichert bleiben nach dem zweiten Halbsatz solche Spekulationsgeschäfte, die innerhalb eines ordnungsgemäßen Geschäftsgangs *erforderlich* und *üblich* sind. Als Beispiel nennt der Ausschlusstatbestand die Kurssicherungsgeschäfte. Die Begriffe der Erforderlichkeit und Üblichkeit sind ebenso schwierig zu greifen wie der Begriff des Spekulationsgeschäftes.

185 In welchem Umfang die Vorschrift den Versicherungsschutz ausschließt, erscheint angesichts des unklaren Wortlauts aus der Sicht des Versicherungsnehmers kaum überschaubar. Tritt in einem Unternehmen ein Schaden durch ein Spekulationsgeschäft ein, dürfte für die handelnde Person in vielen Fällen der Vorsatzausschluss gemäß Ziffer A-7.1 AVB D&O zur Anwendung kommen. Ein Anwendungsbereich des Ausschlusses verbleibt für fahrlässige Pflichtverletzungen durch Unterlassen (Aufsichtspflichtverletzungen, fehlendes Risikomanagement etc.) durch überwachungspflichtige versicherte Personen.

XIV. A-7.14 – Ausschluss Einbußen bei Darlehen und Krediten

186 Die Klausel erfasst Einbußen bei Darlehen und Krediten, die von dem Versicherungsnehmer bzw. einer Tochtergesellschaft gegenüber einer versicherten Person selbst gewährt wurden.

187 Unberührt bleiben folglich die bei einem Dritten aufgenommene Kredite.[261]

188 Die Rechtsprechung verneinte eine unangemessene Benachteiligung des Versicherungsnehmers nach § 307 Abs. 1 und Abs. 2 Nr. 2 BGB.[262] Gerade die mit einer Darlehensvergabe verbundene mögliche verdeckte Einlagenrückgewähr – z.B. an einen Merheitsaktionär – berge in besonderem Maß die Gefahr des kollusiven Zusammenwirkens zwischen Mehrheitsaktionär und darlehensgewährendem Konzernteil.[263] Der Ausschluss sei somit wirksam.

189 Nicht abschließend geklärt ist, ob die Klausel auch Schäden aus Warenkrediten erfasst, die der Versicherungsnehmer seinen Kunden gewährt. Sofern der Ausschluss eng ausgelegt wird, dürften die Warenkredite nicht erfasst sein.[264]

XV. A-7.15 – Diskriminierungs-Ausschluss

190 Die Klausel grenzt die D&O Versicherung deutlich von den EPL bzw. AGG-Policen ab,[265] indem sie Haftpflichtansprüche wegen Schäden aus Anfeindungen, Schikane, Belästigung, Ungleichbehandlung oder sonstiger Diskriminierung vom D&O Versicherungsschutz ausschließt. Der Ausschluss erfasst in Deutschland vornehmlich Ansprüche aus dem Allgemeinen Gleichbehandlungsgesetz, aber auch alle Ansprüche aufgrund sonstiger diskriminierender Verhaltensweisen.[266]

---

258 OLG Saarbrücken r+s **2008** 478, 480.

259 Bruck/Möller/*Gädtke* A-7 Rn. 140.

260 Bruck/Möller/*Gädtke* A-7 Rn. 141.

261 Bruck/Möller/*Gädtke* VVG A-7 Rn. 142; MüKoVVG/*Ihlas* Band 3, 320 D&O Rn. 821; *Mitterlechner/Wax/Witsch* § 7 Rn. 46.

262 LG Wiesbaden VersR **2005** 545; Prölss/Martin/*Voit* AVB D&O A-7.14 Rn. 1.

263 LG Wiesbaden VersR **2005** 545, 546.

264 Bruck/Möller/Gädtke A-7 Rn. 142; MüKoVVG/*Ihlas* Band 3, 320 D&O Rn. 821.

265 Bruck/Möller/*Gädtke* A-7 Rn. 143; MüKoVVG/*Ihlas* Band 3, 320 D&O Rn. 824.

266 Bruck/Möller/*Gädtke* A-7 Rn. 144; *Mitterlechner/Wax/Witsch* § 7 Rn. 49.

Neben der Spartenabgrenzung[267] trägt die Klausel der zunehmenden Klagebereitschaft bei Diskriminierungen sowie der erhöhten Publizität des Themas Rechnung.[268] **191**

In Maklerbedingungen zu D&O-Versicherung sind Ansprüche gegen versicherte Personen auf Grundlage des AGG häufig explizit eingeschlossen. So findet sich etwa in Ziffer 1.2 letzter Abs. HPDO 2020 folgende Regelung[269]: **192**

„Versichert sind Ansprüche wegen psychischer Beeinträchtigungen (mental anguish oder emotional distress) und immaterielle Schäden, die gegen versicherte Personen oder Arbeitnehmer der Versicherungsnehmerin oder deren Tochtergesellschaften auf Basis des Allgemeinen Gleichbehandlungsgesetztes (AGG) oder ähnlicher (ausländischer) Rechtsvorschriften geltend gemacht werden, insbesondere sogenannte Employment Practices Liability Claims."

XVI. A-7.16 – Asbestausschluss

Weil Asbest beziehungsweise asbestartige Substanzen im Zusammenhang mit Unternehmensveräußerungen in der Vergangenheit bis hin zu existenzbedrohlichen Vermögensschäden beim Erwerber geführt haben,[270] schließt die Klausel die Haftung wegen Schäden aus, die direkt oder indirekt auf Asbest, asbesthaltige Substanzen oder Erzeugnisse zurückzuführen sind oder mit diesen im Zusammenhang stehen. **193**

XVII. A-7.17 – Ausschluss laufender Streitigkeiten

Die Vorschrift versagt den Versicherungsschutz für Haftpflichtansprüche, sofern diese im Zusammenhang mit Forderungen, Klagen, Verwaltungsakten, Ermittlungsverfahren, Untersuchungen, Urteilen, sonstigen Vollstreckungstiteln oder den diesen zugrunde liegenden Sachverhalten stehen, die bereits vor oder zu Beginn des Vertrages gegen eine versicherte Person, den Versicherungsnehmer oder eine Tochtergesellschaft gerichtet waren. Gemeint sind damit wohl Ansprüche, die bereits vor Beginn des Versicherungsvertrags erhoben beziehungsweise anhängig waren.[271] Der Ausschluss scheint auf laufende Rechtstreitigkeiten abzustellen, die dem Versicherer zu Beginn des D&O-Versicherungsvertrages vom Versicherungsnehmer nicht angezeigt wurden. Bei international tätigen Unternehmen könnte der Ausschluss ggf. Relevanz entfalten, wenn ein Rechtsstreit im Ausland gegen eine Organmitglied nicht angezeigt wurde.[272] **194**

Damit schränkt der Ausschluss das sog. Claims-Made-Prinzip ein, nach dem der Versicherungsfall zu dem Zeitpunkt als eingetreten gilt, zu dem der Geschädigte Schadenersatzansprüche gegen den Versicherer erhebt.[273] **195**

In der Praxis wird der Ausschluss vor allem dann relevant, wenn die fraglichen Ansprüche zunächst gegen das Unternehmen und sodann während der Vertragslaufzeit des D&O Versicherungsvertrags im Innenverhältnis gegen die versicherte Person im Wege des Regresses geltend gemacht werden.[274] **196**

---

267 *Koch* VersR **2007** 288.

268 Bruck/Möller/*Gädtke* A-7 Rn. 143.

269 Eine ähnliche Regelung findet sich in Ziffer 7.1 FINLEX 2020 D&O-Spezialkonzept.

270 Bruck/Möller/*Gädtke* A-7 Rn. 146; MüKoVVG/*Ihlas* Band 3, 320 D&O Rn. 829; *Mitterlechner/Wax/Witsch* § 7 Rn. 48.

271 Seitz/Finkel/Klimke/*Finkel/Seitz* Ziff. 5 Rn. 116.

272 Ebenda.

273 *Leuering/Rubner* NJW-Spezial **2016** 143; Mitterlechner/Wax/Witsch § 7 Rn. 52.

274 Bruck/Möller/*Gädtke* A-7 Rn. 147.

A-8 Versicherung für fremde Rechnung

A-8.1 Die Ausübung der Rechte aus dem Versicherungsvertrag steht ausschließlich den versicherten Personen zu; dies gilt nicht in den Fällen gem. A-3.

A-8.2 [1]Rückgriffsansprüche der versicherten Personen und deren Ansprüche auf Kostenersatz, auf Rückgabe hinterlegter und auf Rückerstattung bezahlter Beträge sowie auf Abtretung gem. § 255 BGB gehen in Höhe der vom Versicherer geleisteten Zahlung ohne weiteres auf diesen über. [2]Der Versicherer kann die Ausstellung einer den Forderungsübergang nachweisenden Urkunde verlangen.

A-8.3 Hat eine versicherte Person auf einen Anspruch gem. A-8.2 oder ein zu dessen Sicherung dienendes Recht verzichtet, bleibt der Versicherer dieser gegenüber nur insoweit verpflichtet, als die versicherte Person nachweist, dass die Verfolgung des Anspruchs ergebnislos geblieben wäre.

Schrifttum

Gruber/Mitterlechner/Wax D&O-Versicherung mit internationalen Bezügen, 1. Aufl. 2012; *Lange* Die Prozessführungsbefugnis der Versicherungsnehmerin einer D&O-Versicherung, VersR **2007**, 893; *ders.* Die D&O-Versicherung in der Insolvenz der Versicherungsnehmerin (Zweiter Teil), r+s **2014**, 261; *Langheid/Grote* Deckungsfragen der D&O-Versicherung, VersR **2005**, 1165; *Looschelders* Grundfragen der Vermögensschaden-Haftpflichtversicherung und der Vertrauensschadenversicherung im Spiegel der neueren Rechtsprechung, VersR **2021**, 337; *Looschelders/Derkum* Befugnis zur Geltendmachung des Versicherungsschutzes und Rechtsmissbrauchsverbot bei der D&O-Versicherung, ZIP **2017**, 1249.

Übersicht

A. Allgemeines

I. Entstehungsgeschichte — 1

II. Regelungsgegenstand — 4

B. Inhalt der Klausel

I. Versicherung für fremde Rechnung (Ziffer A-8.1) — 7
1. Exkurs: Versicherung für fremde Rechnung im Sinne von §§ 43 ff. VVG — 10
2. Grundsatz: Verfügungsbefugnis der versicherten Person — 17
   a) Vertragliche Abbedingung der §§ 44 Abs. 2, 45 Abs. 1 VVG — 18
   b) Rechte aus dem Versicherungsvertrag — 25
   c) Auswirkungen in der Insolvenz des Versicherungsnehmers — 28
   d) Nichtgeltendmachung des Deckungsanspruchs durch die versicherte Person — 30
      aa) Betreiben des Haftpflichtprozesses durch Versicherungsnehmer — 31
      bb) Feststellungsklage in Bezug auf Deckungsanspruch — 33
3. Ausnahme: Verfügungsbefugnis des Versicherungsnehmers — 39

II. Übergang von Rückgriffsansprüchen (Ziffer A-8.2)
1. Rechtsnatur und Regelungsinhalt — 42
2. Übergangsfähige Ansprüche — 48
3. Ausstellung einer Urkunde — 53

III. Folgen des Verzichts auf Rückgriffsansprüche (Ziffer A-8.3) — 56

C. Abweichende Marktbedingungen

I. Abweichende Gestaltung
1. Verfügungsbefugnis über Rechte aus dem Versicherungsvertrag — 61
2. Übergang von Rückgriffsansprüchen auf den Versicherer — 64

II. Einzelne Maklerbedingungen
1. Hendricks & Partner Bedingungen HPDO 2020, Stand 09.19 — 65
2. Tokio Marine HCC D&O Versicherung (TMHCC – DE DO 2019) — 71

https://doi.org/10.1515/9783110675511-009

A. Allgemeines

I. Entstehungsgeschichte

Bei der D&O-Versicherung handelt es sich in ihrer klassischen Ausprägung um eine Versicherung für fremde Rechnung, nämlich zugunsten der versicherten Person, im Sinne der §§ 43 ff. VVG. 1

Eine (Neu-)Kodifikation des Rechts der Versicherung für fremde Rechnung im Allgemeinen Teil des VVG in den §§ 43 ff. VVG erfolgte im Zuge der VVG-Reform im Jahre 2008. Zuvor regelte der Gesetzgeber die Versicherung für fremde Rechnung in den §§ 74 ff. VVG a.F. und damit im Zusammenhang mit den Allgemeinen Bestimmungen zur Schadensversicherung. Die Regelungen über die Versicherung für fremde Rechnung sind damit – vorbehaltlich spezieller Regelungen – auf alle Versicherungszweige anwendbar.[1] 2

Ziffer A-8 AVB D&O dient dazu, die Rechtsstellung der versicherten Person näher zu konkretisieren und sie gegenüber den (allgemeinen) Regelungen der §§ 43 ff. VVG zu modifizieren.[2] Ziffer A-8 AVB D&O entspricht im Wesentlichen ihrer (Vorgänger-)Regelung in Ziffer 10 AVB-AVG. Der Gesamtverband löste bei der Entwicklung der Musterbedingungen AVB D&O lediglich die Regelungen zur Abtretung des Versicherungsanspruchs heraus (früher in Ziffer 10.2 AVB-AVG) und regelte diese in Ziffer A-9 AVB D&O. 3

II. Regelungsgegenstand

Ziffer A-8 AVB D&O behandelt sowohl Aspekte der Versicherung für fremde Rechnung (vgl. Ziffer A-8.1 AVB D&O) als auch den Übergang von Ansprüchen der versicherten Person auf den Versicherer (vgl. Ziffer A-8.2 und A-8.3 AVB D&O). 4

Ziffer A-8.1 Halbs. 1 AVB D&O stellt ausdrücklich klar, dass es sich bei der D&O-Versicherung um eine Versicherung für fremde Rechnung im Sinne der §§ 43 ff. VVG handelt, bei der – in Abweichung zu § 45 Abs. 1 VVG – grundsätzlich den versicherten Personen sowohl die materielle Anspruchsinhaberschaft als auch die formelle Verfügungsbefugnis zusteht. Eine Ausnahme hiervon sieht Ziffer A-8.1 Halbs. 2 AVB D&O für das Company Reimbursement im Sinne von Ziffer A-3 AVB D&O vor. 5

Die Regelungen in Ziffer A-8.2 und Ziffer A-8.3 AVB D&O behandeln mit der Fremdversicherung nicht zusammenhängende Regressfragen und konkretisieren den Übergang von (Rückgriffs-)Ansprüchen der versicherten Person gegen Dritte auf den Versicherer.[3] Ziffer A-8.2 AVB D&O sieht dabei den unmittelbaren Übergang von (Rückgriffs-)Ansprüchen der versicherten Person gegen Dritte auf den Versicherer in einer der Versicherungsleistung entsprechenden Höhe vor. In Anlehnung hieran regelt Ziffer A-8.3 AVB D&O den Fall, dass die versicherte Person auf (Rückgriffs-)Ansprüche gegen Dritte oder auf (Rückgriffs-)Ansprüche sichernde Rechte verzichtet. 6

B. Inhalt der Klausel

I. Versicherung für fremde Rechnung (Ziffer A-8.1)

Die D&O-Versicherung als Versicherung für fremde Rechnung wird von einem Unternehmen im eigenen Namen für die Organmitglieder des Unternehmens abgeschlossen. Versicherungsnehmer und Vertragspartner des Versicherers ist das Unternehmen; versicherte Person ist das jeweilige 7

1 Bruck/Möller/*Brand* Vorbemerkungen zu §§ 43-48 Rn. 12 f.

2 Bruck/Möller/*Brand* Ziffer A-8 Rn. 2.

3 Bruck/Möller/*Brand* Ziffer A-8 Rn. 4.

Organmitglied des Unternehmens (vgl. Ziffer A-1 AVB D&O). Bei der D&O-Versicherung besteht mithin ein für die §§ 43 ff. VVG charakteristisches Drei-Personen-Verhältnis zwischen dem Versicherer, dem Versicherungsnehmer und der versicherten Person.[4]

8 An der Einordnung der D&O-Versicherung als Versicherung für fremde Rechnung ändert sich auch dadurch nichts, dass eine Haftung der versicherten Person gegenüber dem Versicherungsnehmer ebenfalls versichert ist (sog. Innenhaftung).[5]

9 Soweit das Bedingungswerk AVB D&O keine abweichenden Vereinbarungen vorsieht, finden die Vorschriften der §§ 43 ff. VVG zur Versicherung für fremde Rechnung auf den jeweiligen Versicherungsvertrag Anwendung.[6]

1. Exkurs: Versicherung für fremde Rechnung im Sinne von §§ 43 ff. VVG

10 Der Begriff „**Versicherung für fremde Rechnung**" kennzeichnet gemäß § 43 Abs. 1 VVG einen Versicherungsvertrag, den der Versicherungsnehmer im eigenen Namen für einen nicht am Vertrag beteiligten Dritten – die versicherte Person – abschließt. Die Versicherung für fremde Rechnung stellt insoweit einen besonderen Anwendungsfall des Vertrages zu Gunsten Dritter im Sinne der §§ 328 ff. BGB dar.[7]

11 Während die Rechte aus dem Versicherungsvertrag nach § 44 Abs. 1 Satz 1 VVG materiell der versicherten Person zustehen, weist § 45 Abs. 1 VVG die formelle Verfügungsbefugnis über die Rechte aus dem Versicherungsvertrag grundsätzlich dem Versicherungsnehmer zu. Folglich fallen die materielle Anspruchsinhaberschaft (bei der versicherten Person) und die formelle Verfügungsbefugnis (bei dem Versicherungsnehmer) nach der gesetzlichen Konzeption der Versicherung für fremde Rechnung auseinander.[8]

12 Der Versicherungsnehmer ist als formell Verfügungsbefugter prozessrechtlich zur Durchsetzung der Ansprüche der versicherten Person aus dem Versicherungsvertrag im Wege der gesetzlichen Prozessstandschaft[9] und materiell-rechtlich zur Einziehung[10] der Forderung ermächtigt. Dies führt im Leistungsfall dazu, dass die versicherte Person ihre Ansprüche gegen den Versicherer grundsätzlich nicht selbst, sondern nur mit Hilfe des Versicherungsnehmers durchsetzen kann.[11]

13 Diese gesetzlich geregelte Aufspaltung von materieller Anspruchsberechtigung und formeller Verfügungsbefugnis dient insbesondere dem Schutz des Versicherers. Der Versicherer soll sich bei Eintritt des Versicherungsfalls nicht mit einer Vielzahl von Dritten, die etwaig bestehende Rechte aus dem Versicherungsvertrag geltend machen, auseinandersetzen müssen.[12]

14 Die versicherte Person kann gemäß § 44 Abs. 2 VVG **ausnahmsweise** nur dann über ihre Rechte aus dem Versicherungsvertrag verfügen, wenn sie im Besitz des Versicherungsscheins ist oder mit Zustimmung des Versicherungsnehmers handelt. §§ 44 Abs. 2, 45 Abs. 1 VVG stehen einer Geltendmachung des Versicherungsanspruchs durch die versicherte Person ferner nicht entgegen, wenn der Versicherungsnehmer die versicherte Person hierzu ermächtigt und der Versicherer in der Folge nicht widerspricht oder seine Zustimmung etwa durch das Setzen einer Klagefrist gegenüber der versicherten Person zum Ausdruck bringt.[13]

---

4 *Looschelders/Derkum* ZIP **2017** 1249, 1250.

5 OLG München 15.3.2005 VersR **2005** 540 ff.; *Höra/Sieg* § 17 Rn. 61.

6 Gruber/Mitterlechner/*Wax* § 2 Rn. 11.

7 Prölss/Martin/*Klimke* Vorbemerkungen zu §§ 43–48 Rn. 14.

8 BeckOK VVG/*Marlow* § 44 Rn. 15; Gruber/Mitterlechner/*Wax* § 2 Rn. 12; *Looschelders* VersR **2021** 337, 340; *Looschelders/Derkum* ZIP **2017** 1249, 1251.

9 BGH 5.4.2017 NJW **2017** 2466; BGH 4.3.2020 NZI **2020** 445, 447; Prölss/Martin/*Klimke* § 45 Rn. 22.

10 Looschelders/Pohlmann/*Koch* § 45 Rn. 3.

11 BeckOK VVG/*Marlow* § 44 Rn. 5.

12 BGH 5.4.2017 NJW **2017** 2466, 2468; Bruck/Möller/*Brand* § 44 Rn. 3; BeckOK VVG/*Marlow* § 44 Rn. 2; MüKoVVG/*Langheid* § 44 Rn. 5.

13 Prölss/Martin/*Klimke* § 44 Rn. 25.

Darüber hinaus ist die versicherte Person ausreichend dadurch geschützt, dass sich der Versicherer im Einzelfall nach Treu und Glauben (§ 242 BGB) nicht auf die fehlende Verfügungsbefugnis der versicherten Person berufen kann. Dies gilt nach herrschender Rechtsprechung beispielsweise dann, wenn der Versicherer sich auf die fehlende Verfügungsbefugnis der versicherten Person erstmalig in der Berufungsinstanz beruft[14] oder wenn der Versicherer einen von dem Versicherungsnehmer für die versicherte Person erhobenen Anspruch ablehnt und der Versicherungsnehmer daraufhin zu erkennen gibt, dass er den Anspruch von sich aus nicht weiter verfolgen will.[15] In diesem Fall kennt der Versicherer die versicherte Person und die sonstigen, für die Beurteilung des Versicherungsanspruchs wesentlichen Umstände bereits aus den vorhergehenden Verhandlungen mit dem Versicherungsnehmer.[16] 15

Im Fall der **Insolvenz des Versicherungsnehmers** führt die Aufspaltung von materieller Anspruchsberechtigung der versicherten Person und formeller Verfügungsbefugnis des Versicherungsnehmers dazu, dass die dem Versicherungsnehmer zustehende Verfügungsbefugnis gemäß § 80 Abs. 1 InsO auf den Insolvenzverwalter des Versicherungsnehmers übergeht. Hieran ändert die materiell-rechtliche Zugehörigkeit des Versicherungsanspruchs zu dem Vermögen der versicherten Person nichts.[17] Die versicherte Person hat lediglich ein Recht auf Aussonderung bzw. Ersatzaussonderung nach den Regelungen der §§ 47, 48 InsO.[18] Es kommt mithin darauf an, ob der Insolvenzverwalter von seinem Wahlrecht nach § 103 InsO Gebrauch macht und von dem Versicherer die Erfüllung des Versicherungsvertrages verlangt.[19] Wählt der Insolvenzverwalter für den Versicherungsnehmer einer D&O-Versicherung ausdrücklich die Nichterfüllung des Versicherungsvertrages gem. § 103 Abs. 2 InsO, ist der versicherten Person der Versicherungsschutz für später geltend gemachte Ansprüche verwehrt. 16

2. Grundsatz: Verfügungsbefugnis der versicherten Person

In Abweichung zu den gesetzlichen Regelungen der §§ 44 Abs. 2, 45 Abs. 1 VVG sieht Ziffer A-8.1 Halbs. 1 AVB D&O vor, dass die Ausübung der Rechte aus dem Versicherungsvertrag ***ausschließlich*** der versicherten Person zusteht. 17

a) Vertragliche Abbedingung der §§ 44 Abs. 2, 45 Abs. 1 VVG. Die in Ziffer A-8.1 Halbs. 1 AVB D&O enthaltene Klausel, wonach Ansprüche auf Versicherungsschutz ausschließlich durch die versicherte Person geltend gemacht werden können, ist entsprechend den Regelungen der §§ 133, 157 BGB nach dem maßgeblichen Verständnis eines durchschnittlichen Versicherungsnehmers und einer durchschnittlich versicherten Person als **Abbedingung der §§ 44 Abs. 2, 45 Abs. 1 VVG** auszulegen.[20] 18

Ein durchschnittlicher Versicherungsnehmer und eine durchschnittliche versicherte Person verstehen den Wortlaut von Ziffer A-8.1 Halbs. 1 AVB D&O dahingehend, dass ausschließlich die versicherten Personen den Anspruch auf Versicherungsschutz (vorbehaltlich von Ziffer A-3 AVB D&O) geltend machen können. Sie erkennen, dass es sich bei der Regelung in Ziffer A-8.1 19

14 OLG Köln 18.2.2003 r+s **2003** 409, 410; BeckOK VVG/*Marlow* § 44 Rn. 13.

15 BGH 4.5.1964 NJW **1964** 1899; OLG Köln 18.2.2003 r+s **2003** 409, 410.

16 BGH 4.5.1964 NJW **1964** 1899.

17 BGH 16.7.2014 NJW **2014** 3030.

18 BGH 4.3.2020 NJW **2020**, 1886.

19 BGH 4.3.2020 NJW **2020** 1886; *Lange* r+s **2014** 261, 266 f. (allgemein zum Wahlrecht des Insolvenzverwalter eines Versicherungsnehmers nach § 103 InsO).

20 BGH 5.4.2017 NJW **2017** 2466; BGH 4.3.2020 NZI **2020** 445, 447 (zu einer Klausel mit gleichem Wortlaut); BeckOKVVG/*Bauerschmidt* § 44 Rn. 9; Bruck/Möller/*Brand* Ziffer A-8 Rn. 6; *Lange* VersR **2007** 893 (zu §§ 75 Abs. 2, 76 Abs. 1 VVG a.F.).

AVB D&O trotz bestehender Ähnlichkeiten in den Formulierungen nicht nur um eine deklaratorische Wiedergabe der Regelung des § 44 Abs. 1 Satz 1 VVG handelt.[21] Anders als § 44 Abs. 1 Satz 1 VVG, der die materielle Anspruchsinhaberschaft betrifft, hat Ziffer A-8.1 AVB D&O die Geltendmachung des Anspruchs gegenüber dem Versicherer zum Gegenstand.[22]

20 **Materielle Anspruchsinhaberschaft und formelle Verfügungsbefugnis fallen folglich in der versicherten Person zusammen.**[23] Für den Versicherungsnehmer hat die Klausel in Ziffer A-8.1 AVB D&O zur Folge, dass er grundsätzlich keine Befugnis zur Geltendmachung des Deckungsanspruchs gegenüber dem Versicherer hat.[24]

21 Die Zusammenfassung von materieller Anspruchsinhaberschaft und formeller Verfügungsbefugnis in der versicherten Person gilt auch für den Fall der Innenhaftung. Eine Differenzierung zwischen Innen- und Außenhaftung ist Ziffer A-8.1 AVB D&O insoweit nicht zu entnehmen.[25]

22 Eine dergestalt vertragliche Abbedingung von §§ 44 Abs. 2, 45 Abs. 1 VVG ist wirksam und begegnet **keinen AVB-rechtlichen Bedenken.**[26]

23 Die in Ziffer A-8.1 AVB-D&O geregelte Verlagerung der Verfügungsbefugnis von dem Versicherungsnehmer auf die versicherte Person führt weder zu einer unangemessenen Benachteiligung des Versicherungsnehmers noch der versicherten Person.[27]

24 Die D&O-Versicherung dient primär dem Schutz der versicherten Person. Der Schutz auch des Versicherungsnehmers bildet einen Reflex, der der Haftpflichtversicherung immanent ist. Die alleinige Verfügungsbefugnis der versicherten Person zielt mithin darauf ab, die Geltendmachung des Versicherungsanspruchs demjenigen vorzubehalten, dessen Interesse versichert ist.[28] Sie soll die versicherte Person darüber hinaus vor einer Abhängigkeit von der Bereitschaft des Versicherungsnehmers, den Deckungsanspruch zu verfolgen, schützen.[29] Außerdem kann der Versicherer auf den ihm durch die Regelungen der §§ 44 Abs. 2, 45 Abs. 1 VVG gewährten Schutz ohne Weiteres verzichten.[30] Auch eine Beeinträchtigung der Interessen der versicherten Person liegt bei der Geltendmachung des Anspruchs durch den Versicherungsnehmer nicht vor. Die versicherte Person ist insoweit insbesondere keinem Kostenrisiko ausgesetzt.[31]

25 **b) Rechte aus dem Versicherungsvertrag.** Zu den Rechten aus dem Versicherungsvertrag im Sinne von Ziffer A-8.1 AVB D&O zählen **sämtliche Forderungsrechte**, die den Eintritt des Versicherungsfalls voraussetzen oder an diesen anknüpfen. Hierzu gehören insbesondere Ansprüche auf die Versicherungsleistung, Zinsansprüche sowie Ansprüche auf Ersatz von Verzugsschäden einschließlich Verzugszinsen.[32]

26 Im Vergleich zur Regelung in Ziffer 10.1 AVB-AVG, nach der die versicherte Person zur ausschließlichen Geltendmachung von „Ansprüchen auf Versicherungsschutz“ berechtigt war, ist Ziffer A-8.1 Halbs. 1 AVB D&O in ihrem Wortlaut missverständlich weit („Rechte aus dem Versicherungsvertrag“) gefasst.[33] Die der versicherten Person zugewiesene Verfügungsbefugnis bezieht

---

21 BGH 5.2.2017 NJW **2017** 2466; BGH 4.3.2020 NZI **2020** 445, 447 (zu einer Klausel mit gleichem Wortlaut).
22 BGH 4.3.2020 NJW **2020** 1886, 1887.
23 Bruck/Möller/*Brand* Ziffer A-8 Rn. 6.
24 *Looschelders/Derkum* ZIP **2017** 1249, 1252.
25 BGH 5.4.2017 NJW **2017** 2466.
26 BGH 4.3.2020 NZI **2020** 445, 447; Prölss/Martin/*Voit* AVB D&O A-8.1 Rn. 1; *Lange* VersR **2007** 893; *Langheid/Grote* VersR **2005** 1165 (im Zusammenhang mit §§ 74 ff. VVG a.F.).
27 *Lange* VersR **2007** 893.
28 BGH 5.4.2017 NJW **2017** 2466.
29 BGH 5.4.2017 NJW **2017** 2466 f.; *Lange* VersR **2007** 893.
30 *Lange* VersR **2007** 893.
31 BGH 5.4.2017 NJW **2017** 2466, 2468.
32 Bruck/Möller/*Brand* § 44 Rn. 5; Looschelders/Pohlmann/*Koch* § 44 Rn. 3.
33 Bruck/Möller/*Brand* Ziffer A-8 Rn. 7.

sich gleichwohl nicht auf andere vertragsbezogene Rechte.[34] Rechte, die den Bestand und den Inhalt des Versicherungsvertrages betreffen, stehen ausschließlich dem Versicherungsnehmer kraft seiner Stellung als Vertragspartei zu und fallen nicht in den Anwendungsbereich von Ziffer A-8.1 AVB D&O.[35] Die versicherte Person ist daher beispielsweise nicht zur Ausübung von Gestaltungsrechten und zur Vereinbarung einer Vertragsaufhebung oder -änderung berechtigt.[36]

Die Überschrift von Ziffer A-8 AVB D&O verdeutlicht insoweit, dass es dem Verwender allein 27
darum geht, die Rechtsstellung der versicherten Person gegenüber den gesetzlichen Regelungen der §§ 44, 45 VVG und damit in Bezug auf den Anspruch auf die Versicherungsleistung zu modifizieren. Bei den Regelungen zu den vertragsbezogenen Rechten, wie etwa in Ziffer B2-1.4 und B2-2.3 AVB D&O, ist mithin stets von dem Versicherungsnehmer und nicht von der versicherten Person die Rede. Dies entspricht im Übrigen der Grundregel, dass die Rechte, die dem Versicherungsnehmer in seiner Eigenschaft als Partei des Versicherungsvertrages zustehen, ihm zugeordnet sind.[37]

c) Auswirkungen in der Insolvenz des Versicherungsnehmers. Die Zuweisung der alleini- 28
gen Verfügungsbefugnis an die versicherte Person nach Ziffer A-8.1 AVB D&O hat im Falle der Insolvenz des Versicherungsnehmers **keine Auswirkungen auf die Rechte der versicherten Person**.[38]

Hierdurch wird insbesondere nicht das Wahlrecht des Insolvenzverwalters des Versiche- 29
rungsnehmers nach § 103 InsO zulasten der Insolvenzgläubiger beschnitten, da der Versicherungsanspruch materiell-rechtlich ohnehin der versicherten Person und nicht dem Versicherungsnehmer zusteht.[39]

d) Nichtgeltendmachung des Deckungsanspruchs durch die versicherte Person. Die Zu- 30
weisung der Verfügungsbefugnis an die versicherte Person ist nicht unproblematisch, da insoweit im Verhältnis zum Versicherer faktisch ein Interessengleichlauf zwischen Versicherungsnehmer und versicherter Person unterstellt wird. Gleichwohl stimmen die Interessen von Versicherungsnehmer und versicherter Person nicht notwendig überein. Die tatsächliche Interessenlage wird insbesondere durch das zwischen dem Versicherungsnehmer und der versicherten Person bestehende Innenverhältnis geprägt.[40] Die Gestaltung der Klausel in A-8.1 AVB D&O führt daher zu Schwierigkeiten für den Versicherungsnehmer, wenn die versicherte Person als alleinige prozessführungsbefugte Person die Geltendmachung des Deckungsanspruchs gegenüber dem Versicherer verweigert und insoweit die Interessen des Versicherungsnehmers empfindlich stört.[41]

aa) Betreiben des Haftpflichtprozesses durch Versicherungsnehmer. Sofern die versi- 31
cherte Person die Geltendmachung des Deckungsanspruchs verweigert, kann der Versicherungsnehmer insbesondere den Haftpflichtprozess nutzen, um den Deckungsanspruch selbst zu verwirklichen. Erstreitet der Versicherungsnehmer im Haftpflichtprozess einen Zahlungstitel, kann er den Deckungsanspruch der versicherten Person in Form eines Freistellungsanspruchs im

34 Bruck/Möller/*Brand* Ziffer A-8 Rn. 7; MüKoVVG/*Ihlas* 320. Directors & Officers-Versicherung Rn. 882.
35 BeckOK VVG/*Marlow* § 44 Rn. 3.
36 MüKoVVG/*Langheid* § 44 Rn. 2.
37 Bruck/Möller/*Brand* Ziffer A-8 Rn. 7.
38 BGH 4.3.2020 NJW **2020** 1886, 1887; Prölss/Martin/*Voit* AVB D&O A-8-1 Rn. 1; *Looschelders* VersR **2021** 337.
39 BGH 4.3.2020 NJW **2020** 1886, 1887.
40 *Looschelders/Derkum* ZIP **2017** 1249, 1252.
41 Prölss/Martin/*Voit* AVB D&O A-8 Rn. 1.

Rahmen der Zwangsvollstreckung nach §§ 829 ff. ZPO pfänden, sich zur Einziehung überweisen lassen und gegen den Versicherer geltend machen.[42]

32 Das Problem der fehlenden Verfügungsbefugnis des Versicherers in Bezug auf den Deckungsanspruch kann dadurch überwunden werden.[43]

33 **bb) Feststellungsklage in Bezug auf Deckungsanspruch.** Die Betreibung des Haftpflichtprozesses durch den Versicherungsnehmer birgt insbesondere die Gefahr, dass ein etwaiger Deckungsanspruch verjährt, bevor er von dem Versicherungsnehmer wirksam gegenüber dem Versicherer geltend gemacht werden kann.[44]

34 Der Versicherungsnehmer kann die Hemmung der Verjährung im Sinne von § 204 Abs. 1 Nr. 1 Var. 1 BGB erreichen, indem er gegen den Versicherer eine Klage auf Feststellung, dass der Versicherer der versicherten Person Deckungsschutz zu gewähren hat, erhebt.

35 Der BGH hat mit Urteil vom 5.4.2017 die grundsätzliche Zulässigkeit einer solchen Feststellungsklage unter Heranziehung der Regelung des § 242 BGB bejaht.[45] In dem der Entscheidung zugrundeliegenden D&O-Versicherungsvertrag waren die AVB-O 40/07 einbezogen, die eine mit Ziffer A-8.1 AVB D&O vergleichbare Regelung beinhalteten. Die versicherten Personen erhoben in dem von dem BGH zu entscheidenden Fall keine Deckungsansprüche gegenüber dem Versicherer. Der Versicherer war darüber hinaus nicht freiwillig zur Gewährung von Versicherungsschutz bereit, sodass der Versicherungsnehmer Klage gegen den Versicherer auf Feststellung seiner Pflicht zur Gewährung von Versicherungsschutz erhob.

36 Der BGH bejahte in diesem Zusammenhang die Prozessführungsbefugnis des Versicherungsnehmers. Zwar sei nach der zugrunde liegenden Klausel ausschließlich die versicherte Person prozessführungsbefugt. Dem Versicherer sei es jedoch nach Treu und Glauben im Sinne von § 242 BGB verwehrt, sich auf eine fehlende Prozessführungsbefugnis des Versicherungsnehmers zu berufen.

37 Das erforderliche Feststellungsinteresse im Sinne von § 256 Abs. 1 ZPO und die insoweit bestehende **Schutzbedürftigkeit des Versicherungsnehmers** leitete der BGH aus der Sozialbindung der D&O-Versicherung als Haftpflichtversicherung her, die die Geschädigten – und damit auch den Versicherungsnehmer in Innenhaftungsfällen – schützen soll.[46] Dass der Versicherungsnehmer den Ausschluss der Befugnis zur Geltendmachung des Versicherungsanspruchs mit dem Versicherer vereinbart und sich damit der gesetzlich vorgesehenen Herrschaft darüber selbst begeben habe, rechtfertige keine andere Bewertung. Dem Sinn und Zweck der D&O-Versicherung entsprechend dürfe der Versicherungsnehmer bei Abschluss des Versicherungsvertrages davon ausgehen, dass die versicherte Person ihren Anspruch auf Versicherungsschutz regelmäßig schon im eigenen Interesse geltend machen, da die D&O-Versicherung als Fremdversicherung gerade der Absicherung der versicherten Person diene.[47]

38 In dieser Konstellation stünden der Geltendmachung des Versicherungsanspruchs durch den Versicherungsnehmer keine schützenswerten Interessen des Versicherers entgegen. Die Regelungen der §§ 44 Abs. 2, 45 Abs. 1 VVG dienten grundsätzlich dem Schutz des Versicherers vor einer Inanspruchnahme durch eine Vielzahl von Dritten, die etwaig bestehende Rechte aus dem Versicherungsvertrag geltend machen (vgl. unter Ziffer A-8.1 AVB D&O, Rn. 13). Es könne für den Versicherer daher schon nicht zum Nachteil gereichen, wenn insoweit wieder die gesetzlichen Regelungen zur Anwendung kämen. Insbesondere drohe dem Versicherer in der vorliegenden

---

42 *Looschelders/Derkum* ZIP **2017** 1249, 1252.

43 *Looschelders/Derkum* ZIP **2017** 1249, 1252 m.w.N.

44 *Looschelders/Derkum* ZIP **2017** 1249, 1252.

45 BGH 5.4.2017 NJW **2017** 2466 ff.; Prölss/Martin/*Voit* AVB D&O A-8 Rn. 1.

46 BGH 5.4.2017 NJW **2017** 2466, 2467.

47 BGH 5.4.2017 NJW **2017** 2466, 2467 f.; *Looschelders/Derkum* ZIP **2017** 1249, 1254 (mit Urteilsanmerkungen).

Konstellation, in der die versicherte Person den Anspruch nicht verfolge, keine kumulative Inanspruchnahme durch Versicherungsnehmer und versicherte Person.[48]

3. Ausnahme: Verfügungsbefugnis des Versicherungsnehmers

Für die Fälle eines sogenannten **Company Reimbursement** im Sinne von Ziffer A-3 AVB D&O statuiert Ziffer A-8.1 Halbs. 2 AVB D&O eine Ausnahme von der Verfügungsbefugnis der versicherten Person. 39

Company Reimbursement meint Fälle der (Außen-)Haftung von versicherten Personen gegenüber Dritten, für die eine – gesetzliche oder vertragliche – Freistellungsverpflichtung des Versicherungsnehmers oder einer Tochtergesellschaft des Versicherungsnehmers besteht. Für den Fall, dass die versicherte Person gegen den Versicherungsnehmer einen Freistellungsanspruch hat und der Versicherungsnehmer bzw. dessen Tochtergesellschaft diesen Freistellungsanspruch erfüllt, sieht Ziffer A-3 AVB D&O einen Übergang des Versicherungsanspruchs von der versicherten Person auf den Versicherungsnehmer bzw. dessen Tochtergesellschaft in dem Umfang vor, in dem die Freistellungsverpflichtung erfüllt wurde.[49] 40

In der Praxis werden für das Company Reimbursement auch die Begriffe „Side B", „Side B Coverage" oder „Clause 2" verwendet. 41

II. Übergang von Rückgriffsansprüchen (Ziffer A-8.2)

1. Rechtsnatur und Regelungsinhalt

Ziffer A-8.2 Satz 1 AVB D&O sieht einen **unmittelbaren Übergang von (Rückgriffs-)Ansprüchen**, die der versicherten Person gegen Dritte zustehen, auf den Versicherer in einer der Versicherungsleistung entsprechenden Höhe vor. 42

Konkret erfasst Ziffer A-8.2 Satz 1 AVB D&O Fälle, in denen die versicherte Person von einem Dritten in Anspruch genommen wird (Außenhaftung) und der versicherten Person gegenüber einem Vierten ein Rückgriffsanspruch zusteht. Nach Befriedigung der Ansprüche des Dritten gehen diese Rückgriffsansprüche der versicherten Person auf den Versicherer über.[50] Ziffer A-8.2 Satz 1 AVB D&O ordnet mithin einen gesetzlichen Forderungsübergang im Sinne der § 412 BGB i.V.m. §§ 401 ff. BGB, die insoweit Anwendung finden, an. 43

Voraussetzung für den Forderungsübergang ist eine **dem Versicherer zuzurechnende tatsächliche Leistung** auf den Schaden oder Teile des Schadens in Form von Geld-, Sach- oder Rechtsschutzleistungen. 44

Der Ersatzanspruch geht dabei erst in dem Zeitpunkt auf den Versicherer über, in dem dieser seine Leistung erbringt. Ein bloßes Leistungsversprechen oder ein verbindliches Anerkenntnis des Versicherers genügen nicht.[51] Ob der Versicherer tatsächlich zur Leistung verpflichtet ist, ist für den Anspruchsübergang hingegen irrelevant.[52] 45

Die Regelung in Ziffer A-8.2 AVB D&O bezweckt, dass eine ungerechtfertigte Bereicherung der versicherten Person als Empfänger der Versicherungsleistung und eine Befreiung des Regressschuldners verhindert wird.[53] 46

---

48 BGH 5.4.2017 NJW **2017** 2466, 2468; *Looschelders/Derkum* ZIP **2017** 1249, 1254 (mit Urteilsanmerkungen).
49 Bruck/Möller/*Brand* Ziff. A-8 Rn. 10.
50 Prölss/Martin/*Voit* AVB D&O Teil A A-8.2 Rn. 1.
51 BeckOK VVG/*Rust* § 86 Rn. 57.
52 BeckOK VVG/*Rust* § 86 Rn. 49, 52.
53 Bruck/Möller/*Brand* Ziff. A-8 Rn. 13; Seitz/Finkel/Klimke/*Seitz*/*Finkel* Ziff. 10 Rn. 43.

47 Insoweit knüpft Ziffer A-8.2 Satz 1 AVB D&O an die **gesetzliche Regelung des § 86 Abs. 1 Satz 1 VVG** an, die den Übergang von Ersatzansprüchen des Versicherungsnehmers gegen Dritte auf den Versicherer vorsieht. Ziffer A-8.2 Satz 1 AVB D&O stellt – anders als § 86 Abs. 1 Satz 1 VVG – ausdrücklich auf Ansprüche der versicherten Person ab und passt ihren Wortlaut mithin den Besonderheiten der Versicherung für fremde Rechnung an.

2. Übergangsfähige Ansprüche

48 Als Rückgriffsansprüche der versicherten Person im Sinne von Ziffer A-8.2 AVB D&O kommen unter anderem **Ansprüche aus § 426 Abs. 1 Satz 1 BGB und aus § 426 Abs. 2 BGB i.V.m. den jeweiligen Ersatzansprüchen**, die der versicherten Person gegen einen (nicht versicherten) mitverantwortlichen Dritten zustehen, in Betracht.[54] Dritter kann in diesem Zusammenhang auch der Versicherungsnehmer, dessen Interesse nicht mitversichert ist, sein.[55] Auch sonstige Freistellungsansprüche (im Hinblick auf Ersatzansprüche) der versicherten Person sind als Rückgriffsansprüche im Sinne von Ziffer A-8.2 AVB D&O übergangsfähig.[56]

49 Unter **Ansprüchen auf Kostenersatz** sind insbesondere prozessuale Kostenerstattungsansprüche zu verstehen. Hat der Versicherer beispielsweise erfolgreich die gegen die versicherte Person geltend gemachten Ansprüche abgewehrt und hierfür Verfahrenskosten vorgestreckt, gehen nach Ziffer A-8.2 AVB D&O die Erstattungsansprüche der versicherten Person gegen den Prozessgegner auf den Versicherer in Höhe der vorgestreckten Verfahrenskosten über.[57]

50 Die Regelung des Übergangs von Ansprüchen der versicherten Person auf **Rückgabe hinterlegter Beträge** im Sinne von Ziffer A.3-2 AVB D&O knüpft an die Regelung des § 101 Abs. 3 VVG an.[58] Gemäß § 101 Abs. 3 Satz 1 VVG ist der (Haftpflicht-)Versicherer gehalten, die Hinterlegung zugunsten der versicherten Person zu bewirken, um die Vollstreckung einer gerichtlichen Entscheidung abzuwenden. Ansprüche auf Rückgabe bzw. Erstattung hinterlegter Beträge entstehen bei Aufhebung oder Abänderung eines vorläufig vollstreckbaren Urteils nach Maßgabe von § 712 Abs. 2 oder Abs. 3 ZPO.[59]

51 Ein **Anspruch auf Rückerstattung bezahlter Beträge** dürfte der versicherten Person beispielsweise zustehen, soweit Schadensersatzzahlungen unter Vorbehalt geleistet wurden und später festgestellt wird, dass eine Schadensersatzpflicht nicht besteht.[60]

52 Ansprüche der versicherten Person auf **Abtretung nach § 255 BGB** resultieren stets aus einer Schadensersatzpflicht der versicherten Person, deren Rechtsgrund unerheblich ist.[61]

3. Ausstellung einer Urkunde

53 Der Versicherer kann nach Ziffer A-8.2 Satz 2 AVB D&O die Ausstellung einer den Forderungsübergang nachweisenden Urkunde verlangen. Die Regelung in Ziffer A-8.2 Satz 2 AVB D&O knüpft insoweit an die gesetzlichen Regelungen der §§ 412, 403 BGB an.[62]

54 Ziffer A-8.2 Satz 2 AVB D&O soll dem Versicherer die Durchsetzung von Rückgriffsansprüchen erleichtern.

---

54 Bruck/Möller/*Brand* Ziff. A-8 Rn. 14; Seitz/Finkel/Klimke/*Seitz/Finkel* Ziff. 10 Rn. 45.
55 Bruck/Möller/*Brand* Ziff. A-8 Rn. 14.
56 Bruck/Möller/*Brand* Ziff. A-8 Rn. 14; Seitz/Finkel/Klimke/*Seitz/Finkel* Ziff. 10 Rn. 45.
57 Bruck/Möller/*Brand* Ziff. A-8 Rn. 16.
58 Bruck/Möller/*Brand* Ziff. A-8 Rn. 17; Seitz/Finkel/Klimke/*Seitz/Finkel* Ziffer 10 Rn. 46.
59 Bruck/Möller/*Brand* Ziff. A-8 Rn. 17.
60 Bruck/Möller/*Brand* Ziff. A-8 Rn. 18.
61 BeckOK BGB/*Lorenz* § 255 Rn. 3.
62 Seitz/Finkel/Klimke/*Seitz/Finkel* Ziff. 10 Rn. 47.

Für die Erstellung der Urkunde sieht Ziffer A-8.2 Satz 2 AVB D&O anders als die Regelung des § 403 Satz 2 BGB keine bestimmte Form vor. Bedarf es zur Geltendmachung des Rückgriffsanspruchs einer bestimmten Form, ist diese von dem Verpflichteten einzuhalten. Dies folgt aus dem durch § 242 BGB geprägten besonderen Kooperationsverhältnis zwischen dem Versicherer und dem Versicherungsnehmer bzw. der versicherten Person.[63] Inhalt der Urkunde ist die bestätigende Verlautbarung des Forderungsübergangs. 55

III. Folgen des Verzichts auf Rückgriffsansprüche (Ziffer A-8.3)

In Anknüpfung an Ziffer A-8.2 AVB D&O regelt Ziffer A-8.3 AVB D&O den Fall, dass eine versicherte Person auf einen, in Ziffer A-8.2 AVB D&O genannten Rückgriffsanspruch oder auf ein zur Sicherung des Rückgriffsanspruchs dienenden Rechts verzichtet. Der Verzicht der versicherten Person führt nach Ziffer A-8.3 AVB D&O grundsätzlich zum **Entfall der Leistungspflicht des Versicherers**. 56

Der Versicherer bleibt nach Ziffer A-8.3 AVB D&O nur insoweit zur Leistung verpflichtet, als die **Verfolgung des Anspruchs ergebnis- bzw. erfolglos** geblieben wäre. Dieses Kausalitätserfordernis ist der Regelung des § 86 Abs. 2 Satz 2 VVG nachgebildet. Ziffer A-8.3 AVB D&O weist mithin der versicherten Person die Darlegungs- und Beweislast zu.[64] 57

Insgesamt zielt Ziffer A-8.3 AVB D&O auf den **Schutz des Versicherers** vor einer Vereitelung des aus Ziffer A-8.2 AVB D&O folgenden Rückgriffsanspruchs durch die versicherte Person ab.[65] 58

Ziffer A.8-3 AVB D&O modifiziert die Regelung des § 86 Abs. 2 VVG dahingehend, dass der versicherten Person in Abweichung zu § 86 Abs. 2 VVG nur ein Verzicht auf einen Rückgriffsanspruch schadet, während § 86 Abs. 2 VVG weitergehend eine Obliegenheit der versicherten Person zur Anspruchswahrung vorsieht, deren (vorsätzliche oder grob fahrlässige) Verletzung ebenfalls Nachteile für die versicherte Person birgt.[66] 59

In diesem Zusammenhang wird Ziffer A-8.3 AVB D&O in der Literatur teilweise deshalb für unwirksam erachtet, weil die Leistungsfreiheit des Versicherers abweichend von § 86 Abs. 2 Satz 2 VVG nicht ausdrücklich an den Vorsatz der versicherten Person knüpft.[67] Insoweit wird in der Literatur jedoch verkannt, dass bedingter Vorsatz im Rahmen von § 86 Abs. 2 Satz 2 VVG ausreicht. Ein Handeln im Bewusstsein der Übergangsvereitelung oder in Kenntnis des bestehenden Versicherungsvertrags ist nicht erforderlich. Verzichtet die versicherte Person auf Rückgriffsansprüche, kennt und will sie den Anspruchsverlust. Dieses Verhalten genügt jedenfalls zur Bejahung des Vorsatzes im Sinne von § 86 Abs. 2 Satz 2 VVG.[68] 60

C. Abweichende Marktbedingungen

I. Abweichende Gestaltung

1. Verfügungsbefugnis über Rechte aus dem Versicherungsvertrag

Die untersuchten Maklerbedingungen stimmen betreffend die Regelung der Verfügungsbefugnis über Rechte aus dem Versicherungsvertrag zum größten Teil mit Ziffer A-8.1 AVB D&O überein. 61

63 Bruck/Möller/*Brand* Ziff. A-8 Rn. 21.
64 Bruck/Möller/*Brand* Ziff. A-8 Rn. 24.
65 Bruck/Möller/*Brand* Ziff. A-8 Rn. 22; Seitz/Finkel/Klimke/*Seitz*/*Finkel* Ziffer 10 Rn. 43.
66 Bruck/Möller/*Brand* Ziff. A-8 Rn. 22.
67 Prölss/Martin/*Voit* AVB D&O Teil A A-8.3 Rn. 1.
68 So auch Bruck/Möller/*Brand* Ziff. A-8 Rn. 26.

Die materielle Anspruchsinhaberschaft und die formelle Verfügungsbefugnis fallen mithin in der Regel in der versicherten Person zusammen.

62 Teilweise sehen die untersuchten Maklerbedingungen jedoch ein Nebeneinander von Verfügungsbefugnis des Versicherungsnehmers und der versicherten Person vor (vgl. für Einzelheiten unter Rn. 65 ff.).

63 Herauszustellen ist, dass die untersuchten Maklerbedingungen jedenfalls keine Regelung dahingehend beinhalten, dass ausschließlich der Versicherungsnehmer zur Geltendmachung der Rechte aus dem Versicherungsvertrag befugt sein soll. Insoweit sehen sämtliche untersuchten Maklerbedingungen eine vertragliche Abbedingung von § 44 Abs. 2 VVG bzw. §§ 44 Abs. 2, 45 Abs. 1 VVG vor.

2. Übergang von Rückgriffsansprüchen auf den Versicherer

64 In den untersuchten Maklerbedingungen sind Regelungen zum Anspruchsübergang, wie sie Ziffer A-8.2 und Ziffer A-8.3 AVB D&O beinhalten, nicht zu finden. Insoweit findet daher stets die gesetzliche Regelung des § 86 VVG Anwendung.[69]

II. Einzelne Maklerbedingungen

1. Hendricks & Partner Bedingungen HPDO 2020, Stand 09.19

65 Die Hendricks & Partner Bedingungen HPDO 2020, Stand 09.19 (HPDO 2020), regeln die Rechtsstellung der versicherten Person in Ziffer 8.0 wie folgt:

> *„**8.0 Rechtsstellung***
>
> *Ziffer 8.1 Rechtsstellung der versicherten Personen*
>
> *Das Recht zur Inanspruchnahme von Leistungen aus dem Versicherungsvertrag steht auch ohne im Besitz des Versicherungsscheins zu sein den jeweils Versicherten (z.B. in Fällen von Ziffer 1.1 den versicherten Personen und in Fällen von Ziffer 1.1.5 den versicherten Unternehmen) zu. Der Versicherer ist verpflichtet, im Versicherungsfall den betroffenen versicherten Personen den Versicherungsschein einschließlich der Versicherungsbedingungen zur Verfügung zu stellen. Die Versicherungsnehmerin ist nicht befugt, die Rechte der versicherten Personen, die ihnen wegen bereits begangener Pflichtverletzungen aus diesem Vertrag zustehen, ohne deren Zustimmung aufzuheben oder zu ändern (gemäß § 328 Absatz 2 BGB sowie entsprechenden ausländischen Rechtsvorschriften).“*

66 Ziffer 8.1 HPDO 2020 sieht in Satz 1 vor, dass das Recht zur Inanspruchnahme von Leistungen aus dem Versicherungsvertrag – auch ohne im Besitz des Versicherungsscheins zu sein – der versicherten Person bzw. dem versicherten Unternehmen zusteht.

67 Ein durchschnittlicher Versicherungsnehmer und eine durchschnittliche versicherte Person werden die Regelung in Ziffer 8.1 HPDO 2020 dahingehend verstehen, dass die versicherte Person dem Versicherungsnehmer gleichgestellt ist mit der Folge, dass – unter Abbedingung der Regelung des § 44 Abs. 2 VVG – die versicherte Person ebenfalls zur eigenständigen Geltendmachung des Versicherungsanspruchs berechtigt ist. Anders als bei Ziffer A-8.1 AVB D&O („ausschließlich den versicherten Personen“) bringt die Regelung in Ziffer 8.1 HPDO 2020 gerade nicht zum Ausdruck, dass die versicherte Person hinsichtlich des Versicherungsschutzes an die Stelle des Versicherungsnehmers treten soll. Letztlich geht mit der Regelung in Ziffer 8.1 HPDO 2020 mithin eine Erleichterung für die versicherte Person betreffend die Geltendmachung ihrer Rechte einher.

68 Eine dergestalt vertragliche Regelung betreffend die kumulative Verfügungsbefugnis der versicherten Person und des Versicherungsnehmers unter Abbedingung von § 44 Abs. 2 VVG ist wirk-

69 Seitz/Finkel/Klimke/*Finkel/Seitz* Ziff. 10 Rn. 51.

sam. Sie verschafft sowohl dem Versicherungsnehmer als auch der versicherten Person größtmögliche Freiheit bei der Geltendmachung des Deckungsanspruchs.[70] Der Versicherer steht insoweit nicht schlechter als er stünde, wenn die Geltendmachung der Rechte aus dem Versicherungsvertrag ausschließlich der versicherten Person zustünde.

In der Literatur ist insoweit jedoch umstritten, wie sich nebeneinander bestehende Verfügungsbefugnisse von versicherter Person und Versicherungsnehmer im (Konflikt-)Fall, d.h. bei widersprechenden Verfügungen, zueinander verhalten. Zum Teil wird vertreten, dass alle Verfügungen als von ein- und derselben Person getroffen anzusehen seien. Die zeitlich spätere Verfügung sei – sofern sie der zeitlich früheren Verfügung widerspreche – unwirksam (sog. Prioritätsprinzip).[71] Teilweise wird vertreten, dass Verfügungen der versicherten Person gegenüber Verfügungen des Versicherungsnehmers stets vorgingen und die Rechtsstellung des Versicherungsnehmers sich quasi akzessorisch zu der der versicherten Person verhalte.[72] Der BGH hat diese Frage bislang offengelassen.[73] 69

Ziffer 8.1 HPDO 2020 nimmt in Satz 3 jedenfalls dahingehend eine Klarstellung vor, dass der Versicherungsnehmer nicht befugt ist, die Rechte der versicherten Personen, die ihnen wegen bereits begangener Pflichtverletzungen aus diesem Vertrag zustehen, ohne deren Zustimmung aufzuheben oder zu ändern. 70

2. Tokio Marine HCC D&O Versicherung (TMHCC – DE DO 2019)

Die Bedingungen Tokio Marine HCC D&O Versicherung (TMHCC – DE DO 2019) regeln die Rechtsstellung der versicherten Person in Ziffer 13.3 wie folgt: 71

13.3 Anspruchsberechtigung

Anspruch auf Versicherungsschutz haben nur:

(a) die versicherten Personen im Rahmen von 5, 6.1 und 6.2 und

(b) die versicherten Gesellschaften im Rahmen von 6.3.

Ansprüche aus dem Versicherungsvertrag können durch jede versicherte Person bzw. Gesellschaft gegenüber dem Versicherer auch ohne Zustimmung der Versicherungsnehmerin gerichtlich und außergerichtlich geltend gemacht werden, auch wenn der Versicherungsschein nicht in ihrem Besitz ist.

13.4 Abtretung

Sämtliche Gestaltungs- und andere Rechte bzgl. dieses Versicherungsvertrages stehen ausschließlich der Versicherungsnehmerin zu. […]

Die Auslegung von Ziffer 13.3 TMHCC – DE DO 2019 ergibt ebenfalls eine Zuweisung der Verfügungsbefugnis über den Versicherungsanspruch **auch** an die versicherte Person. Insoweit liegt ebenfalls eine wirksame Abbedingung von § 44 Abs. 2 VVG vor. Während in Satz 1 der Ziffer 13.3 TMHCC – DE DO 2019 zum Ausdruck gebracht wird, dass der Anspruch auf Versicherungsschutz materiell-rechtlich ausschließlich der versicherten Person („nur“) zusteht, erfolgt eine ausschließliche Zuweisung der Verfügungsbefugnis in Satz 2 der Ziffer 13.3 TMHCC – DE DO 2019 an die versicherte Person gerade nicht. Die versicherte Person ist insoweit mithin neben dem Versicherungsnehmer zur eigenständigen Geltendmachung des Versicherungsanspruchs berechtigt. 72

Ziffer 13.4 TMHC – DE DO 2019 stellt – anders als Ziffer A-8.1 AVB D&O – ausdrücklich klar, dass die Rechte, die den Bestand und den Inhalt des Versicherungsvertrages betreffen, hingegen ausschließlich dem Versicherungsnehmer zustehen. 73

70 *Lange* VersR **2007** 893.
71 Bruck/Möller/*Brand* § 45 Rn. 9; Prölss/Martin/*Klimke* § 45 Rn. 23.
72 *Lange* VersR **2007** 893.
73 BGH 16.7.2014 NJW **2014** 3030, 3031.

A-9 Abtretung des Versicherungsanspruches

[1]Der Freistellungsanspruch darf vor seiner endgültigen Feststellung ohne Zustimmung des Versicherers weder abgetreten noch verpfändet werden. [2]Eine Abtretung an den geschädigten Dritten ist zulässig.

Schrifttum

Armbrüster Prozessuale Besonderheiten in der Haftpflichtversicherung, r+s 2010, 441; *Bachmann* Beweislast und Erfüllungswirkung bei Abtretung des Deckungsanspruchs gegen den D&O-Versicherer, NZG 2024, 293; *Baumann* Die Überwindung des Trennungsprinzips durch das Verbot des Abtretungsverbots in der Haftpflichtversicherung, VersR 2010, 984; *Baur/Holle* Anwendung des § 93 Abs. 2 Satz 2 AktG im Direktprozess gegen den D&O- Versicherer, AG 2017, 141; *Brinkmann* Die prozessualen Konsequenzen der Abtretung des Freistellungsanspruchs aus einer D&O- Versicherung, ZIP 2017, 301; *Glimpel* Die Abtretung von Deckungsansprüchen nach § 108 Abs. 2 VVG, 2022; *Doralt* Organhaftung und D&O- Versicherung – Jüngere Entwicklungen und aktuelle Gestaltungsfragen-, ZGR 2019, 996; *Grote/Schneider* Neuregelung, Versicherungsvertrag, BB 2007, 2689; *Harzenetter* Abtretung des Freistellungsanspruchs aus einer D&O-Versicherung nach den BGH- Urteilen vom 13.4.2016, NZG 2016, 728; *Herdter* Grenzen der Auskunfts- und Belegpflicht in der D&O- Versicherung, ZVersWiss 2011, 655; *ders.* Die Abtretung des Freistellungsanspruchs in der D&O- Versicherung, VP 9/ 2012, 168; *Hoffmann- Becking* Sinn und Unsinn der D&O- Versicherung, ZHR 181 (2017), 737; *Hösker* Die Pflichten des Versicherers gegenüber dem VN nach Abtretung des Haftpflichtversicherungsanspruchs an den Geschädigten, VersR 2013, 952; *Ingwersen* Die Stellung des Versicherungsnehmers bei Innenhaftungsfällen in der D&O- Versicherung, 2011, S. 183, 221; *Klimke* Auswirkungen des Wegfalls des Anerkenntnis- und Befriedigungsverbotes in der Haftpflichtversicherung, r+s 2014, 105, 113; *Koch, R.* r+s 2009, 133, Der Direktanspruch in der Haftpflichtversicherung; *Lange* Die Prozessführungsbefugnis der Versicherungsnehmerin einer D&O- Versicherung, VersR 2007, 401; *ders.* Der Direktanspruch gegen den Haftpflichtversicherer (am Beispiel der D&O- Versicherung), r+s 2011, 185; *ders.* Vernachlässigte Aspekte des Wissentlichkeitsausschlusses in der D&O- Versicherung, VersR 2020, 588; *Langheid* Tücken in den §§ 110 ff. VVG-RegE, VersR 2007, 865; *Löbbe* Abtretungslösung – Königsweg zur Durchsetzung von Organhaftungsansprüchen, in Festschrift für Reinhard Marsch- Barner zum 75. Geburtstag, 2018, 317; *Nissen* Der Direktprozess des Insolvenzverwalters gegen den D&O- Versicherer, KTS 2018, 29; *v. Rintelen* Die Fälligkeit und die Durchsetzbarkeit des abgetretenen Freistellungsanspruchs in der Haftpflichtversicherung, r+s 2010, 133; *Schmidt* Überlegungen zur Beweislastverteilung bei Organhaftungsansprüchen, in Festschrift für Thomas Heidel, 2021, 733; *Schramm/ Wolf* Das Abtretungsverbot nach der VVG- Reform, r+s 2009, 358; *Staudinger/Richter* D&O- Versicherung: Anforderungen an den Eintritt des Versicherungsfalls nach Abtretung des Freistellungsanspruchs, DB 2013, 2725; *Thomas* Die Haftungsfreistellung von Organmitgliedern – Bürgerrechtliche, gesellschaftsrechtliche und versicherungsrechtliche Grundlagen der Freistellung und der Versicherung von organschaftlichen Haftungsrisiken im Kapitalgesellschaftsrecht; *Ulrich* Die direkte Inanspruchnahme des D&O-Versicherers, 2021; *ders.* r+s 2022, 608: Die direkte Inanspruchnahme des D&O-Versicherers – eine interessengerechte Alternative?; *Werner* D&O- Versicherung: Die Rechtsfolgen der Abtretung des Freistellungsanspruchs an die Versicherungsnehmerin, ZWH 2017, 124; *Windorfer* Der Verjährungsverzicht, NJW 2015, 3329.

Übersicht

A. Allgemeines —— 1

I. Entstehungsgeschichte —— 2

II. Regelungsgegenstand —— 3

B. Inhalt der Klausel —— 4

I. Regelungszweck —— 5

II. Rechtsgrund für Abtretung —— 9

C. Die direkte Inanspruchnahme —— 10

I. Rechtsfolge der Abtretung —— 12
1. Versicherungsanspruch —— 13
   a) Auswirkung auf den Abwehranspruch —— 14
   b) Fälligkeit —— 17
   c) Auskunfts- und Belegobliegenheiten —— 22
2. Haftungsanspruch —— 25
   a) Abtretung erfüllungshalber —— 26
   b) Verzinsung des Haftungsanspruchs —— 28
   c) Temporäre Verjährungshemmung des Haftungsanspruchs —— 32

II. Der Direktprozess —— 35
1. Darlegungs- und Beweislast —— 36

https://doi.org/10.1515/9783110675511-010

a) Planwidrige Regelungslücke — 38
b) Vergleichbare Interessenlage — 41
2. Bindungswirkung — 44
a) Abwehranspruch — 46
b) Haftungsanspruch
aa) Bindungswirkung durch ergänzende Vertragsauslegung — 49
bb) Lösungsmöglichkeit – Zwischenfeststellungsklage — 56
3. Prozesskosten — 59

III. Abtretung auch nach gewährtem Abwehrschutz zulässig — 64

D. Abweichende Marktbedingungen — 68

I. Abweichender Wortlaut — 69

II. Unterschiede zur Musterbedingung — 71

A. Allgemeines

Die Klausel erfährt in der D&O-Versicherungspraxis besondere Bedeutung. 1

I. Entstehungsgeschichte

Bis zur VVG-Reform 2008 war es in der D&O-Versicherungspraxis üblich, die Abtretung des Freistellungsanspruchs in den AVB auszuschließen.[1] Mit der Einführung des § 108 Abs. 2 VVG beschränkte der Gesetzgeber die Vertragsgestaltungsfreiheit der Versicherer dahingehend, dass die Versicherer die Abtretung des Freistellungsanspruchs an den geschädigten Dritten nicht mehr durch AVB ausschließen können. 2

II. Regelungsgegenstand

Die Klausel betrifft – wie auch § 108 Abs. 2 VVG – allein den Freistellungsanspruch.[2] Der versicherten Person wird damit ermöglicht, den Freistellungsanspruch auch vor einer bindenden Feststellung der Haftpflicht an den Geschädigten abzutreten. Der Geschädigte kann dann die Deckungs- und die Haftungsfrage in einem Prozess gegen den Versicherer klären (sog. **Direktprozess**). 3

B. Inhalt der Klausel

Während Satz 1 die Abtretung des Freistellunganspruchs vor einer bindenden Feststellung der Haftpflicht generell ausschließ, erlaubt Satz 2 die Abtretung an den Geschädigten. 4

I. Regelungszweck

Die Versicherer bezwecken mit dem Ausschluss der Abtretung, dass sie den Versicherungsfall ausschließlich mit der ihnen bekannten Versicherungsnehmerin abwickeln müssen.[3] Des Weiteren befürchten die Versicherer, die versicherte Person könnte im Sinne einer schnellen und persönlich nicht belastenden Schadenabwicklung mit dem Geschädigten zum Nachteil des Versicherers zusammenwirken.[4] 5

1 MüKo VVG/*Wandt* § 108 VVG Rn. 2; Bruck/Möller/*Koch* § 108 VVG Rn. 3.
2 *Ulrich* S. 142 ff.; Bruck/Möller/*Koch* § 108 VVG Rn. 34.
3 Bruck/Möller/*Koch* § 108 VVG Rn. 3.
4 Bruck/Möller/*Koch* § 108 VVG Rn. 3.

6 Die Ausnahme in Satz 2 beruht auf dem im Rahmen der großen VVG-Reform eingeführten § 108 Abs. 2 VVG.[5] Demnach können die Haftpflichtversicherer die Abtretung an den Geschädigten nicht mehr durch AVB ausschließen. Die Versicherer führten daher überwiegend mit A-9 Satz 2 AVB D&O vergleichbare Zusätze ein und stellten somit klar, dass die Abtretung an den Geschädigten auch vor einer binden Feststellung der Haftpflicht zulässig ist.

7 Die D&O-Versicherer vertraten daraufhin die Ansicht, dass *„geschädigter Dritter"* nie die geschädigte Versicherungsnehmerin sein könne. Andernfalls drohe ein Missbrauch der D&O-Versicherung hin zu einer Bilanzschutzversicherung der Versicherungsnehmerin.[6]

8 Nachdem der BGH am 13. April 2016 klarstellte, dass auch die geschädigte Versicherungsnehmerin Dritte im Sinne des § 108 Abs. 2 VVG ist und somit die Versicherer eine Abtretung an die geschädigte Versicherungsnehmerin nicht wirksam durch AVB ausschließen können,[7] stellt sich aktuell die Frage nach der praktischen Bedeutung der Klausel.

II. Rechtsgrund für Abtretung

9 Üblicherweise erfolgt die **Abtretung** des Freistellungsanspruchs **erfüllungshalber**.[8] Die Abtretung erfüllungshalber beruht auf einem Rechtsverhältnis eigener Art.[9] Das zugrundeliegende Rechtsgeschäft ist dem Auftrag ähnlich und unterliegt somit grundsätzlich den Normen des Auftragsrechts.[10] Bei einer Abtretung des Freistellungsanspruchs finden sich Verpflichtungs- und Verfügungsgeschäft meist in derselben schriftlichen Vereinbarung.

C. Die direkte Inanspruchnahme

10 Die Abtretung des Freistellungsanspruchs bezweckt, die direkte Inanspruchnahme des Versicherers zu ermöglichen. Fallen Haftungsanspruch und – infolge der Abtretung – Freistellungsanspruch in Händen der Geschädigten zusammen, wandelt sich der Freistellungsanspruch in einen Zahlungsanspruch um.[11] Regelmäßig bedeutet dies, dass die Versicherungsnehmerin als Geschädigte und Zessionarin des Freistellungsanspruchs gegen den D&O-Versicherer vorgeht.[12]

11 Anders als vielfach behauptet, ermöglicht die direkte Inanspruchnahme grundsätzlich eine für versicherte Person, geschädigte Versicherungsnehmerin und D&O-Versicherer interessengerechte Abwicklung.[13] Damit aber auch im Versicherungsfall eine interessengerechte Lösung möglich bleibt, sollten sowohl der D&O-Versicherungsvertrag als auch die Abtretungsvereinbarung folgende Punkte adressieren.

---

5 Gesetz zur Reform des Versicherungsvertragsrechts, BGBl. I 2007 S. 2631.

6 Ausführlich gegen die pauschale Annahme einer Missbrauchsgefahr durch die Abtretung *Ulrich* S. 152.

7 BGHZ 209, 373 = NJW **2016** 2184.

8 BGH v. 13.4.2016 BGHZ 209, 373 = NJW **2016** 2184 Rn. 26; Looschelders/Pohlmann/*Schulze Schwienhorst* § 108 VVG Rn. 15; *Armbrüster* r+s **2010** 441, 445; *Lange* r+s **2007** 401, 403; *Brinkmann* ZIP **2017** 301, 303; *Herdter* VP 9/**2012** 168, 174 Fn. 21; Schwintowski/Brömmelmeyer/*Retter* § 108 VVG Rn. 20: *„im Zweifel"* liege eine Abtretung erfüllungshalber vor.

9 *Grünberg* § 364 BGB Rn. 7.

10 BGH v. 12.7.1984 BGHZ 92, 123, 126 f.; Bruck/Möller/*Koch* § 108 VVG Rn. 69; *Baumann* VersR **2010** 984, 989; *Armbrüster* r+s **2010** 441, 445; *Ingwersen* S. 183, 221; Schwintowski/Brömmelmeyer/*Retter* § 108 VVG Rn. 47.

11 BGH v. 13.4.2016 BGHZ 209, 373 = NJW **2016** 2184 Rn. 22 m.w.N.

12 Zur Innenhaftung als Regelfall der D&O-Versicherungspraxis: Bruck/Möller/*Armbrüster* Ziff. A-1 AVB D&O Rn. 59; *Hoffmann-Becking* ZHR 181 (2017) 737, 737; *Doralt* ZGR **2019** 996, 999; AON Risk Solutions Marktreport 2017 – Der deutsche Versicherungsmarkt, August 2017: http://www.aon.com/germany/marktreport/downloads/ARS_Marktreport_2017.pdf (abgerufen am 27.4.2019) S. 24.

13 *Ulrich* S. 132 ff.

I. Rechtsfolge der Abtretung

Die Abtretung wirkt sich sowohl auf den Versicherungsanspruch als auch auf den Haftungsanspruch aus. 12

1. Versicherungsanspruch

Die AVB D&O stellen klar, dass Gegenstand der Abtretung allein der Freistellungsanspruch ist. 13
Begrüßenswert wäre es, wenn die Klausel auch deklaratorisch feststellt, dass sich der abgetretene Freistellungsanspruch in einen deckungsrechtlichen Zahlungsanspruch gegen den Versicherer umwandelt.[14]

a) Auswirkung auf den Abwehranspruch. Ungeregelt lassen die AVB D&O, wie sich die Abtre- 14
tung des Freistellungsanspruchs auf den Abwehranspruch der versicherten Person auswirkt. Der Abwehranspruch könnte durch die Abtretung gehemmt[15] werden oder erlöschen.[16] Naheliegender ist jedoch, dass sich durch die Abtretung allein *„die Art der Ausübung der Anspruchsabwehr"* ändert und der D&O-Versicherer weiterhin die Wahl zwischen Anspruchsabwehr und Zahlung hat.[17] Der D&O-Versicherer kann während einer direkten Inanspruchnahme die Haftpflicht bestreiten.

Außerdem legt der in der Pflichtversicherung anwendbare § 124 Abs. 2 Halbs. 2 VVG nahe, 15
dass während der direkten Inanspruchnahme der D&O-Versicherer den Abwehranspruch erfüllen kann.[18] Ist der Pflicht-Versicherer nicht leistungspflichtig und ein Geschädigter erlangt vom Pflicht-Versicherer nach § 115 VVG Leistung, schuldet die versicherte Person dem Pflicht-Versicherer nach § 116 Abs. 1 S. 2 VVG die Erstattung. Gem. § 124 Abs. 2 VVG ist die versicherte Person im Verhältnis zum Pflicht-Versicherer an die haftungsrechtliche Entscheidung im Direktprozess gebunden. Diese Rechtskrafterstreckung tritt gemäß § 124 Abs. 2 Halbs. 2 VVG jedoch nur dann ein, sofern der Pflicht-Versicherer im haftungsrechtlichen Direktprozess seine *„Pflicht zur Abwehr"* erfüllte. Der Pflicht-Versicherer muss folglich selbst bei einem gestörten Versicherungsverhältnis seine Abwehrpflicht in dem haftungsrechtlichen Direktprozess erfüllen. Erst recht muss dem Pflicht-Versicherer während eines Direktprozesses die Erfüllung seiner Abwehrpflicht möglich sein, wenn das Versicherungsverhältnis intakt ist.

Der D&O-Versicherer muss somit auch während der direkten Inanspruchnahme in seinem 16
pflichtgemäßen Ermessen entscheiden, ob er die Haftpflicht bestreitet und damit seiner Abwehrpflicht genügt, den Zahlungsanspruch erfüllt oder deckungsrechtliche Einwendungen erhebt.[19]

---

14 Zur Umwandlung des Freistellungsanspruchs in einen Zahlungsanspruch: BGH v. 13.4.2016 BGHZ 209, 373 = NJW **2016** 2184, Rn. 22, m.w.N.; Looschelders/Pohlmann/*Schulze Schwienhorst* § 108 VVG Rn. 12; Schwintowski/Brömmelmeyer/*Retter* § 108 VVG Rn. 39; *Armbrüster* r+s **2010** 441, 449; *Hösker* VersR 2013, 952, 955 f.; MüKo VVG/*Wandt* § 108 VVG Rn. 119; Späte/Schimikowski/*v. Rintelen* 1 AHB, Rn. 358; mit einem Klauselvorschlag: *Ulrich* S. 309.

15 *Lange* r+s **2011** 185, 188 f., der aber über § 404 BGB dem VR ein Recht einräumt, die vorherige und selbständige Klärung der Haftpflichtfrage zu verlangen; *Werner* ZWH **2017** 124, 129.

16 *Staudinger/Richter* DB **2013** 2725, 2726 f.

17 *v. Rintelen* r+s **2010** 133, 135; *Ulrich* r+s **2022** 608, 609.

18 Vgl. *Ulrich* S. 147.

19 Ausführlich hierzu und zur Koexistenz von Zahlungs- und Abwehranspruch: *Ulrich* S. 147 ff.; *ders.* r+s **2022** 608, 609.

17 **b) Fälligkeit.** Die AVB D&O regeln nicht, wann der Direktanspruch fällig wird. In der Rechtswissenschaft ist umstritten, ob § 106 S. 1 VVG (analog)[20] oder § 14 Abs. 1 VVG[21] die Fälligkeit bestimmt.[22]

18 Die besseren Argumente sprechen gegen eine (analoge) Anwendbarkeit des § 106 VVG.[23] In einem Direktprozess ist die Zweiwochenfrist des § 106 S. 1 VVG unnötig.[24]

19 Die **Fälligkeit des Direktanspruchs folgt aus § 14 Abs. 1 VVG.**[25] Maßgeblich für den Fälligkeitszeitpunkt ist daher, wann der Versicherer die *„zur Feststellung des Versicherungsfalles und des Umfanges der Leistung* [...] *notwendigen Erhebungen"* beendete.

20 Der Versicherer hat seine notwendigen Erhebungen beendet, sobald das Gericht die Haftpflicht feststellte, oder sobald der Versicherer deckungsrechtliche Einwendungen erhebt.[26]

21 Die Fälligkeitsvoraussetzungen sollten die Parteien im D&O-Versicherungsvertrag verbindlich regeln und so Streitigkeiten bzgl. der *„notwendigen Erhebungen"* vorbeugen.[27]

22 **c) Auskunfts- und Belegobliegenheiten.** Keine Reglung enthalten die AVB D&O zur Reichweite von Auskunfts- und Belegobliegenheit während des Direktprozesses.

23 Klarstellend sollten die Versicherungsbedingungen festlegen, dass die Versicherungsnehmerin wie bei einem getrennten Vorgehen keine Auskünfte mehr erteilen muss, wenn der Versicherer deckungsrechtliche Einwendungen gegen den Versicherungsanspruch dem Grunde nach geltend macht und damit seine Versicherungsschutzpflicht ablehnt.[28]

24 Außerdem sollte der D&O-Versicherungsvertrag deklaratorisch festhalten, dass der Versicherungsnehmerin in Innenhaftungsfällen unter dem Gebot von Treu und Glauben das Recht zusteht, einzelne Angaben zu schwärzen und im Einzelfall die Herausgabe einzelner Dokumente zu verweigern.[29]

2. Haftungsanspruch

25 In der Abtretungserklärung sollten die versicherte Person sowie die geschädigte Versicherungsnehmerin eindeutig regeln, wie sich die Abtretung des Freistellunganspruchs auf den Haftungsanspruch auswirkt.

26 **a) Abtretung erfüllungshalber.** Grundsätzlich kann die Abtretung erfüllungshalber oder an Erfüllungs statt erfolgen.[30] Bei einer Abtretung an Erfüllungs statt erlischt mit der Abtretung der Haftungsanspruch und der Freistellungsanspruch wandelt sich nach § 106 S. 2 VVG analog in einen

---

20 Für eine direkte Anwendung: MüKoVVG/*Wandt* § 108 VVG Rn. 124; vgl. auch: *Lange* § 21 Rn. 68 ff.; Looschelders/Pohlmann/*Kreienkamp* Anhang G Rn. 163; *Schramm/Wolf* r+s **2009** 358, 360. Eine analoge Anwendung befürwortet *Baumann*, VersR 2010 984, 987 f.

21 *R. Koch* r+s **2009** 133, 135; *v. Rintelen* r+s **2010** 133, 138; *Thomas* S. 459; *Nissen* KTS **2018** 29, 42; *Hösker* VersR **2013** 952, 955; *Armbrüster*, r+s **2010** 441, 450.

22 Ausführlich zum Meinungsstand: *Ulrich* S. 177 ff.

23 Bruck/Möller/*Koch* § 108 VVG, Rn. 42; Ausführlich dazu: *Ulrich* S. 184 ff.

24 *Ulrich* Seite 183.

25 *Ulrich* r+s **2022** 608, 610.

26 *Ulrich* S. 185 f.

27 Zur Disponibilität des § 14 Abs. 1 VVG: BGH v. 22.3.2000 NJW **2000** 2021, 2022; Schwintowski/Brömmelmeyer/*Ebers* § 14 VVG, Rn. 37; mit einem Klauselvorschlag: *Ulrich* S. 311; *ders.* r+s **2022** 608, 610.

28 *Herdter* ZVersWiss **2011** 655, 663 f.

29 *Ulrich* S. 103.

30 *Harzenetter* NZG **2016** 728, 730; *Lehmann* r+s **2018** 6, 13; *Ulrich* S. 140.

Zahlungsanspruch um.[31] Die geschädigte Versicherungsnehmerin könnte daher selbst dann keine Erfüllung des Haftungsanspruchs verlangen, wenn die direkte Inanspruchnahme allein aus deckungsrechtlichen Gründen scheitert.[32] Eine Abtretung erfolgt daher meist nur erfüllungshalber.[33]

Bei einer Abtretung erfüllungshalber vereinbaren die Parteien meist ein pactum de non pe- 27
tendo (sog. Stillhalteabkommen) hinsichtlich des Haftungsanspruchs.[34] Dadurch wird verhindert, dass die Versicherungsnehmerin während der direkten Inanspruchnahme nicht gleichzeitig von der versicherten Person Zahlung verlangen kann.[35] Außerdem hemmt das pactum de non petendo die Verjährung des Haftungsanspruchs nach § 205 BGB.[36]

b) Verzinsung des Haftungsanspruchs. Der Haftungsanspruch ist bis zur Fälligkeit des Direkt- 28
anspruchs und damit gegebenenfalls während des Direktprozesses zu verzinsen.[37]

Dies legt schon ein Vergleich zum zweigliedrigen Vorgehen nahe. Sofern sich nämlich die 29
Fälligkeit des Freistellungsanspruchs nach § 106 S. 1, 2 VVG richtet, also kein Direktanspruch vorliegt, ist der Versicherer verpflichtet, die weiterlaufende Verzinsung des Haftungsanspruchs zu tragen.[38]

Des Weiteren ergibt die teleologische Auslegung der Abtretungsvereinbarung, dass – sofern 30
nicht eindeutig geregelt – das *pactum de non petendo* ein bloß prozessrechtliches Klagehindernis und kein – die Verzinsung hinderndes – materiell-rechtliches temporäres Leistungsverweigerungsrecht darstellt.[39] Andernfalls würden der geschädigten Versicherungsnehmerin immer dann Zinsen im Vergleich zu einem zweigliedrigen Vorgehen entgehen, wenn die direkte Inanspruchnahme erfolgslos ist. Dann würde die Vereinbarung eines materiell-rechtlichen temporären Leistungsverweigerungsrechts gegen das in § 93 Abs. 4 S. 3 AktG normierte Vergleichs- und Verzichtsverbot verstoßen.

Aus Gründen der Rechtsicherheit sollte die Abtretungsvereinbarung klarstellen, dass bis zur 31
Fälligkeit des Direktanspruchs der Haftungsanspruch zu verzinsen ist.[40]

c) Temporäre Verjährungshemmung des Haftungsanspruchs. Die versicherte Person kann 32
in der Abtretungsvereinbarung ohne Zustimmung des Versicherers die temporäre Verjährungshemmung des Haftungsanspruchs regeln. Die im pactum de non petendo enthaltene **temporäre Verjährungshemmung** stellt **keine Obliegenheitsverletzung** der versicherten Person dar.[41] Das Interesse der geschädigten Versicherungsnehmerin, unabhängig vom Willen des Versicherers eine Verjährungshemmung zu vereinbaren, ist – wie aus § 108 Abs. 2 VVG folgt – schützenswert.

---

31 Bruck/Möller/*Koch* § 106 VVG Rn. 45; OLG Köln, v. 21.11.23, Az. 9 U 206/22, unter Ziff. 2 b) bb)); *Bachmann*, NZG **2024** 293, Rn. 21.

32 *Lehmann*, r+s **2018** 6, 13; zu den Risiken einer Abtretung an Erfüllungs statt: *Ulrich* S. 141.

33 BGH v. 13.4.2016 BGHZ 209, 373 = NJW **2016** 2184, Rn. 26; Looschelders/Pohlmann/*Schulze Schwienhorst* § 108 VVG Rn. 15; *Herdter* VP 9/ **2012** 168, 174 Fn. 21.

34 *Lange*, r+s **2011** 185, 188; *Harzenetter*, NZG **2016** 728, 730; *Brinkmann* ZIP **2017** 301, 303; *Grote/Schneider* BB **2007** 2689, 2698; *Thomas* S. 464, Fn. 144; OLG Köln v. 21.11.23 Az. 9 U 206/22, unter Ziff. 2 b) aa) a.E., VersR **2024** 100; OLG Schleswig, v. 26.2.2024 Az. 16 U 93/23, juris, Rn. 83.

35 *Grote/Schneider*, BB **2007** 2689, 2698; *Thomas* S. 464 Fn. 144; OLG Schleswig v. 26.2.2024 Az. 16 U 93/23, juris, Rn. 83.

36 *Schumacher* NZG **2016** 969, 973, Fn. 34. Ohne Verweis auf § 205 BGB: *Grote/Schneider* BB **2007** 2689, 2698; *Thomas* S. 464, Fn. 144; OLG Schleswig v. 26.2.2024 Az. 16 U 93/23, juris, Rn. 83.

37 *Ulrich* S. 187.

38 *Klimke* r+s **2014** 105, 112; *Baumann* VersR **2010** 984, 987 f.

39 Allgemein zur Wirkung eines materiell-rechtlichen temporären Leistungsverweigerungsrechts: *Windorfer* NJW **2015** 3329, 3333.

40 *Ulrich* S. 319.

41 *Ulrich*, S. 319.

33 Gegen die Annahme einer Obliegenheitsverletzung spricht außerdem, dass die temporäre Verjährungshemmung den Versicherer nicht schlechter stellt als bei einem zweigliedrigen Vorgehen. Sollte die geschädigte Versicherungsnehmerin etwa erst gegen die versicherte Person auf Haftung klagen, wäre der Haftungsanspruch gem. § 204 Abs. 1 Nr. 1 BGB gehemmt. Die geschädigte Versicherungsnehmerin kann somit die Verjährungshemmung des Haftungsanspruchs ohne die Zustimmung des Versicherers in die Abtretungsvereinbarung aufnehmen.[42]

34 Um auch hier im Konfliktfall Rechtssicherheit zu erhalten, sollte der Versicherer schon im D&O-Versicherungsvertrag seine antizipierte Zustimmung zur Verjährungshemmung erklären.[43]

II. Der Direktprozess

35 Kommt es nach einer direkten Inanspruchnahme – wie meist – zu einer Klage gegen den D&O-Versicherer (**Direktprozess**) entstehen weitere Konfliktfelder, die die Parteien antizipiert im D&O-Versicherungsvertrag beziehungsweise in der Abtretungsvereinbarung adressieren sollten.

1. Darlegungs- und Beweislast

36 Bei einer direkten Inanspruchnahme wendet der Versicherer meist ein, dass im Direktprozess die Darlegungs- und Beweislastregelung des § 93 Abs. 2 Satz 2 AktG (analog) nicht eingreife. Obwohl gute Gründe für eine Anwendbarkeit des § 93 Abs. 2 Satz 2 AktG auch im Direktprozess sprechen,[44] sollte schon im D&O-Versicherungsvertrag deklaratorisch festgehalten werden, dass die Darlegungs- und Beweislastregel des § 93 Abs. 2 Satz 2 AktG auch in einem Direktprozess Anwendung findet.[45]

37 Für eine **analoge Anwendung des § 93 Abs. 2 Satz 2 AktG** sprechen folgende Gründe[46]:

38 **a) Planwidrige Regelungslücke.** Mit der Einführung des § 108 Abs. 2 VVG zeigte der Gesetzgeber, dass die **direkte Abwicklung** des Versicherungsfalls zwischen Geschädigtem und Versicherer als **sinnvolle** Alternative möglich sein soll. Müsste aber nun die geschädigte Versicherungsnehmerin in einem Direktprozess – trotz ihrer fehlenden Sachnähe – entgegen § 93 Abs. 2 S. 2 AktG die Pflichtwidrigkeit darlegen und beweisen, würden Direktprozesse gegen den D&O-Versicherer faktisch ausgeschlossen.[47]

39 Darüber hinaus drohen **widersprüchliche Ergebnisse**. Wäre § 93 Abs. 2 S. 2 AktG im Direktprozess unanwendbar, könnte die geschädigte Versicherungsnehmerin den Direktprozess aufgrund ihrer Beweislast verlieren. Nach einem verlorenen Direktprozess könnte die geschädigte Versicherungsnehmerin jedoch gegen die versicherte Person klagen und den Haftpflichtprozess wegen des nun anwendbaren § 93 Abs. 2 S. 2 AktG gewinnen.[48]

---

42 *Ulrich*, S. 193.

43 *Ulrich*, S. 312.

44 *Harzenetter*, NZG **2016**, 728, 732; Bruck/Möller/*Armbrüster*, Ziff. A-9 AVB D&O, Rn. 34 f.; *R. Koch*, VersR **2016**, 765, 768; *Lange*, VersR **2020**, 588, 600; Krieger/Schneider/*Born* (3. Auflage), § 14, Rn. 14.25; Staudinger/Halm/*Wendt/Staudinger/Friesen*, AVB-D&O, Rn. 210; *Nissen*, KTS 2018, 29, 38 ff.; *Baur/Holle*, AG 2017, 141, 143 ff.; Prölss/Martin/*Voit*, AVB D&O, A-9, Rn. 2; *Schmidt*, in FS für Thomas Heidel (2021), S. 733, 745 ff.; *Bachmann*, NZG **2024**, 293, Rn. 28 ff.

45 Klauselvorschlag bei *Ulrich*, S. 312.

46 Bestätigt durch das OLG Köln, v. 21.11.23, Az. 9 U 206/22, unter Ziff. 3 c) cc) = VersR 2024, 100.

47 *Baur/Holle*, AG 2017, 141, 146; *Nissen*, KTS 2018, 29, 41; *Peltzer* NZG **2009**, 970, 974; Krieger/Schneider/*Born*, § 14, Rn. 14.25; *Löbbe* in FS Reinhard Marsch-Barner (2018), 317, 332.

48 *R. Koch*, VersR **2016**, 765, 768; *Thomas*, S. 463 f.; *Ulrich*, r+s **2022**, 608, 610.

Darüber hinaus wirkt sich selbst bei einem **reinen Haftpflichtprozess** – aufgrund der haftpflichtversicherungsrechtlichen Bindungswirkung – die Darlegungs- und Beweislastverteilung des **§ 93 Abs. 2 S. 2 AktG zulasten des Versicherers** aus.[49] 40

b) Vergleichbare Interessenlage. Die Darlegungs- und Beweislastregel des § 93 Abs. 2 S. 2 AktG fußt auf der Informationsasymmetrie zwischen der geschädigten Gesellschaft und dem Organmitglied. Auch während der direkten Inanspruchnahme besteht diese Informationsasymmetrie fort. Die Sachnähe der geschädigten Versicherungsnehmerin erhöht sich nicht durch die Abtretung. 41

Die geschädigte Versicherungsnehmerin erlangt durch die sie versicherte Person keine Sachnähe. Selten wird die **versicherte Person** freiwillig bestätigen, dass sie **pflichtwidrig handelte**. Die versicherte Person muss einen Reputationsverlust fürchten und mit einer folgenden Inanspruchnahme rechnen, sollte etwa die Durchsetzung des Direktanspruchs scheitern. 42

Demgegenüber stehen dem Versicherer Auskunftsobliegenheiten gegenüber allen versicherten Personen zu. Diese Auskunftsrechte hat der Versicherer schon ab Eintritt des Versicherungsfalls und unabhängig von einem möglichen Prozess inne. Außerdem sind versicherte Personen zur wahrheitsgemäßen und vollständigen Auskunft verpflichtet und haben gegenüber dem Versicherer kein Zeugnisverweigerungsrecht.[50] Die Auskunfts- und Belegobliegenheiten führen dazu, dass der Versicherer durch eine von der versicherten Person vermittelten besonderen Sachnähe zum Geschehensablauf verfügt (**vermittelte Sachnähe**).[51] 43

2. Bindungswirkung

Mit rechtskräftigem Urteil im Direktprozess sind die geschädigte Versicherungsnehmerin und der Versicherer zueinander an diese rechtskräftige Entscheidung gebunden. Unklar ist aber, ob die rechtskräftige Entscheidung sowie die gerichtlichen Feststellungen Versicherungsnehmerin und Versicherer im Verhältnis zur versicherten Person binden. 44

Die versicherte Person muss bei einem Direktprozess damit rechnen, dass ihr Versicherungsnehmerin oder Versicherer den Streit verkünden und die versicherte Person folglich einseitig an Feststellungen im Direktprozess gebunden oder anschließend in Anspruch genommen wird.[52] 45

a) Abwehranspruch. Wird die Direktklage aus deckungsrechtlichen Gründen abgewiesen, folgt aus der Rechtskrafterstreckung aufgrund rechtlicher Abhängigkeit,[53] dass auch im Verhältnis Versicherer und versicherter Person das Nichtbestehen des Abwehranspruchs verbindlich feststeht.[54] 46

Erhebt der Versicherer nur haftungsrechtliche Einwendungen, erfüllt der Versicherer seine Abwehrverpflichtung losgelöst vom Ergebnis des Direktprozesses.[55] 47

Sollte der Versicherer vor einer endgültigen Feststellung der Haftpflicht aber deckungsrechtliche Einwendungen erheben und die Direktklage trotzdem erfolgreich sein oder wegen haftungsrechtlicher Einwendungen abgewiesen werden, erfüllt der Versicherer seine Abwehrpflicht 48

---

49 *Baur/Holle*, AG **2017**, 141, 147; *Nissen*, KTS **2018**, 29, 41; *Löbbe* in FS Reinhard Marsch-Barner (2018), 317, 333; *Ulrich*, S. 200.

50 *Ulrich*, S. 202.

51 *Löbbe* in FS Reinhard Marsch-Barner (2018), 317, 333; *Ulrich*, r+s 2022, 608, 611.

52 Ausführlich dazu: *Ulrich*, S. 216 ff. *ders.*, *Ulrich*, r+s **2022**, 608, 611.

53 Freistellungs- und Zahlungsanspruch sind auf dasselbe wirtschaftliche Ziel gerichtet und können deckungsrechtlich nur einheitlich beantwortet werden.

54 *Klimke*, r+s **2014**, 105, 113; *Brinkmann*, ZIP 2017, 301, 306; Prölss/Martin/*Lücke*, § 108 VVG, Rn. 28, 30; Looschelders/Pohlmann/*Schulze Schwienhorst* § 108 VVG, Rn. 15; *Ulrich*, S. 209 ff.

55 *Ulrich*, S. 211 f.

nicht.[56] In einem dann folgenden Haftpflichtprozess muss der Versicherer dann Abwehrschutz leisten. Hierzu kommt es nur dann nicht, wenn die Direktklage voll umfänglich und allein aus haftungsrechtlichen Gründen erfolglos war, da dann aus einer ergänzenden Vertragsauslegung der Abtretungsvereinbarung eine Bindungswirkung zugunsten der versicherten Person folgt.[57] Der Abwehranspruch geht dann nach § 275 Abs. 1 BGB unter.[58]

b) Haftungsanspruch

49 **aa) Bindungswirkung durch ergänzende Vertragsauslegung.** Durch eine ergänzende Vertragsauslegung der Abtretungsvereinbarung ergibt sich – mangels ausdrücklicher Regelung – eine eingeschränkte Bindungswirkung zwischen Versicherungsnehmerin und versicherter Person.

50 Weist das Gericht die Direktklage allein mangels Haftung ab, ist die Versicherungsnehmerin aufgrund einer sich aus der ergänzenden Vertragsauslegung der Abtretungsvereinbarung ergebenden Bindungswirkung an das festgestellte Nichtvorliegen der Haftung gebunden.[59]

51 Die Abtretungsvereinbarung enthält für den Fall einer Klageabweisung mangels Haftung eine planwidrige und regelungsbedürftige Unvollständigkeit, die im Sinne des hypothetischen Parteiwillens durch eine Bindungsvereinbarung zu schließen ist.[60]

52 Ziel der Abtretung ist eine endgültige Abwicklung des Haftungs- und des Versicherungsfalls.[61] Die Abtretung soll weder der Versicherungsnehmerin noch der versicherten Person eine zweite Auseinandersetzung mit der Haftpflichtfrage ermöglichen oder aufbürden.[62] Diesem Ziel entsprechend regelt die Abtretungsvereinbarung einseitig den Fall einer erfolgreichen Direktklage. Aufgrund der Abtretung erfüllungshalber erlischt dann der Haftungsanspruch in entsprechender Höhe. Sobald jedoch die Direktklage mangels einer Haftpflicht abgewiesen wird, enthält die Abtretungsvereinbarung keine Regelungen und das Ziel einer abschließenden Abwicklung würde unterlaufen.

53 Auch wenn der D&O-Versicherer seiner Abwehrpflicht im Direktprozess nachkommt, folgt eine Bindungswirkung hinsichtlich aller haftungsrechtlichen Feststellungen.[63]

54 Andernfalls droht der geschädigten Versicherungsnehmerin, dass sie – etwa bei einem verpflichtenden Selbstbehalt – erneut die Haftpflicht der versicherten Person darlegen und beweisen müsste. Demgegenüber ist die versicherte Person vor einer erneuten Auseinandersetzung etwa über die Höhe des Selbstbehalts geschützt.

55 In der Praxis kommt es jedoch selten zu dieser weiten – sich aus einer ergänzenden Vertragsauslegung ergebenden – Bindungswirkung. Der Versicherer erfüllt seine Abwehrpflicht im Direktprozess nur, wenn er erst nach der endgültigen Feststellung der Haftpflicht deckungsrechtliche Einwendungen geltend macht. Um seine deckungsrechtlichen Einwendungen nicht nach § 296 ZPO zu verlieren, wird der Versicherer schon frühzeitig in der ersten Instanz deckungsrechtliche Einwendungen geltend machen. Dadurch entfällt aber die Bindungswirkung.

---

56 *Ulrich*, S. 242.

57 *Ulrich*, S. 242.

58 *Ulrich*, S. 213 ff.

59 *Ulrich*, S. 233 ff.

60 *Ulrich*, S. 234.

61 Schwintowski/ Brömmelmeyer, § 108 VVG, Rn. 56; *Klimke*, r+s **2014**, 105, 113; *Brinkmann*, ZIP 2017, 301, 306.

62 Schwintowski/ Brömmelmeyer/*Retter*, § 108 VVG, Rn. 54, und *Klimke*, r+s **2014**, 105, 113; *Ulrich*, S. 233.

63 *Ulrich*, S. 233 ff. Schwintowski/Brömmelmeyer/*Retter*, § 108 VVG, Rn. 58, und Looschelders/Pohlmann/*Schulze Schwienhorst*, § 108 VVG, Rn. 15, nehmen unabhängig davon, ob der Versicherer seine Abwehrpflicht erfüllt hat, eine Bindungswirkung an.

bb) Lösungsmöglichkeit – Zwischenfeststellungsklage. Als Lösungsmöglichkeit bietet sich eine **Zwischenfeststellungsklage** des Versicherers **in gewillkürter Prozessstandschaft** für die versicherte Person hinsichtlich des Nichtbestehens des Haftungsanspruchs an.[64] 56

Hierfür müsste die versicherte Person den Versicherer ermächtigen, eine negative Feststellungsklage hinsichtlich des Haftpflichtverhältnisses zu erheben. Eine solche Ermächtigung könnte der Versicherer schon in den AVB neben der Regulierungsbefugnis als Obliegenheit aufnehmen.[65] 57

Die in gewillkürter Prozessstandschaft erhobene Zwischenfeststellungsklage würde es ermöglichen, dass Versicherungsnehmerin und Versicherer den Haftungsanspruch über die Instanzen rechtskräftig feststellen lassen und den Direktprozess in dieser Zeit nach § 148 Abs. 1 ZPO aussetzen. Wird der Haftungsanspruch durch Zwischenfeststellungsklage rechtskräftig festgestellt, erfüllte der Versicherer seine Abwehrpflicht und kann im wieder aufgenommenen Direktprozess deckungsrechtliche Einwendungen geltend machen.[66] Da dann eine rechtskräftige Entscheidung zur Haftung vorliegt, welche mittels Rechtskrafterstreckung unmittelbar die Versicherungsnehmerin und die versicherte Person bindet, muss aus der Abtretungsvereinbarung keine bedingte Bindungswirkung hergeleitet werden.[67] 58

3. Prozesskosten

Falls die direkte Inanspruchnahme des D&O-Versicherers ohne Erfolg ist, ist umstritten, ob die versicherte Person die Prozesskosten der Versicherungsnehmerin zu tragen hat. 59

Die Abtretung erfüllungshalber beruht auf einem auftragsähnlichen Rechtsverhältnis, folglich sind grundsätzlich die Normen des Auftragsrechts anzuwenden.[68] Diskutiert wird daher, ob die versicherte Person Prozesskosten der Versicherungsnehmerin als Aufwendungsersatz zu erstatten hat.[69] 60

Ein **Aufwendungsersatzanspruch** nach § 670 BGB analog **scheitert** aber daran, dass die Verwertung des erfüllungshalber abgetretenen Freistellungsanspruchs nicht im primären Interesse der versicherten Person liegt.[70] 61

Die versicherte Person will mit der Abtretung, den Haftungs- und den Versicherungsfall abschließend in einem Prozess klären lassen. In aller Regel hat die versicherte Person wegen der drohenden Reputationsschädigung und Eigenbeteiligung kein Interesse am Erfolg der Direktklage. Vielmehr bezweckt die versicherte Person mit der Abtretung, dass der Versicherer die sie nicht unmittelbar belastende Abwehr des Haftungsanspruchs übernimmt. Dass die versicherte Person primär an der erfolgreichen Abwehr des Haftungsanspruchs interessiert ist, folgt auch aus dem fehlenden Anerkenntnis des Haftungsanspruchs durch die versicherte Person.[71] 62

Demgegenüber muss die Versicherungsnehmerin die Haftpflicht erfolgreich darlegen und beweisen. Versicherte Person und geschädigte Versicherungsnehmerin haben somit bei der Abtretung des Freistellungsanspruchs gegensätzliche Interessen. Die Interessen decken sich nur insoweit, beide eine abschließende Abwicklung von Haftpflicht- und Versicherungsfall im Verhältnis 63

64 *Baumann*, VersR **2010**, 984, 991. Zur grundsätzlichen Möglichkeit das Nichtbestehen eines Rechtsverhältnisses durch einen gewillkürten Prozessstandschafter gerichtlich feststellen zu lassen: RG v. 27.4.1910, RGZ 73, 306, 308; Wieczorek/ Schütze/*Assmann*, 4. Band, §§ 253 – 299a (2022), § 256 ZPO, Rn. 144 f. Ausführlich: *Ulrich*: S. 240 ff.; *ders.*, *Ulrich*, r+s **2022**, 608, 612; ebenso: *Glimpel*, S. 132 ff.

65 *Baumann*, VersR **2010**, 984, 991.

66 *Ulrich*, S. 241.

67 *Ulrich*, S. 241.

68 BGH v. 12.7.1984, BGHZ 92, 123, 126 f.; Bruck/Möller/*Koch*, 4. Band (10. Auflage), § 108 VVG, Rn. 69; *Baumann*, VersR **2010**, 984, 989; *Armbrüster*, r+s **2010**, 441, 445; *Ingwersen*, S. 183, 221; Schwintowski/ Brömmelmeyer/*Retter*, § 108 VVG, Rn. 47.

69 *Lange*, r+s 2011, 185, 197; Schwintowski/ Brömmelmeyer/*Retter*, § 108 VVG, Rn. 47, dieser grundsätzlich zum Direktanspruch in einer Haftpflichtversicherung.

70 *Ulrich*, S. 249 ff.; *ders.*, *Ulrich*, r+s 2022, 608, 612; *Thomas*, S. 474; *Langheid*, VersR **2007**, 865, 867.

71 *Ulrich*, S. 249 f.

Versicherungsnehmerin und Versicherer anstreben.[72] Erst mit der verbindlichen Feststellung der Haftpflicht im Direktprozess oder wenn der Versicherer deckungsrechtliche Einwendungen erhebt, setzt sich das Interesse der versicherten Person an einer erfolgreichen direkten Inanspruchnahme durch. Erst ab diesem Zeitpunkt verfolgt die Versicherungsnehmerin ein mit Wegfall des primären Interesses relevant gewordenes sekundäres Interesse der versicherten Person.[73]

III. Abtretung auch nach gewährtem Abwehrschutz zulässig

64 Die **Abtretung** des Freistellungsanspruchs an die geschädigte Versicherungsnehmerin ist **auch nach der Gewährung von Abwehrschutz zulässig**.

65 Einzeln wird vertreten, dass die Abtretung gegen das vertragliche Rücksichtnahmegebot aus § 241 Abs. 2 BGB verstoße und die Abtretung eine unzulässige Rechtsausübung darstelle, wenn der Versicherer schon Abwehrschutz gewährt hat.[74]

66 Eine unzulässige Rechtsausübung liegt jedoch nicht vor, da die versicherte Person zuvor keinen Vertrauenstatbestand schuf.[75] Ab Eintritt des Versicherungsfalls obliegt es dem Versicherer, im Rahmen seines pflichtgemäßen Ermessens zu entscheiden, ob er abwehrt oder freistellt.[76] Die versicherte Person kann die Entscheidung des Versicherers nicht beeinflussen. Die versicherte Person *nimmt* daher die Abwehr nicht an.[77] Darüber hinaus wäre andernfalls der Anwendungsbereich des § 108 Abs. 2 VVG erheblich eingeschränkt.[78]

67 Die Abtretung wird auch nicht deswegen treuwidrig, weil der Versicherer die versicherte Person nicht mehr *„in ihrer Rolle als Partei des Haftpflichtprozesses"* verteidigen könne.[79] Auch die außergerichtliche Verteidigung sowie die Verteidigung der Interessen der versicherten Person sind versicherte Interessen.[80] Die Abwehrpflicht des Versicherers hängt somit nicht von der Stellung der versicherten Person als Beklagte in einem Haftpflichtprozess ab.[81]

D. Abweichende Marktbedingungen

68 Umstritten ist, ob auch Abtretungsverbote in Maklerbedingungen dem Klauselverbot des § 108 Abs. 2 VVG unterliegen.[82] Unabhängig von dieser umstrittenen Rechtsfrage erlauben die am Markt angebotenen Maklerbedingungen explizit die Abtretung an die Geschädigte.

I. Abweichender Wortlaut

69 Ziffer 8.2 HPDO 2020 Version Newline lautet wie folgt:

> *„Werden Ansprüche versicherter Personen gegen den Versicherer aus diesem Versicherungsvertrag an die/den Geschädigten abgetreten, wird der Versicherer weder eine (negative) Feststellungsklage (auch nicht als Widerklage) gegen die abgetretene versicherte Person erheben, noch ihr den Streit verkünden.*

72 *Ulrich*, S. 250.
73 *Ulrich*, S. 250.
74 *Mitterlechner/Wax/Witsch*, § 10, Rn. 33 f., 35, 37.
75 *Ulrich*, S. 160 f.
76 Ulrich, S. 160 f.
77 Ulrich, S. 160 f.
78 Ulrich, S. 161.
79 So aber: *Mitterlechner/Wax/Witsch*, § 10, Rn. 37. In diesem Sinne: *Ulrich*, S. 161.
80 *Ulrich*, S. 161.
81 *Ulrich*, S. 161 f.
82 Gegen eine Anwendbarkeit: Bruck/Möller/*Koch*, 4. Band, § 108 VVG, Rn. 31.

Der Anspruch der versicherten Person auf Abwehrkosten bleibt auch bei rechtskräftiger Abweisung des Deckungsanspruchs bestehen bzw. lebt wieder auf.“

Ziffer 8.2 HPDO 2020 VERSION AXAXL-MID-MARKET-COVER: 70

„Werden Ansprüche versicherter Personen gegen den Versicherer aus diesem Versicherungsvertrag an die geschädigte Versicherungsnehmerin oder Tochtergesellschaften abgetreten, wird der Versicherer weder eine (negative) Feststellungsklage (auch nicht als Widerklage) gegen die abgetretene versicherte Person erheben, noch ihr den Streit verkünden. Klarstellend bleiben die Obliegenheiten der Versicherten hiervon unberührt.

Der Anspruch der versicherten Person auf Abwehrkosten bleibt auch bei rechtskräftiger Abweisung des Deckungsanspruchs bestehen bzw. lebt wieder auf.

Ferner kann der Versicherer keine Einwände der mangelnden Ernstlichkeit der Inanspruchnahme erheben“

II. Unterschiede zur Musterbedingung

Ziffer 8.2 HPDO 2020 Version Newline und Ziffer 8.2 HPDO 2020 VERSION AXAXL-MID-MARKET-COVER schützen – anders als A-9 AVB D&O – die versicherte Person sinnvollerweise vor einer Streitverkündung im Direktprozess. 71

Auch etwa vor einer negativen Feststellungsklage des Versicherers nach einer Abtretung ist die versicherte Person geschützt. 72

Deklaratorisch regelt Ziffer 8.2 HPDO 2020 VERSION AXAXL-MID-MARKET-COVER, dass auch nach einer Abtretung und damit während einer direkten Inanspruchnahme die Obliegenheiten der versicherten Person weiterhin gelten. 73

Darüber hinaus stellt Ziffer 8.2 HPDO 2020 VERSION AXAXL-MID-MARKET-COVER klar, dass dem Versicherer kein Einwand einer mangelnden *Ernstlichkeit* der Inanspruchnahme der versicherten Person zusteht. Obwohl diese Regelung die Rechtsprechung des BGH vom 13. April 2016[83] deklaratorisch wiedergibt, schafft sie begrüßenswerte Rechtssicherheit. In der Praxis wenden weiterhin einzelne Versicherer ein, dass die *ernsthafte Inanspruchnahme* – entgegen der klaren Rechtsprechung des BGH – ein ungeschriebenes Tatbestandsmerkmal sei. Dieser im Ergebnis haltlose Einwand führt aber gerade in der ersten Instanz regelmäßig zu einer müßigen Auseinandersetzung bzgl. der Reichweite und Bedeutung der BGH-Rechtsprechung. 74

83 BGHZ 209, 373 = NJW 2016, 2184.

Teil B **Allgemeiner Teil**

Abschnitt B1 **Beginn des Versicherungsschutzes, Beitragszahlung**

1 **Teil B** der AVB D&O stellt den **Allgemeinen Teil der Versicherung** dar, in dem neben dem Beginn, der Dauer und dem Ende des Versicherungsschutzes bzw. des Versicherungsvertrages, der Beitragszahlungspflicht, den allgemeinen Obliegenheiten auch zahlreiche weitere Regelungen enthalten sind, die eben allgemeiner Natur sind und keine spezifische, sondern nur allgemeine Relevanz für die D&O-Versicherung aufweisen.

2 Durch die 2019 erfolgte Umstellung der AVB-AVG 2017 auf die nunmehrigen AVB D&O wurde der vorliegende Teil B erstmals inkludiert. **Teil B ist** hierbei den Allgemeinen Versicherungsbedingungen für die Betriebs- und Berufshaftpflichtversicherung (AVB BHV) entnommen, deren Teil B seinerseits entwickelt wurde als „Gemeinsamer Allgemeiner Teil für die Allgemeine Haftpflichtversicherung und für die Sachversicherung (ohne Technische Versicherungen)" (**AT AH-Sach**.), die 2014 unverbindlich durch den GDV bekanntgegeben wurden.[1] Dieser Abschnitt wurde dann 2016/2017 reformiert und in zwei getrennten Varianten – nämlich der Monoline- und der **AT AH-Sach-TV**-(ohne Projektgeschäft)-Variante – herausgegeben und firmiert nunmehr (Stand: März 2024) mit erneuten leichten Anpassungen und Erweiterungen, die noch keinen Eingang in den hier kommentierten Teil B der AVB D&O 2019 gefunden haben, als Gemeinsamer Allgemeiner Teil für die Allgemeine Haftpflichtversicherung, die D&O-Versicherung, die Sachversicherung und die Technischen Versicherungen (ohne Projektgeschäft) inklusive Betriebsunterbrechungsversicherungen (**AT AH-D&O-Sach-TV** [ohne Projektgeschäft]).

3 Entsprechend der seit 2014 durch den GDV vorangetriebenen Strukturreform ist der hier behandelte Teil B **für alle neu strukturierten Musterbedingungen** für die Allgemeine Haftpflichtversicherung **identisch**. Indem dieser Teil B insbesondere auch auf die Sachversicherung angewandt werden soll, wird also in den erfassten Bereichen grundsätzlich eine **unbeschränkte Bündelfähigkeit** hergestellt.[2] Damit stellt er auch innerhalb der Sparte Allgemeine Haftpflichtversicherung die Bündelfähigkeit her. Einer solchen Bündelung stehen allerdings immer noch einige Grenzen entgegen. Zum einen wurden die AVB der Sachversicherung noch nicht alle auf die neue Struktur umgestellt, sodass eine Bündelung hier eventuell noch unternehmensindividueller Anpassung bedarf. Zum anderen ist es zumindest hinsichtlich der D&O-Versicherung eher unüblich, dass diese mit anderen Spartenprodukten gebündelt abgesetzt wird, sodass sich der Vorteil der Bündelfähigkeit hier nur in geringerem Maße auswirkt.

4 **Vorteilhaft** ist dieser Gleichlauf des allgemeinen Teils gleichwohl mittelfristig **auch für** die **D&O-Versicherung** zumindest insofern, als zu erwarten ist, dass durch die breitflächige spartenübergreifende Verwendung der Klauseln schneller eine Konturierung durch die Rechtsprechung erfolgen wird und, spezifischer, auch in der D&O-Versicherung auf die Erkenntnisse der Praxis und der Kommentierung in diesen anderen Sparten zurückgegriffen werden kann.

---

1 Bekanntgegeben wurde der AT AH-Sach mit Rundschreiben 1763/2014 vom 26.8.2014, zzgl. Erläuterungen und weiterführenden Informationen zu den einzelnen Bestimmungen.

2 Siehe vertieft *GdV*, Erläuterungen zur Strukturreform und zu den Allgemeinen Versicherungsbedingungen für die Betriebs- und Berufshaftpflichtversicherung (AVB BHV), Nr. 2.2.

https://doi.org/10.1515/9783110675511-011

B1-1 Beginn des Versicherungsschutzes

[1]Der Versicherungsschutz beginnt zu dem im Versicherungsschein angegebenen Zeitpunkt. [2]Dies gilt vorbehaltlich der Regelungen über die Folgen verspäteter Zahlung oder Nichtzahlung des Erst- oder Einmalbeitrags.

Schrifttum

Siehe allgemeines Schrifttum.

Übersicht

A. **Allgemeines**

I. Entstehungsgeschichte — 1

II. Regelungsgegenstand — 3

B. **Inhalt der Klausel**

I. B1-1 S. 1: Grundsätzlicher Beginn des Versicherungsschutzes

1. Materieller Versicherungsbeginn — 5
2. Problem der Datierung auf einen Zeitpunkt vor dem Vertragsschluss — 7
3. Vorläufige Deckungszusage — 11

II. B1-1 S. 2: Vorbehalt der Einlösungsklausel — 14

C. **Abweichende Marktbedingungen**

I. Abweichender Wortlaut — 16

II. Unterschiede zu Musterbedingungen — 19

A. Allgemeines

I. Entstehungsgeschichte

1 **B1-1 S. 1** hinsichtlich des **materiellen Versicherungsbeginns** (Rn. 4) war in dieser Form in den AVB-AVG 1997, AVB-AVG 2008, 2011, 2013, 2017 noch nicht vorgesehen, was aber natürlich nicht bedeutet, dass nicht bereits damals in den Versicherungsscheinen der genaue materielle Versicherungsbeginn festgelegt worden wäre. B1-1 S. 1 geht insofern zurück auf vergleichbare Regelungen in der Haftpflichtversicherung (allgemein) wie sie spätestens seit § 3 I AHB 1992[1] und auch heute noch in Ziff. 8 S. 1 AHB 2016 ungebrochen vorgesehen wurden, um eben die Zweifelsfallregel des § 10 Halbs. 1 VVG (Mitternachtsregel) bzw. damals des § 7 Abs. 1 S. 1 VVG a.F. (Mittagsregel) auszuschließen.

2 Die **Einlösungsklausel des B1-1 S. 2** findet sich in den AVB-AVG 1997 und 2013 ff. ebenfalls nicht in der heutigen Form. Allerdings gilt dies eben nur für die Verweisregel des B1-1 S. 2, während eine Einlösungsklausel, wie sie heute B1-3 vorsieht, bereits durch Ziff. 12.1–12.3 AVB-AVG 2008, 2011, 2013 und Ziff. 11.1–11.3 AVB-AVG 2017 normiert wurde, wenn auch in stark abgewandelter Form. Unter den AVB-AVG 1997 bestand eine Einlösungsklausel ebenfalls unter Ziff. 12.1 und 12.2 aber dort eben noch unter Geltung des VVG a.F., sodass diese einen anderen Bedeutungsgehalt hatte. Unabhängig von der inhaltlichen Verschiebung der Einlösungsklausel (Rn. 14) ist die Vereinbarung einer solchen gerade in der Haftpflichtversicherung seit jeher in den AHB gebräuchlich gewesen, sodass eine Aufnahme auch in die AVB-AVG naheliegend erscheint. Gleichwohl kann der durch B1-1 S. 2 *inzidenter* gesetzte Verweis auf B1-3 heute nicht mehr als eine kontinuierliche Fortsetzung des bisherigen Standards begriffen werden, sondern setzt allenfalls den Rechtszu-

1 Nicht aber in allen früheren Fassungen der AHB, die vielfach nur die Einlösungsklausel vorsahen; siehe etwa Bruck/Möller/*Johannsen*, 8. Aufl., Bd. 4, A2 AHB dort § 3 I Abs. 1.

https://doi.org/10.1515/9783110675511-012

stand seit Ziff. 12.2 AVB-AVG 2008 fort, der bereits auf das reformierte VVG abgestimmt war (zu der Veränderung der Einlösungsklausel siehe Rn. 14).

II. Regelungsgegenstand

3 Im Versicherungsrecht unterscheidet man drei unterschiedliche Versicherungsbeginne, nämlich den formellen, den technischen und den materiellen Versicherungsbeginn.[2] Hierbei ist der **formelle Versicherungsbeginn** der Zeitpunkt des Vertragsschlusses, der sich grundsätzlich nach den allgemeinen Regeln des Schuldrechts bestimmt. Dies bedeutet, dass ab diesem Zeitpunkt die Parteien miteinander vertraglich verbunden sind, sodass sich diese zur Übernahme bestimmter Rechte und Pflichten verbunden haben, von denen sie sich grundsätzlich nicht mehr einseitig lösen können, mögen diese zeitlich auch erst später greifen.[3] Hierbei ist dieser Zeitpunkt üblicherweise, wenn nicht der Antrag des VN ausnahmsweise eine *invitatio ad offerendum* darstellt, in dem Moment zu verortet, in dem der VR den Antrag des VN annimmt (und dem VN die Annahmeerklärung zugeht). Dieser formelle Versicherungsbeginn, ebenso wie der in der D&O-Versicherung üblicherweise irrelevante **technische Versicherungsbeginn** (da dieser hier, anders als etwa teilweise in der PKV, grundsätzlich immer mit dem materiellen Versicherungsbeginn korreliert; siehe allenfalls Rn. 10), wird durch B1-1 jedoch nicht reguliert.

4 Einzig erfasst wird durch B1-1 der **materielle Versicherungsbeginn**. Hiermit ist der Zeitpunkt gemeint, ab dem der VR Versicherungsschutz gewährt,[4] ab dem also ein Schadensfall grundsätzlich ein Versicherungsfall sein kann. Dass allein dieser materielle Versicherungsbeginn angesprochen ist, zeigt sich zum einen in der konkreten Abstellung auf den „Beginn des Versicherungsschutzes" (B1-1 S. 1), zum anderen aber auch darin, dass durch B1-1 S. 2 der Versicherungsbeginn wie grundsätzlich auch in § 33 Abs. 1 VVG von der Zahlung der Erst- oder Einmalprämie (bzw. im Duktus der AVB-AVG des Erst- oder Einmalbeitrags; siehe zum Begriff B1-2 Rn. 7) abhängig gemacht wird.

B. Inhalt der Klausel

I. B1-1 S. 1: Grundsätzlicher Beginn des Versicherungsschutzes

1. Materieller Versicherungsbeginn

5 Durch B1-1 S. 1 wird die Zweifelsfallregel[5] des § 10 Halbs. 1 VVG abbedungen. Letzterer bestimmt, dass unter einer Versicherung, deren Dauer nach Tagen, Wochen, Monaten oder einem mehrere Monate umfassenden Zeitraum bemessen ist, mit dem Beginn des Tages Versicherungsschutz besteht, an dem der Vertrag geschlossen – also an dem der formelle Versicherungsbeginn (Rn. 3) liegt – wurde (sog. Mitternachtsregel).[6] B1-1 S. 1 stellt hingegen unmissverständlich klar, dass es allein auf den **im Versicherungsschein genannten Zeitpunkt** ankommt. Erforderlich wäre diese Regelung natürlich nicht, da die Vereinbarung eines kalendermäßig bestimmbaren Versicherungsbeginns ausreichen würde. B1-1 S. 1 dient insofern eher der Einleitung zur Einführung der Einlösungsklausel.

6 Schwierigkeiten können sich dann ergeben, **wenn** die **Police** entgegen der Annahme des B1-1 S. 1 ausnahmsweise, und dann typischerweise wegen eines Fehlers in der Datenverarbeitung, **keinen**

---

2 So bereits zu den unterschiedlichen Bedeutungen des Ausdrucks Versicherungsbeginn RG JRPV **1937** 5; OLG Hamm VersR **1976** 144.

3 Siehe im Einzelnen zum Vertragsschluss etwa Prölss/Martin/*Armbrüster* § 1 Rn. 28 ff.

4 Siehe etwa OLG Saarbrücken VersR **1973** 461.

5 MüKoVVG/*Fausten* § 10 Rn. 1; vgl. auch BGH VersR **1990** 258.

6 Vgl. zur früheren Mittagsregel des § 7 Abs. 1 VVG a.F. etwa BK/*Gruber* § 7 Rn. 1.

Versicherungsbeginn nennt. Dies bedeutet dann aber nicht zwingend, dass die Vertragsparteien sich nicht auf einen materiellen Versicherungsbeginn geeinigt haben, da der Versicherungsschein nicht identisch ist mit dem Versicherungsvertrag.[7] Allein wenn sich eine solche Vereinbarung nicht ermitteln lässt, kommt doch die Mitternachtsregel des § 10 Halbs. 1 VVG zur Anwendung.

2. Problem der Datierung auf einen Zeitpunkt vor dem Vertragsschluss

Probleme können in der D&O-Versicherung auftreten, wenn der im Versicherungsschein genannte Zeitpunkt vor dem Vertragsschluss oder gar vor dem Antrag liegt. Hier wird im Versicherungsrecht allgemein, und gerade auch in der Haftpflichtversicherung, grundsätzlich angenommen, dass eine solche **„Vordatierung" als** die Vereinbarung einer **Rückwärtsversicherung** i.S.d. § 2 Abs. 1 VVG zu sehen ist.[8] Eine solche Rückwärtsversicherung bedeutet grundsätzlich, dass der materielle Versicherungsbeginn vor dem Zeitpunkt des Vertragsabschlusses liegt, sodass Versicherungsschutz für bereits eingetretene Versicherungsfälle zumindest soweit besteht, als der VN nicht bereits positive Kenntnis vom Versicherungsfall hat, § 2 Abs. 2 S. 2 VVG. Dies eröffnet der Rückwärtsversicherung auch in der Haftpflichtversicherung relevante Anwendungsbereiche, soweit der Vertrag auf dem Verstoßprinzip beruht. Auch in der D&O-Versicherung wird eine solche Vordatierung für möglich gehalten, wie sich aus B1-3.1 Abs. 2 ergibt. In der D&O-Versicherung greift jedoch das claims-made-Prinzip (siehe A-2 Rn. 13 ff.). Da gemäß A-2 S. 2 ein Versicherungsfall nur vorliegt, wenn ein Haftpflichtanspruch geltend gemacht wurde, was bedeutet, dass gegen eine versicherte Person ein Anspruch schriftlich erhoben wird oder ein Dritter dem VN, einer Tochtergesellschaft oder der versicherten Person schriftlich mitteilt, einen Anspruch gegen eine versicherte Person zu haben, würde eine solche Rückwärtsversicherung nach § 2 Abs. 2 S. 2 VVG nahezu begriffsnotwendig leerlaufen. Gänzlich untragbar wäre, ob der Ubiquität des claims-made-Prinzips, der Umkehrschluss, dass die Vertragsparteien, dann zumindest für den Bereich der Rückwärtsversicherung das claims-made-Prinzip abbedingen wollen. Eine solche inzidente Abänderung der Definition des Versicherungsfalls kann nicht unterstellt werden, wenn nicht weitaus stärkere Indizien hinzutreten, da es sich beim claims-made-Prinzip gerade um ein wesentliches Strukturmerkmal der D&O-Versicherung handelt. **Sinn ergibt** eine solche **Vordatierung** insofern nur dann, **wenn** der **materielle Versicherungsbeginn auf** den **Zeitpunkt des Antrags** festgesetzt wird, also nur insoweit vor dem formellen Versicherungsbeginn liegt. Hier würden also auch solche Versicherungsfälle erfasst werden, die dem VN erst nach dem Antrag aber bereits vor dem Vertragsschluss bekannt werden (entsprechend würde also nur eine sofortige Deckung bewirkt), wobei auch § 2 Abs. 2 S. 2 VVG hier nicht entgegenstünde, der gerade auf die Kenntnis zum Zeitpunkt der Vertragserklärung des VN abstellt. Jeder weiter zurückreichenden Vordatierung ist jedoch das Odium zu eigen, unter der Geltung des claims-made-Prinzips etwas gänzlich Untaugliches zu vereinbaren. 7

In solchen Fällen, in denen das im Versicherungsschein vorhandene Datum noch vor dem Antrag liegt, wäre weitaus genauer als sonst zu ergründen, ob nicht die Vordatierung letztlich auf einem **Schreibfehler** beruht. Wenn hierbei nach gehöriger Auslegung das eigentlich gewünschte Datum deduziert werden kann, ist gemäß B1-1 S. 1 auf dieses abzustellen. Ist das gewünschte Datum des materiellen Versicherungsbeginns hingegen nicht ermittelbar, ist aber umgekehrt widerleglich zu vermuten, dass die Vertragsparteien keine Vordatierung (über den Antrag hinaus in die Vergangenheit) wünschten, so ist *nolens volens* doch § 10 Halbs. 1 VVG zur Lückenfüllung 8

7 Entsprechend seiner Beweisfunktion handelt es sich beim Versicherungsschein um einen Schuldschein i.S.d. §§ 371, 952 BGB: so bspw. FAKomm-VersR/*Reusch* § 3 Rn. 37; Bruck/Möller/*Knops* § 3 Rn. 6; BK/*Schwintowski* § 3 Rn. 57; *Wandt*, Versicherungsrecht, Rn. 193; nunmehr auch Prölss/Martin/*Rudy* § 3 Rn. 1 auch mit Nachweisen zu marginal gebliebenen Gegenstimmen.

8 Siehe etwa BGHZ 84, 268; 111, 29; BGH VersR **1990** 618; OHG VersR **1989** 1178.

heranzuziehen, sodass der Haftungszeitraum um Mitternacht des Tages beginnt, zu dem dem VN der Versicherungsschein oder diesem in sonstiger Weise die Annahme des VR zugeht.

9 Allerdings wäre es auch denkbar, dass eine solche unklare Vordatierung gerade keine Rückwärtsversicherung begründet, sondern vielmehr die sog. **Rückwärtsdeckung** nach A5-2 **begrenzt**. Dieser sieht gerade keine Rückwärtsversicherung *katexochen* vor,[9] sondern stellt nur klar, dass es grundsätzlich unerheblich ist, wann die dem Versicherungsfall zugrundeliegende Pflichtverletzung begangen wurde. Wollte man eine Datierung dergestalt verstehen, so würden gerade weiterhin nur Versicherungsfälle nach dem claims-made-Prinzip erfasst, wenn die Haftpflichtansprüche während der Versicherungsdauer (also nach dem eigentlichen materiellen Versicherungsbeginn, dann eventuell nach § 10 Halbs. 1 VVG bestimmt; siehe Rn. 6) erhoben werden, und zudem der Pflichtverstoß erst nach dem Zeitpunkt erfolgte, der in der Police genannt wurde. Dies erscheint höchst bedenklich. Hier gilt es insbesondere zu berücksichtigen, dass das OLG München[10] es gerade zu einer der Voraussetzungen erhoben hat, derentwegen das claims-made-Prinzip der Klauselkontrolle standhält,[11] dass eben eine Rückwärtsdeckung für in der Vergangenheit liegende Pflichtverletzungen greift. Obgleich hieraus nicht zwingend zu ziehen ist, dass bereits jede zeitliche Begrenzung dieser Rückwärtsdeckung zur Nichtigkeit der Definition des Versicherungsfalls führt, ist doch zumindest zu erwarten, dass eine solche Begrenzung in transparenter Weise erfolgt. Entsprechend ist im Zweifelsfall davon auszugehen, dass hinsichtlich eines solchen Deckungsausschlusses typischerweise kein Konsens erzielt wurde.

10 Soweit die Auslegung ergibt, dass durch die Vordatierung weder eine Rückwärtsversicherung (siehe Rn. 7) noch eine Begrenzung der Rückwärtsdeckung (siehe Rn. 9) gewünscht ist und zumindest kein offensichtlicher Schreibfehler vorliegt, so mag die Auslegung im Einzelfall ergeben, dass hierdurch nicht der materielle, sondern nur der **technische Versicherungsbeginn** vorverlegt werden soll. Dieser Zeitpunkt bestimmt, ab wann der VN eine Prämie zu bezahlen hat (siehe Rn. 3). Obgleich dieser Zeitpunkt für gewöhnlich mit dem materiellen Versicherungsbeginn Hand in Hand geht, kann er diesem Zeitpunkt auch vorausgehen (grundsätzlich aber nicht nachfolgen). Soweit der technische Versicherungsbeginn vor dem formellen Versicherungsbeginn liegt, ist die Prämie nachzuzahlen, wobei der VN dann, wenn dieser Zeitpunkt auch vor dem materiellen Versicherungsbeginn liegt, Prämie für einen Zeitraum schuldet, für den kein Versicherungsschutz gewährt wird.[12] Sinn ergibt dies nur dann, wenn der VN durch diese Nachzahlung andere Vorteile erwirbt. Dies mag etwa die Verwendung von so eigentlich nicht mehr angebotenen AVB sein und insbesondere der „Einkauf" eines günstigeren Prämiensatzes. Anders als etwa in der Lebens- oder der Krankenversicherung handelt es sich in der D&O-Versicherung hierbei praktisch jedoch bestenfalls um eine Anomalie. Insofern kann eine solche Auslegung nur dort greifen, wo starke Indizien in diese Richtung weisen.

---

9 Hier kommt es in der Praxis der D&O-Versicherung teilweise zu terminologischen Missverständnissen. So differenziert etwa § 8 Nr. 1 und Nr. 2 VOV korrekt zwischen der Vorwärts*deckung* und der Rückwärts*deckung*, wobei erstere den Fall beschreibt, dass die Pflichtverletzung erst nach dem materiellen Versicherungsbeginn begangen wurde, während letztere den Fall beschreibt, dass die Pflichtverletzung vor diesem Zeitpunkt lag. Rückwärts*versicherung* ist dies jedoch gerade nicht, da auch in diesem Fall die Anspruchserhebung (also der Versicherungsfall nach dem *claims-made*-Grundsatz) in den Haftungszeitraum nach dem materiellen Versicherungsbeginn fallen muss. Insofern terminologisch irreführend Ziff. 1.3 Hendricks, die von einer unbegrenzten Rückwärts*versicherung* spricht, aber eben eine Rückwärtsdeckung meint.

10 OLG München VersR **2009** 1066 (1067).

11 Zur umstrittenen Frage, ob die Definition des Versicherungsfalls überhaupt kontrollfähig ist, siehe etwa Prölss/Martin/*Voit* D&O-Vers. A-2 Rn. 2 und insbes. A-2 Rn. 8.

12 Vgl. etwa MüKoVVG/*Muschner* § 2 Rn. 4.

3. Vorläufige Deckungszusage

Weder durch B1-1 noch sonst durch die AVB D&O des GdV wird die Möglichkeit einer **vorläufigen Deckung**, d.h. von (sofortigem) Versicherungsschutz bis zum Abschluss des endgültigen Versicherungsvertrages, vorgesehen, was aber nicht bedeutet, dass eine solche in der D&O-Versicherung nicht möglich wäre oder nicht praktisch verwandt würde. Soweit die Vertragsparteien hier keine abweichenden Regelungen treffen, was vielfach der Fall sein wird, kommen die §§ 49 ff. VVG zur Anwendung. Hierbei wird durch die Gewährung vorläufiger Deckung grundsätzlich ein vom später abzuschließenden (Haupt-)Versicherungsvertrag zu scheidendes selbständiges Rechtsverhältnis begründet, eben ein grundsätzlich **eigenständiger Versicherungsvertrag**.[13] 11

Sehr **summarisch zusammengefasst** bedeutet dies Folgendes: Über die **vorläufige Deckung** wird Versicherungsschutz für einen zeitlich befristeten oder zumindest begrenzten Zeitraum gewährt, selbst wenn der Hauptvertrag später nicht zustande kommt. Hierbei wird bei der vorläufigen Deckung üblicherweise auf die Einlösungsklausel verzichtet (vgl. § 51 Abs. 1 VVG). Besonderheiten bestehen hier insbesondere auch hinsichtlich der Übermittlung der Vertragsdokumente und der Informationsdokumente (§ 49 Abs. 1 VVG), um gerade auch im Interesse des VN einen zügigen Vertragsschluss zu ermöglichen. Gerade in der D&O-Versicherung ist dies auch vielfach möglich, da hier eher selten ein Fernabsatzvertrag i.S.d. 312c BGB vorliegen wird (§ 49 Abs. 1 S. 1 VVG). Hinsichtlich der AVB greifen ebenfalls Besonderheiten. Da jedoch die meisten VR (oder Makler) keine besonderen Bedingungen für vorläufige Deckung vorhalten, greifen hier üblicherweise nach § 49 Abs. 2 S. 1 Alt. 2 VVG die für den Hauptvertrag vorgesehenen AVB. Hierbei ist es auch möglich, dass der vorläufige Deckungsschutz bei Abschluss des Hauptvertrages in diesen überführt wird. Für diesen Fall kann dann nach teilweiser Meinung auch vorgesehen werden, dass der Verzug der Erstprämie (also in der D&O-Versicherung unter den Bedingungen des B1-3.1) auch den rückwirkenden Wegfall des Versicherungsschutzes für den Zeitraum der vorläufigen Deckung bewirken kann.[14] Soweit der Hauptvertrag nicht zustande kommt, ist der VN gemäß § 50 VVG üblicherweise zur Zahlung einer pro-rata-temporis-Prämie verpflichtet. Für weitere Einzelheiten sei auf die Kommentierung zu §§ 49 ff. VVG in der allgemeinen versicherungsvertragsrechtlichen Literatur verwiesen.[15] 12

Eine **Vordatierung** des materiellen Versicherungsbeginns auf den Zeitpunkt des Antrags (siehe Rn. 7) **begründet** jedoch **nicht zwingend eine vorläufige Deckung**, wie sich insbesondere aus B1-3.1 Abs. 2 ergibt (siehe B1-3 Rn. 38). Hier wird gerade keine unbedingte sofortige Deckung gewährt, sondern eine solche soll eben nur dann erfolgen, wenn der Versicherungsvertrag tatsächlich geschlossen wird (und der Beitrag unverzüglich nach Vertragsschluss gezahlt wird [mit der üblichen Ausnahme, wenn die verspätete Zahlung nicht durch den VN verschuldet wurde]). Hier knüpft der Versicherungsbeginn gerade wieder an den im Versicherungsschein genannten Zeitpunkt an, was im Rahmen der vorläufigen Deckung üblicherweise nicht greifen wird, da der VR gerade vielfach keinen Versicherungsschein, sondern nur eine vorläufige Deckungszusage erteilt. Unabhängig von B1-3.1 Abs. 2 ist aber immer genau zu ergründen, ob nicht aus der konkreten Vertragsverhandlung der Abschluss eines solchen Versicherungsvertrages zur vorläufigen Deckung und mithin eine vorläufige Deckungszusage des VR gezogen werden kann. 13

13 Bruck/Möller/*Höra* vor § 49 Rn. 8; Prölss/Martin/*Klimke* vor § 48 Rn. 4; Langheid/Rixecker/*Rixecker* § 49 Rn. 3; siehe bereits zum VVG a.F. ohne spezielle Regelungen der vorläufigen Deckung BGHZ 21, 122; BGH VersR **2006** 914.

14 Klar ist dies letztlich nur in der KfzHaftPflV, da § 9 S. 2 KfzPflVV dies ausdrücklich gestattet; gleichwohl nimmt die wohl h.M. dies auch für andere Versicherungssparten an; vgl. m.w.N. etwa (wenn auch selbst mit teilweise anderer Meinung) Prölss/Martin/*Klimke* § 52 Rn. 37 ff.

15 Besonders empfehlenswert erscheinen hierbei etwa Prölss/Martin/*Klimke* vor § 49–§ 52; Bruck/Möller/*Höra*, vor §§ 49–52.

II. B1-1 S. 2: Vorbehalt der Einlösungsklausel

14 B1-1 S. 2 sieht eine sog. **Einlösungsklausel** vor. Dies bedeutete historisch unter § 38 VVG a.F., dass die Versicherung materiell erst beginnt, wenn die Erst- oder Einmalprämie gezahlt wurde,[16] wobei historisch vielfach auch sog. erweiterte Einlösungsklauseln vereinbart wurden, nach denen der materielle Versicherungsbeginn rückwirkend einsetzte, wenn die Prämie unverzüglich nach Erhalt des Versicherungsscheins bezahlt wurde.[17] Unter dem reformierten Recht erscheint die Feststellung, dass der materielle Versicherungsbeginn durch die Zahlung bedungen ist, etwas simplizistisch, da es sich im Kern nicht mehr um eine gewöhnliche aufschiebende Bedingung handelt, sondern die Zahlung der Erst- oder Einmalprämie einerseits eine vertragliche Pflicht ist, aber andererseits hinsichtlich der Leistungspflicht des VR gem. § 37 Abs. 2 VVG wie eine gesetzliche Obliegenheit wirkt.[18] Dies bedeutet, dass der Versicherungsvertrag sehr wohl ab dem Zeitpunkt des B1-1 S. 1 materiellen Versicherungsschutz entfaltet, selbst wenn der Vertrag nicht eingelöst wurde, wenn eben der VN entsprechend § 37 Abs. 2 S. 1 Halbs. 2 VVG nachweist, dass er die Nichtzahlung der Prämie nicht zu vertreten hat, oder aber keine hinreichende Belehrung nach § 37 Abs. 2 S. 2 VVG erfolgte.

15 Ob des Vorgesagten (siehe Rn. 14) erscheint die **systematische Verortung** des B1-1 S. 2 durchaus **fragwürdig**, erklärt sich aber aus der Historie der Einlösungsklausel, die früher eben verschuldensunabhängig als **aufschiebende Bedingung** wirkte. Da dem VN der Beweis des mangelnden Verschuldens auch heute allenfalls selten gelingen wird, wirkt die Einlösungsklausel – zumindest im Fall rechtmäßiger Belehrung – praktisch letztlich immer noch kaum verändert, trotz ihrer dogmatisch veränderten Einstufung. Hierbei trifft B1-1 S. 2 ohnehin keine eigenständige Regelung, sondern verweist letztlich nur auf B1-3 und hier spezifisch auf B1-3.1 und B1-3.3 (siehe im Detail B1-3 Rn. 12 ff. und 55 ff.).

C. Abweichende Marktbedingungen

I. Abweichender Wortlaut

16 Hinsichtlich des materiellen Versicherungsbeginns sehen die erhobenen Maklerbedingungen teilweise abweichende Formulierungen vor, ohne dass hierdurch von **der Grundregel des B1-1 S. 1** abgewichen würde. So formulieren diese etwa „Der Versicherungsschutz beginnt mit dem im Versicherungsschein festgesetzten Zeitpunkt" [Ziff. 6.1 FINLEX]; „Versicherungsschutz besteht für Versicherungsfälle, die zwischen dem im Versicherungsschein benannten Versicherungsbeginn und dem Ende des Versicherungsvertrags eintreten und auf einer in diesem Zeitraum begangenen Pflichtverletzung beruhen" [§ 8 Nr. 1 VOV; wobei hier durch den Halbs. 2 die in A-5.2 S. 1 vorgesehene Rückwärtsdeckung vorvertraglicher Pflichtverletzungen integriert wird]; „Der Versicherungsschutz beginnt in dem im Versicherungsschein vereinbarten Zeitpunkt" [Ziff. 6.1 Abs. 1 S. 1 Hendricks].

17 Erhebliche **Abweichungen** bestehen jedoch in den marktüblichen Maklerklauseln hinsichtlich des **„materiellen Versicherungsbeginns"** in Bezug auf die Deckung von **mitversicherten** Unternehmen bzw. deren *directors and officers*. Dies wird jedoch auch durch die AVB D&O des GDV abgedeckt, nur eben an anderer Stelle (und teilweise auch inhaltlich anders), nämlich in A-4 Abs. 3. Insofern sei auf die dortigen Anmerkungen verwiesen (siehe A-4 Rn. 30 ff.).

18 **Besonderheiten** bestehen auch im Vergleich zur **Einlösungsklausel** des **B1-1 S. 2**, wobei diese nachfolgend besprochen werden (siehe B1-3 Rn. 81 ff.).

---

16 BK/*Riedler* § 38 Rn. 54 ff. m.w.N. auch zu abweichenden Auffassungen.
17 BK/*Riedler* § 38 Rn. 63.
18 Siehe hierzu unten B1-3 Rn. 84 f.

II. Unterschiede zu Musterbedingungen

Weichen die Maklerklauseln teilweise auch im Wortlaut von **B1-1 S. 1** ab, so ergeben sich hier doch **keine Besonderheiten**, da sämtliche den materiellen Versicherungsbeginn auf den im Versicherungsschein genannten Zeitpunkt festsetzen. Hierbei sind die Formulierungen auch von der Gestalt, dass diese ebenso transparent erscheinen wie B1-1 S. 1, sodass sich keine vermehrten Probleme der Transparenzkontrolle stellen. Unabhängig davon ist hier wohl anzunehmen, da die Maklerklauseln letztlich nur den Zustand wiedergeben, den alle D&O-VR ohnehin in ihren AVB vorsehen würden, dass es sich nach der Rechtsprechung des BGH ohnehin um AGB des VR handelt.[19] Abgesehen davon handelt es sich beim materiellen Vertragsbeginn letztlich auch um eine *essentialia negotii*, sodass die Kontrolle einer Klausel, die letztlich nur das Offensichtliche bestätigt, nämlich dass der Versicherungsschutz zum vereinbarten (und dann policierten) Zeitpunkt einsetzt, nicht statthaft erscheint. 19

Hinsichtlich der Einlösungsklausel des **B1-1 S. 2 ergeben sich** teilweise **Abweichungen**, die jedoch nicht unmittelbar aus B1-1 S. 2 erwachsen, sondern aus dem hier indirekt verwiesenen B1-3.3 (siehe insofern B1-3 Rn. 81 ff.). 20

Für die hier aufgeworfenen Fragen der **Rückwärtsversicherung** (Rn. 7), der Einschränkung der **Rückwärtsdeckung durch „Vordatierung"** (Rn. 9), der **Vorverlegung des technischen Versicherungsbeginns** (Rn. 10) oder der **vorläufigen Deckung** (Rn. 13) sehen die konsultierten **Maklerbedingungen** jedoch **keine gesonderten Regelungen** vor, sodass es grundsätzlich bei den abstrakten Feststellungen bleiben muss, die im Zweifelsfall auch dort greifen. 21

---

19 Vgl. zu solchen antizipierenden AGB insbes. BGH NJW **1997** 2043; *ders.* NJW-RR **2006** 740; *ders.* VersR **2009** 1477; grds. zustimmend etwa Prölss/Martin/*J. Prölss*, 27. Aufl. (2004), Vorbem. I Rn. 16; *ders.* VersR **2000** 1441; Beckmann/Matusche-Beckmann/*Beckmann* § 10 Rn. 48.

B1-2 Beitragszahlung, Versicherungsperiode

B1-2.1 Beitragszahlung

Je nach Vereinbarung werden die Beiträge im Voraus gezahlt, entweder durch laufende Zahlungen monatlich, vierteljährlich, halbjährlich, jährlich oder als Einmalbeitrag.

B1-2.2 Versicherungsperiode

[1]Die Versicherungsperiode beträgt ein Jahr. [2]Das gilt auch, wenn die vereinbarte Vertragsdauer länger als ein Jahr ist. [3]Ist die vereinbarte Vertragsdauer kürzer als ein Jahr, so entspricht die Versicherungsperiode der Vertragsdauer.

B1-2.3 Versicherungsjahr

[1]Das Versicherungsjahr beträgt ein Jahr. [2]Besteht die vereinbarte Vertragsdauer nicht aus ganzen Jahren, wird das erste Versicherungsjahr entsprechend verkürzt. [3]Die folgenden Versicherungsjahre bis zum vereinbarten Vertragsablauf sind jeweils ganze Jahre.

Schrifttum

Bruschke Grunderwerbsteuer, Kraftfahrzeugsteuer und andere Verkehrsteuern, 2006; *Gambke/Flick* VersStG, 4. Aufl. 1966; *Grünwald/Dallmayr* VersStG, FeuerschStG, 2016; *Reusch* Die Versicherungsperiode nach § 12 VVG, in: Burgard u.a. (Hrsg.), Festschrift für Uwe H. Schneider zum 70. Geburtstag, 2011, 1039; *Rind/Wendt* Die Kautionsversicherung und die Besteuerung der „Kautionsversicherung", VersR **2008**, 1601; *Wilhelm/Herold* Versicherungssteuer – Risiken erkennen, Chancen nutzen, VP **2016**, Heft 1, 24.

Übersicht

A. Allgemeines

I. Entstehungsgeschichte — 1

II. Regelungsgegenstand — 5

B. Inhalt der Klausel

I. B1-2.1: Beitragszahlung — 7
1. Laufende Zahlung (Alt. 1) — 8
2. Einmalbeitrag (Alt. 2) — 12
3. Bestandteile des Beitrags — 14
4. Exkurs zur steuerlichen Behandlung des Beitrags — 17
5. Exkurs zur Festsetzung des Beitrags — 25

II. B1-2.2: Versicherungsperiode — 28

III. B1-2.3: Versicherungsjahr — 34

C. Abweichende Marktbedingungen

I. Abweichender Wortlaut — 40

II. Unterschiede zu Musterbedingungen — 42

https://doi.org/10.1515/9783110675511-013

A. Allgemeines

I. Entstehungsgeschichte

B1-2.1 zu den **Zahlungsmodalitäten des Beitrags** fand sich in den früheren Fassungen der AVB-AVG noch nicht. Man wird wohl annehmen können, dass hier Ziff. 8.2 S. 1 AHB (seit der Fassung 2014), der Alternativen Fassung für unterjährige Beitragszahlung, Pate stand. Allerdings hat die letztgenannte AVB einen anderen Bedeutungsgehalt als B1-2.1, da dort gerade der verkürzte Zahlungsintervall nach Ziff. 8.2 S. 2 AHB (alternativ) auch die Versicherungsperiode entsprechend verkürzt, dort mithin eine echte unterjährige Zahlung vereinbart wird, während B1-2.1 nur eine unechte unterjährige Zahlung vorsieht. 1

B1-2.2 zur Festsetzung der **Versicherungsperiode** ist auch erst neu in die AVB D&O aufgenommen worden und scheint zum Zeitpunkt der Erstellung der **AT AH-Sach**. 2014 (vgl. vor B1 Rn. 2) keine unmittelbaren Vorgänger gehabt zu haben. 2

B1-2.3 zur Bestimmung des **Versicherungsjahres** stellt auch eine Neuregelung dar und ist wie schon B1-2.2 eine Neuentwicklung der AT AH-Sach. 3

Eine **Definition der Zusammensetzung des Beitrags** (siehe Rn. 14 ff.), inklusive der **versicherungsteuerlichen Behandlung** (siehe Rn. 17 ff.), sowie eine Konkretisierung der **Festsetzung des Beitrags** (siehe Rn. 25 ff.) fehlen in B1-2 hingegen. 4

II. Regelungsgegenstand

Durch B1-2 werden die **Zahlungsmodalitäten**, die jedoch individualvertraglich ausgefüllt werden müssen, des Beitrags (Rn. 7 ff.) und die Festlegung der **Versicherungsperiode** (Rn. 28 ff.) bestimmt. Aus der Wechselwirkung der beiden Bestimmungen ergibt sich jedoch gerade auch, dass eben zunächst keine echte unterjährige Zahlung vereinbart wird (bei der sich dann gerade auch die Versicherungsperiode reduzieren müsste), sondern stattdessen eine unechte unterjährige Zahlung greift, die dann aber gerade nicht auf einer gestaffelten Stundungsabrede beruht (was bedeuten würde, dass die Prämie, insbesondere relevant für die Erstprämie [siehe B1-3 Rn. 9], immer als einheitliche zu behandeln wäre, sodass bereits der Verzug mit einer Rate auch rückwirkende Folgen auf die gesamte Versicherungsperiode haben könnte), sondern eben ein im Voraus vereinbartes Zahlungsregime, das insbesondere im Rahmen der Erstprämie die erste Rate eben als Erstprämie behandelt (Rn. 8 ff.). Daneben legt B1-2.3 auch noch das **Versicherungsjahr** fest (Rn. 34 ff.). 5

Weder die Zahlungsmodalitäten noch das Versicherungsjahr werden durch das **VVG explizit geregelt**. Die Regelungen dienen insofern nicht primär der Abweichung vom Gesetzesrecht, wobei in Abwesenheit der Regelungen natürlich bestimmte Lückenfüllungsstandards greifen würden, sondern eher der Konkretisierung der Vertragsmodalitäten. Insofern erscheinen B1-2.1 und B1-2.3 zumindest grundsätzlich unbedenklich (siehe aber Rn. 38). Die **Versicherungsperiode** ist hingegen durch § 12 VVG reguliert, der jedoch allein sagt, dass die Versicherungsperiode dann ein Jahr beträgt, wenn nicht die Prämie (das heißt in der D&O-Versicherung der Beitrag) nach kürzeren Zeiträumen bemessen ist. Im Hinblick darauf, dass es jedoch absolut untypisch ist, dass ein D&O Versicherungsvertrag einerseits mit einer Dauer von unter einem Jahr geschlossen wird und andererseits ob der Wechselwirkung von B1-2.1 und B1-2.2 gerade typischerweise keine periodenverkürzende Prämienzahlung vereinbart wird (Rn. 10, 31), wird B1-2.2. jenseits dieser Wechselwirkungsbedeutung kaum je praktisch relevant werden. Zumindest diese Wechselwirkungsbedeutung erscheint jedoch relevant, als § 12 VVG gerade im Umkehrschluss die Annahme nahelegt, dass eine Verkürzung der Zahlungsabschnitte auch eine Verkürzung der Versicherungsperiode auf diesen Abschnitt bewirkt, wie dies etwa durch B § 3 Abs. 2 S. 1 VHB 2010 oder Ziff. 8.2 S. 2 AHB 2016 (Alternative für echte unterjährige Beitragszahlung) geschieht. Indem B1-2.2 S. 3 jedoch ausführt, dass bei einer Vertragsdauer von unter einem Jahr die Versicherungsperiode die Vertragsdauer ist, also die Periode mit der Vertragsdauer und nicht mit den Zahlungsabschnitten gleichschaltet, 6 wird deutlich, dass grundsätzlich immer gewünscht ist, dass die Versicherungsperiode unabhängig von den Zahlungsabschnitten einem Jahr so nah wie möglich kommt.[1]

B. Inhalt der Klausel

I. B1-2.1: Beitragszahlung

7 Die AVB D&O verwenden, entgegen dem üblichen Gebrauch in den Maklerbedingungen, die von Prämie sprechen, den **Begriff des Beitrags**. Hierbei ist der in den AVB D&O (und schon früher in den AVB-AVG) verwandte Begriff des Beitrags identisch mit dem gesetzlichen Begriff der Prämie (etwa in § 33 VVG). Hierbei stellen die AVB D&O jedoch keinen Sonderfall dar, da der Begriff des Beitrags in AVB schon seit langem als **Synonym zur Prämie** verwandt wird.[2] Insofern ist gerade auch bei einem Vertrag, der ob der Vertragsverhandlung, einen Verschnitt von Gesetzesrecht, den AVB-D&O und Maklerbedingungen darstellt, und folglich von beiden Begriffen durchsetzt ist, eine unbedingte Synonymie anzunehmen

1. Laufende Zahlung (Alt. 1)

8 B1-2.1 Alt. 1 sieht im Schwerpunkt nur eine Klarstellungsregelung vor, indem für die **Zahlungsmodalitäten** explizit gerade **keine eigenständige Rechtsfolgen** vorgesehen, sondern diese der vertraglichen Vereinbarung überlassen werden. Es ist mithin an den Parteien, zu entscheiden, ob eine monatliche, vierteljährliche, halbjährliche oder jährlich Zahlung vorgesehen wird. Selbst hinsichtlich der scheinbar limitativen Enummerierung des Zahlungsregimes kann B1-2.1 Alt. 1 keine begrenzende Wirkung erzeugen, da es sich hier gerade nicht um ein Gesetz handelt, sodass es den Parteien etwa unbenommen ist, eine zweimonatige Zahlung zu vereinbaren.

9 Fraglich ist insofern, ob der Regelung neben dieser verzichtbaren Hinweisfunktion auch noch ein **erweiterter Bedeutungsgehalt** zukommt. Dies wäre letztlich nur dann der Fall, wenn aus B1-2.1 Alt. 1 VVG herauszulesen wäre, dass die Vereinbarung einer unterjährigen Prämienzahlung im Zweifelsfall weder eine echte unterjährige Zahlungspflicht noch eine rein gestundete Prämie begründet.

10 Diesbezüglich ist B1-2.1 Alt. 1 bedauerlich **intransparent**, da diese nicht klar herausstellt, ob es sich letztlich um die Vereinbarung einer echten **unterjährigen Prämienzahlung**, einer unechten unterjährigen Prämienzahlung, bei der die Raten einer gestaffelten Fälligkeit unterworfen werden, oder einer normalen Prämienzahlung handelt, bei der letztlich nur die Teilzahlungen gestundet werden. Hierbei wird man jedoch systematisch einen Vergleich zu B1-4.1 anstrengen müssen, der gerade von der „vereinbarten Zahlungsweise“ spricht. Hieraus wird zunächst deutlich, dass keine echte unterjährige Prämienzahlung gemeint sein kann, da eine solche eben nicht bloß eine Zahlungsmodalität darstellt.[3] Dies spricht jedoch auch dagegen, dass der Erstbeitrag in seiner Gesamtheit nach B1-3.1 fällig wird und nur eine davon abweichende nachträgliche Stundung von Teilzahlungen gewährt wird. B1-2.1 Alt. 1 (unter Einbeziehung des B1-4.1) geht es vielmehr darum, dass der Versicherungsvertrag ein unbedingtes, vorherbestimmtes Zahlungsregime erhält. Hätte hier ein anderes Ergebnis erzielt werden sollen, bei dem die Jahresprämie unabhängig von den Zahlungsabschnitten als für die Zwecke des Verzuges einheitliche Zahlungspflicht

---

1 Vgl. Prölss/Martin/*Klimke* AT AH-Sach-TV-Mono Rn. 5.

2 Vgl. zur Herkunft und Verwendung der Begriffe etwa Bruck/Möller/*Beckmann* § 33 Rn. 10 ff.; Langheid/Rixecker/*Rixecker* § 33 Rn. 2.

3 Wobei die Annahme einer solchen echten unterjährigen Prämienzahlung bereits daran scheitert, dass die Versicherungsperiode durch B1-2.2 gerade unbedingt auf ein Jahr festgesetzt wird; vgl. Rn. 31.

behandelt wird – unabhängig von der Frage nach der AGB-rechtlichen Zulässigkeit –, so hätte dies in wesentlich transparenterer Weise erfolgen müssen.

Entsprechend ist B1-2.1 Alt. 1 i.V.m. B1-4.1 so zu verstehen, dass hinsichtlich der Fälligkeit des **Erstbeitrags** nach B1-3.1 allein auf die **erste Rate** abzustellen ist (siehe B1-3 Rn. 8). Im Hinblick darauf, dass B1-2.1 jedoch im Kern nur eine Platzhalter- und Erinnerungsfunktion einnimmt, ist bei der individuellen Vereinbarung der Beitragszahlungspflicht darauf zu achten, dass nicht neben der Regelung des Zahlungsintervalls auch weitere inhaltliche Änderungen erfolgen. 11

2. Einmalbeitrag (Alt. 2)

B2-1.2 S. 1 sieht gerade vor, dass ein D&O-Versicherungsvertrag mit einer Laufzeit von mindestens 12 einem Jahr sich in Abwesenheit einer Kündigung automatisch um ein Jahr verlängert. Bei einem solchen Vertrag mit automatischer Verlängerungsklausel ist der Versicherungsbeitrag für die erste Versicherungsperiode gerade kein Einmalbeitrag, sondern ein **Erstbeitrag.**[4] **Relevanz** hat B1-2.1 Alt. 2 in der D&O-Versicherung insofern nur dann, wenn zum einen keine Ratenzahlung vereinbart wurde, bei der dann die Erstrate als Erstbeitrag zu bewerten wäre (siehe Rn. 11), und zum anderen die Vertragslaufzeit weniger als ein Jahr beträgt. Allerdings kann natürlich auch die automatische Verlängerung des B2-1.2 S. 1 abbedungen werden,[5] sodass es grundsätzlich denkbar wäre, einen Vertrag mit einer Laufzeit von über einem Jahr zu schließen, bei dem auch die Versicherungsperiode auf diesen Zeitraum erweitert wird,[6] und dann der Beitrag ein Einmalbeitrag wäre. Die Verwendung eines solchen Einmalbeitrags dürfte in der D&O-Versicherung eher seltener sein. Ausgeschlossen ist dies jedoch nicht. Relevant dürften solche Einmalbeiträge insbesondere im Rahmen einer **Exzedentenversicherung** sein.

Weitergehende Relevanz hat die Unterscheidung zwischen **Erst- und Einmalbeitrag** jedoch, 13 wie schon nach den gesetzlichen Regelungen, nicht, da diese hinsichtlich der Rechtsfolgen gerade **gleichgestellt** werden.

3. Bestandteile des Beitrags

Anders als etwa Ziff. 8 S. 2 AHB 2016 enthält B1-2.1 keine genaue Bestimmung, was alles unter den 14 Beitrag fällt, d.h. **welche Bestandteile mitumfasst** werden. Entsprechend muss hier auf den gesetzlichen Prämienbegriff des § 1 S. 2 VVG, der ebenfalls keine Konkretisierung vorsieht, abgestellt werden.

Umfasst ist entsprechend nicht nur die Prämie im eigentlichen Sinne, sondern etwa auch eine 15 **Nebengebühr**, zumindest wenn sie einen engen Bezug zum Versicherungsvertrag hat, wie etwa eine etwaige Gebühr für die Ausstellung des Versicherungsscheins.[7] Ebenfalls mitumfasst ist *qua legem* die anfallende **Versicherungsteuer**, da dies von § 7 Abs. 9 VersStG explizit vorgesehen wird.

Aus dem Vorgesagten folgt, dass der Erst- oder Einmalbeitrag, aber eben auch der Folgebeitrag 16 im Sinne der nachfolgend behandelten AVB letztlich nur dann **rechtzeitig** (und vollständig) bezahlt wurde, wenn **sämtliche Bestandteile** des Beitrags **gezahlt** wurden.

---

4 Umkehrschluss aus Prölss/Martin/*Armbrüster* § 11 Rn. 2; HK-VVG/*Muschner* § 11 Rn. 6; Bruck/Möller/*K. Johannsen* § 11 Rn. 10.

5 § 11 Abs. 1 VVG steht nicht entgegen, da dieser nur insoweit zwingend ist, als gerade eine automatische Verlängerung bedungen wurde, die zudem über 1 Jahr besteht; vgl. Prölss/Martin/*Armbrüster* § 11 Rn. 12.

6 Dies ist zumindest insoweit zulässig, als hierdurch nicht von halbzwingenden Vorschriften abgewichen wird, die den Begriff der Versicherungsperiode verwenden, bei denen diese höchstens ein Jahr betragen darf; vgl. Prölss/Martin/*Armbrüster* § 12 Rn. 5.

7 Siehe Bruck/Möller/*Beckmann* § 33 Rn. 11; Prölss/Martin/*Reiff* § 33 Rn. 6.

4. Exkurs zur steuerlichen Behandlung des Beitrags

17 Anknüpfend an den letzten Punkt mögen an dieser Stelle einige Ausführungen zur **steuerlichen Behandlung** des Beitrages in der D&O-Versicherung am Platze sein.

18 **Steuerbar** ist nach § 1 Abs. 1 VersStG die Zahlung des Versicherungsentgelts auf Grund eines durch Vertrag (oder auf sonstige Weise) entstandenen Versicherungsverhältnisses, wobei sich die genaue Zusammensetzung des steuerbaren Versicherungsentgelts aus § 3 VersStG ergibt.[8] Ohne hier zu stark in die Tiefe zu gehen, ist unter **Versicherungsentgelt** letztlich mit der schon vom Reichsfinanzhof entworfenen Definition alles zu verstehen, „was sich der Versicherer für die Leistungen gewähren lässt, die der Erfüllung seiner aus dem Versicherungsverhältnis entspringenden Verpflichtungen dienen".[9] Wirkliche Sonderprobleme – also abgesehen von den allgemeinen steuerlichen Problemen der Behandlung von Schadensfreiheitsrabatt, Restprämien auf den Schadensfall etc. – bereitet dies in der D&O-Versicherung, zumindest wenn es sich nicht um eine Mitversicherung oder um eine Deckung mit internationalen Komponenten handelt, nicht.

19 Hierbei greift in Deutschland auf die D&O-Versicherung der **allgemeine Versicherungsteuersatz** nach § 6 Abs. 1 VersStG **von 19 %.**

20 Da durch die D&O-Versicherung keine der in § 1 Abs. 2 S. 1 und 2 VersStG enumerierten Risiken betroffen sind, ergibt sich die Steuerbarkeit des Versicherungsentgelts, das an EWR-VR gezahlt wird, aus § 1 Abs. 2 S. 3 VersStG, der einen **Personalitätsbezug** zur Bundesrepublik herstellt.[10] Da in der D&O-Versicherung nahezu ausschließlich juristische Personen als VN auftreten, ist allein § 1 Abs. 2 S. 3 Nr. 2 VersStG von Belang, sodass auf den **Sitz des VN** in der Bundesrepublik abzustellen ist.

21 Anders als etwa in Bezug auf die Feuerschutzsteuer, wie sich dies aus § 5 FeuerschStG ergibt, ist nicht der VR,[11] sondern der **VN Steuerschuldner** der Versicherungsteuer. Dies ergibt sich aus § 7 VersStG und führt dazu, dass unabhängig von jedweder vertraglichen Ausgestaltung hinsichtlich einer Abführungspflicht steuerrechtlich immer der VN die Steuer schuldet und mithin auch ein nicht vollständig abwälzbares Risiko trägt.

22 Unabhängig von der Frage nach der Person des Steuerschuldners und unabhängig davon, ob man wie hier die Abführung der Versicherungsteuer als eine versicherungsvertragliche Nebenpflicht betrachtet, ist grundsätzlich unter entsprechender Anwendung des § 7 Abs. 2 VersStG der **D&O-VR** für das auf ihn entfallende Versicherungsentgelt, wenn dieses steuerbar ist, gegenüber dem Fiskus **Steuerentrichtungsschuldner**. Dies gilt unbegrenzt jedoch nur für EWR-VR. Diese können jedoch gemäß § 7 Abs. 5 VersStG ihre Steuerentrichtungsschuld auf einen Dritten abwälzen, wenn dieser wiederum seinen Sitz im EWR hat und ihm die Steuerabfuhr schriftlich übertragen wird. Bedeutung hat dies mithin insbesondere für **Maklerkonzepte**, in denen der Versicherungsmakler das Prämieninkasso übernimmt. Hierbei ist jedoch zunächst genau zu ermitteln, ob dem Makler tatsächlich durch den D&O-VR eine Prämieninkassovollmacht erteilt wurde. Vielfach wird dieser den Beitrag – von dem erhaltenen Betrag wird er dann oftmals zunächst seine Vermittlungsprovision einbehalten – nur in Botenschaft für den VN an den VR weiterleitet, der dann

---

8 Hierbei muss nicht darauf eingegangen werden, ob die D&O-Versicherung überhaupt einen Versicherungsvertrag im Sinne des § 2 Abs. 2 VersStG betrifft; siehe bspw. zur Freistellung der Kautionsversicherung nach § 2 Abs. 2 VersStG bei *Rind/Wendt* VersR **2008**, S. 1601 (1603 f.), 1603 f.

9 RFH RStBl. **1929**, S. 676 (LS Satz 2); wobei wiederum bereits der RFH festgestellt hat, dass gerade auch in Rechnung gestellte Verwaltungs- und Vertriebskosten mitumfasst sind; RFH RStBl. **1930**, S. 370 (371) 371; siehe zur weiteren Entwicklung bspw. *Gambke/Flick*, VersStG, § 1 Anm. 4 (insbes. S. 65 f.).

10 Hierbei handelt es sich trotz der Regelungstechnik um den eigentlichen Haupttatbestand und nicht um einen Auffangtatbestand zu § 1 Abs. 2 Nr. 1 VersStG a.F.; so *Bruschke*, Grunderwerbsteuer, Kraftfahrzeugsteuer und andere Verkehrsteuern (2006), S. 353. Rechtsdogmatisch hat diese Beurteilung jedoch keine Bedeutung.

11 Auch in Bezug auf die Feuerschutzsteuer kann der VN Steuerschuldner sein, nämlich, wenn gemäß § 5 Abs. 2 FeuerschStG der jeweilige Versicherungsvertrag mit einem Drittstaaten-VR abgeschlossen wurde und kein deutscher Inkassobevollmächtigter mit Sitz in Deutschland bestellt wurde; vgl. hierzu *Grünwald/Dallmayr*, VersStG, § 5 FeuerschStG Rn. 6 f.

als eigentlich Gläubiger eben auch Inkassant bleibt. Ist jedoch der Makler tatsächlich Inkassant des VR, so ist hinsichtlich der Steuerentrichtungsschuld zwischen Drittstaaten- und EWR-VR zu unterscheiden. Für erstere gilt der Makler als Steuerentrichtungsschuldner, wenn die Bedingungen des § 7 Abs. 3 VersStG vorliegen, während für EWR-VR die Voraussetzungen des § 7 Abs. 5 VersStG erfüllt sein müssen. Ein Unterschied besteht hier im Wesentlichen nur hinsichtlich des Schriftformerfordernisses des § 7 Abs. 5 VersStG. Entscheidend ist dann, dass zumindest der mit Inkassovollmacht versehene Makler seinen Sitz oder seine Niederlassung im EWR haben muss. Ansonsten verbleibt es bei der allgemeinen Bewertung der Steuerentrichtungsschuld, was dann im Verhältnis zu Drittstaaten-VR zu einer Entrichtungsschuld des VN nach § 7 Abs. 6 VersStG und zu einer Entrichtungsschuld des EWR-VR nach § 7 Abs. 2 S. 1 VersStG führt.

Diese Darstellung ist jedoch ausgesprochen unterkomplex, als sie zahlreiche **Probleme** ausspart, die gerade bei einer D&O-Versicherung, die als Mitversicherung genommen wird, und allgemeiner einer solchen, die weitere **internationale Komponenten** enthält, auftreten können. Gerade im Rahmen einer D&O-Versicherung, die als internationales Versicherungsprogramm aufgesetzt wird, sind die versicherten Risiken eben lokal gestreut und auch die Vertragsparteien, zuzüglich der Versicherten, verfügen (oftmals) nicht über einen einheitlichen Sitzstaat. So ist es für Unternehmen – und noch stärker für Konzerne (beziehungsweise genauer für Konzernmütter) – als VN, die über Töchter und entsprechend über directors and officers in zahlreichen Ländern verfügen und vielfach Haftungsrisiken in zahlreichen Staaten durch einen einheitlichen Vertrag decken, oftmals kaum ersichtlich, an welchem Ort und in welcher Höhe Versicherungsteuer zu entrichten ist.[12] Hierbei ergibt sich bereits bei einem Blick auf den teilharmonisierten europäischen Binnenmarkt ein sehr heterogenes Bild hinsichtlich der steuerlichen Behandlung von Versicherungsentgelten. So gibt es beispielsweise in der Europäischen Union noch zahlreiche Mitgliedstaaten (bspw. Polen und Tschechien), die überhaupt keine Versicherungsteuer oder eine äquivalente indirekte Steuer erheben, und andere, die eine solche zumindest in zahlreichen Sparten nicht vorsehen.[13] Daneben weisen die Steuersätze im Ländervergleich erhebliche Unterschiede auf, weisen aber auch im Binnenvergleich innerhalb der einzelnen Staaten bezüglich der Sparten große Divergenzen auf. Ein Beispiel dafür ist auch Deutschland, wo eine (auch auf die D&O-Versicherung anwendbare, Rn. 19) allgemeine Versicherungsteuer von 19 % greift, aber die Versicherungsentgelte in der Transportversicherung für internationale Güter beispielsweise steuerbefreit sind, in der Seekaskoversicherung ein Satz von 3 % greift, der Steuersatz in der Hagelversicherung 0,3 ‰ der jährlichen Versicherungssumme beträgt und in der Feuer- und Betriebsunterbrechungsversicherung ein Satz von 20 % von 60 % der Prämie (also 12 %) gilt.[14] Starke Unterschiede bestehen rechtsvergleichend daneben auch im Hinblick auf die unterschiedlichen Kriterien der Erhebung. Die vorstehenden Ausführungen können insofern nur dazu dienen, die Parteien und insbesondere den VN dafür zu sensibilisieren, dass je nach Streuung des Risikos hier erhebliche „versteckte" Kostenfaktoren und vor allem Haftungsrisiken schlummern mögen. 23

Unabhängig von diesen versicherungsteuerrechtlichen Fragen, die vornehmlich den VN als Steuer- und den VR als Steuerentrichtungsschuldner betreffen, ist nach wie vor nicht hinreichend sicher, wie die proportional auf die einzelnen versicherten Personen entfallenden Beitragsanteile **einkommenssteuerrechtlich** zu behandeln sind. Die Frage geht also dahin, ob es sich bei dem Beitrag für diese Versicherung für fremde Rechnung, um eine „normale" Betriebsausgabe des VN handelt oder diese sich im Verhältnis zu den versicherten *directors and officers* als geldwerter Vorteil, also als Lohnaufwand und mithin Lohnbestandteil darstellt. Bei Annahme der zweiten Interpretation wäre der auf die versicherte Person entfallende Anteil des Beitrags durch diesen als Einkunft zu versteuern. Ohne dieses Problem weiter zu vertiefen, ist davon auszugehen, dass der Beitrag durch den VN im Wesentlichen aus eigenbetrieblichem Interesse erbracht wird und 24

12 *Wilhelm/Herold* VP **2016**, Heft 1, S. 24–26, 24.

13 Für einen Überblick siehe *Insurance Europe*, Indirect Taxation on Insurance Contracts in Europe (2016) – dieser Report wird jährlich aktualisiert, lag dem Verf. jedoch nicht in der neusten Fassung vor.

14 Siehe § 6 VersStG und für die Befreiung der internationalen Transportversicherung § 4 Nr. 10 VersStG.

es sich insofern um eine gewöhnliche Betriebsausgabe handelt.[15] Jedes andere Verständnis würde die D&O-Versicherung zumindest steuerrechtlich auch kaum noch handhabbar werden lassen, da eine personenindividuelle Allokation des Beitrags einen kaum hinnehmbaren Aufwand erfordern würde. Es sei jedoch warnend angemerkt, dass zum einen die Auffassung der deutschen Steuerbehörden kaum in Stein gemeißelt ist und zum anderen bei der Versicherung von in anderen Ländern einkommenssteuerpflichtigen Versicherten eben ein abweichendes Verständnis vorherrschend sein mag.

5. Exkurs zur Festsetzung des Beitrags

25 Bei der **Festsetzung des Beitrags** wird im *underwriting* des VR vornehmlich auf die **Bilanzsumme** des VN abgestellt, wobei daneben natürlich **auch** eine Vielzahl anderer **Risikofaktoren**, die entweder im Rahmen der vorvertraglichen Anzeigepflicht oder im Rahmen einer freien Recherche der Underwriter erhoben werden, Berücksichtigung finden.[16] Gerade in der D&O-Versicherung wäre es jedoch ein Irrglaube, dass der Beitrag sich allein – oder auch nur vornehmlich – an objektiv bestimmbaren Risikofaktoren bemisst. Vielmehr spielt hier die **Wettbewerbssituation** eine wesentlich erheblichere Rolle als in anderen Sparten und Zweigen, sodass die Beitragshöhe hier stärker von der Verhandlungsmacht, dem Verhandlungsgeschick und dem Zeitpunkt der Deckungsnachfrage abhängig ist, was letztlich auch den teilweisen Prämienrückgang trotz steigender Haftung erklärt.[17]

26 Hierbei ist eben zu berücksichtigen, dass die im D&O-Segment tätigen VR gerade (meistens) **keinen Tarif im klassischen Sinn** vorhalten, sodass die **Prämienfestsetzungsentscheidung** eben **wesentlich individueller** – und teilweise willkürlicher – erfolgt, als sonst in der Versicherungswirtschaft üblich. Die Eingrenzung von Versichererseite erfolgt mithin im Schwerpunkt über interne Zeichnungsleitlinien und -limite, die jedoch vielfach durch die jeweiligen Underwriter auch sehr weit ausgelegt werden können, sodass gerade in Abwesenheit eines festen Tarifs vielfach zur Ermöglichung eines wettbewerbsfähigen Beitrags auch mittels Aufnahme von Risikoausnahmen und Obliegenheiten, die oft recht freihändig erfolgen, reagiert wird.

27 Gerade in diesem letzten Punkt zeigt sich die systembedingte Begrenzung des vorliegenden Kommentars, da eben zur Erzielung einer „Zielprämie“ vielfach von den AVB D&O, den versichererindividuellen AVB oder den Maklerbedingungen, abgewichen wird, aber eben auch nicht zwingend standardisierte und mithin erhebbare Klauseln angewandt werden, sondern eben sog. **Geschriebene Bedingungen**[18] zur Anwendung gelangen. Mithin ist es insbesondere dem Prämiendruck geschuldet, dass die D&O-Versicherung keinen verlässlichen Standardisierungsgrad erreicht, sodass im Streitfall eben vielfach, wenn nicht meistens, eine Einzelbeurteilung und -abwägung vorzunehmen ist. Hierzu sei kritisch in den Raum geworfen, dass eine hierdurch erwirkte Prämienersparnis oftmals durch gesteigerte Rechtsdurchsetzungskosten erkauft wird. Die Frage, ob dies bilanz- und steuerrechtlich gleichwohl vorteilhaft ist, hängt eben sehr stark vom Einzelfall ab.

II. B1-2.2: Versicherungsperiode

28 B1-2.2 regelt die **Dauer der Versicherungsperiode** unter teilweiser Abweichung zu § 12 VVG (siehe Rn. 6, 33). Allgemein versteht man unter der Versicherungsperiode den **Zeitabschnitt, nach**

15 So auch mit tiefergehender Begründung Seitz/Finkel/Klimke/*Finkel/Seitz* Ziff. 12 AVB-AVG Rn. 30 ff.
16 So etwa *Ihlas*, D&O, S. 575 f. und 579 ff.
17 Vgl. hierzu sehr instruktiv und ausführlich *Lange*, D&O Versicherung und Managerhaftung, § 1 Rn. 61.
18 Vgl. zur Mehrdeutigkeit dieses Begriffs etwa MAH/Versicherungsrecht/*C. Schneider* § 9 Rn. 37.

dem in einer Versicherung mit laufender Prämie die Höhe der **Prämie bemessen** wird.[19] Unmittelbare Bedeutung hat die Versicherungsperiode insofern im Zusammenhang mit der technischen Versicherungsdauer (vgl. B1-1 Rn. 3, 10).

Relevanz gewinnt die Definition der Versicherungsperiode aber auch im Zusammenhang mit allen gesetzlichen Normen, die den Begriff der Versicherungsperiode verwenden (etwa § 11 Abs. 2 VVG zur ordentlichen Kündigung; § 19 Abs. 4 S. 2 zur rückwirkenden Anpassung der AVB bei nicht zu vertretender vorvertraglicher Anzeigeobliegenheitsverletzung[20]) und natürlich auch für **Klauseln der AVB, die auf** die **Versicherungsperiode abstellen**. In den AVB D&O ist dies etwa der Fall für die Bestimmung der Bedingungen und der noch zur Verfügung stehenden Versicherungssumme, unter denen in der Nachmeldefrist Versicherungsschutz besteht (A-5.3 Abs. 5), zur Bestimmung des Zeitabschnitts, für den die Versicherungssumme als Höchstkapazität greift (A-6.4 S. 1), zur Bestimmung des Zeitpunktes des ersten Versicherungsfalls, auf den bei einem Serienschaden mit Folgen für die Versicherungssumme verklammert wird (A-6.6), zur Bestimmung des Zeitpunkts, zu dem eine Kündigung des VN nach einem Versicherungsfall spätestens wirksam werden muss (B2-2.2 S. 2 Halbs. 2), und zum Zeitpunkt, ab dem bei einer unverschuldeten vorvertraglichen Anzeigepflichtverletzung auf Forderung des VR die angepassten Vertragsbedingungen rückwirkend greifen (B1-2.3 Abs. 1 S. 2). 29

Aus dem Vorgesagten wird deutlich, dass es von **großer Bedeutung** ist, welcher Zeitabschnitt als Versicherungsperiode zu gelten hat, da es etwa naturgemäß einen großen **kalkulatorischen Unterschied** macht, ob eine sehr hohe Versicherungssumme als Höchstkapazität für ein Jahr oder für einen Monat zur Verfügung gestellt wird. 30

Wie bereits herausgestellt, geht aus B1-2.2 **grundsätzlich** hervor, dass die **Versicherungsperiode** im Zweifelsfall gerade **nicht auf** den **Zeitabschnitt der Zahlungsmodalität verkürzt** werden soll (siehe Rn. 6). Vielmehr bestimmt B1-2.2 S. 1 unmissverständlich, dass die **Versicherungsperiode ein Jahr** beträgt und dies wohlgemerkt nach B1-2.2 S. 2 auch dann, wenn die Vertragsdauer länger als ein Jahr ist.[21] Entsprechend kommt es nicht nur nicht zu einer Anpassung der Versicherungsperiode an die Zahlungsintervalle, sondern die Vertragsdauer von über einem Jahr wird auch nicht etwa proportional in zwei gleichlange Versicherungsperioden aufgeteilt. Dies bedeutet dann auch, dass bei einer Vertragslaufzeit von über einem, aber unter zwei Jahren, die zweite Versicherungsperiode, obgleich tatsächlich kürzer als ein Jahr, zu Bemessungszwecken als ein Jahr behandelt wird. 31

Eine Abweichung von dieser Grundregel wird durch B1-2.2 S. 3 nur für den Fall vorgesehen, dass die **Vertragsdauer kürzer als ein Jahr** ist. In diesem Fall **ist** die **Versicherungsperiode** die **Vertragsdauer**. 32

Mit seinem Ansatz, dass die Versicherungsperiode im Zweifelsfall ein Jahr beträgt, stimmt B1-2.2 grundsätzlich mit der Zweifelsfallregel des § 12 VVG überein. **Besondere Bedeutung** gewinnt B1-2.2 jedoch gerade dadurch, dass klar wird, dass anders als unter § 12 VVG im Zweifelsfall auch eine Prämienzahlung in kürzeren Intervallen eben nicht zu einer Verkürzung der Versicherungsperiode führt (siehe bereits Rn. 6, 31). 33

---

19 Etwa Prölss/Martin/*Armbrüster* § 12 Rn. 1; Bruck/Möller/*K. Johannsen/Koch* § 12 Rn. 2; Langheid/Rixecker/*Rixecker* § 12 Rn. 1; MüKoVVG/*Fausten* § 12 Rn. 11.

20 Für eine detailliertere Aufzählung Bruck/Möller/*K. Johannsen/Koch* § 12 Rn. 2.

21 Letzteres ist auch zumindest dahingehend zwingend, dass zwar die Regelung des § 12 VVG hinsichtlich der Höchstdauer der Periode von einem Jahr nicht halbzwingend ist, dieser Zwang sich jedoch insoweit ergibt, als durch eine längere Dauer von halbzwingenden Normen, die auf die Versicherungsperiode Bezug nehmen, abgewichen würde; siehe *Reusch*, Fs Schneider, 1039 (1046).

III. B1-2.3: Versicherungsjahr

34 B1-2.3 bestimmt die **Dauer** und indirekt auch **Beginn und Ende** des **Versicherungsjahres**. Bezogen ist der Begriff des Versicherungsjahres üblicherweise auf die materielle Versicherungsdauer.

35 Durch B1-2.3 S. 1 wird lediglich klargestellt, was sich schon semantisch von alleine versteht, dass nämlich das **Versicherungsjahr ein Jahr** beträgt. Hierbei bleibt zunächst gänzlich unklar, ob dies bedeuten soll, dass das Versicherungsjahr mit dem **Kalenderjahr** gleichzusetzen ist, oder **nicht**. Dass eine solche Festlegung auf das Kalenderjahr nicht gemeint sein kann, ergibt sich jedoch aus einem Umkehrschluss aus B1-2.3 S. 2 und 3, die bei einer Vertragslaufzeit von über einem Jahr das erste Versicherungsjahr soweit verkürzen, dass die restliche Laufzeit in ganze Jahre aufgeteilt werden kann. Entsprechend sind je nach dem Datum des materiellen Versicherungsbeginns (also wenn dieser nicht auf Neujahr fällt) und je nach vereinbarter Versicherungsdauer (also wenn im Hinblick auf die Dauer das erste Versicherungsjahr nicht so verkürzt werden kann, dass es an Sylvester endet, und die restliche Versicherungsdauer, dann Kalenderjahre wären) weder das erste, noch die folgenden Versicherungsjahre Kalenderjahre.

36 Um ein **Beispiel** zu geben: Angenommen, dass eine anderthalbjährliche Laufzeit vereinbart wird und materieller Versicherungsbeginn (zusammen mit dem technischen Versicherungsbeginn) am 1.4. liegt, so endet das erste Versicherungsjahr mit Ablauf des 30.9. und das zweite beginnt am 1.10 und endet mit Ablauf des 30.9. des Folgejahres.

37 Dies ergibt in der D&O-Versicherung auch durchaus **Sinn**, als so, wenn der Vertrag zu einem untypischen Zeitpunkt abgeschlossen wird, die Laufzeit so gewählt werden kann, dass zukünftig ein Gleichlauf von Versicherungsperiode und Versicherungsjahr dergestalt sichergestellt werden kann, dass über die Vertragsverlängerungsklausel des B2-1.2 die Beginnzeitpunkte zukünftig in der gewünschten *renewal*-Phase des VR liegen. Hierbei ist es gerade in der D&O-Versicherung durchaus bedeutsam, dass die *renewal*-Phase(n) möglichst für eine Vielzahl von Verträgen greift (resp. greifen), um einerseits hinsichtlich der Sicherstellung der Deckungskapazität nicht mit der *renewal*-Phase der Rückversicherung zusammenzufallen, da dies die Zeichnungslimite des D&O-VR erheblich beeinflussen kann, und um andererseits möglichst nach der Hauptversammlungssaison zu liegen, um die Risikoevaluation möglichst realistisch vornehmen zu können. Jenseits der erheblichen Belastungen, die dieses Herbst-*renewal* für die *underwriting*-Abteilungen bedeutet, bewirkt es doch auch einen ganz erheblichen Rationalisierungseffekt für den VR und zmd. potentiell auch einen positiven Prämieneffekt für den VN.

38 Jenseits dieser Überlegungen, die jedoch im Schwerpunkt die im Erstabschluss festgesetzte Vertragsdauer betreffen, ist das Versicherungsjahr vornehmlich für die Verfügbarkeit von **Jahreskapazitäten** relevant,[22] wenn diese nicht von der Versicherungsperiode, sondern eben dem Versicherungsjahr abhängig gemacht werden.[23] In den AVB D&O wird der Begriff hingegen nur noch an einer anderen Stelle erwähnt. Durch B1-6.2.1 UA 2 S. 1 wird grundsätzlich in Übereinstimmung mit § 9 Abs. 1 S. 2 Halbs. 1 VVG festgelegt, dass im Falle des **Widerrufs** und bei Unterlassen eines Hinweises nach § 9 Abs. 1 S. 1 VVG auf das Widerrufsrecht, die Rechtsfolgen des Widerrufs und den zu zahlenden Betrag, zmd. wenn ein Versicherungsfall nicht eingetreten ist, auch die **Prämie für das erste Versicherungsjahr** zurückzuerstatten ist. Indem bei einer Laufzeit von über einem Jahr nach B1-2.3 S. 2 das erste Versicherungsjahr verkürzt wird, kommt es zumindest unter dieser Regelung zu einer erheblichen Besserstellung des VR, wenn der Widerruf erst im zweiten Versicherungsjahr (oder noch später) erfolgt. Dies erscheint höchst bedenklich, da § 9 Abs. 1 S. 2 Halbs. 1 VVG gerade vom ersten Jahr der Versicherung spricht, was nahelegt, dass es hierbei auch um ein ganzes Jahr gehen soll. Würde man eine solche Umdefinierung zulassen, so würde dies dem VR eine ganz erhebliche Umgehungsmöglichkeit gewähren. Dieser könnte dann eben, um ein

22 Siehe Beckmann/Matusche-Beckmann/*Beckmann* § 28 Rn. 90.

23 Diese Unterscheidung spielt freilich nur dann eine Rolle, wenn Versicherungsperiode und Versicherungsjahr voneinander entkoppelt sind. Dies ist im Hinblick auf B1-2.2 und B1-2.3 jedoch hier zumindest potentiell gerade der Fall.

Extrembeispiel zu geben, eine Vertragsdauer von einem Jahr und einem Tag bestimmen, um im Widerrufsfall auch bei unterbliebenem Hinweis und ohne Versicherungsfall dann nur den *pro-rata-temporis*-Anteil des Beitrags des laufenden Versicherungsjahres zurückzahlen zu müssen, da der Widerruf kaum je vor Ende des ersten Versicherungsjahres zugehen dürfte. Insgesamt dürfte sich diese Problematik jedoch praktisch eher selten auswirken, da in der D&O-Versicherung ob der Person des VN nur sehr selten – nämlich wenn es um eine Selbstbehalt-D&O- oder eine Individualpolice geht – ein Widerrufsrecht besteht (siehe B1-3 Rn. 18 ff. und insbes. 31).

Von den vorstehenden Überlegungen zur Ermöglichung, den Vertrag möglichst zügig in die versicherertypische *renewal*-Phase zu schieben (siehe Rn. 37), abgesehen, erscheint B1-2.3 jedoch **in der D&O-Versicherung eher bedeutungslos**, da anders als in manch anderen Industriesegmenten eine Vertragslaufzeit von über oder unter einem Jahr branchenuntypisch ist. Relevant bleibt in solchen Fällen allein, dass das Versicherungsjahr eben nicht das Kalenderjahr ist (siehe Rn. 35). Da das Versicherungsjahr und die Versicherungsperiode insofern typischerweise korrelieren werden und dem Versicherungsjahr in der D&O-Versicherung zumindest jenseits zusätzlicher Klauseln neben den AVB D&O keine vermehrte Bedeutung zukommt, erklärt sich diese Regelung nur dadurch, dass diese eben eine solche des gemeinsamen Allgemeinen Teils für die Allgemeine Haftpflichtversicherung, die D&O-Versicherung, die Sachversicherung und die Technische Versicherung (siehe vor B-1 Rn. 2 f. und B-3 Rn. 1) ist, und das Versicherungsjahr gerade in der Sachversicherung eine gesteigerte Bedeutung hat. 39

C. Abweichende Marktbedingungen

I. Abweichender Wortlaut

Gesonderte Regelungen zur Prämienzahlungsmodalität, zur Versicherungsperiode oder dem Versicherungsjahr sehen die meisten erhobenen Maklerbedingungen nicht vor. Explizit regelt dies (teilweise) nur Ziff. 6.1 Abs. 1 S. 2 Hendricks, die festlegt, dass „[a]ls **Versicherungsperiode** [...], falls nicht die Prämie nach kürzeren Zeitabschnitten bemessen ist, der Zeitraum eines Jahres“ [Hervorh. durch Verf.] gilt. Erweiternd bestimmt Ziff. 6.1.1, dass „[d]ie einmalige oder die **erste Prämie** [...] **wie** eine **Folgeprämie** im Sinne des § 38 VVG **behandelt**“ [Hervorh. durch Verf.] wird. 40

Hinsichtlich der **Steuerallokation und -abfuhr** regelt Ziff. 10.1 Hendricks: „Für ausländische Tochtergesellschaften und mitversicherte Unternehmen wird der Versicherer nach Aufforderung der Versicherungsnehmerin Versicherungsprämien allokieren und unter Beachtung anwendbarer steuerrechtlicher Bestimmungen Versicherungssteuer abführen. Ist dies dem Versicherer nicht möglich, wird er die Versicherungsnehmerin bei Vertragsschluss bzw. rechtzeitig vor Vertragsverlängerung unter Angabe der Gründe darauf hinweisen“. Ziff. 5.5 FINLEX legt hierzu fest: „Für mitversicherte Unternehmen, die ihren Sitz im Geltungsbereich der EU/des EWR haben, wird der Versicherer nach Aufforderung der Versicherungsnehmerin anhand einer von der Versicherungsnehmerin vorgeschlagenen Steuerallokation, welcher der Versicherer zugestimmt hat, die entsprechenden Versicherungssteuern abführen“. 41

II. Unterschiede zu Musterbedingungen

Unter den vorgenannten Bedingungen kommt es also insofern zu einer Abänderung, als die **Versicherungsperiode** im Zweifelsfall auf den **verkürzten unterjährigen Zahlungsintervall** verkürzt wird, wie es dem Grundverständnis des § 12 VVG entspricht (siehe Rn. 6). Dies sollte jedoch auch nicht überzeichnend verstanden werden, da es eben auch hier auf die konkrete individualvertragliche Ausgestaltung ankommt. Ziff. 6.1 Abs. 1 S. 2 Hendricks kommt insofern nur eine Auslegungsrelevanz zu, wenn gerade unklar bleibt, ob eben allein eine Ratenzahlung oder eine echte unterjährige Zahlung gemeint ist, mit einer Präferenz für letzteres. 42

43 In jedem Fall relevant bleibt Ziff. 6.1 Abs. 1 S. 2 Hendricks dahingehend, dass die Versicherungsperiode bei einer Vertragslaufzeit von unter einem Jahr eben allenfalls der Vertragslaufzeit entspricht. Man wird der Regel jedoch auch eine Relevanz zumessen können, als gerade keine gesonderte Regelung des **Versicherungsjahres** erfolgt, und dieser Begriff in jenen Bedingungen auch nicht auftaucht. Es verbleibt mithin unter diesen Bedingungen dabei, dass bei einer Vertragsdauer von über einem Jahr eben das erste Jahr als erste Versicherungsperiode (und Versicherungsjahr) und das zweite als verkürzte Versicherungsperiode anzusehen ist (vgl. hingegen Rn. 31).

44 Die **Gleichstellung** des **Erst- und Einmalbeitrages mit** dem **Folgebeitrag** durch Ziff. 6.1.1 Hendricks hat stark versicherungsnehmerschützende Folgen, die im Rahmen der Verzugsfolgen des Erst- und Einmalbeitrages erläutert werden (siehe B1-3 Rn. 86 f.), jedoch insgesamt bewirkt, dass B1-2.1 (bzw. § 12 VVG) hinsichtlich der Frage, ob es sich allein um Zahlungsmodalitäten oder eine periodenbezogene Umgestaltung handelt, gegenstandslos wird.

45 Soweit die Maklerbedingungen teilweise Regelungen zur **Steuerallokation und Steuerabfuhr** enthalten (Rn. 41), erscheint dies förderlich, aber auch nicht zwingend erforderlich. Man wird es wohl auch ohne eine explizite Regelung für eine Nebenpflicht des VR halten dürfen, dass dieser bei Aufforderung durch den VN eine Allokation der Prämie auf die geographisch gestreuten Gefahren vornimmt. Die Regelung, dass der VR die jeweilige Abfuhr der auf diese Prämienquoten entfallenden Steuern schuldet, erscheint hingegen zumindest nach deutschem Recht verzichtbar, als der VR ohnehin Steuerentrichtungsschuldner ist (Rn. 22) und man neben dieser öffentlich-rechtlichen Pflicht wohl auch eine privatrechtliche Pflicht gegenüber dem VN als Steuerschuldner in den Vertrag hineinlesen kann. Förderlich ist dies aber zumindest unter solchen ausländischen Steuerregimen, die den VR nicht *qua legem* als Steuerentrichtungsschuldner ansehen, aber es dem Steuerschuldner ermöglichen, einen Steuerentrichtungsschuldner zu bestellen.

B1-3 Fälligkeit des Erst- oder Einmalbeitrags, Folgen verspäteter Zahlung oder Nichtzahlung

B1-3.1 Fälligkeit der Erst- oder Einmalprämie

(1) [1]Der erste oder einmalige Beitrag ist unverzüglich nach dem Zeitpunkt des vereinbarten und im Versicherungsschein angegebenen Versicherungsbeginns zu zahlen. [2]Dies gilt unabhängig von dem Bestehen eines Widerrufrechts.
(2) Liegt der vereinbarte Zeitpunkt des Versicherungsbeginns vor Vertragsschluss, ist der erste oder einmalige Beitrag unverzüglich nach Vertragsschluss zu zahlen.
(3) Zahlt der Versicherungsnehmer nicht unverzüglich nach dem in Absatz 1 oder 2 bestimmten Zeitpunkt, beginnt der Versicherungsschutz erst, nachdem die Zahlung veranlasst ist.
(4) Weicht der Versicherungsschein vom Antrag des Versicherungsnehmers oder getroffenen Vereinbarungen ab, ist der erste oder einmalige Beitrag frühestens einen Monat nach Zugang des Versicherungsscheins zu zahlen.

B1-3.2 Rücktrittsrecht des Versicherers bei Zahlungsverzug

(1) Wird der erste oder einmalige Beitrag nicht rechtzeitig nach B1-3.1 gezahlt, so kann der Versicherer vom Vertrag zurücktreten, solange der Versicherungsnehmer die Zahlung nicht veranlasst hat.
(2) Der Rücktritt ist ausgeschlossen, wenn der Versicherungsnehmer die Nichtzahlung nicht zu vertreten hat.

B1-3.3 Leistungsfreiheit des Versicherers

(1) [1]Wenn der Versicherungsnehmer den ersten oder einmaligen Beitrag nicht rechtzeitig nach B1-3.1 zahlt, so ist der Versicherer für einen vor Zahlung des Beitrags eingetretenen Versicherungsfall nicht zur Leistung verpflichtet. [2]Voraussetzung ist, dass er den Versicherungsnehmer durch gesonderte Mitteilung in Textform (z.B. E-Mail, Telefax oder Brief) oder durch einen auffälligen Hinweis im Versicherungsschein auf diese Rechtsfolge der Nichtzahlung des Beitrags aufmerksam gemacht hat.
(2) Die Leistungsfreiheit tritt nur ein, wenn der Versicherungsnehmer die Nichtzahlung zu vertreten hat.

Schrifttum

Gal Erstprämienzahlungsverzug und Einlösungsklausel – Wirklich ein Fall der Zahlungsverzugsrichtlinie?, VersR **2021**, 414; *Ganster* Die Prämienzahlung im Versicherungsrecht – Grundlagen und ausgewählte Problemfelder vor dem Hintergrund der VVG-Reform, 2008; *Hilbig* Anmerkung – Zu den notwendigen Voraussetzungen bei der Vermeidung des Verzuges, JZ **2008**, 991; *R. Johannsen* Zum Einlösungsprinzip und seinen Abweichungen gemäß dem VVG-Entwurf, in: Bielefeld/Marlow (Hrsg.), Ein Leben für die Versicherungswissenschaft – Festschrift Schirmer, 2005, 263; *Klimke* Bedeutung der Zahlungsverzugsrichtlinie 2000/35/EG für die Prämienschuld des Versicherungsnehmers, VersR **2010**, 1259; *Wandt/Ganster* Zur Harmonisierung von Versicherungsbeginn und Prämienfälligkeit durch AVB im Rahmen des VVG **2008**, VersR 2007, 1034.

https://doi.org/10.1515/9783110675511-014

Übersicht

A. **Allgemeines**

I. Entstehungsgeschichte — 1

II. Regelungsgegenstand — 4

B. **Inhalt der Klausel** — 7

I. Vorbemerkung zum Erst- oder Einmalbeitrag — 8

II. B1-3.1: Fälligkeit des Erst- oder Einmalbeitrages — 12
1. Fälligkeit unter der „normalen“ Einlösungsklausel (Abs. 1) — 13
   a) Genauer Fälligkeitszeitpunkt (Abs. 1 S. 1) — 14
   b) Einfluss des Widerrufsrechts auf die Fälligkeit (Abs. 1 S. 2) — 18
   c) Erstbeitragsanforderung — 22
   d) Rechtzeitigkeit der Zahlung — 26
2. Fälligkeit unter der „eingeschränkt erweiterten“ Einlösungsklausel (Abs. 2) — 38
3. Verspätete Einlösung (Abs. 3) — 40
4. Frühste Fälligkeit bei Abweichungen der Police vom Antrag (Abs. 4) — 43

III. B1-3.2: Rücktritt bei Zahlungsverzug — 48
1. Rücktrittsrecht (Abs. 1) — 50
2. Rückausnahme des mangelnden Verschuldens (Abs. 2) — 54

IV. B1-3.3: Leistungsfreiheit des VR bei verspäteter Zahlung — 55
1. Befreiung von der Leistungspflicht (Abs. 1) — 56
   a) Grundregel der Leistungsfreiheit (S. 1) — 58
   b) Belehrungserfordernis (S. 2) — 61
2. Rückausnahme des mangelnden Verschuldens (Abs. 2) — 66

V. Beweislast — 71

C. **Abweichende Marktbedingungen**

I. Abweichender Wortlaut — 76

II. Unterschiede zu Musterbedingungen
1. Abweichende Fälligkeit — 79
2. Abweichende Schuldart — 80
3. Konsequenzen für die Einlösung der Deckung (und das Rücktrittsrecht) — 81
4. Abweichung auch vom Gesetzesrecht durch Gleichstellung von Erst- und Folgebeitrag — 86
5. Abweichung hinsichtlich des Inkassanten — 89

A. Allgemeines

I. Entstehungsgeschichte

1 B1-3.1 zur **Fälligkeit des Erst- oder Einmalbeitrags** ist ein Novum. Ziff. 12.1 AVB-AVG 2008, 2011, 2013 und Ziff. 11.1 AVB-AVG 2017 sahen noch eine gänzlich andere Einlösungsklausel vor. Diese lautete schlicht: „Der Beitrag wird unverzüglich nach Ablauf von zwei Wochen nach Zugang des Versicherungsscheins fällig“. Die alten Fassungen der Einlösungsklausel stimmten insofern inhaltlich mit § 33 Abs. 1 VVG überein und waren nahezu wortgleich mit Ziff. 9.1 S. 1 AHB 2008 ff. Als Inspiration dürften für den neuen B1-3.1 die Musterbedingungen zur Einzelgefahrenversicherung (Teil B § 4 Nr. 1 AFB 2010, AERB 2010, AWB 2010 und AStB 2010) gedient haben. Bedingt ist dies dadurch, dass der Allgemeine Teil (d.h. Teil B) erarbeitet wurde als gemeinsamer Allgemeiner Teil für die Allgemeine Haftpflichtversicherung, die D&O-Versicherung, die Sachversicherung und die Technische Versicherung (siehe vor B1 Rn. 2 f.). Zu einem gewissen Grad ist B1-3.1 eine Rückkehr zu Ziff. 12.1 S. 1 AVB-AVG 1997, die unter der Geltung des § 35 VVG a.F. allerdings noch ohne das Kriterium der Unverzüglichkeit und ohne das Erfordernis der Policierung des Versicherungsbeginns statuierte: „Die Prämie wird mit dem Abschluss des Versicherungsvertrages fällig“.

2 B1-3.2 geht hinsichtlich des **Rücktrittsrechts** hingegen in inhaltlich unveränderter, aber in im Wortlaut abgeänderter Form zurück auf Ziff. 12.3 AVB-AVG 2008, 2011, 2013 und Ziff. 11.3 AVB-AVG 2017, die wiederum bereits die gesetzliche Bestimmung des § 37 Abs. 1 VVG umsetzten. Unter Ziff. 12.1 S. 2 und 3 AVB-AVG 1997 entstand das Rücktrittsrecht in Übereinstimmung mit § 38 Abs. 1 VVG a.F. noch ohne Ansehung des Verschuldens des VN und es gab eine Rücktrittsfiktion.

B1-3.3 ist in **Behandlung der Leistungsfreiheit** inhaltlich identisch, aber im Wortlaut abweichend zu Ziff. 12.2 AVB-AVG 2008, 2011, 2013 und Ziff. 11.2 AVB-AVG 2017, die wiederum bereits die gesetzliche Bestimmung des § 37 Abs. 2 VVG umsetzten. Ziff. 12.2 AVB-AVG 1997 sah demgegenüber in Umsetzung des § 38 Abs. 2 VVG a.F. eine verschuldensunabhängige Leistungsfreiheit vor, die auch nicht von einer korrekten Aufklärung über diese Rechtsfolge abhängig war. 3

II. Regelungsgegenstand

Durch **B1-3.1** wird die **Fälligkeit** der Erst- oder Einmalprämie für unterschiedliche Konstellationen festgesetzt und hierdurch die Regelung des § 33 Abs. 1 VVG abgeändert, was, da dieser durch § 42 VVG nicht erfasst wird, und mithin nicht halbzwingend ist, auch außerhalb von D&O-Versicherungen über ein Großrisiko i.S.d. § 210 Abs. 2 VVG möglich ist.[1] 4

B1-3.2 setzt, abgesehen von der vorgeregelten abweichenden Fälligkeit, das durch § 37 Abs. 1 VVG vorgesehene **Rücktrittsrecht bei Zahlungsverzug** hinsichtlich der Erst- oder Einmalprämie weitgehend unverändert um. 5

Durch **B1-3.3** wird wiederum die Regelung des § 37 Abs. 2 VVG zur **Leistungsfreiheit bei Zahlungsverzug** hinsichtlich der Erst- oder Einmalprämie weitgehend ohne inhaltliche Abweichungen in die AVB aufgenommen. 6

B. Inhalt der Klausel

B1-3 bestimmt neben der Fälligkeit des Erst- oder Einmalbeitrages (Rn. 12 ff.) insbesondere die Folgen einer verspäteten Zahlung im Hinblick auf ein Rücktrittsrecht (Rn. 48 ff.) und die Leistungsfreiheit des VR (Rn. 55 ff.). 7

I. Vorbemerkung zum Erst- oder Einmalbeitrag

Fraglich ist hierbei, was im Kontext dieser Klausel als ein **Erst- oder Einmalbeitrag** zu verstehen ist. Problematisch ist hierbei die Behandlung einer Vereinbarung nach B1-2.1, dass die laufenden Zahlungen monatlich, vierteljährlich oder halbjährlich erfolgen sollen (sog. **unterjährige Zahlungen**). Nimmt man entsprechend der hiesigen Ansicht (B1-2 Rn. 11) an, dass es sich ohne Hinzutreten abweichender Vereinbarungen um eine unechte unterjährige Zahlung handelt, so ist von Anfang an Ratenzahlung vereinbart, also nicht etwa die gesamte Jahresprämie auf einmal fällig und die restlichen Raten sind nicht nur gestundet. Bei einem solchen Ratenzahlungsregime wird die erste Rate (letztlich wie bei Vereinbarung einer echten unterjährigen Zahlung) alleinig als Erstbeitrag behandelt, während die weiteren Raten als Folgebeitrag zu betrachten sind.[2] 8

Anders wäre dies freilich, wenn man annehmen würde, dass der gesamte Erstbeitrag nach B1-3.1 fällig wird und die **einzelnen Raten** nur **gestaffelt gestundet** werden. Auch der gestundete Erstbeitrag, und mithin alle seine Bestandteile, bleibt Erstbeitrag,[3] sodass bereits der Verzug mit einer Rate dieses Erstbeitrags die Rechtsfolgen der B1-3.2 und B1-3.3 auslösen würde. Dies würde die Position des VN deutlich verschlechtern. Entsprechend wird auch angenommen, dass bei einer unterjährigen Zahlung im Zweifelsfall keine solche Stundung vereinbart wurde.[4] Folglich ist auch 9

---

1 So etwa bereits für damalige auf dem Markt befindliche Klauseln Seitz/Finkel/Klimke/*Finkel/Seitz* Ziff. 12 AVB-AVG Rn. 11.
2 BGHZ 21, 122, 132 f.; 47, 352, 361.
3 Vgl. BGHZ 21, 122, 131 ff.; 47, 352, 362 f.
4 OLG München VersR **1987** 554.

unter den AVB D&O im Zweifelsfall davon auszugehen, dass nur die erste Rate des Erstbeitrags als Erstbeitrag zu gelten hat.

10 Eine sehr bedeutsame Frage ist, wann in einer **Vertragsänderung ein Neuabschluss** zu sehen ist, sodass in diesem Fall zu fragen wäre, ob der zu Beginn der mit der Änderung einsetzenden Versicherungsperiode geschuldete Beitrag nunmehr kein Folge-, sondern ein **neuer Erstbeitrag** wäre. Da dies in der D&O-Versicherung eher selten der Fall ist, wird das Problem im Zusammenhang mit dem Folgebeitrag ausgeführt (siehe B1-4 Rn. 7).

11 Interessant ist hierbei, dass die AVB D&O bei Vereinbarung einer Ratenzahlung **keine Verfallklausel** wie etwa Ziff. 12 S. 1 AHB vorsehen. Nach dieser wird bestimmt, dass im Fall eines Verzuges hinsichtlich der Zahlung einer Rate alle noch ausstehenden Raten unmittelbar fällig gestellt werden. Soweit es sich jedoch bei der verspäteten Rate des Erstbeitrages gerade nicht um die Erstrate handelt (also den versicherungsvertragsrechtlich alleinigen Erstbeitrag; siehe Rn. 8) so ergeben sich ohnehin keine besonderen Probleme unter B1-3,[5] sondern allein unter B1-4. Entsprechend soll diese Problematik dort behandelt werden (siehe B1-4 Rn. 10).

II. B1-3.1: Fälligkeit des Erst- oder Einmalbeitrages

12 Durch B1-3.1 wird, wie gesagt, die Fälligkeit des Erst- oder Einmalbeitrags teilweise abweichend zu § 33 Abs. 1 VVG und auch abweichend zu anderen Modellbedingungen in der Haftpflichtversicherung geregelt, wobei hier gerade untypisch unterschiedliche Konstellationen differenzierend ausgeführt werden, wobei aber trotz der größeren Normtiefe gleichwohl (oder auch deshalb) teilweise Unklarheiten verbleiben.

1. Fälligkeit unter der „normalen" Einlösungsklausel (Abs. 1)

13 Durch B1-3.1 Abs. 1 wird der Normalfall einer einfachen **Einlösungsklausel für** eine **Vorwärtsversicherung** geregelt. Eine solche Vorwärtsversicherung liegt in Abgrenzung zur Rückwärtsversicherung dann vor, wenn der materielle Versicherungsbeginn (siehe B1-1 Rn. 4 und 5 ff.) mit dem formellen Versicherungsbeginn (siehe B1-1 Rn. 3) entweder korreliert oder aber diesem nachfolgt.

14 **a) Genauer Fälligkeitszeitpunkt (Abs. 1 S. 1).** Hier setzt die **Fälligkeit unverzüglich** nach dem **Zeitpunkt** des im Versicherungsschein angegebenen materiellen **Versicherungsbeginns** ein. Dies unterscheidet sich von der allgemeinen schuldrechtlichen Regelung des § 271 Abs. 1 BGB (und der Regelung des § 35 S. 1 VVG a.F.) bereits dahingehend, dass eben *nicht sofortige* Zahlung nach Abschluss des Vertrages verlangt wird. Unverzügliche Zahlung bedeutet hier, wie grundsätzlich immer auch im Versicherungsvertragsrecht, gemäß § 121 Abs. 1 S. 1 BGB **ohne schuldhaftes Zögern**. Auslöser ist hierbei fraglos der vereinbarte materielle Versicherungsbeginn im Sinne von B1-1 S. 1 (siehe B1-1 Rn. 5 ff.). Wann genau eine Zahlung (siehe zur Art der Schuld Rn. 28 ff.) noch rechtzeitig ist, hängt hierbei vom Einzelfall ab, etwa wie viele Tage zwischen dem Zugang der Police und dem Eintritt des materiellen Versicherungsbeginns liegen, der Komplexität der etwaig vereinbarten Sonderbedingungen.

15 Die relevanteste **Abweichung zu § 33 Abs. 1 VVG** und zu den früheren Ziff. 12.1 AVB-AVG 2008, 2011, 2013 und Ziff. 11.1 AVB-AVG 2017 (oder etwa heute noch zu Ziff. 9.1 AHB) zu Lasten des VN (zumindest potentiell) besteht hier darin, dass die Fälligkeit nicht erst unverzüglich **nach Ablauf von 14 Tagen** (oder in den AVB-AVG und heute noch den AHB nach Ablauf von zwei Wochen) nach Zugang des Versicherungsscheins eintritt, sondern eben ohne eine solche „Schon-

5 So richtig zu Ziff. 12 AHB 2012 Bruck/Möller/*R. Koch* Ziff. 12 AHB 2012 Rn. 2, der korrekt annimmt, dass Rücktritt und Leistungsfreiheit bei Verzug einer Folgerate des Erstbeitrags nicht greifen.

frist". Hierbei darf jedoch auch nicht übersehen werden, dass B1-3.1 Abs. 1 S. 1 auch eine Privilegierung bewirken kann, nämlich wenn die Police zu einem Zeitpunkt übersandt wird, zu dem der materielle Versicherungsbeginn weiter als 14 Tage in der Zukunft liegt, sodass dem VN hier eine extensivere Zahlungsfrist gewährt wird. Selbst in den Fällen, in denen B1-3.1 Abs. 1 S. 1 zu wesentlich kürzeren Reaktionszeiten führt, erscheint dies nicht zwingend überbordend, da die D&O-Versicherung sich vornehmlich an geschäftserfahrene VN richtet, von denen angenommen werden kann, dass diese auch innerhalb kürzerer Fristen eine Zahlung veranlassen können.

Nicht vollständig transparent erscheint B1-3.1 Abs. 1 S. 1 dahingehend, ob die Fälligkeit allein 16
durch den materiellen Versicherungsbeginn ausgelöst wird oder ob es daneben noch des **Zugangs der Police** bedarf, wie er unter § 33 Abs. 1 S. 1 VVG als Auslöser definiert ist. Gerade im Hinblick darauf, dass B1-3.1 Abs. 1 S. 1 explizit vom „vereinbarten *und* im Versicherungsschein angegebenen Zeitpunkt" [Hervorh. durch Verf.] des (materiellen) Versicherungsbeginns spricht, muss der Zugang der Police als Vorbedingung angesehen werden. Gerade wenn man hier einen systematisch-grammatikalischen Vergleich mit B1-3.2 vornimmt, der nur vom materiellen Versicherungsbeginn spricht und den Versicherungsschein unerwähnt lässt, kann es hier nicht als ausreichend erscheinen, dass der materielle Versicherungsbeginn durch den VR zwar policiert wurde, der Versicherungsschein dem VN aber (noch) nicht zugegangen ist. Dies bedeutet dann allerdings umgekehrt, dass eine **teleologische Korrektur** vorgenommen werden muss, wenn der Versicherungsvertrag bereits vor Zugang der Police geschlossen war – was zwar im Jedermanngeschäft typischerweise (zumindest außerhalb der vorläufigen Deckung) nicht vorkommt, in den *financial lines* und insbes. in der D&O-Versicherung jedoch durchaus häufig ist. Hier kann B1-3.2 dann nicht greifen, wenn der materielle Versicherungsbeginn dem formellen Versicherungsbeginn nachgeht (oder mit diesem einhergeht). Es verbleibt also bei einer Anwendung des B1-3.1, wobei es nunmehr aber verfehlt erschiene, die Fälligkeit eintreten zu lassen, ohne dass die Police übersendet wurde. Entsprechend tritt Fälligkeit, obwohl der materielle Versicherungsbeginn bei Zugang der Police bereits erfolgte, eben erst unverzüglich nach Erhalt des Versicherungsscheins ein.

Sonderregelungen zum **Einzug der Prämie** durch den VR werden durch B 1-5 **vorgesehen** 17
(Lastschriftverfahren). Soweit die Zahlung des Erst- oder Einmalbeitrages unter entsprechender Anwendung des B1-5.1 (siehe B1-5 Rn. 6 ff.) als nicht rechtzeitig zu gelten hat und ein vermutetes Verschulden des VN unwiderlegt bleibt (und in Bezug auf B1-3.3 eine entsprechende Belehrung erfolgte), so greifen auch hier die Rechtsfolgen der B1-3.2 und B1-3.3.

b) Einfluss des Widerrufsrechts auf die Fälligkeit (Abs. 1 S. 2). Eine **interessante**, wenn 18
auch praktisch kaum je relevante **Sonderregel** sieht B1-3.1 Abs. 1 S. 2 vor, nach dem die Fälligkeit der Prämienzahlungspflicht **unabhängig vom** Bestehen eines etwaigen **Widerrufsrechts** des VN ist. Diese Regel wird dadurch „nötig", dass anders als unter § 33 Abs. 1 S. 1 VVG (und noch bis unter Ziff. 11.1 AVB-AVG 2017) gerade keine Schonfrist von 14 Tag ab Erhalt der Police vorgesehen wird (siehe Rn. 15), durch welche grundsätzlich ein Gleichlauf mit der Widerrufsfrist nach § 8 Abs. 1 S. 1, Abs. 2 VVG erzeugt wird. B1-3.1 Abs. 1 S. 2 stellt also klar, dass der VN die Prämie zu zahlen hat, auch wenn er noch einen Widerruf erwägen sollte.

Unter den AVB-AVG war dies noch ein durchaus problematischer Fall,[6] was eventuell gerade 19
zur Einfügung des B1-3.1 Abs. 1 S. 2 geführt haben mag. Hier wurde, wie generell zu vergleichbaren Klauseln und insbesondere zu § 33 Abs. 1 VVG allgemein, erörtert, ob solche Regelungen, die gerade für die Fälligkeit der Erst- oder Einmalprämie einen **Gleichlauf zur Widerrufsfrist** herstellen wollen, nicht einer Korrektur bedürfen, wenn die Widerrufsfrist etwa auf Grund von Belehrungs-

6 Unhaltbar war hingegen bereits damals die Auffassung, dass durch Ziff. 12.1 AVB-AVG nicht nur die Fälligkeit verschoben, sondern auch inzidenter ein Widerrufsrecht vereinbart würde, für solche Verträge, bei denen ein solches nach § 8 Abs. 3 Nr. 4 VVG nicht bestand; so aber wohl MüKoVVG/*Ihlas* D&O Rn. 933: „Für Großrisiken besteht das Widerrufsrecht nach VVG […] nicht, kann aber *wie oben in Ziffer 12.1* durch AVB vereinbart werden" [Hervorh. durch Verf.].

oder Informationsmängeln verlängert ist. Wurde (und wird) dies auch teilweise vertreten,[7] so konnte dies doch auch damals unter den AVB-AVG (und davon abgesehen auch generell nicht für den Versicherungsvertrag) überzeugen.[8] Auch ein Versicherungsvertrag, der mit einem Widerrufsrecht belastet ist, und sei es im Einzelfall gar ein Widerrufsrecht *ad vitam aeternam*, ist letztlich nicht schwebend unwirksam, sondern eben (schwebend) wirksam. Entsprechend muss auch eine Fälligkeitsregelung eines solchen Vertrages bis zum Widerruf unbedingt greifen. Mithin verbleibt es ohnehin dabei, dass der VN bei Eintritt der (schwebend) wirksam vereinbarten Fälligkeit, die Prämie zu zahlen hat, und diese eben nur bei Geltendmachung eines Widerrufs unter dem dann entstehenden Rückgewährschuldverhältnis (teilweise) herausverlangen kann. B1-3.1 Abs. 1 S. 2 gibt insofern nur den gesetzlichen Zustand wieder.

20 Sinnvoll ist diese Regelung dann aber gleichwohl dahingehen, als dem VN vor Augen geführt wird, dass er auch bei Bestehen eines Widerrufsrechts (also insbes. außerhalb eines Großrisikos; siehe § 8 Abs. 3 S. 1 Nr. 4 VVG) unverzüglich i.S.d. B1-3.1 Abs. 1 S. 1 zu zahlen hat. **Neben** dieser **informatorischen Wirkung** kommt dem B1-3.1 Abs. 1 S. 2 jedoch **keine nennenswerte Bedeutung** zu, da eine unterbliebene Zahlung bei nachfolgendem Widerruf des Versicherungsvertrages wohl kaum jemals zu einem Schaden des VR führen wird, oder aber dieser zumindest so minimal bleiben wird, dass eine Klage wirtschaftlich kaum je vernünftig sein dürfte.[9]

21 Allerdings wird die **Zulässigkeit solcher Regelungen** teilweise durch die Literatur in Abrede gestellt, wenn der Fälligkeitszeitpunkt unbedingt vor den Zeitpunkt des Ablaufes der 14-tägigen Frist des § 33 Abs. 1 VVG gesetzt wird, für Verträge, bei denen ein Widerrufsrecht besteht.[10] Dies würde dann nicht nur die Nichtigkeit des B1-3.1 Abs. 1 S. 2, sondern könnte gerade auch die Nichtigkeit des B1-3.1 Abs. 1 S. 1 bewirken, sodass die Fälligkeit nach der gesetzlichen Regelung des § 33 Abs. 1 VVG einsetzen würde. Dies ist jedoch abzulehnen. Hierbei ist zu berücksichtigen, dass es gerade nach §§ 9, 33 Abs. 1, 37 Abs. 2 VVG auch zu einem Strukturmerkmal, und mithin zum Leitbild, des VVG gehört, dass der materielle Versicherungsschutz bereits vor dem Ablauf der Widerrufsfrist einsetzen kann, sodass auch für diesen Zeitraum bereits ein dann nicht mehr zurückabzuwickelnder Leistungsaustausch vereinbart werden kann, und zwar eben auch durch AVB. Hierzu wird dann vielfach, durchaus nachvollziehbar, ausgeführt, dass die Vorverlagerung der Fälligkeit gerade sichern würde, dass der VN bereits während der Widerrufsfrist in den Genuss des Versicherungsschutzes gelange.[11] Dies erscheint im Ergebnis richtig, aber in der Begründung nicht vollumfänglich überzeugend. Der VN könnte hier auch dann in den Genuss des Versicherungsschutzes gelangen, wenn § 33 Abs. 1 VVG greifen würde, da es dem VN unbenommen ist, die Police und mithin den materiellen Versicherungsschutz bereits vor dem Zeitpunkt der Fällig-

---

7 HK-VVG/*Karczewski* § 33 Rn. 3; MüKoVVG/*Staudinger* § 33 Rn. 19a; *Ganster*, Die Prämienzahlung im Versicherungsrecht, 2008, S. 281 f.; vgl. auch zu den AVB-AVG spezifisch Seitz/Finkel/Klimke/*Finkel/Seitz* Ziff. 12 Rn. 8 ff.

8 Siehe allgemein Bruck/Möller/*Beckmann* § 33 Rn. 48; Langheid/Rixecker/*Rixecker* § 33 Rn. 4; Schwintowski/Pohlmann/*Pilz* § 33 Rn. 5; Beckmann/Matusche-Beckmann/*Hahn* § 12 Rn. 7; *Wandt*, Versicherungsrecht, Rn. 523.

9 Unabhängig davon ist durchaus fraglich, ob im Fall des Widerrufs überhaupt noch ein Schadensersatzanspruch greifen kann, da der Vertrag gerade nach dem Widerruf jenseits der Folgen des § 9 VVG als nicht geschlossen zu gelten hat (siehe etwa allgemein MüKoVVG/*Eberhardt* § 9 Rn. 10), sodass eben auch keine vertragliche Pflicht verletzt werden konnte. Insofern stellt sich das Problem im Schwerpunkt nur, wenn der VN den Widerspruch nicht erklärt hat (und nunmehr nicht mehr erklären kann) und die Prämie nicht rechtzeitig gezahlt hat, ohne dass der VR von seinem Rücktrittsrecht Gebrauch gemacht hätte, und durch den Verzug dem VR ein Schaden entstanden ist. Hier wird man wiederum annehmen dürfen, dass ein VR, der an der Fortsetzung der Vertragsbeziehung interessiert ist, typischerweise einen Schaden, selbst wenn er (als Zinsschaden) entstanden sein sollte, nicht geltend machen wird, sodass es sich hier eher um ein hypothetisches Problem handelt.

10 So etwa MüKoVVG/*Staudinger* § 33 Rn. 26; FAKomm-VersR/*Thessinga* § 33 Rn. 16; die dies nur im Fall einer Individualabrede zulassen wollen.

11 Insbes. *Wandt/Ganster* VersR **2007** 1034, insbes. 1039; *Ganster*, Die Prämienzahlung im Versicherungsrecht, 2008, S. 306 ff.; im Anschluss etwa auch Schwintowski/Brömmelmeyer/*Pilz* § 33 Rn. 21; HK-VVG/*Karczewski* § 33 Rn. 24; Langheid/Rixecker/*Rixecker* § 33 Rn. 13; Prölss/Martin/*Reiff* § 33 Rn. 46.

keit einzulösen.[12] Der Versicherungsvertrag könnte also grundsätzlich die Fälligkeit der Erstprämie und den frühestmöglichen Einlösungszeitpunkt voneinander entkoppeln. Allerdings bleibt zu berücksichtigen, dass der VR grundsätzlich gehalten ist, den materiellen Versicherungsbeginn und die Fälligkeit der Erstprämienzahlung, die jeweils den Kernelementen der Hauptleistungspflichten zugehören, in unmissverständlicher Weise in den AVB (oder wenigstens der Police) auszuführen. Insofern erscheint es auch förderlich, dass die AVB – wenn es dem VN gerade wie vielfach um eine schnellstmögliche Deckung geht – eine klare Fälligkeitsabrede enthalten, die die Fälligkeit eben unmissverständlich vorverlegt, um nicht beim VN die Gefahr eines Missverständnisses darüber zu erzeugen, was er tun *muss*, um in den Genuss des Versicherungsschutzes zu gelangen.[13] Hätte dies untersagt werden sollen, so wäre es ein Leichtes gewesen, den § 33 Abs. 1 als halbzwingend auszugestalten. Indem der Gesetzgeber dies nicht tat, bringt er zum Ausdruck, dass eine Verkürzung der Fälligkeit gerade auch im Normalfall – eine Verlängerung der Fälligkeitsfrist wäre als „günstigere" Abweichung ohnehin zulässig – möglich sein muss. So begegnet auch B1-3.1 Abs. 1 S. 2 letztlich keinen Bedenken.

c) Erstbeitragsanforderung. **Keine Voraussetzung für** die **Fälligkeit** des Erstbeitrags ist die Zustellung einer **korrekten Erstbeitragsanforderung.**[14] Der vertraglich geschuldete Erstbeitrag wird also selbst bei Abwesenheit einer Zahlungsaufforderung fällig. 22

Allerdings wird es einem VN vielfach nicht möglich oder zumindest nicht zumutbar sein, aus Tarif, Zuschlägen, Versicherungssteuer, Gebühren den genauen Betrag des Erstbeitrags selbst zu deduzieren. Entsprechend wird es richtig für eine **Nebenpflicht des VR** gehalten, dass dieser eine korrekte Erstbeitragsanforderung übermitteln muss, die den zu zahlenden Betrag exakt beziffert und bezeichnet.[15] 23

Hierbei ist nicht ganz klar, an welcher Stelle Fehler in Bezug auf die Erstbeitragsanforderungen zu berücksichtigen sind. Der BGH nimmt hierzu wohl richtig an, dass ein VR, der diesbezüglich eine **Pflichtverletzung** begangen hat, sich **nicht auf** seine **Rechte** aus § 37 VVG (insbesondere nicht auf Leistungsfreiheit) – bzw. hier auf seine Rechte aus B1-3.2 und B1-3.3 – **berufen kann.**[16] Teile der Lehre deuten hingegen an, dass ein solcher Fehler lediglich das Verschulden des VN ausschließe.[17] Würde man der zweiten Auffassung zustimmen, so wäre es am VN, zu beweisen, dass die Erstbeitragsanforderung fehlerhaft bzw. ihm nicht zugegangen ist. Dies erscheint (gerade was den Beweis einer negativen Tatsache, wie des Nichtzugangs der Beitragsanforderung, anbelangt) nicht angemessen, wenn man berücksichtigt, in welchem Maße der VN einer solchen Erstbeitragsanforderung bedarf, um seine Pflicht ordnungsgemäß erfüllen zu können. 24

---

12 Es entspricht hierbei allgemeiner Auffassung, dass § 33 Abs. 1 VVG nur die Fälligkeit, nicht aber die Erfüllbarkeit nach hinten verlagert, sodass gemäß § 271 Abs. 2 BGB die Prämienschuld sofort erfüllt werden kann (siehe bspw. BK/*Riedler* § 35 Rn. 26; MüKoVVG/*Staudinger* § 33 Rn. 22), sodass der VN auch nach dem Gesetz nicht daran gehindert ist, den Versicherungsschutz vor Ablauf der Widerrufsfrist einzulösen, und im Gegenteil der VR in Annahmeverzug geraten würde, nähme er die Erstprämie nicht an.

13 Verstünde man dies anders, würde folgendes Ergebnis entstehen: Der VR müsste herausstellen, dass eine Leistungspflicht erst ab dem nach § 33 Abs. 1 VVG zu ermittelnden Zeitpunkt besteht, wäre aber nach § 37 Abs. 2 S. 2 VVG gezwungen, darauf hinzuweisen, welche Folgen eine nicht sofortige Zahlung, obwohl der VN hierzu nicht verpflichtet wäre, für den Versicherungsschutz hätte und müsste daneben im Kontext der §§ 8 Abs. 2 S. 1 Nr. 2, 9 Abs. 1 S. 1 Halbs. 1 VVG klarzustellen, dass eine vereinbarte sofortige Deckung zwar die Zahlung der Erstprämie verlange, dies aber wiederum keine Pflicht sei. Solche Ausführungen dürften selbst in der D&O-Versicherung den durchschnittlichen VN dermaßen verwirren, dass es nur konsequent erscheint, dass über die AVB versucht werden muss, einen Gleichlauf der Fälligkeit und des Einlösungszeitpunktes herzustellen.

14 A.A. aber MüKoVVG/*Staudinger* § 33 Rn. 19.

15 BGH VersR **1985** 447, 448; ders. VersR **1986** 986, 987.

16 BGH VersR **1988** 484.

17 Vgl. etwa MüKoVVG/*Staudinger* § 37 Rn. 20; Bruck/Möller/*Beckmann* § 37 Rn. 40 f.

25 **Probleme** entstehen unter der hier vertretenen Auffassung letztlich nur dann, wenn die **korrekte Erstbeitragsanforderung** lange **nach Fälligkeitseintritt** schließlich doch zugeht. Hier könnte man annehmen, dass der VR dann unmittelbar seine Rechte geltend machen könnte. Dies muss jedoch korrigiert werden. Da der Ansatz des BGH auf dem Grundsatz des *venire contra factum proprium* (als Unterbestandteil des Grundsatzes von Treu und Glauben) beruht, wäre es eben auch in diesem Fall ein widersprüchliches Verhalten, wenn vor der Geltendmachung der Rechte aus B1-3.2 und B.1-3.3 (bzw. § 37 VVG oder eines Verzugsschadensersatzes) es dem VN nicht wenigstens eingeräumt wird, den Erstbeitrag nunmehr unverzüglich zu zahlen. Richtig ist diese Auffassung auch im Hinblick auf die Einlösungsklausel. Wenn hier auch anzunehmen ist, dass der VN den Versicherungsschutz gerade wegen Unterlassen der Zahlung der Erstprämie nicht eingelöst hat, so wäre dies im Hinblick auf die Pflichtverletzung des VR letztlich folgenlos, da sich dieser auf die Leistungsfreiheit nicht berufen könnte, sodass letztlich doch (zumindest zunächst) Versicherungsschutz ab dem vereinbarten materiellen Versicherungsbeginn bestehen würde.

26 **d) Rechtzeitigkeit der Zahlung.** Der VN **erfüllt** seine **Prämienzahlungspflicht** gemäß § 362 Abs. 1 BGB fraglos erst dann, wenn dem VR – oder einem inkassobevollmächtigten Dritten wie insbesondere dem Versicherungsvertreter nach § 69 Abs. 2 S. 1 VVG (siehe auch B4-3.3) oder in der D&O-Versicherung relevanter auch einem Versicherungsmakler, wenn diesem Inkassovollmacht durch den VR erteilt wurde, – die Zahlung zugegangen ist, d.h. im in der D&O-Versicherung nahezu allein bedeutsamen Fall der geschuldete Betrag **dem Konto des VR** oder Inkassanten **gutgeschrieben** wurde. Im Falle der Vereinbarung des Lastschriftverfahrens muss noch hinzukommen, dass die Bank des VN das Konto wirksam und endgültig mit dem Betrag belastet und diesen der Bank des VR oder Inkassanten gutgeschrieben hat (siehe B1-5 Rn. 10).

27 Jedoch muss die **Erfüllung** der Prämienschuld strikt **von** der von B1-3 verlangten **„rechtzeitigen Zahlung“**, also der Leistungshandlung, **getrennt** werden.

28 Die Frage ist mithin, welche Art der Schuld durch B1-3.1 vereinbart wird. § 36 Abs. 1 S. 2 VVG, der jedoch durch § 42 VVG nicht erfasst wird und insofern nicht halbzwingend ist, begründet nach **traditioneller Ansicht**, wie bei der Geldschuld meistens, eine **„qualifizierte Schickschuld“**.[18] Bei einem solchen Verständnis würden Leistungs- und Erfüllungsort auseinanderfallen, in der Gestalt, dass der VN zwar die Übermittlungsgefahr, nicht aber mehr die Verzögerungsgefahr tragen würde.[19] Entsprechend würde es unter B1-3 ausreichen, dass der VN alles Erforderliche getan hätte, das zur Erreichung des Leistungserfolg notwendig ist, d.h. unverzüglich, bei ausreichender Deckung des Kontos eine korrekt bezifferte und adressierte Überweisung angewiesen hätte.

29 Dieses Verständnis als qualifizierte Schickschuld ist jedoch im Versicherungsvertragsrecht – wie die Behandlung der Geldschuld im allgemeinen Zivilrecht überhaupt – deshalb fragwürdig, da dies einen Widerspruch mit der **Zahlungsverzugsrichtlinie** [20] bzw. mit der reformierten Zahlungsverzugsrichtlinie[21] erzeugt. Nach Art. 3 Abs. 1 lit. c sublit. cc Zahlungsverzugsrichtlinie stehen dem Gläubiger bei Zahlungsverzug Zinsen zu, wenn er „den fälligen Betrag nicht rechtzeitig erhalten hat, es sei denn, dass der Schuldner für die Verzögerung nicht verantwortlich ist“. Gleiches gilt unter Art. 3 Abs. 1 lit. b Zahlungsverzugsrichtlinie II, unter dem dem Gläubiger Verzugszinsen zustehen sollen, wenn er „den fälligen Betrag nicht rechtzeitig erhalten [hat], es sei denn, dass der Schuldner für den Zahlungsverzug nicht verantwortlich ist“. Entsprechend der Rechtsprechung des EuGH zur Zahlungsverzugsrichtlinie[22] ist anzunehmen, dass das deutsche Recht zumindest soweit der personelle Anwendungsbereich der Zahlungsverzugsrichtlinie (hier also Entgelte

---

18 Siehe statt aller BGH VersR **1971** 216; BK/*Riedler* § 36 Rn. 3; Bruck/Möller/*Möller*, 8. Aufl., § 36 Anm. 3.

19 BK/*Riedler* § 36 Rn. 6; Prölss/Martin/*Reiff* § 36 Rn. 3; zum allg. Zivilrecht etwa Staudinger/*Bittner*/*Kölbe* § 270 BGB Rn. 23 ff., 30; MüKoBGB/*Krüger* § 270 Rn. 12 ff., 16.

20 RL 2000/35/EG, Abl. EG 2000 Nr. L 200, S. 35.

21 RL 2011/7/EU, Abl. EU 2011 Nr. L 48, S. 1.

22 EuGH, Urteil vom 3.4.2008, Rs. C-306/06 (Telecom GmbH ./. Deutsche Telekom AG), in: Slg. ECLI:EU:C:2008:187.

im Geschäftsverkehr, also im Wesentlichen Vorgänge zwischen zwei Unternehmen) eröffnet ist, richtlinienkonform auszulegen ist, sodass die Geldschuld nicht mehr als qualifizierte Schickschuld, sondern eben als Bringschuld oder modifizierte Bringschuld anzusehen ist.[23]

Auf die **Prämie in** der **D&O-Versicherung übertragen** würde dies bedeuten, da der VN unter normalen Umständen immer ein Unternehmen sein wird, dass es allgemein erforderlich wäre, dass die Prämie eben nicht nur unverzüglich angewiesen wird, sondern unverzüglich zugeht. Dies würde bedeuten, dass der VN die Überweisung so rechtzeitig vornehmen müsste, dass der angewiesene Betrag nach den gewöhnlichen Umständen unverzüglich beim VR gutgeschrieben wird. Dies führt *prima vista* auch nicht zwingend zu einer Verschlechterung der Lage des VN, da diesem eben die Exkulpation eröffnet bleibt. Dies würde bedeuten, dass zwar im Sinne des B1-3.1 Verzug eintreten könnte, obgleich der VN die Zahlung eigentlich rechtzeitig vorgenommen hat, die Prämie aber aufgrund anderer Umstände nicht rechtzeitig gutgeschrieben wurde. Allerdings könnte der VN sich hinsichtlich der Rechtsfolgen des Rücktritts und der Leistungsfreiheit unter B1-3.2 Abs. 2 und B1-3.3 Abs. 2 exkulpieren,[24] wenn er nachweist, dass der verspätete Zugang nicht von ihm zu vertreten ist. Allerdings wäre dann zu beachten, dass wohl bei Annahme einer Bringschuld zumindest das Verschulden der Bank des VN diesem über § 278 BGB zugerechnet werden würde und er sich allenfalls exkulpieren könnte, wenn die Verzögerung durch die Bank des VR oder durch externe Umstände im Interbankenverkehr bewirkt wurde. 30

Der allgemeine Meinungsstreit, ob diese **richtlinienkonforme Auslegung** des deutschen Rechts **über** den eigentlichen **Anwendungsbereich hinaus** auf alle Geldschulden auszuweiten ist,[25] also im Versicherungsrecht auch die Prämienschuld von **VN mit Verbrauchereigenschaft** erfassen würde,[26] ist in der D&O-Versicherung weitgehend gegenstandslos, da der VN üblicherweise ein Unternehmen ist. Nach richtiger Ansicht ist jedoch sowieso eine gespaltene Auslegung vorzunehmen.[27] Dies nimmt mittlerweile auch der BGH – zur Zahlung des Mietzinses bzgl. einer Wohnraummiete – an.[28] Entsprechend kann sich eine **Abgrenzungsfrage** jedoch möglicherweise dann ergeben, wenn es um die Behandlung der Prämie einer **Selbstbehalts-D&O-Versicherung** oder seltener einer **Individualpolice eines Unternehmensleiters** (eventuell auch nur als Exzedentenversicherung) geht, da hier gerade der Unternehmensleiter VN und mithin Prämienschuldner ist. Nach richtiger Auffassung wird man in dieser speziellen Konstellation jedoch nicht auf § 14 Abs. 1 BGB abstellen können, der für die Unternehmereigenschaft auf eine *selbständige* berufliche Tätigkeit abstellt, sondern für die richtlinienkonforme Auslegung das grundsätzliche unionsrechtliche Verständnis zu Grunde legen müssen, nach dem eine berufliche Tätigkeit, ob selbständig oder unselbständig ist unerheblich, ausreichend ist.[29] Zumindest unter dem hiesigen Verständnis des B1-3 (Rn. 32) spielt dies jedoch letztlich keine Rolle. 31

Die vorgehenden Überlegungen zur Fälligkeit bzw. Erfüllung der Prämienschuld fußen jedoch auf der Prämisse, dass § 36 Abs. 1 S. 2 VVG und dessen **richtlinienkonforme Auslegung** unter Angleichung an die Zahlungsverzugsrichtlinie greifen. Diese Regelungen sind jedoch **dispositiv**, sodass es den erfassten Vertragsparteien grundsätzlich möglich ist, eben doch eine qualifizierte Schickschuld zu vereinbaren, wie sie dem alten Rechtszustand entsprach. Möglicherweise geschieht dies durch B1-3, der eben nicht wie § 36 Abs. 1 S. 1 VVG (oder § 270 Abs. 1 BGB) auf die 32

23 Soweit im Versicherungsvertragsrecht wohl nahezu allg. M.; vgl. bspw. Prölss/Martin/*Reiff* § 36 Rn. 5; Schwintowski/Brömmelmeyer/*Pilz* § 36 Rn. 2; Looschelders/Pohlmann/*Stagl/Brand* § 36 Rn. 3; *Klimke* VersR **2010** 1259, 1262 f.; **a.A.** (in der Tendenz) nur Bruck/Möller/*Beckmann* § 36 Rn. 20 ff.

24 Gleiches gilt für einen etwaigen Schadensersatzanspruch unter §§ 280 Abs. 1 S. 2, 286 Abs. 1 BGB.

25 Siehe so zum allgemeinen Zivilrecht etwa Grüneberg/*Grüneberg* § 270 BGB Rn. 5 f.; *Hilbig* JZ **2008** 991, 992 ff.

26 So für das Versicherungsvertragsrecht etwa MüKoVVG/*Staudinger* § 36 Rn. 8; Looschelders/Pohlmann/*Stagl/Brand* § 36 Rn. 3; Langheid/Rixecker/*Rixecker* § 33 Rn. 10.

27 So etwa Prölss/Martin/*Reiff* § 36 Rn. 7; Schwintowski/Brömmelmeyer/*Pilz* § 36 Rn. 2; FAKomm-VersR/*Thessinga* § 37 Rn. 21; *Wandt*, Versicherungsvertragsrecht, Rn. 534; *Armbrüster*, Privatversicherungsrecht, Rn. 1611; zu den AVB-AVG Seitz/Finkel/Klimke/*Finkel/Seitz* Ziff. 12 Rn. 16.

28 BGH NJW **2017** 1596, 1598 f.

29 Seitz/Finkel/Klimke/*Finkel/Seitz* Ziff. 12 Rn. 17.

„Übermittlung“ abstellt, wobei dies schon begrifflich eher nahelegt, dass es um den Zugang geht, sondern gerade verlangt, dass der Erst- oder Folgebeitrag „gezahlt“ wird, was seinerseits nahelegt, dass es um die Leistungshandlung und eben nicht den -erfolg geht. Zumindest unter Ziff. 12 AVB-AVG 2008, 2011, 2013 und Ziff. 11 AVB-AVG 2017, die insoweit gleichlautend waren, wurden solche Überlegungen nicht angestrengt.[30] Würde man einer solchen Auslegung folgen, so wäre eben eine qualifizierte Schickschuld vereinbart, sodass die rechtzeitige Anweisung der Prämie immer ausreichend wäre. Es ist nicht ersichtlich, dass die Klauselkommission bei Erarbeitung der AVB-AVG dieses Ziel verfolgte. Auch erscheint dieser Schluss nicht zwingend. Allerdings muss berücksichtigt werden, dass es sich bei B1-3 gerade um AVB und mithin um AGB handelt, sodass hier gemäß § 305c Abs. 2 BGB eine Auslegung zu Lasten des Verwenders erfolgen kann. Gerade im Hinblick auf die sprachlichen Abweichungen könnte man auch auf die Idee verfallen, dass diese Klausel nicht am Privileg des § 307 Abs. 3 S. 1 BGB teilnimmt, da hier gerade in Frage steht, ob nicht eine Abweichung zur gesetzlichen Regelung des § 36 Abs. 1 S. 1 VVG (bzw. § 270 Abs. 1 BGB) vereinbart wird. Soweit insofern, wie typisch, der VR als Verwender des B1-3 (oder einer ähnlichen Klausel) anzusehen ist, könnte man annehmen, dass eine Auslegung *contra proferentem* dazu führe, dass eine qualifizierte Schickschuld vereinbart wird. Was die Vereinbarung der Fälligkeit angeht, was jedoch, wie sogleich zu erörtern ist, letztlich nur für die Frage der Fälligkeitszinsen eine Rolle spielt, spricht einiges hierfür (siehe Rn. 33 ff.).

33 Für die weiteren Folgen des „Verzuges“ der Erstbeitragszahlung ist dies jedoch zumindest auf dieser argumentativen Grundlage letztlich abzulehnen. Hierbei ist zu beachten, dass zumindest für die Frage der Einlösungsklausel nicht § 36 Abs. 1 S. 1 VVG (resp. § 270 BGB), sondern eben § 37 VVG zur Anwendung gelangt. Hier **stellt** jedoch bereits **§ 37 VVG** auch **auf** die **Zahlung** und nicht wie § 270 Abs. 1 BGB sowie § 36 Abs. 1 S. 2 VVG auf die Übermittlung **ab**. Insofern erscheint B1-3 zumindest insoweit als nicht überprüfbar, da dieser letztlich nur den gesetzlichen Zustand wiedergibt.

34 Man wird dann jedoch viel grundsätzlicher fragen müssen, ob nicht **unter § 37 VVG**, obgleich dieser seiner Überschrift nach den „Zahlungsverzug“ der Erstprämie reguliert, ein grundsätzlich **anderes Verständnis als unter § 36 Abs. 1 S. 2 VVG** (oder unter § 270 Abs. 1 BGB) angelegt werden muss. Eine solche Differenzierung wurde, soweit ersichtlich, bisher in der Literatur noch nicht vorgenommen.[31] In § 37 VVG geht es gerade nicht um die Frage des Verzugsschadens, der wegen Art. 3 Abs. 1 lit. c sublit. cc Zahlungsverzugsrichtlinie bzw. Art. 3 Abs. 1 lit. b Zahlungsverzugsrichtlinie (siehe Rn. 29) eine richtlinienkonforme Auslegung bedingt. Vielmehr geht es hier zumindest hinsichtlich der Einlösungsklausel eben gerade nicht um eine Hauptpflichtverletzung, sondern der „Prämienverzug“ wird hier gesetzlich zu einer atypischen aufschiebenden Bedingung der Gegenleistungspflicht erhoben, die wie eine gesetzliche Obliegenheit anmutet (siehe Rn. 84 f.). So man dies so versteht, ist die Auslegung des § 37 VVG (und mithin zumindest die von B1-3.2 und B1-3.3) nicht durch die richtlinienkonforme Auslegung am Maßstab der Zahlungsverzugsrichtlinie determiniert. Zumindest hier könnte dann der Begriff der Zahlung so verstanden werden, dass es eben doch ausreichend ist, wenn die Zahlung rechtzeitig veranlasst wurde. Hierbei ist zu beach-

30 Vgl. Seitz/Finkel/Klimke/*Finkel/Seitz* Ziff. 12 Rn. 13 ff.

31 Siehe jetzt aber *Gal* VersR **2021** 414, 420 ff.; vorher ging einzig Langheid/Rixecker/*Rixecker* § 37 Rn. 6 in diese Richtung, da er für § 37 VVG auf die Leistungshandlung abstellt. Dies erscheint von daher relevant, als für §§ 33, 36 VVG die Meinung vertreten wird, dass wegen der Zahlungsverzugsrichtlinie immer, also auch gegenüber Verbrauchern als VN, auf den Leistungserfolg abzustellen sei (a.a.O. § 33 Rn. 10 und § 36 Rn. 1). Ein konkrete Auseinandersetzung mit den Gründen für diese Differenzierung erfolgt jedoch nicht, sodass es sich auch um einen Lapsus handeln könnte. In der restlichen Literatur wird in der Kommentierung des Begriffes der Zahlung unter § 37 VVG hingegen üblicherweise auf die Ausführungen unter § 36 VVG zur Übermittlung verwiesen; so etwa Prölss/Martin/*Reiff* § 37 Rn. 9 und 21; MüKoVVG/*Staudinger* § 37 Rn. 15; HK-VVG/*Karczewski* § 37 Rn. 6; FAKomm-VersR/*Thessinga* § 37 Rn. 21 stellt ohne Begründung fest, dass eine übereinstimmende Bewertung der Zahlungsverzugsrichtlinie unter § 37 VVG wie unter § 33 VVG (gemeint ist wohl § 36 VVG) zwingend erscheint. Wie hier jedoch *Bruns*, Privatversicherungsrecht, § 15 Rn. 16, der festhält, dass die privatversichungsrechtlichen Verzugsfolgen (d.h. §§ 37, 38 VVG) von der Richtlinie unberührt bleiben.

ten, dass selbst § 37 VVG gerade von Zahlung und eben nicht wie § 36 Abs. 1 S. 2 VVG von Übermittlung spricht.

Es verbleibt mithin einzig die Frage, ob dies auch hinsichtlich der **Hauptleistungspflicht** des VN **nach B1-3.1 Abs. 1 S. 1** (und dann auch der folgenden Absätze) gilt, da auch dort eben in Abweichung zu § 36 Abs. 1 S. 2 VVG nicht auf die Übermittlung, sondern auf die Zahlung abgestellt wird. Hier sprechen zumindest die besseren Argumente dafür, dass dies, wenn der VR als Verwender zu gelten hat, die Vereinbarung eine **qualifizierte Schickschuld** bewirkt. 35

Durch eine Teilzahlung des Erstbeitrages – es sei denn dieser entspricht der vereinbarten Rate – wird der Erstbeitrag nicht im Sinne der Vorschrift geleistet, sodass die Rechtsfolgen der B1-3.2 und B1-3.3 greifen. Probleme ergeben sich hier allenfalls, wenn der VN beim entsprechenden D&O-VR **mehrere Versicherungsverträge** genommen hat. So der VN eine Zahlung vornimmt, die nicht zur **Tilgung** aller Prämienschulden ausreicht, so muss die Verrechnung gemäß § 366 Abs. 1 BGB gemessen am Willen des VN erfolgen.[32] Ohne hier im Einzelnen darauf einzugehen, woraus der Tilgungswille des VN im Einzelnen geschlossen werden kann, wird man letztlich vielfach doch auf § 366 Abs. 2 BGB zurückgreifen müssen. Zumindest wenn alle Beiträge bereits fällig sind, wird oftmals der Erstbeitrag der D&O-Versicherung der lästigste Beitrag sein, sodass meistens dieser prioritär getilgt werden wird. 36

B1-3 trifft keine Aussagen darüber, **an wen** die Erst- oder Einmalprämie übermittelt oder **gezahlt werden muss**. Grundsätzlich muss die Zahlung an den VR erfolgen, wobei jedoch gemäß § 69 Abs. 2 VVG in jedem Fall (zumindest) die Erst- oder Einmalprämie auch an den Versicherungsvertreter des VR mit erfüllender und den Versicherungsschutz einlösender Wirkung gezahlt werden kann.[33] Problematischer ist die Zahlung des Erst- oder Einmalbeitrages an den Versicherungsmakler. Hier kann eine Erfüllungs- und Einlösungswirkung nur dann greifen, wenn dies gerade mit Wirkung gegenüber dem VR vereinbart wurde,[34] also eine Inkassoklausel greift. Dies ist in der D&O-Versicherung durchaus nicht unüblich (siehe Rn. 26, 77). Hat der VR jedoch eine solche Inkassovollmacht (typischerweise im Rahmen von Maklerbedingungen oder Rahmenvereinbarungen) nicht erteilt, so wirkt der Makler als Weiterleitungsstation nur als Erfüllungsgehilfe des VN, sodass es dann darauf ankommt, ob dieser den Erst- oder Einmalbeitrag unverzüglich gezahlt hat (bzw., wenn man denn hierauf abstellen möchte, dieser unverzüglich beim VR eingegangen ist). 37

2. Fälligkeit unter der „eingeschränkt erweiterten“ Einlösungsklausel (Abs. 2)

Die erweiterte Einlösungsklausel des B1-3.1 Abs. 2 ist in ihrem sachlichen Anwendungsbereich weitaus enger als klassische erweiterte Einlösungsklauseln wie etwa die unter § 3 I Abs. 3 S. 2 AHB a.F. Nach solchen erweiterten Einlösungsklauseln wird Rückwärtsdeckung gewährt, wenn der materielle Versicherungsbeginn bereits eingetreten ist, der VR die Erstprämie aber erst später einfordert, diese dann aber unverzüglich gezahlt wird. Unter B1-3.1 Abs. 2 greift insofern nur eine **eingeschränkt erweiterte Einlösungsklausel**. Erfasst wird hier nur der Fall, dass der materielle Versicherungsbeginn dem formellen Versicherungsbeginn vorausgeht. Der VN hat hier **unverzüglich nach dem Vertragsschluss** den Erstbeitrag zu leisten. 38

Eine **Einforderung des Erstbeitrags oder** auch nur eine **Übersendung** des **Versicherungsscheins wird** hingegen **nicht verlangt**. Dies erscheint durchaus fragwürdig, da der formelle Vertragsschluss gerade auch ohne Überlassung der kompletten Vertragsdokumente erfolgen kann, sodass es sich dem VN nicht zwingend aufdrängt, dass etwa eine knappe telefonische Deckungszusage durch die Underwriting-Abteilung oder eine einzeilige E-Mail ihn zur unverzüglichen Zah- 39

32 Eine anderweitige Verbuchung des VR ist hierbei irrelevant OLG Hamm VersR **1988** 622; OLG Koblenz VersR **1980** 617, 618; OLG Stuttgart VersR **1957** 567, 569.

33 Vgl. hierzu etwa Prölss/Martin/*Dörner* § 69 Rn. 25; MüKoVVG/*Reiff* § 69 Rn. 42.

34 Prölss/Martin/*Armbrüster* § 33 Rn. 16; zur befreienden Wirkung der Zahlung in diesem Fall OLG Köln r+s **1986** 144; OLG Oldenburg VersR **1999** 884.

lung verpflichtet, wenn er seinen Versicherungsschutz nicht gefährden möchte. Insofern dürfte es dem VN in solchen Konstellationen wohl auch möglich sein, sich unter B1-3.2 Abs. 2 und B1-3.3 Abs. 2 zu exkulpieren, wenn er einem entschuldbaren „Rechtsirrtum" unterlag. In einem solchen Fall wird man wohl den gemeinsamen Rechtsgedanken des B1-3.1 Abs. 1 und Abs. 2 anwenden und nunmehr den Rechtsirrtum mit Zugang der Police wegfallen lassen müssen, sodass dann bei unverzüglicher Zahlung nach Zugang der Police auch eine Rückwärtsdeckung gewährt wird. Will der VR diese Probleme umgehen, so kann dies problemlos durch einen Hinweis in der Annahmeerklärung geschehen, dass die Deckung durch eine unverzügliche Zahlung der Prämie eingelöst werden muss.

3. Verspätete Einlösung (Abs. 3)

40 Durch B1-3.1 Abs. 3 wird festgelegt, dass im Fall einer verspäteten Zahlung i.S.d. B1-3.1 Abs. 1 und Abs. 2 der **Versicherungsschutz erst** dann **beginnt** (also eingelöst wird), wenn die **Zahlung veranlasst** wurde.

41 Diese Klausel erscheint **leicht irreführend**, da gerade kein („unbeschadet"-)Verweis auf B1-3.3 Abs. 2 gesetzt wird, der den Versicherungsschutz insofern auch bei verspäteter Zahlung unmissverständlich zum vereinbarten materiellen Versicherungsbeginn einsetzen lässt, wenn dem VN der Beweis gelingt, dass die Verspätung nicht von ihm zu vertreten ist. Man wird diese Klausel wohl gleichwohl nicht an der Transparenzkontrolle scheitern lassen müssen, da sich bei gehöriger Lesart entnehmen lässt, dass der Passus nicht als Beschränkung gemeint ist, sondern nur herausstellen möchte, dass auch hinsichtlich der verspäteten Zahlung letztlich nicht auf den Eingang der Prämie beim VR, sondern auf die Veranlassung der Zahlung durch den VN abzustellen ist (siehe detaillierter Rn. 59), während unter B1-3.3 eben eventualiter auch im „Verzugszeitraum" bei mangelndem Verschulden Deckung bestehen kann.

42 Insgesamt lässt sich aus B1-3.1 Abs. 3 ablesen, dass es hinsichtlich der Rechtzeitigkeit der Zahlung eben nicht auf den Eingang der Zahlung, sondern auf die **rechtzeitige, korrekte Veranlassung** ankommt, was bei Buchgeld gerade bei festen Zahlungsfristen heute durchaus nicht zwingend erscheint, aber eben nach hiesigem Verständnis dem halbzwingenden § 37 Abs. 2 S. 1 VVG (Rn. 56 f.) entspricht. Soweit dies schon für die verspätete Zahlung gilt, muss dies, *argumentum a minore ad maius*, erst recht für die rechtzeitige Zahlung gelten (vertieft Rn. 28 ff.).

4. Frühste Fälligkeit bei Abweichungen der Police vom Antrag (Abs. 4)

43 Eine recht ungewöhnliche Klausel sieht B1-3.1 Abs. 4 vor, der festlegt, dass der Erst- oder Einmalbeitrag frühestens einen Monat nach Zugang des **Versicherungsscheins** fällig wird, wenn dieser **vom Antrag** des VN oder spezifischen Vereinbarungen zwischen VN und VR **abweicht**. Hierdurch wird auf die Frist zur stillschweigenden Genehmigung des Versicherungsscheins nach § 5 Abs. 1 VVG von einem Monat reagiert.[35]

44 Insgesamt erscheint der Passus jedoch gleichwohl unklar. Zunächst ist nicht offensichtlich, weshalb hier relativierend festgehalten wird, dass **frühestens** einen Monat nach Zugang des Versicherungsscheins Fälligkeit eintritt. Hierbei bewirkt ein Widerspruch innerhalb der gesetzlichen Widerspruchsfrist des § 5 Abs. 1 VVG gerade, zumindest wenn die Annahmeerklärung inzidenter durch Übersendung des Versicherungsscheins erfolgte, dass ein Dissens bestünde, sodass ein Vertrag mithin nicht geschlossen wäre,[36] sodass letztlich überhaupt keine Zahlungspflicht bestünde. Für diesen Fall eine Regelung vorzuhalten (so dass „frühstens" als „wenn überhaupt" zu verstehen

35 Diese Reaktion ist von daher nachvollziehbar, als der Gesetzgeber auch davon ausging, dass im Falle der Abweichung auf die Einmonatsfrist abzustellen ist; siehe Regierungsbegründung, in: BTDrucks. 16/3945, S. 70.
36 Prölss/Martin/*Rudy* § 5 Rn. 12; HK-VVG/*Brömmelmeyer* § 5 Rn. 35.

wäre), erscheint jedoch unsinnig, da diese Regel dann gerade wegen Dissens nicht greifen könnte. Hat hingegen der VR die Belehrung nach § 5 Abs. 2 VVG nicht korrekt vorgenommen, so ist der Versicherungsvertrag nach § 5 Abs. 3 VVG mit dem Inhalt des Antrags geschlossen. In diesem Fall bewirkt B1-3.1 Abs. 4 gleichwohl unabhängig vom materiellen Versicherungsbeginn, dass der Erst- oder Einmalbeitrag unverzüglich nach Ablauf eines Monats nach Zugang der Police zu zahlen ist.[37] Hier mag man dann jedoch dem „frühestens"-Zusatz eine eigenständige Bedeutung zumessen, sodass Fälligkeit eben doch nicht eintritt, wenn der policierte materielle Versicherungsbeginn eben noch in der Zukunft liegt, sodass unabhängig vom Passus eben doch B1-3.1 Abs. 1 S. 1 greift. In dem Fall, dass der Vertrag bereits geschlossen war und nunmehr ein Widerspruch erfolgt, muss gelten, da dann der Versicherungsvertrag mit seinem ursprünglichen Vertragsinhalt vereinbart ist, dass B1-3.1 Abs. 4 gleichwohl die Fälligkeit auf einen Monat nach Erhalt des Versicherungsscheins verschiebt. Erfolgt ein Widerspruch hingegen trotz ordentlicher Belehrung nicht innerhalb der Monatsfrist, so setzt die Fälligkeit wiederum nicht frühestens, sondern eben unverzüglich mit Ablauf eines Monats ein. Der einzige Anwendungsfall für den „frühestens"-Zusatz wäre insofern, dass der Versicherungsschein vom Antrag abweicht, aber der policierte materielle Versicherungsbeginn dem Zugang des Versicherungsscheins über einen Monat nachgeht, sodass dann zur Fälligkeitsberechnung letztlich doch auf B1-3.1 Abs. 1 S. 1 abzustellen wäre.

Unklar ist dann jedoch das **Verhältnis** von B1-3.1 Abs. 4 **zu B1-3.1 Abs. 1 S. 2 und Abs. 2.** 45

Im Hinblick auf B1-3.1 Abs. 1 S. 2 stellt sich die Frage, weshalb dort die Fälligkeit der Prämienzahlung bei einem „schwebend wirksamen" Vertrag beibehalten wird, während sie hier unter B1-3.1 Abs. 4 ausgesetzt wird. Sinn ergibt dies letztlich nur dann, wenn man einen Dissens annimmt, sodass eben gerade vor Ablauf der Frist ohne Hinzutreten der Genehmigungsfiktion kein Versicherungsvertrag geschlossen wurde. Dies setzt jedoch voraus, dass der Vertragsschluss noch nicht vor Übersendung des Versicherungsscheins erfolgte, sondern die Annahme *uno actu* durch dessen Zugang erfolgen sollte. Dies mag im Jedermanngeschäft dem Normalzustand entsprechen, ist aber in der D&O-Versicherung zumindest keine Selbstverständlichkeit. Da es sich bei B1-3.1 Abs. 4 jedoch um eine durch den VR verwandte Klausel handelt, muss diese letztlich zu dessen Lasten ausgelegt werden. Insofern kann hier keine an B1-3.1 Abs. 1 S. 2 orientierte teleologische Reduktion verfangen, sodass die Verschiebung der Fälligkeit immer greift. Also auch in dem Fall, dass der Versicherungsvertrag bereits geschlossen wurde, zumindest der Vertragsbeginn korrekt policiert wurde und der Versicherungsschein nur in anderen Punkten abweicht. 46

Im **Verhältnis zu B1-3.1 Abs. 2** scheint die Anwendung des B1-3.1 Abs. 4 noch weitaus schwieriger. Wie oben ausgeführt, setzt die Fälligkeit bei einem vor dem formellen Versicherungsbeginn liegenden materiellen Versicherungsbeginn unverzüglich mit dem formellen Versicherungsbeginn, d.h. mit dem Vertragsschluss, ein, ohne dass es nach diesseitiger Auffassung auf den Zugang des Versicherungsscheins ankommt (siehe Rn. 16). Dies bedeutet, dass die Fälligkeit (und potentiell die Rechtfolgen der B1-3.2 und B1-3.3) einsetzt (resp. einsetzen), bevor die Police ausgefertigt und zugestellt wurde. Fraglich ist dann, ob ein abweichender Versicherungsschein i.S.d. B1-3.1 Abs. 4 die bereits eingetretene Fälligkeit wieder rückwirkend aufhebt, sodass nunmehr Deckung besteht, solange der VN „spätestens" (so wäre „frühstens" in dieser Konstellation zu verstehen) einen Monat nach Zugang des Versicherungsscheins den Erstbeitrag unverzüglich zahlt. Zumindest für einen Versicherungsvertrag über eine vorläufige Deckung ist dies abzulehnen, da (bzw. wenn) der Versicherungsschein sich auf den Hauptvertrag bezieht. Wenn jedoch eine sofortige Deckung unter dem Hauptvertrag vereinbart wurde, liegt die Antwort nicht so offensichtlich auf der Hand. 47

37 Hier bewirkt B1-3.1 Abs. 4 eben eine Veränderung im Vergleich zum allgemeinen Versicherungsvertragsrecht, da dort richtig angenommen wird, dass in diesem Fall der Abweichung ohne Hinweis und Belehrung keine Anpassung des § 31 Abs. 1 VVG an die einmonatige Frist erfolgt, sondern es bei der 14-tägigen Frist verbleibt; siehe etwa Prölss/Martin/*Reiff* § 33 Rn. 29; FAKomm-VersR/*Thessinga* § 33 Rn. 10; **a.A.** aber (nämlich Erst-Recht-Schluss) Langheid/Rixecker/*Rixecker* § 33 Rn. 5. Der Grund dafür, dass dies unter B1-3.1 Abs. 4 anders zu bewerten ist, liegt daran, dass es hier gerade nicht um eine teleologische Anpassung geht, sondern dieser Fall vom Wortlaut der Sonderregelung zur Fälligkeit mitabgedeckt ist („weicht ab").

Hier ist gleichwohl zu berücksichtigen, dass die Fälligkeit unter B1-3.1 Abs. 2 gerade unabhängig vom Zugang des Versicherungsscheins einsetzt. Insofern sollte auch ein nach dem Vertragsschluss übersandter Versicherungsschein die Fälligkeit nicht mehr abändern können, zumindest solange der Versicherungsschein nicht gerade dahingehend vom Antrag abweicht, dass der Fälligkeitszeitpunkt zu Gunsten des VN nach hinten verschoben wird, da für solche Abweichungen nach h.M. angenommen wird, dass sie unwiderleglich Vertragsbestandteil werden.[38] B1-3.1 Abs. 4 kann ansonsten entsprechend nur greifen, wenn der Vertragsschluss gerade durch die Übersendung der Police erfolgt. So der Vertragsschluss diesem Zeitpunkt jedoch vorausgeht, verlangt B1-3.1 Abs. 2 den Vorrang.

III. B1-3.2: Rücktritt bei Zahlungsverzug

48 Eine verspätete Zahlung des Erst- oder Einmalbeitrages eröffnet dem VR nach B1-3.2 in Übereinstimmung mit § 37 Abs. 1 VVG ein Rücktrittsrecht. Hierbei muss dieses **Rücktrittsrecht tatsächlich ausgeübt** werden. Anders als noch unter § 38 Abs. 1 S. 2 VVG a.F. resp. Ziff. 12.1 S. 3 AVB-AVG 1997 wird diese Ausübung nicht mehr fingiert, wenn der VR drei Monate nach der Fälligkeit den Prämienzahlungsanspruch nicht gerichtlich geltend gemacht hat.[39]

49 Nicht durch B1-3.2 ausgeführt wird die Ausübung des Rücktrittsrechts, wobei dies auch nicht notwendig erscheint. Entsprechend bedarf die **Rücktrittserklärung** keiner besonderen Begründung oder Form, muss dem VN aber letztlich zugehen.[40]

1. Rücktrittsrecht (Abs. 1)

50 Hinsichtlich der **Entstehung des Rücktrittsrechts** nach B1-3.2 Abs. 1 bestehen keine inhaltlichen Unterschiede zu § 37 Abs. 1 VVG, sodass hier auf die allgemeine Kommentarliteratur verwiesen werden kann.[41] Einzig klargestellt sei, dass es eben immer nur auf die **Rechtzeitigkeit der Zahlung** und gerade nicht auf die Rechtzeitigkeit des Zugangs ankommen kann.[42]

51 Festgehalten sei daneben, dass das **Rücktrittsrecht** grundsätzlich **zeitlich unbegrenzt** besteht, sodass der Rücktritt etwa auch noch ein Jahr nach dem Fälligkeitseintritt erklärt werden kann, wenn der VR erst dann einen bei ihm eingetretenen Buchungsfehler erkennt. Einzige Voraussetzung – unter Aussparung etwaiger Treuwidrigkeitseinwände – ist, dass die das Rücktrittsrecht **auslösende Nichtzahlung** des Erst- oder Einmalbeitrages zum Zeitpunkt der Rücktrittserklärung noch vorliegt. Hierbei ist für die Bewertung der Fortwirkung des Verzuges auf den Zeitpunkt des Zugangs der Rücktrittserklärung abzustellen.[43] Wenn der VN zu diesem Zeitpunkt die verzögerte Zahlung des Erst- oder Einmalbeitrages bereits veranlasst hat, so kann die Rücktrittserklärung keine Wirkung mehr entfalten.

52 Hierbei **muss** der VR den VN **nicht auf** das **Rücktrittsrecht hinweisen**, damit dieses später entstehen kann.[44] Auch einer **Mahnung**, wie sie nach § 286 Abs. 1 BGB grundsätzlich zum Verzugs-

38 So etwa MüKoVVG/*K. Johannsen* § 8 Rn. 58 ff. die allerdings für Irrtumsfälle gewisse Ausnahmen gewährt (*ibidem* Rn. 61); vertiefend zu solchen unbeabsichtigten Abweichungen FAKomm-VersR/*Reusch* § 5 Rn. 24.

39 Siehe hierzu etwa BK/*Riedler* § 38 Rn. 52 und 87 ff.

40 MüKoVVG/*Staudinger* § 37 Rn. 26; Langheid/Rixecker/*Rixecker* § 37 Rn. 11.

41 Siehe bspw. Prölss/Martin/*Reiff* § 37 Rn. 9 ff.; Bruck/Möller/*Beckmann* § 37 Rn. 25 ff.; MüKoVVG/*Staudinger* § 37 Rn. 4 ff.

42 Vgl. *Gal* VersR **2021**, 414, 421.

43 MüKoVVG/*Staudinger* § 37 Rn. 26; Prölss/Martin/*Reiff* § 37 Rn. 19; **a.A.** aber anscheinend (da nur auf die *Rücktrittserklärung* abstellend: „muss auch noch zu dem Zeitpunkt bestehen, zu dem der Rücktritt vom VR erklärt wird") Seitz/Finkel/Klimke/*Finkel*/*Seitz* Ziff. 12 AVB-AVG Rn. 22.

44 Bspw. Prölss/Martin/*Knappmann* § 23 Rn. 16.

eintritt erforderlich ist, **bedarf es** hier **nicht**. So eine Mahnung mit einer Fristsetzung aber erfolgt, ist dieser ein zeitweiser Verzicht auf die Geltendmachung des Rücktrittsrechts zu entnehmen, nicht jedoch ein Verzicht darauf, sich hinsichtlich eines zwischenzeitig eingetretenen Versicherungsfalls auf Leistungsfreiheit zu berufen.

Wird der **Rücktritt erklärt**, so wandelt sich der Versicherungsvertrag grundsätzlich nach den allgemeinen Regeln des § 346 BGB in ein **Rückgewährschuldverhältnis** um, sodass die erbrachten Leistungen entsprechend zurückabzuwickeln sind. Besonderheiten gelten im Versicherungsvertragsrecht und auch unter den AVB D&O jedoch zum einen hinsichtlich des Prämienschicksals (siehe B1-6 Rn. 9 ff.) und zum anderen hinsichtlich der Behandlung von bereits eingetretenen Versicherungsfällen. Der letzte Fall ist jedoch ausgesprochen problematisch. Hierbei muss es zunächst einleuchtend erscheinen, dass im Fall einer korrekten Aufklärung über die Folgen eines Zahlungsverzuges nach B1-3.3 Abs. 1 S. 2 keine Leistungspflicht besteht. So hier **fehlerhaft Zahlungen** erfolgt sind, so sind diese nicht aus dem Rückgewährschuldverhältnis, sondern bereicherungsrechtlich, nämlich im Rahmen einer ***condictio indebiti***, zurückabzuwickeln. **Problematisch** ist insofern nur der Fall, dass die **Belehrung** nach B1-3.3 Abs. 1 S. 2 (bzw. nach dem gleichgerichteten § 37 Abs. 2 S. 2 VVG) **nicht ordnungsgemäß** erfolgte. Hier ist nach richtiger Ansicht anzunehmen, dass der Rechtsgedanke des § 37 Abs. 2 S. 2 (wie er auch in B1-3.3 Abs. 1 S. 2 aufgenommen ist) den Vorrang genießt, sodass eine Leistungsfreiheit erst ab dem Zeitpunkt greift, zu dem die Rücktrittserklärung dem VN zugegangen ist (Rn. 62),[45] Dies klärt problemlos die Fälle, in denen ein Versicherungsfall vor der Rücktrittserklärung bereits reguliert wurde, sodass diese Zahlung eben nicht mehr zurückabzuwickeln ist. Hinsichtlich solcher Versicherungsfälle, die vor diesem Zeitpunkt eingetreten sind, aber noch nicht reguliert wurden, entstehen jedoch dogmatische Probleme. Durch den Rücktritt besteht gerade kein Versicherungsvertrag mehr, sondern eben nur noch ein Rückgewährschuldverhältnis. Es erscheint jedoch im Hinblick auf § 37 Abs. 2 S. 1 VVG bzw. hier auf B1-3.3 Abs. 1 S. 2 nicht hinnehmbar, dass der VR sich seiner gesetzgeberisch vorgesehenen Leistungspflicht entziehen kann. Mithin muss man in diesen Fällen annehmen, dass § 37 Abs. 2 S. 1 VVG eine gesetzgeberische Leistungspflicht unter dem eigentlich rückabgewickelten Versicherungsvertrag annimmt, sodass der VR auch unter B1-3.3 Abs. 1 S. 2 die vertraglich vereinbarte Deckung zu gewähren hat (d.h. Abwehr oder Freistellung), solange der Versicherungsfall vor dem Eingang der Rücktrittserklärung eingetreten ist. Dies bedeutet jedoch, dass der eigentlich *ex tunc* aufgehobene (bzw. in ein Rückgewährschuldverhältnis umgewandelte) Versicherungsvertrag für diesen Fall fingiert werden muss, also hinsichtlich sämtlicher Vertragsbestandteile gilt und gerade auch hinsichtlich der Zession von Ansprüchen auf den VR greift. 53

2. Rückausnahme des mangelnden Verschuldens (Abs. 2)

Anders als unter dem VVG a.F. und den AVB-AVG 1997 ist es erheblich, ob die **Nichtzahlung schuldhaft** erfolgte. Hierbei wurde das Schulderfordernis anders als in § 37 Abs. 1 Halbs. 2 VVG in B1-3.2 in einen eigenen Absatz übernommen. Obgleich hierdurch nicht die übliche „es sei denn"-Formulierung übernommen wurde, bleibt es ersichtlich, dass hierdurch das **Verschulden** des VN **widerleglich vermutet** wird. Es ist mithin am VN, sich hinsichtlich der Verspätung der Zahlung zu exkulpieren. Wenn und – *nota bene* – solange dem VN dieser Gegenbeweis gelingt, bleibt das Rücktrittsrecht des VR ausgeschlossen.[46] Hinsichtlich der Exkulpationsvoraussetzungen sei auf die Ausführungen zu B1-3.3 Abs. 2 verwiesen (Rn. 66 ff.), wo die Exkulpation relevanter wird. 54

45 Insbes. *Wandt*, Versicherungsrecht, Rn. 544; im Anschluss auch Prölss/Martin/*Reiff* § 37 Rn. 20.

46 Vgl. etwa Bruck/Möller/*Beckmann* § 37 Rn. 41 ff.

IV. B1-3.3: Leistungsfreiheit des VR bei verspäteter Zahlung

55 Wenn der VN die Versicherung nicht rechtzeitig (Rn. 14 i.V.m. Rn. 26 ff.) durch Zahlung des Erst- oder Einmalbeitrags eingelöst hat, wird der VR nach B1-3.3 von seiner Leistungspflicht frei, wobei diese Regelung im Gehalt, nicht aber im Wortlaut vollumfänglich dem § 37 Abs. 2 VVG entspricht.

1. Befreiung von der Leistungspflicht (Abs. 1)

56 Die Behandlung der Rechtsfolge der Leistungsfreiheit unter B1-3.3 gestaltet sich durchaus schwieriger als die Frage nach einem Rücktrittsrecht. Dies ist jedoch im Schwerpunkt nur deshalb der Fall, als **B1-3.3 Abs. 1 S. 1** hinsichtlich des tatbestandlichen **Auslösers** der Rechtsfolge **sprachlich leicht von § 37 Abs. 2 S. 1 VVG abweicht**. Insofern ist unter dem halb-zwingenden § 37 Abs. 2 S. 1 VVG nicht ganz so offensichtlich, ob hinsichtlich der Rechtsfolge der Leistungsfreiheit nach Gesetzesrecht auf die Leistungshandlung oder auf den Leistungserfolg (wie unter § 36 VVG) der Prämienzahlung abzustellen ist. § 37 Abs. 2 S. 1 stellt fest:

> „Ist die einmalige oder die erste Prämie bei Eintritt des Versicherungsfalles nicht gezahlt, ist der Versicherer nicht zur Leistung verpflichtet, es sei denn, der Versicherungsnehmer hat die Nichtzahlung nicht zu vertreten."

57 Hier wird gerade nicht im Indikativ des Vorgangspassivs des § 37 Abs. 1 VVG („wird nicht gezahlt") zum Rücktrittsrecht, sondern im Indikativ des Zustandspassivs („ist nicht gezahlt") formuliert und es fehlt auch eine Klarstellung nach der Art, dass der Versicherungsschutz erst einsetzt, wenn die verspätete Erstprämie bewirkt wurde. Dieser Passus wurde traditionell gleichwohl immer so verstanden, dass man eben nur auf das **rechtzeitige Zahlen abstellte**, wenn nicht atypisch eine Bringschuld vereinbart wurde.[47] Nunmehr ist jedoch zumindest unter § 36 Abs. 1 VVG im Zweifelsfall gerade eine Bringschuld geschuldet, wenn der VN kein Verbraucher ist. Man muss sich also fragen, ob dies auf den § 37 Abs. 2 VVG durchwirkt. Letztlich ist dies abzulehnen.[48]

58 **a) Grundregel der Leistungsfreiheit (S. 1).** Vorliegend kann diese **Frage** gänzlich **dahinstehen**, da B1-3.3 Abs. 1 S. 1 hiervon **abweichend formuliert**:

> „Wenn der Versicherungsnehmer den ersten oder einmaligen Beitrag nicht rechtzeitig nach B1-3.1 zahlt, so ist der Versicherer für einen vor Zahlung des Beitrags eingetretenen Versicherungsfall nicht zur Leistung verpflichtet.

59 Hier besteht in der Formulierung des Auslösers des Rechts gerade kein Formulierungsunterschied zu der des Rücktrittsrechts nach B1-3.2 Abs. 1 (und eben auch nicht zu § 37 Abs. 1 VVG), sodass unproblematisch nicht auf den **unverzüglichen** Zahlungseingang, sondern eine ebensolche **Zahlung** abzustellen ist. Entscheidend ist mithin einzig, dass zum Zeitpunkt des Eintritts des Versicherungsfalls, die Zahlung noch nicht korrekt veranlasst wurde. Bei korrekter Veranlassung ist die Deckung eingelöst, solange nur das Geld zu einem späteren Zeitpunkt zugeht; datiert die Veranlassung hingegen nach dem hypothetischen Versicherungsfall, so ist die Deckung gerade nicht eingelöst – abgesehen von der Deckung bei mangelndem Verschulden (Rn. 70) –, sodass Leistungsfreiheit besteht. Ob die Leistung *unverzüglich* erfolgte, spielt hier (grundsätzlich) keine Rolle, da es eben nur darauf ankommt, ob zum Zeitpunkt des (hypothetischen) Versicherungsfalls die Zahlung veranlasst war, was grundsätzlich, solange der Vertrag noch nicht durch Rücktritt rückwirkend aufgelöst wurde, eben auch noch wesentlich später möglich ist. Gerade hier zeigt sich, dass im Rahmen der Einlösungsklausel die Zahlung des Erstbeitrags eben nicht nur als Erfüllung der

47 Prölss/Martin/*Knappmann*, 27. Aufl. (2004), § 38 Rn. 10.
48 Siehe hierzu vertieft *Gal* VersR **2021**, 414, 421 f.; vgl. ferner unten Rn. 81 ff.

Primärleistungspflicht, sondern auch als die Erfüllung einer atypischen Obliegenheit wirkt (vgl. Rn. 34).

Selbst wenn man entgegen dem hiesigen Verständnis (siehe oben Rn. 57 und vertieft unten Rn. 81ff.) davon ausgehen würde, dass B1-3.3 Abs. 1 S. 1 hinsichtlich des Auslösers der Leistungsfreiheit (d.h. Zahlung vs. Zahlungseingang) von § 37 Abs. 2 S. 1 VVG abweicht, so wäre dies in jedem Fall zulässig. Zwar ist § 37 Abs. 2 S. 1 VVG im Hinblick auf § 42 VVG **halbzwingend**, wenn jedoch von einer angenommenen Leistungsfreiheit bei noch nicht erfolgtem Zahlungseingang auf eine Leistungsfreiheit nur für Schadensfälle zum Zeitpunkt noch nicht vorgenommener Leistungshandlung umgestellt würde, so wäre dies **für** den **VN rechtlich allein vorteilhaft**. 60

b) Belehrungserfordernis (S. 2). Durch B1-3.3 Abs. 1 S. 2 wird mit leichten Formulierungsunterschieden zu § 37 Abs. 2 S. 2 VVG, aber inhaltlich übereinstimmend, festgelegt, dass die **Leistungsfreiheit** des B1-3.3 Abs. 1 S. 1 **nur** dann greift, wenn der **VN** über diese Rechtsfolge rechtswirksam **belehrt** wurde. 61

Die **Verletzung der Belehrungspflicht** führt entsprechend dazu, dass der VR zwar noch nach B1-3.2 Abs. 1 (entsprechend § 37 Abs. 1 VVG) vom Versicherungsvertrag zurücktreten kann, aber unabhängig von der Erklärung des Rücktritts zumindest für solche **Versicherungsfälle**, die **vor** dem **Zugang der Rücktrittserklärung** eingetreten sind, **leistungspflichtig** bleibt.[49] Die Belehrung über die Folgen der Leistungsfreiheit muss hierbei korrekt durch gesonderte Mitteilung in Textform (i.S.d. § 126b BGB – wobei B1-3.3 Abs. 1 S. 2 hier gerade für den VN durchaus hilfreich eine Konkretisierung vorsieht, dass die Belehrung etwa durch E-Mail, Telefax oder Brief erfolgt sein muss) oder durch auffälligen Hinweis in der Police erfolgen. 62

Eine **gesonderte Mitteilung erfordert** hierbei **nicht** zwingend ein **eigenständiges Dokument**. Vielmehr sind die Anforderungen auch dann erfüllt, wenn die Belehrung innerhalb eines mit anderen Informationen versehenen Dokuments erfolgt, solange sich die Belehrung durch die drucktechnische Anordnung und Hervorhebung deutlich vom sonstigen Rest abhebt.[50] 63

Ist die **Belehrung** hingegen **im Versicherungsschein** enthalten, gilt Vergleichbares, nämlich dass der Hinweis auffällig sein muss, was wohl auch eine drucktechnische Hervorhebung erfordert. Dies zeigt sich bereits darin, dass die Rechtsprechung nachvollziehbar verlangt, dass eine Belehrung auf der Rückseite des Versicherungsscheins nur dann ausreichend ist, wenn bereits auf der Vorderseite in Majuskeln oder in Fettdruck auf die Belehrung auf der Rückseite hingewiesen wird.[51] 64

Die wirkliche Krux ist dann, welchen **Detailgrad diese Belehrung** enthalten darf (ohne intransparent zu werden) und enthalten muss (um der notwendigen Belehrung für alle mögliche Konstellationen nachzukommen). Ohne hier auf alle vertretene Meinungen einzugehen,[52] ist dies in gewissem Grad, wie die Belehrungspflichten allgemein, das Grunddilemma des Versicherungsvertragsrechts. Mit fortwährender Durchdringung durch die Rechtsprechung und reaktiver Standardisierung der Belehrungen durch die VR wird sich dieses Problem jedoch wohl über die Zeit in Wohlgefallen auflösen. 65

---

49 So zmd. nach der richtigen Auffassung einer teleologischen Reduktion des § 37 Abs. 1 VVG; so insbes. *Wandt*, Versicherungsvertragsrecht, Rn. 544; Bruck/Möller/*Beckmann* § 37 Rn. 52; Looschelders/Pohlmann/*Stagl/Brand* § 39 Rn. 4; **a.A.** MüKoVVG/*Staudinger* § 37 Rn. 27; vgl. oben Rn. 53.

50 Insbes. BGH VersR **2013**, 297, 298 f.; LG Dortmund r+s **2015**, 543, 544.

51 OLG Naumburg VersR **2012**, 973, 974; LG Dortmund r+s **2015**, 543, 544.

52 Vgl. für eine gute Aufbereitung der Probleme der inhaltlichen Anforderungen Prölss/Martin/*Reiff* § 37 Rn. 28.

2. Rückausnahme des mangelnden Verschuldens (Abs. 2)

66 Wie schon beim Rücktrittsrecht nach B1-3.2 Abs. 2 ist auch die Leistungsfreiheit nach B1-3.3 Abs. 2 nur dann gegeben, wenn es dem **VN** nicht gelingt, sich zu **exkulpieren**.

67 Entsprechend dem hiesigen Verständnis ist es im Rahmen des Verschuldens (meistens) unerheblich, ob die betragsmäßig unzureichende oder verspätete Zahlung des VN dadurch veranlasst wurde, dass der **VR eine fehlerhafte oder verspätete Zahlungsaufforderung zugestellt** hatte, da der VR sich dann nach dem Grundsatz von Treu und Glauben ohnehin nicht auf seine Rechte aus B1-3.2. Abs. 1 und B1-3.3 Abs. 1 (bzw. § 37 VVG) berufen kann.[53] Ebenfalls unerheblich muss nach dem Vorgesagten bleiben, dass dem VR die Erstprämie nicht rechtzeitig zugegangen ist, solange der VN nachweisen kann, dass er die Leistungshandlung rechtzeitig und korrekt vorgenommen hat.[54]

68 Einen durchaus **interessanten Anwendungsfall** weist die wohl **herrschende Meinung** zum Gesetzesrecht (was sich aber auch auf die AVB D&O übertragen ließe) der Exkulpationsmöglichkeit zu, wenn der materielle Versicherungsbeginn vor der Fälligkeit liegt und ein **Versicherungsfall vor Fälligkeit** eintritt, der VN aber seiner Leistungspflicht zum Zeitpunkt der Fälligkeit rechtzeitig nachkommt. Hier wird angenommen, dass die „verspätete" Zahlung in jedem Fall schuldlos, da noch rechtzeitig in Bezug auf die Fälligkeit, sei, der VR also stets deckungspflichtig sei für den Korridor zwischen dem Zeitpunkt des Zugangs der Police (oder dem vorverlagerten materiellen Versicherungsbeginn) und dem Zeitpunkt der Fälligkeit.[55] Dies ist dogmatisch nicht haltbar, da nach dem oben Gesagten gerade die Hauptleistungspflicht und die „Einlösungsobliegenheit" zu scheiden sind (vgl. Rn. 37 ff.). Nach richtiger Auffassung ist hier insbesondere zu beachten, dass B1-3.3 Abs. 1 S. 2 (und ebenso § 37 Abs. 2 S. 2 VVG) anders als bezüglich des Rücktrittsrechts für die Leistungsfreiheit eine ordentliche Belehrung durch den VR verlangt, die gerade auch herausstellen muss, dass die Nichtzahlung der Prämie, auch wenn sie noch nicht fällig geworden ist, dazu führt, dass keine Deckung besteht. Eine unbedingte Gratisdeckung bis zum Zeitpunkt der Fälligkeit der Erstprämie wäre demgegenüber überschießend.[56] Soweit, wie in solchen Situationen weit verbreitet, eine erweiterte Einlösungsklausel vereinbart wird, stellt sich dieses Problem ohnehin nicht.

69 Die **Exkulpation** kann sich unter diesem Verständnis also einzig darauf beziehen, dass der VN die Leistungshandlung, d.h. die Überweisung oder unter B1-5.1 Abs. 1 die fristgerechte Bedeckung des Kontos vor der Abbuchung, unverschuldet nicht (unverzüglich) vorgenommen hat. Unter dem dem deutschen Recht eigenen Geld-hat-man-zu-haben-Grundsatz[57] wird eine Exkulpation insofern nur **unter ganz außergewöhnlichen Umständen** möglich sein, wie insbesondere im Fall einer plötzlichen und schweren Erkrankung.[58] In Frage kommen aber auch externe Umstände wie insbesondere Katastrophen, die eine Zahlung verhindern. Dies kann etwa auch – um im Hinblick auf die zum Zeitpunkt der Verfassung (damals noch) bestehende Relevanz COVID-19 zu erwähnen – im Falle einer Pandemie mit verbundenem Lock-Down der Fall sein.[59]

70 Da die Exkulpation im Versicherungsrecht ohnehin nur selten gelingen wird, ist eine Frage, die sich im allgemeinen Verzugsrecht naturgemäß so nicht stellt, bisher noch nicht explizit ange-

---

53 Siehe oben Rn. 24.

54 Siehe oben Rn. 27 ff., 50 und 59.

55 HK-VVG/*Karczewski* § 37 Rn. 16 ff.; Schwintowski/Brömmelmeyer/*Pilz* § 37 Rn. 17; Beckmann/Matusche-Beckmann/*Hahn* § 12 Rn. 58; MüKoVVG/*Staudinger* § 37 VVG Rn. 22; *Schimikowski*, Versicherungsvertragsrecht, Rn. 155; *Meixner/Steinbeck* § 6 Rn. 28; *R. Johannsen*, Fs Schirmer, S. 263, 264 f.

56 So insbes. Bruck/Möller/*Beckmann* § 37 Rn. 58; ähnlich bereits *Wandt/Ganster* VersR **2007**, 1034, 1035 f.

57 Vgl. zu einzelnen Ausnahmen, die aber hier nicht einschlägig wären, etwa MüKoBGB/*Ernst* § 275 Rn. 13.

58 Prölss/Martin/*Reiff* § 37 Rn. 17; Langheid/Rixecker/*Rixecker* § 37 Rn. 10; Looschelders/Pohlmann/*Stagl/Brand* § 37 Rn. 15; Bruck/Möller/*Beckmann* § 37 Rn. 45.

59 Insofern leicht überholt Prölss/Martin/*Reiff* § 37 Rn. 17, der eine Exkulpation wegen (Natur-)Katastrophen als kaum noch vorstellbar bezeichnet.

sprochen worden. Nämlich: **Fällt** eine einmal quasi-eingelöste Deckung, bei der die **„Einlösung“** nicht durch Zahlen, sondern **durch unverschuldetes Nicht-Zahlen** erfolgte, **wieder weg** (und eventuell gar rückwirkend), wenn der schuldausschließende Umstand anschließend wegfällt und der VN nunmehr nicht unverzüglich die Zahlung veranlasst? Man nehme also den – zugegebenermaßen in der D&O-Versicherung eher unrealistischen – Fall, dass der VN die Police während eines kompletten Lock-Down erhalten hat, über kein Online-Banking oder ähnliche Möglichkeiten der Zahlung verfügt und die Erstprämie entsprechend nicht anweist. Obgleich § 37 Abs. 2 S. 1 Halbs. 2 VVG nur eine „es sei denn“-Formulierung vorsieht, was auch dem Regelverständnis unter B1-3.3 Abs. 2 entspricht, und gerade keine temporale Qualifikation („solange“) enthält, kann es nicht überzeugen, dass ein notwendig nur vorübergehendes Nichtverschulden der Nichtzahlung nunmehr zu einer verstetigten Deckung führt, obwohl der VN die Zahlung später hätte vornehmen können. Die Deckung ist hier eben nicht im eigentlichen Sinne eingelöst, sondern wird nur wie eingelöst behandelt, wenn den VN zum Zeitpunkt des Versicherungsfalls kein Verschulden an der Nichtzahlung trifft. Ob der Formulierung des § 37 Abs. 2 S. 1 Halbs. 2 VVG und des B1-3.3 Abs. 2 kann es umgekehrt aber auch nicht überzeugen, dass nunmehr diese einmal eingetretene Deckungspflicht für den vom Nichtverschulden umfassten Zeitraum rückwirkend wegfällt, weil der VN nunmehr schuldhaft nicht (unverzüglich) zahlt.

V. Beweislast

Die **Beweislast** hinsichtlich des Verzuges des Erst- oder Einmalbeitrages folgt der **allgemeinen Beweislastverteilung**, sodass jede Partei die für sie günstigen Positionen zu beweisen hat. Insbesondere sieht B1-3 keine Abweichungen zur Beweislastverteilung von § 37 VVG (oder §§ 33, 36 VVG) vor, was gemäß § 42 VVG zumindest (teilweise) zu Lasten des VN ohnehin unzulässig wäre.[60] 71

Entsprechend hat der **VR** den **Zugang des Versicherungsscheins**, wenn es auf diesen nach B1-3 ankommt, zu beweisen.[61] Da dieser üblicherweise durch normalen Brief übermittelt wird, begründet bereits dies eine erhebliche Beweisschwierigkeit für den VR, wenn nicht der Empfang durch Indizienbeweise geführt werden kann. Ebenfalls zu beweisen hat dieser, soweit erforderlich, die **korrekte Zahlungsaufforderung** und insbesondere hinsichtlich der Leistungsfreiheit die **korrekte Belehrung nach B1-3 Abs. 1 S. 2**. Auch hier ist der Beweis des Zugangs schwer zu führen, wenn der Versand der Unterlagen nicht per Einschreiben erfolgte. 72

Soweit der Fälligkeitszeitpunkt, wie ganz üblich, etabliert ist, ist es am **VN**, die **rechtzeitige Erfüllung der Prämienschuld** zu beweisen. Dies gilt wohlgemerkt auch dann, wenn der VR aus der verspäteten Zahlung Rechte wie insbesondere das Rücktrittsrecht oder die Leistungsfreiheit herleiten möchte.[62] Hier muss jeweils der VN darlegen und beweisen, dass der VR den Beitrag rechtzeitig erhalten hat oder aber, soweit üblicherweise hierauf abzustellen ist, er, d.h. der VN, den Beitrag rechtzeitig angewiesen hat (siehe zur Problematik Rn. 25 ff.), 73

Unproblematisch vom **VN** zu beweisen ist der **Mangel des Verschuldens** der nicht rechtzeitigen Zahlung des Erst- oder Einmalbeitrages. Dies ergibt sich bereits aus § 37 VVG und wird durch B1-3.2 Abs. 2 und B1-3.3 Abs. 2 nur bestätigt. 74

Allerdings hat der **VR**, wenn er sich auf Leistungsfreiheit wegen Rücktritts nach B1-3.2 Abs. 1 und wegen B1-3.3 Abs. 1 berufen möchte, einerseits zu beweisen, dass die **Rücktrittserklärung zugegangen** und andererseits eine **hinreichende Belehrung** (siehe Rn. 61 ff.) **erfolgt** ist. 75

---

60 Siehe zur Umverteilung der Beweislast als Verstoß gegen eine als halbzwingend erklärte Norm bspw. HK-VVG/*Brömmelmeyer* § 18 Rn. 3; Prölss/Martin/*Armbrüster* § 18 Rn. 2.

61 MüKoVVG/*Staudinger* § 33 Rn. 32; Seitz/Finkel/Klimke/*Finkel/Seitz* Ziff. 12 AVB-AVG Rn. 34.

62 BGH VersR **1969** 368; Langheid/Rixecker/*Rixecker* § 36 Rn. 4; MüKoVVG/*Staudinger* § 33 Rn. 33; Prölss/Martin/*Reiff* § 33 Rn. 39; Schwintowski/Brömmelmeyer/*Pilz* § 33 Rn. 18; **a.A.** wohl nur Looschelders/Pohlman/*Stagl/Brand* § 36 Rn. 11.

C. Abweichende Marktbedingungen

I. Abweichender Wortlaut

76 **Fälligkeitsregelungen** hinsichtlich des Erst- oder Einmalbetrages, wie durch B1-3.1 begründet (Rn. 12), **sehen** die erhobenen **Maklerklauseln nicht vor**. Es verbleibt mithin beim gesetzlichen Zustand, sodass entweder auf die konkrete Vereinbarung abzustellen ist oder aber § 33 Abs. 1 VVG greift.

77 Gleiches gilt auch in Bezug auf die **Zahlungsmodalitäten** (vgl. B1-2 Rn. 7 ff.). Hierzu schweigen die Maklerbedingungen. Es kommt entsprechend wiederum auf die Einzelabsprachen an. Ansonsten greift § 36 VVG. Besonderheiten bestehen hier teilweise jedoch dahingehend, dass dem Makler vom VR dergestalt eine **Inkassovollmacht** erteilt wird, dass die rechtzeitige Zahlung der Prämie an diesen, den VN von seiner Pflicht gegenüber dem VR befreit; so wohl etwa Ziff. 10 Nr. 3 FINLEX. Ähnliches gilt (potentiell) unter der aktiven Prozessführungsklausel des § 15 Nr. 3 Abs. 2 S. 4 VOV und der Anzeigeklausel inklusive Inkassovollmacht der Ziff. 10.3 Abs. 3 S. 1 Hendricks für den führenden VR.

78 Hinsichtlich der **Rechtsfolgen eines Zahlungsverzuges des Erst- oder Einmalbeitrages** sehen die Maklerbedingungen jedoch zumindest teilweise eine relevante Abweichung vor. So sieht etwa Hendricks Ziff. 6.1.1 vor: „Die einmalige oder die erste Prämie wird wie eine Folgeprämie im Sinne des § 38 VVG behandelt“. Soweit in den anderen Maklerbedingungen hierzu keine Regelung getroffen wird, stellt dies jedoch keine erhebliche Abweichung zu den AVB D&O dar, da B1-3 gerade nur hinsichtlich der Fälligkeit, nicht aber hinsichtlich der Rechtsfolgen des § 37 VVG von diesem abweicht. Einen potentiellen Unterschied begründet jedoch Ziff. 6.1 FINLEX, wenn dieser einzig festhält: „Der Versicherungsschutz beginnt mit dem im Versicherungsschein festgesetzten Zeitpunkt“.

II. Unterschiede zu Musterbedingungen

1. Abweichende Fälligkeit

79 Aufgrund der Abwesenheit von Fälligkeitsvereinbarungen in den Maklerbedingungen, und davon ausgehend, dass keine weiteren Regelungen individuell vereinbart werden, bleibt es eben bei der **Fälligkeitsregelung des § 33 Abs. 1 VVG**, sodass diese unbedingt 14 Tage nach Zugang der Versicherungspolice einsetzt.[63]

2. Abweichende Schuldart

80 Hinsichtlich der **Schuldart** greift unter den dann anwendbaren §§ 33 Abs. 1, 36 Abs. 1 VVG dann allerdings für den VN nachteilhaft das durch die Zahlungsverzugsrichtlinie erzwungene Verständnis (siehe Rn. 29 ff.), sodass hier zumindest bei einem Vertrag ohne Verbraucherbeteiligung eine **Bringschuld** anzunehmen ist, sodass es zumindest hinsichtlich der Verzugs- bzw. Fälligkeitszinsen darauf ankommt, ob der Erstbeitrag unverzüglich auf dem Konto des VR eingegangen ist.

3. Konsequenzen für die Einlösung der Deckung (und das Rücktrittsrecht)

81 Allerdings spielt dies nach dem hiesigen Verständnis gerade nur für den Verzugsschaden eine Rolle und gerade nicht für das dann anwendbare gesetzliche Rücktrittsrecht des § 37 Abs. 1 VVG

63 Vgl. bereits oben Rn. 15; für die Details siehe *Gal* VersR **2021**, 414, 414 ff.

und das gesetzliche Einlösungsprinzip des § 37 Abs. 2 VVG.[64] Hierbei ist zunächst noch einmal anzumerken, dass die **Zahlungsverzugsrichtlinie** ein solches Abstellen auf den Zahlungseingang auch im Hinblick auf diese Rechte **nicht erzwingt**, da sie ein **Abstellen auf den Erhalt der Prämie** gerade nur in Bezug auf den Verzugsschaden imperativ erfordert. Für die Frage der Entstehung der Gegenleistungspflicht (hier also des Einsetzens des materiellen Versicherungsbeginns) gibt es hingegen keine Vorgaben.

Daneben bleibt zu berücksichtigen, dass § 37 Abs. 2 VVG trotz seiner leichten Abweichungen zu § 37 Abs. 1 VVG (siehe bereits oben Rn. 57) eben doch den **Begriff des Zahlens** wählt, was selbst in der verwandten Passivkonstruktion eine stärkere **Betonung der Tätigkeit** als des Leistungserfolges nahelegt. Dies wird hier noch dadurch verstärkt, dass § 37 Abs. 1 VVG hinsichtlich des Erlöschens des Rücktrittsrechts gerade auf das Bewirken der Zahlung, also den Leistungserfolg, abstellt. Wäre es auch in § 37 Abs. 2 VVG um diesen Leistungserfolg gegangen, hätte die Formulierung eben lauten sollen: „Ist die Zahlung der ersten oder einmaligen Prämie zum Zeitpunkt des Versicherungsfalls noch nicht bewirkt […]“. **82**

Ganz entscheidend scheint jedoch, dass es in **§ 37 Abs. 2 VVG** zumindest historisch gar **nicht** um die **Rechtsfolgen des Verzuges** einer **Hauptleistungspflicht** ging. Dies belegt schon der hierfür verwandte Begriff der Einlösungsklausel. So sah insbesondere die Vorgängernorm, § 38 Abs. 2 VVG a.F., noch vor, dass der VR unabhängig von der Fälligkeit der Prämie[65] und unabhängig von einem Verschulden hinsichtlich der Nichtzahlung der Erstprämie, von der Leistungspflicht frei ist. Diese Leistungsfreiheit ist im Normalzustand gerade keine Sanktion für eine verspätete Zahlung, sondern die Zahlung ist lediglich eine aufschiebende Bedingung für das Einsetzen des materiellen Versicherungsbeginns.[66] Der Versicherungsschutz muss eben eingelöst werden. Eine solche aufschiebende Bedingung – die den VN zumindest insoweit schützen möchte, dass sie bereits eintritt, wenn dieser die Leistungshandlung vorgenommen hat –, nunmehr durch unionsrechtliche Vorgaben zum Verzugsschaden zu überzeichnen, scheint gänzlich verfehlt. **83**

Man muss sich dann aber fragen, ob ein solches Verständnis auch unter § 37 Abs. 2 VVG noch gangbar ist, da hier nunmehr gerade das Verschulden des VN von Belang ist. So beginnt eben der Versicherungsschutz heute auch dann zum vereinbarten oder gesetzlich vorgesehenen Zeitpunkt (§ 10 Halbs. 1 VVG) zu laufen, wenn der VN die Erstprämie nicht rechtzeitig gezahlt hat bzw. sie dem VR nicht rechtzeitig zugegangen ist, nämlich wenn dem VN der Beweis gelingt, dass die Verspätung nicht von ihm zu vertreten ist. Dies bedeutet eine ganz erhebliche Angleichung an die Verzugsvoraussetzungen des allgemeinen Zivilrechts, sodass eine Auslegung als (gesetzliche) aufschiebende Bedingung nur noch schwer vertreten werden kann. Andererseits wird in § 37 Abs. 2 VVG anders als in § 37 Abs. 1 VVG gerade nicht auf die „Rechtzeitigkeit“ der Zahlung abgestellt,[67] sodass es hier wohl eben doch nicht um eine Verzugsfolge gehen soll. Ferner wird dann über § 37 Abs. 2 S. 2 VVG wieder eine Rückausnahme für die Leistungsfreiheit vorgesehen, wenn der VR den dort vorgesehenen Hinweis- und Belehrungspflichten nicht nachgekommen ist. Dies gibt dem ganzen § 37 Abs. 2 VVG das **Gepräge einer** (atypischen) **gesetzlichen Obliegenheit**. **84**

Dies wirft dann allerdings die Frage auf, ob eine bestimmte „Handlungspflicht“ gleichzeitig eine Leistungspflicht *und* eine Obliegenheit sein kann. Dies wird man zumindest dann ablehnen müssen, wenn die Handlungsaufforderungen vollständig identisch sind. Dies ist jedoch hinsichtlich der Erstprämienzahlungspflicht und der „Einlösungsobliegenheit“ des § 37 Abs. 2 VVG gerade nicht der Fall. Während die **Leistungspflicht** eben **erst mit Fälligkeit** einsetzt, ist es **für § 37 Abs. 2 VVG belanglos, ob** die **Erstprämie bereits fällig** geworden ist,[68] da über dessen Mechanismus gerade auch ermöglicht werden soll, dass der VN den Versicherungsschutz bereits vor der **85**

64 Siehe vertieft *Gal* VersR **2021**, 414, 420 ff.

65 A.A. wohl nur BK/*Riedler* § 38 Rn. 55 ff., der hier zwingend ein „rechtzeitig“ hineinlesen wollte, während dies durch andere Meinungen allenfalls insinuiert wurde.

66 Vgl. etwa Bruck/Möller/*Möller*, 8. Aufl. 1961 ff., § 38 Anm. 17.

67 Letzteres erkennt insbes. Bruck/Möller/*Beckmann* § 37 Rn. 37.

68 Siehe zur teilweise anderen Meinung oben Rn. 68 (dort insbes. Fn. 55).

Fälligkeit der Erstprämie einlösen kann. So ist es gerade sehr gebräuchlich, dass der materielle Versicherungsbeginn auf einen Zeitpunkt vor dem Ablauf der Widerrufsfrist oder gar auf einen Zeitpunkt vor dem formellen Versicherungsbeginn festgesetzt wird; wobei dieser materielle Versicherungsbeginn jedoch von der Einlösung durch Zahlung der Erstprämie abhängig gemacht wird. Wenn der VN hier nicht sofort die Prämie bezahlt, verletzt er nicht seine Hauptleistungspflicht (zumindest, wenn nicht auch die Fälligkeit vorverlegt wurde) und befindet sich auch nicht im Schuldnerverzug. Er verliert lediglich seinen Anspruch auf „sofortige Deckung", wenn er sich nicht exkulpieren kann und der VR die Belehrung nach § 37 Abs. 2 S. 2 VVG ordnungsgemäß vorgenommen hat. Umgekehrt ist es möglich, dass ein VN mit seiner Erstprämie in Verzug geraten ist, der VR jedoch noch einen Zahlungsaufschub gewährt, was dann jedoch nicht zwingend bedeutet, dass er nunmehr deckend stundet, also den Versicherungsschutz unter § 37 Abs. 2 VVG für eingelöst betrachtet. Dies legt insgesamt nahe, dass die Regelungskomplexe des Verzuges mit der Hauptleistungspflicht der Erstprämienzahlung und der Nichteinlösung des Versicherungsschutzes streng voneinander zu trennen sind. Wenn dies jedoch der Fall ist, es in § 37 Abs. 2 VVG also trotz der offiziellen Überschrift nicht um eine Rechtsfolge des Erstprämien*verzuges* geht, so kann auch die richtlinienkonforme Auslegung am Maßstab der Zahlungsverzugsrichtlinie hier keine determinierende Wirkung beanspruchen. Zumindest hier muss dann der Begriff der Zahlung, wie seit jeher, so verstanden werden, dass es eben doch ausreichend ist, wenn die Zahlung rechtzeitig veranlasst wurde. Zumindest bei diesem Verständnis würde sich dann auch unter den Maklerbedingungen, für die in diesem Punkt Gesetzesrecht gilt, kein Unterschied zu B1-3.3 ergeben.

4. Abweichung auch vom Gesetzesrecht durch Gleichstellung von Erst- und Folgebeitrag

86 Eine ganz erhebliche und für den VN sehr vorteilhafte Abweichung sieht jedoch Ziff. 6.1.1 Hendricks vor, indem diese den **Einmal- oder Erstbeitrag** hinsichtlich der Rechtsfolgen einer **verspäteten Zahlung einer Folgeprämie** im Sinne des § 38 VVG **gleichstellt**. Dies bedeutet zunächst, dass dem VR überhaupt **kein Rücktrittsrecht** mehr zusteht, **sondern** allenfalls und dies auch **nur** unter zusätzlichen Bedingungen ein **Kündigungsrecht** nach § 38 Abs. 3 VVG. Ferner bedeutet dies, dass ein auf Grundlage dieser Bedingungen geschlossener Vertrag gerade auch das Einlösungsprinzip des § 37 Abs. 2 VVG abbedingt. Entsprechend setzt die Deckung hier unbedingt und unabhängig von der Zahlung des Erstbeitrags zu dem Zeitpunkt des vereinbarten materiellen Versicherungsbeginns ein. Liegt dieser Zeitpunkt vor dem Zeitpunkt der Fälligkeit des Erstbeitrags nach § 33 Abs. 1 VVG, so wird auch für diesen Zeitraum Deckung gewährt. Erst ab dem Zeitpunkt des Fälligkeitseintritts steht dem VR überhaupt eine Reaktionsmöglichkeit zu, nämlich dem VN in Textform eine qualifizierte **Zahlungsfrist von mindestens zwei Wochen** nach § 38 Abs. 1 VVG zu setzen. Erst mit Ablauf der rechtmäßig bestimmten Frist tritt nach § 38 Abs. 2 VVG **Leistungsfreiheit** für nach dieser Frist eintretende Versicherungsfälle ein. Entsprechend bewirkt diese Klausel, dass der VR im Extremfall gratis Deckung gewährt, ab dem Zeitpunkt des materiellen Versicherungsbeginns bis – vorausgesetzt, dass die Mahnung sofort mit Fälligkeitseintritt erfolgt – mindestens zwei Wochen nach Fälligkeitseintritt, d.h. durchaus häufig für mindestens einen Monat.

87 Da dies für den VN allein vorteilhaft ist, steht zumindest § 42 VVG dem nicht entgegen. Da es sich hierbei jedoch um eine **Maklerbedingung** handelt, die durch keinen VR verwandt wird, ist zumindest AGB-rechtlich wohl der VN als Verwender anzusehen. Ob diese Klausel der **AGB-Prüfung standhält**, wurde bisher, soweit ersichtlich, noch nicht überprüft. Da es jedoch allgemein zulässig ist, dass eine Vertragspartei eine nicht-zurückabzuwickelnde Vorleistungspflicht übernimmt und auf ein etwaiges Rücktrittsrecht verzichtet und im speziellen das Einlösungsprinzip gerade dispositiv ist, dürften gegen die Klauseln keine tiefergehenden Bedenken bestehen. Zudem kann der VR eine fällig gewordenen Erstbeitrag, auch im Falle einer dann *ex nunc* wirkenden Kündigung, zumindest *pro rata temporis* einklagen. Ob ein D&O-VR bereit ist, eine solche sehr

einschneidende Abweichung vom üblichen Regelungsgefüge zu akzeptieren, steht auf einem anderen Blatt.

Zu dem gleichen Ergebnis (Rn. 87), allerdings nur hinsichtlich der Einlösung des Versicherungsschutzes (nicht der Abbedingung des Rücktrittsrechts), wird man unter Ziff. 6.1 FINLEX kommen müssen. Wenn diese ohne qualifizierenden Zusatz anführt, dass „[d]er Versicherungsschutz [...] mit dem im Versicherungsschein festgesetzten Zeitpunkt“ beginnt, so ist dies wohl auch als eine **Abbedingung des Einlösungsprinzips** des § 37 Abs. 2 VVG zu lesen. 88

5. Abweichung hinsichtlich des Inkassanten

Soweit unter den Maklerbedingungen dem **Makler** oder dem **führenden VR Inkassovollmacht** 89
erteilt wird (siehe Rn. 77), kommt es hinsichtlich der Rechtzeitigkeit immer nur darauf an, dass die Leistungshandlung in Bezug auf diesen Inkassanten rechtzeitig vorgenommen wurde (oder, wenn dies ausnahmsweise erheblich ist, dass bei diesem der Leistungserfolg rechtzeitig eingetreten ist). Alle Verzögerungen oder gar das Unterbleiben bei der Weiterleitung vom Inkassanten zum VR sind für das Rechtsverhältnis des VN zum (jeweiligen Mit-)VR unerheblich.

B1-4 Folgebeitrag

B1-4.1 Fälligkeit

(1) Ein Folgebeitrag wird entsprechend der vereinbarten Zahlungsweise jeweils zu Monats-, Vierteljahres-, Halbjahres- oder Jahresbeginn oder zu einem anderen vereinbarten Zeitpunkt fällig.
(2) Die Zahlung gilt als rechtzeitig, wenn sie zur Fälligkeit veranlasst wird.

B1-4.2 Verzug und Schadensersatz

(1) Wird ein Folgebeitrag nicht rechtzeitig gezahlt, gerät der Versicherungsnehmer ohne Mahnung in Verzug. Dies gilt nur, wenn er die verspätete Zahlung zu vertreten hat.
(2) Ist der Versicherungsnehmer mit der Zahlung eines Folgebeitrags in Verzug, ist der Versicherer berechtigt, Ersatz des ihm durch den Verzug entstandenen Schadens zu verlangen.

B1-4.3 Mahnung

(1) [1]Wird ein Folgebeitrag nicht rechtzeitig gezahlt, kann der Versicherer den Versicherungsnehmer auf dessen Kosten in Textform (z.B. E-Mail, Telefax oder Brief) zur Zahlung auffordern und eine Zahlungsfrist bestimmen (Mahnung). [2]Die Zahlungsfrist muss mindestens zwei Wochen ab Zugang der Zahlungsaufforderung betragen.
(2) Die Mahnung ist nur wirksam, wenn der Versicherer je Vertrag die rückständigen Beträge des Beitrags sowie der Zinsen und Kosten im Einzelnen beziffert und auf die Rechtsfolgen (Leistungsfreiheit und Kündigungsrecht) hinweist.

B1-4.4 Leistungsfreiheit nach Mahnung

Tritt nach Ablauf der in der Mahnung gesetzten Zahlungsfrist ein Versicherungsfall ein und ist der Versicherungsnehmer bei Eintritt des Versicherungsfalles mit der Zahlung des Beitrags oder der Zinsen oder Kosten in Verzug, so ist der Versicherer von der Verpflichtung zur Leistung frei.

B1-4.5 Kündigung nach Mahnung

(1) Ist der Versicherungsnehmer mit der Zahlung der geschuldeten Beträge in Verzug, kann der Versicherer nach Ablauf der in der Mahnung gesetzten Zahlungsfrist den Vertrag ohne Einhaltung einer Kündigungsfrist mit sofortiger Wirkung kündigen.
(2) [1]Die Kündigung kann mit der Bestimmung der Zahlungsfrist verbunden werden. [2]Mit Fristablauf wird die Kündigung wirksam, wenn der Versicherungsnehmer zu diesem Zeitpunkt mit der Zahlung in Verzug ist. [3]Hierauf ist der Versicherungsnehmer bei der Kündigung ausdrücklich hinzuweisen.

https://doi.org/10.1515/9783110675511-015

B1-4.6 Zahlung des Beitrags nach Kündigung

(1) [1]Die Kündigung wird unwirksam, wenn die Zahlung innerhalb eines Monats nach der Kündigung veranlasst wird. [2]Wenn die Kündigung mit der Zahlungsfrist verbunden worden ist, wird sie unwirksam, wenn die Zahlung innerhalb eines Monats nach Fristablauf veranlasst wird.
(2) Die Leistungsfreiheit des Versicherers nach B1-4.4 bleibt bis zur Zahlung bestehen.

Schrifttum

Siehe allgemeines Schrifttum.

Übersicht

A. **Allgemeines**

I. Entstehungsgeschichte — 1

II. Regelungsgegenstand — 2

B. **Inhalt der Klausel**

I. Vorbemerkung zum Folgebeitrag — 6

II. B1-4.1: Fälligkeit und rechtzeitige Zahlung des Folgebeitrags
1. Fälligkeit des Folgebeitrags (Abs. 1) — 8
2. Rechtzeitige Zahlung des Folgebeitrags (Abs. 2) — 11

III. B1-4.2: Folgebeitragsverzug und Schadensersatz — 13

IV. B1-4.3–B1-4.6: Verzugsfolgen nach qualifizierter Mahnung — 15
1. Anforderungen an die Mahnung (B1-4.3) — 16
2. Leistungsfreiheit (B1-4.4) — 21
3. Kündigung (B1-4.5 und B1-4.6) — 24

C. **Abweichende Marktbedingungen**

I. Abweichender Wortlaut — 30

II. Unterschiede zu Musterbedingungen — 32

A. Allgemeines

I. Entstehungsgeschichte

1 B1-4 zur **Fälligkeit und rechtzeitigen Zahlung des Folgebeitrags sowie** zu den **Rechtsfolgen eines Verzuges** hat – anders als B1-3 hinsichtlich der Fälligkeit des Erstbeitrages (siehe B1-3 Rn. 1) – in den AVB-AVG 1997, 2008, 2011, 2013 und 2017 keine (noch nicht einmal inhaltlich abweichende) Vorgängernormen. Die früheren Fassungen überließen diese Fragen entsprechend vollumfänglich dem Gesetzesrecht. Als Inspiration für den neuen B1-4 dürften die Musterbedingungen zur Einzelgefahrendeckung in der Sachversicherung (Teil B § 5 AFB 2010, AERB 2010, AWB 2010 und AStB 2010) gedient haben. Bedingt ist dies dadurch, dass der Allgemeine Teil (d.h. Teil B) erarbeitet wurde als gemeinsamer Allgemeiner Teil für die Allgemeine Haftpflichtversicherung, die D&O-Versicherung, die Sachversicherung und die Technische Versicherung (siehe vor B1 Rn. 2 f.).

II. Regelungsgegenstand

2 Durch B1-4.1 Abs. 1 wird die **Fälligkeit der Folgebeiträge** bestimmt, wobei die Regelung unabhängig davon greift, welche Zahlungsmodalitäten genau vereinbart wurden. Diese Regelung erscheint

deshalb sinnvoll, als das VVG die Fälligkeit der Folgeprämie nicht regelt.[1] Allerdings kommt im Schweigensfall dann § 271 BGB zur Anwendung, der die Fälligkeit bei gehöriger Lesart in gleicher Weise wie B1-4.1 Abs. 1 bestimmt.

3 B1-4.1 Abs. 2 regelt die **Rechtzeitigkeit der Zahlung** des Folgebeitrags, bestimmt also – in potentieller Abweichung zu § 36 Abs. 1 VVG, wenn unter diesem eine richtlinienkonforme Auslegung am Maßstab der Zahlungsverzugsrichtlinie erfolgt – auch die Schuldart dahingehend, dass es sich um eine (qualifizierte) **Schickschuld** handelt, der VN also wie beim Erstbeitrag nur für die **rechtzeitige Vornahme der Leistungshandlung** einsteht (vgl. bereits B1-3 Rn. 28 ff.).

4 Der **Eintritt des Schuldnerverzuges** hinsichtlich der Zahlung des Folgebeitrags, dessen **Voraussetzungen** und **schadensersatzrechtlichen Folgen** werden in Übereinstimmung mit den §§ 280, 286, 288 BGB in B1-4.2 festgehalten.

5 Die **weiteren versicherungsvertragsspezifischen Verzugsfolgen**, die allerdings eine **qualifizierte Mahnung** des VR voraussetzen, ergeben sich gesetzlich unmittelbar aus dem halbzwingenden § 38 VVG, der durch B1-4.3–B1-4.6 inhaltlich übereinstimmend übernommen wird.

B. Inhalt der Klausel

I. Vorbemerkung zum Folgebeitrag

6 Die Bestimmung des B1-4 kommt allein auf die (verspätete) Zahlung von **Folgebeiträgen** zur Anwendung, sodass es eben erforderlich ist, diese von der Zahlung anderer Beitragstypen **abzugrenzen**. Ganz einfach gesagt ist **jeder Beitrag** ein Folgebeitrag, **der nicht Erst- oder Einmalbeitrag** ist.[2] Entsprechend gilt nach dem Vorgesagten (B1-3 Rn. 8 f. i.V.m. B1-2 Rn. 11) auch bei Vereinbarung eines Jahreserstbeitrags, der dann aber in bestimmten Raten zu bezahlen ist, im Zweifelsfall bereits die zweite Rate als Folgebeitrag.

7 Abgrenzungsprobleme ergeben sich zwischen B1-3 und B1-4 insbesondere, wenn es um eine **Vertragsverlängerung** unter **erheblicher inhaltlicher Änderung** geht. Hierbei ist zunächst gänzlich unstreitig, dass Beiträge, die auf Grund einer Verlängerungsklausel i.S.d. § 11 Abs. 1 VVG (hier also B2-1.2) fällig werden, als Folgebeitrag zu gelten haben. Die Frage ist letztlich, ob dies auch bei jeder Vertragsänderung gilt. Hierbei wird richtig unterschieden zwischen einer **schlichten Vertragsanpassung**, bei der künftige Beiträge Folgebeiträge sind, und einer umfassenden **Vertragsneugestaltung**, bei der der alte Vertrag durch einen neuen ersetzt wird, sodass der zu Beginn der mit der Änderung einsetzenden Versicherungsperiode geschuldete Beitrag nunmehr kein Folge-, sondern ein **neuer Erstbeitrag** wäre. Für den VN würde dies dann sehr einschneidend bewirken, dass für diesen Beitrag wiederum die Einlösungsklausel des B1-3 (also § 37 VVG), statt des VN-freundlicheren Regimes des B1-4 (also § 38 VVG) greifen würde. Die Auslegung, ob nach dem Willen der Parteien ein Neuabschluss oder lediglich eine Vertragsänderung gewünscht ist – was auch für die vorvertragliche Anzeigeobliegenheit nach B3-1 von Belang ist –, kann hierbei durchaus schwierig sein.[3] Bei der vorzunehmenden Gesamtbetrachtung sollte man sich jedoch gerade auch von den für den VN durch die erneute Anwendung des § 19 VVG und des § 37 VVG entstehenden Nachteile leiten lassen,[4] sodass im Zweifelsfall, gerade wenn der VR nicht mit entsprechenden Hinweisen erneut Risikofragen stellt, eben eine Vertragsanpassung anzunehmen ist, bei der der nunmehr fällige Beitrag dann Folgebeitrag ist.

---

1 BGH VersR **2013** 341.

2 BGHZ 21, 122, 133.

3 Vgl. hierzu einführend Langheid/Rixecker/*Rixecker* § 37 Rn. 4 f.; Prölss/Martin/*Reiff* § 37 Rn. 3 f.

4 So insbes. *Wandt*, Versicherungsvertragsrecht, Rn. 553.

II. B1-4.1: Fälligkeit und rechtzeitige Zahlung des Folgebeitrags

1. Fälligkeit des Folgebeitrags (Abs. 1)

B1-4.1 Abs. 1 bestimmt, dass der **Folgebeitrag** – je nachdem welche Zahlungsmodalitäten vereinbart wurden (siehe B1-2 Rn. 8) – **jeweils zu Beginn** des Monats, des Viertel- bzw. Halbjahres oder des Jahres **fällig** wird. Dass eben eine „begrenzte"[5] Vorleistungspflicht des VN besteht, ergibt sich grundsätzlich bereits aus B1-2.1, sodass B1-4.1 Abs. 1 nur noch einmal deutlicher herausstellt, dass bzgl. der Vorleistungspflicht des Folgebeitrags die Fälligkeit nicht etwa auf den letzten Tag (der Untereinheit) der vorherigen Versicherungsperiode, sondern auf den ersten Tag (der Untereinheit) der neuen Versicherungsperiode fällt. 8

In der **D&O-Versicherung**, in der **Ratenzahlungen** eher **ungebräuchlich** sind, sondern die Jahresprämie *en bloc* bezahlt wird und vor dem Beginn der nächsten Versicherungsperiode oftmals recht intensive *renewal*-Verhandlungen geführt werden, wird dies für den VN ohnehin meistens **keine besonderen Probleme generieren**, da dieser sehr genau darüber informiert ist, wann die neue Versicherungsperiode beginnt und welchen Folgebeitrag er schuldet. 9

Interessant ist hierbei, dass die AVB D&O **bei** Vereinbarung einer **Ratenzahlung keine Verfallklausel** wie etwa Ziff. 12 S. 1 AHB vorsehen. Nach letzterer wird bestimmt, dass im Fall eines Verzuges[6] hinsichtlich der Zahlung einer Rate alle noch ausstehenden Raten unmittelbar fällig gestellt werden. Teilweise wird bezweifelt, dass diese Verfallsklausel zulässig ist, da sie eine unzulässige Abweichung von den durch § 42 VVG für halbzwingend erklärten §§ 37 f. VVG bewirken würde.[7] Zwingend erscheint dies nicht,[8] da das VVG gerade leitbildhaft von einer nicht in Raten aufgeteilten Jahresprämie oder bei einer in Intervalle unterteilten Prämie gerade auch unter § 12 VVG von einer verkürzten Versicherungsperiode (also einer echten unterjährigen Beitragszahlung) ausgeht. Wird hier also nunmehr eine unechte unterjährige Beitragszahlung vorgesehen, wodurch dem VN gerade auch entgegengekommen wird, dass dieser nicht den gesamten Jahresbeitrag *en bloc* zu bezahlen hat (und Zinsvorteile nutzen kann), so erscheint es letztlich auch nicht unzulässig, diese Besserstellung von einer quasi-Bedingung abhängig zu machen, nämlich, dass der VN mit keiner Rate in Verzug gerät. Hierdurch wird der VN nicht stärker belastet, als hätte er von Anfang an einen Vertrag mit einer im Voraus zu entrichtenden Jahresprämie abgeschlossen. Da zumindest ein Rücktrittsrecht nach § 37 VVG (bzw. B1-3) nicht durch den Verzug mit einem Folgebeitrag in Form einer Rate, die nicht die erste ist, ausgelöst wird, sind die einzigen Nachteile einer solchen Verfallklausel für den VN darin zu sehen, dass zum einen ein bisher bestandener Zinsziehungsvorteil für die restlichen Raten verloren geht und zudem gegenüber dem VR ein Verzugszins anfällt und zum anderen, dass im Falle einer Kündigung des Vertrages durch den VR nach § 38 Abs. 3 VVG (bzw. B1-4.5) der VN nunmehr zur Abwendung der Kündigung bzw. zum Wiederauflebenlassen des Vertrages alle durch die qualifizierte Mahnung fällig gestellten Raten vollständig bezahlen muss. Im Hinblick auf die verbleibenden Zweifel an der Zulässigkeit dieser Verfallklausel erscheint es jedoch nachvollziehbar, dass von der Aufnahme einer solchen in den 10

5 Begrenzt ist diese Vorleistungspflicht deshalb, weil der VN grundsätzlich seine Hauptleistungspflicht vollständig erbringen muss, der VR seine „Leistungspflicht" der Risikoübernahme jedoch kontinuierlich laufend, also nachfolgend für die Versicherungsperiode übernimmt, weil es sich beim Versicherungsvertrag eben allenfalls um einen sehr atypischen Austauschvertrag handelt. Gerade beim Folgebeitrag, wo eben keine Einlösungsklausel wie nach B1-3.3 greift, kann man jedoch im eigentlichen Sinne nicht von einer Vorleistungspflicht sprechen, da die materielle Deckung gerade auch bei Nicht-Zahlung des Folgebeitrages bis zum Eintritt der Bedingungen des B1-4.4 bestehen bleibt, sodass genau genommen der VR vorleistungspflichtig ist.

6 Prölss/Martin/*Lücke* Ziff. 12 AHB Rn. 1 nimmt als Auslegungsergebnis an, dass hier Verzug mit der gesamten Rate erforderlich ist, damit Ziff. 12 AHB greift.

7 So insbes. Prölss/Martin/*Lücke* Ziff. 12 AHB Rn. 2; in der Tendenz auch Späte/Schimikowski/*Harsdorf-Gebhardt* Ziff. 12 AHB Rn. 4.

8 Gegen diese Auffassung insbes. auch Bruck/Möller/*R. Koch* Ziff. 12 Rn. 2 f.

AVB D&O abgesehen wurde, zumal hier ohnehin meistens nicht in Raten aufgeteilte Jahresbeiträge zur Anwendung gelangen (Rn. 9).

2. Rechtzeitige Zahlung des Folgebeitrags (Abs. 2)

11 B1-4.1 Abs. 2 stellt für den Folgebeitrag unmissverständlich klar, was unter B1-3.1 auch für den Erst- und Einmalbeitrag gilt (siehe B1-3 Rn. 28 ff.), nämlich dass es sich bei dieser Pflicht der Beitragszahlung um eine **Schickschuld** handelt. Hinsichtlich der Beurteilung der Rechtzeitigkeit kommt es also sowohl hinsichtlich des Verzugsschadensersatzes, aber auch der besonderen Verzugsfolgen allein auf die rechtzeitige Vornahme der Leistungshandlung an, also eine **korrekte Anweisung zum Fälligkeitsdatum**. Hierdurch weicht B1-4.1 Abs. 2 vorteilhaft für den VN von §§ 36 Abs. 1, 38 VVG ab, unter denen bei einem VN ohne Verbrauchereigenschaft (wie nahezu immer in der D&O-Versicherung) richtlinienkonform von einer Bringschuld ausgegangen wird[9] (vgl. B1-3 Rn. 29, 80 ff.).

12 Wenn zwischen den Parteien hingegen ein **Lastschriftverfahren** vereinbart wurde, und mithin eine Holschuld greift (siehe B1-5 Rn. 6), kommt B1-4.1 Abs. 2 nur noch abgewandelt unter den Bedingungen des B1-5 zur Anwendung, sodass dann auf die Rechtzeitigkeit der ausreichenden Bedeckung des angegebenen Kontos abzustellen ist.

III. B1-4.2: Folgebeitragsverzug und Schadensersatz

13 Durch B1-4.2 Abs. 1 wird der Verzugseintritt hinsichtlich des Folgebeitrags geregelt. Interessant ist hierbei, dass B1-4.2 Abs. 1 ohne jede qualifizierende Einschränkung in **Abweichung zu § 286 Abs. 1 BGB** feststellt, dass der Verzug auch **ohne Mahnung** eintritt. Dies erscheint jedoch gänzlich richtig, da der Folgebeitrag unabhängig vom vereinbarten Zahlungsregime immer kalendermäßig bestimmt sein wird und insofern auch unter § 286 Abs. 2 Nr. 1 BGB eine Mahnung zum Verzugseintritt nicht erforderlich wäre. Indem dieses Ergebnis nunmehr in Übereinstimmung zu § 286 Abs. 4 BGB durch B1-4.2 Abs. 1 S. 2 unter die Bedingung einer nicht vom VN erbrachten Exkulpation gestellt wird, stimmt dies vollkommen mit dem gesetzlichen Zustand überein. Förderlich erscheint dieser Absatz insofern nur dahingehend, dass dem VN klarer vor Augen geführt wird, dass die Rechtsfolge des Verzugsschadens, wie sie in B1-4.2 Abs. 2 ausgeführt wird (insbesondere also der Verzugszins), gerade nicht wie die besonderen Verzugsfolgen der B1-4.3–B1-4.6 von einer Mahnung, und zumal von keiner qualifizierten Mahnung, abhängig ist.

14 Soweit B1-4.2 Abs. 2 klarstellt, dass der VR ab Verzugseintritt (i.S.d. B1-4.2 Abs. 1) auch einen **Verzugsschadensersatzanspruch** hat, ist dies zum einen gänzlich unbedenklich, da dem gesetzlichen Zustand entsprechend, schließt aber natürlich zum anderen gerade auch einen Verzugszins als pauschalierten Verzugsschaden mit ein und darf schließlich auch nicht so verstanden werden, dass hierdurch ein Fälligkeitszins nach § 353 HGB ausgeschlossen würde, obgleich dieser, wie in der D&O-Versicherung gebräuchlich, eigentlich greift.

IV. B1-4.3–B1-4.6: Verzugsfolgen nach qualifizierter Mahnung

15 § 38 VVG regelt abweichend zum allgemeinen Privatrecht **weitere Verzugsfolgen** im Hinblick auf die Folgeprämie versicherungsspezifisch. Diese Regelungen werden durch B1-4.3–B1-4.6 inhaltlich unverändert übernommen, allerdings im Wortlaut und der Strukturierung abgeändert. Sowohl die Rechtsfolge der Leistungsfreiheit (Rn. 21 ff.) als auch die Entstehung eines Kündigungsrechts

9 Siehe etwa Prölss/Martin/*Reiff* § 38 Rn. 6 i.V.m. § 36 Rn. 5.

(Rn. 24 ff.) sind hierbei abhängig von der Zustellung einer qualifizierten Mahnung des VR (Rn. 16 f.).

1. Anforderungen an die Mahnung (B1-4.3)

In Übereinstimmung mit § 38 Abs. 1 VVG stellt B1-4.3 klar, dass die Rechtsfolgen der B1-4.4 (Leistungsfreiheit) und B1-4.5 (Entstehung eines Kündigungsrechts) **neben** dem **Verzug** der Folgebeitragszahlung nach B1-4.2 eine **qualifizierte Mahnung** erfordern und regelt wiederum inhaltlich übereinstimmend die inhaltlichen Anforderungen an eine solche qualifizierte Mahnung. 16

Diese qualifizierte Mahnung kann in Übereinstimmung mit § 38 Abs. 1 S. 1 VVG nach B1-4.2 Abs. 1 S. 1 auch in **Textform** erfolgen, und die **Kosten** können, gerade wenn die Mahnung durch Einschreiben erfolgt, auch dem **VN in Rechnung gestellt werden**. Hier bewirkt jedoch B1-4 dahingehend eine Besserstellung, als gerade entgegen dem gesetzlichen Zustand eine Schickschuld vereinbart wird (Rn. 11), sodass der VR, wenn er kurz nach dem Fälligkeitsdatum wegen Nichteingang des Folgebeitrages eine solche kostenverursachende qualifizierte Mahnung sendet, obwohl der VN rechtzeitig die Zahlung veranlasst hat, eben auch die Kosten nicht in Rechnung stellen kann. 17

Durch die Mahnung muss, ansonsten erzeugt sie letztlich keine Wirkung, auch eine **angemessene Zahlungsfrist** gesetzt werden, was B1-4.3 Abs. 1 S. 1 a.E. und S. 2 in inhaltlicher Übereinstimmung mit § 38 Abs. 1 S. 1 a. E VVG festlegen. Hierbei ist allein erforderlich, dass diese Zahlungsfrist **mindestens zwei Wochen** beträgt. Weitere Anforderungen werden an die weder in B1-4.3 Abs. 1 noch in § 38 Abs. 1 S. 1 VVG ausdrücklich genannte Angemessenheit nicht gestellt, sodass unabhängig von den etwaig bestehenden Schwierigkeiten (im Hinblick etwa auf Überweisungen aus Drittstaaten oder der Folgebeitragsberechnung etwa wegen einem angepassten Folgebeitrag) eine zweiwöchige Frist ab Zugang der qualifizierten Mahnung immer ausreichend ist. Für weitere Probleme hinsichtlich der Fristbestimmung sei auf die allgemeine Kommentarliteratur verwiesen.[10] 18

Zur Wirksamkeit der qualifizierenden Mahnung, also zur Hervorrufung der Rechtsfolgen der B1-4.4 und B1-4.5, ist es ferner nach B1-4.3 Abs. 2 Alt. 1 (in Übereinstimmung zu § 38 Abs. 1 S. 2 Alt. 1 VVG) zwingend erforderlich, dass der **geschuldete Betrag des Folgebeitrags** je Versicherungsvertrag aufgeschlüsselt **beziffert** wird. Da D&O-Verträge typischerweise nicht gebündelt abgesetzt werden, ist die Anforderung der **getrennten Bezifferung** der fälligen Beiträge **je Versicherungsvertrag** hier anders als gerade in der Sachversicherung eher **unbedeutsam**. Anders wäre dies insofern allenfalls dann, wenn der VN beim D&O-VR auch andere, getrennte Versicherungen unterhält, und deren Folgebeiträge nicht rechtzeitig gezahlt wurden, und der VR sich atypisch dazu entscheidet, diese durch ein einziges qualifiziertes Schreiben einzumahnen. Von diesen Ausnahmefällen abgesehen muss der VR letztlich nur den Betrag des fälligen Folgebeitrages korrekt beziffern, das heißt den Beitrag in seiner Gesamtheit **inklusive der sonstigen Kosten** (siehe B1-2 Rn. 15) **zuzüglich der Zinsen**. Soweit dies nicht erfolgt, wobei der VR natürlich auf die Zinsen, aber auch auf weitere Beitragsbestandteile verzichten kann, kommt der Mahnung zumindest für die Rechtsfolgen der B1-4.4–B1-4.5 keine Wirkung zu. Obgleich die Mahnung nach B1-4.3 (bzw. genauer nach dem umgesetzten § 38 Abs. 1 VVG) eigentlich keine Willenserklärung, sondern nur eine geschäftsähnliche Handlung ist,[11] heißt dies nicht, dass diese keine Willenserklärungen im eigentlichen Sinne, wie etwa einen Verzicht, enthalten kann. Es ist insofern genau auszulegen, ob die qualifizierte Mahnung, einen Folgebeitrag nur fehlerhaft einfordert und insofern keine Wirkung erzeugt, oder aber auf bestimmte Beitragsbestandteile (wie insbesondere die Zinsen verzichtet) und insofern hinsichtlich des angemahnten Beitrags letztlich wirksam ist. 19

Unabhängig von den vorhergehenden Erwägungen, dass ein in der qualifizierten Mahnung etwaig enthaltener Verzicht eben unbedingt greifen würde, kommt der Mahnung für die Rechtsfolgen der B1-4.4 und B1-4.5 eine Rechtswirkung nur dann zu, wenn diese gemäß B1-4.3 Abs. 2 Alt. 2 20

10 Siehe etwa Prölss/Martin/*Reiff* § 38 Rn. 8 ff.
11 MüKoVVG/*Staudinger* § 38 Rn. 8; Prölss/Martin/*Reiff* § 38 Rn. 14.

(in Übereinstimmung mit § 38 Abs. 1 S. 2 Halbs. 1 Alt. 2 VVG) eine diesbezüglich korrekte **Rechtsfolgenbelehrung** enthält. Obgleich die gesetzeskonforme Erteilung einer solche Belehrung durchaus einige Stolpersteine birgt,[12] dürfte dies in der D&O-Versicherung, wo es üblicherweise um die Kommunikation zwischen Kaufleuten geht, zumindest weniger Probleme bereiten. Fraglich ist allenfalls, ob es unter B1-4.3 Abs. 2 Alt. 2 einer konkretisierenden Belehrung darüber bedarf, was unter Verzug zu verstehen ist, da unter B1-4.1 Abs. 2 mit der Schickschuld eine andere Leistungspflicht greift als unter §§ 36 Abs. 1, 38 VVG mit der Bringschuld, wenn es sich um VN ohne Verbrauchereigenschaft handelt (siehe Rn. 11). Hierbei ist jedoch zu beachten, dass es gerade auch unter §§ 36 Abs. 1, 38 VVG zu Divergenzen kommen kann, je nachdem ob in Ansehung der Person des VN eine richtlinienkonforme Auslegung zur Anwendung gelangt oder nicht (siehe B1-3 Rn. 31). Gleichwohl wird unter § 38 Abs. 1 S. 2 Halbs. 1 VVG eine Erläuterung des Begriffs des Verzuges nicht verlangt,[13] was mithin auch unter B1-4.3 Abs. 2 Alt. 2 zu gelten hat.

2. Leistungsfreiheit (B1-4.4)

21 Wenn die in der rechtswirksamen qualifizierten Mahnung **gesetzte Frist**, die mindestens und typischerweise immer zwei Wochen beträgt, **abgelaufen** ist und der VN gleichwohl mit der Zahlung des eingemahnten Folgebeitrages im Verzug ist, so ist der VR **ab diesem Zeitpunkt** nach B1-4.4 in Übereinstimmung mit § 38 Abs. 2 VVG **leistungsfrei**.

22 Auch in diesem Fall bewirkt B1-4 jedoch eine **Besserstellung für den VN** gegenüber dem gesetzlichen Rechtszustand, da eben gerade eine Schickschuld hinsichtlich des **Folgebeitrags** greift (siehe Rn. 11). Entsprechend ist es ausreichend, dass der Folgebeitrag, die Kosten und Zinsen, soweit sie durch die qualifizierte Mahnung eingefordert wurden, nunmehr entsprechend der Mahnungsfrist rechtzeitig angewiesen wurden.

23 Mit dem Verstreichen der Frist setzt dann nach B1-4.4 Leistungsfreiheit des VR ein. Solange der Versicherungsvertrag noch nicht durch eine Kündigung beendet wurde (siehe dann Rn. 27), **setzt** die **Leistungspflicht** des VR jedoch unmittelbar mit dem Zeitpunkt **wieder ein**, zu dem der VN den Schuldnerverzug durch Leistungsvornahme beendet, er also den zu diesem **Zeitpunkt korrekten Folgebeitrag anweist**. Auf den Zeitpunkt des Zugangs kommt es – wiederum vorteilhaft im Vergleich zum gesetzlichen Zustand bei einem VN ohne Verbrauchereigenschaft – auch in dieser Konstellation nicht an.

3. Kündigung (B1-4.5 und B1-4.6)

24 Unter B1-4.5 entsteht in Übereinstimmung mit § 38 Abs. 3 S. 1 und 2 VVG unter der Voraussetzung des Zugangs einer rechtswirksamen qualifizierten Mahnung und dem **Ablauf** der dort gesetzten Frist für den VR ein **Recht zur fristlosen Kündigung**, solange der VN mit der Zahlung des eingemahnten Folgebeitrages noch im Verzug ist.

25 Der VR kann sein Kündigungsrecht entweder nach B1-4.5 Abs. 1 (wie § 38 Abs. 3 S. 1 VVG) durch eine **gesondert** nach Fristablauf zuzustellende **Kündigungserklärung** ausüben, sodass der Vertrag dann zum Zeitpunkt des Zugangs beendet ist, oder aber nach B1-4.5 Abs. 2 (wie § 38 Abs. 3 S. 2 VVG), indem er die **Kündigung** antizipierend bereits **in der qualifizierten Mahnung** erklärt und diese mit dem fruchtlosen Ablauf der dort gesetzten Zahlungsfrist verbindet (B1-4.5 Abs. 2 S. 1). Im zweiten Fall ist der Vertrag dann unmittelbar zu dem Zeitpunkt des Fristablaufs beendet, wenn der VN gemäß B1-4.5 Abs. 2 S. 2 die Zahlung zu diesem Zeitpunkt noch nicht veranlasst hat (was wiederum eine Besserstellung gegenüber § 38 Abs. 3 S. 2 Halbs. 1 VVG ist, wo bei einem VN

---

12 Siehe etwa Langheid/Rixecker/*Rixecker* § 38 Rn. 4 ff.; Prölss/Martin/*Reiff* § 38 Rn. 21 ff.

13 OLG Hamm VersR **1992** 1205; Prölss/Martin/*Reiff* § 38 Rn. 22.

ohne Verbrauchereigenschaft wegen der Annahme einer Bringschuld auf den Zugang abgestellt würde) und der VN entsprechend B1-4.5 Abs. 2 S. 3 über diese Rechtsfolge korrekt belehrt wurde.

Wie unter § 38 Abs. 3 S. 3 VVG wird dem VN durch B1-4.6 Abs. 1 ein **reaktives Gestaltungsrecht** zur **Wiederbelebung des Vertrages** gewährt. Solange der VN innerhalb eines Monats ab der Kündigungswirkung (also Zugang der gesonderten Kündigungserklärung oder Ablauf der Zahlungsfrist, siehe Rn. 25) die Zahlung des ausstehenden Folgebeitrags vornimmt, lebt der Versicherungsvertrag (unter Berücksichtigung der B1-4.4 und B1-4.6 Abs. 2 Rn. 28) wieder auf. 26

In Übereinstimmung mit § 38 Abs. 3 S. 3 Halbs. 2 VVG ordnet jedoch B1-4.6 Abs. 2 auch für einen solchen wiederauflebenden Versicherungsvertrag an, dass die von B1-4.4 vorgesehene **Leistungsfreiheit bis zur Zahlung** bestehen bleibt. 27

Dies bedeutet unter B1-4.4 und B1-4.6 Abs. 2, dass der wiederbelebte **D&O-Versicherungsvertrag** eine **perpetuierte Deckungslücke** behält, die den Zeitraum vom Ablauf der in der qualifizierten Mahnung gesetzten Frist bis zu dem Zeitpunkt der Anweisung des Folgebeitrags umfasst. Für Versicherungsfälle, die in diesen Zeitraum fallen, besteht mithin keine Deckungspflicht. Entsprechend der Definition des Versicherungsfalls nach A-2 wird man diese Deckungsbeschränkung jedoch nur **für** solche **Schadensersatzforderungen** greifen lassen, **die** eben gerade **in diesem Zeitraum erstmalige** gegenüber der versicherten Person **geltend gemacht** wurden. **Keine** unumkehrbare **Leistungsfreiheit** greift hingegen für solche Versicherungsfälle, die erst nach Ablauf dieses Zeitraums erhoben werden, **die** aber **auf** einer **Pflichtverletzung beruhen**, die **in diesen Zeitraum** fällt. Genau in solchen Konstellationen gewinnt das Gestaltungsrecht des B1-4.6 Abs. 1 für den VN einer D&O-Versicherung besondere Bedeutung. Würde er statt einer Wiederbelebung des alten Vertrages einen neuen Vertrag mit einer Rückwärtsdeckung abschließen, so müsste er bereits bekannte Pflichtverletzungen vorvertraglich offenlegen und es bestünde dann eine Deckungsausnahme. Durch eine Wiederbelebung des alten D&O-Versicherungsvertrages verletzt er hingegen keine Vertragspflicht und auch später aus dieser Pflichtverletzung erwachsende Versicherungsfälle würden unter die Deckung fallen. 28

Ein besonderes Problem der Kündigung des D&O-Versicherungsvertrages, das sich in anderen von den AT AH-D&O-Sach-TV (ohne Projektgeschäft) erfassten Sparten so nicht stellt, ist das der Wirkung auf die **Deckung innerhalb der Nachmeldefrist.** Nach A-5.3 Abs. 1 und Abs. 2 wird dem VN automatisch eine Nachdeckung über einige Jahre gewährt und auch die Option einer erweiterten Nachdeckung gegen eine verringerte Beitragszahlung eröffnet, für solche Versicherungsfälle die innerhalb dieser Nachmeldefrist durch Anspruchserhebung entstehen, aber auf einer Pflichtverletzung beruhen, die während der materiellen Versicherungsdauer i.e.S. (oder im Zeitraum der Rückwärtsdeckung) entstanden sind. Diese Nachdeckung ist für den VN ausgesprochen bedeutsam, da es ihm zumindest bei bekannten Pflichtverletzungen kaum möglich sein wird, auf dem Markt zu vertretbaren Konditionen Versicherungsschutz einzukaufen. Allerdings ordnet A-5.3 Abs. 4 unmissverständlich an, dass die Nachmeldefrist und auch die Option der verlängerten Nachmeldefrist nicht greifen, wenn der Vertrag wegen Zahlungsverzug beendet wurde. Allein schon aus diesem Grund erscheint es nahezu zwingend, dass der VN von seinem Gestaltungsrecht des B1-4.6 Abs. 1 Gebrauch macht, um nicht eine kaum wieder zu füllende Deckungslücke entstehen zu lassen (vgl. hierzu auch oben A-5.3 Rn. 71 f., 83). Durchaus problematisch ist hierbei A-5.3. Abs. 2 S. 2 Alt. 2, der anordnet, dass das Optionsrecht einer erweiterten Nachmeldefrist nach A-5.3. Abs. 2 S. 1 dann erlischt, wenn nicht der VN den dort vorzusehenden zusätzlichen Beitrag unverzüglich leistet. Dies bedeutet, dass für den Fall, dass der VN von seiner Option nach A-5.3. Abs. 2 S. 2 Alt. 1 fristgerecht Gebrauch macht, dann aber den nunmehr fälligen Mehrbeitrag nicht unverzüglich leistet, er die intendierte Deckungserweiterung unwiederbringlich verliert, und zwar unabhängig von mangelndem Verschulden, einer zu gewährenden Schonfrist oder einem Hinweis. Es spricht einiges dafür, dass diese Klausel, die letztlich eine atypische und stark verschärfte Einlösungsklausel (für die Zusatzdeckung) ist, auf Grund der Abweichung vom Leitbild der §§ 37 f. VVG nichtig ist (vgl. auch oben A-5.3 Rn. 64 f.).[14] 29

14 So insbes. Prölss/Martin/*Voit* A-5.3 AVB D&O Rn. 3; **a.A.** aber Seitz/Finkel/Klimke/*Finkel/Seitz* Ziff. 3 AVB-AVG Rn. 27.

C. Abweichende Marktbedingungen

I. Abweichender Wortlaut

30 **Sonderregelungen zur Fälligkeit und zum Verzug** und dessen Folgen sehen die erhobenen Maklerbedingungen nicht vor. Allenfalls gibt es eine (indirekte Bezugnahme auf die gesetzlichen Regelungen, wie etwa in § 9 Abs. 2 S. 3 VOV: „Anderweitige Rechte zu einer Vertragsbeendigung (z.B. Kündigung wegen Prämienzahlungsverzug […]) bleiben hiervon unberührt“ oder Ziff. 6.1.1 Hendricks: „Die einmalige oder die erste Prämie wird wie eine Folgeprämie im Sinne des § 38 VVG behandelt“.

31 Besonderheiten greifen jedoch im Hinblick auf die **Rechtsfolge eines wegen Zahlungsverzugs** gekündigten D&O-Versicherungsvertrages **auf** die **Nachmeldefrist**. Abweichend zu A-5.3 Abs. 4 (siehe Rn. 29) ordnet etwa Ziff. 6.3 Abs. 2 Hendricks an, dass die durch Ziff. 6.3 Abs. 1 Hendricks gewährte, zwölfjährige Nachmeldefrist auch dann greift „wenn der Versicherungsvertrag wegen Zahlungsverzug einer Folgeprämie nach § 38 Abs. 3 VVG gekündigt wird. Voraussetzung hierfür ist insoweit, dass der Versicherungsvertrag mindestens 12 Monate bestanden hat und die Erstprämie bezahlt wurde“. Ähnlich regelt dies auch § 8 Nr. 3.1 Abs. 4 VOV, der ausführt: „Endet der Versicherungsvertrag infolge Prämienzahlungsverzugs, bleibt die Nachmeldefrist unberührt. Lediglich die Versicherungsperiode, die vom Verzug betroffen ist, wird bei der Berechnung der Nachmeldefrist nicht berücksichtigt“. Reduzierter sind die Ausführungen von Ziff. 6.10 A Abs. 1 FINLEX: „Wird dieser Vertrag nach Ablauf mindestens einer vollen Versicherungsperiode beendet, bleiben leistungsauslösende Ereignisse vom Versicherungsschutz umfasst, die nach Vertragsende innerhalb von 96 Monaten eintreten, wenn die zu Grunde liegenden Pflichtverletzungen bzw. die Ursachen einer ergänzenden Kostendeckung während der Vertragslaufzeit bzw. Rückwärtsdeckung begangen bzw. gesetzt worden sind“. Insoweit hingegen übereinstimmend zu A-5.3 Abs. 4 ist Kl. 22 S. 1 Ihlas: „Wird der Versicherungsvertrag nicht verlängert, so besteht mit Ausnahme des Falles der Beendigung des Vertrages aufgrund Beitragszahlungsverzuges Versicherungsschutz auch für Versicherungsfälle wegen Pflichtverletzungen, die vor Vertragsende begangen wurden […]“.

II. Unterschiede zu Musterbedingungen

32 Insoweit die erhobenen Maklerbedingungen keine Regelungen der Folgeprämie bereithalten und mithin die **gesetzlichen Regelungen** greifen, ergeben sich nur **geringfügige Abweichungen** zu B1-4. Ein Unterschied besteht dann zunächst dahingehend, dass bei einem unternehmerisch handelnden VN, also dem Regelfall in der D&O-Versicherung, auch für den Folgebeitrag eine **Bringschuld** greift (siehe Rn. 11).

33 Die **Auswirkungen dieses Unterschiedes** auf den **Verzugsschaden** (Rn. 13) dürften jedoch nur geringfügig sein, da in diesem Fall ohnehin nach § 353 HGB ein Fälligkeitszins greift und der Nachweis eines übersteigenden Verzugsschadens eher eine Seltenheit sein dürfte. Hinsichtlich der **Leistungsfreiheit** und der **Kündigung** greifen dann jedoch auch unter dem Gesetzesrecht nach § 38 VVG diese Rechtsfolgen nur im Zusammenhang mit einer qualifizierten Mahnung, sodass sich hier kaum jemals ein Unterschied ergeben dürfte. Ein Unterschied könnte hier dann entstehen, wenn der VN nachweisbar einen korrekten Zahlungsauftrag erteilt hat, dieser jedoch durch dessen Bank (oder zumindest nicht durch die Bank des VR) verschuldet nicht korrekt ausgeführt wurde, und auch nach Ablauf der in der qualifizierten Mahnung des VR gesetzten Frist kein Zahlungseingang auf dem Konto des VR erfolgt ist. In diesem Fall würde nach B1-4 weder die Leistungsfreiheit noch eine erfolgte Kündigung des VR greifen, unter den gesetzlichen Regelungen jedoch sehr wohl, da dem VN das Verschulden seiner Bank als Erfüllungsgehilfe in jedem Fall nach § 278 BGB zugerechnet werden würde. Ein solcher Fall ist unter den heutigen Verhältnissen im Interbankenverkehr, der kurzen Kommunikationszeiten und der schnellen Reaktionsmöglichkeiten im ge-

schäftlichen Verkehr jedoch nur schwer vorstellbar. Unabhängig davon ist nach hiesigem Verständnis in Bestimmung des Begriffs der „Zahlung“ in § 38 Abs. 2 VVG (Leistungsfreiheit) und § 38 Abs. 3 S. 1 VVG (Kündigung) eine richtlinienkonforme Auslegung nicht statthaft, sodass eben hinsichtlich dieser Rechtsfolgen eine als „Schickschuld“ ausgestaltete atypische Obliegenheit greift und sich mithin kein nennenswerter Unterschied zu B1-4 ergeben würde (vgl. B1-3 Rn. 81 ff.).[15]

Ein erheblicher Unterschied besteht unter den Maklerbedingungen (siehe Rn. 31) jedoch im Zusammenhang mit der **Nachmeldefrist bei** einem **wegen Zahlungsverzug beendigten D&O-Versicherungsvertrag**. Wenn durch A-5.3 Abs. 4 die endgültige Beendigung des Versicherungsvertrages durch Kündigung wegen Zahlungsverzug auch die Nachmeldefrist unwiderruflich verloren geht, ist dies aus Warte des VN ausgesprochen misslich. Ziff. 6.3 Abs. 2 Hendricks ist hier besonders VN-freundlich, indem die zwölfjährige Nachmeldefrist eben auch bei einem durch Kündigung wegen Zahlungsverzug beendigten Vertrag greift, solange dieser Vertrag vor der Kündigungswirkung mindestens zwölf Monate bestand und die Erstprämie bezahlt wurde. Durchaus ähnlich, wenn auch etwas „ausgewogener“ ist § 8 Nr. 3.1 Abs. 4 VOV, wenn er zunächst durch S. 1 die Nachmeldefrist unbedingt auch auf durch Kündigung wegen Zahlungsverzug beendete Verträge anwendet. Hierbei ist allerdings zu beachten, dass nach § 8 Nr. 3.1 Abs. 1 S. 1 Halbs. 1 VOV die zunächst sechsjährige Nachmeldefrist nur für Versicherungsverträge greift, die mindestens ein Jahr bestanden haben, so dass insoweit ein Gleichlauf zu Ziff. 6.3 Abs. 2 Hendricks besteht. Die Nachmeldefrist kann sich dann nach § 8 Nr. 3.1 Abs. 1 S. 1 Halbs. 2 VOV mit Ablauf einer weiteren mindestens einjährigen Versicherungsperiode automatisch auf acht Jahre verlängern und kann schließlich gegen Zahlung einer reduzierten Prämie bis auf zwölf Jahre verlängert werden. Für diese Konstellation wird dann § 8 Nr. 3.1 Abs. 4 S. 2 VOV bedeutsam, sodass für den Fall, dass die Kündigung wegen Verzugs in der zweiten Versicherungsperiode erfolgt, diese eben nicht in der Bestimmung der Dauer der Nachmeldefrist berücksichtigt wird. Fraglich ist allenfalls, ob eine Weitergeltung der Nachmeldefrist auch unter Bedingungen wie Ziff. 6.10 A Abs. 1 FINLEX gilt, die gerade keine explizite Ausnahmeregel wie A-5.3 Abs. 1, aber eben auch keine explizite Aufnahmeregel wie die vorbehandelten Bedingungen vorsehen. Die besseren Argumente sprechen dafür, dass auch unter Ziff. 6.10 A Abs. 1 FINLEX die Nachmeldefrist auch für einen wegen Zahlungsverzug (frühstens in der zweiten Versicherungsperiode) gekündigten Versicherungsvertrag gilt, da hier gerade keine Unterscheidung nach dem Beendigungsgrund vorgenommen wird. 34

15 Siehe vertieft *Gal* VersR **2021**, 414 (420 ff. – wenn auch nur zur Erstprämie).

B1-5 Lastschriftverfahren

B1-5.1 Pflichten des Versicherungsnehmers

(1) Ist zur Einziehung des Beitrags das Lastschriftverfahren vereinbart worden, hat der Versicherungsnehmer zum Zeitpunkt der Fälligkeit des Beitrags für eine ausreichende Deckung des Kontos zu sorgen.
(2) Konnte der fällige Beitrag ohne Verschulden des Versicherungsnehmers vom Versicherer nicht eingezogen werden, ist die Zahlung auch dann noch rechtzeitig, wenn sie unverzüglich nach einer in Textform (z.B. E-Mail, Telefax oder Brief) abgegebenen Zahlungsaufforderung des Versicherers erfolgt.

B1-5.2 Fehlgeschlagener Lastschrifteinzug

(1) Hat es der Versicherungsnehmer zu vertreten, dass ein oder mehrere Beiträge, trotz wiederholtem Einziehungsversuch, nicht eingezogen werden können, ist der Versicherer berechtigt, das SEPA-Lastschriftmandat in Textform (z.B. E-Mail, Telefax oder Brief) zu kündigen.
(2) Der Versicherer hat in der Kündigung darauf hinzuweisen, dass der Versicherungsnehmer verpflichtet ist, den ausstehenden Beitrag und zukünftige Beiträge selbst zu übermitteln.
(3) Von Kreditinstituten erhobene Bearbeitungsgebühren für fehlgeschlagenen Lastschrifteinzug können dem Versicherungsnehmer in Rechnung gestellt werden.

Schrifttum

Siehe allgemeines Schrifttum.

Übersicht

A. Allgemeines

I. Entstehungsgeschichte —— 1

II. Regelungsgegenstand —— 3

B. Inhalt der Klausel

I. B1-5.1 Abs. 1: Hauptpflicht bei Erteilung eines Lastschriftmandates —— 6

II. B1-5.1 Abs. 2: Nachholung der Zahlung bei schuldlosem Scheitern des Einzugs —— 12

III. B1-5.2: Rechtsfolgen fehlgeschlagener Einzugsversuche

1. B1-5.2 Abs. 1 und 2: Kündigung des SEPA-Mandates —— 16
2. B1-5.2 Abs. 3: Gebühren einer Lastschriftrückgabe und einer Rücklastschrift —— 24

C. Abweichende Marktbedingungen

I. Abweichender Wortlaut —— 27

II. Unterschiede zu Musterbedingungen —— 28

https://doi.org/10.1515/9783110675511-016

A. Allgemeines

I. Entstehungsgeschichte

B1-5 zur **Behandlung der (fehlgeschlagenen) Einziehung eines Erst-, Einmal- oder Folgebeitrags** bei Vereinbarung eines **Lastschriftverfahrens** ist ein Novum. Ziff. 12 AVB-AVG 2008, 2011, 2013 und Ziff. 11 2017 sahen hierzu noch keine Regelung vor. 1

Die Regelung ist hierbei weitgehend gleichlautend mit **B § 6 VHB 2010**, auf den diese Bestimmung wohl **zurückgehen** dürfte. 2

II. Regelungsgegenstand

Im VVG ist das Einziehungs- bzw. SEPA-Verfahren abgesehen von der Sonderregel des § 33 Abs. 2 VVG nicht gesondert geregelt. Allerdings ist ein solches **Lastschriftverfahren** in der Versicherungswirtschaft spartenübergreifend schon lange gebräuchlich, und es ist allgemein anerkannt, dass hierdurch die von Gesetzes wegen grundsätzlich geltende Bringschuld (siehe B1-3 Rn. 80 ff.) oder die unter B1-3 Abs. 1 bzw. B1-4 Abs. 2 vorgesehene qualifizierte Schickschuld (siehe B1-3 Rn. 28 ff. und B1-4 Rn. 3, 11) eben zu einer **Holschuld** abgewandelt wird. 3

B1-5 ist so verstanden von daher **relevant**, als er zum einen dem VN vor Augen führt, worin genau seine **Hauptleistungspflicht** im Falle der Vereinbarung eines Lastschriftverfahrens besteht (B1-5.1 Abs. 1), und welche Rechtsfolgen im Falle eines zunächst **schuldlos gescheiterten Einziehungsversuches** (B1-5.1 Abs. 2) greifen. Daneben regelt B1-5.2 die möglichen **Rechtsfolgen**, die an (verschuldet) **gescheiterte Einziehungsversuche** knüpfen, wobei hierdurch teilweise für den VN begünstigend von § 33 Abs. 2 VVG abgewichen wird. 4

Allerdings sind diesseitig keine empirischen Untersuchungen dazu bekannt, mit welcher **Häufigkeit in** der **D&O-Versicherung** solche Lastschriftvereinbarungen getroffen werden. B1-5 stellt eine solche Vereinbarung gerade nicht her, sondern regelt nur die Fälle, in denen eine solche Vereinbarung individualvertraglich getroffen wird. Hierbei hat ein solches Lastschriftverfahren gerade für den VR bedeutende Vorteile (Sicherstellung der Liquidität und Optimierung der Zahlungsmittelverwaltung, Kostengünstigkeit, gesteigerte Sicherheit des rechtzeitigen Zahlungseingangs etc.). Für den VN stellen sich die Vorteile nicht in gleichem Maße dar, zumindest wenn es sich bei diesem, wie in der D&O-Versicherung, um ein geschäftserfahrenes Unternehmen handelt, da dieser eben die Eigeninitiative verliert. Für einen solchen VN wirken die grundsätzlichen Vorteile, d.h. die Reduzierung des Risikos verspäteter Zahlungen und ein reduzierter Vertragsadministrationsaufwand, kaum so schwer wie für einen Verbraucher im Jedermanngeschäft. Ein solcher hoch-professioneller VN wird vielfach über eine ähnlich effiziente Vertragsverwaltung verfügen wie der VR und insofern oft ein Interesse daran haben, dass Beiträge nicht einfach abgebucht werden (und er dadurch etwa die Möglichkeit der Zurückhaltung wegen Aufrechnung verliert) und er gerade auch bei jährlich fluktuierender Beitragshöhe gewissen Risiken ausgesetzt ist. Hier spricht einiges dafür, stattdessen mit Überweisungen zu arbeiten. Unter dieser Prämisse ist die tatsächliche praktische Relevanz des B1-5 nur schwer abzuschätzen. 5

B. Inhalt der Klausel

I. B1-5.1 Abs. 1: Hauptpflicht bei Erteilung eines Lastschriftmandates

Soweit der VN dem VR ein SEPA-Mandat erteilt hat, wird durch B1-5.1 Abs. 1 die unter B1-3.1 Abs. 1 S. 1 i.V.m. B1-2.1 hinsichtlich des Erst- oder Einmalbeitrags und unter B1-4.1 Abs. 2 i.V.m. B1-2.1 hinsichtlich der Folgebeiträge eigentlich vorgesehene qualifizierte Schickschuld (siehe B1-3 6

Rn. 28 ff. und B1-4 Rn. 11) **in** eine **Holschuld** umgewandelt.[1] Entsprechend ist es nunmehr am VR, den Beitrag zum Fälligkeitszeitpunkt einzuziehen, und ein Scheitern des Einzuges ohne Verschulden des VN muss für letzteren rechtsfolgenlos bleiben.

7 Da bei einer solchen Holschuld die Pflicht entsprechend B1-5.1 Abs. 1 dahingehend abgeändert ist, dass der **VN** nur **rechtzeitige und ausreichende Bedeckung** des vereinbarten Kontos **schuldet**, ist seine Bank auch nur insoweit als Erfüllungsgehilfe anzusehen. Unterlaufen der Bank des VN hingegen Fehler bei der Mitwirkung an der Einziehung, auf Grund deren diese scheitert, so ist dies dem VN nicht als sein Verschulden zuzurechnen.[2] Eine ausreichende Bedeckung besteht etwa auch dann, wenn das Konto zwar kein ausreichendes Haben aufweist, aber ein Überziehungskredit vereinbart wurde, der die Einziehung in der vereinbarten Höhe ermöglichen würde, sodass eine Verweigerung des Einzugs durch die Bank des VN, soweit der gewährte Kreditrahmen eigentlich greifen würde, diesem nicht zugerechnet werden würde.

8 Ob das Lastschriftverfahren bereits originär im Versicherungsvertrag oder erst im Nachhinein vereinbart wurde, spielt zukunftsgerichtet keine Rolle. Hierbei ist die **Erteilung** des **SEPA-Mandats** grundsätzlich **von** der **Vereinbarung des Lastschriftverfahrens zu trennen**, da erstere gerade einseitig durch den zahlungspflichtigen VN an den zahlungsempfangenden VR erteilt wird und insofern keine vertragliche Vereinbarung darstellt. Sollten hier Zweifel bestehen, wird man jedoch vielfach in einer unwidersprochenen und zugegangenen Erteilung eines SEPA-Mandates ein starkes Indiz für die konkludente Vereinbarung der Anwendung des Lastschriftverfahrens erkennen können.

9 Soweit das Lastschriftverfahren zwischen den Parteien vereinbart ist, **schuldet** der **VN** jedoch gerade auch die **Erteilung und Aufrechterhaltung des SEPA-Mandates.** Insbesondere hat der VN dann auch dafür Sorge zu tragen, dass im Falle eines Kontowechsels die Einziehung künftig vom neuen Konto vorgenommen werden kann.

10 Da es sich bei der Beitragszahlungspflicht um eine Geldschuld handelt, bewirkt die Gutschrift auf dem Konto des VR keine **Erfüllung** *sensu stricto*, da der VN bei einer solchen Buchgeldzahlung dem VR lediglich einen Auszahlungsanspruch gegen dessen Zahlstelle verschafft. Zumindest im Falle der Vereinbarung der Anwendung des Lastschriftverfahrens ist hierin aber eine rechtsgeschäftliche Erfüllungsvereinbarung zu sehen, die dann eben mit der Gutschrift auf dem Konto des VR einsetzt. Im Falle der Vereinbarung des Lastschriftverfahrens muss jedoch noch hinzukommen, dass die Bank des VN dessen Konto wirksam und endgültig mit dem Betrag belastet und diesen der Bank des VR oder Inkassanten gutgeschrieben hat.[3] Hierbei ist zu unterscheiden, ob ein **SEPA-Basislastschriftmandat** oder ein **SEPA-Firmenlastschriftmandat** erteilt wurde. Im SEPA-Basislastschriftverfahren, das (insbes.) bei einem Verbraucher als Zahlungspflichtigem zur Anwendung gelangt, kann der VN der Belastung seines Kontos gemäß § 675x Abs. 2 und 4 BGB widersprechen, sodass der Betrag zurückgebucht werden muss und letztlich die Inkassostelle das Gläubigerkonto des VR mit dem Betrag rückbelasten wird. Entsprechend tritt Erfüllung bei der Prämienzahlung im Basislastschriftverfahren letztlich erst ein, wenn die Gutschrift unwiderruflich geworden ist. Jedoch spielt dies in der D&O-Versicherung nur eine untergeordnete Rolle, da der VN nur selten ein Verbraucher sein wird (siehe allenfalls B1-3 Rn. 31). Entsprechend wird üblicherweise das SEPA-Firmenlastschriftverfahren zur Anwendung gelangen, bei dem jedoch ein Widerspruchsverzicht möglich ist, sodass in diesem Fall Erfüllung unmittelbar mit der Gutschrift einsetzt.

11 Ein solcher **Widerspruch gegenüber der Lastschrift**, so dem VN eine solche Möglichkeit eröffnet ist, bewirkt dann aber natürlich nicht nur den Nicht-Eintritt der Erfüllung, sondern bedeutet dann auch, dass der VN seiner **Leistungspflicht** im Hinblick auf B1-3 und B1-4 **nicht rechtzeitig** nachgekommen ist, auch wenn die ursprüngliche Bedeckung (und die Buchung) rechtzeitig erfolgte. In diesem Fall steht dann allenfalls im Raum, ob die nunmehr als fehlgeschlagen

---

1 BGH VersR **1985**, 447, 448; Bruck/Möller/*Beckmann* § 36 Rn. 37.

2 So richtig auch Prölss/Martin/*Klimke* B. § 6 VHB Rn. 2.

3 Statt aller MüKoVVG/*Staudinger* § 33 Rn. 23.

zu geltende Einziehung schuldlos erfolgte, da der Widerspruch berechtigt war. Dies wäre etwa dann der Fall, wenn der VR verfrüht oder überhöht abgebucht hat oder aber mehrere Beiträge ohne Ausweis der Einzelbeiträge abgebucht wurden, sodass es dem VN unmöglich war, die Richtigkeit zu überprüfen und der VN von daher der Belastung seines Kontos vorsorglich widersprechen musste.[4] Hier wäre es grundsätzlich am VR einen erneuten, nunmehr korrekten Einziehungsversuch zu unternehmen, wobei im Rahmen der AVB D&O nunmehr grundsätzlich B1-5.1 Abs. 2 greifen würde.

II. B1-5.1 Abs. 2: Nachholung der Zahlung bei schuldlosem Scheitern des Einzugs

Durch B1-5.1 Abs. 2 wird die **Rechtsfolge** eines **gescheiterten Einzugsversuches abgeändert**, 12 wenn den VN am Scheitern kein Verschulden trifft. Soweit der VN seine Leistungshandlung korrekt vorgenommen hat, hier also ausreichende Bedeckung des gegenständlichen Kontos (siehe Rn. 7) würde ein Scheitern des Einzugs eigentlich bewirken, dass es ob der Vereinbarung einer Holschuld weiterhin am VR wäre, einen erneuten nunmehr korrekten Einziehungsversuch zu unternehmen (Rn. 11). Dies würde bedeuten, dass der VR zunächst eine (erneute) und korrekte Vorabinformation zur anstehenden Kontobelastung erteilen müsste, was im Regelfall eben 14 Tage vor der Abbuchung erfolgen müsste und dann für diese Zeit, wegen der Schuldlosigkeit des VN, auch keine Zinsen verlangt werden könnten.

B1-5.1 Abs. 2 geht jedoch einen anderen Weg, indem in diesem Fall verlangt wird, dass die 13 Zahlung nunmehr nach einer Zahlungsaufforderung des VR in Textform unverzüglich durch den VN zu erfolgen hat. Aus dem Gepräge dieser Norm wird deutlich, dass für diesen Fall, aber eben auch nur für diese Beitragszahlung dann letztlich **keine Holschuld mehr** gilt. Nicht ganz so deutlich ist dann jedoch, ob nunmehr eine Bring- oder eine Schickschuld greifen soll. Im Hinblick auf die bisherigen Ausführungen zur Schuldart der Beitragszahlungspflicht (siehe B1-3 Rn. 28 ff. und B1-4 Rn. 11 ff.) ist jedoch auch unter B1-5.1 Abs. 2 davon auszugehen, dass für diesen Fall eine (qualifizierte) **Schickschuld** greift, sodass hinsichtlich aller negativen Folgen auf die rechtzeitige Leistungshandlung, d.h. die korrekte Anweisung des fälligen Betrages, abzustellen ist.

Für die Anwendung des B1-5.1 Abs. 2 ist es nach dessen Wortlaut **unerheblich, aus welchen** 14 **Gründen** die Einziehung **gescheitert** ist, solange dies nicht auf das Verschulden des VN zurückzuführen ist. Da der VN grundsätzlich nur die Bedeckung schuldet (siehe Rn. 7), wird bei einem Scheitern, das gerade hierauf zurückzuführen ist, eine Exkulpation kaum je gelingen, sodass B1-5.1 Abs. 2 dann auch nicht greift. Der wohl realistischste Anwendungsfall dürfte dann darin liegen, dass der VR die Vorabinformation zur anstehenden Kontobelastung nicht, nicht-rechtzeitig oder inhaltlich unzutreffend (weshalb dann ein Widerspruch erfolgte) angekündigt hat.[5] In all diesen Fällen wird man annehmen müssen, dass sich der VR dann auf hieraus abgeleitete Rechtsfolgen der verspäteten Zahlung nicht berufen kann (siehe B1-3 Rn. 24). Da es sich jedoch auch um einen Fall des durch den VN unverschuldeten Scheiterns der Einziehung handelt – und das Verschulden des VR irrelevant ist – greift eben B1-5.1 Abs. 2, sodass nunmehr Zahlung des Beitrags als Schickschuld verlangt werden kann.

Auch bei einem solchen Überspringen der Schuldart wird man jedoch hinsichtlich der Bestim- 15 mung der Rechtzeitigkeit nicht bedingungslos auf den „Unverzüglichkeitszeitpunkt" nach Zugang der Zahlungsaufforderung abstellen dürfen. Hierbei ist zunächst zu beachten, dass es hinsichtlich der Anwendung des B1-5.1 Abs. 1 eine zwingende Voraussetzung ist, dass der VR dem VN eine Zahlungsaufforderung in Textform übermittelt, für deren Zugang er beweisbelastet ist. Ferner

4 Siehe hierzu Prölss/Martin/*Armbrüster* § 36 Rn. 12; Langheid/Rixecker/*Rixecker* § 33 Rn. 8.

5 Hinsichtlich der Frage nach der Notwendigkeit einer solchen Vorabinformation und der Rechtzeitigkeit bestehen große Divergenzen je nach dem, ob es sich um die erstmalige Abbuchung handelt, ob das Lastschriftmandat auf einen gleichbleibenden Betrag erteilt und ob der Zahlungspflichtige ein Verbraucher ist. Hierauf kann vorliegend nicht gesondert eingegangen werden.

wird man verlangen müssen, dass diese **Zahlungsaufforderung** (nunmehr) **korrekt** ist. Ob eine fehlerhafte Zahlungsaufforderung die abgeänderte Leistungspflicht überhaupt nicht auslöst oder aber Fehler in der Zahlungsaufforderung zwar zur Abänderung führen, sich der VR aber auf Grund des Grundsatzes von Treu und Glauben nicht auf die Rechtsfolgen einer verspäteten Zahlung berufen kann (siehe B1-3 Rn. 23 f.), kann vorliegend dahinstehen. Klar bleibt zumindest, dass der VR auf eine solche Zahlungsaufforderung auch verzichten kann und es insofern bei einer Holschuld bleibt (siehe Rn. 12). Auch wenn die Zahlungsaufforderung betragsmäßig korrekt ist, wird man hinsichtlich der Außergewöhnlichkeit des Vorgangs, dass eine Holschuld einseitig in eine Schickschuld umgewandelt werden kann, verlangen müssen, dass der VR den VN hierüber in ausreichend transparenter Weise aufklärt. Dies muss in dieser atypischen Situation umso mehr gelten, als ein solcher Hinweis selbst im Falle einer Kündigung des SEPA-Mandates durch den VR nach B1-5.2 Abs. 2 zu erfolgen hat. Soweit dies nicht geschieht, und der VN entsprechend seinem üblichen Verhalten im Rahmen der Vereinbarung eines Lastschriftverfahrens einfach inaktiv bleibt, wird man dies wohl weiterhin als unverschuldet anzusehen haben, sodass aus der verspäteten Veranlassung der Zahlung keine negativen Rechtsfolgen abgeleitet werden können. Ohne dies abschließend entscheiden zu wollen, wird man auch überlegen müssen, ob nicht für den Fall, dass das Scheitern des Einzugsversuches nicht nur nicht schuldhaft durch den VN bewirkt wurde, sondern gerade auf einem eklatanten Fehler des VR beruht, B1-5.1 Abs. 2 entweder teleologisch reduziert werden muss oder aber dem VR die Berufung auf diesen nach dem Grundsatz von Treu und Glauben verwehrt wird, sodass letzterer eben einen erneuten, nunmehr korrekten Einziehungsversuch zu unternehmen hat, wofür nahezu alles spricht. Ein ordentlicher VR wird dies ohnehin so handhaben.

III. B1-5.2: Rechtsfolgen fehlgeschlagener Einzugsversuche

1. B1-5.2 Abs. 1 und 2: Kündigung des SEPA-Mandates

16 Durch B1-5.2 Abs. 1 und 2 wird dem **VR** eine **Reaktionsmöglichkeit** gewährt, wenn der VN das Scheitern von mehrmaligen Einziehungsversuchen von (mindestens) einem Beitrag zu vertreten hat.

17 In diesem Fall kann der **VR** nach dem Wortlaut des B1-5.2 Abs. 1 das **Lastschriftmandat kündigen**. Dies ist dogmatisch grob missverständlich, da es sich beim SEPA-Mandat gerade nicht um einen Vertrag zwischen dem VN und dem VR handelt, sondern um eine einseitig durch den VN erteilte Ermächtigung. Hier kann allenfalls der VN dieses Mandat widerrufen, nicht aber der VR dieses kündigen. Gemeint ist hiermit allenfalls, dass der VR das Mandat „niederlegt", also kundtut, von diesem zukünftig keinen Gebrauch mehr zu machen. Hierdurch wird das Mandat jedoch gerade nicht, wie der Begriff der Kündigung dies nahelegt, für die Zukunft beendet, sondern es besteht grundsätzlich bis zum (konkludenten) Widerruf durch den VN fort, und der VR könnte rechtlich (wenn dann auch treuwidrig) von diesem Gebrauch machen.

18 Diese wenig überzeugende Wortwahl ist wohl dem Umstand geschuldet, dass die Klauselkommission sich nicht zu dem Meinungsstreit unter § 33 Abs. 2 VVG positionieren wollte, ob eine Umstellung vom Lastschriftverfahren auf eine aktive Zahlung durch den VN (als Bring- oder als Schickschuld) auch dann möglich ist, wenn das Lastschriftverfahren nur der tatsächlichen Übung entsprach,[6] oder eben auch, wenn das Lastschriftverfahren vertraglich vereinbart war.[7] Würde man § 33 Abs. 2 VVG auch auf den zweiten Fall unbedingt anwenden, so würde dieser letztlich dem VR ein willkürliches Vertragsänderungsrecht hinsichtlich der Schuldart zugestehen, was, gelinde gesagt, recht drastisch anmutet. Unabhängig davon, dass sich dieses Problem in der Praxis wohl kaum jemals stellen wird, da kein vernünftiger VR freiwillig auf ein funktionierendes Last-

6 Dafür etwa Beck OK/*Klimke* § 33 Rn. 28.

7 In diese Richtung bereits die Begründung des RegE, BTDrucks. 16/3945, S. 70; vertiefend Bruck/Möller/*Beckmann* § 33 Rn. 59.

schriftverfahren verzichten wird,[8] wird man doch generell anzunehmen haben, dass § 33 Abs. 2 VVG für diese Konstellation teleologisch zu reduzieren ist, sodass ein einseitiges Vertragsänderungsrecht eben nur dann greift, wenn es bereits zu vertretbaren Lastschriftrückgaben gekommen ist. Unter diesem Verständnis wäre dann auch B1-5.2 Abs. 1 dahingehend umzudeuten, dass es gerade nicht um die Kündigung des SEPA-Mandates, sondern um eine **einseitige Abänderung der Zahlungspflicht** geht.

Gerade auch im Hinblick darauf, dass B1-5.2 Abs. 1 dieses „Kündigungsrecht" unter auch im Vergleich zu § 33 Abs. 2 VVG wesentlich restriktivere Bedingungen stellt, wirkt dies trotz aller „Intransparenz" **für den VN** deutlich **vorteilhaft**. Indem B1-5.2 Abs. 1 fordert, dass ein Beitrag oder mehrere Beiträge trotz wiederholtem Einziehungsversuch und aus durch den VN zu vertretenden Umständen nicht eingezogen werden konnte oder konnten, formuliert B1-5.2 Abs. 1 Bedingungen, die noch weit über die Verzugsvoraussetzungen hinausgehen. 19

Gesichert ist hierbei, dass wegen der Verwendung von „wiederholtem Einziehungsversuch" **zumindest zwei erfolglose Einziehungsversuche** erforderlich sind.[9] Klar wird dann zunächst, dass dem VR das Recht eröffnet ist, wenn er mit seinem ersten und zweiten Einziehungsversuch (d.h. *wiederholten* Einziehungsversuchen) hinsichtlich ein und desselben Beitrags aus vom VN zu vertretenden Gründen scheitert. Fraglich ist jedoch, ob das Abänderungsrecht auch dann eröffnet ist, wenn der VR zunächst hinsichtlich der Einziehung eines Beitrags scheitert, der zweite Einzug dann jedoch erfolgreich ist, er dann aber wieder mit der Einziehung eines Beitrags scheitert, was man durchaus als mehrmaliges, nicht aber zwingend als wiederholtes Scheitern bezeichnen kann. Man wird dann jedoch berücksichtigen müssen, dass B1-5.2 Abs. 1 gerade von der wiederholt gescheiterten Einziehung eines Beitrages oder mehrerer Beiträge spricht. Diese Erweiterung der Regelung auf mehrere Beiträge wäre jedoch kaum notwendig, wenn nur gescheiterte Einziehungsversuche, die unmittelbar aufeinander folgen, als wiederholt anzusehen wären. Es ist kaum vorstellbar, dass bei Scheitern eines Einziehungsversuches hinsichtlich eines Beitrags der VR so lange mit einer erneuten Einziehung zuwartet, dass er vorher die Einziehung des nächsten Beitrags abwartet.[10] Insofern wäre „wiederholt" hier als mindestens zweimaliges Scheitern des Einzuges eines Beitrages oder wenigstens einmaliges Scheitern des Einzuges von mindestens zwei Beiträgen zu verstehen. Umgekehrt ist aber zu berücksichtigen, dass B1-5.2 gerade als umsetzende Bestimmung der **AT AH-D&O-Sach-TV** erlassen wurde und insofern vielfach in anderen Bereichen als der D&O-Versicherung für Bündelverträge greift (siehe vor B1 Rn. 2 f.), sodass es zumindest in diesem Fall auf gänzlich unterschiedliche Beiträge ankommen könnte, und hierdurch bewirkt werden würde, dass sämtliche gebündelte Verträge gekündigt werden könnten. Dies erscheint wegen der grundsätzlichen Selbständigkeit dieser Verträge jedoch höchst problematisch, sodass es gerade bei der Bewertung dieser Frage bei einem ungebündelten D&O-Versicherungsvertrag umso fraglicher erscheinen muss, ob der „wiederholt" gescheiterte Einziehungsversuch sich auf mehrere, unterschiedliche Beiträge unter dem selben Vertrag beziehen kann. Unabhängig von der Bewertung dieser Frage ist jedoch als Minimum, eine Rückausnahme zu machen, wenn das zweite einmalige Scheitern des Einzugs eines Beitrages dem erstmaligen Scheitern des Einzugs zeitlich stark nachgeht. Hier erschiene es im Minimum bereits treuwidrig, wenn der VR bereits bei der ersten gescheiterten Einziehung des Beitrages auf eine aktive Zahlung optieren könnte, nur weil bereits vor Jahren einmal ein solcher Fall aufgetreten ist. Praktisch relevant wird dies jedoch wohl kaum jemals werden.[11] 20

Die bedeutendste Beschränkung zur gesetzlichen Rechtslage, wenn man dies nicht in § 33 Abs. 2 VVG hineinlesen möchte, sieht B1-5.2 Abs. 1 jedoch dahingehend vor, dass es eben einer wiederholten, **durch den VN zu vertretenden** gescheiterten Einziehung bedarf. Entsprechend 21

8 So richtig Prölss/Martin/*Armbrüster* § 33 Rn. 36a.

9 HK-VVG/*Halbach* B.1.5.1 AHStVB (VHB) Rn. 2; Prölss/Martin/*Klimke* B. § 6 VHB Rn. 2.

10 Denkbar wäre allenfalls, dass der VR den noch ausstehenden Beitrag dann gemeinsam mit dem nächsten Beitrag einziehen möchte.

11 Vgl. bei Fn. 8.

ist das Anpassungsrecht unter keinen Umständen willkürlich, sondern muss gerade durch das Verschulden des VN ausgelöst werden. Gerade im Hinblick auf die bei Annahme einer Holschuld dann sehr begrenzte Leistungshandlung (Rn. 7) und die Tatsache, dass der VN in der D&O-Versicherung üblicherweise ein Unternehmen sein wird, dessen Konto für gewöhnlich über eine ausreichende Deckung oder zumindest über einen hinreichenden Kreditrahmen verfügen wird, wird B1-5.2 Abs. 1 wohl nur im absoluten Ausnahmefall relevant werden.

22 Auch bei Bestehen des Abänderungsrechtes, für das Vorliegen von dessen Voraussetzungen der VR beweisbelastet ist,[12] bedarf es noch eines **Zugangs** der **textförmigen „Kündigung“** des VR. Fraglich ist hierbei einzig, welcher Auslegungsstandard hier greift, da es sich eben unter B1-5.2 Abs. 1 bei richtigem Verständnis gerade nicht um eine Kündigung des SEPA-Mandates handelt (Rn. 17 ff.) und insofern die Verwendung einer solchen Terminologie die Willenserklärung missverständlich werden lässt. Jedoch ist der VR in jedem Fall nach B1-5.2 Abs. 2 dazu verpflichtet, den **VN darüber aufzuklären**, dass er nunmehr verpflichtet ist, den noch ausstehenden Beitrag und zukünftige **Beiträge selbst zu übermitteln**, dass also zukünftig eine B1-3 und B1-4 entsprechende Schickschuld greift. So dies erfolgt, entspricht die „Kündigung“ den Anforderungen des § 33 Abs. 2 VVG und es besteht kein Grund, dieser Erklärung die Wirksamkeit abzusprechen.

23 Klarstellend sei angemerkt, dass B1-5.2 Abs. 1 dem VR **nur** ein **zusätzliches Recht** gewährt. Dem VR bleibt es also unbenommen, wegen der Nichtzahlung des Einmal-, Erst- oder Folgebeitrages seine durch B1-3 und B1-4 eröffneten Rechte, also Rücktritt, Kündigung oder Leistungsfreiheit, geltend zu machen. In einer Aufforderung, den noch ausstehenden Betrag nunmehr selbst zu übermitteln, ist gerade auch kein Verzicht auf diese Rechte zu sehen, was sich zumindest hinsichtlich der etwaigen Leistungsfreiheit wohl von selbst versteht. Aber auch hinsichtlich des Rücktritts- und des Kündigungsrechts kann allenfalls ein dann zeitweiser Verzicht auf die Geltendmachung erkannt werden, wenn dem VN für den ausstehenden Beitrag eine konkrete Zahlungsfrist gesetzt wird.

2. B1-5.2 Abs. 3: Gebühren einer Lastschriftrückgabe und einer Rücklastschrift

24 Wenn eine **Lastschrift nicht eingelöst** wird – insbesondere wegen unzureichender Deckung des Kontos des Zahlungspflichtigen oder Nicht(-mehr-)existenz des angegebenen Kontos – erfolgt eine Rückbuchung zwischen den beteiligten Banken, eine sogenannte **Lastschriftrückgabe**. Gleiches gilt auch im Falle eines Widerspruchs gegen die Lastschrift durch den Zahlungsempfänger, die sog. Rücklastschrift. In beiden Fällen werden üblicherweise durch die **Banken** Gebühren erhoben, die in unterschiedlicher Weise dem Zahlungspflichtigen und dem Zahlungsempfänger in Rechnung gestellt werden.

25 Soweit solche **Gebühren** beim Zahlungsempfänger, hier also dem VR, anfallen und die Lastschriftrückgabe durch den Zahlungspflichtigen, hier also den VN, schuldhaft verursacht wurde, handelt es sich schon von Gesetzes wegen um einen **ersatzfähigen Schaden**.[13] B1-5.2 Abs. 3 hat insoweit nur klarstellende Wirkung, dass der VR auf einen solchen Schadensersatzanspruch nicht grundsätzlich verzichtet, sondern sich vorbehält, diesen von Fall zu Fall geltend zu machen.

26 Fraglich ist allenfalls, ob B1-5.2 Abs. 3 eine Zahlungspflicht erweiternd auch dann vorsieht, wenn der VN die Lastschriftrückgabe nicht schuldhaft verursacht hat, da B1-5.2 Abs. 3 gerade ohne zusätzliche Qualifikation nur von einem „fehlgeschlagenen Lastschrifteinzug“ spricht. Dies ist jedoch abzulehnen. Unabhängig davon, dass eine solche Kostenverlagerung auf den VN selbst für Kosten, die durch den VR verursacht wurden, rechtlich wohl nicht zulässig wäre, entspricht ein solches Verständnis nicht dem Regelungsgefüge des B1-5.2 Abs. 3. Dieser ist gerade nicht als eigenständiger B1-5.3, sondern eben als Absatz des B1-5.2, der sich seinerseits nur mit dem durch den VN zu vertretenden Scheitern des Lastschrifteinzugs beschäftigt, statuiert. Hieraus wird deutlich,

12 Prölss/Martin/*Klimke* B. § 6 VHB Rn. 2.

13 Prölss/Martin/*Klimke* B. § 6 VHB Rn. 2.

dass die **schuldlose Lastschriftrückgabe** bzw. **berechtigte Rücklastschrift** und die hieran **anknüpfenden Gebühren nicht erfasst** werden. In diesen Fällen wird man vielmehr umgekehrt fragen müssen, ob nicht der VN – zumindest wenn ihm durch seine Bank Gebühren in Rechnung gestellt werden (was bei deutschen Banken üblicherweise nicht der Fall ist) – diese vom VR als Schadensersatz verlangen kann.

C. Abweichende Marktbedingungen

I. Abweichender Wortlaut

Die erhobenen Maklerbedingungen sehen sämtlich **keine Bestimmungen zum Lastschriftverfahren** vor. 27

II. Unterschiede zu Musterbedingungen

Aus der Abwesenheit von Klauseln zum Lastschriftverfahren in den Maklerbedingungen darf jedoch **nicht** geschlussfolgert werden, dass das **Lastschriftverfahren** bei Verwendung von Maklerbedingungen gänzlich **ungebräuchlich** wäre. Grundsätzlich dürfte dieses genauso oft bzw. eher selten zur Anwendung gelangen, wie unter Verwendung der AVB D&O. 28

Besonderheiten würden sich in der praktischen Anwendung allerdings dann ergeben, wenn durch die Bedingungen und die Rahmenvereinbarung zwischen Makler und Versicherer, der **Makler mit Inkassovollmacht** für den VR ausgestattet wird (und eben nicht nur als Zahlstelle für den VN fungiert). In diesem Fall würde das SEPA-Mandat üblicherweise vom VN eben für den Makler erteilt werden, sodass es für die Zwecke der Rechtzeitigkeit der Prämienzahlung im Verhältnis zwischen VN und VR letztlich darauf ankäme, ob die Einziehung durch den Makler aus vom VN nicht zu vertretenden Gründen gescheitert ist. Ansonsten bleibt es jedoch beim Vorgesagten. 29

Allerdings greifen ansonsten in Abwesenheit einer B1-5 vergleichbaren Regelung eben die **gesetzlichen Regelungen**. Auch in diesem Fall gilt, dass die Vereinbarung des Lastschriftverfahrens die Vereinbarung einer Holschuld in sich trägt, und zwar unabhängig davon, ob die Maklerbedingungen eigentlich eine Bringschuld oder eben wie die AVB D&O eine Schickschuld vorsehen. Auch hier wird der VN letztlich nur zur Erteilung und Aufrechterhaltung des SEPA-Mandats und der rechtzeitigen und ausreichenden Bedeckung des korrekt angegebenen Kontos verpflichtet und ein schuldloses Scheitern des Einzugs bleibt für Ihn rechtsfolgenlos. Ein Unterschied besteht dann allerdings hinsichtlich der Sonderregelung des B1-5.1 Abs. 2 (siehe Rn. 12), da diese im Gesetz keine Entsprechung findet, es also im Fall einer schuldlosen Lastschriftrückgabe bei der Holschuld verbleibt und der VR einen erneuten, (nunmehr) korrekten Einziehungsversuch unternehmen muss. So die Lastschrift scheitert, ist jedoch dem VR unter den Maklerbedingungen die zumindest vom Gesetzeswortlaut erleichterte Möglichkeit einer Rückumstellung auf eine Bring- bzw. Schickschuld unter § 33 Abs. 2 VVG möglich.[14] Auch die Möglichkeit, Bankgebühren als Schadensersatz geltend zu machen, ist dem VR unter dem Gesetz unbenommen. Insgesamt ergeben sich insofern allenfalls geringe Unterschiede, wobei B1-5, zumindest wenn § 33 Abs. 2 VVG sehr weit verstanden wird, für den VN etwas günstiger sein dürfte. 30

14 Str. ist hierbei allerdings allgemein, ob § 33 Abs. 2 VVG nur den Fall erfasst, dass die Einziehung zwar tatsächliche Übung war, aber das Lastschriftverfahren nicht vereinbart wurde und, wenn man auch den Fall einer Vereinbarung des Lastschriftverfahrens für erfasst ansieht, ob dann das unilaterale Recht des VR, nunmehr aktive Zahlung zu fordern, zumindest unter zusätzliche Bedingungen zu stellen ist, wie das mehrmalige und schuldhafte Scheitern; vgl. einführend Prölss/Martin/*Armbrüster* § 33 Rn. 36a.

B1-6 Beitrag bei vorzeitiger Vertragsbeendigung

B1-6.1 Allgemeiner Grundsatz

Bei vorzeitiger Beendigung des Vertrags steht dem Versicherer nur derjenige Teil des Beitrags zu, der dem Zeitraum entspricht, in dem der Versicherungsschutz bestanden hat.

B1-6.2 Beitrag oder Geschäftsgebühr bei Widerruf, Rücktritt, Anfechtung und fehlendem versicherten Interesse

B1-6.2.1 (1) [1]Widerruft der Versicherungsnehmer seine Vertragserklärung innerhalb von 14 Tagen, hat der Versicherer nur den auf die Zeit nach Zugang der Widerrufserklärung entfallenden Teil der Beiträge zu erstatten. [2]Voraussetzung ist, dass der Versicherer in der Widerrufsbelehrung auf das Widerrufsrecht, die Rechtsfolgen des Widerrufs und den zu zahlenden Betrag hingewiesen und der Versicherungsnehmer zugestimmt hat, dass der Versicherungsschutz vor Ende der Widerrufsfrist beginnt.

(2) [1]Ist die Widerrufsbelehrung nach Satz 2 unterblieben, hat der Versicherer zusätzlich den für das erste Versicherungsjahr gezahlten Beitrag zu erstatten. [2]Dies gilt nicht, wenn der Versicherungsnehmer Leistungen aus dem Versicherungsvertrag in Anspruch genommen hat.

B1-6.2.2 (1) Tritt der Versicherer wegen Verletzung einer vorvertraglichen Anzeigepflicht vom Versicherungsvertrag zurück, so steht ihm der Beitrag bis zum Zugang der Rücktrittserklärung zu.

(2) Wird der Versicherungsvertrag durch Rücktritt des Versicherers beendet, weil der einmalige oder der erste Beitrag nicht rechtzeitig gezahlt worden ist, so steht dem Versicherer eine angemessene Geschäftsgebühr zu.

B1-6.2.3 Wird der Versicherungsvertrag durch Anfechtung des Versicherers wegen arglistiger Täuschung beendet, so steht dem Versicherer der Beitrag bis zum Zugang der Anfechtungserklärung zu.

B1-6.2.4 Fällt das versicherte Interesse nach dem Beginn der Versicherung vollständig und dauerhaft weg, steht dem Versicherer der Beitrag zu, den er hätte beanspruchen können, wenn die Versicherung nur bis zu dem Zeitpunkt beantragt worden wäre, zu dem der Versicherer vom Wegfall des Interesses Kenntnis erlangt hat.

B1-6.2.5 (1) [1]Der Versicherungsnehmer ist nicht zur Zahlung des Beitrags verpflichtet, wenn das versicherte Interesse bei Beginn der Versicherung nicht besteht, oder wenn das Interesse bei einer Versicherung, die für ein künftiges Unternehmen oder für ein anderes künftiges Interesse genommen ist, nicht entsteht. [2]Der Versicherer kann jedoch eine angemessene Geschäftsgebühr verlangen.

(2) [1]Hat der Versicherungsnehmer ein nicht bestehendes Interesse in der Absicht versichert, sich dadurch einen rechtswidrigen Vermögensvorteil zu verschaffen, ist der Vertrag nichtig. [2]Dem Versicherer steht in diesem Fall der Beitrag bis zu dem Zeitpunkt zu, zu dem er von den die Nichtigkeit begründenden Umständen Kenntnis erlangt.

Schrifttum

Siehe allgemeines Schrifttum.

https://doi.org/10.1515/9783110675511-017

Übersicht

A. Allgemeines

I. Entstehungsgeschichte — 1

II. Regelungsgegenstand — 3

B. Inhalt der Klausel

I. B1-6.1: Allgemeiner Grundsatz des Prämienschicksals — 5

II. B1-6.2: Sonderregelung des Prämienschicksals oder des Anspruchs auf eine Geschäftsgebühr
1. Prämienschicksal bei Widerruf (B1-6.2.1) — 7
2. Prämienschicksal oder Anspruch auf Geschäftsgebühr bei Rücktritt (B1-6.2.2) — 9
   a) Prämienschicksal bei Rücktritt wegen vorvertraglicher Anzeigeobliegenheitsverletzung (Abs. 1) — 10
   b) Anspruch auf Geschäftsgebühr bei Rücktritt wegen verspäteter Zahlung des Erst- oder Einmalbeitrags (Abs. 2) — 12
3. Prämienschicksal bei Anfechtung wegen arglistiger Täuschung (B1-6.2.3) — 13
4. Prämienschicksal bei Interessenwegfall (B1-6.2.4) — 15
5. Prämienschicksal bei Nicht-Bestehen des Interesses (B1-6.2.5) — 18

C. Abweichende Marktbedingungen

I. Abweichender Wortlaut — 24

II. Unterschiede zu Musterbedingungen — 25

A. Allgemeines

I. Entstehungsgeschichte

B1-6 zur **Behandlung der Prämienschicksals und zu etwaigen Geschäftsgebühren** findet in Ziff. 12.4 AVB-AVG 2008, 2011, 2013 und Ziff. 11.4 2017 nur insofern ein Gegenstück, als diese hinsichtlich der Rechtsfolgen einer vor Ablauf der Versicherungsperiode erfolgenden Beendigung des Versicherungsvertrages auf die gesetzlichen Bestimmungen verwiesen. 1

Anstatt auf dieses aus Transparenzgründen durchaus bedenkliche Verweisungssystem abzustellen, regelt B1-6 das Prämienschicksal nunmehr durch **ausgeschriebene Bedingungen**, die jedoch, von einigen Abweichungen der Formulierung abgesehen, letztlich **dem gesetzlichen Zustand entsprechen**. Allenfalls hinsichtlich des Prämienschicksals bei Widerruf unter unterbleibender Widerrufsbelehrung besteht eine potentielle, aber praktisch gänzlich irrelevante Abweichung (siehe Rn. 8). 2

II. Regelungsgegenstand

Da § 9 VVG nach § 18 VVG, § 39 VVG nach § 42 VVG und § 80 VVG nach § 87 VVG, die den Regulierungsrahmen für das Prämienschicksal vorgeben, jeweils halbzwingend sind, kann B1-6 (ohnehin) – jenseits der Versicherung von Großrisiken – keine Abweichung zu Lasten des VN begründen. Grundsätzlich zulässige Abweichungen zu Gunsten des VN werden durch B1-6 jedoch auch nicht vorgesehen. Insofern dient B1-6 **nur der Klarstellung** für den VN, sodass dieser nicht gezwungen ist, zur Ermittlung seiner Rechtsposition zwischen den Bedingungen und dem VVG hin- und herzublättern. Sich weiterhin potentiell ergebende Unterschiede hinsichtlich des Prämienschicksals rühren eben nicht von B1-6 her, sondern allenfalls von der abweichenden Vereinbarung der Versicherungsperiode, dem unterschiedlichen materiellen Versicherungsbeginn etc. 3

Einzig § 39 Abs. 2 VVG zum **Prämienschicksal** bei vorzeitiger Beendigung des Versicherungsvertrages wegen **Insolvenzeröffnung** wird nicht in B1-6 aufgenommen. Dies erscheint auf den 4 ersten Blick verständlich, da A-5.5 grundsätzlich eine zu § 16 VVG abweichende Regelung aufzustellen scheint. Dem ist aber letztlich nicht so, da es in A-5.5 gerade nur um den Zeitraum nach Stellung des Insolvenzantrags bis zur Eröffnung des Insolvenzverfahrens über das Vermögen des VN (bzw. einen Ablauf von einem Monat ab diesem Zeitpunkt) geht (siehe A-5.5 Rn. 150 ff.). § 16 Abs. 1 VVG (der für D&O-VR anwendbar ist) greift hingegen erst mit dem Ablauf von einem Monat ab dem Eröffnungsbeschluss, beendigt den Vertrag zu diesem Zeitpunkt und ist zwingend.[1] Entsprechend wird auch ein den AVB D&O unterliegender D&O-Vertrag *qua legem* zu diesem Zeitpunkt beendet, sodass das Prämienschicksal der Erörterung bedarf. Gleichwohl ist eine spezifisch umsetzende Regelung nicht erforderlich, da der dann anwendbare B1-6 zum gleichen Ergebnis gelangt wie § 39 Abs. 2 VVG.

B. Inhalt der Klausel

I. B1-6.1: Allgemeiner Grundsatz des Prämienschicksals

5 B1-6.1 legt in inhaltlicher Übereinstimmung mit § 39 Abs. 1 S. 1 VVG die **Grundregel des Prämienschicksals** bei vorzeitiger Vertragsbeendigung fest. Diese Regel greift zumindest in der D&O-Versicherung bei jeder Vertragsbeendigung vor Ablauf der laufenden Versicherungsperiode, wenn nicht die spezielleren Bedingungen der B1-6.2.1–B1-6.2.5 Vorrang genießen, also insbesondere im Fall der (vorzeitigen) Kündigung durch den VN oder den VR.[2]

6 In diesen Fällen bewirkt B1-6.1 (sowie § 39 Abs. 1 S. 1 VVG), anders als dies noch unter dem VVG 1908 der Fall war, dass der VN den **Beitrag** nur **zeitanteilig schuldet**, der vereinbarte Beitrag also nur im Verhältnis zu der deckenden Zeit der als Bemessungsgrundlage dienenden Versicherungsperiode zu erbringen ist.[3]

II. B1-6.2: Sonderregelung des Prämienschicksals oder des Anspruchs auf eine Geschäftsgebühr

1. Prämienschicksal bei Widerruf (B1-6.2.1)

7 B1-6.2.1 entspricht hinsichtlich des **Prämienschicksals** bei **Widerruf des Versicherungsvertrages** weitgehend § 9 VVG. Die Teile des § 9 VVG, die von B1-6.2.1 nicht nachgebildet werden (§ 9 Abs. 1 S. 1 Halbs. 2 und Abs. 2 VVG), gelten als halbzwingendes Recht ergänzend. Vorliegend kann entsprechend eine Kommentierung unterbleiben, da diesbezüglich ohnehin auf die Kommentarliteratur zu §§ 8 f. VVG zurückgegriffen werden kann und ferner in der D&O-Versicherung nur in seltenen Fällen ein Widerrufsrecht bestehen wird (siehe zu den Ausnahmen B1-3 Rn. 31).

8 Das einzige potentielle Problem des B1-6.2.1 und die einzige **möglicherweise unzulässige Abweichung** vom halbzwingenden § 9 VVG ist in B1-6.2.1 Abs. 2 S. 1 zu sehen, da hier anders als in § 9 Abs. 1 S. 2 VVG der Anspruch auf Erstattung bei unterlassener Widerrufsbelehrung nicht auf die Prämie „für das erste Jahr des Versicherungsschutzes“, sondern auf die Erstattung des Beitrags „für das erste Versicherungsjahr“ gerichtet ist. Probleme erzeugt dies dadurch, dass das **erste Versicherungsjahr** nach B1-2.3 S. 2 VVG **vertragsautonom definiert** wird, nämlich so, dass bei einer Versicherungsdauer, die nicht aus ganzen Jahren besteht, nicht etwa das letzte sondern

---

1 So richtig MüKoVVG/*Fausten* § 16 Rn. 48; Bruck/Möller/*K. Johannsen* § 16 Rn. 16; Prölss/Martin/*Armbrüster* § 16 Rn. 9.

2 Für weitere Details siehe die allgemeine Kommentarliteratur zu § 39 VVG, etwa Prölss/Martin/*Reiff* § 39 Rn. 2 ff. und für die Fälle rückwirkender Beendigung, die nicht von B1-6.2.1–B1-6.2.3 erfasst werden, *ebenda* Rn. 7.

3 Hierin besteht der entscheidende Unterschied zu B1-6.2.4, unter dem zumindest bei Vorhandensein eines Kurztarifs und einer konkreten Laufzeit, die dann unter diesem Kurztarif versichert worden wäre, eben ein vollkommen anderer Beitrag zur Anwendung gelangen kann; siehe Rn. 15.

das erste Versicherungsjahr zum Rumpfjahr erklärt wird (siehe B1-2 Rn. 38 i.V.m. 35). Man wird wohl für die Zwecke des B1-6.2.1 Abs. 2 S. 1 davon auszugehen haben, dass die Verwendung dieses definierten Begriffes an dieser Stelle ein schlichter und durch Auslegung zu korrigierender Formulierungsfehler ist. Hält man stattdessen aus diesem Grund B1-6.2.1 Abs. 2 S. 1 für nichtig, führt dies zur Lückenfüllung durch § 9 Abs. 1 S. 2 VVG und mithin zum selben Ergebnis.

2. Prämienschicksal oder Anspruch auf Geschäftsgebühr bei Rücktritt (B1-6.2.2)

Durch B1-6.2.2 werden zwei Konstellationen des Rücktritts, nämlich der Rücktritt wegen Verletzung der Anzeigeobliegenheit nach B3-1.2.1 und der Rücktritt wegen Erstprämienverzug nach B1-3.2, hinsichtlich des Prämienschicksals erfasst. Insoweit ein **Rücktritt aus anderen Gründen** erklärt wird – insbesondere wegen eines einzelvertraglich gewährten Rücktrittsrechts –, greift hingegen bei Abwesenheit anderer Regelungen die **allgemeine Regel** des B1-6.1. In diesem Fall würde es nach der allgemeinen Regel des § 346 BGB zu einer vollständigen Rückabwicklungen der Leistungen unter dem dann entstehenden Rückabwicklungsverhältnis kommen, sodass der VN gerade nach Erklärung des Rücktritts (rückwirkend) keinerlei Versicherungsschutz erhalten und der VR unter B1-6.1 entsprechend auch keinen Anspruch auf einen *pro-rata-temporis*-Anteil des Beitrags hätte.[4] 9

a) Prämienschicksal bei Rücktritt wegen vorvertraglicher Anzeigeobliegenheitsverletzung (Abs. 1). Das Prämienschicksal bei **Rücktritt** nach B3-1.2.1 (§ 19 Abs. 2 VVG) wegen einer (zumindest grob fahrlässigen) **Verletzung der vorvertraglichen Anzeigeobliegenheit** nach B3-1.1 wird durch B1-6.2.2 Abs. 1 in inhaltlicher Übereinstimmung zu § 39 Abs. 1 S. 2 Alt. 1 VVG geregelt. Entsprechend steht dem VR ein Anspruch auf den **zeitanteiligen Beitrag bis** zum **Zugang** seiner **Rücktrittserklärung** zu, während der Deckungsanspruch des VN zumindest grundsätzlich nach B3-1.2.1 Abs. 1 S. 2 rückwirkend wegfällt, aber zumindest unter den Bedingungen des B3-1.2.1 Abs. 4 weiter bestehen kann (siehe B3-1 Rn. 61 und 62 ff.). 10

Soweit hingegen ein Rücktritt unter den Bedingungen des B3-1.2.2 S. 1 wegen der nur (leicht) fahrlässigen Verletzung der vorvertraglichen Anzeigeobliegenheit ausgeschlossen, aber immerhin noch ein, dann ausgeübtes **Kündigungsrecht** eröffnet ist, so **richtet sich** das Prämienschicksal **nach B1-6.1**, sodass nur ein Anspruch auf einen *pro-rata-temporis*-Beitrag bei verbleibender Deckung besteht. 11

b) Anspruch auf Geschäftsgebühr bei Rücktritt wegen verspäteter Zahlung des Erst- oder Einmalbeitrags (Abs. 2). Durch B1-6.2.2 Abs. 2 wird § 39 Abs. 1 S. 3 VVG inhaltlich ohne Abweichungen umgesetzt, sodass bei einem Rücktritt nach B1-3.2 wegen Zahlungsverzug mit dem Erst- oder Einmalbeitrag, der Vertrag zwar grundsätzlich vollständig zurückabgewickelt wird, dem VR aber immerhin noch eine **angemessene Geschäftsgebühr**[5] zusteht. 12

3. Prämienschicksal bei Anfechtung wegen arglistiger Täuschung (B1-6.2.3)

B1-6.2.3 setzt § 39 Abs. 1 S. 2 Alt. 2 VVG inhaltlich ohne Abweichungen um, sodass im Falle einer **Anfechtung** durch den VR nach §§ 123 f. BGB wegen **arglistiger Täuschung** durch den VN, die entsprechend § 22 VVG (siehe B3-1.6 Rn. 22, 25 und 71 f.) durch die Regelungen zur vorvertraglichen Anzeigeobliegenheit nach §§ 19 ff. VVG (bzw. B3-1) gerade nicht gesperrt wird, der VR einen An- 13

4 Vgl. so auch Prölss/Martin/*Reiff* § 39 Rn. 7.
5 Siehe hierzu etwa MüKoVVG/*Staudinger* § 39 Rn. 6; vertieft Prölss/Martin/*Reiff* § 39 Rn. 13; *Markopoulos* r+s **2013**, 110.

spruch auf den **zeitanteiligen Beitrag bis** zum **Zugang** seiner **Anfechtungserklärung** behält, während der Deckungsanspruch des VN *ex tunc* wegfällt.[6]

14 **Andere Anfechtungen**, also insbesondere solche des VN nach § 123 BGB oder des VN bzw. des VR nach §§ 119 f. BGB,[7] werden von B1-6.2.3 hingegen **nicht erfasst**, sodass wiederum B1-6.1 greift. Hier sind nunmehr die Leistungen bereicherungsrechtlich zurückabzuwickeln, sodass der VN nach Erklärung der Anfechtung (rückwirkend) keinerlei Versicherungsschutz erhalten und unter B1-6.1 entsprechend auch der VR keinen Anspruch auf einen *pro-rata-temporis*-Anteil des Beitrags hätte.

4. Prämienschicksal bei Interessenwegfall (B1-6.2.4)

15 Durch B1-6.2.4 wird weitgehend wortgleich § 80 Abs. 2 VVG umgesetzt und bestimmt, dass bei vollständigem und dauerhaftem Wegfall des versicherten Interesses dem VR nur der (Teil des) Beitrag(s) zusteht, den er hätte beanspruchen können, wenn die Versicherung von Anfang an nur bis zu dem Zeitpunkt geschlossen worden wäre, zu dem der VR vom Interessenwegfall Kenntnis erlangt hat. Es ist also zu ergründen, welcher **Beitrag für** eine solche **verkürzte Versicherungsperiode** erhoben worden wäre. Da es in der D&O-Versicherung üblicherweise keine Kurztarife gibt, bedeutet dies für gewöhnlich, dass der Beitrag als *pro rata temporis* geschuldet gilt.[8]

16 Allerdings dürfte diese Regelung **in** der **D&O-Versicherung** ohnehin **kaum** jemals **Bedeutung** haben. Wichtig ist hier, dass B1-6.2.4 eben nur bei vollständigem und dauerhaftem Wegfall des **gesamten versicherten Interesses** greift. Hierdurch unterscheidet sich B1-6.2.4 bereits erheblich von Ziff. 17 AHB, unter der es auch ein teilweises Erlöschen der Versicherung für einzelne weggefallene Risiken gibt.[9] Selbst wenn man eine solche Regelung in die AVB D&O übernommen hätte, wäre ein **Risikowegfall** jedoch nur **selten gegeben**. Hinsichtlich der personenbezogenen Risiken ist zu sagen, dass durch A-1 Abs. 1 gerade auch ehemalige Mitglieder des Aufsichtsrates, des Vorstands oder der Geschäftsführung des VN oder seiner Tochtergesellschaften als versicherte Personen gelten und über A-5.2 können gerade auch Pflichtverletzungen, die in der Vergangenheit (also vor dem materiellen Versicherungsbeginn) lagen, einen Versicherungsfall begründen, wenn nur die Inanspruchnahme nach A-2 während der Vertragsdauer erfolgt. Insofern besteht das versicherte Haftungsrisiko jeder versicherten Person auch fort, wenn sie das Unternehmen verlässt oder gar stirbt. Solange nicht alle potentiellen Haftungsfälle abgewickelt sind, bleibt letztlich das Risiko bestehen.[10] Gerade ob der Geltung des *claims-made*-Prinzips in der D&O-Versicherung kann ein Interessenwegfall letztlich (nahezu) niemals gegeben sein.

17 Der einzige **potentielle Anwendungsfall** des B1-6.2.4 in der D&O-Versicherung ist der der (freiwilligen) **Liquidation** des VN während der Vertragslaufzeit, was gemäß A-5.6 Abs. 1 zur sofortigen Beendigung des Vertrages führt.[11] Würde man sich nunmehr auf den Standpunkt stellen, dass die D&O-Versicherung zwar eine Versicherung für fremde Rechnung ist, aber der VN zumin-

---

6 In diesem letzten Punkt besteht ein Vorteil für den VR gegenüber einem Rücktritt wegen „nur“ vorsätzlicher oder grob fahrlässiger Verletzung der vorvertraglichen Anzeigepflicht, da bei diesem dem VN noch der Beweis des Kausalitätsgegenbeweises offensteht, siehe oben Rn. 10 mit Verweis auf B3-1.2.1 Abs. 4 (siehe für Details B3-1 Rn. 61).

7 Hierbei ist allerdings zu berücksichtigen, dass die Anfechtung des VR nach § 119 BGB hinsichtlich von gefahrerheblichen Umständen durch § 19 VVG (bzw. B3-1) ausgeschlossen ist; so die st.Rspr. RGZ 132, 386 (189); BGH VersR **1986**, 1089, 1090, ders. VersR **1995**, 457, 458.

8 Vgl. MüKoVVG/*Halbach* § 80 Rn. 16 f.

9 Siehe etwa Prölss/Martin/*Lücke* Ziff. 17 AHB Rn. 2 ff.

10 *Littbarski*, AHB, § 9 Rn. 54; Prölss/Martin/*Lücke* Ziff. 17 AHB Rn. 3; **a.A.** aber Späte/Schimikowski/*Harsdorf-Gebhardt* Ziff. 17 AHB Rn. 10.

11 Noch nicht einmal potentiell durch B1-6.2.4 erfasst ist der Fall des Insolvenzantrags in Bezug auf den VN, da dies gemäß A-5.5 zwar dazu führt, dass der Versicherungsschutz in so weit eingeschränkt wird, dass während der materiellen Vertragslaufzeit erhobene Schadensersatzforderungen, die auf einer Pflichtverletzung ab diesem Zeitpunkt beruhen, nicht mehr erfasst werden, was aber eben keinen vollständigen Interessenwegfall begründet.

dest wirtschaftlich eigentlich ein eigenes Interesse versichert, ließe sich dies mit einiger Mühe unter B1-6.2.4 subsummieren. Vorliegend kann diese Frage jedoch dahinstehen, da die Liquidation zweifelsfrei unter A-5.6 Abs. 1 zur Beendigung führt und mithin bei Unanwendbarkeit der *clausula specialis* des B1-6.2.4 eben B1-6.1 greifen würde, der wegen der „Tarifstrukturen" in der D&O-Versicherung (siehe Rn. 15) das gleiche Ergebnis erzeugt wie B1-6.2.4: nämlich einen Beitragsanspruch *pro rata temporis*.

5. Prämienschicksal bei Nicht-Bestehen des Interesses (B1-6.2.5)

B1-6.2.5 setzt weitgehend wortgleich und inhaltsgleich § 80 Abs. 1 und 3 VVG um, und bestimmt in seinem Abs. 1, dass eine **Prämienschuld vollständig wegfällt** und allenfalls ein **Anspruch auf** eine **angemessene Geschäftsgebühr** besteht, wenn das versicherte Interesse bereits zum Zeitpunkt des materiellen Beginns der Versicherung (siehe B1-1 Rn. 4 und 5 ff.) nicht bestand oder wenn das Interesse nicht entsteht bei einer Versicherung, die für ein künftiges Unternehmen oder ein künftiges Interesse genommen wurde. 18

B1-6.2.5 Abs. 2 macht hiervon wie § 80 Abs. 3 eine **Rückausnahme**, wenn nämlich der **Vertrag über** das **nicht bestehende Interesse** in **betrügerischer Absicht** genommen wurde, sodass der Vertrag nichtig ist und der VR dann einen Anspruch auf den Beitrag *pro rata temporis* bis zu dem Zeitpunkt hat, zu dem er Kenntnis von den die Nichtigkeit begründenden Tatsachen erlangte. 19

Auch B1-6.2.5 dürfte in der D&O-Versicherung, anders als etwa in der Sachversicherung, **nur in seltenen Fällen** je **relevant** werden. Ein bereits **anfänglich inexistentes versichertes Interesse** i.S.d. B1-6.2.5 Abs. 1 S. 1 Halbs. 1 würde voraussetzen, dass entgegen der Annahme der handelnden natürlichen Person das als VN vertretene Unternehmen nicht existiere. Hierbei ist jedoch zu berücksichtigen, dass eine Gesellschaft, auch wenn beispielsweise eine konstitutiv wirkende Eintragung entgegen der Annahme der handelnden Person noch nicht erfolgt ist, so sie werbend am Markt auftritt, dann eventuell in einer anderen Gesellschaftsform existieren kann und, wenn die Gesellschaft tatsächlich fehlerhaft gegründet wurde und der Gesellschaftsvertrag deshalb nichtig ist, nach den Grundsätzen der fehlerhaften Gesellschaft eben doch als existent behandelt wird.[12] Insofern existiert also auch ein Interesse. 20

Einschlägiger dürfte B1-6.2.5 Abs. 1 S. 1 Halbs. 2 Alt. 1 dann sein, wenn die handelnde (natürliche) Person von Anfang an für ein **noch zu gründendes Unternehmen** handelt, diese Unternehmensgründung später aber ausbleibt. Man dürfte diesen Rechtsgedanken des B1-6.2.5 Abs. 1 S. 1 Alt. 1, wenn der Vertrag hier keine abweichenden Regelungen vorsieht, auch dann anwenden können, wenn es um die Mitversicherung **zu erwerbender Tochtergesellschaften** geht. Wenn hinsichtlich der Einbeziehung eines solchen neuen Tochterunternehmens ein Beitragszuschlag vereinbart wird, hat dieser rückwirkend wegzufallen, wenn der Erwerb später doch scheitert. 21

B1-6.2.5 Abs. 1 S. 1 Halbs. 2 Alt. 2 hinsichtlich der **Nichtentstehung eines versicherten zukünftigen Interesses** kann in der D&O-Versicherung letztlich nur dann relevant werden, wenn es um eine **Selbstbehalts-D&O-Versicherung** oder eine **Individualpolice eines künftigen Unternehmensleiters** geht. Wenn, entgegen der Erwartung, eine Berufung zum Unternehmensleiter ausbleibt, kommt auch das versicherte zukünftige Interesse nicht zu Entstehung und der VN hat allenfalls für die angemessene Geschäftsgebühr einzustehen. Denkbar wäre ein Ausbleiben der Entstehung eines versicherten zukünftigen Interesses auch im Rahmen einer **Exzedentenversicherung**, wenn diese eine höhere Versicherungssumme gerade nur im Zusammenhang mit einem geplanten zukünftigen Projekt zur Verfügung stellen möchte, das dann jedoch ausbleibt. 22

Dass eine **D&O-Versicherung** i.S.v. B1-6.2.5 Abs. 2 **in betrügerischer Absicht über ein inexistentes Interesse** genommen wird, erscheint (eher) **unrealistisch.** Zumindest für derartige Betrugsversuche sind andere Versicherungssparten, gerade die Sachversicherung, wesentlich anfälli- 23

12 Siehe hierzu einführend etwa Baumbach/Hopt/*Roth* § 105 HGB Rn. 75 ff.

ger. Insofern kann hier getrost auf die Kommentierung des umgesetzten § 80 Abs. 3 VVG (siehe Rn. 19) verwiesen werden.

C. Abweichende Marktbedingungen

I. Abweichender Wortlaut

24 Die erhobenen Maklerbedingungen enthalten **keine gesonderten Regelungen** zum Prämienschicksal bei vorzeitiger Vertragsbeendigung.

II. Unterschiede zu Musterbedingungen

25 Entsprechend der Abwesenheit gesonderter Bedingungen **greifen** die **gesetzlichen Bestimmungen** der §§ 9, 39 und 80 VVG. Da B1-6 von diesen jedoch allenfalls im Wortlaut leicht abweicht (siehe Rn. 3), ergeben sich keine relevanten Unterschiede.

Abschnitt B2 **Dauer und Ende des Vertrages, Kündigung**

B2-1 Dauer und Ende des Vertrags

B2-1.1 Vertragsdauer

Der Vertrag ist für den im Versicherungsschein angegebenen Zeitraum abgeschlossen.

B2-1.2 Stillschweigende Verlängerung

[1]Bei einer Vertragsdauer von mindestens einem Jahr verlängert sich der Vertrag um jeweils ein Jahr. [2]Er verlängert sich nicht, wenn einer der Vertragsparteien spätestens drei Monate vor dem Ablauf der jeweiligen Vertragslaufzeit eine Kündigung zugegangen ist.

B2-1.3 Vertragsdauer von weniger als einem Jahr

Bei einer Vertragsdauer von weniger als einem Jahr endet der Vertrag zum vereinbarten Zeitpunkt, ohne dass es einer Kündigung bedarf.

B2-1.4 Kündigung bei mehrjährigen Verträgen

Bei einer Vertragsdauer von mehr als drei Jahren kann der Versicherungsnehmer den Vertrag zum Ablauf des dritten Jahres oder jedes darauf folgenden Jahres kündigen; die Kündigung muss dem Versicherer spätestens drei Monate vor dem Ablauf des jeweiligen Jahres zugegangen sein.

Schrifttum

Cyrus Neue Entwicklungen in der D&O-Versicherung, NZG 2018, 7; *Dreher/Thomas* Die D&O-Versicherung nach der VVG-Novelle 2008, ZGR 2009, 31; *Funck/Pletsch* Wann ist ein Fünfjahres(alt)vertrag kündbar? VersR 2009, 615; *Koch* Die Rechtstellung der Gesellschaft und des Organmitglieds in der D&O-Versicherung (II) GmbHR 2004, 160; *Neuhaus/Kloth/Köther* Neue Frist, alte Verträge – Wann ist ein Altvertrag mit mehrjähriger Laufzeit kündbar? ZfV 2009, 180; *Peltzer* Konstruktions- und Handhabungsschwierigkeiten bei der D&O Versicherung, NZG 2009, 970.

Übersicht

A. **Allgemeines** — 1

I. Entstehungsgeschichte — 2

II. Regelungsgegenstand — 3

B. **Inhalt der Klausel**

I. B2-1.1 Vertragsdauer — 4

II. B2-1.2 Stillschweigende Verlängerung — 5

III. B2-1.3 Vertragsdauer von weniger als einem Jahr — 7

IV. B2-1.4 Kündigung bei mehrjährigen Verträgen — 8

V. Mehrfache Kündigungen — 10

VI. Unwirksame oder verfristete Kündigung
1. Hinweispflicht — 11
2. Umdeutung — 12

https://doi.org/10.1515/9783110675511-018

VII. Einvernehmliche Vertragsaufhebung — 13

VIII. Sonstiges
1. Schadenersatzanspruch der versicherten Personen bei Vertragsbeendigung — 16
2. Rücknahme/Widerruf — 22
3. Teilkündigung — 24
4. Weitere Beendigungstatbestände — 26

C. Abweichende Marktbedingungen — 28

A. Allgemeines

1 Die Vorschrift regelt die Vertragslaufzeit des Versicherungsvertrages, also dessen Beginn und Ende. Sie orientiert sich dabei an § 11 VVG. Es handelt sich hingegen nicht um eine Regelung hinsichtlich des materiellen versicherten Zeitraums. Diese ist in Ziffer A-5 enthalten.

I. Entstehungsgeschichte

2 Die Klausel war vor der Umstellung auf die AVB D&O in Ziffer 9.1 AVB-AVG enthalten. Diese Vorschrift wurde ohne inhaltliche Änderungen in Ziffer B2-1 übernommen. Es wurde lediglich eine neue Unternummerierung für die einzelnen Absätze eingefügt.

II. Regelungsgegenstand

3 Die Klausel regelt die Vertragslaufzeit des D&O-Versicherungsvertrages. In Ziffer B2-1.1 wird klarstellend auf die im Versicherungsschein genannte Vertragsdauer hingewiesen. Ziffern B2-1.2 und B2-1.3 AVB D&O legen in Abhängigkeit der ursprünglich vereinbarten Vertragsdauer fest, ob der Versicherungsvertrag sich ohne Kündigung automatisch verlängert oder in dem vereinbarten Zeitpunkt endet. Ziffer B2-1.4 übernimmt die gesetzliche Regelung aus § 11 Abs. 4 VVG, die den Vertragsparteien eine Kündigungsmöglichkeit im Zusammenhang mit dem Eintritt des Versicherungsfalls unter bestimmten Voraussetzungen ermöglicht.

B. Inhalt der Klausel

I. B2-1.1 Vertragsdauer

4 Klausel B2-1.1 AVB D&O regelt eine Selbstverständlichkeit. Auch ohne diese Regelung würde gelten, dass der D&O-Versicherungsvertrag für die im Versicherungsschein genannte Dauer gilt. Insoweit hat die Klausel lediglich eine klarstellende Funktion.

II. B2-1.2 Stillschweigende Verlängerung

5 Soweit die ursprüngliche Vertragslaufzeit mindestens ein Jahr betragen hat, verlängert sich der D&O-Versicherungsvertrag gem. Ziffer B2-1.2 stillschweigend um ein Jahr, soweit er nicht rechtzeitig gekündigt wird. Die Vorgaben von § 11 VVG werden dabei eingehalten. Soweit eine Verlängerung vermieden werden soll, müssen der Versicherer bzw. der Versicherungsnehmer den Vertrag spätestens drei Monate vor Ablauf der jeweiligen Versicherungsperiode kündigen. Hierbei handelt es sich um eine **einseitig empfangsbedürftige Willenserklärung**, die von dem Vertragspartner nicht bestätigt werden muss.[1] Eine bestimmte Form für die Kündigung ist in der Klausel selbst

1 MüKoVVG/*Fausten* VVG § 11 Rn. 117.

nicht vorgesehen. Allerdings gilt auch hier Ziffer B4-2.1 Abs. 1 AVB D&O, sodass die Kündigungserklärung des Versicherungsnehmers gegenüber dem Versicherer der Textform bedarf. Teilweise wird dem Versicherungsnehmer in einigen D&O-Versicherungsbedingungen die Möglichkeit eingeräumt, pro Versicherungsperiode einseitig deren Verlängerung um wenige Monate gegen anteilige Prämienzahlung zu verlangen (siehe Rn. 28 ff.).

Soweit eine Kündigung unterbleibt, wird der Vertrag zu den identischen Konditionen fortgesetzt.[2] Die nächste Prämie ist eine Folgeprämie. Bei einem auftretenden Zahlungsverzug kommt somit die Regelung in § 38 VVG zur Anwendung. Wird hingegen der Vertrag gekündigt, wird er zum Ablauf der aktuellen Versicherungsperiode beendet. Die Kündigung wirkt daher ex nunc. 6

III. B2-1.3 Vertragsdauer von weniger als einem Jahr

Beträgt die ursprünglich vereinbarte Vertragslaufzeit weniger als ein Jahr, so endet der Versicherungsvertrag gem. Ziffer B2-1.3 nach dieser. Einer Kündigung – weder des Versicherungsnehmers noch des Versicherers – bedarf es hierfür nicht. 7

IV. B2-1.4 Kündigung bei mehrjährigen Verträgen

Ziffer B2-1.4 setzt § 11 Abs. 4 VVG um. Sollte die Vertragslaufzeit eines D&O-Versicherungsvertrags länger als drei Jahre betragen, kann der Versicherungsnehmer den Vertrag zum Ende des dritten und jedes darauf folgenden Jahres kündigen. Die Kündigungserklärung muss dem Versicherer drei Monate vor dem Ablauf des Endes des jeweiligen Vertragsjahres zugegangen sein. Auch wenn keine Form geregelt ist, ist gem. Ziffer B4-2.1 Abs. 1 AVB D&O die Kündigung mindestens in Textform zu erklären. 8

Der Versicherer ist – im Gegensatz zum Versicherungsnehmer – an die ursprüngliche Vertragslaufzeit vollständig gebunden. Ihm steht somit nicht die Kündigungsmöglichkeit nach Ziffer B2-1.4 zu. Allerdings kann er den Vertrag durch eine Kündigung im Zusammenhang mit einem Eintritt des Versicherungsfalls nach Ziffer B2-2 gegebenenfalls vorzeitig beenden. 9

V. Mehrfache Kündigungen

In der Praxis kann es teilweise vorkommen, dass **mehrere Kündigungen** aufeinandertreffen. Dies wäre beispielsweise der Fall, wenn der Versicherungsnehmer ordentlich kündigt und der Versicherer noch vor Vertragsbeendigung eine Kündigung anlässlich des Eintritts eines Versicherungsfalls nach Ziffer B2-2 ausspricht. In einer solchen Situation ist die Wirksamkeit jeder Kündigung separat zu prüfen. Insbesondere ist dabei festzustellen, zu welchem Zeitpunkt diese das Vertragsverhältnis beenden würde. Es gilt dann diejenige wirksame Kündigung, die das Vertragsverhältnis früher beendet.[3] 10

VI. Unwirksame oder verfristete Kündigung

1. Hinweispflicht

Früher wurde zum Teil vertreten, dass der Versicherer verpflichtet ist, eine, gleich aus welchem Grund, unwirksame oder verfristete Kündigung nach Treu und Glauben zurückzuweisen. Sollte 11

2 Langheid/Rixecker/*Rixecker* VVG § 11 Rn. 4.
3 Prölss/Martin/*Armbrüster* Vor VVG § 11 Rn. 36 m.w.N.

er dieser Verpflichtung nicht nachkommen, wurde eine Heilung und damit ein Wirksamwerden der Kündigung angenommen.[4] Allerdings hat der BGH diese Ansicht bereits mehrfach abgelehnt.[5] Auch wenn eine Heilung einer unwirksamen oder verfristeten Kündigung zu verneinen ist, besteht aber eine Pflicht des Versicherers, auf eine unwirksame oder verfristete Kündigung hinzuweisen.[6] Bei Verletzung dieser Pflicht besteht, je nachdem, aus welchem Tatbestand diese hergeleitet wird, ein Schadenersatzanspruch aus § 280 Abs. 1 BGB oder § 6 Abs. 5 VVG.[7]

2. Umdeutung

12 Sollte eine Kündigung verspätet erfolgen oder einen fehlerhaften Kündigungstermin nennen, ist grundsätzlich eine Umdeutung nach § 140 BGB möglich.[8] Der mutmaßliche Wille des Kündigenden wird in der Regel dazu führen, dass die verfristete Kündigung in eine solche zum nächstmöglichen Termin umgedeutet wird.[9] Hingegen wird die Umdeutung einer unwirksamen Kündigung in der Regel scheitern, da für deren Wirksamkeit der Hinderungsgrund zunächst beseitigt werden müsste.

VII. Einvernehmliche Vertragsaufhebung

13 Neben der Kündigung des Vertrages kann der D&O-Versicherungsvertrag auch auf andere Weise beendet werden. Insbesondere ist eine einvernehmliche Vertragsaufhebung möglich, die zwischen dem Versicherer und dem Versicherungsnehmer vereinbart wird. Auch wenn die Ansprüche aus dem Versicherungsvertrag überwiegend den versicherten Personen zustehen, können sie einer Verfügung des Versicherungsnehmers über den Vertrag nicht widersprechen und diese auch nicht verhindern. Dies gilt jedenfalls insoweit, wie die Aufhebung nicht auch bereits eingetretene Versicherungsfälle betrifft.

14 Eine Vertragsaufhebung, die **bereits entstandene Versicherungsfälle** mit umfassen soll, ist hingegen nur mit Zustimmung der versicherten Personen möglich. Spätestens mit dem Eintritt des Versicherungsfalls steht die **Verfügungsbefugnis** über diese Ansprüche den versicherten Personen nach Ziffer A-8.1 bzw. vergleichbaren Vorschriften in anderen D&O-Versicherungsbedingungen zu. Insoweit können die Bedingungen des Versicherungsvertrages in Bezug auf diese Ansprüche nicht mehr alleine durch den Versicherungsnehmer geändert werden, da es insoweit an seiner Verfügungsbefugnis fehlt.

15 Die Rechtsprechung des BGH im Falle der Insolvenz des Versicherungsnehmers[10] könnte noch zu einer weitergehenden Beschränkung des Versicherungsnehmers und des Versicherers, ohne Beteiligung der versicherten Personen über den Vertragsinhalt zu verfügen, führen. Das Gericht hat in der zitierten Entscheidung angenommen, dass im Falle einer Insolvenz des Versicherungsnehmers die Verfügungsbefugnis bezüglich versicherter Ansprüche nur den versicherten Personen zustehen solle. Allerdings bedeutet dies nicht, dass Versicherungsnehmer und D&O-Versicherer vor Eintritt des Versicherungsfalls nicht den Versicherungsschutz zu Lasten der versicherten Personen einschränken können. Anderenfalls könnte ein einmal abgeschlossener D&O-Versicherungsvertrag nie mehr geändert werden, da – würde man eine Verfügungsbefugnis der versicher-

---

4 Siehe hierzu HK-VVG/*Muschner* VVG § 11 Rn. 26 m.w.N.

5 BGH 14.1.2015 RuS **2015** 140, 141 f.; BGH 5.6.2013 RuS **2013** 424; BGH 26.10.1988 RuS **1989** 69.

6 Für eine Hinweispflicht aus § 6 Abs. 4 VVG i.V.m. § 1a VVG: HK-VVG/*Muschner* VVG § 11 Rn. 27; Langheid/Rixecker/*Rixecker* VVG § 11 Rn. 11; seine solche Pflicht aus § 242 BGB herleitend: Prölss/Martin/*Armbrüster* Vor VVG § 11 Rn. 29.

7 BGH 16.1.2013 RuS **2013** 185, 188.

8 Strittig, siehe hierzu Prölss/Martin/*Armbrüster* Vor VVG § 11 Rn. 25.

9 So auch Prölss/Martin/*Armbrüster* Vor VVG § 11 Rn. 25 ff. m.w.N.

10 BGH 4.3.2020 RuS **2020** 268. m. Anm. Buntenbroich/Schneider.

ten Personen bereits vor Eintritt des Versicherungsfalls annehmen wollen – immer die Zustimmung sämtlicher versicherten Personen hierzu erforderlich wäre. Diese Rechtsfolge haben die Parteien aber ersichtlich nicht mit der Vereinbarung in Ziffer A-8.1 gewollt. Sie wollten lediglich sicherstellen, dass der Versicherungsnehmer im Falle des Eintritts eines Versicherungsfalls die Rechte der versicherten Personen nicht mehr beeinträchtigen kann und insbesondere auch nicht die Geltendmachung der Ansprüche durch den Versicherungsnehmer – der häufig Anspruchsgegner der versicherten Personen ist – zu erfolgen hat. Lediglich nach Eintritt des Versicherungsfalls ist somit eine Modifikation des Vertragsinhalts ohne Zustimmung der betroffenen versicherten Person nicht mehr möglich. Den versicherten Personen könnte bei einer Vertragsänderung lediglich ein Schadenersatzanspruch nach § 280 Abs. 1 BGB gegen den Versicherungsnehmer zustehen (vgl. Rn. 16 ff.).

VIII. Sonstiges

1. Schadenersatzanspruch der versicherten Personen bei Vertragsbeendigung

Soweit der Vertrag durch den Versicherungsnehmer beendet wird (gleichgültig ob durch seine Kündigung oder seine Zustimmung zur einvernehmlichen Aufhebung), könnte gegebenenfalls diesbezüglich ein Schadenersatzanspruch der versicherten Personen gegen den Versicherungsnehmer gem. § 280 Abs. 1 BGB bestehen. 16

Voraussetzung hierfür ist allerdings, dass der Versicherungsnehmer im Verhältnis zu den versicherten Personen eine Pflicht durch die Vertragsbeendigung verletzt. Dies wird häufig auszuschließen sein. Die versicherten Personen besitzen – jedenfalls aus allgemeinen Rechtsgrundsätzen – kein Anspruch gegen den Versicherungsnehmer, eine D&O-Versicherung abzuschließen bzw. aufrechtzuerhalten.[11] Eine **Pflichtverletzung** scheidet in der Regel auch aus, wenn der Versicherungsnehmer zwar einen D&O-Versicherungsvertrag beendet, aber gleichzeitig einen gleichwertigen oder besseren Deckungsschutz zugunsten der versicherten Personen abschließt. Hier könnte gegebenenfalls aber eine Pflicht verletzt sein, wenn aufgrund der Regelungen zur Rückwärtsdeckung und dem Nachhaftungszeitraum für bestimmte Situationen weder unter dem Alt- noch unter dem Neuvertrag Deckung besteht. 17

Eine Pflichtverletzung des Versicherungsnehmers liegt hingegen vor, wenn im Anstellungsvertrag der den Anspruch geltend machenden versicherten Person eine sog. **Verschaffungsklausel**[12] hinsichtlich des D&O-Versicherungsschutzes vorhanden ist. Dies gilt allerdings nur dann, wenn der Versicherungsnehmer nach der Vertragsbeendigung keinen neuen Deckungsschutz oder einen D&O-Versicherungsvertrag abschließt, der den Anforderungen der Verschaffungsklausel entspricht, beispielsweise weil die Versicherungssumme zu gering ist. 18

Weitere Voraussetzung für einen Schadenersatzanspruch ist, dass den versicherten Personen durch die Pflichtverletzung ein **kausaler Schaden** entstanden sein muss. Diese Voraussetzung liegt beispielsweise nicht vor, wenn auch ohne die Vertragsbeendigung kein Versicherungsschutz unter dem Altvertrag bestanden hätte, beispielsweise weil ein Ausschlusstatbestand eingreift. Der Versicherungsnehmer kann somit gegen den Schadenersatzanspruch alle deckungsrechtlichen Einwendungen geltend machen, die auch dem D&O-Versicherer zugestanden hätten. An dieser Stelle wird dann häufig inzident geprüft werden müssen, ob der versicherten Person überhaupt ein Deckungsanspruch zugestanden hätte. 19

Zusätzlich muss dem Versicherungsnehmer auch ein **Verschulden** zur Last fallen. Dieses wird nach § 280 Abs. 1 S. 2 BGB vermutet. Insoweit muss der Versicherungsnehmer darlegen und notfalls beweisen, aus welchen Gründen sein Verschulden entfallen sollte. 20

---

11 *Koch* GmbHR **2004** 160 (168); *Dreher/Thomas* ZGR **2009** 31, 32; *Peltzer* NZG **2009** 970.

12 Siehe hierzu beispielsweise *Cyrus* NZG **2018** 7, 13 f.

21 Soweit eine Vertragsaufhebung – insbesondere durch Kündigung – durch den **Insolvenzverwalter** erfolgt, steht den versicherten Personen diesbezüglich kein Anspruch auf Schadenersatzanspruch aus § 60 Abs. 1 S. 1 InsO zu, da sie nicht zum geschützten Personenkreis gehören.[13] Möglich bleibt allerdings, dass durch die Kündigung der Insolvenzverwalter eine Pflicht aus dem Anstellungsvertrag gegenüber den versicherten Personen verletzt und damit diesen ein Schadenersatzanspruch aus § 280 Abs. 1 BGB zusteht (siehe Rn. 18).

2. Rücknahme/Widerruf

22 Eine Rücknahme oder ein Widerruf der erklärten Kündigung ist nach Zugang bei dem Vertragspartner nicht mehr möglich.[14] Vor diesem Zeitpunkt kann die Willenserklärung allerdings noch nach § 130 Abs. 1 S. 2 BGB widerrufen werden. Insoweit hat es der Kündigende nach Zugang der Kündigungserklärung bei der anderen Vertragspartei nicht mehr alleine in der Hand, die Vertragsbeendigung zu verhindern.

23 Auch nach erfolgter Kündigung ist aber eine **Fortsetzung des Versicherungsverhältnisses** noch möglich. Allerdings hat dies durch übereinstimmende Vertragserklärungen der Parteien zu erfolgen.[15] Die Rücknahme- oder Widerrufserklärung ist laut BGH bereits als Angebot auf Fortsetzung des gekündigten Vertragsverhältnisses zu verstehen, wenn diese noch während der verbleibenden Vertragslaufzeit abgegeben wird. Durch die Annahme dieses Angebots durch die andere Vertragspartei wird der ursprüngliche Vertrag zu unveränderten Konditionen fortgesetzt.[16] Die Annahme des Vertragsfortführungsangebots kann auch konkludent erfolgen.[17] Sollte allerdings eine Rücknahme- oder Widerrufserklärung erst nach Vertragsbeendigung der anderen Partei zugehen, ist dies als Antrag auf Abschluss eines neuen Vertrages zu den gleichen Konditionen wie der Altvertrag zu verstehen. Der Altvertrag ist und bleibt hingegen durch die ausgesprochene Kündigung wirksam beendet.[18]

3. Teilkündigung

24 Die Kündigung betrifft in den überwiegenden Situationen das Vertragsverhältnis als Ganzes.[19] Eine Teilkündigung ist nach h.M. – mit Ausnahme beispielsweise in der Situation von § 29 VVG oder bei Vorhandensein einer abweichenden Vereinbarung – unzulässig.[20] Des Weiteren kann sich aus den Umständen des Einzelfalls auch ergeben, dass eine Teilkündigung möglich ist. Dies kann insbesondere bei gebündelten Verträgen anzunehmen sein.[21] Nicht zu verwechseln ist die Situation der Teilkündigung mit derjenigen, in denen einer von **mehreren selbstständigen Verträgen** gekündigt werden soll, die lediglich gemeinsam abgeschlossen worden sind. Hierbei handelt es sich schon begrifflich nicht um eine Teilkündigung.

25 Eine unwirksame Teilkündigung kann nach § 140 BGB in das Angebot des Kündigenden umgedeutet werden, den Vertrag entsprechend der Kündigungserklärung zu **modifizieren**.[22] Dieses

---

13 BGH 14.4.2016 ZIP **2016** 1126.
14 BGH 8.6.2016 RuS **2016** 416, 417; BeckOK VVG/*Filthuth* VVG § 11 Rn. 39.
15 BGH 3.10.1984 VersR **1985** 54; HK-VVG/*Muschner* VVG § 11 Rn. 31.
16 BGH 8.6.2016 RuS **2016** 416, 417.
17 HK-VVG/*Muschner* VVG § 11 Rn. 32 auch zu Fällen, in denen eine konkludente Annahme verneint wurde; siehe hierzu auch BeckOK VVG/*Filthuth* VVG § 11 Rn. 39.
18 **a.A.** wohl HK-VVG/*Muschner* VVG § 11 Rn. 31.
19 MüKoVVG/*Fausten* VVG § 11 Rn. 92; HK-VVG/*Muschner* VVG § 11 Rn. 37.
20 Prölss/Martin/*Armbrüster* vor VVG § 11 Rn. 23.
21 HK-VVG/*Muschner* VVG § 11 Rn. 37.
22 MüKoVVG/*Fausten* VVG § 11 Rn. 92; HK-VVG/*Muschner* VVG § 11 Rn. 37.

muss dann aber vom anderen Vertragspartner – entweder ausdrücklich oder konkludent – angenommen werden, damit es zu einer Vertragsumgestaltung kommt.

4. Weitere Beendigungstatbestände

Eine Beendigung des Versicherungsvertrags kann aus der Verletzung einer vorvertraglichen Anzeigeobliegenheit (siehe Ziffer B3-1 Rn. 1 ff.) resultieren. Eine weitere Beendigungsmöglichkeit besteht in dem Fall, dass eine Gefahrerhöhung im Sinne von Ziffer B3-2 vorliegt. Des Weiteren existiert in Ziffer B3-3.1 die Möglichkeit des Versicherers, den Versicherungsvertrag bei einer Obliegenheitsverletzung vor Eintritt des Versicherungsfalls zu kündigen. Ebenfalls besteht eine Kündigungs- bzw. Rücktrittsmöglichkeit des Versicherers gem. Ziffern B1-3 und B1-4 AVB D&O, wenn der Versicherungsnehmer die Versicherungsprämie nicht rechtzeitig entrichtet. 26

Keine Bedeutung in der D&O-Versicherung hat hingegen § 80 VVG, woraus sich ergibt, dass der Versicherungsvertrag beendet ist, wenn das versicherte Interesse vollständig wegfällt. In der D&O-Versicherung wäre diese Voraussetzung nur dann gegeben, wenn die Gesellschaft endgültig liquidiert worden wäre. Zu diesem Zeitpunkt besteht dann aber auch kein D&O-Versicherungsvertrag mehr. 27

C. Abweichende Marktbedingungen

„Gegen anteiligen Prämienzuschlag (pro rata temporis) ist die Versicherungsnehmerin einmal pro Versicherungsperiode berechtigt, diese zu unveränderten Konditionen um drei Monate zu verlängern. Die Verlängerungsoption kann nur bis zur Kündigung des Versicherungsvertrags ausgeübt werden. Mit Verlängerung der Versicherungsperiode wird die Kündigungsfrist auf einen Monat vor Ablauf der betroffenen verlängerten Versicherungsperiode verkürzt. Wird der Versicherungsvertrag von den Parteien nicht spätestens einen Monat vor Ablauf der verlängerten Versicherungsperiode in Textform gekündigt, so verlängert er sich stillschweigend um ein weiteres Jahr zu unveränderten Bedingungen.“ 28

Die Beispielklausel erlaubt es dem Versicherungsnehmer, einmalig pro Versicherungsperiode diese um drei Monate zu verlängern. Diese Option kann somit mehrfach während der gesamten Vertragslaufzeit ausgeübt werden, aber nur einmal pro Versicherungsperiode. Nach der Vorschrift hat der Versicherer dieser Verlängerung nicht zuzustimmen, sondern es handelt sich hier um ein **einseitiges Gestaltungsrecht** des Versicherungsnehmers. Für diese Verlängerung hat er einen anteiligen Prämienzuschlag zu zahlen. Die Höhe richtet sich nach dem Grundsatz „pro rata temporis“, sodass der Zuschlag für die drei Monate ein Viertel der regulären Jahresprämie beträgt. 29

Nach der Beispielklausel kann die Option allerdings lediglich bis zur **Kündigung** des Vertrages ausgeübt werden. Hier stellt sich die Frage, ob auf den Zeitpunkt, durch den der Vertrag durch die Kündigung beendet wurde, oder auf denjenigen, in dem die Kündigungserklärung abgegeben wurde, abzustellen ist. Der Wortlaut der Vorschrift spricht allerdings eher dafür, dass der zweite Zeitpunkt maßgeblich ist. Dies bedeutet, dass eine kurzfristige Verlängerung des Versicherungsvertrages nach der Beispielklausel dann nicht mehr vom Versicherungsnehmer erreicht werden kann, wenn der Versicherer ihm gegenüber bereits die Kündigung erklärt hat. 30

Sollte sich die Laufzeit der Versicherungsperiode durch die Beispielklausel verlängern, hat dies auch Auswirkung auf die geltende **Kündigungsfrist**. Diese verkürzt sich von drei Monaten auf einen Monat. Sollte allerdings der Versicherungsvertrag von keiner der Vertragsparteien bis zu einem Monat vor Ablauf der verlängerten Versicherungsperiode gekündigt worden sein, verlängert sich die Vertragslaufzeit automatisch um weitere 12 Monate. 31

B2-2 Kündigung nach Versicherungsfall

B2-2.1 Kündigungsrecht

[1]Der Versicherungsvertrag kann gekündigt werden, wenn
- **der Versicherer einen Anspruch auf Freistellung anerkannt oder zu Unrecht abgelehnt hat oder**
- **der Versicherer den versicherten Personen die Weisung erteilt, es zum Rechtsstreit über den Anspruch kommen zu lassen.**

[2]Die Kündigung muss dem Vertragspartner in Textform (z.B. E-Mail, Telefax oder Brief) spätestens einen Monat nach der Anerkennung oder Ablehnung des Freistellungsanspruchs oder nach der Rechtskraft des im Rechtsstreit mit dem Dritten ergangenen Urteils zugegangen sein.

B2-2.2 Kündigung durch Versicherungsnehmer

[1]Kündigt der Versicherungsnehmer, wird seine Kündigung mit ihrem Zugang beim Versicherer wirksam. [2]Der Versicherungsnehmer kann jedoch bestimmen, dass die Kündigung zu einem späteren Zeitpunkt, spätestens jedoch zum Ende der laufenden Versicherungsperiode, wirksam wird.

B2-2.3 Kündigung durch Versicherer

Eine Kündigung des Versicherers wird einen Monat nach ihrem Zugang beim Versicherungsnehmer wirksam.

Schrifttum

Kagelmacher Die Schadenfallkündigung im Versicherungsvertragsrecht, 1992; *Nickel* Haftungs-Management-Tipp: § 111 VVG: Kündigung auch bei unrechtmäßiger Deckungsablehnung möglich, VW 2009, 1849.

Übersicht

A. Allgemeines — 1

I. Entstehungsgeschichte — 2

II. Regelungsgegenstand — 3

B. Inhalt der Klausel

I. B2-2.1 Kündigungsrecht und -frist — 4
1. Eintritt des Versicherungsfalls — 5
2. Vorliegen eines der aufgeführten Gründe — 7
   a) Anerkennung des Freistellungsanspruchs — 8
   b) Unberechtigte Ablehnung des Freistellungsanspruchs — 9
   c) Weisung des Versicherers — 10
3. Einhaltung Kündigungsfrist — 11
4. Einzuhaltende Form — 12
5. Rechtsfolge — 13

II. B2-2.2 Kündigung durch Versicherungsnehmer — 14

III. B2-2.3 Kündigung durch Versicherer — 15

C. Abweichende Marktbedingungen — 16

https://doi.org/10.1515/9783110675511-019

A. Allgemeines

In Ziffer B2-2 ist sowohl für den Versicherer als auch für den Versicherungsnehmer die Möglichkeit vorgesehen, den D&O-Versicherungsvertrag im Zusammenhang mit einem eingetretenen Versicherungsfall unter bestimmten Voraussetzungen zu kündigen. Es handelt sich um ein Sonderkündigungsrecht der Parteien. 1

I. Entstehungsgeschichte

Diese Klausel war vor der Umstellung auf die AVB D&O in Ziffer 9.2 AVB AVG 2017 enthalten. Sie wurde in den AVB D&O umstrukturiert und vom Wortlaut her erweitert. Insbesondere wurde der Verweis auf § 92 Abs. 2 S. 2 und 3 VVG gestrichen und der Inhalt der entsprechenden Vorschriften direkt in den Wortlaut der Klausel aufgenommen. 2

II. Regelungsgegenstand

In bestimmten Situationen steht sowohl dem Versicherungsnehmer als auch dem Versicherer ein Kündigungsrecht im Zusammenhang mit einem eingetretenen Versicherungsfall zu. Insoweit wird in Ziffer B2-2 die gesetzliche Regelung aus § 111 VVG abgebildet und an die Besonderheiten des D&O-Vertrages als Versicherung für fremde Rechnung angepasst. In D&O-Marktbedingungen wird allerdings teilweise hiervon abgewichen und das Kündigungsrecht des Versicherers im Zusammenhang mit dem Eintritt eines Versicherungsfalls ausgeschlossen (siehe Rn. 16 f.). 3

B. Inhalt der Klausel

I. B2-2.1 Kündigungsrecht und -frist

Wann der Versicherungsvertrag durch eine Sonderkündigung des Versicherers oder des Versicherungsnehmers im Zusammenhang mit einem eingetretenen Versicherungsfall wirksam beendet wird, ist in Ziffer B2-2.1 geregelt. Folgende Voraussetzungen müssen hierfür erfüllt sein: 4

1. Eintritt des Versicherungsfalls

Erste Voraussetzung von Ziffer B2-2.1 ist, dass ein Versicherungsfall eingetreten ist. Unstreitig ist dies der Fall, wenn eine versicherte Person haftungsrechtlich im Sinne der Bedingungen in Anspruch genommen wurde.[1] Nicht relevant ist hingegen, ob der Versicherer wegen einer Obliegenheitsverletzung oder einem Ausschluss tatsächlich keine Leistung im konkreten Versicherungsfall erbringen muss.[2] 5

Soweit in der D&O-Versicherung ergänzend noch **Zusatzleistungen** (z.B. vorsorgliche Rechtsberatung, Straf-Rechtsschutz) vereinbart sind, tritt der Versicherungsfall teilweise nicht im Zeitpunkt der Inanspruchnahme ein. Insoweit ist dann maßgeblich, wann der Versicherungsfall nach der maßgeblichen Regelung eingetreten ist. Häufig wird aber bei den Zusatzleistungen keine der in Ziffer B2-2.1 genannten Gründe (siehe Rn. 7 ff.) vorliegen.[3] Dies führt dann dazu, dass im Zusammenhang mit den Zusatzleistungen kein Sonderkündigungsrecht besteht. 6

1 Vgl. BeckOK VVG/*Car* VVG § 111 Rn. 5.
2 Bruck/Möller/*Koch* VVG § 111 Rn. 7.
3 In diese Richtung auch Seitz/Finkel/Klimke/*Finkel*/*Seitz* Ziff. 9 Rn. 10.

2. Vorliegen eines der aufgeführten Gründe

7 Des Weiteren muss für das Bestehen des Kündigungsrechts einer der in der Klausel aufgeführten Gründe (Anerkennung oder unberechtigte Ablehnung des Freistellungsanspruchs, Weisung des Versicherers) vorliegen.

8 **a) Anerkennung des Freistellungsanspruchs.** Der Begriff des Anerkenntnisses des Versicherers im Sinne von Ziffer B2-2.1 ist weit zu verstehen. Ein solches liegt nicht nur bei einem förmlichen **Anerkenntnis** vor, sondern schon bei jedem Verhalten, aus dem sich das Bewusstsein ergibt, aus dem Versicherungsvertrag zur Leistung verpflichtet zu sein, und aus dem deutlich hervorgeht, dass der Versicherer den Freistellungsanspruch erfüllen wird.[4] Ein Anerkenntnis des Versicherers wird im Regelfall häufig konkludent durch die Zahlung an den Geschädigten erklärt werden.[5] Eine Leistung aus Kulanz stellt hingegen kein solches Anerkenntnis dar.[6] Hingegen ist in dem Abschluss eines außergerichtlichen oder gerichtlichen **Vergleichs** immer ein Anerkenntnis zu sehen.[7]

9 **b) Unberechtigte Ablehnung des Freistellungsanspruchs.** Ein Sonderkündigungsrecht ist zudem gegeben, wenn der Versicherer zu Unrecht die Deckung gegenüber einer versicherten Person verweigert. Bei einer berechtigten Deckungsverweigerung besteht hingegen keine Kündigungsmöglichkeit des Versicherungsnehmers.[8] Strittig ist die Situation, ob eine unberechtigte Ablehnung durch den Versicherer auch dann gegeben ist, wenn er – ausschließlich und zu Recht – wegen **fehlender Fälligkeit** des Deckungsanspruchs den Versicherungsschutz verweigert.[9] Richtigerweise wird man in dieser Situation ein Kündigungsrecht verneinen müssen. Soweit eine Fälligkeit noch nicht eingetreten ist, kann die versicherte Person vom Versicherer noch keine Freistellung verlangen. Insoweit ist die Ablehnung des Versicherers in dieser Situation berechtigt erfolgt. Eine berechtigte Ablehnung löst aber gerade kein Sonderkündigungsrecht aus.[10] Soweit allerdings die Ablehnung auch auf andere Gründe gestützt wird, die sich hinterher als unzutreffend herausstellen, oder eine Fälligkeit im Zeitpunkt der Ablehnung bereits gegeben war, besteht ein Sonderkündigungsrecht der Parteien.

10 **c) Weisung des Versicherers.** Bei Gewährung einer Abwehrdeckung ist das Sonderkündigungsrecht eingeschränkt. Dieses steht dem Versicherungsnehmer nur dann zu, wenn der Versicherer einer versicherten Person die Weisung erteilt hat, es zu einem Rechtsstreit über den Haftpflichtanspruch kommen zu lassen. Insoweit besteht nur in der Situation ein Kündigungsrecht, in der eine ausdrückliche Weisung des Versicherers erfolgt, weil der Versicherer den Anspruch leugnet, aber die betroffene versicherte Person von dessen Bestehen ausgeht. Möchte hingegen auch die versicherte Person den Anspruch abwehren und bedarf es daher keiner Weisung des Versicherers, besteht das Sonderkündigungsrecht nicht.

---

4 OLG Celle 25.9.2003 RuS **2004** 14, 15; MüKoVVG/*Littbarski* VVG § 111 Rn. 14 m.w.N.; Prölss/Martin/*Lücke* VVG § 111 Rn. 4.

5 Langheid/Rixecker/*Langheid* VVG § 111 Rn. 4; BeckOK VVG/*Car* VVG § 111 Rn. 10; Seitz/Finkel/Klimke/*Finkel*/*Seitz* Ziff. 9 Rn. 11.

6 HK-VVG/*Schimikowski* VVG § 111 Rn. 5; MüKoVVG/*Littbarski* VVG § 111 Rn. 15; Bruck/Möller/*Koch* VVG § 111 Rn. 14; BeckOK VVG/*Car* VVG § 111 Rn. 11.

7 Langheid/Rixecker/*Langheid* VVG § 111 Rn. 4; MüKoVVG/*Littbarski* VVG § 111 Rn. 14.

8 HK-VVG/*Schimikowski* VVG § 111 Rn. 6; Bruck/Möller/*Koch* VVG § 111 Rn. 15.

9 Siehe hierzu Bruck/Möller/*Koch* VVG § 111 Rn. 16 f. m.w.N.

10 So auch Prölss/Martin/*Lücke* VVG § 111 Rn. 6.

3. Einhaltung Kündigungsfrist

Des Weiteren ist erforderlich, dass die in Ziffer B2-2.1 Abs. 2 AVB D&O geregelte Frist eingehalten wird. Diese ist davon abhängig, welcher Grund für die Kündigung vorliegt (siehe Rn. 7 ff.). Die Kündigung hat daher entweder spätestens einen Monat nach der Anerkennung oder unberechtigten Ablehnung des Freistellungsanspruchs oder einen Monat nach rechtskräftigem Abschluss des Rechtsstreits über den Haftungsanspruch bei Vorliegen der in Ziffer B2-2.1 vorgesehenen Weisung des Versicherers (siehe Rn. 10) zu erfolgen. 11

4. Einzuhaltende Form

In Ziffer B2-2.1 Abs. 2 AVB D&O ist vorgesehen, dass die Kündigung in Textform zu erfolgen hat. Insoweit kann diese insbesondere per E-Mail, schriftlich oder per Telefax erfolgen. 12

5. Rechtsfolge

Durch eine wirksame Kündigung nach Ziffer B2-2.1 wird der Versicherungsvertrag für die Zukunft – also ex nunc – beendet. Der genaue Zeitpunkt der Beendigung richtet sich nach Ziffern B2-2.2 und B2-2.3 AVB D&O (siehe Rn. 14 f.) 13

II. B2-2.2 Kündigung durch Versicherungsnehmer

Soweit eine Kündigung nach Ziffer B2-2.1 AVB D&O durch den Versicherungsnehmer erfolgt, wird die Kündigung bereits im Zeitpunkt des Zugangs beim Versicherer wirksam. Diese Rechtsfolge tritt somit ein, wenn der Versicherungsnehmer keinen abweichenden Zeitpunkt für das Wirksamwerden der Kündigung in seiner entsprechenden Erklärung angibt. Die Vorschrift gibt allerdings dem Versicherungsnehmer das Recht, jeden Zeitpunkt zwischen Zugang seiner Kündigungserklärung und Ende der laufenden Versicherungsperiode zu bestimmen, zu dem die Kündigung wirksam werden soll. 14

III. B2-2.3 Kündigung durch Versicherer

Soweit die Kündigung durch den Versicherer erfolgt, wird nach Ziffer B2-2.3 festgelegt, dass diese einen Monat nach dem Zugang beim Versicherungsnehmer wirksam wird. Im Gegensatz zu Ziffer B2-2.2 ist der Zeitpunkt der Wirksamkeit der Kündigung fest vorgegeben und kann vom Versicherer nicht beeinflusst werden. 15

C. Abweichende Marktbedingungen

> *„Der Versicherer ist nach Eintritt eines Versicherungsfalles nicht berechtigt, das Versicherungsverhältnis aus diesem Grund zu kündigen.“* 16

In einigen D&O-Versicherungsbedingungen ist die vorgenannte Beispielklausel oder eine ähnliche Regelung enthalten. Hiermit wird das gesetzliche und auch in Ziffer B2-2 AVB D&O vorgesehene Kündigungsrecht des Versicherers im Schadenfall ausgeschlossen. Dieser kann somit das Vertragsverhältnis nicht anlässlich eines Versicherungsfalls beenden. Die Klausel nimmt hingegen nicht dem Versicherungsnehmer die Möglichkeit, sich anlässlich eines Schadenfalls vom Vertrag zu 17 lösen. Auch wenn dies nicht ausdrücklich in den Bedingungen aufgeführt ist, gilt für diesen die gesetzliche Regelung aus § 111 VVG.

Abschnitt B3 **Anzeigepflicht, Gefahrerhöhung, andere Obliegenheiten**

B3-1 Anzeigepflichten des Versicherungsnehmers oder seines Vertreters bis zum Vertragsschluss

B3-1.1 Vollständigkeit und Richtigkeit von Angaben über gefahrerhebliche Umstände

[1]Der Versicherungsnehmer hat bis zur Abgabe seiner Vertragserklärung dem Versicherer alle ihm bekannten Gefahrumstände anzuzeigen, nach denen der Versicherer in Textform (z.B. E-Mail, Telefax oder Brief) gefragt hat und die für den Entschluss des Versicherers erheblich sind, den Vertrag mit dem vereinbarten Inhalt zu schließen. [2]Diese Anzeigepflicht gilt auch dann, wenn der Versicherer dem Versicherungsnehmer nach seiner Vertragserklärung, aber vor der Vertragsannahme Fragen im Sinn von Satz 1 in Textform stellt.
[3]Wird der Vertrag von einem Vertreter des Versicherungsnehmers geschlossen, so sind bei der Anwendung von Absatz 1 und B3-1.2 sowohl die Kenntnis und die Arglist des Vertreters als auch die Kenntnis und die Arglist des Versicherungsnehmers zu berücksichtigen.
[4]Der Versicherungsnehmer kann sich darauf, dass die Anzeigepflicht nicht vorsätzlich oder grob fahrlässig verletzt worden ist, nur berufen, wenn weder dem Vertreter noch dem Versicherungsnehmer Vorsatz oder grobe Fahrlässigkeit zur Last fällt.

B3-1.2 Rechtsfolgen der Verletzung der Anzeigepflicht

B3-1.2.1 Rücktritt und Wegfall des Versicherungsschutzes
[1]Verletzt der Versicherungsnehmer seine Anzeigepflicht nach B3-1.1 Absatz 1, kann der Versicherer vom Vertrag zurücktreten. Im Fall des Rücktritts besteht auch für die Vergangenheit kein Versicherungsschutz.
[2]Der Versicherer hat jedoch kein Rücktrittsrecht, wenn der Versicherungsnehmer nachweist, dass er die unrichtigen oder unvollständigen Angaben weder vorsätzlich noch grob fahrlässig gemacht hat.
[3]Das Rücktrittsrecht des Versicherers wegen grob fahrlässiger Verletzung der Anzeigepflicht besteht nicht, wenn der Versicherungsnehmer nachweist, dass der Versicherer den Vertrag auch bei Kenntnis der nicht angezeigten Umstände zu gleichen oder anderen Bedingungen geschlossen hätte.
[4]Tritt der Versicherer nach Eintritt des Versicherungsfalls zurück, darf er den Versicherungsschutz nicht versagen, wenn der Versicherungsnehmer nachweist, dass der unvollständig oder unrichtig angezeigte Umstand weder für den Eintritt oder die Feststellung des Versicherungsfalls noch für die Feststellung oder den Umfang der Leistungspflicht ursächlich war. [5]Auch in diesem Fall besteht aber kein Versicherungsschutz, wenn der Versicherungsnehmer die Anzeigepflicht arglistig verletzt hat.

B3-1.2.2 Kündigung
[1]Verletzt der Versicherungsnehmer seine Anzeigepflicht nach B3-1.1 Absatz 1 einfach fahrlässig oder schuldlos, kann der Versicherer den Vertrag unter Einhaltung einer Frist von einem Monat kündigen. [2]Das Kündigungsrecht ist ausgeschlossen, wenn der Versicherungsnehmer nachweist, dass der Versicherer den Vertrag auch bei Kenntnis der nicht angezeigten Umstände zu gleichen oder anderen Bedingungen geschlossen hätte.

https://doi.org/10.1515/9783110675511-020

B3-1.2.3 Vertragsänderung

[1]Hat der Versicherungsnehmer seine Anzeigepflicht nach B3-1.1 Absatz 1 nicht vorsätzlich verletzt und hätte der Versicherer bei Kenntnis der nicht angezeigten Gefahrumstände den Vertrag auch zu anderen Bedingungen geschlossen, so werden die anderen Bedingungen auf Verlangen des Versicherers rückwirkend Vertragsbestandteil. [2]Bei einer vom Versicherungsnehmer unverschuldeten Pflichtverletzung werden die anderen Bedingungen ab der laufenden Versicherungsperiode Vertragsbestandteil.

[3]Erhöht sich durch eine Vertragsänderung der Beitrag um mehr als 10 Prozent oder schließt der Versicherer die Gefahrabsicherung für den nicht angezeigten Umstand aus, so kann der Versicherungsnehmer den Vertrag innerhalb eines Monats nach Zugang der Mitteilung des Versicherers ohne Einhaltung einer Frist kündigen. [4]In dieser Mitteilung hat der Versicherer den Versicherungsnehmer auf dessen Kündigungsrecht hinzuweisen.

B3-1.3 Frist und Form für die Ausübung der Rechte des Versicherers

[1]Die Rechte zum Rücktritt, zur Kündigung oder zur Vertragsänderung muss der Versicherer innerhalb eines Monats schriftlich geltend machen. [2]Dabei hat er die Umstände anzugeben, auf die er seine Erklärung stützt. [3]Begründung kann er nachträglich weitere Umstände innerhalb eines Monats nach deren Kenntniserlangung angeben. [4]Die Monatsfrist beginnt mit dem Zeitpunkt, zu dem der Versicherer von der Verletzung der Anzeigepflicht und der Umstände Kenntnis erlangt, die das von ihm jeweils geltend gemachte Recht begründen.

B3-1.4 Hinweispflicht des Versicherers

Die Rechte zum Rücktritt, zur Kündigung oder zur Vertragsänderung stehen dem Versicherer nur zu, wenn er den Versicherungsnehmer durch gesonderte Mitteilung in Textform (z.B. E-Mail, Telefax oder Brief) auf die Folgen der Verletzung der Anzeigepflicht hingewiesen hat.

B3-1.5 Ausschluss von Rechten des Versicherers

Der Versicherer kann sich auf seine Rechte zum Rücktritt, zur Kündigung oder zur Vertragsänderung nicht berufen, wenn er den nicht angezeigten Gefahrumstand oder die Unrichtigkeit der Anzeige kannte.

B3-1.6 Anfechtung

Das Recht des Versicherers, den Vertrag wegen arglistiger Täuschung anzufechten, bleibt bestehen.

B3-1.7 Erlöschen der Rechte des Versicherers

[1]Die Rechte des Versicherers zum Rücktritt, zur Kündigung und zur Vertragsänderung erlöschen mit Ablauf von fünf Jahren nach Vertragsschluss. [2]Diese Rechte erlöschen nicht für Versicherungsfälle, die vor Ablauf dieser Frist eingetreten sind. [3]Die Frist beträgt zehn Jah-

re, wenn der Versicherungsnehmer oder sein Vertreter die Anzeigepflicht vorsätzlich oder arglistig verletzt hat.

Schrifttum

BeckOGK Henssler/Stilz/Veil, AktG, Stand: 1.2.2024; *Brand* Grenzen der vorvertraglichen Anzeigepflichten des Versicherungsnehmers, VersR 2009, 715; *Dilling* Die Wirksamkeit der Risikoausschlüsse für wissentliche und vorsätzliche Pflichtverletzungen in der D&O-Versicherung, Diss. Köln 2015; *Eley/Franken* Umstandsmeldungen – Grundtypen vertragliche Ausgestaltungen und Klauseln ähnlicher Zielrichtung, RuS 2024, 405; *Fleischer* Zum Grundsatz der Gesamtverantwortung im Aktienrecht, NZG 2003, 449; *Gädtke* Schutz gutgläubiger Organmitglieder bei Anfechtung des Versicherers – nach der Entscheidung des BGH „Heros II"? RuS 2013, 313; *Hendricks* „Umdeckungslücken" in der D&O-Versicherung, CCZ 2008, 64; *Kins* Der Abschluss des Versicherungsvertrags, Diss. Mainz 2010; *Karczewski* Vorvertragliche Anzeigepflichten, §§ VVG § 19 ff. VVG n.F., § 16 ff. VVG a.F., RuS 2012, 521; *Kordes* D&O-Versicherung: Zusammentreffen von wissentlicher Pflichtverletzung und weiteren fahrlässigen Pflichtverletzungen, RuS 2019, 307; *Koch* Aktuelle und zukünftige Entwicklungen in der D&O-Versicherung, WM 2007, 2173; *Lange* Die vorvertragliche Anzeigepflicht in der D&O-Versicherung, VersR 2006, 605; *Lange* Die Vorvertragliche Anzeigepflicht nach der VVG-Reform, RuS 2008, 56; *Langheid* Wissentliche und fahrlässige Pflichtverletzungen in der D&O-Versicherung, VersR 2017, 1365; *Langheid/Goergen* Auswirkungen der VVG-Reform auf die D&O-Versicherung, VP 2007, 161; *Langheid/Grote* Deckungsfragen der D&O-Versicherung, VersR 2005, 1165; *Looschelders* Aktuelle Probleme der vorvertraglichen Anzeigepflicht des Versicherungsnehmers, VersR 2011, 697; *Metz* Aufklärungspflicht des Versicherungsnehmers über unentdeckte Straftaten – versicherungs- und strafrechtliche Aspekte, VersR 2010, 1265; *Neuhaus* Das Argument des „Vergessens" bei der vorvertraglichen Anzeigepflichtverletzung, RuS 2011, 273; *Neuhaus* Die vorvertragliche Anzeigepflichtverletzung im neuen VVG, RuS 2008, 45; *Neuhaus* Kenntnis und Textform der Antragsfragen bei der vorvertraglichen Anzeigepflichtverletzung, VersR 2012, 1477; *Neuhaus* Vorvertragliche Anzeigepflicht – Die „eigene" Frage des Versicherers nach § VVG § 19 Abs. 1 VVG, VersR 2014, 432; *Reusch* Wie weit reicht der Auge- und Ohr-Grundsatz?, NVersZ 2000, 120; *Reusch* Hat der Versicherungsnehmer trotz des Wegfalls der Nachmeldeobliegenheit wegen der Möglichkeit der Arglistanfechtung durch den Versicherer auch nach dem VVG 2008 eine spontane Anzeigepflicht vor und nach Abgabe seiner Vertragserklärung?, VersR 2008, 1179; *Reuter* Wissenszurechnung im Unternehmen, ZIP 2017, 310; *Rudzio* Vorvertragliche Anzeigepflicht bei der D&O-Versicherung der Aktiengesellschaft, Diss. Konstanz 2010; *Schäfers* Die vorvertragliche Anzeigepflicht des Versicherungsnehmers und das allgemeine Leistungsstörungsrecht, Diss. Münster 2013; *Schimikowski* Die vorvertragliche Anzeigepflicht – Ausgewählte Themen –, RuS 2009, 353; *Schimikowski* Vorvertragliche Informationspflichten des Versicherers und des Versicherungsnehmers, RuS 2011 Sonderheft zu Heft 4, 96; Schimikowski, Versicherungsvertragsrecht, 7. Aufl. 2024; *Segger* Keine Haftung unbeteiligter Organmitglieder für wissentliche Pflichtverletzung ihrer Kollegen, VersR 2018 329; *Sommer* Verzicht auf das Recht zur Arglistanfechtung in AGB/AVB, ZVersWiss 2013, 491; *Thomas/Dreher* Die D&O-Versicherung nach der VVG-Novelle 2008, ZGR 2009, 31; *Tschersich* Rechtsfragen der vorvertraglichen Anzeigenpflichtverletzung und der vertraglichen Obliegenheiten, RuS 2012, 53; *Wagner/Rattay* Die Belehrung nach § 19 Abs. 5 – der grenzenlose Verbraucherschutz, VersR 2011 178; *Winterling/Harzenetter* Vorvertragliche Anzeigepflichten in der D&O-Versicherung, VW 2007, 1792.

Übersicht

A. Allgemeines

I. Entstehungsgeschichte — 1

II. Regelungsgegenstand — 3

B. Inhalt der Klausel — 4

I. Vollständigkeit und Richtigkeit von Angaben über gefahrerhebliche Umstände (B3-1.1)
1. Anzeigepflichtige — 5
2. Inhalt der Anzeigeobliegenheiten: bekannte Gefahrumstände — 6
3. Risikoprüfungsfragen
   a) Form — 12
   b) Inhalt — 18
   c) Fragebögen des Vorversicherers — 25
   d) Antragsfragen des Versicherungsmaklers — 26
4. Erfüllung der Anzeigeobliegenheit: Antwort der VN
   a) Grundsatz — 29
   b) Eigenwissen der VN — 31
   c) Kenntnis und Verhalten der Wissensvertreter — 32
   d) Kenntnis und Verhalten der versicherten Personen — 35
   e) Konzernsachverhalte — 38

5. Vertragliche Einschränkung der Wissenszurechnung
 a) Repräsentantenklauseln — 41
 b) Begründung eigenständiger Obliegenheiten der versicherten Personen — 47
 c) Weitere Gestaltungsmöglichkeiten — 48
6. Adressat und Form der Anzeige — 49
7. Erfüllungszeitpunkt — 52

II. Rücktritt (B3-1.2.1)
1. Ausübungsfrist (B1.3) — 53
2. Verschulden — 54
3. Wirkung des Rücktritts
 a) Gesamtwirkung — 58
 b) Schutz redlich Versicherter — 62

III. Kündigungsrecht (B3-1.2.2) oder Beitragsänderung (B3-1.2.3)
1. Kündigung — 66
2. Beitragsänderung — 69

IV. Weitere Vorschriften (B3 1.4 bis B3-1.7)
1. Belehrungspflicht des Versicherers (B3-1.4) — 70
2. Kenntnis des VR (B3-1.5) — 71
3. Anfechtungsrecht (B3-1.6) — 72
4. Erlöschen der Rechte des Versicherers (B3-1.7)
 a) Ausschlussfrist — 74

C. **Abweichende Marktbedingungen**

I. Abweichender Wortlaut — 79

II. Einzelne Maklerbedingungen
1. Severability-Klausel — 80
2. Wissenszurechnung — 82

A. Allgemeines

I. Entstehungsgeschichte

1 Mit Inkrafttreten der VVG-Reform zum 1.1.2008 wurden die Vorschriften über die vorvertragliche Anzeigepflicht grundlegend neu geordnet und die Anforderungen an die vorvertragliche Risikoprüfung verschärft.[1] Während bisher die vorvertragliche Anzeigepflicht des VN eine spontane war und er alle ihm bekannten Umstände bis zum Vertragsschluss ungefragt angeben musste,[2] vollzieht sich mit der Gesetzesnovelle 2008 ein Systemwechsel: grobe Fahrlässigkeit als Mitverschuldensmaßstab, Kontrahierungspflicht im Falle vertragsändernder Umstände sowie absolute Fristen für die Geltendmachung von Kündigung bzw. Rücktritt. Nach damaliger Rechtslage wurden die Interessen des VN nur unzureichend berücksichtigt, da durch die Anzeigepflicht der gefahrerheblichen Umstände diesem ein unangemessenes Risiko aufgebunden wurde.[3] Durch ein verändertes Annahmeschema des VR und damit der veränderten Prüfungsreihenfolge der Gerichte[4] kommt den Fragebögen, Verlängerungsfragebögen und einzelnen schriftlichen Risikoprüfungsfragen der Versicherer eine erhöhte Bedeutung zu.

2 Bei Abschlüssen von Altverträgen bis zum 31.12.2007 kommt das sogenannte **Spaltungsmodell** zu Anwendung, dies bedeutet also, dass bei Altverträgen die vorvertraglichen Anzeigepflichten aus der alten Rechtslage heraus entstanden sind, ohne die Beachtung des Textformerfordernisses nach VVG 2008 durch den VR.[5] Insoweit wird zwischen der alten Rechtslage hinsichtlich des Tatbestands und der neuen Rechtslage hinsichtlich der Rechtsfolgen differenziert (daher auch der Name Spaltungsmodell).[6]

1 Vgl. *Looschelders* VersR **2011** 692.
2 *Schäfers* S. 7.
3 Zu den Zielen der Reform für die vorvertragliche Anzeigepflicht s. auch BTDrucks. 16/3945 S. 64.
4 Langheid/Rixecker/*Langheid* § 19 Rn. 4.
5 Marlow/Spuhl/*Spuhl* § 19 Rn. 18.
6 Marlow/Spuhl/*Spuhl* § 19 Rn. 18 f. m.w.N.

II. Regelungsgegenstand

Die vorvertragliche Anzeigeobliegenheit bezweckt, dass der VR das einzugehende Risiko zutreffend einschätzen kann, um sachgerecht über den Vertragsschluss zu entscheiden und die Prämienhöhe zu bestimmen. Ähnlich wie die §§ 6, 7 VVG zugunsten des VN, sollen die §§ 19 ff. VVG mögliche **Informationsasymmetrien** ausgleichen, damit der VN seinen Wissensvorsprung nicht zulasten des VR einsetzt. Während die Interessen des VN üblicherweise auf die größtmögliche Deckung seiner Haftungsrisiken zu einem angemessenen Preis gerichtet sind, hat der VR ein berechtigtes Interesse an einem risikoadäquaten Prämienvolumen, in das gegenwärtige und zukünftige Haftungsrisiken, die Bilanz- und Vermögenslage der VN und ihre mögliche Kapitalverpflichtung innerhalb des Konzerns eingepreist sind.[7] Allerdings ist die **Risikobewertung** bei der D&O-Versicherung komplex, weil es sich i.d.R. um keine standardisierten Lebenssachverhalte handelt, eine Vielzahl von Personen (z.T. auch Organe und leitende Angestellte von Tochterunternehmen) einschließt und die Risikorelevanz sich aufgrund des „claims-made"-Prinzips auch auf Verantwortliche erstreckt, die zum Zeitpunkt des Vertragsschlusses bereits ausgeschieden sind.[8] Daher muss der VR für die Entscheidung, das Risiko überhaupt zu zeichnen, im Rahmen seiner Risikoprüfung möglichst umfassend alle Sachverhalte kennen lernen, aus denen der VN oder Dritte Ansprüche erheben könnten und wie diese in Bezug auf den Versicherungsschutz behandelt werden sollen.[9] Die **Bedeutung** der vorvertraglichen Anzeigepflichtverletzung ist in der allgemeinen Versicherungspraxis ungemein groß, da deren Rechtsfolgen entscheidende Auswirkungen auf das Versicherungsverhältnis zwischen VN und VR haben. 3

B. Inhalt der Klausel

Die AVB 2020 enthalten Regelungen zur vorvertraglichen Anzeigepflicht, die im Wesentlichen die gesetzlichen Obliegenheiten gemäß §§ 19 ff. VVG wiedergeben und damit redundante bzw. klarstellende Funktion haben. 4

I. Vollständigkeit und Richtigkeit von Angaben über gefahrerhebliche Umstände (B3-1.1)

1. Anzeigepflichtige

Inhaltlich handelt es sich bei dieser Klausel um die gesetzlichen Obliegenheiten nach § 19 Abs. 1 VVG. Anzeigepflichtig ist bei der D&O-Versicherung das versicherungsnehmende Unternehmen, also grundsätzlich die **VN**,[10] das für die korrekte Beantwortung der Fragen verantwortlich ist. Bei einer juristischen Person sind deren **gesetzliche Vertreter** und **Organe**, also z.B. alle Geschäftsführer einer GmbH, anzeigepflichtig.[11] Weiterhin trifft die Pflicht den **Repräsentanten**, also denjenigen, der in dem Geschäftsbereich, zu dem das versicherte Risiko gehört, aufgrund eines Vertretungs- oder ähnlichen Verhältnisses an die Stelle des VN getreten ist. Repräsentant kann nur sein, wer befugt ist, selbständig in einem gewissen, nicht ganz unbedeutenden Umfang für den VN zu handeln bzw. nur diejenige Person, welche im Rahmen einer Repräsentantenklausel in der Police genannt wird, wodurch § 47 VVG abbedungen wird (Risikoverwaltung).[12] Es braucht nicht noch 5

---

7 *Langheid/Goergen* VP **2007** 161.
8 Ebd.
9 *Langheid/Goergen* VP **2007** 161, 162.
10 *Rudzio* **2010** S. 67f.; Langheid/Rixecker/*Langheid* § 19 Rn. 22.
11 Bruck/Möller/*Rolfs* § 19 Rn. 19.
12 Veith/Gräfe/Lange/Rogler/*Lange* § 21 Rn. 138 ff.; Lange § 13 Rn. 59 ff.

hinzuzutreten, dass dieser auch Rechte und Pflichten aus dem VersVertrag wahrzunehmen hat.[13] Gleiches gilt für den **Wissenserklärungsvertreter** [14], der vom VN mit der Erfüllung von Obliegenheiten betraut worden ist und die Erklärung anstelle des VN abgibt, wobei es unerheblich ist, ob dieser die Erklärung aus eigenem Wissen abgibt oder ob er den Inhalt vom VN mitgeteilt bekommen hat.[15] Der bloße Auftrag des VN an einen Dritten, ihm bei der Abfassung der Erklärung behilflich zu sein, reicht als Zurechnungsgrund nicht aus, wenn der VN es anschließend eigenhändig unterschreibt.[16] Darüber hinaus sind die **versicherten Personen**[17] gem. § 47 Abs. 1 VVG anzeigepflichtig, da es sich bei der D&O-Versicherung um eine Versicherung für fremde Rechnung handelt.[18] Dem VN obliegt nach Ansicht des BGH dafür zu sorgen, dass Kenntnis von diesen Gefahrumständen entweder unmittelbar durch ihn oder über die vP an den künftigen VR gelange.[19]

2. Inhalt der Anzeigeobliegenheiten: bekannte Gefahrumstände

6 Gefahrerhebliche Umstände sind Umstände, die für die **Risikobeurteilung** des VR bedeutsam sein können und kumulativ vom VR **schriftlich abgefragt** wurden.[20] Umgekehrt sind daher bloße mündliche Abfragen durch mangelnde Informationsbereitstellung nicht ausreichend.[21] Im Rahmen der D&O-Versicherung sind dies i.d.R. Pflichtverletzungen, die Schadensersatzansprüche gegen eine versicherte Person auslösen und den VR zur Schadensdeckung verpflichten können. Die Reichweite der Umstandsdefinition scheint dabei grenzenlos und reicht vom Überschreiten einer Richtlinie, der Missachtung der Unternehmenssatzung, dem Abschluss eines gewagten Finanzgeschäfts bis zum Entschluss des Vorstands, aus Kostengründen auf eine Terrorversicherung zu verzichten.[22]

7 Der Gesetzgeber hat zudem verlangt, dass der Umstand auch **objektiv gefahrerheblich** sein muss.[23] Die nach altem Recht geltende gesetzliche Vermutung, wonach ein Umstand bereits dann als gefahrerheblich anzusehen ist, wenn der VR danach ausdrücklich und schriftlich gefragt hat, ist entfallen. Falschangaben bei gefahrunerheblichen Umständen führen daher nicht zu einer Verletzung der Anzeigepflicht.[24] Die Beurteilung der Frage nach der Gefahrerheblichkeit eines Umstandes orientiert sich an objektiven und **subjektiven Kriterien.**[25]

8 Die Gefahrerheblichkeit der anzeigepflichtigen Umstände ist aus Sicht des VR unter Berücksichtigung seiner Geschäftsgrundsätze zu beurteilen.[26] Erforderlich ist „konkrete Kausalität".[27] Als **Maßstab** gilt der bei der Risikoprüfung angelegte Prüfungsstandard des VR, nicht die Sicht des

---

13 BGH 21.4.1993 RuS **1993** 321.
14 OLG Köln 1.6.2010 BeckRS **2010** 14394; Bruck/Möller/*Gädtke* AVB D&O 2020/2022 B3 Rn. 3.
15 OLG Hamm 31.5.1996 NJW-RR **1997** 91; Bruck/Möller/*Rolfs* § 19 Rn. 21.
16 BGH 14.12.1995 NZV **1995** 147; **a.A.** Prölss/Martin/*Voit* AVB D&O A-1 Rn. 10 ff. OLG Stuttgart 24.6.1975 VersR **1979** 366.
17 *Langheid/Grote* VersR **2005** 1165 ff.; Prölss/Martin/*Voit* AVB D&O A-1 Rn. 10 ff.
18 Vgl. BGH 18.9.1991 VersR **1991** 1404 (zu § 79 Abs. 1 a.F.); **a.A.** *Lange* VersR **2006** 605, 606.
19 BGH 18.9.1991 RuS **1991** 423, 424 (zu § 16 VVG a.F. = § 19 Abs. 1 VVG n.F.).
20 *Langheid/Goergen* VP **2007** 161.
21 Bruck/Möller/*Rolfs* § 19 Rn. 34; Schwintowski/Brömmelmeyer/*Härle* VVG § 19 Rn. 25; **a.A.** OLG Brandenburg 21.12.2018 BeckRS **2018** 35291.
22 *Hendricks* CCZ **2008** 64, 66.
23 BTDrucks. 16/3945 S. 64.
24 Marlow/Spuhl/*Spuhl* § 19 Rn. 6 ff.
25 BGH 25.9.2019 NJW-RR **2020** 94, 95.
26 BGH 20.9.2000 NVersZ **2001** 69 = VersR **2000** 1486; BGH 28.3.1984 VersR **1984** 629; BGH 20.4.1994 VersR **1994** 711 = NJW-RR **1994**, 859; VersR **1994** 799; 1457; OLG Hamm 9.2.1996 RuS **1997** 34; OLG Köln 14.1.1993 VersR **1993** 1261; vgl. ferner *Schmidt* VersR **1986** 513.
27 Marlow/Spuhl/*Spuhl* § 19 Rn. 32.

jeweiligen Sachbearbeiters, einer anderen Versicherung[28] oder gar die Beurteilung aus der Sicht selbst eines verständigen VN.[29] Sofern der Umstand nicht unter einen der Risikoprüfungsgrundsätze bei der Entscheidung zum Vertragsabschluss subsumiert werden kann, geht dies zu Lasten des VR.[30] Eine Ausnahme gilt bei der **Offenkundigkeit** der Umstände, wenn die (Un-)Erheblichkeit auf der Hand liegt. Die Gefahrerheblichkeit dürfte daher bei Nachfragen, die sich auf einen sehr lange zurückliegenden Zeitraum beziehen, in der Regel zu verneinen sein.[31] Vom VR erfragte Umstände, die im Prämientarif nicht abgebildet werden (**indizierende Umstände**) müssen nicht zwangsläufig unerheblich sein. Hat der Anzeigepflichtige mehrere Tatsachen verschwiegen, muss die Summe der dem VR verschwiegenen Tatsachen betrachtet werden, um Gefahrerheblichkeit und Offenkundigkeit zu beurteilen.[32]

Subjektiv gefahrerheblich sind solche Umstände, die regelmäßig im Bereich des VN liegen 9
und eine Gefahr der ungerechtfertigten Inanspruchnahme des VR begründen oder eine Verletzung der Wahrheitspflicht darstellen (**Vertragsgefahr**). Hierzu zählen Vorverträge, Vorschäden, abgelehnte Anträge oder einschlägige Vorstrafen, selbst wenn die Fragen ausgeschlossene Risikoumstände betreffen.[33] Der VR hätte bei deren Kenntnis den Versicherungsvertrag gar nicht oder jedenfalls mit dem später vereinbarten Inhalt nicht abgeschlossen.[34]

Gefahrerheblich sind auch Umstände, die bei ihrer Verwirklichung unter vereinbarte **Aus-** 10
schlusstatbestände (z.B. Risikoausschlüsse in AVB) fielen, weil auch ausgeschlossene Umstände für eine Einschätzung des subjektiven Risikos maßgeblich sein können.[35] Fragt der VR vor Vertragsschluss also nach bestimmten Dingen, spricht einiges dafür, dass es sich um einen für den VR gefahrerheblichen Umstand handelt.[36]

Umstritten ist, ob die **wirtschaftliche Situation des VN** anzeigepflichtig ist (**Prämiengefahr**). 11
Während Teile der Rspr. dies verneinen,[37] befürworten Teile der Literatur entsprechende Kenntnisse, die einen bestimmten Risikoverlauf (Bonität/Prämienausfall, Versicherungsbetrug) zumindest indizieren können, ohne dabei eine Aussage darüber zu treffen, ob ein finanziell schlechter gestellter VN auch zwingend einen (vorsätzlich herbeigeführten) Versicherungsfall erleiden wird.[38]

3. Risikoprüfungsfragen

a) Form. Der VR muss seine Fragen (Risikoprüfungsfragen/Antragsfragen/Fragebögen) in **Text-** 12
form (§ 126b BGB) stellen, um die gesetzlich geforderte Anzeigepflicht auszulösen. Die nach alter Rechtslage noch vorhandene sogenannte spontane Anzeigepflicht ist damit weggefallen.[39]

Textform i.S.d. § 126b BGB verlangt, dass die Erklärung in Form einer Urkunde oder auf 13
andere zur dauerhaften Wiedergabe in Schriftzeichen geeignete Weise gestellt werden. Das Textformerfordernis hat aber nicht allein den Sinn einer Beweis- und Warnfunktion, sondern zusätz-

28 OLG Frankfurt a.M. 5.12.2001 RuS **2002** 211; Marlow/Spuhl/*Spuhl* § 19 Rn. 33.
29 Langheid/Rixecker/*Langheid* § 19 Rn. 28.
30 *Reusch* VersR **2007** 1313, 1319.
31 BTDrucks. 16/3945 S. 64.
32 Bruck/Möller/*Rolfs* § 19 Rn. 66.
33 OLG Karlsruhe 18.4.1991 RuS **1992** 140; OLG Koblenz 21.9.1990 VersR **1992** 229; OLG Saarbrücken 3.11.2004 VersR **2005** 929; Honsell/*Voit* § 16 Rn. 14; Prölss/Martin/*Armbrüster* § 19 Rn. 3; Bruck/Möller/*Rolfs* § 19 Rn. 51.
34 Langheid/Rixecker/*Langheid* § 19 Rn. 28.
35 *Lange* § 13 Rn. 39; OLG Saarbrücken 3.11.2004 VersR **2005** 929; Honsell/*Voit* § 16 Rn. 14; *Knappmann* VersR **2006** 51f.
36 Veith/Gräfe/Lange/Rogler/*Lange* § 1 Rn. 436.
37 OLG Karlsruhe 19.3.1992 RuS **1993** 76; OLG Hamm 16.1.1981 VersR **1981** 953.
38 Prölss/Martin/*Armbrüster* § 19 Rn. 4; ebenfalls (in gewissem Umfang) zust. Beckmann/Matusche-Beckmann/*Knappmann* § 14 Rn. 21; MüKoVVG/*Langheid* § 19 Rn. 84.
39 **A.A.** *Reusch* VersR **2008** 1179.

lich die einer Dokumentationsfunktion.[40] In erster Linie soll dem VN dadurch ermöglicht werden, dass der Inhalt der Erklärung in Ruhe zur Kenntnis genommen werden und gegebenenfalls später nochmals nachgelesen werden kann. Dies erfolgt in der Regel durch Fragebögen, der der VN vorgelegt werden und ggf. schriftlich gestellte Ergänzungs- oder Nachfragen. Die Textform dient der Rechtssicherheit; das Risiko einer Fehleinschätzung, ob ein Umstand gefahrrelevant ist, liegt somit nicht mehr beim VN.[41] Die Textform kann auch bei **elektronischer Kommunikation** gewahrt werden, sofern die Fragen gespeichert, ihr Inhalt und ihre Zugänglichkeit während angemessener Dauer nicht verändert werden können und hierdurch die Möglichkeit ihrer originalgetreuen Wiedergabe gegeben ist.[42]

14 Im Hinblick auf **nicht in Textform erfragte Umstände** bleibt unter den Voraussetzungen des § 123 BGB das Recht der Anfechtung wegen arglistiger Täuschung gemäß § 22 VVG unberührt. Die Falschbeantwortung mündlich gestellter Fragen könnte also lediglich ein Kündigungsrecht wegen arglistiger Täuschung begründen.[43]

15 Gemäß § 19 Abs. 1 S. 2 VVG ist noch eine **Nachmeldefrist**[44] vorgesehen, die aber nur dann eingreift, wenn der VR vor der Vertragsannahme erneut Fragen im Sinne des § 19 Abs. 1 S. 1 VVG stellt. Sofern der VR auf bestimmte Fragen verweist, ist dies ausreichend um den Anforderungen gerecht zu werden.[45]

16 Die **Nichtbeantwortung** von Fragen ist aber nicht automatisch mit der Falschbeantwortung gleichzustellen.[46] Das OLG Koblenz[47] hat beispielsweise entschieden, dass das Durchstreichen einer Antragsfrage nach einzelnen Umständen als Verneinung der betreffenden Frage gewertet werden müsse. In dem entschiedenen Fall könne man dies nicht als offene Nichtbeantwortung der Frage verstehen, so dass dadurch eine arglistige Täuschung vorliegen kann. Gerade die zeitliche Nähe des verschwiegenen Umstands sei als Indiz für das Vorliegen von Arglist zu werten. Nach dem OLG Schleswig hat der VN nur das zu beantworten, wonach der VR zweifelslos gefragt hat.[48]

17 Weiterhin trägt der VR die Beweislast für die Einhaltung der **Belehrungserfordernisse** des § 19 Abs. 5 VVG. Damit der VR die ihm zustehenden Rechte aus § 19 Abs. 2 bis 4 VVG erforderlichenfalls auch ausüben kann, ist Wirksamkeitsvoraussetzung, dass die Belehrung überhaupt und ordnungsgemäß erfolgt ist.[49] Dies hat der VR als einen für ihn positiven Umstand im Fall des Bestreitens zu beweisen.

18 **b) Inhalt.** Der VR ist in der **Formulierung** der Fragen hinsichtlich seines Informationsbedürfnisses frei. Die Fragen des Versicherers werden überwiegend anhand von vorgefertigten **Fragekatalogen** abgerufen. Bei den vom Versicherer gestellten Fragen muss davon ausgegangen werden, dass diese entscheidungserheblichen Einfluss auf das Vertragsverhältnis haben, da ansonsten nicht danach gefragt worden wäre. Der VN kann deshalb davon ausgehen, dass nicht gestellte Fragen auch irrelevant sind und er dazu von sich aus keine Angaben machen muss. Die gesetzliche Regelung beschränkt nicht das Fragerecht des VR, sondern das Antwortrecht der VN.[50] Denn

---

40 KG 23.5.2014 VersR **2014** 1357, 1359.
41 BTDrucks. 16/3945 S. 64.
42 OLG Hamburg 24.8.2006 NJW-RR **2007** 839; BeckOK BGB/*Wendtland* § 126b Rn. 8; Grüneberg/*Ellenberger* § 126b BGB Rn. 3.
43 *Lange* § 13 Rn. 17 m.w.N.; BTDrucks. 16/3945 S. 64.
44 Siehe unten Rn. 50.
45 Marlow/Spuhl/*Spuhl* § 19 Rn. 70.
46 Siehe auch Rn. 29 ff.
47 OLG Koblenz 3.7.2008 VersR **2009** 53.
48 OLG Schleswig 8.1.2024 NJW-RR **2024** 583, 584.
49 Siehe unten Rn. 68.
50 Veith/Gräfe/Lange/Rogler/*Lange* § 21 Rn. 132.

aufgrund der hohen Relevanz der Auskunftsrechte steht nach Ansicht des BGH[51] dem VR ein erheblicher Beurteilungsspielraum zu und ist es grundsätzlich Sache des VR zu entscheiden, welche Angaben er zur Ermittlung des Sachverhaltes für erforderlich hält und von den Versicherten erfragt. Das Fragerecht ist nach dem Wortlaut des Gesetzes von der Gefahrerheblichkeit getrennt zu betrachten. Die Textformfrage lässt daher für die Vermutung der Gefahrerheblichkeit – anders als § 16 Abs. 1 S. 3 VVG a.F. – keinen Raum.[52] Unerheblich ist es daher nach der **h.M.**, ob es sich um **enge oder weite** („Globalfrage") Fragen handelt.[53] Erlaubt ist danach also die Frage, ob der VN oder den Versicherten Umstände bekannt sind, die einen Haftpflichtanspruch gegen einen Versicherten zur Folge haben könnten (sog. **„Umstandsfrage"**, „Erklärung zur Rückwärtsversicherung", „warranty statement"). Auch die im Vergleich hierzu engere Frage nach der Kenntnis von möglichen **Pflichtverletzungen** ist erlaubt.[54] Der VR wiederum darf von seinem Auskunftsrecht nicht in rechtsmissbräuchlicher Weise oder Umfang Gebrauch machen und hat insbesondere die Informationen vertraulich zu behandeln. Bei Interessengegensätzen zwischen versicherten Personen untereinander oder im Verhältnis zur VN ist der VR zu Neutralität und **Vertraulichkeit**, auch zwischen den versicherten Personen, verpflichtet.[55] Zu trennen ist zwischen den versicherungsvertraglichen Informationsrechten des VR und im **Haftungsprozess** mögliche materiell-rechtlichen Auskunftsansprüchen des Anspruchsgegners gegenüber dem Anspruchsteller.[56]

Die Frage, ob auch nach neuem Recht **Pauschalfragen** zulässig sein sollen, wird unterschied- 19
lich beurteilt. Nach Auffassungen in der **Lit.**[57] sollen die Fragen wegen Abschaffung der spontanen Anzeigepflicht weiter konkretisiert werden müssen. Durch zu pauschal formulierte Fragestellungen kann der VN nicht mehr seiner Verpflichtung ausreichend nachgehen, die Antragsfragen vollständig und richtig zu beantworten.[58] Für eine Konkretisierung spricht auch, die Anforderungen des Schutzzwecks von § 19 Abs. 1 S. 1 VVG zu erfüllen, wonach der VN nicht mehr das Risiko einer Fehleinschätzung von Gefahrumständen tragen soll.[59] Die **h.M.** ist jedoch dem Verständnis der alten Rechtslage weiter gefolgt, so dass weiterhin weit gefasste und pauschale Fragen für zulässig erachtet werden.[60] Dem steht auch die Regelung des § 19 Abs. 1 VVG nicht entgegen, welche keine genauen Anforderungen an die Bestimmtheit von Antragsfragen vorsieht. Für diese Auffassung spricht weiterhin, dass es bei Versicherungsverträgen als Massengeschäfte eine gewisse Pauschalierung und Abstraktion der Fragen unabdingbar ist.[61]

Durchaus kann den VR auch eine **Nachfrageobliegenheit** bei der Fragenbeantwortung tref- 20
fen, damit dessen Rechte aus § 19 VVG überhaupt eingreifen können. Weiß der VR, dass keine vollständigen oder verständlichen Angaben des VN vorliegen, sollte dieser zur Aufklärung Nachfragen stellen. Ansonsten kann der Versicherer sich unter Umständen nicht auf die ihm eigentlich zustehenden Rechte des § 19 VVG berufen.

Um dem berechtigten Interesse des VR nach **Schutz vor sog. Zweckabschlüssen**[62], bei denen 21
der VN den Versicherungsvertrag erst dann abschließt, wenn sich eine haftungsrechtliche Streitigkeit bereits konkret abzeichnet, Rechnung zu tragen, werden in Fragebögen **typische Parameter** abgefragt. Hierzu zählen insbesondere die Frage nach dem Gegenstand der Unternehmenstätig-

---

51 BGH 22.10.2014 VersR **2015** 45 = NJW **2015** 949.

52 BTDrucks. 16/3945 S. 64.

53 Marlow/Spuhl/*Spuhl* § 19 Rn. 63 m.w.N.

54 *Hendricks* CCZ **2008** 64, 66.

55 Höra/*Sieg* § 17 Rn. 161.

56 Bspw. BGH 4.11.2002 BGHZ **152** 280 = NJW **2003** 358 (Einsichtsrechte der versicherten Person ggü. dem VN); BGH 7.7.2008 NZG **2008** 834 (Herausgabe von Geschäftsunterlagen durch ausscheidende Organmitglieder); *Freund* NZG **2015** 1419, 1420f., *Herdter* ZVersWiss **2011** 656 (Einsichtsrechte im Organhaftungsprozess).

57 Schwintowski/Brömmelmeyer/*Härle* § 19 Rn. 39.

58 So bereits OLG Hamm NJW-RR **1991** 1184.

59 Schwintowski/Brömmelmeyer/*Härle* § 19 Rn. 39.

60 Vgl. dazu *Looschelders* VersR **2011** 697 m.w.N.

61 Schwintowski/Brömmelmeyer/*Härle* § 19 Rn. 41.

62 Vgl. OLG Karlsruhe 15.1.2008 VersR **2008** 675.

keit, wirtschaftlichen Kennzahlen (z.B. Bilanzsumme, Eigenkapital, Umsatz), der Geschäftsentwicklung im laufenden Geschäftsjahr, der Zusammensetzung des Gesellschafterkreises der VN, einer Börsennotierung, einem geplanten Börsengang oder einer erkennbar drohenden Übernahme.[63] Ein besonderes Augenmerk liegt dabei auf etwaigen **Vorschäden** und **Vorversicherungen**. Hier wird erfragt, ob in der Vergangenheit bereits Managerhaftpflicht-Fälle zu berichten sind, ob einem Versicherten im Rahmen seiner beruflichen Tätigkeit Pflichtverletzungen bekannt sind oder Handlungen oder Unterlassungen, die ihm gegenüber als Pflichtverletzung bezeichnet wurden. Außerdem ob es laufende oder bereits angekündigte Rechtsstreitigkeiten gibt, an denen die VN ein mitversichertes Unternehmen oder ein Versicherter (möglicherweise) beteiligt ist und die zu einem Anspruch im Sinne der D&O-Versicherung führen könnte und ob in den vergangenen Jahren Dienstverhältnisse von Organmitgliedern der VN oder eines mitversicherten Unternehmens vorzeitig beendet wurden.[64]

22 Bestehen Zweifel über die **Auslegung der Antragsfragen**, kommt die Unklarheitenregelung nach § 305c Abs. 2 BGB analog zur Anwendung. Abzustellen ist auf die Verständnismöglichkeiten eines verständigen, durchschnittlichen VN ohne versicherungsrechtliche Spezialkenntnisse.[65] Die Anzeigeobliegenheit ist also erfüllt, wenn der VN die Frage so verstanden hat, wie er sie als VN vom Wortlaut her verstehen durfte,[66] wobei eine enge Auslegung angezeigt ist.[67] Unklarheiten gehen zulasten des VR.[68]

23 Sofern eine **Rechtspflicht zur Aufklärung** besteht, kann das Für-sich-Behalten eines Umstands, nach dem der VR nicht gefragt hat, eine Täuschung durch Unterlassen darstellen.[69] Dies ergibt sich aus § 242 BGB und betrifft solche Umstände, deren Gefahrerheblichkeit sich der VN aufdrängen musste. Das heißt, dass die ungefragte Mitteilung über die Gegebenheiten des Einzelfalls so selbstverständlich ist, dass eine Nachfrage des VR überflüssig erscheint.[70] Die Rechtspflicht besteht auch für den Fall, dass die VN eine von den Strafverfolgungsbehörden noch nicht entdeckte Straftat ihrer Mitarbeiter zugeben müsste.[71] Beispiele hierfür sind die Verwendung gefälschter Bilanzen im Geschäftsverkehr,[72] die Aufrechterhaltung des Geschäftsbetriebs durch insolvenzverschleppende oder sonstige rechtswidrige Maßnahmen,[73] die Unterhaltung von Schwarzgeldkonten[74] sowie die bewusste Nichterfüllung kapitalmarktrechtlicher Informationspflichten, die vorsätzliche Verheimlichung wesentlicher Geschäftsvorfälle vor dem Aufsichtsrat der Gesellschafterversammlung oder Aufsichtsbehörden, die rechtswidrige Bereicherung von Organmitgliedern oder Gesellschaftern aus dem Gesellschaftsvermögen.[75]

24 **Grenzen** des Fragerechts ergeben sich aus dem Gleichbehandlungsrecht aus (vertraglich) ausgeschlossenen Umständen. Bei unzumutbaren Fragen gilt kein Nemo-tenetur-Grundsatz,[76] so dass sich die Zulässigkeit einer Frage danach bestimmt, ob sie gefahrerheblich ist oder nicht. Auch wird das Fragerecht grundsätzlich nicht durch eine AGB-Prüfung (Inhaltskontrolle gem. §§ 307 ff. BGB) eingeschränkt, die nach h.M. nicht anwendbar ist.[77]

---

63 *Lange* § 13 Rn. 21.
64 *Lange* § 13 Rn. 22.
65 BGH 23.6.1993 BGHZ **123** 83, 85.
66 Rüffer/Halbach/Schimikowski/*Schimikowski* § 19 Rn. 19.
67 Schwintowski/Brömmelmeyer/*Härle* § 19 Rn. 27 m.w.N.
68 BGH 26.10.1988 RuS **1989** 5.
69 *Knappmann* VersR **2011** 724, 726.
70 BGH 24.9.1986 VersR **1986** 1089, 1090.
71 OLG Celle 19.9.2008 VersR **2008** 1532, 1535; vgl. auch *Metz* VersR **2010** 1265, 1269.
72 OLG Düsseldorf 23.8.2005 VersR **2006** 785, 786 (VVG a.F.).
73 BGH 21.9.2011 VersR **2011**, 1563 (HEROS II); MüKoVVG/*Ihlas* Ziffer 320 Rn. 915; *Gädtke* RuS **2013** 313.
74 BGH 29.8.2008 NJW **2009** 89, 91.
75 *Lange* § 13 Rn. 20.
76 *Looschelders* VersR **2011** 697, 700; *Metz* VersR **2010** 1265, 1266 ff.; *Thiel* VersR **2009** 1488, 1492.
77 OLG Saarbrücken 1.2.2006 RuS **2006** 510; **a.A.** OLG Frankfurt a.M. 23.6.1989 VersR **1990** 1103.

c) Fragebögen des Vorversicherers. Wird bei der Akquise von Neugeschäft neben einer reduzierten Prämie oder besseren Bedingungen auch sog. „**Kontinuität**“[78] angeboten, dann akzeptiert der übernehmende VR den ursprünglichen Antragsfragebogen vor erstmaligem Abschluss des Versicherungsvertrages, womit er auf einen aktuellen Fragebogen verzichtet. Insofern wird auch Versicherungsschutz für Versicherungsfälle vor Umdeckung übernommen, sofern diese auf Pflichtverletzungen beruhen, die zwar im Zeitpunkt der Umdeckung, aber noch nicht zu Vertragsschluss mit dem Vorversicherer, bekannt waren. Dem übernehmenden VR stehen dann die Rechte zu, die sich aus dem Altfragebogen ergeben. Probleme in der D&O-Versicherung aus Umdeckungen lassen sich bspw. durch möglichst lange Nachmeldefristen begrenzen.[79] Gleichwohl kann der VR den Vertragsschluss gem. § 22 VVG i.V.m. § 123 BGB wegen arglistiger Täuschung anfechten, denn die Gewährung von „Kontinuität“ enthält weder einen konkludenten noch ausdrücklichen Verzicht und sofern eine Rechtspflicht zur Aufklärung besteht, nach der es sich der VN aufdrängen musste, dass der VR bei Kenntnis der Umstände keine Kontinuität gewähren würde, wie z.B. drohende Risiken im Bereich fünfstelliger Euro-Beträge.[80] 25

d) Antragsfragen des Versicherungsmaklers. In der Praxis liegt dem Versicherungsvertrag häufig ein Fragebogen zugrunde, der von einem Makler selbst stammt oder den der Makler von Mitbewerbern des VR übernommen hat und der mehreren VR zur Abgabe eines (unverbindlichen) Angebotes zur Verfügung gestellt wird. Umfang und Inhalt der Antragsfragen von Makler und VR können daher signifikant abweichen. 26

Fraglich ist, inwiefern Maklerfragen bei späterem Vertragsschluss tatsächlich **als vom VR gestellt** angesehen werden können. Nach **e.A.** soll sich der VR nicht auf § 19 ff. VVG stützen können, sondern lediglich auf das Recht der Arglistanfechtung.[81] Nach zutreffender **a.A.** sollen diese sehr wohl als vom VR gestellt angesehen werden können, sofern sich ausreichend Anhaltspunkte aus dem Fragebogen ergeben, aus denen die VN schließen kann, dass der VR die vom Makler formulierten Fragen zu eigen machen wird,[82] wobei es sogar nicht darauf ankommt, ob die Fragen der VN bekannt waren.[83] 27

Schließt nun der VR den Versicherungsvertrag auf Basis des Makler-Fragebogens ab, obwohl der VR erkannt hat, dass Punkte aus seinem Fragebogen nicht beantwortet sind, verletzt er seine **Nachfragepflicht** und kann sich nicht auf Leistungsfreiheit berufen.[84] Dies gilt analog für den Fall, dass ein Antwortfeld nicht ausgefüllt wird.[85] Der VR verliert allerdings das Recht zur Arglistanfechtung nicht bereits deshalb, weil er seiner Nachfrageobliegenheit nicht nachgekommen ist.[86] 28

4. Erfüllung der Anzeigeobliegenheit: Antwort der VN

a) Grundsatz. Die in Textform gestellten Risikoprüfungsfragen[87] sind **wahrheitsgemäß und vollständig** zu beantworten, um dem VR deren Prüfung und Bewertung zu ermöglichen.[88] Das 29

78 *Eley/Franken* RuS **2024** 405, 409.
79 *Hendricks* CCZ **2008** 64, 67.
80 *Lange* § 13 Rn. 29.
81 LG Hagen RuS **2010** 276, 277; **a.A.** *Lange* **2014**, § 19 Rn. 26.
82 OLG Köln 15.2.2013 VersR **2013** 745; *str.* OLG Hamm 3.11.2010 VersR **2011** 469.
83 OLG Köln 6.6.2014 NJOZ **2015** 304 305.
84 OLG Hamm 23.7.1999 VersR **2000** 878; OLG Hamm 2.2.1993 VersR **1994** 294; Rüffer/Halbach/Schimikowski/*Schimikowski* § 19 Rn. 17.
85 OLG Düsseldorf 2.3.1999 RuS **1999** 356.
86 BGH 11.5.2011 RuS **2011** 304.
87 Veith/Gräfe/Lange/Rogler/*Lange* § 21 Rn. 135.
88 BGH 20.9.2000 NVersZ **2001** 69 = VersR **2000** 1486; NJW-RR **1994** 859 unter 2.a = VersR **1994** 711.

bedeutet grundsätzlich, dass der Anzeigepflichtige positive Kenntnis von dem erfragten Umstand haben muss.[89] Die positive Kenntnis muss zum Zeitpunkt der Vornahme der Anzeigepflicht vorliegen, z.B. bei Eingehung des Vertrages.[90] Ansonsten steht dem VR Schadensersatz in Höhe der Differenz zur bei wahrheitsgemäßen Angaben anfallenden Prämie zu.[91]

30 Die Anzeigeobliegenheit wird durch den Anzeigepflichtigen verletzt in Form des Verschweigens gefahrerheblicher Umstände, unvollständigen Angaben, der unrichtigen bzw. beschönigenden Darstellung[92] sowie der Angabe positiver, aber unrichtiger Umstände.[93] Die (vollständige) Nicht-Beantwortung von Fragen hat keinen Erklärungswert.[94] Streichungen sind entsprechend auszulegen.[95]

31 **b) Eigenwissen der VN.** Mit der Anzeigeobliegenheit wird grundsätzlich **Umstandswissen** abgefragt. Der Anzeigepflichtige gibt damit eine Wissens- und keine Willenserklärung ab über diejenigen gefahrerheblichen Umstände, die ihm bekannt sind und zusätzlich nach denen der VR in Textform (siehe Rn. 12) gefragt hat. Zur Kenntnis des VN gehören auch Umstände, an die sich der VN durch angemessene Gedächtnisanstrengung erinnern kann.[96] In diesem Zusammenhang trifft den VN eine gewisse Nachfrage- bzw. Erkundigungspflicht. Hat der VN tatsächlich **Umstände vergessen**, muss der VN u.U. auf die Lückenhaftigkeit seiner Ausführungen hinweisen.[97] Bei schriftlichen Antragsformularen des VR wird die **Vollständigkeit der Fragen** vermutet.[98] Eine **spontane Anzeigepflicht** besteht nicht, allerdings soll eine Spontananzeige ohne Rückfrage des VR möglich sein.[99] So hat der VN grundsätzlich nur Angaben ihm bekannter Umstände zu liefern, soweit der VR danach in Textform (§ 126b BGB) gefragt hat. Wenn nach Umständen nicht in Textform gefragt wurde, ist der VN bereits nicht dazu verpflichtet, von sich aus gefahrerhöhende Risiken zu offenbaren. Das Risiko wurde damit im Vergleich zur alten Rechtslage auf den VR verlagert, der VN ist nicht weiter von sich aus verpflichtet Umstände offen zu legen, nach denen der VR nicht ausdrücklich gefragt hat (**Wegfall der spontanen Anzeigepflicht**).[100] Daher wird der VR ein Interesse daran haben, einen möglichst umfangreichen und sämtliche Bereiche abdeckenden Fragenkatalog zu entwerfen. In der Praxis dürften hinsichtlich des Fragenkatalogs – im Vergleich zu alter Rechtslage – keine großen Veränderungen eingetreten sein. Denn schon damals bestand ein Interesse des VR, durch die Beantwortung von Antragsfragen möglichst umfassend eine Risikoeinschätzung vornehmen zu können.

32 **c) Kenntnis und Verhalten der Wissensvertreter.** Ist die VN ein Unternehmen, muss sie sich im Versicherungsvertrag nach den allgemeinen zivilrechtlichen Regeln der Wissenszurechnung zur juristischen Person[101] neben ihrem **Eigenwissen** auch die Kenntnis und das Verhalten ihrer

89 BGH 13.10.1982 VersR **1983** 25.
90 BGH 20.11.2019 NJW-RR **2020** 94.
91 Prölss/Martin/*Armbrüster* § 19 Rn. 4.
92 OLG Köln 26.5.2004 VersR **2004** 1255.
93 Bruck/Möller/*Rolfs* § 19 Rn. 79 m.w.N.
94 *H.D. Schmidt* VersR **1986** 511, 512.
95 OLG Bremen 29.7.1997 VersR **1998** 1149.
96 BGH 11.2.2009 VersR **2009** 529.
97 OLG Köln 13.2.1973 VersR **1973** 1017; LG Frankfurt a.M. 19.5.1982 VersR **1983** 773; zum „Vergessen": *Neuhaus* RuS **2011** 273.
98 *Lange* § 13 Rn. 9.
99 Langheid/Rixecker/*Langheid* § 19 Rn. 24.
100 **a.A.** *Reusch* VersR **2008** 1179; unter gewissen Umständen nach wie vor bejahend: Bruck/Möller/*Gädtke* AVB D&O 2020/2022 B3 Rn. 34.
101 Diese Grundsätze gelten auch für nicht rechtsfähige Gesellschaften, vgl. BGH 13.10.2000 NJW **2001** 359. Zur Wissenszurechnung im allgemeinen vgl. BGH 2.2.1996 BGHZ **131** 30 = NJW **1996** 1339.

Wissensvertreter zurechnen lassen.[102] Einerseits hat die VN die Pflicht, die interne Kommunikation ordnungsgemäß zu organisieren und an den berechtigten Erwartungen des Rechtsverkehrs auszurichten. Diese Informationsweiterleitungs- und Informationsabfragepflicht[103] von „typischer weise aktenmäßig festgehaltenem Wissen"[104] soll verhindern, dass eine arbeitsteilige Organisation Vorteile aus der Aufteilung von Wissen ziehen kann („Gleichstellungstheorie"[105]).

Andererseits kommt es nach § 20 S. 1 VVG auf die Kenntnis des Vertreters an. Somit muss die 33
VN uneingeschränkt auf das **Wissen ihrer Organe** (und der mit der Beantwortung der Risikoprüfungsfragen betrauten Mitarbeiter) zurückgreifen. In für die D&O-Versicherung typischen Konstellationen stellt sich die Frage, wie mehrere, zum gleichen Schaden führende Pflichtverletzungen zu beurteilen sind. Deutlich wird dies am Beispiel der Gesamtverantwortung des Vorstandes: Ein Organmitglied begeht eine wissentliche oder vorsätzliche Pflichtverletzung, ein zweites Organmitglied erlangt davon Kenntnis und unternimmt nichts weiter. Ein drittes Organmitglied weiß von nichts und unternimmt (fahrlässigerweise) nichts.[106] Dieses dritte, redlich handelnde Organmitglied treffen bestimmte Überwachungs- und Berichtspflichten, es besteht eine Ressortgrenzen übergreifende Restverantwortung[107] und die Sicherstellung des organinternen Informationsflusses zählt zu den Aufgaben des Gesamtvorstandes.[108] Eine Pflichtverletzung des redlichen Organmitglieds kommt aber nur in Betracht bei Untätigkeit trotz vorliegender Anhaltspunkte für eine unsorgfältige Geschäftsführung.[109] Welche in der Folge zu leistende Abwehr- und Freistellungsdeckung zu leisten ist, hängt von der **Zurechenbarkeit von Wissen und Verhalten** ab. Unstreitig ist, dass das Wissen und das Verhalten von Organmitgliedern im Einklang mit § 47 VVG sowie Ziffer A-7.1 Satz 2 AVB D&O zwar nicht untereinander zugerechnet werden kann; das Wissen jedes Organmitglieds ist damit gesondert zu beurteilen. Dennoch muss die VN aber für das vorsätzliche bzw. wissentliche Verhalten ihrer Organmitglieder einstehen.[110] Nach Ansicht des BGH[111] besteht in der Haftpflichtversicherung schon dann kein Deckungsanspruch, wenn von mehreren, zum gleichen Schaden führenden Tathandlungen nur eine vorsätzlich i.S.v. § 103 VVG erfolgt. Auch wenn Stimmen in der Lit. dies ablehnen,[112] ist der Ansicht von *Langheid*,[113] diese Grundsätze auf die D&O-Versicherung unter restriktiven Vorzeichen zu übertragen, zuzustimmen.[114] Um zu vermeiden, dass das lediglich fahrlässig handelnde Organmitglied seinen Freistellungsanspruch verliert und die VN trotz vorsätzlicher Tat Leistungen des VR erhält, wird ein **Kürzungsmodell** in Anlehnung an das Modell des gestörten Gesamtschuldnerausgleichs[115] vorgeschlagen. Danach ist bei Innenhaftungsfällen der Anspruch der VN gegen fahrlässig handelnde versicherte Personen um den Anteil zu kürzen, wie er beim Innenausgleich der Schuldner auf die Vorsatztat entfallen würde.[116] Dieses Ergebnis erscheint sachgerecht, weil sich die Zurechnungswirkung nicht auf das Verhältnis der versicherten Personen (Organmitglieder) untereinander auswirkt, womit die D&O-Abwehrdeckung nicht vollständig untergeht, sondern sich nach dem individuellen Verhalten der versicherten Personen beurteilt.[117] Zudem richtet sich in Bezug auf die D&O-typische Dreiecksbe-

---

102 *Gädtke* RuS **2013** 313.
103 BGH 2.2.1996 BGHZ **131** 30 = NJW **1996** 1339.
104 BGH 2.2.1996 VersR **1996** 628.
105 BGH 13.10.2000 NJW **2001** 359.
106 Vgl. BGH 27.5.2015 VersR **2015** 1156.
107 *Fleischer* NZG **2003** 449, 452.
108 BeckOGK/*Fleischer* § 76 AktG Rn. 71; *Fleischer* BB **2017** 2499, 2504.
109 BGH 15.10.1996 VersR **1996** 1538; *Kordes* RuS **2019** 307, 309; *Segger* VersR **2018** 329.
110 *Langheid/Grote* Vers **2005** 1165.
111 BGH 27.5.2015 VersR **2015** 1156.
112 MüKoVVG/*Ihlas* Rn. 320. D&O 894; *Looschelders* VersR **2018** 1413, 1420.
113 *Langheid* VersR **2017** 1365.
114 *Langheid* VersR **2017** 1365; *Segger* VersR **2018** 329; zum Diskussionsstand *Kordes* RuS **2019** 307.
115 Grüneberg/*Grüneberg* § 426 BGB Rn. 18; *Langheid* VersR **2017** 1365 Fn. 21 m.w.N.
116 *Langheid* VersR **2017** 1365, 1368.
117 Ebd.

ziehung das Leistungsversprechen des VR nicht an die VN, sondern an jede einzelne versicherte Person.[118]

34 § 20 S. 1 VVG kommt auch dann zur Anwendung, wenn es sich bei der Kenntnis des Vertreters bereits um Eigenwissen des Unternehmens handelt. Die Berücksichtigung der Kenntnis bedeutet allerdings nicht, dass auch das für Rechtsnachteile erforderliche Verschulden vorliegt.

35 **d) Kenntnis und Verhalten der versicherten Personen.** Damit stellt sich die Frage, ob das **Wissen der versicherten Personen** der VN und/oder den anderen versicherten Personen, deren Anzahl je nach Konzerngröße erheblich variieren kann, zugerechnet werden kann. Mit einer D&O-Versicherung versichert eine Gesellschaft das eigene Haftungsrisiko und zusätzlich das Haftungsrisiko ihrer Vorstände, Geschäftsführer und sonstiger leitender Angestellter im Sinne einer Fremdversicherung gem. § 47 VVG.[119] Versicherte Personen, deren Haftungsrisiko durch den Versicherungsvertrag abgedeckt wird, fallen unter diese Zurechnungsnorm, so dass deren Kenntnis und Verhalten berücksichtigt werden muss.[120] Bei **Firmen- oder Konzernpolicen** ist nicht erforderlich, dass jeder Versicherte genaue Kenntnis der Vertragsdetails hat.

36 Für die Zurechnung genügt bereits die Kenntnis von dem bevorstehenden Vertragsschluss, um dem VN für den Vertragsschluss relevantes gefahrerhebliches Wissen zur Übermittlung an den VR mitzuteilen.[121] Angesichts einer **Vielzahl versicherter Personen**, teils mehrere hundert Personen, genügt bereits das nicht angezeigte Wissen einer einzigen Person, damit die VN ihre Anzeigeobliegenheit verletzt.[122] § 47 VVG hat nur die Zurechnung von Kenntnis und Verhalten zwischen versicherter Person und Versicherungsnehmerin, nicht hingegen zwischen den versicherten Personen zum Gegenstand.[123] Gleichwohl unterbleibt hinsichtlich der Praxiserfahrung der D&O-Versicherung die Befragung der versicherten Personen, sei es der mitversicherten leitenden Angestellten, der gegenwärtigen Geschäftsleiter oder Beirats- bzw. Aufsichtsratsmitglieder. Falls die Umstandsfrage (siehe Rn. 18) dennoch als **„Erklärung ins Blaue hinein"**[124] mit „Nein" beantwortet wird, könnte darin nicht nur eine vorsätzliche Verletzung der Anzeigepflicht, sondern auch eine arglistige Täuschung[125] liegen. Anders dagegen der Fall von Unkenntnis, der sich nicht schädlich auswirkt.[126]

37 Beschränkungen der Zurechnung ergeben sich, wenn der Versicherte keine Kenntnis vom Vertragsschluss hat. Wurde dieser Umstand dem VR vorvertraglich gem. § 47 Abs. 2 S. 2 VVG nicht angezeigt, so kann der VR die Werthaltigkeit der ihm zur Verfügung gestellten Informationen nicht beurteilen und braucht daher diesen Einwand nicht gegen sich gelten zu lassen.[127] Neben diesem Vertragsschluss ohne Wissen des Versicherten bilden die Unmöglichkeit oder Unzumutbarkeit der Benachrichtigung des VN (§ 19 Abs. 2 VVG) **gesetzliche Ausnahmen** von der Wissenszurechnung.

38 **e) Konzernsachverhalte.** Bei der Wissenszurechnung im Zusammenhang mit Konzernsachverhalten kommt es mangels gesetzlicher Regelung[128] auf eine differenzierte Einzelfallbetrachtung an.

---

118 Ebd.
119 Langheid/Rixecker/*Langheid* § 19 Rn. 44-46; Höra/*Sieg* § 17 Rn. 65.
120 *Rudzio* **2010**, S. 150.
121 *Lange* VersR **2006** 105.
122 *Hendricks* CCZ **2008** 64, 66; *Koch* WM **2007** 2173, 2181.
123 OLG Hamm 4.2.1994 NJW-RR **1995** 287, 288.
124 OLG Saarbrücken 8.3.2006 RuS **2007** 334.
125 BGH 11.5.2001 NJW **2001** 2326.
126 Marlow/Spuhl/*Spuhl* § 19 Rn. 51.
127 *Langheid/Goergen* VP **2007** 161.
128 Langheid/Rixecker/*Langheid* § 19 VVG Rn. 44–46.

Zwar sind einem uneingeschränkten, konzernweiten Informationsfluss einzelfallbezogen Grenzen gesetzt, bspw. durch § 93 Abs. 1 S. 3 oder §§ 53a, 131 Abs. 4 AktG. Bei der Bestimmung der Angemessenheit und Reichweite der Wissenszurechnung kommt es neben der Organisationsstruktur und der involvierten Personen auf die Art und Weise des jeweils zuzurechnenden Wissens des Unternehmens an. Im Mittelpunkt steht die Frage, wie bei wertender Betrachtung die funktionale Einheit im Konzern eine ausreichende Grundlage für die ausnahmsweise Überwindung der rechtlichen Vielfalt bildet.[129]

Das Wissen **konzernverbundener Unternehmen** des VR wird vor dem Hintergrund datenschutzrechtlicher Aspekte nicht zugerechnet mit Ausnahme für den Fall, dass der VR Veranlassung gehabt hätte. 39

Keine Wissenszurechnung erfolgt im Falle arglistiger Täuschung, bei bewusstem Verschweigen durch den Vertreter (Provisionsinteresse) oder auch bei kollusivem Verhalten von Antragsteller und Vertreter. Eine negative Belastung **gutgläubig Versicherter** kommt daher nicht in Betracht.[130] 40

5. Vertragliche Einschränkung der Wissenszurechnung

a) Repräsentantenklauseln. Zur Beschränkung des für eine Verletzung der vorvertraglichen Anzeigepflicht relevanten Wissens zur Gewährleistung von Gutglaubensschutzes können sog. **Repräsentantenklauseln** vereinbart werden. Diese beschränken den Kreis derjenigen versicherten Personen, deren Wissen dem VN zugerechnet wird. An die Stelle des dispositiven § 47 VVG tritt eine vertragliche Ersatzregelung der Anzeigeobliegenheiten durch Risikoausschlüsse für nicht angezeigte Umstände unter Beschränkung der Folgen des Ausschlusses auf denjenigen, der Kenntnis hat.[131] 41

Der **Kreis der Repräsentanten** setzt sich meist zusammen bspw. aus dem Aufsichtsratsvorsitzenden, dem Vorstandsvorsitzenden oder der Vorsitzenden der Geschäftsführung, dem Finanzvorstand und dem Leiter der Rechts- bzw. Versicherungsabteilung. Er kann aber auch enger (nur Geschäftsleiter) oder weiter (typische Informationsträger, z.B. Leiter der VersAbteilung) gefasst werden. Soweit der VersVertrag nichts anderes bestimmt, gehören zum Kreis der Repräsentanten auch frühere Repräsentanten, so dass sich die VN die Kenntnis jedes Versicherten zurechnen lassen muss, der bei Vertragsschluss Repräsentant war. 42

Sofern es vereinbarungsgemäß **„ausschließlich"** auf das Wissen der Repräsentanten ankommt, ist damit die Zurechnung des Vertreters gem. **§ 20 VVG** abbedungen. Vertreterwissen kann dann nur zugerechnet werden, wenn der Vertreter auch Repräsentant ist. Eigenwissen des Unternehmens ist entsprechend zu behandeln und Repräsentantenklauseln dahingehend auszulegen, dass nur das als Eigenwissen der VN zu betrachten ist, was durch das Wissen eines Repräsentanten in ihr Wissen gelangt ist.[132] 43

Fraglich ist, wie weit die **Dispositivität des § 47 VVG** reicht. Zweck der Regelung des § 47 VVG ist es, Nachteile zu verhindern, die aus der Teilung in formale Vertragspartnerschaft des VN und materieller Berechtigung der versicherten Personen entstehen. Der VR soll also letztlich so gestellt werden, als begründe die VN nicht für die versicherten Personen Rechte, sondern für sich selbst.[133] Nach dieser Ansicht **erweitert** die Norm lediglich die Zurechnung auf das positive Wissen und das Verhalten aller versicherten Personen. Nach **a.A.** würde § 47 VVG als **lex specialis** die allgemeinen Regeln der Wissenszurechnung zur juristischen Person verdrängen und die Wis- 44

129 Langheid/Rixecker/*Langheid* § 19 Rn. 44–46.
130 *Gädtke* RuS **2013** 313; Prölss/Martin/*Klimke* § 47 Rn. 17.
131 *Gädtke* RuS **2013** 313.
132 *Lange* § 13 Rn. 65; **a.A.** *Dreher/Thomas* ZGR **2009**, 31; *Gädtke* RuS **2013** 313, 320.
133 *Gädtke* RuS **2013** 313.

senszurechnung abdingbar machen.[134] Allerdings begründen diese erst Eigenwissen und Eigenhandeln der VN, denn ohne dieses Wissen wäre die juristische Person nicht handlungsfähig. Insbesondere hätte der VR keine Handhabe gegen fehlende Informationen über gefahrerhebliche Umstände. Es erscheint daher zweckmäßig, den vollständigen Ausschluss der Zurechnungsregeln der Dispositionsbefugnis der Parteien zu entziehen.[135]

45 Zudem wird vertreten, dass Repräsentantenklauseln den VN nicht von seiner Pflicht entbinden, das Vorliegen von gefahrerheblichen Umständen **außerhalb des Repräsentantenkreises**, bspw. durch Mitarbeiterbefragungen, zu ermitteln.[136] Wären positive Erkenntnisse das Ergebnis, müssten diese über die Repräsentanten mitgeteilt werden, da ein Unterlassen in diesem Fall eine bedingt vorsätzliche Anzeigepflichtverletzung darstellen würde. Bei negativen Erkenntnissen erleidet die VN keinen Schaden, wenn Wissen außerhalb des Repräsentantenkreises nicht mitgeteilt worden wäre.[137]

46 Fraglich bleibt schließlich, ob die allgemeinen Grundsätze zur Wissenszurechnung zur juristischen Person, insbesondere die Informationsweiterleitungs- und -abfragepflicht **abbedungen** bzw. modifiziert werden können. Vor dem Hintergrund einer **AGB-Inhaltskontrolle** ist eine Klausel, nach der weder das Wissen irgendeines Versicherten, noch eines Repräsentanten noch das Eigenwissen der VN zugerechnet werden, nach § 307 Abs. 2 Nr. 1 BGB unvereinbar mit der vom BGH entwickelten „Gleichstellungstheorie" und somit unwirksam.[138]

47 **b) Begründung eigenständiger Obliegenheiten der versicherten Personen.** Die Begründung selbständiger Anzeigepflichten und Obliegenheiten im D&O-Vertrag soll zu einer **konkludenten Abbedingung** führen.[139] Die Wirkung entfaltet sich allerdings nur auf die versicherten Personen, die keine Organmitglieder der VN sind, da die Regeln zur Wissenszurechnung zur juristischen Person weiterhin gelten.

48 **c) Weitere Gestaltungsmöglichkeiten.** Gestaltungsmodelle wie Schattenverträge, Individualpolicen oder die sog. Auffangdeckung bringen erhebliche praktische Probleme mit sich. Gleiches gilt für die Überlegung, den D&O-VersVertrag einer anderen Rechtsordnung zu unterwerfen.[140] Daher ist von solchen Konstruktionen abzuraten.

6. Adressat und Form der Anzeige

49 Adressat ist der **VR**. Auch gegenüber einem **Versicherungsvertreter** als „Auge und Ohr"[141] des VR gemachte Angaben erfüllen die Anzeigepflicht.[142] Eine rechtsgeschäftliche Beschränkung der Empfangsvollmacht des VersVertreters nach § 69 Abs. 1 VVG ist nicht möglich. Gleiches gilt für den Ausschluss der Kenntniszurechnung.[143]

50 Die Anzeige ist an **keine Form** gebunden und kann daher auch mündlich erfolgen. Nach § 32 S. 2 VVG kann für die Anzeige von Gefahrumständen die Schrift- oder Textform vereinbart wer-

134 *Koch* WM **2007** 2173, 2181.
135 *Gädtke* RuS **2013** 313; Bruck/Möller/*Gädtke* AVB D&O 2020/2022 B3 Rn. 17.
136 *Dreher/Thomas* ZGR **2009** 31.
137 *Gädtke* RuS **2013** 313.
138 *v. Westphalen* VersR **2011** 145, 148.
139 Vgl. Bruck/Möller/*Gädtke* D&O AVB 2020/2022 B3 Rn. 20; *Rudzio* S. 198.
140 *Gädtke* RuS **2013** 313.
141 Zur gleichnamigen Rspr. siehe BGH 11.11.1987 NJW **1988** 973; *Reusch* NVersZ **2000** 120.
142 *Looschelders* VersR **2011** 697, 704.
143 Prölss/Martin/*Armbrüster* § 19 Rn. 79.

den. Allerdings sind mit Blick auf § 19 Abs. 5 S. 2 i.V.m. §§ 70, 72 VVG oder § 307 BGB entsprechende Formvorschriften wirkungslos,[144] da eine gegenüber dem VersVertreter gemachte zutreffende **mündliche Anzeige** des VN eben gerade nicht zu einer Verletzung der Anzeigepflicht führt. Allerdings soll dem VersVertreter die Verweigerung der Annahme einer formlosen Erklärung möglich sein verbunden mit dem Hinweis, der VN möge die Formvorschriften einhalten.[145] Klauseln, nach denen der VR nicht gehalten ist, Anzeigen zu akzeptieren, die der vereinbarten Form entbehren, entsprechen dem Sinn des § 32 S. 2 VVG und sind daher nicht zu beanstanden.

Dem VR nicht gleichgestellt ist ein **Makler**, auch wenn dieser über Antragsformulare und Unterlagen des VR verfügt und der VR die mit Hilfe des Maklers ausgefüllten Formulare ebenso behandelt wie vom VersVertreter zugeleitete Formulare.[146] Wenn allein von Seiten des Maklers gefragt wird, besteht keine Anzeigepflicht. Nicht einheitlich wird allerdings die Frage beurteilt, was hinzutreten muss, damit die gestellten Fragen auch anzeigepflichtig werden (wie z.B. die Registrierung auf VN-Seite, dass die Fragen vom VR gestellt werden sollten und dieser sich diese zu eigen macht).[147] 51

7. Erfüllungszeitpunkt

Der VN ist „bis zur Abgabe seiner Vertragserklärung“ anzeigepflichtig.[148] Damit muss er bis zu dem Zeitpunkt, zu dem er seinen Antrag auf Abschluss des Versicherungsvertrages stellt, die Anzeigepflicht erfüllen („Antragsmodell“[149]). Etwas anderes gilt beim sog. „Invitatio-Modell“,[150] bei dem der Zeitpunkt der Vertragserklärung erst in der Abgabe der Annahmeerklärung des Antragsstellers zu sehen ist. Damit ist der VN auch während der laufenden Risikoprüfung durch den VR verpflichtet, gefahrerheblich Umstände anzuzeigen, nach denen der VR schriftlich gefragt hat. Die Anzeigepflicht kann sich ggf. noch erweitern, sofern der VR nach Antragsabgabe noch weitere Fragen hat.[151] 52

II. Rücktritt (B3-1.2.1)

1. Ausübungsfrist (B1.3)

Verletzt der VN seine Anzeigepflichten, kann der VR vom Vertrag nur zurücktreten, wenn er **innerhalb eines Monats** sein Rücktrittsrecht schriftlich erklärt unter Angabe aller seine Erklärung stützende Umstände. Weitere Umstände kann er zur Begründung nachträglich innerhalb einer Ein-Monats-Frist nach deren Kenntniserlangung angeben. Die Monatsfrist beginnt mit Kenntniserlangung des VR von der Verletzung der Anzeigepflicht und der Umstände, die das von ihm jeweils geltend gemachte Recht begründen. 53

---

144 Ebd.

145 AG Coburg 18.6.2009 ZfS **2009** 576, 577.

146 BGH 14.4.1999 VersR **1999** 1481 f.; 12.3.2008 VersR **2008** 809; OLG Zweibrücken 9.3.2005 VersR **2005** 1373, 1374; *Baumann* NVersZ **2000** 116, *Reusch* NVersZ **2000** 120; **a.A.** OLG Hamm 18.11.1998 RuS **1999** 287, 288; OLG Karlsruhe 23.10.2001 VersR **2002** 737, 738.

147 M.w.N. Marlow/Spuhl/*Spuhl* § 19 Rn. 74 f.

148 Nach § 16 VVG a.F. dauerte diese Obliegenheit des VN bis zum Vertragsschluss. VVG 2008 verkürzt somit die Dauer der vertraglichen Anzeigepflicht.

149 *Brand* VersR **2009** 715, 719; *Kins* Abschluss VersV, S. 77.

150 *Rudzio* **2010** S. 65 f.; *Brand* VersR **2009** 715, 720; *Kins* Abschluss VersV, S. 205.

151 Langheid/Rixecker/*Langheid* § 19 Rn. 50.

2. Verschulden

54 Nach *Schimikowski*[152] sind die Rechtsfolgen der vorvertraglichen Anzeigepflichtverletzung dreistufig zu ermitteln. Zuerst ist zu prüfen, ob ein gefahrerheblicher Zustand nicht ordnungsgemäß gegenüber dem Versicherer angezeigt wurde (**objektive Komponente**). Als nächstes ist festzustellen, welcher Verschuldensgrad dem VN vorgeworfen werden kann (**subjektive Komponente**). Die Rechtsfolgen der vorvertraglichen Anzeigepflichtverletzung differenzieren danach, welcher **Verschuldensgrad** (Vorsatz, leichte oder grobe Fahrlässigkeit) dem VN zur Last fällt. Außerdem besteht eine Abhängigkeit, ob der Versicherer vom Vertragsschluss ganz abgesehen oder diesen nur mit geänderten Bedingungen durchgeführt hätte. Die Einzelheiten eines möglichen Rücktrittsrechts ergeben sich aus § 19 Abs. 2 bis 4 VVG. Die Rechtsfolgen der Gestaltungsrechte sind hierin grundsätzlich abschließend gelistet.

55 Dem VR steht ein **ex tunc wirksames Rücktrittsrecht** lediglich im Falle einer **vorsätzlichen oder grob fahrlässigen** Anzeigepflichtverletzung zu.[153] Der Vorsatz oder die grobe Fahrlässigkeit müssen sich dabei auch auf die Gefahrerheblichkeit beziehen.[154] Der Rücktritt des VR ist ausgeschlossen, wenn der VN nachweist, dass er die Angaben weder vorsätzlich noch grob fahrlässig falsch abgegeben hat. Absatz 2 entspricht somit der Regelung des § 19 Abs. 3 S. 1 VVG. Bei **einfacher Fahrlässigkeit** besteht ein **für die Zukunft** wirkendes Kündigungsrecht, § 19 Abs. 3 S. 2 VVG. Deckungs- und Leistungspflicht für bereits eingetretene Versicherungsfälle werden von der Kündigung nicht betroffen. Der Rücktritt (ebenso wie die Kündigung) ist ausgeschlossen, sofern eine **Vertragsanpassung** möglich ist und das Vorliegen sog. „vertragsändernder Umstände" eine Anpassung der Prämie an die neue Risikobewertung erlaubt. Absatz 3 entspricht § 19 Abs. 4 S. 1 VVG. Der VN muss nachweisen, dass der Vertrag bei Kenntnis der Umstände trotzdem so oder mit anderen Bedingungen geschlossen worden wäre.

56 In diesem Zusammenhang stellt sich die Frage, ob das Regelungssystem der §§ 19 ff. VVG hinsichtlich der Rechtsfolgen als abschließend[155] anzusehen ist, oder ob weitergehende **Rückgriffsmöglichkeiten** auf BGB-Ansprüche wie die dortige Anzeigepflichtverletzung oder die culpa in contrahendo, daneben bestehen bleiben. Grundsätzlich ist das Sanktionssystem der §§ 19 ff. VVG als abschließend anzusehen.[156] Nur in Ausnahmefällen kann deshalb auf BGB-Ansprüche zurückgegriffen werden. So werden die Voraussetzungen eines Schadensersatzanspruchs nach § 826 BGB wegen vorsätzlicher, sittenwidriger Schädigung nur selten erfüllt sein. Dem VN müsste nachgewiesen werden, dass er eine Schädigung gegenüber dem VR bereits bei Vertragsabschluss beabsichtigt hatte. Dieser Umstand wird in der Praxis äußerst schwer nachzuweisen sein.

57 Die **Beweislast** für den Grad des Verschuldens trägt grundsätzlich die Versicherungsnehmerin bzw. die versicherte Person.[157] Allerdings gilt dies im Zweifel nicht für die Frage der Fristberechnung nach § 21 Abs. 3 VVG (5 oder 10 Jahre), denn hier ist der VR beweisbelastet.

3. Wirkung des Rücktritts

58 **a) Gesamtwirkung.** Der wirksame Rücktritt befreit demnach den VR gegenüber allen Versicherten von seiner Leistungspflicht für nach dem Rücktritt eintretende Versicherungsfälle („**Gesamtwirkung**") sowie für vor dem Rücktritt eingetretene Versicherungsfälle bei arglistiger Verletzung der Anzeigepflicht gem. § 21 Abs. 2 S. 2 VVG (Absatz 4 der Klausel). Diese Regelung gründet in der

---

152 *Schimikowski*, Versicherungsvertragsrecht, **2024**, Rn. 283.

153 Bruck/Möller/*Rolfs* § 19 Rn. 99.

154 OLG Schleswig 8.1.2024 NJW-RR 2024 583, 584; Bruck/Möller/*Rolfs* § 19 Rn. 101.

155 Für das abschließende Regelungssystem der §§ 19 bis 22 VVG spricht die Gesetzesbegründung BTDrucks. 16/3945 S. 64.

156 Looschelders/Pohlmann/*Looschelders* § 19 Rn. 3 m.w.N.; **a.A.** *Schäfers*, VersR **2010**, 301 ff.

157 *Langheid/Goergen* VP **2007** 161.

Rechtsnatur der D&O-Versicherung als Fremdversicherung, die einen Vertrag zugunsten Dritter darstellt, wonach gem. § 334 BGB die Rechtsstellung der Dritten von der des Vertragspartners abhängt.[158]

Ein **Teilrücktritt**, der sich auf die versicherte Person, die über die Kenntnis verfügte, lässt sich auch über § 29 VVG für die D&O-Versicherung nicht begründen.[159] Denn i.d.R. liegt die vorvertragliche Pflichtverletzung darin, dass die VN falsche Angaben über sich selbst und ihre wirtschaftlichen Verhältnisse macht und nicht in Bezug auf konkrete Versicherte.[160] Der Rücktritt wirkt auch zulasten der (gutgläubig) Versicherten, die den gefahrerheblichen Umstand nicht kannten.[161] So ist bspw. der redliche Aufsichtsratsvorsitzende einer AG nicht geschützt, wenn der Vorstandsvorsitzende gegenüber dem VR mit gefälschten Bilanzen arglistig täuscht, so dass die VR das Gesamtrisiko der Vermögensschadenshaftpflicht nicht zu überblicken vermochte und den D&O-VersVertrag bei Kenntnis nicht abgeschlossen hätte.[162] 59

Eine gesetzliche Regelungslücke gem. **§ 139 BGB** besteht nicht.[163] Nur für den Fall, dass bestimmte Anzeigeobliegenheiten für einzelne Versicherte vertraglich vereinbart sind und diese durch den jeweiligen Versicherten selbst verletzt werden, beschränkt sich das hieraus resultierende Rücktrittsrecht auf das entsprechende **Vertragssegment**.[164] Eine **mittelbare Wirkung** des Anfechtungsgrundes auf andere Versicherte und damit auf den Gesamtvertrag kommt in Betracht, wenn eine vorvertragliche Pflichtverletzung eines Vorstandsmitglieds arglistig verschwiegen wird und andere Versicherte in Anspruch genommen werden wegen Verletzung ihrer Überwachungspflicht[165] oder Nicht-Verfolgung eines Haftpflichtanspruchs,[166] womit eine arglistige Täuschung nicht ohne weiteres auf einen abtrennbaren Teil des Risikos begrenzt werden kann.[167] 60

Der **VersSchutz** wegen Pflichtverletzungen bleibt lediglich in den Fällen des § 21 Abs. 2 VVG bestehen.[168] Unrichtige Angaben können Grundlage einer Anfechtung wegen arglistiger Täuschung nach § 22 VVG, § 123 BGB sein. Die (wirksame) **Vertragsänderung** nach § 19 Abs. 4 S. 2 VVG bspw. durch Aufnahme eines Risikoausschlusses befreit den VR gegenüber allen Versicherten, die den Ausschluss verwirklichen (subjektiver Risikoausschluss) oder vom Versicherungsfall betroffen sind (objektiver Risikoausschluss). 61

b) Schutz redlich Versicherter. Versicherte Personen, die vom Abschluss einer D&O-Versicherung nicht wissen und keinen Einfluss auf die vollständige und richtige Beantwortung der Risikoprüfungsfragen nehmen können, haben ein berechtigtes Interesse, im Versicherungsfall nicht schutzlos zu sein. Die Gesamtwirkung wird durch sog. **Severability-Klauseln** vertraglich beschränkt und redlich Versicherte von der Haftung für eine Anzeigepflichtverletzung der VN befreit. 62

---

158 *Lange* § 13 Rn. 99.

159 *Langheid/Grote* VersR **2005** 1165, 1168 f.; *Dreher/Thomas* ZGR **2009** 31, 67 ff.; **a.A.** *Staudinger* Karlsruher Forum 2010, S. 41, 73 ff.

160 Vgl. *Lange* VersR **2006** 605, 611.

161 *Lange* VersR **2006** 605, 608 f.; *v. Bühren/Lenz* § 26 Rn. 127; vgl. auch *Koch* WM **2007** 2173; 2180 ff.; *Hendricks* CCZ **2008** 64, 66; *Rudzio* **2010** S. 166 ff.

162 OLG Düsseldorf 23.8.2005 VersR **2006** 785, 786 (ComRoad).

163 *Lange* § 13 Rn. 106 m.w.N.

164 OLG Saarbrücken 5.10.2011 VersR **2012** 429; *Lange* ZIP **2006** 1680, 1682 f.; *ders.* VersR **2006**, 605, 611; zum Teilrücktritt bei Zurechnung über § 47; *Langheid/Grote* VersR **2005** 1165 ff., sofern nicht Repräsentanten; **a.A.** *Koch* WM **2007** 2173, 2183.

165 Vgl. *Lange* § 2 Rn. 1148 f.

166 Vgl. *Lange* § 2 Rn. 1161 f.

167 OLG Saarbrücken 5.10.2011 VersR **2012** 429.

168 Prölss/Martin/*Voit* AVB-AVG § 7.1.2 Rn. 1 f.

63 In der versicherungsrechtlichen Praxis gibt es unterschiedliche Gestaltungsmöglichkeiten, wie sich eine Anzeigepflichtverletzung auswirkt (sog. **Qualifizierte Severability-Klausel**).[169] Der VR könnte erstens auf die ihm zustehenden **Gestaltungsrechte verzichten** und gleichzeitig die unredlichen Versicherten für diesen Fall vom Versicherungsschutz ausschließen. Zweitens könnte er auch nicht auf alle Rechte verzichten und insbesondere das Recht zur rückwirkenden Vertragsänderung behalten. Allerdings tendiert die Rspr. zu einer strengen Auslegung, so dass der VR sich nicht durch ein Umdefinieren von Rechtsfolgen sich der Gesetzessystematik entziehen darf.[170] Drittens könnte sich der VR den gesetzlichen Rechtsfolgenregelungen entziehen und den VN unangemessen benachteiligen, weil der Zweck des § 16 VVG, bei Vertragsschluss den VersSchutz geklärt zu haben, nicht erreicht wird.[171] Viertens könnte der VR seine Gestaltungsrechte behalten und den redlich Versicherten im Falle der Anfechtung gleichwohl VersSchutz gewähren, womit das für den Fall der Anfechtung vereinbarte Leistungsversprechen im Einklang mit der gesetzlichen Regelung zur Teilnichtigkeit gem. § 139 BGB weiter gelten würde. Eine fünfte Alternative, die Gesamtwirkung zu vermeiden, besteht in der Ausweitung der Anzeigepflicht, wonach nicht nur die VN, sondern auch **Versicherten anzeigepflichtig** sind. Durch die vorvertragliche Anzeigepflicht der Versicherten wird § 47 VVG zulässig stillschweigend abbedungen, so dass die Zurechnung überflüssig wird.[172] Durch versicherungsvertragliche Vereinbarung oder ergänzende Auslegung des VersVertrages könnte der VR das Vertragssegment der einzelnen Versicherten gestalten, weil die VN aufgrund der Zurechnungsklausel des § 47 VVG keine Anzeigepflichtverletzung begangen hat.[173]

64 Die **einfache Severability-Klausel** hat deklaratorische Wirkung und regelt lediglich die Kenntniszurechnung zwischen den Versicherten; im Verhältnis zur VN wird keine Regelung getroffen.[174]

65 Unabhängig von der Vereinbarung einer Severability-Klausel hat der redliche Versicherte Anspruch auf **Schadensersatz wegen Nichterfüllung**, wenn die VN verpflichtet ist, für D&O-Versicherungsschutz zu sorgen. Sodann hatte der Versicherte möglicherweise Anspruch auf Freistellung von Abwehrkosten und Schadensersatzleistungen. Trifft ihn eine Innenhaftung, könnte für seinen Schadenersatzanspruch ein Aufrechnungsanspruch gegen den von der VN erhobenen Haftpflichtanspruch bestehen.[175]

III. Kündigungsrecht (B3-1.2.2) oder Beitragsänderung (B3-1.2.3)

1. Kündigung

66 Sofern der VN seine Anzeigepflicht **einfach fahrlässig oder schuldlos** verletzt, hat der VR im Einklang mit § 19 Abs. 3 S. 2 VVG ein **Kündigungsrecht**. Sofern der VN seine Anzeigepflicht **nicht vorsätzlich** verletzt hat und der VR bei Kenntnis der nicht angezeigten gefahrerheblichen Umstände den Vertrag dennoch, wenngleich zu anderen Bedingungen geschlossen hätte, dann werden diese anderen Bedingungen rückwirkend Bestandteil des Vertrags, sofern der VR dies verlangt. Sofern der VN die Pflichtverletzung verschuldet, werden diese anderen Bedingungen ab der laufenden Versicherungsperiode Vertragsbestandteil.

---

169 *Lange* § 13 Rn. 119 ff.
170 Z.B. OLG Koblenz 1.6.2007 VersR **2008** 383.
171 OLG Saarbrücken 11.7.2007 RuS **2008** 478.
172 *Lange* VersR **2006** 605, 609.
173 **A.A.** *Rudzio* **2010** S. 213; vgl. auch *Gädtke* RuS **2013** 313, 320.
174 *Kordes* RuS **2019** 307, 308.
175 *Lange* ZIP **2006** 1680, 1682; *Winterling/Harzenetter* VW **2007** 1792, 1795.

Eine Kündigung des Vertrags kommt nicht in Betracht, wenn der VR den nicht angezeigten Umstand durch andere Informationskanäle kannte oder wenn er den VN nicht auf die Rechtsfolgen einer Anzeigepflichtverletzung hingewiesen hat. 67

Der **VN** kann den Vertrag innerhalb eines Monats nach Zugang der Mitteilung des VR ohne Einhaltung einer Frist kündigen, wenn durch die Vertragsänderung der **Beitrag** sich um mehr als 10 Prozent erhöht oder der VR die Gefahrabsicherung für den nicht angezeigten Umstand ausschließt. In der Mitteilung an den VN hat der VR auf dessen Kündigungsrecht hinzuweisen. 68

2. Beitragsänderung

Nach Absatz 1, der § 19 Abs. 4 VVG entspricht, kann der VR einen Risikoausschluss in den Vertrag aufnehmen oder einen Prämienzuschlag erheben. Der Begriff „Beitragsänderung" meint inhaltlich die „Prämienerhöhung" und sollte redaktionell angepasst werden. 69

IV. Weitere Vorschriften (B3-1.4 bis B3-1.7)

1. Belehrungspflicht des Versicherers (B3-1.4)

Die Klausel entspricht § 19 Abs. 5 S. 1 VVG. Danach ist der VR verpflichtet, konkret auf die Rechtsfolgen einer Anzeigepflichtverletzung hinzuweisen, wenn er seine Gestaltungsrechte (Rücktritt, Kündigung oder Vertragsanpassung i.S.d. § 19 VVG) geltend machen will. Die Belehrung muss **vollständig und richtig** sein, um Wirkung zu entfalten.[176] Damit die gesonderte Mitteilung ihre Warnfunktion erfüllen kann, muss diese zwar nicht auf einem separaten Blatt gedruckt sein, es genügt aber eine ins Auge springende textliche Hervorhebung im Antragsfragebogen.[177] Die Belehrung erfolgt gegenüber **jedermann**, so dass diese auch gegenüber Fachleuten im Versicherungsrecht oder bei Großrisiken nicht entbehrlich ist.[178] **Inhaltlich** ist eine „möglichst umfassende, unmissverständliche und aus dem Verständnis des Versicherungsnehmers eindeutige Belehrung"[179] erforderlich. Eine Belehrung ist auch dann unrichtig, wenn zwar die Rechtsfolgen zutreffend wiedergegeben werden, diese aber durch falsche Angaben über den Inhalt der Anzeigepflicht „infiziert" werden. Auch eine irreführende Überdehnung oder unzutreffende Verengung der Anzeigepflicht macht die Belehrung unrichtig. Um diese zahlreichen Fallstricke zu vermeiden und die Hinweispflicht rechtssicher zu erfüllen, verbleibt im Grunde nur mehr, den Gesetzeswortlaut wortwörtlich zu zitieren. 70

2. Kenntnis des VR (B3-1.5)

Die Klausel entspricht § 19 Abs. 5 S. 2 VVG, wonach der Rücktritt des VR ausgeschlossen ist, wenn er die Umstände sicher kannte. Denn kennt der VN den nicht angezeigten Umstand positiv, ist er auf die Angaben des VN nicht angewiesen; weiß er negativ von der Unrichtigkeit der angezeigten Umstände, stellte der kommentarlose Vertragsschluss und Rücktritt eine unzulässige Rechtsausübung wegen Verstoßes gegen das Verbot widersprüchlichen Verhaltens dar.[180] Als Beispiele kommen hier Zeitungsmeldungen in Betracht, die eine Kenntnis des Versicherers möglicherweise 71

176 BGH 28.1.2004 VersR **2004** 497; LG Dortmund 24.2.2011 RuS **2011** 241, 242; *Tschersich* RuS **2012** 53, 57; *Wagner/Rattay* VersR **2011** 178; *Neuhaus* RuS **2008** 56, 58.
177 OLG Köln 19.12.2000 RuS **2001** 121; OLG Hamm 8.11.1996 RuS **1997** 146; LG Hagen 16.12.2009 RuS **2010** 276, 277.
178 OLG Hamm 3.11.2010 RuS **2011** 198.
179 LG Dortmund 17.12.2009 RuS **2010** 101, 103.
180 Bruck/Möller/*Rolfs* § 19 Rn. 117.

begründen können. Denn Anzeigenerstattungen, Ermittlungsverfahren oder dergleichen bilden zusammen mit Informationen aus gut unterrichteten Quellen die Basis der Medienberichtserstattung.[181] Zudem sind nach Ansicht der Rspr. dem VR alle Daten über einen VN bekannt, die der VR in Datenbanken gesammelt hat, soweit Anlass besteht, diese abzurufen.[182] **Beweislastpflichtig** ist hier der VN. Die **Monatsfrist** des § 21 Abs. 1 VVG kann bereits vor der Kenntnis zu laufen beginnen, wenn aufgrund des vorliegenden Tatsachenmaterials eine Rücktrittsmöglichkeit sich aufdrängt und der VR die gebotene Rückfrage hinauszögert. In diesem Fall wäre der Zeitpunkt maßgeblich, zu dem der VR auf eine Rückfrage hin Klarheit erlangt hätte.[183]

3. Anfechtungsrecht (B3-1.6)

72 Unrichtige Angaben können zur Anfechtung wegen arglistiger Täuschung nach § 22 VVG, § 123 BGB berechtigen. Eine Teilanfechtung wird sich ähnlich wie beim Rücktritt nicht begründen lassen.[184] Diese Regelung wird relevant, wenn die VN bei Vertragsschluss zwar eine falsche Angabe gemacht hat, die Rechtsausübung nach § 19 VVG dem VR verwehrt ist, weil die Belehrung nicht wirksam vorgenommen wurde oder die Rechtsausübungsfrist aus § 21 Abs. 1 VVG verstrichen ist. Die Grundsätze zur Wissenszurechnung (siehe Rn. 32) finden auch bei der Arglistanfechtung Anwendung. Die Arglist des VersMaklers geht zulasten der VN.[185]

73 Ein vertraglicher **Ausschluss** des Anfechtungsrechts wird kaum möglich sein.[186] Einer **Abbedingung oder Ersetzung** durch eine sog. „qualifizierte Severability-Klausel" stehen Wirksamkeitsbedenken entgegen. Teile der Literatur diskutieren eine sog. „Rechtsfolgenlösung", die die Wirkung der Anfechtung bei einem abgrenzbarem Vertragsbestandteil begrenzen soll.[187]

4. Erlöschen der Rechte des Versicherers (B3-1.7)

74 **a) Ausschlussfrist.** Die Klausel übernimmt § 21 Abs. 3 VVG, wonach die Gestaltungsrechte des Versicherers bei einer Anzeigepflichtverletzung fünf Jahre nach Vertragsabschluss erlöschen bzw. nach zehn Jahren, sofern die Versicherungsnehmerin oder die versicherte Person vorsätzlich oder arglistig gehandelt haben.

75 Wendet man die Regelung wörtlich an, dann hätte es die VN in der Hand, ob dem VR die Rechte wegen Anzeigepflichtverletzung zustehen oder nicht. Die VN bestimmt den Zeitpunkt, wann der Innenhaftungsanspruch geltend gemacht wird und damit der Versicherungsfall eintritt. Tut sie dies vor Ablauf der Frist, haben die Versicherten u.U. eine schlechtere Rechtsstellung ggü.

---

181 *Tschersich* RuS **2012** 53, 57.

182 BGH 14.7.1993 VersR **1993** 1089.

183 MüKoVVG/*Ihlas* Ziffer 320 Rn. 851, 852.

184 OLG Düsseldorf 23.8.2005 VersR **2006** 785, 786 f.; LG Düsseldorf 11.8.2010 BeckRS **2010** 19444; *Lange* ZIP **2006** 1680, 1681 f.; *Ehlers* ZInsO **2008** 524, 531; *Gädtke* RuS **2013** 313, 317 f.; *Winterling/Harzenetter* VW **2007** 1792; vgl. auch BGH 28.10.2009 NJW **2010** 289, 290 (vollständiger Ausschluss der Teilanfechtung/BerufsunfähigkeitsVers); **a.A.** OLG Saarbrücken 5.10.2011 VersR **2012** 429, 431 (bei Teilbarkeit im Grundsatz Einzelwirkung/UnfallVers); vgl. dazu auch § 47 Rn. 15 ff.; **abw.** *Koch* WM **2007** 2173, 2183 (Lösung über Wissenszurechnung nach § 166 BGB anstelle § 47 VVG); dagegen aber *Dreher/Thomas* ZGR **2009** 31, 68; *Koch/Richartz* WuB IV A. § 123 BGB 1.07 (einschränkende Auslegung des § 79 VVG, Anfechtung nur, wenn Kenntnis des Vertreters des VN bei Abschluss des VersVertrages; RückwärtsVers wäre sonst sinnlos); einschränkend *Langheid/Grote* VersR **2005** 1165, 1169; *Langheid/Goergen* VP **2007** 161, 164.

185 OLG Hamm 3.11.2010 RuS **2011** 198.

186 *Looschelders* GS Hübner **(2012)** 147, 157 f.; *Lenz/Weitzel* PHi **2012** 122, 123 ff.; *Steinkühler/Kassing* VP **2009** 31 f.; *Gädtke* RuS **2013** 313, 315 f.; vgl. auch BGH 21.9.2011 NJW **2012** 296 (Ausschluss in der Valorenversicherung unwirksam), 298; BGH 17.1.2007 NJW **2007** 1058 f.

187 *Gädtke* RuS **2013** 313, 315; Bruck/Möller/*Gädtke* AVB D&O 2020/2022 B3 Rn. 56.

dem VR als wenn sie warten, bis die Frist abgelaufen ist. Möglicherweise ist nach *Lange*[188] diese Regelung aber im Wege der teleologischen Reduktion auszulegen, wobei es nicht auf „Versicherungsfälle“ sondern auf die Pflichtverletzungen ankommt. Denn § 21 Abs. 3 S. 1 Halbs. 2 VVG will verhindern, dass ein VR aufgrund späterer Mitteilung in seiner Rechtsstellung verschlechtert wird. Die **manipulative Handhabung** der Ausschlussfrist lässt sich nur dadurch umsetzen, dass die Ausnahme von der Ausschlussfrist vom nicht manipulierbaren Zeitpunkt der Pflichtverletzung abhängig gemacht wird. Die Rspr. hat hierzu noch nicht entschieden.

In der Praxis sollten VR künftig den Rücktritt mit einer vorsorglichen Kündigung verbinden, 76
damit diese hilfsweise für den Fall greift, dass keine grobe Fahrlässigkeit vorliegt. Erforderlich ist zudem die Überprüfung der Annahmerichtlinien des VR, ob sie die Fälle einer möglichen Vertragsanpassung ausreichend definieren. Hiernach wird sich nämlich richten, ob eine Vertragsanpassung dem Versicherer zumutbar ist oder ob er zurücktreten und kündigen kann.

Bestimmungen in AVB oder Individualvereinbarungen, die die Rechtsstellung des VN ver- 77
schlechtern, sind gem. **§ 32 S. 1 VVG** unwirksam. Dies ist bspw. bei einer Klausel der Fall, die einen Zustand der Rechtsunsicherheit perpetuiert, indem sich der VR zeitlich unbegrenzt auf Leistungsfreiheit berufen kann, wohingegen die gesetzliche Regelung eine form- und fristgerechte Ausübung vorsieht.[189] Gleiches gilt für Klauseln, die die Ausübungsmodalitäten des § 21 VVG nicht vollständig übernehmen. Eine Ausnahme besteht für sog. „**Großrisiken**“ i.S.v. § 210 VVG, auf die die genannten Grundsätze nicht anzuwenden sind.

Abweichende Bestimmungen kann der VR nur dann geltend machen, wenn er auf die Rechts- 78
folgen entsprechend hingewiesen hat.[190]

C. Abweichende Marktbedingungen

I. Abweichender Wortlaut

Die untersuchten Maklerbedingungen verzichten in der Regel auf die Übernahme des umfassen- 79
den Wortlauts der GDV-Musterbedingungen. Allerdings fallen folgende Gemeinsamkeiten auf: (i) Ausschluss des Versicherungsschutzes für arglistig Täuschende bzw. Schutz gutgläubig Versicherter, (ii) der Verzicht auf die Ausübung der Gestaltungsrechte (Kündigung, Rücktritt, Anpassung), des außerordentlichen Kündigungsrechts sowie Einwendungen wegen etwaiger Schadensersatzansprüche aus culpa in contrahendo oder Deliktrecht sowie (iii) klarstellende Regelungen zur Wissenszurechnung.

II. Einzelne Maklerbedingungen

1. Severability-Klausel

D&O Spezialkonzept FINLEX 2020 80

> **„11 Verletzung der vorvertraglichen Anzeigepflicht**
> *A. Der Versicherer verzichtet, soweit rechtlich zulässig, bei der Verletzung einer vorvertraglichen Anzeigepflicht auf*
> *die Ausübung eines möglichen Rücktritts-, Anfechtungs-, Kündigungsrechts;*
> *entsprechende Einwendungen wegen etwaiger Schadensersatzansprüche aus culpa in contrahendo oder Deliktrecht.*

188 Veith/Gräfe/Lange/Rogler/*Lange* § 21 Rn. 148.
189 OLG Saarbrücken 11.7.2007 VersR **2008** 621, 622.
190 Zur Belehrungspflicht siehe Rn. 68.

B. Die weiteren Rechtsfolgen der Verletzung der vorvertraglichen Anzeigepflicht für den Versicherungsschutz ergeben sich aus 7.6.

7.6 Verletzung der vorvertraglichen Anzeigepflicht

A. Im Falle der Verletzung einer eigentlich zum Rücktritt oder zur Anfechtung berechtigenden Anzeigepflicht besteht für solche versicherte Personen kein Versicherungsschutz, welche die Anzeigepflichtverletzung beziehungsweise arglistige Täuschung selbst begangen haben oder bei der Vornahme einer solchen Handlung hierüber Kenntnis hatten. Im Falle der Anzeigepflichtverletzung gemäß Satz 1 dieses Absatzes besteht auch kein Versicherungsschutz für versicherte Unternehmen.

B. Der Versicherer kann sich auf Leistungsfreiheit nach A. nur berufen, sofern er der Versicherungsnehmerin die ihn eigentlich zum Rücktritt beziehungsweise zur Anfechtung berechtigende Verletzung der Anzeigepflicht im Falle der Berechtigung

1. *zum Rücktritt innerhalb eines Monats oder*
2. *zur Anfechtung innerhalb eines Jahres*

seit der Kenntniserlangung in Textform mitteilt und auf die Rechtsfolge gemäß A. hinweist.

C. Sofern der Versicherer einer versicherten Person nach A. zum Zeitpunkt der Kenntniserlangung von der Verletzung der vorvertraglichen Anzeigepflicht bereits Versicherungsschutz gewährt hat, entfällt dieser Versicherungsschutz rückwirkend. Im Falle der Berechtigung zum Rücktritt gilt dies nicht, sofern der Umstand, in Ansehung dessen die Anzeigepflicht verletzt ist, keinen Einfluss auf den Eintritt des Versicherungsfalles oder auf den Umfang der Leistung des Versicherers hat.“

81 Hier handelt es sich um eine qualifizierte Severability-Klausel. Der VR verzichtet für den Fall einer Verletzung der vorvertraglichen Anzeigepflichten auf seine Gestaltungsrechte sowie auf entsprechende Einwendungen wegen etwaiger Schadensersatzansprüche aus culpa in contrahendo oder Deliktrecht. Gleichzeitig verlieren die versicherten Personen ihren Versicherungsschutz, die die Anzeigepflichtverletzung bzw. die arglistige Täuschung selbst begangen haben bzw. darüber Kenntnis hatten. Gleiches gilt für versicherte Unternehmen. Diese Rechtsfolge steht allerdings unter der Voraussetzung, dass der VR seinen Hinweis-/Belehrungspflichten innerhalb eines Monats (möglicher Rücktritt) bzw. innerhalb eines Jahres (Anfechtung) nachkommt. Der Versicherungsschutz entfällt rückwirkend, auch wenn dieser bereits zum Zeitpunkt der Kenntniserlangung gewährt wurde.

2. Wissenszurechnung

82 Ziffer 14 AVB-VOV 5.0

„1 Zurechnung bei versicherten Personen
Die Kenntnis, das Verhalten und das Verschulden einer versicherten Person werden einer anderen versicherten Person nicht zugerechnet.
2 Zurechnung bei der Versicherungsnehmerin
Soweit die Kenntnis, das Verhalten und das Verschulden der Versicherungsnehmerin von rechtlicher Bedeutung sind, werden – in Abweichung von § 47 Abs. 1 VVG – nur die Kenntnis, das Verhalten und das Verschulden folgender versicherter Personen berücksichtigt: Vorsitzende/r des Aufsichtsrats oder Beirats, Vorsitzende/r/Sprecher/in des Vorstands oder der Geschäftsführung, Alleinvorstand/Alleingeschäftsführer/in, Finanzvorstand/Geschäftsführer/in Ressort Finanzen, Leiter/in der Rechts- und/oder Versicherungsabteilung und, sofern von diesen abweichend, Unterzeichner/in des Fragebogens.
3 Umfang des Versicherungsschutzes bei Vorvertraglicher Anzeigepflichtverletzung und arglistiger Täuschung
Tritt die VOV wegen einer Verletzung der vorvertraglichen Anzeigepflicht vom Versicherungsvertrag zurück oder ändert sie deshalb den Vertrag oder ficht sie ihn wegen arglistiger Täuschung an, wird sie einer redlichen versicherten Person dennoch unverändert Versicherungsschutz für Versicherungsfälle gewähren, die bis zum ursprünglich vereinbarten Ende der im Zeitpunkt der Ausübung des Gestaltungsrechts laufenden Versicherungsperiode eintreten. Der Versicherungsvertrag gilt insoweit trotz Rücktritts, Vertragsänderung oder Anfechtung als befristet fortbeste-

hend. Als redlich gilt eine versicherte Person, die an der Verletzung der vorvertraglichen Anzeigepflicht oder der arglistigen Täuschung weder mitgewirkt hat noch im Tatzeitpunkt von ihr wusste.
In den Fällen des § 2 Ziffer 4. gilt das zuvor Gesagte für die Tochterunternehmen entsprechend.“

Ziffer 1 stellt klar, dass unter versicherten Personen Wissen nicht zugerechnet wird. Die Zurechnung zur VN wird in Ziffer 2 auf einen bestimmten Repräsentantenkreis beschränkt. Ziffer 3 betrifft den Schutz gutgläubig Versicherter, indem diesen bis zum Ende der Versicherungsperiode Versicherungsschutz gewährt wird. 83

B3-2 Gefahrerhöhung

B3-2.1 Begriff der Gefahrerhöhung

B3-2.1.1 Eine Gefahrerhöhung liegt vor, wenn nach Abgabe der Vertragserklärung des Versicherungsnehmers die tatsächlich vorhandenen Umstände so verändert werden, dass der Eintritt des Versicherungsfalles oder eine Vergrößerung des Schadens oder die ungerechtfertigte Inanspruchnahme des Versicherers wahrscheinlicher wird.

B3-2.1.2 Eine Gefahrerhöhung kann insbesondere – aber nicht nur – vorliegen, wenn sich ein gefahrerheblicher Umstand ändert, nach dem der Versicherer vor Vertragsschluss gefragt hat.

B3-2.1.3 Eine Gefahrerhöhung nach B3-2.1.1 liegt nicht vor, wenn sich die Gefahr nur unerheblich erhöht hat oder nach den Umständen als mitversichert gelten soll.

B3-2.2 Pflichten des Versicherungsnehmers

B3-2.2.1 Nach Abgabe seiner Vertragserklärung darf der Versicherungsnehmer ohne vorherige Zustimmung des Versicherers keine Gefahrerhöhung vornehmen oder deren Vornahme durch einen Dritten gestatten.

B3-2.2.2 Erkennt der Versicherungsnehmer nachträglich, dass er ohne vorherige Zustimmung des Versicherers eine Gefahrerhöhung vorgenommen oder gestattet hat, so muss er diese dem Versicherer unverzüglich anzeigen.

B3-2.2.3 Eine Gefahrerhöhung, die nach Abgabe seiner Vertragserklärung unabhängig von seinem Willen eintritt, muss der Versicherungsnehmer dem Versicherer unverzüglich anzeigen, nachdem er von ihr Kenntnis erlangt hat.

B3-2.3 Kündigung oder Vertragsänderung durch den Versicherer

B3-2.3.1 Kündigungsrecht

[1]Verletzt der Versicherungsnehmer seine Verpflichtung nach B3-2.2.1, kann der Versicherer den Vertrag fristlos kündigen, wenn der Versicherungsnehmer seine Verpflichtung vorsätzlich oder grob fahrlässig verletzt hat. [2]Das Nichtvorliegen von Vorsatz oder grober Fahrlässigkeit hat der Versicherungsnehmer zu beweisen.

[3]Beruht die Verletzung auf einfacher Fahrlässigkeit, kann der Versicherer unter Einhaltung einer Frist von einem Monat kündigen.

[4]Wird dem Versicherer eine Gefahrerhöhung in den Fällen nach B3-2.2.2 und B3-2.2.3 bekannt, kann er den Vertrag unter Einhaltung einer Frist von einem Monat kündigen.

B3-2.3.2 Vertragsänderung

[1]Statt der Kündigung kann der Versicherer ab dem Zeitpunkt der Gefahrerhöhung einen seinen Geschäftsgrundsätzen entsprechenden erhöhten Beitrag verlangen oder die Absicherung der erhöhten Gefahr ausschließen.

[2]Erhöht sich der Beitrag als Folge der Gefahrerhöhung um mehr als 10 Prozent oder schließt der Versicherer die Absicherung der erhöhten Gefahr aus, so kann der Versicherungsnehmer den Vertrag innerhalb eines Monats nach Zugang der Mitteilung des Versicherers ohne Einhaltung einer Frist kündigen. [3]In der Mitteilung hat der Versicherer den Versicherungsnehmer auf dieses Kündigungsrecht hinzuweisen.

https://doi.org/10.1515/9783110675511-021

B3-2.4 Erlöschen der Rechte des Versicherers

Die Rechte des Versicherers zur Kündigung oder Vertragsanpassung nach B3-2.3 erlöschen, wenn diese nicht innerhalb eines Monats ab Kenntnis des Versicherers von der Gefahrerhöhung ausgeübt werden oder wenn der Zustand wiederhergestellt ist, der vor der Gefahrerhöhung bestanden hat.

B3-2.5 Leistungsfreiheit wegen Gefahrerhöhung

B3-2.5.1 [1]Tritt nach einer Gefahrerhöhung der Versicherungsfall ein, so ist der Versicherer nicht zur Leistung verpflichtet, wenn der Versicherungsnehmer seine Pflichten nach B3-2.2.1 vorsätzlich verletzt hat. [2]Verletzt der Versicherungsnehmer diese Pflichten grob fahrlässig, so ist der Versicherer berechtigt, seine Leistung in dem Verhältnis zu kürzen, das der Schwere des Verschuldens des Versicherungsnehmers entspricht. [3]Das Nichtvorliegen einer groben Fahrlässigkeit hat der Versicherungsnehmer zu beweisen.

B3-2.5.2 [1]Nach einer Gefahrerhöhung nach B3-2.2.2 und B3-2.2.3 ist der Versicherer für einen Versicherungsfall, der später als einen Monat nach dem Zeitpunkt eintritt, zu dem die Anzeige dem Versicherer hätte zugegangen sein müssen, leistungsfrei, wenn der Versicherungsnehmer seine Anzeigepflicht vorsätzlich verletzt hat. [2]Hat der Versicherungsnehmer seine Pflicht grob fahrlässig verletzt, so gilt B3-2.5.1 Satz 2 und 3 entsprechend. [3]Die Leistungspflicht des Versicherers bleibt bestehen, wenn ihm die Gefahrerhöhung zu dem Zeitpunkt, zu dem ihm die Anzeige hätte zugegangen sein müssen, bekannt war.

B3-2.5.3 Die Leistungspflicht des Versicherers bleibt bestehen,

a) soweit der Versicherungsnehmer nachweist, dass die Gefahrerhöhung nicht ursächlich für den Eintritt des Versicherungsfalles oder den Umfang der Leistungspflicht war oder

b) wenn zur Zeit des Eintrittes des Versicherungsfalles die Frist für die Kündigung des Versicherers abgelaufen und eine Kündigung nicht erfolgt war oder

c) wenn der Versicherer statt der Kündigung ab dem Zeitpunkt der Gefahrerhöhung einen seinen Geschäftsgrundsätzen entsprechend erhöhten Beitrag verlangt.

Schrifttum

Bastuck/Stelmaszczyk Gestaltung des D&O-Versicherungsschutzes in M&A-Transaktionen, NZG 2011, 241; *Ehrenberg* „Gefahrerhöhung“ im Versicherungsvertrag, ZVersWiss 1928, 349; *Felsch* Neuregelung von Obliegenheiten und Gefahrerhöhung, RuS 2007, 485; *Freitag* Das Großrisiko in der VVG-Reform, RuS 2008, 96; *Heß* Die Quotenbildung nach dem VVG – Erfahrungen seit 2008, RuS 2013, 1; *Herdter* Grenzen der Auskunfts- und Belegpflichten in der D&O-Versicherung, ZVersWiss 2011, 655; *Honsell* Beweislast- und Kompensationsprobleme bei der Gefahrerhöhung, VersR 1981, 1094; *Knappmann* Rechtliche Stellung des arglistigen Versicherungsnehmers, VersR 2011, 724; *Koch, R.* Zur Qualifikation des Wechsels in der Beherrschung und der erstmaligen Begründung eines Beherrschungsverhältnisses in der D&O-Versicherung als Gefahrerhöhung, Gedächtnisschrift Hübner (2012) 123; *Koch, R.* Anmerkung zum BGH-Urteil vom 12.9.2012 (IV ZR 171/11, VersR 2012 1506) – Zur Frage der abschließenden AVB-Regelung der Anzeigepflicht bei nicht veranlasster Gefahrerhöhung, VersR 2012, 1508; *Lange* Auswirkungen eines Kontrollwechsels (change of control) auf die D&O-Versicherung AG 2005, 459; *Langheid* Ausfallversicherung und Gefahrerhöhung, NVersZ 2002, 433; *Loacker* Die Gefahrerhöhung nach der VVG-Reform, VersR 2008, 1285; *Moosbauer* Das quotale Leistungskürzungsrecht des Versicherers bei der grob fahrlässigen Verletzung einer vertraglichen Obliegenheit nach § 28 II S. 2 VVG, Diss. Münster 2011; *Osswald* Die D&O-Versicherung beim Unternehmenskauf, 2009; *Prölss* Der Zeitpunkt des Eintritts einer Gefahrerhöhung i.S. des § 23 ff. VVG, VersR 2004, 576; *Reinhardt* Die Voraussetzungen und Grenzen der objektiven Gefahrerhöhung nach § 23 Abs. 3 VVG am Beispiel der Schutzgelderpressung, ZVersWiss 2014, 505; *Reinhardt* Die Gefahrerhöhung im deutschen Privatversicherungsrecht, Diss. Berlin 2015; *Reusch* Die Erpressung von Schutzgeldern als Gefahrerhöhung i.S.d. §§ 23 bis 27 VVG, VersR 2011, 13; *Schirmer* Arglistiges Verhalten des VN im neuen VVG, RuS 2014, 533; *Thomas* Haftpflichtrechtliche Verjährungsverlängerung und D&O-Deckung, AG 2016, 473; *Thomas* Unternehmensinterne Informationspflichten bei Verlust der D&O-Deckung VersR 2010, 281; *Thümmel* Persönliche Haftung von Managern und Aufsichtsräten, 5. Aufl. 2016; *Waller* AVB und Quote: Die vertragliche Ausgestaltung der Quotierungsregelung in § 28 Abs. 2 S. 2 VVG, Diss. Frankfurt am Main 2017; *Wirth/Kuballa* BGH: Anzeigepflicht bei einer nicht veranlassten Gefahrerhöhung in der D&O-Versicherung, RuS 2013, 17.

Übersicht

A. Allgemeines

I. Entstehungsgeschichte — 1

II. Regelungsgegenstand — 4

B. Inhalt der Klausel

I. Gefahrerhöhung (B3-2.1)
1. Definition — 5
2. Kriterien — 9
   a) Erhöhtes Gefahrenniveau — 10
   b) Moment der Dauer — 11
   c) Subjektives Element — 12
   d) Wesentlichkeits- und Erheblichkeitsschranke — 13
   e) Gefahrkompensation — 14
   f) Negative Merkmale — 15
3. Arten — 16
   a) Subjektive Gefahrerhöhung — 17
   b) Nachträglich erkannte, subjektive Gefahrerhöhung — 19
   c) Objektive Gefahrerhöhung — 20
4. Abänderbarkeit — 25
5. Konkurrenzen — 27
6. Beweislast — 28

II. Pflichten des Versicherungsnehmers (B3-2.2) — 29

III. Rechtsfolgen (B3-2.3 und B3-2.4)
1. Kündigung (B3-2.3.1) — 30
2. Vertragsänderung (B3-2.3.2) — 33

IV. Erlöschensgründe (B3-2.4) — 39

V. Leistungsfreiheit (B3-2.5)
1. Verstoß gegen das Gefahrerhöhungsverbot (B3-2.5.1) — 42
   a) Vorsatz — 43
   b) Grobe Fahrlässigkeit — 44
2. Verletzung der Anzeigeobliegenheit (B3-2.5.2) — 48
3. Fortbestand der Leistungspflicht (B3-2.5.3) — 50

C. Abweichende Marktbedingungen

I. Abweichender Wortlaut
1. Beispiel: HPDO AXA, Stand: 09.2019 — 53
2. Beispiel: FINLEX/Tokio Marine, Stand: 2020 — 54

II. Unterschiede zur Musterbedingung
1. Verzicht auf gesetzliche Regelungen — 56
2. Explizit genannte Gefahrerhöhungstatbestände — 57
3. Frist — 62

A. Allgemeines

I. Entstehungsgeschichte

1 Als spezielle versicherungsrechtliche Ausprägung der Vorschriften über die Störung der Geschäftsgrundlage[1] knüpfen die Regeln zur Gefahrerhöhung normgeschichtlich an die Regel „clausula rebus sic stantibus" an.[2] Die Parteien sollen an einen Vertrag nur so lange gebunden sein, wie die für den Abschluss maßgeblichen Umstände sich nicht grundlegend geändert haben. So standen nach VVG 1908 vorrangig Lösungsrechte wie Kündigung oder Leistungsfreiheit im Vordergrund

1 BGH 18.10.1952 BGHZ 7 311 = VersR **1952** 387; BGH 14.3.1963 VersR **1963** 429, 430; *Reusch* VersR **2011** 13, 14.
2 MüKoVVG/*Reusch* § 23 Rn. 1.

(Alles-oder-Nichts-Prinzip[3]). Ist das Verhältnis von Risiko und Prämie aus der Balance geraten, so hat der historische Gesetzgeber dem VR die Möglichkeit gegeben, sich vom Vertrag zu lösen bzw. leistungsfrei zu werden. Damit wird zum einen ein angemessenes Verhältnis zwischen Risiko und Prämie im Sinne einer **Äquivalenzfunktion** gewährleistet. Zum anderen soll der VR nicht gezwungen sein, alle möglichen Gefahrsteigerungen im Vorfeld einzupreisen, was zu einer höheren Prämie führen würde (**Prämienoptimierungsfiktion**[4]), was wiederum dem Schutz des VN vor zu hohen Prämien dient.[5] Schließlich soll der VN angehalten werden, Verhaltensweisen wie vorsätzliches oder grob fahrlässiges Handeln zu unterlassen und damit seine Sorgfalt zu erhöhen (**Verhaltenssteuerung**).[6]

Eine der wichtigsten Änderungen des VVG 2008 ist die Abwendung von dem bis dahin vertretenen statischen Konzept hin zu einer dynamischen Gefahrauffassung.[7] Mit Einführung des **Vertragsanpassungsrechts** ist der VR nunmehr frei in seiner Wahl zwischen einer Prämienerhöhung oder einem Risikoausschluss und einer Kündigung.[8] Hinsichtlich der Rechtsfolge Vertragsanpassung hat bereits der historische Gesetzgeber erkannt, dass jede tatsächliche Änderung eine Gefahrerhöhung darstellen kann, der Zweck der Versicherung aber beeinträchtigt würde, sofern nicht gewisse Schranken greifen, die die schutzwürdigen Interessen des VN am Fortbestand des Vertrages und des VR an einem vernünftigen Verhältnis von Prämie und Risiko austarieren.[9] Im Grundsatz sind die Gefahrerhöhungsregeln von den Erwägungen zu **Treu und Glauben** geprägt. Die Rechtsprechung hat zwar Prinzipien zur Gefahrerhöhung entwickelt, allerdings sind diese Schranken nicht immer leicht zu bestimmen. Ob der VR den Vertrag zu gleichen Konditionen fortführen muss, wenn sich die Umstände durch Maßnahmen des VN oder durch äußere Umstände geändert haben, hängt zum einen von der Schwere der Änderungen ab, die der VR im Vorfeld nicht immer hinreichend bedenken kann. Zum anderen von den berechtigten Erwartungen der Verkehrskreise und den konkreten Rahmenbedingungen der jeweiligen Versicherungssparten. Darüber hinaus sind Umstände, die objektiv gefahrerhöhend wirken, dennoch nicht zu berücksichtigen, wenn der Versicherungsvertrag nicht berührt werden soll, so dass die Erwartung der Verkehrskreise hinsichtlich eines spezifischen Versicherungsschutzes nicht enttäuscht wird und die Gefahrerhöhung den Versicherungsschutz nicht aushöhlt.[10] 2

Im Unterschied zu den AVB-AVG 2017 wurde die Erweiterung des Anwendungsbereichs des Kündigungsrechts auch auf Fälle, in denen die Kündigungsvoraussetzungen nur bei einem Teil der versicherten Personen erfüllt waren (dort Ziffer 7.2.2 Abs. 1), übernommen. Diese wichtige Erweiterung wurde in B3-2.3 AVB D&O 2020 nicht übernommen.[11] 3

II. Regelungsgegenstand

Die VN darf nach Abgabe der Vertragserklärung ohne Einwilligung des VR keine Gefahrerhöhung vornehmen oder deren Vornahme durch einen Dritten gestatten (§ 23 Abs. 1 VVG). Erkennt der VN nachträglich, dass er ohne Einwilligung des VR eine Gefahrerhöhung vorgenommen oder gestattet hat, hat er die Gefahrerhöhung dem VR unverzüglich anzuzeigen (§ 23 Abs. 2 VVG). Tritt nach Abgabe der Vertragserklärung des VN eine Gefahrerhöhung unabhängig von seinem Willen ein, hat er die Gefahrerhöhung, nachdem er von ihr Kenntnis erlangt hat, dem VR unverzüglich 4

3 BTDrucks. 16/3945 S. 49; *Waller* S. 124.
4 Schwintowski/Brömmelmeyer/*Loacker* § 23 Rn. 1.
5 Prölss/Martin/*Armbrüster* § 23 Rn. 2.
6 *Reinhardt* S. 6.; *Schäfers* VersR **2011** 842, 845.
7 BTDrucks. 16/3945 S. 172; *Loacker* Vers **2008** 1285, 1287.
8 MüKoVVG/*Reusch* § 23 Rn. 4.
9 MüKoVVG/*Reusch* § 23 Rn. 1.
10 MüKoVVG/*Reusch* § 23 Rn. 3.
11 Mitterlechner/Wax/Witsch § 9 Rn. 58.

anzuzeigen (§ 23 Abs. 3 VVG). Verletzt die VN die vorgenannten Pflichten so stehen dem VR die Rechtsfolgen Kündigung (§ 24 VVG), der Prämienanpassung (§ 25 VVG) oder Leistungskürzung/ Leistungsfreiheit (§ 26 VVG) zu.

B. Inhalt der Klausel

I. Gefahrerhöhung (B3-2.1)

1. Definition

5 Nicht jede **Risikoerhöhung** (unerhebliche Gefahrerhöhung[12]) ist zugleich eine Gefahrerhöhung im Sinne der Norm. Das VVG enthält – mit Ausnahme der Nennung in § 27 VVG – keine explizite Legaldefinition des Begriffs. Die zur Abgrenzung erforderlichen, durch Richterrecht entwickelten Kriterien erweisen sich im Wesentlichen als praktikabel.[13] B3-2.1.1 enthält nunmehr eine Definition der Gefahrerhöhung.[14] Eine erhebliche **Gefahrerhöhung** liegt dann vor, wenn ein neuer Zustand erhöhter Gefahr geschaffen wurde, der seiner Natur nach geeignet ist, von so langer Dauer zu sein, dass er die Grundlage eines neuen natürlichen Gefahrenverlaufs bilden und damit den Eintritt des Versicherungsfalles generell fördern kann.[15] Wesentliche Elemente sind somit die Erhöhung der Grundgefahr, eine Erhöhung der Schadenauswirkungsgefahr oder der Vertragsgefahr.[16] Auch die Änderung eines „gefahrerheblichen Umstandes",[17] nach dem der VR im Vorfeld gefragt hat, kann eine Gefahrerhöhung darstellen. Ein Umstand, der bereits zu einem Schaden geführt hat, gilt ohne Weiteres als besonders gefahrdrohend. Wird eine Gefahr nur **unerheblich** erhöht oder ist nach den Umständen als vereinbart anzusehen, dass die Gefahrerhöhung mitversichert sein soll, sind gem. § 27 VVG die Regelungen der §§ 23 bis 26 VVG nicht anzuwenden. Die Abgrenzung ist nicht unproblematisch, da der VR grundsätzlich ein dem Versicherungsgedanken immanentes Änderungsrisiko tragen muss und tragen will. Quantitativ unerhebliche Gefahrveränderungen sind von ihrem Gefahrpotential oder von ihrer Dauer her so belanglos, dass sie von vorneherein als mitversichert anzusehen sind.[18] Qualitativ unerhebliche Gefahrerhöhungen bestimmen sich nach dem „nach den Umständen Gewollte".[19]

6 Der für den Eintritt der Gefahrerhöhung maßgebliche **Referenz-Zeitpunkt** ist die Willenserklärung des VN, also die Stellung seines Versicherungsantrages („nach Abgabe seiner Vertragserklärung"), der damit nahtlos an die bis zu diesem Zeitpunkt den VN treffenden vorvertragliche Anzeigeobliegenheit (siehe B. I. 2.) anschließt.[20]

7 Als **Beispiele** für anzeigepflichtige Umstände in der D&O-Versicherung sind zu nennen: Börsennotierung, öffentliche Bekanntgabe geplanter Aktienemissionen, Neubeherrschung der VN, Verschmelzung der VN bzw. eines Rechtsträgers auf die VN, Verlegung des Sitzes der VN ins Ausland,[21] Änderung des Gesellschaftszwecks bzw. der Satzung, konsolidierter Geschäftsbericht (siehe Rn. 23), Änderung der Gesellschafterstruktur und der Stimmrechtsverhältnisse von mehr als 10 % (teilweise auch 25 %), freiwillige Liquidation[22] oder Eröffnung des Insolvenzverfahrens

---

12 Langheid/Rixecker/*Langheid* § 23 Rn. 17.
13 Langheid/Rixecker/*Langheid* § 23 Rn. 18.
14 Bruck/Möller/*Gädtke* D&O AVB 2020/2022 B3 Rn. 72.
15 BGH 18.10.1952 BGHZ 7 311, 318; BGH 9.7.1975 VersR **1975** 845, 846.
16 MüKoVVG/*Reusch* § 23 Rn. 23.
17 Abweichend von der deutschen Haftpflichtterminologie spricht Ziffer B3-3.1.1 von „besonders gefahrdrohenden Umständen", wobei es sich wohl um ein redaktionelles Versehen handelt.
18 BGH 18.3.1992 NJW-RR **1992** 793 = VersR **1992** 606.
19 *Langheid* NVersZ **2002** 433, 435.
20 Vgl. OLG Celle 21.12.2010 VersR **2011** 663; LG Koblenz 14.12.2017 – 16 O 112/17.
21 Vgl. Rn. 57.
22 BGH 12.9.2012 RuS **2012** 539, 540.

über das Vermögen der VN oder ihrer Tochtergesellschaften.[23] Damit stellen auch größere M&A Transaktionen anzeigepflichtige gefahrerhöhende Umstände dar.

Enthalten die D&O-Versicherungsbedingungen spezielle Regelungen zur Gefahrerhöhung, die für den VN **günstiger** sind, dann soll der VR nach Ansicht des BGH nicht mehr auf die gesetzlichen Regelungen der §§ 23 ff. VVG zurückgreifen können.[24] 8

2. Kriterien

Ob im Einzelfall eine Gefahrerhöhung im Sinne der Norm vorliegt, ist eine **Wertungsentscheidung**[25] darüber, ob sich die Gefahrumstände gegenüber dem Zeitpunkt der Antragstellung so wesentlich geändert haben, dass der VN nicht ernsthaft erwarten kann, dass diese Änderung folgenlos für den Versicherungsschutz bleibt bzw. als mitversichert gilt.[26] In Betracht kommen folgende von Rspr. und Lit. entwickelten Beurteilungskriterien: 9

a) Erhöhtes Gefahrenniveau. Eine geänderte Gefahrenlage auf **erhöhtem Niveau**[27] kann daran gemessen werden, ob der vom VR vernünftigerweise prognostizierte Risikoverlauf verlassen wird und was die Parteien bei Vertragsschluss als Inhalt des Versicherungsvertrages angesehen haben. Dabei sind die Erwartungen der VN zu berücksichtigen.[28] Ausgangspunkt ist ein angemessenes Verhältnis zwischen der zu zahlenden Prämie und der zu tragenden Gefahr (**Äquivalenzprinzip**). Maßstab der Rechtsprechung ist, ob der VR den Vertrag nicht oder nicht zur vereinbarten Prämie abgeschlossen hätte.[29] Es kommt also darauf an, ob der VR zum Zeitpunkt der Antragsannahme diese Gefahrumstände in seiner Risikokalkulation bei Zugrundelegung einer **sachgemäßen und vernünftigen Versicherungstechnik**[30] berücksichtigen konnte oder nicht. Dabei sind die **Gesamtumstände** zu berücksichtigen und damit gefahrerhöhende und -verringernde Aspekte zu würdigen.[31] Zu berücksichtigen sind beispielsweise der Antrag bzw. die Antragsfragen, die Police, die AVB und etwaig vereinbarte Tarife.[32] Außerdem die Annahmepolitik des VR[33] und der von den Parteien erwartete präsumtive Vertragsverlauf.[34] Vor dem Hintergrund des § 19 Abs. 1 VVG kann sich der VR während der Vertragslaufzeit nicht auf eine Gefahrerhöhung berufen bei Umständen, nach denen er bei Antragstellung nicht in Textform gefragt hat.[35] Dies soll ausnahmsweise nicht gelten bei der Ausforschung von Umständen, die selbst bei nachhaltiger Analyse des Versicherungsgegenstandes unvorhersehbar waren.[36] 10

b) Moment der Dauer. Rechtsprechung und Lehre verlangen darüber hinaus einen **Moment der Dauer**, wonach die zeitliche Dauer des Zustands lange genug ist, um einen neuen Gefahren- 11

23 Ein beispielhafter Katalog wurde bis 2005 in den AVB aufgeführt, vgl. AVB 2005, Ziff. 7.2.1.
24 BGH 19.2.2012 NJW **2012** 3723.
25 RG 20.5.1910 RGZ **73** 359, 362; OLG Hamm 26.3.1982 VersR **1982** 966.
26 MüKoVVG/*Reusch* § 23 Rn. 25.
27 BGH 18.10.1952 BGHZ 7 311 = VersR **1982** 687 = NJW **1952** 1291.
28 MüKoVVG/*Reusch* § 23 Rn. 27.
29 BGH 20.6.2012 VersR **2012** 1300, 1301; BGH 16.6.2010 VersR **2010** 1032; BGH 23.6.2004 VersR **2005** 218, 219; BGH 5.5.2004 VersR **2004** 895; BGH 18.10.1952 BGHZ 7 311, 317 = VersR **1952** 387; OLG Karlsruhe VersR **2010** 1641, 1643.
30 RG 20.5.1910 RGZ **73** 359, 361; BGH 11.12.1980 BGHZ **79** 156, 158.
31 BGH 20.6.2012 VersR **2012** 1300; BGH 5.5.2004 VersR **2004** 895; *Reusch* VersR **2011** 13, 14.
32 Marlow/Spuhl/*Staudinger*/*Ruks* § 23 Rn. 24.
33 BGH 21.5.1987 VersR **1987**, 921; BGH 11.12.1980 BGHZ **79** 156 = VersR **1981** 245.
34 BGH 15.11.1978 VersR **1979** 73.
35 Langheid/Rixecker/*Langheid*, VVG § 23 Rn. 22.
36 Marlow/Spuhl/*Staudinger*/*Ruks* § 23 Rn. 28.

verlauf zu bilden.[37] Bei einer Gesamtbewertung kann die zeitliche Dauer ein wesentliches und indizierendes Kriterium sein. Auch wenn die kurze Dauer der Gefahrerhöhung zu deren Unerheblichkeit führen kann,[38] schließen kurzfristige oder vorübergehende Gefahränderungen die Annahme einer Gefahrerhöhung nicht aus.[39] Momentane Gefahrsteigerungen oder -schwankungen, die vorhersehbar für einen kurzfristigen Zeitraum eintreten, erfüllen nicht die Voraussetzungen.[40] Es kommt also nicht zwingend auf die tatsächliche Dauer an, sondern ob die Gefahrerhöhung geeignet ist, die ursprünglich angenommene Risikosituation so maßgeblich zu verändern, dass eine Gefahrerhöhung angenommen werden kann.

12 **c) Subjektives Element.** Auf die subjektive Vorstellung des VN soll es dann ankommen, wenn sich das erhöhte Risiko bereits kurzfristig in der **Ersthandlung** verwirklicht und folglich das Merkmal einer andauernden Risikoerhöhung nicht gegeben ist. Hier bestehen allerdings Abgrenzungsprobleme, da es sich um Fragen der Motivation des VN handelt, der VR aber für diese inneren Umstände des VN beweispflichtig ist.[41]

13 **d) Wesentlichkeits- und Erheblichkeitsschranke.** Unter wirtschaftlichen Gesichtspunkten darf die Rechtsordnung den VR nicht zur Versicherung außergewöhnlicher Risikoerhöhungen verpflichten, da nur ein angemessener und kostenadäquater Versicherungsschutz die Interessen der Versichertengemeinschaft, des Einzelnen und der Versicherungsunternehmen gewährleisten vermag (Prämienoptimierungsfunktion). Das bedeutet, dass die Abweichung des neuen Risikos von der Grundgefahr auch auf ihre **Wesentlichkeit und Erheblichkeit** (sog. Wesentlichkeits- und Erheblichkeitsschranke) überprüft werden muss.[42] Einzig und allein die Störung des Synallagmas zwischen Prämienzahlungspflicht des VN und dem Leistungsversprechen des VR aufgrund einer Gefahrerhöhung genügen nicht.[43]

14 **e) Gefahrkompensation.** Eine Gefahr wird kompensiert, wenn eine eingetretene Gefahrerhöhung entfallen ist oder sich die Wahrscheinlichkeit eines Schadens durch die Veränderung eines Gefahrumstandes zwar erhöht hat, aber durch eine vorher gleichzeitige oder nachträgliche Veränderung eines anderen Umstandes wieder vermindert, sodass in Summe die Wahrscheinlichkeit eines Versicherungsfalls nicht wesentlich verändert und damit im Ergebnis die eingetretene Gefahrerhöhung letztlich wieder aufgehoben wird.[44] Im Unterschied zu § 24 Abs. 3 Alt. 2 VVG entfällt der risikoerhöhende Umstand gerade nicht. Zudem wird ein gewisser innerer Zusammenhang zwischen den gefahrerhöhenden und den gefahrvermindernden Umständen bestehen müssen.[45] Hinsichtlich der **Kompensationskongruenz**, also einer Stoßrichtungsgleichheit der Gefahren, vertreten Rspr. und Lehre die Auffassung, dass es nicht entscheidend ist, ob einzelne neue Gefahrenquellen entstanden sind, sondern ob sich die Risikolage im Wege einer Gesamtbetrachtung erhöht hat.[46] Nach der **h.M.** ist nicht erforderlich, dass die Kompensation und die Erhöhung des Risikos

---

37 BGH 18.10.1952 BGHZ **7** 311; BGH 16.6.2010 VersR **2010** 1032; BGH 27.1.1999 VersR **1999** 484; LG Bremen 29.10.1992 RuS **1992** 404; BGH 21.4.1993 RuS **1993** 223.

38 BGH 21.4.1993 RuS **1993** 362 = VersR **1994** 45.

39 Prölss/Martin/*Armbrüster* § 23 Rn. 31f.; Schwintowski/Brömmelmeyer/*Loacker* § 23 Rn. 25f.

40 BGH 10.9.2014 VersR **2014** 1313, 1315.

41 OLG Karlsruhe 17.9.2013 RuS **2013** 542, 543.

42 MüKoVVG/*Langheid* § 23 Rn. 33.

43 Marlow/Spuhl/*Staudinger*/*Ruks* § 27 Rn. 2.

44 Prölss/Martin/*Armbrüster* § 23 Rn. 27; Langheid/Rixecker/*Langheid* § 23 Rn. 34.

45 Schwintowski/Brömmelmeyer/*Loacker* § 23 Rn. 54.

46 BGH 16.6.2010 VersR **2010** 1032; BGH 17.2.2010 VersR **2010** 944; BGH 23.6.2004 VersR **2005** 218, 219; BGH 6.6.1990 VersR **1990** 881, 882; BGH 9.7.1975 VersR **1975** 845; siehe auch MüKoVVG/*Reusch* § 23 Fn. 79 m.w.N.

zeitlich zusammenfallen, sondern dass sie überhaupt vorliegen, so dass dem VR vom Eintritt der Gefahrerhöhung bis zu dessen Kompensation eine erhöhte Prämie gem. § 25 VVG zustehen kann.[47] Sofern im Ergebnis eine **Gefahrverringerung** eintritt, obliegt dem VN nach § 41 Abs. 1 VVG, eine Herabsetzung der Prämie zu verlangen. Ist es dem VN nicht möglich, **gefahrausgleichende Maßnahmen** zu ergreifen, ist er gezwungen, die Einwilligung gem. § 23 Abs. 1 VVG einzuholen, um seinen VersSchutz nicht zu gefährden.[48] Verändert sich das versicherte Risiko durch gefahrerhöhende oder -mindernde Umstände so erheblich, dass das ursprüngliche Gepräge dauerhaft verloren geht, handelt es sich um einen **Gefahrenwechsel**, womit der Versicherungsschutz entfällt.[49]

f) Negative Merkmale. Zudem darf der veränderte Zustand **keinen Versicherungsfall** darstellen, denn dieses Risiko liegt in der Sphäre des VR und dieser soll nicht durch die Rechtsfolgen der Gefahrerhöhung privilegiert werden. Die Annahme einer Gefahrerhöhung setzt darüber hinaus voraus, dass die mögliche Änderung der gefahrerheblichen Umstände **nicht vorhersehbar** war,[50] womit der VR nicht von einer sorgfältigen Prämienkalkulation entlastet werden soll.[51] 15

3. Arten

Die gesetzliche Regelung unterscheidet zwischen einer subjektiv verschuldeten Gefahrerhöhung (§ 23 Abs. 1 VVG), einer nachträglich erkannten, subjektiv unverschuldeten Gefahrerhöhung (§ 23 Abs. 2 VVG) und einer objektiv unverschuldeten Gefahrerhöhung (§ 23 Abs. 3 VVG). 16

a) Subjektive Gefahrerhöhung. **§ 23 Abs. 1 VVG** definiert zwei Arten der subjektiven Gefahrerhöhung und damit eines Verstoßes gegen die sog. „**Gefahrstandspflicht**“: Entweder hat der VN diese selbst herbeigeführt bzw. wird ihm zugerechnet (**Alt. 1**)[52] oder der VN hat eine entsprechende Maßnahme eines Dritten gestattet (**Alt. 2**). 17

Für eine **willentliche** Gefahrerhöhung muss der VN Kenntnis der gefahrerhöhenden Umstände haben, während eine Kenntnis des gefahrerhöhenden Charakters oder gar eine zutreffende rechtliche Einordnung nicht erforderlich ist.[53] Hier ist zunächst ein positives Tun gemeint. Die Möglichkeit der Vornahme einer Gefahrerhöhung durch **Unterlassen** wird von der **Rspr.**[54] abgelehnt.[55] Die bloße **Absicht** des VN oder eines Dritten zu einer solchen Maßnahme genügt nicht, der Entschluss zur Gefahrerhöhung muss sich bereits verdichtet haben und aus dem Vorstellungsbereich des VN in das Umsetzungsstadium übergegangen sein.[56] Auch muss er diese nicht alleine bewirkt haben, es genügt die Gefahrerhöhung mitverursacht zu haben.[57] Hat der VR zeitlich vorausgehend in die Gefahrerhöhung **eingewilligt**, liegt keine Verletzung der Gefahrstandspflicht vor. Diese Regelung wurde inhaltlich in Ziffer B3-2.2 (Rn. 29) in die AVB D&O 2020 aufgenommen. 18

---

47 Vgl. Bruck/Möller/*Matusche-Beckmann* § 23 Rn. 12.
48 Prölss/Martin/*Armbrüster* § 23 Rn. 41.
49 Bruck/Möller/*Matusche-Beckmann* § 23 Rn. 13.
50 RG 3.1.1936 RGZ **150** 48; BGH 21.9.1964 BGHZ **42** 295.
51 Bruck/Möller/*Matusche-Beckmann* § 23 Rn. 17.
52 Vgl. OLG Dresden 9.6.2020 BeckRS **2020** 13943; OLG Karlsruhe 17.9.2013 RuS **2013** 542 (zu Repräsentanten); Langheid/Rixecker/*Langheid* § 23 Rn. 40 (zu Versicherten).
53 BGH 10.9.2014 VersR **2014** 1313.
54 BGH 8.7.1987 VersR **1987** 921; BGH 21.1.1987 VersR **1987** 653, dazu krit. *Martin* VersR **1988** 209; BGH 11.12.1980 VersR **1981** 245; OLG Hamm 23.1.1987 VersR **1988** 49 = NJW-RR **1987** 859; OLG Köln 28.3.2000 RuS **2000** 207.
55 Anders die wohl h.M. in der Lit., die diese Möglichkeit bejaht, vgl. Bruck/Möller/*Matusche-Beckmann* § 23 Rn. 21 f.; Langheid/Rixecker/*Langheid*, § 23 Rn. 32 m.w.N.
56 BGH 22.6.2012 RuS **2012** 489; Prölss/Martin/*Armbrüster* § 23 Rn. 36.
57 Bruck/Möller/*Matusche-Beckmann* § 23 Rn. 33.

19 **b) Nachträglich erkannte, subjektive Gefahrerhöhung.** Gemäß **§ 23 Abs. 2 VVG** fehlt dem VN positive Kenntnis im Zeitpunkt der Vornahme einer subjektiven Gefahrerhöhung, so dass die Gefahrstandspflicht nach § 23 Abs. 1 VVG nicht verletzt wird. Arglistiges Verhalten ist mit positiver Kenntnis gleichzusetzen.[58] Gleichwohl trifft den VN die **Anzeigeobliegenheit**, dem VR **unverzüglich** nach Kenntniserlangung anzuzeigen, dass eine ohne Einwilligung des VR vorgenommene oder gestattete Änderung der Gefahr erhöht ist. Voraussetzung ist, dass der VN Kenntnis davon hat, dass die Änderung eine Gefahrerhöhung zur Folge hat. Bei massiver Gefahrerhöhung kann im Einzelfall im Sinne einer umgekehrten Proportionalität eine geringere Dauer maßgeblich sein, um die Interessen des VR zu wahren, womit der VN alsbald kompensierende Maßnahmen ergreifen sollte.[59] Die Anzeigeobliegenheit greift auch, sobald der VN gefahrkompensierende Maßnahmen ergriffen hat und er diese als untauglich bzw. unzulänglich erkannt hat.[60] Sofern nicht anders bestimmt, genügt gem. § 32 S. 2 VVG eine formlose Mitteilung ggü. dem VR. Gleichwohl ist der Anwendungsbereich gering. Denn weiß der VN von der Gefahrerhöhung, greift bereits § 23 Abs. 1 VVG; holt er die Einwilligung des VR ein, ist der Anzeigeobliegenheit nach Abs. 2 Rechnung getragen.[61]

20 **c) Objektive Gefahrerhöhung.** Eine objektive Gefahrerhöhung tritt gemäß **§ 23 Abs. 3 VVG** unabhängig vom Willen des VN ein. Es handelt sich um ein von außen kommendes Ereignis, das der VN selbst oder ihm zuzurechnende Personen nicht vorgenommen oder gestattet haben. Auch der Wegfall gefahrkompensierender Maßnahmen ohne Zutun des VN erfüllt den Tatbestand.[62] Die Anzeigeobliegenheit des VN entsteht ab Kenntnis des VN von dem gefahrerhöhenden Charakter der Maßnahme.

21 Eine nicht unerhebliche Gefahrerhöhung dürfte ein **Beherrschungswechsel** darstellen, insbesondere wenn beim VN eine Neubeherrschung eintritt.[63] Weil die neue Führung i.d.R. mögliche vergangene Pflichtverletzungen kritisch prüfen dürfte, werden Leitungsorgane in diesem Zusammenhang besonderen Haftungsrisiken ausgesetzt sein.[64] Gleiches gilt für **Verschmelzungen**, wohingegen der **Verkauf von Tochterunternehmen** regelmäßig keine Gefahrerhöhung darstellen soll.[65]

22 Ebenso kann die Verschärfung bestehender oder der **Erlass neuer Rechtsvorschriften** zu einer Erhöhung des versicherten Risikos führen.[66] Als mitversicherte Gefahrerhöhung soll nach Ansicht in der Lit. die Vereinbarung einer **Verjährungverlängerung** gelten, wobei berechtigte Zweifel bestehen, wenn dies zur Abwendung der Inanspruchnahme vereinbart wird.[67]

23 Vor diesem Hintergrund enthalten die D&O-Bedingungen **zusätzliche Anzeigepflichten** des VN bspw. zu Gesellschaftszweck bzw. Satzung, Geschäftsbetrieb, Änderung der Gesellschafterstruktur, Insolvenzverfahren oder dem Abschluss weiterer Versicherungsverträge. Die in einer Vielzahl von Versicherungsbedingungen vorgesehene Pflicht zur Vorlage des konsolidierten Geschäftsberichts innerhalb von sechs Monaten nach Abschluss des Geschäftsjahres soll der Feststellung dienen, ob erhebliche, die Sachlage ändernde Umstände inzwischen eingetreten sind.[68]

58 St.Rspr., z.B. BGH 25.9.1968 BGHZ **50** 385, 390; OLG Düsseldorf 20.4.2004 VersR **2004** 1408.
59 Looschelders/Pohlmann/*Looschelders* § 23 Rn. 41.
60 Looschelders/Pohlmann/*Looschelders* § 23 Rn. 38.
61 Mitterlechner/Wax/Witsch § 9 Rn. 34.
62 Prölss/Martin/*Armbrüster* § 23 Rn. 29.
63 OLG Frankfurt/Main 20.7.2011 RuS **2012** 292; *Bastuck/Stelmaszczyk* NZG **2011** 241, 245f.; *Wirth/Kuballa* RuS **2013** 17.
64 MüKoVVG/*Ihlas* Ziffer 320 Rn. 188; *Wirth/Kuballa* RuS **2013** 17, 18.
65 *Osswald* S. 138 f.
66 Rüffer/Halbach/Schimikowski/*Schimikowski* AHB § 21 Rn. 1.
67 *Thomas* AG **2016** 473, 478; Prölss/Martin/*Voit* AVB-AVG § 7.2 Rn. 1.
68 Beckmann/Matusche-Beckmann/*Beckmann*, § 28 Rn. 147.

Die vertragliche Vereinbarung **gefahrvorbeugender (gefahrmindernder) Obliegenheiten** i.S.v. § 28 VVG ist zulässig, so dass je nach Fall sowohl die §§ 23 ff. VVG als auch die Obliegenheitsregeln zur Anwendung kommen können. Inwiefern auf Unterlassung gerichtete, gefahrvorbeugende Obliegenheiten wirksam vereinbart werden können, ist streitig.[69] Jedenfalls ist eine abschließende Sonderregelung anzunehmen, sofern eine Obliegenheit auf das Unterlassen bestimmter gefährlicher Handlungen gerichtet ist.[70] 24

4. Abänderbarkeit

Da nach § 32 S. 1 VVG eine **Abbedingung** der Gefahrerhöhungsregeln des halbzwingenden § 23 VVG nicht zum Nachteil des VN zulässig ist,[71] kommt es bei der Frage nach deren Zulässigkeit auf die rechtliche Einordnung an. Unzulässig und ohne konstitutive Wirkung bleibt die Bezeichnung von Tatbeständen als Gefahrerhöhung, die die Gefahrenlage faktisch gar nicht nachteilig verändern.[72] Ebenso unzulässig ist es, gefahrerhöhende Umstände an schärfere Rechtsfolgen als in §§ 19, 28 Abs. 4 und § 31 Abs. 1 S. 2 VVG statuiert, zu knüpfen.[73] Dies gilt umso mehr für Umstände, die keine relevante Gefahrerhöhung darstellen.[74] Allerdings kann sich hieraus der Wille des VR ergeben, die benannten Gefahrerhöhungen vom Versicherungsschutz auszuschließen, wobei der VR **Risikoausschlüsse** nur über § 25 Abs. 1 VVG einführen kann. Aus der beispielhaften **Aufzählung in AVB** von Gefahrerhöhungstatbeständen kann u.U. der (Umkehr-)Schluss gezogen werden, was keine Gefahrerhöhung darstellt bzw. dass es sich vorliegend um eine mitversicherte Gefahr handelt.[75] Sofern ein Mantelvertrag vorsieht, bestimmte hohe Risiken hinsichtlich einzelner vereinbarter Risiken von den Deckungszusagen auszuschließen, sind die §§ 23 ff. VVG nicht berührt.[76] Weist der VR darauf hin, dass eine Gefahrerhöhung ab einer quantitativ definierten „Schwelle" eintritt, so ist der diese „Schwelle" nicht erreichende Umstand dann keine oder jedenfalls eine nach § 27 VVG mitversicherte Gefahrerhöhung.[77] Kann der VN Umstände zu anderen für sein Risiko einschlägigen Bedingungen versichern, können diese Umstände ungeachtet der §§ 24, 26 VVG ausgeschlossen werden.[78] 25

Nachteilige Klauseln können allerdings dann zulässig sein, wenn die D&O-Police sog. **Großrisiken** i.S.v. § 210 VVG versichert,[79] beispielsweise wenn das Verschuldens- und Kausalitätsprinzip der §§ 19 ff. und 23 ff. VVG modifiziert wird.[80] Ein Großrisikovertrag liegt vor, wenn beim VN kraft wirtschaftlicher Größe zwei von drei der in § 210 Abs. 2 S. 1 Nr. 3 VVG genannten Kriterien (Bilanzsumme, Nettoerlöse, Anzahl Arbeitnehmer) erfüllt sind mit der Folge, dass die Beschränkungen der Vertragsfreiheit in zwingenden und halbzwingenden Vorschriften für den Anwendungsbereich der Norm aufgehoben werden.[81] Soll eine Norm ganz abbedungen werden, muss dies im Vertrag deutlich zum Ausdruck kommen,[82] von der Norm abweichende Regelungen müssen ausdrücklich bestimmt werden.[83] Darüber hinaus dürfen diese zu ihrer Wirksamkeit im Rah- 26

---

69 Prölss/Martin/*Armbrüster* § 23 Rn. 120a.
70 Zur Verwendungs- und Führerscheinklausel vgl. BGH 8.7.1987 VersR **1987** 921.
71 Mit Ausnahme einer Textformklausel nach § 32 S. 2 VVG.
72 OLG Hamm 28.5.1986 VersR **1987** 1105; Prölss/Martin/*Armbrüster* § 23 Rn. 28; **a.A.** wohl *Schleswig* RuS **1997** 425, 426.
73 *Wirth/Kuballa* RuS **2013** 17, 18.
74 BGH 12.9.2012 RuS **2012** 539.
75 Prölss/Martin/*Armbrüster* § 23 Rn. 45.
76 OLG Koblenz 19.3.1999 VersR **2008** 621.
77 OLG Hamm 17.9.1997 VersR **1998** 1152, 1153.
78 Prölss/Martin/*Armbrüster* § 23 Rn. 116.
79 Zum Begriff vgl. *Freitag* RuS **2008** 96.
80 Ebd.
81 Langheid/Rixecker/*Rixecker* § 210 Rn. 3.
82 BGH 3.6.1992 VersR **1992** 1089.
83 MüKoVVG/*Looschelders* § 210 Rn. 4.

men einer AVB-Inhaltskontrolle nicht mit wesentlichen Grundgedanken der gesetzlichen Regelung unvereinbar sein. Allerdings trifft der Grundgedanke des § 32 S. 1 VVG, den VN als schwächere Partei zu schützen, auf Verträge über Großrisiken gerade nicht zu.[84] § 210 VVG gilt nach der **h.M.** nicht für die Kombination von Großrisiken mit anderen Risiken.[85]

5. Konkurrenzen

27 Nach ihrem Tatbestand können die §§ 23 ff. VVG und **§ 81 VVG** (ebenso: §§ 103, 183 VVG) im Einzelfall zusammentreffen, abhängig vom jeweils definierten Begriff der Gefahrerhöhung. Nach **h.M.** sind beide Normen nebeneinander anwendbar.[86] Um den Anspruch des VN nicht zu schmälern und den Anwendungsbereich des § 26 VVG nicht zu verlieren, muss vor dem Hintergrund der Beweislastverteilung des § 26 Abs. 1 VVG der Begriff der Gefahrerhöhung eng ausgelegt werden.[87]

6. Beweislast

28 Der **VR** ist darlegungs- und beweislastpflichtig für das Vorliegen der die Gefahrerhöhung begründenden objektiven Umstände sowie für die Kenntnis des VN von diesen Umständen,[88] wobei der VN die gefahrerhöhende Eigenschaft dieser Umstände nicht kennen muss.[89] Der **VN** hingegen muss sich von vermutetem Vorsatz oder grober Fahrlässigkeit entlasten, § 24 Abs. 1 S. 1 VVG. Allerdings muss für Fälle der Leistungsfreiheit infolge subjektiver Gefahrerhöhung nach § 26 Abs. 1 VVG der VR den Vorsatz des VN beweisen. Die grobe Fahrlässigkeit des VN wird dagegen vermutet.[90] Außerdem trifft den VN der Nachweis der Einwilligung des VR, der Vornahme gefahrkompensierender Maßnahmen und im Zweifel die Nachweispflicht bzgl. einer unverschuldeten Verzögerung der Anzeige.[91]

II. Pflichten des Versicherungsnehmers (B3-2.2)

29 Diese Ziffer entspricht inhaltlich der in § 23 Abs. 1 VVG normierten sog. **„Gefahrstandspflicht"** und wurde erst mit den AVB D&O 2019 in die Musterbedingungen[92] aufgenommen. Danach darf der VN ohne Zustimmung des VR keine Gefahrerhöhung vornehmen oder diese einem Dritten gestatten (Voraussetzungen siehe Rn. 17). Falls dies doch einmal der Fall sein sollte und der VN nachträglich Kenntnis erlangt, muss er dies unverzüglich anzeigen. Bereits **kraft Gesetzes** sind gefahrerhöhende erhebliche Umstände, auch wenn sie während der Vertragsdauer eintreten, unverzüglich gemäß § 23 Abs. 2 VVG anzuzeigen. Der Rückgriff auf die gesetzliche Regelung ist allerdings dann **ausgeschlossen**, wenn die Versicherungsbedingungen eine für den VN günstigere abschließende Regelung enthalten.

84 MüKoVVG/*Looschelders* § 210 Rn. 9.
85 Zum Diskussionsstand siehe Prölss/Martin/*Klimke* § 210 Rn. 4.
86 OLG Köln 17.10.2018 VersR **2010** 1592, 1594; Prölss/Martin/*Armbrüster* § 23 Rn. 119 m.w.N.
87 Marlow/Spuhl/*Staudinger*/*Ruks* § 23 Rn. 18; Looschelders/Pohlmann/*Looschelders* § 23 Rn. 7.
88 OLG Karlsruhe 20.2.2003 VersR **2003** 1124.
89 BGH 26.5.1982 VersR **1982** 793; OLG Nürnberg 22.4.1999 VersR **2000** 46.
90 Prölss/Martin/*Armbrüster* § 26 Rn. 12.
91 Marlow/Spuhl/*Staudinger*/*Ruks* § 23 Rn. 62 m.w.N.
92 Erläuterungen des GDV (Stand: Januar 2008), S. 19 zit. nach Seitz/Finkel/Klimke/*Finkel*/*Seitz*, S. 567.

III. Rechtsfolgen (B3-2.3 und B3-2.4)

1. Kündigung (B3-2.3.1)

Diese Ziffer übernimmt in **Absatz 1 Satz 1** die Regelung des § 24 Abs. 1 S. 1 VVG. Verletzt der VN bzw. eine versicherte Person ihre Gefahrstandspflicht oder ihre Anzeigeobliegenheit, kann der VR bei Vorsatz oder Fahrlässigkeit fristlos kündigen. Eine Verpflichtung zur fristlosen Kündigung bei Vorsatz und grober Fahrlässigkeit ist allerdings weder dem Gesetz noch der dazu ergangenen Begründung zu entnehmen.[93] Die gesetzliche Vermutung einer zumindest grob fahrlässigen Verletzung nach § 24 Abs. 1 S. 1 Halbs. 1 VVG greift erst dann, wenn der VR die Verletzung der Gefahrstandspflicht bewiesen hat.[94] Der VN muss sich dann nach **Satz 2** der Klausel vom Vorwurf mindestens der groben Fahrlässigkeit entlasten.[95] Besteht Unklarheit über den Verschuldensgrad, ist der VR grds. befugt, eine fristlose, verbunden mit einer fristgemäßen Kündigung auszusprechen und so eine anderenfalls drohende Verfristung nach § 24 Abs. 3 Alt. 1 VVG zu umgehen.[96] Die Umdeutung einer fristlosen Kündigung nach § 140 BGB ist allerdings restriktiv anzuwenden und nur dann erfüllt, wenn aus der Verlautbarung des VR unmissverständlich hervorgeht, dass der Versicherungsvertrag in jedem Fall beendet werden soll.[97] Das Kündigungsrecht des VR nach Absatz 1 der Klausel ist demnach **ausgeschlossen**, wenn der VN zum einen sein schuldloses Verhalten nach § 23 Abs. 1 VVG und zum anderen das Nichtvorliegen eines Kündigungsgrundes nach § 24 Abs. 2 VVG darlegt und beweist. 30

Bei einfacher Fahrlässigkeit hat der VR die Ein-Monats-Frist des **Absatz 2** der Klausel (§ 24 Abs. 1 S. 2 VVG) zu beachten. 31

Nach **Absatz 3** der Klausel kann der VR in Fällen einer nachträglich erkannten subjektiven und einer objektiven Gefahrerhöhung unter Einhaltung einer Monatsfrist kündigen. Dies entspricht der Regelung des § 24 Abs. 2 VVG, der keine Verschuldensvermutung oder Exkulpationsmöglichkeit statuiert, gleichwohl aber eine Obliegenheitsverletzung voraussetzt.[98] 32

2. Vertragsänderung (B3-2.3.2)

Diese Ziffer entspricht inhaltlich der Regelung des § 25 VVG, die dem VR erlaubt, das gestörte Gleichgewicht zwischen Risiko und Prämie anstelle eines Kündigungsrechts durch Vertragsanpassung zu kompensieren. Bei der Vertragsanpassung wird unterschieden zwischen den Gestaltungsrechten Prämienerhöhung (bzw. der Abstimmung des Versicherungsumfangs) einerseits und andererseits dem Ausschluss, das höhere Gefahrenrisiko abzusichern, wobei zu deren Ausübung die Voraussetzungen einer Kündigung nach § 24 VVG vorliegen müssen. Die Anpassung tritt ab dem Zeitpunkt der Gefahrerhöhung in Kraft und wirkt gemäß § 25 Abs. 1 S. 1 VVG **rückwirkend**[99] bis zum Zeitpunkt des Gefahrerhöhungseintritts. 33

Bei einer **Prämienanpassung** hat der VR ein unbeschränktes Wahlrecht zwischen Prämienerhöhung und Anpassung des VersUmfangs.[100] Allerdings hat er seine eigenen **Geschäftsgrundsätze** zu beachten. Jedoch bezieht sich die Verweisung auf die Geschäftsgrundsätze nach überzeugender **e.A.** allein auf die Prämienerhöhung, weil diese der Willkür des VR entzogen werden soll.[101] Die 34

---

93 Marlow/Spuhl/*Staudinger*/*Ruks* § 24 Rn. 12.
94 Marlow/Spuhl/*Staudinger*/*Ruks* § 24 Rn. 9.
95 Vgl. BTDrucks. 16/3945, S. 67.
96 Ebd.
97 Marlow/Spuhl/*Staudinger*/*Ruks* § 24 Rn. 13.
98 Marlow/Spuhl/*Staudinger*/*Ruks* § 24 Rn. 17 f.
99 Zur Rückwirkungsproblematik ausführlich MüKoVVG/*Reusch* § 25 Rn. 8 f.
100 BTDrucks. 16/3945, S. 68.
101 Prölss/Martin/*Armbrüster* § 25 Rn. 6.

a.A. möchte diese Vorgabe auch auf den Gefahrausschluss erweitern, so dass dieser nur dann zulässig ist, wenn die Geschäftsgrundsätze des jeweiligen VR dies auch zulassen.[102]

35 Ein **Nebeneinander von Kündigung und Prämienerhöhung** solle nach e.A. möglich sein, sofern der VR den VersV mit Monatsfrist beende, so dass er für die verbleibende Laufzeit eine erhöhte Prämie verlangen dürfe, womit verhindert werde, dass der VR trotz Störung des Synallagmas an sein Leistungsversprechen gebunden bliebe.[103] Gegen diese Ansicht stehen der eindeutige Gesetzestext und die Gesetzesbegründung, die von einer Alternativität ausgehen, zumal der Gesetzgeber nicht in jedem Fall den Interessen des VR in jeder erdenklichen Situation entsprechen wollte.[104]

36 Sachlich gerechtfertigt ist die Möglichkeit des VR, **rückwirkende Risikoausschlüsse** einzuführen, da aufgrund der eingetretenen Gefahrerhöhung das Äquivalenzverhältnis gestört und die Geschäftsgrundlage gefährdet ist. Die Geschäftsgrundsätze des VR müssen nach der **h.M.** hierbei nicht beachtet werden.[105] Der Versicherungsvertrag wird adjustiert und die bei Vertragsschluss bestehende Situation nachträglich fingiert. Hat der VR allerdings Kenntnis vom Eintritt des Versicherungsfalls, gibt der rückwirkende Risikoausschluss ihm die Möglichkeit, u.U. deshalb leistungsfrei zu werden.[106] Es erscheint daher vorzugswürdig, diesen Wertungswiderspruch zu § 26 VVG aufzulösen, indem nur ein Risikoausschluss ex nunc zugelassen wird und sich die Leistungsfreiheit für den eingetretenen Versicherungsfall an § 26 VVG orientiert.[107]

37 Das Recht zur Vertragsanpassung **erlischt** analog § 24 Abs. 3 VVG einen Monat ab Kenntnis des VR vom Kündigungsgrund oder der Beseitigung der Gefahrerhöhung.[108] Es erlischt ferner durch Wiederherstellung des urspr. Zustandes (Rn. 39).

38 Handelt es sich bei der Vertragsanpassung durch den VR um wesentliche Vertragsänderungen, steht dem VN nach § 25 Abs. 2 VVG ein **Gegenkündigungsrecht** ex nunc zu. Der VN hat damit die Chance, das erhöhte Risiko bei einem anderen VR günstiger zu versichern oder unversichert zu lassen, ohne zwangsweise den VersSchutz abgesprochen zu bekommen.[109] Wesentliche Vertragsänderungen definiert das Gesetz als Prämienerhöhung um mehr als 10 Prozent oder den Ausschluss der Absicherung der höheren Gefahr. Der VN muss sein Recht innerhalb der Ein-Monats-Frist ausüben ab dem Zeitpunkt der Mitteilung durch den VR. Der VR muss ihn auf das Kündigungsrecht hinweisen.[110] Folgen des Unterlassens des Hinweises regelt das VVG nicht. Schadensersatzansprüche gemäß § 280 Abs. 1 BGB sind möglich.[111] Während die Vertragsanpassung des VR ab Eintritt der Gefahrerhöhung wirkt, ist das Kündigungsrecht des VN für die Zukunft wirksam. Damit kann der VN die Prämienerhöhungswirkung nicht vollständig beseitigen. Die Prämie muss ab der Gefahrerhöhung bis zum Wirksamwerden seiner Kündigung bezahlt werden, was den VN zusätzlichen finanziellen Risiken aussetzen kann.[112] Um diese Gefahr zu beseitigen wird vorgeschlagen, dass das Gegenkündigungsrecht bereits zum Zeitpunkt des Eintritts der Prämienerhöhung Wirkung entfalten soll.[113] Gleichwohl sind etwaige Überzahlungen dem VN zurückzugewähren.

---

102 *Loacker* VersR **2008** 1285, 1291.
103 Bruck/Möller/*Matusche-Beckmann* § 25 Rn. 10.
104 Marlow/Spuhl/*Staudinger*/*Ruks* § 25 Rn. 10.
105 Prölss/Martin/*Armbrüster* § 25 Rn. 4.
106 MüKoVVG/*Reusch* § 25 Rn. 14.
107 Prölss/Martin/*Armbrüster* § 25 Rn. 8; Marlow/Spuhl/*Staudinger*/*Ruks* § 25 Rn. 14 f.
108 MüKoVVG/*Reusch* § 24 Rn. 21.
109 BTDrucks. 16/3945, S. 68.
110 OLG Koblenz 17.11.2005 VersR **2006** 823.
111 Prölss/Martin/*Armbrüster* § 25 Rn. 9; MüKoVVG/*Reusch* § 25 Rn. 30.
112 *Loacker* VersR **2008** 1285, 1288.
113 Ebd.

IV. Erlöschensgründe (B3-2.4)

Die Regelung entspricht § 24 Abs. 3 VVG bzw. § 25 Abs. 1 S. 2 VVG. Danach muss der VR innerhalb der **Ein-Monats-Frist** ab Kenntnis von der Gefahrerhöhung seine Rechte zur Kündigung oder Vertragsanpassung ausüben und so über das Schicksal des VersVertrages entscheiden. Fahrlässige Unkenntnis schadet dem VR nicht, anders hingegen, wenn er sich vor dem entsprechenden Wissen verschließt.[114] Relevant ist auch das Wissen des VersVertreters und in § 73 VVG näher bezeichneter Personen. 39

Die Rechte des VR erlöschen auch, wenn der **ursprüngliche Zustand** wiederhergestellt ist, weil es darauf ankommt, die synallagmatische Störung zwischen Risiko und Prämie zu beheben. Eine zugegangene Kündigungserklärung wird nicht deswegen gegenstandslos, weil zeitlich nachfolgend § 24 Abs. 3 Alt. 2 VVG greift. Dies folgt aus § 349 BGB.[115] Anderes gilt, wenn der VN nach Abgabe aber vor Zugang der Kündigungserklärung gefahrkompensierende Maßnahmen offenlegt. In diesem Fall übt der VR sein Recht nicht vollständig aus, später besteht keines mehr.[116] 40

Ferner ist eine Verwirkung des Kündigungsrechts bei **widersprüchlichem Verhalten** nach § 242 BGB möglich, z.B. bei anfänglicher Zusicherung des bestehenden VersSchutzes vor Ausübung der Kündigung in Kenntnis der Gefahrerhöhung und unveränderter Gefahrenlage.[117] Der VN ist darlegungs- und beweislastpflichtig. 41

V. Leistungsfreiheit (B3-2.5)

1. Verstoß gegen das Gefahrerhöhungsverbot (B3-2.5.1)

Diese Ziffer regelt Sanktionen bei Verletzung des Gefahrerhöhungsverbotes gem. § 23 Abs. 1 VVG und betrifft die gewollte Gefahrerhöhung durch den VN gem. § 26 Abs. 1 VVG. Sofern der Versicherungsfall nach einer Gefahrerhöhung eintritt, unterscheidet die Regelung zwei Möglichkeiten je nach Verschuldensgrad des VN. 42

a) Vorsatz. Bei Vorsatz ist der VR **leistungsfrei**. Im Unterschied zu grober Fahrlässigkeit wird in § 26 Abs. 1 S. 1 VVG nicht das vorsätzliche Verhalten des VN vermutet. Somit trägt der VR die Darlegungs- und Beweislast für das Verschulden, wobei er bzgl. innerer Tatsachen auf Indizien angewiesen ist. Verlangt wird zudem, dass der VN realisiert, sein Tun oder Unterlassen habe den Eintritt des Versicherungsfalles wahrscheinlicher gemacht.[118] Daran mangelt es, wenn ihm ein Beurteilungsfehler bzgl. des gefahrerhöhenden Charakters oder der Erheblichkeit der Gefahrerhöhung unterlaufen ist.[119] 43

b) Grobe Fahrlässigkeit. Bei grober Fahrlässigkeit findet eine flexible **Leistungsquotelung** statt, wonach die Leistung des VR gemäß § 26 Abs. 3 Nr. 2 VVG in einer, der Schwere des Verschuldens des VN entsprechenden, Relation gekürzt wird. Eine Leistungskürzung auf Null entspricht eigentlich der Leistungsfreiheit, wurde aber in exzeptionellen Fällen von der Rechtsprechung anerkannt.[120] Der VR ist nach wohl **h.M.** darlegungs- und beweislastpflichtig.[121] 44

---

114 Bruck/Möller/*Matusche-Beckmann* § 24 Rn. 16.
115 Looschelders/Pohlmann/*Looschelders* § 24 Rn. 16.
116 Marlow/Spuhl/*Staudinger*/*Ruks* § 24 Rn. 25; Bruck/Möller/*Matusche-Beckmann* § 24 Rn. 19.
117 Rüffer/Halbach/Schimikowski/*Karczewski* VVG § 24 Rn. 5; LG Köln 22.12.2003 RuS **2005** 345, 347.
118 Z.B. BGH 10.9.2014 RuS **2014** 543.
119 OLG Hamm 12.11.2014 VersR **2016** 249, 251.
120 Ausführlich s. Marlow/Spuhl/*Staudinger*/*Ruks* § 26 Rn. 13.
121 Prölss/Martin/*Armbrüster* § 28 Rn. 237.

45 Um die **Leistungsfreistellungsquote** zu bestimmen, kommen verschiedene Parameter in Betracht: Objektives Gewicht der verletzten Sorgfaltspflicht, Grad der Ursächlichkeit, Schadenshöhe, Motive des VN und sonstige subjektive Besonderheiten, wirtschaftliche Verhältnisse des VN, Mitverschulden des VR.[122]

46 Die Gesetzesbegründung gibt zur konkreten **Berechnungsmethode** keine Anhaltspunkte und verweist aufgrund des identischen Wortlauts auf § 28 VVG.[123] Vereinbarungen über eine pauschalierte Quotelung sind insoweit zulässig, als sie nicht mit einer Benachteiligung des VN verbunden sind, § 32 VVG.[124] Nach dem **Mittelwertmodell** erfolgt zunächst eine Leistungskürzung um 50 Prozent. Je nach Einzelfall wird diese Quote nach oben oder unten adjustiert. Maßgeblich ist, ob der Grad der groben Fahrlässigkeit näher am bedingten Vorsatz oder eher im Grenzbereich zur einfachen Fahrlässigkeit liegt.[125] Kritisch zu sehen ist, dass der VR bereits bei vermuteter grober Fahrlässigkeit seine Leistung um die Hälfte kürzen könne. Zudem bestehe die Gefahr, dass nicht alle Umstände des Einzelfalls berücksichtigt werden.[126] Allerdings stellt die umfassende Würdigung aller Besonderheiten im Rahmen einer **Einzelfallbetrachtung** die vorzugswürdigere Quotelungsmethode dar.[127] Hinsichtlich der Frage, in welchen prozentualen Abstufungen die Adjustierung erfolgen soll, müssen die **Kürzungsschritte** dem Einzelfall gerecht werden, so dass ein Vorgehen in Schritten von zehn Prozent geboten sein kann.[128] Bei Vorliegen einer gesetzlichen und einer vertraglichen Obliegenheitsverletzung kann es nach § 26 Abs. 1 S. 2 sowie § 28 Abs. 2 S. 2 zu einer zulässigen **Mehrfachquotierung** kommen.[129] Zur Berechnung werden neben einer Quotenaddition, -multiplikation oder -konsumption auch eine wertende Gesamtbetrachtung diskutiert.[130]

47 Der VR trägt die Beweislast für den vorsätzlichen Verstoß nach § 23 Abs. 1 VVG. Grobe Fahrlässigkeit sowie die Kausalität zwischen Gefahrerhöhung und Eintritt des Versicherungsfalls bzw. dem Schadensumfang werden vermutet, vgl. §§ 26 Abs. 1 S. 2 HS. 2, 26 Abs. 3 Nr. 1 VVG.

2. Verletzung der Anzeigeobliegenheit (B3-2.5.2)

48 Die Klausel entspricht inhaltlich § 26 Abs. 2 VVG. Die Sanktionen Kündigung, Vertragsanpassung und Leistungsfreiheit des VR gelten entsprechend für den Fall einer Verletzung der Anzeigeobliegenheit. Für die Fälle der nachträglichen (B3-2.2.2) bzw. ungewollten Gefahrerhöhung (B3-2.2.3) ist der VR leistungsfrei bei vorsätzlicher Nichtanzeige der Gefahrerhöhung (**Satz 1**). Bei grob fahrlässiger Nichtanzeige, die der VN allerdings per Entlastungsgegenbeweis ausräumen kann, ist der VR zu einer gequotelten Leistung verpflichtet (**Satz 2**). Bei einfach fahrlässiger Nichtanzeige ist der VR zur vollen Leistung verpflichtet. Unterschiede zum Gefahrerhöhungsverbot bestehen zum einen darin, dass der VR den Vertrag unabhängig vom Verschuldensgrad des VN nur mit einer Frist von einem Monat kündigen kann. Zum anderen wird der VR nur dann leistungsfrei, wenn der VersFall **später als einen Monat** nach dem Zeitpunkt eintritt, bis zu dem die Anzeige dem VR hätte zugegangen sein müssen, § 26 Abs. 2 VVG.

49 Die Anzeigeobliegenheitsverletzung muss vom VR bewiesen werden, § 69 Abs. 3 S. 2 VVG.

---

122 Ausführlich zur Quotierungsmethode *Felsch* RuS **2007** 485, 490; *Moosbauer* Leistungskürzungsrecht, S. 195 ff.
123 BTDrucks. 16/3945, S. 68.
124 Ebd., S. 69.
125 Bruck/Möller/*Matusche-Beckmann* § 26 Rn. 3.
126 *Heß* RuS **2013** 1, 4.
127 *Heß* RuS **2013** 1; Looschelders/Pohlmann/*Pohlmann* § 28 Rn. 129, m.w.N. zur Rechtsprechung.
128 OLG Hamm 25.8.2010 RuS **2010** 506, 509.
129 Vgl. BTDrucks. 16/3945, S. 80.
130 *Heß* RuS **2013** 1, 5.

3. Fortbestand der Leistungspflicht (B3-2.5.3)

Für sämtliche Arten von Gefahrerhöhung tritt die Leistungsfreiheit des VR nicht ein, wenn erstens die Gefahrerhöhung weder für den Eintritt des VersFalls noch für die Leistungshöhe kausal war (**Kausalitätsgegenbeweis** des VN, § 26 Abs. 3 Nr. 1 VVG) (**Buchstabe a**). Der VN kann den Kausalitätsgegenbeweis bei jedem Obliegenheitsverstoß des § 23 Abs. 1 bis 3 VVG führen.[131] Dieser scheidet allerdings bei einem Mitverursachungsbeitrag des VN aus.[132] Obwohl die Norm arglistiges Verhalten nicht berücksichtigt, wird in der Lit. überwiegend die analoge Anwendung von § 21 Abs. 2 S. 2, § 28 Abs. 3 S. 2, § 82 Abs. 4 S. 2 VVG angeführt.[133] 50

Zweitens, wenn bei Eintritt des VersFalls die Kündigungsfrist des VR ungenutzt abgelaufen war (**Kündigungserfordernis**, § 26 Abs. 3 Nr. 2 VVG) (**Buchstabe b**). Die Regelung verlangt eine Entscheidung des VR über den Fortbestand des VersVertrags, so dass eine unterbliebene Kündigung die Unerheblichkeit der Gefahrerhöhung für den VR indiziert.[134] Dem unterfällt drittens auch das Recht auf Prämienerhöhung, mit welchem der VR zugleich auf die Kündigung verzichtet (**Buchstabe c**). Beweispflichtig ist der VN. 51

Erlangt der VR allerdings erst anlässlich des eingetretenen Versicherungsfalles Kenntnis von der Gefahrerhöhung, dürfen die Wertungen aus § 26 Abs. 1 und 2 VVG nicht mittels rückwirkender Vertragsanpassung nach § 25 Abs. 1 S. 1 Alt. 2 VVG unterlaufen werden. 52

C. Abweichende Marktbedingungen

I. Abweichender Wortlaut

1. Beispiel: HPDO AXA, Stand: 09.2019

„Die §§ 23 bis 26 Absatz 1 VVG finden auf diesen Vertrag keine Anwendung. 53
Als Gefahrerhöhungen gelten allein die bei der Versicherungsnehmerin selbst während der Vertragslaufzeit eintretenden, nachfolgend genannten Umstände:
- *Rechtsgeschäftliche Änderung des Gesellschaftsvertrages der Versicherungsnehmerin im Hinblick auf den Unternehmensgegenstand,*
- *Neubeherrschung gemäß Ziffer 1.10,*
- *Beteiligungserwerb gemäß Ziffer 1.7 Absatz 6,*
- *Verschmelzung auf die Versicherungsnehmerin gemäß Ziffer 1.10.1 Absatz 2, 1.7 Absatz 6,*
- *Verschmelzung der Versicherungsnehmerin gemäß Ziffer 1.10.1 Absatz 1 oder*
- *öffentliche Bekanntgabe geplanter Aktienemissionen.*

Die Versicherungsnehmerin ist verpflichtet, die Gefahrerhöhungen innerhalb von drei Monaten nach Eintritt dem Versicherer anzuzeigen. § 26 Absatz 2 und Absatz 3 VVG gelten entsprechend.
Mit Ausnahme der Neubeherrschung gemäß Ziffer 1.10 hat der Versicherer das Recht, eine angemessene Bedingungsanpassung oder eine Prämienneufestsetzung zu verlangen. Wird dabei keine Einigung erzielt, entfällt in Fällen von Ziffer 1.7 Absatz 6 der Versicherungsschutz für die betreffenden Gesellschaften und ihre versicherten Personen im Zeitpunkt des Scheiterns der Verhandlung, frühestens jedoch nach Ablauf des befristeten Versicherungsschutzes von drei Monaten."

131 LG Stendal 15.3.2017 RuS **2018** 19.
132 Looschelders/Pohlmann/*Looschelders* § 26 Rn. 21.
133 *Schirmer* RuS **2014** 533, 540.
134 Staudinger/Halm/Wendt/*Segger*/*Degen* VVG § 26 Rn. 20.

2. Beispiel: FINLEX/Tokio Marine, Stand: 2020

54 *„Gefahrerhöhungen*

Abweichend von den Bestimmungen des VVG sind ausschließlich die nachfolgend genannten Gefahrerhöhungen anzeigepflichtig. Eine Anzeigepflicht besteht nur, wenn die Gefahrerhöhung während der Vertragslaufzeit eintritt. Die Anzeigepflichten i., ii., iv. und v. gelten nur, wenn die dort genannte Gefahrerhöhung bei der Versicherungsnehmerin selbst (und nicht bei mitversicherten Unternehmen) eintritt:

i. Unmittelbare Neubeherrschung der Versicherungsnehmerin gemäß der in 2.1. definierten Voraussetzungen (eine Übertragung von Anteilen unter bisherigen Anteilseignern oder auf deren Verwandte oder Stiftungen gilt hierbei nicht als Neubeherrschung);

ii. Verschmelzung der Versicherungsnehmerin sowie Verschmelzung eines Rechtsträgers auf die Versicherungsnehmerin;

iii. Erwerb oder Gründung eines US-Tochterunternehmens mit einer Bilanzsumme von mehr als EUR 500 Mio. oder eines Unternehmens, dessen Anteile bzw. Wertpapiere (einschließlich Stellvertreterzertifikate – ADR) an einer US-Börse gehandelt werden, oder eines Finanzdienstleistungsunternehmens (im Sinne der Definition nach 2.3, dritter Aufzählungspunkt, Satz 2), sofern dieses nicht überwiegend Finanzdienstleistungen für versicherte Unternehmen erbringt;

iv. Öffentliches Angebot von Primäraktien (Initial Public Offering) oder Sekundäraktien (Secondary Public Offering, Kapitalerhöhungen);

v. Sitzverlagerung der Versicherungsnehmerin ins nicht EU-Ausland.

Die Versicherungsnehmerin ist verpflichtet, jede der vorgenannten Gefahrerhöhungen innerhalb von drei Monaten nach Eintritt dem Versicherer anzuzeigen. Mit Ausnahme

- *der Neubeherrschung der Versicherungsnehmerin und*
- *einer Verschmelzung der Versicherungsnehmerin, die zum Verlust der Rechtsträgereigenschaft der Versicherungsnehmerin führt,*

ist der Versicherer berechtigt, gegebenenfalls eine angemessene Bedingungsanpassung oder eine Prämienneufestsetzung zu verlangen. Ist auf Grund der Gefahrerhöhung eine Zuschlagsprämie zu entrichten, muss diese rückwirkend von dem Zeitpunkt an gezahlt werden, zu dem die Gefahrerhöhung eingetreten ist. Wird – in Bezug auf 12 iii. – keine Einigung über die Bedingungsanpassung bzw. Prämienneufestsetzung erzielt, entfällt der Versicherungsschutz rückwirkend. Die übrigen Rechtsfolgen einer Gefahrerhöhung gemäß §§ 24, 26 VVG sind abbedungen.“

55 Die untersuchten Maklerbedingungen verzichten weitgehend darauf, den Wortlaut der GDV-Musterbedingungen zu übernehmen. Gemeinsames Merkmal ist, dass bei D&O-Versicherungen nur wenige explizit aufgeführte Risikoänderungen mitteilungspflichtig sind.

II. Unterschiede zur Musterbedingung

1. Verzicht auf gesetzliche Regelungen

56 Zum Teil wird auf die Anwendung der §§ 23 bis 26 Abs. 1 VVG verzichtet, zum Teil nur auf die Rechtsfolgen der §§ 24 ff. VVG verwiesen.

2. Explizit genannte Gefahrerhöhungstatbestände

57 Als **anzeigepflichte Gefahrerhöhungen** werden in der Regel aufgeführt:

- Öffentliches Angebot von Primäraktien (Initial Public Offering) oder Sekundäraktien (Secondary Public Offering, Kapitalerhöhungen)
- Rechtsgeschäftliche Änderung des Gesellschaftsvertrages der VN bzgl. des Unternehmensgegenstandes
- Unmittelbare Neubeherrschung der VN
- Verschmelzung der VN sowie Verschmelzung eines Rechtsträgers auf die VN

- Erwerb oder die Gründung neuer Tochtergesellschaften, deren Wertpapiere oder Stellvertreterzertifikate (z.B. Depositary Receipts) an einer Börse oder in den USA außerbörslich oder im Wege einer Privatplatzierung gehandelt werden
- Sitzverlagerung der VN ins Nicht-EU-Ausland.
- Erwerb oder Gründung eines (i) US-Tochterunternehmens mit einer Bilanzsumme von mehr als EUR 500 Mio. oder (ii) eines Unternehmens, dessen Anteile bzw. Wertpapiere (einschließlich Stellvertreterzertifikate – ADR) an einer US-Börse gehandelt werden, oder (iii) eines Finanzdienstleistungsunternehmens (...), sofern dieses nicht überwiegend Finanzdienstleistungen für versicherte Unternehmen erbringt;

Die vorgenannte, nicht-abschließende Liste führt Tatbestände auf, deren Eintritt die ursprüngliche 58 **Risikoprämienkalkulation** obsolet werden lässt und damit die Äquivalenz aus Risiko und Prämie zum Teil erheblich stört. Denn mit der Übertragung des Risikos vom VN auf den VR wird im Ergebnis eine Wahrscheinlichkeitsverteilung von Schäden übertragen. Diese Wahrscheinlichkeitsverteilung ändert sich insbesondere bei der Ausgabe neuer Wertpapiere, sodass bereits im frühen Stadium des Anbietens von Primär- bzw. Sekundäraktien eine Anzeigepflicht besteht. Gleiches gilt bei Änderung des Gesellschaftsvertrages in Bezug auf den Unternehmensgegenstand, da hier ein anderes Geschäftsfeld mit unterschiedlichen Marktgegebenheiten und Risikoparametern betreten wird.

Unternehmerisches Handeln setzt einen gewissen Handlungsspielraum für unternehmerische 59 Entscheidungen voraus. Der VN hat kein Interesse daran, durch restriktive vertragliche Verhaltenspflichten seine unternehmerische Freiheit z.B. in Bezug auf Kapitalerhöhungen zu beschränken. Gleichzeitig verzichtet der VR darauf, im Vorfeld bereits alle Risiken einzupreisen. Dies erlaubt einerseits die Vereinbarung wettbewerbsfähiger, marktgerechter und damit **prämienoptimierter** Vertragskonditionen und andererseits die Wahrung unternehmerischer Flexibilität.

Vor dem Hintergrund seiner **Risikopolitik** räumen die o.g. Tatbestände dem VR einen zusätz- 60 lichen diskretionären Spielraum bei der Ausübung seiner Gestaltungsrechte ein. Dies macht Sinn, weil in bestimmten Konstellationen die Wahrscheinlichkeit, dass sich ein höherer Schaden ereignet, den ursprünglichen Erwartungswert übersteigt. Relevant in diesem Zusammenhang ist z.B. die Informationsbeschaffung, wenn diese zu komplex bzw. in nicht ausreichend definierbarem (Kosten-)Rahmen erfolgen kann. Zum einen kann dies der Fall sein, wenn das zu versichernde Risiko zu volatil ist (wie bei Hinterlegungsscheinen – *depository receipts*) oder bei außerbörslich gehandelten Wertpapieren, die aufgrund Nichtregulierung möglichen objektiven Kontrollmechanismen entzogen sind. Zum anderen bei Sitzverlagerungen in Staaten, wo eine Informationsbeschaffung und damit eine verlässliche Risikoeinschätzung nicht adäquat oder nur unter erheblichem prämienrelevanten (Kosten-)Aufwand möglich ist.

Die Anzeigepflicht dient nicht zuletzt der **Erfüllung aufsichtsrechtlicher (Melde-)Pflichten** 61 des VR, wie beispielsweise der Erwerb von US-Tochterunternehmen mit einer Bilanzsumme von mehr als EUR 500 Mio (vgl. Rn. 54).

3. Frist

In der Mehrzahl der Maklerbedingungen beträgt die Frist für die Mitteilung durch die VN drei 62 Monate, womit die Monatsfrist zugunsten des VN erweitert wird. Diese Regelung wird den Anforderungen des Marktes gerecht und erlaubt eine angemessene Reaktion auf in großen Unternehmen bestehende Informationsflüsse.

B3-3 Obliegenheiten des Versicherungsnehmers

B3-3.1 Obliegenheiten vor Eintritt des Versicherungsfalls

B3-3.1.1 [1]Besonders gefahrdrohende Umstände hat der Versicherungsnehmer auf Verlangen des Versicherers innerhalb angemessener Frist zu beseitigen. [2]Dies gilt nicht, soweit die Beseitigung unter Abwägung der beiderseitigen Interessen unzumutbar ist. [3]Ein Umstand, der zu einem Schaden geführt hat, gilt ohne weiteres als besonders gefahrdrohend.

B3-3.1.2 Rechtsfolgen

[1]Verletzt der Versicherungsnehmer vorsätzlich oder grob fahrlässig eine Obliegenheit, die er vor Eintritt des Versicherungsfalles gegenüber dem Versicherer zu erfüllen hat, so kann der Versicherer innerhalb eines Monats, nachdem er von der Verletzung Kenntnis erlangt hat, den Vertrag fristlos kündigen.

[2]Der Versicherer hat kein Kündigungsrecht, wenn der Versicherungsnehmer nachweist, dass er die Obliegenheit weder vorsätzlich noch grob fahrlässig verletzt hat.

B3-3.2 Obliegenheiten bei und nach Eintritt des Versicherungsfalls

[1]Der Versicherungsnehmer hat bei und nach Eintritt des Versicherungsfalls nachfolgende Obliegenheiten zu erfüllen. [2]Diese und die Rechtsfolgen bei Verletzung gelten sinngemäß auch für die versicherten Personen.

a) Er hat nach Möglichkeit für die Abwendung und Minderung des Schadens zu sorgen. Dabei hat der Versicherungsnehmer Weisungen des Versicherers, soweit für ihn zumutbar, zu befolgen sowie Weisungen – ggf. auch mündlich oder telefonisch – einzuholen, wenn die Umstände dies gestatten. Erteilen mehrere an dem Versicherungsvertrag beteiligte Versicherer unterschiedliche Weisungen, hat der Versicherungsnehmer nach pflichtgemäßem Ermessen zu handeln.
b) Jeder Versicherungsfall ist dem Versicherer unverzüglich anzuzeigen.
c) Er hat dem Versicherer ausführliche und wahrheitsgemäße Schadenberichte zu erstatten und ihn bei der Schadensermittlung und -regulierung zu unterstützen. Alle Umstände, die nach Ansicht des Versicherers für die Bearbeitung des Schadens wichtig sind, müssen mitgeteilt sowie alle dafür angeforderten Schriftstücke übersandt werden.
d) Wird ein Ermittlungsverfahren eingeleitet, ein selbständiges Beweisverfahren angeordnet oder ergeht ein Strafbefehl oder Bescheid, der den Ersatz eines Vermögensschadens zum Gegenstand hat oder zur Folge haben könnte, so hat der Versicherungsnehmer oder die versicherte Person dem Versicherer unverzüglich Anzeige zu erstatten, auch wenn der Versicherungsfall selbst bereits angezeigt wurde.
e) Wird gegen eine versicherte Person ein Anspruch gerichtlich geltend gemacht, Prozesskostenhilfe beantragt oder gegen diese gerichtlich der Streit verkündet, so ist dies ebenfalls unverzüglich anzuzeigen. Das gleiche gilt im Falle eines Arrestes oder einer einstweiligen Verfügung. Gegen einen Mahnbescheid muss die versicherte Person fristgemäß Widerspruch einlegen, ohne dass es einer Weisung des Versicherers bedarf.
f) Wird gegen eine versicherte Person ein Anspruch gerichtlich geltend gemacht, hat sie die Führung des Verfahrens dem Versicherer zu überlassen. Der Versicherer beauftragt im Namen der versicherten Person einen Rechtsanwalt. Die versicherte Person muss dem Rechtsanwalt Vollmacht sowie alle erforderlichen Auskünfte erteilen und die angeforderten Unterlagen zur Verfügung stellen.

https://doi.org/10.1515/9783110675511-022

B3-3.3 Leistungsfreiheit bei Obliegenheitsverletzung

B3-3.3.1 **[1]Verletzt der Versicherungsnehmer eine Obliegenheit nach B3-3.1 oder B3-3.2 vorsätzlich, so ist der Versicherer von der Verpflichtung zur Leistung frei. [2]Bei grob fahrlässiger Verletzung der Obliegenheit ist der Versicherer berechtigt, seine Leistung in dem Verhältnis zu kürzen, das der Schwere des Verschuldens des Versicherungsnehmers entspricht.**

B3-3.3.2 **Verletzt der Versicherungsnehmer eine nach Eintritt des Versicherungsfalls bestehende Auskunfts- oder Aufklärungsobliegenheit, ist der Versicherer nur dann vollständig oder teilweise leistungsfrei, wenn er den Versicherungsnehmer durch gesonderte Mitteilung in Textform (z.B. E-Mail, Telefax oder Brief) auf diese Rechtsfolge hingewiesen hat.**

B3-3.3.3 **[1]Der Versicherer bleibt zur Leistung verpflichtet, wenn der Versicherungsnehmer nachweist, dass er die Obliegenheit nicht grob fahrlässig verletzt hat. [2]Dies gilt auch, wenn der Versicherungsnehmer nachweist, dass die Verletzung der Obliegenheit weder für den Eintritt oder die Feststellung des Versicherungsfalls noch für die Feststellung oder den Umfang der dem Versicherer obliegenden Leistung ursächlich war. [3]Das gilt nicht, wenn der Versicherungsnehmer die Obliegenheit arglistig verletzt hat.**

Schrifttum

Fleischer/Danninger Darlegungs- und Beweislast bei Organhaftung und Gesamtrechtsnachfolge AG 2020, 193; *Groh* Das Einsichtsrecht des ausgeschiedenen, in Anspruch genommenen Vorstandsmitglieds: Umfang, Umsetzung und Verletzungsfolgen ZIP 2021, 724; *Herdter* Grenzen der Auskunfts- und Belegpflicht in der D&O-Versicherung ZVersWiss 2011, 655; *Holthausen/Held* D&O ist Chefsache – Rechtliche Hintergründe und Handlungsempfehlungen GmbHR 2020, 741; *Langheid* Wissentliche und fahrlässige Pflichtverletzungen in der D&O-Versicherung, VersR 2017, 1365; *Ruchatz* Auskunftspflichten der Aktiengesellschaft bei Organhaftungsverfahren im Verhältnis zum Anspruchsgegner und gegenüber dem D&O-Versicherer AG 2015, 1.

Übersicht

A. Allgemeines

I. Entstehungsgeschichte — 1

II. Regelungsgegenstand — 3

B. Inhalt der Klausel — 4

I. Obliegenheiten vor Eintritt des Versicherungsfalls (B3-3.1)
1. Beseitigung gefahrdrohender Umstände (B3-3.1.1) — 5
   a) Beseitigungsobliegenheit (Satz 1) — 6
   b) Eigenständiger Anwendungsbereich — 14
   c) Beseitigungsverlangen — 15
   d) Fiktion (Satz 3) — 19
   e) Unzumutbarkeit (Satz 2) — 23
   f) Kosten der Beseitigung — 25
2. Rechtsfolgen (B3-3.1.2) — 26

II. Obliegenheiten bei und nach Eintritt des Versicherungsfalls (B3-3.2) — 31
1. Anzeigeobliegenheiten (Ziff. B3-3.2 Abs. 1 lit. b, lit. d, lit. e) — 32
2. Auskunftsobliegenheit (Ziff. B3-3.2 Abs. 1 lit. c) — 40
3. Schadensabwendungs – und -minderungsobliegenheit (Ziff. B3-3.2 Abs. 1 lit. a) — 47
4. Prozessführungsvollmacht (Ziff. B3-3.2 Abs. 1 lit. f) — 50

III. Leistungsfreiheit bei Obliegenheitsverletzung (B3-3.3)
1. Regelungssystematik — 54
2. Vorsätzliche oder grob fahrlässige Obliegenheitsverletzung (B3-3.3.1) — 59
3. Belehrungspflicht (B3-3.3.2) — 62
4. Beweislastfragen (B3-3.3.3) — 63

C. Abweichende Marktbedingungen — 67

I. Freie Anwaltswahl (Ziff. B3-3.2 Abs. 1 lit. f) — 68
1. Hendricks & Partner Bedingungen HDPO 2020 (Stand: 09.19) Newline — 69
2. Hendricks & Partner Bedingungen HDPO 2020 (Stand: 09.19) AXAXL Mid Market Cover — 74
3. FINLEX Spezialkonzept für Tokio Marine HCC 2020 — 76
4. Tokio Marine HCC 2019 — 78

II. Teils abweichende Rechtsfolgen für Obliegenheitsverletzungen — 80
1. Hendricks & Partner Bedingungen HDPO 2020 (Stand: 09.19) Newline — 81
2. Hendricks & Partner Bedingungen HDPO 2020 (Stand: 09.19) AXAXL Mid Market Cover — 83
3. FINLEX Spezialkonzept für Tokio Marine HCC 2020 — 85

A. Allgemeines

I. Entstehungsgeschichte

1 Die Regelung der Ziff. B3-3.1 geht auf eine Regelung zu einem Risikoausschluss in den Allgemeinen Haftpflicht-Versicherungsbedingungen zurück (§ 4 II Nr. 3 AHB). Der BGH erkannte in der AHB-Regelung jedoch ein vom VN gefordertes typisches schadensverhütendes Verhalten, welches dem VN nur als Obliegenheit auferlegt nicht aber als Risikoausschluss formuliert werden darf.[1] Die Ausgestaltung nunmehr mitsamt ihrer Rechtsfolgen ist korrekt, es handelt sich nicht mehr um eine „verhüllte“ Obliegenheit im Gewand eines Risikoausschlusses.[2]

2 Ziff. B3-3.3 geht für die D&O-Versicherung auf Ziff. 8.2 der früheren AVB-AVG (AVB für Aufsichtsräte, Vorstände und Geschäftsführer) des GDV zurück.

II. Regelungsgegenstand

3 Die Klauseln in B3-3 regeln die **Obliegenheiten** von VN bzw. vP **vor** (Ziff. B3-3.1.1) sowie **bei** und **nach Eintritt des Versicherungsfalls** (Ziff. B3-3.2). Außerdem sind in Ziff. B3-3.1.2 sowie in Ziff. B3-3.3 die **Rechtsfolgen** der jeweiligen Obliegenheitsverletzungen normiert. Ziff. B3-3 ist nach dem neustrukturierten Muster-Bedingungswerk des GDV nicht speziell auf die D&O-Versicherung zugeschnitten, sondern findet sich in dieser Form auch in den AVB zu anderen Versicherungszweigen, was zu einem gewissen Auslegungsbedarf sowie Ungenauigkeiten im Klauseltext bezogen auf die Besonderheiten der D&O-Versicherung führt (s. dazu sogleich sub. Rn. 54 ff.).

B. Inhalt der Klausel

4 Die AVB 2020 enthalten Regelungen zu Obliegenheiten vor, bei und nach Eintritt des Versicherungsfalls sowie zur Leistungsfreiheit bei Obliegenheitsverletzung, die im Wesentlichen die gesetzlichen Obliegenheiten gemäß §§ 28 ff. VVG wiedergeben.

I. Obliegenheiten vor Eintritt des Versicherungsfalls (B3-3.1)

1. Beseitigung gefahrdrohender Umstände (B3-3.1.1)

5 Die Regelung beinhaltet in Satz 1 eine **Beseitigungsobliegenheit** besonders gefahrdrohender Umstände innerhalb angemessener Frist auf Verlangen des VR. Satz 3 beinhaltet eine **Fiktion** (s. sub.

1 BGH 29.11.1972 VersR **1973** 145.
2 Rüffer/Halbach/Schimikowski/*P. Schimikowski* Ziff. 24 AHB Rn. 1.

Rn. 19 ff., wonach ein Umstand, der zu einem Schaden geführt hat, ohne Weiteres als gefahrdrohend gilt. Die Beseitigungsobliegenheit besteht nach Satz 2 nicht, soweit die Beseitigung unter Abwägung der beiderseitigen Interessen **unzumutbar** (s. sub. Rn. 23 f.) ist.

a) Beseitigungsobliegenheit (Satz 1). Die Regelung findet sich wortgleich in Ziff. 24 der AHB sowie in Ziff. A1-16.2 lit. b) AVB Cyber wieder. Sie hat mit Blick auf die D&O-Versicherung bereits bei ihrer erstmaligen Vorstellung für dieses Versicherungsprodukt in den AVB-AVG 2013 **Kritik** und teilweise Unverständnis erfahren: Ein eigenständiger Regelungsgehalt ergebe sich neben den für Organmitglieder üblichen Pflichten sowie neben Schadensminderungspflichten nicht,[3] die Regelung sei in der Praxis **bedeutungslos.**[4] Dem ist insoweit zuzustimmen, als in aktuellen marktüblichen Bedingungswerken eine derartige Regelung weiterhin nicht anzutreffen ist. Außerdem wird vorgebracht, es sei unklar, weshalb nicht – wie üblich – auf die Regelungen zur Gefahrerhöhung nach den §§ 23 ff. VVG verwiesen werde. Ob ein Organmitglied, welches für einen Versicherungsfall verantwortlich gemacht wird, ein besonders gefahrerhöhender Umstand ist, sei schließlich fraglich.[5] 6

Auf den ersten Blick erscheint die Kritik insofern plausibel, als die Regelung (auch) für die D&O-Versicherung nicht recht zu passen scheint. Deutlich wird dies an dem Begriff der „Beseitigung", in dessen Zusammenhang in der Literatur zu Ziff. 24 AHB sowie zu Ziff. A1-16.2 lit. b) AVB Cyber vertreten wird, es könne sich bei besonders gefahrdrohenden Umständen im Sinne der Klausel nur um einen von Sachen ausgehenden Zustand handeln, nicht aber um menschliches Verhalten, wie etwa das Benutzen einer gefährlichen Sache.[6] Zur Begründung wird angeführt, dass dies mit dem Wortlaut der Klausel nicht vereinbar sei; die gefährliche Nutzung einer Sache werde nicht beseitigt, sondern untersagt.[7] Die „Beseitigung" eines Menschen könne nicht verlangt werden, auch wenn z.B. dessen Unzuverlässigkeit die erhöhte Gefahrenquelle darstellt.[8] 7

Diese Lesart der Klausel ist indes abzulehnen. Denn erstens knüpft eine Obliegenheit grundsätzlich an ein **Verhalten des VN** an bzw. an Umstände, deren Eintritt oder Ausbleiben typischerweise in der Hand des VN liegen.[9] Zudem beschränkt sich der Wortlaut der Regelung keineswegs auf „sachbezogene" Umstände; er ist vielmehr mit Blick auf den Gegenstand der Beseitigungsobliegenheit offen formuliert. 8

Der Verweis auf den vermeintlichen Wortsinn des Begriffs der „Beseitigung" verfängt nicht. Richtig ist, dass die Klausel gewiss nicht auf die „Beseitigung" eines Menschen abzielt. Indes spricht die Regelung eben nicht von der „Beseitigung", sondern vielmehr davon, dass der VN besonders gefahrdrohende *Umstände* zu beseitigen habe. Anknüpfungspunkt für die Frage der Sach- oder Personenbezogenheit ist daher nicht das Verb „beseitigen" – und demnach auch nicht das Substantiv „Beseitigung" – sondern schlicht die „Umstände". Letztere können ihrem Wortsinn nach sowohl **sachbezogen** als auch **personenbezogen** sein. Der Umstand der Nutzung einer Sache durch eine unzuverlässige Person kann beseitigt werden,[10] *indem* der Person die *Nutzung* der Sache untersagt wird. Im Ergebnis ist dennoch der o.g. *Umstand* beseitigt. 9

Gestützt wird dieser Befund auch durch einen Vergleich zum Beseitigungsanspruch in § 1004 BGB. Die dortige Regelung in Abs. 1 Satz 1 stellt differenziert dar, was auch in Ziff. B3-3.1.1 angelegt 10

---

3 MüKoVVG/*Ihlas* D&O Rn. 279.

4 Bruck/Möller/*Gädtke*, Bd. 4, 9. Aufl. 2013, AVB-AVG 2011/2013 Ziff. 7/8 Rn. 97.

5 MüKoVVG/*Ihlas* D&O Rn. 279, gemeint ist wohl „gefahrdrohend".

6 Prölss/Martin/*Lücke* Ziff. 24 AHB Rn. 2; Prölss/Martin/*Klimke* Ziff. A1-16.2 AVB Cyber Rn. 23; Rüffer/Halbach/Schimikowski/*P. Schimikowski* Ziff. 24 AHB Rn. 1; Späte/Schimikowski/*Harsdorf-Gebhardt* Ziff. 24 AHB Rn. 4; Bruck/Möller/*Koch* Ziff. 24 AHB Rn. 4.

7 Rüffer/Halbach/Schimikowski/*P. Schimikowski* Ziff. 24 AHB Rn. 1.

8 Prölss/Martin/*Lücke* Ziff. 24 AHB Rn. 2.

9 BGH 2.12.1992 VersR **1993** 223, zur Warenkreditversicherung; Prölss/Martin/*Armbrüster* § 28 VVG Rn. 7.

10 Beispiel nach Prölss/Martin/*Lücke* Ziff. 24 AHB Rn. 2.

ist. Wird das Eigentum (...) beeinträchtigt, so kann der Eigentümer von dem Störer die Beseitigung verlangen. Die Beeinträchtigung, deren Beseitigung der Eigentümer nach § 1004 Abs. 1 Satz 1 BGB von dem Störer verlangen kann, entspricht den besonders gefahrdrohenden Umständen im Sinne von Ziff. B3-3.1.1. Dass die Beeinträchtigung selbst nicht von einer Sache ausgehen muss ist in Rechtsprechung und Literatur zu § 1004 BGB anerkannt: Beeinträchtigungen allein durch menschliches Verhalten sind vom Anwendungsbereich der Norm umfasst und sind von dem Störer zu beseitigen.[11]

11 Festzuhalten ist daher, dass die Klausel sowohl personen- als auch sachbezogene besonders gefahrdrohende Umstände umfasst. Mit Blick auf die D&O-Versicherung als Vermögensschaden-Haftpflichtversicherung für fremde Rechnung, deren **versichertes Risiko primär die Haftpflicht der vP** umfasst,[12] eröffnet sich demnach ein Anwendungsbereich für Ziff. B3-3.1.1. Denn besonders gefahrdrohende Umstände (s. dazu sogleich sub. Rn. 18) liegen mit Blick auf das versicherte Risiko regelmäßig im **Verhalten der vP**.

12 Damit ist jedoch die Frage nach dem **Adressatenkreis** der Obliegenheit aufgeworfen. Die Klausel spricht zunächst nur die VN an. Mit Blick auf die Systematik der GDV-Musterbedingungen – bei Teil B handelt es sich um einen spartenübergreifenden, allgemeiner gehaltenen Teil – verwundert dies nicht. Ältere Musterbedingungswerke des GDV enthielten hingegen eine Klausel, die Regelungen bezüglich Anzeigepflichten sowie Obliegenheiten auch auf die vP erstreckte.[13] Auch bei Ziff. B3-3.2 Abs. 1 Satz 2 handelt es sich um eine derartige Regelung: Die dortigen Obliegenheiten sowie die Rechtsfolgen bei ihrer Verletzung gelten sinngemäß für vP (s. ausf. unten sub. Rn. 31 ff.).

13 Für die hier interessierende Regelung könnte indes schon § 47 Abs. 1 VVG eine entsprechende Grundlage für die Erstreckungswirkung bieten. Danach sind bei einer Versicherung für fremde Rechnung rechtlich bedeutsame Kenntnis und Verhalten der vP zu berücksichtigen. Indes dürfte es sich mit Blick auf die Rechtsfolge der *Kündigung* des Versicherungsvertrags (Ziff. B3-3.2 Abs. 1 Satz 2) insofern um eine Abbedingung des § 47 Abs. 1 VVG handeln. Adressatin dieser Obliegenheit ist demnach nur die VN.

14 **b) Eigenständiger Anwendungsbereich.** Ein Anwendungsbereich der Klausel besteht, entgegen der o.g. Kritik, auch in der D&O-Versicherung. Der Einwand, die hiesige Regelung habe keinen eigenständigen Regelungsgehalt, da die Beseitigung etwaiger personen- bzw. verhaltensbezogener gefahrdrohender Umstände sich bereits aus den für die versicherten Personen „üblichen Pflichten“ ergebe,[14] greift zu kurz. Denn unabhängig von der Frage, was unter „üblichen Pflichten“ im Einzelfall zu verstehen ist, steht Folgendes fest: Eine vP, die durch ihr Verhalten fahrlässig gegen ihren organschaftlichen Pflichtenkreis verstößt und dadurch einen Schaden z.B. bei der VN verursacht, hat Anspruch auf Versicherungsschutz. Erlangt der VR zuvor Kenntnis von einem derart pflichtwidrigen Verhalten der vP, ist ihm nach dieser Regelung die Möglichkeit eröffnet, die Beseitigung des Verhaltens zu verlangen, *bevor* es zu einer Inanspruchnahme (Versicherungsfall) oder bevor es zu einem Schaden kommt. Zudem ist der vP ab dem Zeitpunkt des Beseitigungsverlangens das Argument der eigenen Fahrlässigkeit – jedenfalls für die Zukunft – abgeschnitten.

15 **c) Beseitigungsverlangen.** Die Beseitigungsobliegenheit wird durch das **Verlangen des VR** ausgelöst. Unschädlich – aber nicht erforderlich – sind Vorschläge zur Umstandsbeseitigung bzw.

---

11 Denkbar sind unzählige menschliche Verhaltensweisen, bis zur gewerblichen Verwertung angefertigter Fotografien fremden Eigentums, s. BGH 1.3.2013 NJW **2013** 1809.

12 S. aber hierzu auch Ziff. B3-1 Rn. 35: „auch das eigene Haftungsrisiko der VN“.

13 Ziff. 8.3 AVB-AVG 2013.

14 Seitz/Finkel/Klimke/*Finkel*/*Seitz* Ziff. 7 Rn. 114; MüKoVVG/*Ihlas* Rn. 156.

Handlungsempfehlungen, solange das Verlangen **unmissverständlich** zum Ausdruck kommt.[15] Dies kann etwa dadurch geschehen, dass sich der VR in seinem Verlangen auf die Beseitigungsobliegenheit beruft.[16] Allein mit Blick auf Ziff. B3-3.1.1 besteht für den VN keine Verpflichtung zur Anzeige besonders gefahrdrohender Umstände auf eigene Initiative hin. Indes kann dies aus Ziff. B3-2.2.2 folgen (s. dazu Ziff. B3-2.2 Rn. 29).

Bei dem Verlangen des VR handelt es sich um eine empfangsbedürftige Willenserklärung,[17] 16
für deren Zugang der VR beweispflichtig ist. Auch wenn das Beseitigungsverlangen grundsätzlich keiner besonderen Form unterliegt, empfiehlt sich aus Beweissicherungsgründen die Schriftform[18] oder die Textform, etwa per E-Mail.

Die Frist innerhalb derer der besonders gefahrdrohende Umstand zu beseitigen ist muss 17
angemessen sein. Die Angemessenheit hängt von der drohenden Gefahr und dem Aufwand ab, der für ihre Beseitigung erforderlich ist.[19] Es handelt sich bei der in der Regelung angeführten Frist nicht um eine *Fristsetzung*. In seinem Beseitigungsverlangen ist der VR demnach auch nicht verpflichtet eine Frist zu setzen. Für den Fall, dass der VR dennoch eine Frist setzt und diese zu lang ist, d.h. eine angemessene Frist für die konkrete Beseitigung kürzer hätte ausfallen können, muss er sich gleichwohl an der langen Frist festhalten lassen.[20]

Besonders gefahrdrohend ist – vorbehaltlich der Fiktion in Satz 3, s. unten sub. Rn. 19 – ein 18
Umstand dann, wenn er über das gewöhnliche Risiko hinaus mit großer Wahrscheinlichkeit zu einem *Schaden* führen wird.[21]

d) Fiktion (Satz 3). Nach der Fiktion in Satz 3 gilt ein Umstand, der zu einem Schaden geführt 19
hat, ohne Weiteres als besonders gefahrdrohend. Die Formulierung ist für die D&O-Versicherung unglücklich gewählt. Sie knüpft an einen in der Vergangenheit eingetretenen Schaden an. Das ist *per se* zwar auch für die D&O-Versicherung als besondere Haftpflichtversicherung und damit als Schadensversicherung nicht unplausibel. Indes ist die Regelung nicht ideal auf den der D&O-Versicherung zugrunde liegenden **Versicherungsfall** nach dem *claims-made* Prinzip und der damit einhergehenden Systematik der AVB abgestimmt.

Eine D&O-Versicherung gewährt grundsätzlich Versicherungsschutz für den Fall, dass eine 20
versicherte Person wegen einer bei Ausübung ihrer Tätigkeit bei der VN begangenen Pflichtverletzung aufgrund gesetzlicher Haftpflichtbestimmungen für einen Vermögensschaden auf Schadensersatz in Anspruch genommen wird, Ziff. A1. Der Versicherungsschutz knüpft demnach nicht primär an einen eingetretenen Schaden an, sondern vielmehr an eine **Inanspruchnahme** auf Schadensersatz wegen (behaupteter) Pflichtverletzungen.

Einen Umstand, der zu einem *Schaden* geführt hat, ohne Weiteres als besonders gefahrdro- 21
hend einzustufen, ist deshalb mit Blick auf die D&O-Versicherung etwas ungenau. Ein Schaden korrespondiert nicht notwendigerweise mit einem D&O-Versicherungsfall: Zwar kann das Verhalten einer vP zu einem Schaden etwa bei der VN führen – dies führt jedoch erst im Falle einer Inanspruchnahme der vP zu einem Versicherungsfall im Sinne des *claims-made* Prinzips. Eine Inanspruchnahme dürfte bei eingetretenem Schaden zwar einen regelmäßig auftretenden Fall darstellen, jedoch lässt auch z.B. die *ARAG/Garmenbeck*-Rechtsprechung des BGH[22] einen gewissen Spielraum für den Verzicht auf eine Inanspruchnahme.

15 BGH 18.1.1965 VersR **1965** 325; BGH 29.11.1972 VersR **1973** 145; Prölss/Martin/*Lücke* Ziff. 24 AHB Rn. 6.
16 Prölss/Martin/*Klimke* Ziff. A1-16.2 AVB Cyber Rn. 25; Späte/Schimikowski/*Harsdorf-Gebhardt* Ziff. 24 AHB Rn. 5.
17 Prölss/Martin/*Lücke* Ziff. 24 AHB Rn. 6; Späte/Schimikowski/*Harsdorf-Gebhardt* Ziff. 24 AHB Rn. 5.
18 Späte/Schimikowski/*Harsdorf-Gebhardt* Ziff. 24 AHB Rn. 5.
19 Prölss/Martin/*Lücke* Ziff. 24 AHB Rn. 7.
20 Prölss/Martin/*Lücke* Ziff. 24 AHB Rn. 7.
21 Seitz/Finkel/Klimke/*Finkel/Seitz* Ziff. 7 Rn. 112.
22 BGH 21.4.1997 NJW **1997** 1926.

22 Zudem ist die Einwirkungsmöglichkeit des VR mit Hilfe der Beseitigungsobliegenheit in Ziff. B3-3.1.1 **durch das von ihm übernommene Risiko begrenzt**. Sofern ein in der Vergangenheit entstandener Schaden keine Leistungspflicht im Sinne einer Freistellungsverpflichtung des VR ausgelöst hat, etwa, weil das in Anspruch genommene Organmitglied nicht schuldhaft gehandelt hat, handelt es sich mit Blick auf das vom VR übernommene Risiko auch nicht unbedingt um einen besonders gefahrdrohenden Umstand. Generell ist bei Inanspruchnahmen, die sich im Nachhinein (d.h. bei Abschluss des entsprechenden Verfahrens) als unbegründet darstellen, Zurückhaltung geboten. Etwas anderes kann für den Fall gelten, in welchem die entsprechende Leistungspflicht im Sinne einer Freistellungsverpflichtung des VR z.B. aufgrund einer bereits ausgeschöpften Versicherungssumme für die entsprechende Versicherungsperiode entfallen ist.

23 **e) Unzumutbarkeit (Satz 2).** Nach Satz 2 besteht die Beseitigung besonders gefahrdrohender Umstände nicht, soweit sie unter Abwägung der beiderseitigen Interessen **unzumutbar** ist. Erforderlich ist danach eine umfassende Abwägung der beiderseitigen Interessen.[23] Teilweise wird vertreten, dass die Beseitigung unzumutbar sei, wenn der besonders gefahrdrohende Umstand dem VR bereits bei Vertragsschluss bekannt gewesen ist.[24] Es sei unbillig, wenn der VR ihm aus den Vertragsverhandlungen bekannte Gefahrquellen nachträglich aus dem Versicherungsschutz ausschließen möchte.[25] Auch die frühere Anzeige entsprechender besonders gefahrdrohender Umstände könne dem VN nicht später zum Nachteil gereichen.[26]

24 Den vorstehenden Erwägungen ist im Ergebnis in den wohl meisten Fällen zuzustimmen. Ausgehend vom Wortlaut der Klausel bezieht sich die Frage der *Unzumutbarkeit* indes lediglich auf die *Beseitigung* der genannten Umstände. Insofern greift der reine Verweis auf die Zumutbarkeit einer *Nicht*-Beseitigung der Umstände auf Seiten des VR, etwa weil ihm die Umstände bereits vor Vertragsschluss bekannt waren, zu kurz. Denn es kommt vorrangig auf die Unzumutbarkeit der Beseitigung auf Seiten des VN an: Ist für diesen die Beseitigung entsprechender, dem VR bereits vor Vertragsschluss bekannter Umstände zumutbar, z.B. weil sich eine Beseitigung für den VN insgesamt als unerheblich darstellt, greift Satz 2 nicht. In einem solchen Fall können sich Einwände des VN gegen ein entsprechendes Beseitigungsverlangen indes aus allgemeinen bürgerlich-rechtlichen Regelungen, insbesondere aus § 242 BGB, ergeben.

25 **f) Kosten der Beseitigung.** Die Kosten der Beseitigung hat der VN selbst zu tragen. Ersatz vom VR nach § 83 VVG kann er nicht verlangen, weil die Kosten vor dem Eintritt eines Versicherungsfalles anfallen. Sofern die Kosten in einem Missverhältnis zur Wahrscheinlichkeit des Schadeneintritts und/oder zur Schadenshöhe stehen, ist das Beseitigungsverlangen indes als unzumutbar zu qualifizieren.[27]

2. Rechtsfolgen (B3-3.1.2)

26 Anders als noch in Ziff. 7.3.1 AVB-AVG 2013 sind die Rechtsfolgen für den Fall der Verletzung einer Obliegenheit, die vor Eintritt des Versicherungsfalls zu erfüllen ist, aufgespalten. Die Rechtsfolge

---

23 Späte/Schimikowski/*Harsdorf-Gebhardt* Ziff. 24 AHB Rn. 6.

24 Littbarski AHB § 4 Rn. 435; Rüffer/Halbach/Schimikowski/*P. Schimikowski* Ziff. 24 AHB Rn. 2; Rüffer/Halbach/Schimikowski/*Salm*, Ziff. A1-16 AVB Cyber Rn. 26; Seitz/Finkel/Klimke/*Finkel/Seitz* Ziff. 7 Rn. 113; Staudinger/Halm/Wendt/*Halm/Fritz* Ziff. 24 AHB Rn. 6.

25 Littbarski AHB § 4 Rn. 453; Staudinger/Halm/Wendt/*Halm/Fritz* Ziff. 24 AHB Rn. 6.

26 Littbarski AHB § 4 Rn. 453; Staudinger/Halm/Wendt/*Halm/Fritz* Ziff. 24 AHB Rn. 6.

27 Rüffer/Halbach/Schimikowski/*P. Schimikowski* Ziff. 24 AHB Rn. 2; Späte/Schimikowski/*Harsdorf-Gebhardt* Ziff. 24 AHB Rn. 7.

der Kündigung regelt Ziff. B3-3.1.2, wohingegen Fragen der Leistungsfreiheit wegen Obliegenheitsverletzungen allgemein in Ziff. B3-3.3 abgebildet werden. Dies führt zu AGB-rechtlichen Fragen, weshalb die Aufspaltung als unglücklich bezeichnet werden kann (s. dazu noch unten sub. Rn. 54 ff.).

Ziff. B3-3.2.1 normiert (teilweise) die Rechtsfolgen der Verletzung einer Obliegenheit vor Eintritt des Versicherungsfalls. Die Klausel ist § 28 Abs. 1 VVG nachgebildet und regelt entsprechend das „Schicksal des Vertrags als Ganzes."[28] Danach hat der VR im Falle der vorsätzlichen oder grob fahrlässigen Verletzung einer Obliegenheit die Möglichkeit, den Vertrag fristlos (*ex nunc*) zu kündigen. Damit soll dem VR unabhängig von einer etwaigen Einstandspflicht für einen bereits eingetretenen Versicherungsfall die Möglichkeit gewährt werden, sich für die Zukunft von dem Vertrag zu lösen.[29] 27

Voraussetzung für das Kündigungsrecht ist eine vorsätzliche oder grob fahrlässige Verletzung einer vor Eintritt des Versicherungsfalls zu erfüllenden Obliegenheit, konkret Ziff. B3-3.1.1. Ziff. B3-3.1.2 differenziert hinsichtlich des Verletzenden nicht zwischen VN und vP. Adressatin ist alleine die VN. Mit Blick auf die Rechtsfolge der fristlosen Kündigung des Vertrags erscheint dies auch sachgerecht. 28

Die **Kündigungsfrist** beträgt einen Monat ab dem Zeitpunkt der Kenntnis der Obliegenheitsverletzung. Anknüpfend an Ziff. B3-3.1.1 ist die Obliegenheitsverletzung nicht bereits die Herbeiführung des besonders gefahrdrohenden Umstands, sondern kann erst in der Weigerung, ein zumutbares Beseitigungsverlangen des VR zu erfüllen, gesehen werden. Dabei erscheint es sachgerecht, für die Frage der Weigerung des VN Maßstäbe ähnlich derer für die Leistungsverweigerung des Schuldners nach allgemein bürgerlich-rechtlichen Regeln heranzuziehen, mithin eine *ernsthafte und endgültige* Weigerung.[30] Hiernach ist auch die Kenntnis des VR von der Verletzung im Sinne einer *sicheren Kenntnis* ohne größere Zweifel bestimmbar. 29

Nach den vorstehenden Erwägungen erschließt sich der Anwendungsbereich der Regelung zur **Beweislastverteilung** in Abs. 2 nicht unmittelbar. Denn eine nur fahrlässige Verletzung der o.g. Obliegenheit vor Eintritt des Versicherungsfalls kommt allenfalls bei ungeklärter oder besonders schwieriger Rechtsfragen hinsichtlich der Frage, ob ein Umstand besonders gefahrdrohend ist oder ob eine etwaige Beseitigung unzumutbar ist, in Betracht. In allen anderen Fällen – der Weigerung bei einem eindeutigen und rechtmäßigen Beseitigungsverlangen des VR – liegt eine vorsätzliche Obliegenheitsverletzung regelmäßig nahe. 30

II. Obliegenheiten bei und nach Eintritt des Versicherungsfalls (B3-3.2)

Bei und nach Eintritt des Versicherungsfalls sind zwei Gruppen von Obliegenheiten zu unterscheiden: Anzeige- und Auskunftsobliegenheiten einerseits sowie die Schadensabwendungs- sowie -minderungsobliegenheit andererseits.[31] Gemäß Ziff. B3-3.2 Abs. 1 Satz 2 gelten diese und die Rechtsfolgen **sinngemäß auch für die vP**. 31

1. Anzeigeobliegenheiten (Ziff. B3-3.2 Abs. 1 lit. b, lit. d, lit. e)

Die Obliegenheit der VN zur Anzeige des Versicherungsfalls ergibt sich aus lit. b, wonach jeder Versicherungsfall dem VR unverzüglich anzuzeigen ist. Die Regelung knüpft inhaltlich an § 30 Abs. 1 Satz 1 VVG sowie an § 104 Abs. 1 Satz 2 VVG an, nicht hingegen an § 104 Abs. 1 Satz 1 VVG: Während letztere Vorschrift für die Haftpflichtversicherung eine Anzeigeobliegenheit für die Pha- 32

28 *Wandt*, Versicherungsrecht Rn. 607 ff.
29 MüKoVVG/*Wandt* § 28 Rn. 171.
30 Vgl. MünchKommBGB/*Ernst* § 323 Rn. 104 ff.
31 *Mitterlechner*/*Wax*/*Witsch* § 9 Rn. 60.

se vor Eintritt des Versicherungsfalls betrifft, beziehen sich § 30 Abs. 1 Satz 1 VVG und § 104 Abs. 1 Satz 2 VVG – genau wie lit. b – in zeitlicher Hinsicht auf den Beginn des Deckungsschutzes, mithin den Eintritt des Versicherungsfalls. Im Unterschied zu § 104 Abs. 1 Satz 2 VVG besteht die Anzeigeobliegenheit nach lit. b und nach § 30 Abs. 1 Satz 1 VVG jedoch *unverzüglich* – d.h. ohne schuldhaftes Zögern (§ 121 Abs. 1 Satz 1 BGB) – und nicht innerhalb einer Woche nach der Geltendmachung, d.h. nach Eintritt des Versicherungsfalls.

33 Die Anzeigeobliegenheiten in lit. d und lit. e sind überwiegend § 104 Abs. 2 VVG nachgebildet; auch hier sind die einzelnen Ereignisse unverzüglich dem VR anzuzeigen. Die Anzeigeobliegenheit dient hier jeweils der **frühzeitigen Information des VR** über den Sachverhalt, der möglicherweise zu einer Inanspruchnahme, mithin zu einem Versicherungsfall, führt.[32] Die einzelnen Tatbestände haben in der Praxis eine gewisse Schnittmenge mit Ereignissen, die einem Versicherungsfall gleichgestellt sind bzw. als solcher gelten, ggf. mit Sublimiten o.Ä. Sofern es sich im betreffenden Bedingungswerk bei den Tatbeständen in lit. d und lit. e, wie in den Musterbedingungen, nicht um einem Versicherungsfall gleichgestellte Ereignisse handelt, besteht die Anzeigeobliegenheit auch dann, wenn ein etwaiger Versicherungsfall in diesem Zusammenhang bereits angezeigt worden ist.[33]

34 Die **gerichtliche Geltendmachung** eines Anspruchs gegen eine vP, die Beantragung von **Prozesskostenhilfe** oder die **Streitverkündung** aus lit. e Satz 1 finden sich gleichlautend in § 104 Abs. 2 Satz 1 VVG wieder, die Einleitung eines **Ermittlungsverfahrens** aus lit. d in § 104 Abs. 2 Satz 2 VVG. Dabei ist lit. d der Vorschrift in § 104 Abs. 2 Satz 1 VVG nachgebildet, was insofern unglücklich ist, als die Regelung dadurch der Systematik der D&O-Versicherung hinterherhinkt. Denn während die gesetzlichen Vorschriften über die Haftpflichtversicherung in den §§ 100 ff. VVG erstens bewusst nicht festlegen, welcher Vorgang in der Haftpflichtversicherung einen Versicherungsfall darstellt[34] und daher zweitens ein mehrstufiges System der Anzeigeobliegenheiten vorsehen, stellen sich die Rahmenbedingungen bei der D&O-Versicherung anders dar: Gemäß Ziff. A-2 stellt die erstmalige (schriftliche, gerichtliche oder außergerichtliche) Geltendmachung eines Haftpflichtanspruchs gegen eine versicherte Person den Versicherungsfall nach dem claims-made-Prinzip dar.

35 Die Anzeigeobliegenheit für den Fall der gerichtlichen Geltendmachung eines Anspruchs gegen eine vP als weitere Anzeigepflicht in lit. e) ist demnach dann unerheblich wenn es sich bei der gerichtlichen Geltendmachung eines Anspruchs gleichsam um die erstmalige Inanspruchnahme der vP (im Sinne von Ziff. A1 sowie A2) handelt. Einer gesonderten Anzeige bedürfen nach lit. e) Satz 2 auch der (gegnerische) Antrag eines Arrests oder einer einstweiligen Verfügung, wobei die Regelung offen lässt, ob sich diese Maßnahmen auf solche nach der ZPO beschränken oder darüber hinaus auch andere Prozessordnungen umfassen sollen. Gegen einen gegen die vP gerichteten Mahnbescheid – hier kann begrifflich allein das besondere Verfahren nach den §§ 688 ff. ZPO gemeint sein – muss diese gem. lit. e) Widerspruch erheben, vgl. § 694 Abs. 2 ZPO.[35]

36 Die ausdrückliche Erwähnung der Anordnung eines selbständigen Beweisverfahrens oder eines Strafbefehls in lit. d spiegelt die herrschende Literatur zum Umfang der Anzeigeobliegenheiten in § 104 VVG,[36] während der BGH sich in dieser Frage zurückhaltender positioniert hat: Die Einleitung eines selbständigen Beweisverfahrens sei nicht generell als eine gerichtliche Geltendmachung im Sinne der Vorschrift zu qualifizieren, da die Gründe des Antragstellers, ein solches anzustrengen, unterschiedlich sein können.[37] Die AVB D&O vermeiden eine insofern bestehende Unsicherheit in der Auslegung des § 104 VVG durch die ausdrückliche Aufnahme in den Katalog der Anzeigeobliegenheiten. Ferner ist auch das Ergehen eines Bescheids, der den Ersatz eines

32 Bruck/Möller/*Koch* § 104 Rn. 4.
33 Mitterlechner/Wax/Witsch § 9 Rn. 63.
34 BGH 26.3.2014 VersR **2014** 625; Prölss/Martin/*Lücke* § 100 Rn. 25.
35 Lit. e) ist insofern sprachlich ungenau, wenn von *„einlegen"* die Rede ist.
36 Bruck/Möller/*Koch* § 104 Rn. 15.
37 BGH 9.6.2004 **VersR** 2004, 1043; Bruck/Möller/*Koch* § 104 Rn. 15.

Vermögensschadens zum Gegenstand hat oder zur Folge haben könnte, ausdrücklich in lit. d erwähnt.

Im Markt weit verbreitet sind Wordings, die weite Teile der o.g. Anzeigetatbestände als eigenständige Versicherungsfälle beinhalten. Insofern gilt für derartige Klauseln die allgemeine Anzeigeobliegenheit des Versicherungsfalls (vgl. hier lit. b) und nicht eine darüber hinausgehende Anzeigepflicht, wie sie in lit. d für die dortigen Fälle zusätzlich gefordert wird. 37

In den AVB-VOV 5.0 der VOV steht der Inanspruchnahme als Grund-Versicherungsfall unter anderem die Streitverkündung gegenüber einer vP gleich, vgl. § 1.1 AVB-VOV 5.0. Ähnlich ist das Wording von Tokio Marine HCC 2019 in Ziff. 1.1.1 lit. c konstruiert, siehe dazu unten sub. Rn. 78. Im FINLEX Spezialkonzept 2020 für Tokio Marine HCC findet sich die genannte Erweiterung der Versicherungsfall- bzw. Anspruchserhebungsdefinition hingegen nicht. 38

Im HDPO Newline Maklerwording findet sich etwa in der dortigen Ziff. 1.1.1 der allgemeine Verweis auf die *„Einleitung von Maßnahmen, die gemäß § 204 Abs. 1 BGB zur Hemmung der Verjährung geeignet sind"* – diese gelten nach der dortigen Regelung als Inanspruchnahmen. Davon umfasst sind demnach unter anderem auch die Zustellung der Streitverkündung (§ 204 Abs. 1 Nr. 6 BGB) sowie die Zustellung des Antrags auf Durchführung eines selbständigen Beweisverfahrens ((§ 204 Abs. 1 Nr. 7 BGB). Derart weitgehend ist das HDPO Axa Wording hingegen nicht. Dort gilt in Ziff. 1.1 zwar unter anderem auch die Streitverkündung als Inanspruchnahme im Sinne der Versicherungsfalldefinition; ein weitergehender, allgemeiner Verweis auf § 204 Abs. 1 BGB fehlt indes, siehe dazu unten sub. Rn. 74. 39

2. Auskunftsobliegenheit (Ziff. B3-3.2 Abs. 1 lit. c)

Bei der Auskunftsobliegenheit in Ziff. B3-3.2 Abs. 1 lit. c handelt es sich um den praktisch bedeutsamsten Bestandteil von Ziff. B3-3. Sie zielt – genau wie ihr gesetzliches Vorbild in § 31 VVG – auf die Beseitigung der anfänglichen Informationsasymmetrie zwischen VR und VN bei Eintritt des Versicherungsfalls.[38] Ihr Zweck besteht darin, den VR in die Lage zu versetzen, die Voraussetzungen seiner Eintrittspflicht sachgerecht zu prüfen, einschließlich derjenigen Umstände, die ggf. zu seiner Leistungsfreiheit führen.[39] 40

Die Regelung in lit. c gewährt dem VR nach ihrem Wortlaut bezüglich Maßstab, Inhalt und Umfang des Auskunftsrechts einen weiteren Spielraum als er nach der gesetzlichen Regelung besteht. Nach § 31 Abs. 1 Satz 1 VVG kann der VR verlangen, dass der VN ihm jede Auskunft erteilt, die zur Feststellung des Versicherungsfalls oder des Umfangs der Leistungspflicht des VR erforderlich ist. Lit. c Satz 2 hingegen spricht davon, dass alle Umstände, die nach Ansicht des VR für die Bearbeitung des Schadens wichtig sind, mitgeteilt werden müssen. In der Literatur wird zuweilen vertreten, dass die Informationen, die der VR anfordern kann, über den Umfang des Auskunftsanspruchs eines ehemaligen Organmitglieds einer juristischen Person hinausgehen.[40] Letzterem ist insbesondere in der bei *Finkel/Seitz* formulierten Pauschalität entschieden entgegenzutreten. Der Informationsanspruch des VR als Spiegelbild zur Auskunftsobliegenheit der VN/vP geht nicht über den Auskunftsanspruch eines ehemaligen Organmitglieds hinaus; Vielmehr sind Inhalt und Umfang der beiden Ansprüche schlicht verschieden. Während Inhalt und Umfang des Informationsanspruchs des VR auf das zur Feststellung des Versicherungsfalls oder des Umfangs der Leistungspflicht des VR Erforderliche (§ 31 Abs. 1 Satz 1 VVG) begrenzt sind, ist damit noch keinerlei Aussage über Inhalt und Umfang eines etwaigen Auskunftsanspruchs (etwa in entsprechender Anwendung des § 810 BGB) eines ehemaligen Organmitglieds getroffen.[41] Sofern für die 41

38 Bruck/Möller/*Brömmelmeyer* § 31 Rn. 2; Bruck/Möller/*Gädtke* Ziff. B3 Rn. 86.

39 BGH 13.4.2016 VersR **2016**, 793.

40 *Ruchatz* AG 2015, 1; Seitz/Finkel/Klimke/*Finkel/Seitz* Ziff. 7 Rn. 124.

41 Ausführlich zum Anspruch *Groh* ZIP **2021** 724; zur Anwendbarkeit auch auf die Erben des Organmitglieds *Fleischer/Danninger* AG **2020** 193; *Holthausen/Held* GmbHR **2020**, 741 mit Hinweis auf faktische Grenzen des Anspruchs.

Feststellung des Versicherungsfalls oder des Umfangs der Leistungspflicht des VR Auskünfte erforderlich sind, die über Inhalt und Umfang eines etwaigen Auskunftsanspruchs eines ehemaligen (in Anspruch genommenen) Organmitglieds hinausgehen, kann der VR dem betroffenen Organmitglied nicht Unmögliches abverlangen und auf einer Auskunft bestehen. Vielmehr muss der VR sich dann anderer ihm zur Verfügung stehender Erkenntnisquellen, z.B. der VN, bedienen.

42 Insbesondere in den für die hier interessierende Konstellation relevanten D&O-Innenhaftungsfällen ergibt sich bisweilen Konfliktpotenzial. Sofern das Auskunftsbegehren des VR gegenüber einer vP in einem solchen Innenhaftungsfall gleichermaßen durch ein Auskunftsbegehren (auf derselben Rechtsgrundlage) gegenüber der VN befriedigt werden könnte, es dem VR demnach nicht mehr auf die objektive Prüfung des Versicherungsfalls ankommt, sondern nur auf das Auffinden etwaiger Einwendungen gegen den geltend gemachten Anspruch auf Versicherungsleistung, sind die Grenzen der Auskunftsobliegenheit der jeweiligen vP erreicht, insbesondere um die gesetzlich vorgesehene Beweislastverteilung des § 93 Abs. 2 Satz 2 AktG nicht zu konterkarieren.[42]

43 Nach der – nicht D&O-spezifischen – Rechtsprechung des BGH und einzelnen, gewichtigen Stimmen in der Literatur soll es grundsätzlich Sache des VR sein, „welche Angaben er zur Ermittlung des Sachverhalts für erforderlich hält, um seine Entscheidung über die Leistungspflicht auf ausreichender und gesicherter Tatsachengrundlage treffen zu können".[43] Dem VR wird insofern eine Einschätzungsprärogative hinsichtlich der erforderlichen Auskünfte zugebilligt; es gebe keine Beschränkung auf das objektiv unbedingt Notwendige.[44] Demgegenüber fordert die herrschende Literatur zu Recht eine Einschränkung dieses zu weit gefassten Verständnisses der erforderlichen Auskünfte auf ein **objektiv normatives Maß**, wie es auch die gesetzliche Regelung des § 31 Abs. 1 Satz 1 VVG mit dem Begriff der **„Erforderlichkeit"** vorsieht.[45] Entgegen der Rechtsprechung des *IV. Zivilsenats* stehen Inhalt und Umfang der Auskunftsobliegenheit nicht zur alleinigen Disposition des VR sondern sind an ihrem Zweck, der Beseitigung der mit Eintritt des Versicherungsfalls anfänglichen Informationsasymmetrie, zu messen. Eine anlasslose Risikoprüfung zu Umständen, die im Kern nichts mit dem Versicherungsfall zu tun haben und die ggf. aus einer ursprünglich versichererseitig unzureichenden vorvertraglichen Risikoprüfung herrühren, ist daher abzulehnen.[46]

44 Richtig ist indes, dass die Frage der Erforderlichkeit aus einer ex-ante-Sicht zu beantworten ist. Danach können auch Fragen zu Umständen, die sich im Nachhinein als nicht erforderlich herausstellen, berechtigterweise gestellt werden.[47] Daneben umfasst die Auskunftsobliegenheit – soweit erforderlich im o.g. Sinne – auch Auskünfte zu Umständen, die den eigenen Interessen der VN bzw. der vP zuwiderlaufen.[48] Dies gilt auch für solche Umstände, die im Ergebnis zu einer Deckungsablehnung durch den VR führen können, wie etwa eigenes, ggf. strafrechtlich relevantes Verhalten.[49] Freilich gilt: Ein Pflicht zur Selbstanzeige ergibt sich nicht aus dem Versicherungsvertrag.[50] Der VR wiederum ist zur Verschwiegenheit verpflichtet.[51]

45 Die mit der Auskunftsobliegenheit einhergehende Belegpflicht steht in § 31 Abs. 1 Satz 2 VVG unter dem Vorbehalt der Zumutbarkeit. Eine derartige Einschränkung sieht lit. c) hingegen nicht vor, was AGB-rechtlich bedenklich ist (s. dazu sogleich sub. Rn. 46).

---

42 Ausf. *Herdter* ZVersWiss **2011** 655, 662 f.; *Mitterlechner/Wax/Witsch* § 9 Rn. 102.

43 BGH 13.4.2016 VersR **2016**, 793; BGH 16.11.2005 VersR **2006**, 258.

44 Prölss/Martin/*Armbrüster* § 31 Rn. 7.

45 Bruck/Möller/*Brömmelmeyer* § 31 Rn. 2; Bruck/Möller/*Gädtke* Ziff. B3 Rn. 89; *Mitterlechner/Wax/Witsch* § 9 Rn. 94.

46 Bruck/Möller/*Brömmelmeyer* § 31 Rn. 31.

47 Bruck/Möller/*Brömmelmeyer* § 31 Rn. 26.

48 Prölss/Martin/*Armbrüster* § 31 Rn. 33; *Mitterlechner/Wax/Witsch* § 9 Rn. 97.

49 *Mitterlechner/Wax/Witsch* § 9 Rn. 97; Veith/Gräfe/Gebert/*Lange* § 21 Rn. 127.

50 *Mitterlechner/Wax/Witsch* § 9 Rn. 97.

51 *Mitterlechner/Wax/Witsch* § 9 Rn. 97; Bruck/Möller/*Gädtke* Ziff. B3 Rn. 88 mit dem Hinweis, dass der Bruch der Verschwiegenheit nicht strafbewehrt gem. § 203 Abs. 1 Nr. 6 StGB sei; *Herdter* ZVersWiss **2011** 655, 660.

Nach Auffassung *Gädtkes* ist Ziff. B3-3.2 Abs. 1 lit. c) schließlich aus mehreren Gründen **unwirksam.**[52] Einerseits sei Satz 1 wegen der fehlenden Begrenzung auf zumutbare Unterstützungshandlungen wegen Verstoßes gegen § 307 Abs. 2 Nr. 1 BGB unwirksam – auch für den Fall, dass der Wortlaut der Regelung, *quod non*, eine entsprechende Auslegung zuließe: Die Unklarheitenregel des § 305c Abs. 2 BGB ginge zulasten des VR als Klauselverwender. Das gleiche gelte hinsichtlich der „anlasslosen" Systematik in der Regelung – von einem Verlangen des VR ist nicht die Rede. Andererseits fehle auch in Satz 2 ein entsprechender Vorbehalt der Zumutbarkeit, was für Masserisiken zur Unwirksamkeit der Regelung gem. § 32 VVG und für Großrisiken im Sinne von § 210 Abs. 2 VVG zur Unwirksamkeit gem. § 307 Abs. 2 Nr. 1 BGB führe. Nach hier vertretener Auffassung fällt der fehlende Zumutbarkeitsvorbehalt indes nicht besonders deutlich ins Gewicht, da der Umfang der Obliegenheit bereits an einem strengeren Erforderlichkeitsmaßstab sowie in Innenhaftungsfällen an den oben aufgezeigten, sich aus der Beweisregel des § 93 Abs. 2 Satz 2 AktG ergebenden Grenzen (s. Rn. 42 f.) messen lassen muss. 46

3. Schadensabwendungs – und -minderungsobliegenheit (Ziff. B3-3.2 Abs. 1 lit. a)

Die Schadensabwendungs- und -minderungsobliegenheit in lit. a) entspricht den Regelungen in § 82 Abs. 1 sowie Abs. 2 VVG. Dabei gilt hinsichtlich des den Regelungen zugrunde liegenden Schadensbegriffs nach der Rechtsprechung des BGH, dass VN bzw. vP dafür sorgen müssen, „dass die den Umfang der Haftpflichtschuld bestimmenden Schadensfolgen des Versicherungsfalls möglichst beschränkt werden."[53] Eine über den Umfang der Haftpflichtschuld hinausgehende Abwendungs- und Minderungsobliegenheit besteht insofern nicht.[54] 47

Zur Erfüllung der Obliegenheiten aus lit. a) ist die Ergreifung zielgerichteter Maßnahmen erforderlich, wobei dies unter dem Vorbehalt der eigenen Möglichkeiten steht.[55] Wie genau die erforderlichen Maßnahmen aussehen, richtet sich nach dem „pflichtgemäßen Ermessen" einer „ordentlichen" VN/vP.[56] Offensichtlich sinn- oder zwecklose Rettungsversuche sind nicht nötig.[57] 48

Inwiefern der Abschluss eines Vergleichs mit dem Geschädigten bzw. das Anerkenntnis des geltend gemachten Anspruchs eine notwendige Maßnahme im Sinne der Schadensgeringhaltungsobliegenheit darstellt, ist unter Berücksichtigung der §§ 100 ff. VVG zu beantworten. Gem. § 106 Satz 1 VVG ist die Versicherungsleistung innerhalb von zwei Wochen unter anderem nach einem Anerkenntnis oder einem Vergleich mit für den VR bindender Wirkung fällig. Eine entsprechende Bindungswirkung besteht danach nur insoweit, als der VR dem Anerkenntnis bzw. Vergleich zugestimmt hat oder aber ohnehin zur Leistung verpflichtet gewesen wäre.[58] Daher ergibt sich die fehlende Verpflichtung zur Leistung des VR aus einem ohne seine Zustimmung geschlossenen Vergleich bereits aus dessen fehlender Bindungswirkung, sofern der Inhalt des Vergleichs über dasjenige hinausgeht, zu dessen Leistung der VR ohnehin verpflichtet gewesen wäre. 49

4. Prozessführungsvollmacht (Ziff. B3-3.2 Abs. 1 lit. f)

Die in lit. f) (sowie in Ziff. A-6.2 Abs. 2, siehe dort sub. Rn. 43 ff.) normierte alleinige **Prozessführungsvollmacht** des VR ist in der Praxis bislang selten anzufinden (vgl. § 12.3 Abs. 2 AVB-VOV 5.0). Weitaus häufiger sind Regelungen, wonach der VR den Rechtsstreit im Einvernehmen mit 50

52 Bruck/Möller/*Gädtke* Ziff. B3 Rn. 91 f.
53 BGH 25.4.1955 VersR **1955** 340, 342.
54 Bruck/Möller/*Koch* § 82 Rn. 57.
55 Bruck/Möller/*Koch* § 82 Rn. 75, 79.
56 BGH 12.7.1972 VersR **1972** 1039.
57 BGH 12.7.1972 VersR **1972** 1039.
58 Prölss/Martin/*Lücke* § 106 Rn. 10.

der vP führt (Ziff. 2.7 HDPO Newline sowie Ziff. 2.5 HDPO Axa; Ziff. 3.1 C. FINLEX Spezialkonzept für Tokio Marine HCC 2020) oder aber die Prozessführung gänzlich der vP überlassen ist (Ziff. 5.2.2 Abs. 1 Tokio Marine HCC 2019, danach „begleitet und prüft" der VR die Abwehr und kann Vorschläge machen sowie Anregungen geben).

51 Von besonderer praktischer Bedeutung ist die freie Anwaltswahl aus lit. f) Satz 2. Danach beauftragt der VR im Namen der vP einen Rechtsanwalt. Die hier getroffene Regelung wird indes nicht dem erforderlichen gegenseitigen Vertrauen zwischen Mandant und Rechtsanwalt gerecht: Hat die vP keinerlei Einfluss auf die Auswahl des Rechtsanwalts, zumal bei solchen D&O-Haftungsfällen die rasch reputations- sowie existenzgefährdend werden können, erscheint dies mit Blick auf das besondere Verhältnis zwischen Rechtssuchenden und Rechtsanwalt nicht sachgerecht.[59]

52 In der Praxis häufiger anzutreffen und mit Blick auf die o.g. Erwägungen zweckdienlicher sind Regelungen, die eine mehr oder weniger gemeinsame Bestimmung des Rechtsanwalts durch VR und vP ermöglichen, s. hierzu noch die abgedruckten Klauseln unten sub. Rn. 66 ff. Verbreitet sind gleichermaßen Klauseln, die die Wahl des Rechtsanwalts an die Zustimmung des VR knüpfen, sowie Klauseln, die dem VR ein Widerspruchsrecht gewähren. Während die Interessen von VR und vP zunächst gleich ausgestaltet sind – Ziel ist die bestmögliche Verteidigung –, spiegelt sich dies nicht immer in der Wahl des Rechtsanwalts wieder. Gegen eine vollkommen freie Wahl durch die vP wird vereinzelt vorgebracht, dass zuweilen Rechtsanwälte ohne entsprechende Kenntnisse der Spezialmaterie, d.h. im Wesentlichen des Gesellschafts- sowie Organhaftungsrechts, von vP ausgewählt werden. Darunter leide die „Qualität der Haftungsabwehr".[60] Dieser Einwand ist generell nicht ganz von der Hand zu weisen, zumal für viele Organmitglieder der Gang zu demjenigen häufig arbeitsrechtlich versierten Rechtsberater nahe liegt, der bereits bei der Bestellung – und aus Sicht des Organmitglieds ggf. noch wichtiger – beim Abschluss des die Bestellung flankierenden Dienstvertrages beraten hat.

53 Diesem Bedürfnis des VR wird ein Widerspruchsrecht in sachlich begründeten Fällen gerecht: Innerhalb eines durch erforderliche Kenntnisse der o.g. Spezialmaterie *faktisch* begrenzten Pools an Rechtsanwälten hat die vP die freie Wahl. Ein sachlich begründeter Widerspruch ist demgegenüber nur dann denkbar, wenn begründete Zweifel an der fachlichen Eignung bestehen. Er begründet versicherungsrechtlich zunächst auch keinen Deckungseinwand für den Fall, dass die Beauftragung des Rechtsanwalts bereits erfolgt ist. Die erwähnte Zustimmungslösung, bei welcher das Einvernehmen des VR für die Anwaltswahl (und zwar: vor Beauftragung des Rechtsanwalts) stets erforderlich ist, geht nach der hier vertretenen Auffassung zu weit und greift im Vergleich zur Widerspruchslösung unberechtigt in das von gegenseitigem Vertrauen geprägte, sich anbahnende (oder auch bereits bestehende) Mandatsverhältnis zwischen Mandant und Rechtsanwalt ein.

III. Leistungsfreiheit bei Obliegenheitsverletzung (B3-3.3)

1. Regelungssystematik

54 Das Zusammenspiel von Ziff. B3-3.1.2 sowie von B3-3.3 hinsichtlich der Rechtsfolgen der Verletzung einer Obliegenheit, die vor Eintritt des Versicherungsfalls zu erfüllen ist, kann als unglücklich bezeichnet werden. Dies beschränkt sich nicht auf die AVB D&O; Die Gestaltung des neuen Formats der **Musterbedingungen** ist an dieser Stelle insgesamt **überarbeitungswürdig**. Während Ziff. B3-3.1 Regelungen zu Obliegenheiten *vor Eintritt* des Versicherungsfalls und Ziff. B3-3.2 solche zu Obliegenheiten *bei und nach Eintritt* des Versicherungsfalls aufstellt, regelt Ziff. B3-3 das System der Leistungsfreiheit bei Obliegenheitsverletzung allgemein.

55 Die Intention der Verfasser der Musterbedingungen wird an dieser Stelle erst auf den zweiten Blick deutlich. Während es sich bei Ziff. B3-3.1.2 um eine spezielle Rechtsfolge für die Verletzung

59 *Koch/Hirse* VersR **2001** 405 ff.; *Mitterlechner/Wax/Witsch* § 6 Rn. 17.
60 Seitz/Finkel/Klimke/*Finkel/Seitz* Ziff. 4 Rn. 157.

einer vor Eintritt des Versicherungsfalls zu erfüllenden Obliegenheit handelt, regelt Ziff. B3-3 die Leistungsfreiheit im Falle einer Obliegenheitsverletzung als ihre Rechtsfolge, und zwar sowohl für Obliegenheiten im Sinne von Ziff. B3-3.1.1 als auch für solche im Sinne von Ziff. B3-3.2. Diese, im Vergleich zu Ziff. B3-3.1.2, allgemeine Rechtsfolge ist mit Blick auf Ziff. B3-3.1.2 sowohl nach ihrem Wortlaut als auch nach ihrer systematischen Stellung ungünstig in das Regelungswerk eingefügt.

Die (teilweise) Leistungsfreiheit stellt eine für den Adressaten der Obliegenheiten besonders ungünstige Rechtsfolge im Falle ihrer Verletzung dar. Der durchschnittliche, um Verständnis bemühte, versicherungsrechtlich nicht vorgeprägte Leser des Bedingungswerks dürfte bei verständiger Würdigung und aufmerksamer Durchsicht[61] von Ziff. B3-3.1.2 jedoch erkennen, dass es sich bei dieser Regelung um eine solche handelt, die **abschließend die Rechtsfolgen** der vorsätzlichen oder grob fahrlässigen Verletzung einer Obliegenheit, die vor Eintritt des Versicherungsfall zu erfüllen ist, beschreibt. Darauf deutet bereits die eingefügte Zwischenüberschrift „Rechtsfolgen" (Plural) hin. Dieser Befund wird in systematischer Hinsicht zudem dadurch gestützt, dass sich Ziff. B3-3.1.2 unmittelbar Ziff. B3-3.2 anschließt, welche erneut Inhaltliches auf *Tatbestandsebene* (nicht: auf Rechtsfolgenebene) für Obliegenheiten regelt, das bei und nach Eintritt des Versicherungsfalls zu erfüllen ist. Die Regelung in Ziff. B3-3.2 Abs. 1 Satz 2, wonach *„diese* [Anm. d. Verf.: die Obliegenheiten, die bei und nach Eintritt des Versicherungsfalls zu erfüllen sind] *und die Rechtsfolgen bei Verletzung* (...) *sinngemäß auch für die versicherten Personen"* gelten, unterstreicht dies: Die Rechtsfolgen für die Verletzung von Obliegenheiten nach Ziff. B3-3.2 erwartet der Leser im Anschluss an Ziff. B3-3.2, vergleichbar dem Aufbau in Ziff. B3-3.1. 56

In einem gewissen **Widerspruch** hierzu steht sodann Ziff. B3-3.3, in der die (teilweise) Leistungsfreiheit des VR für den Fall der Verletzung einer *„Obliegenheit nach B3-3.1 oder B3-3.2"* geregelt ist. Die Leistungsfreiheit ist für den o.g. durchschnittlichen Leser der Bedingungen als Rechtsfolge einer Obliegenheitsverletzung zu qualifizieren. Soll sie auch für eine Verletzung einer *„Obliegenheit nach B3-3.1"* gelten, ist unklar, weshalb sie nicht in der abschließenden Rechtsfolgenregelung (s.o. sub. Rn. 56) adressiert worden ist. Nach der allgemeinen **Zweifelsregelung** des § 305c Abs. 2 BGB, wonach Unklarheiten bei der Auslegung von AGB zulasten des Verwenders – hier: des VR – gehen, ist die für die VN/vP günstige Auslegung der Rechtsfolgenregelung der ihr ungünstigen vorzuziehen: Das bedeutet, dass Ziff. B3-3.1.2 als abschließende Rechtsfolgenregelung für Ziff. B3-3.1 zu verstehen ist, wohingegen in Ziff. B3-3.3.1 Satz 1 mittels des *„blue-pencil-Tests"* die Worte *„B3-3.1 oder"* zu streichen sind. Mit der hierdurch verbliebenen Regelung in Ziff. B3-3.3.1 dürfte insofern kein Verstoß gegen das Verbot der geltungserhaltenden Reduktion vorliegen, da hierdurch ein inhaltlich zulässiger und sinnhafter Teil aufrecht erhalten bleibt. 57

Die aufgezeigten AGB-rechtlichen Unsicherheiten ließen sich schließlich auf einfache Art vermeiden. Statt der Zwischenüberschrift *„Rechtsfolgen"* in Ziff. B3-3.1.2 sind Alternativen wie *„Rechtsfolge der Kündigung"* oder schlicht *„Kündigung"* deutlich weniger anfällig für die o.g. Auslegungszweifel. 58

2. Vorsätzliche oder grob fahrlässige Obliegenheitsverletzung (B3-3.3.1)

Ziff. B3-3.3.1 entspricht inhaltlich § 28 Abs. 2 Satz 1, Satz 2 VVG. 59

Die eingangs aufgeworfene Frage der (AGB-rechtlichen) Wirksamkeit von Ziff. B3-3.3.1 ist nicht trivial und hat Auswirkungen auf die Frage der Leistungsfreiheit. Voraussetzung für eine mögliche Leistungsfreiheit des VR im Falle einer Obliegenheitsverletzung ist gem. § 28 Abs. 2 Satz 1 VVG, dass diese Rechtsfolge wirksam im Versicherungsvertrag vereinbart worden ist.[62] 60

Die Leistungsfreiheit des VR wegen vorsätzlicher Verletzung einer Obliegenheit im Sinne von Ziff. B3-3.3.1 Satz 1 steht unter dem Vorbehalt des Nachweises durch die VN/vP, dass die Obliegen- 61

61 Vgl. Hierzu BGH 18.11.2020 VersR **2021** 113.

62 St.Rspr. bereits zu § 6 VVG a.F., s. nur BGH 12.10.2011 VersR **2011** 1550, 1552; OLG Brandenburg 27.7.2004 VersR **2005** 820, 821 zur Krankentagegeldvers.; Seitz/Finkel/Klimke/*Finkel/Seitz* Ziff. 8 Rn. 14.

heitsverletzung weder für den Eintritt oder die Feststellung des Versicherungsfalls noch für die Feststellung oder den Umfang der dem Versicherer obliegenden Leistung ursächlich war, Ziff. B3-3.3.3 Satz 2, s. hierzu unten sub. [Rn. 65].

3. Belehrungspflicht (B3-3.3.2)

62 Für den Fall der Verletzung von Auskunfts- oder Aufklärungsobliegenheiten, die nach Eintritt des Versicherungsfalls bestehen, setzt Ziff. B3-3.3.2 voraus, dass der VR die VN durch gesonderte Mitteilung in Textform auf diese Rechtsfolge hingewiesen hat, um vollständig oder teilweise leistungsfrei zu sein. Die Regelung entspricht damit inhaltlich § 28 Abs. 4 VVG. Anzeigeobliegenheiten sind nicht von der gesonderten Belehrungspflicht der Regelung umfasst.[63] Nach den o.g. gefundenen Erkenntnissen zu den einzelnen Obliegenheiten in Ziff. B3-3.2 beschränkt sich der Anwendungsbereich von Ziff. B3-3.3.2 demnach auf die einzige Auskunftsobliegenheit in Ziff. B3-3.2 lit. c).

4. Beweislastfragen (B3-3.3.3)

63 Ziff. B3-3.3.3 entspricht den Regelungen in § 28 Abs. 2 Satz 2 Halbs. 2 sowie Abs. 3 VVG.

64 Die **Beweislast** für das Nicht-Vorliegen grober Fahrlässigkeit trägt die VN/vP, Ziff. B3-3.3.3 Satz 1. Eine schuldlose oder (nur) fahrlässige Verletzung einer Obliegenheit ändert demnach nichts an der Leistungspflicht des VR. Eine vorsätzliche Obliegenheitsverletzung nach Ziff. B3-3.3.1 Satz 1 hat wiederum der VR darzulegen und zu beweisen.

65 Die Musterbedingungen wählen auch in Ziff. B3-3.3.3 einen anderen Wortlaut als das Gesetz. Mit Blick auf die Beweislastverteilung in Ziff. B3-3.3.3 Satz 1 bzw. § 28 Abs. 2 Satz 2 Halbs. 2 VVG ist dies unproblematisch. Auch der abweichende Wortlaut von Ziff. B3-3.3.3 Satz 2 im Vergleich zu § 28 Abs. 3 Satz 1 VVG ist verständlich. Der VN/vP bleibt die Leistung des VR erhalten, wenn sie in einem Fall von Ziff. B3-3.3.1 in der Lage ist den **Kausalitätsgegenbeweis** zu führen.[64] Weist die VN/vP nach, dass die (vorsätzliche oder fahrlässige) Obliegenheitsverletzung nicht kausal für Eintritt oder Feststellung des Versicherungsfalls bzw. Feststellung oder Umfang der Leistungspflicht des VR war, muss der VR leisten. Umgekehrt bedeutet dies, dass die Regelungssystematik im Grundfall davon ausgeht, dass eine Obliegenheitsverletzung zunächst kausal ist.

66 Diese widerlegbare Vermutung ist der VN/vP indes dann abgeschnitten, wenn die Obliegenheit arglistig verletzt worden ist, Ziff. B3-3.3.3 Satz 3 (vgl. § 28 Abs. 3 Satz 2 VVG). Hierfür trägt wiederum der VR die Beweislast.[65] Aus dem Vorliegen wissentlich falscher Angaben alleine kann noch nicht das Vorliegen von Arglist geschlossen werden.[66]

C. Abweichende Marktbedingungen

67 Verschiedene, in der Praxis gängige Bedingungswerke weichen von den hier untersuchten Regelungen der GDV-Musterbedingungen in teils erheblichem Maße ab. Nachfolgend sollen ausgewählte Klauseln aus untersuchten Referenz-Bedingungswerken der Praxis dargestellt werden.

---

63 Bruck/Möller/*Heiss* § 28 Rn. 189.

64 Ausf. hierzu MüKoVVG/*Wandt* § 28 Rn. 280 ff.; Prölss/Martin/*Armbrüster* § 28 Rn. 243.

65 Prölss/Martin/*Armbrüster* § 28 Rn. 204.

66 BGH 4.5.2009 VersR **2009**, 968, 969; Prölss/Martin/*Armbrüster* § 28 Rn. 204.

I. Freie Anwaltswahl (Ziff. B3-3.2 Abs. 1 lit. f)

Regelungen zur Frage der (freien) Anwaltswahl sind in D&O-Versicherungsverträgen insbesondere aus Sicht der vP von besonderer Bedeutung (zum Vertrauensverhältnis zwischen vP als Mandantin und Rechtsanwalt, siehe oben sub. Rn. 51 ff. In der Praxis sind Klauseln, die nicht ausschließlich dem VR das Recht zur Auswahl des Rechtsanwalts für die vP gewähren, verbreitet. Ob dies angesichts der in den vergangenen Jahren zu beobachtenden Marktverhärtung beibehalten wird, bleibt abzuwarten. Es erscheint jedenfalls nicht fernliegend, dass die VR auch ihre jeweilige Regelung zur Anwaltswahl zunehmend restriktiver ausgestalten (siehe etwa § 12.3 Abs. 2 AVB-VOV 5.0), um insgesamt die (Abwehr-)Kosten geringer zu halten. 68

1. Hendricks & Partner Bedingungen HDPO 2020 (Stand: 09.19) Newline

Ziff. 2.1.1 (Hervorhebungen durch den Verf.) 69

> „**Die Anwaltswahl steht den versicherten Personen in Abstimmung mit dem Versicherer zu.** Jede versicherte Person hat das Recht auf einen eigenen Rechtsanwalt. Im selben Verfahren haben die versicherten Personen nach Zustimmung des Versicherers darüber hinaus das Recht, einen zusätzlichen Rechtsanwalt mit der Wahrnehmung einer gemeinschaftlichen Interessenvertretung zu beauftragen (monitoring counsel).
> **Der Versicherer trägt Kosten von Rechtsanwälten aus freien Honorarvereinbarungen, soweit diese mit ihm abgestimmt sind.** Dies gilt entsprechend im Fall der Beauftragung von Steuerberatern, Wirtschaftsprüfern, Hochschullehrern oder Sachverständigen.
> **Einer Abstimmung hinsichtlich der Anwaltswahl und der Honorarvereinbarung bedarf es nicht, wenn der Rechtsanwalt über das Hendricks Anwaltsnetzwerk (HAN) vermittelt wird.**“

Ziff. 2.7 Abs. 2 70

> „Kommt es in einem Versicherungsfall zu einem Rechtsstreit über einen Anspruch zwischen Versicherten und dem Geschädigten oder dessen Rechtsnachfolger, führt der Versicherer den Rechtsstreit im Namen der Versicherten und mit deren Einvernehmen.“

Die Regelung in Ziff. 2.1.1 Abs. 1 Satz 1 ist **mehrdeutig**. Der verwendete Ausdruck „in Abstimmung mit dem Versicherer“ kann zunächst sowohl als Verweis auf einen Zustimmungsvorbehalt des VR als auch auf ein Widerspruchsrecht des VR verstanden werden, siehe hierzu oben sub. Rn. 52 ff. Es handelt sich um einen untechnischen bzw. unjuristischen Ausdruck, der insofern einen Auslegungsspielraum bietet. Die Regelung ist nach ihrem erkennbaren Sinnzusammenhang dahingehend zu verstehen, dass es eines gewissen kommunikativen Aktes zwischen vP und VR hinsichtlich der Auswahl des Rechtsanwalts bedarf. Ein solcher liegt indes sowohl der Widerspruchs- als auch der Zustimmungslösung gleichermaßen zugrunde. Der Unterschied besteht lediglich im *deklaratorischen* Charakter einer entsprechenden Mitteilung der Auswahl bei der Widerspruchslösung und im *konstitutiven* Charakter für die Einholung der Zustimmung bei der Zustimmungslösung. 71

Nach der **Zweifelsregelung** des § 305c Abs. 2 BGB ist bei der Auslegung der hier interessierenden Klausel der aus Sicht der vP für sie günstigeren Auslegungsvariante, der **Widerspruchslösung**, der Vorzug zu gewähren. 72

Auch die Einbeziehung der in systematischer Hinsicht verwandten Klausel in Ziff. 2.1.1 Abs. 3 ändert an diesem Ergebnis nichts. Daraus ergibt sich, dass es einer Abstimmung nicht bedarf, wenn der Rechtsanwalt über das Hendricks Anwaltsnetzwerk vermittelt wird. Zwar ließe sich hieraus auf den ersten Blick der Schluss ziehen, dass der tatsächlichen Beauftragung eines Rechtsanwalts der o.g. kommunikative Prozess der vP mit dem VR vorgelagert ist; eine Vermittlung im technischen Sinne (durch den VR) ließe sich sonst nur schwer realisieren. Dies spricht zunächst dafür, dass der Klauselverfasser die Zustimmungslösung vor Augen hatte. Gleichwohl verfängt 73 dieser Einwand nicht: Denn der Beauftragung eines Rechtsanwalts aus ebenjenem Netzwerk durch die vP vor einer entsprechenden Mitteilung an den VR, ohne dass die vP Kenntnis der Netzwerkzugehörigkeit des Rechtsanwalts hat, wäre auch nach der Vorstellung des VR ohne seine „Zustimmung“, ja ohne jedwede Abstimmung im Sinne des genannten kommunikativen Aktes möglich.

2. Hendricks & Partner Bedingungen HDPO 2020 (Stand: 09.19) AXAXL Mid Market Cover

74 Ziff. 2.5 (Hervorhebungen durch den Verf.)

> “Der Versicherer ist bevollmächtigt, im Einvernehmen mit den jeweils betroffenen Versicherten alle zur Beilegung oder Abwehr des Anspruchs zweckmäßig erscheinenden Erklärungen im Namen der Versicherten abzugeben. Der Versicherer wird gegen den Willen der versicherten Person kein Anerkenntnis erklären und keinem Vergleich zustimmen, wenn und soweit die Deckungssumme nicht ausreicht. Kommt es in einem Versicherungsfall zu einem Rechtsstreit über einen Anspruch zwischen Versicherten und dem Geschädigten oder dessen Rechtsnachfolger, führt der Versicherer den Rechtsstreit im Namen der Versicherten und mit deren Einvernehmen. Rechtsmittel kann der Versicherer auch ohne Zustimmung der Versicherten einlegen, soweit hierfür die Kosten vom Versicherer auch bei Verbrauch der Deckungssumme getragen werden.
> Erfolgt ein Anerkenntnis, eine Befriedigung oder ein Vergleich ohne Zustimmung des Versicherers, ist dies nur insoweit für die Leistungspflicht des Versicherers bindend, als der Anspruch nach Grund und Höhe auch ohne Anerkenntnis, Befriedigung oder Vergleich bestanden hätte.
> **Die Anwaltswahl steht den versicherten Personen in Abstimmung mit dem Versicherer zu.** Bei Inanspruchnahme mehrerer versicherter Personen, insbesondere in Fällen gemäß Ziffer 2.4.5 (Serienschäden), hat jede einzelne versicherte Person das Recht auf einen eigenen Rechtsanwalt. Die versicherten Personen haben auch das Recht, einen der mandatierten Rechtsanwälte mit der Steuerung einer gemeinschaftlichen Interessenvertretung im gleichen Verfahren zu beauftragen (monitoring counsel).
> **Der Versicherer trägt auch die Kosten im Zusammenhang mit freien Honorarvereinbarungen, soweit diese mit ihm abgestimmt sind.** Dies gilt entsprechend für die Beauftragung eines Steuerberaters, Wirtschaftsprüfers, Hochschullehrers oder sonstigen Sachverständigen. **Einer Abstimmung hinsichtlich der Anwaltswahl und der Honorarvereinbarung bedarf es nicht, wenn der Rechtsanwalt über das Hendricks Anwaltsnetzwerk vermittelt wird.**
> Überträgt der Rechtsanwalt zum Zweck der Kostenersparnis nichtanwaltliche Tätigkeiten, die der Aufklärung oder Abwehr eines Anspruchs im Sinne von Ziffer 1.1 dienen, auf einen Dritten, sind auch die Kosten des Dritten vom Versicherungsschutz umfasst, soweit der Versicherer nicht ausdrücklich widerspricht.
> Bei Versicherungsfällen, die ganz oder teilweise in den USA betrieben werden, haben die Versicherten die Pflicht zur Führung des Rechtsstreits.“

75 Bezüglich der Auslegungsfragen zum Ausdruck „in Abstimmung“, siehe oben sub. [Rn. 71].

3. FINLEX Spezialkonzept für Tokio Marine HCC 2020

76 Ziff. 3.1 (Hervorhebungen durch den Verf.)

> „B. RECHTSANWALTSWAHL
> - **Die versicherten Personen haben das Recht zur freien Wahl des Rechtsanwalts.**
> - **Der Versicherer behält sich für den Fall, dass ein sachlicher Grund gegen die Wahl des Rechtsanwalts vorliegt, ein Widerspruchsrecht vor.**
> - Bei Inanspruchnahmen mehrerer versicherter Personen, insbesondere in Fällen von Serienschäden, hat jede einzelne versicherte Person das Recht auf einen eigenen Rechtsanwalt, wobei die versicherten Personen darüber hinaus das Recht haben, einen der mandatierten Rechtsanwälte als sog. „monitoring counsel“ mit der Steuerung einer gemeinschaftlichen Vertretung im gleichen Verfahren zu beauftragen.“

Die Klausel ist unzweideutig als **Widerspruchsrecht** formuliert; insofern wird auf die Erläuterungen oben sub. Rn. 53 verwiesen. 77

4. Tokio Marine HCC 2019

Ziff. 5.2.2 (Hervorhebungen durch den Verf.) 78

> „**Die versicherte Person führt den Rechtsstreit selbst und darf den Anwalt auswählen, der sie vertritt.** Der Versicherer begleitet und prüft die Abwehr und kann hierzu Vorschläge und Anregungen abgeben.
> **Sofern sachliche Gründe vorliegen, kann der Versicherer der Wahl des Rechtsanwalts durch die versicherte Person widersprechen**, Anweisungen zur Führung des Rechtsstreits erteilen und – soweit die versicherte Person sich weigert dem Widerspruch oder den Anweisungen durch den Versicherer nachzukommen – den Rechtsstreit übernehmen und im Namen der versicherten Person führen. In diesem Fall ist er ermächtigt, alle hierfür notwendigen Rechts- und Prozesshandlungen durchzuführen, einen Vergleich zu schließen und notwendige Erklärungen im Namen der versicherten Person abzugeben. Die versicherte Person ist ferner verpflichtet, dem vom Versicherer beauftragten Rechtsanwalt Prozessvollmacht zu erteilen.
> Der Versicherer wird keine gütliche Einigung treffen und kein Anerkenntnis ohne Einverständnis der versicherten Person erklären, soweit die Deckungssumme zur Befriedung der Haftpflichtansprüche und der geschuldeten Abwehrkosten nicht ausreicht. Auch wenn der Versicherer die Prozessführung übernommen hat, sind von den versicherten Personen die Obliegenheiten dieses Vertrags zu erfüllen.“

Die Klausel ist unzweideutig als **Widerspruchsrecht** formuliert; insofern wird auf die Erläuterungen oben sub. Rn. 53 verwiesen. 79

II. Teils abweichende Rechtsfolgen für Obliegenheitsverletzungen

Von einer gewissen Verbreitung am Markt sind Klauseln, die der vP ein Recht auf eine VR-seitig abzugebende Verjährungsverzichtserklärung zugestehen, die dem VR dann nicht nur den Einwand der Verjährung abschneiden, sondern bedingungsgemäß auch den Einwand der Obliegenheitsverletzung. Dabei handelt es sich nicht um eine Rechtsfolge, die sich unmittelbar aus den Vertragsbedingungen selbst ergibt; erforderlich ist vielmehr, dass die vP den VR hierzu auffordert, zum Wortlaut im Einzelnen siehe sogleich die einzelnen Bedingungswerke. 80

1. Hendricks & Partner Bedingungen HDPO 2020 (Stand: 09.19) Newline

Ziff. 7.2.1 (Hervorhebungen durch den Verf.) 81

> „Der Versicherer kann nach dem Eintritt des Versicherungsfalles verlangen, dass die gemäß Ziffer 7.2 Satz 1 betroffenen Anzeigepflichtigen jede Auskunft erteilen, die zur Feststellung des Versicherungsfalles oder des Umfanges der Leistungspflicht des Versicherers objektiv erforderlich ist.
> Belege kann der Versicherer unter den Voraussetzungen von Abs. 1 insoweit verlangen, als deren Beschaffung den Anzeigepflichtigen billigerweise zugemutet werden kann.
> § 31 VVG findet keine Anwendung.
> Die Versicherten sind zur Abwendung und Minderung des Schadens sowie zur Klarstellung des Schadenfalles verpflichtet.
> Ziffer 4.4 bleibt unberührt.
> Auf Wunsch der versicherten Personen wird der Versicherer einer von diesen abgegebenen, auf sechs Monate befristeten und nicht bereits verjährte Ansprüche umfassenden Verjährungsverzichtserklärung zustimmen und sich **diesbezüglich weder auf eine Obliegenheitsverletzung noch auf Leistungsfreiheit berufen.**“

82 Die Einwendungen, die dem VR in Abs. 6 genommen werden, gehen weiter als der Grundgedanke der Verjährungsverzichtsvereinbarung es erfordert. Neben dem Einwand der Verjährung ist dem VR bedingungsgemäß auch der Einwand etwaiger verletzter Obliegenheiten genommen. Derartige Zugeständnisse des VR sind unter dem Eindruck eines „weichen" D&O-Marktes zu erklären, in dem ein gesteigerter Wettbewerbsdruck zwischen den VRn bestand, insbesondere auch durch selbstbewusst auftretende, ihrerseits unter Wettbewerbsdruck stehende Maklerhäuser. Mit zunehmenden Marktverhärtungen der vergangenen Jahre werden solche großzügigen Regelungen immer weiter aus den Bedingungswerken der Praxis verschwinden.

2. Hendricks & Partner Bedingungen HDPO 2020 (Stand: 09.19) AXAXL Mid Market Cover

83 Ziff. 7.2.1 (Hervorhebungen durch den Verf.)

> „Der Versicherer kann nach dem Eintritt des Versicherungsfalles verlangen, dass die gemäß Ziffer 7.2 Satz 1 betroffenen Anzeigepflichtigen jede Auskunft erteilen, die zur Feststellung des Versicherungsfalles oder des Umfanges der Leistungspflicht des Versicherers objektiv erforderlich ist.
> Belege kann der Versicherer unter den Voraussetzungen von Abs. 1 insoweit verlangen, als deren Beschaffung den Anzeigepflichtigen billigerweise zugemutet werden kann.
> § 31 VVG findet keine Anwendung.
> Die Versicherten sind zur Abwendung und Minderung des Schadens sowie zur Klarstellung des Schadenfalles verpflichtet.
> Ziffer 4.4 bleibt unberührt.
> Auf Wunsch der versicherten Personen wird der Versicherer einer von diesen abgegebenen, auf sechs Monate befristeten und nicht bereits verjährte Ansprüche umfassenden Verjährungsverzichtserklärung zustimmen und sich **diesbezüglich weder auf eine Obliegenheitsverletzung noch auf Leistungsfreiheit berufen**."

84 Zu den Einzelerläuterungen siehe bereits oben sub. Rn. 82.

3. FINLEX Spezialkonzept für Tokio Marine HCC 2020

85 Ziff. 13 A (Hervorhebungen durch den Verf.)

- Die Versicherungsnehmerin und die jeweils in Anspruch genommene versicherte Person sind verpflichtet, dem Versicherer unverzüglich Anzeige zu erstatten, wenn gegen eine versicherte Person ein Schadenersatzanspruch erhoben wird (Versicherungsfall). Erfolgt die Anzeige des Versicherungsfalls durch die Versicherungsnehmerin, gilt damit auch die Anzeigepflicht der versicherten Personen erfüllt.
- Die betroffene Versicherte oder die Versicherungsnehmerin haben dem Versicherer unverzüglich nach Kenntnis über den Eintritt eines (sonstigen) leistungsauslösenden Ereignisses Anzeige zu erstatten.
- Die Anzeigen gelten auch dann noch als unverzüglich erstattet, wenn sie innerhalb von 90 Tagen nach Kenntniserlangung eines mit Versicherungsfragen betrauten Angestellten der Versicherungsnehmerin an den Versicherer erfolgen.
- Die betroffenen Versicherten haben bei der Schadenminderung mitzuwirken. Im Übrigen gilt § 31 VVG.
- Wird eine versicherte Person von einem versicherten Unternehmen in Anspruch genommen, hat das versicherte Unternehmen von dem vorherigen Aufzählungspunkt abweichend mit Einreichung einer Klage keine Auskunftsobliegenheiten mehr zu erfüllen.
- Auf Wunsch der versicherten Person wird der Versicherer einmal pro Versicherungsperiode einer von dieser versicherten Person rechtsgültig abgegebenen, auf sechs Monate befristeten und nicht bereits verjährte Ansprüche umfassende, Verjährungsverzichtserklärung zustimmen. **Der Versicherer wird sich diesbezüglich weder auf eine Obliegenheitsverletzung noch auf Leistungsfreiheit berufen.**

86 Zu den Einzelerläuterungen siehe bereits oben sub. Rn. 82.

Abschnitt B4 **Weitere Regelungen**

B4-1 Mehrere Versicherer, Mehrfachversicherung

B4-1.1

[1]Besteht für einen unter diesem Versicherungsvertrag geltend gemachten Schaden auch unter einem anderen Versicherungsvertrag Versicherungsschutz, so sind Versicherungsnehmer und versicherte Personen verpflichtet, den Schaden zunächst unter dem anderweitigen Versicherungsvertrag geltend zu machen. [2]Die Leistungspflicht des Versicherers unter diesem Vertrag besteht nur, wenn und insoweit der anderweitige Versicherer für den Schaden nicht leistet. [3]Kommt es zu einer Leistung aus diesem Versicherungsvertrag, weil der Versicherer des anderweitigen Versicherungsvertrages seine Leistungspflicht gegenüber dem Versicherungsnehmer oder einer versicherten Person bestreitet, so sind diese verpflichtet, etwaige Ansprüche aus dem anderweitigen Versicherungsvertrag an den Versicherer dieses Vertrages abzutreten.

B4-1.2

Sofern der Versicherungsnehmer oder eine versicherte Person das durch diesen Vertrag versicherte Risiko auch anderweitig versichert (Mehrfachversicherung, Anschlussversicherung), ist dies dem Versicherer unverzüglich anzuzeigen.

Schrifttum

Armbrust, Subsidiaritätsabreden in Versicherungsverträgen, 1991; *van Bühren* Die Fahrerschutzversicherung VersR 2015, 685; *Fajen* Die Subsidiaritätsklauseln im Versicherungsrecht unter besonderer Berücksichtigung der qualifizierten Subsidiaritätsklausel VersR 2013, 973; *Fenyves* Aktuelle Probleme der Subsidiaritätsklausel, 1989; *Jordan* Doppelversicherung bei Zusammentreffen mehrerer Versicherungen mit Subsidiaritätsklausel VersR 1973, 396; *Lange* Auswirkungen eines Kontrollwechsels (change of control) auf die D&O-Versicherung AG 2005, 459-473; *Langheid* Zum Regress bei Doppelversicherungen BGH-Report 2004, 1156-1157; *Martin* Zusammentreffen zweier Subsidiaritätsabreden VersR 1973, 691; *Präve* Das neue VVG und das AGB-Recht VW 2009, 98-102; *von Rintelen* Die Fälligkeit und Durchsetzbarkeit des abgetretenen Freistellungsanspruchs in der Haftpflichtversicherung r+s 2010, 133; *Schlierenkämper,* Versicherbarkeit von Managerhaftung, 2011; *Segger/Degen* Die Konditionendifferenz- und Schutzversicherung als subsidiärer Versicherungsschutz in der Technischen Versicherung r+s 2012, 422-426; *Veenker,* Die Fälligkeit von Geldleistungen des Versicherers 2008; *Vollmar* Beendigung von Doppelversicherungen VersR 1987,735; *Winter* Subsidiaritätsklauseln und AGBG VersR 1991, 527.

Übersicht

A. Allgemeines

I. Entstehungsgeschichte — 1

II. Regelungsgegenstand — 2
1. Deckungsüberschneidungen mit Haftpflicht-, E&O- und Kreditversicherungsverträgen — 5
2. Deckungsüberschneidungen mit anderen D&O-Versicherungsverträgen — 6
3. Deckungsüberschneidungen mit Rechtsschutzversicherungen — 9

B. Inhalt der Klausel

I. B4-1.1 Subsidiaritätsklausel
1. Allgemein zu Subsidiaritätsabreden — 12
   a) Eingeschränkte Subsidiaritätsabrede — 13
   b) Uneingeschränkte Subsidiaritätsabreden — 17
   c) Kollidierende Subsidiaritätsabreden — 21
2. Rechtsnatur der Ziffer B4-1.1 — 28
3. Auslegung von B4-1.1 — 29
   a) Anwendungsbereich der Klausel — 30
   b) Vorleistungspflicht — 32

https://doi.org/10.1515/9783110675511-023

c) Konditionsdifferenz – und Anschlussdeckung — 35
d) Abtretungsverpflichtung — 37

II. B4-1.2 Anzeigepflicht — 41
1. Rechtsnatur der Anzeigepflicht — 42
2. Anderweitiger Versicherungsschutz — 44
3. Umfang der Anzeigepflicht — 49

C. **Abweichende Marktbedingungen**

I. Directors & Officers Versicherung Hendricks & Partner Bedingungen HPDO 2020© Stand 09.19 | Version Newline — 51

II. § 3 Ziffer 4 VOV AVB-VOV 5.0 — 55

III. Ziffer 8 D&O-Spezialkonzept, Version TMHCC/FINLEX 2020 — 57

IV. Unterschiede zu den Musterbedingungen
1. Ziffer 4.0 HPDO 2020 Version AXA XL — 59
2. § 3 Ziffer 4 AVB – VOV 5.0 — 66
3. Ziffer 8 D&O-Spezialkonzept, Version TMHCC/FINLEX 2020 — 70
4. Kumulklausel — 74

A. Allgemeines

I. Entstehungsgeschichte

1 Die Regelung in Ziffer B4-1 ist inhaltlich identisch mit Ziffer 6 AVB – AVG 2011/2013. Geändert wurde nur die Überschrift von „Anderweitige Versicherungen" zu „Mehrere Versicherer, Mehrfachversicherung". Damit folgt bereits aus der Überschrift, dass die Klausel B4-1 die gesetzlichen Vorschriften in §§ 77 (Mehrere Versicherer) und 78 VVG (Mehrfachversicherung) ersetzt bzw. modifiziert. Zudem wurde entsprechend der Änderung im VVG der Begriff „Doppelversicherung" (§ 59 VVG a.F.) durch „Mehrfachversicherung" (§ 78 Abs. 1 VVG) ersetzt.

II. Regelungsgegenstand

2 Ziffer B4-1.1 ordnet an, dass der D&O-Versicherer nur dann leisten muss, wenn und soweit kein anderweitiger Versicherer für den Schaden leistet. Die Klausel ersetzt daher im Ergebnis die Regelung über die Mehrfachversicherung in § 78 Abs. 1 VVG. Zum Sinn und Zweck der Klausel wird dementsprechend angeführt, dass hierdurch eine Mehrfachversicherung im Sinne des § 78 Abs. 1 VVG verhindert werden soll.[1] Die Mehrfachversicherung gem. § 78 Abs. 1 VVG setzt allerdings voraus, dass ein Interesse gegen dieselbe Gefahr bei mehreren Versicherern versichert ist und die Versicherungssummen zusammen den Versicherungswert übersteigen oder aus anderen Gründen die Summe der Entschädigung, die von jedem Versicherer ohne Bestehen der anderen Versicherung zu zahlen wäre, den Gesamtschaden übersteigt. Übertragen auf den D&O-Versicherungsvertrag bedeutet dies, dass eine Mehrfachversicherung im Sinne des § 78 Abs. 1 VVG dann vorliegt, wenn die addierten Versicherungssummen der sich inhaltlich überschneidenden Versicherungsverträge höher sind als der geltend gemachte Schaden. Es muss daher eine Überdeckung vorliegen.

3 Allerdings ist die **Überdeckung** nicht ausschließlicher Regelungsgegenstand der Klausel. Die Klausel ordnet vielmehr an, dass der Subsidiärversicherer, der die Klausel verwendet, unabhängig von der Frage der Überdeckung, nachrangig gegenüber dem Primärversicherer haftet. Die Klausel erfasst daher in gleicher Weise auch die Nebenversicherung im Sinne des § 77 Abs. 1 VVG.[2] Der Sinn und Zweck der Klausel besteht daher vor allem darin, die Leistungspflicht des Versicherers auszuschließen, wenn Deckungsschutz über einen anderen Versicherungsvertrag besteht.

1 Seitz/Finkel/Klimke/*Finkel/Seitz* Ziff. 6 Rn. 1.

2 Eine Nebenversicherung ist gegeben, wenn der Versicherungsnehmer mit mindestens zwei Versicherer getrennte Verträge für dasselbe Interesse und über dasselbe Risiko abgeschlossen hat, wobei der Gesamtbetrag der Versicherungssummen sich innerhalb der Grenze des Versicherungswertes hält.

Ziffer B4-1.2 normiert **Anzeigepflichten** des Versicherungsnehmers und der versicherten Personen, wenn das versicherte Risiko auch anderweitig versichert ist. Die Klausel ist in weiten Teilen **identisch** mit der gesetzlichen Anzeigepflicht gem. § 77 Abs. 1 VVG. 4

1. Deckungsüberschneidungen mit Haftpflicht-, E&O- und Kreditversicherungsverträgen

Inhaltliche Überschneidungen hinsichtlich des versicherten Interesses und der versicherten Gefahr können sich z.B. mit der **Betriebshaftpflichtversicherung** ergeben, da die Haftpflicht der Organe gem. § 102 Abs. 1 VVG mitversichert ist. Dies betrifft jedoch nur die Außenhaftung. Darüber hinaus wird in der Betriebshaftpflichtversicherung im Grundsatz nur das Personen- und Sachschadenrisiko versichert, während Vermögensschäden nur eine untergeordnete Bedeutung haben. Vergleichbares gilt für die **Produkt- und Umweltschadenhaftpflichtversicherung.**[3] Darüber hinaus kann es zu inhaltlichen Überschneidungen mit **E&O-Versicherungen** kommen, wenn Außenhaftungsansprüche geltend gemacht werden und die versicherten Personen gleichzeitig Deckungsschutz über die D&O-Versicherung genießen.[4] Deckungsüberschneidungen können sich ebenfalls bei der Kreditversicherung ergeben.[5] 5

2. Deckungsüberschneidungen mit anderen D&O-Versicherungsverträgen

Der häufigste Anwendungsfall ist jedoch die Kollision mit anderen **D&O-Versicherungsverträgen.**[6] Inhaltliche Überschneidungen mit anderen D&O-Versicherungsverträgen können beispielsweise daraus resultieren, dass nach einem Wechsel des Versicherers der Vorvertrag weiterhin Deckungsschutz für Pflichtverletzungen vorsieht, die während der Vertragslaufzeit des Vorvertrages begangen wurden, auch wenn der Versicherungsfall (Geltendmachung des Haftpflichtanspruchs) erst nach der Beendigung des Vorvertrages eintritt (vgl. Ziffer A5.3).[7] Da D&O-Versicherungsverträge im Regelfall eine Rückwärtsdeckung für vorvertragliche Pflichtverletzungen vorsehen (vgl. Ziffer A5.2), können bei einer Pflichtverletzung, die noch unter dem Vorvertrag begangen wurde, sowohl der Vorvertrag als auch der aktuelle D&O-Versicherungsvertrag betroffen sein. Entsprechende Konstellationen kommen bei einem **Wechsel** des Versicherers regelmäßig vor, da zwischen der Pflichtverletzung und der Geltendmachung von Schadensersatzansprüchen oft ein längerer Zeitraum liegt. Denkbar sind auch Fälle, bei denen eine Tochtergesellschaft einen eigenen D&O-Versicherungsvertrag abgeschlossen hat und zugleich Deckungsschutz über eine Konzernpolice besteht.[8] Überschneidungen mit anderen D&O-Versicherungsverträgen können auch entstehen, wenn Organe einen eigenen Versicherungsvertrag abgeschlossen haben. 6

Erstaunlicher Weise regeln die Musterbedingungen **nicht** den Fall der **Kollision** von zwei **D&O-Versicherungsverträgen,** obwohl dies in der Praxis der Hauptanwendungsfall ist und eine Kollision aufgrund der in den Musterbedingungen enthaltenen Subsidiaritätsklausel vorprogrammiert ist. Es wäre daher naheliegend gewesen, in den Musterbedingungen eine Regelung aufnehmen, welcher D&O-Versicherer in diesem Fall unter welchen Voraussetzungen primär Deckungsschutz gewähren muss, was jedoch nicht geschehen ist. Die Folge ist, dass sich die gegenüberstehenden Subsidiaritäts- 7

3 MüKoVVG/*Ihlas* D&O Rn. 560.
4 *Lange* § 18 Rn. 144; Seitz/Finkel/Klimke/*Finkel/Seitz* Ziff. 6 Rn. 5; siehe zur Eigenschadenabsicherung: Fortmann NJW **2020**, 3064.
5 MüKoVVG/*Ihlas* D&O Rn. 560; Seitz/Finkel/Klimke/*Finkel/Seitz* Ziff. 6 Rn. 5.
6 Bruck/Möller/*Gädtke* Ziffer B4 Rn. 2; MüKoVVG/*Ihlas* D&O Rn. 560; Veith/Gräfe/Gebert/*Lange* § 21 D&O Versicherung Rn. 177; 184.
7 Bruck/Möller/*Gädtke* Ziffer B4 Rn. 2.
8 MüKoVVG/*Ihlas* D&O Rn. 560.

klauseln in den D&O-Versicherungsverträgen wechselseitig ausschließen (siehe hierzu Rn. 21) und stattdessen die gesetzlichen Regelungen greifen. Da das VVG keine Vorgaben hinsichtlich der Regulierung eines Versicherungsfalls in der Nebenversicherung im Verhältnis Versicherungsnehmer zum Versicherer vorsieht, kann die versicherte Person nach Belieben beide Versicherer in Anspruch nehmen.[9] Liegt eine Überdeckung vor, findet zudem § 78 Abs. 1 VVG Anwendung.

8 Da D&O-Versicherer im Regelfall Subsidiaritätsklauseln verwenden,[10] dürfte ein weiteres Ziel der Klausel sein, die Subsidiaritätsklausel anderer Versicherer **„abzuwehren"**. Denn der Versicherer, der keine Subsidiaritätsklausel verwendet, haftet alleine für den Schaden, wenn der andere Versicherer eine wirksame Subsidiaritätsklausel verwendet, da eine gesamtschuldnerische Haftung durch die Anwendung der Subsidiaritätsklausel ausgeschlossen wird (siehe Rn. 13), wenn der Schaden niedriger als die addierten Versicherungssummen der sich überschneidenden Versicherungsverträge ist.

3. Deckungsüberschneidungen mit Rechtsschutzversicherungen

9 Deckungsüberschneidungen können auch im Zusammenspiel mit einer **Rechtsschutzversicherung** entstehen,[11] bei der es sich im Gegensatz zur Haftpflichtversicherung um eine reine Kostenversicherung handelt. Dies ist offensichtlich, wenn der D&O-Versicherungsvertrag explizit Deckungsschutz für die Übernahme von Rechtsverfolgungskosten gewährt, auch wenn der Versicherungsfall noch nicht eingetreten ist. Entsprechende Zusatzleistungen sehen zwar nicht die Muster- jedoch Maklerbedingungen im Regelfall vor. Hierbei geht es z.B. um die vorsorgliche Rechtsberatung oder auch die Übernahme von Anwaltskosten im Zusammenhang mit der Einleitung eines Strafverfahrens,[12] was zu einer Deckungsüberschneidung mit einer Spezial-Straf-Rechtsschutz-Versicherung führen kann.

10 Aber auch hinsichtlich des primären Leistungsversprechens gemäß Ziffer A-6.1 kann es zu Deckungsüberschneidung hinsichtlich des Leistungsbestandteils **Rechtsschutzgewährung/Übernahme der Anwaltskosten** bezüglich der Abwehr unberechtigter Schadensersatzansprüche kommen. Denn die Rechtsschutzverpflichtung des Versicherers ist neben der Befriedigung begründeter Haftpflichtansprüche eine mit dieser gleichrangigen Hauptleistung des Versicherers.[13] Hinsichtlich dieses Leistungsbestandteils „Gewährung von Rechtschutz" liegt eine Neben- ggf. auch Mehrfachversicherung vor, wenn das **Interesse** (Übernahme der Rechtsverfolgungskosten) gegen die **Gefahr** (Inanspruchnahme auf Schadenersatz von Dritten im Zusammenhang mit der Tätigkeit der versicherten Personen) nicht nur bei der D&O-Versicherung, sondern auch bei einer Rechtsschutzversicherung versichert ist.[14]

11 Bei einer **Deckungsüberschneidung** mit einer **Rechtsschutzversicherung** entspricht es dem Interesse der versicherten Personen, dass die Abwehrkosten von der Rechtsschutzversicherung übernommen werden und die D&O-Versicherungssumme daher vollständig für die Freistellung erhalten bleibt.[15] Hintergrund ist der Umstand, dass D&O-Bedingungen eine **Anrechnung** der Verfahrenskosten auf die zur Verfügung stehende Deckungssumme vorsehen (vgl. Ziffer A6-4). Dies muss jedoch nicht dem Interesse des Versicherers entsprechen, da er die Anspruchsabwehr in diesem Fall, zumindest teilweise aus den Händen gibt. Dementsprechend empfiehlt der GDV den D&O-Versicherungen, sich nicht auf die Subsidiarität zu berufen, sondern wegen der von ihm auch in der Hauptsache zu übernehmenden Aufwendungen direkt die Bearbeitung des Schadens-

9 BGH 28.11.1990 NJW-RR **1991**, 984; BGH 19.2.2014 VersR **2014**, 450 Rn. 18.

10 Veith/Gräfe/Gebert/*Lange* § 21 D&O Versicherung Rn. 184; Bruck/Möller/*Gädtke* Ziffer B4 Rn. 1.

11 Vgl. GDV Erläuterungen AVB-AVG 2013 S. 16; Seitz/Finkel/Klimke/*Finkel/Seitz* Ziff. 6 Rn. 9.

12 Gemäß A-6.1 ist die Übernahme von Kosten eines Strafverteidigers davon abhängig, dass der Versicherer die Bestellung eines Strafverteidigers genehmigt.

13 BGHZ 19 276, 281; BGH VersR **1976**, 477 BGH R+S **2007** 191, 192.

14 Vgl. zu den Voraussetzungen einer Mehrfachversicherung: Prölss/Martin/*Armbrüster*, § 78 Rn. 4.

15 Vgl. *Lange* § 18 Rn. 151; Beckmann/Matusche-Beckmann/*Armbrüster* § 6 Rn. 80, *Lange*, AG 2005 459, 468.

falls zu übernehmen, um damit die Steuerungsmöglichkeiten für die Anspruchsabwehr zu sichern.[16]

B. Inhalt der Klausel

I. B4-1.1 Subsidiaritätsklausel

1. Allgemein zu Subsidiaritätsabreden

Bei Ziffer 4.1 handelt es sich um eine Subsidiaritätsklausel. Subsidiaritätsabreden sind im Versi- 12
cherungsvertrag getroffene Vereinbarungen, demnach der **Subsidiärversicherer**, wenn für einen Schadenfall, für den auch Deckungsschutz unter einem weiteren Versicherungsvertrag besteht (**Primärversicherer**), nicht gesamtschuldnerisch mit diesem anderen Versicherer, sondern entweder nur nachranging oder gar nicht haftet.[17] Im Wesentlichen wird zwischen einer einfachen bzw. eingeschränkten und einer qualifizierten bzw. uneingeschränkten Subsidiaritätsabrede unterschieden.

a) Eingeschränkte Subsidiaritätsabrede. Eine eingeschränkte Subsidiaritätsabrede (nachfol- 13
gend auch einfache Subsidiaritätsabrede) liegt vor, wenn vereinbart ist, dass den Subsidiärversicherer keine Leistungspflicht trifft, soweit durch den Eintritt des Versicherungsfalls ein anderer Versicherer leistungspflichtig wird.[18] Die eingeschränkte Klausel setzt daher voraus, dass für den Schadenfall Deckungsschutz unter einem anderweitigen Versicherungsvertrag besteht und darüber hinaus von dem Versicherer auch Deckung gewährt wird. Eingeschränkte oder einfache Subsidiaritätsklauseln, demnach die Haftung des Versicherers erst dann entfallen soll, wenn und soweit eine andere Versicherung nicht nur besteht, sondern im konkreten Fall auch Deckung gewährt, sind im Grundsatz zulässig.[19] Wirksamkeitsbedenken gegen eingeschränkte Subsidiaritätsabreden können aber bestehen, wenn diese keine **Vorleistungspflicht** für den Fall vorsehen, dass der Primärversicherer nicht leistet.[20]

Durch eine derartige Klausel wird im Regelfall nicht ein bestehendes Recht des Primärversi- 14
cherers zum Innenausgleich vereitelt, stattdessen **verhindert** die durch die Subsidiaritätsklausel vereinbarte Nachrangigkeit nach der herrschenden Meinung bereits, dass es überhaupt zu einer mehrfachen Versicherung und damit zu einer **Mehrfachversicherung** im Sinne von § 78 Abs. 1 VVG kommt.[21] Dem Primärversicherer steht daher auch kein Innenausgleichsanspruch gegenüber dem Subsidiärversicherer zu.[22] Da aus dem Versicherungsvertrag ebenfalls kein Anspruch gegenüber dem Subsidiärversicherer besteht, soweit der Primärversicherer Deckungsschutz gewährt und Zahlungen leistet, können gemäß **§ 86 Abs. 1 VVG** keine Ansprüche der versicherten Personen gegen den Subsidiärversicherer auf den Primärversicherer übergehen. Der Primärversicherer muss daher allein für den Schaden aufkommen.

---

16 Vgl. GDV – Erläuterung AVG-AVG 2013 S. 16; Seitz/Finkel/Klimke/*Finkel/Seitz* Ziff. 6 AVB-AVG Rn. 10.

17 *Lange* § 18 Rn. 150; BGH 19.2.2014 VersR **2014**, 450 Rn. 20.

18 BGH 19.2.2014 VersR **2014**, 994 Rz. 20; *Lange* AG 2005, 459, 468 f.; Bruck/Möller/*Schnepp* VVG § 78 Rn. 174; *Segger/Degen* r+s **2012**, 422, 423; Seitz/Finkel/Klimke/*Finkel/Seitz* Ziff. 6 Rn. 7; Prölss/Martin/*Armbrüster* VVG § 78 Rn. 30.

19 BGH 4.7.2018 RuS **2018** 419.

20 Siehe hierzu: Bruck/Möller/*Gädtke* Ziffer B4 Rn. 16 ff mit Verweis auf: Bruck/Möller/*Schlepp* § 78 Rn. 176; *Winter* VersR **1991**, 527.

21 BGH 18.11.2009 RuS **2010**, 69 Rz. 10; BGH 13.9.2006 RuS **2006**, 500 Rn. 24; Prölss/Martin/*Armbrüster* VVG § 78 Rn. 30; *Segger/Degen*, RuS 2012, 422, 423; Winter, VersR **1991**, 527; anders: *Langheid*, BGH-Report **2004**, 1156, 1157 (lediglich Abbedingung von § 78 Abs. 2 VVG).

22 BGH 19.2.2014 VersR **2004**, 994; Langheid/Rixecker/*Langheid* VVG § 78 Rn. 22.

15 Wenn der **Haftpflichtanspruch** jedoch **höher** als die Deckungssumme des Primärversicherungsvertrages ist, haftet der Subsidiärversicherer hinsichtlich des überschießenden Teils, da der Primärversicherer „insoweit" nicht für den Schaden aufkommen muss. Die eingeschränkte Subsidiaritätsabrede hat daher zur Folge, dass der Subsidiärversicherer – wie ein **Exzedentenversicherer** – erst im Anschluss an den vorrangig einstandspflichtigen Primärversicherer haftet.[23] Dies folgt nicht nur aus dem Wortlaut, sondern auch aus dem Gedanken, dass die Klausel die Mehrfachversicherung in § 78 Abs. 1 VVG verhindern soll, die gerade eine Übersicherung voraussetzt (vgl. Rn. 2). Die Klausel findet daher keine Anwendung, wenn die Versicherungssummen der sich überschneidenden Versicherungsverträge nicht ausreichen, um den Schaden zu regulieren. Für die versicherten Personen und den Versicherungsnehmer ergeben sich in der Folge keine unverhältnismäßigen Beeinträchtigungen, solange die Klausel eine Vorleistungspflicht vorsieht. Die einfache Subsidiaritätsklausel hat daher im Wesentlichen **nur** Auswirkungen auf den **Innenausgleich** der beteiligten Versicherer.

16 Wird in der Subsidiaritätsklausel geregelt, dass der Subsidiärversicherer auch dann nicht haftet, wenn die Schadenssumme höher als die Versicherungssumme des Primärversicherungsvertrages ist, kann dies zur **Unwirksamkeit der Klausel** führen. Denn der Subsidiärversicherer weicht in diesem Fall von der gesetzlichen Regelung in § 78 VVG zulasten des Versicherungsnehmers ab, die vorsieht, dass der Versicherungsnehmer die Versicherungssummen beider Versicherungsverträge voll ausschöpfen kann.[24] Da der Versicherungsnehmer für beide Versicherungsverträge die volle Versicherungsprämie zahlt, ist nicht ersichtlich, warum der Versicherer berechtigt sein soll, zulasten der versicherten Personen/ des Versicherungsnehmers seine Leistungspflicht zu reduzieren.

17 **b) Uneingeschränkte Subsidiaritätsabreden.** Bei der uneingeschränkten Subsidiaritätsabrede (nachfolgen auch qualifizierte Subsidiaritätsabrede) entfällt die Einstandspflicht des Subsidiärversicherers schon dann, wenn ein anderer Versicherungsvertrag für das versicherte Risiko besteht.[25] Der wesentliche Unterschied zur einfachen Subsidiaritätsklausel besteht daher darin, dass der Deckungsschutz entfällt, unabhängig von der Frage, ob der Primärversicherer tatsächlich Deckungsschutz gewährt.[26] Wenn daher kein Deckungsschutz unter dem Primärversicherungsvertag besteht, weil der Versicherer den Vertrag angefochten oder von dem Versicherungsnehmer bzw. der versicherten Person Obliegenheitspflichtverletzungen begangen wurden, soll ebenfalls kein Deckungsschutz gegenüber dem Subsidiärversicherer bestehen. Zudem kommt es bei der Verwendung einer uneingeschränkten Subsidiaritätsklausel nicht zu einer Addition der Versicherungssummen, wenn die Schadenssumme höher ist als die gegenüber dem Primärversicherer zur Verfügung stehende Deckungssumme. Aufgrund der **erheblichen Einschränkungen** des Versicherungsschutzes ist umstritten, ob entsprechende Klauseln als AGB in Versicherungsverträgen wirksam vereinbart werden können.[27]

18 Zum einen wird angeführt, dass uneingeschränkte Subsidiaritätsklauseln zu einer **unangemessenen Benachteiligung** des Versicherungsnehmers gem. § 307 Abs. 1 S. 1, Abs. 2 Nr. 1, 2 BGB

---

23 *Lange* § 18 Rn. 156; Veith/Gräfe/Gebert/*Lange* § 21 D&O Versicherung Rn. 180.

24 Vgl. zur gesamtschuldnerischen Haftung: Prölss/Martin/*Armbrüster* VVG § 78 Rn. 15.

25 Prölss/Martin/*Armbrüster* VVG § 78 Rn. 30; Beckmann/Matusche-Beckmann/*Armbrüster* § 6 Rn. 86; Bruck/Möller/*Schnepp* § 78 Rn. 178; *Segger*/*Degen* r+s **2012**, 422, 423; Seitz/Finkel/Klimke/*Finkel*/*Seitz* Z. 6 Rn. 7; Veith/Gräfe/Gebert/*Lange* § 21 D&O-Versicherung Rn. 181.

26 OGH VersR 2001, 129 (132); Lange AG 2005, 459, 468; Bruck/Möller/*Schnepp* VVG § 78 Rn. 178; Veith/Gräfe/Gebert/*Lange* § 21 D&O-Versicherung Rn. 181.

27 Dafür: Prölss/Martin/*Armbrüster* VVG § 78 Rn. 32; Bruck/Möller/*Schnepp* § 78 Rn. 180; Seitz/Finkel/Klimke/*Finkel*/*Seitz* Z. 6 Rn. 12 Dagegen; LG Köln BeckRS **2018**, 42053 Rn. 32; *Winter* VersR **1991**, 527, 529 f.; *Präve* VW **2009**, 98, 102; *Fajen* VersR **2013**, 973, 974 f.; Beckmann/Matusche-Beckmann/*Beckmann* § 28 Rn. 16; Veith/Gräfe/Gebert/*Lange* § 21 D&O-Versicherung Rn. 181; Bruck/Möller/*Gädtke* Ziffer B4 Rn. 7.

führen. Der wesentliche Grundgedanke von dem die Regelung abweicht, ergibt sich aus § 78 Abs. 4 VVG, der einen Verlust des Versicherungsschutzes aus allen Versicherungsverträgen nur bei betrügerischer Mehrfachversicherung vorsieht.[28] Von dieser Regelung kann der Versicherer gemäß § 87 VVG nicht zum Nachteil des Versicherungsnehmers abweichen. Darüber hinaus führt die uneingeschränkte Subsidiaritätsabrede dazu, dass ein Risiko nicht über mehrere Versicherungsverträge abgedeckt werden kann,[29] sprich die Nebenversicherung ausgeschlossen wird. Hierbei geht es nicht um eine Überversicherung im Sinne des § 78 Abs. 1 VVG, sondern nur um den Umstand, dass der Versicherungsnehmer das gleiche Risiko nicht auf mehrere Versicherungsverträge verteilen kann.[30] Dass dies grundsätzlich zusätzlich zulässig ist, folgt aus § 77 VVG. Der Versicherungsnehmer kann an einer Mehrfachversicherung auch ein schutzwürdiges Interesse haben, z.B. das Interesse, bei Zweifeln über die Insolvenz des Versicherers oder über das Verhalten des Versicherers im Schadenfall, sein Risiko vorsorglich auch bei einer anderen Versicherung in Deckung zu geben.[31] Ein gewichtiges Interesse des Versicherers, eine Nebenversicherung zu unterbinden, besteht nicht. Letztlich wird der Versicherer ausreichend durch §§ 77,78 VVG geschützt.[32]

Darüber hinaus wird angeführt, dass qualifizierte Subsidiaritätsklauseln sowohl **überraschend** im Sinne des § 305c Abs. 1 BGB als auch **intransparent** im Sinne von § 307 Abs. 1 S. 2 BGB seien, weil sie die nachhaltige Konsequenz, dass bei einer Kollision zweier qualifizierter Subsidiaritätsklauseln keiner der beiden Versicherer einstandspflichtig sein soll und damit einen erheblichen wirtschaftlichen Nachteil nicht erkennen lassen.[33] 19

Nach der Gegenansicht sind drohenden Deckungslücken über **Beratungspflichten** gem. § 6 Abs. 1; § 61 VVG entgegenzuwirken.[34] Zudem wird darauf hingewiesen, dass den regelmäßig geschäftserfahrenen Versicherungsnehmer eine Mitverantwortung treffe, da er selbst die Versicherungsverträge mit teilweise gleichem Deckungsbereich und entsprechenden qualifizierten Subsidiaritätsklauseln abschließt.[35] Vor diesem Hintergrund sind Makler gut beraten, ihren Versicherungsnehmern nicht den Abschluss von Versicherungsverträgen zu empfehlen, die eine qualifizierte Subsidiaritätsklausel enthalten. Denn den Versicherer treffen gemäß § 6 Abs. 6 VVG bei der Vermittlung des Versicherungsvertrages durch einen Versicherungsmakler keine eigenen Beratungspflichten gegenüber dem Versicherungsnehmer. 20

c) Kollidierende Subsidiaritätsabreden. Probleme entstehen, wenn inhaltlich überschneidende Versicherungsverträge jeweils Subsidiaritätsabreden enthalten. Wenn die Subsidiaritätsklauseln **keine** Kollisionsregelungen enthalten, ist durch Auslegung der Klauseln zu ermitteln, wie sie sich im Kollisionsfall zueinander verhalten.[36] Nach der herrschenden Meinung sind Kollisionsabreden **nicht** aus Sicht der beteiligten Versicherer auszulegen. Vielmehr ist – wie üblich – auf den durchschnittlichen Versicherungsnehmer ohne versicherungsrechtliche Spezialkenntnisse abzustellen.[37] 21

aa) Wenn zwei **einfache Subsidiaritätsklauseln** ohne Kollisionsregelungen aufeinandertreffen, heben sie sich gegenseitig auf. Denn der Versicherungsnehmer wird nach Ansicht des BGH 22

---

28 *Präve* VW **2009**, 98, 102; Veith/Gräfe/Gebert/*Lange* § 21 D&O-Versicherung Rn. 183; Bruck/Möller/*Gädtke* Ziffer B4 Rn. 7.

29 Veith/Gräfe/Gebert/*Lange* § 21 D&O-Versicherung Rn. 183.

30 Veith/Gräfe/Gebert/*Lange* § 21 D&O-Versicherung Rn. 183.

31 Bruck/Möller/*Schlepp* § 78 Rn. 6; *Lange* § 18 Rn. 101.

32 Veith/Gräfe/Gebert/*Lange* § 21 D&O-Versicherung Rn. 183.

33 LG Köln, Hinweisbeschluss vom 26. Februar 2019, Beck RS **2018** 42053; *Winter* VersR **1991** 527, 529, *Präve* VW **2009** 98, 102 *Fajen* VersR **2013** 973/974; Beckmann/Matusche-Beckmann/*Beckmann* § 28 Rn. 16.

34 Prölss/Martin/*Armbrüster* VVG § 78 Rn. 33.

35 Vgl. Seitz/Finkel/Klimke/*Finkel/Seitz* Ziff. 6 Rn. 12.

36 BGH 19.2.2014 VersR **2014**, 450 Rn. 18; Prölss/Martin/*Armbrüster* VVG § 78 Rn. 33; *Segger/Degen* r+s **2012**, 422, 423 f.

37 BGH 19.2.2014 VersR **2014**, 450 Rn. 16; Prölss/Martin/*Armbrüster* VVG § 78 Rn. 33; Seitz/Finkel/Klimke/*Finkel/Seitz* Ziff. 6 Rn. 11; Veith/Gräfe/Gebert/*Lange* § 21 D&O-Versicherung Rn. 184: Bruck/Möller/*Schnepp* VVG § 78 Rn. 182.

mit Blick darauf, dass er für den Versicherungsschutz in beiden Verträgen Prämien geleistet hat, nicht annehmen, dass der Streit der Versicherer um die Nachrangigkeit ihrer Einstandspflicht in der Weise zu seinen Lasten ausgetragen werden soll, dass er am Ende ohne Versicherungsschutz bleibt.[38] Vielmehr wird er die Subsidiaritätsklauseln so verstehen, dass er sich mit seinem Begehren nach Versicherungsschutz wahlweise an einen der beiden Versicherer wenden kann.[39] Kollidierende Subsidiaritätsklauseln **heben** sich daher **wechselseitig auf**. Es gelten dann die gesetzlichen Regelungen.[40] Wenn die einfache Subsidiaritätsklausel keine Vorleistungspflicht vorsieht und daher unwirksam ist, ist der Versicherer, der diese Klausel verwendet, vorrangig einstandspflichtig.[41]

23 bb) Problematischer ist der seltene Fall des Zusammentreffens einer **einfachen** und **qualifizierten** Subsidiaritätsklausel. Wenn die qualifizierte Subsidiaritätsklausel aufgrund einer unangemessenen Benachteiligung des Versicherungsnehmers unwirksam ist, setzt sich die einfache Subsidiaritätsklausel durch.[42] Andernfalls setzt sich die qualifizierte Subsidiaritätsklausel durch. Diese Auslegung rechtfertigt sich vor dem Hintergrund, dass der eine eingeschränkte Subsidiaritätsabrede vereinbarende Versicherer nur für den Fall von der Eintrittspflicht befreit sein will, wenn ein anderer Versicherer bei Eintritt des Versicherungsfalls leistungspflichtig ist.[43] Die Ansicht[44] auf die zeitliche Abfolge abzustellen und der jüngeren Abrede den Vorrang einzuräumen, ist abzulehnen.

24 Im **Streitfall** sollten sich die versicherten Personen daher an den Versicherer mit der einfachen Subsidiaritätsklausel halten, wenn diese eine Vorleistungspflicht vorsieht. Denn der Versicherer mit der uneingeschränkten Subsidiaritätsklausel wird die Unwirksamkeit wahrscheinlich nicht anerkennen und daher ohne Deckungsprozess keine Leistungen erbringen. Daher wird es für die versicherten Personen im Regelfall ratsamer sein, ihre Ansprüche zunächst gegenüber dem Subsidiärversicherer geltend zu machen. Denn sollte die uneingeschränkte Subsidiaritätsabrede wirksam sein, geht diese nach der herrschenden Meinung der einfachen Subsidiaritätsabrede vor. Ist die Abrede unwirksam, dürfte den versicherten Personen im Fall einer **Vorleistungspflicht** (siehe Rn. 32) dennoch ein Anspruch gegenüber dem Subsidiärversicherer zustehen, auch wenn der Primärversicherer zu Unrecht die Leistung verweigert.

25 cc) Umstritten ist zudem das Aufeinandertreffen von **zwei uneingeschränkten Subsidiaritätsabreden**. Diese Konstellation wurde noch nicht vom BGH entschieden. Ein klares Meinungsbild in der Literatur besteht nicht. Ein Teil der Autoren spricht sich dafür aus, dass in diesem Fall keiner der beiden Versicherer einstandspflichtig sein soll.[45] Das soll aus dem Prinzip der Vertragsfreiheit und Gleichheit der Verträge folgen.[46] Dieser Ansicht ist jedoch nicht zu folgen.[47] Letztlich ist auch in dieser Konstellation durch Auslegung zu ermitteln, ob die Klauseln auch im Kollisionsfall uneingeschränkt gelten. Dies setzt natürlich voraus, dass die Klausel überhaupt wirksam vereinbart werden kann (vgl. Rn. 17).

---

38 BGH 19.2.2014 VersR **2014**, 450 Rn. 18; siehe auch: OLG München BeckRS **2014**, 4879; OLG Köln VersR **2019**, 680, 681.

39 BGH 19.2.2014 VersR **2014**, 450 Rn. 18.

40 BGH 19.2.2014 VersR **2014**, 450 Rn. 18; LG Hamburg VersR **1978**, 933, 934 f. Prölss/Martin/*Armbrüster* VVG § 78 Rn. 36 Bruck/Möller/*Schnepp* Rn. 184; van Bühren VersR **2015**, 685, 686; BK/Schauer § 59 Rn. 52; *Jordan* VersR **1973**, 396; Bruck/Möller/*Gädtke* Ziffer 6 AVB-AVG 2011/2013 Rn. 15.

41 Bruck/Möller/*Gädtke* Ziffer B4 Rn. 17.

42 *Lange* § 18 Rn. 166; Veith/Gräfe/Gebert/*Lange* § 21 D&O Versicherung Rn. 185.

43 Bruck/Möller/Schnepp VVG § 78 Rn. 183; Beckmann/Matusche-Beckmann/*Armbrüster* § 6 Rn. 88; *Schlierenkämper*, Versicherbarkeit von Managerhaftung, 2011, S. 117; *Segger*/*Degen* r+s **2012**, 422, 424; Seitz/Finkel/Klimke/*Finkel*/*Seitz* Ziff. 6 Rn. 11 f.

44 So Martin, VersR **1973**, 691 696; Vollmar, VersR **1987** 735, 738.

45 Bruck/Möller/*Schnepp* § 78 Rn. 185 i.V.m. 179 f. (anders noch Bruck/Möller/*Möller* 8 § 59 Anm. 54); Prölss/Martin/*Armbrüster* § 78 Rn. 35.

46 Prölss/Martin/*Armbrüster* § 78 Rn. 35.

47 So auch: Bruck/Möller/*Gädtke* Ziffer B4 Rn. 6; wohl auch Veith/Gräfe/Gebert/*Lange* § 21 D&O Versicherung Rn. 185, der auf die AGB-rechtliche Unwirksamkeit der Klausel an sich abstellt; *Vollmar* VersR **1987**, 735, 739, demnach der Versicherer des älteren Vertrages haftet.

Wenn die Klausel den Kollisionsfall nicht eindeutig regelt, wird der **durchschnittliche Versicherungsnehmer** die uneingeschränkte Subsidiaritätsklausel so verstehen, dass der Versicherer dann keinen Deckungsschutz gewähren will, wenn Versicherungsschutz auf der Grundlage eines anderen Vertrages besteht. Für den Versicherungsnehmer ist insoweit erkennbar, dass der Versicherer in diesem Fall nicht haften will. Der durchschnittliche Versicherungsnehmer wird die Klauseln jedoch **nicht** so verstehen, dass im Kollisionsfall **kein Versicherer** aufgrund der jeweiligen Subsidiaritätsklauseln verpflichtet ist Leistungen zu erbringen. Denn auch die uneingeschränkte Subsidiaritätsklausel setzt voraus, dass dem Versicherungsnehmer im Grundsatz ein Anspruch aus dem konkurrierenden Versicherungsvertrag zusteht. Der durchschnittliche Versicherungsnehmer wird die Klauseln nicht so verstehen, dass die Subsidiaritätsklausel bereits dann greift, wenn ihm ein Anspruch aus dem konkurrierenden Versicherungsvertrag hätte zustehen können, wenn dieser nicht ebenfalls eine Subsidiaritätsklausel enthielte. Ebenso verhält es sich, wenn man annimmt, dass dem Versicherungsnehmer aufgrund von konkurrierenden Subsidiaritätsklauseln kein Anspruch unter einem der beiden Versicherungsverträge zusteht. Der Versicherungsnehmer hätte in dem Moment, in dem er den anderen Versicherungsvertrag abschließt, den Deckungsanspruch aus beiden Versicherungen verloren. Ihm stünde daher zum Zeitpunkt des Eintritts des Versicherungsfalls bereits dem Grunde nach kein Anspruch aus einem der beiden Versicherungsverträge zu. In diesem Sinne wird der Versicherungsnehmer die Klausel nicht interpretieren. Er wird vielmehr davon ausgehen, dass der Streit zwischen beiden Versicherern hinsichtlich der Nachrangigkeit ihrer Eintrittspflicht nicht dazu führt, dass er am Ende ohne Versicherungsschutz bleibt.[48] 26

Ähnlich wie bei zwei konkurrierenden einfachen Subsidiaritätsklauseln wird der Versicherungsnehmer ein **schutzwürdiges Interesse** des Versicherers an einer so weitgehenden Leistungseinschränkung angesichts der von ihm gezahlten Prämie und der Zulässigkeit des Abschlusses einer weiteren Versicherung gegen dasselbe Risiko **nicht erkennen** können.[49] Der Versicherungsnehmer wird daher davon ausgehen, dass zwei uneingeschränkte Subsidiaritätsklauseln **sich gegenseitig aufheben**. Bei der Auslegung ist darüber hinaus zu beachten, dass Unklarheiten und Mehrdeutigkeiten gemäß § 305c Abs. 2 BGB zu Lasten des Versicherers gehen. Zudem wird zu Recht angenommen, dass die Klausel intransparent und darüber hinaus überraschend ist, wenn mit ihr die Wirkung erzielt werden soll, dass im Kollisionsfall per se kein Deckungsschutz besteht.[50] 27

2. Rechtsnatur der Ziffer B4-1.1

Fraglich ist, ob es sich bei Ziffer B4-1.1 um eine **Obliegenheit**, **Risikobegrenzung** oder um einen **Ausschluss** handelt. Die Frage hat nicht nur für die Beweislast, sondern auch für die Inhaltskontrolle gemäß §§ 307 ff. BGB Bedeutung. Für eine Obliegenheit spricht, dass die versicherte Person verpflichtet wird, den Schaden zunächst unter dem anderen Versicherungsvertrag geltend zu machen. Von der versicherten Person wird daher ein konkretes Verhalten gefordert.[51] Bei genauerer Betrachtung der Klausel zeigt sich jedoch, dass es nicht um das Verhalten der versicherten Person geht, sondern vielmehr die **Risikobegrenzung** im Vordergrund steht.[52] Für eine Risikobegrenzung und gegen einen Ausschluss, sprechen sowohl der Standort der Klausel als auch die positive Formulierung, demnach die Leistungspflicht des Versicherers unter diesem Vertrag nur besteht, wenn und soweit kein anderweitiger Deckungsschutz gewährt wird. Mittels der Klausel sollen zudem nicht bestimmte Risiken vollständig aus dem Versicherungsvertrag herausgenom- 28

48 So auch: Bruck/Möller/*Gädtke* Ziffer B4 Rn. 7.

49 Vgl. BGH 19.2.2014 VersR **2014**, 450 Rn. 18.

50 Bruck/Möller/*Gädtke* Ziffer B4 Rn. 6.

51 Vgl. zu verhüllten Obliegenheit: BGH 14.5.2014 VersR **2014**, 869; BGH, Urt. v. 18.5.2011 RuS **2012**, 130; BGH 24.5.2000 VersR **2000**, 969; OLG Köln, Hinweisbeschl. v. 5.11.2020 NJOZ **2021**, 973.

52 Prölss/Martin/*Armbrüster* VVG § 78 Rn. 32.

men werden, wie dies bei einem Ausschluss der Fall ist.[53] Andererseits hat die Klausel die Wirkung eines Ausschlusses, da der Versicherer insoweit keinen Deckungsschutz gewähren will.

3. Auslegung von B4-1.1

29 B4-1.1 ist als **einfache Subsidiaritätsklausel** zu qualifizieren.[54] Die Klausel verpflichtet die versicherten Personen, den Schaden zunächst unter dem anderweitigen Versicherungsvertrag geltend zu machen, wenn für den geltend gemachten Schaden auch unter dem anderen Versicherungsvertrag Versicherungsschutz besteht. Dass es sich bei der Klausel um eine einfache Subsidiaritätsklausel handelt, folgt vor allem aus Satz 2,[55] demnach die Leistungspflicht des Subsidiärversicherers trotz anderweitigem Versicherungsschutz besteht, wenn und soweit der anderweitige Versicherer für den Schaden nicht leistet. Zudem heißt es in Satz 1, dass die versicherten Personen den Schaden „zunächst" unter dem anderweitigen Versicherungsvertrag geltend machen müssen.

30 **a) Anwendungsbereich der Klausel.** Ausgehend vom Wortlaut setzt der Anwendungsbereich der Subsidiaritätsklausel voraus, dass für den *„geltend gemachten Schaden"* auch unter einem anderen Versicherungsvertrag Versicherungsschutz besteht. Der Anwendungsbereich der Klausel ist daher enger gefasst als bei der Anzeigeplicht gemäß B4-1.2, da es hier ausreichend ist, wenn das versicherte Risiko anderweitig versichert ist. Entscheidend ist der **Zeitpunkt** des Eintritts des Versicherungsfalls.[56] Erfasst werden vor allem andere **Haftpflichtversicherungsverträge**, die ebenfalls Deckungsschutz für Vermögensschäden gewähren (vgl. Rn. 5 ff.).

31 Fraglich ist jedoch, ob der durchschnittliche Versicherungsnehmer die Klausel so versteht, dass sie auch Leistungsversprechen aus **Rechtsschutzversicherungsverträgen** erfasst. Zwar kann es im Verhältnis zu Rechtsschutzverträgen zu einer mehrfachen Versicherung kommen, wenn der Versicherer sich nach der Prüfung der Haftpflichtansprüche entscheidet, die Ansprüche abzuwehren und hierfür die Kosten zu übernehmen (vgl. Rn. 9 ff.), die bei der versicherten Person entstehen. Der Anwendungsbereich der Klausel setzt – ausgehend vom Wortlaut – voraus, dass der „geltend gemachte Schaden" auch unter einem anderen Versicherungsvertrag versichert ist. Für den geltend gemachten Vermögensschaden besteht jedoch unter dem Rechtsschutzversicherungsvertrag genau genommen kein Versicherungsschutz. Der Rechtsschutzversicherungsvertrag gewährt nur Kostenersatz für die Abwehr „des geltend gemachten Schadens". Die Belastung der versicherten Personen mit Rechtsverfolgungskosten führt zwar zu einer Vermögensminderung. Diese Kosten sind jedoch nicht der geltend gemachte Schaden. Der durchschnittliche Versicherungsnehmer ohne Spezialkenntnisse wird daher nicht ohne Weiteres erkennen, dass die Klausel auch Rechtschutzversicherungsverträge erfassen soll.[57]

32 **b) Vorleistungspflicht.** Satz 2 ordnet in Abkehr von der in Satz 1 geregelten subsidiären Haftung an, dass der Subsidiärversicherer dennoch haftet, wenn der Primärversicherer für den Schaden nicht leistet (Vorleistungspflicht). Für das Bestehen einer Vorleistungspflicht spricht auch B4-1.1. S. 3 der voraussetzt, dass nach dem Bestreiten der Einstandspflicht der Subsidiärversicherer in Vorleistung geht.[58] Satz 2 erfasst hierbei die Fälle, dass der Primärversicherer die Leistung verwei-

53 Vgl. zur Embargoklausel: Bruck/Möller/*Koch* AHB 2012 Ziff. 1 Rn. 98.

54 Bruck/Möller/*Gädtke* Ziffer 6 AVB-AVG 2011/2013 Rn. 9; Seitz/Finkel/Klimke/*Finkel/Seitz* Ziff. 6 Rn. 7; Veith/Gräfe/Gebert/*Lange* § 21 D&O Versicherung Rn. 179. im Ergebnis auch: MüKoVVG/*Ihlas* D&O Rn. 560.

55 Bruck/Möller/*Gädtke* Ziffer 6 AVB-AVG 2011/2013 Rn. 9.

56 Bruck/Möller/*Schnepp*, § 78 Rn. 174; Beckmann/Matusche-Beckmann/*Armbrüster* § 6 Rn. 84.

57 A.A. MüKoVVG/*Ihlas* D&O Rn. 560; Seitz/Finkel/Klimke/*Finkel/Seitz* Ziff. 6 Rn. 9.

58 Bruck/Möller/*Gädtke* Ziffer B4 Rn. 9.

gert oder leistungsfrei wurde, weil er die zur Verfügung stehende Deckungssumme vollständig ausgekehrt hat. Ausgehend von dem Wortlaut ist letztlich nur entscheidend, dass der Versicherer für den geltend gemachten Schaden nicht leistet. Die Gründe sind daher unbeachtlich. Aufgrund des Wortlauts der Klausel ist es daher nicht zutreffend, dass nachträgliche Obliegenheitsverletzungen oder schuldbefreiende Vereinbarungen mit dem Primärversicherer keine Eintrittspflicht des subsidiären Versicherers auslösen.[59] Insoweit hat der Versicherungsnehmer bzw. die versicherten Personen (vgl. § 47 Abs. 1 VVG) jedoch § 86 Abs. 2 S. 1 VVG zu beachten. Hierdurch wird der Subsidiärversicherer ausreichend geschützt.

Eine Nichtleistung in **sachlicher** Hinsicht liegt vor, wenn der Primärversicherer weder die Abwehrkosten im Rahmen einer vorläufigen Deckungszusage übernimmt noch begründete Ansprüche erfüllt. Die Formulierung, dass der Versicherer „für den Schaden nicht leistet", ist jedoch auslegungsbedürftig. Die Klausel kann dahingehend verstanden werden, dass der Subsidiärversicherer erst dann haftet, wenn der Schaden im Sinne des § 106 VVG mit Bindungswirkung für den Primärversicherer festgestellt wurde, da erst ab diesem Zeitpunkt ein Anspruch auf Freistellung im Sinne des § 106 VVG besteht. Bei diesem Auslegungsergebnis dürfte der Primärversicherer jedoch eine aus dem Versicherungsvertrag gleichwertige Leistung, nämlich die Prüfung der Haftpflichtfrage und die Abwehr unbegründeter Ansprüche verweigern, ohne dass die Vorleistungspflicht begründet wird. Der durchschnittliche Versicherungsnehmer wird die Klausel daher so verstehen, dass der Primärversicherer „für den Schaden nicht leistet", wenn er seine **Leistungspflicht gemäß A-6.1** nicht erfüllt und je nach Sachlage, die versicherten Personen nicht von begründeten Ansprüchen freistellt oder unbegründete Ansprüche abwehrt. 33

Nichtleistung ist in **zeitlicher** Hinsicht anzunehmen, wenn der Primärversicherer trotz Fälligkeit nicht leistet. Da den versicherten Personen ein Freistellungsanspruch und kein Anspruch auf eine Geldleistung zusteht, findet § 14 VVG keine Anwendung.[60] Die Fälligkeit richtet sich vielmehr nach den allgemeinen Regeln gem. § 271 BGB und ist anhand der besonderen Umstände mit Rücksicht auf die Natur des Schuldverhältnisses zu ermitteln. Fälligkeit tritt ein, wenn die versicherte Person den Versicherungsfall bei dem Versicherer anzeigt, alle notwendigen Informationen zur Prüfung bereitstellt und der Versicherer trotz ausreichender Prüfungs- und Überlegungszeit die gemäß A-6.1 geschuldeten Leistungen nicht erbringt.[61] Der Nichtleistung steht es gleich, wenn der Versicherer seine Leistungspflicht bestreitet, d.h. eine Deckungsablehnung ausspricht. Denn nach ständiger Rechtsprechung tritt mit der Leistungsablehnung oder Weigerung, überhaupt Ermittlungen und Feststellungen zum Schadensfall zu treffen, sofortige Fälligkeit des Versicherungsanspruchs ein.[62] 34

c) Konditionsdifferenz – und Anschlussdeckung. Wenn der Haftpflichtanspruch **höher** als die Deckungssumme des Primärversicherungsvertrages ist, haftet der Subsidiärversicherer hinsichtlich des **überschießenden Teils**, da insoweit unter dem Primärversicherungsvertrag kein Anspruch besteht (vgl. Rn. 15). Denn die Subsidiaritätsklausel greift nur, wenn und soweit unter dem anderen Versicherungsvertrag tatsächlich Deckungsschutz besteht. Der Subsidiärversicherer muss auch dann leisten, wenn Sublimits aufgebraucht werden. Denn auch in diesem Fall besteht für den Schaden unter dem Primärversicherungsvertrag ebenfalls kein Deckungsschutz. 35

Nicht eindeutig ist der Fall, dass der Deckungsschutz des Subsidiärversicherers **inhaltlich** weitergehender ausgestaltet ist als der Deckungsschutz des Primärversicherers. Wenn der Subsi- 36

59 Wohl **a.A.** Bruck/Möller/*Schnepp*, § 78 Rn. 174; *Fenyves*, Subsidiaritätsklausel, S. 9; *Martin*, Sachversicherungsrecht, V I Rn. 19; enger *Armbrust*, Subsidiaritätsabreden, S. 38 ff. (50 [Leistungsfreiheit des subsidiären Versicherers nur bei Vorsatz des Versicherungsnehmers]).

60 Prölss/Martin/*Armbrüster* VVG § 14 Rn. 1; Prölss/Martin/*Lücke* VVG § 100 Rn. 14.

61 *Rintelen* RuS **2010**, 133, 138; *Veenker*, Die Fälligkeit von Geldleistungen des Versicherers, 2008, 316.

62 BGH VersR **2000**, 753; VersR **1997**, 433; OLG Düsseldorf VersR **1994**, 1460; OLG Hamm VersR **1991**, 535; r+s **1994**, 241; OLG Köln VersR **1990**, 373; *Rintelen* RuS **2010**, 133, 138.

diärversicherer die Musterbedingungen verwendet, ist dies sehr unwahrscheinlich. Möglich ist jedoch, dass der Deckungsschutz erweitert wird, weil z.B. der Subsidiärversicherer auch Deckungsschutz für die vorsorgliche außergerichtliche Rechtsberatung gewährt, obwohl der Versicherungsfall noch nicht eingetreten ist. Hier stellt sich allerdings zunächst die Frage, ob die Klausel überhaupt Anwendung findet, da sie nur auf den geltend gemachten Schaden referiert und daher Rechtsschutzansprüche nicht unmittelbar erfasst (vgl. Rn. 32). Wenn die Klausel dennoch so ausgelegt wird, dass Rechtsschutzansprüche erfasst werden, dürfte der Subsidiärversicherer dennoch leistungspflichtig sein, da für eben diese Ansprüche kein Deckungsschutz vom Primärversicherer gewährt wird, so dass S. 2 gilt.

37 **d) Abtretungsverpflichtung.** B4-1.1 S. 3 sieht vor, dass der Versicherungsnehmer oder die versicherten Personen verpflichtet sind, etwaige Ansprüche aus dem Versicherungsvertrag gegenüber dem Primärversicherer an den Subsidiärversicherer abzutreten, wenn dieser trotz der Subsidiaritätsklausel Leistungen aus dem zugrundeliegenden Versicherungsvertrag erbringt. Der Subsidiärversicherer möchte mit der Klausel sicherstellen, dass er **Regressansprüche** gegenüber dem Primärversicherer geltend machen kann, da er, ausgehend von der Wirksamkeit der Subsidiaritätsklausel, nicht zur Leistung verpflichtet war. Eine Leistungspflicht des Subsidiärversicherers ist jedoch nur dann ausgeschlossen, wenn (neben der wirksamen Vereinbarung der Klausel) Versicherungssumme und Zusatzlimits des Primärversicherungsvertrages ausreichen (siehe Rn. 35 ff). Dass der Subsidiärversicherer in diesem Fall Regressansprüche gegenüber dem Primärversicherer geltend machen will, weil er seine Vorleistungspflicht erfüllt hat, ist nachvollziehbar. Insoweit besteht allerdings **kein gesonderter Regelungsbedarf**, da die Voraussetzungen des **§ 86 Abs. 1 VVG** vorliegen, wenn der Subsidiärversicherer aufgrund seiner Vorleistungspflicht Leistungen erbringt.[63] Leistet der Subsidiärversicherer, geht der Anspruch der versicherten Person gegen den Primärversicherer auf den Subsidiärversicherer gemäß § 86 Abs. 1 VVG insoweit über, wie tatsächlich Leistungen von ihm erbracht wurden. Die versicherte Person hat aufgrund der Vorleistung die Obliegenheiten aus § 86 Abs. 2 S. 1 VVG zu beachten. Ihr ist daher jedes Handeln **verboten**, das zu einem **Verlust** des Anspruchs gegenüber dem Primärversicherer führt oder seine **Realisierung hindert**.[64] Die volle Leistungsfreiheit setzt jedoch eine vorsätzliche Verletzung der Obliegenheit voraus. Im Falle von grober Fahrlässigkeit ist der Versicherer zu einer verschuldungsabhängigen Quotelung berechtigt.[65]

38 Allerdings geht die Abtretungspflicht in S. 3 weiter als der in § 86 Abs. 1 VVG geregelte gesetzliche Forderungsübergang, weshalb nach der hier vertretenen Ansicht die Klausel entgegen der herrschenden Meinung[66] **unwirksam** ist. Denn die Klausel berücksichtigt insbesondere ein mögliches **Quotenvorrecht** gemäß § 86 Abs. 1 S. 2 VVG nicht. Dieses kommt zum Tragen, wenn die Deckungssumme des Primärversicherers nicht ausreichend ist. Würde dem Subsidiärversicherer in diesem Fall – wie es in der Klausel vorgesehen ist – ein Anspruch auf (vollständige) Abtretung der Ansprüche gegenüber dem Primärversicherer zustehen, würde das Quotenvorrecht umgangen werden.[67] Da § 86 Abs. 1 S. 2 VVG gemäß § 87 VVG halbzwingend ist, ist die Abtretungsverpflichtung in B4-1.1 S. 3 unwirksam, wenn der Vertrag nicht als Großrisiko gemäß § 210 Abs. 1 Nr. 3 VVG qualifiziert wird. Die versicherten Personen können daher abgetretene Ansprüche gemäß § 812 Abs. 1 S. 1 Alt. 1 BGB vom Versicherer kondizieren. Dies ist allerdings ausgeschlossen, sofern und

63 Vgl. Seitz/Finkel/Klimke/*Finkel/Seitz* Ziff. 6 Rn. 19; MüKoVVG/Möller/*Segger* VVG § 86 Rn. 181.

64 Vgl. Prölss/Martin/*Armbrüster* § 86 Rn. 69.

65 A.A. Bruck/Möller/*Schnepp*, § 78 Rn. 174; *Fenyves*, Subsidiaritätsklausel, S. 9; Martin, Sachversicherungsrecht, V I Rn. 19; enger *Armbrust*, Subsidiaritätsabreden, S. 38 ff. (50 [Leistungsfreiheit des subsidiären Versicherers nur bei Vorsatz des Versicherungsnehmers]).

66 Prölss/Martin/*Armbrüster* VVG § 78 Rn. 37; Bruck/Möller/*Schnepp* § 78 Rn. 187; Seitz/Finkel/Klimke/*Finkel/Seitz* Ziff. 6 Rn. 19.

67 Siehe zum Quotenvorrecht: Prölss/Martin/*Armbrüster*, § 86 Rn. 46.

soweit die Voraussetzungen von § 86 Abs. 1 S. 1 VVG vorliegen, da die Leistung dann im Ergebnis aufgrund des gesetzlichen Forderungsübergangs gemäß § 86 Abs. 1 VVG mit Rechtsgrund erfolgte.

Hierzu folgendes Beispiel: Der rechtskräftig festgestellte Schaden beläuft sich auf 5 Mio. EUR. Die Deckungssumme des Primär- und des Sekundärversicherers beträgt jeweils 3 Mio. EUR. Wenn der Sekundärversicherer 3 Mio. EUR aufgrund seiner Vorleistungspflicht zahlt und Ansprüche in Höhe von 3 Mio. EUR auf ihn wegen der Abtretungspflicht übergehen würden, würde das Quotenvorrecht der versicherten Personen umgangen werden. Denn dieses sieht vor, dass die versicherten Personen insoweit Gläubiger des Ersatzanspruchs bleiben (mit der Folge des Befriedigungsvorrechts nach § 86 Abs. 1 S. 2 VVG), als sie vom Sekundärversicherer nicht entschädigt worden sind.[68] Daher verbleiben Deckungsansprüche gegenüber dem Primärversicherer in Höhe des vom Sekundarversicherers nicht übernommen Schadens (2 Mio. EUR) bei der versicherten Person. Lediglich in Höhe von 1 Mio. EUR kommt es zu einem Forderungsübergang auf den Subsidiärversicherer. 39

Das Quotenvorrecht wurde jedoch nicht berücksichtigt. Die Abtretungspflicht ist daher wegen Verstoß gegen § 86 Abs. 1 S. 2 VVG gemäß § 87 VVG unwirksam. 40

II. B4-1.2 Anzeigepflicht

B4-1.2 begründet für den Versicherungsnehmer und die versicherten Personen eine unverzügliche Anzeigepflicht gegenüber dem Versicherer, wenn das über den D&O-Versicherungsvertrag versicherte Risiko auch anderweitig versichert ist. Die Klausel ersetzt die Anzeigepflichten aus § 77 Abs. 1 VVG gegenüber dem D&O-Versicherer, der die Klausel verwendet.[69] Im Verhältnis zu dem anderen Versicherer hat die Klausel keine Wirkung, da sie nur Anzeigenpflichten gegenüber dem Versicherer begründet, der die Klausel verwendet. Andernfalls müsste es zudem heißen: „den Versicherern“ statt „dem Versicherer“. 41

1. Rechtsnatur der Anzeigepflicht

Nicht eindeutig geregelt ist, ob es sich bei der Anzeigepflicht um eine **Obliegenheit** oder um eine **Rechtspflicht** handelt. Die herrschende Meinung geht davon aus, dass es sich bei dem Anzeigegebot gemäß § 77 Abs. 1 VVG um eine Rechtspflicht und nicht um eine Obliegenheit handelt.[70] Allerdings wird die Anzeigepflicht teilweise in Versicherungsbedingungen als Obliegenheit ausgestaltet, was sich daran zeigt, dass auf die Rechtsfolgen im Sinne des § 28 VVG (Kündigungsrechts, Leistungsfreiheit) explizit verwiesen wird.[71] Ausgehend von diesen Überlegungen sprechen die besseren Argumente dafür, dass es sich bei dem Anzeigegebot in B4-1.2 um eine **Rechtspflicht** und nicht um eine Obliegenheit handelt. Zum einen ist das Anzeigegebot nicht mit den Sanktionen eines Kündigungsrechts und der Leistungsfreiheit des Versicherers verbunden ist. Zum anderen kann nur so dem Normzweck des § 77 Abs. 1 VVG effektiv Rechnung getragen werden. Demnach soll der Versicherer prüfen können, ob er sich weiterhin das Risiko trotz der Einbeziehung weitere Versicherer versichern will und im Falle einer Mehrfachversicherung auch eines Rückgriffs nach § 78 Abs. 2 VVG ausgesetzt sein möchte. Dies spricht für eine einklagbare Rechtspflicht. In der Folge kann der Versicherer den Auskunftsanspruch zum einen **gerichtlich einklagen** und zum 42

68 Prölss/Martin/*Armbrüster*, § 86 Rn. 46; st.Rspr.; BGHZ 47, 196 = VersR 1967, 505; BGH VersR 1968, 997; Hamm NJW-RR 1990, 39; Köln r+s 1992, 326.

69 A.A. Seitz/Finkel/Klimke/*Finkel/Seitz* Ziff. 6 Rn. 25.

70 Prölss/Martin/*Armbrüster* § 77 Rn. 17; Bruck/Möller/*Schnepp* § 77 Rn. 68, 83; Langheid/Rixecker/*Langheid* VVG § 77 Rn. 23; **a.A.** *Jula* Sachversicherungsrecht S. 146 f.

71 Beckmann/Matusche-Beckmann/*Armbrüster* § 6 Rn. 30; Looschelders/Pohlmann/*von Koppenfels-Spies*, § 77 Rn. 16.

anderen **Schadenersatzansprüche** gemäß § 280 Abs. 1 BGB geltend machen, wenn der Versicherungsnehmer gegen die Anzeigepflicht verstößt.

43 Die **Anzeigepflicht** trifft **nur den Versicherungsnehmer.** Denn ein Schuldverhältnis aus welchem Pflichten erwachsen können besteht lediglich zwischen dem Versicherungsnehmer und dem D&O-Versicherer. Folglich kann die Anzeigepflicht auch nur den Vertragspartner des D&O-Versicherers, den Versicherungsnehmer, treffen. Würde man die versicherten Personen mit einer Anzeige**pflicht** belasten, so läge ein Vertrag zulasten Dritter vor, welcher nach § 138 BGB grundsätzlich als sittenwidrig und damit als nichtig zu behandeln wäre.[72] Der D&O-Versicherungsvertrag beinhaltet in wesentlichen Teilen eine Versicherung für fremde Rechnung im Sinne der §§ 43 ff. VVG,[73] welche im Ergebnis eine Sonderform eines Vertrags zugunsten Dritter im Sinne des § 328 BGB darstellt.[74] Die §§ 328 ff. BGB ermöglichen dem Dritten, ohne seine Mitwirkung vertragliche Ansprüche und Einreden zu erlangen. Er kann jedoch nicht ohne seine Mitwirkung unmittelbar vertraglich verpflichtet werden.[75] Würde die Klausel daher auch die versicherten Personen verpflichten, wäre sie unwirksam. Im Übrigen gilt § 47 VVG.

2. Anderweitiger Versicherungsschutz

44 Die Anzeigepflicht entsteht, wenn das versicherte Risiko auch anderweitig versichert wird. Das **„versicherte Risiko"** ist inhaltlich identisch mit der **„versicherten Gefahr"** im Sinne des § 77 Abs. 1 VVG und ist in A-1 geregelt. Es besteht darin, dass gegenwärtige oder ehemalige Mitglieder des Aufsichtsrates, des Vorstandes oder der Geschäftsführung des Versicherungsnehmers oder einer Tochtergesellschaft (versicherte Personen) wegen einer bei Ausübung dieser Tätigkeit begangenen Pflichtverletzung aufgrund gesetzlicher Haftpflichtbestimmungen für einen Vermögensschaden auf Schadenersatz in Anspruch genommen werden. Diese versicherte Gefahr muss auch bei einem anderen Versicherer versichert sein. Unter Bezugnahme auf § 77 Abs. 1 VVG wird es für ausreichend erachtet, wenn die versicherte Gefahr zumindest teilweise bei einem anderen Versicherer versichert ist.[76]

45 Zudem muss auch das **versicherte Interesse** versicherter Personen betroffen sein. Der Wortlaut der Klausel setzt zwar nur voraus, dass die versicherte Gefahr anderweitig versichert ist, ohne zugleich die versicherten Interessen näher zu bestimmen, die eine Anzeigepflicht auslösen. Aufgrund der Bezugnahme auf das versicherte Risiko und damit auf Ziffer A-1 ist die Klausel jedoch so auszulegen, dass eine Anzeigepflicht nur besteht, wenn das versicherte Interesse der **versicherten Personen** betroffen ist.

46 Unklar ist allerdings, ob die Anzeigepflicht bereits bei einer Nebenversicherung im Sinne des § 77 Abs. 1 VVG oder lediglich bei einer Mehrfachversicherung im Sinne des § 78 Abs. 1 VVG ausgelöst wird. Ausgehend von dem Wortlaut, der nur auf das versicherte Risiko abstellt, begründet bereits das Vorliegen einer **Nebenversicherung** die Anzeigepflicht. Allerdings wird im Klammerzusatz auf die „Mehrfachversicherung und Anschlussversicherung" Bezug genommen. Zudem ist unklar, ob die Aufzählung im Klammerzusatz beispielhaft oder abschießend sein soll.

47 Die **Mehrfachversicherung**, auf die in der Klausel Bezug genommen wird, ist in § 78 Abs. 1 VVG definiert und liegt nur dann vor, wenn die Voraussetzungen des § 78 Abs. 1 VVG erfüllt sind. Es muss daher eine Überdeckung vorliegen. Ob bei einer Haftpflichtversicherung eine Überde-

---

72 So wohl auch BK/*Schauer* § 58 VVG Rn. 19; Bruck/Möller/*Schnepp* § 77 VVG Rn. 76; *Kisch*, Mehrfache Versicherung, S. 33; im Ergebnis hier auch Beckmann/Matusche-Beckmann/*Armbrüster* § 6 Rn. 31.

73 Vgl. MüKoVVG/*Dageförde* § 43 VVG Rn. 23; Rüffer/Halbach/Schimikowski/*Muschner* § 43 VVG Rn. 21, der eine Fremdversicherung sowohl für die Fälle der Außenhaftung als auch für die, die Regel bildende, Innenhaftung annimmt.

74 Prölss/Martin/*Klimke* Vorbem. §§ 43 ff. VVG Rn. 14.

75 BGH 14.7.1995 NJW **1995**, 3183, 3184; BGHZ 61, 359, 361; BGHZ 58, 216, 219; BGHZ 54, 145, 147; *Ulrici* ZfA **2016**, 377, 395.

76 Seitz/Finkel/Klimke/*Finkel*/*Seitz* Ziff. 6 Rn. 23.

ckung vorliegt, weiß der Versicherungsnehmer oder die versicherte Person frühestens nach dem Eintritt des Versicherungsfalls. Wenn bereits die Nebenversicherung die Anzeigepflicht auslösen soll, was wahrscheinlich beabsichtigt war, müsste in dem Klammerzusatz nicht auf eine Mehrfachversicherung, sondern z.B. auf „mehrfache Versicherungen" verwiesen werden. Der Wortlaut der Klausel ist daher zumindest missverständlich ggf. sogar **mehrdeutig**. Dies gilt umso mehr, weil der Begriff Mehrfachversicherung nur im Gesetz, nicht jedoch in den Versicherungsbedingungen definiert wird. Daher ist die Klausel gemäß § 307 Abs. 2 BGB im Zweifel zulasten des Versicherers auszulegen.

Die Klausel nimmt zudem auf Anschlussversicherungen Bezug. Der Begriff der **Anschlussversicherung** ist weder in den Versicherungsbedingungen noch im VVG definiert. Der durchschnittliche Versicherungsnehmer wird den Begriff Anschlussversicherung so verstehen, dass die Anschlussversicherung Deckungsschutz im Anschluss an den bestehenden D&O-Versicherungsvertrag gewährt. Dies kann in zweierlei Hinsicht geschehen. Zum einem in zeitlicher Hinsicht, wenn der D&O-Versicherungsvertrag endet und noch während des Bestehens des D&O-Versicherungsvertrages ein weiterer D&O-Versicherungsvertrag abgeschlossen wird, dessen Versicherungsbeginn zeitlich mit dem Ende des bestehenden Vertrages zusammenfällt. Eine Anschlussversicherung kann auch so verstanden werden, dass Versicherungsschutz in Form eines Exzedenten gewährt wird, demnach im Anschluss an die Ausschöpfung der Versicherungssumme weitergehender Deckungsschutz gewährt wird.[77] 48

3. Umfang der Anzeigepflicht

Die Anzeige hat unverzüglich im Sinne des § 121 BGB zu erfolgen. Entgegen § 77 Abs. 1 VVG trifft nicht nur den Versicherungsnehmer, sondern auch die versicherten Personen, eine Anzeigepflicht. Die Anzeigepflicht wird erst mit Abschluss des Versicherungsvertrages begründet. Sie erfasst daher nur Versicherungsverträge, die **nach Abschluss** des D&O-Versicherungsvertrages, der die Anzeigepflicht vorsieht, vereinbart werden. Sofern der Versicherer vor Abschluss des Versicherungsvertrages Informationen über anderweitigen Versicherungsschutz erhalten möchte, gilt **B3-1.1 bzw. § 19 VVG**. Denn gefahrerheblich sind nicht nur Umstände, die sich auf die Wahrscheinlichkeit des Eintritts des Versicherungsfalls beziehen, sondern generell solche Umstände, die für die Übernahme der Gefahr durch den Versicherer erheblich sind.[78] Auch das Bestehen von weiteren Versicherungsverträgen ist daher als „gefahrerheblich" i.S.d. § 19 VVG anerkannt.[79] Fragt der Versicherer gemäß Ziffer B3-1.1 bzw. § 19 VVG nicht nach anderen bestehenden Versicherungsverträgen, so liegt es nahe, dass dieser Umstand für den Versicherer für den Abschluss des Vertrages nicht von Bedeutung ist. Zumal der Versicherer widersprüchlich und ggf. treuwidrig handelt, wenn er im Rahmen der vorvertraglichen Anzeigeobliegenheit nicht nach diesem Umstand fragt, sich jedoch im Nachhinein auf die unterlassene Anzeige durch den Versicherungsnehmer beruft. 49

Die Mitteilungspflicht bezieht sich **nur** auf den Umstand, dass das versicherte Risiko auch anderweitig versichert ist.[80] Wenn der Versicherer **weitergehende** Informationen wünscht, muss er gezielt **nachfragen**. Denn für den Versicherungsnehmer und auch die versicherten Personen ist nicht ersichtlich, dass weitere Angaben, z.B. hinsichtlich Versicherungssumme, Name des Versicherers und Umfang des Versicherungsschutzes, gemacht werden müssen. Daher kann dem Versicherungsnehmer oder der versicherten Person eine Anzeigepflichtverletzung nicht vorgeworfen werden, wenn diese Informationen nicht bei der Anzeige bereits beigebracht werden. Sofern der Versicherer weitere Informationen wünscht, liegt es bei ihm, diese nachzufragen. Ein **Auskunfts-** 50

77 Seitz/Finkel/Klimke/*Finkel/Seitz* Ziff. 6 Rn. 24.
78 *Prölss/Martin* § 19 VVG Rn. 2.
79 Langheid/Rixecker/*Langheid* § 19 VVG Rn. 34.
80 A.A. Seitz/Finkel/Klimke/*Finkel/Seitz* Ziff. 6 Rn. 24.

anspruch gemäß § 242 BGB steht dem Versicherer bezüglich des Namens des anderen Versicherers sowie dem Umfang des bestehenden Versicherungsschutzes zu.

C. Abweichende Marktbedingungen

I. Directors & Officers Versicherung Hendricks & Partner Bedingungen HPDO 2020© Stand 09.19| Version Newline

51 **Anderweitige Versicherungen Ziffer 4.1**

Besteht für den im Einzelfall geltend gemachten Schadenersatzanspruch auch über einen weiteren, zeitlich früher abgeschlossenen D&O-Versicherungsvertrag oder über einen Versicherungsvertrag anderer Art Versicherungsschutz, so besteht über diese Versicherung Deckung, sofern dieser Versicherungsschutz weiter ist als derjenige des anderen Versicherungsvertrages (Konditionendifferenzdeckung), oder der anderweitige Versicherungsschutz durch Zahlung verbraucht ist (Summenausschöpfungs- und -anschlussdeckung). Kann mit dem anderweitigen Versicherer nicht unverzüglich eine Einigung erzielt werden oder bestreitet der anderweitige Versicherer seine Eintrittspflicht ganz oder teilweise, leistet der Versicherer dieses Vertrages unter Eintritt in die Rechte der Versicherten vor. Wird eine unter einem zeitlich früher abgeschlossenen Versicherungsvertrag vereinbarte Nachmeldefrist nachträglich verkürzt oder aufgehoben, lässt dies den vorliegenden Versicherungsschutz unberührt.

52 **Anderweitige Vermögensschaden-Rechtsschutzversicherungen Ziffer 4.2**

Besteht für den im Einzelfall geltend gemachten Schaden auch über einen Vermögensschaden-Rechtsschutz-Vertrag Versicherungsschutz, ist der D&O-Versicherer abweichend von Ziffer 4.1 eintrittspflichtig und kann sich nicht auf den anderweitigen Vermögensschaden-Rechtsschutz-Vertrag berufen.

53 **Keine Anzeigepflicht bei möglicher Doppelversicherung/ persönliche D&O-Versicherung Ziffer 4.4**

Die Versicherten dieses Vertrages sind nicht verpflichtet, dem Versicherer einen anderweitigen Versicherungsschutz (z.B. TTT oder Personal D&O) anzuzeigen. Verfügen versicherte Personen über eine persönliche D&O-Versicherung, bleibt der Versicherer dieses Vertrages vorrangig eintrittspflichtig.

54 **Kumul Ziffer 4.5**

Sollten mehrere D&O-Versicherungsverträge des Versicherers dieses Vertrages betroffen sein, so ist die maximale Leistung des Versicherers auf EUR 25 Mio. je Versicherungsfall und Versicherungsperiode begrenzt.

II. § 3 Ziffer 4 VOV AVB-VOV 5.0

55 Ist der Versicherungsfall ganz oder teilweise auch unter einem anderen Versicherungsvertrag versichert, stehen Versicherungssumme und Zusatzlimits erst nach Verbrauch der Versicherungssumme und etwaiger Zusatzlimits des anderen Vertrages zur Verfügung. Bestreitet der andere Versicherer seine Eintrittspflicht ganz oder teilweise, leistet die VOV nach Abtretung des gegen den anderen Versicherer bestehenden Deckungsanspruchs vor.

56 Betrifft ein Versicherungsfall mehrere mit der VOV geschlossenen Versicherungsverträge, ist die Leistungspflicht der VOV für diesen Versicherungsfall und für alle weiteren Versicherungsfälle der gleichen oder sich überschneidenden Versicherungsperiode(n) zusammen auf die höchste für den Versicherungsfall und die Versicherungsperiode vertraglich vereinbarte Versicherungssumme begrenzt.

III. Ziffer 8 D&O-Spezialkonzept, Version TMHCC/FINLEX 2020

Anderweitige Versicherungen sind: 57
- Von versicherten Unternehmen, die ihren Sitz nicht in non-admitted Verbotsländern haben, zeitlich früher abgeschlossene D&O-Versicherungen;
- Von versicherten Unternehmen, die ihren Sitz in non-admitted Verbotsländern haben, abgeschlossene D&O-Versicherungen;
- Von externen Organisationen abgeschlossene D&O-Versicherungen; Versicherungen anderer Art, insbesondere Betriebs- und Produkthaftpflicht-, EPL-, Prospekt-
- Versicherungen und Rechtsschutzversicherungen und von sonstigen natürlichen Personen für ihre Tätigkeit im Sinne von 2.2 Nr. 7 abgeschlossene Versicherungen.

Abweichend von § 77 Versicherungsvertragsgesetz (VVG) sind Versicherte ausschließlich im leistungsauslösenden Ereignis und auf Anfrage des Versicherers verpflichtet, dem Versicherer eine anderweitige Versicherung anzuzeigen. 58

A. SUMMENDIFFERENZDECKUNG
Sind leistungsauslösende Ereignisse auch unter einer anderweitigen Versicherung versichert, so steht die Versicherungssumme im Rahmen und Umfang dieses Vertrages im Anschluss an die Versicherungssumme der anderweitigen Versicherung zur Verfügung. Dies gilt nicht, wenn für das leistungsauslösende Ereignis auch über einen Vermögensschaden-Rechtsschutz-Vertrag Versicherungsschutz besteht. Hier bleibt der Versicherer dieses Vertrages vorrangig eintrittspflichtig. Kann mit dem anderweitigen Versicherer binnen angemessener Zeit kein Einvernehmen über seine Zuständigkeit erzielt werden oder bestreitet der anderweitige Versicherer seine Eintrittspflicht ganz oder teilweise, so leistet der Versicherer dieses Vertrages unter Eintritt in die Rechte der Versicherten vor.

B. KONDITIONSDIFFERENZDECKUNG
Der Versicherungsschutz besteht auch soweit der Versicherungsschutz unter diesem Vertrag weiter ist als unter der anderweitigen Versicherung.

C. SUMMENAUSSCHÖPFUNGSDECKUNG
Der Versicherungsschutz besteht auch sofern die Versicherungssumme der anderweitigen Versicherung durch Zahlung verbraucht ist.

D. ZAHLUNGSUNFÄHIGKEIT
Wird aus der anderweitigen Versicherung wegen dauerhafter Zahlungsunfähigkeit des anderen Versicherers keine Leistung erbracht, so leistet der Versicherer dieses Vertrages unmittelbar gegen Abtretung der Ansprüche der Versicherten aus der anderweitigen Versicherung.

E. KUMUL
Handelt es sich bei dem Versicherer der anderweitigen Versicherung um ein zum Konzern des Versicherers dieses Vertrages gehörendes Unternehmen, ist die maximale Leistung aus allen von dem leistungsauslösenden Ereignis betroffenen Versicherungen auf die höchste der in diesen Versicherungen je leistungsauslösendem Ereignis und Versicherungsperiode vereinbarten Versicherungssumme begrenzt. Hiervon ausgenommen bleiben Versicherungen, die ausdrücklich als Exzedentenversicherung zu diesem Vertrag vereinbart sind.

IV. Unterschiede zu den Musterbedingungen

1. Ziffer 4.0 HPDO 2020 Version AXA XL

Die erste Besonderheit bei Ziffer 4.0 HPDO 2020 ergibt sich auch aus dem Umstand, dass die Klausel die **Kollision** von **D&O-Versicherungsverträgen** regelt. Bei der Kollision mehrerer D&O-Versicherungsverträge gilt die subsidiäre Einstandspflicht nur, wenn der andere D&O-Versicherungsvertrag zeitlich früher abgeschlossen wurde. Hierbei ist unerheblich, ob der andere Vertrag noch besteht oder nur Deckungsschutz aufgrund entsprechender Nachhaftungsvereinbarungen gewährt. Damit sich diese Regelung durchsetzt, müsste allerdings der zeitlich früher abgeschlossene Versicherungsvertrag keine oder eine vergleichbare Subsidaritätsklausel verwenden. 59

60 Bei einem Aufeinandertreffen mit den Subsidaritätsklauseln in den **Musterbedingungen** kann sich der Sekundärversicherer, der die Klausel verwendet, nicht hierauf berufen, da die Klauseln sich insoweit aufheben (vgl. Rn. 22). Anders ist die Rechtslage jedoch zu beurteilen, wenn der Versicherer, der die Klausel verwendet, den zeitlich früher abgeschlossenen Versicherungsvertrag stellt. Denn in diesem Fall greift die Subsidaritätsklausel nicht mit der Folge, dass sich die Subsidaritätsklausel des anderen Versicherers durchsetzen kann.

61 Gegenüber **anderen Versicherungsverträgen**, die keine D&O-Versicherungsverträge sind, gilt die Subsidaritätsklausel uneingeschränkt. Hiervon sind alle Versicherungsverträge erfasst, die Deckungsschutz für den gemachten Schadensersatzanspruch gewähren.

62 Wenn der Anwendungsbereich der Klausel eröffnet ist, wird im Rahmen einer **Konditionendifferenzdeckung bzw. Summenausschöpfungs- und -anschlussdeckung** nur ergänzend zum Primärversicherungsvertrag Deckungsschutz gewährt. Insoweit besteht ausgehend vom **Wortlaut** der Klausel ein erheblicher Unterschied, da die Musterbedingungen explizit keine Konditionendifferenzdeckung vorsehen (vgl. Rn. 35). Ob auch ein großer inhaltlicher Unterschied besteht, hängt maßgeblich von der **Auslegung** der Musterbedingungen ab.

63 Ziffer 4.2 stellt abweichend von den Musterbedingungen klar, dass die Subsidiaritätsklausel keine Anwendung auf **Rechtsschutzversicherungsverträge** findet. Ob die Leistungen einer Rechtsschutzversicherung daher in Anspruch genommen werden, entscheidet ausschließlich die versicherte Person.

64 Ziffer 4.3 HPDO 2020 regelt das Verhältnis zu einem weiteren D&O Versicherungsvertrag, der lediglich Deckungsschutz für die Inanspruchnahme der **Aufsichtsräte** der Versicherungsnehmerin oder Tochtergesellschaften gewährt.

65 Ziffer 4.4 betrifft die **Anzeigepflichten** und legt fest, dass die versicherten Personen nicht verpflichtet sind, dem Versicherer anderweitigen Versicherungsschutz anzuzeigen. Nicht erfasst hiervon ist er Versicherungsnehmer. Insoweit gilt weiterhin die Anzeigepflicht in § 77 Abs. 1 VVG. Die Klausel bezieht sich daher vor allem auf eine **persönliche D&O-Versicherung**. Dies folgt auch aus S. 2, demnach der Deckungsschutz aus einer persönlichen D&O-Versicherung nachrangig ist. Insoweit greift daher nicht die Subsidiaritätsklausel in Ziffer 4.1. Welche Folgen sich aus der nachrangigen Haftung des Subsidiärversicherers (persönliche D&O-Versicherung) ergeben, folgt aus dessen Versicherungsvertrag bzw. Subsidiaritätsklausel.

2. § 3 Ziffer 4 AVB – VOV 5.0

66 Bei der Klausel zur anderweitigen Versicherung in § 3 Ziffer 4 AVB – VOV 5.0 handelt es sich um eine einfache bzw. **eingeschränkte Subsidiaritätsklausel.**[81] Im Gegensatz zur Subsidiaritätsklausel in den Musterbedingungen, die lediglich die subsidiäre Haftung festlegen, ordnet die Klausel positiv an, dass der Subsidiärversicherer erst haftet, wenn Versicherungssumme und Zusatzlimits des Primärversicherungsvertrages verbraucht wurden. Anders als in der Musterklausel ist nicht Voraussetzung, dass für den „Schaden" anderweitiger Versicherungsschutz besteht. Die Klausel findet vielmehr Anwendung, wenn der „Versicherungsfall" ganz oder teilweise auch unter einem anderen Versicherungsvertrag versichert ist. Ausgehend von der Definition des Versicherungsfalls in § 1 Nr. 1 VOV 5.0 muss der andere Versicherungsvertrag Deckungsschutz für den Fall der Inanspruchnahme auf Ersatz eines Vermögensschadens gewähren. Der Hauptanwendungsfall ist daher konkurrierender Deckungsschutz aus anderen **Haftpflichtversicherungsverträgen**. Die Klausel erfasst ebenso **Rechtschutzverträge**.

67 Im Gegensatz zu der Klausel in B-4 verpflichtet sich der Subsidiärversicherer Deckungsschutz zu gewähren, sobald der Primärversicherer seine Einstandspflicht bestreitet. Bei der Klausel in Ziffer B-4.1.1 ergibt sich durch Auslegung zwar ebenfalls, dass der Subsidiärversicherer zur Leis-

81 Veith/Gräfe/Gebert/*Lange* § 21 D&O-Versicherung Rn. 179.

tung verpflichtet ist, wenn der Primärversicherer die Leistung nicht erbringt. Ziffer 4 S. 2 AVB – VOV 5.0 ist jedoch wesentlich klarer gefasst.

Die **Abtretungspflicht** in Ziffer 4. S. 2 AVB – VOV 5.0 weicht von § 86 Abs. 1 S. 2 VVG ab (siehe hierzu Rn. 37). Dies führt jedoch nicht dazu, dass keine Vorleistungspflicht besteht, da sich der Versicherer als Verwenden der Klausel gemäß Treu und Glauben nicht auf die Unwirksamkeit seiner eigenen Klausel berufen kann.[82] Allerdings kann sich der Subsidiärversicherer nicht auf den Anspruch auf Abtretung berufen, der in der Klausel vorgesehen ist. Stattdessen gilt § 86 Abs. 1 S. 1 VVG. 68

Die Klausel enthält keine Regelung zur Anzeigepflicht. Insoweit gilt § 77 Abs. 1 VVG. 69

3. Ziffer 8 D&O-Spezialkonzept, Version TMHCC/FINLEX 2020

Die Subsidiaritätsklausel in Ziffer 8 TMHCC/FINLEX 2020 unterscheidet sich vom Aufbau und der Regelungstechnik erheblich von den Musterbedingungen. Gleich den Musterbedingungen handelt es sich ebenfalls um eine einfache Subsidiaritätsklausel, die zudem eine Vorleistungspflicht vorsieht, wenn der andere Primärversicherer nicht leistet. 70

Anknüpfungspunkt für den Anwendungsbereich der Subsidiaritätsklausel ist, dass „leistungsauslösende Ereignisse“ auch unter einer anderen Versicherung versichert sind. Anderweitige Versicherungen sind zunächst zeitlich früher abgeschlosse D&O-Versicherungen sowie sämtliche andere D&O-Versicherungen, wenn das versicherte Unternehmen seinen Sitz in einem non-admitted Verbotsland hat. Hintergrund ist der Umstand, dass Leistungen des Versicherers in diesem Fall aufsichtsrechtliche Vorgaben des non-admitted Verbotsland entgegenstehen können. Primär einstandspflichtig sind nach der Klausel zudem D&O-Versicherungen externer Organisationen sowie alle übrigen Haftpflichtversicherungen sowie Versicherungen und Rechtsschutzversicherungen von sonstigen natürlichen Personen für die versicherte Tätigkeit. 71

Ob die in der Klausel vorgesehene Differenzierung tatsächlich Anwendung findet, hängt maßgeblich davon ab, ob der andere Versicherungsvertrag ebenfalls eine Subsidiaritätsklausel enthält und wie diese im Einzelnen ausgestaltet ist. Bei der Kollision mit einer einfachen Subsidiaritätsklausel kommt es maßgeblich darauf an, ob die Subsidiaritätsklausel Anwendung findet, weil es sich bei dem kollidierenden Versicherungsvertrag um eine anderweitige Versicherung im Sinne der Ziffer 8 TMHCC/FINLEX 2020 handelt. Denn in diesem Fall heben sich die kollidierenden Subsidiaritäts-klauseln gegenseitig auf, da sie jeweils auf die Einstandspflicht des anderen Versicherers verweisen. Andernfalls, das heißt, wenn der Versicherungsvertrag, der eine einfache Subsidiaritätsklausel enthält, z.B. der zeitlich später abgeschlossene D&O-Versicherungsvertrag ist, findet die Subsidiaritätsklausel in Ziffer 8 keine Anwendung, sodass sich die Subsidiaritätsklausel des anderen Versicherers durchsetzt. 72

Die Klausel sieht zudem vor, dass versicherte Personen nur im leistungsauslösenden Ereignis und auf Anfrage des Versicherers verpflichtet sind, dem Versicherer eine anderweitige Versicherung anzuzeigen. Anzeigepflichtig bleibt jedoch weiterhin der Versicherungsnehmer gemäß § 77 Abs. 1 VVG. 73

4. Kumulklausel

Vielfach wird die Subsidiaritätsklausel um eine Kumulklausel erweitert. Je nach Ausgestaltung findet die Klausel Anwendung, wenn anderweitiger Versicherungsschutz über einen anderen Versicherungsvertrag bei dem **gleichen** Versicherer oder einem Versicherer besteht, der zum **Konzern** des Versicherers gehört. In diesem Fall wird die Versicherungsleistung auf einen festen Betrag oder auf die höchste für den Versicherungsfall und die Versicherungsperiode vertraglich 74

82 BGH 30.6.2016 NJW-RR **2016**, 1143.

vereinbarte Versicherungssumme begrenzt. Teilweise wird darüber hinaus in den Versicherungsbedingungen klargestellt, dass die Kumulklausel ausdrücklich keine Anwendung auf Exzedentenversicherung zu dem D&O-Versicherungsvertrag findet.

75 Bei der Prüfung der Wirksamkeit der Kumulklausel ist zunächst danach zu unterscheiden, ob diese von einem **Versicherungsmakler** oder vom Versicherer gestellt wurde. Nur wenn die Kumulklausel vom **Versicherer** gestellt wird, wovon im Regelfall auszugehen ist, können sich abhängig von der konkreten Ausgestaltung der Klausel AGB-rechtliche **Bedenken** ergeben.[83]

76 Bei einer Kumulklausel, die nur dann Anwendung findet, wenn ein anderer Versicherungsvertrag bei dem **gleichen** Versicherer besteht, liegt **keine** Abweichung von §§ 77, 78 VVG vor. Denn die Neben- oder Mehrfachversicherung setzt voraus, dass die versicherte Gefahr bei **unterschiedlichen** Versicherern versichert ist. Wenn die Kumulklausel allerdings greift, wenn anderweitiger Versicherungsschutz von einem Versicherer gewährt wird, der zum **Konzern** des Versicherers gehört, der die Klausel stellt, weicht die Klausel von § 78 VVG in der Form ab, dass eine Nebenversicherung unterbunden wird. Die Klausel hat insofern die gleiche Wirkung wie eine qualifizierte Subsidiaritätsklausel, bei der die Leistungspflicht des Subsidiärversicherers ausgeschlossen wird, auch wenn keine Überversicherung im Sinne des § 78 Abs. 1 VVG AGB vorliegt. Daher bestehen im Grundsatz die gleichen Wirksamkeitsbedenken (vgl. Rn. 18). Gegen ABG-rechtliche Bedenken führt *Lange* an, dass der Versicherer ein berechtigtes Anliegen verfolgt, wenn er sicherstellen will, für ein bestimmtes Risiko nur mit der dafür vereinbarten höchsten Versicherungssumme und nicht mit einem unüberschaubaren – kumulierten – Betrag einstehen zu müssen.[84] Als Kompensation hält er allerdings eine Prämienerstattung für geboten. Sollte dies der Fall sein, dürften die überwiegenden Kumulklauseln unwirksam sein, da sie keine Prämienerstattung vorsehen.

77 Wenn bezüglich des anderweitigen Versicherungsvertrages darauf abgestellt wird, dass die Kumulklausel bereits Anwendung findet, wenn dieser Versicherer zum **Konzern** des Versicherers gehört, der die Kumulklausel stellt, bestehen weitere Bedenken gegen die Wirksamkeit der Klausel. Denn die Unternehmen, die zum Konzern gehören, können sich nach Abschluss des Versicherungsvertrages und Vereinbarung der Kumulklausel ändern. Insbesondere können Versicherer übernommen werden, die dann von der Klausel erfasst werden. Hieraus kann eine Gefährdung des Vertragszwecks und damit eine unangemessene Benachteiligung des Versicherungsnehmers gemäß § 307 Abs. 2 Nr. 2 BGB resultieren, da nachträglich die Leistungspflichten aus dem Versicherungsvertrag beschränkt werden. Diesem Umstand tragen die Klauseln im Regelfall keine Rechnung.

78 Wenn die Kumulklauseln auch **Exzedentenversicherungen** einbeziehen liegt eine Gefährdung des Vertragszwecks im Sinne von § 307 Abs. 2 Nr. 2 BGB vor. Denn durch die Kumulklausel wird die Leistung aus dem Exzedentenversicherungsvertrag erheblich beschränkt, da der Exzedentenversicherungsvertrag in Bezug auf das versicherte Risiko weitgehend zwecklos wird.[85] Kumulklauseln, die auch Exzedentenversicherungen erfassen, sind daher unwirksam.[86] Wenn die Kumulklausel als Ausschluss qualifiziert wird, ist sie nach der ständigen Rechtsprechung grundsätzlich eng auszulegen. Sie dürfen nicht weiter ausgedehnt werden, als es ihr Sinn unter Beachtung ihres wirtschaftlichen Zwecks und der gewählten Ausdrucksweise erfordert.[87] Dies würde dafür sprechen, dass die Klausel Exzedentenversicherungsverträge nicht erfasst, auch wenn die Klausel eine entsprechende Klarstellung nicht vorsieht.[88] Auf der anderen Seite ist die Klausel zumindest mehrdeutig im Sinne des § 305c Abs. 2 BGB, da sie diese Interpretation zulässt. Da sich

83 Für die Wirksamkeit: *Lange*, AG 2005, 459, 469; *Lange* § 18 Rn. 177.

84 *Lange* § 18 Rn. 177.

85 Vgl. BGH 16.7.2020 BeckRS **2020** 22063; BGH 25.7.2012 VersR **2012** 1149 Rn. 18; BGH 21.7.2011 **2011** 1257 Rn. 26; BGH VersR **2004** 1035, 1036.

86 Wohl auch *Lange* § 18 Rn. 178, der sich dafür ausspricht, dass die Kumulklausel schon ihrem Sinn nach nicht erfasst wird, sodass es einer ausdrücklichen Regelung hierzu nicht bedarf.

87 BGH VersR **2002**, 1503]; VersR **1995**, 162 VersR **1994**, 1058; VersR **1991**, 175; **1984**, 252; **1975**, 1093.

88 Im Ergebnis auch: *Lange* § 18. Rn. 178.

bei der AGB-Kontrolle die Auffassung durchgesetzt hat, dass die kundenfreundliche Auslegung auch im Individualprozess so verstehen ist, dass unter verschiedenen Auslegungsalternativen zunächst die kundenfeindlichste, nämlich diejenige maßgeblich ist, die gegen §§ 307–309 verstößt,[89] dürfte die Klausel unwirksam sein, wenn sie keinen Ausschluss für Exzedentenversicherungsverträge vorsieht.

Ferner führt die Verwendung von Kumulklauseln zu **Beratungspflichten** des Versicherers gemäß § 6 Abs. 1 VVG bzw. betreuenden Versicherungsmaklers gemäß § 61 Abs. 1 VVG. Dies gilt, wenn zum Zeitpunkt des Abschlusses des Versicherungsvertrages der die Kumulklausel enthält, bereits ein Versicherungsvertrag besteht, der von der Kumulklausel erfasst wird. 79

Für den **Versicherer** besteht insoweit auch ein erkennbarer **Beratungsanlass**, da der Versicherungsschutz in weiten Teilen entwertet werden kann. Von dem Versicherer kann auch erwartet werden, dass er den Versicherungsnehmer darauf hinweist, dass durch den Abschluss des Versicherungsvertrages und die Anwendung der Kumulklausel, sich die Leistungsplichten aus dem Versicherungsvertrag erheblich reduzieren können. Er muss entweder bei dem Versicherungsnehmer erfragen oder intern prüfen, ob Versicherungsverträge bestehen, die von der Klausel erfasst werden. Von dem durchschnittlichen Versicherungsnehmer wird kann nicht erwartet werden, dass er sich dieses Umstandes bei dem Abschluss des Versicherungsvertrages bewusst ist. 80

Der **Versicherungsmakler**, der einen Versicherungsvertrag mit einer Kumulklausel empfiehlt, obwohl bereits ein Versicherungsvertrag besteht, der hiervon erfasst wird, muss den Versicherungsnehmer hierüber aufklären. Zudem wird er diesen D&O-Vertrag nur dann empfehlen können, wenn er trotz der Kumulklausel in der Gesamtbewertung für den Versicherungsnehmer vorteilhafter ist als Verträge anderer Versicherer. 81

---

89 BGH NJW **2017**, 1596 Rn. 39; BGHZ 175, 76 Rn. 9 = NJW **2008**, 987; MüKoBGB/Fornasier BGB § 305c Rn. 52.

B4-2 Erklärungen und Anzeigen, Anschriftenänderung

B4-2.1 Form, zuständige Stelle

[1]Die für den Versicherer bestimmten Erklärungen und Anzeigen, die den Versicherungsvertrag betreffen und die unmittelbar gegenüber dem Versicherer erfolgen, sind in Textform (z.B. E-Mail, Telefax oder Brief) abzugeben. [2]Dies gilt nicht, soweit gesetzlich Schriftform oder in diesem Vertrag etwas anderes bestimmt ist.
[3]Erklärungen und Anzeigen sollen an die Hauptverwaltung des Versicherers oder an die im Versicherungsschein oder in dessen Nachträgen als zuständig bezeichnete Stelle gerichtet werden. [4]Die gesetzlichen Regelungen über den Zugang von Erklärungen und Anzeigen bleiben bestehen.

B4-2.2 Nichtanzeige einer Anschriften- oder Namensänderung

[1]Hat der Versicherungsnehmer eine Änderung seiner Anschrift dem Versicherer nicht mitgeteilt, genügt für eine Willenserklärung, die dem Versicherungsnehmer gegenüber abzugeben ist, die Absendung eines eingeschriebenen Briefes an die letzte dem Versicherer bekannte Anschrift. [2]Die Erklärung gilt drei Tage nach der Absendung des Briefes als zugegangen. [3]Dies gilt entsprechend für den Fall einer dem Versicherer nicht angezeigten Namensänderung des Versicherungsnehmers.

B4-2.3 Nichtanzeige der Verlegung der gewerblichen Niederlassung

Hat der Versicherungsnehmer die Versicherung unter der Anschrift seines Gewerbebetriebs abgeschlossen, finden bei einer Verlegung der gewerblichen Niederlassung die Bestimmungen nach B4-2.2 entsprechend Anwendung.

Schrifttum

Siehe allgemeines Schrifttum.

Übersicht

A. Allgemeines

I. Entstehungsgeschichte — 1

II. Regelungsgegenstand — 2

B. Inhalt der Klausel

I. B4-2.1 Form, zuständige Stelle — 5

II. B4-2.2 Nichtanzeige einer Anschriften- oder Namensänderung

1. Anschriftenänderung — 8
2. Namensänderung — 9
3. Unterlassene Mitteilung durch den VN — 10
4. Rechtsfolge: Zugangsfiktion — 14

III. B4-2.3 Nichtanzeige der Verlegung der gewerblichen Niederlassung — 17

IV. Beweislast — 18

C. Abweichende Marktbedingungen — 20

https://doi.org/10.1515/9783110675511-024

A. Allgemeines

I. Entstehungsgeschichte

Die Klausel ist im Rahmen der Umstrukturierung der Versicherungsbedingungen neu eingeführt 1
worden. Sie ist jedoch nicht gänzlich neu und entspricht beispielsweise Ziffer 29 AHB.

II. Regelungsgegenstand

Ziff. B4-2.1 regelt eine **Formvorgabe** (Textform) für Erklärungen und Anzeigen, die den Versiche- 2
rungsvertrag betreffen und unmittelbar gegenüber dem Versicherer zu erfolgen haben.[1] Zugleich wird als **zuständige Stelle**, an die diese Erklärungen und Anzeigen gerichtet werden sollen, die Hauptverwaltung des Versicherers oder die im Versicherungsschein als zuständig genannte Stelle benannt.

Die Regelungen in Ziffer B4-2.2 und B4-2.3 entsprechen inhaltlich § 13 VVG. Dabei handelt es 3
sich um eine **Modifikation von § 130 Abs. 1 S. 1 BGB**,[2] nach dem eine Willenserklärung, die einem anderen gegenüber abzugeben ist, wenn sie in dessen Abwesenheit abgegeben wird, erst zu dem Zeitpunkt wirksam wird, zu welchem sie ihm zugeht. Nach der Klausel wird der Zugang einer Erklärung, entgegen § 130 Abs. 1 S. 1 BGB, in den Fällen einer unterlassenen Anschriften- oder Namensänderung des Versicherungsnehmers oder bei der unterlassenen Mitteilung der Verlegung der gewerblichen Niederlassung, fingiert.

Sind die Tatbestandsmerkmale der Klausel nicht erfüllt, so sind weiterhin die allgemeinen 4
Regelungen über den Zugang von Willenserklärungen der §§ 130 ff. BGB anwendbar.[3] Da die Klausel in Ziff. B4-2.2 und B4-2.3 keine Abweichung von der in § 13 VVG geregelten Obliegenheit des Versicherungsnehmers aufweist, stellt diese ungeachtet dessen, dass sie vertraglich in die AVB aufgenommen wurde, eine **gesetzliche Obliegenheit** dar.[4] Daher findet § 28 VVG keine Anwendung. In der Folge greift die Zugangsfiktion **verschuldensunabhängig**, wenn die objektiven Voraussetzungen der Klausel vorliegen.[5]

B. Inhalt der Klausel

I. B4-2.1 Form, zuständige Stelle

Nach B4-2.1 sind Erklärungen und Anzeigen, die den Versicherungsvertrag betreffen und die un- 5
mittelbar gegenüber dem **Versicherer** zu erfolgen haben in **Textform** gemäß § 126b BGB abzugeben. Von der Klausel erfasst werden Erklärungen und Anzeigen, die während eines bestehenden Versicherungsverhältnisses abzugeben sind.[6] **Anzeigen** sind Wissenserklärungen über Umstände, die für den Vertrag und Ansprüche aus dem Vertrag erheblich sind (vgl. Ziffer B3-1).[7] **Willenserklärungen** sind auf die Herbeiführung einer Rechtsfolge gerichtet (z.B. Annahmeerklärungen bei Vertragsverlängerungen, Widerruf, Kündigung, Anfechtung, Rücktritt etc.). Nicht von der Formvor-

1 Späte/Schmimikowski/*Harsdorf-Gebhardt* AHB 29 Rn. 2.
2 Rüffer/Halbach/*Muschner* § 13 VVG Rn. 1; MüKoVVG/*Fausten* § 13 VVG Rn. 1; Höra/*Kümmer*, Münchener Anwaltshandbuch Versicherungsrecht § 12 Rn. 115; Langheid/Rixecker/*Rixecker* § 13 VVG Rn. 1.
3 Vgl. BGH VersR **1971**, 262, 263; Prölss/Martin/*Armbrüster* § 13 VVG Rn. 2.
4 Rüffer/Halbach/*Muschner* § 13 VVG Rn. 8; Langheid/Rixecker/*Rixecker* § 13 VVG Rn. 10.
5 MüKoVVG/*Fausten* § 13 VVG Rn. 41; Rüffer/Halbach/*Muschner* § 13 VVG Rn. 8; Prölss/Martin/*Armbrüster* § 13 VVG Rn. 10.
6 Prölss/Martin/*Lücke* Abs. 29 Ziff. 29 AHB Rn. 1; Späte/Schmimikowski/*Harsdorf-Gebhardt* AHB 29 Rn. 2.
7 Späte/Schmimikowski/*Harsdorf-Gebhardt* AHB 29 Rn. 1.

schrift erfasst sind Erklärung und Anzeigen, die der Versicherer gegenüber dem Versicherungsnehmer abgibt.[8]

6 Willenserklärungen und Anzeigen „sollen" an die **Hauptverwaltung** des Versicherers oder an die im Versicherungsschein oder in dessen Nachträgen als zuständig bezeichnete Geschäftsstelle gerichtet werden. Zudem genügt die Abgabe an jede **andere Geschäftsstelle** oder sonstige Stelle, die erkennbar vom Versicherer dazu berufen ist, Mitteilungen entgegenzunehmen.[9]

7 Die Klausel statuiert nur eine **Soll-Vorgabe.**[10] Andernfalls wäre sie gemäß § 307 Abs. 1 BGB unwirksam. Denn aufgrund der umfassenden gesetzlichen Vollmacht des Versicherungsvermittlers nach § 69 Abs. 1 S. 2 VVG, von der nach § 72 VVG nicht zum Nachteil des Versicherungsnehmers in Allgemeinen Versicherungsbedingungen abgewichen werden kann, müssen Erklärungen und Anzeigen gegenüber Versicherungsvermittlern möglich bleiben. Wenn der durchschnittliche Versicherungsnehmer die Formulierung „sollen" als Pflicht versteht, verstößt die Klausel gegen § 307 Abs. 2 Nr. 1 BGB.[11]

II. B4-2.2 Nichtanzeige einer Anschriften- oder Namensänderung

1. Anschriftenänderung

8 Anschrift im Sinne von S. 1 ist die Wohnanschrift.[12] Dies ergibt sich im Umkehrschluss zu B4-2.3. Eine Änderung setzt voraus, dass der Versicherungsnehmer **dauerhaft** unter einer neuen Adresse oder unter einem neuen Namen erreichbar ist.[13] Zugleich muss der Versicherungsnehmer unter der alten Adresse oder dem alten Namen nicht mehr erreichbar sein, ansonsten würde die Reichweite der Klausel unberechtigterweise ausgedehnt werden und es läge schon keine „Änderung" vor. Nicht anzuwenden ist die Klausel auf die Änderung von E-Mailadressen, auch nicht analog.[14] Ebenso wenig ist sie auf die Fälle vorübergehender Abwesenheit des Versicherungsnehmers anwendbar,[15] da ein dauerhafter Wechsel der Wohnanschrift Voraussetzung für eine Änderung im Sinne der Klausel ist. Gleiches gilt im Falle des Todes des Versicherungsnehmers,[16] da eine „Änderung" auch immer eine anderweitige Erreichbarkeit voraussetzt und eine solche in diesem Fall nicht gegeben ist.

2. Namensänderung

9 S. 1 gilt entsprechend für den Fall, dass der Versicherungsnehmer seinen Namen ändert. Unerheblich ist eine Namensänderung von versicherten Personen.[17]

---

8 Späte/Schmimikowski/*Harsdorf-Gebhardt* AHB 29 Rn. 2.
9 Späte/Schmimikowski/*Harsdorf-Gebhardt* AHB 29 Rn. 5.
10 Höra/*Kümmer*, Münchener Anwaltshandbuch Versicherungsrecht § 12 Rn. 113; Prölss/Martin/*Lücke* Abs. 29 Ziff. 29 AHB Rn. 1.
11 Für diese Auslegung: Rüffer/Halbach/*Schimikowski* § 29 AHB Rn. 1.
12 Rüffer/Halbach/*Muschner* § 13 VVG Rn. 3; **a.A.** Langheid/Rixecker/*Rixecker* VVG § 13 Rn. 2.
13 Vgl. Langheid/Rixecker/*Rixecker* § 13 VVG Rn. 3.
14 Rüffer/Halbach/*Muschner* § 13 VVG Rn. 2; Langheid/Rixecker/*Rixecker* § 13 VVG Rn. 2.
15 Rüffer/Halbach/*Muschner* § 13 VVG Rn. 2; Langheid/Rixecker/*Rixecker* § 13 VVG Rn. 3; BGH VersR **1971**, 262.
16 Langheid/Rixecker/*Rixecker* § 13 VVG Rn. 3; MüKoVVG/*Fausten* § 13 VVG Rn. 30; Prölss/Martin/*Armbrüster* § 13 VVG Rn. 5.
17 Langheid/Rixecker/*Rixecker* § 13 VVG Rn. 6.

3. Unterlassene Mitteilung durch den VN

Der Versicherungsnehmer muss dem Versicherer die Anschriften- oder Namensänderung mitteilen. Dies kann grundsätzlich in Textform, wie es Ziff. B4-2.1 vorschreibt, aber auch in Schriftform erfolgen. Eine **mündliche Mitteilung** ist demnach nicht ausreichend. Allerdings handelt der Versicherer rechtsmissbräuchlich (§ 242 BGB), wenn er sich auf die Zugangsfiktion beruft, obwohl er **auf andere Weise** als durch (formgerechte) Mitteilung des Versicherungsnehmers, **Kenntnis** von der Anschriften- oder Namensänderung hatte.[18] Dabei wird ihm auch das Wissen seines Versicherungsvertreters im Sinne der „Auge und Ohr Rechtsprechung", welche nunmehr in §§ 69 ff. VVG gesetzlich normiert ist, zugerechnet.[19] 10

Ausreichend ist es zudem, wenn der Versicherungsnehmer in einem an den Versicherer gerichteten Schreiben (oder in einer E-Mail) seine neue Anschrift im Briefkopf (oder in der Signatur) trägt.[20] Die Absenderanschrift auf einem Briefumschlag reicht jedoch nicht aus,[21] um diese als Mitteilung einer Anschriftenänderung zu qualifizieren, da der Briefumschlag in der Regel vor Eintreffen beim zuständigen Sachbearbeiter vernichtet wird und dieser so keine Kenntnis von der abweichenden Anschrift erhalten kann. Zudem ist dies nur ein Indiz für eine Anschriftenänderung. 11

Der Versicherer ist grundsätzlich nicht angehalten, **Nachforschungen** dahingehend anzustellen, ob sich die Anschrift oder der Name des Versicherungsnehmers geändert haben.[22] Dies gilt jedoch nur insoweit, als dass sich die Anschriften- bzw. Namensänderung dem Versicherer nicht aufdrängen muss.[23] Denn dann kann er sich auch aufgrund von Treu und Glauben (§ 242 BGB) nicht auf die Klausel berufen. 12

Von einer unterlassenen Mitteilung ist auch dann auszugehen, wenn der Versicherungsnehmer **bei Vertragsschluss eine falsche Anschrift oder einen falschen Namen** angegeben hat und er es sodann unterlässt, dies dem Versicherer mitzuteilen.[24] Dabei kommt es auch hier nicht auf das Verschulden des Versicherungsnehmers an. 13

4. Rechtsfolge: Zugangsfiktion

Liegt die Voraussetzung einer Anschriften- oder Namensänderung des Versicherungsnehmers vor und hat er diese dem Versicherer nicht angezeigt, so **fingiert** B4-2.2 den Zugang der Erklärung des Versicherers beim Versicherungsnehmer drei Tage nach der Absendung der Erklärung durch eingeschriebenen Brief. Dabei spielt es keine Rolle, ob es sich um ein Einwurf- oder um ein Übergabeeinschreiben handelt.[25] 14

Die Erklärung muss des Weiteren an die letzte dem Versicherer bekannte Adresse gesendet werden. Er kann sich nicht auf die Fiktion berufen, wenn er den eingeschriebenen Brief an eine andere Adresse sendet.[26] Hat der Versicherungsnehmer bereits zu einem **früheren Zeitpunkt** 15

---

18 Höra/*Kümmer*, Münchener Anwaltshandbuch Versicherungsrecht § 12 Rn. 115.

19 MüKoVVG/*Fausten* § 13 VVG Rn. 45 ff.

20 Langheid/Rixecker/*Rixecker* § 13 VVG Rn. 6.

21 LG Köln JurBüro 1987, 620; Langheid/Rixecker/*Rixecker* § 13 VVG Rn. 6.

22 Langheid/Rixecker/*Rixecker* § 13 VVG Rn. 6; MüKoVVG/*Fausten* § 13 VVG Rn. 39.

23 MüKoVVG/*Fausten* § 13 VVG Rn. 40; **a.A.** Prölss/Martin/*Armbrüster* § 13 VVG Rn. 9; Rüffer/Halbach/*Muschner* § 13 VVG Rn. 10, die selbst dann eine Nachforschungspflicht des VR ablehnen, wenn für eine Nachforschung ein Anlass bspw. durch eine unklare Mitteilung des VN besteht.

24 Prölss/Martin/*Armbrüster* § 13 VVG Rn. 5 m.w.N.; Rüffer/Halbach/*Muschner* § 13 VVG Rn. 4; wohl **a.A.** MüKoVVG/*Fausten* § 13 VVG Rn. 32, der den VR in diesen Fällen auf die öffentliche Zustellung nach § 132 Abs. 2 BGB verweisen will.

25 Langheid/Rixecker/*Rixecker* § 13 VVG Rn. 5; Prölss/Martin/*Armbrüster* § 13 VVG Rn. 8; *Jänisch* VersR **1999**, 535, 538.

26 Vgl. BGH VersR **1975**, 365.

positive Kenntnis vom Inhalt der Erklärung des Versicherers erlangt, so ist dieser Zeitpunkt für den Zugang der Erklärung maßgeblich.[27]

16 Die Fiktion erfasst nur **Willenserklärungen** (z.B. Kündigung, Leistungsablehnung oder Zusendung des Versicherungsscheins), soweit diese die Annahmeerklärung des Versicherers darstellen.[28] Sie gilt daher **nicht** für **Zahlung** des Versicherers.[29]

III. B4-2.3 Nichtanzeige der Verlegung der gewerblichen Niederlassung

17 Die Klausel B4-2.2 findet entsprechende Anwendung auf die Nichtanzeige der Verlegung der gewerblichen Niederlassung, wenn der Versicherungsnehmer die Versicherung „unter der Anschrift seines Gewerbebetriebes abgeschlossen" hat. Die Klausel gilt auch für die Fälle der Firmenänderung,[30] da die Interessenlage mit der der Namensänderung einer natürlichen Person identisch ist.

IV. Beweislast

18 Für den Versicherer ist es ausreichend, dass er nachweist, dass er den eingeschriebenen Brief abgeschickt hat, und zwar an die letzte ihm mitgeteilte Adresse des Versicherungsnehmers.[31] Nicht erforderlich ist, dass dort auch wirklich zugestellt wurde.[32]

19 Der Versicherer muss zudem beweisen, dass der Versicherungsnehmer ihm eine Änderung nicht mitgeteilt hat. Der Versicherungsnehmer muss sodann substantiiert darlegen, auf welche Weise er eine Anschriften- oder Namensänderung an den Versicherer mitgeteilt hat,[33] oder aber, dass der Versicherer anderweitig Kenntnis von der entsprechenden Änderung hatte.

C. Abweichende Marktbedingungen

20 Abweichende Bedingungswerke sehen ebenfalls vor, dass Erklärungen und Anzeigen in Textform abzugeben sind. Auf Regelungen zur Nichtanzeige einer Anschrift oder Namensänderung wird im Regelfall verzichtet. In diesem Fall gilt § 13 VVG. Da die Musterbedingungen insoweit lediglich deklaratorischer Natur sind, ergeben sich keine inhaltlichen Änderungen, wenn die entsprechenden Klauseln B4-2.2 und B4-2.3 gestrichen werden.

---

27 Prölss/Martin/*Armbrüster* § 13 VVG Rn. 12.

28 So auch: MüKoVVG/*Fausten* § 13 VVG Rn. 22.

29 Langheid/Rixecker/*Rixecker* § 13 VVG Rn. 4; MüKoVVG/*Fausten* § 13 VVG Rn. 28.

30 So auch Prölss/Martin/*Armbrüster* § 13 VVG Rn. 11 m.w.N.

31 Rüffer/Halbach/*Muschner* § 13 VVG Rn. 14.

32 So auch: Prölss/Martin/*Armbrüster* § 13 VVG Rn. 4.

33 Langheid/Rixecker/*Rixecker* § 13 VVG Rn. 10.

B4-3 Vollmacht des Versicherungsvertreters

B4-3.1 Erklärungen des Versicherungsnehmers

Der Versicherungsvertreter gilt als bevollmächtigt, vom Versicherungsnehmer abgegebene Erklärungen entgegenzunehmen betreffend
a) den Abschluss bzw. den Widerruf eines Versicherungsvertrages;
b) ein bestehendes Versicherungsverhältnis einschließlich dessen Beendigung;
c) Anzeige- und Informationspflichten vor Abschluss des Vertrages und während des Versicherungsverhältnisses.

B4-3.2 Erklärungen des Versicherers

Der Versicherungsvertreter gilt als bevollmächtigt, vom Versicherer ausgefertigte Versicherungsscheine oder deren Nachträge dem Versicherungsnehmer zu übermitteln.

B4-3.3 Zahlungen an den Versicherungsvertreter

[1]Der Versicherungsvertreter gilt als bevollmächtigt, Zahlungen anzunehmen, die der Versicherungsnehmer im Zusammenhang mit der Vermittlung oder dem Abschluss eines Versicherungsvertrages an ihn leistet. [2]Eine Beschränkung dieser Vollmacht muss der Versicherungsnehmer nur gegen sich gelten lassen, wenn er die Beschränkung bei der Vornahme der Zahlung kannte oder in Folge grober Fahrlässigkeit nicht kannte.

Schrifttum

Armbrüster Das allgemeine Widerrufsrecht im neuen VVG, r+s 2008, 493; *Gal* Erstprämienzahlungsverzug und Einlösungsklausel, VersR 2021, 414; *Niederleithinger* Auf dem Weg zu einer VVG-Reform, VersR 2006, 437; *Reiff* Das Gesetz zur Neuregelung des Versicherungsvermittlerrechts VersR 2007, 717; *Schwampe* Der Assekuradeur, RdTW 2021, 170.

Übersicht

A. Allgemeines

I. Entstehungsgeschichte — 1

II. Regelungsgegenstand — 2

B. Inhalt der Klausel

I. Selbständige Versicherungsvertreter — 5

II. B4-3.1 Erklärungen des Versicherungsnehmers — 8
1. B4-3.1 lit. a) — 10
2. B4-3.1 lit. b) — 13
3. B4-3.1 lit. c) — 15

III. B4-3.2 Erklärungen des Versicherers — 17

IV. B4-3.3 Zahlungen an den Versicherungsvertreter — 19

C. Abweichende Marktbedingungen

I. Abweichender Wortlaut — 22

II. Unterschiede zu Musterbedingungen — 24

https://doi.org/10.1515/9783110675511-025

A. Allgemeines

I. Entstehungsgeschichte

1 Die Klausel ist im Rahmen der Umstrukturierung der Versicherungsbedingungen neu eingeführt worden.

II. Regelungsgegenstand

2 **B4-3** regelt den Umfang der Vollmacht des Versicherungsvertreters und entspricht weitestgehend § 69 VVG. Die Klausel hat daher insoweit nur deklaratorischen Charakter. Sie regelt unter **B4-3.1** die Fiktion einer weitreichenden Empfangsvertretungsmacht des Versicherungsvertreters zur Entgegennahme von Erklärungen des Versicherungsnehmers. Dabei wird unterteilt in Erklärungen des Versicherungsnehmers vor Vertragsschluss (lit. a), nach Vertragsschluss (lit. b) sowie Anzeigen und Informationen (lit. c).

3 Daneben regelt **B4-3.2** die in § 69 Abs. 1 Nr. 3 VVG immanente Übermittlungsvollmacht des Versicherungsvertreters für Versicherungsscheine, sowie deren Nachträge.

4 **B4-3.3** enthält, wie § 69 Abs. 2 VVG, eine Inkassovollmacht des Versicherungsvertreters. Dieser ist bevollmächtigt, Zahlungen des Versicherungsnehmers, welche für den Versicherer bestimmt sind, entgegenzunehmen.

B. Inhalt der Klausel

I. Selbständige Versicherungsvertreter

5 Die Klausel gilt aufgrund des eindeutigen Wortlautes nur für selbständige **Versicherungsvertreter** im Sinne des § 59 Abs. 2 VVG bzw. 34d Abs. 1 Nr. 1GewO, jedoch nicht für Angestellte des Versicherers, die mit der Vermittlung von Versicherungsprodukten betraut sind, sowie für Gelegenheitsvermittler, die mangels Gewerbsmäßigkeit die Voraussetzungen des § 59 Abs. 2 VVG nicht erfüllen. Insoweit gelten allerdings die §§ 69 bis 72 VVG gemäß § 73 VVG entsprechend.

6 Die Klausel findet **auf Versicherungsmakler keine Anwendung**. Dies gilt auch dann, wenn es sich um einen sog. „Pseudoagenten" handelt, der zwar eigentlich Versicherungsmakler ist, sich aber gegenüber dem Versicherungsnehmer als Versicherungsvertreter ausgibt. Es handelt sich dann um einen „falsus procurator", dessen Verhalten dem Versicherer nur nach den Grundsätzen der Duldungs- oder Anscheinsvollmacht zugerechnet werden kann.[1] Ebenso ist es möglich, dass der Versicherer durch die Annahme des Vertrages konkludent die Genehmigung der vorangegangenen Rechtshandlungen des Pseudoagenten im Sinne von § 177 BGB erklärt.

7 Anders ist der umgekehrte Fall zu entscheiden, wenn ein registrierter Versicherungsvertreter sich gegenüber dem Versicherungsnehmer im Außenverhältnis als **Versicherungsmakler** ausgibt. Dann gilt der Anscheinsmakler gemäß § 59 Abs. 3 S. 2 VVG zwar als Versicherungsmakler, dies betrifft jedoch nur das Verhältnis zum Versicherungsnehmer. Im Verhältnis zum Versicherer gilt er hingegen weiterhin als Versicherungsvertreter. Nur auf dieses Vertragsverhältnis stellt die Klausel jedoch ab. Nicht erforderlich ist hingegen, dass der Versicherungsnehmer zum Zeitpunkt der Abgabe seiner Erklärung weiß, dass der Versicherungsvermittler als Versicherungsvertreter aufgetreten ist. Auch ist es unschädlich, wenn sich der Versicherungsvermittler als Versicherungsmakler

1 Prölss/Martin/*Dörner* § 69 VVG Rn. 3.

ausgegeben hat. Es ist vielmehr ausreichend, wenn der Versicherungsnehmer davon ausgeht, dass der Versicherungsvermittler für den Versicherer zur Stellvertretung berechtigt ist.[2]

II. B4-3.1 Erklärungen des Versicherungsnehmers

Nach Ziff. B4-3.1 gilt der Versicherungsvertreter als bevollmächtigt, bestimmte vom Versicherungsnehmer abgegebene Erklärungen entgegenzunehmen. Dem Versicherungsvertreter wird insoweit **Empfangsvertretungsmacht i.S.d. § 164 Abs. 3 BGB** eingeräumt. Daher finden die Vorschriften der Stellvertretung entsprechende Anwendung. Das gleiche gilt für vom Versicherungsnehmer gegenüber dem Versicherer abzugebenden Wissenserklärungen. Es gilt **§ 164 Abs. 3 BGB analog.**[3] 8

Für den Zugang einer Willenserklärung des Versicherungsnehmers beim Versicherer ist ausreichend, dass die Willenserklärung dem Versicherungsvertreter zugeht.[4] So ist der Versicherungsnehmer ab diesem Zeitpunkt bereits an seinen Antrag gebunden (§ 145 BGB) und auch die Annahmefrist (§ 148 BGB) beginnt zu laufen. Ob eine Willenserklärung beim Versicherungsvertreter zugegangen ist, regelt sich nach den allgemeinen Regeln und Grundsätzen der §§ 130 ff. BGB. 9

1. B4-3.1 lit. a)

Die Klausel betrifft den Zeitraum vor Abschluss des Versicherungsvertrages sowie den Widerruf des Versicherungsvertrages. 10

Für diesen Zeitraum gilt der Versicherungsvertreter als bevollmächtigt, Erklärungen des Versicherungsnehmers auf Abschluss des Versicherungsvertrages entgegenzunehmen. Dabei sind sowohl die Fälle gemeint, in denen der Versicherungsnehmer den **Antrag** auf Abschluss eines Versicherungsvertrages erklärt, als auch die, in denen der Versicherer lediglich die **Annahme** eines vom Versicherer beim sog. Invitatio-Modell erklärten Antrags erklärt. Ebenso mit eingeschlossen ist der Widerruf der jeweiligen Willenserklärung des Versicherungsnehmers vor Vertragsschluss im Sinne von § 130 Abs. 1 S. 2 BGB. 11

Ferner gilt der Versicherungsvertreter als bevollmächtigt, die **Widerrufserklärung** des Versicherungsnehmers i.S.d. § 8 Abs. 1 VVG entgegenzunehmen. Der Widerruf des Versicherungsvertrages fällt systematisch deshalb unter lit. a), weil der Vertrag während der Widerruflichkeit lediglich schwebend wirksam ist, also noch nicht als abgeschlossen gilt.[5] 12

2. B4-3.1 lit. b)

Die Klausel betrifft den Zeitraum nach Abschluss des Versicherungsvertrages. Sie trägt dem Umstand Rechnung, dass der Versicherungsvertreter während der Vertragsdauer im Regelfall erster Ansprechpartner für den Versicherungsnehmer ist, wenn er den Vertrag vermittelt hat. 13

Der Versicherungsvertreter gilt für diesen Zeitraum als bevollmächtigt, Erklärungen des Versicherungsnehmers entgegenzunehmen, die ein bestehendes Versicherungsverhältnis betreffen oder dessen Beendigung. Darunter fallen insbesondere **Änderungsanträge** und **Verlängerungsanträge** des Versicherungsnehmers bzw. korrespondierende Annahmeerklärungen, sowie deren Widerruf i.S.d. § 130 Abs. 1 S. 2 BGB. Aber auch **Kündigungs-, Rücktritts- und Anfechtungserklä-** 14

2 Bei § 69 VVG ist umstritten, ob diese Regelung auch auf Anscheinsmakler Anwendung findet, was die h.M. annimmt (siehe zum Streitstand: Prölss/Martin/*Dörner* § 69 VVG Rn. 4).

3 Prölss/Martin/*Dörner* § 69 VVG Rn. 11.

4 BGH 25.3.1987 VersR **1987**, 663; OLG Brandenburg 13.3.1996 VersR **1997**, 347.

5 So bspw. auch *Armbrüster* r+s **2008**, 493, 494; Beckmann/Matusche-Beckmann/*Johannsen* § 8 VVG Rn. 31.

rungen oder die **Anspruchserhebung**. Der Versicherungsvertreter hat nach Vertragsschluss Empfangsvertretungsmacht für alle Willenserklärungen des Versicherungsnehmers.

3. B4-3.1 lit. c)

15 Der Versicherungsvertreter gilt als bevollmächtigt, Erklärungen des Versicherungsnehmers betreffend Anzeige- oder Informationspflichten vor Vertragsabschluss und während der Dauer des Vertragsverhältnisses entgegenzunehmen. Darunter fallen sämtliche **Wissenserklärungen,** insbesondere die Schadensanzeigen nach § 30 Abs. 1 VVG, die Gefahrerhöhungsanzeigen gemäß B3-2.2.2 und B3-2.2.3 (23 VVG) aber auch die vorvertraglichen Anzeigen gemäß B3.1.1 (§ 19 VVG).

16 Der Versicherungsnehmer erfüllt seine Anzeigeobliegenheiten mithin schon dann, wenn er dem Versicherungsvertreter die entsprechende Anzeige macht.

III. B4-3.2 Erklärungen des Versicherers

17 Nach B4-3.2 gilt ein Versicherungsvertreter als bevollmächtigt, die vom Versicherer ausgefertigten Versicherungsscheine und deren Nachträge dem Versicherungsnehmer zu übermitteln. Es handelt sich um eine **Botenmacht** des Versicherungsvertreters; er soll durch die „Bevollmächtigung“ keine rechtsgeschäftlichen Erklärungen abgeben können.[6]

18 Praktische Relevanz hat die Klausel ggf. beim Assekuradeur, da der Versicherungsschein ansonsten direkt vom Versicherer versandt wird.

IV. B4-3.3 Zahlungen an den Versicherungsvertreter

19 Ziff. B4-3.3 fingiert eine Ermächtigung des Versicherungsvertreters zur Entgegennahme von allen **Zahlungen**, die mit der Vermittlung oder dem Abschluss eines Versicherungsvertrages in Zusammenhang stehen. Die Klausel entspricht wortwörtlich § 69 Abs. 2 VVG. Durch die Zahlung an den Versicherungsvertreter wird der Versicherungsnehmer gemäß § 362 Abs. 2 BGB von seiner Leistungspflicht gegenüber dem Versicherer frei.

20 Die Klausel gilt, wie auch § 69 Abs. 2 VVG, nicht nur für die Entgegennahme der Erst- oder Einmalprämie, sondern auch für die Entgegennahme von **Folgeprämien**.[7] Bezüglich § 69 Abs. 2 VVG folgt dies zwar nicht unmittelbar aus dem Wortlaut,[8] jedoch aus dem Sinn und Zweck der Vorschrift sowie den Grundsätzen einer richtlinienkonformen Auslegung.[9] Denn nach Art. 4 Abs. 4 der Vermittler-RL[10] soll der Versicherungsnehmer davor geschützt werden, dass der Versicherungsvertreter die empfangenen „Gelder“ nicht an den Versicherer weiterleitet und der Versicherungsnehmer somit nicht von seiner Leistungspflicht befreit wird. Die Vermittler-RL macht insoweit also keine Unterscheidung zwischen Erst- bzw. Einmalprämien und Folgeprämien. Der Gesetzgeber ist diesem Ziel der Vermittler-RL durch die Einführung einer Fiktion einer Inkassovollmacht des Vertreters in § 69 Abs. 2 VVG nachgekommen. Dieser Zweck kann jedoch nur dann erreicht werden, wenn die Vorschrift auch Folgeprämien erfasst.[11] Da die Klausel wörtlich § 69 Abs. 2 VVG entspricht, ist nicht davon auszugehen, dass der Versicherer von der gesetzlichen Regelung abweichen wollte.

---

6 Ebenso Prölss/Martin/*Dörner* § 69 VVG Rn. 22.
7 MüKoVVG/*Reiff* § 69 VVG Rn. 42.
8 So beispielsweise *Niederleithinger* VersR **2006**, 437, 445.
9 Zur richtlinienkonformen Auslegung z.B.: BGH 24.6.2020 NJW **2020**, 3035.
10 ABl. EG 2003 L 9, S. 3.
11 Prölss/Martin/*Dörner* § 69 VVG Rn. 25; wohl auch *Reiff* VersR **2007**, 717, 727.

Eine **Beschränkung der Inkassoermächtigung durch AVB** ist in Anbetracht der Ratio des § 72 VVG unwirksam.[12] 21

C. Abweichende Marktbedingungen

I. Abweichender Wortlaut

Ziff. 7.5 Hendricks & Partner Bedingungen HPDO 2020 22

Der im Versicherungsschein genannte Versicherungsvermittler ist wie die Hendricks GmbH bevollmächtigt, Anzeigen, Willenserklärungen und Zahlungen der Versicherungsnehmerin mit befreiender Wirkung für den Versicherer sowie Anzeigen und Willenserklärungen des Versicherers mit Wirkung für die Versicherungsnehmerin entgegenzunehmen und verpflichtet, diese unverzüglich an den Versicherer bzw. die Versicherungsnehmerin weiterzuleiten.

Ziff. 10 FINLEX 2020 23

1. Alle für den Versicherer bestimmten Anzeigen und Willenserklärungen sind in Textform abzugeben
2. Der im Versicherungsschein dokumentierte betreuende Makler ist berechtigt, Anzeigen und Willenserklärungen der Versicherungsnehmerin entgegenzunehmen und ist verpflichtet, diese unverzüglich an den Versicherer weiterzuleiten.
3. Der im Versicherungsschein dokumentierte betreuende Makler ist berechtigt, sofern mit dem Versicherer vereinbart, auch Prämienzahlungen entgegenzunehmen und ist verpflichtet, diese unverzüglich weiterzuleiten.
4. Vorstehende Regelungen gelten gleichermaßen für die FINLEX GmbH.

II. Unterschiede zu Musterbedingungen

Die Klausel über die Vertretungsvollmacht des Versicherungsvertreters ist nur dann sinnvoll, 24 wenn der Versicherungsvertrag von einem Versicherungsvertreter vermittelt bzw. betreut wird. Wenn die Verwaltung des Versicherungsvertrages von einem Assekuradeur oder einem Versicherungsmakler übernommen wird, werden dementsprechend andere Klauseln verwendet.

Bei einem **Assekuradeur**[13] (im Englischen Managing General Agent (MGA)) handelt es sich 25 zwar ebenfalls um einen Versicherungsvertreter im Sinne des § 34d Abs. 1 Nr. 1 GewO bzw. § 59 Abs. 2 VVG. Er übernimmt im Regelfall jedoch die vollständige Abwicklung des Versicherungsvertragsverhältnisses vom Underwriting über das Prämieninkasso bis zur Schadenbearbeitung für den Versicherer, der diese Aufgaben auf den Assekuradeur ausgliedert (§ 32 VAG). Der Assekuradeur ist dementsprechend mit umfangreichen Vertretungs- und Handlungsvollmachten ausgestattet. Im Regelfall wird daher der Assekuradeur und nicht der Versicherer als Ansprechpartner des Versicherungsnehmers in den Versicherungsbedingungen genannt.

Wenn der Versicherungsvertrag nicht nur von einem **Versicherungsmakler** vermittelt und 26 betreut wird, sondern zudem auch Maklerbedingungen verwendet werden, wird die Klausel häufig durch eine sogenannte **Maklerklausel** ersetzt. Der Versicherungsmakler ist „Interessenwahrer

12 So auch Prölss/Martin/*Dörner* § 69 VVG Rn. 27; **a.A.** hingegen MüKoVVG/*Reiff* § 69 VVG Rn. 44, der die Beschränkung der Inkassovollmacht durch vorformulierte Erklärungen zulassen will, da § 69 Abs. 2 S. 2 VVG eindeutig belege, dass die Inkassovollmacht des Versicherungsvertreters leichter als seine Empfangsvollmacht nach § 69 Abs. 1 Nr. 1 und Nr. 2 beschränkbar sein soll.

13 Eingehend zur Rechtsfigur des Assekuradeurs: *Schwampe* RdTW 2021, 170 ff.

und Sachwalter des Versicherungsnehmers“[14] und wird im Regelfall auf der Grundlage einer schriftlichen Maklervollmacht von dem Versicherungsnehmer beauftragt, für ihn Versicherungsverträge abzuschließen und zu verwalten. Mit der Maklerklausel wird dem Versicherungsmakler zudem eine Empfangsvollmacht im Sinne des § 164 Abs. 3 BGB für den Versicherer eingeräumt. Der Versicherungsmakler ist damit für beide Parteien des D&O-Versicherungsvertrages empfangsbevollmächtigt, wie dies insbesondere in Ziff. 7.5 Hendricks & Partner Bedingungen HPDO 2020 klar herausgestellt wird.

27 Die Empfangsvollmacht in der Maklerklausel ist im Regelfall nicht inhaltlich beschränkt auf bestimmte Arten von Willenserklärungen. Vielmehr ist der Versicherungsmakler berechtigt, **sämtliche Willenserklärungen** im Zusammenhang mit dem Abschluss und der Verwaltung des Versicherungsvertrages mit befreiender Wirkung für den Versicherer anzunehmen. Gleiches gilt für **Wissenserklärungen**. Dies folgt auch aus der Bezugnahme auf die Berechtigung, Anzeigen für den Versicherer entgegenzunehmen.

28 Für den Versicherungsnehmer schafft die Maklerklausel zusätzliche Rechtssicherheit, da die von ihm abgegebenen Willenserklärungen dem Versicherer als zugegangen gelten, wenn sie dem Makler zugegangen sind. Es handelt sich bei der erteilten Vollmacht um eine **Außenvollmacht i.S.d. § 167 Abs. 1 Alt. 2 BGB.**[15] Falls Willens- oder Wissenserklärungen versehentlich nicht oder verspätet weitergeleitet werden, kann der Versicherer im Verhältnis zum Versicherungsnehmer hieraus keine Rechte herleiten. Allerdings ist der Versicherungsmakler verpflichtet, Willens- und Wissenserklärungen **unverzüglich** im Sinne des § 121 Abs. 1 S. 1 BGB an den Versicherer weiterzuleiten. Der Versicherungsmakler handelt bezüglich der Weiterleitung nicht als **Erfüllungsgehilfe** des Versicherungsnehmers gemäß § 278 BGB. Vielmehr übernimmt er diese Aufgabe für den Versicherer. Hierin liegt auch kein Wertungswiderspruch, da der Versicherungsmakler aufgrund des häufig beschriebenen „Doppelrechtsverhältnisses“ auch Aufgaben für den Versicherer übernehmen kann.[16] Wenn der Versicherungsmakler gegen diese Verpflichtung verstößt, kann er sich gegenüber dem Versicherer gem. § 280 Abs. 1 BGB schadensersatzpflichtig machen.

29 Zahlt der Versicherungsnehmer die **Prämie** an den Versicherungsmakler, tritt mit Eingang der Zahlung beim Makler Erfüllung der Prämienschuld des Versicherungsnehmers gegenüber dem Versicherer gemäß § 362 Abs. 2 BGB ein, wenn dem Makler eine Inkassovollmacht eingeräumt wurde.[17]

---

14 BTDrucks. 16/1935, S. 22 f.; BGHZ 94, 356, 359; Langheid/Rixecker/*Rixecker* § 59 VVG Rn. 8; Prölss/Martin/*Dörner*, § 59 VVG Rn. 65.

15 Rüffer/Halbach/*Schimikowski* § 69 VVG Rn. 8.

16 Vgl. Prölss/Martin/*Dörner* § 59 VVG Rn. 113 ff.

17 OLG Düsseldorf 9.9.2003 NJW RR **2004**, 563; *Gal* VersR **2021**, 414, 417.

B4-4 Verjährung

[1]Die Ansprüche aus dem Versicherungsvertrag verjähren in drei Jahren. [2]Die Verjährung beginnt mit dem Schluss des Jahres, in dem der Anspruch entstanden ist und der Gläubiger von den Anspruch begründenden Umständen und der Person des Schuldners Kenntnis erlangt. [3]Die grob fahrlässige Unkenntnis steht der Kenntnis gleich.
[4]Ist ein Anspruch aus dem Versicherungsvertrag bei dem Versicherer angemeldet worden, zählt bei der Fristberechnung der Zeitraum zwischen Anmeldung und Zugang der in Textform (z.B. E-Mail, Telefax oder Brief) mitgeteilten Entscheidung des Versicherers beim Anspruchsteller nicht mit.
[5]Im Übrigen richtet sich die Verjährung nach den allgemeinen Vorschriften des Bürgerlichen Gesetzbuchs.

Übersicht

A. **Allgemeines**

I. Entstehungsgeschichte — 1

II. Regelungsgegenstand — 2

B. **Inhalt der Klausel (B4-4)** — 5

I. Verjährung (B4-4 Abs. 1) — 6

II. Verjährungshemmung (B4-4 Abs. 2) — 11

III. Verweisregelung (B4-4 Abs. 3) — 14

C. **Abweichende Marktbedingungen**

I. Abweichender Wortlaut — 15

II. Einzelne Maklerbedingungen
1. Hendricks & Partner Bedingungen HDPO 2020 (Stand: 09.19) Newline — 16
2. Hendricks & Partner Bedingungen HDPO 2020 (Stand: 09.19) AXAXL Mid Market Cover — 19

A. Allgemeines

I. Entstehungsgeschichte

Eine entsprechende Klausel zur Verjährung von Ansprüchen aus dem Versicherungsvertrag fehlte 1
in den bisherigen Musterbedingungen des GDV zu den AVB-AVG. Ihre Existenz in den AVB D&O 2020 ist der Neugestaltung der GDV-Musterbedingungen geschuldet; Teil B – und somit auch Ziff. B4-4 – ist derjenige Teil des Bedingungswerks, der allgemeine, spartenübergreifend geltende Regelungen beinhaltet und der insofern keine D&O-spezifischen Besonderheiten aufweist.

II. Regelungsgegenstand

Ziff. B4-4 regelt die Verjährung von Ansprüchen aus dem Versicherungsvertrag. Dies sind einer- 2
seits Ansprüche des **VR gegen die VN**, etwa auf Prämienzahlung, und andererseits – praktisch bedeutsamer – Ansprüche der **VN/vP gegen den VR**.

Die Klausel macht keine Aussage über die Verjährung der Ansprüche, die einer Leistung 3
des VR an die VN/vP aus dem Versicherungsvertrag zugrunde liegen können, namentlich der Haftpflichtansprüche, aufgrund derer ein Versicherungsfall eintreten kann. Insbesondere ist zu beachten, dass zwischen der **Verjährung der Haftpflichtansprüche** einerseits sowie derer aus dem Versicherungsvertrag andererseits **kein Gleichlauf** besteht.

Die Verjährungsfristen zu den wichtigsten Organhaftungsansprüchen, deren Geltendmachung 4
gegenüber einer vP einen Versicherungsfall darstellen kann, sind größtenteils spezialgesetzlich

https://doi.org/10.1515/9783110675511-026

geregelt, z.B. § 93 Abs. 6 AktG, § 43 Abs. 4 GmbHG, § 34 Abs. 6 GenG. Sie unterscheiden sich bei der Dauer der Verjährung untereinander sowie andererseits bei dem Zeitpunkt des Beginns der Verjährungsfrist teils von den allgemeinen bürgerlich-rechtlichen Regelungen in den §§ 194 ff. BGB.

B. Inhalt der Klausel (B4-4)

5 Die Klausel gibt im Wesentlichen die gesetzlichen Bestimmungen (i) in Abs. 1 zur regelmäßigen Verjährungsfrist (§§ 195, 199 Abs. 1 BGB) und (ii) in Abs. 2 zur Verjährungshemmung (§ 15 VVG) wieder. Sie schließt in Abs. 3 mit einem pauschalen Verweis auf die allgemeinen bürgerlich-rechtlichen Verjährungsregeln.

I. Verjährung (B4-4 Abs. 1)

6 Die Regelung in Ziff. B4-4 Abs. 1 Satz 1 sieht eine Verjährungsfrist von **drei Jahren** vor. Sie legt den Beginn der Verjährungsfrist – nach dem Vorbild der gesetzlichen Regelung in § 199 Abs. 1 BGB – auf den Schluss des Jahres der Anspruchsentstehung sowie der Kenntniserlangung der anspruchsbegründenden Umstände und der Person des Schuldners fest. In Satz 2 stellt die Klausel die grob fahrlässige Unkenntnis der Kenntnis gleich, vgl. § 199 Abs. 1 Nr. 2 BGB.

7 Hinsichtlich der möglichen Ansprüche der VN/vP gegen den VR auf Leistung aus dem Versicherungsvertrag ist insofern zwischen Ansprüchen auf **Freistellung** sowie Ansprüchen auf **Abwehr** zu differenzieren. Die Kenntnis der Person des Schuldners dürfte regelmäßig von nachgeordneter Bedeutung sein; Schuldner ist in diesem Anspruchsverhältnis stets der VR. Indes ist insbesondere in größeren versicherten Unternehmen denkbar, dass nicht jede vom Versicherungsschutz umfasste vP (etwa leitende Angestellte unterhalb der Organebene) Kenntnis davon hat, bei welchem VR die VN einen D&O-Versicherungsvertrag unterhält, zumal bei etwaigen VR-Wechseln.

8 Von größerer Bedeutung sind jedoch die Tatbestandsvoraussetzungen der Anspruchsentstehung sowie der Kenntniserlangung der anspruchsbegründenden Umstände. Die **Anspruchsentstehung** setzt zunächst das Vorliegen eines bedingungsgemäßen Versicherungsfalls innerhalb des versicherten Zeitraums voraus. Der versicherte Zeitraum umfasst dabei nicht nur die Dauer des Versicherungsvertrags selbst sondern regelmäßig darüber hinaus eine vereinbarte sog. Nachmeldefrist im Sinne von Ziff. A-5.3 Abs. 1. Regelfall eines bedingungsgemäßen Versicherungsfalls ist die erstmalige Geltendmachung eines Haftpflichtanspruchs gegen eine vP im Sinne einer schriftlichen Anspruchserhebung (claims-made-Prinzip), siehe Ziff. A-2.

9 Außerdem muss der Anspruch auf Leistung aus dem Versicherungsvertrag für seine Entstehung **fällig** sein. Hierfür existieren im gesetzlichen Regime der Haftpflichtversicherung in den §§ 100 ff. VVG und der Rechtsprechung eigene Regelungen für Freistellungsanspruch einerseits und Abwehranspruch andererseits; § 14 VVG ist nach h.M. nicht anwendbar.[1]

10 Der **Abwehranspruch** wird zeitgleich mit seiner Entstehung fällig.[2] Zwar ist dem VR insbesondere im Hinblick auf die notwendige Prüfung der Haftpflichtfrage eine gewisse Entscheidungsfrist zuzubilligen, siehe bereits oben sub. Ziff. A-6.1 Rn. 7. Indes sind hier die schutzwürdigen Interessen der vP in besonderem Maße zu berücksichtigen, weshalb der VR die Entscheidung über die Gewährung von Abwehrdeckung nicht ohne sachlichen Grund hinauszögern darf.[3] Der **Freistellungsanspruch** wird hingegen nach Ziff. A-6.1 Abs. 3 – in Übereinstimmung mit der gesetzlichen Regelung des § 106 VVG – zwei Wochen nach dem Zeitpunkt, in dem die Schadensersatz-

1 Prölss/Martin/*Armbrüster* § 14 Rn. 1; Bruck/Möller/*K. Johannsen/Koch* § 14 Rn. 5.

2 BGH 21.5.2003 VersR **2003** 900; Bruck/Möller/*Armbrüster* Ziff. A-6 Rn. 24; Seitz/Finkel/Klimke/*Finkel/Seitz* Ziff. 4 Rn. 13.

3 Bruck/Möller/*Armbrüster* Ziff. A-6 Rn. 24.

verpflichtung der vP für den VR mit bindender Wirkung feststeht, fällig, siehe hierzu oben sub. Ziff. A-6.1 Rn. 29.

II. Verjährungshemmung (B4-4 Abs. 2)

Ziff. B4-4 Abs. 2 entspricht inhaltlich der Regelung des § 15 VVG und betrifft Ansprüche, deren Schuldner der VR ist. Der Zeitraum zwischen Anmeldung des Anspruchs beim VR und Zugang der Entscheidung des VR in Textform bei VN/vP zählt bei der Fristberechnung nicht mit. Die Fristberechnung nimmt Bezug auf die Berechnung der Verjährungsfrist, die sich aus Abs. 1 ergibt. Vom Anwendungsbereich der Regelung sind lediglich Ansprüche der VN/vP gegen den VR erfasst, wobei die Person des Anmeldenden allgemein durch den Berechtigten zu erfolgen hat.[4] Dies kann z.B. auch der Insolvenzverwalter der VN sein.[5] 11

Hintergrund der Verjährungshemmung in § 15 VVG ist, dass der Zeitraum zwischen Anmeldung des Anspruchs und Zugang der Entscheidung des VR nicht zulasten der vP/VN gehen soll. Nach h.M. setzt die Verjährungshemmung voraus, dass der Lauf der Verjährung bereits begonnen hat.[6] Ein Zeitraum im Sinne des § 15 VVG, der ausschließlich vor Beginn der Verjährung liegt ist bei der Berechnung der Verjährungsfrist nicht zu berücksichtigen.[7] 12

Anders verhält es sich mit einem Zeitraum, bei welchem die Anmeldung des Anspruchs im alten Jahr erfolgt, die Entscheidung des VR der vP/VN jedoch erst im neuen Jahr zugeht und der Beginn der Verjährungsfrist auf den Schluss des alten Jahres im Sinne von § 199 BGB fällt.[8] Der Zeitraum zwischen Verjährungsbeginn und Zugang der Entscheidung des VR ist hemmungsrelevant im Sinne des § 15 VVG und wird der Verjährungsfrist angehängt.[9] Zu weitgehend hingegen wäre ein Verständnis der Verjährungshemmung dahingehend, dass der *Beginn* der Verjährung aufgrund der Verjährungshemmung auf den Zeitpunkt des Zugangs der Entscheidung des VR fällt und somit – im Sinne des § 199 BGB – erst mit Schluss des neuen Jahres beginnt. Auf diese Weise würde sich die Verjährung faktisch um nahezu ein ganzes Jahr verlängern. 13

III. Verweisregelung (B4-4 Abs. 3)

Ziff. B4-4 Abs. 3 verweist im Übrigen auf die allgemeinen Regelungen zur Verjährung des BGB. 14

C. Abweichende Marktbedingungen

I. Abweichender Wortlaut

Die untersuchten Musterbedingungen aus der Praxis verzichten auf die Übernahme des Wortlauts der GDV-Musterbedingungen. Auch im Übrigen finden sich regelmäßig keine ausdrücklichen Regelungen zur allgemeinen Verjährung der versicherungsvertraglichen Ansprüche. Von einer gewissen Verbreitung am Markt sind jedoch Klauseln des Maklerhauses Hendricks & Partner, die Verjährungsregeln im Zusammenhang mit Deckungserweiterungen aufstellen. 15

4 MüKoVVG/*Fausten* § 15 Rn. 60.
5 Vgl. Prölss/Martin/*Armbrüster* § 15 Rn. 13 zu § 12 Abs. 3 VVG a.F.
6 BGH 25.4.2017 VersR **2017** 903; Prölss/Martin/*Armbrüster* § 15 Rn. 13.
7 BGH 25.4.2017 VersR **2017** 903.
8 Beispiel bei MüKoVVG/*Fausten* § 15 Rn. 82 f.
9 MüKoVVG/*Fausten* § 15 Rn. 82.

II. Einzelne Maklerbedingungen

1. Hendricks & Partner Bedingungen HDPO 2020 (Stand: 09.19) Newline

16 Ziff. 8.3 (Hervorhebungen durch den Verf.)

„Die Versicherungsnehmerin oder eine Tochtergesellschaft können ihre Ansprüche auf Schadenersatz auch direkt gegen den Versicherer geltend machen, wenn
- der Aufenthalt der versicherten Person, der die Pflichtverletzung zur Last gelegt wird, unbekannt ist;
- über das Vermögen dieser versicherten Person das Insolvenzverfahren eröffnet oder der Eröffnungsantrag mangels Masse abgewiesen wurde; oder
- nach dem Tod einer versicherten Person, der die Pflichtverletzung zur Last gelegt wird, der oder die Erben die Erbschaft gemäß § 1945 BGB oder vergleichbaren ausländischen Rechtsordnungen ausgeschlagen haben.

Der Anspruch besteht im Rahmen der Leistungspflicht des Versicherers aus dem Versicherungsverhältnis. Der Versicherer kann der Versicherungsnehmerin oder Tochtergesellschaften sämtliche Einreden und Einwendungen entgegenhalten, die ihm gegenüber diesen, der versicherten Person oder der versicherten Person gegenüber der Versicherungsnehmerin oder Tochtergesellschaften zustehen würden. Ein Direktanspruch im Sinne von § 115 VVG liegt nicht vor.

Der Anspruch nach Abs. 1 unterliegt der gleichen Verjährung wie der Schadenersatzanspruch gegen die ersatzpflichtige versicherte Person. Die Verjährung beginnt mit dem Zeitpunkt, zu dem die Verjährung des Schadenersatzanspruchs gegen die ersatzpflichtige versicherte Person beginnt. Sie endet jedoch spätestens zehn Jahre nach Schadeneintritt.

Ist der Anspruch der Versicherungsnehmerin bei dem Versicherer angemeldet worden, ist die Verjährung bis zu dem Zeitpunkt gehemmt, zu dem die Entscheidung des Versicherers der Anspruchstellerin in Textform zugeht. Die Hemmung, die Ablaufhemmung und der Neubeginn der Verjährung des Anspruchs gegen den Versicherer wirken auch gegenüber der ersatzpflichtigen versicherten Person und umgekehrt."

17 Die Verjährungsfrist in Ziff. 8.3 Abs. 3 für Direktansprüche der VN gegen den VR ist im Einzelfall länger gefasst als die regelmäßige Verjährungsfrist von drei Jahren nach § 195 BGB bzw. als die Verjährungsfrist in Ziff. B4-4 Abs. 1 Satz 1 AVB D&O. Sie knüpft an die Verjährungsfrist sowie dem -beginn des dem Versicherungsfall zugrunde liegenden **Haftpflichtanspruchs** an, siehe bereits oben sub. Rn. 3. Dies erklärt auch die Höchstfrist in Abs. 3 Satz 3 zehn Jahren, die sich wohl an § 93 Abs. 6 Var. 1 AktG orientiert.

18 In Abs. 4 findet sich eine § 15 VVG bzw. Ziff. B4-4 Abs. 3 AVB D&O nachgebildete Regelung zur Verjährungshemmung. Siehe hierzu die Erläuterungen oben sub. Rn. 11 ff.

2. Hendricks & Partner Bedingungen HDPO 2020 (Stand: 09.19) AXAXL Mid Market Cover

19 Ziff. 8.3 (Hervorhebungen durch den Verf.)

„Die Versicherungsnehmerin oder eine Tochtergesellschaft können ihre Ansprüche auf Schadenersatz auch direkt gegen den Versicherer geltend machen, wenn
- der Aufenthalt der versicherten Person, der die Pflichtverletzung zur Last gelegt wird, unbekannt ist;
- über das Vermögen dieser versicherten Person das Insolvenzverfahren eröffnet oder der Eröffnungsantrag mangels Masse abgewiesen wurde; oder
- nach dem Tod einer versicherten Person, der die Pflichtverletzung zur Last gelegt wird, der oder die Erben die Erbschaft gemäß § 1945 BGB oder vergleichbaren ausländischen Rechtsordnungen ausgeschlagen haben.

Der Anspruch besteht im Rahmen der Leistungspflicht des Versicherers aus dem Versicherungsverhältnis. Der Versicherer kann der Versicherungsnehmerin oder Tochtergesellschaften sämtliche Einreden und Einwendungen entgegenhalten, die ihm gegenüber diesen, der versicherten Person oder der versicherten Person gegenüber der Versicherungsnehmerin oder Tochtergesellschaften zustehen würden. Ein Direktanspruch im Sinne von § 115 VVG liegt nicht vor.

Der Anspruch nach Abs. 1 unterliegt der gleichen Verjährung wie der Schadenersatzanspruch gegen die ersatzpflichtige versicherte Person. Die Verjährung beginnt mit dem Zeitpunkt, zu dem die Verjährung des Schadenersatzanspruchs gegen die ersatzpflichtige versicherte Person beginnt. Sie endet jedoch spätestens zehn Jahre nach Schadeneintritt.
Ist der Anspruch der Versicherungsnehmerin bei dem Versicherer angemeldet worden, ist die Verjährung bis zu dem Zeitpunkt gehemmt, zu dem die Entscheidung des Versicherers der Anspruchstellerin in Textform zugeht. Die Hemmung, die Ablaufhemmung und der Neubeginn der Verjährung des Anspruchs gegen den Versicherer wirken auch gegenüber der ersatzpflichtigen versicherten Person und umgekehrt."

Zu den Einzelerläuterungen siehe oben sub. Rn. 17 f. 20

B4-5 Örtlich zuständiges Gericht

B4-5.1 Klagen gegen den Versicherer

[1]Für Klagen aus dem Versicherungsvertrag gegen den Versicherer bestimmt sich die gerichtliche Zuständigkeit nach dem Sitz des Versicherers oder seiner für den Versicherungsvertrag zuständigen Niederlassung.
[2]Ferner ist auch das Gericht zuständig, in dessen Bezirk der Versicherungsnehmer zur Zeit der Klageerhebung seinen Sitz, den Sitz seiner Niederlassung oder seinen Wohnsitz oder, in Ermangelung eines solchen, seinen gewöhnlichen Aufenthalt hat.
[3]Verlegt jedoch der Versicherungsnehmer nach Vertragsschluss seinen Sitz, den Sitz seiner Niederlassung, seinen Wohnsitz oder, in Ermangelung eines solchen, seinen gewöhnlichen Aufenthalt ins Ausland, sind die Gerichte des Staates zuständig, in dem der Versicherer seinen Sitz hat.

B4-5.2 Klagen gegen Versicherungsnehmer

[1]Für Klagen aus dem Versicherungsvertrag gegen den Versicherungsnehmer bestimmt sich die gerichtliche Zuständigkeit nach dem Sitz, dem Sitz der Niederlassung oder dem Wohnsitz des Versicherungsnehmers; fehlt ein solcher, nach seinem gewöhnlichen Aufenthalt.
[2]Sind der Wohnsitz oder gewöhnliche Aufenthalt im Zeitpunkt der Klageerhebung nicht bekannt, bestimmt sich die gerichtliche Zuständigkeit für Klagen aus dem Versicherungsvertrag gegen den Versicherungsnehmer nach dem Sitz des Versicherers oder seiner für den Versicherungsvertrag zuständigen Niederlassung.

Schrifttum

Littbarski/Tenschert/Klein 1. Aufl., 2023, AVB BHV; *Rehm/Frömel* 4. Aufl. 2020, Bauleistungsversicherung.

Übersicht

A. **Allgemeines** —— 1

B. **Klagen aus dem Versicherungsvertrag** —— 3

I. Klagen gegen den Versicherer nach Ziffer B4-5.1 AVB D&O —— 5

II. Klagen gegen den Versicherungsnehmer nach Ziffer B4-5.2 AVB D&O —— 9

C. **Abweichende Marktbedingungen** —— 13

A. Allgemeines

1 Die **örtliche Zuständigkeit** ist Voraussetzung für die Zulässigkeit einer zivilrechtlichen Klage. Die Regelung in Ziffer B4-5 unterscheidet zwischen Klagen gegen den Versicherer zum einen und Klagen gegen den Versicherungsnehmer zum anderen. Die Regelung soll die halbzwingende Vorschrift des § 215 Abs. 1 VVG abbilden.

2 Die Regelung in Ziffer B4-5.1 AVB D&O ersetzt die alte Regelung in Ziffer 13.2 AVB-AVG.

https://doi.org/10.1515/9783110675511-027

B. Klagen aus dem Versicherungsvertrag

Die Regelungen in Ziffer B4-5 gelten für Klagen aus dem Versicherungsvertrag. Aus dem Versiche- 3
rungsvertrag resultieren nur solche Ansprüche, die im Versicherungsvertrag festgelegt sind oder aus diesem herrühren. In Betracht kommen hier vor allem Klagen auf Erfüllung des Vertrages wegen Verletzung vertraglicher (Neben-)Pflichten sowie alle Klagen, die mit der Anbahnung oder (Rück-)Abwicklung des Versicherungsvertrages im Zusammenhang stehen. Es genügt jeweils, dass das Bestehen, Nichtbestehen oder Nichtmehrbestehen eines Versicherungsverhältnisses streitig ist. Klagen aus dem Versicherungsvertrag können auch Klagen gegen ein Schadenabwicklungsunternehmen im Sinne von § 126 VVG sein.

In der aktuellen Fassung der AVB-D&O wird nunmehr ausdrücklich danach unterschieden, 4
ob sich die Klage gegen den Versicherer oder den Versicherungsnehmer richtet. In erster Linie ist vor allem maßgeblich, dass Ansprüche aus dem Versicherungsvertrag geltend gemacht werden. In den Fällen, in denen der Versicherer gegen den Versicherungsnehmer prozessiert, ist vor allem der Sitz des Versicherungsnehmers bzw. sein gewöhnlicher Aufenthalt entscheidend.[1]

I. Klagen gegen den Versicherer nach Ziffer B4-5.1 AVB D&O

Für Klagen des Versicherungsnehmers gegen den Versicherer können verschiedene **Gerichtsstän-** 5
de in Betracht kommen. Der Versicherungsnehmer hat unter den in Betracht kommenden zuständigen Gerichtsständen die Wahl (§ 35 ZPO). Zudem kann die Zuständigkeit eines anderen Gerichts sowohl über eine abweichende Gerichtsstandsvereinbarung in den Grenzen der §§ 38, 40 Abs. 1 ZPO als auch über eine rügelose Einlassung des Versicherers gemäß § 39 ZPO begründet werden.[2]

Für Klagen aus dem Versicherungsvertrag gegen den Versicherer oder den Versicherungsver- 6
mittler ist das Gericht örtlich zuständig, an dem der Versicherer seinen Sitz hat (§§ 12, 17 Abs. 1 ZPO) oder die für den Versicherungsvertrag zuständige Niederlassung ihren Sitz hat (§ 21 Abs. 1 ZPO).

Darüber hinaus ist auch das Gericht zuständig, in dessen Bezirk der Versicherungsnehmer 7
seinen Sitz, den Sitz seiner Niederlassung oder seinen Wohnsitz bzw. seinen gewöhnlichen Aufenthalt (§ 20 ZPO) hat (§ 215 Abs. 1 S. 1 VVG).

Für den Fall, dass der Versicherungsnehmer seinen Sitz oder seinen Wohnsitz nach Vertrags- 8
abschluss ins Ausland verlegt, sind die Gerichte des Staates zuständig, in dem der Versicherer seinen Sitz bzw. seinen Wohnsitz sodann hat.[3] Unter dem Umstand hat der Versicherungsnehmer dann nicht mehr die Wahl gemäß § 35 ZPO. Er kann die Klage nur bei dem Gericht geltend machen, in dessen Zuständigkeitsbereich sich der Sitz des Versicherers befindet. Der Versicherer soll sich in diesem Fall vor dem mit einem Rechtsstreit verbundenen Mehraufwand schützen können.[4]

II. Klagen gegen den Versicherungsnehmer nach Ziffer B4-5.2 AVB D&O

Die Ziffer B4-5.2 AVB D&O ist neu in das Bedingungswerk aufgenommen worden und orientiert 9
sich inhaltlich an § 215 Abs. 1 S. 1 VVG. Nach § 215 Abs. 1 VVG ist für Klagen aus dem Versicherungsvertrag auch das Gericht örtlich zuständig, in dessen Bezirk der Versicherungsnehmer zur Zeit der Klageerhebung seinen Wohnsitz oder gewöhnlichen Aufenthalt hat. Dies spiegelt nunmehr

1 Staudinger/Halm/Wendt/*Staudinger*/*Friesen*, Versicherungsrecht, III. 5. e) Directors and officers-Versicherung (AVB-D&O) Rn. 241, beck-online.
2 Veith/Gräfe/Lange/*Rogler* § 24 Rn. 37-39.
3 Littbarski/Tenschert/*Klein* § B4.5 Rn. 1.
4 Rehm/Frömel, 4. Aufl. 2020, ABBL 2018 § B4.6 Rn. 2–5.

auch Ziffer B4-5.2 AVB D&O im Gegensatz zu älteren Fassungen wider. Hiernach ist das Gericht für Klagen gegen den Versicherungsnehmer zuständig, in dessen Bezirk der Versicherungsnehmer zur Zeit der Klageerhebung seinen Sitz, den Sitz seiner Niederlassung oder seinen Wohnsitz oder, in Ermangelung eines solchen, seinen gewöhnlichen Aufenthalt hat.

10 Sofern der Wohnsitz oder der gewöhnliche Aufenthalt des Versicherungsnehmers nicht bekannt sind, bestimmt sich die gerichtliche Zuständigkeit für Klagen aus dem Versicherungsvertrag gegen den Versicherungsnehmer nach dem Sitz des Versicherers oder seiner für den Versicherungsvertrag zuständigen Niederlassung. Dies entspricht der Regelung des § 215 Abs. 3 VVG

11 Allerdings regelt Ziffer B4-5.2 S. 2 AVB D&O nur den Fall, dass der Wohnsitz oder der Aufenthaltsort des Versicherungsnehmers nicht bekannt sind. In der gewerblichen Versicherung wird in der Regel die Firma mit ihrem Sitz zum Versicherungsnehmer. Die Regelung der Ziffer B4-5.2 S. 2 AVB D&O dürfte deshalb entsprechende Anwendung auch in den Fällen finden, in denen der Sitz des Versicherungsnehmers unbekannt ist.[5]

12 **Gerichtsstandsvereinbarungen** sind in engen Grenzen des § 215 VVG und § 38 Abs. 3 ZPO möglich, bspw. wenn der Versicherungsnehmer nach Vertragsschluss seinen Wohnsitz oder gewöhnlichen Aufenthalt aus dem Geltungsbereich des VVG verlegt oder der Wohnsitz oder gewöhnliche Aufenthalt des Versicherungsnehmers im Zeitpunkt der Klageerhebung nicht bekannt ist. Eine solche Gerichtsstandvereinbarung muss sich dann ausdrücklich auf ein bestimmtes Rechtsverhältnis beziehen und schriftlich geschlossen werden (§ 38 Abs. 3 ZPO).[6]

C. Abweichende Marktbedingungen

13 In Maklerwordings finden sich im Vergleich zu Ziffer B.4-5 häufig deutlich kürzere vertragliche Regelungen im Hinblick auf das zuständige Gericht. Meist ist hier nur geregelt, dass der Vertrag ausschließlich deutschem Recht unterliegt und für Streitigkeiten aus dem Vertrag ausschließlich die Zuständigkeit deutscher Gerichte gilt. § 215 VVG ist dann als Regelung für den Gerichtsstand heranzuziehen, wenn darüber hinaus nichts Abweichendes vereinbart wurde. Teilweise eröffnen Maklerwordings einen weiteren Gerichtsstand und schaffen damit eine weitere über § 215 VVG hinausgehende Wahlmöglichkeit.

14 So heißt es bspw. in Ziffer 10.2 der HPDO 2020: *„Gerichtsstand ist Köln; § 215 VVG bleibt unberührt."*

15 Handelt es sich bei dem versicherten Risiko um ein **Großrisiko**, sind **Gerichtsstandvereinbarungen** (auch ohne zusätzliche Bezugnahme auf § 215 VVG wie sie sich in einigen Makler-Wordings finden) nach h.M. wohl zulässig.[7]

5 Littbarski/Tenschert/*Klein* § B4.5 Rn. 2.
6 MüKoVVG/*Looschelders* § 215 Rn. 60.
7 MüKoVVG/*Looschelders* § 210 Rn. 7.

B4-6 Anwendbares Recht

Für diesen Vertrag gilt deutsches Recht.

Schrifttum

Armbrüster Die jüngere Entwicklung des europäischen Privatversicherungsrechts bis Mitte 2013 EuZW 2013, 686; *Armbrüster/Schilbach* Nichtigkeit von VersVerträgen wegen Verbots- oder Sittenverstoßes r+s 2016, 109, 116; *Fricke* Das Internationale Privatrecht der Versicherungsverträge nach Inkrafttreten der Rom-I-Verordnung VersR 2008, 443, 446; *Koch* Kollisions- und versicherungsvertragliche Probleme bei internationalen D&O-Haftungsfällen VersR 2009, 141,142; *Looschelders/Smarowos* Das Internationale Versicherungsvertragsrecht nach Inkrafttreten der Rom-I-Verordnung VersR 2010, 1, 10; *Wedemann* Die D&O-Versicherung im Spiegel des Internationalen Zivilverfahrens- und Kollisionsrechts ZIP 2014, 2469, 2474.

Übersicht

A. **Allgemeines** — 1

B. **Inhalt der Klausel**

I. Zulässige Rechtswahl — 3
1. Großrisiko (Art. 7 Abs. 2 Rom I-VO) — 4
2. Massenrisiken (Art. 7 Abs. 3 Rom I-VO) — 6
   a) Belegenheitsort — 8
   b) Mehrfachbelegenheit des Risikos — 11

II. Fehlende oder unwirksame Rechtswahlklausel — 15

III. Rechtswahl und Versicherungspflicht — 18

C. **Abweichende Marktbedingungen** — 21

A. Allgemeines

1 D&O-Versicherungsverträge, die auf der Grundlage des deutschen Rechts konzipiert wurden, enthalten sinnvollerweise eine Rechtswahlklausel zugunsten des deutschen Rechts. Bei der Prüfung der Wirksamkeit der Rechtswahl ist zu beachten, dass die kollisionsrechtlichen Vorschriften Teil der **lex fori** sind und daher maßgeblich davon bestimmt werden, ob ein deutsches oder ein ausländisches Gericht angerufen wird. Ein Gericht außerhalb der EU prüft die Wirksamkeit einer Rechtswahlklausel auf der Grundlage des jeweiligen dort geltenden Kollisionsrechts. Gleiches gilt im Übrigen für Dänemark, da sich das Land bisher nicht an der Rom I-VO beteiligt hat.[1]

2 Für die in Art. 1 Abs. 4 Rom I-VO bezeichneten Mitgliedstaaten gelten hingegen die einheitlichen Kollisionsnormen der Rom I-VO. Die Rom I-VO gilt gemäß Art. 2 Rom I-VO auch, wenn der Sachverhalt Berührungspunkte mit **Drittstaaten** hat. Der persönliche Anwendungsbereich der Verordnung setzt daher **nicht** voraus, dass Versicherer und/oder die Versicherungsnehmerin **ihren Sitz innerhalb der Europäischen Union** haben. Auf dieser Weise wird die schwierige Abgrenzung von Binnenmarkt- und Drittstaatensachverhalten erspart. Ausreichend für die Anwendbarkeit der Rom I-VO bei Streitigkeiten im Zusammenhang mit D&O-Versicherungsverträgen ist daher, dass ein deutsches Gericht aufgrund eines grenzüberschreitenden Sachverhaltes angerufen wird.

1 MüKoBGB/*Martiny* Art. 1 Rom I-VO Rn. 84.

https://doi.org/10.1515/9783110675511-028

B. Inhalt der Klausel

I. Zulässige Rechtswahl

3 Die Klausel legt das deutsche Recht als Vertragsstatut fest. Bei der Prüfung der Zulässigkeit der Rechtswahlwahlklausel in dem D&O-Vertrag ist zwischen Großrisiken und Massenrisiken zu unterscheiden. Für die jeweilige Qualifizierung ist vor allem die Unternehmensgröße der Versicherungsnehmerin entscheidend.

1. Großrisiko (Art. 7 Abs. 2 Rom I-VO)

4 Grundsätzlich **unproblematisch** ist die Rechtswahl zugunsten des deutschen Rechts (oder einer anderen Rechtsordnung), wenn es sich um ein **Großrisiko** im Sinne der Definition des Art. 13 Nr. 27 der RL 2009/138/EG (Solvabilität II-RL) handelt.[2] Da ein D&O-Versicherungsvertrag kein Großrisiko kraft Sparte ist, ist der Vertrag nur dann als Großrisiko zu qualifizieren, wenn mindestens **zwei** der in Art. 13 Nr. 27 c) Solvabilität II-RL genannten und nachfolgend aufgeführten Kriterien erfüllt sind: eine Bilanzsumme von über 6,2 Mio. EUR; Nettoumsatz von über 12,8 Mio. EUR und/ oder eine durchschnittliche Beschäftigtenzahl von über 250 Beschäftigten im Verlauf des Geschäftsjahres.

5 Maßgeblich dafür, ob sich die D&O-Versicherung auf ein Großrisiko bezieht, sind die Verhältnisse zum **Zeitpunkt** des **Vertragsschlusses**.[3] Ist ein Massenrisiko (Rn. 6) nach Vertragsschluss zum Großrisiko geworden, kann nur **nachträglich** eine Rechtswahl gem. Art. 3 Abs. 2 S. 1 Rom I-VO getroffen werden.[4]

2. Massenrisiken (Art. 7 Abs. 3 Rom I-VO)

6 Wenn das Risiko nicht als Großrisiko eingestuft wird, handelt es sich um ein **Massenrisiko**. Bei einem Massenrisiko ist zunächst entscheidend, ob das Risiko in einem **Mitgliedsstaat** belegen ist, da nur dann Art. 7 Abs. 3 Rom I-VO zu beachten ist (vgl. Art. 7 Abs. 1 Rom I-VO). Gemäß Art. 4 EWR-Abkommen sind nach der herrschenden Meinung auch die **EWR-Staaten** Island, Liechtenstein und Norwegen, die nicht der EU angehören, als Mitgliedstaaten i.S.v. Art. 7 Rom I-VO zu behandeln.[5] Ist das Risiko innerhalb der EWR belegen, greift Art. 7 Abs. 3 Rom I-VO. **Andernfalls** gelten Art. 3 und 4 Rom I-VO, die **keine** besonderen Einschränkungen hinsichtlich der Zulässigkeit der Rechtswahl vorsehen.[6] Ein Risiko, das **nicht** in einem Mitgliedsstaat belegen ist, wird daher im Ergebnis wie ein Großrisiko behandelt. In beiden Fällen ist eine freie Rechtswahl möglich.

7 Ist das Risiko des D&O-Versicherungsvertrages in einem **Mitgliedsstaat belegen**, so ist bei der Rechtswahl Art. 7 Abs. 3 Rom I-VO zu beachten. Demnach ist die Wahl des deutschen Rechts zulässig, wenn die Versicherungsnehmerin ihren **Sitz** in Deutschland hat oder **das Risiko in Deutschland belegen** (Rn. 8) ist. In Abweichung zu Art. 7 Abs. 3 lit. a) Rom I-VO ist auch dann die Wahl deutschen Rechts möglich, wenn das Risiko zwar nicht in Deutschland belegen ist, aber sich

---

2 Bruck/Möller/*Dörner* Art. 7 Rom I-VO Rn. 8; Rauscher/*Wendt* Art. 7 Rom I-VO Rn. 8; Prölss/Martin/*Armbrüster*, Erläuterungen zu Art. 1 ff. Rom I-VO F. Rn. 40.

3 *Fricke* VersR **2008**, 443, 446. Bruck/Möller/Dörner Art. 7 Rom I-VO Rn. 22; Staudinger/*Armbrüster* Art. 7 Rom I-VO Rn. 6.

4 MüKoVVG/*Looschelders* IntVersVertrR Rn. 63.

5 Staudinger/*Armbrüster* Art. 7 Rom I-VO Rn. 3; MüKoVVG/*Looschelders* IntVersVertrR Rn. 40; Prölss/Martin/*Armbrüster*, Erläuterungen zu Art. 1 ff. Rom I-VO A. Rn. 1; *Looschelders/Smarowos* VersR **2010**, 1, 2; **a.A.** MüKoBGB/*Martiny* Art. 7 Rom I-VO Rn. 16.

6 Beckmann/Matusche-Beckmann/*Roth* § 4 Rn. 80; *Armbrüster* EuZW **2013**, 686, 692.

die gedeckten Risiken auf Schadensfälle beschränken die in Deutschland eintreten können (vgl. Art. 7 Abs. 3 lit. d) Rom I-VO).[7]

a) Belegenheitsort. Der Staat, in dem das Risiko belegen ist, wird gemäß Art. 7 Abs. 6 Rom I-VO in Verbindung mit Art. 13 Nr. 13 Solvabilität II-RL bestimmt.[8] Gemäß Art. 13 Nr. 13 Lit. d Solvabilität II-RL ist das Risiko in dem **Mitgliedstaat** belegen, in dem der Versicherungsnehmer seinen **gewöhnlichen Aufenthalt** hat, oder, wenn die Versicherungsnehmerin eine juristische Person ist, in dem Mitgliedstaat, in dem sich die **Niederlassung** dieser juristischen Person befindet, auf die sich der Vertrag bezieht. Zu dem Begriff der Niederlassung siehe Art. 7 Nr. 5 EuGVVO. Wenn der D&O-Versicherungsvertrag mehrere Gesellschaften absichert, kann es daher zu einer **Mehrfachbelegenheit** des Risikos kommen (siehe Rn. 11) 8

Bei einer **Individualpolice** ist daher auf den gewöhnlichen Aufenthalt des Managers abzustellen. Bei einer **Firmenversicherung** ist, ausgehend vom Wortlaut des Art. 13 Nr. 13 Lit. d Solvabilität II-RL der Ort maßgeblich, in dem sich das Unternehmen, die Betriebsstätte oder die entsprechende Einrichtung befindet, auf die sich der Vertrag bezieht. Demnach ist das Risiko dort belegen, wo die **Gesellschaft**, deren Organmitglieder versichert sind, ihren **Sitz** hat.[9] **Unerheblich** ist jedenfalls, wo das jeweilige Organmitglied seine **Pflichtverletzung** begeht oder wo der **Schaden** eintritt.[10] 9

Einige Autoren stellen zur Bestimmung des Belegenheitsortes bei Versicherungen für fremde Rechnung – also auch bei einer D&O-Firmenpolice – nicht auf den Sitz des Versicherungsnehmers, sondern den **gewöhnlichen Aufenthalt** der versicherten Personen ab.[11] Hiergegen spricht allerdings der Wortlaut von Art. 13 Nr. 13 Lit. d Solvabilität II-RL, der ausschließlich auf die Versicherungsnehmerin abstellt.[12] Da die versicherten Personen in den Niederlassungen tätig werden, auf die sich der D&O-Versicherungsvertrag bezieht, dürften sie im Regelfall in dem Land, in dem die Niederlassung liegt, auch ihren gewöhnlichen Aufenthalt haben, sodass die Streitfrage in der Praxis häufig keine Bedeutung haben dürfte. Zudem ist diese Streifrage nur dann von Bedeutung, wenn **keine Rechtswahl** getroffen wurde oder die Rechtswahlklausel **unwirksam** ist. 10

b) Mehrfachbelegenheit des Risikos. Eine Mehrfachbelegenheit der Risiken liegt vor, wenn der Versicherungsvertrag Risiken abdeckt, die in **unterschiedlichen Staaten** belegen sind. Da es sich bei dem D&O-Versicherungsvertrag im Regelfall um eine **Gruppenversicherung** handelt und ausländische Tochtergesellschaften (z.B. in England, Frankreich oder der USA) häufig automatisch mitversichert werden, kommt es häufig zu einer Mehrfachbelegenheit des Risikos. 11

Art. 7 Abs. 5 Rom I-VO ordnet bei der Mehrfachbelegenheit des Risikos eine **Spaltung** dergestalt an, dass zum Zwecke von Art. 7 Abs. 3 UAbs. 3 und Abs. 4 Rom I-VO der Vertrag als aus mehreren Verträgen bestehend fingiert wird. Durch diese Regelung soll sichergestellt werden, dass die besonderen Regelungen der Rom I-VO **nur** für Versicherungsverträge und Risiken gelten, die in dem betreffenden **Mitgliedsstaat** bzw. den betreffenden Mitgliedsstaaten belegen sind.[13] Umstritten ist, ob Art. 7 Abs. 5 Rom I-VO auch für Großrisiken gilt.[14] Gegen die Anwendbarkeit auf 12

---

7 MüKoBGB/*Martiny* Art. 7 Rom I-VO Rn. 34.

8 Bruck/Möller/*Dörner* Art. 7 Rom I-VO Rn. 27; MüKoBGB/*Martiny* Art. 7 Rom I-VO Rn. 48.

9 *Koch* VersR **2009**, 141, 142.

10 *Koch* VersR **2009**, 141,142; Seitz/Finkel/*Klimke* Ziff. 13 Rn. 22.

11 *Wedemann* ZIP 2014, 2469, 2474; Staudinger/*Ferrari* Art. 7 VO (EG) 593/2008 Rn. 70.

12 Wohl auch: Finkel/Seitz/*Klimke* Ziff. 23 Rn. 25.

13 MüKoBGB/*Martiny* Art. 7 Rom I-VO Rn. 46.

14 Dafür: MüKoBGB/*Martiny* Art. 7 Rom I-VO Rn. 46; B/M/*Dörner* Art. 7 Rom I-VO Rn. 97; *Fricke* VersR **2008**, 443, 454; Dagegen: Prölss/Martin/*Armbrüster*, Erläuterungen zu Art. 1ff. Rom I-VO Rn. 11; MüKoVVG/*Looschelders* IntVersR Rn. 119; Staudinger/*Armbrüster* Art. 7 Rom I-VO Rn. 30; Rauscher/*Wendt* Art. 7 Rom I-VO Rn. 46.

Großrisiken spricht der eindeutige Wortlaut, demnach nur auf Art. 7 Abs. 3 UAbs. 3 und Abs. 4 Rom I-VO verwiesen wird.

13 Dies bedeutet für Tochtergesellschaften und/ oder Niederlassungen außerhalb der EWR, dass die Rechtswahl für diesen „Vertragsteil" ohne besondere Beschränkungen zulässig ist, da insoweit Art. 3 und 4 Rom I-VO gilt. Aber auch bei einer Mehrfachbelegenheit innerhalb der EWR ergeben sich keine erheblichen Einschränkungen für die Rechtswahl bei D&O-Versicherungsverträgen. Denn gemäß Art. 7 Abs. 3 UAbs. 1 Lit. e Rom I-VO kann in diesem Fall das Recht **jedes** Mitgliedstaats gewählt werden, in dem das Risiko belegen ist (vgl. Rn. 8 ff).

14 Im Ergebnis kann festgehalten werden, dass bei D&O-Firmenpolicen, die Massenrisiken absichern, bei einer **Mehrfachbelegenheit des Risikos** für den gesamten D&O-Versicherungsvertrag das Recht **jedes Mitgliedstaats** gewählt werden kann, in dem die Gesellschaft eine **Niederlassung** unterhält bzw. wo der **Sitz** der Versicherungsnehmer oder eines mitversicherten Tochterunternehmens ist.

II. Fehlende oder unwirksame Rechtswahlklausel

15 Fehlt eine Rechtswahlregelung oder ist diese unwirksam, ist gemäß Art. 7 Abs. 2 UAbs. 1 S. 1 Rom I-VO bei **Großrisiken** grundsätzlich das Recht des Staates anzuwenden, in dem der Versicherer seinen „gewöhnlichen Aufenthalt" hat. Der „gewöhnliche Aufenthalt" von Gesellschaften, Vereinen und juristischen Personen ist gemäß Art. 19 Abs. 1 Rom I-VO der Ort ihrer Hauptverwaltung. Art. 7 Abs. 2 UAbs. 2 S. 2 Rom I-VO enthält zudem eine Ausweichklausel. Ergibt sich aus der Gesamtheit der Umstände, dass der Vertrag über Großrisiken eine offensichtlich engere Verbindung zu einem anderen Staat aufweist, ist demnach das Recht des anderen Staates anzuwenden. Dies kann der Fall sein, wenn sowohl der **gewöhnliche Aufenthalt** des Versicherungsnehmers als auch **das Risiko** in einem anderen Land belegen sind.[15] Im Streitfall ist zudem zu bedenken, dass die Gerichte dazu tendieren, das lokale Recht anzuwenden, da sie hiermit vertraut sind.

16 Bei **Massenrisiken** ist bei einer fehlenden Rechtswahlklausel gem. Art. 7 Abs. 3 UAbs. 3 Rom I-VO das Recht des Mitgliedstaates maßgebend, in dem zum Zeitpunkt des Vertragsschlusses das Risiko belegen ist. Bei einer **Mehrfachbelegenheit** kommt es gemäß Art. 7 Abs. 5 Rom I-VO zu einer Statutenspaltung. Der einheitlich geschlossene Vertrag wird behandelt wie mehrere Verträge über Einzelrisiken.[16] In diesem Fall findet das Recht des Mitliedstaates Anwendung in dem das Risiko belegen ist (siehe Rn. 8 ff). Dies ist nach der hier vertretenen Ansicht bei der Firmenversicherung der Ort, in dem sich das Unternehmen, die **Betriebsstätte** oder die entsprechende Einrichtung befindet, auf die sich der Vertrag **bezieht**. (vgl. Rn. 9). Bei **Innenhaftungsfällen** ist der Sitz der Gesellschaft maßgebend, bei der die versicherte Person zum Zeitpunkt der Pflichtverletzung angestellt war.

17 Ist das Risiko **nicht** in einem **Mitgliedsstaat** belegen, gilt bei Firmenversicherungen gemäß Art. 4 Abs. 2 Rom I-VO das Recht des Staates, in dem der Versicherer seinen Sitz hat, da er die für den Versicherungsvertrag charakteristische Leistung – die Deckung des Risikos im Rahmen der Organisation einer Gefahrengemeinschaft – erbringt.[17]

III. Rechtswahl und Versicherungspflicht

18 Besonderheiten sind zu beachten, wenn ein Mitgliedstaat eine Versicherungspflicht für Risiken vorschreibt, die über den D&O-Versicherungsvertrag abgedeckt werden. Dies kann der Fall sein,

15 *Fricke* VersR **2008**, 443 (447); Bruck/Möller/*Dörner* Art. 7 Rom I-VO Rn. 25; zurückhaltend Beckmann/Matusche-Beckmann/*Roth* § 4 Rn. 45; MüKoVVG/*Looschelders* IntVersR Art. 7 Rn. 67.

16 MüKoBGB/*Martiny* Art. 7 Rom I-VO Rn. 47.

17 MüKoBGB/*Martiny* Art. 7 Rom I-VO Rn. 30; Beckmann/Matusche-Beckmann/*Roth* § 4 Rn. 93.

wenn ein Mitgliedsstaat für Unternehmen bzw. deren Organe eine „**D&O-Pflichtversicherung**" vorsieht, die ihren Sitz in dem Mitgliedsstaat haben.[18] Dies ist in der EU bisher die Ausnahme.[19] Möglich ist aber auch, dass der D&O-Versicherungsvertrag um Haftpflichtrisiken erweitert wird, die wiederum der Versicherungspflicht unterliegen. Beispielsweise wird ein D&O-Versicherungsvertrag häufig mit deiner **E&O Deckung** kombiniert. In diesem Kontext kann z.B. auch die Tätigkeit eines „Prospektkontrollors" nach dem österreichischen Recht mitversichert werden, bei der es sich um eine Pflichtversicherung gemäß § 7 des österreichischen Kapitalmarktgesetzes handelt.

In diesen Fällen sieht Art. 7 Abs. 4 Lit. a S. 1 Rom I-VO vor, dass der Versicherungsvertrag der Versicherungspflicht nur dann genügt, wenn er den von dem Mitgliedstaat, der die Versicherungspflicht vorsieht, vorgeschriebenen spezifischen Bestimmungen für die Pflichtversicherung entspricht.[20] Ausgehend von dem Wortlaut wird auf der Grundlage des „**Pflichtversicherungsstatutes**" daher nur geprüft, ob der Vertrag der Versicherungspflicht genügt. Die Regelung verdrängt daher **nicht** das Vertragsstatut.[21] Unklar ist jedoch, ob sich die Rechtsfolge, die sich daraus ergibt, dass die Vorgaben des Pflichtversicherungsstatutes nicht eingehalten werden, nach dem Vertragsstatut oder dem Pflichtversicherungsstatutes richtet. Wenn beispielsweise das Pflichtversicherungsstatut besondere Vorgaben hinsichtlich der Nachhaftung enthält, die der Versicherungsvertrag nicht erfüllt, muss bestimmt werden, ob die entgegenstehende Regelung unwirksam ist und falls ja, wie die hierdurch entstehende Lücke im Versicherungsvertrag zu schließen ist. Der Umstand, dass Art. 7 Abs. 4 Rom I-VO dem Pflichtversicherungsstatut insoweit den Vorrang einräumt, spricht dafür, dass die Rechtsfolge, d.h. die Auswirkung auf den konkreten Vertrag ebenfalls auf der Grundlage des Rechts des Pflichtversicherungsstatutes zu prüfen ist. Hiergegen spricht allerdings, dass ausgehend von dem Wortlaut das Pflichtversicherungsstatut nur für die Frage herangezogen werden soll, ob der Versicherungsvertrag der Versicherungspflicht genügt.[22] Wenn sich die Rechtsfolge nach dem Vertragsstatut bestimmt, stellt sich auf der Grundlage des deutschen Rechtes zunächst die Frage, ob die Regelung – sofern § 139 BGB anwendbar ist – im Versicherungsvertrag wegen Verstoßes gegen ein Verbotsgesetz im Sinne des § 134 BGB unwirksam ist. Dabei ist jedoch zu beachten, dass grundsätzlich nur inländische Normen als Verbotsgesetze in Betracht kommen.[23] Eine ausländische Norm kommt nur in Ausnahmefällen als Verbotsgesetz im Rahmen von § 134 BGB in Betracht. So etwa, wenn diese (ausländische) Norm nach dem deutschen Internationalen Privatrecht, wie etwa in Art. 3 Abs. 3 Rom I-VO, für anwendbar erklärt wird.[24] Eine darüberhinausgehende Sonderanknüpfung ausländischer Verbotsnormen ist umstritten.[25] Ggf. handelt der Versicherer in diesem Fall auch sittenwidrig im Sinne des § 138 BGB, was einen Rückgriff auf § 134 BGB entbehrlich macht.[26] Insoweit kann auf die Diskussion zu den Rechtsfolgen bei einem Verstoß gegen § 114 VVG verwiesen werden, da § 114 VVG Anwendung findet.[27] 19

Gem. Art. 7 Abs. 4 Lit. b Rom I-VO steht den Mitgliedsstaaten zudem die Möglichkeit offen, für die Versicherungspflicht eine einheitliche Anknüpfung an das für die Versicherungspflicht statuierende Recht zu schaffen, sodass der Vertrag insgesamt dem Recht unterliegt, das die Versicherungspflicht vorschreibt. Von dieser Möglichkeit hat der deutsche Gesetzgeber in **Art. 46d EGBGB** Gebrauch gemacht. Damit sich ein ausländisches Pflichtversicherungsstatut jedoch gegen- 20

---

18 Siehe hierzu auch: *Koch* VersR **2009**, 141,142.

19 *Koch* VersR 2009, 141,142.

20 *MüKoBGB/Martiny* Art. 7 Rom I-VO Rn. 42.

21 Prölss/Martin/*Armbrüster* Erläuterungen zu Art. 1 ff. Rom I-VO H. PflichtVers (Art. 7 Abs. 4 Rom I-VO) Rn. 45.

22 In diesem Sinne wohl auch: Prölss/Martin/*Armbrüster* Erläuterungen zu Art. 1 ff. Rom I-VO H. PflichtVers (Art. 7 Abs. 4 Rom I-VO) Rn. 48.

23 BGH 23.10.2018 BeckRS **2018**, 37760 Rn. 45; BGHZ 69, 295, 296 = NJW **1977**, 2356 = JZ **1978**, 61; BGHZ 59, 82, 85 = NJW **1972**, 1575; OLG Hamm 29.4.2016 BeckRS **2016**, 113205 Rn. 16.

24 So auch MüKoBGB/*Armbrüster* § 134 BGB Rn. 57.

25 Dagegen wohl *Armbrüster/Schilbach* r+s **2016**, 109, 114; vgl. eingehend MüKoBGB/*Martiny* Art. 9 Rom I-VO Rn. 112 ff.

26 So auch die Praxis, die in den besagten Fällen auf § 138 BGB zurückgreift, da in der Missachtung ausländischer Verbotsnormen oftmals ein Sittenverstoß sein kann.

27 Siehe hierzu: MüKoVVG/*Brand* § 114 VVG Rn. 18 ff.

über dem deutschen Recht auch als Vertragsstatut per se durchsetzt, muss der Mitgliedsstaat, der die Versicherungspflicht vorgibt, auch die Anwendung seines Rechts vorschreiben.

C. Abweichende Marktbedingungen

21 Abweichende Maklerbedingungen sind nicht bekannt.

B4-7 Embargobestimmung[1]

[1]Es besteht – unbeschadet der übrigen Vertragsbestimmungen – Versicherungsschutz nur, soweit und solange dem keine auf die Vertragsparteien direkt anwendbaren Wirtschafts-, Handels- oder Finanzsanktionen bzw. Embargos der Europäischen Union oder der Bundesrepublik Deutschland entgegenstehen.
[2]Dies gilt auch für Wirtschafts-, Handels- oder Finanzsanktionen bzw. Embargos der Vereinigten Staaten von Amerika, soweit dem nicht Rechtsvorschriften der Europäischen Union oder der Bundesrepublik Deutschland entgegenstehen.

Schrifttum

Armbrüster/Schilbach Nichtigkeit von VersVerträgen wegen Verbots- oder Sittenverstoßes r+s 2016, 109; *Birke/Isenbart* Sanktionsklausel ersetzt Beratung nicht VW 2012, 513; *Bürkle* Compliance in Versicherungsunternehmen, 3. Auflage 2020; *Harings/Loets* Auswirkungen personenbezogener Sanktionen auf privatrechtliche Verträge RdTW 2015, 321; *Heinisch* Compliance mit EU-Sanktionen in der Versicherungswirtschaft CCZ 2012, 102; *Heinisch* Die praktische Umsetzung von Sanktionen in der (Rück-) Versicherungswirtschaft CCZ 2012, 136; *Koch* Versicherungsverbote in dem Russland -Sanktionspaket der Europäischen Union UKuR 2022, 400; *Schwampe* Gesetzeskonforme Vertragsgestaltung im internationalen Rückversicherungsgeschäft im Lichte des deutschen Außenwirtschaftsrechts am Beispiel der Iran-Sanktionen RdTW 2015, 161.

Übersicht

A. Allgemeines

I. Entstehungsgeschichte — 1

II. Regelungsgegenstand — 2

III. Rechtsnatur der Klausel — 4

B. Inhalt der Klausel

I. Allgemeines — 7

II. B4-7 S. 1 — 8

III. AGB-rechtliche Wirksamkeit B4-7 S. 1 — 23

IV. B4-7 S. 2 — 24

V. AGB-rechtliche Wirksamkeit B4-7 S. 2 — 26

C. Abweichende Marktbedingungen

I. § 1 Nr. 4 Gesetzes- und Embargovorbehalt; nationale Versicherungsverbote AVB-VOV — 29

II. Ziffer 3.5 Sanktionen/Embargos Hendricks HPDO 2020 Newline — 34

III. Ziffer 5.3 Sanktionsklausel/Versicherungsverbote D&O FINLEX 2020 — 35

1 Beispielhafter Auszug aus den Allgemeinen Versicherungsbedingungen für die Vermögensschaden-Haftpflichtversicherung von Aufsichtsräten, Vorständen und Geschäftsführern (AVB D&O), Musterbedingungen des GDV Stand: Mai 2020, Ziff. B4-7 Embargobestimmung (letzter Aufruf: 20.2.2024 21:10 Uhr).

https://doi.org/10.1515/9783110675511-029

A. Allgemeines

I. Entstehungsgeschichte

1 Die Sanktionsklausel wurde als Reaktion auf die am 24. März 2012 in Kraft getretene VO (EU) Nr. 267/2012[2] wegen Sanktionen gegen den Iran und der VO (EU) Nr. 442/2011[3] bezüglich des Syrien-Embargos in die AHB aufgenommen.[4] Diese Verordnungen sahen erstmals ein allgemeines **Versicherungs- und Versicherungsvermittlungsverbot** vor,[5] welches sich derzeit zu einer gängigen Sanktionspraxis entwickelt hat. Grund für die Versicherungsverbote ist die besondere Bedeutung von Versicherungen für den grenzüberschreitenden Warenverkehr und hohen Deckungskapazitäten des europäischen Versicherungsmarktes.[6] Mittlerweile verwenden nahezu alle in Deutschland tätigen Versicherer unabhängig von der jeweiligen Versicherungsspate reflexartig Sanktionsklauseln. Denn die Nichtbeachtung von Wirtschafts-, Handels- und Finanzsanktionen bzw. Embargos wird seinerseits sanktioniert und kann zudem unweigerlich negative Auswirkungen auf die Reputation und die Geschäftstätigkeit des Versicherers haben.[7]

II. Regelungsgegenstand

2 Die Sanktionsklausel soll von Beginn an einen Verstoß des Versicherers gegen verbindliche Sanktionsregeln ausschließen.[8] Dementsprechend soll Versicherungsschutz nur dann bestehen, soweit und solange dem keine Wirtschafts-, Handels- und Finanzsanktionen bzw. Embargos der europäischen Union oder der Bundesrepublik Deutschland sowie der Vereinigten Staaten von Amerika entgegenstehen. Sanktionsmaßnahmen sind im Regelfall strafbewehrt. Die **Rechtsfolgen** eines Verstoßes gegen Embargovorschriften richten sich nach **nationalen Vorschriften**, die kollisionsrechtlich zur Anwendung kommen. Hervorzuheben ist, dass es sich bei den Embargovorschriften der **Europäischen Union** um sog. **Eingriffsnormen** i.S.v. Art. 9 Abs. 1 Rom-I-VO handelt, die stets zu beachten sind.[9] Wenn das Vertragsstatut deutsches Recht ist, kommt in den Fällen eines Verstoßes gegen Embargovorschriften der Europäischen Union § **134 BGB** zur Anwendung.[10] Denn aufgrund der unmittelbaren Anwendbarkeit der EU-Embargo-Verordnungen sind diese als Verbotsgesetze i.S.v. § 134 BGB einzustufen.[11] Bei Verbotsgesetzten genügt der objektive Verstoß gegen das Verbotsgesetz.[12] Sanktionen der **USA** begründen **kein** in Deutschland zu beachtendes **Verbot** und können nur in Ausnahmefällen zur Unwirksamkeit des Vertrags gemäß § **138 BGB** führen.[13]

2 Verordnung (EU) Nr. 267/2012 des Rates vom 23. März 2012 über restriktive Maßnahmen gegen Iran und zur Aufhebung der Verordnung (EU) Nr. 961/ 2010.

3 Verordnung (EU) Nr. 442/2011 des Rates vom 09. Mai 2011 über restriktive Maßnahmen angesichts der Lage in Syrien (außer Kraft); aktuell in Kraft VO (EU) Nr. 36/2012: Verordnung (EU) Nr. 36/2012 des Rates vom 18. Januar 2012 über restriktive Maßnahmen angesichts der Lage in Syrien und zur Aufhebung der Verordnung (EU) Nr. 442/2011.

4 *Birke/Isenbart* VW **2012**, 513, 513; Bruck/Möller/*Koch* VVG AHB Ziff. 1 Rn. 90.

5 Bruck/Möller/*Koch* VVG AHB Ziff. 1 Rn. 89.

6 *Koch* UKuR **2022**, 400, 400 Rn. 2.

7 Prölss/Martin/*Lücke* VVG AHB Ziff. 1.3 Rn. 59; *Birke/Isenbart* VW **2012**, 513, 513; *Heinisch* CCZ **2012**, 102, 106 ff.

8 Späte/Schimikowski/*v. Rintelen* AHB Ziff. 1 Rn. 565; *Wandt* VersR **2013**, 257, 257.

9 *Wandt* VersR **2013**, 257, 262.

10 Vgl. *Armbrüster/Schilbach* r+s **2016**, 109, 114; Prölss/Martin/*Lücke* VVG AHB Ziff. 1.3 Rn. 59, *Wandt* VersR **2013**, 257, 262.

11 Späte/Schimikowski/*v. Rintelen* AHB Ziff. 1 Rn. 566; Prölss/Martin/*Lücke* VVG AHB Ziff. 1.3 Rn. 59.

12 BGH NJW **1991**, 2955, 2957.

13 Vgl. Bruck/Möller/*Koch* AHB Ziff. 1 Rn. 112; *Wandt* VersR **2013**, 257, 264.

Bei Sanktionsverstößen in Deutschland ist bezüglich der Rechtsfolgen auch das **Außenwirtschaftsgesetz** (AWG) in Verbindung der **Außenwirtschafts-VO** (AWV) zu beachten.[14] Danach kann bei vorsätzlicher Begehung eine Freiheitsstrafe gem. § 17 Abs. 1 Nr. 2, § 18 Abs. 1 AWG in Verbindung mit § 80 AWV drohen. 3

III. Rechtsnatur der Klausel

Umstritten ist, ob es sich bei B4-7 um eine primäre **Risikobegrenzung /Leistungsbeschreibung** 4
oder um einen **Ausschluss** handelt.[15] Zwar ist der Versicherer – sofern Sanktionsbeschränkungen greifen – nicht zur Leistung verpflichtet und könnte sich auf § 275 Abs. 1 BGB berufen. Allerdings hat die rechtliche Qualifizierung Auswirkungen auf die **Beweislastverteilung** und den Umfang einer AGB-Kontrolle gemäß §§ 305 ff. BGB. Bei einer primären Risikobegrenzung muss die **versicherte** Person darlegen und beweisen, dass die Sanktionsklausel nicht einschlägig ist.[16] Zudem würde gemäß § 307 Abs. 3 S. 1 BGB keine AGB-Prüfung – mit Ausnahme der Überprüfung der Einhaltung des Transparenzgebotes – stattfinden. Bei einem Ausschluss, der einer AGB-Prüfung unterliegt, trägt der **Versicherer** die Darlegungs- und Beweislast.[17]

Koch führt für die Annahme einer primären Risikobegrenzung sowohl den Standort der Klau- 5
sel als auch die Formulierung „soweit und solange" an, die gegen einen Ausschluss sprächen.[18] Der BGH stellt im Regelfall darauf ab, ob die Klausel das Hauptleistungsversprechen unmittelbar regelt oder dieses nur einschränkt, verändert, ausgestaltet oder modifiziert.[19] Im Mittelpunkt steht daher nicht der Wortlaut der Klausel, sondern ihre Wirkungsweise.[20] Andernfalls könnte der Versicherer jeden Risikoausschluss als Hauptleistungsplicht deklarieren, um einen AGB-Prüfung zu umgehen. Damit bleibt nach der Rechtsprechung des BGH für die Annahme einer Leistungsbeschreibung nur der enge Bereich der Leistungsbezeichnungen, ohne deren Vorliegen mangels Bestimmtheit oder Bestimmbarkeit des wesentlichen Vertragsinhalts ein wirksamer Vertrag nicht mehr angenommen werden kann.[21]

Für eine Ausgestaltung bzw. Modifizierung des Hauptleistungsversprechens spricht, dass die 6
Klausel in ihrer Wirkungsweise eher deklaratorischer Natur ist und der Versicherer unabhängig von der Klausel nicht zur Leistung verpflichtet ist, weil der zugrundeliegende Versicherungsvertrag entweder wegen eines Verstoßes gegen ein Verbotsgesetz im Sinne des § 134 BGB nichtig ist oder die Leistungserbringung aus dem Versicherungsvertrag wegen eines drohenden Verstoßes gem. § 275 Abs. 1 BGB unmöglich ist. Beides sind im Übrigen Einwendungen, für die der Versicherer Darlegungs- und Beweisbelastet ist. Es geht daher nicht um eine Leistungsbeschreibung, die zur Bestimmtheit oder Bestimmbarkeit des wesentlichen Vertragsinhalts zwingend erforderlich ist.[22] Die besseren Argumente sprechen für die Annahme eines Risikoausschlusses.[23]

---

14 Vgl. *Wandt* VersR **2013**, 257, 261; bei Embargovorschriften handelt es sich um die Blanketttatbestände der §§ 17 ff. AWG ausfüllende Zeitgesetze, dazu ausführlich: *Mehle* AWG Vorbem. §§ 17 ff. Rn. 1, 2 sowie BeckOK AußenWirtschaftsR/*Schwendinger* AWG § 17 Rn. 15.

15 Siehe hierzu: *Wandt* VersR **2013**, 257, 264; ebenso Prölss/Martin/*Lücke* VVG AHB Ziff. 1.3 Rn. 59; *Bauer* VersR **2013**, 661, 663; Bruck/Möller/*Koch* VVG AHB Ziff. 1 Rn. 98 f.

16 Vgl. MüKoVVG/*Büsken* AHV Rn. 56; Bruck/Möller/*Koch* VVG AHB Ziff. 1 Rn. 65.

17 Vgl. MüKoVVG/*Büsken* AHV Rn. 56; Bruck/Möller/*Koch* VVG AHB Ziff. 1 Rn. 65.

18 Bruck/Möller/*Koch* VVG AHB Ziff. 1 Rn. 98.

19 BGH Urt. v. 5.7.2023, r+s **2023**, 666 Rn. 14.

20 In diesem Sinne auch: Späte/Schimikowski/*v. Rintelen* AHB Ziff. 1 Rn. 568.

21 BGH Urt. v. 5.7.2023, r+s **2023**, 666 Rn. 1; Urt. v. 19.10.2022, r+s **2022**, 695 Rn. 15 m.w.N.

22 Vgl. *Wandt* VersR **2013**, 257, 264, der dies mit dem Ausnahmecharakter der Klausel begründet. Ebenso Gießen/Landenberger in Transaktionsversicherungen § 8 Rn. 49-40 und Schönwälder/Schuller § 14 Rn. 38, die allesamt die Sanktionsklausel als Risikoausschluss qualifizieren, ohne allerdings diese Einordnung näher zu begründen.

23 *Wandt* VersR **2013**, 257, 264; ebenso Prölss/Martin/*Lücke* VVG AHB Ziff. 1 Rn. 59 und *Bauer* VersR **2013**, 661, 663.

B. Inhalt der Klausel

I. Allgemeines

7 B4-7 soll nicht auf den **Abschluss** von Versicherungsverträgen mit Sanktionsadressaten ab zielen.[24] Dies soll aus dem Umstand folgen, dass es sich bei der Klausel um eine AGB handelt, die den Inhalt einer **Individualvereinbarung** nicht einschränken kann.[25] Der Versicherer soll daher nicht mit einem Sanktionsadressaten einen D&O-Vertrag schließen und sich im Anschluss darauf berufen können, dass aufgrund der Sanktionsklausel kein Sanktionsverstoß vorliegt. Allerdings ist der D&O-Vertrag in diesem Fall gem. § 134 BGB unwirksam, sofern es um Sanktionen im Sinne von B4-7 S. 1 geht.[26] Eine abweichende Individualvereinbarung im Sinne des § 305b BGB kann jedoch nur dann angenommen werden, wenn der Versicherer positive Kenntnis davon hat, dass der Versicherungsvertrag mit einem Sanktionsadressaten geschlossen wird. Fehlt dem Versicherer die Kenntnis, weil keine Prüfung des Vertragspartners vor Abschluss des Versicherungsvertrages vorgenommen wird, wird mangels entsprechenden Erklärungswillens keine abweichende Individualvereinbarung getroffen, die die Sanktionsklausel aufhebt. In der praktischen Anwendung der Klausel geht es daher im Wesentlichen um die Prüfung, ob die Gewährung von Deckungsschutz gegenüber den versicherten Personen (Rechtsschutz und Freistellung, d.h. Zahlungen an den Geschädigten) gegen Sanktionsbestimmungen verstößt, da ausgehend von der Konzeption der Klausel in diesem Fall kein Versicherungsschutz besteht.

II. B4-7 S. 1

8 S. 1 der Klausel erfasst nicht nur alle beim Abschluss des Versicherungsvertrages, sondern auch während dessen Laufzeit, unmittelbar geltenden Sanktionsregelungen der BRD und der EU.[27] Bei den Sanktionsbestimmungen geht es im Schwerpunkt um **Ausfuhrverbote** für Embargo-Güter, wie Waffen, Dual-Use-Produkte oder -technologien sowie **Einfuhrbeschränkungen** für iranisches oder russisches Öl oder Gas.[28] Diese Regelungen haben für den D&O-Versicherungsvertrag keine Bedeutung.

9 Aber auch die **sektoralen Versicherungsverbote**[29] spielen für die D&O-Versicherungsverträge nur eine untergeordnete Rolle. Denn die sektoralen Versicherungsverbote zielen auf die Gewährung von Deckungsschutz im Zusammenhang mit dem grenzüberschreitenden Handel, d.h. der Versicherung von Gütern, Transportrisiken, Finanzinvestitionen etc. ab.[30] Über den D&O-Versicherungsvertrag werden entsprechende Risiken nicht abgesichert.

10 Von Relevanz für D&O-Versicherungsverträge sind stattdessen **personen- bzw. unternehmensbezogene Sanktionen**, die im Folgenden (beispielhaft) dargestellt werden.

11 Bezüglich der **Iran** Sanktionen wird in Artikel 35 Abs. 2 VO (EU) 267/2012 festgelegt, dass das Versicherungsverbot nicht für Pflicht-, und Haftpflichtversicherungen oder Rückversicherungen für iranische Personen, Organisationen und Einrichtungen und Einrichtungen in der Union, noch für die Bereitstellung von Versicherungen für diplomatische oder konsularische Vertretung Irans in der Union gilt. Natürlichen iranischen Personen kann damit unbeschränkt Haftpflichtversiche-

---

24 Vgl. Bruck/Möller/*Koch* VVG AHB Ziff. 1 Rn. 93.

25 Vgl. Späte/Schimikowski/*v. Rintelen* AHB Ziff. 1 Rn. 574; **a.A.** *Wandt* VersR 2013, 257 (263).; vgl. *Koch* UKuR 2022, 400 (404) Rn. 20.

26 Vgl. *Wandt* VersR **2013**, 257, 263; *Birke/Isenbart* VW **2012**, 513, 513; *Armbrüster/Schilbach* r+s **2016**, 109, 114.

27 Späte/Schimikowski/*v. Rintelen* AHB Ziff. 1 Rn. 569.

28 Vgl. Späte/Schimikowski/*v. Rintelen* AHB Ziff. 1 Rn. 574.

29 Zur Frage, ob die Zusage von Versicherungsschutz den Verbotstatbestand von sektoralen Sanktionen bzgl. der Bereitstellung von Finanzmitteln und Finanzhilfen erfüllt: *Koch* UKuR **2022**, 400, 403 f. Rn. 16.

30 *Koch* UKuR **2022**, 400, 403 Rn. 16.

rungsschutz bereitgestellt werden, sofern sie nicht in den Anhängen der VO (sog. Blacklists) aufgeführt werden.[31] Die Regelung über Sanktionen in **Syrien** in Artikel 26 VO (EU) Nr. 36/2012 ist weniger weitreichend, weil sie das Versicherungsverbot für Unternehmen auf staatlich kontrollierte Unternehmen beschränkt.[32]

Die von europäischen Versicherern zu beachtenden Sanktionstatbestände mit **Russlandbezug** 12
sind insbesondere in den Basisrechtsakten VO (EU) 833/2014[33] VO (EU) 296/2014[34] und VO (EU) 692/2014[35] bzw. VO (EU) 2022/263)[36] sowie in den auf den Basisrechtsakten aufbauenden Änderungs- und Ergänzungsverordnungen geregelt.[37] Zudem hat die europäische Kommission als Auslegungsleitlinie und Orientierungshilfe, u.a. für die Behörden in den Mitgliedsstaaten, die **FAQ** („Frequently asked questions on insurance and reinsurance related matters concerning sanctions adopted following Russia's military aggression against Ukraine")[38] gemeinsam mit der konsolidierten Fassung vom 10. August 2022 veröffentlicht.[39] Diese dienen als **Begleitdokument** zu den Versicherungsverboten in den VO (EU) 833/2014 und VO (EU) 269/ 2014. Die personenbezogenen Verbotstatbestände der Russland -Sanktionen sind überwiegend in der VO (EU) 269/2014 enthalten. Diese sind insgesamt weitreichender, denn zusätzlich zu dem personenbezogenen Bereitstellungsverbot, verbietet es Artikel 5 VO (EU) 833/2014 seit dem 15. März 2022 erstmalig, mit bestimmten gelisteten juristischen Personen, Organisationen oder Einrichtungen „unmittelbar oder mittelbar Geschäfte zu tätigen". Der Abschluss eines Versicherungsvertrages lässt sich hierunter subsummieren.[40]

Zusammenfassend geht es bei den oben genannten Iran-, Syrien –, und Russlandsanktionen 13
mit Blick auf den D&O-Vertrag vor allem um das Verbot, gelisteten Personen **Gelder** oder **wirtschaftliche Ressourcen** unmittelbar oder mittelbar zur Verfügung zu stellen oder zugutekommen zu lassen (personenbezogenes Bereitstellungsverbot).[41] Umstritten ist, ab wann D&O-Versicherungsverträge, u.a. durch die Gewährung von Deckungsschutz, gegen das personenbezogene Bereitstellungsverbot verstoßen.

Artikel 1 Lit. g VO (EU) 269/2014 definiert **„Gelder"** als finanzielle Vermögenswerte und Vorteile. 14
Die Auszahlung von Versicherungsleistungen im Schadenfall fällt unter Breitstellung von „Geldern" i.S.d. personenbezogenen Bereitstellungsverbotes.[42] Strittig ist jedoch, wie das Deckungsversprechen des Versicherers durch den Abschluss des Versicherungsvertrages einzuordnen ist. Dies ist insbesondere bei der D&O-Versicherung als Haftpflichtversicherung fraglich, da der Eintritt des Versicherungsfalls, d.h. insbesondere die Geltendmachung von Schadensersatzansprüchen gegenüber den versicherten Personen, ungewiss ist. Aufgrund dieser Ungewissheit ist das Deckungsversprechen des

---

31 Späte/Schimikowski/*v. Rintelen* AHB Ziff. 1 Rn. 571; MüKoVVG/Sigl LuftfahrtV Rn. 511.

32 Späte/Schimikowski/*v. Rintelen* AHB Ziff. 1 Rn. 571.

33 Verordnung (EU) Nr. 833/2014 des Rates vom 31.7.2014 über restriktive Maßnahmen angesichts der Handlungen Russlands, die die Lade in der Ukraine destabilisieren (ABl. (EU) 2014 L 229/1).

34 Verordnung (EU) Nr. 269/2014 des Rates vom 17.3.2014 über restriktive Maßnahmen angesichts von Handlungen, die die territoriale Unversehrtheit, Souveränität und Unabhängigkeit der Ukraine untergraben oder bedrohen (ABl. (EU) 2014 L 078/6).

35 Verordnung (EU) Nr. 692/2014 des Rates vom 23.6.2014 über restriktive Maßnahmen als Reaktion auf die rechtswidrige Eingliederung der Krim und Sewastopols durch Annexion (ABl. (EU) 2016 L 183/09).

36 Verordnung (EU) Nr. 2022/263 des Rates vom 23.2.2022 über restriktive Maßnahmen als Reaktion auf die Anerkennung der nicht von der Regierung kontrollierten Gebiete der ukrainischen Regionen Donezk und Luhansk und die Entsendung russischer Streitkräfte in diese Gebiete (ABl. (EU) 2022 L 421/77).

37 *Koch* UKuR **2022**, 400, 402 Rn. 10.

38 Ausführlich zur rechtlichen Bindungswirkung der FAQ: *Koch* UKuR **2022**, 400, 401 f.

39 *Koch* UKuR **2022**, 400, 400 f. Rn. 2, 3, 9.

40 So auch *Koch* UKuR **2022**, 400, 403 Rn. 15.

41 *Koch* UKuR **2022**, 400, 402 Rn. 11.

42 *Koch* UKuR **2022**, 400, 402 Rn. 13; *Wandt* VersR **2013**, 257, 258; *Heinisch* CCZ **2012**, 102, 102; Späte/Schimikowski/*v. Rintelen* AHB Ziff. 1 Rn. 575.

Versicherers weit von der werthaltigen Rechtsposition im Sinne eines Zahlungsmittels entfernt, sodass es sich dabei nicht um „Gelder“ im Rechtssinne handelt.[43]

15 Weniger eindeutig ist die Rechtlage bezüglich des Verbotes der Bereitstellung einer **wirtschaftlichen Ressource**. Der Begriff „wirtschaftliche Ressourcen“ umschreibt nach Artikel 1 Lit. d VO (EU) 269/2014 Vermögenswerte jeder Art, unabhängig davon, ob sie materiell oder immateriell, beweglich oder unbeweglich sind.

16 Umstritten ist, ob die Gewährung von Versicherungsschutz (vorliegend gegenüber versicherten Personen aus dem D&O-Versicherungsvertrag) bereits als „bereitstellen einer wirtschaftlichen Ressource“ qualifiziert werden kann. Das Deckungsversprechen des Versicherers hat einen Vermögenswert, wenn der Versicherungsschutz aufgrund seiner Beleihungsfähigkeit und der Zession von Risiken eine wirtschaftliche Bewegungsfreiheit vermittelt.[44] Dies trifft aber nicht auf den D&O-Vertrag zu. Allerdings stellen die FAQ der Kommission, wobei es sich lediglich um ein Begleitdokument zur VO (EU) 833/2014 und VO (EU) 269/2014 handelt, in Ziff. 11 klar, dass aus Sicht der EU-Kommission die Gewährung von Versicherungsschutz als Bereitstellung einer wirtschaftlichen Ressource im Sinne der zweiten Tatbestandsalternative des personenbezogenen Bereitstellungsverbotes zu verstehen ist.

17 Wenn der Versicherungsfall eintritt, ist es dem Versicherer in jedem Fall verwehrt, **Versicherungsleistungen** gegenüber **Sanktionsadressaten** zu erbringen, da dies die Gewährung einer finanziellen Ressource darstellt. Hierzu gehört die **Prüfung der Haftpflichtfrage** ebenso wie die **Übernahme der Verteidigungskosten** für die versicherte Person.

18 Bei D&O-Versicherungsverträgen besteht daher in **dreifacher** Hinsicht das Risiko, gegen Sanktionsvorschriften zu verstoßen. Zum einen könnte ein D&O-**Versicherungsvertrag** mit einer **gelisteten Person/einem gelisteten Unternehmen**, **geschlossen** werden.

19 Zum anderen ist es denkbar, dass einer **gelisteten Person Deckungsschutz** aus dem D&O-Versicherungsvertrag gewährt wird, weil sie zu dem Kreis der **versicherten Personen** zählt. Diese Fallkonstellation kann vom Versicherer im Vorfeld kaum überprüft werden, da die versicherten Personen nicht namentlich erfasst werden. Darüber hinaus gewährt der D&O-Versicherungsvertrag im Regelfall auch rückwirkenden Versicherungsschutz in Bezug auf bereits ausgeschiedene versicherte Personen. Ferner ändert sich der Kreis der versicherten Personen während der Laufzeit des D&O-Vertrages durch neu hinzukommende leitende Mitarbeiter/ Organe/ Manager.

20 Die dritte Konstellation, bei der ein Sanktionsverstoß bei D&O-Versicherungsverträgen in Betracht kommt, sind **Schadenzahlungen** an einen **Verbotsadressaten**. Bei dem Verbotsadressaten muss es sich daher um den geschädigten Dritten handeln, der Schadensersatzansprüche gegenüber den versicherten Personen geltend macht. Sofern die zugrundeliegenden Schadensersatzansprüche erfüllt werden, würde die Freistellung, d.h. die Zahlung an den Geschädigten (Verbotsadressat), einen Sanktionsverstoß darstellen. Die Gewährung von Rechtsschutz für die versicherte Person, d.h. die Übernahme der Verteidigungskosten zur Abwehr der seitens des geschädigten Verbotsadressaten geltend gemachten Schadensersatzansprüche, stellt wiederum keinen Sanktionsverstoß dar, da ausschließlich Leistungen gegenüber den versicherten Personen erbracht werden. Voraussetzung ist demnach, dass seitens des geschädigten Dritten unmittelbare Schadensersatzansprüche gegenüber den versicherten Personen geltend gemacht werden, was der Ausnahmefall sein dürfte.

21 Wahrscheinlicher ist es, dass Schadensersatzansprüche von gelisteten Unternehmen oder Personen gegenüber der Versicherungsnehmerin geltend gemacht werden, die auf Pflichtverletzungen von versicherten Personen beruhen. Bei dieser Ausgangssituation steht der Versicherungsnehmerin kein Deckungsanspruch aus dem D&O-Vertrag zu. Sollten sich die Ansprüche als begründet erweisen und die Versicherungsnehmerin zudem einen Schaden erleiden, weil beispielsweise aufgrund eines rechtskräftigen Urteils Vermögenswerte in Russland im Rahmen der Zwangsvollstreckung eingezogen werden oder die Versicherungsnehmerin aus anderen Gründen die rechtskräftig festgestellten

---

43 Vgl. hierzu: *Koch* UKuR **2022**, 400, 403 Rn. 13; **a.A.** Bürkle/*Heinisch* Compliance § 16 Rn. 60: *Heinisch* CCZ 2012, 102 (103).

44 *Koch* UKuR **2022**, 400, 403 Rn. 14; Bürkle/*Heinisch* Compliance § 16 Rn. 71.

Ansprüche erfüllt, kann sie diesen Schaden im Rahmen eines **Innenhaftungsanspruchs** gegenüber den versicherten Personen regressieren, denen wiederum Deckungsansprüche aus dem D&O-Vertrag zustehen.

In diesem Fall liegt **kein Sanktionsverstoß** vor, da die Gewährung von Versicherungsschutz gegenüber der versicherten Person keinen der zuvor genannten Tatbestände erfüllt, solange die versicherte Person kein Verbotsadressat ist. **Unerheblich** für die Prüfung des Deckungsanspruchs aus dem D&O-Versicherungsvertrag ist daher, dass der Schaden darauf beruht, dass Schadensersatzansprüche des Verbotsadressaten erfüllt wurden. Auch die Zahlung an die VN stellt keinen Sanktionsverstoß dar, solange sie nicht Verbotsadressat ist. 22

III. AGB-rechtliche Wirksamkeit B4-7 S. 1

In der Literatur bestehen Bedenken, ob die Klausel mit dem **Transparenzgebot** gem. § 307 Abs. 1 S. 2 BGB im Einklang steht.[45] Bezüglich B4-7 S. 1 spielt dieser Aspekt nur eine untergeordnete Rolle. Denn im Ergebnis legt die Klausel fest, dass kein Deckungsschutz besteht, wenn und soweit die Erfüllung des Versicherungsvertrages nach gemeinschaftsrechtlichen oder deutschen Vorschriften rechtswidrig ist.[46] Wäre die Klausel unwirksam, wäre es dem Versicherer aufgrund der Sanktionsbestimmungen trotzdem verwehrt Deckungsschutz zu gewähren. Ein Verstoß gegen das Transparenzgebot wird nur dann praktisch bedeutsam, wenn die Klausel dahingehend ausgelegt wird, dass sie auch Sanktionsbestimmungen erfasst, die rechtlich nicht für den Versicherer bindend sind.[47] Dieser Auslegung steht jedoch der klare Wortlaut von B4-7 S. 1 entgegen.[48] 23

IV. B4-7 S. 2

Die Klausel **erweitert** ihren Anwendungsbereich in B4-7 S. 2 auf Wirtschafts-, Handels-, oder Finanzsanktionen bzw. **Embargos der Vereinigten Staaten von Amerika**. Der D&O-Versicherer möchte sich damit gegen einen Verstoß von **amerikanischen Sanktionsregelungen** absichern. Denn in den USA kann die Nichtbeachtung der amerikanischen „extraterritorialen" Sanktionen zu Verboten, Beschränkungen oder Sanktionen gegenüber dem Versicherer führen, da diese nach US-amerikanischem Recht auch für nicht-amerikanische Unternehmen, die der Jurisdiktion der USA unterliegen oder sich auf US-Territorium befinden, gelten.[49] 24

Dem Anwendungsgebot von Sanktionen der USA könnten allerdings **Rechtsvorschriften** der Bundesrepublik Deutschland oder der Europäischen Union i.S.v. B4-7 S. 2 **entgegenstehen**. Denn es ist staatspolitisch üblich, dass ein Staat seinen Staatsbürgern und Unternehmen untersagt Sanktionen zu befolgen, deren Sanktionsziele nicht mit den eigenen Staatszielen übereinstimmen.[50] In Deutschland ist die Beteiligung an **ausländischen Boykotten** gem. § 7 AWV verboten. Sinn und Zweck der Bestimmung ist es demnach den grundsätzlich freien Außenwirtschaftsverkehr vor Beeinträchtigungen durch in fremden Wirtschaftsgebieten verhängte Boykottmaßnahmen zu schützen, eine Störung der auswärtigen Beziehungen der Bundesrepublik Deutschland zu vermeiden und auch die Souveränität der Bundesrepublik Deutschland zu wahren.[51] Bei dem Anwendungsgebot von Sanktionen der USA gemäß B4-7 S. 2 könnte es sich daher um eine verbotene 25

45 Siehe Bruck/Möller/*Koch* AHB Ziff. 1 Rn. 105; *Wandt* VersR **2013**, 257, 264.

46 Vgl. Bruck/ Möller/*Koch* AHB Ziff. 1 Rn. 105.

47 So auch Bruck/Möller/*Koch* AHB Ziff. 1 Rn. 105.

48 Ähnlich auch *Wandt* VersR **2013**, 257, 264.

49 Späte/Schimikowski/*v. Rintelen* AHB Ziff. 1 Rn. 579: *Schwampe* RdTW **2015**, 161, 161; *Harings/Loets* RdTW **2015**, 321, 326.

50 *Schwampe* RdTW **2015**, 161, 162.

51 *Schwampe* RdTW **2015**, 161, 163.

Boykotterklärung i.S.d. § 7 AWF handeln, was eine Ordnungswidrigkeit gem. § 19 Abs. 3 Nr. 1 Lit. a AWV i.V.m. § 81 Abs. 1 Nr. 1 AWV darstellen könnte, gegen die gem. § 19 Abs. 6 AWG ein Bußgeld von bis zu 500.000 Euro verhängt werden kann.[52] Zudem könnte das Anwendungsgebot von US-Sanktionen in B4-7 S. 2 gegen die Abwehrregelungen aus Art. 5 VO (EG) Nr. 2271/96,[53] der sog. „**EU-Blocking-Verordnung**", verstoßen.[54] Dies ist problematisch für die betroffenen Versicherer, da sie sowohl Rechtsverstöße in Deutschland als auch in den USA zu befürchten haben.

V. AGB-rechtliche Wirksamkeit B4-7 S. 2

26 Die Regelung B4-7 S. 2 hat **konstitutive** Wirkung, weil Sanktionen der USA kein in Deutschland zu beachtendes Verbot begründen. Ferner darf die Versicherungsnehmerin bei einem Versicherer mit Sitz in Deutschland davon ausgehen, dass Deckungsschutz auf der Grundlage des deutschen Rechts gewährt wird, zumal dies das von den Parteien festgelegte Vertragsstatut ist.

27 Die Regelung ist in mehrfacher Hinsicht rechtlich problematisch. Die Regelung kann den Versicherungsnehmer gemäß § 307 Abs. 1 BGB **unangemessen benachteiligen**.[55] *Wandt führt* hierzu an, dass der Versicherer ein berechtigtes Interesse an der Einschränkung des Versicherungsschutzes hat, wenn ihm bei Nichtbeachtung eines Drittstaaten-Embargogesetzes außerhalb des Gerichtsstaates und außerhalb der EU strafrechtliche Verfolgung und erhebliche Behinderung seiner Geschäftstätigkeit sowie finanzielle Nachteile drohen.[56] Ob entsprechende Nachteile drohen, ist jedoch eine **Einzelfallfrage** und hängt maßgeblich davon ab, wie international der Versicherer agiert, d.h. insbesondere ob er Versicherungsgeschäft in den USA betreibt.

28 Unabhängig von der Frage, ob der Versicherer grundsätzlich berechtigt ist, die Gewährung des Versicherungsschutzes von der Einhaltung von Drittstaaten-Embargogesetzen abhängig zu machen, geht die herrschende Meinung davon aus, dass die Klausel **nicht** ausreichend **transparent** formuliert und daher **unwirksam** ist.[57] Denn es ist für den durchschnittlichen Versicherungsnehmer nicht möglich, sich ein abschließendes Bild davon zu machen, welche Sanktionsbestimmungen der USA im Einzelnen zu beachten sind.[58] Hier liegt es am Versicherer die einzelnen Bestimmungen in der Klausel zu benennen.

C. Abweichende Marktbedingungen

I. § 1 Nr. 4 Gesetzes- und Embargovorbehalt; nationale Versicherungsverbote AVB-VOV[59]

Versicherungsschutz besteht ungeachtet sonstiger Vertragsbestimmungen im gesetzlich zulässigen Rahmen, insbesondere also nur soweit und solange keine Wirtschafts-, Handels- oder Finanzsanktionen oder Embargos oder vergleichbare Entscheidungen der Vereinten Nationen, der Europäischen Union, des Europäischen Wirtschaftsraums, einer Organisation, in der die Bundesrepublik Deutschland durch Mitgliedschaft zur Umsetzung verpflichtet

52 Ausführlich zu dieser Thematik mit besonderem Bezug auf Rückversicherer: *Schwampe* RdTW **2015**, 161.

53 Verordnung (EG) Nr. 2271/96 des Rates vom 22. November 1996 zum Schutz vor den Auswirkungen der extraterritorialen Anwendung von einem Drittland erlassener Rechtsakte sowie von darauf beruhenden oder sich daraus ergebenden Maßnahmen.

54 *Harings/Loets* RdTW **2015**, 321, 326.

55 LG Hamburg 3.12.2014, VersR **2015**, 1024, 1025.

56 *Wandt* VersR **2013**, 257, 266.

57 Späte/Schimikowski/v. *Rintelen* AHB Ziff. 1 Rn. 581; Bruck/Möller/*Koch* AHB Ziff. 1 Rn. 113; *Wandt* VersR **2013**, 257, 266; Prölss/Martin/*Lücke*, 31. Aufl. 2021, AHB Abs. 1 Ziff. 1 Rn. 60.

58 *Wandt* VersR **2013**, 257, 266.

59 Auszug aus den Musterbedingungen der D&O-Versicherung der VOV Versicherungsgemeinschaft.

ist, der Bundesrepublik Deutschland oder ein für die Versicherungsnehmerin oder ein Tochterunternehmen ansonsten geltendes nationales Recht dem entgegenstehen.

Das gleiche gilt für Wirtschafts-, Handels- oder Finanzsanktionen oder Embargos oder vergleichbare Entscheidungen der Vereinigten Staaten von Amerika und des Vereinten Königreichs von England sowie sonstiger Länder, in denen die Versicherungsnehmerin oder ein Tochterunternehmen wirtschaftlich tätig ist, wenn und soweit diese nicht gegen das für die Bundesrepublik Deutschland geltende Recht verstoßen.

Versicherungsschutz besteht nicht in Staaten außerhalb der Europäischen Union, die den Versicherungsschutz gemäß diesem Vertrag durch einen dort nicht zugelassenen Versicherer verbieten oder unter einen Erlaubnisvorbehalt stellen.

Die Sanktionsklausel weicht in mehrfacher Hinsicht von den Musterbedingungen ab. Zunächst stellt die Klausel in Satz 1 klar, dass Versicherungsschutz in einem gesetzlich zulässigen Rahmen besteht. Der gesetzlich zulässige Rahmen wird auf der Grundlage des anwendbaren Rechts festgelegt. Aus Sicht des deutschen Rechts geht es daher um Embargos bzw. Sanktionen der Europäischen Union und der BDR, worauf nachfolgend ebenfalls Bezug genommen wird. 29

Hierauf beschränkt sich die Klausel jedoch nicht. Vielmehr werden auch **Sanktionen bzw. Embargos der Vereinten Nationen** miteinbezogen, obwohl diese nach Artikel 25 UNO zunächst in nationales Recht umgesetzt werden müssen. UN-Sanktionen sind daher nicht unmittelbar in Deutschland anwendbar. Die Klausel dürfte dahingehend auszulegen sein, dass UN-Sanktionen unabhängig von der Umsetzung ins nationale Recht anwendbar sein sollen. Als Art **Generalklausel** wird zudem auf Wirtschafts-, Handels- oder Finanzsanktionen oder Embargos von Organisation verwiesen, in der die Bundesrepublik Deutschland durch Mitgliedschaft zur Umsetzung verpflichtet ist. 30

Darüber hinaus soll nur dann Deckungsschutz bestehen, wenn „ein für die Versicherungsnehmerin oder ein Tochterunternehmen ansonsten geltendes nationales Recht dem nicht entgegensteht“. Im Gesamtkontext des Absatzes dürfte sich die Erweiterung nur auf gesetzliche Bestimmungen beziehen, die „keine Wirtschafts-, Handels- oder Finanzsanktionen oder Embargos“ sind. Die Erweiterung ist daher **deklaratorischer** Natur, sofern mit geltendem nationalem Recht das deutsche Recht gemeint ist, was mit Blick auf Abs. 2 nachliegend ist, da Gegenstand von Abs. 2 die Durchsetzung von ausländischen Sanktionen ist. 31

Absatz 2 erweitert die Klausel auf Embargos bzw. Sanktionen der USA sowie des Vereinten Königreichs von England und sonstige Länder in den die Versicherungsnehmerin oder ein Tochterunternehmen wirtschaftlich tätig ist. Der Versicherer hat ein nachvollziehbares Interesse daran, nicht gegen Vorschriften eines Landes zu verstoßen, in welchem er zugleich tätig ist. Hierüber geht die Klausel jedoch hinaus. Die Klausel dürfte – aus den gleichen Gründen wie die Musterbedingungen – wegen Verstoß gegen das Transparenzgebot unwirksam sein (vgl. Rn. 25). Denn es wird nicht genannt, um welche Wirtschafts-, Handels- oder Finanzsanktionen oder Embargos oder vergleichbare Entscheidungen es im Detail geht. Zudem ist unklar, warum zugleich auf Embargoentscheidungen des Landes abgestellt wird, in dem insbesondere ein Tochterunternehmen tätig ist. Wenn die Versicherungsnehmerin beispielsweise ein Tochterunternehmen in Russland hat und das Tochterunternehmen bzw. seine Mitarbeiter von russischen Sanktionen betroffen sind, die Auswirkungen auf den Versicherungsschutz haben, müsste diesen Bestimmungen Folge geleistet werden. Ein nachvollziehbares Interesse des Versicherers an einer Umsetzung fremden Rechts, das ausschließlich eine Tochtergesellschaft betrifft, ist in dieser Allgemeinheit nicht nachvollziehbar. 32

Absatz 3 regelt, dass kein Versicherungsschutz in Staaten außerhalb der EU besteht, die den Versicherungsschutz gem. diesem Vertrag durch einen dort nicht zugelassenen Versicherer verbieten oder unter einen Erlaubnisvorbehalt stellen. Probleme können auftreten, wenn der Versicherer zugleich **weltweiten** Deckungsschutz gewährt **und** darüber hinaus **Kenntnis** davon hat, dass die Versicherungsnehmerin Tochtergesellschaften in Ländern unterhält, bei denen der Versicherer aufgrund der lokalen aufsichtsrechtlichen Vorgaben kein Versicherungsschutz gegenüber versicherten Personen gewähren darf. Denn die Versicherungsnehmerin hat keine Kenntnis darüber, 33 in welchen Ländern der Versicherer berechtigt ist, Versicherungsschutz zu gewähren. In diesem Fall kann der Versicherer gemäß § 61 Abs. 1 VVG verpflichtet sein, die Versicherungsnehmerin darauf **hinzuweisen**, dass für die versicherten Personen in den jeweiligen ausländischen Niederlassungen kein Versicherungsschutz besteht.

II. Ziffer 3.5 Sanktionen/Embargos Hendricks HPDO 2020 Newline[60]

Der Versicherungsschutz erstreckt sich nicht auf Risiken, soweit deren Versicherung anwendbare Wirtschafts- oder Handelssanktionen der UN, der EU/ EEA oder sonstige anwendbare nationale Wirtschafts- oder Handelssanktionen verletzen würde.

Dies gilt klarstellend nicht, sofern hierdurch § 7 Außenwirtschaftsverordnung (AWV) oder EU-Recht (z.B. Blocking Regulation, Verordnung (EG) Nr. 2271/96 des Rates vom 22. November 1996 o.a.) verletzt würde.

34 Die Klausel ist inhaltlich mit B4-7 S. 1 vergleichbar, auch wenn sie sprachlich hiervon abweicht. Denn es geht um Wirtschafts- oder Handelssanktionen, die aufgrund des Vertragsstatutes, also des deutschen Rechts, Anwendung finden.

III. Ziffer 5.3 Sanktionsklausel/Versicherungsverbote D&O FINLEX 2020[61]

Es besteht – unbeschadet der übrigen Vertragsbestimmungen – Versicherungsschutz nur, soweit und solange dem keine auf die Vertragsparteien direkt anwendbaren Wirtschafts-, Handels- oder Finanzsanktionen bzw. Embargos der UN, der EU oder sonstige anwendbare Sanktionen bzw. Embargos entgegenstehen.

35 Die Klausel ist inhaltlich mit B4-7 S. 1 vergleichbar. Ebenso wie B4-7 S. 1 setzt die Klausel voraus, dass Wirtschafts-, Handels- oder Finanzsanktionen bzw. Embargos auf die Vertragsparteien Anwendung finden und der Leistungserbringung aus dem D&O-Vertrag entgegenstehen. Es geht damit um Wirtschafts- oder Handelssanktionen, die aufgrund des Vertragsstatutes Anwendung finden.

---

60 Auszug aus den Musterbedingungen der D&O-Versicherung für Unternehmensleiter von Hendricks & Partner.
61 Auszug aus den Musterbedingungen der D&O-Versicherung von FINLEX.

Sachregister

134 BGB **B4–7** 2, **B4–7** 6, **B4–7** 18

A

Abfindungszahlung **A–6** 83
Abschluss **Einf** 21, **Einf** 26
Abtretbarkeit des Freistellungsanspruchs **Einf** 118
Abtretung an Erfüllungs statt **A–9** 26
Abtretung des Freistellunganspruchs **A–9** 4
Abtretung erfüllungshalber **A–9** 9
Abtretung nach § 255 BGB **A–8** 52
Abtretungspflicht **B4–1** 68
Abtretungsverbot **Einf** 120, **A–3** 12
Abtretungsverpflichtung **B4–1** 37
Abwehr unbegründeter Schadensersatzforderungen **Einf** 39
Abwehr von Unterlassungs- und Auskunftsansprüchen **A–6** 64
Abwehranspruch **A–7** 71, **A–9** 14
Abwehrdeckung **A–6** 5
Abwehrkosten **Einf** 81, **A–6** 69, **A–6** 292
Aktiengesellschaft **Einf** 173
Aktionärsklage **Einf** 96
Aktivprozess **A–6** 20
Anerkenntnis **A–6** 28
Anfechtung **Einf** 113
Anfechtung wegen arglistiger Täuschung **B3–1** 72
Anfechtungsverzicht **Einf** 117
Angehörige **A–6** 143
Angemessenheit der Abwehrkosten **Einf** 83
Anknüpfungstatsachen **A–7** 39
Anrechnung von Abwehrkosten **Einf** 138
Anschlussdeckung **B4–1** 35, **B4–1** 62
Anschlussversicherung **B4–1** 48
Anspruchsberechtigung **A–8** 13
Anspruchserhebungsprinzip **Einf** 74
Anspruchsgrundlage **Einf** 174
Anspruchsinhaberschaft **A–8** 20
Antragsfragen des Versicherungsmaklers **B3–1** 26
anwaltliche Beratung **Einf** 72
Anwaltswahl **Einf** 82
Anzeige **A–4** 36, **B4–2** 2, **B4–2** 5
Anzeigeobliegenheit **B3–3** 32
Anzeigepflicht **B4–1** 4, **B4–1** 41
Äquivalenzprinzip **B3–2** 10
Arbeitnehmerprivilegierung **Einf** 33, **A–1** 31
Arglist **Einf** 83
arglistige Täuschung **Einf** 113, **B1–6** 13
Assekuradeur **Einf** 102
Aufrechnung **A–6** 22
Aufsichtsrat **Einf** 162, **Einf** 280
Aufsichtsrats-Police **A–6** 202
Aufwendungen des Versicherers **A–6** 168
Aufzehrung der Versicherungssumme **Einf** 62
Ausfuhrverbote **B4–7** 8
Auskunftsanspruch **B4–1** 50
Auskunftsobliegenheit **Einf** 64, **B3–3** 40
Auslegung von D&O-Versicherungsbedingungen **Einf** 137
Ausschluss **Einf** 41, **B4–7** 4
Ausschlüsse **A–7** 1
Außenhaftung **Einf** 312, **A–3** 3, **A–6** 244
Außenwirtschafts-VO **B4–7** 3
Außenwirtschaftsgesetz **B4–7** 3

B

Beendigung eines Ordnungswidrigkeitenverfahrens **A–7** 95
Beendigung eines Strafverfahrens **A–7** 95
Beherrschung **A–4** 3
Beitragszahlung **B1–2** 7
bekannte Pflichtverletzung **Einf** 79
Belehrungspflicht **B1–3** 62, **B3–3** 62
bereicherungsrechtliche Ansprüche **A–6** 61
Berufserfahrung **A–7** 60
beschränkte Arbeitnehmerhaftung **A–1** 31
Beseitigungsobliegenheit **B3–3** 6
Beteiligung **A–4** 4
Beweislastumkehr **Einf** 303
Beweislastverteilung **B4–7** 4
Bilanzfälschung **Einf** 113
Bilanzschutzfunktion **Einf** 18
Bindungswirkung **A–7** 25, **A–9** 44
Botenmacht **B4–3** 17
Boykott **B4–7** 25
Business Judgment Rule **Einf** 164, **Einf** 235
Bußgelder **A–7** 141
Bußgeldregress **Einf** 138

C

Change-of-Control-Klausel **A–5** 236
Claims-made-Prinzip **Einf** 76, **A–2** 2
Company Reimbursement **Einf** 28, **A–3** 1, **A–6** 259, **A–8** 39
Company Reimbursement-Klausel **A–6** 37
Compliance **Einf** 160

https://doi.org/10.1515/9783110675511-030

Compliance-System **Einf** 203
Cybersicherheit **Einf** 140

D

D&O-Pflichtversicherung **B4–6** 18
Darlegungs- und Beweislast **Einf** 121, **A–9** 36
Datenschutz **Einf** 140
Deckungsablehnung **Einf** 85
Deckungsausschluss **A–5** 211
Deckungsbaustein **Einf** 59
Deckungserweiterungen **Einf** 100
Deckungslücke **A–6** 308
Deckungssumme **Einf** 51
Deckungsüberschneidung **B4–1** 6
Deckungszusage **A–6** 13
deklaratorisches Schuldanerkenntnis **A–6** 13
depository receipts **B3–2** 60
Deutscher Corporate Governance Kodex **Einf** 50, **Einf** 226, **A–6** 227
Direktanspruch **Einf** 123
direkte Inanspruchnahme **A–9** 10
Direktprozess **Einf** 125, **A–9** 3, **A–9** 35
Doppelmandat **A–6** 282
Dreiecksverhältnis **Einf** 25
durchschnittliche versicherte Person **Einf** 136
Durchsetzung **Einf** 169

E

eigennützige Treuhand **A–6** 140
Eigenschadendeckung **Einf** 66, **A–6** 47
Eigenschadenklausel **A–6** 38, **A–6** 132
einfache Fahrlässigkeit **Einf** 14
einfache Subsidiaritätsklausel **B4–1** 22
Einfuhrbeschränkungen **B4–7** 8
eingegrenzter Versicherungsumfang **A–6** 349
Eingeschränkte Subsidiaritätsabrede **B4–1** 13
eingeschränkte Subsidiaritätsklausel **B4–1** 66
Eingriffsnormen **B4–7** 2
Einlösungsklausel **B1–1** 2, **B1–1** 14, **B1–1** 18, **B1–3** 13
Einstellung des Verfahrens **A–7** 95
Eintritt des Versicherungsfalls **Einf** 122, **A–2** 1
Einwände des Versicherers **Einf** 85
Einzelgeschäftsführungsbefugnis **Einf** 255
Elementarwissenpflichten **A–7** 42
Embargos der Vereinigten Staaten von Amerika **B4–7** 24
Embargos der Vereinten Nationen **B4–7** 30
Empfangsvertretungsmacht **B4–3** 8
Entlastung **Einf** 171, **Einf** 344
Entschädigungen mit Strafcharakter **A–7** 141
Erledigung **A–6** 364
Erneuerung **Einf** 26
Ernstliche Inanspruchnahme **A–2** 17
Ernstlichkeit der Inanspruchnahme **Einf** 118
Ersatzanspruch eigener Art **Einf** 134
Ersatzansprüche der Gesellschaft **Einf** 133
Erstattungszusage **A–7** 150
Extended Reporting Period **Einf** 57
Exzedentenversicherer **B4–1** 15
Exzedentenversicherung **Einf** 53, **B1–6** 22, **B4–1** 78

F

Fälligkeit der Erst- oder Einmalprämie **B1–3** 4
Fälligkeit der Versicherungsleistung **A–6** 29
Fälligkeit des Direktanspruchs **A–9** 19
Fälligkeitszeitpunkt **B1–3** 14
Fehlen des Ausschlusses **A–7** 143
Feststellung des Deckungsanspruchs **Einf** 132
Feststellungsklage **Einf** 130
Financial Lines **Einf** 102
Folgebeitrag **B1–4** 1
Freie Anwaltswahl **B3–3** 68
Freistellung **Einf** 39, **A–3** 21, **A–6** 24
Freistellungsanspruch **Einf** 27, **A–6** 5
Freistellungsfunktion **Einf** 16
freiwillige Liquidation **A–5** 233
fremdnütziges Treuhandverhältnis **A–6** 140
Frühformen der D&O-Versicherung **Einf** 91
Führungsklausel **Einf** 54

G

gefahrerheblich **B3–1** 7
Gehaltsfortzahlung **A–6** 87
Geldbuße **A–7** 147
Gelder **B4–7** 13
Geldstrafe **A–7** 146
gemeldete D&O-Versicherungsfälle **Einf** 107
Gerichtsklausel **A–2** 35
Gerichtskosten **A–6** 172
Gesamtprämienvolumen **Einf** 105
Gesamtschadenvolumen **Einf** 106
Gesamtverantwortung **Einf** 328
Gesamtverantwortungsprinzip **Einf** 191
Gesamtvergleich **Einf** 110
Gesamtvertretungsbefugnis **A–7** 40
geschädigte Dritte **Einf** 27
Geschäftsführung, ordnungsgemäße **Einf** 185
gescheiterter Einziehungsversuch **B1–5** 4
Gesellschaft mit beschränkter Haftung (GmbH) **Einf** 314
Gesellschafterbeschluss **Einf** 343
Gesellschaftsrecht **Einf** 139
gesetzliche Haftpflichtbestimmungen **A–1** 19

gestörte Gesamtschuld **A–7** 75
Gewinnabschöpfung **Einf** 138
Gläubiger eines Haftpflichtanspruchs **Einf** 123
Gläubigergemeinschaft **Einf** 134
Gläubigerschutz **Einf** 20
Gmbh & Co. KG **A–4** 6
Greenwashing **Einf** 140
grobe Fahrlässigkeit **Einf** 85
Großrisiken **A–6** 155
Großrisiko **B4–6** 4
Grunddeckung **Einf** 53
Gruppenversicherung **B4–6** 11

H

Haftpflichtversicherung **Einf** 39
haftungsrechtliche Auseinandersetzung **Einf** 82
harter Markt **Einf** 101
Hauptleistungen **Einf** 16
Hinterlegung **A–6** 174
höchstrichterliche Entscheidungen **Einf** 109
Honorarvereinbarungen **A–6** 70

I

Inanspruchnahme **A–1** 18
Individual-Selbstbehalt **A–3** 44
Individualvereinbarung **B4–7** 7
Individualversicherung **A–6** 255
Industrie-Strafrechtsschutzversicherung **Einf** 62
Industrieversicherer **Einf** 102
Informationsasymmetrien **B3–1** 3
Inhaberin des Versicherungsanspruchs **Einf** 130
Innenhaftung **Einf** 154, **Einf** 179, **A–6** 247
Innenhaftungsanspruch **B4–7** 21
Innenregress **Einf** 75
ins Blaue **B3–1** 36
Insolvenz **A–5** 208
Insolvenz des Versicherungsnehmers **A–5** 119
Insolvenzantrag **A–5** 209
Insolvenzantragspflicht **A–7** 57
Insolvenzrecht **Einf** 139
Insolvenzreife **A–5** 210
Interessen des Versicherten **Einf** 37
Iran Sanktionen **B4–7** 11

J

Jahresmaximierung **A–6** 166

K

Kapitalbeteiligung **A–6** 130
Kardinalpflichten **A–7** 42, **Einf** 138
Karriereberatung **Einf** 73
kartellrechtlicher Verstoß **A–7** 161
Kartellschadensersatz **Einf** 138
Kausalitätsgegenbeweis **B3–2** 50, **B3–3** 65
kein Anscheinsbeweis **A–7** 34
Kenntnis von den pflichtwidrigen Handlungen **Einf** 114
Kidnap & Ransom-Ausschnittsdeckung **Einf** 73
Kollidierende Subsidiaritätsabrede **B4–1** 21
Kommanditgesellschaft (KG)
– GmbH & Co. KG **Einf** 356
– Komplementär-GmbH **Einf** 356
Konditionendifferenzdeckung **B4–1** 62
Konditionsdifferenzdeckung **B4–1** 35
Konsortium **Einf** 103
Kontinuität **B3–1** 25
Kontrollpflicht **A–7** 28
Konzern **Einf** 263
Konzernpolice **B3–1** 35
Kostenanrechnung **A–6** 176
Kumulklausel **B4–1** 74
Kündigung **Einf** 26, **B2–1** 10
Kündigungsrecht **B2–2** 4
Kürzungsmodell **B3–1** 33

L

Layer **Einf** 53
Legalitätspflicht **Einf** 160, **Einf** 186, **Einf** 329
Leistungsbeschreibung **B4–7** 4
Leistungspflicht **Einf** 36, **A–6** 5
Leitbild des § 100 VVG **A–6** 324
Leitender Angestellter **Einf** 33
Leitungsaufgaben **Einf** 194
lex fori **B4–6** 1
Liquidation **A–5** 230, **A–5** 233
Liquiditätskrise **Einf** 135

M

Maklerwording **Einf** 100, **A–1** 29
Marktanteile **Einf** 103
Massenrisiko **B4–6** 6
materieller Versicherungsbeginn **B1–1** 4
Maximierung **A–6** 166
Maximierung der Versicherungssumme **A–6** 224
Medien- und Öffentlichkeitsarbeit **Einf** 71
Mehrfachversicherung **B4–1** 14, **B4–1** 47
Mehrzahl versicherter Personen **A–7** 72
Minderung des Schadens **A–6** 173
Minderungsobliegenheit **B3–3** 47
Mitteilung eines Anspruchs **A–2** 25
mittelbare Kapitalbeteiligung **A–6** 138
Motiv **A–7** 65

N

Nachhaftung **Einf** 55
Nachmeldefrist **Einf** 80, **A–5** 7, **A–5** 72, **A–5** 122, **A–6** 334, **B1–4** 29, **B3–1** 15
Nebenversicherung **B4–1** 46
negative Feststellungsklage **A–6** 74
Neubeherrschung **A–5** 231, **A–5** 236
Nichtigkeit des Vertrags **Einf** 115
Notice of Circumstance **A–5** 142, **A–5** 189

O

obergerichtliche Rechtsprechung **Einf** 108
Objektive Gefahrerhöhung **B3–2** 20
Obliegenheit **A–6** 359, **B3–3** 3
Obliegenheitsverletzung **Einf** 37
Organhaftungsprozess **Einf** 84
Organisationspflicht **Einf** 159
Organmitglieder **A–1** 9
Organtätigkeit **A–1** 15
Outside Directorship **A–1** 33

P

pactum de non petendo **A–9** 27
Passivprozess **A–6** 20
Personengesellschaft **Einf** 143, **A–4** 6
persönliche D&O-Versicherung **A–6** 255, **B4–1** 65
Pflichtbewusstsein **A–7** 11, **A–7** 26
Pflichtverletzungsbewusstsein **A–7** 11
Präklusion **Einf** 344
Prämienkalkulation **A–6** 189
Prämienschicksal **B1–6** 4
Primary **Einf** 53
Privatvermögen **Einf** 15
Produktsicherheit **Einf** 140
Prokurist **Einf** 33
Prozessführungsbefugnis **Einf** 36, **Einf** 130, **A–6** 105, **A–6** 120
Prozessführungsvollmacht **A–6** 357, **B3–3** 50
Prozesskosten **A–9** 59
psychologische Betreuung **Einf** 73
Public Corporate Governance Kodex **A–6** 230

Q

Quotenvorrecht **B4–1** 38

R

Rechtsanwaltshonorare **Einf** 17
Rechtschutzfunktion **Einf** 16
Rechtschutzvertrag **B4–1** 66
Rechtsfortbildung **Einf** 110
Rechtsirrtum **A–7** 30
rechtskräftige Feststellung **A–7** 16, **A–7** 88, **A–7** 91
Rechtsmissbrauch **Einf** 131
Rechtsschutzversicherung **B4–1** 9, **B4–1** 63
Rechtswahlklausel **B4–6** 1
Regressanspruch **B4–1** 37
Regressansprüche **A–7** 144
Regulierungsvollmacht **A–6** 105, **A–6** 357
Repräsentant **B3–1** 5
Repräsentant des Versicherungsnehmers **Einf** 116
Repräsentantenklausel **B3–1** 41
Reputationsschäden **A–6** 95
Risikobegrenzung **B4–7** 4
Risikobegrenzungsklausel **A–6** 312
Risikobewertung **B3–1** 3
Risikoerhöhung **B3–2** 5
Risikoprüfung **A–4** 33
Rom I-VO **B4–6** 1
Rücktritt **Einf** 113
Rücktrittsrecht **B1–3** 48
Rückwärtsdeckung **A–5** 6, **A–5** 34
Rückwärtsversicherung **Einf** 55, **B1–1** 7
Russland **B4–7** 12, **B4–7** 21, **B4–7** 32

S

Sachverhaltsermittlung **Einf** 36
Sachverständigenkosten **A–6** 170
Sammelklage **Einf** 94
Sanktionsadressat **B4–7** 7, **B4–7** 17
Schaden **Einf** 300
Schadenermittlungskosten **A–6** 175
Schadenersatzanspruch **A–5** 225
Schadenquote **Einf** 106
Schadensabwendungsobliegenheit **B3–3** 47
Schadensgeeignetheit **A–7** 20
schriftliche Inanspruchnahme **Einf** 30
Schriftliche Inanspruchnahme **A–2** 14
Schutz des Versicherers **A–8** 58
Schutzbedürftigkeit des Versicherungsnehmers **A–8** 37
sektorale Versicherungsverbote **B4–7** 9
sekundäre Darlegungslast **A–7** 41, **A–7** 62
Selbstbehalt **Einf** 48, **A–3** 15, **A–6** 227, **A–6** 262
Selbstbehalt-Versicherung **A–6** 269
Selbstbehaltsanwendung **A–6** 283
Selbstbehaltsversicherung **Einf** 49
Serienschaden
– intransparent **A–6** 345
– unangemessene Benachteiligung **A–6** 345
Severability **A–7** 69
Severability-Klauseln **B3–1** 62
shareholder derivative suits **Einf** 96
Sicherheitsleistung **A–6** 174
Side A-Deckung **Einf** 96

Side B-Deckung **Einf** 28, **Einf** 95, **A–3** 3
Sittenwidrigkeit **A–7** 145
Sofortkosten **A–6** 76
spontane Anzeigepflicht **B3–1** 31
steuerliche Behandlung des Beitrags **B1–2** 17
Stillschweigende Verlängerung **B2–1** 5
Strafbefehl **A–7** 95
strafrechtliche Verteidigung **Einf** 62
strafrechtliche Verurteilung **A–7** 95
Strafrechtsschutz-Ausschnittsdeckung **A–6** 100
Strafrechtsschutzausschnittsdeckung **Einf** 60
Strafverfahren **A–6** 30
Streitverkündung **A–2** 58
Subjektive Gefahrerhöhung **B3–2** 17
subjektives Pflichtverletzungsbewusstsein **Einf** 138
Subsidiaritätsklausel **B4–1** 12
Summenausschöpfungsdeckung **B4–1** 62
Syrien **B4–7** 1, **B4–7** 11

T

Teilkündigung **B2–1** 24
Textform **A–4** 35
Tochtergesellschaft **A–4** 1, **A–5** 208
Tochtergesellschaften **Einf** 29
Tochterunternehmen **A–3** 10
Transparenzgebot **B4–7** 23, **B4–7** 32
Trennungsklausel **A–2** 31
Treuepflicht **Einf** 161, **Einf** 228
treugeberische Beteiligung **A–6** 141
treuhänderische Kapitalbeteiligung **A–6** 139

U

Überdeckung **B4–1** 3
Übergang von Ersatzansprüchen **A–8** 47
Übersteigen der Versicherungssumme **A–6** 32
Überwachungspflicht **A–7** 28
Überwachungspflichten **Einf** 254, **Einf** 284
Umstandsfrage **B3–1** 18
Umstandsmeldung **Einf** 58, **A–5** 8
unberechtigte Forderungen **Einf** 37
Uneingeschränkte Subsidiaritätsabreden **B4–1** 17
Untätigkeit **Einf** 129
Unternehmens-Selbstbehalt **A–3** 45
Unternehmensleitung, Pflicht zur **Einf** 158
US-amerikanische Versicherer **Einf** 91
US-Rechtssystem **Einf** 94

V

Verbandsgeldbuße **A–7** 148
Verbotsadressat **B4–7** 20
Verbotsirrtum **A–7** 85
Vereiteln **A–7** 35
Verfallsklausel **A–5** 103
Verfügungsbefugnis **A–8** 13, **A–8** 20
Vergleich **A–6** 28
Vergleichslösung **Einf** 89
verhüllte Obliegenheit **A–6** 366
Verjährung **Einf** 307, **Einf** 340, **B4–4** 1
Verjährung des Haftpflichtanspruchs **B4–4** 3
Verjährungsfrist **Einf** 31
Verjährungshemmung **A–9** 32, **B4–4** 11
Verletzung strafrechtlicher Bestimmungen **A–7** 94
Vermögensschaden **Einf** 40, **A–1** 28, **A–7** 105
Vermögensschaden-Haftpflichtversicherung **Einf** 13
Vermögensschaden-Haftpflichtversicherung von Aufsichtsräten, Vorständen und Geschäftsführern **Einf** 99
Vermögenswerte des Schädigers **Einf** 123
Verschaffungsklausel **Einf** 22
Verschulden **Einf** 297
Verschwiegenheitspflicht **Einf** 230
Versicherer **A–1** 6
versicherte Gefahr **B4–1** 44
versicherte Personen **A–1** 9, **A–1** 30
versichertes Interesse **B4–1** 45
versichertes Risiko **B4–1** 44
Versicherung für fremde Rechnung **Einf** 21
Versicherungs- und Versicherungsvermittlungsverbot **B4–7** 1
Versicherungsbedingungen **Einf** 99
Versicherungsfall vor Fälligkeit **B1–3** 68
Versicherungsgesellschaft **Einf** 102
Versicherungsjahr **B1–2** 3, **B1–2** 34
Versicherungsmakler **Einf** 100, **B4–3** 6
Versicherungsmarkt **Einf** 92
Versicherungsnehmer **A–1** 4
Versicherungsperiode **Einf** 55, **A–6** 165, **A–6** 307, **B1–2** 2, **B1–2** 28
Versicherungsprämie **Einf** 26, **Einf** 52
Versicherungsschutz **A–1** 8
Versicherungssumme **A–6** 160
versicherungsteuerlich **B1–2** 4
Versicherungsteuersatz **B1–2** 19
Versicherungsvertreter **B3–1** 49
Verständnishorizont **Einf** 136
Verstoßprinzip **Einf** 77
Verteilung der Versicherungssumme **A–6** 198
Verteilungsproblematik **A–6** 200
Verteilungsverfahren **A–6** 204
Vertragsanpassungsrecht **B3–2** 2
Vertragsdauer **B2–1** 4
Vertragsparteien **A–1** 3
Vertragsstrafe **A–7** 142

Vertrauensschutz **Einf** 115
Verzicht **Einf** 170
Verzinsung des Haftungsanspruchs **A–9** 28
Vollmacht **B4–3** 2
Vollmacht des Versicherers **A–6** 105, **A–6** 126
Vollstreckungsvereitelung **A–7** 153
Voraussetzung für den Versicherungsfall **Einf** 123
Voraussetzungsidentität **A–6** 27, **A–7** 37
Vordatierung **B1–1** 13
vorläufige Abwehrdeckung **A–7** 88
vorläufige Deckung **B1–1** 11
vorsatzausschließender Irrtum **A–7** 30
Vorsatzausschluss **Einf** 41
VorstAG **A–6** 226
Vorstand **Einf** 182
Vorstandsdienstvertrag **Einf** 23
Vorteilsausgleich **A–7** 166
Vorteilsausgleichung **Einf** 225
vorvertragliche Anzeigepflicht **A–5** 54
vorvertragliche Pflichtverletzung **A–5** 56
Vorwärtsdeckung **A–5** 11

W

Wahlrecht des Versicherers **A–6** 8
Warenkredit **A–7** 189
weicher Markt **Einf** 100
Weisung **Einf** 172, **Einf** 333
weltweite Deckung **A–7** 114
Whistleblowing **Einf** 140
Widerklage **A–6** 21
Widerrufserklärung **B4–3** 12
Widerspruchslösung **B3–3** 72
Wiederauffüllung der Versicherungssumme **A–6** 221
wirtschaftliche Ressource **B4–7** 15
Wissenserklärung **B4–3** 15
Wissenserklärungsvertreter **B3–1** 5
Wissensvertreter **B3–1** 32
wissentliche Pflichtverletzung **Einf** 42, **Einf** 86
Wohl der Gesellschaft **A–7** 84
Wording **Einf** 99

Z

Zahlungen nach Eintritt der Insolvenzreife **Einf** 133
Zahlungsverzug **B1–3** 5, **B1–3** 48
Zahlungsverzugsrichtlinie **B1–3** 29, **B1–3** 81
Zeitpunkt der Inanspruchnahme **A–6** 167
Zinsanfälligkeit **A–6** 174
Zinsberechnung **A–6** 174
Zugang der Rücktrittserklärung **B1–3** 62
Zugangsfiktion **B4–2** 14
Zurechnung **A–7** 69
Zurechnung von Kenntnissen **Einf** 115
zusammenhängende Pflichtverletzung **A–6** 306
Zwangsvollstreckung **Einf** 121
Zwischenfeststellungsklage **A–9** 56

www.ingramcontent.com/pod-product-compliance
Lightning Source LLC
LaVergne TN
LVHW081517300926
849161LV00006B/1198